WÖRTERBUCH DER LATEINISCHEN SPRACHE

WÖRTERBUCH DER LATEINISCHEN SPRACHE

LATEIN - DEUTSCH

Herausgegeben von
Helmut Werner

NIKOL
VERLAG

Wörterbuch der lateinischen Sprache
Latein - Deutsch

Satzerfassung: Weiss Verlag GmbH, Dreieich
Belichtung: Grafik-Design Marketing GmbH, Nauheim
Covergestaltung: Thomas Jarzina, Köln
Titelabbildung: © Robert Brown/Fotolia.com
Printed in Germany

ISBN 13: 978-3-937872-69-8
ISBN 10: 3-937872-69-8

www.nikol-verlag.de

Hinweise zur Benutzung

Dieses Wörterbuch ist für die Benutzung an Schulen und Hochschulen konzipiert. Es bietet daher praktisch den gesamten Wortschatz der klassischen lateinischen Literatur, darüber hinaus aber auch häufiger vorkommende Wörter aus dem Altlateinischen sowie aus spät- und vulgärlateinischen Quellen.

Bei der Anführung der Bedeutungen eines Wortes ist überall – ausgenommen allerdings z. B. die Benennungen von Tieren, Pflanzen, Gesteinen – die Zugehörigkeit zum klassischen oder nichtklassischen Sprachgebrauch angegeben. Was nicht dem Sprachschatz Caesars (in Bellum Gallicum und Bellum Civile) und Ciceros angehört, ist als nichtklassisch (N. Kl.), in besonderen (seltenen) Fällen als altlateinisch (A. L.), vulgärlateinisch (V. L.). spätlateinisch (Sp.) oder neulateinisch (N. L.) bezeichnet. Da, wo speziell dichterische Ausdrucksweise vorliegt, ist sie als poetisch (P) kenntlich gemacht, worunter gelegentlich auch solche Wörter mit eingeschlossen wurden, die, obwohl sie in der Prosa vorkommen, offenbar den Dichtern entlehnt sind.

Neben der Stilistik hat die Synonymik weitgehende Berücksichtigung erfahren. In beschränkterem Umfang werden etymologische Hinweise gegeben: Fremdwörter sind durch (Fw.), und, soweit sie dem Griechischen entstammen, durch (gr.) bezeichnet. Bei Kompositis ist das Simplex nur bei Verben durchgängig hinzugefügt worden; hierbei ist die Angabe des *a verbo* der Komposita überall da unterblieben, wo die Stammformen des Simplex in der Zusammensetzung unverändert erscheinen, z. B.

abdo, didi, ditum 3. (do),

aber einfach

abduco 3. (duco).

Die hinter den jeweiligen Stammformen angeführten Ziffern weisen auf die Art der Konjugation hin, der das Verb folgt.

Verzeichnis der im Wörterbuch verwendeten Abkürzungen

abl.	Ablativ	a. E.	am Ende
acc.	Akkusativ	asynd.	asyndetisch, unverbunden
abs.	absolut, ohne nähere Bestimmungen	attrib.	Attribut, attributiv
abstr.	Abstraktum, abstrakt gebraucht	*c*	commune, als Maskulinum od. Femininum gebraucht
act.	aktivisch	c.	circa, ungefähr
adi.	Adjektiv, adjektivisch	cf.	confer, vergleiche
adv.	adverbial		

Comp.	Kompositum, Zusammensetzung
comp.	Komparativ
Coni.	Konjunktion Bindewort
coni.	Konjunktiv
copul.	kopulativ, verbindend
dat.	Dativ
defect.	Defektivum, defektiv, nicht in allen Formen gebräuchlich
demin.	deminuitivum, Verkleinerungswort
demonstr.	demonstrativum
Dep.	Deponens
dir.	direkt
euphem.-	euphemistisch
f od. fem.	femininum
Fig.	Figur
frequent.	(verbum) frequentativum, bezeichnet eine häufige Wiederholung derTätigkeit des einzelnen V.
Fw.	Fremdwort
g. od. gen.	Genetiv
gr.	griechisch, aus dem Griechischen stammend
imp. od.	
imper.	Imperativ
impers.	(verbum) impersonale, unpersönlich
ind., indic.	Indikativ
indecl.	indeklinabel, nicht deklinierbar
indef. od.	
indefin.	indefinitum, unbestimmt
inf.	Infinitiv
instrum.	instrumentalis
interi.	Interjektion, „Empfindungswort“
intr., intrans.	(verbum) intransitivum, intransitiv
iur.	juristisch
klass.	klassisch
kollekt.	Kollektivum (Sammelbegriff
konkr.	Konkretum
log.	logisch
Lok. od.	
Lokal.	Lokalität, Ort
lok.	lokal, örtlich
Lokat.	Lokativ
m.	mit
m od. mask.	Maskulinum
med.	Medium, medial; auch: medizinisch
meton.	metonymisch, mit Vertauschung der Begriffe, übertragen
mil., milit.	militärisch
n.	nach
n od. neutr.	Neutrum
nachkl.	nachklassisch
nom.	Nominativ
part.	Partizip
pass.	passivisch
pl. od. plur.	Plural
plur. tant.	plurale tantum
pros.	prosaisch
sg. od. sing.	Singular
subi.	subiectivus
Subj., subi.	Subjekt
subst. od.	
Subst.	Substantiv
sup. od.	
superl.	Superlativ
synk. od.	
synkop.	synkopiert, in verkürzter Form
temp. od.	
tempor.	temporal, zeitlich
t. t.	terminus technicus (Fachausdruck)
tr. od. trans.	(verbum) transitivum, transitiv
verb. fin.	verbum finitum
verb. inf.	verbum infinitum
Vok.	Vokal
vulg.	vulgär, umgangssprachlich

A

a (nur vor cons.), **ab**, **abs**, praep. mit abl. steht zur Angabe des Ausgangspunktes u. der Entfernung
I. räuml. 1. „von", „von-her", „von-weg", „von-an", „von-aus", „von-ab"
2. zur Bezeichnung des Punktes od. d. Seite, „von wo aus" man etw. betrachtet: a tergo (im Deutschen „im Rücken")
3. bei Angabe e. Abstandes: ab tanto spatio „in solcher Entferng."
4. bei Trennung u. Verschiedht.: dividere, secernere, discedere u. a. ab; auch übtrg. bei Verb. des Schützens, Sicherns „vor" od. „gegen"
5. bei Reihenfolge u. Rang: quartus ab „nach" Arcesila
II. zeitl. 1. = „von ... an", „seit"
2. = (unmittelbar) nach
III. übtrg. 1. zur Bezeichng. des Urhebers, Vermittlers, der Ursache, Veranlassg. a) bei Verb. des Empfangens u. ähnl.: accipere, audire, discere, petere, quaerere, sperare, exspectare; b) in Verbindg. mit pass. u. intr. (bei Pers. od. persönl. gedacht. Begriff.). c) bei Ausdrücken des Fürchtens
2. zur Bezeichng. des Ursprungs u. der Herkunft: oriri, násci, proficisci ab, vgl. sum III 2; nomen ducere u. ähnl. ab
3. = von seiten, was anbelangt, in Ansehung, in Beziehung, in Hinsicht
4. kausal = nach, wegen, infolge = abl. causae (N. Kl.)
5. = „nach, gemäß", zur Bez. des Maßstabs (N. Kl.)

a interi. s. ah

abacus, i, *m* (gr.)
Prunktisch

abalienatio, onis, *f*
Veräußerung

abalieno 1. (alieno)
abwendig machen; veräußern (v. Besitz)

abavus, i, *m*
Urgroßvater; Ahnherr

abdicatio, onis, *f*
(N. Kl.) Niederlegung (eines Amtes)

abdico 3. (dico)
sich lossagen von, etw. aufgeben, (e. Amt) niederlegen

abdico 3. (dico)
nicht zulassen (von heilig. Vögeln)

abditus, a, um
abgelegen, verborgen (Pers. u. Sach.)

abdo, didi, ditum 3. (do)
weggeben: entfernen, verbergen

abduco 3. (duco)
wegführen; übtrg. abziehen, ablenken; spez. abwenden, abwendig machen, zum Abfall verleiten; erniedrigen

abeo, ii, ire (eo)
ab-, fort-, weggehen; spez. „niederlegen"; (ungestraft) fortkommen; vergehen, schwinden; abschweifen; übergehen in

abequito 1. (equito)
fortreiten (N. Kl.)

aberro 1. (erro)
abirren, abschweifen, sich zerstreuen

aberratio, onis, *f*
Zerstreuung

abhinc
seit jetzt

abhorreo 2. (horreo)
zurückschaudern vor, Abneigung haben gegen, abgeneigt sein; abweichen von

abicio, ieci, iectum 3. (iacio)
von sich oder hinwerfen, aufgeben, (bildl.) niederschmettern, erniedrigen

abiectio, onis, *f* (animi)
Kleinmut

abiectus, a, um
nachlässig; niedrig, gemein, kleinmütig; verächtlich

abiegnus, a, um
aus Tannenholz (N. Kl.)

abies, ietis, *f*
Tanne; (P) Schiff, Speer

abigo, egi, actum 3. (ago)
weg-, fort-, vertreiben

abitus, us, *m*

das Fortgehen
abiudico 1. (iudico)
aberkennen, absprechen
abiungo 3. (iungo)
abspannen (P); entfernen
abiuro 1. (iuro)
abschwören (klass. abs.)
ablegatio, onis, *f*
Wegsendung (N. Kl.)
ablego 1. (lego)
wegsenden, entfernen; abkommandieren
abludo 3. (ludo)
abweichen (P)
abluo, lui 3. (luo)
abwaschen, -spülen; bildl. tilgen
abnego 1. (nego)
verweigern (N. Kl.)
abnormis, e (norma)
von der Regel abweichend (P)
abnuo, nui, (nuiturus) 3. (nuo)
abwinken: von sich weisen, versagen, in Abrede stellen (a. c. i.)
abnuto 1. (nuto)
abwinken (P)
aboleo, levi, litum 2.
(N. Kl.) (ver)tilgen, abschaffen, aufheben
abolesco, levi 3.
erlöschen (N. Kl.)
abolitio, onis, *f*
(N. Kl.) das Abschaffen, Aufheben
abominor 1. (ominor)
(N. Kl.) hinwegwünschen, verabscheuen
abortio, onis, *f*
das Abortieren
abortivus, a, um
zu früh geboren (P)
abortus, us, *m*
Frühgeburt, Fehlgeburt
abrado 3. (rado)
abscheren; übtrg. abzwacken
abripio, ripui, reptum 3. (rapio)
eigtl. u. übtrg. fortreißen, fortschleppen
abrogatio, onis, *f*
Abschaffung
abrogo 1. (rogo)
abfordern, entziehen; (ein Gesetz) aufheben
abrotonum, i, *n*
Stabwurz
abrumpo 3. (rumpo)
abreißen, losreißen (klass. se a. mit abl.); (N. Kl.) abbrechen (Rede)
abrupto, onis, *f*
das Abreißen; übtrg. Bruch (der Ehe)
abruptus, a, um
(N. Kl.) jäh, steil, schroff, (von der Rede) abgerissen
abs s. a.
abscedo 3. (cedo)
fortgehen, sich zurückziehen, aufgeben, weichen, abgehen
abscessio, onis, *f*
das Zurückweichen
abscessus, us, m
Entfernung, (N. Kl.) Eitergeschwulst
abscido, cidi, cisum 3. (caedo)
abhauen, abschneiden; übtrg. trennen
abscindo 3. (scindo)
abreißen, trennen
abscisus, a, um
abschüssig (N. Kl.)
abscondo, condi, conditum 3. (condo)
verbergen, klass. nicht oft u. meist im part. **absconditus**, a, um verborgen, geheim
absens gen. entis (absum)
abwesend
absentia, ae, *f*
Abwesenheit
absimilis, e
unähnlich
absinthium, ii, *n*
Wermut
absisto, stiti 3. (sisto)
sich entfernen; (N. Kl.) übtrg. abstehen von
absolutio, onis, *f*
Freisprechung; Vollkommenheit, Vollständigkeit
absolutus, a, um
vollendet, vollständig; selbständig, unbedingt
absolvo 3. (solvo)
ablösen; befreien (klass. se ab aliquo); spez. (gerichtl.) freisprechen; vollenden, zu Ende führen
absonus, a, um
mißtönend; (N. Kl.) nicht im Einklang stehend mit
absorbeo 2. (sorbeo)

hinunterschlürfen; bildl. verschlingen
abstemius, a, um
(P) enthaltsam, nüchtern
abstergeo, si, sum 2. (tergeo)
abwischen; übtrg. benehmen
absterreo 2. (terreo)
abschrecken
abstinens, gen. entis
enthaltsam, uneigennützig
abstinentia, ae, *f*
Enthaltsamkeit, Uneigennützigkeit
abstineo, tinui, tentum 2. (teno)
zurück-, abhalten od. intr. = sich fern halten, sich enthalten
absto 1. (sto)
entfernt stehen (P)
abstraho 3. (traho)
eigtl. u. übtrg. fortschleppen, fortreißen
abstrudo 3. (trudo)
wegstoßen: verstecken, verbergen
abstrusus, a, um
verborgen, versteckt
absum, afui, abesse
abwesend, fern, getrennt sein; spez. jmdm. od. einer Sache fern bleiben, fehlen, mangeln, jmdm. nicht beistehen; frei sein von; verschieden sein von, sich nicht schicken für; non multum abest, quin „es fehlt nicht viel, daß" = beinahe
absumo 3. (sumo)
verbringen; (N. Kl.) vernichten, hinraffen
absurdus, a, um
mißtönend; übtrg. ungereimt, sinnlos
abundans, gen. antis
überflutend; reichlich; reich an
abundantia, ae, *f*
Überfluß, Fülle
abunde adv.
vollauf
abundo 1. (undo)
überfließen; in Überfluß da sein; Überfluß haben od. reich sein an
abusio, onis, *f*
Gebrauch eines Wortes in uneigtl. Bedeutg.
abusque (N. Kl.) = usque ab
abusus, us, *m*
Verbrauch
abutor 3. (utor)
(ver)brauchen, ausnutzen, mißbrauchen
ac s. atque
acanthus, i, *m* u. *f* (gr.)
Bärenklau (auch Muster bei Verzierungen)
accedo 3. (cedo)
herankommen, sich nähern, heranrücken, herantreten; beitreten; sich machen an, übernehmen; hinzukommen (vermehrend)
accelero 1. (celero)
beschleunigen; intr. eilen
accendo, di, sum 3.
anzünden; entzünden, erregen, steigern, schüren
accenseo 2. (censeo)
hinzurechnen (P)
accensus, i, *m*
(ursprgl. Ersatzmann neben d. Liktoren) Amtsdiener eines Oberbeamten; plur. Ersatzmannschaften, vgl. velati
acceptio, onis, *f*
Annahme
accepto 1.
annehmen (N. Kl.)
acceptus, a, um
angenehm
accerso s. arcesso
accessio, onis, *f*
(auch plur.) Annäherung; übtrg. Zuwachs, Vermehrung; Zuschuß; Zusatz (t. t. phil.)
accessus, us, *m*
Annäherung; Zutritt (zu jemdm.); Zugangsort (N. Kl.)
accido, cidi 3. (cado)
hinfallen, zu Füßen fallen; (hin)bringen; (zufällig) sich ereignen, widerfahren, ablaufen
accido, cidi, cisum 3. (caedo)
anhauen, anschneiden; übtrg. schwächen
accingo 3. (cingo)
N. Kl. an-, umgürten, wappnen, rüsten, se a. od. accingi „sich fertig machen, sich anschicken zu"
accio 4. (cio = cieo)
kommen lassen, (herbei)rufen, berufen,
accitus, a, um
(N. Kl.) = eingeführt, fremd

accipio, cepi, ceptum 3. (capio)
einnehmen; empfangen, annehmen, überkommen; (e. Last) auf sich nehmen; aufnehmen; behandeln; wahrnehmen, (mit d. Sinnen) vernehmen; verstehen, auslegen; gutheißen; erleiden; hören, (durch Überliefrg.) erfahren; lernen, Ggstz. tradere
accipiter, tris, *m*
Habicht
accitu
auf Vorladung
acclamatio, onis, *f*
Zuruf
acclamo 1. (clamo)
zurufen
acclaro 1. (clarus)
offenbaren (N. Kl.)
acclicis, e
sich anlehnend (P)
acclino 1. (clino)
N. Kl. anlehnen, hinneigen
acclivis, e. u. (P) **-us**, a, um
ansteigend
acclivitas, atis, *f*
das Ansteigen
accola, ae, *m*
Anwohner
accolo, ere (colo)
an od. bei etwas wohnen
accommodatio, onis, *f*
das Anpassen, Rücksichtnahme
accommodo 1. (commodo)
anpassen, anlegen; übtrg. anbequemen, anpassen, (ein)richten; anwenden auf. **accommodatus**, a, um, m. comp. u. sup., passend, angemessen, geeignet
accommodus, a, um
passend zu (P)
accredo 3. (credo)
glauben
accresco 3. (cresco)
anwachsen, zunehmen
accretio, onis, *f*
Zunahme
accubitio, onis, *f*
das bei Tische Liegen
accubo, are (cubo)
(hingelagert) liegen
accumbo, cubui, (cubitum) 3.
sich hinlagern, sich hinlegen
accumulator, oris, *m*
der Anhäufer (N. Kl.)
accumulo 1. (cumulo)
aufhäufen
accuratio, onis, *f*
Sorgfalt
accuratus, a, um
sorgfältig (nur von Sachen)
accuro 1. (curo)
mit Sorgfalt betreiben
accurro 3. (curro)
herbeieilen
accursus, us, *m*
das Herzulaufen (N. Kl.)
accusabilis, e
anklagenswert
accusatio, onis, *f*
Anklage, Beschwerde; Anklageschrift
accusator, oris, *m*
Ankläger
accusatorius, a, um
anklägerisch
accuso 1.
gerichtl. belangen, anklagen; übtrg. tadeln, sich beschweren, sich beklagen
acer, ceris, *n*
Ahorn
acer, cris, cre, mit comp. u. sup.
eigtl. scharf, spitz (N. Kl.); übtrg. (v. äuß. Sinnen) scharf, stechend, beißend; (v. Naturell) feurig, tatkräftig, eifrig, heftig, hart, wild; (v. Verstand) scharf, scharfsinnig, fein
acerbitas, atis, *f*
eigtl. herber Geschmack; übtrg. Härte, Bitterkeit, Drangsal (auch plur.)
acerbo 1.
verschlimmern (P)
acerbus, a, um, mit comp. u. sup.
eigtl. herb, bitter, sauer (N. Kl.); übtrg. (v. Pers. u. Leblos.) hart, bitter, schmerzlich, rücksichtslos, rauh, streng u. a.
acernus, a, um
aus Ahornholz (P)
acerra, ae, *f*
Weihrauchkästchen
acervalis
„haufenartig“ lat. Bezeichnung für sorites
acervatim

haufenweise (N. Kl.), übtrg. gedrängt
acervo 1.
aufhäufen (N. Kl.)
acervus, i, *m*
Haufe; übtrg. (P) = sorites, vgl. acervalis
acesco, acui 3.
sauer werden (N. Kl.)
acetum, i, *n*
Essig; (P) beißender Witz
achates, ae, *m* (gr.)
Achat
acidus, a, um
(N. Kl.) sauer, übtrg. unangenehm, scharf
acies, ei, *f*
Schärfe, Schneide; übtrg. Sehkraft, Blick; Pupille; Scharfsinn; Schlachtreihe, -ordnung, Heer; (Feld-) Schlacht, Kampf
acinaces, is, *m* (gr.)
medisch-persischer Krummsäbel (N. Kl.)
acinus, i, *m*
Beere, Weinbeere
acipenser, eris, *m*
e. (unbekannter) delikater Seefisch
aclys, clydis, *f* (gr.)
Wurfspieß (P)
aconitum, i, *n* (gr.)
Eisenhut; Gift (P)
acquiesco 3. (quiesco)
eigtl. u. bildl. Ruhe finden, (aus)ruhen, N. Kl. = sterben; übtrg. zufrieden sein mit, Trost finden in
acquiro, quisivi, quisitum 3. (quaero)
dazu erwerben od. zu erwerben suchen
acratophoron (-um), i, *n* (gr.)
Weinkrug
acredula, ae, *f*
unbekanntes Tier (Grille, Käuzchen?)
acriculus, a, um
etwas reizbar
acrimonia, ae, *f*
Schärfe (i. Geschmack und Geruch); Schneidigkeit
acroama, matis, *n* (gr.)
Vortrag; konkr. Unterhalter
acroasis, is, *f* (gr.)
Vortrag; Kreis Gelehrter od. Gebildeter
acta, ae, *f* (gr.)
Meeresgestade, plur. (auch sing.) heiter. od. ausschweif. Leben am Meer
acta, orum, *n* (ago)
Vollbrachtes, (Groß-) Taten (sprichw. a. agere = zu spät kommen); Amtshandlungen, Verfügungen, Einrichtungen; Tagesneuigkeiten; Staatszeitung; (N. Kl.) Protokoll
actio, onis, *f*
Anführung, Verrichtung; (äußere) Tätigkeit, Betätigung, Handlung, Geschäft, Amtshandlung, plur. Amtsführung, öffentliche Reden; Vortrag (-sweise); Gerichtsverhandlung, Prozeß; Klage, Klageformel, -recht, -rede, Termin u. a.
actito 1.
führen; (oft) auftreten in
actor, oris, *m*
eigtl. Treiber (P); übtrg. Darsteller, Schauspieler; Kläger; Sachwalter; (N. Kl.) Verwalter
actuaria, ae, *f*
Schnellsegler
actuariola, ae, *f*
Barke
actuosus, a, um
lebensvoll, tätig; leidenschaftlich; auch adv.
actus, us, *m* (ago)
d. Treiben: Triftrecht; Akt (e. Dramas), übtrg. Abschnitt i. Leben; (N. Kl.) Vorhang, Darstellung, Tätigkeit, Wirklichkeit, Bewegung, Sturz
actutum
sogleich
aculeatus, a, um
übtrg. spitzig, spitzfindig
aculeus, i, *m*
Stachel, Spitze (klass. a. apis); übtrg. Stachel, Spitze, Spitzfindigkeit, Eindruck, Ansporn (oft plur.)
acumen, minis, *n*
Spitze; Scharfsinn, Witz; Spitzfindigkeit
acuo, acui, acutus (nur adi.!) 3.
spitzen, schärfen; betonen; steigern. Vgl. acutus
acupenser, eris, *m* = acip...
acus, us, *f*
Nadel

acutulus, a, um
zieml. spitzfindig
acutus, a, um, mit comp. u. superl.
scharf, spitz; übtrg. scharf, hell, hoch (a. sonus „Diskant"), scharfbetont; scharfsinnig; heftig
ad
A. adv. = „ungefähr", „gegen" bei Zahlangaben
B. praep. mit acc.
I. 1. räuml. zur Bezeichng. der Bewegung od. Richtg. „wohin": „zu", „bis zu", „nach", „bis nach", „nach-zu", „nach-hin"; bei Städtenamen „in die Nähe od. Gegend von"; auch feindl. „gegen", „auf-los"
2. zur Bezeichng. örtl. Nähe u. Lage „wo": „bei", „nahe bei", „an", oft = apud
II. zeitlich 1. „bis zu", „bis an"
2. zur Angabe e. Termins: „zu", „an", „auf"
3. zur Angabe e. zeitl. Verlaufs: „auf", „für"
4. bei ungefähr. Zeit: „gegen", „um"
III. bei Maß- und Zahlbestimmungen: „bis", „bis zu"; über ad „ungefähr" s. A.
IV. bei ander. Verhältnissen 1. zur Angabe e. Zwecks, Absicht, Bestimmung, Tendenz: „zu", „für"
2. = in Hinsicht od. Rücksicht auf, „hinsichtlich", „wo es ankommt auf -", „wo es - gilt";
3. zur Angabe e. äußeren Gelegenheit od. Veranlassung: „bei Gelegenheit von -", „bei", „infolge", „auf-hin", „mit Rücksicht auf"; N. Kl. auch zur Angabe e. inneren Beweggrundes: „aus", „von", „wegen"
4. = „gemäß", „nach"
5. „i. Vergleich mit", „neben"
6. hinzufügend: „dazu", „außer", „neben", „zu"
adactio, onis, *f*
Vereidigung (N. Kl.)
adaeque
nahezu, gleich (N. Kl.)
adaequo 1. (aequo)
gleichmachen; gleichstellen, vergleichen; gleichkommen, erreichen
adamantinus (adamanteus), a, um
(P) stählern, stahlhart
adamas, antis, *m* (gr.)
Stahl, Diamant
adamo 1. (amo)
lieb gewinnen
adaperio 4. (aperio)
(N. Kl.) aufdecken, entblößen, öffnen
adapertilis, e
mit e. Öffnung versehen (P)
adaptio 1. (apto)
anpassen (N. Kl.)
adaquor 1.
(?) Wasser holen
adaugeo 2. (augeo)
noch dazu vermehren
adaugesco, ere
zunehmen (P)
adbibo 3. (bibo)
übtrg. aufnehmen (P)
adc... s. acc..
addenseo 2. (denseo)
noch dichter machen (P)
addico 3.
zusagen: günstig sein (v. Auspizien); zusprechen, zuerkennen; zuschlagen (b. Auktion), verkaufen; preisgeben; hin-, ergeben
addictio, onis, *f*
das Zusprechen
addictus, i, *m*
Schuldknecht
addisco 3. (disco)
dazu lernen
additamentum, i, *n*
Anhang (klass. übtrg.)
addo, didi, ditum 3. (do)
eigtl. u. übtrg. Zusätze machen, hinzufügen, zugesellen, zulegen, zusetzen, „addieren"; spez. (im Sinne v. dare) verleihen, verschaffen, erweisen; „hinzufügen" bei Äußerungen
addoceo, ere (doceo)
hinzulehren (P)
addubito 1. (dubito)
(einig.) Zweifel hegen, beanstanden
adduco 3. (duco)
I. eigtl. 1. (straff) anziehen, an sich ziehen, spannen, N. Kl. zus. ziehen, runzeln
2. heran-, herbei-, hinzuführen od. leiten, (mit)bringen
II. übtrg. 1. jem. in e. Lage bringen, in

e. Zustand versetzen; bringen od. bewegen, veranlassen, verleiten, bestimmen zu
2. adduci = zu dem Glauben gebracht werden
adductus, a, um
N. Kl. zusammengezogen, übtrg. streng, ernst
adedo 3. (edo)
anfressen (N. Kl.); teilweise aufzehren
ademptio, onis, *f*
Entziehung
adeo adv. (zeitl.) (usque) a. - quoad „solange - bis"; (modal) i. d. Grade, so sehr (ut.; N. Kl. adeo non - ut = so wenig - daß); vielmehr, sogar; eben, gerade, eigentlich; (N. Kl.) = um so mehr, a. non = um so weniger
adeo, ii, itum, ire (eo)
hinzu-, herangehen od. kommen, sich nähern, sich begeben, besuchen, betreten; spez. jmd. (um Rat, Hilfe) angehen; (feindl.) anrücken, angreifen; sich widmen; aufsuchen, auf sich nehmen; hereditatem a. „antreten"
adeps, dipis, *c*
Fett; plur. „Schmerbauch"
adeptio, onis, *f*
Erlangung
adequito 1. (equito)
heranreiten
adhaereo 2. (haereo)
anhängen, angewachsen sein; (N. Kl.) angrenzen, einem anhangen
adhaeresco, haesi 3.
(v. Pers. u. Leblos. eigtl. u. bildl.) hängen bleiben, haften an; sich fest anschließen, festhalten an; (v. Redner) stecken bleiben
adhaesio, onis, *f*
d. Anschließen
adhibeo, bui, bitum 2. (habeo)
heranbringen; spez. eigtl. u. übtrg. dazunehmen; (für d. einzeln. Fall) i. Anwendung bringen, gebrauchen; (e. Denkart) zeigen, üben; jmd. (zu e. Beratung, e. Geschäft u. a.) zuziehen; (mit adv.) aufnehmen, behandeln, halten
adhinnio 4. (hinnio)
(zu)wiehern (klass. bildl.)
adhortatio, onis, *f*
(Er-)Mahnung
adhortator, oris, *m*
Mahner (N. Kl.)
adhortor 1. (hortor)
(er)mahnen
adhuc adv.
(zeitl.) bisher, bis jetzt, noch immer (klass. fast nur auf d. Gegenwart des Sprechend. bezog.; auch modal = eatenus)
adiaceo, ere (iaceo)
(v. d. Gegend) liegen an od. bei
adicio, ieci, iectum 3. (iacio)
I. hinwenden, -richten, -werfen
II. eigtl. u. übtrg. hinzufügen
adiectio, onis, *f*
(N. Kl.) d. Hinzufügen, d. Mehrgebot
adigo, egi, actum 3. (ago)
heran-, hinzutreiben, bringen, schleudern; übtrg. jmd. zu etw. treiben, drängen, bringen
adimo, emi, emptum 3. (emo)
(meist i. übl. Sinne) (weg)nehmen, entziehen, entreißen, rauben; absprechen; verbieten
adipatus, a, um
fettig; übtrg. schwülstig
adipiscor, adeptus sum 3. (apiscor)
(duch Mühe) erlangen, erreichen, erringen
aditus, us, *m* 1.
d. Herangehen, d. Annäherung, d. Anrücken, Eindringen, Betreten; Zutritt, spez. Audienz; (als Ort) Zugang, Eingang; übtrg. Beginn, Anfang, Schritt; Möglichkeit, Gelegenheit, Berechtigung
adiudico 1. (iudico)
zusprechen, zuerkennen
adiumentum, i, *n*
Hilfsmittel, Beistand
adiunctio, onis, *f*
Anknüpfung, Anschluß; Anreihung; (rhet.) Beschränkung
adiunctor, oris, *m*
Hinzufüger
adiungo 3. (iungo)
eigtl. anspannen, -binden (P): übtrg. (räuml., polit. u. allg.) anreihen, anschließen, hinzufügen, verschaffen, beigeben, verknüpfen, verbinden, ge-

winnen. **adiunctus**, a, um übtrg. eng verbunden (mit dat.); subst. neutr. Eigentümlichkeit, charakterist. Zeichen, plur. (rhet.) d. begleitenden Nebenumstände

adiuro 1. (iuro)
(noch dazu) schwören, versichern

adiuto 1.
unterstützen (selt.)

adiutor, oris, *m*
(auch i. bös. Sinne) Helfer(-shelfer), Beistand, spez. Adjutant. fem. **adiutrix**, icis

adiuvo, iuvi, iutum 1. (iuvo)
(v. Pers. od. Leblos.) helfen, unterstützen, förderlich sein

adl... neben all... s. all...

admaturo 1. (maturo)
noch mehr beschleunigen

admetior, iri (metior)
zumessen

adminiculo 1.
(durch Pfähle) stützen

adminiculum, i, *n*
Stütze, Pfahl (auch übtrg.)

administer, tri, *m*
Arbeiter (N. Kl.); Diener, Gehilfe (mit gen.; auch im übl. Sinne)

administratio, onis, *f*
Hilfe; Leitung, Verwaltung; spez. Belagerungsgeschäft; plur. freie Benutzung

administrator, oris, *m*
Leiter

administro 1.
darreichen (N. Kl.); abs. wirken, Hand anlegen; trans. verwalten, besorgen, verrichten, (aus)führen, leiten

admirabilis, e, mit comp.
bewunderungswürdig, wunderbar, erstaunlich, befremdend; auch adv.

admirabilitas, atis, *f*
Bewunderungswürdigkeit

admiratio, onis, *f*
Bewunderung; plur. Äußerungen der B.; Verwunderung

admiror 1. (miror)
bewundern; sich (ver)wundern, verwundert fragen

admisceo 2. (misceo)
eigtl. u. übtrg. beimischen, beigeben, hinzufügen, spez. jmd. in etw. verwickeln; mit etwas vermischen, vermengen, durchdringen

admissarius, ii, *m*
Zuchthengst

admissio, onis, *f*
Audienz (N. Kl.)

admissum, i, *n*
Schuld, Vergehen

admitto 3. (mitto)
gehen lassen, loslassen; zu-, einlassen, (zur Audienz) vorlassen; Übeltaten begehen, auf sich laden

admixtio, onis, *f*
Beimischung

admodum adv.
bis an d. (volle) Maß:

I. (bei Zahlen) nahe an, gerade, mindestens

II. (als Gradangabe) sehr, i. hohem Grade, völlig; non a. „nicht sonderlich“, „nicht eben“;

III. (i. Antworten) ja wohl

admoneo 2. (moneo)
erinnern, spez. (an e. Schuld) mahnen; mahnen, zurechtweisen, belehren; ermahnen, auffordern, anfeuern

admonitio, onis, *f*
Erinnerung, Mahnung, Warnung

admonitor, oris, *m*
Mahner

admonitum, i, *n*
Warnung

admonitus, us, (im abl.)
auf Rat, auf Ermahnung, auf Erinnerung

admordeo, sum 2. (mordeo)
annagen (P)

admoveo 2. (moveo)
heranbringen, nähern; spez. anlegen; (pers.) wohin gelangen lassen, führen (N. Kl.) (feindl.) anrücken lassen, übtrg. se a. „sich (an)nähern“; (Furcht u. a.) einflößen (N. Kl.); (Mittel) anwenden

admurmuratio, onis, *f*
Gemurmel, Murren

admurmuro 1. (murmuro)
murmeln, murren

adoleo, ere (oleo)
(N. Kl.) verbrennen, anzünden, (durch Opfer) verehren

adolescens, entis

heranwachsend, (noch) jung, jugendlich, subst. Jüngling
adolescentia, ae, *f*
Jugend(zeit), Jünglingsalter (etwa von 17 bis 30 Jahren); in od. ab a.; selt. meton. = Jünglinge
adolescentulus (adul...)
sehr jung; subst. sehr junger Mensch
adolesco, levi 3.
eigtl. (heran)wachsen, erstarken; (P) aufflammen. Vgl. adultus
adoperio 4. (operio)
(N. Kl.) bedecken, verhüllen, schließen
adoptatio u. **adoptio**, onis, *f*
Annahme an Kindes Statt, Adoption
adoptivus, a, um
durch Adoption erlangt, Adoptiv-
adopto 1. (opto)
(hinzu) erwählen, ausersehen; (iur.) an Kindes Statt annehmen
ador, oris, *n*
Spelt, Dinkel
adoratio, onis, *f*
Anbetung (N. Kl.)
adoreus, a, um
(N. Kl.) von Spelt (Dinkel). **adorea, (-ia)**, ae, *f* (P) Ehrengabe von Spelt, übtrg. = Sieg
adorior 4. (orior)
angreifen, anfallen; unternehmen
adorno 1. (orno)
ausrüsten, versehen, vorbereiten
adoro 1. (oro)
N. Kl. (e. Gottheit) anflehen, etwas erflehen, jmd. verehren
adrado 3. (rado)
(N. Kl.) ankratzen, (Haar) stutzen
adulatio, onis, *f*
d. Anwedeln; übtrg. (kriech.) Schmeichelei
adulator, oris, *m*
Schmeichler (N. Kl.)
adulatorius, a, um
kriecherisch (N. Kl.)
adulesco und die Ableitungen s. adol...
adulo 1.
(streichelnd) abwischen (P)
adulor 1.
kriechend schmeicheln
adulter, tera, terum
(P) falsch, nachgemacht, ehebrecherisch, verbuhlt. subst. Ehebrecher (-in), (P) Buhle
adulterinus, a, um
gefälscht
adulterium, ii, *n*
Ehebruch
adultero 1.
(ver)fälschen; Ehebruch treiben
adultus, a, um (adolesco)
nur im posit., erwachsen, erstarkt, entwickelt; (v. d. Zeit) vorgerückt
adumbratio, onis, *f*
Umriß, Skizze, Andeutung
adumbro 1.
skizzieren: übtrg.
1. (mit Worten kurz) entwerfen, darstellen, andeuten
2. nachbilden, nachahmen: klass. **adumbratus**, a, um wesenlos, zum Schein, scheinbar
aduncitas, atis, *f*
Krümmung
aduncus, a, um
hakenförmig gekrümmt
adurgeo, ere (ergeo)
übtrg. eifrig verfolgen (P)
aduro 3. (uro)
(an)brennen, absengen
adusque
bis an (N. Kl.) = usque ad
advecticius, a, um
eingeführt (N. Kl.)
advecto 1.
zuführen (N. Kl.)
advectus, us, *m*
Einführung (N. Kl.)
adveho 1. (veho)
hinschaffen; **advehor** herbei-, hinfahren, -reiten, -segeln
advelo 1. (velo)
(P) umhüllen, bekränzen
advena, ae, *m*
Fremdling, Zugewanderter, (Durch-) Reisender (auch übtrg.); (N. Kl.) adjekt. ausländisch, fremd
advenio 4. (venio)
eigtl. u. übtrg. herbei-, hin-, heran-, ankommen; (N. Kl.) (v. Erwerbungen) zufallen
adventicius, a, um
v. außen kommend, äußerer; ausländisch, fremd; außergewöhnl., zufällig

advento 1.
(milit. u. allg.) heranrücken, anmarschieren, i. Anzuge begriffen sein
adventus, us, *m*
Ankunft, Eintreffen, auch = Anwesenheit, (milit.) Anmarsch; Ausbruch
adversarius, a, um
feindlich, nachteilig, zuwider; subst **adversarius**, ii, *m* u. **-ria**, ae, *f* Gegner(-in), plur. Gegenpartei. **adversaria**, orum, *n* Rechnungsbuch, Kladde
adversor 1.
(v. Pers. u. Leblos.) widerstreben, streiten, sich widersetzen, hindern, beeinträchtigen
adversus, a, um (adverto)
I. eigtl. zugekehrt, zugewandt, gegenüber befindlich, entgegenstehend, vorn (befindl.)
II. übtrg. gegnerisch, feindlich; widrig, ungünstig, unglücklich, (N. Kl.) verhaßt
adversa, orum, *n*
Gegensätze
adversus (-sum)
I. adv. entgegen (N. Kl.)
II. praep. m. acc. a) (räuml.) gegenüber (N. Kl.); gegen an; (bildl.) gegenüber, vor; b) (freundl. u. feindl.) gegen (-über); i. Widerspruch mit; (N. Kl.) im Verhältnis zu
adverto 3. (verto)
1. eigtl. hinrichten, hinwenden (klass. adversus), N. Kl. hinsteuern
2. übtrg. wahrnehmen, bemerken; (P) aufmerken, achthaben
3. (N. Kl.) ahnden
advesperascit, avit 3.
es wird Abend, der Abend bricht an, es dämmert
advigilo 1. (vigilo)
wachen bei
advocatio, onis, *f*
Berufung (v. Sachverständ.), Beratung, Beistand
advocatus, i, *m*
Sachverständiger, Beistand (vor Gericht); (N. Kl.) Anwalt, Advokat
advoco 1. (voco)
herbeirufen, berufen, zuziehen; spez. als Beistand vor Gericht
advolatus, us, *m*
d. Heranfliegen (P)
advolo 1. (volo)
herbeifliegen, -eilen
advolvo 3. (volvo)
heranwälzen (N. Kl.)
advorsum (-sus), **advorto** s. adver...
adytum, i, *n* (gr.)
d. Allerheiligste (P)
aedes u. **aedis**, is, *f*
Tempel; plur. (Wohn-)Haus, Palast
aedicula, ae, *f*
Kapelle, Zimmer, plur. Häuschen
aedificatio, onis, *f*
Erbauung; Bau
aedificator, oris, *m*
Baumeister; N. Kl. baulustig
aedificium, ii, *n*
Gebäude, Bau
aedifico 1.
bauen, errichten, anlegen
aedilicius, a, um
ädilisch; subst. gewesener Ädil
aedilis, is, *m*
Ädil (röm. Beamt.)
aedilitas, atis, *f*
Würde oder Amtsführung des Ädilen
aeditumus, i, *m*
Tempelhüter
aeger, gra, grum
(nur posit.) krank, leidend, subst. Patient; N. Kl. mißgestimmt, bekümmert
aegis, idis, *f* (gr.)
„Ägis", Schild des Zeus, Schild od. Harnisch der Athene (P)
aegre adv. (mit comp. u. sup.)
schmerzlich, ungern; mit Mühe, kaum, schwer
aegresco, ere
(meist P) erkranken, sich ärgern, sich verschlimmern
aegrimonia, ae, *f*
Kummer
aegritudo, dinis, *f*
Unpäßlichkeit (N. Kl.); Leid, Kummer, Gram
aegrotatio, onis, *f*
Krankheit, Unpäßlichkeit
aegroto 1.
krank sein, leiden
aegrotus, a, um
(nur posit.) leidend, krank

aemulatio, onis, *f*, (N. Kl.) auch **aemulatus**, us, *m*
Nacheiferung, Wetteifer, Eifersucht (auch plur.)
aemulator, oris, *m*
Nacheiferer
aemulor 1.
nacheifern; neidisch sein auf
aemulus, a, um
nacheifernd, klass. subst. Nacheiferer, spez. Anhänger, (i. übl. Sinne) Nebenbuhler; (P) neidisch
aeneus (N. Kl. **aheneus, aenus, ahenus**), a, um
bronzen, ehern, (N. Kl.) subst. neutr. Kessel; (P) übtrg. unbezwinglich
aenigma, atis, *n* (gr.)
Rätsel, dunkle Anspielung
aequabilis, e, mit comp.
(v. Leblos.) gleichmäßig, -förmig, sich gleich bleibend; unparteiisch; N. Kl. leutselig
aequabilitas, atis, *f*
Gleichmäßigkeit, -förmigkeit; Rechtsgefühl
aequaevus, a, um
gleich alt (N. Kl.)
aequalis, e, adv. aequaliter (N. Kl. beide auch i. comp.)
v. gleich. Beschaffheit
I. (örtl.) gleich, eben
II. übtrg. 1. gleich, entsprechend, konform, adäquat
2. (zeitl.) gleichaltrig, -zeitig, v. gleicher Dauer wie, subst. Alters-, Zeitgenosse, Gespiele u. a.
3. (in d. Teilen) gleichmäßig, -förmig, symmetrisch, ebenmäßig
aequalitas, atis, *f*
Gleichheit, Rechtsgleichheit; Altersgleichheit
aequatio, onis, *f*
Gleichmachung
aeque adv.
gleich(mäßig), ebenso; billig, gerecht; aeque ac (auch et) u. (N. Kl.) aeque-aeque „ebenso-wie“
aequilibritas, atis, *f*
Gleichgewicht
aequinoctium, ii, *n*
Tag- und Nachtgleiche
aequipero 1.
(N. Kl.) gleichstellen, gleichkommen
aequitas, atis, *f*
ebene Beschaffenheit (N. Kl.); mit u. ohne animi = Gleichmut; (polit.) Rechtsgleichheit; Rechtsgefühl, Unparteilichkeit, Billigkeit; Humanität
aequo 1.
gleichmachen, ebnen; übtrg. gleichmachen, -stellen, vergleichen; gleichmäßig verteilen; (N. Kl.) gleichkommen, gleichen
aequor, oris, *n*
Fläche, Ebene; (P) Wasserfläche, Meeresspiegel, Meer, Flur
aequoreus, a, um
(P) Meeres-, am Meer wohnend
aequus, a, um, m. comp. u. sup.
I. in sich gleich:
1. eigtl. eben, gerade, wagerecht; (N. Kl.) aequum „Fläche, Ebene“
2. übtrg. günstig (gelegen); sich gleich bleibend, ruhig, gelassen, zufrieden „gelassen“, „gleichmütig“, auch = „gleichgültig“
II. 1. eigtl. u. übtrg. gleich (gl. groß, lang, breit u. a.); N. Kl. ex aequo „gleichmäßig“, „unter gl. Bedingungen“, in aequo „auf gl. Stufe“, „in gl. Lage“
2. (nach natürl. Recht) billig, gerecht; **aequum**, i, *n* Billigkeit, Gebühr
3. günstig, wohlwollend, geneigt
aer, aeris, *m* (gr.)
untere Luftschicht, Atmosphäre, Luft
aerarius, a, um
Erz-, Kupfer-, Geld-, Münz-. **aeraria**, ae, *f* Erzgrube. **aerarius**, ii, *m* (meist plur.) Bürger der untersten Klasse, „Ärarier“. **aerarium**, ii, *n* Schatzkammer, Staatsschatz; Staatsarchiv
aeratus, a, um
erzbeschlagen; (P) ehern
aereus, a, um
(N. Kl.) ehern, kupfern
aerifer, era, erum
erztragend (P)
aeripes, gen. pedis
erzfüßig (P)
aerius, a, um
in der Luft (befindlich); (P) luftig, hoch
aerugo, inis, *f*

Rost; (P) übtrg. Neid, Geiz
aerumna, ae, *f*
Drangsal, Mühsal, Kummer
aerumnosus, a, um mit sup.
mühselig, kummervoll
aes, aeris, *n*
I. Erz, Kupfer, Bronze; (P) ehernes Zeitalter
II. 1. ehern. Gefäß, Becken, Bild, Statue, Tafel u. a.
2. Geld, Vermögen
3. plur. = stipendium „Sold, Löhnung", (P) Schulgeld
aesculetum, i, *n*
Eichenwald (P)
aesculeus, a, um
eichen (P)
aesculus, i, *f*
eine Eichenart
aestas, atis, *f*
Sommer; (P) Jahr, Sonnenhitze, -wetter
aestifer, era, erum
(P) Hitze bringend, heiß
aestimabilis, e
schätzbar
aestimatio, onis, *f*
1. eigtl. (Ab)Schätzung (nach d. äuß. Wert), Taxe, Ansatz; spez. abgeschätztes Eigentum. Bezahlung durch e. solches
2. übtrg. (nach d. inner. Wert) Wert(schätzung)
aestimator, oris, *m*
Taxator; (N. Kl.) übtrg. Beurteiler, Würdiger
aestimo (älter **-tumo**) 1.
nach dem Wert oder Preis. (ab-)schätzen, taxieren, berechnen, veranschlagen, in Anschlag bringen, festsetzen
aestivus, a, um
sommerlich, subst.
aestiva, orum, *n*
Sommerlager; (Sommer-)Feldzug; (N. Kl.) Sommerweide; (P) Herde auf d. Alm
aestuarium, ii, *n*
Seelache
aestuo 1.
(auf)lodern, wallen, brausen (Feuer, Wogen) (P); übtrg. heiß, erhitzt sein, glühen (klass. v. Pers. „schwitzen"); unruhig sein, heftig bewegt sein; schwanken
aestuosus, a, um
glühend heiß; (P) wogend
aestus, us, *m*
eigtl. Glut, Hitze; Strömung, Brandung, plur. Ebbe u. Flut; übtrg. Gewalt, innerer Drang; Unruhe
aetas, atis, *f*
I. Lebenszeit, -dauer, Leben, Dasein
II. Lebensalter, Alter, Altersstufe, -klasse
III. spez. 1. Jugend
2. Mannesalter
3. Greisenalter
IV. Zeit(alter), Zeitabschnitt
V. abstr. u. konkr. Menschenalter, Generation, Geschlecht, (P) gelegtl. = Jahrhundert
aetatula, ae, *f*
Kindes-, Jugendalter (auch plur.)
aeternitas, atis, *f*
Ewigkeit; Unsterblichkeit
aeternus, a, um
ewig; ewig = unvergänglich, nie endend, beständig
aether, eris, *m* (gr.)
obere Luftschicht, Äther; leuchtende Himmelsluft; (P) Himmel, Oberwelt, Luft übhpt.
aetherius, a, um (gr.)
ätherisch, im Äther; (P) himmlisch, oberweltlich, luftig
aethra, ae, *f* (gr.)
helle od. reine Luft (P)
aevitas, atis, *f* (alte Form für aetas)
(Lebens-)Alter
aevum, i, *n*
(fast nur N. Kl.) Ewigkeit, Lebenszeit, Menschenalter; Zeitalter, Zeit
affabilis, e
leutselig
affabilitas, atis, *f*
Leutseligkeit
affabre adv.
kunstvoll
affatim adv.
genug
affatus, us, *m*
Anrede (P)
affectatio, onis, *f*
(N. Kl.) Sucht, Gesuchtheit

affectio, onis, *f*
Eindruck; Beziehung; Zustand, Beschaffenheit; (augenblickl.) Seelenstimmung od. (habituelle) Denk- u. Handlungsweise (mit u. ohne animi; auch plur.); N. Kl. Neigung, (Vor)Liebe
affecto 1.
(fast nur N. Kl.) sich machen an, eifrig erstreben, sich anmaßen, erkünsteln
affectus, us, *m*
Stimmung; N. Kl. Leidenschaft, Zuneigung
affectus, a, um (afficio)
gestimmt, disponiert, beschaffen; angegriffen, leidend, schwach; zur Neige gehend. Vgl. afficio
affero, attuli, allatum, afferre (fero)
1. eigtl. allg. herbeitragen, -bringen, -schaffen, mitbringen; überbringen; spez. manus afferre „Hand anlegen, sich vergreifen"; vim affere „Gewalt antun", nötigen, (zu) erzwingen (suchen)
2. übtrg. allg. mitbringen, an sich haben; spez. (Nachricht u. a.) (hinter-) bringen, melden, verkünden, pass. eingehen, einlaufen; (Gründe) vorbringen, anbringen, sich berufen auf; bewirken, verursachen, veranlassen, bereiten, gewähren, einflößen; zu etw. beitragen, hinzufügen, helfen, nützen
afficio, feci, fectum 3. (facio)
1. (rhet.) etwas in ein Verhältnis bringen zu
2. jemd. etwas antun od. zufügen, erweisen, angedeihen lassen, jmd. mit etw. erfüllen
3. einwirken auf: in e. Zustand od. Stimmung versetzen, stimmen, anregen, ergreifen; hart mitnehmen, schwächen. Vgl. affectus
affigo 3. (figo)
anheften, anketten, befestigen
affingo 3. (fingo)
eigtl. (bildend, schaffend) hinzufügen; übtrg. hinzudichten, -lügen, fälschlich hinzudenken
affinis, e
angrenzend, benachbart; an etw. mitschuldig; (durch Heirat) verwandt, meist subst. der (die) Verschwägerte
affinitas, atis, *f*
Verwandtschaft (durch Heirat), Verschwägerung
affirmate adv.
heilig u. teuer
affirmatio, onis, *f*
Versicherung
affirmo 1. (firmo)
etw. befestigen, bekräftigen (N. Kl.); e. Ansicht od. Tatsache (fest) behaupten, bestätigen, (bestimmt) versichern, mit Bestimmtheit sprechen, Versicherung abgeben über
afflatus, us, *m*
d. (An-)Wehen, d. (An-)Hauch; übtrg. Begeisterung, Inspiration
afflictatio, onis, *f*
Pein, Qual
afflicto 1.
heftig od. wiederholt schlagen (N. Kl.); beschädigen, übel zurichten; übtrg. plagen, bedrängen
afflictor, oris, *m*
Unterdrücker
afflictus, a, um mit comp.
übel zugerichtet; übtrg. mißlich, elend; niedergebeugt, mutlos; verworfen
affligo, flixi, flictum 3. (fligo)
eigtl. an etwas schlagen oder schmettern; übtrg. se a. „sich abgrämen"; spez. zu Boden werfen, umwerfen, pass. stürzen; beschädigen, verletzen, übel zurichten; übtrg. niederwerfen, ins Verderben stürzen, unglücklich machen, heimsuchen; (geistig) (nieder)beugen, bestürzt machen. Vgl. afflictus
afflo 1. (flo)
(an)wehen, hauchen
affluens (afluens), gen. entis, m. comp.
reichlich (zuströmend od. vorhanden); reichlich mit etw. versehen od. begabt, an etw. reich
af(f)luentia, ae, *f*
Überfluß, Fülle
affluo (afluo) 3. (fluo)
eigtl. heranfließen, herbeiströmen (N. Kl.); übtrg. zufließen, zuströmen; überfließen von, i. Fülle haben, begabt sein mit. Vgl. affluens u. afluo

affor 1. (for)
anreden, begrüßen
affore, **afforem** s. assum
affulgeo 2. (fulgeo)
(N. Kl.) (entgegen)strahlen, leuchten
affundo 3. (fundo)
(N. Kl.) zugießen, -schütten, pass. sich hinstrecken
afluo 3. (fluo)
abfließen, ausströmen (epikur. t. t.)
afore, **aforem** s. absum
agaso, onis, *m*
(N. Kl.) Stall-, Pferdeknecht, (P) bildl. Tölpel
age, **agedum** s. ago a. E.
agellus, i, *m*
Gütchen
agema, matis, *n* (gr.)
(N. Kl.) Garde i. mazed. Heere (Elitekorps)
agens, gen. entis, s. ago II B 1
ager, agri, *m*
Feld, Acker, Grundstück; (plur) das (flache) Land (Ggstz. urbs); Gebiet, Landschaft, Mark; (N. Kl.) spez. in agrum „landeinwärts", in die Tiefe
aggemo, ere (gemo)
dazu seufzen (P)
agger, eris, *m*
Erdreich, Schutt, Dammerde, Schanzmaterial; Erdwall, Damm, Schanze (auch bildl.); (P) Stadtwall, Stadtmauer, Uferböschung, Ufer; (meist P) Erhöhung, Haufen
aggero 3. (gero)
eigtl. herbeischaffen; (N. Kl.) übtrg. (über)häufen
aggero 1. (agger)
aufdämmen, (dammartig) aufhäufen, übtrg. erhöhen
aggestus, us, *m*
das Herbeischaffen (N. Kl.)
agglomero 1. (glomero)
(als Knäuel) fest anschließen oder beigesellen (P)
agglutino 1. (glutino)
anleimen, -kleben
aggravo 1. (gravo)
verschlimmern (N. Kl.)
aggredior 3. (gradior)
eigtl. herangehen, sich nähern, sich begeben; übtrg. (mit Worten, Bitten) sich an jmd. wenden, ihn zu gewinnen suchen; jmd. angreifen, anfallen (N. Kl. gerichtlich); sich an etw. machen, sich zu etw. anschicken, etw. unternehmen, beginnen, versuchen
aggrego 1. (grex)
beigesellen, anschließen
agilis, e
(meist P) beweglich, lenksam, behend, rührig
agilitas, atis, *f*
Beweglichkeit
agitabilis, e
leicht beweglich (P)
agitatio, onis, *f*
I. activ. eigtl. d. Bewegen, d. Schütteln (N. Kl.); übtrg. Betreiben, Ausübung
II. pass. eigtl. d. Bewegtsein, d. Bewegung; übtrg. Regsamkeit, Tätigkeit
agitator, oris, *m*
Wagenlenker; (P) Treiber
agito 1.
I. eigtl. (heftig, rasch, wiederholt) i. Bewegung setzen, (hin u. her) treiben, umhertreiben; spez. treiben, lenken, tummeln, jagen, hetzen, schütteln, schwingen u. a.
II. übtrg. 1. (den Geist) in Bewegung, in Tätigkeit setzen, beschäftigen
2. (meist P) antreiben, anspornen
3. (wie e. Wild) verfolgen, beunruhigen, hetzen, peinigen, spez. geißeln, verspotten
4. (polit.) aufrühren, aufregen
5. etw. (eifrig) besprechen, verhandeln
6. überlegen, bedenken, erwägen
7. übhpt. (Handlungen, Tätigktn.) vornehmen, (aus)üben, betreiben, verrichten, handhaben, äußern (N. Kl.)
8. pass. agitari „vor sich gehen", (ob-)walten, herrschen, sich äußern; spez. (Feste) begehen, feiern
9. (N. Kl.) (Zeit) zubringen, verleben, abs. sich irgendwo aufhalten od. verweilen, leben, wohnen, bestehen, sich benehmen
agmen, minis, *n* (ago)
I. allg. 1. (abstr.) Zug, Strömung, Windung, Schwung u. a. (P)
2. (konkr.) Zug, Trupp, Schar, Haufe, Schwarm
II. milit. 1. (abstr.) Zug, Marsch

2. (konkr.) Heer auf d. Marsch (in Marschordnung), Heereszug, (Marsch-)Kolonne, Heerschar; N. Kl. v. Schiffen „Zug", „Geschwader"; P gelegtl. = Feldschlacht

agna, ae, *f*
weibl. Lamm (N. Kl.)

agnascor 3. (nascor)
nachgeboren werden

agnatio, onis, *f*
Blutsverwandtschaft (von väterl. Seite)

agnatus, i, *m*
Verwandter (von väterl. Seite); (N. Kl.) agnati „nachgeborene Kinder"

agnina, ae, *f*
Lammfleisch (P)

agnitio, onis, *f*
Erkenntnis (selt.)

agnosco, novi, nitum 3. (nosco)
1. (jem. od. etwas nach seinem Wesen od. s. Bestimmung) erkennen, wahrnehmen
2. wiedererkennen
3. (als eigen od. von sich herrührd. oder als wahr) anerkennen, gelten lassen, bestätigen, einräumen

agnus, i, *m*
Lamm

ago, egi, actum 3.
in Bewegung setzen:
I. eigtl. A. (von lbdn. Wesen)
1. allg. treiben, führen, leiten
2. (N. Kl.) agi u. (P) se agere od. bloß agere „sich in Bewegung setzen", aufbrechen, marschieren, dahineilen, gehen, kommen
3. spez. (jagend, verfolgend) forttreiben, verfolgen; (erbeutend) wegtreiben, fortführen, rauben; N. Kl. (i. Triumph) aufführen, (Wild) hetzen, jagen
B. (von Sachen)
1. übhpt. in Bewegung setzen, i. Gang bringen, treiben
2. spez. (milit.) vorschieben, näher rücken, ziehen; (N. Kl.) (Wagen, Schiffe) lenken, führen, steuern, ziehen; (räumlich) anlegen, ziehen, führen
II. übtrg. A. jmd. in tätige Bewegung setzen, (zu etw.) treiben, führen, leiten, bringen, hinreißen (N. Kl.)
B. (in Bezug auf Geschäft, Arbeit u. a.) tätig sein, handeln, etw. (be)treiben, verrichten, vornehmen, veranstalten, ausführen, ausrichten, vollbringen, betätigen, bewirken u. a., agi „vorgehen", geschehen
1. allg. auf etwas sinnen, ausgehen, etw. i. Schilde führen
2. (Feste) feiern, begehen
C. betreiben = ver-, unterhandeln, besprechen, äußern
1. i. Privatleben = „jmdm. e. Antrag machen, ihn (bescheiden) bitten"
2. (jurist. t. t.) gerichtl. klagen, klagbar werden, d. Rechtsweg betreten, (v. Verteidiger) e. Prozeß od. e. Rechtsgeschäft führen, als Verteidiger auftreten (v. Redner) darstellen, vortragen.
3. (v. Schauspiel) e. Stück oder e. Rolle spielen od. darstellen, vortragen
D. (Zeit) hin-, zubringen, zurücklegen, verleben, agi „ablaufen", vergehen; (N. Kl.) abs. leben, sich aufhalten, verweilen, wohnen, (v. Truppen) Kriegsdienste tun, stehen, se agere „sich zeigen", sich verhalten
III. **age** (N. Kl. **agite**, **agitedum**)
1. allg. bei Aufforderungen „wohlan" (selt. klassisch)
2. spez. rhetor. a) (i. Übergängen) „wohlan", „und nun", „ferner", „(nun) weiter (denn)"; b) (i. d. concessio) „nun denn", „gut", „meinetwegen", „ja freilich"; auch verdopp. age, age. **agedum**, „wohlan denn" s. dum I 1.

Agonia, orum, *n* (gr.)
(P) Opfertiere od. = Agonalia. **Agonalia**, ium, *n* (P) „Agonalien", röm. Festtage, adi. **Agonalis**, „der A."

agrarius, a, um
d. Felder, Staatsländereien betreffend, Acker-. Subst. **agrarii**, orum, *m* Freunde d. Ackerverteilung

agrestis, e
wildwachsend, wild; ländlich, ackerbautreibend; übtrg. (tadelnd) bäuerisch, roh, ordinär, ungebildet, ungeschliffen; subst. **agrestis**, is, *m* der

Bauer (auch übtrg.)
agricola, ae, *m*
Landwirt, Landmann
agricultio, agricultor (N. Kl.), u. **agricultura** s. cultio usw.
agripeta, ae, *m*
Ansiedler
ah (a) interi.
ah, ach (meist P)
ahen(e)us s. aeneus
ain s. aio a. E.
aio (verb. defect)
ja sagen, bejahen, behaupten, versichern, sagen, nennen; in der Widerlegung ain tu? ain vero? ain tandem? „meinst du?" „wirklich?"
ala, ae, *f*
Flügel (des Vogels), übtrg Achsel(höhle) (N. Kl.); (milit. t. t.) Heeresflügel (N. Kl.), Reiterregiment (vereinz. klass.)
alabaster, tri, *m* (gr.)
Salbenfläschchen (aus Alabaster)
alacer (P alacris), cris, cre, m. comp.
munter, freudig, entschlossen
alacritas, atis, *f*
Munterkeit, Freudigkeit, Lust
alapa, ae, *f*
Backenstreich (P)
alarius, a, um u. (N. Kl.) **alaris**, e
auf d. Flügel befindlich: bundesgenössisch, Auxiliar-; subst. **alarii**, orum u. (N. K) **alares**, ium, *m* Flügeltruppen: Hilfstruppen = auxilia
alatus, a, um
geflügelt (P)
alauda, ae, *f*
Lerche
albatus, a, um
weiß gekleidet
albeo, ere
weiß oder bleich sein
albesco, ere
weiß, hell werden, schimmern
albico, are
weißlich sein (N. Kl.)
albidus, a, um
weiß(lich) (N. Kl.)
albulus, a, um
weißlich (N. Kl.)
albus, a, um
1. eigtl. weiß, Ggstz. ater; bildl. spez. grau(weiß). Subst. **album**, i, *n* weiße Farbe, weiße Tafel (zu behördl. Aufzeichngn.), N. Kl. Liste, Verzeichnis
2. übtrg. weißgekleidet (P); hell, licht, aufheiternd (P); glückbringend, günstig
alcedo, inis, *f* u. (meist P) **(h)alcyon**, onis, *f* (gr.)
Eisvogel
alces, is, *f* (Fw.?)
Elentier, Elch
alcidemos, i, *f* (gr.)
die Volkstarke (v. d. Athene)
alea, ae, *f*
Würfel, Würfelspiel, Glückspiel; sprichw. übtrg. Risiko, Zufall
aleator, oris, *m*
Spieler (von Profession)
aleatorius, a, um
Spiel-
alec s. allec
ales, gen. itis
(p) geflügelt, übtrg. schnell, flüchtig. subst. **ales**, itis, *f* u. (N. Kl.) *m* (durch Flug) weissagdr. Vogel; (P) Vogel übhpt., bildl. Sänger, Wahrzeichen, Vorbedeutung
alga, ae, *f*
Seegras, Tang
algeo, alsi 2.
Kälte empfinden, frieren
algidus, a, um
kalt (P)
algor, oris, *m*
(N. Kl.) d. Frieren, Frost
alia adv.
auf anderem Wege (N. Kl.)
alias adv.
1. (klass. nur zeitl.) zu e. andern Zeit, ein andermal, sonst; alias - alias „einmal - ein andermal", halb - halb; illi a. aliud „bald dies, bald das" iudicant, a. aliter „bald so, bald anders"
2. (N. Kl.) anderswo, auf andere Weise, im übrigen
alibi adv.
1. anderswo (selten klass.; [N. Kl.] a. - a. „hier - dort", alius a. „der eine hier, der andere dort")
2. (N. Kl.) in anderer Bezeichnung, sonst
alicubi adv.

irgendwo
alicunde adv.
irgendwoher, auch = von irgend jmd.
alienatio, onis, *f*
Veräußerung; (innere) Entfremdung, Bruch, Abfall
alienigena, ae, *m*
ausländisch, fremd; subst. Ausländer
alieno 1.
eigtl. etw. weggeben, veräußern, pass. i. fremde Gewalt geraten, (N. Kl.) spez. jmd. verstoßen; übtrg. entfremden, abwenden, verfeinden, abgeneigt, abspenstig od. abtrünnig machen, pass. abgeneigt od. feind sein; spez. mentem a. „verblenden"
alienus, a, um, mit comp. u. superl.
I. eigtl. A. allg. fremd, e. andern gehörig, Ggstz. proprius. Subst. **alienum**, i, *n* fremd. Gut od. Eigentum, fremd. Grund u. Boden, fremde Angelegenheit, (P) plur. fremdartige Stoffe
B. spez. 1. fremd, fernstehend, nicht verwandt, Ggstz. meus, propinquus u. a.; oft subst. „Fremder", alienissimi „Wildfremde"
2. ausländisch
3. (in d. Meinung) unselbständig
II. übtrg. 1. abgeneigt, ungünstig gestimmt, feindselig, gegen etw. gleichgültig
2. fremdartig, widersprechend, zweckwidrig, unangemessen, unpassend, unvereinbar mit, ungünstig, nachteilig, verkehrt
3. (grammat.) uneigentlich metaphorisch, Ggstz. proprius
aliger, era, erum
beflügelt (N. Kl.)
alimentarius, a, um
zum Unterhalt gehörig (N. Kl.)
alimentum, i, *n*
(klass. plur.) Nahrung; (jur.) Erzieherlohn
alimonium, ii, *n*
(N. Kl.) Ernährung, Unterhalt
alio adv.
eigtl. u. übtrg. anderswohin
alioqui(n) adv.
(N. Kl.) i. and. Hinsicht, im übrigen, übrigens, sonst, ohnehin
aliorsum adv.
(N. Kl.) anderswohin, i. anderem Sinn
alipes, gen. pedis
flügel-, schnellfüßig (P)
aliptes, ae, *m* (gr.)
Einsalber, etwa „Masseur"
aliqua adv.
auf irgend einem Wege, irgendwie
aliquam adv.
ziemlich: aliquamdiu „ziemlich lange", aliquam multi „zieml. viele"
aliquando adv.
1. (von jeder Zeit) = (irgend) einmal, einst, jemals, ehemals
2. endlich einmal
3. manchmal, zu Zeiten
aliquantulum
ein wenig
aliquantus, a, um
ziemlich groß, = viel (N. Kl.). neutr. **aliquantum** „e. zieml. Stück", e. z. Teil, e. z. Menge. adv. **aliquantum** ziemlich, bedeutend; abl. **aliquanto** um ein Bedeutendes = ziemlich, bedeutend
aliquis (N. Kl.) = aliquibus
aliquis, **-qua**, **-quid** u. **aliqui**, **-qua** u. (N. Kl.) **-quae**, **-quod**, pron. indef.
(irgend) jemand, (irgend) etwas, mancher, (irgend) ein
I. qualit. 1. allg. zur Bezeichng. einer unbestimmt. Person oder Sache; plur. **aliqui** „irgendwelche", einige, manche, allein oder mit gen. part., zuweilen mit ex, de, meist in posit., zur nachdrückl. Hervorhebg. auch in hypothet. u. negat. Zusammenhge. Verbdn. **alius aliquis** „irgend e. anderer" u. **unus a.** od. **a. unus** „irgd. ein einzelner, auch nur einer"
2. aliquis knüpft an Bestimmtes, etwas Allgemeines an = „überhaupt" od. „sonst ein"
II. quantit. in prägn. Sinne zur Bezeichnung e. Maßes
1. eines geringen: „irgd. ein" = „auch nur" od. „wenigstens ein (etwas)"
2. eines bedeutenden: „irgend ein" = „ein besonderer, merklicher", „erheblich", „beträchtlich" u. a.; **aliquid** adv. = „etwas", „einigermaßen"
III. aliqui bei Zahlen = ungefähr

aliquo adv.
irgendwohin
aliquot
einige, etliche, ein paar
aliquotie(n)s adv.
einigemal, mehrmals
alis, alid alte Form = alius, aliud
aliter adv.
1. auf andere Weise, anders
2. an Stelle e. hypoth. Satzes „wenn dem nicht so ist oder wäre" = andernfalls, sonst, i. entgegengesetzten Falle
alium (vulg. allium), ii, *n*
Knoblauch
aliunde adv.
(v. Ort, Pers., Sach.) anderswohin, von einem anderen, von etw. anderem
alius, a, ud adiekt. u. subst.
I. i. allg. 1. ein anderer (von mehr als zweien; vgl. alter)
2. alii „die übrigen" = ceteri, klass. selten, N. Kl. oft
II. ander = verschieden, andersartig (homines alii facti sunt = schon größer)
allabor 3. (labor)
herangleiten (N. Kl.); (v. Flüssigem) sich ansetzen
allaboro 1. (laboro)
(P) hinzuarbeiten, -künsteln, mühsam hinzufügen
allacrimo 1. (lacrimo)
dabei weinen
allapsus, us, *m*
das Hinzuschlüpfen (P)
allatro 1. (latro)
ankläffen (N. Kl.)
allec, ecis, *n*
Fischsauce
allecto 1.
anlocken
allectus s. allego (nicht allicio!)
allegatio, onis, *f*
Absendung (wohl nur i. privat. Angelegenh.)
allego 1. (lego)
(i. Privatangelegenh.) absenden, abschicken; (N. Kl.) übtrg. etw. vorbringen, erwähnen
allego 3. (lego)
hinzuwählen (N. Kl.)
allevamentum, i, *n*
Erleichterung(-smittel)
allevatio, onis, *f*
übtrg. Erleichterung
allevo 1. (levo)
eigtl. empor-, aufheben (N. Kl.); übtrg. erleichtern, mildern, trösten
allicio, N. Kl. lexi 3. (lacio)
anlocken, an sich ziehen, gewinnen
allido, si, sum 3. (laedo)
an etw. schleudern; pass. übtrg. eine Schlappe bekommen
alligo 1. (ligo)
I. eigtl. 1. allg. anbinden
2. spez. in Fesseln schlagen, binden, hemmen; (mediz. t. t.) verbinden, Verband anlegen
II. übtrg. 1. allg. fesseln, hemmen, binden
2. spez. (durch Wohlwollen u. a.) fesseln, ketten; (rhet. t. t.) (durch Gesetze) binden, beschränken; (moral.) verpflichten, verbindlich machen
allino, ere (lino)
(mit d. Feder einen Strich) dazusetzen, beifügen
allium s. alium
allocutio, onis, *f* u. **alloquium**, ii, *n*
(N. Kl.) Anrede, Ansprache, Zuspruch
alloquor 3. (loquor)
anreden
alludo, ere (ludo)
sich spielend oder leise heranbewegen, bespülen; bildl. (dazu) scherzen
alluo 3. (luo)
bespülen
alluvies, ei, *f*
Überschwemmung
alluvio, onis, *f*
Anschwemmung
almus, a, um
(fast nur P) nährend, fruchtbar, segenspendend, hold, wohltätig
alnus, i, *f*
Erle; (P) Fahrzeug
alo, alui, altum (vereinz. alitum) 3.
1. eigtl. (= nutrire) nähren, säugen (selt. klass.: pullos; bildl. alqm. ambrosia), unterhalten, (er)halten, ernähren, groß-, aufziehen
2. übtrg. nähren = (be)fördern, heben, emporbringen, pflegen, steigern, wachsen lassen, u. a.

alsus, comp. alsior
kühlend, erfrischend
altaria, ium, *n*
Altar
alter, era, erum (vgl. alius!), subst. u. adjekt.
1. a) der eine von beiden, der eine (von zweien), der andere; b) alter - alter, auch unus - alter „der eine - der andere"
2. entgegengesetzt (pars a. „Gegenpartei"), (P) verschieden, verändert
3. als Zahlwort: anderer = zweiter, nächster
4. alter = a) „e. anderer" i. Ggstz. zur eig. Pers.; b) = Nächster, Nebenmensch
5. **altera**, ae, *f* (sc. febris) d. zweitägige (Wechsel-) Fieber
altercatio, onis, *f*
Wortwechsel, Streit
altercor 1.
streiten, e. Wortwechsel führen; (P) übtrg. im Streit liegen mit
alterno 1.
(N. Kl.) abwechseln, abwechselnd tun od. bewirken, (P) (geist.) schwanken
alternus, a, um
abwechselnd, gegenseitig. (N. Kl.) adv. alternis im Wechsel
alter uter u. **alteruter** subst. u. adj.
einer (der eine) von beiden
alticinctus, a, um
hochgeschürzt (P)
altilis, e
(N. Kl.) gemästet, **altiles**, ium, *f* u. **altilia**, ium, *n* gemäst. Geflügel
altisonus, a, um u. **altisonans**, antis
hochdonnernd (P)
altitudo, inis, *f*
I. Höhe; meton. Anhöhe; übtrg. Erhabenheit, Größe
II. Tiefe; übtrg. a. animi „Selbstbeherrschung", „Verschlossenheit"
III. Dicke
altivolans, gen. antis
(P) hochfliegend, plur. subst. Vögel
altor, oris, *m*
Ernährer. fem. **altrix**, gen. tricis nährend, Ernährerin
altus, a, um, m. comp. und superl., (alo) gewachsen:
I. 1. (nach oben) hoch, (P) spez. von Städten = hochragend
2. übtrg. hoch; erhaben, hehr. Subst. **altum**, i, *n* Höhe, (N. Kl.) Himmel (-shöhe)
II. (nach unten) tief; (N. Kl.) übtrg. innerlich, geheim, versteckt. Subst. **altum**, i, *n* die Tiefe (d. Meeres), hohes Meer, hohe See, (N. Kl.) übtrg. Tiefe, Grund, Inneres (der Seele)
III. (v. d. Weite) tief = tief hinein, weit hineingehend; übtrg. weit entfernt, uralt
alucinor (hal-) 1.
gedankenlos reden, faseln
alumen, inis, *n*
Alaun
alumnus, i, *m* u. **alumna**, ae, *f* (altes part. praes. pass. v. alo)
Pflegling, Pflegesohn, -tochter, -kind, (N. Kl.) (v. Tieren) Junges; übtrg. Schüler
aluta, ae, *f*
(mit Alaun gegerbtes) Leder; (P) das daraus Gefertigte: Schuh, Beutel, Pflästerchen u. a.
alvarium, ii, *n*
Bienenkorb, -stock
alveolus, i, *m*
1. kleine Mulde, Wanne (N. Kl.)
2. spez. Spielbrett, meton. Würfelspiel; (N. Kl.) Schanzkorb, klein. Flußbett
alveus, i, *m*
Höhlung, Bauch:
1. Wanne, Badewanne, Mulde, Becken (vereinz. klass.)
2. (N. Kl.) Kahn, Schiff, Flußbett, Bienenstock, Würfelbrett, -spiel
alvus, i, *m*
Bauch; spez. Mutterleib, Magen; (N. Kl.) Schiffsbauch, Bienenstock
amabilis, e
mit comp. u. superl., liebenswürdig, lieblich, liebevoll
amandatio u. **amendatio**, onis, *f*
Verweisung
amando u. **amendo** 1. (mando)
wegschicken, verweisen, entfernen; gelegtl. (sicherheitshalber) außer Landes schicken
amans, gen. antis, mit comp. u. superl.
1. liebend, Liebhaber

2. zugetan, wohlwollend, Freund; liebevoll, lieb
amaracum, i, *n* (gr.)
Majoran
amarantus, i, *m* (gr.)
Amarant, Tausendschön
amaritudo, inis, *f* u. **amaror**, oris, *m*
(N. Kl.) Bitterkeit, Erbitterung
amarus, a, um mit comp. u. superl. (d. adv. ist N. Kl.)
I. eigtl. (v. Geschmack) bitter, (P) (v. Geruch) scharf, beißend
II. übtrg. 1. herb, widerwärtig, unangenehm
2. (v. Pers.) verbittert, empfindlich, reizbar
3. (v. d. Rede) verletzend (N. Kl.)
amator, oris, *m*
eigtl. Liebhaber, Buhle, Wollüstling (vgl. amans); übtrg. Freund, Verehrer
amatorius, a, um
verliebt, galant, buhlerisch, Liebes-
ambactus, i, *m*
(keltisch) ein Höriger
ambages, is, *f* (außer i. abl. sing. nur i. plur.)
(N. Kl.) Irrweg, (v. d. Rede) Umschweife, Winkelzüge, (v. Orakel) Zweideutigkeit, Rätselhaftigkeit
ambedo 3. (edo, s. ambi)
(N. Kl.) (ringsum) anessen, völlig aufzehren
ambi (amb, am, an) in Comp.
zu beiden Seiten, (rings) herum
ambigo, ere (ago, s. ambi)
nach zwei Seiten treiben:
1. (mit e. anderen) streiten, disputieren, anderer Meinung sein, bestreiten, pass. zweifelhaft oder streitig sein
2. (N. Kl.) schwanken, unschlüssig sein
ambiguitas, atis, *f*
Zweideutigkeit, Doppelsinn
ambiguus, a, um, nur posit., adv. **-gue**
I. eigtl. (zwischen zweien) schwankend, veränderlich, Zwitter-, Zwillings- (N. Kl.)
II. übtrg. 1. schwankend, unentschieden, zweifelhaft, streitig, unsicher, subst. **in ambiguo** im Zweifel (N. Kl.)
2. unzuverlässig, mißlich (N. Kl.)
3. (v. Worten) zweideutig, doppelsinnig, unklar. **ambiguum**, i, *n* Zweideutigkeit, Doppelsinn
4. (N. Kl.) mit sich uneins sein - unentschlossen od. ängstlich sein
ambio 4. (Comp. v. eo u. ambi, doch regelmäßig flektiert!)
1. eigtl. herumgehen, umkreisen, (N. Kl.) spez. etw. (vermeidend) umgehen
2. übtrg. mit etw. umgeben (N. Kl.); (bittend) herumgehen, sich bewerben, „ambieren", jmd. umwerben, angehen, ersuchen
ambitio, onis, *f*
das Herumgehen:
1. Aufzug, Gepränge (N. Kl.)
2. Amtsbewerbung (auch plur.)
3. übtrg. (polit. u. i. allg.) Ehrsucht, Ehrgeiz; Streben nach Gunst
4. Parteilichkeit
ambitiosus, a, um, mit comp.
I. um etw. herumgehend, etw. fest umschlingend (N. Kl.)
II. übtrg. 1. nach Ämtern u. Ehrenstellen strebend
2. (i. öffentl. u. privat. Leben) ehrgeizig, ehrsüchtig, eitel
3. nach Gunst haschend, auf Gunst berechnet, gefallsüchtig
4. rücksichtsvoll, parteiisch
ambitus, us, *m*
d. Herumgehen =
1. (abstr. u. konkr.) Umlauf, Kreislauf, -bahn (der Gestirne); Kreis, Saum, Rand; (N. Kl.) Ausdehnung, Bereich, eigtl. u. übtrg. Umweg, Umschweif, (v. Flüssen, Gestade u. a.) Windung; (grammat.) Periode
2. d. Herumgehen = (ungesetzl.) Anhalten (um Ämter), Amtserschleichung; (N. Kl.) Haschen nach Gunst, (übertrieb.) Gunstbeflissenheit, Ehrgeiz, Parteilichkeit, Umtriebe
ambo, ae, o (acc. plur. ambos, zuweil. ambo) subst. u. adiekt.
„beide" (zusammen, zu gleicher Zeit)
ambrosius, a, um (gr.)
P göttlich. **ambrosia**, ae, *f* (gr.) Götterspeise, (P) auch vom Salböl
ambubaia, ae, *f*
(N. Kl.) „Bajadere"
ambulatio, onis, *f*
1. Spaziergang, in a. „auf dem -"

2. Gang, Wandelhalle, Promenade
ambulatiuncula, ae, *f*
kleiner Spaziergang; übtrg. (kleine) Wandelhalle
ambulo 1.
1. allg. gehen, wandern, einher-, umhergehen; trans. durchwandern
2. spez. stolz einherschreiten; lustwandeln, spazieren gehen; reisen; gelegtl. = marschieren
amburo 3. (uro, s. ambi), klass. nur pass.
1. (ringsum) versengen, an-, verbrennen
2. pass. erfrieren (N. Kl.), übtrg. versehrt werden, hart mitgenommen w.
amellus, i, *m*
Sternblume
amend... s. amand...
amens, gen. entis, mit comp. u. superl.
sinnlos, kopflos, unsinnig, wahnsinnig
amentatus, a, um
mit Schwungriemen
amentia, ae, *f*
Sinnlosigkeit, Kopflosigkeit, Wahnsinn
amentum, besser **ammentum**, i, *n*
Wurf-, Schwungriemen; (P) Geschoß
(ames), itis, *m*
Stellgabel (N. Kl.)
amethystus, i, *f* (gr.)
Amethyst, violetter Edelstein
amfractus s. anfractus
amica s. amicus
amicio, amictun 4. (ambi u. iacio)
umhüllen, einhüllen, bekleiden
amicitia, ae, *f*
1. Freundschaft
2. (zwischen Staaten od. deren Häuptern) Freundschaftsbündnis, Bundesgenossenschaft
3. meton. = Freunde
amictus, us, *m*
Umwurf, Tracht, Mantel; auch an Statuen; (P) übtrg. Hülle, Schleier
amicula, ae, *f*
Liebchen
amiculum, i, *m*
Umwurf, Mantel
amiculus, i, *m*
trauter Freund
amicus, a, um, mit comp. u. superl., adv. **amice** u. **amicissime**
I. adject. (auch im polit. Sinne) befreundet, freundlich, wohlwollend, gewogen, freundschaftlich, gefällig, günstig, geneigt
II. subst. 1. **amicus**, i, *m* Freund; (philos.) Anhänger; Liebhaber; (P) Gönner, Gefährte; polit. Freund = Anhänger, Verbündeter, Bundesgenosse (von Parteigenossen, von auswärt. Völkern u. Pers.); Ratgeber, Berater, Hofleute, (N. Kl.) plur. Leibwache
2. **amica**, ae, *f* Freundin; Geliebte, Dirne
amigro 1. (migro)
fortwandern (N. Kl.)
amissio, onis, *f* u. (N. Kl.) **amissus**, us, *m*
Verlust
amita, ae, *f*
Tante (Vaterschwester); gelegtl. N. Kl. = Großtante
amitto 3. (mitto)
I. fortschicken (N. Kl.)
II. eigtl. u. übtrg. 1. (freiwillig oder durch eigene Schuld) gehen, los, fahren lassen, auf-, preisgeben, entschlüpfen od. sich entgehen lassen
2. (unfreiwillig od. ohne Wissen) verlieren, einbüßen, oft pass. verloren gehen, i. allg.; spez. im Kriege
ammentum s. amentum
amnicola, ae, *c*
an Flüssen wohnend (P)
amniculus, i, *m*
Flüßchen (N. Kl.)
amnis, is, *m* (abl. klass. amni)
Strom, Fluß; (N. Kl.) Wasser, Flüssigkeit, Gießbach, Ströme
amo 1.
I. (sinnlich) lieben, verliebt sein in, e. Liebesverhältnis haben mit
II. (in edlem Sinne) lieben, lieb haben, Gefallen finden an, gern sehen (aus Neigung, diligo aus Wertschätzung)
1. allg.
2. spez. a) zufrieden sein mit, dankbar anerkennen, jmdm. sich verpflichtet fühlen, se amare „von sich eingebildet sein", mit sich zufrieden sein, eigennützig sein; b) (N. Kl.) mit inf. gern tun, pflegen; c) in d. Umgangs-

sprache amabo te (nie vos!) od. si me (nos) amas, amatis u. a. = quaeso „sei so gut“, „ich bitte sehr“. Vgl. amans.

amoenitas, atis, *f*
reizende Lage od. Gegend, Schönheit der Gegend; (N. Kl.) übtrg. Reiz, Lieblichkeit, Annehmlichkeit

amoenus, a, um, mit comp. u. superl.
reizend (gelegen), romantisch, anmutig; (N. Kl.) übtrg. reizend, angenehm, lieblich, einnehmend, gefällig

amolior 4. (molior)
(N. Kl.) (mit Anstrengung) fortbewegen, wegschaffen, beseitigen, entfernen, übtrg. abwenden, beiseite lassen, (Personen) aus d. Wege schaffen

amomum, i, *n* (gr.)
asiat. Gewürzpflanze, Balsam

amor, oris, *m*
1. (sinnliche) Liebe, Leidenschaft, Liebschaft, plur. Liebeshändel, -verhältnis, (P) der od. die Geliebte, plur. Liebesklagen, -schmerzen, -lieder
2. (i. edlem Sinne) a) Liebe, Zuneigung; b) konkr. Liebling
3. übtrg. Liebe = Begierde, Lust, Trieb, Streben, Sucht
4. personif. Liebesgott, Amor, plur., Amoretten

amotio, onis, *f*
Entfernung

amoveo 2. (moveo)
eigtl. fortbewegen, -schaffen, entfernen, (N. Kl.) verweisen, verbannen, se a. „sich entfernen“; übtrg. (Lästiges) entfernen, wegschaffen, beseitigen, fernhalten

amphibolia, ae, *f* (gr.)
Zweideutigkeit, Doppelsinn

amphitheatrum, i, *n* (gr.)
Amphitheater (N. Kl.)

amphora, ae, *f* (gr.)
(zweihenkliger) Krug, Amphora; klass. als Maß (von 20 Litern), (N. Kl.) „Last“ von 80 Pfund (zur Bestimmung d. Größe e. Schiffes)

ampla, ae, *f*
Handhabe (Sp.)

ample adv. s. amplus

amplector, plexus sum 3.
I. eigtl. umschlingen, umschlungen halten, umfassen, umarmen, umgeben, umringen
II. übtrg. 1. liebend od. mit Vorliebe umfassen, lieben, hochhalten, in sein Herz schließen, hegen, pflegen
2. mit Freuden begrüßen, willkommen od. gut heißen, gern annehmen
3. (mit d. Geiste) umfassen, durchdenken
4. etw. umfassen, in etw. einschließen, unter etw. begreifen od. aufnehmen
5. (i. d. Darstellung) umfassen, ausführen, besprechen, behandeln, spez. kurz zusammenfassen, summarisch behandeln

amplexo (?) u. **amplexor** 1.
eigtl. wiederholt umarmen, umfassen; übtrg. jmd. mit Liebe umfassen, in sein Herz schließen; an etw. (mit Vorliebe) festhalten, etw. hochhalten, Wert legen auf etw., hochschätzen, lieben

amplexus, us, *m*
Umschlingung, Umarmung

amplificatio, onis, *f*
Vergrößerung, Vermehrung; spez. (rhetor.) Steigerung, Ausschmückung

amplificator, oris, *m*
Erweiterer, Mehrer

amplifico 1.
erweitern, (ver)mehren, vergrößern, verstärken, ausdehnen, erhöhen, steigern; spez. (rhet. t. t.) (hervor) heben, steigern, i. ein helleres Licht setzen

amplio 1.
vergrößern, erhöhen (N. Kl.); (t. t. iur.) vertagen (klass. abs.)

amplitudo, inis, *f*
I. eigtl. Geräumigkeit, großer Umfang, Größe, Weite, auch im plur.
II. übtrg. 1. Großartigkeit, Erhabenheit
2. Ansehen, Würde, Hoheit, hohe Stellung
3. (rhet. t. t.) Erhabenheit, erhabener Schwung

amplus, a, um, mit comp. u. superl.
I. eigtl. 1. geräumig, umfangreich, groß, weit
2. viel, groß, bedeutend, ansehnlich, reichlich
II. übtrg. 1. (v. Dingen) a) groß = stark, heftig; b) (dem äußeren Glanz od. inneren Gehalt nach) groß = glänzend,

prächtig, herrlich, würdevoll, ehrenvoll
2. (v. Pers.) hoch geachtet, hoch stehend, berühmt, ausgezeichnet, spez. amplissimus (v. Stand) „erlaucht".
adv. **ample** ansehnlich, reichlich; großartig, prächtig, herrlich, glänzend
spez. comp. **amplicus**
1. in höherem Grade, mehr
2. (zeitl. u. räuml.) weiter, länger, ferner, mehr
3. öfter (N. Kl.)
4. (noch) weiter, noch mehr, überdies, außerdem, sonst noch
5. (bei Zahlen) mehr als, über
6. (t. t. iur.) bei Vertagung: cum consules „amplius" „bis auf weiteres" pronuntiavissent; bei Zahlungsverträgen: a. petere (ab) „weitere Ansprüche stellen (an)"

ampulla, ae, *f*
Salbenfläschchen, Schminkbüchse; (P) übertrg. Redeschwulst

ampullor 1.
schwülstig reden od. schreiben (P)

amputatio, onis, *f*
das Abschneiden

amputo 1.
1. (Äste) ringsum abschneiden, wegputzen; beschneiden, ausputzen
2. (e. Körperteil) abschneiden, abhauen, ablösen, amputieren
3. übtrg. abstreifen, beseitigen; vermindern, verkürzen, beschränken; (rhet.) infracta et amputata loqui „abgebrochen u. verstümmelt", d. h. ohne inneren Zusammenhang

an steht
I. zur Einführung des 2. (u. der übrig.) Gliedes einer disjunktiv. Frage, in direkten wie in indirekt. Fragen. Das 1. Glied wird meist durch utrum od. ne bezeichnet; od. es steht, besonders bei e. kurzen u. deutl. Ggstz., ohne Fragepartikel
II. zur Einführg. einer selbständig. direkten Frage:
1. entsprechend dem deutsch. „oder" widerlegt die rhetor. Frage mit an (an vero) e. im vorherghdn. ausgedrückten od. aus d. Zus.hang zu ergänzenden Einwand oder Zweifel u. dient nach Behauptungen od. Fragen teils zur Begründung, teils zur näheren Ausführung
2. die Frage mit an (an vero) steht in e. argumentum e contrario, z. B. an victus hominum Atheniensium beneficio excoli potuit, oratio non potuit? „die Lebensweise hat..., (u.) die Rede hätte es nicht können" od. „wenn die Lebensweise..., warum hätte es die Rede nicht können" u. ähnl.
3. an fügt einen Zweifel an (dem e. Frage zugrunde liegt), z. B. is dicitur vidisse euntem, an iam in Asia „od. (war es vielleicht) schon -", „oder möglicherweise schon -"; cum ei Simonides an quis alius polliceretur „oder (war es) ein anderer"; oft N. Kl.
III. zur Einführg. einer selbständ. indirekten Frage = „ob", klass. nach Verben des Zweifelns u. der Ungewißheit (bes. haud scio) im Sinne von „ob nicht" zum Ausdruck e. bescheidenen Behauptung od. e. Vermutung, z. B. dubito an Venusiam tendam „vielleicht nehme ich meinen Weg" an non oissis; haud sciam. So werden nescio an u. a. zu adverbial. Ausdrücken im Sinne von „vielleicht" ohne Einfluß auf d. Modus. an - an „ob - ob" findet sich gelegtl. P.

anagnostes, ae, *m* (gr.)
Vorleser

anapaestus, a, um (gr.)
anapästisch. Subst. a) **-us**, i, *m* Anapäst. b) **-um**, i, *n* Gedicht in Anapästen

anas, itis (N. Kl. atis), *f*
Ente

anaticula, ae. *f*
Entchen

anatecismus, i, *m* (gr.)
Zinseszins

anceps, gen. cipitis
I. eigtl. doppelköpfig (P)
II. übtrg. 1. (v. Bergen) doppelgipfelig (P)
2. doppelseitig, von od. nach zwei Seiten, doppelt
3. schwankend, unentschieden, ungewiß, zweifelhaft
4. (v. Pers.) schwankend, unschlüssig,

ratlos (N. Kl.)
5. zweideutig, doppelsinnig (N. Kl.)
6. gefährlich, mißlich, bedenklich, verhängnisvoll

ancile, is, *n*
heiliger Schild (N. Kl.); (P) Schild

ancilla, ae, *f*
Magd, Dienerin, Sklavin

ancillaris, e
Mägden zukommend, eigen

ancillula, ae, *f*
junge Magd, -Dienerin, -Sklavin

ancora, ae, *f*
Anker

ancorale, is, *n*
Ankertau (N. Kl.)

ancorarius, a, um
Anker-

andabata, ae, *m* (gr.)
Gladiator mit geschlossenem Helm

androgynus, i, *m* (gr.)
Mannweib, Zwitter

anellus, i, *m*
kleiner Ring (P)

anethum, i, *n*
Dill

anfractus, us, *m*
1. eigtl. Biegung, Krümmung (d. Weges), Kreislauf d. Sonne (auch plur.)
2. übtrg. (i. Reden) Umschweif, Weitschweifigkeit; (bei Advokaten) Winkelzüge

angiportus, us, *m* u. **-portum**, i, *n*
enges Gäßchen, Seitengasse

ango, ere
1. eigtl. zusammendrücken, würgen, beengen
2. übtrg. ängstigen, beunruhigen, beklemmen, quälen, pass. sich beengt oder beunruhigt fühlen

angor, oris, *m*
(phys.) Beklemmung (N. Kl.); übtrg. (tiefe) Bekümmernis, Angst, Unruhe, auch plur.

anguicomus, a, um
schlangenhaarig (P)

anguiculus, i, *m*
kleine Schlange

anguifer, era, erum
Schlangen tragend (P)

anguigena, ae, *c*
von Schlangen erzeugt (P)

anguilla, ae, *f*
Aal

anguineus und **anguinus**, a, um
(N. Kl.) schlangenartig, Schlangen-

anguipes, pedis, *m*
Schlangenfüßler (P)

anguis, is, *c*
Schlange; (P) Schlange als Sternbild

anguitenens, entis, *m*
Schlangenhalter (e. Sternbild) (P)

angulatus, a, um
eckig

angulus, i, *m*
1. Ecke, Winkel, Spitze
2. spez. mathem. Winkel; Bucht (N. Kl.); einsamer „Winkel"

angustia, ae, *f*, **angustiae**, arum, *f*
I. eigtl. Enge, enger Raum, enge Grenze, Engpaß; spez. (v. Atem) Kürze, Schwachwerden
II. übtrg. 1. (zeitl.) Kürze
2. (v. der Rede) Kürze, Gedrängtheit
3. (v. Maß) Beschränktheit, Knappheit, Mangel, Not, Armut
4. mißliche Lage, Verlegenheit, Schwierigkeit
5. Enge = Beschränktheit, Engherzigkeit
6. Spitzfindigkeit

angusto 1.
verengen

angustus, a, um, mit comp. u. superl. u. mit adv.
1. (räuml.) eng, schmal, knapp
2. (zeitl.) kurz (N. Kl.)
3. (v. d. Rede) eng = kurz, knapp, gedrängt, bündig
4. beschränkt, knapp, dürftig, spärlich, kärglich
5. mißlich, bedenklich, ungünstig
6. beschränkt = engherzig, kleinlich, peinlich

anhelitus, us, *m*
Keuchen, Schnauben, Kurzatmigkeit, Atem, Hauch; Ausdünstung, Dunst

anhelo 1. (aus an u. halo)
1. intr. schnauben, keuchen; übtrg. sausen, brausen (N. Kl.)
2. trans. hervor-, ausschnauben; übtrg. nach etwas schnauben, lechzen

anhelus, a, um
(P) keuchend, schnaubend, kurzatmig,

atembeschwerend
anicula, ae, *f*
altes Weib, Mütterchen
anilis, e
altweiberhaft, altmütterlich
anima, ae, *f*
I. eigtl. 1. Luft (als Element)
2. Atem, Hauch (ducere „atmen“, continere „anhalten“).
3. Luftzug, Wind, spez. Duft (P)
II. übtrg. 1. Seele (als das physische Prinzip des Lebens, dagegen animus als d. empfindende, begehrende und denkende Prinzip)
2. Leben, Lebenskraft
3. spez. Schatten, Manen
4. (P) Blut (als Sitz des Lebens)
5. (kosend) Seele, Herz; (N. Kl.) i. tadelnd. Sinne
6. (N. Kl.) = animus Geist
animadversio, onis, *f*
1. Wahrnehmung, Beobachtung
2. (amtlich u. allgem.) Bestrafung, Ahndung, Tadel, Rüge
animadversor, oris, *m*
Beobachter
animadverto 3. (animum u. adverto)
1. aufmerken, achtgeben auf
2. beachten, bemerken, beobachten, wahrnehmen, sehen
3. (amtl. u. allg.) ahnden, strafen, gegen jmd. strafend vorgehen
animal, malis, *n*
1. (jedes) lebende Wesen, Geschöpf (von Mensch. u. Tieren)
2. spez. Tier (i. Ggstz. zum Menschen); übtrg. verächtl. v. Mensch. = „Tier“
animalis, e
1. aus Luft bestehend, luftig, luftartig
2. act. belebend; pass. belebt, lebend, beseelt
animans, gen. antis
belebt, lebend, beseelt. Subst. **animans**, antis, *m, f, n*
1. lebendes Wesen, Geschöpf
2. spez. Tier
animatio, onis, *f*
Geschöpf, Wesen (vereinz. klass.)
animatus, a, um
1. beseelt, belebt
2. (moral. od. polit.) gesinnt, gestimmt
animo, 1.
1. beseelen, beleben
2. spez. a. in aliquid „verwandeln in“
animosus, a, um, mit comp.
mutig, beherzt, mit Selbstvertrauen, (N. Kl.) keck, ungestüm, verwegen, (P) stolz auf, übtrg. (v. Winden) stürmisch
animula, ae, *f*
Seelchen
animus, i, *m*
I. allg. Seele, Geist, Ggstz. corpus, anima od. die einzelnen Seelenkräfte, vergl. mens 1.
II. spez. A) als Prinzip des Denkens
1. allg. Denkkraft, Geist
2. spez. a) Aufmerksamkeit, Gedanke; b) Gedächtnis; c) Urteil, Ansicht, Überzeugung; d) Bewußtsein, Besinnung
B) des Empfindens
1. allg. Empfindung, Herz, Gefühl, Gemüt(-sverfassung)
2. spez. a) Sinn, Sinnesart, Charakter, Stimmung, Gesinnung; b) (sing. u. plur.) Mut, Selbstvertrauen, Zuversicht, Energie; c) Übermut, Hochmut, Stolz, Wildheit; d) Unwille, Unmut, Zorn, Leidenschaft
C) des Wollens
1. allg. Wille, Verlangen, Wunsch, Trieb
2. spez. a) Vorsatz, Absicht, Entschluß; b) Lust, Vergnügen (animi causa „zum V., zur Unterhaltung“)
III. (P) = anima
anitis gen. v. anas
annalis, e
die Jahre betreffend (lex a. Gesetz über das zu Amtsbewerbungen erforderliche Alter). **annalis**, is, *m*, meist plur. **annales**, ium, *m* (öffentl. u. privat.) Annalen, Jahrbücher, Chronik; (N. Kl.) übtrg. Geschichte, Bericht
annato 1. (nato)
herausschwimmen (N. Kl.)
anne s. an I.
annecto, (N. Kl. nexui) nexum 3. (necto)
eigtl. anknüpfen, anbinden, anfügen; übtrg. mit etw. verbinden, vereinigen, an etw. anreihen, (N. Kl.) (redend) hinzufügen
annexus, us, *m*

(N. Kl.) „Verband“, Beziehungen
anniculus, a, um
(ein)jährig (N. Kl.)
annitor 3. (nitor)
sich anstemmen, sich anlehnen; übtrg. sich bemühen, sich anstrengen
anniversarius, a, um
alljährlich (einmal) wiederkehrend
anno 1. (no)
heranschwimmen
annon = an non, s. an I. a. E.
annona, ae, *f*
1. Jahresertrag (v. Getreide, [N. Kl.] v. anderen Produkten)
2. Getreide, Nahrungsmittel
3. Preis des Getreides und der Lebensmittel
4. hoher Marktpreis, Teuerung
annosus, a, um
(N. Kl.) hochbejahrt, alt
annotinus, a, um
vorjährig
annoto 1. (noto)
(N. Kl.) (schriftlich) vermerken, aufschreiben, notieren (bsd. zur Bestrafung), übtrg. etw. bemerken, wahrnehmen, beachten
annumero 1. (numero)
1. auf-, zuzählen
2. hinzuzählen, -rechnen, mitzählen
annuntio 1. (nuntio)
(N. Kl.) dazu berichten, ankündigen
annuo, ui 3. (nuo)
1. zunicken, e. Wink geben
2. beifällig zunicken, zustimmen, bejahen, bestätigen, gut heißen
3. jmdm. etw. zugestehen, gewähren, versprechen
4. durch Nicken od. Winken bezeichnen
annus, i, *m*
Kreis, Ring:
I. allg. Jahr; spez. annum „ein Jahr hindurch“; anno (N. Kl.) „während e. (ganzen) Jahres, e. volles Jahr, in jedem Jahre“; in anno „i. jedem Jahre, jährlich“; in annum „auf ein Jahr“
II. spez. 1. Lebensjahr
2. (publiz.) „d. Altersjahr“, „Amtsjahr“
3. Jahreszeit (N. Kl.)
4. ein Jahr = lange Zeit (meist P)
5. Ertrag des Jahres = Ernte
annuus, a, um
ein Jahr dauernd, auf e. Jahr beschränkt, i. ganzen Jahre (geschehen), d. ganze Jahr hindurch, jahraus jahrein, jährig; (N. Kl.) = anniversarius
anquiro, quisivi, quisitum 3. (quaero)
1. mit aller Sorgfalt suchen, aufsuchen
2. untersuchen, nachforschen
3. (N. Kl.) (gerichtl.) Untersuchg. anstellen, Strafe beantragen
ansa, ae, *f*
eigtl. Griff, Handhabe, Henkel (N. Kl.); bildl. Handhabe = Anhalt (-spunkt), Veranlassung, Gelegenheit
anser, seris, *m*
Gans
ante
I. adv. 1. (örtl.) vorn, vorwärts, voran
2. (zeitl.) vorher, früher. Spez. ante quam, selt. antequam „eher als, bevor, ehe“
II. praep. 1. (räuml.) im Antlitz von, vor, vor - her, vor - hin
2. (zeitl.) vor
3. (N. Kl.) übtrg. (v. Vorzug, u. Rang) vor, voran, voraus, über, spez. esse a. aliquem „jmd. übertreffen“, a. amnia „vor allem“ = „besonders“ u. a.
antea adv.
vorher, früher
antecanis, is, *m*
Vorhund (Sternbild) (P)
antecapio, cepi, ceptum und captum 3. (capio)
(N. Kl.) vorwegnehmen, i. voraus einnehmen od. besetzen, übtrg. i. voraus besorgen, benutzen, ausnutzen, (zeitl.) zuvorkommen, etw. nicht abwarten (klass. nur als philos. t. t. = vorauserfassen)
antecedo 3. (cedo)
I. eigtl. A. (örtl.) allg. u. milit. voraus-, vorangehen od. ziehen, d. Vortrab bilden
B. (zeitl.) 1. voraus-, vorangehen; subst. **antecedens**, meist plur. **antecedentia**, „das Vorhergehende, die vorhergehenden Ursachen“ (Ggstz. consequentia „die Folgen“)
2. zuvorkommen, überholen, e. Vorsprung gewinnen
II. übtrg. jmdm. voraus sein, jmd. übertreffen, den Vorzug od. Vorrang haben

antecello, ere
übtrg. hervorragen, jmd. übertreffen, sich vor jmdm. auszeichnen
antecessio, onis, *f*
eigtl. das Voraus- od. Vorwärtsgehen; übtrg. wirkende Ursache
antecessor, oris, *m*
1. plur. milit. Vortrab (N. Kl.)
2. Amtsvorgänger (N. Kl.)
antecursor, oris, *m*
Vorläufer: plur. Vortrab, Tirailleure, Plänkler
anteeo, ii, itum, ire (eo)
I. eigtl. voran-, vorhergehen
II. übtrg. 1. (zeitl.) vorangehen
2. Vorzug haben vor, übertreffen, sich auszeichnen
3. (N. Kl.) vereiteln
antefero 3. (fero)
eigtl. vorantragen; übtrg. vorziehen, höher stellen; singulär: vorausbedenken
antefixus, a, um
(N. Kl.) vorn befestigt, **antefixa**, orum, *n* Gesimsschmuck
antegredior, gressus sum 3. (gradior)
voran-, vorausgehen
antehabeo, ere (habeo)
voranziehen (N. Kl.)
antehac adv.
bisher, früher
antelucanus, a, um
(bis) vor Tagesanbruch
antemeridianus, a, um
vormittägig
antemna (antenna), ae, *f*
Segelstange, Raa
anteoccupatio, onis, *f*
(rhet. Fig.) Vorwegnahme der Einwände
antepes, edis, *m*
Vorderfuß (P)
antepilani, orum, *m*
die vor den Reihen der Triarer Stehenden (N. Kl.)
antepono 3. (pono)
eigtl. voransetzen, -stellen; übtrg. vorziehen
antequam s. ante I
antes, ium, *m*
Reihen (der Weinstöcke u. a.) (N. Kl.)
antesignani, orum, *m*
in älterer Zeit die Soldaten der 1. Schlachtlinie, die vor den Feldzeichen kämpfen, klass. Bezeichng. für e. Elitekorps
antesto, besser **antisto**, steti 1. (sto)
übtrg. voranstehen, übertreffen, hervorragen
antestor 1. (testor)
(jurist. t. t.) jem. zum Zeugen anrufen (klass. übtrg. „sich berufen auf")
antevenio 4. (venio)
(N. Kl.) zuvorkommen, überholen, übtrg. darüber hinausgehen, übertreffen, vereiteln
anteverto 3. (verto)
1. vorangehen, e. Vorsprung gewinnen
2. übtrg. zuvorkommen (abs. v. Pers.); vereiteln (N. Kl.); vorziehen
anticipatio, onis, *f*
angeborene Idee
anticipo 1.
vorausnehmen, (e. Vorstellung) vorher (er)fassen; (P) e. Weg verkürzen
anticus, a, um
(örtl.) vorderer; (zeitl.) N. Kl. für antiquus
antidea (altlat.) = antea
antidotum, i, *n* (gr.)
(N. Kl.) Gegenmittel, -gift
antiquarius, a, um
(N. Kl.) altertümelnd, Altertümler
antiquitas, atis, *f*
1. alte Zeit, Vorzeit, Altertum (nicht als bloße chronolog. Bestimmung, sond. in bezug auf d. Geschichte u. Kultur, z. B. antiquitatis investigator)
2. spez. (v. d. Aussprache) Altertümlichkeit, altertüml. Aussprache; personif. = Menschen der Vorzeit, die Alten; alte Redlichkeit, = Biederkeit, = Sittenstrenge; plur. Altertümer, Denkmäler d. Vorzeit (N. Kl.)
3. hohes Alter
antiquitus adv.
von alters her, seit alter Zeit, vor alters, in alter Zeit, ehedem
antiquo 1.
beim alten lassen, (e. Gesetzesentwurf) ablehnen
antiquus (N. Kl.) anticus), a, um, mit comp. u. superl.
1. alt = vorig, ehemalig, einstig, früher,

Ggstz. novus. Daher comp. **antiquior** u. superl. **antiquissimus** a) von zeitl. Priorität „älter", „früher", „eher", „ältester", „frühster"; b) übtrg. v. Rang u. ähnl. „wichtiger, wesentlicher, angelegentlicher, wichtigster" usw.
2. alt = der Vorzeit od. dem Altertum angehörig, spez. = altertümlich, altehrwürdig, altfränkisch, altheilig, v. alt. Schrot u. Korn, v. alt. Ehrenhaftigkeit od. Biederkeit. **antiqui**, orum, *m* die Alten, Altvordern, spez. Männer von alter Gradheit u. Einfachheit. **antiqua**, orum, *n* d. Alte, Fernliegende, Vorzeit, Altertum
3. (von dem, was noch besteht) alt, langjährig, lange bestehend, Ggstz. recens

antistes, itis, *m* u. *f*, als fem. auch **antistita**, ae
Tempelvorsteher(-in), Oberpriester (-in), erste(r) Priester(-in); übtrg. Diener; Meister

antisto s. antesto

antrum, i, *n* (gr.)
(N. Kl.) Höhle, Grotte

anularius, ii, *m*
Ringmacher

anulus, i, *m*
Finger-, Siegelring

anus, us, *f*
alte Frau, Greisin, Alte, auch adi. alt, greis; P = Wahrsagerin

anus, i, *m*
Kreis: After

anxietas, atis, *f*
Ängstlichkeit

anxifer, era, erum
(P) ängstigend, bang

anxitudo, inis, *f*
Ängstlichkeit

anxius, a, um
ängstlich, besorgt; ängstigend

apage (griech. imper.)
packe dich! fort mit

aper, apri, *m*
Eber, Keiler

aperio, aperui, apertum 4. (pario)
I. (Verschlossenes)
1. eigtl. öffnen, aufmachen, auferbrechen
2. spez. a) (v. Lok.) öffnen = zugänglich machen, bloßlegen, (N. Kl.) (Wege) bahnen; b) (Quellen u. a.) eröffnen, aufgraben, erschließen; c) (Briefe u. a.) öffnen, erbrechen
3. übtrg. a) eröffnen, erschließen, zugänglich machen; b) (zeitlich) beginnen, eröffnen (P); c) (Schulen) eröffnen; d) (Geld) zur freien Verfügung stellen
II. (Verdecktes, Verhülltes)
1. eigtl. aufdecken, entblößen, bloßlegen, sichtbar machen, sehen lassen
2. übtrg. ans Licht bringen oder ziehen, enthüllen, eröffnen, zeigen, darlegen, entwickeln

apertus a, um, mit comp. u. superl.
I. eigtl. u. übtrg. unverschlossen, offen, frei, unbehindert, (leicht) zugänglich
II. 1. eigtl. unbedeckt, entblößt, bloß, offen, frei
2. übtrg. a) i. allg. offen(kundig), augenscheinlich, offenbar, am Tage liegend; b) (v. Gesinnung) offenherzig, freimütig, unverhohlen, gerade heraus (i. gut. u. üblem Sinne); c) (v. d. Redner) klar, deutlich, (leicht) verständlich. (N. Kl.) subst. **apertum**, i, *n* offenes Feld, freier Himmel, Oberfläche. adv. **aperte**, m. comp. u. superl., übtrg.
1. offen(bar), offenkundig
2. klar, deutlich

apex, picis, *m*
1. (dünne) Spitze, Kuppe, Gipfel (meist P)
2. spez. a) Helm(spitze) (P); b) Priestermütze (N. Kl.); c) asiat. Tiara = Königskrone (vereinz. klass.).
3. übtrg. Gipfel = (höchste) Zierde, Krone

aphractum, i, *n* u. **aphractus**, i, *f* (gr.)
Schiff ohne Verdeck

apicatus, a, um
mit der Priestermütze geschmückt (P)

apis, is, *f*
Biene

apiscor, aptus sum 3.
erreichen; (N. Kl.) (geistig) erfassen

apium, ii, *n*
Eppich, Sellerie

aplustra, orum u. **aplustria**, ium, *n* (gr.)
Schiffsspiegel (P)

apocleti, orum, *m* (gr.)

Bezeichnung des ständig. Ausschusses des ätol. Bundes (N. Kl.)
apodyterium, ii, *n* (gr.)
Auskleidezimmer (im Bade)
apologus, i, *m* (gr.)
Fabel (i. Äsop. Manier)
apoproegmena, orum, *n*
(philos. t. t.) Zurückgewiesenes, Verwerfliches
apotheca, ae, *f* (gr.)
Niederlage, Waren-, Weinlager
apparatio, onis, *f*
(prächtige) Aus- od. Zurüstung; übtrg. (rhet.) Absichtlichkeit
apparatus, us, *m* (meist sing. kollekt.)
1. abstr. (allg. u. milit.) Zurichtung, Herstellung, Vorbereitung(en)
2. konkr. (allg. u. oft milit.) Ausstattung, Hausgerät, Material, Werkzeuge, Apparat
3. Pracht, Pomp, Prunk, Aufwand, spez. Redepomp
apparatus, a, um, mit comp. u. superl. wohl ausgestattet, prächtig, glänzend, pompös; (N. Kl.) übtrg. (v. d. Rede) allzu ausgewählt, gesucht
appareo, ui, (N. Kl.) appariturus 2. (pareo)
I. eigtl. 1. allg. zum Vorschein kommen, erscheinen, sich zeigen, sichtbar werden oder sein
2. spez. (höher gestellt. Personen) aufwarten, Dienste leisten, dienen zur Hand gehen, zu Gebote stehen (wohl N. Kl.)
II. übtrg. offenkundig od. klar od. ersichtlich sein, in d. Augen fallen, einleuchten, deutlich werden, (an)erkannt werden. Unpers. apparet „es ist klar, es leuchtet ein"
apparitio, onis, *f*
1. Dienst der Unterbeamten
2. plur. konkr. Amtsdiener
apparitor, oris, *m*
Amtsdiener
apparo 1. (paro)
eigtl. u. übtrg. zubereiten, bereit machen, zurüsten, (mit inf.) sich anschicken. Vgl. apparatus
appellatio, onis, *f*
1. Ansprache
2. (publiz. t. t.) Berufung
3. Aussprache
4. Benennung, Name, Titel
appellator, oris, *m*
der Appellierer
appellito 1.
zu nennen pflegen (N. Kl.)
appello 1.
I. allg. ansprechen, anreden, aufrufen, begrüßen, anlassen, anfahren
II. spez. 1. (um Schutz, Beistand) angehen, anflehen
2. (publiz. t. t.) appellieren
3. (gerichtl.) vorladen
4. jmd. mahnen
5. jmd. angeben
6. zur Rede stellen, sich beschweren über
7. (be)nennen titulieren, Titel geben, pass. heißen
8. nennen = erwähnen
III. aussprechen
appello, appuli, appulsum 3. (pello)
1. herantreiben, -bringen, -bewegen
2. (naut. t. t.) ans Land treiben, landen lassen, anlegen
appendicula, ae, *f*
Anhängsel
appendix, dicis, *f*
Anhang, Zugabe
appendo, pendi, pensum 3. (pendo)
zuwägen
appetentia, ae, *f*
Verlangen, Begehrlichkeit
appetitio, onis, *f*
1. d. Greifen nach etwas
2. Begehren, Verlangen, Trieb
appetitus, us, *m* = appetitio 2.
appeto 3. (peto)
I. trans. 1. eigtl. nach etw. greifen
2. (geist.) nach etw. streben od. verlangen, trachten, etw. erstreben, jmd. aufsuchen, sich ihm anschließen
3. noch dazu verlangen
4. (nach e. Orte) hinziehen
5. (feindl.) auf etw. losgehen, jmd. od. etw. angreifen, anfallen
II. (zeitl.) intr. herannahen, anbrechen.
appetens, gen. entis, mit comp. u. sup., begehrlich, habgierig; trachtend, begierig nach
appingo, ere (pingo)
dazu malen (P); übtrg. dazu schreiben

applaudo 3. (plaudo)
anschlagen, übtrg. beifällig klatschen
applicatio, onis, *f*
1. allg. a. animi „Geselligkeitstrieb"
2. spez. das Sichanschließen (an e. Patron)
applico, avi u. klass. vereinz. ui, atum u. (N. Kl.) itum 1. (plico)
I. allg. etw. an etw. anfügen od. anlehnen, (dicht) anschließen, nahebringen
II. spez. (naut. t. t.) hinsteuern, landen lassen, anlegen, pass. landen
III. übtrg. 1. mit etw. verbinden, zu etw. hinzufügen
2. hinrichten, hinwenden: **applicatus**, a, um zu etw. geneigt; meist se a. ad aliquem „sich an jmd. anschließen" od. ad aliquid „sich auf etwas (ver)legen"
apploro 1. (ploro)
dazu jammern (N. Kl.)
appono 3. (pono)
1. allg. hinsetzen, -stellen, -legen
2. spez. (Speisen) vorsetzen, auftragen
3. (Pers.) beigeben, an die Seite setzen; (i. übl. Sinne) anstellen, anstiften
4. hinzufügen, -setzen, zulegen. **appositus**, a, um, mit comp., klass. vereinz. sup. a) nahe gelegen, naheliegend; b) geeignet, brauchbar
apporrectus, a, um
daneben hingestreckt (P)
apporto 1. (porto)
(Tragbares) herbeischaffen; (P) übtrg. verursachen
apposco, ere
noch dazu fordern (P)
appositus, a, um s. appono
apprecor 1. (precor)
(betend) anrufen (P)
apprehendo u. (P) **apprendo** 3. (prehendo)
I. eigtl. 1. allg. anfassen, ergreifen
2. spez. bei der Hand anfassen; (milit.) i. Besitz nehmen
3. übtrg. (geist.) erfassen, festhalten; v. Redner) vorbringen
apprime
(N. Kl.) vorzüglich, i. hohem Grade
apprimo, pressi, pressum 3. (premo) (N. Kl.)
fest-, andrücken
approbatio, onis, *f*
1. Billigung, Zustimmung, Anerkennung
2. (rhet.) Darlegung, Beweis
approbator, oris, *m*
Billiger
approbo 1. (probo)
1. zustimmen, billigen, gutheißen, beifällig aufnehmen, genehmigen, pass. Beifall finden
2. spez. (v. Göttern) Segen geben, segnen
3. (durch Wort od. Tat) beweisen, bestätigen
4. (N. Kl.) beifallswert machen, zur Zufriedenheit jemds. tun
appromitto, ere (promitto)
gleichfalls versprechen, sich verbürgen
appropero 1. (propero)
sich beeilen, hineilen, sich schleunig an etw. machen; (N. Kl.) trans. etwas beschleunigen
appropinquatio, onis, *f*
Annäherung
appropinquo 1. (propinquo)
1. (örtl.) sich nähern, nahe kommen
2. (zeitl.) (heran)nahen, nahe sein
appugno, are (pugno)
(N. Kl.) bekämpfen, bestürmen
appulsus, us, *m*
Annäherung, Einwirkung; (N. Kl.) Landung(-sstelle)
apricatio, onis, *f*
Aufenthalt im Sonnenschein
apricor 1.
sich sonnen
apricus, a, um
sonnig; (P) sich sonnend
apto 1.
(N. Kl.) (genau) anpassen, anfügen, anhängen, zurecht machen, instandsetzen, rüsten, passend einrichten, mit etw. versehen
aptus, a, um (von d. ungebräuchl. apio, vgl. apiscor)
I. partic. 1. eigtl. (genau) angefügt od. angepaßt, fest anschließend, an etw. angeheftet
2. übtrg. aus etw. entspringend, von etw. abhängig
3. zusammengefügt, verknüpft, verbunden

4. prägn. = gehörig instandgesetzt, wohlgeordnet, mit etw. ausgestattet od. (aus)gerüstet, schlagfertig
II. adi., mit comp. sup.
1. harmonisch
2. passend, tauglich, angemessen, geeignet, wohlangebracht, genau (gefügt)
3. spez. (moral.) mit Fügung
4. passend, geschickt, zweckmäßig

apud (altlat. aput) praep. mit acc.
I. (örtl.) 1. bei, i. d. Nähe, i. d. Gegend von
2. = in mit abl. (vereinz. klass. in der Umgangssprache: cenam dabat a. villam „auf s. Gut", vgl. ad)
II. (v. Pers.) 1. allg. bei, nahe, in der Umgebung, i. d. Nähe, i. Gebiet, i. Bereich jmds.
2. spez. a) i. jmds. Wohnung od. Haus; b) (v. Lehrer) bei; c) (v. Feldherrn) i. Heere jmds.; d) = in jmds. Schriften (a. platonem „im Plato"); e) = zur Zeit
3. (bei Verhandlgn.) bei, vor, i. Gegenwart
4. apud aliquem a) i. jmds. Augen, nach jmds. Urteil oder Ansicht; b) i. Besitze, i. d. Fähigkeit jmds.; c) recte est a. aliquem „es steht gut mit einem, er ist wohl"

aqua, ae, *f*
1. Wasser (als Element)
2. allg. Wasser (der Quellen u. Flüsse, des Meeres, des Regens), plur. Gewässer, spez. Wassermasse, Hochwasser, Überschwemmung. Insbes. a) a. praebere „bewirten" (P); b) a. terramque petere od. poscere als Zeichen der Unterwerfung (N. Kl.); c) a. et ignis (zus. gestellt als notwendigste Lebensbedürfnisse)
3. spez. a) Gewässer, See; b) Meer; (N. Kl.) Fluß; (P) Regen, übtrg. Tränen; c) plur. Heilquellen, Bad; d) Wasserleitung; e) Wasseruhr; f) (P) personif. als Gestirn

aquarius, a, um
zum Wasser gehörig; subst. **aquarius**, ii, *m* a) Röhrenmeister (N. Kl.); b) „der Wassermann" als Sternbild (N. Kl.)

aquaticus, a, um
(N. Kl.) feucht, i. Wasser wachsend

aquatilis, e
i. Wasser lebend

aquatio, onis, *f*
d. Wasserholen

aquator, oris, *m*
Wasserholer

aquila, ae, *f*
1. Adler
2. übtrg. a) Legionsadler; b) meton. die Legion (N. Kl.); c) „Adler" als Sternbild (P); d) Adler i. Giebelfeld (N. Kl.)

aquilifer, eri, *m*
Adlerträger

aquilo, onis, *m*
1. Nordwind (sing. u. plur.), (P) Sturm
2. meton. Norden
3. personif. = Boreas

aquilonius, a, um
nördlich

aquola, ae, *f*
Wässerchen

aquor 1.
Wasser holen

aquosus, a, um
(N. Kl.) wasserreich, wässerig, regnerisch, feucht

aquula = aquola

ara, ae, *f*
Erhöhung (v. Stein, Erde, Rasen usw., besond. für relig. Zwecke), Haufen:
1. Altar; oft arae et foci „Staat u. Familie", „Heimat u. Haus", z. B. aris et f. pulsus
2. übtrg. a) Zuflucht(-sstätte), Schutz; b) Denkmal; c) (P) „Altar" als Gestirn

aranea, ae, *f*
Spinne: Spinnengewebe (N. Kl.). **araneola**, ae, *f* kleine Spinne

araneosus, a, um
voll Spinnengewebe (N. Kl.)

araneum, i, *n*
Spinnengewebe (N. Kl.)

aratio, onis, *f*
1. Ackerbau
2. allg. Ackerland (N. Kl.)
3. (publiz. t. t.) Staatsdomänen, Pachtung, Pachtländereien

arator, oris, *m*
1. Pflüger (klass. selt.; [P] adi. taurus a. „Pflugstier"

2. Landmann, Bauer
3. meist publiz. t. t. = Domänenpächter

aratrum, i, *n*
Pflug

arbiter, tri, *m*
1. Augenzeuge, Mitwisser
2. (t. t. iur. u. allgem.) Schiedsmann, Schiedsrichter
3. (N. Kl.) Lenker, Leiter, Herr

arbitra, ae, *f*
Zeugin (P)

arbitratu
(abl.) nach Gutdünken, nach Belieben, nach Ermessen

arbitrium, ii, *n*
1. (gerichtl. t. t.) Schiedsgericht, -spruch, Entscheidung
2. (i. weiter. Sinne) (entscheidendes) Urteil, Beurteilung
3. (publiz. t. t.) Entscheidung, Herrschaft, Macht, Gewalt
4. (v. Privat.) freie Entscheidung, freies Ermessen, Belieben, freier Wille, Gutdünken, Willkür

arbitror 1.
1. in Betracht ziehen, erwägen (N. Kl.)
2. (t. t. iur.) schiedsrichterlich entscheiden (N. Kl.)
3. (gutachtlich) vermeinen, erachten, (für seine Person) meinen, nach bestem Wissen u. Gewissen dafür halten

arbor (P arbos), oris, *f*
Baum, a. fici „Feigenbaum"; (N. Kl.) kollekt. Bäume, Gehölz; (P) aus einem Baum Verfertigtes: Mast, Ruder, Schiff

arboreus, a, um
(N. Kl.) vom Baum, baumähnlich, ästig

arbustus, a, um
mit Bäumen besetzt (agri). **arbustum**, i, *n* Baumpflanzung, Weingärten; (N. Kl.) Buschwerk, Gehölz

arbuteus, a, um
vom Erdbeerbaum (P)

arbutum, i, *n*
Frucht v. arbutus

arbutus, i, *f*
Erdbeerbaum

arca, ae, *f*
1. Kasten, Kiste, Lade
2. spez. Geldkasten, Kasse
3. Gefängniszelle
4. (N. Kl.) Sarg

arcanus, a, um
I. activ. verschwiegen (meist P)
II. pass. 1. geheim, heimlich (vereinz. klass.). subst. **arcanum**, i, *n* Geheimnis (N. Kl.). adv. **arcano** im geheimen
2. spez. geheimnisvoll, mystisch (N. Kl.)

arceo, ui 2.
1. eigtl. u. übtrg. einhegen, einschließen, in Schranken halten
2. eigtl. u. übtrg. abwehren, abhalten, (ver)hindern, verhüten
3. (P) schützen, bewahren vor

arcera, ae, *f* (arca)
geschlossener Wagen; (P) als Gestirn

arcessitu
auf Einladung

arcesso (selt. **accerso**), ivi, itum 3. u. (N. Kl) **accersio**, ire
1. jmd. herbeirufen, (herbei)holen, kommen lassen a) im allg.; b) spez. (t. t. iur.) vor Gericht fordern, belangen, verklagen, beschuldigen
2. etw. herbeirufen = erwerben, sich verschaffen
3. (Gedanken, Worte) von irgendwo herholen, -nehmen. **arcessitus**, a, um mit Gewalt herbeigezogen = gesucht, gezwungen

archipirata, ae, *m* (gr.)
Seeräuberhauptmann

architector 1.
(auf)bauen

architectura, ae, *f*
Baukunst

architectus, i, *m*
1. eigtl. Baumeister
2. übtrg. Künstler, Meister; Urheber, Schöpfer, Anstifter

archon, ontis, *m* (gr.)
Archont i. Athen

arcitenens u. **arquitenens**, entis, *c*
(P) bogenführend, subst. Bogenschütze (v. Apollo), als Sternbild „Schütze"

Arctophyla (gr.) = Bootes (P)

Arctos, i, *f* (gr.)
die beiden „Bären" am nördlichen Sternhimmel; (P) Nordpol, Norden

Arcturus, i, *m* (gr.)
Sternbild Bootes od. der hellste Stern

im Bootes
arcuatus, a, um
(N. Kl.) gebogen, bogenförmig
arcula, ae, *f*
Kästchen, Farbenkasten
arcus, us, *m*
1. Bogen (als Waffe; auch bildl.), (P) „Bogen" als Gestirn
2. Regenbogen
3. (als Bauwerk) Bogen, Schwibbogen, spez. Triumphbogen (N. Kl.)
4. (t. t. math.) Kreisbogen, Parallelkreis (N. Kl.)
5. übtrg. jede Krümmung, Wölbung (N. Kl.)
ardea, ae, *f*
Reiher
ardens, gen. antis, mit comp.
1. eigtl. brennend, glühend, heiß (vgl. ardeo 1)
2. übtrg. a) (v. d. Farbe) funkelnd (N. Kl.); b) (v. Wein) feurig (P); c) (v. d. Rede) feurig; d) (v. Leidensch.) glühend = heftig, leidenschaftlich. adv. **ardenter** heiß, heftig
ardeo, arsi, (N. Kl.) arsurus 2.
I. eigtl. brennen, in Brand (Feuer) sein od. stehen
II. übtrg. 1. funkeln, glänzen (klass. v. d. Augen)
2. (mit u. ohne abl.) glühen, entbrannt sein, lodern, von etw. verzehrt werden a) von Krankheit ; b) psychisch; c) heiß verlangen; d) in hellem Aufruhr stehen; e) (P) in Liebe entbrannt sein, heiß lieben. Vgl. ardens
ardesco, arsi 3.
(N. Kl.) entbrennen, in Brand geraten, übtrg. zu glühen oder zu leuchten beginnen, leidenschaftlich auflodern, in Liebe entbrennen
ardor, oris, *m*
1. eigtl. Brand, Glut, spez. Blitz
2. spez. a) Funkeln, Blitzen; b) Feuer, Hitze, Leidenschaft, Begierde, Eifer, Begeisterung, Unruhe, Kummer; c) (P) Liebesglut, meton. d. Geliebte
arduus, a, um
eigtl. steil; übtrg. schwierig, schwer, mühevoll, lästig. (N. Kl.) subst. **arduum**, i, *n* steiler Ort, steile Höhe, übtrg. schwierige Aufgabe u. ähnl.
area, ae, *f*
1. freier od. ebener Raum, Fläche
2. spez. a) Bauplatz; b) Tenne (auf freiem Felde); c) (N. Kl.) Rennbahn, (P) übtrg. Laufbahn, Feld; d) Tummel-, Spielplatz; e) (N. Kl.) Hofraum
arena (besser **har...**), ae, *f*
1. Sand, spez. Sandfläche
2. (N. Kl.) plur. Sandwüste
3. (P) sandige Küste, Meeresufer
4. Kampfplatz, „Arena" (i. Amphitheater)
arenaria (har...), ae, *f*
Sandgrube
arenosus (har...), a, um
sandig (N. Kl.)
areo, ere
(N. Kl.) trocken oder dürr sein, oft adi. **arens**, gen. entis trocken, dürr, lechzend
Areopagus u. **Ariopagus**, i, *m* (gr.)
„Areshügel" in Athen: Blutgerichtshof
aresco, ere
trocknen, versiegen
argentarius, a, um
zum Silber oder Gelde gehörig, Silber-, Geld- (N. Kl.). subst. **argentarius**, ii, *m* Wechsler, Bankier. **argentaria**, ae, *f* Wechslergeschäft, Bank, (N. Kl.) Wechslerbude, Silbergrube
argentatus, a, um
mit silberbeschlagenen Schilden (N. Kl.)
argenteus, a, um
1. silbern, aus Silber, versilbert. (N. Kl.) subst. **argenteus**, i, *m* Silberdenar, Silberling
2. (N. Kl.) silberfarbig, (P) dem silb. Zeitalter angehörig
argentum, i, *n*
1. (als Metall) Silber
2. spez. a) Silberzeug, -geschirr, -gerät; b) (Silber-)Geld
argestes, ae, *m* (gr.)
Südwestwind, nach andern = caurus (N. Kl.)
argilla, ae, *f*
weißer Ton, Töpfererde (auch bildl.)
argitis, is, *f* (gr.)
weiße Rebe
argumentatio, onis, *f*

Beweisführung, Begründung
argumentor 1.
Beweise anführen, durch Gründe dartun, begründen, als Beweis anführen
argumentum, i, *n*
I. (allg. u. als philos. od. rhet. t. t.) Beweis, Beweisgrund, -mittel, Überführungsgrund
II. (in ästhet. Sinne) 1. „Stoff", „Inhalt", „Thema", „Handlung", d. einer Schrift u. a. zu Grunde liegt.
2. der (poetisch u. sonst) dargestellte Stoff = „Darstellung", „Sujet", „Szene", „Fabel"
3. in prägn. Sinne „Inhalt", daher „Bedeutung, Zweck"
arguo, ui 3.
allg. klar darstellen, kund geben, dartun, erweisen. spez.
1. (jur. u. allgem.) einer Sache beschuldigen, bezichtigen, zeihen, Beschuldig. erheben
2. als falsch erweisen, widerlegen, rügen, brandmarken (N. Kl.)
3. etw. verraten, offenbaren, pass. sich verraten, sich offenbaren (meist P). Vgl. argutus
argutiae, arum, *f*
1. das „Ausdrucksvolle" einer Sache (klass. v. Redner)
2. v. Redner u. d. Rede a) (lobend) Feinheit(en), Witz; b) (tadelnd) Spitzfindigkeit(en)
argutulus, a, um
ziemlich scharfsinnig
argutus, a, um mit comp. u. sup.
I. eigtl. 1. ausdrucksvoll, lebhaft
2. (P) helltönend, klangreich
II. übtrg. 1. bedeutsam
2. deutlich, ausführlich
3. geistreich, scharfsinnig, witzig, sinnreich, fein
4. pfiffig, schlau (P)
argyraspides, um, *m* (gr.)
„Silberschildner", mazed. Elitetruppe (N. Kl.)
aridus, a, um, (N. Kl.) comp. u. superl.
1. eigtl. a) trocken, vertrocknet, dürr. subst. **aridum**, i, *n* d. Trockene, d. trockene Boden; trocken = lechzend (P); mager (klass. v. Menschen. subst. aridi)
2. übtrg. mager, dürftig, trocken, saftlos
aries, etis, *m*
eigtl. Widder, übtrg. (milit. t. t.) Widder = Sturmbock; (P) als Gestirn
arieto 1. (aries)
(N. Kl.) niederstoßen, anstürmen
ariolor etc. s. har...
arista, ae, *f*
Granne, Hachel; (P) übtrg. Ähre, Ährenfrucht
aristolochia, ae, *f* (gr.)
Osterluzei (e. Pflanze)
arithmetica, orum, *n* (gr.)
Rechenkunst, „Arithmetik"
arma, orum, *n*
I. allg. Geräte, Werkzeuge, Rüstzeug, Ausrüstung
II. milit. 1. Kriegsgerät, -ausrüstung, -materialien
2. spez. a) Waffen, Rüstung; b) Schild; c) Waffenerhebung, Krieg, Kampf; d) Waffenmacht, Bewaffnete, Krieger; daher e) Partei (i. Krieg); f) bildl. Schutz-, Verteidigungs-, Hilfsmittel
armamaxa, ae, *f* (gr.)
persischer Reisewagen (N. Kl.)
armamenta, orum, *n*
Ausrüstung: Takelwerk, Segelwerk
armamentarium, ii, *n*
Rüstkammer, Zeughaus, Arsenal
armarium, ii, *n*
Schrank, Schrein
armatura, ae, *f*
Bewaffnung, Waffengattung; meton. Bewaffnete
armatus, us, *m* (N. Kl.) = armatura
armatus, a, um s. armo
armentalis, e
in Herden weidend (P)
armentarius, ii, *m*
Rinderhirt (N. Kl.)
armentum, i, *n*
Großvieh (klass. plur.); (N. Kl.) Vieh, Herde
armifer, era, erum
(P) waffentragend, kriegerisch
armiger, era, erum
waffentragend (P) subst. **armiger**, eri, *m* Waffenträger (klass. bildl.: Sergius a. „Helfershelfer" Catilinae), (N. Kl.) plur. Bewaffnete, Leibwächter, (P) **-gera**, ae, *f* Waffenträgerin

armilla, ae, *f*
Armband, -spange
armipotens, entis
kriegerisch (P)
armisonus, a, um
waffenklirrend (P)
armo 1.
1. (naut. t. t.) segelfertig machen, auftakeln
2. (zum Kampfe, Morde) (aus)rüsten, kampftüchtig, kriegsfertig machen, (be)waffnen
3. übtrg. (mit etw.) wappnen, versehen. **armatus**, a, um, mit sup., eigtl. u. übtrg. bewaffnet, gerüstet. **armati**, orum, *m* Bewaffnete, Soldaten
armus, i, *m* (gr.)
Oberarm, Schulterblatt, Vorderbug (P)
aro 1.
1. pflügen, (be)ackern
2. (bes. i. d. Provinzen) a) abs. Ackerbau treiben; b) trans. bebauen
3. durch Ackerbau gewinnen (N. Kl.)
4. übtrg. durchfurchen, durchschiffen
arquitenens s. arcit...
arrectus, a, um
(N. Kl.) steil, jäh
arrepo 3. (repo)
herankriechen, -schleichen
arrideo 2. (rideo)
1. mitlachen (N. Kl.)
2. (zu)lächeln, anlächeln, belächeln
3. übtrg. gefallen, zusagen
arrigo, rexi, rectum 3. (rego)
(N. Kl.) aufrichten, (Ohren) spitzen, übtrg. in Spannung versetzen, anfeuern
arripio, ripui, reptum 3. (rapio)
I. eigtl. 1. allg. an sich reißen, erraffen, hastig ergreifen, packen
2. spez. a) aufgreifen, zusammenraffen; b) angreifen, überfallen, sich stürzen auf (N. Kl.); c) (e. Örtlichkt.) eilig i. Besitz nehmen od. zu nehmen suchen (P); d) (publiz. t. t.) verhaften (N. Kl.); e) (t. t. iur.) ohne weiteres vor Gericht ziehen, gerichtlich belangen, (P) übtrg. (v. Satiriker) vor seinen Richterstuhl ziehen
II. übtrg. 1. allg. (rasch) aufgreifen, (i. Eile, eifrig) auf-, ergreifen, sich aneignen, schnell benutzen
2. spez. a) (mit Eifer) auffassen, sich (als Kenntnis) aneignen; b) (e. Studium) rasch in Angriff nehmen, ergreifen, studieren, sich werfen auf; c) sich etw. anmaßen
arrodo 3. (rodo)
annagen, benagen
arrogans, gen. antis, mit comp. u. (N. Kl.) superl.
anmaßend, dünkelhaft, rücksichtslos, übermütig
arrogantia, ae, *f*
Anmaßung, Übermut, Dünkel
arrogo 1. (rogo)
1. (publiz. t. t.) dazu wählen lassen, an d. Seite setzen (N. Kl.)
2. übtrg. a) in Anspruch nehmen, sich anmaßen; b) (P) jmdm. etw. verschaffen, erwerben
ars, artis, *f*
1. (die bei etw. angewendete) Kunst, Geschicklichkeit, Gewandtheit, (Kunst-)Fertigkeit
2. Kunst a) Handwerk, Gewerbe, Beruf, niedere Kunst; b) (freie) Kunst, Wissenschaft; c) wissenschaftl. System, Theorie, theoret. Vorschrift od. Regel; d) Lehrbuch der Redekunst, Rhetorik; e) gelegtl. = Kunstwerk; f) plur. Kunstgöttinnen = Musen (P)
3. übtrg. a) (intellekt. u. moral.) Fähigkeit, Eigenschaft, Verfahren, „Art", d. auf Gewöhnung beruht; b) List, Kunstgriff, Betrug, Ränke (N. Kl.); c) plur. Künste = Mittel, Mittel u. Wege, Art u. Weise (N. Kl.); d) plur. Künste = Spielereien (P)
arteria, ae, *f* (gr.)
1. Schlag- od. Pulsader, „Arterie"
2. aspera a. „Luftröhre"
arthriticus, a, um (gr.)
gichtkrank
articulatim adv.
Punkt für Punkt, deutlich
articulus, i, *m*
1. Knöchel, Gelenk
2. spez. a) Finger-(glied); b) (bei Pflanzen) Knoten
3. übtrg. a) (v. d. Rede) Glied, Teil; b) (v. d. Zeit) entscheid. Augenblick
artifex, gen. ficis
I. adiect. kunstgerecht, -gemäß, -fertig

II. subst. *m* und *f*
1. allg. Künstler jeder Art: Künstler(in), Werkmeister, Bildner
2. prägn. Sach-, Kunstverständiger, Fachmann, Meister(-in); b) (N. Kl.) Anstifter, spez. Betrüger

artificiosus, a, um, mit comp. u. sup.
1. kunstgemäß, Ggstz. naturalis
2. kunstreich, kunstvoll

artificium, ii, *n*
1. allg. Kunst = Gewerbe, Handwerk, (Kunst-)Betrieb, Kunsttätigkeit
2. spez. a) Kunst = Kunstfertigkeit, Geschicklichkeit; b) Kunstwerk, -arbeit; c) Theorie, System, Kunstlehre
3. übtrg. Kunst = Kunstgriff, -stück, auch = List, Schlauheit

arto 1.
(N. Kl.) enge machen, straff anziehen, übtrg. einengen, beschränken

artolaganus, i, *m* (gr.)
Brotkuchen

artus, us, *m* (klass. plur.)
1. Gelenke
2. Glieder, Gliedmaßen, Extremitäten
3. (P) übtrg. Teile

artus, a, um, mit comp. u. sup.
1. eng, zusammengedrängt, dicht
2. eng, straff, fest
3. (N. Kl.) übtrg. beengt, beschränkt, knapp, mißlich (N. Kl.) subst. **artum**, i, *n* Enge, enger Raum, Gedränge, übtrg. Knappheit, Schwierigkeit, mißliche Lage, Klemme

arula, ae, *f*
kleiner Altar

arundifer (har...), era, erum
Rohr tragend (P)

arundineus (har...), a, um
(P) aus Rohr, a. carmen „Hirtenlied"

arundo (besser **har...**), inis, *f*
Rohr, Schilf: (meist P) alles aus Rohr Gemachte, wie Schilfkranz, Hirtenflöte, Angel, Leimrute, Schreibfeder, Stock (zum Prügeln), Pfeil(schaft), Steckenpferd, Weberkamm u. a.

aruspex s. har...

arvina, ae, *f*
(N. Kl.) Speck, Schmeer

arvus, a, um
gepflügt, Acker-, Saat- (klass. vereinz.: agri a.). subst. **arvum**, i, *n* Saatfeld, Ackerland (klass. plur.), (P) übtrg. Getreide, Ernte, Flur, Gefilde, Gegend, Bereich, Weideplatz, Ufer, Gestade

arx, arcis, *f*
1. befestigte Anhöhe, Burg, Festung, (P) Berggipfel, Anhöhe, Höhe, Himmel (-shöhe)
2. übtrg. a) Burg = Bollwerk, Schutz (-wehr), Zuflucht; b) Hauptbollwerk, Hauptsitz; c) N. Kl. Höhepunkt, Gipfel von etwas

as, assis, *m*
1. d. Einheit, das Ganze (bei Erbschaft), z. B. heres ex asse „Universalerbe" (N. Kl.)
2. (als Münze) der As (ursprgl. ein Pfund Kupfer, i. d. Folge mehrfach reduziert, schließlich wegen der Geringfügigkeit des Wortes sprichwörtl. wie unser „Heller, Pfennig"); (N. Kl.) ad assem „bis auf d. letzten Heller"

ascendo, endi, ensum 3. (scando)
1. eigtl. hinauf-, emporsteigen, etw. ersteigen, besteigen, erklimmen, erstürmen
2. übtrg. emporsteigen, sich erheben, sich emporschwingen, emporkommen, erreichen, erringen

ascensio, onis, *f*
übtrg. Aufschwung

ascensus, us, *m*
1. eigentl. das Hinaufsteigen, Emporklimmen
2. (v. Ort) eigtl. u. bildl. Aufstieg, Zugang, Stufe

ascia, ae, *f*
Zimmeraxt (N. Kl.)

ascio 4.
auf-, annehmen (N. Kl.)

ascisco 3. (scisco)
1. allg. (an sich) heran-, herbeiziehen, an-, aufnehmen
2. spez. a) übtrg. an-, übernehmen, sich aneignen; b) sibi a. = sich anmaßen; c) billigen, gutheißen. (N. Kl.) adiect. **ascitus**, a, um angenommen (Ggstz. natürlich), angeworben

ascrido 3. (scribo)
I. allg. bei-, zuschreiben, (schreibend) hinzufügen, -setzen
II. spez. 1. (meist pass.) in e. Liste auf-

nehmen; (N. Kl.) als Soldat
2. (schriftlich) einsetzen, bestimmen, bestellen
3. übtrg. a) rechnen zu, bei-, zuzählen, einreihen, hinzugesellen; b) zuschreiben = beimessen

ascripticius, a, um
i. d. Bürgerliste neu eingetragen

ascriptio, onis, *f*
schriftl. Zusatz

ascriptor, oris, *m*
Mitunterzeichner (abs.; legis); übtrg. Förderer

asellus, i, *m*
(kleiner) Esel

asilus, i, *m*
Bremse

asinus, i, *m*
Esel (auch übtrg.)

asotus, i, *m* (gr.)
Schlemmer, Wüstling

asparagus, i, *m* (gr.)
Spargel

aspargo, inis s. aspergo

aspectabilis, e
sichtbar

aspecto, are
(aufmerksam) anschauen, anblicken; (N. Kl.) übtrg. liegen nach, achten auf

aspectus, us, *m*
I. activ. 1. d. Hinblicken, (An-)Blick
2. spez. a) Gesichtskreis; b) Gesichtspunkt
3. Sehkraft, Gesicht
II. pass. mit gen. obi.
1. Anblick, Erscheinen
2. übtrg. An-, Aussehen

aspello, ere (pello)
wegtreiben (P)

asper, era, erum, mit comp. u. superl., Ggstz. levis od. lenis
I. eigtl. 1. rauh, uneben; daher (N. Kl.) „rauh“ v. d. Witterg., „stürmisch“ v. Meer, (P) = „dornig, stachlig“, auch = „uneben“ v. Gefäßen m. Reliefarbeit
2. v. Gehör: rauh, holprig
3. (N. Kl.) v. Geschmack
II. übtrg. rauh, roh, streng, hart, barsch, (N. Kl.) wild,grimmig, erbittert, trotzig, Ggstz. lenis, mitis; mißlich, schwierig, trübe, widerwärtig

aspergo, si, sum 3. (spargo)
eigtl. u. übtrg. (hin)spritzen, bespritzen

aspergo, auch aspargo, inis, *f*
(P) Bespritzung, Gischt, Tropfen

asperitas, atis, *f*
eigtl. Rauheit, Unebenheit; übtrg. v. Redner a. contentionis (der Kraftanstrengung), ebenso von d. Aussprache u. Rede; N. Kl. v. Klima; übtrg. Rauheit, Härte, Strenge, Bitterkeit, Mißlichkeit, N. Kl. Wildheit, Trotz

aspernatio, onis, *f*
Verschmähung (rationis)

aspernor 1.
verschmähen, nicht mögen, zurückweisen, verwerfen

aspero 1.
rauh machen: (N. Kl.) eigtl. u. bildl. aufregen, schärfen, spitzen

aspersio, onis, *f*
d. An-, Bespritzen

aspicio, spexi, spectum 3. (specio)
hinblicken, hinsehen; ansehen, anblicken, betrachten, e. Blick werfen auf -, in Augenschein nehmen; erblicken, wahrnehmen, zu sehen bekommen. übtrg. a) auf geist. Gebiet; spez. = beachten, würdigen; b) als Ausdruck des Gefühls = sehen, (mit) ansehen; c) (huldvoll) auf jemand blicken; d) N. Kl. (v. Lokal.) = liegen, gerichtet sein nach

aspiratio, onis, *f*
Ausdünstung, Einatmung; t. t. gramm. = „Aspiration“

aspiro 1. (spiro)
1. intr. eigtl. aushauchen, P (an)wehen, (v. d. Flöte) d. Ton angeben; übtrg. hinhauchen = sich zu nähern od. zu gelangen suchen, sich drängen zu, sich einmischen, sich versteigen zu; N. Kl. förderlich, behilflich sein, helfen
2. trans. zuwehen, übtrg. einflößen

aspis, idis, *f*
Natter

asportatio, onis, *f*
Fortschaffung

asporto 1. (porto)
fortführen, fortschaffen

aspretum, i, *n*
steinige Stelle (N. Kl.)

assecla s. assecula
assectatio, onis, *f*
ständige Begleitung
assectator, oris, *m*
ständiger Begleiter, Anhänger
assector 1. (sector)
ständig begleiten (namentl. e. Kandidat. zur Unterstützg. der Wahl
assecula u. (N. Kl.) **assecla**, ae, *m*
(verächtl.) Anhänger, Anhängsel, Schmarotzer, Parteigänger
assensio, onis, *f*
Zustimmung, Beifall; philos. Fürwahrhalten sinnl. Erscheinungen
assensor, oris, *m*
Beipflichter
assensus, us, *m*
1. = assensio
2. P = Widerhall, Echo
assentatio, onis, *f* u. **assentatiuncula**, ae, *f*
Schmeichelei, Liebedienerei
assentator, oris, *m*
Schmeichler, Liebediener, Höfling
assentatorie
„um zum Munde zu reden"
assentio u. häufiger **assentior** 4. (scentio)
zustimmen, beipflichten
assentor 1.
nach dem Munde reden, schmeicheln
assequor 3. (sequor)
eigtl. einholen, erreichen; bildl. (durch Bemühg.) erreichen = erlangen; erreichen = gleichkommen; geistig erreichen = erfassen, begreifen
asser, eris, *m*
Stange
assero, sevi, situm 3. (sero)
anpflanzen (P)
assero, serui, sertum 3. (sero)
1. (t. t. iur.) für frei od. als seinen Sklaven erklären
2. (N. Kl.) allg. zueignen, sibi a. = beanspruchen
assertor, oris, *m*
der, welcher auf jem. Anspruch erhebt (N. Kl.)
asservio, ire (servio)
nebenbei unterstützen
asservo 1. (servo)
verwahren, in Gewahrsam halten, überwachen, beobachten
assessio, onis, *f*
Beirat
assessor, oris, *m*
Beisitzer, Amtsgehilfe
asseveranter, mit comp.
nachdrücklich
asseveratio, onis, *f*
Nachdruck, (N. Kl.) Ernst, Feierlichkeit
assevero 1.
ernstlich verfahren (abs.; N. Kl. gravitatem a. „tief. Ernst zur Schau tragen"); nachdrückl. sprechen, versichern, behaupten; (N. Kl.) bezeugen
assideo, sedi, sessum 2. (sedeo)
dabei, zusammensitzen (abs.; alicui „bei-"), spez. beständig um jem. sein; (bei Kranken u. Unglücklich.) zu Besuch sein, besuchen, helfend od. tröstend zur Seite stehen, warten, pflegen; spez. Beisitzer sein (vor Gericht); N. Kl. (militär.) lagern vor od. in, Wache halten bei, belagern
assido, sedi 3. (sido)
sich setzen
assiduitas, atis, *f*
Beharrlichkeit, Eifer, Ausdauer, ununterbroch. Tätigkt. od. Dauer; spez. d. beständ. Anwesenheit (Besuch, Begleitung, Verkehr, Aufwartg., bes. v. Klienten u. Amtskandid.)
assiduus, a, um
1. als subst. = steuerpflicht., wohlhabender Bürger
2. als adi. (nur posit.) a) andauernd, anhaltend, beständig, unablässig, beharrlich; b) fleißig, eifrig, tätig
assignatio, onis, *f*
(Land-)Anweisung
assigno 1. (signo)
an-, zuweisen, zuteilen; spez. v. Ackeranweisgn.: agros; übtrg. beimessen, zuschreiben, schuldgeben
assilio, silui 4. (salio)
heran-, herbeispringen, heranspritzen, anstürmen (klass. vereinz. übtrg. v. Redner)
assimilis, e
zieml. ähnlich (dat.)
assimulo 1. (simulo) schlechter **assimilo** (similis)

ähnlich machen, nachbilden, übtrg. vergleichen, nachahmen, vorgeben, heucheln
assis, is, *m* s. axis II.
assisto, stiti 3. (sisto)
sich hinstellen, hintreten, N. Kl. (milit.) antreten; N. Kl. = adesse „da sein, (helfend) zur Seite stehen"
assoleo, ere (soleo)
pflegen, klass. nur in ut assolet „wie es zu geschehen pflegt", „wie gewöhnlich"
assono, are (sono)
mit einstimmen (P)
assuefacio 3. (facio)
jmd. gewöhnen
assuesco 3. (suesco)
sich gewöhnen; (P) trans. gewöhnen an; **assuetus**, a, um
1. gewöhnt an
2. N. Kl. gewöhnlich, bekannt, vertraut
assuetudo, dinis, *f*
(N. Kl.) Gewöhnung, Umgang
assulto 1.
(N. Kl.) heran-, anstürmen, angreifen
assultus, us, *m*
(N. Kl.) Ansatz, Angriff
assum, adfui (affui), adesse (sum)
1. allg. dabei, bei der Hand, zur Stelle, zugegen, anwesend, erschienen, vorhanden, vorrätig sein
2. nahe sein, erscheinen, im Anzuge sein, bevorstehen
3. spez. (auf behördl. Befehl) erscheinen, spez. vor Gericht
4. (hilfreich) zur Seite sein od. stehen, beistehen, Dienste leisten, bes. als Patron
assumo 3. (sumo)
hinzunehmen, -ziehen; an sich nehmen, an-, aufnehmen; sich aneignen, sich beilegen, auch = für sich beanspruchen, sich anmaßen
assumptio, onis, *f*
(philos. t. t.) Annahme; (log.) Untersatz in einem Schluß
assumptivus, a, um
= an sich unvollständig (rhet. t. t.)
assuo 3. (suo)
(P) annähen, anflicken
assurgo 3. (surgo)
sich aufrichten, sich erheben, aufstehen; (N. Kl.) v. Leblos. eigtl. u. bildl. = emporsteigen, sich erheben, höher steigen
assus, a, um
1. trocken, subst. **assum**, i, *n* Schwitzbad
2. gebraten, geröstet, klass. sub. t. **assum**, i, *n* Braten
ast
aber, jedoch, dagegen (meist in alt. Gesetzen u. P)
asternor, i (sterno)
sich hinstrecken (P)
astipulator, oris, *m*
Kontraktzeuge; übtrg. Beipflichter, Anhänger
astipulor 1. (stipulor)
Kontraktzeuge sein; übtrg. beipflichten (N. Kl.)
asto, are (sto)
da od. dabei stehen; (P) stehen bleiben, aufrecht stehen, emporragen
astrepo 3. (strepo)
(N. Kl.) lärmend bei-, einstimmen (in)
astringo 3. (stringo)
1. a) festschnüren; b) anbinden (ad statuam „an"), (P) einschnüren
2. zusammenschnüren (N. Kl.); zus.ziehen (Ggstz. [re]laxare), se a. od. adstringi „sich zus.ziehen"; erstarren machen; [P] astrictus = gefroren, od. [von d. Kälte] = streng); (N. Kl.) verpichen, verkitten; übtrg. kurzhalten, ein-, beschränken; fesseln, binden, verpflichten; in knappe Form od. kurz fassen. **astrictus**, a, um sparsam (N. Kl.); beschränkt; straff gedrängt, kurz (v. Redner u. Ausdruck)
astrologia, ae, *f* (gr.)
Sternkunde, Astronomie
astrologus, i, *m* (gr.)
Sternkundiger, Sterndeuter
astrum, i, *n* (gr.)
allg. = Gestirn, Sternbild
astruo 3. (struo)
anbauen; (N. Kl.) übtrg. jem. anstiften od. etw. hinzufügen, jemdm. beilegen
astupeo, ere (stupeo)
anstaunen (P)
astus, us, *m*
(N. Kl.) List, Gewandtheit
astutia, ae, *f*

Verschlagenheit, Schlauheit, plur. Ränke

astutus, a, um mit comp.
listig, verschlagen, schlau

asylum, i, *n* (gr.)
Freistätte

at Adversativpartikel an 1. Stelle d. Satzes
= „hingegen, dagegen (aber), aber allein" führt den Ggstz. als Kontrast ein bei Aussage u. lebhaft. Frage, stellt Sätze u. Satzglieder gegenüber; verstärkt at vero, at contra u. a.
2. zur nachdrückl. Hervorhebg. bei Übergängen, spez. zu etwas Plötzlichem „aber, doch", insbes. zur Einführg. einer Antwort
3. at fügt e. eigenen od. fremden Einwurfes an = „aber - wird man sagen (od. fragen"); „ja, aber"; verstärkt at vero, at enim
4. nach konzessiv. Bedingungssätzen = „doch wenigstens", „wohl aber", „dafür aber"; auch sonst in konzess. Zus.hang

Atabulus, i, *m*
der Scirocco (P)

atavus, i, *m*
Vater des Ururgroßvaters; (P) plur. = Ahnen

ater, atra, atrum
(glanzlos) schwarz, dunkel; P = schwarz gekleidet, geschwärzt, düster, finster, traurig, unheilvoll, schrecklich, neidisch

athleta, ae, *m* (gr.)
Wettkämpfer

atomus, i, *f* (gr.)
unteilbarer Körper, „Atom"

atque, (aus adque) u. (daraus verkürzt) **ac** verbinden Sätze u. Satzteile, die inhaltlich einander gleich stehen
I. rein konjunktiv „und", verbdn. a. etiam, auch a. - quoque; besond. üblich beim Hendiadyoin: vis a arma „Waffengewalt", labor atque iter „anstrengndr. Marsch", oro a. obsecro „bitte inständig" u. a.. Spez. steht das Glied mit ac (atque)
1. erweiternd u. steigernd = „und noch dazu", „dazu kommt (kam) noch, daß", „außerdem", „überdies", „u. sogar", „u. vielmehr",
2. folgernd = „u. so", „u. daher"
3. erläuternd „u. zwar" „u. näher", oft verbdn.; auch im Sinne einer Apposition
4. beschränkd. „u. dabei (doch)", „u. doch (hinwiederum)"
5. bestätigend „u. wirklich"
6. abschließd. „u. so", „u. somit"
7. beim Übergang zu e. Ausführg. „und", „nun"
8. scheinbar adversativ nach e. Negation i. Sinne von „sondern"
9. Wichtiges od. Überraschendes anknüpfend „da", „jetzt"
10. in Antworten bejahd. u. erweiternd „allerdings, u. zwar - "
II. bei Vergleichgn.
1. nach Wörtern der Gleichheit, Ähnlichkeit u. ihres Gegenteils = „als"
2. (P) nach e. comp. = quam

atqui (selt. **atquin**)
an 1. Stelle e. Satzes, dient zur Anknüpfung e. adversativen Versicherg. e. Einwandes = „und doch", „gleich wohl", „ja - aber"; zur Einführg. des Untersatzes in e. Schluß

atramentum, i, *n*
Schwärze, schwarzer Saft, Tinte

atratus, a, um
schwarz gekleidet

atriensis, is, *m*
Aufseher des Atriums: Hausmeister

atrilum, i, *n*
e. kleines od. einfach eingerichtetes Atrium

atrium, ii, *n*
„Atrium":
1. in älterer Zeit d. Wohn- u. Arbeitsraum, später d. Empfangsraum des röm. Hauses
2. öffentliche „Halle"
3. (P) = Haus, Palast

atrocitas, atis, *f*
Abscheulichkeit, Schrecken, Schroffheit, Strenge

atrox, ge. ocis, mit comp. u. superl.
schrecklich, gräßlich, wild, hart, trotzig, heftig, erbittert, gefährlich

attactus, us, *m*
Berührung (P)

attagen, enis, *m* (gr.)

Haselhuhn (?)
attamen (at tamen) s. at 4.
attempto, s. attento
attendo, di, tum 3. (tendo)
richten, spannen. **attentus**, a, um, mit comp. u. superl., gespannt, aufmerksam; adv. **attente** audire u. a; spez. sparsam
attentio, onis, *f*
Aufmerksamkeit
attento od. **attempto** 1. (tento, tempto)
berühren, probieren; antasten, anfechten, zu verführen suchen. **attentus**, a, um s. attendo
attenuo 1. (tenuo)
verdünnen, (ab)schwächen; (P) = erniedrigen, (N. Kl.) attenuari = schwinden, schwach werden, einschrumpfen
attero 3. (tero)
eigtl. u. bildl. ab-, zer-, aufreiben, abnutzen, beschädigen, vernichten, erschöpfen; (P) = etw. reiben an
attestor 1. (testor)
bezeugen (N. Kl.)
attexo 3. (texo)
anweben, anflechten, anfügen
attineo, tinui 2. (teneo)
trans. festhalten, behaupten, auf-, zurück-, hinhalten. intr. örtl. sich erstrecken (N. Kl.); übtrg. angehen, betreffen, Bezug haben; (in neg. Sätzen) darauf ankommen, daran liegen, zur Sache gehören, nötig od. zweckmäßig sein
attingo, tigi 3. (tango)
berühren; (von Speisen) an-, berühren; (von Örtlichktn.) berühren = angrenzen, anstoßen, begrenzen; feindl. anrühren, antasten, angreifen, (in betrüg. Absicht) antasten, anrühren, (v. Empfindgn.) berühren, treffen; in Verbdg. od. nahe stehen, angehen, betreffen; sich an etw. machen, versuchen, sich befassen mit; in d. Rede od Schrift berühren = oberflächlich besprechen erwähnen
attollo, ere (tollo)
(N. Kl.) eigtl. u. bildl. empor-, auf-, erheben, auf-, errichten
attondeo, tondi, tonsum 2. (tondeo)
(N. Kl.) eigtl. u. bildl. beschneiden, (P) benagen
attono, tonui, tonitum 1. (tono)
andonnern: betäuben (N. Kl.); oft **attonitus**, a, um (N. Kl.) wie vom Donner gerührt, betäubt, entsetzt, sinnlos, (gott)begeistert, bezaubert
attorqueo, ere (torqueo)
emporschwingen (P)
attraho 3. (traho)
anziehen, herbeischleppen; bildl. herbeilocken, anlocken
attrectatus, us, *m*
d. Berühren (P)
attrecto 1. (tracto)
an-, betasten, berühren, anfassen; N. Kl. auch bildl.
attribuo 3. (tribuo)
hinzufügen; zuteilen, zu-, anweisen; beilegen, verleihen; beimessen, zuschreiben
attributio, onis, *f*
Schuldanweisung, (rhet.) Umstand, Nebenumstand
attritus, a, um s. attero
auceps, cupis, *m*
Vogelsteller, klass. bildl. a. syllabarum = „Silbenstecher", a. voluptatum „Jäger -"
auctio, onis, *f*
Versteigerung, „Auktion", Auktionsgut
auctionarius, a, um
Versteigerungs-
auctionor 1.
Auktion halten
auctito, are
stark vermehren (N. Kl.)
auctor, oris, *c* (augeo)
„Förderer" einer Sache durch Rat u. Tat:
1. Urheber, Begründer, Stifter, Erfinder; Vorbild, Muster, Vorgänger, Stimmführer
2. Gewährsmann, „Autorität", Bürge, Zeuge; daher vom „Schriftsteller", „Darsteller", „Geschichtschreiber", insofern er Quelle u. Gewährsmann ist; erst (N. Kl.) allgem. = „Autor"; (P) = Verkündiger, Erzähler, Bote
3. Vertreter, der für etw. einsteht, etw. gewährleistet, Garant
4. Bestätiger, Einwilliger

5. Vermittler
6. Ratgeber, Anrater, Veranlasser, Anstifter zu e. Handlung

auctoramentum, i, *n*
„Handgeld“ der Gladiatoren

auctoritas, atis, *f* (vgl. auctor!)
Urheberschaft:
1. Muster, Vorbild, Vorgang, maßgebendes Beispiel
2. Gewähr, Garantie, Gültigkeit, Echtheit, Urkundlichkeit, Authentie, Beglaubigung, Glaubwürdigkeit, Dokument, Zeugnis
3. Ansehen, (persönl.) Überlegenheit, Einfluß, Macht, maßgebende Meinung, „Autorität“; spez. = Nachdrücklichkeit, Nachdruck; auch = einflußreiche Person, „Autorität“
4. (jur.) Besitztums-, Eigentumsrecht (ius auctoritatis „Ersitzungsrecht“)
5. d. Eintreten für etw., Vertretung
6. Machtvollkommenheit, Ermächtigung, Vollmacht
7. Rat, Antrieb, Zureden, Vermittlung
8. Willensmeinung, Wille, Beschluß, Geheiß, Auftrag

auctoro 1.
(bes. v. Gladiator) verpflichten, verdingen, med. sich verdingen (N. Kl.)

auctumnus nicht gut für autumnus

auctus, a, um s. augeo a. E.

auctus, us, *m*
(N. Kl.) eigtl. u. bildl. Zunahme, Wachstum, Anschwellung, Vermehrung, Verstärkung, Gedeihen

aucupium, ii, *n*
Vogelfang; übtrg. Haschen nach

aucupor 1.
vogelstellen: übtrg. haschen nach, es absehen auf, lauern auf

audacia, ae, *f*
Kühnheit, Keckheit, Dreistigkeit, Verwegenheit, Vermessenheit, Frechheit, auch im plur.

audax, gen. acis, mit comp. u. superl., adv. meist **audacter** statt **audaciter**
kühn, tollkühn, keck, waghalsig, verwegen, dreist, vermessen

audentia, ae, *f*
Kühnheit (N. Kl.)

audeo, ausus sum, audere
dreist sein, wagen, sich unterfangen, über sich gewinnen, sich erdreisten

ausum, i, *n*
(N. Kl.) Wagnis. **audens**, mit comp. u. superl., (N. Kl.) = kühn

audentia, ae, *f*
Gehör, Aufmerksamkeit; (Sp) Audienz, Zutritt

audio 4.
1. eigtl. hören, vernehmen
2. hören = vernehmen, erfahren, Kunde erhalten
3. zuhören; (an)hören; verhören
4. „hören“ = Glauben schenken = gelten lassen, billigen = erhören = auf jem. od. etwas hören, Gehör geben, gehorchen
5. (P) = sich nennen lassen, gelten für; daher klass. bene od. male audire „in gut od. schlecht. Ruf stehen“, „gelobt od. getadelt werden“. subst. **audiens**, entis, *m* Hörer. **auditum**, i, *n* Gerücht

auditio, onis, *f*
das Hören; Hörensagen; Gerede

auditor, oris, *m*
Hörer, Zuhörer; Schüler

auditorium, ii, *n*
Hörsaal (N. Kl.)

auditus, us, *m*
Hören, Gehör (als Sinn); (N. Kl.) das (An- od. Zu)Hören, Gerücht

aufero, abstuli, ablatum, auferre (fero)
1. (v. e. Platz) weg- od. forttragen, -schaffen, -bringen, -reißen, entfernen, beseitigen, wegraffen, entführen, [P] a. - abschneiden; (P) = ablassen. Spez. se auferre „sich wegbegeben“, (N. Kl.) auferri = enteilen, entschwinden
2. mit sich (fort)nehmen, davontragen
3. (jemdm. etwas) fort- od. wegnehmen, benehmen, ab-, entreißen, entziehen, entführen, rauben, stehlen

aufugio 3. (fugio)
entfliehen

augeo, auxi, auctum 2.
(eigtl.u. bildl.) vergrößern, vermehren, verstärken, erweitern, steigern, fördern, verherrlichen, übertreiben, augeri = wachsen, zunehmen, sich vergrößern, sich vermehren u. a.

augesco, ere
wachsen, zunehmen

augur (aus aviger?), uris, *m*
Vogeldeuter, „Augur"; (P) übhpt. Deuter, Weissager
auguralis, e
der Augurn, augurisch (cena, ius, libri). (N. Kl.) subst. **augurale**, is, *n* = Feldherrnzelt
auguratio, onis, *f*
Weissagung
auguratus, us, *m*
Auguramt, -würde
augurium, ii, *n*
Befragung der Götter durch Beobachtung u. Deutung v. Wahrzeichen, bes. der Vogelzeichen u. der signa ex caelo, „Augurium"; übhpt. Deutung. Vorherverkündigung, Ahnung; (N: Kl.) Wahrzeichen, (P) Sehergabe
auguro, klass. gewöhnl. **auguror** 1.
Augurien anstellen, abs. od. für etwas; (N. Kl.) auch = Fürbitte erflehen für ; prophezeien, voraussagen, ahnen
augustus, a, um (Ableitg. unsicher), mit comp. u. superl.
erhaben, heilig, ehrfurchtsvoll. nom. pr.
1. Augustus als Bezeichng. v. Gottheiten u. Beiname der Kaiser; adi. **Augustus**, a, um „augusteisch", „des A.", daher **Augustus** der (Monat) August
2. **Augusta**, ae als Titel der Kaiserin, ferner als Name od. Beiname v. Städten u. als Ehrenname einzelner Truppenkörper
3. **Augustalis**, e „dem Augustus zu Ehren", als subst. **Augustales**, ium Priesterkollegium für den Kult der gens Julia
4. **Augustiani**, orum Bezeichnung einer v. Nero ausgewählten Schar jung. röm. Ritter
aula, ae, *f* (gr.)
Vorhof, Hof fürs Vieh, dann Atrium (P); übtrg. „Hof" eines Fürsten, Hofburg, Palast, dann N. Kl. = Hofleute, Hofstaat, Hof
aulaeum, i, *n*
(Theater-)Vorhang (a. tollitur); (P) Teppich od. Decke
aulici, orum, *m*
Hofleute (N. Kl.)
auloedus, i, *m* (gr.)
Sänger zum Flötenspiel
aura, ae, *f* (gr.)
1. Hauch, Luftzug, Lüftchen, Wind; (P) d. atmosphär. Luft, plur. Lüfte = Oberwelt, Himmel, Höhe, d. Freie, Tageslicht, Lebenslust, Odem, Duft, Geruch, Lichtglanz, Schimmer
2. übtrg. Hauch, Lüftchen, (N. Kl.) spez. = Gunstbezeugung
auraria, ae, *f*
Goldmine (N. Kl.)
auratus, a, um
vergoldet; (N. Kl.) goldgeschmückt
aureolus, a, um
golden: übtrg. golden = herrlich, allerliebst
aureus, a, um
golden, vergoldet; (N. Kl.) goldverziert, goldhaltig, goldfarbig, goldschimmernd
auricomus, a, um
goldhaarig = goldbelaubt (P)
auricula, ae, *f*
Ohr; a. infima = Ohrläppchen
aurifer, era, erum
goldtragend (P)
aurifex, icis, *m*
Goldschmied
auriga, ae, *m*
Wagenlenker (in d. zirzens. Spiel.); (N. Kl.) als Gestirn = der „Fuhrmann"; (P) gelegtl. = Steuermann
aurigena, ae,
(P) d. Goldgeborene (v. Perseus)
auriger, era, erum
goldtragend (P)
auris, is, *f*
Ohr; (P) übtrg. v. d. Seitenbrettern am Scharbaum
auritus, a, um
(P) langohrig, übtrg. lauschend. **auritulus**, i, *m* (P) Langohr (v. Esel)
aurora, ae, *f*
(meist P) Morgenröte, Göttin der M., Osten
aurum, i, *n*
Gold, Goldgerät od. -schmuck, Gold (als Münze), Mammon; (P) Goldschimmer, goldenes Zeitalter
auscultator, oris, *m*
Zuhörer
ausculto 1.

zuhören, lauschen, auf jemd. hören
ausim etc. s. audeo
auspex, icis, *m*
(P auch bei e. fem.) Ansteller u. Deuter der Auspizien, Wahrsager, bei Hochzeiten „Trauzeuge"; (P) = Anführer, Beschützer, Leiter
auspicium (= avispicium), ii, *n*
Befragung des Götterwillens von seiten der Magistrate, namentl. durch Vogelschau = „Auspizium", Wahrzeichen, Vorzeichen; Recht, A. anzustellen, daher (N. Kl.) = Oberbefehl, Oberleitung, (P) = Macht, Wille
auspicor 1.
Auspizien anstellen (klass. abs); N. Kl. = anfangen. Vom älteren auspico: **auspicatus**, a, um nach Anstellg. v. A. eröffnet, geheiligt; **auspicato** „nach Anstellung der A."
auster, tri, *m*
Südwind; austri partes = Süden
austerus, a, um mit comp.
herb: übtrg. ernst, streng, hart, unfreundlich
australis, e
südlich
austrinus, a, um
des Südwinds (P)
ausum s. audeo
aut
einmal gesetzt, u. aut-aut (-aut...) doppelt (od. mehrfach), stellt Sätze od. Satzteile gegenüber u. dient im Sinne unseres „oder"
I. zur Trennung wesentlich verschied. Begriffe, die sich ausschließen
1. einfach „oder"
2. wiederholt „entweder - oder ". ne aut - aut = „damit weder - noch". neque aut - aut = „u. weder - noch".
3. spez. steht aut zu Anfang e. Satzes = alioquin „sonst", „widrigenfalls"
II. aut od. aut - aut stehen, ohne auszuschließen, bei einfach. Zus.stellg. an sich verschiedener Pers. od. Sachen
1. unentschieden lassend. In manch. Fällen nähern sie sich unserm „teils-teils" od. „bald-bald".- So stehen aut od. aut-aut namentl. in negativ. Zus.-hang selbst zur Aneinanderreihung verwandter Begriffe (deutsch oft „und")
2. ergänzend u. abschließend: „od. überhaupt". Wichtig in erweiternden Fragen
3. berichtd. „od. vielmehr", „od. genau genommen"
4. bei e. Steigerg. „od. sogar"; verstärkt aut etiam; aut vero „od. erst gar"
5. bei e. Abschwächung „oder (doch) wenigstens", „oder auch nur"
autem
gibt „den indifferenten Gegensatz eines Neuen gegen d. Frühere zur Fortführg. der Rede" = „aber", „und", „ferner", häufiger in der didakt., als in der histor. Prosa, stellt Sätze od. Satzteile gegenüber. Spez.
1. zur Hervorhebg. des letzten Gliedes
2. zur näher. Ausführg. eines Begriffs
3. in lebhaft. Fragen od. Ausrufen
4. bei Erklärung od. Verbesserung
5. zur Einführg. einer Parenthese „aber", „denn"
6. im Untersatz eines Syllogismus = atqui.
7. bei Gegenüberstellgn.: si (nisi) - si oder sin autem; alii - alii autem
authepsa, ae, *f* (gr.)
Selbstkocher
autor unrichtig für auctor
autumnalis, e
(N. Kl.) herbstlich, Herbst-
autumnus, i, *m*
Herbst; (P) übtrg. Herbstfrüchte, „Herbstsegen"
autumo 1.
(P) behaupten, versichern, nennen, meinen
auxiliaris, e
hilfreich, helfend, Hilfs-. **auxiliares**, ium, *m* Hilfstruppen
auxiliarius, a, um
Hilfe leistend, Hilfs-. **auxiliarii**, iorum, *m* (N. Kl.) Hilfstruppen
auxiliator, oris, *m*
(N. Kl.) Helfer, Beistand
auxilior 1.
Hilfe, od. Beistand leisten, helfen
auxilium, ii, *n*
Hilfe, Beistand, Unterstützung. Spez.
1. plur. **auxilia**, orum, *n* Hilfstruppen
2. **auxilium** (Hilfs-)Mittel

auxitis = auxeritis (N. Kl.)
avaritia, ae, *f*
Habsucht, Habgier, Geiz; (N. Kl.) Gier
avarus, a, um mit comp. u. superl.
habsüchtig, habgierig, geizig; (N. Kl.) gierig (nach)
aveho 3. (veho)
wegbringen, -schaffen, -führen, (N. Kl.) avehor „wegfahren", -reiten, sich entfernen
avello 3. (vello)
ab-, losreißen, entreißen, entfernen
avena, ae, *f*
Hafer, insbes. milder Hafer; (P) = Schalmei
aveo, ere
begehren, verlangen. **aveo (haveo)** N. Kl. in den Formen **(h)ave** u. **(h)aveto** = „sei gegrüßt", „guten Tag", „guten Morgen", od. = „lebe wohl" (bei Anrede u. bei Schluß e. Briefes)
averro, ere (verro)
wegfegen (P)
averrunco 1.
(N. Kl.) abwenden (in relig. Sinne)
aversor 1.
(N. Kl.) sich abwenden, etwas verschmähen, weg-, zurückweisen
aversor, oris, *m*
Unterschlager
aversus, a, um s. averto
averto 3. (verto)
1. ab-, weg-, fortwenden, -drehen, -lenken, -ziehen, entfernen; **se avertere**, **averti** u. (P) intr. **avertere** „sich abwenden" u. s. w.; [P] **averti** = verschmähen; spez.
2. abwenden, abwendig machen, entfremden
3. (milit.) entfernen, zurücktreiben, in d. Flucht schlagen
4. (Böses) abwenden
5. entwenden, unterschlagen, bei Seite bringen. **aversus**, a, um
1. auf d. Hinterseite, im Rücken, (von) hinten, rückwärts; [N. Kl.] **aversa**, orum, *n* „d. entgegengesetzte Teil von -".
2. abgeneigt, feindlich
avia, ae, *f*
Großmutter
aviarium, ii, *n*
Vogelhaus; (P) Aufenthaltsort der Vögel
aviditas, atis, *f*
Begier, Verlangen, Sucht, spez. Habsucht, Geiz
avidus, a, um mit comp. u. superl.
verlangend, begehrlich, begierig, gierig, spez. habgierig, geizig; (N. Kl.) leidenschaftlich, kampflustig, ehrsüchtig
avis, is, *f* (abl. auch avi)
Vogel, (P) Gevögel; spez. Weissagevogel, Vogelzeichen, Vorbedeutung; (P) „Vogel" als Sternbild; plur. (P) gelegtl. = Kleid aus Vogelfedern
avitus, a, um
großväterlich, (N. Kl.) übhpt. ererbt, Erb-
avius, a, um
(N. Kl.) abgelegen, einsam, auf Abwegen. **avia**, orum, *n* Abwege, einsame Stellen, Einöden
avocatio, onis, *f*
Ablenkung (selten)
avoco 1. (voco)
eigtl.: ab(be)rufen (N. Kl.); übtrg. abziehen, ablenken, ab- od. zurückhalten
avolo 1. (volo)
fortfliegen (P); fort-, enteilen
avunculus, i, *m*
Oheim (Mutterbruder); **a. magnus** Großoheim (Bruder der Großmutter), (N. Kl.) auch a. allein
avus, i, *m*
Großvater; (N. Kl.) Ahn, Vorfahr
axis, is, *m*
I. 1. (N. Kl.) Achse (am Wagen), daher (P) Wagen
2. Himmelsachse, Erdachse
3. (N. Kl.) Pol, spez. Nordpol, (P) Himmelsgegend, Himmel, Himmelsgewölbe
II. **axis** od. **assis**, is, *m* Diele, Brett

B

baca (auch **bacca**), ae, *f*
(Baum-) Frucht, Beere, spez. (P) Olive; übtrg. (P) Perle
bacatus (**bacc...**), a, um
mit Perlen besetzt (P)
baccar, aris, *n* u. **baccaris**, is, *f* (gr.)
keltischer Baldrian
bacchatio, onis, *f*
Gelage
bacchor 1. (gr.)
1. bacchantisch schwärmen: (P) **bacchantes** = Bacchantinnen, u. **bacchatus**, a, um durchschwärmt
2. übtrg. wild umherschwärmen, ausgelassen sein, rasen, toben, schwelgen, (N. Kl.) **bacchabundus**, a, um ausgelassen
bacillum, i, *n*
Stäbchen, Stöckchen, spez. Stab der Liktoren
baculum, i, *n* u. **baculus**, i, *m*
Stock, Stab
baiulo 1.
(e. Last) tragen (N. Kl.)
baiulus (**-olus**), i, *m*
Lastträger
balaena = ballaena.
balanus, i, *f* (gr.)
Eichel, Nuß
balatro, onis, *m*
Possenreißer (P)
balatus, us, *m*
d. Blöken (P)
balbus, a, um
stammelnd
balbutio, ire
übtrg. stammeln = unklar reden
ballaena, ae, *f* (gr.)
Walfisch
ballista (**balista**), ae, *f* (gr.)
Wurfmaschine
balnearia, orum, *n*
Badezimmer
balneator, oris, *m*
Bademeister
balneolum, i, *n*
kleines Bad
balneum (auch **balineum**), i, *n* u. (als öffentl. Einrichtung.) **balneae**, (N. Kl.) **balineae**, arum, *f*
Badeanstalt, Badestube, „Bad"
balo 1.
(P) blöken, subst. balantes = Schafe
balsamum, i, *n* (gr.)
Balsamstaude
balteus, i, *m* u. **balteum**, i, *n*
Wehrgehenk
barathrum, i, *n* (gr.)
Schlund (P)
barba, ae, *f*
Bart
barbaria, ae u. (selt.) **-ies**, ei, *f*
1. Barbarenland od. -volk, Ausland, Fremde
2. Unkultur, Wildheit, Roheit, „Barbarei", spez. Willkür, Despotismus
barbaricus, a, um (gr.)
(N. Kl., meist P)ausländisch, fremd, „barbarisch"
barbarus, a, um (P mit comp.) (gr.)
ausländisch, fremd (i. Ggstz. zum Griech. u. Röm.); übtrg. ungebildet, unwissend, roh, grausam. subst. **barbarus**, i, *m* Ausländer, Barbar; (N. Kl.) fem. barbara
barbatulus, a, um
ein wenig bärtig
barbatus, a, um
bärtig
barbitos, i (nur nom., acc., voc.)
Laute (P)
barbula, ae, *f*
Bärtchen
barditus, us, *m* (Fw.)
Kriegsgesang der Germanen (N. Kl.)
bardus, a, um (gr.?)
stumpfsinnig
baro, onis, *m*
Einfaltspinsel
barrus, i, *m* (Fw.)
Elefant (P)
basilicus, a, um (gr.)
königlich: subst. **basilica**, ae, *f* (große Markt- u. Gerichts-)Halle

basio 1.
küssen (P). **basiatio**, onis, *f* u. **basium**, ii, *n* Kuß (P)
basis, is, *f* (gr.)
Fußgestell, Sockel, Postament, Grundmauer, Grundlinie
battuo, ui 3.
stoßen (obszön)
beatitas, atis, *f* u. **beatitudo**, inis, *f*
Glückseligkeit
beatus, a, um (beo), mit comp, u. sup., (innerlich) glücklich, Ggstz. miser; begütert, reich, subst. beati spez. die Seligen
bellator, oris, *m*
Krieger (allgem.; auch i. Wortspiel neben imperator, orator); auch als adi. kriegerisch, streitbar
bellicosus, a, um, mit comp. u. superl.
kriegerisch, kriegslustig, streitbar
bellicus, a, um
d. Krieg betreffend, Kriegs-, im Kriege; res bellica „Kriegswesen", „Kriegstat", meist i. plur.; (P) kriegerisch. **bellicum**, i, *n* Signal (mit d. Tuba) zum Kampf
belliger, era, erum
(P) kriegführend, streitbar
belligero 1.
Krieg führen, kämpfen (selten)
bellipotens, gen. entis
kriegsgewaltig (P)
bello (P auch **bellor**) 1.
Krieg führen, kriegen
bellua = belua.
bellum, i, *n* (vgl. duellum)
Zweikampf:
1. Krieg
2. (N. Kl.) = proelium Kampf (auch bildl.)
3. übtrg. = Streit, Zwist
4. (P) personif.
5. (P) Heer, Kriegsschar
bellus, a, um (aus benulus) mit superl.
hübsch, nett, munter, artig, fein, famos (Ausdruck d. Umgangssprache)
belua, ae, *f*
Tier, bes. großes Tier, Ungeheuer, Ungetüm: auch übtrg. (als Schimpfwort)
beluosus, a, um
reich an Ungeheuern (P)
bene (adv. v. benus = bonus), comp. **melius**, superl. **optime**
„gut", „recht", „wohl" (vgl. male)
1. allgem. von rechtem Verfahren od. rechter (äußerer od. innerer) Beschaffenheit
2. v. Befinden, Ergehen (esse „sich befinden", meist b. est „es steht gut mit", „geht gut")
3. v. der Gesinnung
4. v. Erfolg (b. evenire, rem gerere; spez. „gut" = vorteilhaft, zum Nutzen: collocare; b. emere „wohlfeil", vendere „teuer")
5. von Maß u. Grad = sehr, gehörig, genau, reichlich
benefactum, i, *n* (meist getrennt)
Guttat, guter Dienst
beneficentia, ae, *f*
Wohltätigkeit
beneficiarii, orum, *m*
von schwereren dienstl. Arbeiten durch besond. Vergünstigung befreite Soldaten
beneficium, ii, *n*
Wohltat, Gefälligkeit, Gunst, (guter) Dienst; im öffentl. Leben = Vergünstigung, Auszeichnung, Beförderung
beneficus, a, um (mit superl. beneficentissimus)
wohltätig, gefällig
benevolens, gen. entis (klass. nur im comp. u. superl., im posit. ersetzt durch benevolus)
wohlwollend, gewogen, ergeben
benevolentia (beni...), ae, *f*
Wohlwollen, Gewogenheit
benevolus (beni...), a, um, mit adv. s. benevolens
benficium P = beneficium
benignitas, atis, *f*
Güte, Gefälligkeit, Milde, Gnade, Bereitwilligkeit, Wohltätigkeit, Freigebigkeit
benignus, a, um, mit comp. u. (im adv.) superl.
1. gütig, gefällig, bereitwillig, milde, wohltätig, freigebig
2. (v. Dingen) reichlich, reichlich spendend (meist N. Kl.)
benivol... s. benevol...
beo 1.
(P) beglücken, beschenken

beryllus, i, *f* (gr.)
Beryll (e. Edelstein)
bes
$^8/_{12}$ od. $^2/_3$ (faenus fuit bessibus ex triente = „ist von $^1/_3$ auf $^2/_3$ gestiegen")
bestia, ae, *f*
Tier als vernunftloses Geschöpf, wildes Tier, „Bestie"; meton. plur. = Tierkampf
bestiarius, ii, *m*
Tierkämpfer
bestiola, ae, *f*
Tierchen
beta, ae, *f*
Beete, Mangold (e. Gartengewächs)
bibliotheca, ae, *f* (gr.)
Büchersammlung, Büchersaal
bibo, bibi 3.
trinken; (N. Kl.) einsaugen, in sich aufnehmen
bibulus, a, um
(P) durstig, (Feuchtigkeit) einsaugend
biceps, gen. cipitis
zweiköpfig, (P) doppelgipflig
bicolor, gen. oris
zweifarbig (P)
bicornis, e
(P) zweihörnig, zweizinkig, mit zweifach. Mündung
bicorpor, gen. poris
doppelleibig (P)
bidens, dentis
zweizähnig: subst. (P) *m* Karst, Hacke, *f* Schaf (Erklärung unsicher)
biduum, i, *n*
Zeitraum von 2 (aufeinanderfolgdn.) Tagen
biennium, ii, *n*
Zeitraum von 2 (aufeinanderfolg.) Jahren
bifariam adv.
zweifach, doppelt
bifer, era, erum
zweimal im Jahre (frucht-)tragend (N. Kl.)
bifidus, a, um
zweigespalten (N. Kl.)
biforis, e
(P) zweitürig, zweiflügelig, mit zwei Öffnungen
biformatus, a, um (P) u. **biformis**, e (N. Kl.)
doppelgestaltet
bifrons, gen. ontis
doppelstirnig (P)
bifurcus, a, um
zweizackig, -zinkig (N. Kl.)
bigae, arum, *f*, selt. im sing.
Zweigespann (N. Kl.). **bigatus**, a, um (N. Kl.) mit dem Zweigespann (als Gepräge), subst. **bigatus**, i, *m* (N. Kl.) Silberdenar (mit e. Zweigespann als Gepräge)
biiugis, e u. (häufiger) **biiugus**, a, um
zweispännig, **biiugi**, orum, *m* Zweigespann (P)
bilibra, ae, *f*
2 Pfund (N. Kl.). **bilibris**, e zwei Pfund enthaltend od. schwer (N. Kl.)
bilinguis, e
(N. Kl.) zwei Sprachen redend, übtrg. (P) doppelzüngig
bilis, is, *f*
Galle (als Flüssigkeit); übtrg. Galle = Zorn, Ärger (bilem commovere), atra bilis „Schwermut, Melancholie"
bilix, gen. icis
zweidrähtig (P)
bimaris, e
an zwei Meeren gelegen (P)
bimaritus, i, *m*
Gemahl zweier Frauen, Doppelgatte (N. Kl.)
bimater, gen. tris
von zwei Müttern geboren (P)
bimembris, e
(P) zweigestaltig, subst. plur. Doppelgestalten
bimestris (bimenstris), e
zweimonatlich (N. Kl.)
bimus, a, um
zweijährig (übtrg.: sententia)
bini, ae, a
je zwei, jedesmal zwei; zwei, die zwei; ein Paar, zwei auf einmal, doppelt, zwei u. zwei, zu zweien (von zus.gehörigen Pers. od. Sachen)
binoctium, ii, *n*
e. Zeit von zwei Nächten (N. Kl.)
binominis, e
zweinamig (P)
bipalmis, e
zwei Spannen lang od. breit (N. Kl.)
bipart... = bipert...

bipatens, gen. entis
doppelt geöffnet (P)
bipedalis, e
zwei Fuß lang, breit, dick
bipennifer, gen. eri
eine zweischneidige Axt tragend (P)
bipennis, e (N. Kl.)
zweischneidig, subst. **bipennis**, is, *f* Doppelaxt
bipertitus, a, um
zweiteilig. adv. **bipertito** in zwei Teilen od. Abteilungen
bipes, gen. pedis
zweifüßig, subst. **bipedes** Zweifüßler
biremis, e
zweiruderig (N. Kl.). subst. **biremis**, is, *f* Zweiruderer
bis (aus duis) adv.
zweimal, doppelt (bis: semel – iterum; bis terque „doppelt u. dreifach", bis terve „zwei od. dreimal" = selten; bis bina 2 x 2 usw., [P] bis quinque = 10 usw.)
bisulcus, a, um
in zwei Teile gespalten (P)
bitumen, minis, *n*
Erdpech, Asphalt. **bitumineus**, a, um (N. Kl.) aus E.
bivius, a, um
(P) doppelwegig; (N. Kl.) subst. **bivium**, ii, *n* Doppelweg
blandiloquentia, ae, *f*
Schmeichelrede (P)
blandimentum, i, *n*
(klass. nur im plur.) Schmeichelei; Reiz, Annehmlichkeit
blandior 4.
schmeicheln (abs. od. mit dat., auch übtrg.: voluptas sensibus b.); (N. Kl.) übtrg. = liebkosen, begünstigen, anlocken
blanditia, ae, *f*
Schmeichelei; Reiz, Lockung
blandus, a, um mit comp. u. superl.
schmeichelnd, liebenswürdig; reizend, lockend
blatero 1.
plappern (P)
blatta, ae, *f*
Schabe, Motte
boarius (bovarius), a, um
zum Rind gehörig: forum b. „Ochsenmarkt"
bocula = bucula
boletus, i, *m* (gr.)
e. eßbarer Pilz
bonitas, atis, *f*
Trefflichkeit, Güte
bonus, a, um
(comp. u. superl. ersetzt durch **melior** u. **optimus**; adv. **bene**)
I. in äußerer Beziehg. 1. in gutem Zustand, gut, trefflich, tüchtig, wacker, geschickt; (N. Kl.) = tapfer
2. tauglich, geeignet, zweckmäßig
3. gut, günstig, glücklich, gedeihlich, von Segen
4. gesund, frisch
5. vollgültig, vollberechtigt
6. gut = reichlich
7. edel, vornehm, angesehen
8. begütert
9. fein, delikat (N. Kl.)
II. in inner. Beziehg 1. gut, redlich, ehrenhaft, rechtschaffen, bieder
2. (politisch) gutgesinnt, patriotisch
3. geneigt, gnädig, gütig, gefällig
bonum, i, *n* das Gut, spez.
1. Vorzug, Tugend, Vorrecht
2. plur. Güter, Vermögen, Reichtümer, Hab u. Gut.
3. Vorteil, Nutzen
bootes, *m* (gr.)
„Ochsentreiber", ein Sternbild = arctophylax
boreas, ae, *m* (gr.)
(meist P) Nord(ost)wind, Norden, auch personif.
boreus, a, um (gr.)
nördlich (P)
bos, bovis, e (gen. pl. boum od. bovum; dat. pl. bobus od. [N. Kl.] bubus)
Ochse, Kuh
bovarius, a, um s. boarius
bovile (bubile), is, *n*
Rinderstall (N. Kl.)
bovillus, a, um
altlat. = Rinder-
braca, ae, *f* meist plur. (Fw.)
„Hose" als Tracht barbar. Völker (N. Kl.). **bracatus**, a, um hosentragend
bra(c)chium, ii, *n* (gr.)
1. Arm, spez. Unterarm (v. Menschen)

2. übtrg. (N. Kl. u. meist P) Armähnliches: „Schere“ des Krebses u. a., „Ast“, „Segelstange“, „Seitendamm“ beim Hafen, „Befestigungsarm“ bei einer Belagerung

brassica, ae, *f*
Kohl

brattea, ae, *f*
dünnes Metallblech

breviloquens, gen. entis
sich kurz fassend (in der Rede). **breviloquentia**, ae, *f* Kürze im Ausdruck

brevis, e mit comp. u. superl.,
I. (räuml.) 1. kurz (Ggstz. longus)
2. (N. Kl.) schmal (Ggstz. latus)
3. (N. Kl.) flach (Ggstz. profundus)
4. niedrig, klein (Ggstz. magnus, longus)
II. (zeitl.) kurz, von kurzer Dauer
III. (von Rede u. Schrift) kurz, kurzgefaßt, gedrängt, kurz u. bündig; (metrisch) kurz
IV. (qualit.) gering, unbedeutend (exspectatio; selt. klass.). adv. **breviter** kurz, gedrängt, mit wenigen Worten (von Rede, Schrift, Aussprache)

brevitas, atis, *f*
Kürze, Kleinheit

bruma, ae, *f*
Wintersonnenwende; (P) Winter. adi. **brumalis**, e der Wintersonnenwende, winterlich

brutus, a, um
schwerfällig, stumpfsinnig

bubo, onis, *m* (gelegtl. *f*)
Uhu

bubulcus, i, *m*
Rinderknecht

bubulus, a, um s. bovillus

bucca, ae, *f*
Backe (quod in buccam venit = was einem einfällt)

buccula, ae, *f*
„Backenstück“ am Helm (N. Kl.)

bucerus, um (gr.)
rindshörnig (P)

bucina, ae, *f*
Hirtenhorn, Signalhorn (klass. milit., um d. vigiliae anzuzeigen); (P) Tritonshorn

bucinator, oris, *m*
Hornbläser; übtrg. Ausposauner

bucolicus, a, um (gr.)
Hirten-, ländlich (P)

bucula, ae, *f*
junge Kuh, Färse

bufo, onis, *m*
Kröte

bulbus, i, *m* (gr.)
Zwiebel

bulla, ae, *f*
Wasserblase (P); Buckel, Knopf (als Zierat); Kapsel (als Amulett)

bumastus, i, *f* (gr.)
großtraubige Rebenart

buris, is
Krummholz (am Pflug)

bustuarius, a, um
für d. Leichenfeier bestimmt

bustum, i, *n* (buro für uro)
1. Leichenverbrennungsstätte
2. Grabhügel, Grab

buxus, i, *f* u. **buxum**, i, *n* (gr.)
Buchsbaum(holz); (P) Flöte, Kreisel, Kamm aus B.

C

caballus, i, *m* (gr.)
(N. Kl.) Klepper, Gaul
cachinnatio, onis, *f*
schallendes Gelächter
cachinnus, i, *m*
lautes (rohes) Lachen (auch plur.)
caco 1. (gr.)
kacken (N. Kl.)
cacumen, inis, *n*
Spitze; N. Kl. = Gipfel, Wipfel
cacumino 1.
spitzen (N. Kl.)
cadaver, eris, *n*
Leichnam, Leiche, Aas (klass. fast nur verachteter Menschen); (als Schimpfwort) Aas, Luder; (N. Kl.) übtrg. Ruine
cado, cecidi, casum 3.
I. eigtl. 1. fallen, sinken, sich senken, herabfallen, -stürzen u. a.
2. spez. a) (P) eingezogen werden (Segel); b) fallen, herabfließen, sich ergießen; c) sinken, sich neigen, untergehen; d) N. Kl. entfallen (Worte)
II. prägn. fallen
1. (v. Leblos.) a) einfallen, einsinken, zusammen-, verfallen, schwinden, (P) (v. Städten) erobert werden; b) übtrg. abnehmen, sinken, schwinden, sich vermindern, an Ansehen oder Geltung verlieren; c) (v. Dramen) durchfallen (P)
2. (v. Lebend.) a) (hin)sinken, getötet werden, d. Tod finden, (in d. Schlacht) fallen, (P) ins Grab sinken; b) fallen, untergehen, sinken, gestürzt werden; c) frangi et c. „mutlos werden", animis eadere „Mut verlieren"; d) causa c. „Prozeß verlieren" (durch Formfehler), in iudicio c. „unterliegen". e) (P) geschlachtet, geopfert werden (v. Tieren)
III. übtrg.
1. (v. Sinneswahrnehmungen) kommen, (anheim)fallen, unterworfen werden
2. (in e. Klasse) fallen, gehören zu
3. (in e. Zustand, e. Verhältnis) (ver- od. anheim)fallen, geraten
4. an jmd. fallen, jmdm. zu-, anheimfallen (N. Kl.)
5. (in od. auf e. Zeit) fallen, (in ihr) eintreten, spez. (v. Zahlungen) fällig werden, einkommen
6. oft cadit aliquid in aliquem od. in aliquid = etwas trifft jemd., findet Anwendung auf ihn, er hat teil an, ist einer Sache ausgesetzt od. unterworfen, ist fähig zu od. zugänglich für etwas
7. (rhet. t. t. Wort- u. Tonfall) endigen, verlaufen, ausgehen
IV. eintreten, sich ereignen, sich zutragen, begegnen, zustoßen, widerfahren, ablaufen, ausschlagen
caduceator, oris, *m*
(N. Kl.) Unterhändler, Parlamentär
caduceus, i, *m*
Heroldstab
cadicifer, eri, *m*
Stabträger (P)
caducus, a, *m*, nur im posit.
1. eigtl. a) fallend, gefallen (N. Kl.), (P) herabgefahren (Blitz); b) spez. leicht fallend, zum Fallen geneigt od. reif
2. übtrg. a) hinfällig, vergänglich; b) (jurist.) heimgefallen, herrenlos
cadus, i, *m* (gr.)
(P) Weinkrug, Wein
caecitas, atis, *f*
Blindheit; übtrg. = Verblendung
caeco 1.
(ver)blenden, verdunkeln
caecus, a, um (P) comp.
I. activ. blind; übtrg. blind, verblendet
II. pass. dunkel, finster, unsichtbar, verborgen. übtrg.
1. dunkel, unergründlich, unerweislich
2. unsicher, ungewiß, zwecklos, ziellos
caedes, is, *f*
1. d. Niederhauen, Töten, d. Niedergehauen oder Getötetwerden, (gewaltsamer) Tod, Mord, Ermordung, Gemetzel, Blutbad
2. (N. Kl.) meton. Erschlagene, (vergossenes) Blut, Schlachtfeld

caedo, cecidi, caesum 3.
1. etw. od. auf (an) etw. hauen, schlagen, klopfen, jmd. hauen, schlagen
2. fällen, um-, abhauen; brechen
3. zerhauen, zerschlagen (N. Kl.)
4. töten, morden. niedermachen, nieder-, zusammenhauen; schlachten, spez. opfern. ruta caesa s. ruo a. E.

caelamen, inis, *n*
Relief(arbeit) (P)

caelator, oris, *m*
Ciseleur

caelebs, gen. libis
unvermählt, ehelos (v. Mann), (P) übtrg. v. Bäumen, an denen keine Reben gezogen werden

caeles, gen. itis
(meist P) himmlisch, subst. Gottheit, Gott

caelestis, e
1. im, am, vom Himmel, himmlisch, des Himmels, Himmels-
2. himmlisch = göttlich, der Götter
3. übtrg. göttergleich, herrlich, unvergleichlich. subst. **caelestes**, ium, *m* d. Himmlischen, Götter. **caelestia**, ium, *n* d. Dinge am Himmel, Himmelskörper

caelicola, ae, *m*
(P) Himmelsbewohner, Gott(heit)

caelifer, era, erum
d. Himmel tragend (P)

caelo 1.
ziselieren, (mit Bildwerk) verzieren, schnitzen; (P) übtrg. schmücken

caelum, i, *n*
(klass. nur sing.)
1. allgem. Himmelsgewölbe, Himmel (als Raum i. Ggstz. zu Erde u. Meer, als Sitz der Götter, als Bezeichnung der höchsten Höhe); zuweilen = Weltall, P = Oberwelt
2. Luft, Atmosphäre; daher = Himmelsstrich, Witterung, Wetter, Klima
3. Gesichtskreis, Aussicht
4. metaph. „Himmel" = höchstes Glück, Unsterblichkeit

caementum, i, *n*
Bruch-, Baustein

caenum, i, *n*
Schmutz, Kot; bildl. als verächtl. Bezeichng.

caepa s. cepa

caeremonia (caerim...), ae, *f*
1. Heiligkeit
2. Ehrfucht, heilige Scheu
3. relig. Brauch, relig. Feier, Zeremonie

caeruleus u. (P) **caerulus**, a, um
dunkel(blau), schwärzlich. (P) **caerula**, orum, *n* Bläue, Blau, das blaue Meer

caesaries, ei, *f*
d. (buschige) Haupthaar (N. Kl.)

caesim adv.
hiebweise, mit Schlägen (N. Kl.); (rhet. t. t.) mit einem Schlage

caesius, a, um
blaugrau

caespes, itis, *m*
Rasenstück; (N. Kl.) Rasen, Rasenaltar, -hütte, -platz

caestus, us, *m*
Schlagriemen (der Faustkämpfer)

caetra, caetratus s. cetr...

calamiater, tri, *m* u. **calamistrum**, i, *n*
Brenneisen (zum Lockenbrennen); plur. übtrg. Künstelei, Schnörkelei (im Ausdruck)

calamistratus, a, um
gekräuselt

calamitas, atis, *f* (calamus)
Halmschaden:
1. eigtl. Hagelschlag, Mißwuchs
2. übtrg. a) allg. (äußerer) Schaden, Unheil, Unglück(-sschlag); b) (milit.) Niederlage

calamitosus, a, um, mit comp. u. sup.
1. activ. unheilvoll, verderblich, schädlich
2. pass. großem Schaden ausgesetzt a) eigtl.; b) übtrg. heimgesucht, (äußerlich) unglücklich, elend

calamus, i, *m*
1. Rohr, Halm, Stengel (N. Kl.)
2. spez. Schreibrohr, Feder, (meist P) Rohrpfeife, Leimrute, Angelrute u. a

calathus, i, *m* (gr.)
(N. Kl.) geflocht. Körbchen, Napf, Schale

calcar, aris, *n*
eigtl. Sporn (N. Kl.); bildl. = Ansporn

calceo 1.
beschuhen

calceolus, i, *m*

kleiner Schuh
calceus, i, *m*
Schuh
calciamentum, i, *n*
Schuhwerk
calcitro 1.
ausschlagen, sich sträuben (klass. übtrg.)
calco 1.
(N. Kl.) treten, be-, festtreten (uvas „keltern"), übtrg. unterdrücken
calculus, i, *m*
I. allg. Steinchen
II. spez. 1. Blasenstein
2. Stein im Brettspiel (klass. bildl. c. reducere = e. Handlung zurücknehmen)
3. Rechenstein: klass. meton. = Rechnung, Berechnung
4. (N. Kl.) Stimmstein
caldus vulgär für calidus
calefacio, jünger **calfacio**, auch **calficio** 3. (facio)
eigtl. warm od. heiß machen, (er)wärmen; übtrg. (familiär) einem einheizen, derb zusetzen; (P) erhitzen
calefacto 1.
heiß machen (P)
Calendae, arum, *f*
meist abgek. Cal. od. Kal., (von calare) Ausrufetage: erster Tag des Monats, Cal. Jan. = Calendis Januariis = am 1. Januar usw.; (N. Kl.) ad. Calendas Graecas „zum Nimmermehrstage", da d. griech. Zeitrechnung mit d. röm. Kalender nichts gemein hatte; (P) meton. Monat
caleo, ui 2.
warm, heiß sein, brennen; bildl. (v. Pers.) in Aufregung oder Unruhe sein; (v. Sachen) lebhaft im Gange sein, v. Interesse sein
calesco, ere
warm werden, sich erwärmen; (P) übtrg. erglühen
calfacio u. **calficio** s. calefacio
calidus (vulgär caldus), a, um, mit comp.
warm, heiß; übtrg. hitzig, unbesonnen
caliendrum, i, *n*
(P) Toupet, Perücke
caliga, ae, *f*
Soldatenstiefel
caliginosus, a, um
neblig, verdunkelt; (P) bildl. dunkel
caligo, inis, *f*
Nebel, Finsternis; übtrg. Trübsal, trübe Verhältnisse
caligo 1.
(N. Kl.) in Dunkel hüllen, verfinstern, finster od. dunkel od. blind sein
calix, icis, *m* (gr.)
Becher, Pokal; (N. Kl.) Schüssel
calleo, ere
schwielig sein, übtrg. erfahren sein (N. Kl.); etwas (aus Erfahrung) kennen, verstehen
calliditas, atis, *f*
Gewandtheit, Schlauheit, Verschlagenheit (klass. meist in üblem Sinne)
callidus, a, um, *m*. comp. u. sup.
1. (v. Pers.) klug, gewandt, einsichtsvoll, erfahren; (v. Sachen) sinnreich, fein berechnet oder ausgedacht
2. verschlagen, schlau, listig, verschmitzt
callis, is, *m* u. (i. Prosa gew.) *f*
Bergpfad (N. Kl.); plur. meton. Gebirgstriften
callosus, a, um
dickschalig (N. Kl.)
callum, i, *n*
harte Haut, Schwiele; übtrg. Stumpfsinn, Unempfindlichkeit
calo 1.
(klass. unsicher) aus-, zusammenrufen (i. rel. Angeleght.)
calo, onis, *m*
Troß-, Reitknecht
calor, oris, *m*
Wärme, Hitze, Glut, spez. Sonnenhitze; plur. anhaltende Hitze; übtrg. Feuer, Eifer, (P) Liebesglut
caltha, ae, *f*
Ringel- oder Butterblume
calumnia, ae, *f*
(jurist.) Rechtsverdrehung, Schikane, falsche Anklage, meton. Strafe dafür; übtrg. Verdrehung, böswill. od. sophist. Verfahren, Trug, trüg. Vorwand
calumniator, oris, *m*
(jurist.) Rechtsverdreher, trüg. Ankläger
calumnior 1.
intr. (jurist.) Ränke schmieden, bös-

willig anklagen, schikanieren; trans. jmd. verleumden, böswillig kritisieren

calva, ae, *f*
Hirnschädel (N. Kl.)

calvitum, ii, *n*
Glatze

calvus, a, um
(N. Kl.) kahl, haarlos

calx, cis, *f*
Ferse; (N. Kl.) Huf

calx, cis, *f*
Kalk; das (mit K. bezeichn.) Ende der Rennbahn; klass. v. „Ende" d. Lebensbahn

camara = camera

camella, ae, *f*
Schale (P)

camelus, i, *m* (gr.)
Kamel

Camena, ae, *f*
(meist plur.) weissagende Sängerin, Camene, Muse (N. Kl.); (P) übtrg. Dichtung. Lied

camera, ae, *f* (gr.)
gewölbte Decke, Gewölbe; (N. Kl.) Barke

caminus, i, *m* (gr.)
Ofen, Kamin, (P) Schmelzofen, Esse, Schmiede

campester, tris, tre
in od. auf e. Ebene, eben, flach, spez. auf d. Marsfelde. subst. **campestre**, is, *n* Schurz, Gurt (P), u. **campestria**, ium, *n* flache Gegend (N. Kl.)

campus, i, *m*
1. Feld, Gefilde, Ebene, freies Feld, (P) übtrg. jede ebene Fläche, spez. Meeresfläche
2. Platz, spez. mit u. ohne Martius = Marsfeld i. Rom (wo die Wahlen stattfanden, daher dies campi „Wahltag"; auch als „Spiel- od. Tummelplatz" gebraucht)
3. übtrg. Feld, freier Spielraum, Tummelplatz

camur, a, um (gr.)
gekrümmt (P)

canalis, is, *m*
Wasserrinne, -röhre

cancelli, orum, *m*
Gitter, Schranken

cancer, eri, *m*
Krebs; (N. Kl.) übtrg. Sternbild des Krebses, Krebsgeschwür; (P) meton. Südgegend

candela, ae, *f*
(N. Kl.) Wachslicht, Wachsschnur

candelabrum, i, *n*
Leuchter, Kandelaber

candeo, ui 2.
glänzen, glänzend weiß sein, glühen; klass. nur **candens**, gen. entis glänzend, hellstrahlend; glühend

candesco, dui 3.
(vor Hitze) erglühen (N. Kl.), weiß erglänzen (P)

candidatorius, a, um
des Amtsbewerbers

candidatus, a, um
weiß gekleidet: subst. (Amts-)Bewerber

candidulus, a, um
glänzend weiß

candidus, a, um
(N. Kl.) glänzendweiß, schneeweiß, schimmernd, (P) strahlend (v. Gottheiten), aufklärend (v. Winden); übtrg. rein, klar, ungekünstelt; (N. Kl.) aufrichtig, redlich; (P) (v. Verhältn.) heiter, glücklich, günstig

candor, oris, *m*
(als Färbstoff) = weiße Schminke; weiße Farbe, weißer Teint; Schimmer, (Licht-)Glanz; (N. Kl.) übtrg. Lauterkeit, Redlichkeit

caneo, ere
grau od. weiß sein (P)

canephoros, i, *f* (gr.)
Korbträgerin (bei attischen Festen)

canesco, ui 3.
grau werden, altern (klass. übtrg.)

canicula, ae, *f*
Hundsstern

caninus, a, um
(N. Kl.) hündisch, übtrg. bissig

canis, is, *c*
Hund; spez. Seehund; übtrg. bissiger Mensch, Spürhund, Speichellecker; (N. Kl.) „Hund" als Sternbild u. im Würfelspiel der unglückl. Wurf „Pasch"

canistra, orum, *n* (gr.)
Rohrkörbchen

canities, ei, *f*

(N. Kl.) graue Farbe, graues Haar, Alter
canna, ae, *f* (gr.)
Rohr(pfeife) (P)
cano, cecini 3.
tönen:
I. intr. 1. (v. Pers.) singen
2. (v. Vögeln) singen, schlagen, krächzen, krähen
3. musikalisch a) (v. Pers.) spielen, blasen; b) (von Instrum. u. Musik) ertönen, erschallen
II. trans. 1. ertönen lassen, anstimmen, vortragen
2. besingen, verherrlichen, preisen
3. (auf e. Instrum.) spielen, blasen
4. weissagen, prophezeien, verkünden
5. (v. Philos.) vortragen (P)
canor, oris, *m*
(meist P) Gesang, Klang, Melodie
canorus, a, um
wohltönend, melodisch, singend u. a.; (P) v. Instrum.
cantharis, idis, *f* (gr.)
spanische Fliege, Giftkäfer
cantharus, i, *m* (gr.)
(N. Kl.) Kanne, Humpen
cantherius, ii, *m*
Wallach, Roß
canticum, i, *n*
Lied (N. Kl.); spez. melodram. Monolog im Schauspiel
cantilena, ae, *f*
Singsang, Leierei
cantio, onis, *f*
Zauberformel
cantito 1.
oft singen
cantiuncula, ae, *f*
Liedchen
canto 1.
I. intr. 1. (v. Mensch.) singen, (v. Hahn) krähen
2. musik. (v. Mensch.) N. Kl.spielen, blasen, (v. Instrum.) P ertönen
3. Zauberformeln hersagen (N. Kl.)
II. trans. 1. singen, spielen, dichten, re zitieren, (i. übl. Sinne) herleiern u. a. (N. Kl.)
2. preisen
3. bezaubern, beschwören (N. Kl.)
cantor, oris, *m*
Sänger, Schauspieler: klass. verächtl. Herleierer; Lobredner; plur. Schreier, bezahlte Claque
cantus, us, *m*
1. Ton, Gesang, Melodie, Lied (abs.; gen.), (v. Vögeln) Krähen, Krächzen
2. Musik, Klang, Schall
3. (P) Zauberspruch
canus, a, um
grau, weißgrau: klass. subst. **cani**, orum, *m* graues Haar; (meist P) alt, ehrwürdig
capacitas, atis, *f*
Raum (klass. vereinz.)
capax, gen. acis
geräumig, groß genug, um etw. zu fassen (N. Kl.); übtrg. befähigt, empfänglich
capedo u. **capudo**, inis, *f*
Opferschale
capeduncula, ae, *f*
Opferschälchen
capella, ae, *f*
(kleine) Ziege; (N. Kl.) übtrg. Stern im Fuhrmann
caper, pri, *m* (gr.)
(meist P) Ziegenbock, meton. Bocks- od. Schweißgeruch
capesso, ivi, (N. Kl.) capessiturus 3.
1. (hastig) ergreifen od. fassen
2. mit Eifer ergreifen, sich an etw. machen, sich befassen mit (klass. rem. p.)
3. nach e. Ort hinstreben od. hineilen
capillatus, a, um, mit comp.
behaart
capillus, i, *m*
Haupthaar, Barthaar (meist kollekt.)
capio, cepi, captum 3.
fassen
A. I. allg. (zugreifend) erfassen, ergreifen, (hin)nehmen; (selt. klass.)
II. spez. 1. (Örtlichkeiten) a) milit. (ohne Gewalt) besetzen, irgd.wo Posto fassen; b) (feindl.) einnehmen, erobern, besetzen, in seine Gewalt bringen; c) (zu e. bestimmten Zweck) (er)wählen; d) (bes. zu Schiffe) erreichen, wohin gelangen
2. (allg. u. besond. milit.) wegnehmen, sich aneignen, erbeuten, (Schiffe) kapern u. a.
3. (Pers.) gefangen nehmen

4. (Tiere) fangen
5. erwerben, gewinnen
6. e. Tätigkeit auf sich nehmen. in Angriff nehmen, ergreifen, spez. (Ämter) übernehmen, antreten
7. (e. Gelegenht.) abpassen
8. entnehmen
9. (aus e. Menge) nehmen, wählen
10. (Eigensch., Gesinnung) sich aneignen
11. jemd. für sich einnehmen, anziehen, fesseln, gewinnen oder verlocken, verleiten, berücken, betören, überlisten, täuschen
12. (v. Zuständen u. Stimmungen) jmd. befallen, überkommen, bemeistern, sich jmds. bemächtigen
13. capi aliqua re „gelähmt od. geschwächt werden", erkranken an

B. I. allg. (empfangd.) empfangen
II. spez. 1. pecuniam (-as) c. „sich bestechen lassen"
2. (jurist.) bekommen, erben
3. einnehmen, beziehen, lösen
4. (e. andere Form, Art) bekommen, annehmen (P)
5. (in sich) aufnehmen, zu sich nehmen, durchlassen (N. Kl.)
III. empfangen, bekommen, ernten, sich zuziehen, empfinden, erleiden

C. (räuml.) I. eigtl. fassen = in sich aufnehmen (können), Raum für etw. haben, groß genug sein für etw., negat. = zu klein sein für
II. übtrg. 1. geeignet od. fähig sein zu, vertragen
2. völlig erfassen, verstehen

capio, onis, *f* vgl. usucapio

capis, idis, *f*
Henkelschale zum Opfern (N. Kl.)

capistratus, a, um
geschirrt (N. Kl.)

capistrum, i, *n*
Halfter (N. Kl.)

capital, alis, *n*
todeswürdiges Verbrechen

capitalis, e, mit comp.
den Kopf (d. Leben) betreffend, Tod-, (v. Pers.) der Todesstrafe verfallen; übtrg. tödlich = gefährlich, verderblich; gelegtl. = in seiner Art hervorragend

capito, onis, *m*
Großkopf

capitulatim
kurz gefaßt (N. Kl.)

capra, ae, *f*
Ziege, Geiß; (P) meton. Bocksgeruch, übtrg. Stern im Fuhrmann

caprea, ae, *f*
Rehgeiß

capreolus, i, *m*
(junger) Rehbock: plur. übtrg. Strebe, Dachsparren

capricornus, u, *m*
(P) Steinbock (als Gestirn)

caprificus, i, *f*
wilder Feigenbaum, wilde Feige

caprigenus, a, um
von Ziegen stammend

caprinus, a, um
von d. Ziege

capripes, gen. pedis
bocksfüßig (P)

capsa, ae, *f*
Bücherkapsel

capsim = ceperim (v. capio)

capsus, i, *m*
(N. Kl.) Nistkasten (?)

captatio, onis, *f*
Haschen nach: c. verborum „Silbenstecherei"

captator, oris, *m*
(N. Kl.) Hascher (nach Volksgunst); (P) Erbschleicher

captio, onis, *f*
1. Betrug, Täuschung, Verfängliches
2. Trugschluß, Sophisma
3. Schaden

captiosus, a, um mit comp. u. superl.
1. betrügerisch
2. verfänglich, spitzfindig, sophistisch

captiuncula, ae, *f*
Verfänglichkt

captivitas, atis, *f*
(N. Kl.) Gefangenschaft, Eroberung

captivus, a, um
1. kriegsgefangen, erbeutet; (N. Kl.) e. Gefangenen gehörig, von Gefangenen
2. (N. Kl.) übhpt. = gefangen (Fische u. a.)

capto 1.
eigtl. nach etw. greifen, haschen, schnappen, etw. zu fangen suchen

(meist P). übtrg.
1. jmd. zu fangen od. zu gewinnen suchen
2. eifrig nach etw. trachten, streben, jagen
3. (N. Kl.) spez. testamenta c. = Erbschleicherei treiben

captus, us, *m*
Fassungskraft, Einsicht

capudo s. capedo

capulus, i, *m*
Griff, Handhabe: klass. Schwertgriff

caput, pitis, *n*
Haupt, Kopf
I. der Menschen; meton. übhpt. = Mensch, Person. bei Zahlangaben = Mann, Personen, Köpfe, Seelen; „Leben", „Existenz" physisch, od. = bürgerl. Existenz, bürgerl. Rechte
II. der Tiere: (P) meton. = „Stück"
III. v. Leblos. „Kopf" = Spitze, Kuppe, oberstes Ende
1. allg.
2. spez. Mündung, (N. Kl.) Quelle
3. bildl. Quelle, Ursitz, Herd, Zentrum, Ursprung, Grundlage
IV. übtrg.
1. (v. Pers.) Haupt(anstifter), Rädelsführer
2. von Leblos. a) Haupt, Hauptsache, -punkt; b) Hauptabschnitt, Kapitel, Paragraph; c) Hauptsumme, Kapital, Stock; d) Hauptstadt (N. Kl.)

carbasens, a, um
aus Musselin

carbasus, i, *f* (gr.)
(N. Kl.) feine Leinwand, plur. **carbasa**, orum, *n* Musselin, (P) Segel

carbo, onis, *m*
Kohle

carcer, eris, *m*
Gefängnis, Kerker, auch bildl.; meton. d. eingekerkerten Verbrecher; plur. (P auch sing.) in d. Rennbahn, übtrg. Anfang, Ausgangspunkt der Lebensbahn

carchesium, ii, *n* (gr.)
Trinkgeschirr (P)

cardaces, um *m* (gr.)
Gattung persischer Soldaten (N. Kl.)

cardiacus, a, um (gr.)
magenkrank

cardo, inis, *m*
(N. Kl.) Türangel, -zapfen, Pol, Weltachse, übtrg. Haupt-, Wendepunkt

carduus, i, *m*
Distel

careo, ui, (N. Kl.) iturus 2.
I. allg. von etw. frei sein, etw. nicht haben, ohne etw. sein
II. spez. 1. (freiwillig) sich v. e. Pers. od. Sache fernhalten, sich etw. versagen, Verzicht leisten auf, missen od. meiden, Ggstz. uti
2. (unfreiwillig) etw. Angenehmes entbehren od. sich versagen müssen. vermissen, Ggstz. frui

carex, icis, *f*
Riedgras

carica, ae, *f*
getrocknete Feige

caries, em, e *f*
(N. Kl.) Morschsein, Fäulnis

carina, ae, *f*
Schiffskiel; (P) meton. Schiff, Nachen

cariosus, a, um
(N. Kl.) morsch, faul

caritas, atis, *f*
eigtl. hoher Preis, prägn. Teuerung; übtrg. Liebe, Achtung, Anhänglichkeit

carmen, inis, *n*
I. Gesang, Lied. Ton, Laut (P)
II. (von gebund. Rede)
1. allg. Lied, Gedicht, Dichtung (jeglicher Art)
2. spez. Stelle, Vers, Verse (eines größeren Werkes); (poetische) In-, Aufschrift, Grabschrift
3. Orakelspruch, Weissagung, Zauberformel (N. Kl.)
4. Spruch, Formel

carnifex, icis, *m*
Henker, Scharfrichter; (als Schimpfwort) Schurke; übtrg. Peiniger, Schinder

carnificina, ae, *f*
Marter, Pein, Folter; (N. Kl.) Folterkammer; übtrg. Folter, Qual

carnifico, are
köpfen (N. Kl.)

caro, carnis (altl. **carnis**, is), *f*
Fleisch

carpentum, i, *n*

(N. Kl.) Karosse, Kutsche
carpo, psi, ptum 3.
I. eigtl. (ab)rupfen, zupfen, spinnen, (ab)pflücken, abweiden, abfressen, speisen, genießen, (v. Bienen) aussaugen (meist P)
II. übtrg. 1. pflücken = sich aussuchen
2. (m. Muße) genießen, (e. Weg) streckenweise zurücklegen, (e. Raum) langsam durchwandern, -fahren, zurücklegen (P)
3. rupfen = durchhecheln, verspotten (abs.; aliquem)
4. (d. Feind) fortdauernd necken od. beunruhigen
5. zerfleischen, zersplittern, zerstückeln (klass. vereinz. übtrg.)
carptim
(N. Kl.) stückweise, mit Auswahl, wiederholt, vereinzelt
carrus, i, *m*
(4 rädrg.) Karren
caruncula, ae, *f*
Stückchen Fleisch
carus, a, um, mit comp. u. superl.
eigtl. teuer; übtrg. teuer, lieb, wert, wertvoll (allg. v. Pers. u. Dingen)
casa, ae, *f*
Hütte, Gartenhaus, Baracke
cascus, a, um
uralt (P)
caseus, i, *m*
Käse
casia, ae, *f* (gr.)
Zimtart; e. Art wohlriechende Pflanze
cassida, ae, *f*
(Metall-)Helm, Sturmhaube
cassis, is, *m*
meist plur. (P) Jägergarn, Netz, Spinngewebe, übtrg. Nachstellung
cassus, a, um
(meist N. Kl.) leer, nichtig, ohne Inhalt, in cassum „ins Leere", zwecklos; (P) beraubt, entbehrend
castanea, ae, *f* (gr.)
die Kastanie (als Baum u. als Nuß)
castellanus, a, um
zu e. Kastell gehörig; (N. Kl.) meist plur. Besatzung eines Kastells
castellatim adv.
kastellweise (N. Kl.)
castellum, i, *n*
Fort, Kastell; Redoute, Bastion; Brückenkpof; bildl. Bollwerk, Versteck, (N. Kl.) Gebirgsdorf
castigatio, onis, *f*
Zurechtweisung, Strafe (klass. m. Worten)
castigator, oris, *m*
Tadler (N. Kl.)
castigo 1.
zurechtweisen, rügen, strafen; (N. Kl.) zügeln, (Fehlerhaftes) verbessern
castimonia, ae, *f*
(geschlechtl.) Enthaltsamkt.; Sittenreinheit
castitas, atis, *f*
Keuschheit
castor, oris, *m* (gr.)
Biber
castoreum, i, *n* (gr.)
Bibergeil
castrensis, e
im Lager, Lager-
castro 1.
verschneiden, kastrieren (klass. gelegtl. bildl.)
castrum, i, *n*
I. sing. Kastell, Fort, Festung (klass. nur bei Ortsnamen)
II. plur. **castra**, orum, *n*
1. eigtl. Feldlager, Lager; bildl. = Partei; spez. (N. Kl.) Kaserne d. Prätorianer, Hoflager d. Kaisers
2. meton. a) = Kriegs(-sdienst); b) = Tagemarsch
castus, a, um, mit comp. u. superl.
1. (moral.) rein, lauter, fleckenlos, unschuldig
2. uneigennützig, gewissenhaft
3. keusch, züchtig
4. fromm, gottesfürchtig, heilig
casus, us, *m*
I. 1. eigtl. d. Fallen, Fall, Sturz
2. übtrg. (moral.) Fall, Fehltritt (selten!); Ende, Ausgang, Verlauf; (grammat.) Kasus, Endsilbe
II. 1. das Eintreten, Eintritt, Fall
2. spez. a) (unberechenbares) Ereignis, Vorfall, Vorkommnis, Zufall, auch Schicksal, Wechselfall, oft casu „durch Zufall", zufällig; b) prägn.

(zufäll.) günstige Gelegenht. od. Umstand; Unfall, Unglück; Untergang, Tod; (polit.) Sturz
catamitus, i, *m* (gr.)
angeblich = Ganymedes; verliebter Mensch
cataphracta, ae (gr.)
Schuppenpanzer (N. Kl.)
cataphractus, a, um (gr.)
gepanzert (N. Kl.)
cataplus, i, *m* (gr.)
Landung
catapulta, ae, *f* (gr.)
Wurfmaschine
cataractes (-ta), ae, *m* (gr.)
(N. Kl.) Wasserfall, übtrg. Fallgitter, Schleuse
cateia, ae, *f* (Fw.)
Wurfkeule
catella, ae, *f*
Halskettchen (N. Kl.)
catellus, i, *m*
junges Hündchen
catena, ae, *f*
(klass. nur plur.) Kette, Fessel; bildl. Fessel = Schranke
catenatus, a, um
gefesselt (N. Kl.)
caterva, ae, *f*
Schar, Haufe, Trupp, Gefolge; spez. (milit.) Truppe (N. Kl.); Schauspielertruppe, Chor (i. Drama)
catervatim adv.
trupp-, scharen-, haufenweise (N. Kl.)
cathedra, ae, *f* (gr.)
Armsessel (N. Kl.); Lehrstuhl (P)
catillus, i *m*
(P) Schüsselchen, Tellerchen
catinus, i, *m*
(N. Kl.) Napf, Schüssel
catonium, ii, *n*
Unterwelt
catulus, i, *m*
d. Junge (e. Tieres); klass. junger Hund
catus, a, um
nur posit., gewandt, geschickt, pfiffig
cauda (coda), ae, *f*
Schwanz, Schweif; (P) spez. männl. Glied
caudex s. codex
caulae, arum, *f*
(P) Stall, Hürde
caulis, is, *m*
Stengel: spez. Kohl(stengel)
caupo, onis, *m*
Schenkwirt
caupona, ae, *f*
Wirtshaus, Schenke
cauponor 1.
(P) feilschen, schachern
cauponula, ae, *f*
kleine, schlechte Schenke
caurus od. **corus (chorus)**, i, *m*
Nordwestwind
causa (caussa), ae, *f*
I. 1. allg. Grund, Ursache, Anlaß, Veranlassung, Quelle, Schuld
2. spez. a) guter Grund, (volles) Recht; b) (begründ.) Entschuldigung, Einwand; c) Scheingrund, Vorwand, Ausrede; d) Krankheitsanlaß
II. 1. (vorlieg.) Angelegenheit od. Fall, Sache, Sachverhalt, insbes. Sache streitiger Natur, streitig. od. entscheid. Punkt
2. Lage, Verhältnis, Fall
3. persönl. Beziehungen, freundschaftl. Verbindung od. Stellung, (Freundschafts-)Verhältnis
4. Sache (die jmd. vertritt), Partei, Interesse, Wohl; prägn. gute od. gerechte Sache
5. (jurist.) Rechtsfall, -sache, Streitfall, Prozeß
6. (phil. u. rhet.) Aufgabe, Stoff, Thema, Streitpunkt
causarius, a, um
(N. Kl.) (aus Gesundheitsrücksichten) verabschiedet, invalid
causidicus, i, *m*
Advokat (im verächtl. Sinne)
causor 1.
etw. als Grund vorschützen, vorgeben (N. Kl.); Ausflüchte machen
caussa s. causa
causula, ae, *f*
kleiner Prozeß
cautes u. **cotes**, ium, *f*
Felsen, Riffe
cautio, onis, *f*
1. Vorsicht, Behutsamkeit, Möglichkeit sich vor etw. zu hüten, Vorsichtsmaßregel

2. (jurist.) Sicherstellung, Bürgschaft

cautor, oris, *m*
Sichersteller: Abwender

cautus, a, um, mit comp. u. sup.
sicher (gestellt), gesichert, mit Sicherstellung; vorsichtig, behutsam

cavea, ae, *f*
Höhlung: Gehege, Käfig, (P) Bienenstock; übtrg. Zuschauerraum i. Theater; Sitzreihe; meton. gelegtl. Theater, (N. Kl.) Zuschauer

caveo, cavi, cautum 2.
I. sich hüten, sich vorsehen, sich in acht nehmen vor
II. Vorkehrungen treffen, sorgen für
III. allg. für jmd. Fürsorge tragen, jmdm. Sicherheit verschaffen, jmd. sicherstellen
IV. (jurist.) 1. sich sicherstellen, sich Sicherheit (Garantie, Gewähr, Kaution) leisten lassen od. verschaffen
2. jmdm. bei Kautionen Rechtsbeistand leisten, Sicherheit verschaffen, ihn sicherstellen
3. jmdm. (durch Bürgschaft) Sicherheit gewähren, Kaution stellen, garantieren
4. (durch schriftl. Verordng.) Fürsorge tragen, feststellen, verfügen, verordnen

caverna, ae, *f*
Höhlung, Höhle; spez. Bauch d. Schiffes; (N. Kl.) plur. Bassins

cavillatio, onis, *f*
Neckerei, Spott, Humor

cavillator, oris, *m*
Stichler

cavillor
1. scherzen, spotten, bespötteln
2. (N. Kl.) Ausflüchte machen

cavo 1.
(N. Kl.) aushöhlen, (aushöhlend) anfertigen

cavus, a, um
(vereinz. klass,) hohl, gehöhlt, gewölbt, mit hohem Uferrand (Flüsse), umhüllend (Wolken u. a.), **cavus**, i, *m* u. **cavum**, i, *n* Loch

cedo
„gib od. gebt her", „laß(t) sehen od. hören)", „sprich od. sprecht"

cedo, cessi, cessum 3.
I. 1. allg. (einher)gehen, -schreiten (meist P)
2. übtrg. übergehen in, werden zu (N. Kl.); jmdm. zu- od. anheimfallen, überlassen werden, zu teil werden, auf jmd. übergehen; jmdm. widerfahren, ausschlagen (N. Kl.); c. pro „dienen als", „gelten für" (N. Kl.)
II. 1. eigtl. weggehen, scheiden, ausscheiden, weichen, (milit.) zurückgehen, sich zurückziehen, retirieren
2. übtrg. (zeitl.) verschwinden, vergehen; (v. Örtlichk.) zurücktreten (N. Kl.); (d. Druck) nachgeben; jmdm. etw. abtreten od. überlassen, etw. aufgeben, auf etw. verzichten; (der Gewalt, Übermacht) weichen, unterliegen, sich fügen; (d. Willen jmds.) sich fügen, sich unterordnen, nachgeben; (d. Range, d. Vorzügen nach) nachstehen
3. trans. abtreten, überlassen, nachgeben; (N. Kl.) mit ut einräumen, zugestehen

cedrus, i, *m* (gr.)
Zeder, (N. Kl.) Zedernholz, Zedernöl

celeber (N. Kl. **celebris**), bris, bre, mit comp. u. sup.
(v. Örtlichk.) viel od. stark besucht; volkreich; zahlreich, großartig (d. h. durch viele Teilnehmer gebildet); viel besprochen; (N. Kl.) v. Pers. = berühmt

celebratio, onis, *f*
zahlreiche Gesellschaft, Besuch, Feier

celebratus, a, um, mit comp. (N. Kl.) u. superl.
zahlreich besucht, feierlich; häufig wiederholt, viel angeführt, bekannt; gepriesen, verherrlicht

celebritas, atis, *f*
1. Volkreichtum, Belebtheit (e. Ortes)
2. Feierlichkeit, Feier
3. zahlreich. Besuch, Zulauf, Andrang, Volksmenge
4. (v. Leblos.) Häufigkeit, große Zahl
5. Verherrlichung, Berühmtheit

celebro 1.
I. 1. allg. zahlreich besuchen, beleben, belebt, geräuschvoll machen
2. spez. jmd. zahlreich begleiten; festlich begehen, feiern

II. übtrg. 1. fleißig betreiben, ausüben, oft anwenden
2. (in Wort u. Schrift) überall verbreiten oder bekannt machen
3. spez. feiern, rühmen, preisen, verherrlichen. Vgl. celebratus

celer, eris, ere, mit comp. u. superl. Ggstz. tardus, schnell, rasch, eilend; (meist P) = übereilt, hitzig. (N. Kl.) **celeres**, um, *m* ursprüngl. Bezeichnung der Reiter

celeripes, gen. pedis
schnellfüßig

celeritas, atis, *f*
1. eigtl. Schnelligkeit
2. übtrg. Geläufigkeit; Schnelligkeit, Raschheit, Eile, Hast (i. Verfahren); rascher Eintritt, Fortgang, Verlauf, schnelle Wirkung, rasches Vorübergehen; Schnelligkeit, Gewandtheit, Schlagfertigkeit

celero 1.
(N. Kl.) beschleunigen, sich beeilen

cella, ae, *f*
1. Kammer, Gemach
2. Vorratskammer, Keller
3. Kapelle, Heiligtum (Jovis)
4. (N. Kl.) Bienenzelle

celo 1.
eigtl. u. übtrg. verbergen, verheimlichen, verstecken; etw. jmdm. od. vor jmdm. verheimlichen, verhehlen, verstecken, verbergen, geheimhalten, jmd. in Unkenntnis od. in Täuschg. erhalten

celox, gen. ocis
(N. Kl.) schnellfahrend. subst. *m* u. *f* Schnellsegler, Yacht

celsus, a, um, mit comp. (N. Kl.) u. sup. eigtl. i. d. Höhe gerichtet, hoch erhaben; übtrg. (d. Range nach) erhaben; hochherzig; hochmütig

cena, ae, *f*
(Haupt-)Mahlzeit der Römer (zwischen 3 u. 4): Mahl, Essen

cenac(u)lum, i, *n*
Speisezimmer: oberes Stockwerk, Dachgeschoß

cenito 1.
oft speisen

ceno 1.
Hauptmahlzeit zu sich nehmen, tafeln, speisen, essen. **cenatus**, a, um der gespeist hat = nach dem Essen; (N. Kl.) trans. verspeisen, verzehren

censeo, sui, sum 2.
I. publiz. t. t. 1. (v. Zensor) jmd. oder jmds. Vermögen (ab)schätzen
2. (v. d. zu schätzdn. Pers. selbst) **censeor** u. (seltener) **censeo** = sich schätzen, sein Vermögen angeben
II. überhpt. (an) schätzen, taxieren
III. meinen, glauben, d. Ansicht sein. dafür halten, auch = raten
IV. amtl. 1. (vom Senator, i. Kriegsrat u. a.) seine Meinung äußern, sprechen, e. Vorschlag machen, antragen, (a-n)raten
2. (v. Senat) beschließen, verordnen, bestimmen
3. jmdm. etw. zuerkennen (N. Kl.)

censor, oris, *m*
Zensor (höchster röm. Aufsichtsbeamter); übtrg. strenger Richter, Beurteiler

censorius, a, um
zensorisch, des Zensors; übtrg. streng, sittenritterlich

censura, ae, *f*
Zensur

census, us, *m*
(publiz. t. t.) Schätzung; Schätzungs-, Bürgerliste; Vermögen

centaureum, i, *n* (gr.)
Zentaurenkraut

centeni, ae, a
je hundert

centesimus, a, um
d. hundertste. **centesima**, ae, *f* $^{1}/_{100}$ = 1% als Abgabe, plur. 1% Zinsen für d. Monat (nach unserer Rechnung = 12%; binae c. 24%)

centiceps, gen. cipitis
hundertköpfig (P)

centie(n)s
hundertmal

centimanus, a, um
hunderthändig (P)

cento, onis, *m*
Matratze

centum
hundert; (P) viel, zahlreich

centumgeminus, a, um
= hundertarmig (P)

centumviri, orum, *m*
Hundertmänner (Richterkollegium).
centumviralis, e der Hundertmänner
centunculus, i, *m*
kleine (Pferde-)Decke (N. Kl.)
centuria, ae, *f*
Hundertschaft:
1. (milit.) Zenturie, Kompagnie
2. (polit.) „Zenturie" als Wahlkörperschaft
3. Flurbezirk
centuriatim
nach Zenturien
centuriatus, us, *m*
1. Zenturionenstelle
2. (N. Kl.) Einreihung in Zenturien
centurio 1.
in Zenturien einteilen
1. v. Heere
2. von der Bürgerschaft
centurionatus, us, *m*
Zenturionenwahl (N. Kl.)
cenula, ae, *f*
kleine Mahlzeit
cepa (caepa), ae, *f* u. **cepe** (caepe), is, *n*
Zwiebel
cera, ae, *f*
Wachs (mollis); meton. Wachs-, Schreibtafel; Wachssiegel; (P) Wachsbild, -figur, Ahnenbild von Wachs, weiße Schminke
cerarium, ii, *n*
Siegelgebühren
cerasus, i, *f* (gr.)
Kirschbaum
ceratus, a, um
mit Wachs überzogen
cercurus, i, *m* (gr.)
(N. Kl.) Kutter, auch ein Seefisch
cerebrosus, i, *m*
Hitzkopf (P)
cerebrum, i, *n*
Gehirn; (P) übtrg. Verstand, Hitzköpfigkeit
cereus, a, um
1. aus Wachs, subst. **cereus**, i, *m* Wachskerze
2. meton. (N. Kl.) wachsgelb, (P) geschmeidig wie Wachs
cerintha, ae, *f* (gr.)
Wachsblume
cerno, crevi [nur in No. I, III] 3.
I. eigtl. sichten, scheiden, absondern (N. Kl.)
II. übtrg. 1. wahrnehmen, gewahren, erkennen
2. (geist.) erkennen, einsehen, pass. erkannt werden, sich erkennen lassen, sich zeigen
III. entscheiden, beschließen, bestimmen, klass. spez. (jurist.) sich (für e. Erbschaft) entscheiden, sie annehmen
cernuus, a, um
kopfüber stürzend (P)
cerritus, a, um
verrückt
certamen, minis, *n*
1. eigtl. u. übtrg. Wettkampf, -streit, -eifer
2. (milit.) Kampf, Treffen, Schlacht
3. übtrg. Streit, Fehde, plur. Händel
certatim adv.
wetteifernd, eifrig
certatio, onis, *f*
Wettkampf; übtrg. Wetteifer; Kampf, Streit, spez. vor Gericht
certe (comp. N. Kl. certius) adv.
1. gewiß, sicher, zuverlässig
2. bekräftigd. = gewiß, sicher(lich), jedenfalls, i. d. Tat; (i. Antwort.) allerdings, ja, freilich, gewiß
3. (beschränkd.) doch (wenigstens), doch sicherlich
certo adv.
sicher, gewiß
certo
1. kämpfen, streiten
2. wetteifern, wetteifernd sich bemühen
3. (gerichtl.) streiten od. verhandeln
certus, a, um, mit comp. u. sup.
entschieden:
I. beschlossen; (v. Pers.) (N. Kl.) entschlossen zu etwas
II. 1. festgesetzt, feststehend, gewiß, bestimmt
2. (v. Pers.) a) zuverlässig, glaubwürdig, sicher; b) plur. gewisse (d. i. wohlbekannte); c) rechtmäßig; d) sicher über etw., benachrichtigt
3. (v. Leblos.) zuverlässig, sicher, gewiß, untrüglich
4. sicher = unzweifelhaft, unbestreitbar, ausgemacht, entschieden
cerula, ae, *f*

Stückchen Wachs: c. miniata Rotstift, „Kritik"
cerva, ae, *f*
Hirschkuh; (P) Hirsch überhaupt
cervicula, ae, *f*
(kleiner) Nacken
cervinus, a, um
vom Hirsch (N. Kl.)
cervix, icis, *f*
(klass. plur.) Nacken, Genick, Hals
cervus, i, *m*
Hirsch; (milit.) gabelförmiger Spitzpfahl
cespes s. caespes
cessatio, onis, *f*
Muße, Ruhe, Untätigkeit
cessator, oris, *m*
Zauderer, saumselig
cessio, onis, *f*
Abtretung
cesso 1.
(tadelnd) säumen, zögern, untätig od. müßig sein, feiern, etw. aussetzen
cestrosphendone, es, *f* (gr.)
Wurfmaschine
cetarius, a, um
zu Seefischen gehörig: (N. Kl.) ludi c. „Fischerspiele", subst. Fischhändler, **cetarium**, ii, *n* u. **cetaria**, ae, *f* Fang- u. Einsalzungsort der Thunfische, Fischteich
cete, *n* = plur. v. cetus
ceteroqui(n) adv.
sonst, außerdem
ceterus, a, um, selt. (ceteri sumptus [gen.!], c. vita; de cetero), plur. **ceteri**, ae, a
die andern, die übrigen, (i. Vergleich zu anderen gleichgearteten). **ceterum** adv. (meist. N. Kl.) = im übrigen, übrigens, sonst; (bei Ggstz.) N. Kl. = gleichwohl, indessen, i. Wahrheit, sondern (= sed); **cetera** adv. (N. Kl.) = i. d. übrig. Stücken oder Beziehungen
cetra (**caetra**), ae, *f*
leichter Lederschild (N. Kl.) **cetratus** (**caetr...**), a, um leichtbeschildet, bewaffnet, plur. subst. Leichtbewaffnete
cetus, i, *m* (plur. **cete**, *n*) (gr.)
Meerungeheuer (Walfisch, Delphin u. a.)
ceu
(N. Kl.) so wie, ganz wie, gleichwie, als ob, wie wenn
chalcaspides, um, *m* (gr.)
mit ehernen Schilden Bewaffnete (N. Kl.)
chalybeius, a, um (gr.)
stählern (P)
chalybs, ybis, *m* (gr.)
Stahl: plur. „Stahlleute" (Volk im Pontus)
chaos, acc. chaos, abl. chao (gr.)
(P) d. unendliche leere Raum der Unterwelt, unterirdische Gottheit, (N. Kl.) Urmasse, (P) Schöpfung
chara, ae, *f* (Fw.)
Kümmelwurzel
charis, ritos, *f* (gr.)
Anmut, Schönheit: (N. Kl.) plur. subst. die drei Grazien
charistia, iorum, *n* (gr.)
Eintrachtsfest (N. Kl.)
charta, ae, *f* (gr.)
Papyrusblatt, Papier, Blatt; übtrg. (selt. klass.) = Schrift, Brief, Gedicht u. a.
chartula, ae. *f*
Briefchen
chelae, arum, *f*
Scheren des Skorpions: „Waage" als Gestirn (P)
chelydrus, i, *m* (gr.)
Schildkrötenschlange
chelys, *f* (gr.)
Schildkröte: (P) übtrg. Lyra
chiliarches, ae, u. chiliarchus, i, *m* (gr.)
(N. Kl.) Oberster (über 1000 Mann), Kanzler
chimaerifer, era, erum
die Chimäre erzeugend (P)
chiragra (P auch **cheragra**), ae, *f* (gr.)
Handgicht (N. Kl.)
chirographum, i, *n* (gr.)
Handschrift; übtrg. (eigenhändige) Verschreibung, Schriftstück
chirurgia, ae, *f* (gr.)
Chirurgie
chlamydatus, a, um
mit dem Kriegsmantel bekleidet
chlamys, mydis, *f* (gr.)
griech. Kriegsmantel; (P) Mantel
chorda, ae, *f* (gr.)

(Darm-)Saite.
chorea, ae, *f* (gr.)
Reigen (P)
choreus, a, um (gr.)
choreisch; subst. der Choreus = Trochäus
chorus, i, *m* (gr.)
Tanz (P); meton, tanzende Schar; allg. (mit u. ohne Spott), Chor, Schar, Reihe, Schwarm
chorus s. auch caurus
christus, a, um (gr.)
gesalbt: (N. Kl.) subst. „der Gesalbte des Herrn"
christiani, orum, *m* (gr.)
die Christen (N. Kl.)
chrysolithus, i, *c* (gr.)
Goldstein: Topas
cibarius, a, um
zur Speise gehörig: aus grobem Mehl, grob; subst. **cibaria**, orum, *n* (für Mensch. u. Vieh) Lebensmittel, Futter, Ration, Deputatgetreide (der Provinzialbeamten als Entschädigung für d. Kosten ihres Unterhaltes), Lieferung
cibo 1.
füttern (N. Kl.)
ciborium, ii, *n* (gr.)
Trinkbecher (P)
cibus, i, *m*
(für Mensch. u. Tiere) Speise, Nahrung, Kost, Futter, spez. Nahrungsstoff; Speisesaft; (P) Köder
cicada, ae, *f*
Zikade, Baumgrille
cicatrix, tricis, *f*
Narbe (auch übtrg.); (N. Kl.) Kerbe
cicer, eris, *n*
Kichererbse
cichoreum, i, *n* (gr.)
Endivie
ciconia, ae, *f*
Storch
cicur, gen. uris
zahm
cicuta, ae, *f*
Schierling; (P) übtrg. Rohrpfeife (aus e. Schierlingsstengel)
cidaris, is, *f* (gr.)
(N. Kl.) = tiara
cieo, (N. Kl.) civi, citum 2.
i. Bewegung setzen, bewegen, erregen, hervorrufen; (N. Kl.) herbeirufen, spez. (zum Kampf) aufbieten, zu Hilfe rufen, (krieg. u. polit. Zustände) erregen, anstiften, rege erhalten, (Worte, Namen) (aus)rufen, hören lassen, nennen, (jurist.) angeben als. Vgl. citus
cimex, icis, *m*
Wanze
cinaedus, i, *m* (gr.)
(P) Wollüstling, wollüstig
cincinnatus, a, um
gelockt
cincinnus, i, *m* (gr.)
Haarlocke; plur. bildl. Schnörkelei (im Ausdruck)
cinctus, us, *m*
(N. Kl.) d. Umgürten, Gurt, Gürtel, Schurz
cinctutus, a, um
nur mit dem Schurze bekleidet (P)
cingo, ciuxi, cinctum 3.
1. eigtl. (um)gürten, aufschürzen, pass. sich (um)gürten, sich aufschürzen (N. Kl.); einschnüren; (schmückend) umwinden, umkränzen, rings umgeben
2. übtrg. rings umgeben, einschließen, umfassen; (v. Pers.) umringen, begleiten; (milit.) schützend umgeben, decken, rings besetzen, verschanzen
cingulum, i, *n*
(N. Kl.) Gurt, Gürtel, Wehrgehenk
cingulus, i, *m*
Erdgürtel, Zone
ciniflo, onis, *m*
Aschenbläser: Haarkräusler (P)
cinis, cineris, *m*
Asche, spez. Leichenasche; übtrg. Asche = Trümmer
cinnamum, i, *n* (gr.)
Zimt
cippus, i, *m*
Spitzpfahl; (N. Kl.) Leichenstein
circa
I. adv. ringsum, umher, i. d. Umgegend (N. Kl.)
II. praep. mit acc.
1. (räuml.) um, an od. bei... herum, (N. Kl.) umher zu
2. (bei Zahlen) gegen, ungefähr (N. Kl.)

3. bildl. in bezug auf (N. Kl.)
circamoerium, ii, *n*
Platz um die Mauer (N. Kl.)
circensis, e
zum Zirkus gehörig, circensisch
circino 1.
durchkreisen (P)
circinus, i, *m* (gr.)
Zirkel
circiter
I. adv. (bei Zeit u. Zahlen) um, ungefähr, an die
II. praep. mit acc. (zeitl.) in gleich. Bedeutg. wie d. adv.
circuitio (N. Kl.) = circumitio
circuitus, u. **circumitus**, us, *m*
1. Um-, Kreislauf
2. konkr. Umweg; Umkreis, Umfang
3. übtrg. Periode
circulator, oris, *m*
Aufkäufer (N. Kl.)
circulor 1.
sich in Gruppen versammeln; e. Zuhörerkreis um sich bilden
circulus, i, *m*
1. (mathem.) Kreis; Kreisbahn
2. konkr. Reif, Ring (N. Kl.)
3. übtrg. Kreis v. Menschen = Gesellschaft, Zusammenkunft, „Zirkel"
circum
I. adv. ringsum, (N. Kl.) auf beiden Seiten
II. praep. mit acc. (örtl.)
1. rings herum
2. i. d. Umgebung od. Umgegend
3. in (zu, bei u. a.)... umher
circumago 3. (ago)
(N. Kl.) (i. Kreise) herumführen, umwenden, umdrehen, (d. Sinn) umstimmen, (v. d. Zeit) verfließen
circumaro 1. (aro)
umpflügen (N. Kl.)
circumcido, cidi, cisum 3. (caedo)
rings abschneiden, beschneiden; übtrg. einschränken, vermindern, abschneiden. **circumcisus**, a, um steil
circumcludo, si, sum 3. (claudo)
ringsum einschließen; (feindlich) einschließen, umzingeln, einengen
circumcirca
rings herum (N. Kl.)
cirumcolo 3. (colo)
um e. Ort herum wohnen (N. Kl.)
circumdo 1. (do)
herumstellen, -legen, -setzen, anlegen um; umgeben, umstellen, umschließen, umringen, umzingeln mit
circumduco 3. (duco)
herumziehen, -führen; umherführen bei
circumeo (**circueo**) (eo)
herumziehen, -reiten um; umringen, umgehen, überflügeln; herumgehen bei, die Runde machen, besichtigen; N. Kl. als Bittender; besuchen, bereisen
circumequito 1. (equito)
um etw. herumreiten (N. Kl.)
circumfero (fero)
herumtragen, -geben, reichen; (N. Kl.) (Augen) herumschweifen lassen, übtrg. ringsum verbreiten
circumflecto 3. (flecto)
(P) (her)umbiegen, umlenken
circumflo, are (flo)
rings umwehen (klass. vereinz. bildl.)
circumfluo 3. (fluo)
umfließen, übtrg. umströmen (N. Kl.); Überfluß haben an
circumfluus, a, um
(N. Kl.) umströmend, umströmt
circumforaneus, a, um
vom Markt geborgt; die Märkte bereisend
circumfundo 3. (fundo)
1. eigtl. v. Flüssigem: etw. herumgießen, med. umfließen (N. Kl.)
2. v. nicht flüss. Ding.: umströmen, umfließen, umgeben, einhüllen, umringen
3. (meist milit.) se c., klass. nur pass. circumfundi „sich rings verbreiten", v. allen Seiten herbeiströmen, sich herandrängen
circumgemo 3. (gemo)
brummend umschleichen (P)
circumgesto, are (gesto)
überall herumtragen
circumgredior, gressus sum 3. (gradior)
umgehen (N. Kl.)
circumiaceo, ere (iaceo)
rings herumliegen (N. Kl.)
circumicio, ieci, iectum 3. (iacio)

1. rings, herumwerfen, -legen, -stellen; 2. umgeben. **circumiectus**, a, um (N. Kl.) umliegend (v. Lokal.)
circumiectus, us, *m*
d. Umschlingen (P); Umgebung
circumitio (circuitio)
1. (milit.) Runde (N. Kl.)
2. übtrg. Umweg, Umschweif, indir. Verfahren (i. d. Rede)
circumitus s. circuitus
circumligo 1. (ligo)
umbinden, umschlingen
circumlino 3. (lino)
bestreichen, überziehen mit
circumluo, ere (luo)
umspülen (N. Kl.)
circumluvio, onis, *f*
Umspülung: plur. Inselbildung
circummitto 3. (mitto)
(auf e. Umweg) herumschicken (N. Kl.); überall umherschicken
circummugio, ire (mugio)
umbrüllen (P)
circummunio 4. (munio)
(milit.) rings umschanzen, einschließen
circummunitio, onis, *f*
Einschließung, Zernierung
circumpadanus, a, um
um d. Po befindlich (N. Kl.)
circumpendeo, ere (pendeo)
ringsum hängen (N. Kl.)
circumplaudo, ere (plaudo)
ringsum beklatschen (P)
circumplector, plexus sum 3. (plecio)
umschlingen, umfassen; (milit.) umschließen
circumplico 1. (plico)
umwickeln, umschlingen
circumpono 3. (pono)
(N. Kl.) herumsetzen, -stellen, -legen
circumpotatio, onis, *f*
Rundetrinken, Zechen b. Leichenmahl
circumretio 4. (rete)
rings umstricken, umgarnen
circumrodo, ere (rodo)
ringsum benagen (klass. übtrg.)
circumsaepio 4. (saepio)
umhegen (N. Kl.); übtrg. (schützend) umgeben (wohl N. Kl.), (feindlich) umringen
circumscindo, ere (scindo)
(d. Kleider) rings abreißen (N. Kl.)
circumscribo 3. (scribo)
„umreißen", „umschreiben":
I. e. Kreis (herum)ziehen, ziehen um
II. übtrg. 1. ab-, begrenzen, bestimmen
2. be-, einschränken, spez. in gesetzl. Schranken zurückweisen
3. umgarnen, spez. übervorteilen
4. (vor Gericht od. i. d. Disputation) (als ungültig) beiseite lassen, entfernen. adi. **circumscriptus**, a, um scharf umgrenzt, genau
circumscriptio, onis, *f*
der (gezogene) Kreis; d. Begrenztsein, Umriß, Begrenzung, Umfang; Übervorteilung; rhet. = Periode
circumscriptor, oris, *m*
Betrüger
circumseco 1. (seco)
rings herausschneiden
circumsedeo 2. (sedeo)
herumsitzen: (feindl.) um-, belagern, umzingeln
circumsessio, onis, *f*
Belagerung
circumsido 3. (sido)
(N. Kl.) umlagern, umzingeln
circumsisto, steti (N. Kl. stiti) 3. (sisto)
sich herumstellen, umringen; spez. (feindl.) umstellen, (rings) bedrängen
circumsono 1. (sono)
ringsum ertönen, widerhallen von; (N. Kl.) trans. etw. umtönen od. umrauschen
circumsonus, a, um
umlärmend (P)
circumspectio, onis, *f*
übtrg. Umsicht, umsichtige Erwägung
circumspecto 1. (specto)
(aufmerksam, vorsichtig, ängstlich) sich umschauen, umherspähen; (N. Kl.) (nach etw. suchend, verlangd.) umherblicken, sich umsehen, auf etw. lauern, warten
circumspectus, us, *m*
Umschau; (N. Kl.) übtrg. Betrachtung, Erwägung
circumspicio, spexi, spectum 3. (specio)
I. intr. (aufmerksam, vorsichtig, ängstl.) ringsum blicken, umherspähen, sich umsehen (abs.; übtrg. m. indir. Frgstz.)

II. 1. eigtl. rings ansehen, betrachten, mustern; sich umsehen nach (klass. aliquem)
2. übtrg. sich nach etw. umsehen, nach etw. verlangen, suchen, auf etw. warten oder lauern (N. Kl.); etw. genau erwägen, betrachten, überlegen, bedenken. **circumspectus**, a, um (N. Kl.) besonnen, überlegt
circumsto, steti 1. (sto)
herumstehen: klass. trans. (feindl.) umstehen, (drohend) umgeben, umringen
circumstrepo 3. (strepo)
(N. Kl.) umrauschen, umlärmen, erschallen lassen
circumtextus, a, um
umwebt (P)
circumtono 1. (tono)
(P) umdonnern, umrauschen
circumvado 3. (vado)
(N. Kl.) von allen Seiten angreifen, anfallen
circumvagus, a, um
rings umflutend (P)
circumvallo 1. (vallo)
mit e. Wall umgeben: einschließen
circumvectio, onis, *f*
1. Umlauf, Kreisbahn
2. Handelsverkehr im Innern
circumvector, ari (vecto)
(N. Kl.) herumfahren, -reiten, „kreuzen“, (P) übtrg. schildern
circumvehor, vectus sum 3. (veho)
herumfahren, -reiten; (N. Kl.) auch trans.
circumvelo, are (velo)
rings umhüllen (P)
circumvenio 4. (venio)
I. eigtl. 1. umringen, umgeben
2. spez. (milit.) umringen, umzingeln, überfallen, (N. Kl.) (mit Belagerungswerk.) einschließen
II. übtrg. umgarnen, gefährden, Umtriebe machen gegen, hintergehen, übervorteilen, täuschen, pass. in die Falle (ins Gedränge, in Gefahr) geraten, e. Opfer werden (bes. vor Gericht od. übhpt. i. öffentl. Leben)
circumvertor, i (verto)
sich umdrehen (P)
circumvestio, ire (vestio)
(N. Kl.) ringsum bekleiden, (P) übtrg. se c. „sich schützen“
circumvolito 1. (volito)
(N. Kl.) umherfliegen, umflattern
circumvolo 1. (volo)
(N. Kl.) umfliegen, -flattern
circumvolvo 3. (volvo)
(N. Kl.) herumwälzen, -rollen
circus, i, *m* (gr.)
1. (astronom.) Kreis, Ring
2. Rennbahn, Zirkus
ciris, is, *f* (gr.)
ein Meervogel
cis praep. mit acc.
(örtl.) diesseits = diesseits grenzend an; (N. Kl.) (zeitl.) binnen
cisalpinus, a, um
diesseits der Alpen
cisium, ii, *n*
leichter Reisewagen
cisrhenanus, a, um
diesseits des Rheins wohnend
cista, ae, *f* (gr.)
Korb zur Aufbewahrung verschied. Dinge, spez. (Privat-) Kasse
cisterna, ae, *f*
Zisterne (e. unterirdisch. Wasserbehälter) (N. Kl.)
cistophorus, i, *m* (gr.)
Landesmünze der Provinz Asien = 2 $^1/_2$ Denar
citatus, a, um, (N. Kl.) comp. u. sup.
schnell, rasch
citer, tra, trum
diesseitig (N. Kl. u. nur vereinzelt). comp. **citerior**, ius diesseitig; übtrg. näherliegend. sup. **citimus**, a, um sehr nahe, nächst
cithara, ae, *f* (gr.)
(N. Kl.) Zither, (P) meton. Zitherspiel
citharista, ae, *m* (gr.)
Zitherspieler
citharizo, are (gr.)
Zither spielen (N. Kl.)
citharoedus, i, *m* (gr.)
Zithersänger
citius, **citissime** s. citus
cito 1.
1. etw. i. schnelle Bewegung setzen, erregen, antreiben
2. allg. jmd. an-, aufrufen
3. aufrufen = herbeirufen, herbeschei-

den, (vor)laden
4. (immerfort) anstimmen. Vgl. citatus
cito adv. s. citus
citra
I. adv. näher, diesseits (N. Kl.)
II. praep. m. acc.
1. (räuml.) diesseits, auf diese Seite, herüber
2. (N. Kl.) vor (von d. Zeit), ohne, außer, ausgenommen
citreus, a, um
von Zitrusholz
citro adv.
hierher, herüber: klass. mit ultro = hinüber u. herüber, hin u. her, übtrg. = gegenseitig
citrus, i, *f* (gr.?)
1. Zitrusbaum (e. Koniferenart)
2. Zitronenbaum
citus, a, um (cieo)
schnell, rasch, eilig. adv. **cito** (cito), **citius**, **citissime** schnell, rasch; übtrg. (mit Negation) „leicht"; comp. citius... quam „eher (leichter)... als" = „wohl... aber nicht"
civicus, a, um
Bürger- (klass. nur mit corona)
civilis, e
1. d. (Mit-)Bürger angehend, bürgerlich, Bürger-, öfter Privatrecht, -prozeß
2. übtrg. voll Bürgersinn, patriotisch; herablassend, leutselig, höflich, „zivil" (N. Kl.)
3. staatlich, öffentlich, politisch, Staats-, spez. d. Zivildienst betreffend, Zivil-
civiliter
nach Bürgerart
civis, is, *c*
Bürger, Mitbürger(-in); gelegtl. Untertan
civitas, atis, *f*
Bürgerrecht; Bürgerschaft, Gemeinde, Staat; (N. Kl.) Stadt
clades (N. Kl. cladis), is, *f*
eigtl. Verletzung (N. Kl.); übtrg. allg. Schaden, Unglück, Verlust, Unheil; spez. (milit.) Niederlage, Schlappe
clam
1. adv. heimlich, insgeheim
2. praep. heimlich vor (klass. vereinz. m. abl.: c. vobis)
clamator, oris, *m*
Schreier (e. schlechter Redner)
clamito 1.
(laut) rufen, ausrufen, schreien; übtrg. deutlich verraten
clamo 1.
I. intr. laut rufen, schreien, schreiend klagen
1. v. Mensch.
2. v. Tieren: anseres c. „schnattern laut"
II. trans. 1. an-, herbeirufen (P)
2. m. dopp. acc. = jmd. laut bezeichnen oder nennen
3. laut ausrufen, verkünden, bezeugen, klagen
clamor, oris, *m*
lauter Ruf, Geschrei
I. (v. Mensch.) Spez. 1. Beifall- od. Bravorufe, Applaus, Jubel
2. lärmendes, wildes Geschrei
3. Kriegsgeschrei
4. Klage-, Angst-, Jammergeschrei
II. v. Tieren (N. Kl.)
III. (v. Leblos.) Getöse, Widerhall (P)
clanculum adv.
ganz heimlich (N. Kl.)
clandestinus, a, um
was heiml. geschieht, geheim
clangor, oris, *m*
(N. Kl.) Geschrei, Schnattern (der Vögel), Schmettern (der Tuba)
clareo, ere
(P) hell sein, glänzen
claresco, rui 3.
(N. Kl.) hell werden, hell ertönen, berühmt werden
clarigatio, onis, *f*
Genugtuungsforderung (N. Kl.)
clarisonus, a, um
helltönend (P)
claritas, atis, *f*
heller Klang; übtrg. Glanz, erlaucht. Name, Ruhm
claritudo, inis, *f*
(N. Kl.) helles Aussehen, Berühmtheit
claro 1.
(P) erhellen, übtrg. berühmt machen, verherrlichen
clarus, a, um, mit comp. u. sub.
I. eigtl. 1. (für d. Gesicht) klar, hell, glänzend
2. (für d. Gehör) laut, deutlich

II. übtrg. 1. klar, deutlich, verständlich
2. (durch e. Vorzug) hervorstechend, ausgezeichnet, berühmt
3. (i. übl. Sinne) = berüchtigt

classiarius, a, um
zur Flotte gehörig, (N. Kl.). subst. **classiarii**, orum, *m* Marinesoldaten

classicula, ae, *f*
kleine Flotte

classicum, i, *n*
(Horn-) Signal; (P) Kriegstrompete

classicus, a, um
(N. Kl.) Flotten-, subst. **classici**, orum, *m* Seesoldaten, Matrosen

classis, is, *f*
I. (Servianische) Vermögensklasse
II. milit. Aufgebot:
1. Heer (altertüml. = exercitus)
2. Flotte, Seemacht; (N. Kl.) Flottendienst
3. Schiff (P)

clatri, orum, *m*
(N. Kl.) Gitter, Riegel

claudicatio, onis, *f*
das Hinken

claudico 1.
hinken, lahm sein; übtrg. auf schwachen Füßen stehen, schlecht bestellt sein

claudo, (N. Kl.) clausurus 3.
lahmen, hinken

claudo (vulgär cludo), si, sum 3.
I. (e. Öffnung) (ver-, zu)schließen, zumachen; (N. Kl.) subst. **clausum**, i, *n* Verschluß, Schluß). Spez.
1. (e. Werk, Brief, Zeit u. a.) ab-, beschließen, beendigen (N. Kl.); insbes. (milit. t. t.) agmen c. „Heereszug schließen", (N. Kl.) latus c. „decken"
2. (rhet.) abrunden
II. einschließen, einsperren, verschließen. Spez.
1. (milit.) einschließen, umzingeln, umstellen (N. Kl.), (P) von Jägern
2. übhpt. umgeben
III. 1. abschließen = versperren, (für d. Verkehr) sperren, ungangbar od. unzugänglich machen
2. übtrg. versperren = abschneiden, unmöglich machen, lähmen, hemmen
3. (v. Lokal.) schließen = sich unmittelbar an etwas anschließen od. anlehnen (N. Kl.)

claudus, a, um
lahm, hinkend; (N. Kl.) übtrg. mangelhaft, schlecht bestellt

claustra, orum, *n*
übtrg. Schranken; (milit.) Bollwerk, „Schlüssel"; (N. Kl.) Sperre, Damm, Paß, Zwinger

clausula, ae, *f*
Schluß, Ende, Ausgang (e. Schrift, Bühnenstücks u. a.)

clava, ae, *f*
Keule, Knüttel; spez. Fechtstock, „Rapier"

clavarium, ii, *n*
(N. Kl.) Schuhnagelgeld (Geschenk a. d. Soldaten)

clavicula, ae, *f*
Ranke, Gäbelchen (am Weinstock)

claviger, era, erum (P)
I. die Keule führend
II. d. Schlüssel führend

clavis, is, *f*
Schlüssel; (N. Kl.) Schloß, Riegel; (P) Treibkolben (des Spielreifs)

clavus, i, *m*
1. Nagel, Pflock; vgl. auch trabalis, Spez. ex hoc die clavum anni movere = d. Anfang d. Jahres rechnen
2. übtrg. (Griff am) Steuerruder
3. (N. Kl.) Purpursaum a. d. Tunika

clemens, gen. entis, *m*. comp. u. sup., adv. clementer
(v. Pers.) sanft, mild, schonend; (N. Kl.) übtrg. mild (v. Wetter), ruhig (v. Wasser), sanft ansteigend (v. Terrain)

clementia, ae, *f*
Milde, Sanftmut, Schonung, Nachsicht; (N. Kl.) übtrg. v. Wetter u. a.

clepo, clepsi, (cleptum) 3.
(meist archaistisch) stehlen

clepsydra, ae, *f* (gr.)
Wasseruhr

cliens, entis, *m* (clueo)
1. (in Rom) d. Hörige, „Klient", Schützling
2. (außerhalb d. röm. Gebietes) Höriger, Lehnsmann, Schutzgenosse
3. übtrg. Schützling (P)

clienta, ae, *f*
Klientin (P)

clientela, ae, *f* 1.
Schutzverwandtschaft, Schutzgenossenschaft, Klientel; Schutzrecht; meton. (wohl N. Kl.) = Schutzgenossen, Klienten; (N. Kl.) = Gefolgschaft, Mannen. Vgl. cliens
clientulus, i, *m*
ärmlicher Klient (N. Kl.)
clinatus, a, um
(P) geneigt, gesenkt
clipeatus, a, um
(N. Kl.) schildbewehrt, plur. subst. Schildträger (besond. Truppenabteilg.)
clipeus (arch. clupeus), i, *m* u. (N. Kl.) **clipeum**, i, *n*
der (runde) eherne Schild (der älteren Zeit); übtrg. (P) Himmelsgewölbe, Sonnenscheibe, (N. Kl.) Brustbild, Medaillon
clitellae, arum, *f*
Saumsattel
clitellarius, a, um
e. Saumsattel tragend
clivosus, a, um
an Abhängen reich (N. Kl.)
clivus, i, *m*
Abhang, Steilheit, Schrägheit; meton. Hügel, Anhöhe, spez. ansteigende Straße
cloaca, ae, *f*
Abzugskanal, Kloake
clostrum s. claustra
cludo s. claudo
clueo, ere
(P) genannt werden, heißen, prägn. gepriesen werden
clunis, is, *m* u. *f*
(N. Kl.) Hinterbacken, Steiß
clupeus s. clipeus
coacervatio, onis, *f*
Aufhäufung (klass. von Beweisen)
coacervo 1.
zusammen-, aufhänfen
coacesco 3. (acesco)
sauer werden; übtrg. verwildern
coactor, oris, *m*
Eintreiber, Einkassierer
coacta, orum, *n* (cogo)
gewalkter Stoff, Filz
coactus, us (nur i. abl. sing.), *m*
Zwang, Nötigung
coaedifico 1. (aedifico)
(dazu) bauen, aufbauen, bebauen
coaequo 1. (aequo)
eben machen (N. Kl.); übtrg. auf gleiche Stufe stellen
coagmentatio, onis, *f*
Zusam.fügung, Verbindung
coagmento 1.
(eng) zusammenfügen, -kitten u. a.; übtrg. eng verbinden
coagmentum, i, *n*
Fuge
coagulum, i, *n*
gerinnenmachendes Mittel, „Lab"
coalesco, alui, alitum 3. (alo)
(N. Kl.) zus. wachsen, sich vereinigen, verschmelzen, fest-, einwachsen, gedeihen, erstarken. **coalitus**, a, um zus. gewachsen, gesteigert
coangusto 1. (angusto)
übtrg. einschränken
coarguo, argui 3. (arguo)
1. allg. etw. nach-, be-, erweisen, Nachweis für etw. liefern
2. spez. überführen (aliquem); (N. Kl.) als unbrauchbar erweisen
coartatio, onis, *f*
d. Zusammendrängen (N. Kl.)
coarto 1. (arto)
zus.drängen, einengen; (N. Kl.) abkürzen (zeitlich)
coccum, i, *n* (gr.)
Scharlachbeere, -farbe
cochlea u. **coclea**, ae, *f*
Schnecke
cocles, gen. itis
einäugig (N. Kl.)
coctilis, e
gebrannt (N. Kl.)
cocus s. coquus
coda s. cauda
codex, icis, *m*
(i. Täfelchen geschnittener) Baumstamm: Schreibtafel (mit Wachs überzogen). Spez.
1. Verzeichnis, Dokument
2. kollekt. Buch, Heft, Notizbuch u. a.
3. Hauptbuch, Ausgabe- u. Einnahmebuch, Ggstz. adversaria
codicarius, a, um
aus e. Baumstamm (bestehend) (N. Kl.)

codicillus, i, *m*
kleiner codex: plur. Schreibtafel, Billet, Brief; (N. Kl.) Bittschrift, Kodizill (Zusatz z. Testament), Kabinettsbefehl
coemo 3. (emo)
zusammenkaufen, aufkaufen
coemptio, onis, *f*
Ehe durch Kauf, Scheinehe
coemptionalis, e
zum Aufkauf gehörig: plur. Ausschuß von Sklaven
coeo (eo)
I. intr. 1. sich versammeln, sich vereinigen, zus. treten, bsd. (zu e. gemeins. Handeln) übereinkommen, e. Bund schließen
2. spez. (feindl.) zus. treffen (N. Kl.)
3. (milit.) sich sammeln, sich konzentrieren
4. sich ehelich verbinden, sich verheiraten, (von Tieren) sich begatten, sich paaren (N. Kl.)
5. (v. Flüssigem u. Festem) zusammengehen, -laufen, -schlagen, sich vereinigen, sich verbinden, sich schließen, gerinnen (N. Kl.), gefrieren (P)
II. trans.: societatem c. „e. Bund eingehen"
(coepio), **coepi**, **coeptum** (**coepere**)
ich habe angefangen, habe begonnen. (N. Kl.) **coeptus**, a, um begonnen
coepto 1.
eifrig beginnen = unternehmen (inf.; klass. selt.)
coeptum, i, *n* (N. Kl.) = coeptus
coeptus, us, *m*
Beginnen, Unternehmen
coerceo, cui, citum 2. (arceo)
1. zusammenhalten, um-, einschließen
2. (mit Gewalt) ein-, umschließen, einschränken; daher (P) bildl. „feilen", z. B. ein Gedicht
3. übtrg. a) ein-, beschränken, in Schranken weisen oder halten; b) bändigen, zügeln, im Zaume halten; c) zurechtweisen, züchtigen, strafen
coercitio, onis, *f*
(wohl N. Kl.) Beschränkung, Züchtigung, Strafe, Strafmittel, -recht
coetus, us, *m*
Zusammenkunft, Vereinigung, Verbindung, Versammlung; (i. übl. Sinne) Zusammenrottung, Auflauf
cogitatus s. cogito
cogitatio, onis, *f*
1. abstr. d. Denken, Nachdenken, Überlegung, Erwägung
2. (v. Redner) Meditation (wohl N. Kl.); Denkkraft, Vorstellungsvermögen, bsd. Einbildungskraft, Phantasie
3. konkr. Gedanke, das (Aus)Gedachte
4. Vorsatz, Vorhaben, Plan, Absicht
cogito 1. (co-agito)
I. intr. allg. denken. Spez.
1. denken an, zurück denken
2. nachdenken, -sinnen über
3. gesinnt sein
4. denken, bedacht sein, Bedacht nehmen auf
II. trans. etw. od. an etw. denken, (i. Gedanken) sich vorstellen, bedenken, überlegen, erwägen. Spez.
1. ausdenken, ersinnen
2. beabsichtigen, vorhaben, planen. **cogitatus**, a, um, adv. **-te** a) durchdacht, wohlbedacht; b) beabsichtigt, vorbedacht. **cogitatum**, i, *n* a) d. Gedachte, d. Gedanke; b) plur. d. Vorhaben, Absichten
cognatio, onis, *f*
Blutsverwandtschaft; meton. Verwandte, Sippe; übtrg. Übereinstimmung
cognatus, a, um
blutsverwandt, subst. d. Blutsverwandte; übtrg. verwandt, übereinstimmend mit
cognitio, onis, *f*
1. d. Bekanntwerden, (nähere) Bekanntschaft, Besichtigung
2. d. Erkennen, d. Erforschen, Erforschung, Erkenntnis, Kenntnis
3. prägn. Kenntnis = Kenntnisse
4. plur. Begriffe, Vorstellungen
5. gerichtl. Untersuchung, Entscheidung
cognitor, oris, *m*
1. Identitätszeuge; Stellvertreter, Anwalt (eines Prozeßführenden); (N. Kl.) Staatsanwalt, öffentl. Ankläger
2. übtrg. Vertreter
cognitus s. cognosco
cognomen, minis, *n*
1. Familienname

2. Beiname, spez. auch Ehrenname, Spitzname
3. übhpt. Name, Bezeichnung (meist P)

cognomentum, i, *n*
(N. Kl.) Beiname, Bezeichnung

cognominis, e
gleichnamig (N. Kl.)

cognomino 1.
e. Beinamen geben: klass. nur **cognominatus**, a, um „von gleicher Bedeutung"

cognosco, gnovi, gnitum 3. (nosco)
I. (durch sinnl. und geist. Wahrnehmg.) kennen lernen, erkennen, wahrnehmen, bemerken, **cognosci** er-, bekannt werden, **cognovisse** kennen, wissen. spez.
1. wiedererkennen, anerkennen, (gerichtl.) jmds. Identität bezeugen
2. geschlechtl. Umgang haben mit (N. Kl.)
II. übtrg. vernehmen, hören, Kunde erhalten, erfahren, inne werden. Spez.
1. (Schriften) lesen, studieren, sich bekannt machen mit
2. zu erkennen od. zu erfahren suchen, Erkundig. einziehen
3. (milit.) auskundschaften, rekognoszieren
4. prüfen, untersuchen a) allg.; b) v. Sachwalter; c) v. Richter od. Behörde = untersuchen, Untersuchg. anstellen, Gericht halten, entscheiden über. adi. **cognitus**, a, um bekannt, spez. bewährt, erprobt

cogo, coegi, coactum 3. (ago)
1. zusammentreiben, -bringen, -holen, (v. allen Seiten) versammeln, vereinigen. Spez. a) einernten, einheimsen (N. Kl.); b) (milit.) zus. ziehen, aufbieten; c) (publiz. t. t.) zus.holen = einberufen, berufen, versammeln, entbieten; d) eintreiben, aufbringen, einkassieren; e) (milit.) geschlossen halten, schließen; f) zusammendrängen = verdichten, verdicken; g) übtrg. (logisch) folgern, schließen
2. hineinzwängen, -treiben, -drängen. Spez. a) (v. Lokal., Flüss.) einzwängen, einengen, pass. sich verengen; b) übtrg. jemd. zu etw. zwingen od. drängen, nötigen, cogi „sich gezw. od. genöt. sehen"

cohaerentia, ae, *f*
Zusammenhang

cohaereo, haesi 2. (haereo)
1. zus.hängen, verbunden sein, anstoßen an, in Zus.hang stehen
2. (in sich selbst) zusammenhängen; übtrg. zus.halten, innerl. Halt od. Bestand haben; spez. aus etw. bestehen

cohaeresco, haesi 3.
miteinander verwachsen

coheres, edis, *m* u. *f*
Miterbe, -bin

cohibeo, bui, bitum 2. (habeo)
zus.halten:
1. um-, einschließen
2. eigtl. zurück-, auf-, festhalten (N. Kl.)
3. übtrg. a) von etw. fern-, abhalten, abwehren; b) in Schranken halten, zügeln

cohonesto 1. (honesto)
(mit) verherrlichen, ehren, feiern

cohorresco, horrui 3. (horresco)
zusammenschauern, erschrecken

cohors, tis (N. Kl. cors), *f*
I. eigtl. Hof(raum), Viehhof (N. Kl.)
II. übtrg. 1. (milit.) a) Kohorte (d. 10. Teil einer röm. Legion, (N. Kl.) plur. Truppen d. Bundesgenossen (Ggstz. legiones), (von nicht röm. Völkern) Korps; b) spez. c. praetoria „Leibwache des Feldherrn"; c) (N. Kl.) plur. Kohorten der Prätorianer in u. um Rom
2. Gefolge, Suite (e. Statthalters)
3. übhpt. Haufe, Schar

cohortatio, onis, *f*
Ermahnung, Ermunterung

cohortor 1. (hortor)
(eindringlich) ermahnen, ermuntern, anfeuern, ermutigen

coicio s. conicio

coinquino 1. (inquino)
mit beflecken (N. Kl.)

coitio, onis, *f*
polit. Verbindung, Komplott

coitus, us, *m*
Begattung (N. Kl.)

coleus, i, *m*
Hodensack, Hode

collabefacto 1. (labefacto)

wankend machen (P)
collabefio, factus sum, fieri (labefacio)
zusammensinken; (N. Kl.) übtrg. gestürzt werden
collabor 3. (labor)
(N. Kl.) zusammensinken, -brechen, -stürzen, -fallen, (v. Bauten) einstürzen, (vor Alter) verfallen, (v. Pers.) ohnmächtig werden
collaceratus, a, um
ganz zerfleischt (N. Kl.)
collacrimatio, onis, *f*
Tränenerguß
collacrimo 1. (lacrimo)
in Tränen ausbrechen; trans. beweinen
collatio, onis, *f*
eigtl. d. Zus.bringen, Zus.legung, (N. Kl.) Beisteuer(pflicht); übtrg. Zus.stellung, Vergleich(ung), Verhältnisbestimmung
collatus, us, *m*
Angriff (N. Kl.)
collaudatio, onis *f*
Belobigung
collaudo 1. (laudo)
beloben
collecta, ae, *f*
Beisteuer zu e. gemeinsamen Mahlzeit
collecticius, a, um
schnell zusammengerafft
collectio, onis, *f*
das Sammeln; (rhet.) Rekapitulation
collectus, a, um
kurzgefaßt (N. Kl.)
collega, ae, *m* (con u. lego)
Mitabgeordneter: Kollege, Amtsgenosse, (N. Kl.) c. imperii „Mitregent"; übtrg. Genosse, Kamerad
collegium, ii, *n*
1. abstr. Amtsgenossenschaft, Amtsgemeinschaft
2. meist konkr. Amtsgenossen, Kollegium (von mindestens 3)
3. übhpt. Genossenschaft, Korporation, Brüderschaft, Gilde, Zunft
collibertus, i, *m*
Mitfreigelassener
collibet, bitum est od. (N. Kl.) libuit 2. (libet)
es beliebt
collido, si, sum 3. (laedo)
zus.stoßen, zerschlagen, zerdrücken; (N. Kl.) übtrg. feindl. zus.bringen, pass. zus.geraten
colligatio, onis, *f*
Verbindung (klass. fast nur übtrg.; auch plur.)
colligo 1. (ligo)
1. eigtl. zus.binden, -knüpfen, -heften; übtrg. verbinden, vereinigen, verketten
2. organisch, in sich verbinden; übtrg. zus.fassen; zurückhalten, hemmen
colligo, legi, lectum 3. (lego)
I. eigtl. 1. zus.lesen, (auf)sammeln, auflesen
2. übhpt. auf e. Punkt zus.bringen, a) sammeln, zus.häufen; b) (allg. u. milit.) versammeln, zus.bringen, -ziehen, -scharen, konzentrieren; c) i. d. Höhe, aufnehmen, aufraffen, (meist P); d) enger zus.ziehen, zus.drängen (meist P); e) hemmend zurückziehen, hemmen (N. Kl.)
II. übtrg. 1. zus.suchen, sammeln
2. se (N. Kl. animum) c. „sich zus.nehmen", wieder zur Besinnung kommen, Mut fassen, in sich gehen
3. (Gutes od. Übles) jmdm. od. (meist) sich zuziehen, erwerben, gewinnen, ernten, genießen
4. überdenken; (e. Summe) berechnen, pass. herauskommen, sich ergeben (N. Kl.); e Schluß ziehen, folgern, schließen
collineo u. **-nio**, are
i. gerader Linie schleudern; intr. richtig zielen, d. Ziel treffen
collino 3. (lino)
(P) bestreichen, beschmieren
colliquefio (fio)
sich auflösen
collis, is, *m*
Hügel, Anhöhe
collocatio, onis, *f*
1. Verheiratung
2. Stellung
3. (rhetor.) Stellung, Anordnung, Disposition
colloco 1. (loco)
I. 1. allg. (auf-, nieder-, hin)stellen od. setzen od. legen, mit leblos. Obj.;

jmd. setzen, legen, sich setzen (legen, lagern) lassen
2. aufstellen, aufschlagen, anbringen, anlegen, postieren, errichten
II. spez. 1. einquartieren, unterbringen, ansiedeln, ein-, versetzen
2. verheiraten
3. (Geld) anlegen, in etw. stecken
4. (rhetor.) anordnen
5. (polit.) anordnen, einrichten
6. (Kleid) zurechtrücken (P)
7. (Zeit u. Tätigkt.) verwenden auf)
8. (N. Kl.) gelegtl. = (schriftl.) sich äußern

collocutio, onis, *f*
Unterredung

colloquium, ii, *n*
Unterredung, Gespräch

colloquor 3. (loquor)
sich besprechen, sich unterreden, sich unterhalten, besprechen

collubet s. collibet

colluceo, ere (luceo)
leuchten, glänzen, hell sein

colludo 3. (ludo)
spielen mit jmdm., „tanzen" (P); übtrg. in geheimem Einverständnis sein

collum, i, *n*
(v. Mensch. u. Tier.) Hals; c. (ob)torquere „beim Kragen packen lassen" (um jmd. vor Gericht zu schleppen); (P) synekd. Kopf, Haupt; (N. Kl.) übtrg. Hals (der Flasche, des Mohns)

colluo 3. (luo)
(N. Kl.) bespülen, benetzen

collusio, onis, *f*
geheimes Einverständnis

collusor, oris, *m*
Spielgenosse

collustro 1. (lustro)
erleuchten, erhellen; übtrg. betrachten, mustern

colluvio, onis u. (selten) **colluvies**, ei, *f*
Mischmasch, Wirrwarr

collybus, i, *m* (gr.)
Aufgeld, Agio

collyrium, ii, *n* (gr.)
Augensalbe

colo, colui, cultum 3.
pflegen:
I. eigtl. 1. (be)bauen, bestellen, bearbeiten; (P) von Früchten, abs. Ackerbau treiben
2. bewohnen, frequentieren, (N. Kl.) intr. wohnen, ansässig sein.
II. übtrg. 1. (phys.) verpflegen, (ab)warten, putzen, schmücken (N. Kl.)
2. (geist.) pflegen, veredeln
3. sorgfältig üben, betreiben, einer Sache huldigen, pflegen, auf etw. halten, etw. i. Auge behalten, aufrecht erhalten
4. verehren, anbeten, (Örtlichkeit.) heilig halten
5. feiern
6. (allg. u. in polit. Sinne) jmd. schätzen, (ver)ehren, jmdm. Aufmerksamkt., Verehrg., Ehrerbietg. bezeugen, Huldigung darbringen, d. Hof machen. **cultus**, a, um mit comp. (N. Kl.) u. sup., s. cultus

colocasia, ae, *f* od (**-ium**, ii, *n*) (gr.)
indische Wasserrose

colona, ae, *f*
Bäuerin (N. Kl.)

colonia, ae, *f*
Pflanzstadt, Kolonie; meton. Kolonisten, Pflanzer

colonicus, a, um
aus Kolonisten bestehend

colonus, i, *m*
Landwirt, Bauer, Pächter, Kolonist; (P) Bewohner

color (N. Kl. **colos**), oris, *m*
1. allg. Farbe
2. spez. Gesichtsfarbe, Teint, prägn. gesunde Gesichtsfarbe, schöner Teint
3. übtrg. Farbe, äußerer Anstrich, das Äußere; spez. (rhet.) Färbung = Charakter, Anstrich, Kolorit, Ton, prägn. lebhaftes Kolorit

coloro 1.
färben (corpora), spez. bräunen; übtrg. se c. „sich Kolorit geben", colorari „K. erhalten" (v. d. Rede)

coluber, bri, *m* u. **colubra**, ae, *f*
Schlange (N. Kl.)

colubrifer, era, erum
schlangentragend (P)

colum, i, *n*
(N. Kl.) Durchschlag

columbinus, a, um
der Tauben

columbus, i, *m*
Tauber, Taube. **-ba**, ae, *f* Taube
columella, ae, *f*
kleine Säule
columen, minis, *n*
Säule, Balken, Giebel, First (N. Kl.); übtrg. Stütze, Säule
columna, ae, *f*
Säule, Pfeiler; (P) übtrg.
columnarium, ii, *n*
Säulensteuer
columnarii, iorum, *m*
Gesindel
colurnus, a, um
aus Haselholz (P)
colus, us (i), *f*
Spinnrocken
com (nur i. comp., auch con-, co) altlat. = cum
coma, ae, *f* (gr.)
Haupthaar; (meist P) Tierhaar, Wolle, Laub, Blätter, Gras, Sonnenstrahlen
comans, gen. antis
(N. Kl.) behaart, belaubt, stella c. „Haarstern", Komet
comatus, a, um
(N. Kl.) behaart, Gallia c. „das transalpin. Gallien" (dessen Bewohner langes Haar trugen); (P) übtrg. belaubt
combibo, onis, *m*
Zechbruder
combibo 3. (bibo)
einsaugen, trinken; übtrg. in sich aufnehmen
comburo 3. (uro)
verbrennen
comedo 3. (edo; vgl. dort die Formen!)
aufessen, verzehren; übtrg.
1. se c. „sich vor Gram verzehren"
2. verprassen
comes, itis, *c*
Begleiter(in), Gefährte, Genosse. Spez.
1. (bei Knaben) Führer, Erzieher (N. Kl.)
2. plur. Gefolge (besond. der Statthalter)
3. (N. Kl.) Hof- u. Staatsdiener, plur. Hofstaat
comestus, a, um = comesus (comedo)
cometes, ae, *m* (gr.)
Komet
comicus, a, um
zum Lustspiel gehörig des Lustspiels, Komödienspiel. subst. Komödiendichter
cominus s. comminus
comis, e, mit comp. u. (N. Kl.) sup.
freundlich, höflich, aufgeräumt, vergnügt, human
comissabundus, a, um
umherschwärmend (N. Kl.)
comissatio, onis, *f*
Umzug, Gelage
comissator, oris, *m*
Zechbruder
comissor 1. (gr.)
schwärmend umherziehen (N. Kl.)
comitas, atis, *f*
Freundlichkeit, Höflichkeit, Artigkeit, Milde
comitatus, us, *m*
abstr. u. konkr.Begleitung (bes. auf Reisen), Geleit, Gesellschaft, Gefolge
comitia s. comitium
comitialis, e
für die Wahl bestimmt, Wahl-
comitiatus, us, *m*
Volksversammlung
comitium, ii, *n*
Versammlungsort (für Volksvers.). plur. **comitia**, *n* Volksversammlung, spez. Wahlversammlung, Wahl(en)
comito 1.
begleiten: klass. nur **comitatus**, a, um begleitet
comitor 1.
begleiten, (N. Kl.) spez. jmd. zu Grabe geleiten
commaculo 1. (maculo)
beflecken, besudeln
commanipularis, is, *m*
Manipelkamerad (N. Kl.)
commeatus, us, *m* (commeo)
I. freier Verkehr (N. Kl.)
II. spez. 1. Urlaub, bes. der Soldaten
2. Transport(zug)
3. sing. u. plur. Zufuhr, Kriegsbedarf, Proviant
commemini, isse (memini)
sich (genau) erinnern an
commemorabilis, e
erwähnenswert, denk-, merkwürdig
commemoratio, onis, *f*
1. Erinnerung, Vergegenwärtigung

2. Erwähnung, Anführung, Darlegung
commemoro 1. (memoro)
1. sich etw. vergegenwärtigen, sich an etw. erinnern
2. trans. an etw. erinnern, etw. vergegenwärtigen; erwähnen, anführen, besprechen, sich berufen auf
commendabilis, e
(N. Kl.) pass. empfehlenswert, act. empfehlend
commendaticius, a, um
empfehlend
commendatio, onis, *f*
1. Empfehlung
2. (als Eigensch.) das Empfehlende od. Einnehmende
commendatrix, tricis, *f*
Empfehlerin
commendo 1. (mando)
eigtl. anvertrauen, übergeben; spez. empfehlen, pass. sich empfehlen, sich beliebt machen. **commendatus**, a, um, *m* comp. u. sup., empfohlen, empfehlenswert
(**commentariolus**, i, *m*) u. **commentariolum**, i, *n*
(flüchtig.) Entwurf, Aufzeichnung, Skizze
commentarius, ii, *m* (sc. liber), selt. **commentarium**, ii, *n* (sc. volumen)
schriftl. Entwurf, Aufzeichng., Abriß, Disposition, Memoiren, Tagebuch, Denkwürdigkeiten; (gerichtl.) Protokoll; (N. Kl.) c. principales „kaiserl. Kabinettsakten"
commentatio, onis, *f*
(schriftl od. mündl.) Vorbereitung, Erwägung, Überlegung
commenticius, a, um
erdacht, ersonnen, erfunden; spez. bloß eingebildet, fingiert, ideal; (i. übl. Sinne) erdichtet, erlogen
commentor 1.
1. überdenken, überlegen, erwähnen, nachdenken über
2. spez. a) über etw. sprechen, sich besprechen; b) abs. (v. Redner, Fechtmeister) Vorstudien machen, sich üben, sich vorbereiten; c) etw. einstudieren. **commentatus**, a, um einstudiert; d) (schriftl.) entwerfen, skizzieren
commentor, oris, *m*
Erfinder (N. Kl.)
commentum, i, *n*
Erfindung, Einfall; (P) Lüge, Trug
commeo 1.
zus.kommen, -strömen; aus u. eingehen, hin u. her gehen, wandern, fahren, reisen
commercium, ii, *n*
Handel, Verkehr; Kaufrecht, Verkehrsrecht; trop. Verkehr, Gemeinschaft
commercor 1. (mercor)
zusammenkaufen (N. Kl.)
commereo 2. (mereo)
(mit)verdienen
commetior 4. (metior)
(messend) vergleichen
commigro 1. (migro)
hinziehen, -wandern
commilitium, ii, *n*
(N. Kl.) Kriegskameradschaft; (P) übtrg. Gemeinschaft
commilito, onis, *m*
Kriegsgefährte
comminatio, onis, *f*
Androhung
commingo 3. (mingo)
bepissen (P)
comminiscor, mentus sum 3.
ersinnen, erdichten; (P) pass. **commentus**, a, um erdichtet
comminor 1. (minor)
drohen, androhen (N. Kl.)
comminuo 3. (minuo)
beschädigen, zerbrechen, zertrümmern; übtrg. (Besitz) vermindern, zersplittern (P); herunterbringen, schädigen, vernichten, pass. herunterkommen
comminus adv.
(feindl.) handgemein, im Nahkampf, im Handgemenge, Mann gegen Mann; (N. Kl.) übtrg. (friedl.) in der (die) Nähe, persönlich
commisceo 2. (misceo)
eigtl. u. übtrg. vermischen, vermengen
commiseratio, onis, *f*
d. Bemitleiden; (rhet.) Rührton, Rührung
commiseror 1. (miseror)

trans. bemitleiden, beklagen (N. Kl.); (rhet.) (abs.) d. Mitleid der Hörer erwecken

commissio, onis, *f*
Anfang, Beginn

commissum, i, *n*
Unternehmen; spez. Verstoß, Vergehen; (anvertrautes) Geheimnis

commissura, ae, *f*
Verbindung(-sstelle), Band; (N. Kl.) übtrg.

committo 3. (mitto)
I. eigtl. zus.führen, -fügen, verbinden, vereinigen, pass. sich vereinigen, dicht anstoßen an, sich anschließen; (N. Kl.) spez. (zum Kampf) zus.lassen, aneinanderhetzen, (P) übtrg. (z. Vergleich) zus.stellen
II. übtrg. 1. beginnen, eröffnen
2. verüben, verschulden, begehen, auf sich laden, abs. e. verbrechen begehen, sich vergehen, sündigen; spez. c., ut „es dahin kommen lassen", verschulden
3. (e. Strafe) verwirken
4. **commissus**, a, um (als Pfand) verfallen
III. 1. übergeben, anvertrauen, auch = preisgeben, aussetzen
2. spez. a) se c. „sich begeben", sich hineinwagen in, sich zu zeigen wagen vor; b) anheimgeben, Entscheidung überlassen

commoditas, atis, *f*
Zweckmäßigkeit, Annehmlichkeit, Vorzug, Vorteil, (v. d. Rede) Gewandtheit; (P) Gefälligkeit, Nachsicht

commodo 1.
1. gefällig sein, sich richten nach
2. (zur Benutzg.) leihen; (N. Kl.) = angedeihen lassen

commodum adv.
(zeitl.) (so)eben, gerade

commodum, i, *n*
1. Bequemlichkeit, Zuträglichkeit, spez. geleg. Zeit, günstig. Zeitpunkt
2. objekt. a) (besond. im plur.) Vorteil, Nutzen, auch = Glück, Wohl; b) plur. (v. Staat verlieh.) Vergünstigungen, Privilegien; c) plur. geliehene Gegenstände

commodus, a, um, mit comp. u. sup.
1. angemessen, zweckmäßig, gehörig, trefflich, gut
2. leicht, bequem, günstig
3. zuvorkommend, gefällig, höflich, umgänglich, zutunlich

commolior 4. (molior)
(P) i. Beweg. setzen, übtrg. anwenden

commonefacio 3. (facio)
i. Erinnerung bringen, erinnern an, zu Gemüte führen, mahnen

commoneo 2. (moneo)
erinnern, mahnen

commonstro 1. (monstro)
(zugleich od. deutlich) zeigen

commoratio, onis, *f*
d. Verweilen, Aufenthalt

commorior 3. (morior)
mit jmdm. zugleich sterben (N. Kl.)

commoror 1. (moro)
verweilen, verziehen, sich aufhalten, bleiben

commotio, onis, *f*
übtrg. (geistig.) Erregung, Affekt

commotiuncula, ae, *f*
kleine Unpäßlichkeit

commoveo 2. (moveo)
I. eigtl. (auf od. von d. Stelle) in Bewegung setzen, bewegen, wegführen, -treiben, fortschaffen; (d. Feind) zum Weichen bringen
II. übtrg. A. allg. bewegen, sich regen oder sich rühren machen, se c. „sich regen", sich rühren, etw. unternehmen
B. spez. 1. (Kapital) kündigen (N. Kl.)
2. anregen, zur Sprache bringen
3. (Zustände) erregen, hervorrufen, (er)wecken
4. (auf Körp. u. Geist einwirken) erregen: a) (phys.) pass. krank od. unpäßlich werden; (N. Kl.) **commotus** wahnsinnig, verrückt; b) jmd. erregen, auf jmd. Eindruck machen, jmd. ergreifen, interessieren, einnehmen, rühren, pass. sich erregen lassen u. a.; c) spez. beunruhigen, bestürzt machen, erschrecken, erschüttern, pass. unruhig, besorgt, bestürzt werden, erschrecken; d) aufbringen, empören; e) jmd. zu etw. bestimmen, veranlassen

communicatio, onis, *f*
Mitteilung, Gewährg.

communico 1.

I. trans. 1. gemeinsam machen, vereinigen, zus.legen
2. spez. a) (gebend) mitteilen, teilnehmen lassen, teilen mit; b) (empfangend) gemeinsam haben oder teilen, mit tragen, helfen; c) (mündl. od. schriftl.) mitteilen, besprechen
II. intr. e. Mitteilung machen, sich in Verbindg. setzen, besprechen od. beraten

communio 4. (munio)
verschanzen, befestigen, sichern

commun o, onis, *f*
Gemeinschaft

communis, e, *m*. comp. u. (N. Kl.) sup.
1. gemeinsam, gemein(schaftlich), allgemein, öffentlich (Ggstz. proprius). adv. **communiter** allgemein, gemeinschaftlich, zusammen, im allgemeinen (Ggstz. separatim)
2. spez. allgemein = überall üblich, gewöhnlich, (tag)täglich
3. (v. Pers.) umgänglich, verträglich, herablassend, gelegtl. = demokratisch gesinnt
4. subst. **commune**, is, *n* a) Gemeingut, gemeins. Kasse, Staatsschatz; b) Gemeinwesen, Staat, Kommune. adv. **in commune** für alle, zum gemeins. Nutzen, (N. Kl.) i. allgemeinen, überhaupt, in Bausch und Bogen

communitas, atis, *f*
Gemeinschaft, Allgemeinheit; spez. Gemeinsinn, (N. Kl.) Leutseligkeit

communitio, onis, *f*
bildl. Wegbahnung

commurmuror 1. (murmuro)
dazu murmeln

commutabilis, e
veränderlich, wandelbar

commutatio, onis, *f*
Umwandlg., Veränderg., Wechsel, Umschlag, (N. Kl.) spez. Auswechslg. (v. Gefangenen)

commuto 1. (muto)
1. (ver)ändern, umwandeln, pass. sich (ver)ändern
2. (ver-, aus)tauschen, (aus)wechseln

como, compsi, comptum 3. (aus comeo)
ordnen, glätten, schmücken

comoedia, ae, *f* (gr.)
Lustspiel, Komödie

comoedus, i, *m*
der i. Lustspiel auftretende Schauspieler, Komiker

compaciscor 3. (paciscor)
durch gegenseit. Vertrag übereinkommen: klass. nur adv. **compacto (-pecto)** „nach Übereinkunft“

compactio, onis, *f*
Zusammenfügung

compactus, a, um s. compingo

compages, is, *f*
Gefüge, Fuge, Bau

compago, inis, *f*
Bindemittel (N. Kl.)

compar, gen. paris
(N. Kl.) gegenseitig, untereinander, beiderseitig gleich, subst. Genosse, Gefährte, Ehehälfte

comparabilis, e
vergleichbar

comparatio, onis, *f*
I. (von comparo „vergleichen“)
1. gleiche od. richtige Stellung gegeneinander, (richtiges) Verhältnis
2. Vergleich(ung)
3. (publiz. t. t.) Vergleich, Ausgleichung (der Amtsgeschäfte wegen) (N. Kl.)
II. (von comparo „rüsten“) Beschaffung, Vorbereitg., Erwerbg.

comparativus, a, um
vergleichend

compareo, ui 2. (pareo)
1. sichtbar sein, erscheinen
2. spez. a) sich noch vorfinden; b) klar hervortreten, sich deutlich zeigen

comparo 1. (von par)
I. eigtl. i. e. gleiches Verhältnis bringen
II. übtrg. 1. (als e. Paar) zus.stellen, paaren, (als Gegner) gegenüberstellen
2. spez. a) vergleichen, gleichstellen, vergleichend betrachten; b) N. Kl. (von Kollegen) sich (über etw.) einigen, etw. unter sich teilen

comparo 1. (paro)
1. (Pers. u. Sachen) bereiten, beschaffen, anschaffen, zus.bringen
2. spez. a) (durch Kauf) beschaffen, aufkaufen, mieten; b) (Menschen) aufbringen, aufbieten, aufstellen, gewinnen; c) (allg. u. milit.) (aus-, zu)rüsten, i. Bereitschaft setzen, vorbereiten, pass. sich rüsten, insbes. se c.

„sich rüsten", sich fertig machen, sich anschicken; d) übtrg. jmdm. oder sich etw. verschaffen, erwerben, gewinnen; e) bereiten, veranstalten, ins Werk setzen, veranlassen, stiften; f) (meist publiz.) etw. einrichten, anordnen, bestimmen

compasco, ere (pasco)
gemeinschaftlich hüten u. **compascuus**, a, um zur Gemeindeweide gehörig

compecto s. compaciscor

compellatio, onis, *f*
(lauter) Vorwurf

compello 1.
1. anrufen, anreden (N. Kl.)
2. spez. a) hart anreden, laute Vorwürfe machen, zurechtweisen, schmähen, schelten; b) (jurist.) anklagen

compello, puli, pulsum 3. (pello)
1. eigtl. zus.treiben, spez. (allg. u. milit.) gewaltsam zus.treiben, -drängen, übhpt. hintreiben, jagen, drängen
2. übtrg. a) in die Enge treiben, bedrängen; b) (an)treiben, nötigen, bringen, bestimmen, zu e. Entschluß drängen

compendiarius, a, um
abgekürzt

compendium, ii, *n*
Ersparnis, Vorteil, Gewinn; (N. Kl.) kürzerer oder kürzester Weg

compensatio, onis, *f*
Ausgleichung

compenso 1.
durch etwas aufwiegen, ausgleichen, gegen etw. in Anrechnung bringen, ersetzen, erkaufen mit

comperendinatus, us, *m* u. (N. Kl.) **-tio**, onis, *f*
Vertagung

comperendino 1.
(d. Rechtssache auf d. drittnächsten Gerichtstag, an dem d. Spruch erfolgen muß) vertagen, d. zweiten (u. letzten) Termin beantragen, zum zweit. T. vorladen

comperio, peri. pertum 4.
(genau, zuverlässig) erfahren, in Erfahrung bringen, genaue Kunde erhalten, als sicher erkennen, inne werden. **compertus**, a, um gewiß, genau, zuverlässig; (N. Kl.) überführt od. für schuldig befunden

comperior 4. (N. Kl.) = comperio

compes, pedis, *f*
(klass. plur.) (Fuß-)Fessel (der Sklaven)

compesco, ui 3.
(N. Kl.) einschränken, unterdrücken

competitor, oris, *m* u. **-titrix**, tricis, *f*
Mitbewerber(in)

competo 3. (peto)
(N. Kl.) gemeinsam erstreben, intr. (zeitl.) zus.fallen, -treffen, -stimmen, ausreichen, e. Sache mächtig sein

compilatio, onis, *f*
Ausbeute

compilo 1.
(aus)plündern, bestehlen, ausbeuten

compingo, pegi, pactus 3. (pango)
zus.fügen; hineindrängen

compitalia, ium u. iorum, *n*
d. Larenfest auf d. Kreuzwegen. **compitalicius**, a, um des Kompitalienfestes

compitum, i, *n*
Scheideweg, Kreuzweg

complano 1.
niederreißen

complector, plexus sum 3. (plecto)
1. eigtl. umschlingen, umfassen, umarmen, umschlungen u.s.w. halten; spez. (räuml.) umfassen, umgeben, einschließen
2. übtrg. a) (in e. Begriff) zus. fassen; b) umfassen = in sich fassen od. vereinigen, in sich schließen, mit umfassen; c) (mit Worten) zus. fassen, (zus. fassend) schildern, darstellen, sagen, spez. (philos.) d. Schlußsatz machen; d) (geist.) umfassen = begreifen, verstehen; e) mit Liebe umfassen, mit Eifer betreiben, sich annehmen, hegen, lieben; f) sich etw. angeeignet haben

complementum, i, *n*
übtrg. Ergänzung(-smittel)

compleo, plevi, pletum 2.
1. eigtl. an-, aus-, vollfüllen, vollmachen, pass. sich füllen
2. übtrg. a) mit etw. erfüllen; b) etw. reichlich versehen mit; c) (milit.) völlig od. dicht besetzen; d) (allg. u. milit.) ergänzen, vollzählig machen; e) vollständig od. vollkommen machen, vollenden. **completus**, a, um voll-

kommen, vollzählig; f) (e. Zeit) erfüllen

complexio, onis, *f*
Verbindung; übtrg. Ausdrucksweise; Periode; zus. fassende Darstellg.; Inbegriff; (philos.) Schlußsatz; Dilemma

complexus, us, *m*
(räuml.) Umschließg., Umfang; (zärtl.) Umfassen, Umarmung; (N. Kl.) feindl. Umschlingung (z. B. armorum „Handgemenge"); übtrg. Wohlwollen, Liebe

complico (N. Kl. -cui od. -cavi) 1. (plico)
zus.legen, -falten; übtrg. complicata notio „unentwickelt, kompliziert"

comploratio, onis, *f* u. **-tus**, us, *m*
(N. Kl.) gemeinsames Jammern, Beklagen

comploro 1. (ploro)
gemeinsam beklagen

complures, complura (selt. compluria), gen. complurium
mehrere, einige, e. Anzahl (= nicht ganz wenige)

compono 3. (plono)
I. (zusammenstellen, -setzen, -legen, -bringen). Spez.
1. (Vorräte) sammeln, aufbewahren (P)
2. (Asche, Gebeine) beisetzen, bestatten (P)
3. (Takelwerk) niederlassen, einziehen (N. Kl.)
4. jemd. a) (feindl.) gegenüberstellen, paaren (N. Kl.); b) (vor Gericht) konfrontieren (N. Kl.); c) (friedl.) z-us.führen, vereinigen (P)
5. (Truppen) zusammenziehen, konzentrieren (N. Kl.)
6. (vergleichd.) zus.stellen, vergleichen
II. zus. setzen, -fügen, bilden, gestalten, bereiten, stiften (N. Kl.). Spez
1. (schriftl.) ab-, verfassen, aufsetzen
2. verabreden, bestimmen, festsetzen (N. Kl.), (im übl. Sinne) abkarten
3. erdichten, erheucheln, anstiften (N. Kl.)
III. zurechtlegen, -setzen, -stellen, -bringen, ordnen. Spez.
1. zur Ruhe bringen, betten, euphem. (Tote) bestatten (P)
2. (Truppen) aufstellen, ordnen, postieren (N. Kl.)
3. (Angelegenhtn.) (an)ordnen, einrichten
4. (Streit) beilegen, schlichten
5. jmd. zur Ruhe bringen, beschwichtigen, beruhigen (N. Kl.). Vgl. compositus

comporto 1. (porto)
zus.tragen, -bringen, spez. einliefern

compos, gen. potis
im Besitz, im Genutz von, teilhaftig, mächtig

compositio, onis, *f*
1. Zusammenstellung, -setzung, -fügung. Spez. a) (gehör.) Anordnung, Einrichtg., Gestaltg., Anlage; b) (rhetor.) (gehör.) Wort-, Satzstellung, Periodenbau; c) schriftl. Abfassung, (N. Kl.) Stil
2. Vergleich, Versöhnung, Einigung

compositor, oris, *m*
Anordner (einer Rede); (N. Kl.) Verfasser einer Schrift

compositus, a, um, mit comp. u. sup. (compono)
1. (wohl) geordnet, wohleingerichtet, geregelt, regelmäßig; (N. Kl.) subst. **composita**, orum, *n* d. geordnete Zustand (i. Staate)
2. (v. d. Rede) wohlgefügt, -gesetzt, i. geordneter Gedankenfolge
3. (v. Pers.) gerüstet, geschickt, geeignet
4. (N. Kl.) verabredet
5. (N. Kl.) erkünstelt, erdichtet, erlogen, (v. Pers.) etw. zum Schein annehmend
6. ruhig, gelassen, gemessen, gesetzt

compotatio, onis, *f*
Trinkgesellschaft

compotor, oris, *m*
Trinkgenosse

compransor, oris, *m*
Tischgenosse

comprecatio, onis, *f*
d. Anflehen (der Götter) (N. Kl.)

comprecor 1. (precor)
(N. Kl.) (an)flehen (e. Gottheit)

comprehendibilis, e
faßlich

comprehendo (comprendo) 3. (prehendo)
I. eigtl. zus. fassen, verbinden (N. Kl.)

Spez. übtrg.
1. (i. e. Formel od. e. Begriff) zus.fassen, einschließen, mit begreifen
2. (i. Worte) zus.fassen, darstellen, beschreiben, erzählen
3. (räuml.) umfassen, umschließen (N. Kl.)
4. (mit Liebe) umschließen, sich verbinden
II. anfassen, (er)fassen, ergreifen. Spez.
1. (freundl.) an d. Hand fassen
2. (feindl.) a) jmd. ergreifen, packen, fassen, festnehmen (lassen); b) (Tiere, Sachen) mit Beschlag belegen, wegnehmen; c) besetzen; d) entdecken
3. er-, auffassen, begreifen, sich zu eigen machen, verstehen, erkennen

comprehensio, onis, *f*
1. Zus.fassung, Verknüpfung. Spez. rhetor. a) Periode, Satz; b) Ausdruck, Stil
2. das Ergreifen, Festnahme, Verhaftung; übtrg. d. Begreifen, d. Begriff

comprendo s. comprehendo

compressio, onis, *f*
übtrg. gedrängte Darstellung

compressus, us, *m*
(befruchtendes) Umschließen

comprimo, pressi, pressum 3. (premo)
1. eigtl. Zus.drücken, -pressen, zerdrücken, -quetschen. Spez. a) (milit.) zus.drängen, dichter machen (N. Kl.); b) notzüchtigen, schänden (N. Kl.)
2. übtrg. a) (v. Kornwuch.) zurückhalten, nicht herausgeben; b) geheimhalten, für sich behalten, verschweigen; c) unterdrücken, hemmen, beschwichtigen, Einhalt tun

comprobatio, onis, *f*
Anerkennung

comprobator, oris, *m*
Anerkenner

comprobo 1. (probo)
1. (völlig) billigen, gutheißen, Beifall schenken, genehmigen, anerkennen, pass. Beifall od. Anerkennung finden
2. als wahr od. richtig dartun, beweisen, bestätigen, bewähren

compromissum, i, *n*
Übereinkunft

compromitto 3. (promitto)
übereinkommen, sich dem Spruch e. Schiedsrichters zu fügen

comptus, a, um s. como

compungo, punxi, punctum 3. (pungo)
(zer)stechen, tätowieren

computo 1. (puto)
zusammen-, abrechnen

conamen, inis, *n*
(P) Bemühen, Anstrengung, Versuch, konkr. Stütze

conatum, i, *n*
Unternehmen, Wagnis

conatus, us, *m*
1. Trieb, Drang
2. Bemühung, Anstrengung, Kraft; (N. Kl.) c. capere „machen“
3. (meist polit. u. milit.) Versuch, (gewagtes) Unternehmen, Vorhaben, Absicht, Wagnis, Attentat

concaco 1. (caco)
bekacken (P)

concaedes, is, *f*
Verhau (N. Kl.)

concalefacio 3. (calefacio)
(durch u. durch) erwärmen. adi. **concalefactus**, a, um, wärmehaltig

concalesco, calui 3. (calesco)
sich (durch u. durch) erwärmen

concallesco, callui 3. (calleo)
Schwielen bekommen; übtrg. a) stumpf od. gefühllos werden; b) gewandt werden

concavo 1. (cavo)
krümmen (P)

concavus, a, um
hohl, gewölbt, gebogen

concedo 3. (cedo)
I. intr. weichen:
1. weggehen, sich entfernen, (e. Ort) verlassen, räumen, aufgeben, sich wohin begeben
2. übtrg. a) (N. Kl.) in etw. geraten, e. Sache anheimfallen; b) (e. Meinung, Partei) beitreten; c) weichen, das Feld räumen, sich fügen; d) (jmds. Willen u. ähnl.) sich unterordnen, sich fügen, beipflichten; e) jmdm. d. Vorrang lassen, d. Vorzug einräumen, nachstehen; f) Nachsicht haben mit, zugute halten, nachsehen, verzeihen
II. trans. abtreten, überlassen, hingeben, bewilligen. Spez. a) erlauben, gestatten, zugestehen, einräumen, vergön-

nen; b) (e. Vorzug) einräumen; c) (e. Behauptg.) zugestehen, zugeben, einräumen, anerkennen; d) (jmdm. zuliebe) aufgeben, fahren lassen, opfern; e) (Fehler) jmdm. ungestraft hingehen lassen, verzeihen; f) (Schuldige) jmdm. zuliebe begnadigen

concelebro 1. (celebro)
festlich begehen, (mit) feiern (rem „Ereignis"); lebhaft betreiben; (mündl. od schriftl.) überall bekannt machen, ausposaunen; preisen, verherrlichen

concenatio, onis, *f*
Speisegesellschaft

concentio, onis, *f*
Chorgesang; übtrg. Einklang, Harmonie

concentus, us, *m*
d. Zusammensingen, -stimmen, harmon. Gesang od. Klang, Harmonie; übtrg. Übereinstimmung, Einigkeit, Einklang

conceptio, onis, *f*
1. Empfängnis (d. Frau)
2. Abfassung

conceptus, us, *m*
Empfängnis

concerpo, psi, ptum 3. (carpo)
zerreißen; (N. Kl.) übtrg. jemd. (mit Worten) herunterreißen

concertatio, onis, *f*
Streit, Wortstreit, plur. Polemik

concertator, oris, *m*
(polit.) Nebenbuhler (N. Kl.)

concertatorius, a, um
streitend

concerto 1. (certo)
sich herum streiten; spez. eifrig streiten, disputieren

concessio, onis, *f*
(meist. jurist.) Einräumung, Zugeständnis, Bewilligung; spez. Straferlaß

concessus, us, *m*
Zugeständnis, Erlaubnis

concha, ae, *f* (gr.)
Muschel, Muschelschale; (meist P) Purpurschnecke, Tritonshorn, Perle, auch Muschelähnliches (Salzfaß, Fläschchen, Salbenbüchschen)

concheus, a, um
zur Muschel gehörig (P)

conchylium, ii, *n* (gr.)
Muschel-, Schaltier; Auster; Saft der Purpurschnecke, Purpur(farbe). **conchyliatus**, a, um purpurfarben

concido, cidi, cisum 3. (caedo)
1. eigtl. zusammenhauen, niederhauen. Spez. a) zerstückeln, zerschneiden; b) jmd. zerbleuen, durchprügeln, geißeln
2. übtrg. a) durch Wort od. Tat) zugrunde richten, niederwerfen; b) (logisch) zerlegen; c) (rhetor.) zerstückeln. Vgl. concisus

concido, cidi 3. (cado)
1. eigtl. a) (v. Leblos.) zus. od. einfallen, zus. od. einstürzen, (P) (v. Winde) sich legen; b) (v. leb. Wes.) niederfallen, -stürzen; spez. tot hinstürzen, (im Kampfe) fallen; einfallen, zus. schrumpfen (P)
2. übtrg. a) (v. Pers.) (moral., polit. u. vor Gericht) fallen, stürzen, gestürzt werden, unterliegen, erliegen, Besinnung verlieren, e. furchtbaren Schreck bekommen, dahinsinken; b) (v. Leblos.) sinken, schwinden, zugrunde gehen, unterliegen, e. Ende nehmen, Wert od. Geltung verlieren

concieo, civi, citum 2. u. concio, ivi, itum 4. (cieo)
(N. Kl.) i. starke Bewegung setzen, zus. bringen, aufbieten, herbeiziehen, -rufen, übtrg. aufreizen, erregen, veranlassen

conciliabulum, i, *n*
(N. Kl.) Marktplatz, Gerichtsort

conciliatio, onis, *f*
Vereinigung, Verbindung; spez. a) Gewinnung der Gemüter, auch als rhetor. Figur; b) Geneigtheit, Neigung, Trieb; c) Gewinnung

conciliator, oris, *m*
Vermittler (N. Kl.). **conciliatrix**, tricis, *f* Vermittlerin, Stifterin, spez. (übtrg.) Kupplerin. demin. **conciliatricula**, ae, *f* Fürsprecherin

concilio 1.
zus. bringen; klass. nur übtrg
1. (der Gesinnung nach) befreunden, geneigt machen, gewinnen, günstig stimmen
2. (Sinn) hinleiten auf, anempfehlen

3. (durch Vereinig.) stiften, zus. bringen, übhpt. verschaffen, erwirken, bereiten, gewinnen; (N. Kl.) Ehe vermitteln, verkuppeln. adi. **conciliatus**, a, um, *m.* comp., beliebt (N. Kl.), geneigt zu

concilium, ii, *n*
I. abstr. d. Zusammenkommen (N. Kl.)
II. konkr. 1. allg. Versammlung, Verein, Kreis, Schar
2. polit. a) in Rom: (Volks)Versammlung; b) außerhalb Roms: Versammlung, Tagsatzung, Landtag; c) Bund (v. Staaten) (N. Kl.)

concinnitas, atis, *f*
(rhet.) kunstgerechte Verbindg., harmonische Gliederung, Abrundung

concinnitudo, inis, *f* = concinnitas

concinno 1.
(N. Kl.) passend od. regelrecht zus. fügen, übtrg. anstiften

concinnus, a, um, *m.* comp.
kunstgerecht, zus. gefügt, abgerundet, symmetrisch, treffend, zierlich, nett; (P) fügsam, gefällig (v. Pers.)

concino, (N. Kl.) cinui 3. (cano)
intr. zus.singen (N. Kl.); (v. Instrum.) zugleich ertönen; übtrg. übereinstimmen, harmonieren; trans. i. Chor singen; (P) übtrg. besingen, preisen, prophezeien

concio s. concieo

concio, onis usw. s. contio

concipio, cepi, ceptum 3. (capio)
I. eigtl. zus.fassen, auffangen, pass. (v. Flüssen) entspringen (N. Kl.); übtrg. (Worte in e. bestimmte Formel) (ab)-fassen, aufsetzen. Daher prägn. (in feierl. Formel) aus-, nachsprechen (N. Kl.); ankündigen, anordnen, schließen (N. Kl.); (e. Summe in Zahlen) fassen, berechnen (N. Kl.)
II. in sich aufnehmen, auffangen, annehmen, spez.
1. (Flüssigk.) einsaugen, einziehen (N. Kl.)
2. (Feuer) fangen; (P) v. Kalt. „sich erhitzen“
3. (Luft) einziehen
4. empfangen = schwanger od. trächtig werden
5. übtrg. in sich aufnehmen. Spez. a) sich zuziehen, auf sich laden, pass. entstehen, anhaften; b) begehen, sich zuschulden kommen lassen; c) empfinden, fühlen, fassen, in sich aufkommen lassen; d) erkennen, begreifen, verstehen, sich vorstellen, sich denken

concisio, onis, *f*
(rhetor.) Zerstückelung der Sätze in Glieder

concīsus, a, um
(rhetor.) kurzgefaßt, „konzis“

concitatio, onis, *f*
1. rasche Bewegung (N. Kl.)
2. übtrg. a) Auflauf, Aufruhr, Tumult, Umtriebe; b) (geist.) Aufregung, Leidenschaft(lichkeit)

concitator, oris, *m*
Aufwiegler (tabernariorum); Anstifter (seditionis)

concito 1.
eigtl. rasch od. stark bewegen, i. rasche Bewegung setzen, schleudern, schwingen, zu raschem Laufe (-an)treiben, jagen. spez. (zum Kampfe) herbeirufen, -ziehen, aufbieten; b) aufregen = anfeuern, entflammen; c) aufreizen, i. Aufruhr bringen; d) aufreizen, aufwiegeln, erbittern, zum Abfall bringen; d) (Zustände, Tätigkeiten) erregen, erzeugen, hervorrufen, veranlassen, pass. entstehen, sich entspinnen. **concitatus**, a, um, mit comp. u. (N. Kl.) sup., beschleunigt, rasch, hastig, eilend; aufgeregt, heftig

concitor, oris, *m* (N. Kl.) = concitator

conclamatio, onis, *f*
lauter Zuruf

conclamo 1. (clamo)
1. (Leute) zusammenrufen (P)
2. (v. mehreren) zus. od. laut ausrufen, laut schreien, laut verkünden. Spez. a) jmd. als tot beklagen, d. Verlust jmds. beklagen (N. Kl.); b) unter Geschrei zustimmen

conclave, is, *n* (clavis)
(verschließbares) Zimmer, Gemach

concludo, si, sum 3. (claudo)
1. eigtl. einschließen, einsperren, spez. (e. Ort) abschließen, absperren, (klass. conclusum mare „Binnenmeer“ v. Mittelm.); übtrg. einschlie-

ßen, einengen, beschränken, eng zus. fassen, pass. in etw. enthalten od. mit inbegriffen sein
2. übtrg. a) abschließen, zum Abschluß bringen, abs. die Rede schließen, e. Epilog halten; b) (rhet., rhythm., period.) abschließen, abrunden; (philos. t. t.) schließen, e. Schluß machen od. ziehen, folgern, beweisen, prägn. etw. in Schlußform vorbringen od. vortragen. **conclusus**, a, um abgerundet
conclusio, onis, *f*
d. Einschließung, Blockade (klass. milit.). 2. übtrg. a) Abschluß; b) (rhet.) Schluß; c) (log.) Schlußsatz, (Schluß-) Folgerung; d) (rhet.) rhythmische Abrundung, konkr. kunstgerechte Periode
conclusiuncula, ae, *f*
Schlußfolgerung (verächtlich)
concolor, gen. oris
von gleicher Farbe (N. Kl.)
concoquo 3. (coquo)
1. zus.kochen (N. Kl.)
2. gehörig od. weich kochen, klass. = verdauen
3. übtrg. (innerlich) a) verdauen, sich gefallen lassen, dulden; b) über etw. brüten, reiflich überlegen
concordia, ae, *f*
Eintracht, Einigkeit, Harmonie. Spez. a) meton. einträchtiger Freund (P); b) personif. Göttin der Eintracht
concorditer adv. v. concoros
concordo 1.
einig sein, übereinstimmen, i. Einklang stehen
concors, gen. cordis, mit comp. (P) u. sup.
einträchtig, übereinstimmend
concredo 3. (credo)
anvertrauen
concremo 1. (cremo)
(völlig) verbrennen (N. Kl.)
concrepo, ui 1. (crepo)
intr. (stark) tönen, klappern, knarren, klirren
concresco 3. (cresco)
1. in sich zus.wachsen, sich verdichten od. verhärten, gerinnen, erstarren
2. (durch Verdichtg.) sich bilden, entstehen. Meist adiect. **concretus**, a, um
a) verdichtet, dicht, dick, erstarrt, hart geworden, geronnen; b) zus.gesetzt, bestehend aus; c) verdunkelt (P); d) übtrg. anhaftend, tiefwurzelnd (P)
concretio, onis, *f*
(philos.) Verdichtung, Verbindung; konkr. d. Materielle
concubina, ae, *f*
Buhlerin
concubinus, i, *m*
Buhle (N. Kl.)
concubitus, us, *m*
d. Zus.liegen, Beischlaf; (N. Kl.) Begattung (v. Tieren)
concubius, a, um, nur i. d. Formel concubia nocte
„in tiefer Nacht, um Mitternacht"
conculco 1. (calco)
eigtl. zus.treten = stampfen (N. Kl.); übtrg. (durch Tat u. Wort) mit Füßen treten, mißhandeln, verachten
concumbo, cubui, cubitum 3.
sich niederlegen: den Beischlaf ausüben, sich begatten
concupisco, pivi u. ii, pitum 3. (cupio)
lebhaft oder eifrig wünschen, begehren, verlangen, trachten nach, beanspruchen
concurro, curri u. (N. Kl.) cucurri, cursum 3. (curro)
1. zusammenlaufen, -eilen, -strömen, von allen Seiten herbeieilen, eilig zus. kommen, spez. übtrg. seine Zuflucht nehmen zu
2. zusammenstoßen, -treffen, spez. (feindl.) zus. stoßen, aneinander geraten
3. übtrg. zus.treffen = zugleich stattfinden od. eintreten, (zeitl.) zus.fallen
concursatio, onis, *f*
1. (d. geschäftige, ängstl.) Hin u. Herlaufen, Umherlaufen
2. d. Zulauf (e. Redners)
3. das Umherreisen
4. (milit.) d. Plänkeln, Scharmützeln (N. Kl.)
5. (v. leblos. Gegstdn.) Umlauf
concursator, oris, *n*
(N. Kl.) Plänkler, adi. plänkelnd
concursio, onis, *f*
d. Zusammentreffen, -stoßen
concurso 1. (curso)

(v. mehrer. u. einzeln.) intr. hin und her laufen od. rennen, umherlaufen, -streifen, -ziehen, -reisen; trans. bereisen, besuchen

concursus, us, *m*
1. d. Zusammenlaufen, -strömen, -fließen, spez. Auflauf, Tumult. Spez. a) (v. Gewässern) Zus.strömen (N. Kl.); b) übtrg. Zus.wirken, Mithilfe
2. das (zufäll.) Zusammenstoßen, -treffen, -rennen. Spez. (feindl.) Aneinanderrennen, Angriff, Ansturm

concustodio 4. (custiodio)
zus. bewachen (P)

concutio, cussi, cussum 3. (quatio)
1. eigtl. (dröhnend) zus.schlagen, heftig schütteln, erschüttern (N. Kl.)
2. übtrg. a) se c. „sich sorgfältig prüfen" (P); b) erschüttern, zerrütten; c) erschüttern, erstrecken; d) aufrütteln, zur Tätigkt. antreiben (P)

condemnatio, onis, *f*
Verurteilung

condemnator, oris, *m*
Herbeiführer d. Verurteilung (N. Kl.)

condemno 1. (damno)
1. (vom Richter) schuldig sprechen, verurteilen, verdammen
2. übtrg. schuldig sprechen = jmd. verdammen, bezichtigen, etw. mißbilligen, tadeln, abweisen
3. (v. Ankläger) jemds. Verurteilung bewirken

condensus, a, um
sehr dicht (N. Kl.)

condicio (nicht conditio!), onis, *f*
I. Verabredung, Übereinkunft, Vergleich, Vertrag. Spez.
1. Heiratsvertrag, Partie (uxoria), (i. übl. Sinne) Liebschaft
2. Unterhandlung
3. Vorschlag, Antrag, Anerbieten, Zumutung, Forderung
4. Bedingung, Vorbehalt, Beschränkung
II. 1. Aufgabe, Bestimmung, Beruf
2. Verhältnis, Lage, Zustand, Los, Geschick, Beschaffenheit; spez. mögliches Verhältnis, Möglichkeit

condiso 3. (dico)
gemeinschaftl. verabreden od. festsetzen (N. Kl.); sich bei jemdm. als Gast ansagen

condictio, onis, *f*
Verabredung (?)

condimentum, i, *n*
Würze, Zutat

condio 4.
1. eigtl. würzen, schmackhaft machen, lecker zubereiten. Spez. a) wohlriechend machen; b) einmachen, einlegen (klass. mortuos „einbalsamieren")
2. übtrg. a) etw. geschmackvoll od. ansprechend machen; b) mildern, lindern. **conditus**, a, um, mit comp., gewürzt, würzhaft; übtrg. gewürzt, ansprechend

condiscipulatus, us, *m*
Schulfreundschaft (N. Kl.)

condiscipulus, i, *m*
Mitschüler

condisco 3. (disco)
(er)lernen, (durch Lernen) sich gewöhnen (klass. mit inf. od. indir. Frgstz.)

conditio, onis, *f*
d. Würzen; d. Einmachen

conditio s. condicio

conditor, oris, *m*
Gründer, Begründer (N. Kl.); übtrg. Stifter, Urheber, Schöpfer, (N. Kl.) Verfasser, Erzähler

condo, didi, ditum 3. (do)
1. zus. fügen: a) (er)bauen, gründen, anlegen, stiften; übtrg. begründen, schaffen, einrichten. Spez. (schriftl.) ab-, verfassen, (N. Kl.) prägn. darstellen, schildern, besingen
2. verwahren, aufheben, bergen, sicher unterbringen, Spez. a) (Schwert) i. d. Scheide stecken (N. Kl.), tief hineinstoßen, bohren (P); b) (Früchte) einbringen, einheimsen, aufspeichern, (N. Kl.) (Früchte) einlegen, einmachen; c) (Pers.) einstecken, verwahren; d) (Tote) beisetzen, bestatten; e) (gut) durchleben, verbringen (N. Kl.), insbes. lustrum c., vgl. lustrum; f) (N. Kl.) verbergen, verstecken, pass. sich verbergen, sich verstecken

condocefacio 3. (facio)
anleiten, abrichten

condoleo 2. (doleo)
Schmerz empfinden

condolesco, dolui 3.

zu schmerzen beginnen, schmerzen; übtrg. Schmerz od. Trauer empfinden

condonatio, onis, *f*
Verschenkung

condono 1. (dono)
1. (ver)schenken, beschenken. Spez. a) (Schuld) erlassen; b) übtrg. jmdm. etw. überlassen, preisgeben, zum Opfer bringen; c) jmdm. etwas vergeben, verzeihen; d) jmdm. zuliebe (e. Vergehen) ungestraft lassen, (Schuldige) begnadigen

conduco 3. (duco)
1. (allg. u. milit.) zusammenführen, -ziehen, -bringen, (ver)sammeln; Spez. (Lieblos.) vereinigen; übtrg. zus. fassen
2. a) mieten, pachten. subst. **conductum**, i, *n* Mietung, Pachtung; b) (publiz.) pachten, i. Entreprise nehmen; c) jmd. mieten, dingen, i. Sold nehmen. subst. **conducti**, orum, *m* Mietlinge, (N. Kl.) spez. Söldner
3. (nur i. d. 3. Pers. sing. u. plur. u. im inf.) zuträglich, ersprießlich sein

conducticius, a, um
gemietet (N. Kl.)

conductio, onis, *f*
Pacht; (rhet.) Zusammenziehung

conductor, oris, *m*
Unternehmer, Mieter ein. Wohnung

conecto 3. (necto)
verknüpfen, verbinden; spez. (logisch) anreihen. **conexum**, i, *n* Schlußreihe, -folge

conexio, onis, *f*
Verknüpfung

confarreo 1.
(Patrizier unter besond. feierl. Zeremonien) ehelich verbinden (N. Kl.)

confatalis, e
mitverhängt

confectio, onis, *f*
Verrichtung; Vollendung; Aufbringung; Zerkleinerung (d. Speise), übtrg. Schwächung

confector, oris, *m*
Besorger; Vollender; Vernichter

confercio 4. (farcio)
zus.drängen, klass. nur **confertus**, a, um, mit comp. (N. Kl.) u. superl., dicht gedrängt, eng geschlossen, (gestopft) voll

confero, contuli, -latum 3. (fero)
I. eigtl. 1. allg. (zusammen od. nach e. Ort hin)tragen, schaffen, -bringen, -ziehen, vereinigen; spez. se conferre „sich wohin begeben“, sich flüchten, übtrg. sich anschließen, hingeben, widmen
2. nahe zusammenbringen
II. übtrg. örtl. 1. richten nach; zeitl. ansetzen, verlegen auf, verschieben
2. übtrg. (in e. Form) hineinbringen
3. (P) verwandeln in.
4. (Gesinnung, Gedanken) wenden, richten, lenken auf od. zu od. gegen
5. hineinlegen in
6. übertragen auf
7. übertragen, überlassen, in jmds. Hand legen
8. schieben auf, beimessen, zur Last legen
9. (für e. Zweck) zus.- od. aufbringen, beisteuern, beitragen, beistimmen; (e. Tätigkt. für e. Ziel od. e. Zweck) auf-, an-, verwenden, od. = bemessen od. richten nach
10. (Worte, Meinungen) mitteilen, austauschen, wechseln
11. zus.stellen, vergleichen

confertim
dicht gedrängt, dicht

confertus, a, um s. confercio

confervesco, ferbui 3.
sich erhitzen (P)

confessio, onis, *f*
Geständnis, Bekenntnis

confestim
unverzüglich, schleunigst, sofort

conficio, feci, fectum 3. (facio)
1. an-, verfertigen, herstellen, zustande bringen, vollbringen, be-, erwirken, pass. auch = werden, entstehen, herauskommen; spez. (log.) schließen, beweisen
2. zu Ende führen, durchführen, beendigen, vollenden, (Geschäfte) abmachen, erledigen, vollziehen, sich entledigen, zurücklegen, beendigen, zubringen
3. zusammen-, aufbringen
4. verarbeiten = zerkauen, verzehren, zersetzen, verdauen, aufreiben, er-

schöpfen, niedermachen, töten, umbringen, vernichten, zerstören, unter-, niederwerfen, völlig besiegen, aufbrauchen, vertun. **conticiens**, gen. entis, mit superl., hervorbringend, bewirkend

confictio, onis, *f*
Erdichtung

confidentia, ae, *f*
Zuversicht, fast nur = Dreistigkeit

confido 3. (fido)
vertrauen, sich verlassen, zuversichtlich hoffen, überzeugt sein. **confidens**, gen. entis = dreist, vermessen; adv. **confidenter** zuversichtlich

configo 3. (figo)
zus.fügen; durchbohren

confingo 3. (fingo)
erdichten

confinis, e
angrenzend

confinium, ii, *n*
Grenzscheide, -gebiet

confio s. conficio a. E.

confirmatio, onis, *f*
übtrg. Befestigung, Ermutigung; Bestätigung, Versicherung, (rhet.) Begründung

confirmator, oris, *m*
Gewährleister

confirmo 1. (firmo)
I. eigtl. befestigen
II. übtrg. 1. stärken, kräftigen
2. verstärken
3. sichern
4. bestärken, befestigen
5. in der Treue bestärken
6. ermutigen, trösten
7. festsetzen, ordnen
8. bestätigen, für gültig erklären
9. bewahrheiten, begründen, bestätigen
10. versichern, beteuern, bekräftigen

confirmatus, a, um. mit comp. u. (P) superl.
beherzt, bestätigt

confisco 1. (fiscus)
„konfiszieren" (N. Kl.)

confisio, onis, *f*
Vertrauen

confiteor, fessus sum 2. (fateor)
1. (ein- od. zu-)gestehen, bekennen, anerkennen
2. (P) offenbaren, zu erkennen geben.
adi. **confessus**, a, um (klass. selt.)
1. act. geständig,
2. pass. (zu- od.ein-)gestanden

conflagro 1. (flagro)
intr. eigtl. u. übtrg. (ver-)brennen, zugrunde gehen

conflictio, onis, *f*
Zus.stoß: übtrg. Streit

conflicto 1.
übtrg. bedrängen, zerrütten, heimsuchen. depon. conflictari cum = kämpfen mit

conflictus, us, *m*
(nur i. abl.) Zusammenstoß, -schlagen

confligo 3. (fligo)
1. trans. zus.schlagen, -stoßen, klass. nur übtrg. = (vergleichd.) zus.halten
2. intr. zus.stoßen; übtrg. (feindl.) aneinandergeraten, i. Kampf geraten, i. Streit liegen, erbittert kämpfen

conflo 1. (flo)
1. anfachen
2. (Metall) ein-, umschmelzen, klass. übtrg. zus.-, verschmelzen, bilden, entwickeln, schmieden, anstiften, bereiten; zus.-, aufbringen

confluo 3. (fluo)
zus.fließen; subst. **confluens**, entis, *m* Zusammenfluß; bildl. zus.-, zuströmen

confodio 3. (fodio)
durchbohren, übtrg. vernichten (N. Kl.)

conformatio, onis, *f*
1. Gestalt(ung), (geist.) Vorstellung
2. (Aus-)Bildung

conformo 1. (formo)
(passend) gestalten, regeln, (aus-)bilden

confragosus, a, um
uneben, holprig

confremo 3. (fremo)
murmeln (P)

confrico, are (frico)
zugleich einreiben

confringo, fregi, fractum 3. (fringo)
zerbrechen; übtrg. zunichte machen

confugio 3. (fugio)
eigtl. u. übtrg. seine Zuflucht nehmen, flüchten

confugium, ii, *n*

Zuflucht (P)
confundo 3. (fundo)
1. eigtl. vermischen, vermengen, übtrg. verwirren, durcheinanderbringen, meist **confusus**, a, um wirr, verwirrt, verworren; (N. Kl.) bestürzt machen, außer Fassung bringen, entstellen
2. ergießen, klass. confundi bildl. = sich ergießen, sich verbreiten, zus.strömen
3. zus.gießen = vermischen, verschmelzen, vereinigen
confusio, onis, *f*
Verwirrung; Verschmelzung; (N. Kl.) Erregung
confuto 1.
niederhalten; zurückweisen, widerlegen
congelo 1.
einfrieren; (P) erstarren lassen, erstarren
congemino 1. (gemino)
verdoppeln (P)
congemo 3. (gemo)
laut seufzen, murren
congeries, ei, *f*
(N. Kl.) Zusammengetragenes: Masse, Haufen
congero 3. (gero)
zus. tragen, -bringen, aufhäufen; (P) errichten, bauen, nisten
congesticius, a, um
zusammengetragen
congestus, us, *m* (nur abl.)
1. d. Nisten, (N. Kl.) d. Einliefern
2. (N. Kl.) = congeries
congiarium, ii, *n*
Spende (als Maß Öl, Wein u. a. in Natura, später in Geld)
congius, ii, *m*
Flüssigkeitsmaß (etwa 3 $^{1}/_{4}$ Liter)
conglacio 1. (glacio)
gefrieren; bildl. „einfrieren"
conglobatio, onis, *f*
Zusammenrottung (N. Kl.)
conglobo 1.
kugelförmig zus.ballen, abrunden; zusammendrängen, -scharen, -rotten
conglutinatio, onis, *f*
übtrg. Zus.fügung
conglutino 1. (glutino)
zus.leimen: übtrg. (fest od. künstlich) zus.fügen, (ver)knüpfen
congratulor 1. (gratulor)
beglückwünschen (N. Kl.)
congredior, gressus sum 3. (gradior)
zus.kommen, -treffen, auch = sich vereinigen; feindl. zus.geraten, sich in e. Kampf einlassen, angreifen
congregabilis, e
gesellig
congregatio, onis, *f*
geselliges Zusammenleben, Geselligkeitstrieb
congrego 1.
(zu e. Herde) vereinigen, v. Menschen = zus.scharen, (gesellig) vereinigen, (zu)gesellen; meist refl. od. pass. „sich vereinigen, sich sammeln, verkehren" u. a.
congressio, onis, *f*
(friedl.) Zus.kunft, Verkehr
congressus, us, *m*
Zus.kunft; Verkehr, Gesellschaft, spez. Geselligkeitstrieb (der Tiere), feindl. Zus.stoß, Angriff
congruo, ui 3.
zus.treffen, übereinstimmen, entsprechen, harmonieren. **congruens** als adi. übereinstimmend, entsprechend; adv. **congruenter**
conicio (besser coicio), ieci, iectum 3. (iacio)
1. (in Menge od. zugleich) werfen, bringen; schleudern, schießen
2. (mit Überwiegen des Zielbegriffs) werfen, stürzen, bringen, flüchten, stoßen
3. bildl. spez. auslegen, deuten, vermuten, schließen
coniectio, onis, *f*
das Werfen, Deutung, Vergleichung
coniecto 1.
(fast nur N. Kl.) mutmaßen, schließen, deuten
coniector, oris, *m*
(Traum-)Deuter, Wahrsager
coniectura, ae, *f*
Vermutung; Deutung, Wahrsagung
coniecturalis, e
auf Vermutung beruhend
coniectus, us, *m*
Wurf, Schuß, d. Hinlenken, Fixierung
conifer (**-ger**), era, erum
Zapfen tragend (P)

conitor 3. (nitor)
1. sich an-, aufstemmen (spez. um sich aufzurichten)
2. sich emporarbeiten, emporklimmen
3. übtrg. Anstregungen machen, sich anstrengen; spez. (P) gelegtl. = gebären
coniveo, ere
(v. d. Augen) sich schließen, geschlossen sein; (v. Mensch.) die Augen schließen; übtrg. = nachsichtig sein, „e. Auge zudrücken"
coniugalis, e (N. Kl.) u. **coniugialis**, e (P) ehelich
coniugatio, onis, *f*
Stammverwandtschaft
coniugium, ii, *n* (coniugo)
eheliche Verbindung, Ehe; (P) Begattung, Liebesbund; (N. Kl.) konkr. Gatte, Gattin
coniugo 1. (ingo)
(ver)knüpfen
coniunctim adv.
gemeinschaftlich
coniunctio, onis, *f*
I. (räuml.) Verbindung
II. übtrg. 1. (log. u. grammat.) Begriffs-, Wort-, Satzverbindung
2. (innere) Verbindung; spez. (gesellige, politische) Verbindung, Vereinigung, insbes. = Freundschaft, Verwandtschaft, auch = geschlechtl. Vereinigung; gelegtl. = „Fähigkeit zu verbinden"
coniunctus, a, um, mit comp. u. superl
1. (räuml.) verbunden, zus.hängend, angrenzend, anstoßend, sich anlehnend an
2. (zeitl.) zus.hängend, verbunden
3. übtrg. in Verbdg. od. Zus.hang stehend, verbunden, vereint, gemeinschaftlich, nahestehend, gehörend zu, übereinstimmend; spez. (gesellig, polit.) verbunden, vertraut, nahestehend, insbes. = befreundet, verbündet, verwandt. subst. **coniuncta**, orum, *n* verwandte Begriffe. adv. **coniuncte** verbunden, in Verbindung, im Zus.hang; spez. vertraut
coniungo 3. (iungo)
verbinden, vereinigen
1. bildl. vereinigen, aneinanderreihen, miteinschließen
2. spez. (durch Freundschaft u. ähnl.) verbinden, gewinnen u. a.
3. prägn. vereint etwas tun
4. (durch Vereinigung) herstellen, zustande bringen, schließen
5. (N. Kl.) ununterbrochen fortsetzen. Vgl. coniunctus
coniunx s. coniux
coniuratio, onis, *f*
1. gegenseitiger Eid, (milit.) gemeinsame Vereidigung (N. Kl.)
2. geheime Verbindung, Komplott; insbes. staatl. Verschwörung: konkr. = verschwor. Schar, Verschwörer
coniuro 1. (iuro)
1. gemeinsamen (Fahnen-)Eid leisten
2. sich eidlich verbinden od. verpflichten; spez. e. Verschwörg. anstiften sich verschwören. ein Komplott machen
coniux (iugum) od. besser **coniunx** (in Anlehng. an coniungo), iugis, e
Gatte, (klass. meist) Gattin; (P) Geliebte(r), Verlobte, Weibchen
conl... neben **coll...** s. coll...
conn... s. con...
conopium, ii, *n* (gr.)
„Kanapee" (P)
conor 1.
unternehmen, versuchen, wagen
conp... s. comp...
conquassatio, onis, *f*
Erschütterung
conquasso 1. (quasso)
erschüttern
conqueror 3. (queror)
(be)klagen, sich beklagen od. beschweren
conquestio, onis, *f*
1. (rhet. t. t.) Klage (um Mitleid zu erwecken)
2. Beschwerde
conquestus, us, *m*
Wehklage (N. Kl.)
conquiesco 3. (quiesco)
1. ruhen = Ruhe halten, sich ruhig verhalten, untätig sein, = schlafen, = pausieren (Redner), = rasten, v. Abstrakt. = sich legen, aufhören, stocken
2. ruhen = Ruhe finden, ausruhen, zur Ruhe kommen
conquiro, quisivi, quisitum 3. (quaero)

zusammen-, aufsuchen od. bringen, sammeln; ausheben, werben, aufbringen; (Vermißtes od. Verborg.) auf-, nachspüren; zu verschaffen suchen. **conquisitus**, a, um, mit superl. spez. = ausgesucht
conquisitio, onis, *f*
Aufsuchen, Sammeln (N. Kl.); spez. Werbung, Aushebung, Erforschung
conquisitor, oris, *m*
Aushebungs- od. Werbekommissar
conr... s. corr...
consaeptus, a, um (consaepio)
eingezäunt; (N. Kl.) **consaeptum**, i, *n* Gehege
consalutatio, onis, *f*
Begrüßung (mehrerer)
consaluto 1. (saluto)
(von e. Mehrheit) begrüßen
consanesco, nui 3.
intr. heilen (bildl.)
consanguineus, a, um
blutsverwandt; subst. Verwandter, plur. auch v. Völkern
consanguinitas, atis, *f*
Blutsverwandtschaft (N. Kl.)
conscelero 1. (scelero)
zu Mitwissern e. Verbrechens machen, klass. nur **consceleratus**, a, um, mit superl., verrucht, frevelhaft
conscendo, di, sum 3. (scando)
einsteigen, besteigen, sich einschiffen
conscensio, onis, *f*
d. Einsteigen
conscientia, ae, *f*
1. Mitwissen(schaft)
2. Bewußtsein einer Sache
3. Gewissen, Stimme des Gewissens; insbes. = gutes G. od. = böses G.
conscindo 3. (scindo)
zerreißen; bildl. schmähen, auszischen
conscio, ire (scio)
sich (e. Unrechts) bewußt sein (P)
conscisco 3. (scisco)
beschließen, sich zu etw. entschließen (N. Kl.)
conscius, a, um
1. wissend um etw., mitwissend, (mit) beteiligt an; subst. Mitwisser(-in), Vertraute(r). Mitschuldige(r)
2. sibi c. = sich bewußt
3. (N. Kl.) = schuldbewußt, selbstbewußt
conscribo 3. (scribo)
1. zus. (mit ander.) schreiben
2. abfassen, schreiben, auf-, verzeichnen
3. auf die Liste setzen: a) (milit.) ausheben; b) (im bürgerl. Leb.) einzeichnen; c) in die Senatsliste einzeichnen; im sing. pater conscriptus (scherzhaft) u. (P) conscriptus allein = Senator
conscriptio, onis, *f*
Abfassung
conseco 1. (seco)
(N. Kl.) in Stücke schneiden, abschneiden
consecratio, onis, *f*
Weihe; Verfluchung; (N. Kl.) Vergötterung, Apotheose
consecro 1. (sacro)
1. (einer Gottheit) etwas weihen, widmen, heiligen; spez. mit d. Fluch belegen, bannen
2. für heilig erklären, zur Gottheit erheben; übtrg. verewigen, unsterblich machen
consectarius, a, um
folgerecht. **consectaria**, iorum, *n* Schlußfolgen, Folgesätze
consectatio, onis, *f*
Streben
consectatrix, icis, *f*
Anhängerin
consectio, onis, *f*
d. Zerschneiden
consector 1. (sector)
1. eifrig nachgehen, -aufsuchen oder zu erreichen suchen, trachten, haschen nach
2. (feindl.) verfolgen; prägn. einholen
consecutio, onis, *f*
Folge, richtige Aufeinanderfolge, (rhet.) Folgerung
consenesco, nui 3. (senesco)
1. alt werden (N. Kl.)
2. altern, (alters)schwach werden, verkommen, erlahmen, Kraft oder Geltung od. Bedeutg. verlieren
consensio, onis, *f* u. **consensus**, us, *m*
1. Übereinstimmung, Einmütigkeit, einstimmiger Beschluß; Harmonie
2. geheimes Einverständnis, Ver-

schwörung, Komplott
consentaneus, a, um
übereinstimmend, entsprechend; consentaneum „es ist entsprechend", folgerichtig, vernünftig, es paßt
consentio 4. (sentio)
1. übereinstimmen, im Einklang stehen (auch im Charakter), zustimmen, einverstanden sein
2. sich verabreden, gemeinschaftl. beschließen, auch = sich verschwören
consequens s. consequor a. E.
consequentia, ae, *f*
Folge
consequor 3. (sequor)
I. 1. folgen, sich anschließen, begleiten
2. (feindl.) verfolgen
3. (v. Zeit, Reihenfolge, Wirkung) folgen (auf), erfolgen, (später) eintreten
4. (logisch) folgen, sich ergeben
5. (e. Ansicht, Vorschrift) innehalten, befolgen
6. nachtrachten, nachgehen
II. 1. einholen, erreichen
2. erreichen, erlangen, auch = leisten
3. leisten
4. erreichen, gleichkommen
5. (geistig) erfassen, (vollständ.) begreifen
6. widerfahren, zuteil werden, treffen. **consequens**, gen. entis
1. folgend (v. Zeit, Reihenfolge, Wirkung)
2. folgend, folgerichtig, „konsequent" (logisch); neutr. sing. u. plur. subst. Folge(n), Folgerung(en)
3. entsprechend, angemessen, passend
consero, (sevi), sizum 3. (sero)
(be)säen, bepflanzen; (N. Kl.) pflanzen (Bäume)
consero, serui, sertum 3. (sero)
1. aneinanderreihen, (zusammen-)flechten, fügen, heften, verbinden, verknüpfen, (Gespräch) anknüpfen (N. Kl.)
2. spez. **manum conserere** a) t. t. iur. = „Hand anlegen" u. dadurch e. Eigentumsprozeß einleiten; b) feindlich = „handgemein werden"
conserte adv.
verkettet
conservatio, onis, *f*
Aufbewahrung, Bewahrung, Erhaltung, Rettung, Aufrechterhaltung, Beobachtung
conservator, oris, *m*
Erhalter, Retter
conservo 1. (servo)
aufbewahren; aufrechthalten, erhalten, bewahren, sichern, beobachten, retten, schonen, begnadigen, das Leben schenken
conservus, i, *m*
Mitsklave
consessor, oris, *m*
Nachbar (beim Gastmahl, Schauspiel), Beisitzer (im Gericht)
consessus, us, *m*
d. Zus.sitzen: Vereinigung, Versammlung, Sitzung
consideratio, onis, *f*
Betrachtung, Erwägung
considero 1. (sidus)
1. eigtl. (prüfend) betrachten, besichtigen
2. übtrg. überlegen, erwägen. **consideratus**, a, um überlegt, besonnen, bedächtig
consido, sedi 3. (sido)
1. sich setzen, sich niederlassen, Platz nehmen, consedisse „sitzen". Spez. a) Sitzung halten; b) sich (dauernd) niederlassen, sich festsetzen; c) (milit.) Stellung nehmen, sich aufstellen, sich lagern
2. übtrg. a) einsinken; b) consedisse „ruhen"; c) nachlassen, sich legen; d) (rhet.) schließen
consigno 1. (signo)
ver-, untersiegeln; verbriefen, verbürgen, beglaubigen; ver-, aufzeichnen
consiliarius, ii, *m*
Ratgeber, Vertrauter
consilior 1.
sich beraten; (P) Rat geben
consilium, ii, *n*
1. Beschluß, Entschluß, Plan, Absicht, Vorsatz, Maßregel, Verhalten
2. Rat, Ratschlag; konkr. = Beirat
3. Klugheit, Einsicht, Überlegung, kluge Berechnung
4. Beratung, Beschlußnahme, spez. Sitzung (einer Behörde)
5. beratende Versammlung, Rat, Staats-

rat, Gerichtshof, Kriegsrat
consimilis, e
völlig ähnlich
consisto, stiti 3. (sisto)
I. sich auf-, hinstellen, zusammen-, hintreten, sich einfinden, auftreten, constitisse „stehen". Spez.
1. (milit.) sich aufstellen, Stellung nehmen, sich postieren
2. festen Fuß fassen, sich behaupten
3. bestehen, stattfinden, platzgreifen, vorhanden sein
4. bestehen in od. aus, beruhen auf
II. stehen bleiben, stillstehen, Halt machen, anhalten, (vorüberghd.) sich aufhalten od. weilen, rasten
2. sich (dauernd) niederlassen, sich festsetzen, Wohnsitz nehmen; aufhören zu fließen, stocken, erstarren, (P) stecken bleiben (v. Geschoß)
5. übtrg. zum Stillstand kommen, stocken, zur Ruhe kommen, innehalten, aufhören
6. spez. consistere animo od. mente „sich fassen, Fassung gewinnen"
consitio, onis, *f*
d. Bepflanzen
consitor, oris, *f*
Pflanzer (P)
consitura, ae, *f*
Anbau
consobrinus, i, *m* u. **-a**, ae, *f*
Vetter, Base; plur. consobrini „Geschwisterkinder"
consociatio, onis, *f*
Verbindung
consocio 1. (socio)
1. vereinigen, verbinden
2. gemeinsam machen od. unternehmen, (mit)teilen, verabreden
consolabilis, e
tröstbar
consolatio, onis, *f*
Tröstung, Trost, Trostwort, Trostgrund, spez. Trostrede, Trostschrift
consolator, oris, *m*
Tröster
consolatorius, a, um
tröstend
consolor 1. (solor)
1. trösten, ermutigen, beruhigen
2. über etwas trösten, (durch Trost) mildern, lindern
consono, ui, 1. (sono)
(N. Kl.) zus. erschallen, widerhallen. **consonans**, antis (N. Kl.) einstimmig
consonus, a, um
einstimmig (P); übtrg. passend
consopio 4. (sopio)
völlig einschläfern
consors, gen. sortis
gleich beteiligt, subst. Teilhaber, Genosse, (P) auch Genossin, spez. in Gütergemeinschaft lebend; (P) gemeinsam, geschwisterlich, Bruder, Schwester
consortio, onis, *f*
Gemeinschaft, Genossenschaft. **consortium**, ii, *n* (N. Kl.) = consortio
conspectus, a, um s. conspicio
conspectus, us, *m*
I. act. 1. das Erblicken, Blick, Anblick, Ausblick, Gesichtskreis, prägn. = Aufsehen
2. übtrg. (geist.) Anschauung, Betrachtung
II. (selt.) pass. Anblick, Erscheinung, konkr. = Versammlung
conspergo, si, sum 3. (spargo)
besprengen, benetzen, bestreuen
conspiciendus, a, um
ansehnlich (N. Kl.)
conspicio, spexi, spectum 3. (specio)
1. ansichtig od. gewahr werden, vor Augen sehen, erblicken, gewahren; conspici „sich sehen lassen", in die Augen fallen, auffallen, Aufsehen erregen
2. hin-, anschauen, anblicken; übtrg. betrachten. **conspectus**, a, um, mit comp. (N. Kl.) auffallend, in die Augen fallend
conspicor 1.
zu Gesicht bekommen, ansichtig werden, erblicken; (N. Kl.) gelegtl. = erblickt werden
conspicuus, a, um
(N. Kl.) sichtbar, hervorstechend, auffallend
conspiratio, onis, *f*
Einmütigkeit, Übereinstimmung; Komplott
conspiro 1. (spiro)
übereinstimmen, in Einklang stehen,

einmütig sein; zus.wirken; sich verschwören; (P) zus. ertönen

consponsor, oris, *m*
Mitbürge

conspuo 3. (spuo)
bespucken (P)

consputo 1.
anspucken

constans, gen. antis s. consto a. E.

constantia, ae, *f*
Gleichmäßigkeit, Regelmäßigkeit, Beständigkeit; Festigkeit, Unwandelbarkeit; Beharrlichkeit, Ausdauer, (Charakter-)Festigkeit, Unerschrokkenheit, Gleichmut; Übereinstimmung, Konsequenz

consternatio, onis, *f*
(N. Kl.) Bestürzung, Scheuwerden, Entsetzen, Aufregung, Empörung

consterno 1.
(fast nur N. Kl.) scheu machen, erschrecken, verblüffen, in Bestürzung versetzen, (auf- od. ver-)scheuchen, aufregen, erbittern, empören

consterno 3. (sterno)
bestreuen, bedecken, belegen

constipo 1. (stipo)
zus.drängen

constituo, ui, utum 3. (statuo)
I. allg. hin-, aufstellen, hinsetzen. Spez.
1. (milit.) aufstellen, postieren, formieren, auch = Halt machen lassen
2. (Stelle, Wohnsitz) anweisen, ansiedeln, milit. = stationieren, wohin (ver)legen
3. einsetzen, beanstellen
II. allg. aufstellen, errichten, anlegen, gründen, bauen. Spez.
1. prägn. festigen, in gute Verfassung bringen, stimmen; in Ordnung bringen, ordnen, organisieren
2. ein-, errichten, stiften, schaffen, einsetzen, einführen, anordnen
3. (gerichtl.) anstellen
III. allg. feststellen, festsetzen, bestimmen; insbes.
1. (gerichtl.) entscheiden, (gesetzl.) feststellen, entscheiden, verordnen, (log.) feststellen, entscheiden
2. beschließen, sich entschließen; auch = „e. Entschluß od. e. Meinung kund tun"

constitutio, onis, *f*
Einrichtung, Verfassung, Zustand; Feststellung = Begriffsbestimmung, (rhet.) Verfügung

constitutum, i, *n*
Verabredung, (verabred.) Zusammenkunft; (gerichtl.) Termin; Vorsatz; (N. Kl.) Verfügung

consto, stiti 1. (sto)
1. bestehen aus; bestehen in, beruhen auf, abhängen von
2. zu stehen kommen, kosten
3. feststehen = a) (milit.) Stellung, behaupten, nicht wanken (N. Kl.); b) in gehörig. Ordnung sein; c) Bestand haben, (fort)bestehen, unverändert bleiben; d) seine Beschaffenheit behalten, sich nicht ändern, zuverlässig sein, nicht wanken; e) sich treu bleiben, fest od. konsequent od. gleichbleiben; f) sich gleich bleiben, übereinstimmen; g) (v. persönl. Ansicht u. Entschluß) fest stehen, sicher sein; h) (nach allgemeiner Ansicht od. der Ansicht einer bestimmten Klasse) feststehen = allgemein od. übereinstimmend angenommen werden, anerkannt werden, als ausgemacht gelten; i) feststehen = klar erwiesen sein, sich deutlich zeigen. **constans**, gen. antis, mit comp. u. superl., fest, feststehend; gleichmäßig, stetig; beständig, dauernd, unverändert; sich gleichbleibend, charakterfest, konsequent; übereinstimmend, einstimmig

constratus, a, um s. consterno

constrictio, onis, *f*
Bücherrolle

constringo 3. (stringo)
1. eigtl. zusammen-, festschnüren, festbinden, fesseln (bes. Wahnsinnige, Verbrecher, spez. constringi) (v. Schnee) zusammenfrieren (N. Kl.)
2. übtrg. a) etw. befestigen, unauflöslich machen; b) jmd. durch etw. binden, verpflichten; c) binden = ein-, beschränken, im Zaum = in Schranken halten, in seiner Tätigkeit lähmen, zügeln; d) (i. d. Rede) kurz zusammenziehen, eng zusammenfassen

constructio, onis, *f*
(Zusammen-)Fügung; spez. „Aufstel-

lung“ der Bücher in der Bibliothek
construo 3. (struo)
zus.schichten; (er-, auf)bauen, errichten
constuprator, oris, *m*
Schänder
constupro 1. (stupro)
notzüchtigen, schänden
consuasor, oris, *m*
Ratgeber
consuefacio 3. (facio)
an etw, gewöhnen (N. Kl.)
consuesco 3. (suesco)
1. sich gewöhnen, consuevi „bin gewohnt, pflege“
2. (geschlechtl.) Umgang pflegen. adi. **consuetus**, a, um gewohnt, gewöhnt
consuetudo, dinis, *f*
1. Gewöhnung, Gewohnheit, Herkommen, übliche Form od. Weise, Brauch; spez. a) Lebensgewohnheit, (gewohnte) Lebensweise; b) Sprachgebrauch; c) d. gewöhnliche Annahme
2. (gesellig.) Umgang, Verkehr, spez. (N. Kl.) (Liebes)Verhältnis
consul, ulis, *m* (com u. salio)
1. Konsul; pro consule = als Prokonsul
2. (N. Kl.) im Sinne von proconsul
consularis, e
1. des oder eines Konsuls, der Konsuln; Konsul-, konsularisch
2. = eines gewesenen Konsuls, konsularisch; vir od. homo consularis od. als subst. **consularis**, is, *m* gewesener Konsul, Konsular; spez. N. Kl. = kaiserl. Legat v. konsular. Range. adv. **consulariter** (N. Kl.) e. Konsuls würdig
consulatus, us, m
Konsulwürde, Konsulat
consulo, sului, sultum 3
1. (sich) beraten, beratschlagen, überlegen
2. beschließen, Maßregeln ergreifen, verfügen, verfahren
3. c. rem „zur Beratung bringen“, beraten
4. c. aliquem „um Rat fragen“, befragen, anfragen od. sich Rat holen bei (allg. od. spez. Götter, Senat, Volk, Rechtskundige)
5. c. mit dat. „Rat schaffen“, sorgen für, bedacht sein auf, Rücksicht nehmen auf. adi. **consultus**, a, um mit superl., spez. kundig, Kenner; adv. **consulte** (N. Kl.), mit comp., überlegt, mit Bedacht. subst. **consultum**, i, *n* Beschluß, Maßregel. **consulto** mit Überlegung, geflissentlich, absichtlich
consultatio, onis, *f*
Beratung, Erwägung; (philos., rhet., jur.) Frage, Untersuchung, Thema; Anfrage
consulto 1.
1. (sich) beraten, beratschlagen, überlegen, erwägen
2. (N. Kl.) mit dat. gelegtl. = sorgen für
3. (N. Kl.) anfragen, erkunden
consultor, oris, *m*
Ratfrager, „Klient“; (N. Kl.) Ratgeber. fem. **-trix**, icis Beraterin
consummo 1. (summa)
(N. Kl.) summieren, vollziehen, vollenden, zur höchsten Vollendung od. Vollkommenheit bringen
consumo 3. (sumo)
1. ver-, aufzehren; ver-, aufbrauchen, erschöpfen; verschwenden, vergeuden; hin-, wegraffen, vernichten, zerstören, vertilgen, aufreiben (Lebendes od. Leblos.); zu-, ver-, hinbringen, verstreichen lassen, pass. verstreichen; auf-, verwenden; insbes. auch = vergeuden
consumptio, onis, *f*
Aufzehrung
consumptor, oris, *m*
Verzehrer
consurgo 3. (surgo)
sich erheben, aufstehen, sich aufrichten
consurrectio, onis, *f*
d. Aufstehen
contabesco 3. (tabesco)
hinschwinden
contabulatio, onis, *f*
Balkenlage
contabulo 1.
mit Brettern belegen
contactus, us, *m*
(N. Kl.) Berührung, Ansteckung, übtrg. übl. Einfluß, schlechtes Beispiel

contagio, onis, *f*
Berührung, Einwirkung; N. Kl. = Verkehr; übtrg. Ansteckung
contagium, ii, *n* (N. Kl.) = contagio
contamino 1.
eigtl. u. übtrg. verderben, beflecken, entweihen, entehren
contego 3. (tego)
1. bedecken, zudecken, daher (N. Kl.) = begraben; übtrg. (N. Kl.) decken = schützen
2. verdecken, verhüllen
contemno, tempsi, temptum 3. (temno)
verachten = gleichgültig sein, gering achten, gering denken von, sich nichts machen aus, verschmähen; auch = herab-, zurücksetzen, nicht gelten lassen, sich verächtlich äußern über. adi. **contemptus**, a, um mit comp. u. sup., verächtlich, geringschätzig, unbedeutend, ärmlich. **contemnendus**, a, um nicht beachtenswert, unbedeutend
contemplatio, onis, *f*
Betrachtung
contemplator, oris, *m*
Betrachter
contemplatus, us, *m*
(nur im abl.) Betrachtung (P)
contemplor 1.
betrachten
contemptim adv.
(N. Kl.) geringschätzig, verächtlich
contemptio, onis, *f*
Verachtung = Geringschätzung, Gleichgültigkeit
contemptor, oris, *m*
(N. Kl.) Verächter = Geringschätzer, Gleichgültiger, auch adi. gebr. fem. **-trix**, tricis (P)
contemptus, us, *m*
Verachtg. = Geringschätzung, Gleichgültigkeit
contemptus, a, um s. contemno
contendo, tendi, tentum 3. (tendo)
1. a) eigtl. spannen, anziehen; (e. Instrument) stimmen, (P) (e. Geschoß) richten, abschießen; b) übtrg. anspannen, anstrengen; intr. sich anstrengen, alle Kräfte aufbieten, sich eifrig bemühen, streben
2. eilen, sich beeilen, eilig aufbrechen, angestrengt marschieren
3. dringen in jemand. od. auf etwas, dringend verlangen
4. fest behaupten, eifrig versichern
5. streiten, sich messen, kämpfen; (wetteifernd) sich messen, wetteifern, wettstreiten
6. sich streiten, rechten
7. (bei e. Auktion) um d. Wette bieten
8. (vergleichd.) zus.stellen, vergleichen. Vgl. contentus
contentio, onis, *f*
1. Anspannung, Anstrengung; spez. **contentio** [Ggstz. sermo] = feierliche, strenge Redeweise; c. belli „angestrengter Kampf"; Streben, Eifer, Bemühung; (N. Kl.) Leidenschaft
2. Streit, Kampf; Streit (der Meinungen, Worte), Streitpunkt, Streitigkeit, Wortgefecht, (Streit)Frage; (N. Kl.) = Streitsucht; Wettstreit
3. Vergleichung
4. (rhet.) Gegenüberstellg., Antithese
contentus, a, um
I. (contendo) im adv. mit comp.
1. eigtl. straff, gespannt (P)
2. angespannt, angestrengt; eifrig, nachdrücklich
II. (contineo), nur im posit., sich begnügend, genügsam, zufrieden
conterminus, a, um
(N. Kl.) angrenzend, benachbart
contero 3. (tero)
zerreiben: (durch Gebrauch) abnutzen; übtrg. aufreiben; (e. Zeit) zu-, hinbringen; tilgen; geringschätzig behandeln; erschöpfen (in der Darstellung: ea)
conterreo 2. (terreo)
heftig erschrecken, einschüchtern
contestatio, onis, *f*
inständige Bitte
contestor 1. (testor)
zu Zeugen anrufen; c. litem „Prozeß einleiten". **contestatus**, a, um bezeugt
contexo 3. (texo)
zus.- od. verflechten, -weben, verbinden, schicht- od. reihenweise fortführen; übtrg. verflechten, verbinden, fortsetzen, anzetteln. **contextus**, a, um ununterbrochen, zus.hängend
contextus, us, *m*
Zus.fügung, Gewebe; übtrg. Zus.-

hang; (N. Kl.) = weiterer Verlauf

conticesco (-cisco), citui 3.
eigtl. u. übtrg. zu sprechen aufhören, verstummen, still werden

contignatio, onis, *f*
Verbindg. durch Balken; Gebälk, Stockwerk

contigno 1.
mit Balken belegen

contiguus, a, um
(N. Kl.) angrenzend, (P) erreichbar

continens, gen. entis
1. (örtl.) zus.hängend, unmittelbar angrenzend od. anstoßend, verbunden mit; (zeitl.) (unmittelbar) darauf folgend; übtrg. i. Zus.hang stehend mit, unmittelbar folgend
2. ununterbrochen, fortlaufend, anhaltend
3. (mit. comp. u. sup.) voll Selbstbeherrschung, enthaltsam, mäßig. subst. **continens**, entis, *f* (abl. -i)
1. Festland, Kontinent
2. (rhet.) Hauptpunkt

continentia, ae, *f*
Selbstbeherrschg., Genügsamkt., Enthaltsamkeit, Mäßigung

contineo, tinui, tentum 3. (teneo)
I. 1. zus.halten beieinanderhalten, Ggstz. partiri
2. zus.halten, Halt gewähren, contineri (intr.) „zus.halten“, halten, Halt haben
3. zus.halten, verbinden, contineri „zus.hängen“
4. übtrg. (im Bestehen) erhalten, aufrecht erhalten
II. umschließd. zus.halten:
1. umschlossen od. eingeschlossen halten
2. (hemmend, feindlich) eingeschlossen halten, einschließen, umlagern
3. e. Raum umfassen od. einnehmen
4. in sich tragen od. enthalten od. fassen
5. in sich schließen, umfassen, begreifen
6. das Wesen einer Sache ausmachen, (wesentlich) bedingen, d. Hauptsache sein von od. bei, contineri „wesentlich bestehen in“, bedingt sein durch, sich wesentlich stützen od. beruhen auf
III. 1. eigtl. umfaßt od. fest halten; übtrg. a) (bei sich) festhalten, (bei sich) behalten; b) (jemd. in e. Zustand od. Tätigkeit) erhalten
2. jmd. sich aufzuhalten nötigen, ihn zurückhalten, halten, se continere oder contineri „sich (auf)halten“, bleiben. Spez. a) für od. bei sich behalten = unterdrücken, nicht äußern, nicht mitteilen od. veröffentlichen; b) aufbewahren, (aufbewahrt) halten
IV. 1. zurück-, auf-, i. Zaum halten, hemmen; spez. ab-, zurückhalten
2. in Zaum, Zucht, Schranken, Gehorsam halten

contingo, tigi, tactum 3. (tango)
I. trans. 1. be-, anrühren
2. = (er)fassen, ergreifen
3. (P) = kosten(Speise), bestreuen, bestreichen
4. = bis wohin reichen od. sich erstrecken, erreichen, grenzen an
5. wohin gelangen, (e. Ort) betreten, treffen auf; (N. Kl.) treffen (m. e. Geschoß), dringen bis zu (Töne, Gerüchte)
6. (N. Kl.) übtrg. mit jemd. in Berührg. od. Beziehung stehen, jemd. angehen, ihm zustehen
7. (N. Kl.) jmd. berühren, treffen (v. Eindrücken u. Geschick)
8. (N. Kl.) moral. anstecken, beflecken, entweihen
II. intr. eintreten, sich treffen, begegnen, widerfahren, zuteil werden, glücken, gelingen

continuatio, onis, *f*
(unmittelbare) Aufeinanderfolge, Zusammenhang; ununterbrochene Fortdauer, Fortführung

continuo adv.
(zeitl.) unmittelbar darauf, sofort; (folgernd) gleich, ohne weiteres

continuo 1.
(unmittelbar) aneinanderreihen, verbinden; (immer weiter) ausdehnen, erweitern; (zeitl.) ununterbrochen fortsetzen; (meist. N. Kl.) weiter fortführen od. fortführen lassen, verlängern. **continuari** (N. Kl.) sich unmittelbar anschließen an

continuus, a, um
I. bei e. Mehrheit v. Dingen, im Ggstz.

zu ein. Zwischenraum: (räumlich) unmittelbar zusammenhängend, anstoßend (N. Kl.); (zeitl.) unmittelbar aufeinanderfolgend, hintereinander, (v. anderen Verhältn.) unaufhörlich
II. von einem Gegenst. im Sinne von continens I, II
contio, onis, *f*
I. die (einberufene, anhörende, nicht beschließende) Versammlung des Volkes od. d. Versammlung d. Soldat.
II. Rede in einer contio
III. Rednerbühne in e. contio
contionabundus, a, um (contionor)
öffentl. redend, äußernd (N. Kl.)
contionalis, e
zur Volksversammlung gehörig
contionarius, a, um
d. Zeit in den Volksversammlungen zubringend
contionator, oris, *m*
Volksredner = Demagoge
contionor 1.
öffentlich (vor dem Volk od. den Soldaten) reden, äußern
contiuncula, ae, *f*
kleine Volksversammlung; unbedeutende Rede
contorqueo 2. (torqueo)
herumdrehen, wenden, (in schlecht. Sinne) e. Sache verdrehen; schwingen, schleudern
contortio, onis, *f*
Geschraubtheit
contortulus, a, um
etwas geschraubt
contortus, a, um
verdreht, geschraubt, verschroben; schwungvoll
contra
I. adv. (räuml.) gegenüber, entgegengesetzt; übtrg. dawider, dagegen, i. Gegenteil, umgekehrt
II. praep. mit acc. (räuml.) gegenüber; übtrg. gegen (feindl.); gegen, wider = i. Widerspruch mit; **contra ea** = dagegen
contractio, onis, *f*
Zusammenziehung; Gedrängtheit; Beklommenheit
contractiuncula, ae, *f*
leichte Beklommenheit
contractus, a, um
zusammengezogen: eng, schmal; verkürzt; gedrängt, knapp; eingeschränkt
contractus, us, *m*
(N. Kl.) Vertragsschluß, „Kontrakt"
contradico 3. (dico) (klass. getrennt contra dico)
widersprechen
contradictio, onis, *f*
Widerrede (N. Kl.)
contraho 3. (traho)
I. zusammenziehen = sammeln, vereinigen; übtrg. e. Zustand herbeiführen, verursachen, sich zuziehen; e. Verbindung, Vereinigung eingehen, knüpfen, abschließen
II. (verengend, verkürzend) zusammenziehen, einziehen; übtrg. einschränken, beschränken; beklemmen; kürzen, kurz fassen
contrarius, a, um
gegenüberliegend; (eigtl. u. übtrg.) entgegengesetzt; unzweckmäßig. subst. **contrarium**, ii, *n* Gegenteil. ex contrario „im Gegenteil, dagegen"
contrectatio, onis, *f*
(geschlechtliche) Berührung
contrecto 1.
betasten (N. Kl.); übtrg. (geistig) erfassen
contremisco (contremesco) 3. (tremisco)
erzittern, erbeben
contremo, ere (tremo)
erbeben (P)
contribuo 3. (tribuo)
(fast nur N. Kl.) verbinden, vereinen, einverleiben (staatlich), etw. beitragen
contributio, onis, *f*
(Sp.) jede Art v. Beitrag (t. t. iur.)
contristo 1.
(N. Kl.) verdüstern, betrüben
contritus s. contero
controversia, ae, *f*
Streitigkeit, Streit; (privater) Rechtsstreit; jur. Streitfrage; Widerspruch
controversiosus, a, um
sehr streitig (N. Kl.)
controversor, ari
das pro u. contra erörtern
controversus, a, um
streitig

contrucido 1. (trucido)
eigtl. u. übtrg. hinschlachten
contrudo 3. (trudo)
zusammen-, hineinstoßen
contubernalis, is, *c* (taberna)
Zeltgenosse; Begleiter; Hausgenosse; Genosse i. allgemein. Sinne
contubernium, ii, *n*
Zeltgenossenschaft (jedesmal 10 Mann), gemeinsames Lagerzelt; Gefolgschaft (des Feldherrn od. Statthalters); Hausgenossenschaft; (N. Kl.) wilde Ehe zwisch. Sklaven od. zwisch. Freien u. Sklaven, Wohnung eines solchen Paares
contueor 2. (tueor)
(mit Gemütserregung) betrachten, überschauen
contuitus, us, *m*
Anblick (N. Kl.)
contumacia, ae, *f*
(meist i. üblem Sinne) Trotz, Eigensinn, Widerspenstigkeit; spez. (N. Kl.) Ungehorsam gegen gerichtliche Ladung (t. t. iur.)
contumax, gen. acis
trotzig, eigensinnig, widerspenstig
contumelia, ae, *f*
Kränkung (durch Worte od. Taten), Beschimpfung, Schimpf, Mißhandlung, Unbill; übtrg. Ungemach
contumeliosus, a, um
schmähsüchtig, schmähend; schmachvoll
contumulo 1. (tumulo)
bestatten (P)
contundo, tudi, tusum 3. (tundo)
zermalmen, zerschlagen, zerquetschen; übtrg. lähmen, bezähmen, dämpfen, vernichten
conturbatio, onis, *f*
Verwirrung, Bestürzung
conturbatus, a, um
verwirrt, bestürzt
conturbo 1. (turbo)
in Verwirrung bringen; übtrg. Zahlungen einstellen; (geistig) verwirren, beunruhigen
contus, i, *m* (gr.)
(N. Kl.) Stange, Ruderstange; Reiterlanze
contusio, onis, *f*
Quetschung (Sp.)
conubialis, e
ehelich (P)
conublium, ii, *n*
die (vollgültige) Ehe; Eherecht; (P) Beischlaf
conus, i, *m* (gr.)
Regel; (N. Kl.) Baumzapfen, Helmspitze
convalesco 3. (valesco)
erstarken (bildl.); gesund werden, genesen, sich erholen
convallis, is, *f*
Talkessel, Talwand
convecto 1.
zusammenbringen (N. Kl.)
convector, oris, *m*
Mitpassagier
conveho 3. (veho)
zusammenschaffen
convello 3. (vello)
los-, heraus-, auseinander-, nieder-, aufreißen; übtrg. erschüttern, untergraben
convenae, arum, *m*
zusammengelaufenes Volk
conveniens, gen. entis
übereinstimmend, angemessen, passend; in gutem Einvernehmen lebend
convenientia, ae, *f*
Übereinstimmung, Harmonie
convenio 4. (venio)
I. zusammenkommen, sich versammeln; trans. zusammenkommen mit = jem. treffen, aufsuchen
II. (mit sachl. Subj.) übereinstimmen mit, passen zu, Bezug haben auf, sich passen für. convenit „es schickt sich“
III. zusammenkommen = zustandekommen
conventicium, ii, *n*
Sitzungsgeld
conventiculum, i, *n*
Zusammenkunft; (N. Kl.) Versammlungsort
conventio, onis, *f*
(N. Kl.) Übereinkunft
conventum, i, *n*
Übereinkunft
conventus, us, *m*
Zusammenkunft, Versammlung; Verein; (N. Kl.) Bundesversammlung,

Kongreß; Kreistag; Gerichtstag; Gerichtsbezirk; Gemeinde röm. Bürger in d. Provinzen; Übereinkunft

converbero 1. (verbero)
zerschlagen (N. Kl.)

converro 3. (verro)
zusammenfegen: übtrg. zusammenscharren

conversatio, onis, *f*
Verkehr, Umgang (N. Kl.)

conversio, onis, *f*
Umdrehung, Umlauf; übtrg. Umwandlung, Umwälzung

converso 1.
um und um drehen. **conversor** (N. Kl.) sich aufhalten, verkehren mit

converto 3. (verto)
um- od. hinwenden, -kehren, -drehen

convestio 4. (vestio)
bekleiden, bedecken (nur übtrg.)

convexus, a, um (convehor)
gewölbt

conviciator, oris, *m*
Lästerer

convicior 1.
(N. Kl.) Vorwürfe machen, schmähen

convicium, ii, *n*
Zank, Vorwurf, Schmähung

convictio, onis, *f*
d. Zusammenleben; übtrg. die Genossen

convictor, oris, *m*
Gesellschafter, Hausfreund

convictus, us, *m*
d. Zusammenleben, geselliger Umgang; (N. Kl.) Gastmahl

convinco 3. (vinco)
widerlegen; (einer Schuld) überführen; unwiderleglich dartun, erweisen

conviso, ere
(P) beschauen

conviva, ae, *m*
Tischgenosse, Gast

convivalis, e
z. Gastmahl gehörig (N. Kl.)

convivator, oris, *m*
Gastgeber (N. Kl.)

convivium, ii, *n*
d. Zusammenleben: gemeinsames Mahl, Gastmahl, Schmaus; (N. Kl.) Gäste

convivor 1.
schmausen

convocatio, onis, *f*
Zusammenberufung

convoco 1. (voco)
zusammenrufen, berufen

convolo 1. (volo)
herbeieilen

convolvo 3. (volvo)
i. Kreise herumrollen; umwickeln

convomo, ere (vomo)
bespeien

convulnero 1. (vulnero)
stark verwunden (N. Kl.)

cooperio 4. (operio)
eigtl. u. übtrg. völlig bedecken

cooptatio, onis, *f*
t. t. für die „Selbstergänzung" eines Kollegiums durch Ergänzungswahl

coopto 1. (opto)
dazuwählen, ergänzen (durch Selbstwahl)

coorior 4. (orior)
plötzlich sich erheben; (N. Kl.) losbrechen (z. Kampf)

copia, ae, *f*
Vorrat, Fülle (Ggstz. inopia), spez. Wort- od. Wissensfülle; plur. spez. Wohlstand, Mittel, Lebensmittel; Masse, Menge; Anzahl, Schar; plur. Streitkräfte, Truppen; Möglichkeit, Gelegenheit

copiolae, arum, *f*
Truppenhäuflein (N. Kl.)

copiosus, a, um
reich; reichlich; (v. d. Darstellg. od. Rede) gedankenreich, wortreich, ausführlich

copis, idis, *f* (gr.)
Krummsäbel

copo, onis, *m* s. caupo

copula, ae, *f*
(N. Kl.) Bindemittel, Strick, übtrg. Band

copulatio, onis, *f*
eigtl. u. übtrg. Verbindung

copulo 1.
zusammenbinden, verbinden (eigtl. u. übtrg.)

coquo, coxi, coctum 3.
kochen, backen; reifen; verdauen, zersetzen; (P) (v. Feuer, Sonne u. Win-

den) dörren, austrocknen; (N. Kl.) übtrg. sinnen auf, beängstigen, durchtoben (v. Gefühlen)

coquus (cocus), i, *m*
Koch

cor, cordis, *n*
Herz (als Organ); übtrg. (meist P) = Sinn, Gemüt, Mut, Verstand, Seele (= Person). cordi esse „am Herzen liegen, lieb sein"

coram
I. adv. vor aller Augen; persönlich, gegenwärtig
II. praep. in Gegenwart

corbis, is, *f*
Korb

corbita, ae, *f*
Lastschiff

corculum, i, *n*
Herzchen (P)

corda s. chorda

cordatus, a, um
verständig (P)

cordax, acis, *m* (gr.)
ausgelassener Tanz der alt. griech. Komödie: übtrg. v. Trochäus

corigia, ae, *f* s. corrigia

corium, ii, *n* (gr.)
dicke Haut, Leder

corneolus, a, um
hornartig

corneus, a, um (cornu)
hörnern

corneus, a, um (cornus)
v. Kornelkirschbaume (P)

cornicen, cinis, *m*
Hornist (N. Kl.)

cornicula, ae, *f*
Krählein (P)

corniculum, i, *n*
Hörnchen: hornförmige Helmzier als Ehrenzeichen (N. Kl.)

corniger, era, erum
gehörnt (P)

cornipes, gen. pedis
hornfüßig (P)

cornix, icis, *f*
Krähe

cornu, us, *n* (selt. Nebenform. **cornum**, i, *n* u. **cornus**, us, *m*)
I. Horn, plur. Gehörn, Geweih der Tiere ([P] zugl. Symbol d. Stärke od. des Überflusses); (P) Horn am Schnabel od. Huf
II. aus Horn Gefertigtes: Blashorn; die hohlen „Arme" der Lyra; (P) Bogen, Trichter, Gefäß u. a.
III. Hornähnliches: Ende, Spitze, bes. die Enden („Flügel") des aufgestellt. Heeres (od. der Flotte); (N. Kl.) Helmkegel; (P) Knopf d. Bücherrolle, Rahe, fleischiger Auswuchs

cornum, i, *n*
(N. Kl.) Frucht d. Kornelkirschbaums; (P) Wurfspieß aus feinem Holz

cornus, i od. us, *f*
(N. Kl.) Kornelkirschbaum; (P) Wurfspieß aus feinem Holz

corolla, ae, *f*
Kränzchen (N. Kl.)

corollarium, ii, *n*
Kränzchen als Geschenk an Schauspieler: überh. Zugabe (zu dem Geschuldeten), Geschenk, Präsent

corona, ae, *f* (gr.)
Kranz, Krone; übtrg. Zuhörerkreis, Versammlung; Truppenkette; (P) Krone der Ariadne (e. Gestirn)

coronarius, a, um
zum Kranz gehörig; Kranzgeld (an siegreiche Feldherrn)

corono 1.
be-, umkränzen; (P) umschließen

corporatus, a, um
körperhaft

corporeus, a, um
was e. Leib hat, im (am) Leibe ist = körperhaft, körperlich; (N. Kl.) fleischern

corpulentus, a, um
wohlbeleibt (N. Kl.)

corpus, oris, *n*
Körper, Leib (Ggstz. animus), spez. d. „Fleisch" am K.; Körper = Person; Leichnam (bes. von d. i. d. Schlacht Gebliebenen); (P) (v. Toten) Gestalt, Schemen; übtrg. jedes gegliederte Ganze: Körper, Substanz, Masse, (Schrift-)Werk; (N. Kl.) Gesamtwerk, Gesamtheit, Komplex, Körperschaft, Kaste, Stand

corpusculum, i, *n*
Körperchen

corrado 3. (rado)
zusammenscharen (P)
correctio, onis, *f*
Verbesserung; Zurechtweisung
corrector, oris, *m*
Verbesserer, Zurechtweiser
correpo 3. (repo)
sich verkriechen
corrigia (corigia), ae, *f*
Schuhriemen
corrigo, rexi, rectum 3. (rego)
(Fehlerhaftes) berichtigen, verbessern, gut machen; jem. auf d. rechten Weg bringen, bessern
corripio, ripui, reptum 3. (rapio)
zusammenraffen; an sich reißen, sich bemächtigen, jem. aufgreifen, überfallen; jem. herunterreißen, scharf tadeln; (N. Kl.) (von Lebl.) ergreifen, hinreißen, hinraffen, (als Ankläger) angreifen, sich eilends erheben, beschleunigen, verkürzen
corroboro 1. (roboro)
stärken, refl. u. pass. erstarken
corrodo 3. (rodo)
zernagen
corrogo 1. (rogo)
zusammenbitten, -betteln
corrugo 1. (rugo)
runzelig machen (P)
corrumpo 3. (rumpo)
verderben, entstellen, vernichten, zu Grunde richten, herunterbringen; fälschen; verführen, bestechen
corruo, rui 3. (ruo)
eigtl. zusammenstürzen, -brechen, einstürzen, zu Boden stürzen; übtrg. zu Grunde gehen, bankrott werden, durchfallen
corruptela, ae, *f*
d. Verderben (als Handlung), der Verderb; Verführung, Bestechung
corruptio, onis, *f*
Verderbtheit; (N. Kl.) Bestechung
corruptor, oris, *m* (fem. **corruptrix**, icis, auch adiectiv.)
Verderber; Verführer, Bestecher
cortex, icis, *m* (dichterisch oft *f*)
Baumrinde, Kork
cortina, ae, *f*
(N. Kl.) Kessel, Becken, besond. am pyth. Dreifuß; Zuhörerkreis

corulus s. corylus
corus s. caurus
corusco 1.
(P) schnell schwingen, (sich) schnell bewegen, glitzern, schimmern
coruscus, a, um
(P) schwank, schwankend, zitternd, schimmernd, funkelnd
corvus, i, *m*
Rabe; (N. Kl.) e. Art Enterhaken
corycus, i, *m* (gr.)
Sandsack (z. Übung i. d. Palästra)
coryletum, i, *n*
Haselgebüsch (P)
corylus (corulus), i, *f* (gr.)
Haselstaude (P)
corymbifer, era, erum
Efeutrauben tragend (P)
corymbus, i, *m* (gr.)
Blütentrauben des Efeus
coryphaeus, i, *m* (gr.)
Oberhaupt, Stimmführer
corytus (gorytus), i, *m* (gr.)
Köcher (P)
cos, cotis, *f*
Wetzstein, Schleifstein; übtrg. Klippe. plur. **cotes** Felsen, Klippen = cautes
cosmoe, orum, *m* (gr.)
„Ordner", höchste Staatsbehörde auf Kreta
cossus, i, *m*
Holzwurm
costa, ae, *f*
Rippe (N. Kl.)
costum, i, *n* (gr.)
Kostwurz
cothurnatus, a, um
tragisch, erhaben (P)
cothurnus (coturnus), i, *m* (gr.)
ein hoher Schuh, bes. als Fußbekleidg. d. tragisch. Schauspieler, der Kothurn; (P) Tragödie, erhabener Stil
cotidianus, a, um
täglich; alltäglich, gewöhnlich
cotidie (cottidie) adv.
täglich
coturnix, nicis, *f*
Wachtel
coturnus s. cothurnus
covinnarius, ii, *m*
Sichelwagenkämpfer (N. Kl.)
covinnus, i, *m*

Sichelwagen der Kelten (N. Kl.)
coxa, ae, *f*
Hüfte (N. Kl.)
coxendix, icis, *f*
Hüftknochen, Hüftblatt (N. Kl.)
crabro, onis, *m*
Hornisse
crambe, es, *f* (gr.)
Kohl
crapula, ae, *f* (gr.)
Rausch
cras
morgen; (P) künftig
crassitudo, dinis, *f*
Dicke
crassus, a, um
dick, dicht; fett; übtrg. (P) unfein, grob
crastinus, a, um
morgend; in crastinum „auf morgen"
crater, eris, *m* od. **cratera** (creterra), ae, *f* (gr.)
Mischgefäß; (P) „Becher" als Gestirn, Erdschlund, Krater
cratis, is, *f* gew. plur. **crates**, ium
Flechtwerk, Geflecht; Faschinen; (P) Gefüge
creatio, onis, *f*
Wahl (N. Kl.)
creator, oris, *m*
(fast nur P u. Sp.) Erzeuger, Schöpfer, fem. **creatrix**, icis, (P) Mutter
creatura, ae, *f*
Geschöpf (Sp.)
creber, bra, brum
dicht, dicht gedrängt, zahlreich; häufig sich wiederholend. adv. **crebro** häufig, wiederholt
crebresco (crebesco), brui (bui) 3.
(N. Kl.) sich vermehren, sich verbreiten
crebritas, atis, *f*
Gedrängtheit, Fülle; Häufigkeit
crebro s. creber
credibilis, e
glaublich, glaubhaft
creditor, oris, *m*
Gläubiger
creditum, i, *n*
(N. Kl.) Darlehen, Schuld
credo, didi, ditum 3.
jem. Vertrauen schenken, vertrauen; jem. etw. anvertrauen, darleihen, „kreditieren"; Glauben schenken, glauben; glauben = für wahr halten, od. = dafür halten, sich denken
credulitas, atis, *f*
Leichtgläubigkeit (N. Kl.)
credulus, a, um
leichtgläubig
cremo 1.
verbrennen; (N. Kl.) mit sachl. Objekt: einäschern, verbrennen (v. Gebäuden, Opfern)
cremor, oris, *m*
(N. Kl.) Brei, Schleim
creo 1.
hervorbringen, schaffen, verursachen; (Beamte) wählen, wählenlassen; (meist N. Kl.) erzeugen, (N. Kl.) gebären
crepida, ae, *f*
Sohle, Sandale
crepidatus, a, um
mit Sandalen bekleidet
crepido, dinis, *f*
Sockel: übtrg. Grundlage; Uferrand, Kai
crepito 1.
(P) fort und fort e. Geräusch machen
crepitus, us, *m*
Geräusch aller Art
crepo, ui, itum 1.
(P) ein Geräusch machen, klappern, knarren, rasseln, klirren, rauschen u.s.w. je nach dem Zusammenhang; erschallen lassen, hören lassen, im Munde führen
crepundia, orum, *n*
Kinderklapper
crepusculum, i, *n*
(Abend)dämmerung (N. Kl.)
cresco, crevi, cretum 3.
wachsen = heranwachsen (P); wachsen = (eigtl. u, übtrg.) anwachsen, zunehmen
creta, ae, *f*
Kreide, Siegelerde
cretatus, a, um
mit Kreide bestrichen
creterra s. crater
cretio, onis, *f* (cerno)
die feierliche Erklärung der Übernahme einer Erbschaft; (die dazu anbe-

raumte) Überlegungsfrist
cretosus, a, um
kreidereich (P)
cretula, ae, *f*
Siegelerde
cretus, a, um
I. (cresco) entsprossen (P)
II. s. cerno
cribrum, i, *n*
Sieb, Durchschlag
crimen, inis, *n*
Beschuldigung, Beschuldigungsgrund, Anklage, Vorwurf; (N. Kl.) Schuld, Verbrechen, Vergehen
criminalis, e
e. Strafe (d. Tod) verdienend
criminatio, onis, *f*
Beschuldigung, Anklage, Verleumdung
criminator, oris, *m*
Verleumder (N. Kl.)
criminor 1.
beschuldigen, verdächtigen, vorwerfen, sich beschweren über
criminosus, a, um
verleumderisch, vorwurfsvoll, gehässig
crinalis, e
(P) zum Haar gehörig, **crinale**, is, *n* Haarband
crinis, is, *m*
Haar, Haupthaar; (P) übtrg. Schweif der Kometen
crinitus, a, um
(N. Kl.) (eigtl. u. übtrg.) behaart, langgelockt
crisis, is, *f* (gr.)
(N. Kl.) entscheidende Wendung einer Krankheit
crispo 1.
(N. Kl.) in zitternde Bewegung bringen, schwingen
crispus, a, um
(P) kraus, Krauskopf
crista, ae, *f*
(N. Kl.) (v. Tieren) Kamm, (am Helm) Raupe, Helmbusch
cristatus, a, um
(N. Kl.) mit e. Kamm versehen (v. Tieren), mit e. Helmbusch geschmückt
criticus, i, *m* (gr.)
der Kritiker, Kunstrichter
croceus, a, *m*
(N. Kl.) Safran, safrangelb
crocodilus, i, *m* (gr.)
Krokodil
crocota, ae, *f* (gr.)
Safrankleid
crocum, i, *n* und **crocus**, i, *m* (gr.)
Safran
crotalum, i, *n* (gr.)
Kastagnette
cruciamentum, i, *n*
Marter
cruciatus, us, *m*
Marter, Qual; qualvolle Hinrichtung; plur. Marterwerkzeuge
crucifixus, a, um (s. crux)
gekreuzigt (N. Kl.)
crucio 1.
martern, peinigen
crudelis, e
roh (v. Charakter), grausam
crudelitas, atis, *f*
Grausamkeit, Roheit
crudesco, ere
heftiger werden (N. Kl.)
cruditas, atis, *f*
Indigestion, verdorb. Magen
crudus, a, um
mit verdorbenem Magen, nicht verdaut habend; unreif; (N. Kl.) noch blutend (v. Wunden), roh (ungekocht), unbearbeitet, noch nicht reif (v. Geschlecht), noch frisch, noch rüstig, roh (v. Gemüt)
cruento 1.
eigtl. u. übtrg. mit Blut bespritzen, besudeln; blutig verletzen
cruentus, a, um
eigtl. u. übtrg. blutig, blutbefleckt; (P) blutrot, blutdürstig
crumena, ae, *f*
(N. Kl.) Geldbeutel, Beutel, Geld
cruor, oris, *m*
(das der Wunde entströmende, dicke) Blut, daher = Blutvergießen, Mord
cruppellarius, ii, *m*
(N. Kl.) geharnischter Fechter b. d. Äduern
crus, cruris, *n*
Unterschenkel, Bein
crusta, ae, *f*

(an Gefäßen) Reliefplatten, -streifen, Zierat; (N. Kl.) Kruste, Rinde, Schale, Stuck
crustulum, i, *n*
Zuckerwerk (P)
crustum, i, *n*
feines Backwerk (P)
crux, crucis, *f*
Marterholz, Kreuz; Kreuzesstrafe, übtrg. Pein, Qual
crystallum, i, *n* u. **crystallus**, i, *c* (gr.)
Bergkristall
cubicularis, e
z. Schlafzimmer gehörig
cubicularius, ii, *m*
Kammerdiener
cubiculum, i, *n*
Wohn- oder Schlafzimmer
cubile, is, *n*
Lagerstätte, Lager, Nest, (P) Ehebett; übtrg. = Lager, Sitz (eines Übels)
cubital, alis, *n*
Armpolster (P)
cubitalis, e
eine Elle lang (N. Kl.)
cubito 1.
(häufig) liegen
cubitum, i, *n* u. **cubitus**, i, *m* (gr.)
Elle; (N. Kl.) Ellbogen
cubo, ui, itum 1.
(ruhend) liegen, daher = schlafen; krank liegen; b. Tisch liegen, speisen; (P) sanft abgedacht sein
cubus, i, *m* (gr.)
Würfel (als Maß) (N. Kl.)
cuculus (cucullus), i, *m*
Kuckuck
cucumis, meris, *m*
Gurke
cucurbita, ae, *f*
Kürbis
cudo, di sum 3.
(N. Kl.) eigtl. schlagen, stampfen, schmieden, prägen
cuias, iatis
was für ein Landsmann?
cuicuimodi
welcher Art immer
cuius, a um
wem gehörend?
cuiusmodi
von welcher Art?
cuiusquemodi
von jeder Art
culcita, ae, *f*
Kissen, Matratze, Polster
culex, licis, *m*
Mücke
culilla, ae, *f*
Humpen (P)
culina, ae, *f*
Küche; (P) Kost, Essen
culleus, i, *m* (gr.)
Ledersack
culmen, minis, *n*
Gipfel; (N. Kl.) First, Giebel, Dach, Zenit, Scheitel, Gipfelpunkt
culmus, i, *m*
Halm; (P) Strohdach
culpa, ae, *f*
Schuld, Verschulden
culpo 1.
(N. Kl.) tadeln, beschuldigen
cultellus, i, *m*
Messerchen (N. Kl.)
culter, tri, *m*
Messer
cultio, onis, *f*
Bearbeitung
cultor, oris, *m*
Bebauer, Pflanzer, Pfleger; (N. Kl.) Landmann, Bewohner; Verehrer. fem. **cultrix**, icis
cultura, ae, *f*
Bearbeitung, Besorgung, Pflege; (N. Kl.) Landbau; übtrg. Veredelung; (P) Verehrung
cultus, a, um
gepflegt, bearbeitet, angebaut. **culta**, orum, *n* bebaute Felder, Ländereien; (N. Kl.) geschmückt, gewählt, fein
cultus, us, *m*
Pflege, Bebauung, plur. Anpflanzungen; übtrg. Ausbildung, Verehrung; Pflege, Wartung; Lebensweise, auch = üppige, feine Lebensweise; (N. Kl.) Tracht, Putz, Schmuck
cum praep. mit abl.
I. (räuml.) mit, samt, z. Bezeichnung d. Begleitung od. Verbindung mit Pers. od. Sachen, die man bei sich od. an sich hat, der Gemeinsamkeit, des freundl. od. feindl. Verkehrs
II. (zeitl.) zugleich mit, gleich nach

III. (modal) mit, unter, nur mit (beschränkend). **cum primis (cumprimis)** vornehmlich
cum coni. (ältere Form quom, schlechte Schreibung quum)
I. kausal: da (mit coni.), quae cum ita sint = unter dies. Umständen
II. adversativ: obgleich, während hingegen (m. coni.)
III. zeitlich: als (m. coni.). Doch reg. cum den ind.
1) zur genaueren Angabe eines Zeitpunktes = (dann) wenn, (jetzt) wo, (damals) als, seitdem
2) den ind. perf. od. praes. hist. = „als da", nach einem Satz im Imperfektum od. Plusquamperfektum mit vix, nondum, iam
3) um e. Wiederholg. zu bez. = so oft als
4) um das zeitl. u. sachl. Zusammenfallen v. Haupt- u. Nebensatz zu bez. = „indem, dadurch daß", doch: cum diceret = „indem er sagte", „mit d. Worten" u. a. Merke bes.:
1) **cum primum** = sobald als (in d. Erzählg. mit d. m. indic. perf.).
2. **cum interea (interim)** = während inzwischen (meist m. ind.)
3. **cum maxime** = gerade als, ellipt. = jetzt besonders, gerade jetzt
4. **cum - tum** sowohl - als auch besonders
cumba s. cymba
cumera, ae, *f*
Kornbehälter (P)
cuminum, i, *n* (gr.)
Kümmel
cum maxime s. cum (coni.)
cumprime = cumprimis
cumprimis s. cum (praep.) a. E.
cum primum s. cum (coni.) a. E.
cumque
jederzeit (P)
cum - tum s. cum (coni.) a. E.
cumulatus, a, um
gehäuft, reichlich, vollkommen, vollständig
cumulo 1.
häufen, auf-, anhäufen (N. Kl.); überschütten, überhäufen; vergrößern, steigern; vollständig machen, das Maß von etw. voll machen, auf den Gipfel bringen
cumulus, i *m*
Haufe; übtrg. Gipfelpunkt, Krone, Übermaß
cunabula, orum, *n*
Wiege; (P) übtrg. Wiege = Heimat
cunae, arum, *f*
Wiege
cunctabundus, a, um
lange zaudernd (N. Kl.)
cunctatio, onis, *f*
das Zögern, Zaudern, Zurückhaltung
cunctator, oris
(N. Kl.) adi. bedächtig, subst. Zauderer
cunctor 1.
zögern, zaudern, säumen, sich bedenken, unschlüssig sein
cunctus, a, um
(ins)gesamt
cuneatim
keilförmig
cuneatus, a um
keilförmig zugespitzt (N. Kl.)
cuneolus, i, *m*
Keilchen
cuneus, i, *m*
Keil; keilförmige Schlachtordnung; (N. Kl.) plur. (keilförm.) Sitzreihen i. Theater
cuniculus, i, *m*
Kaninchen: unterirdischer Gang, Mine
cunnus, i, *m*
(P) weibl. Scham, übtrg. Weib, Dirne
cupa, ae, *f* (gr.)
Faß, Tonne
cupe... s. cuppe...
cupiditas, atis, *f*
Verlangen, Begierde, Leidenschaft, spez. Ehrsucht, Habsucht, Eigennutz, Genußsucht, Parteilichkeit
cupido, inis, *f* (P auch *m*)
Nebenform von cupiditas (P u. N.Kl.). Personifiz. **Cupido** Liebesgott
cupidus, a, um
begierig nach, verlangend, begehrlich, eigennützig; jemd. ergeben, parteiisch
cupiens, gen. entis
(N. Kl.) als adi. begierig nach
cupio, cupivi (cupii), cupitum 3.

(aus natürl. Empfindg.) begehren, wünschen; günstig gesinnt sein
cupitor, oris, *m*
Begehrer (N. Kl.)
cuppedia, ae, *f*
Naschhaftigkeit
cupressetum, i, *n*
Zypressenhain
cupresseus, a, um
aus Zypressenholz (N. Kl.)
cupressus, i (N. Kl. auch us), *f* u. **cyparissus**, i, *f* (gr.)
Zypresse; (P) Kästchen aus Zypressenholz
cuprum, i, *n*
Kupfer (Sp.)
cur
warum, weshalb (in direkten u. indirekten Fragen)
cura, ae, *f*
I. Sorge = Sorgfalt, Fürsorge, Interesse an; Verwaltung, Leitung, Besorgung; (N. Kl.) Neugierde, Aufmerksamkeit, Studium, Forschung (auch konkr. = Schrift, Buch), Geschäft, Amt, Kommando, Wartung, Pflege, spez. Putz, Hut, Obhut, (P) Aufseher, Schützling, Liebling
II. Sorge = Besorgnis, Kummer, (P) spez. = Liebeskummer
curalium, ii, *n* (gr.)
Koralle
curatio, onis, *f*
Wartung, Pflege; Heilung, Behandlung, „Kur"; Verwaltung
curator, oris, *m*
Verwalter (e. Amtes), Aufseher; (N. Kl.) Pfleger, Wärter, Vormund
curatus, a, um
(N. Kl.) sorgfältig, eifrig
curculio, onis, *m*
Kornwurm
curia, ae, *f*
Pflegeschaft: Kurie, eine der 30 Patrizierabteilungen; Kuriengebäude; „Rathaus" des Senats (in Rom; auch übtrg. auf and. Städte); Senatssitzung, Senat
curialis, is, *m*
Kuriengenosse
curiatim
kurienweise
curiatus, a, um
aus Kurien bestehend; in den comitia cur. beschlossen
curio, onis, *m*
Vorsteher einer Kurie
curiositas, atis, *f*
Neugierde
curiosus, a, um
sorgfältig; wißbegierig, neugierig, vorwitzig
curis, is, *f*
(sabinisch) Lanze (P)
curo 1.
sorgen (für), sich kümmern (um), bedacht sein, Gewicht legen (auf); etw. besorgen; warten, pflegen, behandeln, heilen; (Geld) auszahlen; (N. Kl.) (e. Amt) verwalten, leiten, befehligen
curriculum, i, *n*
Wettlauf, Umlauf; (Renn-)Wagen; Rennbahn, Laufbahn, Bahn
curro, cucurri, cursum 3.
laufen, rennen, eilen; (P) fahren (z. Schiffe), fließen (v. Wasser), verlaufen (v. d. Zeit), laufen (v. e. Zustand), kreisen
currus, us, *m*
Wagen, spez. Triumphwagen, Triumph; (P) Gespann, Pfluggestell
cursim
eilends
cursito 1.
hin und her laufen (N. Kl.)
curso 1.
hin u. her laufen
cursor, oris, *m*
Läufer, Wettläufer; (N. Kl.) Eilbote
cursus, us, *m*
Laufen, Lauf, Umlauf; (milit.) Sturmschritt; Strömung, Strom; Flug; (bes. v. Seefahren) Reise, Fahrt, Richtung, Kurs; (P) Ritt; übtrg. Weg, Bahn, Verlauf; Wettbewerb, Streben; Laufbahn, Karriere; Wettlauf, Wettrennen
curto 1.
(P) verkürzen, schmälern
curtus, a, um
verstümmelt, verkürzt (klass. nur übtrg.)
curulis, e
zum Rennwagen gehörig (N. Kl.); sich des Wagens bedienend: daher

„kurulisch" = den höheren Beamten eigen (N. Kl.)
curvamen, minis, *n*
Krümmung (N. Kl.)
curvatura, ae, *f*
Krümmung (N. Kl.)
curvo 1.
(N. Kl.) krümmen, biegen, beugen
curvus, a, um
(fast nur P) krumm, gekrümmt, gewölbt, hohl, gewunden
cuspis, pidis, *f*
Spitze; (N. Kl.) Lanze, Stachel (d. Biene), d. Dreizack Neptuns
custodia, ae, *f*
Bewachung, Aufsicht, Überwachung; Verwahrung, Sicherung; Wache, Wachposten (meist plur.), Gewahrsam, Hast
custodio, ivi (ii), itum 4.
bewachen, bewahren, überwachen, aufbewaren, in Gewahrsam halten
custos, odis, *c*
Wächter, Hüter, Aufseher; Schirmer; plur. Posten, Bedeckung, Besatzung; (N. Kl.) Leibwächter; (P) Behälter
cutis, is, *f* (gr.)
Haut (N. Kl.)
cyathus, i, *m* (gr.)
(N. Kl.) Becher zum Schöpfen, Becher als Maß
cybaea, ae, *f* (sc. navis) (gr.)
Transportschiff
cyclicus, a, um (gr.)
kreisförmig: **scriptor c.** ein Dichter des episch. Zyklus (P)
cyclus, i, *m* (gr.)
Kreis. „Zyklus" (Sp.)
cycneus, a, um
des Schwans
cycnus u. **cygnus**, i, *m* (gr.)
Schwan
cylindrus, i, *m* (gr.)
Zylinder, Walze
cymba (cumba), ae, *f* (gr.)
Kahn, Nachen
cymbalum, i, *n* (gr.)
(N. Kl.) Zimbel, Schallbecken
cymbium, ii, *n* (gr.)
Näpfchen (P)
cynicus, a, um
zynisch: **Cynici** e. philos. Sekte
cynocephalus, i, *m* (gr.)
Hundsaffe
cyparissus, i, *f* s. cupressus
cytisus, i, *c* u. **cytisum**, i, *n* (gr.)
Schneckenklee

D

dactylicus, a, um (gr.)
daktylisch
dactylus, i, *m* (gr.)
Daktylus (Versfuß – ∪ ∪)
daedalus, a, um (gr.)
kunstfertig, kunstreich (P)
dama s. damma
damirgus s. demiurgus
damma (dama), ae, *f*
e. Rehart (Gemse, Antilope?)
damnatio, onis, *f*
Verurteilung, Verdammung
damnatorius, a, um
verurteilend
damno 1.
büßen lassen: (gerichtl.) verurteilen, verdammen; übtrg. verwerfen, mißbilligen; (v. Kläger) jemds. Verurteilung durchsetzen; (P) anheimgeben (dem Tode)
damnosus, a, um
(N. Kl.) schädlich, verderblich
damnum, i, *n*
Geldbuße; Schaden an Geld, Verlust (auch i. Kriege), d. facere „V. erleiden", dare „zufügen"
daps, dapis, *f*
(meist plur.) (N. Kl.) Speise, Festmahl, Opfermahl, Mahl
datio, onis, *f*
d. Geben; (N. Kl.) Entäußerungsrecht
dator, oris, *m*
Geber (P)
de praep. mit abl.
I. räumlich: von - herab; (trennend) von - weg; (von d. Richtg.) von - her, von (auch übtrg. de scripto dicere „ablesen" u. a.); übtrg. „von, aus", zur Bezeichng.
1) des Ganzen, von dem ein Teil genommen wird
2) der Abstammung, Herkunft, des Mittels, (N. Kl.) des Stoffes
3) der Art u. Weise
II. zeitlich (selten): noch während, unmittelbar nach
III. kausal: wegen; betreffs, hinsichtlich, über; zufolge, gemäß
dea, ae, *f*
Göttin (dis deabusque „Göttern u. Göttinnen")
dealbo 1. (albo)
weißen, tünchen
deambulo 1. (ambulo)
(bis z. Ermüdung) spazieren gehen (N. Kl.)
dearmo 1. (armo)
entwaffnen (N. Kl.)
debacchor 1. (bacchor)
austoben (P)
debellator, oris, *m*
Besieger (P)
debello 1. (bello)
(N. Kl.) intrans. den Krieg zu Ende führen, völlig besiegen
debeo, ui, itum 2. (de u. habeo „von jem. her haben")
schuldig sein; übtrg. schuldig bleiben, vorenthalten; schulden = verpflichtet sein zu; (tun) müssen, non d. „nicht brauchen" (inf.); sollen, müssen, non d. „nicht dürfen" (aus moral. od. intellekt. Gründen) [inf.]; schulden = verdanken; (N. Kl.) **deberi** (einem Geschick) bestimmt, geweiht, verfallen sein. **debitus**, a, um gebührend, schuldig. **debitum**, i, *n* Schulden; (N. Kl.) Schuld, Verpflichtung
debilis, e
eigtl. u. übtrg. gebrechlich, gelähmt, schwach
debilitas, atis, *f*
eigtl. Lähmung, Gebrechlichkeit; übtrg. Schwäche
debilitatio, onis, *f*
Niedergeschlagenheit
debilito 1.
eigtl. u. übtrg. lähmen, schwächen, der Fassung berauben
debitio, onis, *f*
d. Schuldigsein
debitor, oris, *m*
Schuldner
debitus, debitum s. debeo am Ende

decanto 1. (canto)
intrans. zu Ende singen; trans. ableiern, (P) etw. unaufhörlich hersingen
decedo 3. (cedo)
fortgehen, wegmarschieren, verlassen; ausweichen, aus dem Wege gehen; (N. Kl.) (v. Wasser, Gestirnen u. a.) ablaufen, zurücktreten, scheiden; übtrg. (ver)scheiden; (v. Zuständen) [meist N. Kl.] scheiden = verschwinden, weichen, abnehmen, sich verlieren, aufhören; (vermindernd) abgehen; (einen Besitz u. a.) aufgeben, verzichten auf, abstehen, abweichen, abgehen von; (N. Kl.) jemdm. weichen
decem
zehn, (P) unbestimmte runde Zahl
december, bris, bre (decum)
des Dezemb. **mensis december** od. (P) subst. **december**, bris, *m* Dezember
decempeda, ae, *f*
Meßstange (von zehn Fuß)
decempedator, oris, *m*
Vermesser
decemplex, gen. icis
zehnfach (N. Kl.)
decem primi, orum, *m*
die 10 Vorsteher e. Munizipalsenats
decemscalmus, a, um
mit zehn Ruderhölzern versehen
decemviri, orum (gewöhnl. virum), *m*
Kollegien v. „Zehnmännern"; sing. decemvir
decemviralis, e
der „Zehnmänner"
decemviratus, us, *m*
Decemvirat
decennium, ii, *n*
Zeit von 10 Jahren
decens, gen. entis
(N. Kl.) schicklich, geziemend, anmutig, reizend
decentis, ae, *f*
Anstand, Schicklichkeit
deceo, ui 2.
(äußerlich) zieren, kleiden, gut stehen (meist N. Kl.); übtrg. sich ziemen, sich schicken für
decerno 3. (cerno)
„abscheiden": übtrg.
I. (Zweifelhaftes oder Streitiges) entscheiden, e. Entscheidung treffen, sich entscheiden für etw.
II. entscheiden (v. beschließd. Versammlungen, insbesond. v. Senat) = beschließen, verordnen, bestimmen, erklären, „dekretieren", genehmigen, anberaumen, festsetzen, zuweisen, zuerkennen; (vom einzelnen) dafür stimmen, sich entschließen, beschließen (inf.)
III. (durch Kampf) entscheiden, entscheidend kämpfen; (mit Worten, besond. gerichtl.) kämpfen
decerpo, psi, ptum 3. (carpo)
eigtl. abpflücken, abbrechen, (übtrg.) genießen (N. Kl.); übtrg. entnehmen; Eintrag tun
decertatio, onis, *f*
Entscheidungskampf
decerto 1. (certo)
eigtl. u. übtrg. entscheidend kämpfen
decessio, onis, *f*
Abgang, Fortgang (spez. eines Beamt. aus der Prov.); Abnahme, Abzug
decessor, oris, *m*
Amtsvorgänger
decessus, us, *m*
Abgang (spez. einer Magistratsperson aus der Provinz); das Abscheiden (aus d. Leben); das Ablaufen (e. Gewässers)
decet s. deceo
decido, cidi, cisum 3. (caedo)
abhauen, abschneiden (N. Kl.); übtrg. kurz abtun; sich vergleichen, e. Abkommen treffen
decido, cidi 3. (cado)
herab-, herunter-, zu Boden fallen; übtrg. in etw. hineingeraten; (tief) hinabsinken; (N. Kl.) ins Grab sinken, abkommen von etwas
deciens od. decies
zehnmal; (P) zehnmal = oft
decuma (decima) s. decimus
decimanus (besser **decumanus**), a, um
I. zehntpflichtig; d. Zehnten betreffend; übtrg. (P) gewaltig. subst. Zehntpächter(-terin)
II. (N, Kl.) zur 10. Legion gehörig, subst. **decumani**, orum Soldaten der 10. Leg.

III. **porta decumana** Tor an d. Rückseite des Lagers (dem Feinde abgewandt, gegenüber der p. praetoria)
decimo 1.
dezimieren (N. Kl.)
decimus (älter **decemus**), a, um
d. zehnte. **decimum**, i, *n* d. zehnfache Ertrag. **decima**, gen. decuma, ae, *f* d. Zehntel (gew. plur.)
decipio, cepi, ceptum 3. (capio)
wegfangen: übtrg. hintergehen, täuschen; (N. Kl.) entgehen = unbemerkt bleiben; (P) sich hinwegtäuschen über
decisio, onis, *f*
Abkommen, Vergleich, Entscheidung
declamatio, onis, *f*
Redeübung, (hohle) Deklamation
declamator, oris, *m*
Redekünstler, Schulredner
declamatorius, a, um
schulrednerisch
declamito 1.
e. Redeübung anstellen
declamo 1. (clamo)
eifern, poltern; Redeübungen halten; etw. aufsagen, vortragen
declaratio, onis, *f*
Kundgebung, Offenbarung
declaro 1. (claro)
deutlich machen; öffentl. verkünden; klar machen, dartun, offenbaren, (e. Begriff) klar bezeichnen; (N. Kl.) (in d. Darstellg.) klar darlegen
declinatio, onis, *f*
Abweichung von d. Bahn; Biegung; Vermeidung; Abneigung; (N. Kl.) (t. t. gramm.) Beugung eines Wortes (Deklination u. Konjugation)
declino 1.
I. trans. eigtl. u. übtrg. abwenden, ablenken; meiden, aus d. Wege gehen; (N. Kl.) deklinieren u. konjugieren
II. intrans. abweichen; ausweichen; (in d. Rede) abschweifen
declivis, e
abgedacht, abschüssig
declivitas, atis, *f*
Abschüssigkeit
decoctor, oris, *m*
Verschwender, Bankerottierer
decolor, gen. oris
(N. Kl.) entfärbt, dunkelfarbig, übtrg. entartet
decoloratio, onis, *f*
Verfärbung
decoloro 1. (coloro)
entfärben (N. Kl.)
decoquo 3. (coquo)
eigtl. garkochen, einkochen (klassisch nur bildlich); übtrg. Bankrott machen
decor, oris, *m*
(N. Kl.) Anstand, Anmut, Schmuck
decoro 1.
eigtl. u. übtrg. schmücken, verherrlichen
decorus, a, um
schicklich, passend; subst. **decorum**, i, *n* d. Anstand; (N. Kl.) reizend, glänzend, geziert
decrepitus, a, um
altersschwach, abgelebt
decresco 3. (cresco)
eigtl. im Wachstum abnehmen; übtrg. (N. Kl.) kleiner werden, abnehmen, sinken
decretum, i, *n*
Entscheidung, Beschluß einer Behörde, insbesond. des Senats; (t. t. philos.) Lehrsatz, Grundsatz
decumus s. decimus
decumanus s. decimanus
decumates agri
d. Zehntland (N. Kl.)
decumbo, cubui 3.
sich niederlegen (N. Kl.); (v. Gladiator.) unterliegen
decuria, ae, *f*
Abteilung v. 10; Abteilg. i. allgem., spez. Unterabteilg. einer turma = „Rotte, Zug"
decuriatio, onis, *f*
Einteilung in Dekurien
decuriatus (?), us, *m* = decuriatio (N. Kl.)
decurio 1.
in Abteilg. (v. 10 Mann) teilen
decurio, onis, *m*
Vorsteher (Anführer) einer decuria; in Munizipien bezeichn. decuriones den Gemeinderat (100 Mitgl. in 10 Dekurien)
decurro, curri (cucurri), cursum 3. (curro)
eigtl (v. Pers.) herab-, hinabeilen,

-laufen, -stürmen; (v. d. Schiffahrt) hinabfahren, einlaufen; (N. Kl.) (v. Wasser) herablaufen, -rinnen, (milit.) manövrieren, defilieren; (v. Pers.) hineilen, eilen; zu Ende laufen, durcheilen; übtrg. (zu einer Maßregel) schreiten, seine Zuflucht nehmen

decursio, onis, *f*
(N. Kl.) Überfall

decursus, us, *m*
eigtl. d. Herablaufen, -stürmen, Überfall (N. Kl.); übtrg. Ausflug; d. Durchlaufen; (N. Kl.) Senkung, Manöver, Revue

decurtatus, a, um
übtrg. verkürzt, verstümmelt

decus, oris, *n*
Zierde: eigtl. Zierat, Verzierung; übtrg. (v. Pers.) Schmuck, Zierde, Stolz; Glanz; Ehre, Ruhm, Würde; d. sittlich Schöne = Tugend; (P) (körperl.) Reiz, Schönheit; (N. Kl.) ruhmvolle Tat, plur. ruhmvolle Ahnen

decussis, is, *m*
(N. Kl.) Zehnasstück, liegendes Kreuz als Zeichen für 10 (X)

decusso 1.
in Form e. Kreuzes abteilen

decutio, cussi, cussum 3. (quatio)
(N. Kl.) herabschütteln, -stoßen, -schlagen, -werfen

dedeceo 2. (deceo)
nicht kleiden (P); übtrg. übel anstehen, sich nicht ziemen für

dedecoro 1.
schänden, entehren

dedecorus, a, um
(N. Kl.) entehrend

dedecus, oris, *n*
Schande, Schändlichkeit, Laster

dedicatio, onis, *f*
(N. Kl.) Einweihung

dedico 1. (dico)
(beim Zensus) angeben; (relig.) weihen, einweihen; e. Gottheit (durch e. Heiligt.) ehren; (N. Kl.) widmen, „dedizieren"

dedignor 1. (dignor)
(N. Kl.) unwürdig finden, verschmähen

dedisco 3. (disco)
verlernen

dediticius, a, um
der sich auf Gnade u. Ungnade ergeben hat, unterworfen, untertan; auch subst.

deditio, onis, *f*
Übergabe, Auslieferung, Unterwerfung

deditus, a, um
jemandem ergeben; einer Sache beflissen, hingegeben, frönend

dedo, dedidi, deditum 3. (do)
übergeben, über-, ausliefern, dedi od. se dedere „sich ergeben" (dediti „Unterworfene"); hingeben, preisgeben, ergeben. – dedita opera „geflissentlich, absichtlich"

dedoceo, ere (doceo)
jem. etw. verlernen machen, jem. e. Besseren belehren, von einer Ansicht abbringen,

dedoleo 2. (doleo)
d. Schmerzenden (P)

deduco 3. (duco)
I. hinabziehen, -bringen, -führen
II. weg-, fort-, abführen; (Zahlen, Summen) abziehen, subtrahieren; (P) spinnend, webend (fort)führen, daher v. d. Dichtg. = ausführen, dichten; übtrg. abbringen, abwendig machen
II. hinführen, -bringen (copias T. „einrücken lassen"), einführen bei; (ehrenhalb.) geleiten; z. Ausbildung übergeben; zuführen (als Gattin); übtrg. wohin bringen, treiben

deductio, onis, *f*
d. Abführen, d. Fortführen; d. Ableiten; Ansiedlung; Abzug (v. Geld)

deductor, oris, *m*
Begleiter e. Amtsbewerbers

deerro 1. (erro)
abirren (meist N. Kl.)

defatigatio (defetigatio), onis, *f*
völl. Ermüdg., Erschöpfung

defatigo (defetigo) 1. (fatigo)
eigtl. u. übtrg. völlig müde machen, erschöpfen; pass. ermüden

defectio, onis, *f* u. (meist N. Kl.) **defectus**, us, *m*
Abfall, Empörung; Abnehmen, Schwinden, Erschöpfung; (N. L.) Mangel = Unvollkommenheit

defector, oris, *m*

Abtrünniger (N. Kl.)
defectus, a, um vgl. deficio am Ende
defendo, fendi, fensum 3.
„wegstoßen“: abhalten, abwehren, zurückweisen; (militär., gerichtl. u. i. allgemein.) sich zur Wehr setzen, Gegenwehr leisten, schützen, verteidigen; übtrg. (e. Stellg., Meing. u. a.) verteidigen = behaupten, vertreten, verfechten; etw. zu s. Verteidg. sagen, geltd. machen
defenero 1. (fenero)
durch Wucher aussaugen
defensio, onis, *f*
Verteidigung, Rechtfertigung; Verteidigungsrede, -schrift, -mittel, -art
defensito 1.
wieder u. wieder, als stehender Verteidiger für etw. auftreten
defenso 1.
(N. Kl.) wiederholt, andauernd verteidigen
defensor, oris, *m*
Abwehrer, Verteidiger, Beschützer
defero (fero)
I. hinabtragen, -führen, -treiben (v. Wasser), -stürzen u. a. (meist (N. Kl.); herabrücken, verlegen
II. (weg- u.) wohintragen, schaffen, bringen, führen, (v. recht. Wege) abführen, verschlagen (namentl. deferri „verschlagen werden“), (Geld u. a.) abliefern; jem. etw. darbringen, darbieten; (zur Ausführung) übertragen; (zur Entscheidg.) vorlegen, überweisen; (mündl. od. schriftl. jem. etw. hinterbringen, melden, mitteilen, anzeigen; spez. (staatsrechtl.) gegen jem. d. Anklage bei d. Behörde erheben; (e. Namen) angeben; (N. Kl.) (s. Vermögen) angeben (bei d. Schätzg.)
defervesco fervi u. ferbui 3. (fervesco)
eigtl. ausbrausen (N. Kl.); übtrg. austoben; (v. d. Rede) sich abklären
defessus, a, um (part. v. defetiscor)
eigtl. u. übtrg. ermattet, erschöpft
defetig... s. defatig...
deficio, feci, fectum 3. (facio)
wegmachen:
1. intrans. abtrünnig, untreu werden; abfallen; abnehmen, zu Ende gehen, aufhören, versiegen, erlöschen (sol, luna d. „verfinstert sich“), zu fehlen beginnen, schwinden, mangeln an; erlahmen, ermatten, d. Mut verlieren, (N. Kl.) verscheiden
II. trans. einen im Stich lassen; einem zu fehlen beginnen, ausgehen. **defectus**, a, um (N. Kl.) schwach, entkräftet; (N. L.) schadhaft
defigo 3. (figo)
eigtl. einschlagen, hineinstoßen; übtrg. (Aug. od. Geist) heften, richten auf etwas, etw. befestigen; fest einprägen; jem. festbannen (von Staunen, Schreck u.s.w.)
defingo 3. (fingo)
mißbilden (P)
definio 4. (finio)
eigtl. ab-, begrenzen; übtrg. näher bestimmen, bezeichnen; (logisch) definieren; anordnen, festsetzen; zu Ende führen
definitio, onis, *f*
bestimmte Angabe; Begriffsbestimmung, Definition; Bestimmung = Vorschrift
definitivus, a, um
näher erläuternd
definitus, a, um
abgegrenzt, bestimmt
defio (fio)
fehlen = Pass. zu deficio (N. Kl.)
deflagratio, onis, *f*
d. Niederbrennen, gänzliche Vernichtung durch Feuer
deflagratus, a, um
niedergebrannt (übtrg.; (P) eigtl.)
deflagro 1. (flagro)
eigtl. u. übtrg. in Feuer aufgehen, niederbrennen; (N. Kl.) verrauchen, austoben
deflecto 3. (flecto)
eigtl. u. übtrg. abbiegen, abwenden, ablenken
defleo 2. (fleo)
beweinen, beklagen; (P) unter Weinen erzählen
defloresco 3. (floresco)
eigtl. u. übtrg. verblühen, verwelken
defluo 3. (fluo)
I. (meist N. Kl.) eigtl. herab-, abfließen, (auf d. Wasser) herab-, hinabschwimmen; herabfallen; übtrg. herabsinken,

-gleiten; (P) (v.Kleidern) herabwallen, (v. Haaren) ausfallen; übtrg. (politisch) abfallen; (v. d. Rede) übergehen zu; (v. Gewinn) zufließen
II. eigtl. aufhören zu fließen (P); übtrg. (v. d. Zeit) entschwinden, aufhören
defodio 3. (fodio)
vergraben, eingraben; (N. Kl.) aufgraben, (grabend) anlegen
deformatio, onis, *f*
Entstellung; (N. Kl.) übtrg. Beschimpfung
deformis, e
(phys.) mißgestaltet, häßlich, unschön; (P) gestaltlos; (moral.) entehrt; (v. Zuständen) schmachvoll, schimpflich, entehrend
deformitas, atis, *f*
(phys. u. moral.) Mißgestalt, Häßlichkeit, Schimpf, Schmach
deformo 1. (formo)
„abformen":
I. (mündl. od. schriftl.) darstellen, zeichnen
II. verunstalten; entehren, herabwürdigen
defraudo 1.
betrügen, (vulgär) = fraudo
defrenatus, a, um
zügellos (P)
defrico 1. (frico)
(N. Kl.) abreiben; (P) übtrg. durchhecheln
defringo 3. (frango)
abbrechen
defrutum, i, *n*
Mostsaft
defugio 3. (fugio)
fortfliehen; sich entziehen, ausweichen
defundo 3. (fundo)
(P) abfüllen, (spendend) herabgießen, -schütten
defungor 3. (fungor)
sich e. (meist. lästig.) Sache entledigen, zu Ende bringen, überstehen, (N. Kl.) (vita) d. = vollenden, sterben
degener, gen. eris
(N. Kl.) ausgeartet, entartet
degenero 1.
(moral.) ent-, ausarten, entartet sein; (N. Kl.) (phys.) entarten, trans. (durch Entartung) verderben. **degeneratus**, a, um entartet
dego, degi 3. (ago)
(e. Zeit) zubringen; (N. Kl.) leben
degrandinat (grandinat)
es hagelt sich aus (P)
degravo 1. (gravo)
(eigtl. u. übtrg.) niederdrücken (N. Kl.)
degredior, gressus sum 3. (gradior)
(N. Kl.) herabschreiten, -steigen, -marschieren, abziehen, fortgehen
degrunnio, ire (grunnio)
sein Stückchen hergrunzen (P)
degusto 1. (gusto)
(probend) kosten, versuchen, probieren, sondieren, prüfen; (N. Kl.) eigtl. (von etw.) kosten; (P) (v. d. Waffe) streifen
dehinc
(N. Kl.) (räuml.) von hier an, (zeitl.) hierauf, sofort, von nun an, künftig, (aufzähld.) alsdann
dehisco 3. (hisco)
(N. Kl.) aufklaffen, sich spalten, sich öffnen
dehonestamentum, i, *n*
(N. Kl.) Verunstaltung, Entehrung
dehonesto 1. (honesto)
(N. Kl.) entehren, schänden
dehortor 1. (hortor)
abmahnen
deicio, ieci, iectum 3. (iacio)
I. eigtl. herab-, hinab-, hinunter-, niederwerfen, -stürzen, -reißen, zerstören, deici od. se deicere „herabspringen", herabstürzen, einstürzen; spez. tödlich niederwerfen, töten; (d. Los in d. Urne) werfen; (N. Kl.) stürzen (politisch), senken
II. fort-, wegtreiben; spez. (den Feind) vertreiben, werfen; (aus e. Besitz, der Hoffnung auf etw.) verdrängen, einer Sache berauben; übtrg. abwerfen, abwenden; (in der Fechtersprache) aus d. Stellung drängen
deiectio, onis, *f*
Vertreibung
deiectus, a, um
gesenkt, tief liegend; (P) mutlos
deiectus, us, *m*
d. Hinabstürzen (N. Kl.); Abschüssig-

keit, abschüss. Abhang (plur.)
deiero 1. (iuro)
hoch u. teuer schwören (N. Kl.)
dein s. deinde
deinceps adv.
(zur Bezeichng. d. Reihenfolge räuml., zeitl., log.) demnächst, der Reihe nach, hintereinander, (von Pers.) einer nach dem andern
deinde (dein)
(zur Bezeichng. der Aufeinanderfolge zeitl. u. log.) darauf, ferner (zweitens)
deiungo 3. (iungo)
ausspannen (N. Kl.)
delabor 3. (labor)
herabgleiten, -fallen, -sinken, -schweben, -fließen; übtrg. wohin geraten, verfallen, sich verirren; spez. in d. Rede u. Darstellg. (v. d. Hauptsache abschweifd., od. von Höherem zu Geringerem herabsteigd.) kommen auf etw.
delamentor 1. (lamentor)
bejammern (P)
delasso 1. (lasso)
gänzl. ermüden (P)
delatio, onis, *f*
Erhebung der Anklage; (N. Kl.) Denunziation
delator, oris, *m*
(N. Kl.) (gewerbsmäß.) Ankläger, Denunziant
delectabilis, e
(N. Kl.) ergötzend (cibus „Lieblingsspeise“)
delectamentum, i, *n*
Ergötzung
delectatio, onis, *f*
Ergötzung, Unterhaltung, Genuß
delecto 1.
(geistig) anlocken, ergötzen, unterhalten, erfreuen. pass. sich erfreuen, Gefallen finden an
delectus (dilectus), us, *m*
Auswahl, Wahl; konkr. die Auserlesenen; vgl. auch dilectus
delegatio, onis, *f*
Geldanweisung (auf einen Dritten)
delego 1. (lego)
jem. e. Geldanweisung auf e. Dritten geben; daher übtrg. (e. Geschäft von sich auf einen and.) übertragen, (e. Schuld) aufbürden; (N. Kl.) jemdn. od. etw. einem überweisen, übertragen, (e. Verdienst) zuschreiben, auf etw. verweisen, (zur Strafe an einen Ort) hinschicken
delenimentum, i, *n*
(N. Kl.) Linderungsmittel, Lockung
delenio 4. (lenio)
besänftigen; jem. für sich einnehmen, für sich gewinnen
delenitor, oris, *m*
Gewinner (einer Person)
deleo, levi, letum 2.
vertilgen, zerstören, vernichten, hinraffen (m. pers. u. sächl. Obj.); (Geschriebenes) auslöschen
deletrix, tricis, *f*
Vernichterin
deliberabundus, a, um
(N. Kl.) in tiefes Nachdenken versunken
deliberatio, onis, *f*
Erwägung, Beratung; Bedenkzeit
deliberativus, a, um
erwägend, beratend
deliberator, oris, *m*
Überleger
deliberatus, a, um
fest beschlossen
delibero 1.
erwägen, überlegen, beraten; sich entscheiden, beschließen; (N. Kl.) (d. Orakel) befragen
delibo 1. (libo)
übtrg. etw. von etw. wegnehmen; entnehmen; schmälern
delibro 1.
abschälen
delibutus, a, um
benetzt, bestrichen
delicatus, a, um
(lobend) reizend, fein, köstlich, (tadelnd) üppig, schlüpfrig, genußsüchtig, wollüstig; verwöhnt, wählerisch
deliciae, arum, *f*
Ergötzlichkeiten, Wonne, Genuß, Vergnügen; (v. Sachen) Schmuck, Kleinod; (v. Pers.) Liebling
deliciolae, arum, *f*
Liebling
delicium, ii, *n*
Liebling (P)

delictum, i, *n*
(jedes) Vergehen, Fehler, spez. (rechtl.) strafbare Handlung
deligo 1. (ligo)
anbinden, befestigen
deligo, legi, lectum 3. (lego)
(Früchte u. a.) abnehmen (N. Kl.); auswählen, wählen, auslesen, spez. (militär.) ausheben
delinquo. liqui, lictum 3. (linquo)
sich vergehen, fehlen; etw. verschulden
deliquesco 3. (liquesco)
zerschmelzen (P); übtrg. hinschwinden
deliratio, onis, *f*
Aberwitz
delirium, ii, *n*
das Irresein (mediz. t. t.) (N. Kl.)
deliro 1. (liro)
„v. d. Furche abweichen": übtrg. wahnwitzig sein
delirus, a, um
wahnwitzig
delitesco, tui 3. (latesco)
eigtl. u. übtrg. sich verbergen, sich verstecken
delitigo 1. (litigo)
heftig zanken (P)
delphinus, i, u. (P) **delphin**, inis, *m* (gr.)
Delphin (Fisch u. Gestirn)
deltoton, i, *n* (gr.)
Dreieck (e. Sternbild) (P)
delubrum, i, *n*
Tempel, Heiligtum (als Sühn- u. Reinigungsort)
deludo 3. (ludo)
zum besten haben, täuschen, foppen
delumbo 1.
übtrg. hinkend machen
demadesco 3. (madesco)
ganz feucht werden (P)
demagogus, i, *m* (gr.)
Volksaufwiegler (N. Kl.)
demando 1. (mando)
überweisen, anvertrauen (N. Kl.)
demens, gen. entis
verrückt, unsinnig, töricht (v. Pers. u. Sach.) adv. **dementer**
dementia, ae, *f*
Unvernunft, Torheit
demereo u. **demereor** 2. (mereo)
(N. Kl.) jem. sich verpflichten, an sich fesseln
demergo 3. (mergo)
eigtl. hinabtauchen, versenken, (klassisch meist nur pass.) versinken. (N. Kl.) (ein Schiff) versenken, in den Grund bohren; übtrg. niederdrücken
demetior s. dimetior
demeto 3. (meto)
abmähen, abschneiden; (P) abpflücken
demigratio, onis, *f*
d. Auswandern (N. Kl.)
demigro 1. (migro)
wegziehen, auswandern, seinen Posten verlassen (auch übtrg.)
deminuo 3. (minuo)
vermindern, verringern, wegnehmen, schwächen, beeinträchtigen, etw. teilweise veräußern
deminutio, onis, *f*
Verminderung, Verringerung, Beeinträchtigung, Verlust (d. capitis „Verlust d. bürgerl. Rechte")
demiror 1. (miror)
sich höchlich verwundern
demissio, onis, *f*
d. Herablassen; übtrg. Niedergeschlagenheit
demissus s. demitto
demitigo 1. (mitigo)
milder stimmen
demitto 3. (mitto)
eigtl. hinab (herab)schicken, -lassen, senken, sinken lassen, se d. ad aurem „sich herabneigen zu"; einschlagen, einrammen; (N. Kl.) (milit.) herabziehen lassen, (eine Waffe) hineinbohren, übtrg. (Worte u. a.) eindringen lassen; übtrg. animum d. u. animo se d. „den Mut sinken lassen"; sich einlassen auf. **demissus**, a, um gesenkt: herabwallend; übtrg. bescheiden, demütig, schlicht (v. d. Rede u. v. Redner); kleinmütig, niedergeschlagen; (N. Kl.) bescheiden (v. d. äußer. Lage), (P) (v. d. Stimme) gedämpft, (v. Flug) tief u. a.
demiurgus i, *m* (gr.)
1. d. höchste Magistratsperson in einigen griech. Staaten (N. Kl.)
2. Titel einer röm. Komödie

demo, dempsi, demptum 3.
(v. einem Ganzen, aus e. Verbindg.) fort-, wegnehmen, abziehen; übtrg. (Drückendes) benehmen
demolior 4. (molior)
ab-, niederreißen, zerstören, „demolieren“, gewaltsam herabnehmen; (N. Kl.) übtrg.
demolitio, onis, *f*
Herabnahme; d. Niederreißen
demonstratio, onis, *f*
d. Hinweisen, Hinzeigen; übtrg. Darlegung, Nachweis, Beweis; (als Redegattg.) Lob- od. Tadelrede
demonstrativus, a, um
„hinzeigend“: übtrg. (t. t. rhet.) bes. i. gut. Sinne = verherrlichend
demonstrator, oris, *m*
Zeiger
demonstro 1. (monstro)
eigtl. u. übtrg. genau zeigen, bezeichnen, (mit Worten) zeigen, darlegen, beweisen, erwähnen
demorior 3. (morior)
wegsterben
demoror 1. (moror)
etw. od. jem. verzögern, aufhalten; (N. Kl.) sich aufhalten
demoveo 2. (moveo)
fortschaffen (N. Kl.); übtrg. entfernen, abbringen, abwenden von; (aus Stellung od. Besitz) verdrängen. Vgl. dimoveo
demugitus, a, um
mit Gebrüll erfüllt (P)
demulceo 2. (mulceo)
streicheln (N. Kl.)
demum adv.
(stets nachgestellt) (b. Zeitangaben) erst, endlich (= später als erwartet); (zur Steigerung v. Pronom.) gerade, eben
demurmuro 1. (murmuro)
hermurmeln (P)
demutatio, onis, *f*
Veränderung, Verschlechterung
demuto 1. (muto)
abändern (N. Kl.)
denarius, ii, *m*
Denar (e. Silbermünze = 10, später 16 As)
denarro 1. (narro)
genau erzählen (P)
denato 1. (nato)
herabschwimmen (P)
denego 1. (nego)
entschieden verweigern, abschlagen; (N. Kl.) entschieden leugnen, in Abrede stellen
deni, ae, a
je zehn (gen. meist denum)
denicalis, e
d. Tod betreffend (feriae „Totenfest“ zu Ehren eines Verstorbenen)
denique adv.
I. eine Reihe abschließend: (und) endlich, zuletzt, schließlich, am Ende; (steigernd) ja, ja sogar; (verringernd) auch nur, wenigstens; (zus. fassend) mit einem Worte, kurz. überhaupt
II. zeitlich: zuletzt; (b. Zeitbest.) endlich, erst
denomino 1. (nomino)
benennen (P)
denormo 1.
unregelmäßig machen (P)
denoto 1. (noto)
übtrg. (durch e. Merkmal) deutlich bezeichnen, kenntlich machen, hinweisen auf
dens, dentis, *m*
Zahn (oft [meist P] übtrg.); (P) alles Zahnähnliche (Spitze, Schneide, Haken)
denseo, ere u. deuso 1.
(N. Kl.) verdichten, dicht an einander reihen, dicht auf einand. folgen lassen
densus, a, um
dicht; (P) dicht besetzt mit, gedrängt, gehäuft, häufig, ununterbrochen
dentalia, ium, *n*
Pflugsohle (P)
dentatus, a, um
(von Leblos.) gezähnt; mit e. Zahn geglättet
denubo 3. (nubo)
(aus d. Elternhause weg-)heiraten (N. Kl.)
denudo 1. (nudo)
eigtl. entblößen; übtrg. berauben; (N. Kl.) offenbaren
denuntiatio, onis, *f*
Ankündigung, Anzeige, Androhung, Prophezeihung, Aufforderung;

(N. Kl.) Anordnung
denuntio 1. (nuntio)
ankündigen, kundtun, erklären, androhen, prophezeien; (gerichtl.) testimonium alicui d., in iudicium d. „jem. zur Zeugenaussage auffordern"; (N. Kl.) Befehl geben
denuo (aus de novo)
von neuem, d. h. wiederum, nochmals
deonero 1. (onero)
entlasten: übtrg. abnehmen
deorsum adv.
abwärts
depaciscor s. depeciscor
depasco 3. (pasco)
abweiden (agros; übtrg. luxuriem orationis stilo d. „beschneiden"); (P) (v. Hirten) abweiden lassen. **depascor** 3. (P) abfressen, übtrg. verzehren
depeciscor (depaciscor), pectus sum 3. (paciscor)
e. Vertrag, Vergleich abschließen; sich ausbedingen
depecto 3. (pecto)
(P) herabkämmen, abkämmen
depeculator, onis, *m*
Berauber
depeculor 1.
eigtl. u. übtrg. etw. ausplündern, an etw. zum Dieb od. Räuber werden
depello, puli, pulsum 3. (pello)
jem. (von [aus] etw.) hinab-, hinweg-, forttreiben, -drängen, -stoßen, -werfen; spez. (milit. u. übtrg.) aus e. Stellg. verdrängen, vertreiben, ihn nötigen etw. aufzugeben; übtrg. etw. vertreiben, (von jem.) abwehren, fernhalten; (N. Kl.) (vom Kurs) abtreiben, (Tiere) entwöhnen
dependeo, ere (pendeo)
(N. Kl.) herabhängen
dependo, pendi, pensum 3. (pendo)
(be)zahlen
deperdo 3. (perdo)
(völl.) verlieren, einbüßen
depereo (pereo)
völl. z. Grunde gehen, umkommen, verloren gehen (von Pers. u. Sach.)
depingo 3. (pingo)
eigtl. abmalen (N. Kl.); übtrg. (mit Wort.) schildern; (geistig) sich vorstellen
deplango 3. (plango)
bejammern (P)
deploro 1. (ploro)
klagen; trans. beklagen, bejammern; (N. Kl.) als verloren aufgeben
depono 3. (pono)
eigtl. weg-, ab-, niedersetzen, -stellen, -legen; niederlegen = in Verwahrung geben, unterbringen, „deponieren"; übtrg. niederlegen; verzichten (auf). **depositus**, a, um im Sterben liegend = aufgegeben (P), klassisch übtrg.
depopulatio, onis, *f*
Verwüstung
depopulator, oris, *m*
Verwüster
depopulo 1. (populo)
verwüsten, klass. nur i. part. perf. pass. – **depopulor** 1. verwüsten, verheeren
deporto 1. (porto)
herab-, weg-, herbei-, hintragen, -bringen, -schaffen; spez. (aus der Prov. od. einem erobert. Lande nach Rom) heimführen, -bringen; (N. Kl.) verbannen, „deportieren"
deposco 3. (posco)
dringend (als e. Recht) fordern; die Auslieferg. jemds. verlangen
depravatio, onis, *f*
Verdrehung, Verunstaltung
depravo 1.
verdrehen, entstellen; übtrg. verderben, verführen. **depravatus**, a, um verderbt, verkehrt
deprecabundus, a, um
sich aufs Bitten legend (N. Kl.)
deprecatio, onis, *f*
Bitte um Abwendung, Fürbitte; Bitte um Entschuldigung
deprecator, oris, *m*
Fürbitter
deprecor 1. (precor)
durch Bitten abzuwehren suchen; Fürbitte einlegen; um Verzeihung, Gnade bitten; inständig bitten, erbitten
deprehendo (deprendo) 3. (prehendo)
eigtl. (Menschen od. Dinge) ergreifen, festhalten, fangen, auffangen, wegnehmen; antreffen, entdecken, überraschen, ertappen; übtrg. (meist N. Kl.) (geistig) erfassen, finden, erkennen,

wahrnehmen. **deprehendi** in d. Enge getrieb. werden (bildl.)
deprendo s. deprehendo
deprehensio, onis, *f*
Entdeckung
depressus s. deprimo a. Ende
deprimo 3 (premo)
eigtl. herab-, nieder-, eindrücken, -senken, spez. (Schiffe) versenken, in d. Grund bohren; übtrg. unterdrücken, (mit Wort.) herabsetzen. **depressus**, a, um niedrig gelegen
deproelior 1. (proelior)
e. Treffen durchkämpfen (P)
depromo 3. (promo)
hervornehmen, -holen, -langen; übtrg. entnehmen, entlehnen
depropero 1. (propero)
sich mit etw. beeilen (P)
depso, depsui, depstum 3. (gr.)
kneten (N. Kl.): in obszön. Sinne gebraucht
depugis, e
mit dürrem Steiß (P)
depugno 1. (pugno)
eigtl. u. übtrg. (bis zur Entscheidung) kämpfen
depulsio, onis, *f*
eigtl. d. Abprallen (luminum „Reflexion" d. Lichtstrahlen); übtrg. Abwehr
depulsor, oris, *m*
Abwehrer
deputo 1. (puto)
(P) entschied. für etw. halten, erachten; (N. L.) absenden; (Sp.) bestimmen für (daher unser „Deputat")
derectus, a, um s. derigo
derelictio, onis, *f*
Hintenansetzung
derelinquo 3. (relinquo)
gänzlich verlassen, aufgeben; übtrg. vernachlässigen
derepente
urplötzlich (N. Kl.)
derido 2. (rideo)
aus-, verlachen, verspotten
deridiculus, a, um
(N. Kl.) lächerlich, subst. neutr. Gespött
derigesco 3. (rigesco) 3.
erstarren (P)
derigo 3. (rego) (Nebenform dirigo [?])
gerade richten (flumina „regulieren"); (in gerader Richtung) aufstellen, ordnen, (N. Kl.) abs. sich aufstellen; überh. (jem. od. etw. [wohin]) richten, lenken, (N. Kl.) Waffen gegen jem. richten, abschleudern; die Richtung v. etw. bestimmen; etw. nach etw. (als Maßstab) richten, einrichten, bemessen. **derectus**, a, um (directus?) gerade gerichtet, gerade, in gerade Richtung; waagerecht; senkrecht, steil abfallend; übtrg. geradezu, „direkt", ohne Umschweif; streng; **derecto** „i. gerad. Richtung"
deripio, ripui, reptum 3. (rapio)
eigtl. u. übtrg. weg-, ab-, entreißen
derisor, oris, *m*
Spötter (P)
derivatio, onis, *f*
d. Ableiten
derivo 1. (rivo)
ableiten; übtrg. ablenken
derogo 1. (rogo)
e. Gesetz z. Teil aufheben, es beschränken; übtrg. schmälern, entziehen, absprechen
derosus, a, um
abgenagt, benagt
deruo, ere (ruo)
herabstürzen
deruptus, a, um
abschüssig (N. Kl.)
desaevio 4. (saevio)
heftig wüten (N. Kl.)
descendo, endi, ensum 3. (scando)
herabsteigen, -kommen, -gehen (de, ex); (N. Kl.) hinabreichen (v. Kleid.), sich herabziehen, sich senken, (v. Gebirge), herabfließen, sich ergießen (v. Flüss.) eindringen (v. Waffen u. a.); sinken (v. Ton); sich zu etw. herbeilassen, auf etw. einlassen, zu etw. entschließen
descensio, onis, *f*
Herabfahrt (Tiberina „die Tiberfahrt")
descensus, us, *m*
Abstieg (N. Kl.)
descisco, scii (scivi) scitum 3. (scisco)
(eigtl. u. übtrg.) abfallen, untreu werden, sich abwenden
describo 3. (scribo)

I. eigtl. abschreiben; aufzeichnen; übtrg. (mit Wort) beschreiben, schildern; erklären, definieren
II. (richtige Form discribo) abgrenzen, feststellen; ordnen, einteilen, abteilen; (Personen) zuteilen, einreihen; e. Liefrg.) ausschreiben, auflegen; (als Anteil) zuweisen, zuteilen
descriptus, a, um (richtig discriptus)
eigtl. u. übtrg. geordnet, gegliedert
descriptio, onis, *f* (vgl. describo)
I. Abschrift; Zeichnung, Abriß; Aufzeichnung; (mit Wort.) Darstellung, Beschreibung, Schilderung; Begriffsbestimmung
II. (richtig discriptio) Abgrenzung, Feststellung; Einteilung, Ordnung; Verteilung
descriptus s. describo a. Ende
deseco 1. (seco)
abschneiden, abhauen
desero, serui, sertum 3. (sero)
eigtl. u. übtrg. im Stiche lassen, verlassen, aufgeben, vernachlässigen; spez. (N. Kl.) abs. „desertieren". **desertus**, a, um eigtl. u. übtrg. verlassen, öde, einsam; (N. Kl.) **deserta**, orum, *n* Einöden, Steppen
desertor, oris, *m*
„Deserteur", (P) Flüchtling; Vernachlässiger, preisgebend
desertus, a, um s. desero a. Ende
deservio 4. (servio)
eifrig dienen, sehr ergeben sein, frönen
deses, gen idis
(N. Kl.) müßig, untätig
desiderabilis, e
wünschenswert
desideratio, onis, *f*
Verlangen nach
desiderium, ii, *n*
Verlangen, Sehnsucht (nach etw., was man hatte u. jetzt nicht hat); natürl. Bedürfnis; (N. Kl.) Anliegen
desidero 1. (sidus)
(Abwesendes) sehnsüchtig verlangen, sich sehnen nach, wünschen, begehren; (Fehlendes) vermissen, spez. vermissen = (im Kampf) verlieren
desidia, ae, *f*
Müßiggang, Trägheit, Untätigkeit
desidiosus, a, um
(v. Pers. u. Zuständ.) müßig, faul, träge
desido, sedi (sidi) 3. (sido)
einsinken; (N. Kl.) übtrg. sinken, verfallen
designatio, onis, *f*
I. Bezeichnung; (N. Kl.) Ernennung zu e. Amt
II. (richtig dissignatio) Einrichtung, Anordnung
designator (richtig dissignator), oris, *m*
Anordner (bes. der Leichenzüge) (P); Kampfrichter
designo 1. (signo)
I. (durch Zeichen od. Worte) bezeichnen, hindeuten auf (a); (e. Beamt.) ernennen
II. (richtig dissigno) einrichten, anordnen, (P) anstiften
desilio, silui, sultum 4. (salio)
herab-, hinabspringen
desino, sii, situm 3. (sino)
aufhören, ablassen, meist mit inf., selten trans., z. B. artem „aufgeben"; (v. Redner) schließen; (N. Kl.) aufhören, enden
desipio, pui 3. (sapio)
unsinnig, töricht sein od. handeln
desisto, stiti, stitum 3. (sisto)
abstehen von, aufhören mit
desolo 1.
verlassen (N. Kl.)
despectio, onis, *f*
Verachtung
despecto 1. (specto)
(N. Kl.) herabblicken, übtrg. = verachten
despectus, us, *m*
Fernsicht (nach unten, z. B. in mare); übtrg. (N. Kl.) Verachtung
despectus, a, um s. despicio
desperanter adv.
hoffnungslos
desperatio, onis, *f*
Hoffnungslosigkeit, Verzweiflung
desperatus, a, um s. despero
despero 1. (spero)
keine Hoffnung haben, verzweifeln an, etw. aufgeben. **desperatus**, a, um (von Pers. u. Sachen) aufgegeben u. daher hoffnungslos, verzweifelt (i.

pass. Sinne!)
despicatio, onis, *f*
Verachtung
despicatus, a, um
verachtet
despicatus, us, *m*
Verachtung
despicientia, ae, *f*
Verachtung
despicio, spexi, spectum 3. (specio)
eigtl. herabschauen, blicken auf; wegblicken; übtrg. (geringschätz.) herabblicken, verachten, verächtl. sprechen von. **despectus**, a, um verachtet, verächtlich
despollo 1. (spolio)
völlig ausplündern, berauben
despondeo, spondi, sponsum 3. (spondeo)
zusagen, verheißen; verloben; (N. Kl.) aufgeben
despumo 1. (spumo)
abschäumen (N. Kl.)
despuo 3. (spuo)
ausspucken (N. Kl.)
destillatio, onis, *f*
(N. Kl.) Schnupfen, Katarrh
destillo 1. (stillo)
herabträufeln (P)
destinatio, onis, *f*
Bestimmung (N. Kl.)
destino 1.
eigtl. befestigen, anbinden; übtrg. festsetzen, bestimmen; beschließen; ausersehen zu etw., bestimmen für; für sich (zum Kauf) ersehen. **destinatus**, a, um (N. Kl.) entschlossen zu etwas. subst. **destinatum**, i, *n* (N. Kl.) Ziel, Entschluß
destituo, tui, tutum 3. (statuo)
eigtl. (etw. od. jem.) allein (beiseite) hinstellen; übtrg. verlassen, (hilflos) im Stich lassen, bloßstellen; täuschen, hintergehen
destitutio, onis, *f*
Täuschung
destringo 3. (stringo)
abstreifen, (e. Waffe) blank ziehen, ziehen, zücken; (P) leicht berühren, ritzen, streifen, durchhecheln. **destrictus**, a, um blank, bloß, (N. Kl.) scharf, streng
destruo 3. (struo)
(etw. gebautes) einreißen, übtrg. (N. Kl.) stürzen, zu Grunde richten, vernichten
desubito
ganz plötzlich (fast nur N. Kl.)
desudo 1. (sudo)
eigtl. sich abschwitzen; übtrg. sich abmühen
desuefactus, a, um (desuefacio)
entwöhnt (N. Kl.)
desuetus, a, um (desuefacio)
entwöhnt (N. Kl.)
desuetudo, dinis, *f*
Entwöhnung (N. Kl.)
desultor, oris, *m*
(N. Kl.) Abspringer: Kunst-, Wettreiter
desultorius, a, um
eines Springers; (Sp.) abschweifend, unbeständig
desum (sum)
fort sein, nicht vorhanden sein, fehlen; nicht teilnehmen an; es an sich fehlen lassen; jemd. im Stiche lassen, sich entziehen; versäumen
desumo 3. (sumo)
(N. Kl.) sich ausersehen, auf sich nehmen
desuper
von oben her
desurgo 3. (surgo)
aufstehen von (P)
detego 3. (tego)
(meist N. Kl.) abdecken (d. Dach), eigtl. u. übtrg. aufdecken, entblößen, enthüllen
detendo, (tendi), tensum 3. (tendo)
abspannen; abbrechen
detergeo 2., N. Kl. auch **detergo** 3. (s. tergeo)
abwischen, reinigen, verscheuchen (N. Kl.); (abstreifd.) abbrechen
deterior, ius
„tiefer": minder gut (als das Gute), schlechter, geringer (v. Pers. u. Sach.). superl. **deterrimus**, a, um
determinatio, inis, *f*
Abgrenzung
determino 1. (termino)
abgrenzen (eigtl. N. Kl., klass. übtrg.)
detero 3. (tero)

(N. Kl.) abreiben, übtrg. verringern, schwächen
deterreo 3. (terreo)
abschrecken, abbringen, abhalten, etw. fernhalten
deterrimus s. deterior
detestabilis, e
verabscheuungswert, abscheulich
detestatio, onis, *f*
Verwünschung, Fluch (N. Kl.); Sühne
detestor 1. (testor)
(unter Anrufung d. Götter etw. Böses) herabwünschen auf jem. (N. Kl.); jem. od. etw. verwünschen, verfluchen; abweisen, abwehren, sich verwahren gegen. **detestatus**, a, um verflucht (P)
detexo 3. (texo)
fertig weben, fertig flechten (P); übtrg. (v. d. Darstellg.) vollenden
detineo, tinui, tentum 2. (teneo)
auf-, zurückhalten; übtrg. jem. festhalten, beschäftigen, (jemds. Geist, Sinn) fesseln; (N. Kl.) von etw. abziehen, abhalten, (ein Besitztum) vorenthalten, (jem. in einer Sache) beibehalten, belassen, se d. „sein Leben fristen"
detondeo, tondi, tonsum 2. (tondeo)
(N. Kl.) abscheren
detono 1. (tono)
(N. Kl.) herabdonnern, übtrg. austoben
detorqueo 2. (torqueo)
(weg)-drehen, -wenden, abwenden (eigtl. übtrg.); verdrehen, verkrüppeln
detractio, onis, *f*
Wegnahme, Entziehung; (mediz.) Ausleerung
detracto s. detrecto
detractor, oris, *m*
Verkleinerer (N. Kl.)
detraho 3. (traho)
I. herabziehen, -reißen, abnehmen, (N. Kl.) niederreißen, schleifen (Bauwerke)
II. abziehen, abnehmen, entreißen; übtrg. nehmen, entziehen, abnehmen; (b. Zahlen, Gewicht u. i. übtrg. Sinne) abziehen; abziehen = (jem. od. etw. in s. Wert) herabsetzen, verkleinern
III. fortziehen, -schleppen, -bringen; jem. zu etw. nötigen, zwingen
detrectatio, onis, *f*
Verweigerung
detrectator, onis, *m*
Verkleinerer (N. Kl.)
detrecto (detracto) 1.
sich entziehen, ablehnen, verweigern; (N. Kl.) schmälern, herabsetzen
detrimentosus, a, um
nachteilig
detrimentum, i, *n* (detero)
das Abreiben: übtrg. (d. zugefügte) Schaden, Verlust, Niederlage, Schlappe
detrudo 3. (trudo)
fort-, hinabstoßen, herabreißen; (milit.) (N. Kl.) i. d. Flucht schlagen; (aus e. Besitz) vertreiben; (gewaltsam) abbringen; nötigen zu; (gewaltsam) aufschieben
detrunco 1. (trunco)
(N. Kl.) v. Rumpf trennen, übtrg. (Bäume) verstümmeln, stutzen
deturbo 1. (turbo)
herabwerfen, -treiben, -drängen; (den Feind) vertreiben; (aus e. Besitz) vertreiben, einer Sache berauben
deunx, uncis, *m*
eig. wobei eine uncia fehlt, d. h. = elf Zwölftel
deuro 3. (uro)
ab-, verbrennen; (N. Kl.) (v. d. Kälte) [er]frieren machen
deus, i, *m* (nom. pl. dii, di; gen. pl.oft [meist P] deum; dat. pl. auch diis, dis)
Gottheit, Gott (auch von Menschen zur Bezeichng. ihrer Vollkommenheit)
deutor 3. (utor)
übel mitspielen (N. Kl.)
devasto 1. (vasto)
gänzl. verheeren (N. Kl.)
deveho 3. (veho)
(fort- od. hin-)schaffen, -führen, -bringen. devehi „(hinab)fahren", absegeln
devello 3. (vello)
abreißen (P)
develo 1. (velo)
enthüllen (P)
devenio 4. (venio)
(eigtl. u. übtrg.) (wohin) gelangen, ge-

raten
deversor 1. (versor)
eingekehrt sein, logieren (als Gast oder Fremder)
deversor, oris, *m*
Gast in e. Herberge
deversoriolum, ii, *n*
kleine Herberge
deversorium, ii, *n*
Herberge, Quartier (auch übtrg., z. B. flagitiorum „Sitz")
deverticulum, i, *n*
Seitenweg; (N. Kl.) Absteigequartier, Kneipe; übtrg. Schlupfwinkel
deverto 3. (verto), meist als depon. **devertor**, perf. **deverti** 3.
v. Wege abbiegen; absteigen, einkehren; übtrg. (v. Thema) abschweifen; (N. Kl.) logieren, sich wohin wenden, seine Zuflucht nehmen zu
devexus, a, um (deveho)
abwärts gehend, sich neigend; sich senkend (v. Örtlichkeiten)
devincio 4. (vincio)
eigtl. festbinden, umbinden; übtrg. eng verbinden; fesseln, verpflichten, für sich gewinnen. **devinctus**, a, um ganz ergeben
devinco 3. (vinco)
völlig besiegen, überwinden
devinctus, a, um s. devincio
devitatio, onis, *f*
d. Vermeiden
devito 1. (vito)
vermeiden
devius, a, um
v. Wege abliegend, entlegen; (N. Kl.) einsam wohnend, verirrt; übtrg. unstät
devoco 1. (voco)
herab-, ab-, wegrufen; verlocken
devolo 1. (volo)
herab-, wegfliegen, -eilen (klass. nur übtrg.)
devolvo 3. (volvo)
etw. herabwälzen, -rollen. **devolvi** herabrollen, -stürzen, -sinken
devoro 1. (voro)
hinunter-, verschlucken, -schlingen; übtrg. verprassen; geduldig hinnehmen; begierig in sich aufnehmen; spe, spe et opinione aliquid d. „etw. schon in der Tasche zu haben glauben"
devortium, ii, *n* (itineris)
Umweg (N. Kl.)
devotio, onis, *f*
d. Geloben: Aufopferung; Gelübde; (N. Kl.) Verwünschung, plur. Zaubereien; (Sp.) Andacht
devotus, a, um s. devoveo
devoveo 2. (voveo)
I. (relig.) etw. einer Gottheit (spez. den Unterirdischen) zum Opfer bestimmen, weihen, se d. „sich opfern"; (N. Kl.) verfluchen, verwünschen
II. (i. allgem.) preisgeben, zu eigen geben. **devotus**, a, um (N. Kl.) verwünscht, ergeben (klass. **devoti** d. Getreuen); (Sp.) andächtig, fromm
dextella, ae, *f*
d. rechte Händchen
dexter, tra, trum (tera, terum), comp. **dexterior**, superl. **dextimus** (dextumus)
rechts; (N. Kl.) übtrg. geschickt, glückbringend, passend. adv. (N. Kl.) **dextere**, comp. dexterius, geschickt. **dextra** (dextera), ae, *f* rechte Hand, rechte Seite; (N. Kl.) übtrg. =
1. feierl. Versprechen, Treue, Bündnis
2. Mut, Tapferkeit
dexteritas, atis, *f*
(N. Kl.) Gewandtheit (im Benehmen), Anstelligkeit
dextimus (dextumus) s. dexter
dextrorsum (**-sus**) adv.
nach rechts (N. Kl.)
diadema, matis, *n* (gr.)
königl. Kopfschmuck, „Diadem"
diaeta, ae, *f* (gr.)
geregelte Lebensweise, „Diät"; bildl. i. Ggstz. zu chirurgia = gelinde Maßregeln
dialecticus, a, um (gr.)
zum Disputieren gehörig, dialektisch, a) **dialectica**, ae, *f*, (sc. ars), Disputierkunst, Dialektik, b) **dialectica**, orum, *n* dialektische Untersuchungen, c) **dialecticus**, i. *m* Dialektiker
dialectos, i, *f* (gr.)
Mundart (N. Kl.)
Dialis, e
(N. Kl.) zum Jupiter gehörig, subst. Eigenpriester des Jupiter
dialogus, i, *m* (gr.)
(philosophisches) Gespräch, Dialog

diarium, ii, *n*
I. tägliche Ration, Kost
II. (N. Kl.) Tagebuch
dibaphus, i, *f* (gr.)
das (doppelt gefärbte) Purpurkleid höherer Magistrate
dica, ae, *f* (gr.)
Prozeß, Klage
dicacitas, atis, *f*
satirischer Witz, das Witzeln
dicatio, onis, *f*
Aufnahme in e. Bürgerschaft
dicax, gen. acis
(beißend) witzig, witzelnd
dichoreus, i, *m* (gr.)
Doppelchoreus = Doppeltrochäus
dicio, onis, *f* (nicht ditio!)
Gewalt, Botmäßigkeit, Gerichtsbarkeit
dicis causa
zum Schein (= unter d. Schein einer gesetzmäßigen Handlung)
dico 1.
(einer Gottheit) etw. weihen, widmen; (N. Kl.) einweihen, unter d. Götter erheben; überh. weihen, widmen, hingeben
dico, dixi, dictum 3. (imperat. dic)
zeigen, weisen: (durch Worte anzeigen) sagen; sententiam d. „s. Meinung sagen", sich zur Sache äußern, sacramentum d. „Fahneneid schwören", ius d. „Recht sprechen"; meinen; vorbringen, bemerken, erwähnen, antworten („auf" ad), behaupten; aussprechen; reden (Ggstz. facere); sprechen, reden (de „über"), vortragen, ars dicendi „Redekunst", genus dicendi „Stilgattung", bes. v. Reden vor Gericht; causam dico „e. Verteidigung führen", od. sich verteidigen, angeklagt sein; nennen; ernennen; bestimmen, festsetzen; zusagen, versprechen; (P) vortragen, besingen, vorhersagen
dicrotum, i, *n* (gr.)
Zweiruderer
dictamnus, i, *f* (N. Kl. **-num**, i, *n*)
Diptam (e. Heilpflanze)
dictata, orum, *n*
diktierte Sätze, Regeln, Lektionen
dictator, oris, *m*
Diktator, höchste obrigkeitl. Pers. in Rom, nur in bestimmten Fällen ernannt; auch außerhalb Roms zuw. Bezeichnung der höchsten Behörde
dictatorius, a, um
des Diktators
dictatura, ae, *f*
Diktatur, Diktatoramt
dictio, onis, *f*
d. Aussprechen; causae d. Verteidigung, iuris d. „Rechtsprechg." (in Zivilsachen), Zivilgerichtsbarkeit; Festsetzung; (N. Kl.) Orakelspruch; spez. (v. Redner) d. Art zu reden, Vortrag, Redeübung
dictito 1.
zu sagen pflegen, immer wieder sagen = im Munde führen, causas d. „Verteidigungen zu führen pflegen"
dicto 1.
wiederholt sagen: vorsagen, „diktieren"; (P) = „dichten"
dictum, i, *n*
d. Gesagte: Wort, Äußerung, Ausspruch, Witz, Befehl; (N. Kl.) Versprechen, (P) plur. Prophezeiung, Erzählung, Gespräche, Klagen u. ähnl.
dido, dididi, diditum 3. (do)
(P) verteilen, pass. sich verbreiten
diduco 3. (duco)
auseinanderdehnen, -sperren, -machen; (milit.) auseinanderziehen; übtrg. trennen, teilen; ausdehnen; zerstreuen; losreißen
diductio, onis, *f*
Weiterführung
diecula, ae, *f*
die kurze (Zahlungs-) Frist (ducere „hinziehen")
dies, ei
(plur. stets masc., sing. masc. u. fem., doch letzteres klass. nur als „Tag", „Termin", „Zeit")
I. Tag (als „natürl. Tag" gerechn. von Sonnenaufgang bis Sonnenuntergang, in 12 horae geteilt; als „bürgerl. Tag" von 24 Std. gerechn. v. Mitternacht zu Mitternacht)
II. als bestimmt. Tag:
1. Zeitpunkt, Termin; dies pecuniae „Zahltag"
2. Datum

3. im Zushg.: Geburtstag (= d. natalis), Fiebertag, (N. Kl.) Todestag
III. (P) Tag = Tagewerk
IV. 1. bestimmt. od. unbestimmt. Zeitraum, Frist
2. „Zeit" i. allgemeinst. Sinne
V. (P) Tageslicht
diffamo 1.
(N. Kl.) ruchbar machen, ins Gerede bringen
differentia, ae, *f*
Unterschied, Verschiedenheit; Spezies
differo, distuli, dilatum, differre (fero)
I. trans. auseinandertragen, verbreiten; übtrg. (N. Kl.) v. Gerücht.; (N. Kl.) zerstreuen, zerreißen; etw. aufschieben, jem. hinhalten, vertrösten
II. intrans. (ohne Perf. u. Sup.!) sich unterscheiden, verschieden sein
differens, gen. entis
verschiedenartig, verschieden
differtus, a, um (farcio)
voll (gestopft), wimmelnd von
difficilis, e
schwer (auszuführen), schwierig; (v. Lokalit.) schwer zu passieren, beschwerlich; (v. d. Zeit, Lage) mißlich, gefährlich; (v. Pers.) schwer zu behandeln, eigensinnig, unzugänglich. – adv. **difficulter**, selten **difficiliter**, (N. Kl.) **difficile**
difficultas, atis, *f*
Schwierigkeit (etw. auszuführen); Beschwerlichkeit; Mißlichkeit, schwierige Lage, Not, Verlegenheit; Unzugänglichkeit (des Charakters)
difficulter adv. s. difficilis
diffidenter
ängstlich
diffidentia, ae, *f*
Mißtrauen
diffido 3. (fido)
mißtrauen, verzweifeln an
diffindo 3. (findo)
zerspalten; übtrg. (N. Kl.) einen Termin hinausschieben, e. Aufschub bewirken
diffingo 3. (fingo)
(P) umbilden, spez. umschmieden, umgestalten
diffiteor, eri (fateor)
in Abrede stellen (N. Kl.)
diffluo 3. (fluo)
auseinanderfließen; übtrg. (v. Pers.) zerfließen, aufgehen in, (N. Kl.) auch v. Leblos.
diffugio 3. (fugio)
auseinander fliehen, sich zerstreuen
diffugium, ii, *n*
das Auseinanderstieben (N. Kl.)
diffundo 3. (fundo)
etw. ausgießen, ausströmen, spez. (Wein) abziehen (N. Kl.); übtrg. (weithin) verbreiten; ausdehnen; (P) zerstreuen, erheitern [die Freude erweitert d. Herz]. se d. u. (gewöhnl.) diffundi „sich ergießen", auseinanderfließen; übtrg. (von Nichtflüssigem) sich aus-, verbreiten; (geistig) sich erheitern. **diffusus**, a, um ausgebreitet, verbreitet, weitläufig, gedehnt (v. Ton)
digamma, *n* (gr.)
d. Doppelgamma, scherzh. = Zinsbuch (v. d. Aufschrift FENUS, abgekürzt F)
digero 3. (gero)
auseinandertragen: zerteilen (N. Kl.); (ordnend) verteilen, einreihen, eintragen; (Ungeordnetes) ordnen; einteilen; (N. Kl.) (nach Zahl u. Reihenfolge) berechnen, deuten
digestio, onis, *f*
Zerlegung (rhet. Figur)
digitulus, i, *m*
Fingerchen
digitus, i, *m*
Finger (tollere „aufheben"); (N. Kl.) Zehe
digladior 1.
eigtl. u. übtrg. sich bekämpfen
dignatio, onis, *f* (N. Kl.) s. dignitas 2.
dignitas, atis, *f*
1. Würdigkeit, Tüchtigkeit, Verdienst
2. Ansehen, Wertschätzung, Bedeutung; Würde, Rang, Stellung, Amt; **dignitates** Männer v. Ansehen
3. Ehre, Ehrenhaftigkeit
4. Würde, würdevolles Äußere, w. Haltung (v. Körper); Würde, Pracht, Glanz (bes. v. Gebäuden)
digno 1. u. **dignor** 1.
würdigen, für würdig halten (N. Kl.); klass. nur dignor „für würdig gehalt. werden"

di(g)nosco 3. (nosco)
unterscheiden (N. Kl.)
dignus, a, um
würdig, wert; angemessen, geziemend; dignum est (N. Kl.) = decet
digredior, gressus sum 3. (gradior)
weggehen, sich entfernen, sich trennen, scheiden; übtrg. abschweifen (in d. Rede), abweichen
digressio, onis, *f*
das Scheiden; übtrg. Abschweifung (in der Rede)
digressus, us, *m*
das Weggehen: Entfernung, Trennung, das Scheiden (v. Pers. u. Dingen)
dii, di s. deus
diiudicatio, onis, *f*
Entscheidung
diiudico 1. (iudico)
(zwischen zwei Pers. od. Sachen). entscheiden; unterscheiden
diiunctio, **-iungo** s. disiunctio, disiungo
dilabor 3. (labor)
I. (v. Gebäud. u. a.) zerfallen (N. Kl.); (v. Flüssig.) zergehen, zerschmelzen; übtrg. zerfallen, vergehen, zerrinnen
II. auseinander-, abfließen, übtrg. entschwinden; (N. Kl.) entweichen, sich zerstreuen, sich davon machen, desertieren, (v. d. Zeit) verlaufen
dilacero 1. (lacero)
übtrg. zerfleischen; i. eigtl. Sinne N. Kl.
dilanio 1. (lanio)
zerreißen, zerfetzen
dilargior 4. (largior)
freigebig verschenken
dilatio, onis, *f*
Aufschub, Verzögerung
dilato 1.
eigtl. u. übtrg. ausbreiten, ausdehnen, erweitern, (in d. Rede) ausführlich behandeln
dilator, oris, *m*
Aufschieber (P)
dilaudo 1. (laudo)
in jeder Hinsicht loben
dilectus, a, um s. diligo
dilectus, us, *m*
Aushebung, Rekrutierung
diligens, gen. entis (Ggstz. neglegens)
achtsam, sorgfältig, gründlich, genau (nicht einfach „fleißig"!), gewissenhaft, pünktlich, umsichtig; spez. sparsam, genau
diligentia, ae, *f*
Achtsamkeit, Sorgfalt, Aufmerksamkeit, Umsicht; Wirtschaftlichkeit, Sparsamkeit
diligo, lexi, lectum 3. (lego)
„auslesen": jem. od. etw. hochachten, wertschätzen, (u. daher) lieben. **dilectus**, a, um (nur N. Kl.!) lieb, wert, teuer
diliquesco (?) = del...
dilorico 1. (lorico)
aufreißen
diluceo, ere (luceo)
(N. Kl.) klar sein, sich aufklären (nur übtrg.)
dilucesco, luxi 3.
eigtl. u. übtrg. hell werden (in Prosa nur impers.)
dilucidus, a, um
deutlich, klar (klassisch nur übtrg.)
diluculum, i, *n*
Anbruch des Tages, Morgendämmerung
diludium, ii, *n*
Aufschub des Gladiatorenkampfes: übtrg. Aufschub (P)
diluo 3. (luo)
auflösen, zerweichen; (N. Kl.) (Gift, Arznei) bereiten; übtrg. tilgen, entkräften, auflösen. **dilutus**, a, um verdünnt
diluvies, ei, *f* u. **diluvium**, ii, *n*
(N. Kl.) Überschwemmung, Wasserflut, „Sintflut", übtrg. Verheerung
dimachae, arum, *m*
eine zu Pferde und zu Fuße kämpfende Reitergattung, Doppelkämpfer (N. Kl.)
dimano 1. (mano)
auseinanderfließen: übtrg. sich ausbreiten
dimensio, onis, *f*
d. Ausmessen
dimetior 4. (metior)
ab-, aus-, vermessen. **dimensus**, a, um oft passivisch
dimetor 1. (metor)
abmessen, abstecken. **dimetatus**, a,

um auch pass. gebraucht
dimicatio, onis, *f*
(gefährl.) Kampf, übtrg. d. Ringen um etw.
dimico 1. (mico)
(hitzig) kämpfen; übtrg. ringen um etw., sich mühen
dimidiatus, a, um
halbiert, halb
dimidius, a, um
mitten geteilt: halb. **dimidium**, ii, *n* Hälfte, dimidio „um d. Hälfte" (d. minor „halb so groß")
diminuo 3. (minuo)
zersplittern, zerschmettern (N. Kl.)
dimissio, onis, *f*
Aussendung; Dienstentlassung
dimitto 3. (mitto)
I. (nach verschied. Seiten) ausschicken, herumschicken
II. (von sich) fortschicken, entlassen, (Truppen) entlassen, absenden; aus d. Dienst lassen, verabschieden; verstoßen; von sich lassen, fortlassen; übtrg. etw. aus d. Händ. lassen, fallen, fahren lassen, unbenutzt lassen, weglegen; verzichten auf, aufgeben; hingehen lassen
dimoveo 2. (moveo)
(fast nur N. Kl.) auseinander bewegen, zur Seite schieben, zerteilen, trennen; (N. Kl.) (durch Trennung) entfernen, trennen
dinosco s. dignosco
dinumeratio, onis, *f*
Aufzählung
dinumero 1. (numero)
aus-, ab-, auf-, herzählen; berechnen; (P) Geld auszahlen (klass. nur abs.)
dioecesis, gen. is u. eos, *f* (gr.)
Verwaltungsgebiet, Distrikt
dioecetes, ae, *m* (gr.)
Finanzbeamter
diota, ae, *f* (gr.)
Weingefäß mit zwei Henkeln, Henkelkrug (P)
diploma, atis, *n* (gr.)
Urkunde, Geleitschreiben, Paß; (N. Kl.) Diplom (für e. Privilegium)
directus (**-to**) s. derigo a. Ende
diremptus, us, *m*
Trennung
direptio, onis, *f*
Plünderung, Raub
direptor, oris, *m*
Plünderer
diribeo, bui 2. (aus dis u. habeo)
(die Stimmtäfelchen) sondern
diribitio, onis, *f*
Sonderung der Stimmtäfelchen
diribitor, oris, *m*
Sonderer der Stimmtäfelchen
dirigo s. derigo
dirimo 3. (dis u. emo)
(Zusammenhängendes) trennen, (eine Handlg.) unterbrechen, stören (bes. Fachwort d. Augurn), abbrechen, aufheben; vereiteln; schlichten, beilegen
diripio, ripui, reptum 3. (rapio)
zerreißen, wegreißen von, entreißen (N. Kl.); plündern, berauben; wegschleppen, rauben
diritas, atis, *f*
Schrecklichkeit einer Sache (N. Kl.); Unleidlichkeit (v. Charakter)
dirumpo (disrumpo) 3. (rumpo)
eigtl. u. übtrg. zerreißen. dirumpi übtrg. bersten, platzen. diruptus der „einen Bruch" hat
diruo 3. (ruo)
niederreißen, zerstören; aere dirui (zur Strafe) „Abzug an der Löhnung erleiden", daher übtrg. = „bankerott werden"
dirus, a, um
unheilverkündend (klass. nur als relig. Ausdr.); übtrg. (N. Kl.) (v. Pers. u. Sach.) gräßlich, schrecklich, verderblich. **dirae**, arum, *f* Unheilzeichen; (N. Kl.) Verwünschungen, (personif.) Furien
dis, gen. ditis (zsgzg. aus dives), comp. ditior, superl. ditissimus
reich (klassisch nur ditissimus)
discedo 3. (cedo)
auseinandergehen, sich trennen, sich zerstreuen; fort-, weggehen, sich entfernen, verlassen; (militär.) weggehen von (d. ab armis „d. Waffen niederlegen", d. a signis „Reih u. Glied verlassen"), abmarschieren, abziehen, (aus d. Kampf) hervorgehen, davonkommen; daher auch bildl. gebr. v. Kampf vor Gericht.; übtrg. v. d. Ab-

stimmung i. Senat „stimmen für"; v. jem. od. etw. abfallen, ihm untreu werden, etw. aufgeben; v. jem. od. etw. in d. Beurteilg. absehen, ihn (es) ausnehmen; scheiden von, verlassen; entschwinden
disceptatio, onis, *f*
Erörterung, Verhandlung; Streitfrage; (N. Kl.) Entscheidung (eines Rechtsfalls)
disceptator, oris, *m*
Schiedsrichter, fem. **disceptatrix**, icis, *f*
discepto 1.
(als Schiedsricht.) entscheiden (abs.; controversiam); (von streitenden Parteien) (e. Streitfrage) untersuchen, erörtern, verhandeln, zur Entscheidung bringen
discerno 3. (cerno)
eigtl. absondern, trennen, scheiden (N. Kl.; klassisch nur übtrg.); übtrg. voneinander unterscheiden; beurteilen, entscheiden
discerpo, cerpis, cerptum 3. (carpo)
eigtl. u. übtrg. zerstückeln, zerreißen
discessio, onis, *f*
Trennung, (v. Heere) Abmarsch; Abstimmung (i. Senat)
discessus, us, *m*
d. Auseinandergehen (caeli „Wetterleuchten"); (eigtl. u. übtrg.) Trennung, Entfernung, Abreise, Scheiden; Trennungszeit; Abwesenheit, „Senatsferien"; (v. Heere) Abmarsch, Abzug
discidium, ii, *n*
Trennung; übtrg. Zerwürfnis, Zwiespalt
discinctus, a, um s. discingo
discindo 3. (scindo)
zerreißen, zerspalten
discingo 3. (scingo)
(fast nur P) los-, entgürten. **discinctus**, a, um übtrg. (P) locker, leichtsinnig
disciplina, ae, *f*
I. Unterweisung, Lehre, Unterricht; übtrg. Lehre, Wissenschaft, Kunst; Lehrgegenstand; Kenntnis, Wissen, Bildung; Lehrmethode; System, „Schule"
II. Erziehung, Zucht, spez. Kriegszucht, „Disziplin"; „Zucht" = Ordnung, Einrichtung, Gewohnheit, Sitte, Verfassung
discipulus, i, *m*
Schüler. fem. (N. Kl.) **discipula**, ae
discludo, clusi, clusum 3. (claudo)
trennen
disco, didici 3.
lernen; (v. Rechtsanwalt) d. cansam „sich über die Sache unterrichten"; studieren; (e. Tatsache) erfahren von; (P) (jem. od. etw.) kennen lernen
discolor, gen. oris
verschiedenfarbig; (P) übtrg. verschieden
disconvenio, ire (convenio)
schlecht übereinstimmen (P)
discordia, ae, *f*
Zwietracht; (N. Kl.) Meuterei
discordiosus, a, um
händelsüchtig (N. Kl.)
discordo 1.
zwieträchtig, uneinig sein; (N. Kl.) abweichen von, meutern
discors, gen. cordis
zwieträchtig, uneinig; übtrg. (N. Kl.) verschieden, ungleich
discrepantia, ae, *f*
Widerspruch, Streit
discrepatio, onis, *f* (N. Kl.) = discrepantia
discrepo, avi (P ui) 1. (crepo)
eigtl. mißtönig sein, distonieren (v. Instrum. u. Stimmen); übtrg. nicht übereinstimmen, abweichen, widersprechen; (N. Kl.) discrepat „man stimmt nicht überein"
discribo s. describo (II)
discrimen, inis, *n* (discerno)
eigtl. Scheide, Abstand, Entfernung, Zwischenraum, (i. d. Musik) Intervall (meist P); übtrg. Unterschied, Unterscheidung; Entscheidung über; Unterscheidungsvermögen; entscheid. Augenblick, Krisis, Gefahr
discrimino 1.
trennen
discriptio s. descriptio (II)
discriptus, a, um s. describo a. Ende
discrucio 1. (crucio)
martern
discruciari
übtrg. sich abquälen

discumbo, cubui, cubitum 3.
sich zu Tische legen, zu Tische gehen (von mehreren, [N. Kl.] zuweil. auch von einem einzelnen); (selt.) sich zum Schlafe niederlegen
discupio 3. (cupio)
von ganzem Herzen wünschen (N. Kl.)
discurro 3. (curro)
auseinand. laufen, sich zerstreuen, hin u. her laufen
discursus, us, *m*
(N. Kl.) das Auseinanderlaufen, das Hinundherlaufen, -fahren, -rennen; (Sp.) Gespräch
discus, i, *m* (gr.)
Wurfscheibe
discussio, onis, *f*
(Sp.) Erörterung, „Diskussion"
discutio, cussi, cussum 3. (quatio)
zerschlagen, zertrümmern; (Lebl.) zerteilen, vertreiben, wegschaffen; (N. Kl.) (leb. Wesen) auseinander treiben, jagen, sprengen; übtrg. vereiteln, hintertreiben, hinfällig machen; (Sp.) erörtern, „diskutieren"
disertus, a, um
wohlgeordnet, wohlgesetzt, mit klaren Worten, ausdrücklich; klar im Ausdruck, (in weiterem Sinne) redegewandt, beredt
disharmonia, ae, *f*
Disharmonie (N. L.)
disicio (auch dissicio?), ieci, iectum 3. (iacio)
(meist N. Kl.) auseinanderwerfen: (e. Schar) zerstreuen, zersprengen; (N. Kl.) zertrümmern, zerstören, vereiteln, hintertreiben. **disiectus**, a, um zerstreut; (N. Kl.) zerstreut wohnend, zertstreut liegend, weitläufig
disiunctio (diiunctio), onis, *f*
(räuml.) Trennung; (übtrg.) Verschiedenheit; (logisch) Gegensatz; „Sonderung" (rhet. Ausdruck, Gegensatz zu d. Zeugma)
disiungo (diiungo) 3. (iungo)
ab-, losspannen; (räuml.) trennen, scheiden; übtrg. trennen, entzweien; unterscheiden. **disiunctus**, a, um getrennt, entfernt; verschieden (ab „von"); (logisch) entgegengesetzt; (v. Ausdruck) zerhackt
dispalor 1. (palor)
überall umherschweifen (N. Kl.)
dispar, gen. paris
ungleich, verschieden
disparilis, e
ungleich, unähnlich
disparo 1. (par)
(Personen) absondern, trennen
dispello, puli, pulsum 3. (pello)
(eigtl. u. übtrg.) auseinandertreiben, zerstreuen, vertreiben
dispendium, ii, *n*
(P) Unkosten, Verlust
dispensatio, onis, *f*
Verteilung (N. Kl.); Verwaltung; Hausverwalteramt, Schatzmeisteramt; (N. L.) Entbindung von etw., „Dispensation"
dispensator, oris, *m*
Hausverwalter, Wirtschafter, Schatzmeister
dispenso 1.
abwägend verteilen: übtrg. ver-, einteilen; (be)wirtschaften, verwalten
disperdo 3. (perdo)
völlig zu Grunde richten. Als Passiv dient **dispereo**, ii, ire (eo) völlig zu Grunde gerichtet werden, zu Grunde gehen
dispergo, si, sum 3 (spargo)
ausstreuen: übtrg. überall verbreiten, verteilen. **dispersus**, a, um eigtl. u. übtrg. zerstreut, verbreitet, vereinzelt
dispertio, ivi (ii), itum 4. (partio), selten dispertior
eigtl. u. übtrg. zer-, verteilen
dispertitio, onis, *f*
Verteilung
dispicio 3. (specio)
intrans. anfangen zu sehen, die Augen öffnen; (nach all. Seiten) schauen; trans. erblicken, schauen; übtrg. (mit dem Geiste) wahrnehmen, ausfindig machen, ermitteln, (im Geiste) erwägen
displiceo, plicui, plicitum 2. (placeo)
mißfallen; insbes. displ. sibi „mißvergnügt sein", übler Laune sein
displodo, plosi, plosum 3. (plaudo)
auseinandersprengen (P)
dispono 3. (pono)

auseinanderstellen, hier u. da aufstellen, (planmäßig) verteilen; in Ordnung stellen, setzen, legen, bringen; (gehörig) einteilen, einrichten, (t. t. rhet.) ordnen, anordnen
dispositus, a, um
wohl geordnet
dispositio, onis, *f*
Anordnung; „Disposition" (t. t. rhet.)
dispositus, us, *m*
Anordnung (N. Kl.)
disputatio, onis, *f*
das Hinundherreden, die Erörterung, spez. (mündl. oder schriftl.) Unterredung, Untersuchung, Abhandlung üb. e. wissenschaftl. Thema
disputator, oris, *m*
Disputierer
disputo 1. (puto)
(mündl. od. schriftl., u. zwar allein od. mit anderen, ein Thema) erörtern, untersuchen, sich (üb. e. Th.) unterreden, „disputieren"
disquiro, ere (quaero)
untersuchen (P)
disquisitio, onis, *f*
(gerichtliche) Untersuchung
disr... s. dir...
dissaepio 4. (saepio)
(wie durch e. Scheidewand) trennen
dissaeptio, onis, *f*
(N. Kl.) Trennung
dissavior (dissuavior) 1. (savior)
tüchtig abküssen (N. Kl.)
dissemino 1 (semino)
„aussäen": übtrg. ausbreiten, verbreiten
dissensio, onis, *f*
Meinungsverschiedenheit; Uneinigkeit, Zwist; übtrg. Widerspruch
dissensus, us, *m*
Uneinigkeit (P)
dissentaneus, a, um
nicht übereinstimmend
dissentio 4. (sentio)
(in Meinung od. Gesinnung) nicht übereinstimmen, nicht beistimmen, uneins sein; (auch mit sachl. Subj.) abweichen, widersprechen
disserenascit, avit 3.
es wird heiter, es heitert sich auf (N. Kl.)
dissero 3. (sero)
„aussäen": in Zwischenräumen in die Erde setzen
dissero, serui, sertum 3. (sero)
auseinandersetzen, erörtern, besprechen, sprechen
dissertio, onis *f*
(N. Kl.) allmähliche Auflösung
disserto 1.
auseinandersetzen, ausführlich besprechen (N. Kl.)
dissicio s. disicio
dissico, ere (seco) [?]
(P) zerschneiden, vereiteln
dissideo, sedi 2. (sedeo)
schief sitzen (P); übtrg. nicht übereinstimmen; uneins sein, zerfallen sein, in Feindschaft leben; im Widerspruch stehen mit, nicht passen zu
dissignatio s. designatio (II)
dissignator s. designator
dissigno s. designo (II)
dissilio, silui 4. (salio)
(P) zerspringen, zerplatzen, zerbersten
dissimilis, e
unähnlich, ungleichartig
dissimilitudo, dinis, *f*
Unähnlichkeit, Verschiedenheit, Widerspruch
dissimulanter adv.
unvermerkt, insgeheim, non d. „unverhohlen"
dissimulantia, ae, *f*
Verstellung, Ironie
dissimulatio, onis, *f*
d. Unkenntlichmachen (N. Kl.); übtrg. Verheimlichung: Verstellung, angenommener Schein; (i. Ausdruck) Ironie
dissimulator, oris, *m*
(N. Kl.) Verhehler, Verleugner
dissimulo 1 (simulo)
unkenntlich machen, verstecken, verbergen (P); (etw., was vorhanden ist) nicht merken lassen, verhehlen, verheimlichen, verleugnen; abs. sich verstellen; (N. Kl.) vernachlässigen, ignorieren
dissipabilis, e
leicht zerteilbar
dissipatio, onis, *f*

Zerstreuung; Verschleuderung; (rhet.) Zerlegung (eines Begriffes)
dissipo 1.
auseinanderwerfen, zerstreuen; (milit.) zer-, versprengen; (durch Trennung) zerstören, zertrümmern; übtrg. (ein Gerücht) ausstreuen, verbreiten; (e. Besitz) verschleudern, vergeuden. **dissipatus**, a um zusammenhangslos (vom Redner)
dissociabilis, e
(N. Kl.) trennend, unvereinbar, ungesellig
dissociatio, onis, *f*
Trennung
dissocio 1 (socio)
(örtl.) scheiden, trennen (P); übtrg. scheiden, trennen, entzweien
dissolubilis, e
auslösbar, zerlegbar
dissolutio, onis, *f*
eigtl. Auslösung; übtrg. Aufhebung, Abschaffung; Widerlegung; Energielosigkeit, Schwäche; (rhetor.) Asyndeton
dissolutus, a, um s. dissolvo
dissolvo 3. (solvo)
(Zusammengefügtes) auflösen; (N. Kl.) abbrechen (e. Brücke); übtrg. auflösen, trennen, aufheben, vernichten; entkräften, widerlegen; ab-, bezahlen. **dissolutus**, a, um aus d. Fugen gegangen; (rhetor.) asyndetisch; (v. Charakt.) fahrlässig, nachlässig, leichtfertig, zügellos
dissonus, a um
(N. Kl.) verschieden tönend, unharmonisch, verworren, übtrg. abweichend, verschieden
dissuadeo 2. (suadeo)
widerraten
dissuasio, onis, *f*
d. Widerraten
dissuasor, oris, *m*
Widerrater
dissuavior s. dissavior
dissulto, are
(P) zerbersten, sich nach allen Seiten verbreiten, widerhallen
dissuo 3. (suo)
übtrg. auftrennen (amicitas „allmählich lösen"); (P) eigtl. öffnen
distantia, ae, *f*
Abstand: übtrg. Unterschied, Verschiedenheit
distendo, tendi, tentum 3. (tendo)
(fast nur N. Kl.) aus(einander) spannen: ausdehnen, ganz voll füllen, (milit. von feindl. Truppen u. übtrg.) teilen, zerstreuen
distentus, a, um s. distendo u. ineo
distermino 1. (termino)
(N. Kl.) scheiden
distichon, i, *n* (gr.)
ein Hexameter u. Pentameter, e. Distichon
distinctio, onis, *f*
1. (geist.) Unterscheidung, (rhet.) Gliederung (der Periode), Verzierung der Rede (v. Redner), Bedeutungswechsel
2. Unterschied, Verschiedenheit
distinctus, us, *m*
(N. Kl.) Abwechslung in den Farben, Zeichnung
distineo, tinui, tentum 2. (teneo)
auseinander-, getrennt halten; (milit.) Truppen an d. Vereinigung hindern, trennen; übtrg. etw. hindern; spalten. **distineri** in Anspruch genommen, beschäftigt werden, i. Zwiespalt gebracht werden
distinguo, stinxi, stinctum 3.
eigtl. absondern, trennen (N. Kl.): übtrg. unterscheiden, trennen, gliedern; kenntlich machen, bezeichnen: mannigfaltig verzieren, schmücken, bunt besetzen mit, spez. (der Rede u. Darstellung) Glanz verleihen, (sie) schmücken, heben; Abwechslung bringen in etw.. **distinctus**, a, um mannigfach (N. Kl.); (v. Redner u. der Darstellg.) bestimmt, klar
disto, are (sto)
eigtl. (räuml.) entfernt sein; übtrg. verschieden sein, sich unterscheiden von
distorqueo 2. (torqueo)
verdrehen (P). **distortus**, a, um verwachsen (v. Pers.); übtrg. verschroben
distortio, onis, *f*
Verzerrung, Verdrehung (des Körpers)
distractio, onis, *f*
Trennung; Zwiespalt
distraho 3. (traho)

I. eigtl. auseinanderziehen, -reißen, losreißen, trennen, zerstreuen; (rhet.) trennen; (N. Kl.) einzeln verkaufen (= divendere)
II. übtrg. nach verschiedenen Richtungen ziehen, zersplittern, trennen, entzweien, entfremden; hintertreiben; schlichten
distribuo 3. (tribuo)
verteilen; verbreiten über; zuteilen, anweisen, spez. (logisch) einteilen. **distributus**, a, um logisch geordnet
distributio, onis, *f*
Verteilung, (logische) Einteilung; (rhet.) Zerlegung eines Begriffes in mehrere ähnliche
distringo 3. (stringo)
(fast nur N. Kl.) auseinanderstrecken (spez. von körperl. od. geistig. Folter), (d. Feind) teilen
districtus, a, um
in Anspruch genommen, beschäftigt
districtus, us, *m*
Bezirk (N. Kl.)
disturbatio, onis, *f*
Zerstörung
disturbo 1. (turbo)
auseinandertreiben; zerstören, zertrümmern; übtrg. zunichte machen, vereiteln
ditesco, ere
reich werden (P)
dithyrambicus, a, um (gr.)
dithyrambisch
dithyrambus, i, *m* (gr.)
Festlied zu Ehren des Dionysos
ditio s. dicio
ditior, **ditissimus** s. dis
dito 1.
bereichern (N. Kl.)
diu adv.
I. bei Tage (N. Kl.)
II. eine lange Zeit, lange:
1. = in längerer Zeit (Ggstz. uno tempore)
2. = lange Zeit hindurch
3. = seit langer Zeit, längst. comp. **diutius** länger, zu lange, superl. **diutissime** am längsten, sehr lange
diurnus, a, um
den Tag betreffend, Tages- (Licht, Stunden u. a.) (P); bei Tage geschehend: Tages-, bei Tage; einen Tag dauernd; (N. Kl.) immer für einen Tag, täglich (Tagelohn, Tagesration u. a.). (N. Kl.) **diurna**, orum, *n* (acta) Tagesberichte, „Journal"
dius, a, um (gr.) (P = divus)
göttlich, übtrg. herrlich
diutinus, a, um
langanhaltend, langwierig
diuturnitas, atis, *f*
lange Dauer, Länge; dauernder Besitz
diuturnus, a, um
lange dauernd, anhaltend
diva, ae, *f* s. divus
divarico 1. (varico)
auseinanderspreizen
divello, velli (vulsi), vulsum 3. (vello)
eigtl. auseinander-, ausreißen, zerreißen (N. Kl.); weg-, losreißen, (gewaltsam) trennen; übtrg. auseinander-, zerreißen
divendo 3. (vendo)
stückweise verkaufen
diverbero 1. (verbero)
(schlagend) trennen (N. Kl.)
diverbium, ii, *n*
d. Wechselgespräch, Dialog des Dramas (N. Kl.)
diversitas, atis, *f*
(N. Kl.) Verschiedenheit, Gegensatz, Widerspruch
diversorium, ii, *n* s. dev...
diversus, a, um
I. nach zwei od. mehreren, verschied. Richtungen gewendet, an zwei od. mehr., verschied. Punkten (Orten), hier(hin) u. dort(hin), verschieden, getrennt; übtrg. (v. einand.) verschieden, abweichend; (N. Kl.) unschlüssig, unstät, uneinig
II. (in) nach der entgegengesetzten Richtung, entgegengesetzt; (N. Kl.) abgelegen, entlegen; übtrg. (d. Beschaffenheit nach) entgegengesetzt, widersprechend, ganz verschieden; (N. Kl.) gegnerisch, feindlich
diverticulum, i, *n* unrichtig für deverticulum
diverto unrichtig für deverto
dives, gen. divitis, gen. plur. divitum
reich (an Geld u. Gut, dann auch i. weiter. Sinne; klass. nur abs. [Ggstz.

pauper]; (N. Kl.) reich = fruchtbar, reichlich, reich an etw., kostbar, prächtig
divexo 1. (vexo)
hin- u. herzerren: übtrg. mißhandeln, verheeren
divido, visi, visum 3.
I. (ein Ganzes) teilen, einteilen; zerteilen; (polit.) trennen, spalten; verteilen; (P) zerspalten, zerstören, vernichten
II. (zwei Ganze) trennen, sondern, scheiden
III. (P) gliedern = vortragen
dividuus, a, um
geteilt, getrennt (P); trennbar, teilbar
divinatio, onis, *f*
Weissagung, Sehergabe; Ahnung, Vermutung; Festsetzung des (geeigneten) Anklägers
divinitas, atis, *f*
Göttlichkeit, göttliches Wesen, göttliche Natur; übtrg. göttliche Weisheit; (v. Redner) = Vortrefflichkeit, Meisterschaft
divinitus adv.
durch göttliche Fügung; durch göttliche Eingebung; göttlich = außerordentlich, vortrefflich, herrlich
divino 1.
göttl. Eingebung haben, weissagen, prophezeien; ahnen, erraten
divinus, a, um
göttlich; res divina „Opfer"; res divinae
1. Gottesdienst, Religionsweisen, gottesdienstliche Handlungen
2. Lehre von Gott u. der Welt, die „Physik"; iura divina „Naturrecht"; übtrg. gotterfüllt, prophetisch; göttlich = unvergleichlich, vortrefflich, herrlich. subst. **divinus**, i, *m* Seher, Prophet; (N. Kl.) **divinum**, i, *n* Opfer
divisio, onis, *f*
Verteilung; (log.) Einteilung; (N. Kl.) Teilung
divisor, oris, *m*
Austeiler (der Äcker); Geldverteiler (bei Wahlagitation),
divisus, us, *m* (nur i. dat.)
das Verteilen (N. Kl.)
divitiae, arum, *f*
eigtl. Reichtum, konkr. Schätze; übtrg. Reichtum
divortium, ii, *n*
Wasserscheide (auch übtrg.); (N. Kl.) Weg-, Grenzscheide; übtrg. Ehescheidung; überh. Scheidung, Trennung
divulgo 1. (vulgo)
allen preisgeben; allgemein bekannt machen, verbreiten. **divulgatus**, a, um gemein gemacht = gewöhnlich; (N. Kl.) allgemein verbreitet
divus, a, um
(N. Kl.) göttlich, himmlisch, göttergleich; klass. divus Iulius „d. göttliche I." (Divus Beiname der nach dem Tode unter d. Götter versetzt. Kaiser). subst. **divi**, orum, *m* die Himmlischen Götter, (N. Kl.) **diva**, ae, *f* Göttin. **divum**, i, *n* d. freie Himmel, klass. nur sub. divo „unter f. H.", (P) auch sub divum
do, dedi, datum, dare
I. i. eigtl. Sinne
1. allgemein: etw. od. jem. (jemandem) geben, übergeben; geben, schenken; verleihen; verteilen; reichen, überreichen (tabellam „d. Stimmtäfelchen"), einhändigen; bieten, an-, darbieten
2. insbesondere: e. Brief (dem Boten) geben, bisweilen (dem Empfänger) einhändigen, (an jem.) senden, absenden; (Geld) zahlen (**data**, orum, *n* Ausgaben), übtrg. (Strafe) zahlen; (Arznei, Gift) geben, reichen, eingeben; (e. Mahlzeit, Schauspiel, Festlichkeit) bieten, geben, veranstalten; bildl. (Stoff zu etw.) liefern; darbieten = etw. jemdm. hinhalten; (jem. in einer Eigenschaft) geben, stellen, einsetzen; (zur Frau) geben; (N. Kl.) (den Göttern) darbringen, opfern, weihen; (P) (Speisen) vorsetzen, auftragen, lassen
II. übtrg.
1. wohin geben, wohin bringen, legen, tun, werfen, schleudern, stürzen; se dare „sich begeben"; sich jem. zeigen, in d. Bereich jmds. kommen; überliefern, darbieten, hingeben, preisgeben, se dare „sich hingeben", sich überlassen; (etw. od. sich einer Sache) widmen, bes. dare operam „einer Sache

seine Mühe widmen", sich Mühe geben
2. geben = gewähren, vergönnen, verleihen, bewilligen, erweisen, gestatten, zugestehen, einräumen, lassen; spez. v. Prätor: (rechtl.) dare „das Klagerecht gewähren"
3. (e. Geschäft, Auftrag, Amt) jemdm. geben, erteilen, übergeben, -tragen, -weisen
4. jemdm. etw. auslegen, ausrechnen als
5. Ort od. Zeit jemdm. anweisen, bestimmen
III. von sich geben:
1. (sprechend) = nennen, angeben, (N. Kl.) = berichten
2. etw. hören lassen, von sich geben, sehen lassen, hervorbringen, entstehen lassen (P); übtrg. erregen, verursachen, bewirken, veranlassen; (N. Kl.) tun, machen i. Sinne v. facere; (öffentl.) von sich geben

doceo, docui, doctum 2.
(theoretisch) lehren, belehren, unterrichten, unterweisen in etw.; belehren, unterrichten von (über), in Kenntnis setzen, spez. (e. Richter, Patron, Behörde) üb. den Stand einer Sache unterrichten; dartun, auseinandersetzen, zeigen, klar machen, erwähnen; d. fabulam „e. Stück einstudieren", auf d. Bühne bringen (vom Dichter). Vgl. auch doctus

dochmius, ii, *m* (gr.)
dochmischer Versfuß (∪ – – ∪ –)

docilis, e
gelehrig

docilitas, atis, *f*
Gelehrigkeit

doctor, oris, *m*
Lehrer, Lehrmeister; (N. L.) Arzt

doctrina, ae, *f*
(theoret.) Lehre, Unterricht, Unterweisung; (gelehrte) Bildung, Gelehrsamkeit, spez. i. d. Philosophie, Wissenschaft, plur. Zweige, Kenntnisse der (gelehrt.) Bildung

doctus, a, um
unterrichtet, kundig, wissenschaftl. (spez. philosoph.) gebildet, gelehrt; selten auf Sachen übtrg.; (P) kunstgeübt, geübt, erfahren

documentum, i, *n*
Beispiel, spez. warnendes Beispiel; Beweis, Probe; (N. L.) Urkunde, Dokument

dodrans, antis, *m* $^3/_4$ eines as: „drei Viertel" als Flächenmaß, (N. Kl.) bei Geldsummen

dodrantarius, a, um
zu $^3/_4$ gehörig (tabulae „Schuldbücher", die d. Schuld. auf $^1/_4$ ermäßigten)

dogma, matis, *n* (gr.)
(philos.) Lehrsatz

dolabra, ae, *f*
(N. Kl.) Haue, Picke

dolenter adv.
schmerzlich, mit Trauer

doleo, ui, itum 2.
eigtl. schmerzen, weh tun; übtrg. (geistig) Schmerz empfinden, betrübt, empfindlich, verdrießlich sein über, sich gekränkt fühlen, bedauern

doliolum, i, *n*
Fäßchen (N. Kl.)

dolium, ii, *n*
Faß

dolo 1.
eigtl. bearbeiten, behauen; übtrg. aus d. Groben herausarbeiten

dolo (dolon), onis, *m* (gr.)
1. langer Stab mit kurz. Eisenspitze, eine Art Picke, Stilet, übtrg. v. Stachel der Fliege
2. Vordersegel

dolor, oris, *m*
Schmerz (corporis, animi), Kummer, Ärger, Unmut, Erbitterung, Kränkung; schmerzliche Teilname; (rhet.) affektvoller Ausdruck od. Ton

dolosus, a, um
trügerisch, ränkevoll, hinterlistig

dolus, i, *m* (gr.)
absichtliche Täuschung, Betrug, Überlistung; List, Hinterlist, Arglist

domabilis, e
bezwingbar (P)

domesticus, a, um
zum Haus, zur Familie gehörig, Haus-, Familien-, häuslich; persönlich, privat, eigen = proprius; einheimisch, heimatlich; innerlich = i. Herzen (Furiae). subst. **domestici**, orum, *m*

Hausgenossen
domicilium, ii, *n*
eigtl. u. übtrg. Wohnsitz, Wohnung, Wohnstatt; spez. Schloß (regis)
domina, ae, *f*
eigtl. Hausherrin, Herrin, Gebieterin; (N. Kl.) Titel von Frauen des kaiserl. Hauses; (P) Ehefrau, Geliebte, Gebieterin (als Beiname von Gottheiten; übtrg. Herrin, Gebieterin)
dominans s. dominor
dominatio, onis, *f*
(unumschränkte) Herrschaft; bes. in übl. Sinne Alleinherrschaft, Gewaltherrschaft; (N. Kl.) konkr. = Herrscher
dominator, oris, *m* u. übtr. **-trix**, tricis, *f*
Beherrscher, -scherin
dominatus, us, *m*
eigtl. u. übtrg. Herrentum, (unumschränkte) Herrschaft; bes. i. übl. Sinne Alleinherrschaft, Gewaltherrschaft
dominicus, a, um
(N. Kl.) des Herrn (dies d. = Sonntag)
dominium, ii, *n*
Eigentumsrecht (N. Kl.); übtrg. Gastmahl
domino 1.
beherrschen (P)
dominor 1.
(v. Pers. u. Lebl.) eigtl. u. übtrg. Herr sein, den Herrn spielen, herrschen, gebieten; (N. Kl.) **dominans**, antis, *m* Herrscher
dominus, i, *m*
eigtl. Hausherr (Ggstz. servus), Herr, Besitzer; übtrg. (absoluter) Herr, Gebieter; Veranstalter (eines Schauspiels, einer Auktion), Wirt; (N. Kl.) „Herr"
1. als ehrender Titel der Kaiser
2. als Begrüßungswort; (P) (in erotisch. Sinne) Gebieter, Gatte, Geliebter, adi. = des Herrn
domiporta, ae, *f*
(P) „Hausträgerin": Schnecke
domito 1.
(N. Kl.) zähmen
domitor, oris, *m*
eigtl. Zähmer, Bändiger; übtrg. Bezwinger, Überwinder. (P) fem. **domitrix**, icis
domitus, us, *m*
Bändigung, Zähmung (v. Tieren)
domo, ui, itum 1.
zähmen, bändigen; übtrg. bezwingen, unterwerfen
domus, us, *f* (dat. domui, ältere Form (N. Kl.) domo, selt. domu; abl. domo. Nom. pl. domus; gen. domuum od. (N. Kl.) domorum; dat. u. abl. domibus; acc. domos, selt. domus)
eigtl. Haus; Wohnsitz; (P) Aufenthalt; übtrg. Familie, Geschlecht; (philos.) Schule, Sekte; Hauswesen, Hausstand; Heimat, Vaterland, Vaterstadt. Zur allgemeinen Bezeichnung. des Wohnortes stehen:
1. **domi** (selt. domui) zu Hause, in der Heimat, daheim, Ggstz. foris, vgl. foris
2. **domum** nach Hause, in die Heimat, heim (bei mehrer. auch domos);
3. **domo** von Hause, von der Heimat, von daheim
donarium, ii, *n*
(P) Opferaltar, Heiligtum
donatio, onis, *f*
Schenkung (abstr. u. konkr.)
donativum, i, *n*
(N. Kl.) Geldgeschenk (des Kaisers an die Soldaten)
donec
1. so lange als (N. Kl.)
2. so lange bis (klass. selten und, außer in innerl. abhäng. Sätzen, mit d. indic. perf.)
donicum (veraltet) = donec (N. Kl.)
dono 1.
schenken; beschenken; übtrg. verleihen; (etw. Schuldiges) erlassen; (N. Kl.) übtrg. opfern, weihen, (jemdm. zuliebe) etw. verzeihen od. jem. begnadigen
donum, i, *n*
Gabe, Geschenk, Spende (des freien, gut. Willens); spez. Gabe für d. Götter, Weihgeschenk; (P) Totenopfer
dormio, ivi od. ii, itum 4.
eigtl. schlafen; übtrg. schlafen = untätig sein; (N. Kl.) = unbekümmert sein, nachsichtig sein
dormito 1.
eigtl. schläfrig sein, einschlafen wol-

len; übtrg. = bequem, lässig sein

dorsum, i, *n* (selt. **dorsus**, i, *m*)
Rücken (als Erhöhung, namentl. v. Lasttieren) (N. Kl.); übtrg. Rücken, Kamm eines Berges, (P) des Felsens, Riffs, der Sandbank, des Scharbaums

doryphoros, i, *m* (gr.)
Speerträger, Lanzenträger (Name v. Statuen)

dos, dotis, *f* (gr.)
„Gabe“: Mitgift, Heiratsgut, Ausstattung; übtrg. (in weiterem Sinne) Gabe; [N. Kl.] v. körperl. od. geist. Vorzügen

dotalis, e
zur Mitgift gehörig

doto 1.
ausstatten (N. Kl.). **dotatus**, a, um reich ausgestattet

drachma, ae, *f* (P drachuma) (gr.)
Drachme = eine griech. Silbermünze

draco, onis, *m* (gr.)
(größere) Schlange, Drache; übtrg. das Gestirn anguis

draconigena, ae (gr.)
(P) drachenentstammt

drama, atis, *n* (gr.)
(Sp) Schauspiel, „Drama“

dromas, adis (gr.)
„Läuferin“: Dromedar (N. Kl.)

druidae, arum, od. druides, um *m* (Fw.)
Druiden, Name der Priester bei d. Kelten

dryas, adis, *f* (gr.)
Baum-, Waldnymphe (P)

dualis, e
von zweien, subst. Dual (t. t. gramm.) (N. Kl.)

dubitabilis, e
zweifelhaft (P)

dubitatio, onis, *f*
Zweifel; Zaudern, Zögern, Bedenken. sine dubitatione
1. unzweifelhaft
2. unbedenklich

dubito 1.
I. zweifeln, bezweifeln, zweifelhaft, in Ungewissheit sein
II. unschlüssig sein, zögern, Bedenken tragen. **dubitandus**, a, um zweifelhaft. dubitans „Bedenken tragend“; adv. **dubitanter** zögernd

dubius, a, um
I. act. zweifelnd, ungewiß; schwankend, unschlüssig
II. pass. zweifelhaft, ungewiß; bedenklich, gefährlich, mißlich. adv. **dubie** ungewiß, unzweifelhaft, non d. „unstreitig“; (N. Kl.) unentschieden (non d. „unbedenklich“). subst. **dubium**, ii, (nur mit praep.) Zweifel ; Gefahr (in dubium devocare „gefährden“)

ducatus, us, *m*
Anführerstelle (N. Kl.)

duceni, ae, a
je zweihundert

ducentesimus, a, um
d. zweihundertste; subst. **ducentesima**, ae, *f* (N. Kl.) $^1/_{200}$ (als Auktionssteuer)

ducenti, ae, a
zweihundert; übtrg. für eine unbestimmte große Zahl

ducentiens (-ties)
zweihundertmal (d. sestertium 200 x 100 000 = 2 000 000 Sesterzen)

duco, duxi, ductum 3 (imperat. duc)
I. ziehen; herausziehen; einziehen, (P) (Flüssiges) einziehen, schlürfen; (N. Kl.) an (sich) ziehen, bildl. (Gestalt, Farbe u. a.) annehmen, erhalten. Übtrg.
1. „ziehen“ = (ziehend) verfertigen, herstellen, aufführen; (P) (Kunstwerke) bilden, formen, (e. Linie, Kreis, Buchstaben) ziehen, übtrg. v. Dicht. (Verse) dichten
2. „ziehen“ = in die Länge ziehen, (e. Faden) ziehen, hinziehen
3. verziehen
4. anziehen, reizen, locken, verlocken, bewegen = adducere
5. ableiten, herleiten, hernehmen von
II. führen, leiten; übtrg. leiten, treiben, bewegen; mit (sich) führen, mitnehmen; (eine Frau als Gattin) heimführen, heiraten; aufführen, veranstalten; (P) herbeiführen. – Als t. t. milit. (v. Feldherrn) Truppen führen, marschieren lassen, (N. Kl.) absol. = marschieren; voranmarschieren lassen; [N. Kl.] voranmarschieren [v. Truppen]; anführen, befehligen
III. rechnen, berechnen, in Rechnung

bringen; wofür halten, erachten, glauben, meinen; rechnen, zählen unter; schätzen, achten; rechnen als

ducto 1.
(N. Kl.) führen, anführen

ductor, oris, *m*
(milit.) Anführer, Heerführer; (N. Kl.) Führer überhaupt

ductus, us, *m*
Zug, Leitung, Kanal, Wasserleitung, Richtung; (milit.) Führung, Anführung, Kommando

dudum
1. (den Ausgangspunkt bezeichnd.) vor einer Weile, kurz vorher, vor kurzem, (P) = unverzüglich, nun endlich; quam d. „seit wie langer Zeit"
2. (d. Dauer bezeichnd.) eine Weile

duellum, i, *n* alte Form für bellum

dulcedo, inis, *f*
eigtl. Süßigkeit (N. Kl.); übtrg. Annehmlichkeit, Reiz

dulcesco, ere
süß werden

dulciculus, a, um
ziemlich süß

dulcis, e
eigtl. süß; übtrg. angenehm, lieblich; liebevoll, lieb

dulcitudo, inis, *f*
(eigtl.) Süßigkeit

dum
I. adv.
1. „noch" in den negativ. Zusammensetzungen nondum „noch nicht", nequedum „u. noch nicht", nihildum „noch nichts", vixdum „kaum noch", nedum „geschweige denn" u. a.
2. beim Imperativ „doch" in agedum „wohlan denn"
II. Coni.
1. temporal: a) „während" (zur Bezeichnung. d. Gleichzeitigkeit), „indem" (zur Bez. d. Veranlassg.), beide gewöhnl. mit ind. praes. b) „so lange als" = quam diu (zur Bezeichng. gleicher Dauer), mit ind, aller Tempora, c) „so lange bis" temporal mit ind. praes., perf., (selten) fut. II; final mit coni. praes. od. imperf.
2. zur Bezeichng. e. Wunsches od. einer Forderung als Bedingung od. Beschränkung „wenn nur", „wofern nur", mit coni.

dumetum, i, *n*
eigtl. u. bildl. Dickicht, Gestrüpp

dummodo s. dum a. Ende

dumosus, a, um
(P) mit Gestrüpp bewachsen

dumtaxat adv. (dum u. taxo)
„genau genommen": (nur bei Einzelbegriffen, nicht auf den ganzen Satz bezogen) wenn auch nur, wenigstens; lediglich, nur, bloß

dumus, i, *m*
Gestrüpp, Gebüsch

duo, ae, o
zwei, die zwei, die beiden genannten, beide

duodeciens (duodecies)
zwölfmal

duodecim
zwölf

duodecimus, a, um
der zwölfte

duodeni, ae, a
je zwölf; (P) zwölf

duodequadragesimus, a, um
der achtunddreißigste

duodequadraginta
achtunddreißig

duodequinquagesimus, a, um
der achtundvierzigste

duodetriciens (-tricies)
achtundzwanzigmal

duodetriginta
achtundzwanzig

duodeviceni, ae, a
je achtzehn

duoetvicesimus, a, um
(N. Kl.) der zweiundzwanzigste, **duoetvicesimani**, orum, *m* Soldaten der 22. Legion

duodeviginti
achtzehn

duplex, gen. plicis
doppelt gestaltet (N. Kl.); doppelt, zwiefach, d. h. zweimal vorhanden; (P) beide; doppelt, d. h. noch einmal so groß od. viel; (P) doppelzüngig, falsch

duplicarii, orum, *m*
Soldaten, die doppelte Ration erhielten (N. Kl.)

dupliciter adv. zu duplex
duplico 1.
doppelt machen; verdoppeln; übtrg. verdoppeln = vergrößern, vermehren; (P) zus. krümmen (v. Gliedern); (N. Kl.) zusammensetzen
duplus, a, um
zweifach, doppelt, noch einmal so viel, so groß, so lang, so weit. subst. **duplum**, i, *n* d. Doppelte
dupondius, ii, *m*
Zwei-As-Stück
durabilis, e
(N. Kl.) dauerhaft
duresco, durui 3.
hart werden, sich verhärten
duritas, atis, *f*
Härte, Unfreundlichkeit
duriter adv. = dure (N. Kl.)
duritia, ae, (N. Kl. auch **durities**, ei) *f*
eigtl. Härte (P); übtrg. Abhärtung, Ausdauer; Härte, Strenge, Unempfindlichkeit, Gefühllosigkeit; (N. Kl.) Härte = Druck, Beschwerde
duro 1.
I. trans. hart machen, verhärten, austrocknen, dörren, gerinnen machen (N. Kl.); übtrg. abhärten; (N. Kl.) unempfindlich, gefühllos machen; (P) etw. aushalten, ertragen
II. intrans. (N. Kl.) hart, trocken werden, übtrg. sich verhärten, ausdauern, aushalten, sich halten, fortdauern, währen, bestehen bleiben
durus, a, um
eigtl. (N. Kl.) hart (Ggstz. mollis „weich"); übtrg. (v. Geschmack) herb (P); (für Auge u. Ohr) ungefüge, steif, schwerfällig, hölzern; (körperlich) abgehärtet, ausdauernd, kräftig (N. Kl.); plump, derb, roh, ungeschliffen; enthaltsam, sparsam, streng (gegen sich u. andere); gefühllos, hartherzig, rauh, unempfindlich, unbeugsam; unverschämt; (v. Zuständen): rauh, streng (v. d. Witterung); hart, beschwerlich, lästig, mühsam; drückend, hart, mißlich, gefährlich; (N. KL.) schwer zu bearbeiten (v. Boden)
duumviri, orum, *m* (II viri)
Zweimänner, Duumvirn (aus 2 Männern bestehende Behörde od. Kommission); sing. **duumvir**, iri, *n* (II vir)
dux, ducis, *m* od. *f*
Führer (-rin); übtrg. Leiter, Anleiter; Anführer, klass. nur i. milit. Sinne = Befehlshaber, Feldherr
dynastes, ae, *m* (gr.)
Machthaber, Fürst

E

e s. ex
ea adv.
(N. Kl.) daselbst, da
eadem adv. ebenda
eatenus adv. ebenda
eatenus adv. (modal)
soweit, insofern, insoweit
ebenus, besser **hebenus**, i, *f* (gr.)
Ebenholzbaum. **ebenum**, i, *n* Ebenholz
ebibo 3. (bibo)
(P) austrinken, aussaugen, vertrinken
eblandior 4. (blandior)
erschmeicheln. **eblanditus**, a, um erschmeichelt
ebrietas, atis, *f*
Trunkenheit
ebriositas, atis, *f*
Trunksucht
ebriosus, a, um
dem Trunk ergeben
ebrius, a, um
trunken
ebullio 4. (bullio)
übtrg. etwas hervorsprudeln, prahlen mit
ebulum, i, *n* (**ebulus**, i, *m)*
Attich, Zwergholunder
ebur, boris, *n*
Elfenbein; (meist N. Kl.) das aus Elfenbein Gearbeitete (Bild, Flöte u. a.)
eburneolus, a, um
elfenbeinern
eburneus (N. Kl. **eburnus**), a, um
v. Elefanten; elfenbeinern; (P) weiß wie Elfenbein
ec s. ex
ecastor!
beim Castor!
ecce (P auch ece)
(zum Hinweis auf Unerwartetes, Überraschendes, Entscheidendes) gib acht! da! siehe da!
ecclesia, ae, *f* (gr.)
(Sp.) kirchl. Versammlung, Kirche
ecdicus, i, *m* (gr.)
Staatsanwalt
ecdurus s. edurus
ecf... s. eff...
echidna, ae, *f* (gr.)
(P) Schlange, Natter, als nom. propr. ein Ungeheuer der Unterwelt, **Echidneus**, a, um (Echidnaeus) v. d. Echidna stammend
echinus, i, *m* (gr.)
Seeigel; (P) übtrg. Spülnapf
echo, us, *f* (gr.)
(N. Kl.) Echo, Widerhall, (P) personif. als Nymphe
eclipsis, is, *f* (gr.)
(N. Kl.) Verfinsterung (v. Sonne und Mond)
ecloga, ae, *f* (gr.)
„Auswahl": (N. Kl.) auserlesenes Gedicht, kleines Gedicht, „Ekloge"
eclogarii, orum, *m*
ausgewählte Stellen (einer Schrift)
ecnubo s. enubo
ecquando (selten ecquandone)
wohl jemals? (i. negat. Sinne)
ecqui, quae (qua), quod (auch ecquinam u.s.w.) (nur adiec.)
(i. negativ. Sinne) wohl irgend einer? irgend welcher? (in indir. Frage, „ob wohl irgd. ein")
ecquis, quid (auch ecquisnam)
subst. (in negativ. Sinne) wohl jemand? wohl etwas? (in indir. Frage „ob wohl jemand (etwas)". **ecquid** etwa? wohl? (indir. „ob wohl"). **ecquo** wohl irgend wohin?
ecsupero s. exsup...
eculeus s. equuleus
ecus andere Schreibg. für equus
edacitas, atis, *f*
Gefräßigkeit
edax, gen, acis
gefräßig; (P) übtrg. nagend
edepol
beim Pollux (P)
edera s. hedera
edico 3. (dico)
ansagen, bekannt machen, ankündigen, verordnen, bestimmen

edictum, i, *n*
Bekanntmachung, Verordnung, Verfügung
edisco 3. (disco)
auswendig lernen, erlernen
edissero 3. (dissero)
(ausführlich, gründlich) erörtern, vortragen
edisserto 1. (N. Kl.)
ausführlich erörtern
editicius, a, um
vorgeschlagen
editio, onis, *f*
(iur.) Vorschlag; (N. Kl.) Herausgabe, Ausgabe (einer Schrift), Angabe (eines Schriftstellers)
editus, a, um (edo)
emporgehoben: hoch, hervorragend; (N. Kl.) subst. **edita**, orum, *n* Höhen (der Berge)
edo, edi esum 3.
essen, fressen; (P) übtrg. (v. leblos. Subj.) verzehren
edo, didi, ditum 3. (do)
I. von sich geben; (v. weibl. Wesen) gebären, zur Welt bringen; (P) erzeugen, hervorbringen; herausgeben; (e. Gerücht) verbreiten; nennen, sagen, angeben, bekannt machen, verkünden, (vor Gericht) angeben, vorschlagen; begehen, vollbringen, anrichten; (N. Kl.) Befehle ergehen lassen, befehlen, (Spiele) veranstalten
II. emporheben s. editus
edoceo 2. (doceo)
genau belehren, unterrichten, unterweisen, Auskunft geben
edolo 1. (dolo)
übtrg. herauszimmern, feilen
edomo 1. (domo)
gänzlich zähmen, überwinden
edormio 4. (dormio)
ausschlafen, verschlafen
educatio, onis, *f*
Erziehung
educator, oris, *m*
Erzieher (= Ernährer); (N. Kl.) Hofmeister
educatrix, tricis, *f*
übtrg. Erzieherin
educo 1.
aufziehen, erziehen (v. Menschen u. Tieren; auch übtrg.), pass. aufwachsen; (P) von lebl. Subjekten
educo 3. (duco)
I. herausziehen (gladium „zücken"), (beim Losen) ziehen
II. heraus-, wegführen, mitnehmen; (Truppen) ausrücken lassen, (Schiffe) auslaufen lassen; ableiten; (vor Gericht) ziehen, vorführen; auf-, großziehen (= educare); (N. Kl.) in die Höhe führen, emporführen, hinausbauen (v. Bauwerken)
edulis, e
eßbar (P)
eduro, are (duro)
fortdauern (N. Kl.)
edurus (ecdurus), a, um
(P) härtlich, hart
effarcio 4. (farcio)
ausstopfen, ausfüllen. **effertus**, a, um (effercio) (P) reich, voll
effatum (ecfatum), i, *n* (effor)
Ausspruch (vatium Prophezeiung); Lehrsatz, „Axiom"
effectio, onis, *f*
Ausübung; wirkende Kraft
effectivus, a, um
(N. Kl.) ausübend, praktisch
effector, oris, *m*
Urheber, Schöpfer, Bildner. fem. **effectrix**, tricis
effectus, us, *m*
Ausführung, Verwirklichung; Wirkung
effemino 1.
zum Weibe machen, weibl. Geschlecht beilegen; übtrg. verweichlichen, verzärteln. **effeminatus**, a, um übtrg. weibisch, weichlich
efferitas, atis, *f*
(N. Kl.) Wildheit, Roheit
effero (ecfero) 1. (ferus)
verwildern lassen, roh machen (N. Kl.), pass. verwildern, verrohen; (N. Kl.) wild machen, erbittern. **efferatus**, a, um verwildert, roh
effero (ecfero), extuli, elatum, efferre (fero)
I. heraus (hinaus), -tragen, -bringen, fortschaffen, mitnehmen; (pedem porta eff. „seinen Fuß vor d. Tor setzen"), (P) beseitigen; (eigtl. u. übtrg.) zu

Grabe tragen, bestatten; „unter die Leute bringen", ausplaudern; (durch Worte) ausdrücken, bezeichnen; (v. Boden u. Klima) tragen, hervorbringen; (P) etw. z. Vorschein bringen, offenbaren, betätigen; se efferre „z. Vorschein kommen", auftreten; hinreißen, fortreißen, pass. sich hinreißen lassen
II. eigtl. u. übtrg. emporheben, erheben; preisen; übermütig machen. **elatus**, a, um erhaben, pathetisch; übermütig
effertus s. effarcio
efferus (ecferus), a, um
(N. Kl.) verwildert, roh
effervesco, ferbui (fervi) 3. (fervesco)
eigtl. u. übtrg. aufwallen, aufbrausen
effervo, ere (fervo)
(P) eigtl. u. übtrg. hervorbrausen
effetus, a, um
entkräftet
efficacitas, atis, *f*
Wirksamkeit
efficax, gen. cacis
(N. Kl.) wirksam, erfolgreich
efficiens, gen. entis (efficio)
bewirkend, wirksam
efficientia, ae, *f*
Wirksamkeit
efficio (ecficio), feci, fectum 3. (facio)
1. eigtl. u. übtrg. hervorbringen, (e. Betrag) verursachen, erregen, herstellen, bauen, errichten, bereiten
2. übtrg. bilden, machen, schaffen, machen zu etw., (Soldaten, Schiffe, Geld u. a.) aufbringen;
3. ins. Werk setzen, bewirken, zustande bringen, vollenden, durchsetzen, (e. Weg, e. Strecke) zurücklegen
4. folgern, schließen, beweisen
effigies, ei, *f*
eigtl. u. übtrg. Bild, Abbild, Ebenbild; (N. Kl.) Gestalt, Erscheinung, „Schatten" v. Menschen
effingo 3. (fingo)
I. abwischen
II. nachbilden, wiedergeben, darstellen, vorstellen, ausdrücken, veranschaulichen
efflagitatio, onis, *f*
dringendes Verlangen, Fordern
efflagitatu
auf dringendes Verlangen
efflagito 1. (flagito)
dringend verlangen, ungestüm fordern, auffordern
effligo 3. (fligo)
totschlagen
efflo 1. (flo)
herausblasen, aushauchen (Kl. nur animam e. „d. Geist aufgeben")
effloresco 3. (floresco)
übtrg. emporblühen, hervorsprießen
effluo 3. (fluo)
herausfließen, heraus-, entströmen; übtrg. (v. Pers.) verschwinden; (v. Lebl.) bekannt werden; (dem Gedächtnis) entschwinden, entfallen; (v. d. Zeit) ungenutzt verstreichen, vergehen; (N. Kl.) entfallen, entgleiten
effluvium, ii, *n*
(N. Kl.) Ausfluß, Mündung
effodio 3. (fodio)
ausgraben, ausstechen, durchwühlen; (N. Kl.) aufgraben, umgraben
effor (ecfor) 1. (for)
aussprechen (meist P u. in heiligem Sinne); etw. formulieren; (v. Augur) abgrenzen. **effatus**, a, um passivisch gebraucht (N. Kl.)
1. ausgesprochen
2. (durch die Auguren) abgegrenzt
effrenatio, onis, *f*
Zügellosigkeit
effrenatus, a, um
übtrg. zügellos, unbändig, ungezähmt; (N. Kl.) eigtl. zaumlos, abgezäumt
effrenus, a, um
(N. Kl.) zaumlos, zügellos
effringo 3. (frango)
erbrechen, aufbrechen; (N. Kl.) zerbrechen, zerschmettern
effugio 3. (fugio)
intrans. entkommen, -gehen, -fliehen aus; trans. ausweichen, (ver-)meiden
effugium, ii, *n*
Mittel-, Möglichkeit zur Flucht; (N. Kl.) Ausweg, Ausgang zur Flucht, (P) das Entfliehen
effulgeo 2. (fulgeo) (N. Kl.), u. **effulgo**, ere (fulgo)
(P) hervorglänzen, -schimmern, leuchten
effultus, a, um (fulcio)
(P) aufgestützt, liegend auf

effundo (ecfundo) 3. (fundo)
ausgießen: (Flüssiges) vergießen; (Festes) ausschütten, verstreuen; eigtl. u. übtrg. (i. Menge); effundi „sich ergießen"; übtrg. (eine Menschenmenge) aussenden, -treiben, loslassen; effundi u. se effundere „herausstürzen", herbeiströmen, (N. Kl.) (nach einer Richtung) s- ergießen, überschwemmen (v. einer Menge); heraussagen; (Groll, Zorn) ausschütten gegen, auslassen an; aufgeben; fahren lassen; effundi u. se effundere „sich gehen lassen", sich ganz hingeben; vergeuden, verschwenden; verscherzen; (N. Kl.) fallen lassen, loslassen (d. Toga), abwerfen (v. Pferd), schleudern (Geschosse), niederwerfen, (Worte, Klagen u.s.w.) von sich geben, ausstoßen

effusio, onis, *f*
d. Ausgießen, Erguß; übtrg. d. Herausströmen; Ausgelassenheit; Verschwendung

effusus, a, um (effundo)
übtrg. verschwenderisch; maßlos, übertrieben; (N. Kl.) eigtl. weit ausgedehnt, zerstreut, ungeordnet (Truppen) losgelassen (Zügel), unaufhaltsam (Flucht)

effutio, 4.
(ohne Bedacht) schwatzen

egelidus, a, um
(N. Kl.) lau, etwas kühl

egens, gen. entis
dürftig, darbend, arm an etw. (s. egeo)

egenus, a, um (N. Kl.) = egens

egeo, ui, 2.
1. (abs) darben, im Elend sein
2. (mit abl., selt. gen.) bedürfen, nötig haben
3. (was man braucht) entbehren müssen, nicht haben, ermangeln
4. (P) sich sehnen, verlangen nach

egero 3. (gero)
(N. Kl.) heraus-, fortführen, -tragen, -schaffen, (v. d. See) auswerfen, ausspeien, (e. Raub) fortschleppen

egestas, atis, *f*
eigtl. u. übtr. Armut, Dürftigkeit, Mangel

ego
ich; gen. mei; dat. mihi, (meist nur P) mi; acc. me; abl. me; plur. nom. nos „wir"; gen. nostri, nostrum; dat. nobis; acc. nos; abl. nobis. Oft verstärkt durch met: egomet u.s.w. außer im gen.

egredior, gressus sum 3. (gradior)
I. intr. heraus (hinaus)-gehen, -kommen; absegeln; aussteigen, landen; ausmarschieren; übtrg. abschweifen
II. trans. überschreiten; (N. Kl.) übtrg. über etw. hinausgehen (der Zeit, od. dem Maße, od. dem Range nach)

egregius, a, um (grex)
aus d. Herde auserlesen: (vor andern) ausgezeichnet, (in seiner Art) vortrefflich, außerordentlich; (N. Kl.) rühmlich, ehrenvoll (auch ironisch), egregium publicum „Ruhm d. Staates", egregia „rühml. Handlungen"

egressus, us, *m*
das Ausgehen, öffentliches Erscheinen; (v. Schiffen) das Auslaufen; Landung; (N. Kl.) Abmarsch, Mündung, Ausgang (als Ort), (v. d. Rede) liber e. „frei sich ergehende Darstellung"

eheu
(N. Kl.) ach! weh! o weh! = heu

ei
(P) weh, wehe! (ei mihi)

eia u. **heia** (gr.)
auf! wohlan!

eiacto s. eiecto

eiaculor 1. (iaculor)
(N. Kl.) herausschleudern, -schießen lassen (se e. „emporschießen")

eicio, ieci, iectum 3. (iacio)
hinaus-, herauswerfen aus; (v. Meer) auswerfen; (rasch) landen lassen, pass. stranden; vertreiben; verstoßen, ausstoßen; (aus d. Besitz) verdrängen; verbannen; herausstrecken; von sich geben; „auszischen" (einen Schauspieler, vgl. explodero), abweisen, verwerfen; (N. Kl.) (Glieder) verrenken. **se eicere** eigtl. u. übtrg. herausstürzen, hervorbrechen

eiectamentum, i, *n*
Auswurf (des Meeres) (N. Kl.)

eiectio, onis *f*
Vertreibung, Verbannung

eiecto (eiacto), are
(N. Kl.) herauswerfen, ausspeien

eiero s. eiuro
eiulatio, onis, *f* u. **eiulatus**, us, *m*
(lautes) Wehklagen
eiulo 1.
(laut) wehklagen
eiuro (eiero) 1. (iuro)
abschwören; (als unbillig) ablehnen, verwerfen (t. t. iur.); (N. Kl.) abdanken, sich lossagen von, feierlich niederlegen (e. Amt)
eiusdemmodi (auch getrennt)
ebenso beschaffen, eben solch
eiusmodi (oft getrennt)
derart, solch, so beschaffen
elabor 3. (labor)
herausgleiten, herabgleiten, entfallen; übtrg. entwischen, entrinnen, entschlüpfen, (N. Kl.) (v. Gliedern) verrenkt werden, (v. Feuer) emporzüngeln
elaboro 1. (laboro)
intr. sich anstrengen, sich bemühen; trans. (klass. nur pass.) sorgfältig ausarbeiten, (mit Mühe) ausführen, schaffen
elamentabilis, e
sehr kläglich
elanguesco 3. (languesco)
(N. Kl.) erschlaffen, ins Stocken geraten
elatio, onis, *f*
übtrg. Erhebung, Aufschwung, Schwung
elatro 1. (latro)
herauspoltern (P)
elatus, a, um s. effero a. Ende
electio, onis, *f*
(meist N. Kl.) Wahl, Auswahl
electrum, i, *n* (gr.)
(N. Kl.)
1. Bernstein, plur. Bernsteinkugeln
2. ein künstliches Metall = Bleichgold
electus, a, um
auserlesen; electe „mit Auswahl"
electus, us, *m*
Wahl (P)
elegans, gen. antis (zusammenhängd. mit eligere)
(von Pers. u. Sachen) fein, geschmackvoll, angemessen, treffend; (v. Charakter) anständig, schicklich, subst. **elegantes** feine Leute
elegantia, ae, *f*
Feinheit, Geschmack; Anstand; Angemessenheit (des Ausdrucks)
elegi, orum, *m* (gr.)
(N. Kl.) elegische Verse, Elegie
elegia (elegea), ae, *f* (gr.)
(N. Kl.) Elegie
elementarius, a, um
einer, der sich mit d. Elementen (d. Unterrichts) beschäftigt (N. Kl.)
elementa, orum, *n* (sing. N. Kl.)
Grundstoffe, die (4) „Elemente"; übtrg. Grundlage, Anfänge, Anfangsgründe
elephantus, i, *c* u. (N. Kl.) **elephas**, antis, *m* (gr.)
Elefant; (P) Elfenbein
elevo 1. (levo)
eigtl. emporheben; übtrg. vermindern, beeinträchtigen; mildern
elicio, cui, citum 3. (lacio)
heraus-, hervorlocken; zu Tage fördern; spez. (Geister) hervorzaubern; übtrg. ermitteln, erforschen, hervorbringen, erregen
elicius, ii, *m*
Blitzlenker (Beiname d. Jupiter)
elido, lisi, lisum 3. (laedo)
heraustreiben, -stoßen, -schlagen, vertreiben (N. Kl.); eigtl. u. übtrg. zerschmettern, völlig zerschlagen, zerdrücken, vernichten
eligo 3. (lego)
übtrg. ausraufen, ausjäten; auslesen, wählen, auswählen
elimino 1. (limen)
über die Schwelle tragen: übtrg. ausplaudern (P)
elimo 1. (limo)
eigtl. (feilend) fein ausarbeiten (P); übtrg. ausfeilen, ausarbeiten
elinguis, e
ohne Zunge: sprachlos, stumm; wenig redegewandt
elix, licis, *m*
Wasserfurche (N. Kl.)
elixus, a, um
gesotten (N. Kl.)
elleborus (helleborus), i, *m* u. **elleborum**, i, *n* (gr.)
die Nieswurz (Heilmittel gegen Wahnsinn)

eloco 1. (loco)
verpachten
elocatio, onis, *f*
Ausdruck (der Gedanken), Stil
elogium, ii, *n*
Grabschrift; Angabe (i. Testament)
eloquens, gen. entis
(kunstmäßig) beredt (subst. = der vollkommene Redner)
eloquentia, ae, *f*
Beredsamkeit
eloquium, ii, *n*
(N. Kl.) Sprache, Rede, Beredsamkeit
eloquor 3. (loquor)
aussprechen, äußern, (spez. v. Redner) vortragen
eluceo 2. (luceo)
eigtl. u. übtrg. hervorleuchten, sichtbar hervortreten, in die Augen fallen
eluctor 1. (luctor)
(N. Kl.) sich heraus-, hervorringen, trans. mit Mühe überwinden
elucubro (elucubror) 1. (lucubro)
bei Licht schreiben, (mit nächtlichem Fleiß) ausarbeiten
eludo 3. (ludo)
1. abs. seinen Spott treiben; trans. verspotten, necken, täuschen; vereiteln
2. (v. Fechter) parieren, daher trans. zu entgehen suchen, ausweichen
elugeo 2. (lugeo)
trans. austrauern um; (N. Kl.) intr. austrauern
elumbis, e
lendenlahm (N. Kl.)
eluo 3. (luo)
auswaschen: abspülen; übtrg. tilgen
elutus, a, um
(N. Kl.) wässrig, saftlos
eluvies, ei, *f*
Ausspülung: eigtl. Überschwemmung, Schlamm, Lache, Schlucht (N. Kl.); übtrg. Überschwemmung = Verderber
eluvio, onis, *f*
Überschwemmung
em
siehe da! da!
emancipatio, onis, *f*
(N. Kl.) Entlassung (d. Sohnes) aus d. väterlichen Gewalt, Freilassung, Abtretung von Grundstücken (t. t. iur.)
emancipo 1.
aus d. väterl. Gewalt entlassen, für selbständig erklären (t. t. iur.); e. Kind einem andern überlassen; übtrg. abtreten.
emano 1. (mano)
eigtl. herausfließen (N. Kl.); übtrg. entstehen, entspringen; sich ausbreiten, sich verbreiten; an den Tag kommen
ematuresco 3. (maturesco)
(N. Kl.) völlig reif werden, übtrg. sich mildern
emax, gen. macis
kauflustig
emblema, matis, *n* (gr.)
eingelegte Arbeit, Reliefplatte
embolium, ii, *n* (gr.)
Zwischenspiel (zwisch. den Akten eines Dramas); übtrg. Episode; (in übl. Sinne) „Extravaganzen"
emendabilis, e
verbesserlich (N. Kl.)
emendatio, onis, *f*
Verbesserung, Besserung
emendator, oris, *m*
Verbesserer. fem. **emendatrix**, tricis, *f* Verbesserin
emendatus, a, um
fehlerfrei; übtrg. tadellos
emendo 1. (mendum)
von Fehlern befreien, verbessern; übtrg. (moral.) bessern
ementior 4. (mentior)
lügen, erdichten; part. **ementitus**, a, um auch pass. = erdichtet
emercor 1. (mercor)
(N. Kl.) verkaufen, bestechen,
emereo 2. (mereo) u. **emereor** 2. (mereor)
verdienen, sich verdient machen, ausdienen (Kriegsdienst) (N. Kl.); **emeritus**, a, um pass. übtrg. ausgedient = beendigt
emergo 3. (mergo)
auftauchen lassen; emergi, se e. u. gewöhnl. intr. emergere eigtl. u. übtrg. „auftauchen", hervorkommen, sich zeigen, sich herausbegeben; sich herausarbeiten, sich aufraffen
emetior 4. (metior)
übtrg. zumessen, zukommen lassen;

(N. Kl.) (Zeit u. Raum) ausmessen, durchmessen, zurücklegen

emico 1. (mico)
(N. Kl.) (v. Blitz, Flammen, Flüssigem u. übtrg.) hervorschießen, -blitzen, -glänzen, -leuchten, -sprühen, (v. Geschossen) fortschwirren, (v. Lebdm.) hervorrennen, aufspringen, (übtrg. v. Leblos.) emporragen

emigro 1. (migro)
auswandern, ausziehen; übtrg. sterben

eminens, gen. entis
(eigtl. u. übtrg.) hervorragend = vorspringend, hervortretend; (N. Kl.) (v. Pers.) hervorragend, ausgezeichnet

eminentia, ae, *f*
das Hervorragende; (i. d. Malerei) die Lichtpartieen

emineo, ui 2.
(eigtl. u. übtrg.) heraus-, hervorragen, -treten; sich auszeichnen

eminiscor, mentis sum 3.
aussinnen (N. Kl.)

eminus adv.
von fern

emiror 1. (miror)
sich verwundern über (P)

emissarium, ii, *n*
Abzugsgraben

emissarius, ii, *m*
Sendbote, Spion

emissio, onis, *f*
Absendung, (v. Geschossen) Wurf

emitto 3. (mitto)
I. heraus-, fort-, abschicken, (milit.) ausschicken, ausrücken lassen; (Geschosse u. a.) abschießen, absenden; hören lassen, ausstoßen; ablaufen lassen, (schriftl. Erzeugnisse) in d. Welt schicken; ausstoßen, herauswerfen, verjagen,
II. fortlassen, fallen lassen, entkommen lassen; entlassen, freigeben; (N. Kl.) (Schuldner, Sklaven) gehen lassen, freilassen, (Kriegsgefang.) frei abziehen lassen

emo, emi, emptum 3.
„nehmen“: eigtl. kaufen, erkaufen, erstehen, pachten; übtrg. erkaufen. Subst. **emptum**, i, *n* Kaufkontrakt

emoderor 1. (moderor)
ermäßigen (P)

emolimentum s. emolumentum

emollio 4. (mollio)
(N. Kl.) eigtl. u. übtrg. erweichen, mildern, verweichlichen

emolumentum (emolimentum), i, *n*
„Mahlertrag“: Vorteil, Nutzen, Profit, Segen

emoneo 2. (moneo)
nachdrücklich ermahnen

emorior 3. (morior)
eigtl. u. übtrg. sterben, hinscheiden, völlig untergehen

emoveo 2. (moveo)
(N. Kl.) eigtl. u. übtrg. entfernen, erschüttern

emphasis, *f* (gr.)
(N. Kl.) der Nachdruck (in d. Worten), die Emphase

empiricus, i, *m*
e. Arzt, der sich auf die Erfahrung stützt

emporium, ii, *n* (gr.)
Handelsplatz (N. Kl.)

emptio, onis, *f*
Kauf, Ankauf

emptito 1. (emo)
allemal kaufen (N. Kl.).

emptor, oris, *m*
Käufer, Ersteher

emptum, i, *n* s. emo am Ende

emungo 3. (mungo)
(N. Kl.) ausschnäuzen, übtrg. prellen

emunio 4. (munio)
(N. Kl.) aufmauern, stark befestigen, gangbar machen

en
I. (hinweisend, vergl. em hem) siehe, seht, da ist (sind), da!; (P) beim Imperat. „wohlan“
II. (N. Kl.) in ursprüngl. Bedeutg. (entstdn. aus e-ne) fragend: en (umquan) „wohl (jemals)?“

enarrabilis, e
erzählbar (N. Kl.)

enarro 1. (narro)
erschöpfend erzählen

enascor 3. (nascor)
herauswachsen

enato 1. (nato)
eigtl. herausschwimmen, schwimmend, sich retten (N. Kl.); übtrg. sich heraushelfen

enavigo 1. (navigo)
eigtl. intr. absegeln, trans. durchschiffen (N. Kl.); übtrg. heraussegeln
endoploro
(A. L.) um Hilfe rufen
eneco, necui, nectum 3. (neco)
eigtl. umbringen (N. Kl.); übtrg. erschöpfen, quälen
enervatus, a, um (enervo)
eigtl. u. übtrg. entnervt, kraftlos
enervis, e (N. Kl.)
entnervt, kraftlos
enervo 1.
die Sehnen herausnehmen: übtrg. entkräften, schwächen, lähmen
engonasi (-sin) (gr.)
der Knieende (Sternbild d. nördl. Halbkugel, Herkules? Theseus?) (P)
enim coni.
(einem od. mehreren zusammengehörig. W. nachgesetzt: stirpes enim terrae inhaerent; a nobis enim; quam ob rem enim etc.) steht zur Erläuterg., Begründg. u. Bekräftigg. eines (öfters aus d. Zusammenhang zu ergänzd.) Gedankens: denn; nämlich; zum Beispiel; sicherlich, allerdings, freilich. **at enim** aber ja, aber freilich (bei Einwürfen); **neque enim** denn nicht
enimvero (enim vero)
(meist versichernd) ja wahrhaftig, wirklich, fürwahr, freilich.
eniteo 2. (niteo)
übtrg. hervorleuchten; eigtl. N. Kl.
enitesco, ere (eniteo)
(N. Kl.) eigtl. u. übtrg. hervorleuchten
enitor 3. (nitor)
sich heraus-, emporarbeiten:
1. eigtl. intr. emporklimmen; trans. (N. Kl.) erklimmen
2. übtrg. sich anstrengen, streben, bewirken; (N. Kl.) trans. gebären, werfen (v. Tieren)
enixus, a, um (enitor)
angestrengt, eifrig
eno 1. (no)
herausschwimmen; (N. Kl.) übtrg. sich retten, entfliegen
enodate (enodo)
ausführlich
enodatio, onis, *f*
übtrg. Entwicklung, Erklärung
enodis, e
(N. Kl.) ohne Knoten, glatt
enodo 1. (nodo)
entknoten: übtrg. entwickeln, erklären
enormis, e
(N. Kl.) unregelmäßig, übermäßig groß
enotesco, notui 3.
bekannt werden (N. Kl.)
ensifer, era, erum
schwerttragend (P)
ensiger, era, erum
schwertführend (P)
ensis, is, *m*
Schwert (N. Kl.)
enubo (ecnubo) 3. (nubo)
(v. Frauen) heraus-, wegheiraten (aus d. Stand, aus einer Stadt) (N. Kl.)
enucleo 1. (nucleus)
entkernen: übtrg. austüfteln; sorgfält. abgeben: sorgfältig behandeln.
enucleatus, a, um deutlich, schlicht, einfach (v. Ausdruck)
enumeratio, onis, *f*
Aufzählung
enumero 1. (numero)
ausrechnen; aufzählen
enuntiatio, onis, *f*
Aussage, Satz
enuntiatium, i, *n*
Satz, Ausspruch
enuntio 1. (nuntio)
ausplaudern, verraten; (mit Worten) ausdrücken
enuptio, onis *f* (s. enubo)
d. Herausheiraten (N. Kl.)
enutrio 4. (nutrio)
aufziehen, großziehen (N. Kl.)
eo, ii (ivi), itum, ire
I. (von leb. Wesen) 1. gehen, reisen
2. marschieren, ziehen
3. losgehen auf, anrücken
II. übtrg. Fortgang nehmen, von statten gehen; (N. Kl.) schreiten zu, gehen an etw., (von Leblos. u. Abstrakt.) gehen, laufen, fahren (Schiffe), fliegen (Geschosse), fließen (Flüssiges), wandern (Sterne), dauern, vergehen (Zeit), dringen (Töne)
eo adv.
1. (örtlich) daselbst, (bei Verben der Bewegung) dahin, dorthin

2. (hinzufügend) dazu, noch dazu
3. (zeitlich) so lange
4. (steigernd) soweit, bis zu d. Grade
5. (als abl.) desto, um so viel
6. (kausal) deswegen, deshalb

eodem adv.
ebenda; ebendahin; ebendazu

eos, *f* (gr.)
(meist P) Morgenröte, **eous**, a, um morgenländisch, östlich, subst. **eous**, i, *m* Name eines Sonnenrosses, Morgenländer, Morgenstern, Morgenland

ephebus, i, *m* (gr.)
Jüngling (bes. von Griechen) i. Alter von 16-20 Jahren

ephemeris, idos, *f* (gr.)
Tagebuch (vgl. diarium)

ephippiatus, a, um
auf gesattelten Pferden reitend

ephippium, ii, *n* (gr.)
Reitdecke, Sattel

ephorus, i, *m* (gr.)
Aufseher, „Ephorus", gew. **ephori**, orum, *m* (aus 5 Mtgliedern bestehende höchste Behörde in Sparta)

epicopus, um (gr.)
mit Rudern versehen

epicrates, is, *m* (gr.)
„der Übergewaltige" (v. Pompejus)

epicus, a, um (gr.)
„episch"

epigoni, orum, *m* (gr.)
die „Nachkommen" (Name einer Tragödie des Äschylus)

epigramma, matis, *n* (gr.)
1. Aufschrift
2. Sinngedicht, „Epigramm"

epilogus, i, *m* (gr.)
Schlußrede

episcopus, i, *m*
(sp.) Aufseher, Bischof

epistula (nicht epistola), ae, *f* (gr.)
Sendung, Zuschrift; (Privat-)Brief, Schreiben

epitaphius, ii, *m* (gr.)
Trauer-, Leichenrede

epitheton, i, *n* (gr.) (N. Kl.)
Beiwort

epitome, es, *f* (gr.)
Ausschnitt: Auszug (aus liter. Werken)

epodos, i, *m* (gr.)
die Epode

epops, epopis, *m* (gr.)
Wiedehopf (P)

epos, *n* (gr.)
(P) Heldengedicht, Epos

epoto 1. (poto)
austrinken

epotus, a, um
(P) übtrg. aussaugen, vertrinken

epulae, arum, *f*
Speisen, Gerichte; Mahl, Mahlzeit, Schmaus, übtg. Genuß

epularis, e
beim Mahl

epulatio, onis, *f*
das Speisen, Schmausen

epulo, onis, *m*
Schmauser, Fresser; Ordner d. Festmahls

epulor 1.
intr. speisen, schmausen; trans. (N. Kl.) verzehren

epulum, i, *n*
Festmahl

equa, ae, *f*
Stute

eques, quitis, *m*
1. Reiter, zu Roß, spez. Kavallerist
2. (N. Kl.) Reiterei
3. Ritter, (P) kollektiv., „Ritterstand": übtrg. = d. Gebildeten
4. (P) Pferd (?)

equester (N. Kl. equestris), stris, stre
zu Pferde, des (der) Reiters (Reiter), Reiter-; ritterlich, Ritter-; (N. Kl.) subst. Ritter

equidem (durch e verstärktes quidem)
allerdings, freilich, meinerseits, fürwahr (klass. nur bei der 1. Person sing.)

equinus, a, um
zum Pferde gehörig, Pferde-

equiria, um od. orum, *n*
(P) Pferderennen (zu Ehren des Mars)

equitabilis, e
für Reiterei tauglich (N. Kl.)

equitatus, us, *m*
Reiterei, plur. Reiterschwarm; Ritterschaft

equito 1.
reiten; als Reiter dienen; (P) daherstürmen

equuleus, besser **eculeus**, i, *m*
Füllen, Pferdchen; übtrg. (eine so gestaltete hölzerne) Folter
equus, i, *m*
Pferd, Roß; (P) Hengst, Seepferd, e. Gestirn = Pegasus
era, ae, *f*
(P) Frau vom Hause, Herrin = domina
erado 3. (rado)
(N. Kl.) auskratzen, ausstreichen, übrg. in Vergessenheit bringen
ercisco u. **erctum** s. her...
erebus, i, *m* (gr.)
Finsternis: Unterwelt, Gott der Unterw.
erectus, a, um (erigo)
eigtl. aufrecht, gerade (stehend), hoch; übtrg. erhaben, (in üblem Sinne) stolz; gespannt, aufmerksam; munter, lebendig, mutvoll
eremita, ae, *m* (gr.)
Bewohner einer Wüste, „Eremit" (Sp)
erepo 3. (repo)
(N. Kl.) herauskriechen, erklimmen
ereptio, onis, *f*
Raub
ereptor, oris, *m*
Räuber
eres s. heres
erga praep. m. acc.
gegen (klass. nur von wohlwollender Gesinnung)
ergastulum, i, *n* (gr.)
Arbeitshaus (f. Sklaven u. Schuldner)
ergo (gr.?)
I. mit vorangeh. gen. wegen, um ... willen (klassisch nur i. d. Gesetzes- u. Urkundensprache)
II. adv. deshalb, demnach, also (in Schlüssen; auch bez. es d. logische Folge überhaupt; ferner z. Wiederaufnahme des unterbroch. Satzanfanges); quid ergo? „ich frage also?" vor Fragen mit verneinend. Sinne; quid ergo est „wie steht es also"?
ericius, ii, *m*
Igel; übtrg. „spanischer Reiter" (t. t. mil.)
erigo, rexi, rectum 3. (rego)
i. d. Höhe richten, aufrichten; (Gebäude u. dgl.) aufführen, errichten; (N. Kl.) (e. Weg) hinaufführen, (Mannschaften) hinaufrücken lassen, erigi (v. Örtlichkt., v. Rauch u. a.) „aufsteigen"; übtrg. hervorbrechen lassen; aufrichten, ermutigen, gespannt machen
erilis, e
(N. Kl.) des Herrn (der Herrin), dem Herrn (der Herrin) gehörig
eripio, ripui, reptum 3. (rapio)
eigtl. u. übtrg. einem etw. nehmen, entreißen, rauben; (i. gutem Sinne) etw. jemdm. abnehmen, (be)nehmen; herausreißen, retten, befreien; (durch den Tod) hinraffen
erodo 3. (rodo)
abnagen
erogatio, onis, *f*
Verausgabung, Ausgabe
erogo 1. (rogo)
verausgaben
errabundus, a, um
(N. Kl.) umherirrend, -schweifend
erraticus, a, um
umherirrend
erratio, onis, *f*
Irrung, Abweichung
erratum, i, *n*
Irrtum, Fehler
erratus, us, *m*
Irrfahrt (P)
erro 1.
1) eigtl. u. übtrg. umherirren, -schweifen, (P) sich verirren
2) übtrg. irren, sich irren, im Irrtum sein; (N. Kl.) (moral.) aus Irrtum fehlen
erro, onis, *m*
(N. Kl.) (adi. u. subst.) Herumstreicher
error, oris, *m*
I. eigtl. d. Umherirren, Irrfahrt; (meist P) Irrgang (d. Labyrinths), Windung, Krümmung (v. Flüssen); übtrg. Ungewißheit, Zweifel
II. d. Abirren = Abschweifen v. rechten Weg, Irregehen; (P) Fehlschuß; übtrg. (als Zustand und als Handlung) Irrtum, Mißverständnis, Versehen, Täuschung, Wahn, Verblendung; (moral:) Fehler, Verirrung; (P) Liebeswahn, personif. Verblendung
erubesco 3. (rubesco)
eigtl. rot werden (P); übtrg. schamrot

werden, erröten; (N. Kl.) auch trans. „Scheu empfinden vor“
eruca, ae, *f*
Kohlraupe; eine Art Kohl, Wirsing
eructo 1.
eigtl. ausrülpsen, auswerfen (P)
erudio 4. (rudis)
„entrohen“: jem. bilden, ausbilden, unterrichten, unterweisen, belehren; aufklären über etw.
eruditio, onis, *f*
Unterricht; (theoretische) Bildung
eruditus, a, um
(v. Pers. u. Sachen) fein gebildet, kenntnisreich, gelehrt
erumpo 3. (rumpo)
I. trans. ausbrechen lassen, se e. „heraus-, hervorbrechen“; übtrg. stomachum e. in aliquem = sein. Ärger auslassen an jem; (N. Kl.) etw. durchbrechen
II. intr. eigtl. u. übtrg. hervorbrechen, losbrechen, zum Ausbruch (Vorschein) kommen, offenbar werden; (bildl.) entspringen; durchbrechen, sich durchschlagen; über jem. (etwas) hereinbrechen; ausschlagen, ausarten, endigen
eruo 3. (ruo)
eigtl. ausgraben, (N. Kl.) aufgraben, -wühlen, -reißen, ausreißen; übtrg. hervorziehen, aufstöbern, ausfindig machen, ermitteln, (N. Kl.) zerstören, umstürzen
eruptio, *f*
Ausbruch; (milit.) Ausfall, Einfall
erus, i, *m*
Herr, Hausvater (i. Ggstz. zum Gesinde); (P) Gebieter, Eigentümer
ervum, i, *n*
die Erve (eine Hülsenfrucht)
esca, ae, *f*
Speise, Essen, Futter; übtrg. Lockspeise, Köder
escendo, scendi, scensum 3. (scando)
intr. empor-, hinaufsteigen, erklimmen: (N. Kl.) (von der Küste) hinaufmarschieren, ziehen, trans. besteigen
escensio, onis, *f*
Landung (N. Kl.)
escenus, us, *m*
(N. Kl.) d. Hinaufsteigen, Erklettern
esculentus, a, um
zur Speise dienend, eßbar. subst. plur. **esculenta**, orum, *n* Speisen (Ggstz. potulenta Getränke)
esculetum, esculeus, esculus s. acsc...
essedarius, ii, *m*
Wagenkämpfer (bei keltischen Völkern); e. Art Gladiatoren
essedum, i, *n* (keltisch)
(zweiräderiger) Streitwagen (der Kelten); Reisewagen
esurio, ire
Hunger haben, hungern; (N. Kl.) übtrg.
et coni
I. „und“ 1. verbindend (läßt den verbund. Begriffen u. Sätzen ihren selbständ. Wert: multi et magni viri „viele große Männer“. Vergl. atque u. que); et ... et (auch et ... que, [N. Kl.] que ... et) „sowohl ... als auch“, „einerseits ... andererseits“, „teils ... teils“, „ebenso ... wie“; neque (nec)... et „einerseits nicht ... andererseits“, „nicht nur nicht ... sondern vielmehr“; et ... neque (nec) „nicht nur ... sondern auch nicht“
2. bestätigend „und wirklich, und allerdings, und in der Tat“
3. (nach negat. Satz) = „sondern, aber“
4. (als Kontrast zum Vorhergehenden) „und doch, und trotzdem, und dabei“; et non (berichtigend) „und nicht vielmehr“ (= ac non)
5. (erklärend od. stärker hervorhebend) „und zwar“, „und noch dazu“, „und besonders“; insbes. et (atque) eo magis „und zwar um so mehr“, et maxime „und zwar ganz besonders, namentlich“
6. nach Wörtern der Gleichheit, wie alius, aeque, similis u. a., doch nur selten = „wie“, „als“,
II. „auch“ = etiam, klass. insb. in Verbindg. m. alius od. pron. demonstrativ. u. bei Partikeln; insbes. et etiam u. (selten) et quoque „auch noch, obenein“, et quidem „freilich auch“
etenim coni.
(an 1. Stelle) (erläuternd und fortführend) ja doch, nämlich; (bekräftigend) und allerdings

etesiae, arum, *m* (gr.)
Passatwinde
etlicus, a, um (gr.)
(N. Kl.) ethisch, moralisch, subst. **ethica**, ae (**ethice**, es) *f* Moralphilosopie
ethologus, i, *m* (gr.)
Sitten-, od. Charakterdarsteller, Nachäffer
ethnicus, a, um (gr.)
(Sp.) heidnisch, plur. subst. die Heiden
etiam (aus et-iam) coni
I. (von d. Zeit) noch, auch noch, noch immer; insbes. etiam nunc „auch jetzt noch, noch immer" (aus d. Gegenw. bezügl.), etiam tum „damals noch", auch dann noch, immer noch (von Vergangenem); etiam atque etiam „aber und abermals", wiederholt; vixdum etiam „kaum noch"
II. (bei Anfügung eines neuen Begriffs, vor od. nach d. Wort stehd., zu dem es gehört) auch, ferner, außerdem, dazu; sogar, selbst; ebenfalls; insbes. (in steigernden u. adversat. Verbindungen) sed etiam „aber auch", non modo (n. solum, n. tantum)... sed (od. verum) etiam „nicht nur ... sondern auch" (sondern auch nur); non modo (n. solum) non ... verum (od. sed) etiam „nicht nur nicht ... sondern sogar" (vielmehr); (in Fragen und Ausrufen) auch noch (dubitabitis etiam?); (in Antworten) ja, ja gewiß, ja so, auch so, ach ja
III. (bei comp) noch
etiamnum u. **etiamnunc** s. etiam I.
etiamsi (auch getrennt **etiam si**) coni. selbst wenn, auch wenn (häufig mit korrespond. tamen)
etiamtum (**-tunc**) s. etiam I.
etsi coni.
obgleich, obwohl; (ohne Nachsatz eine beschränkende Bemerkung anknüpfd.) doch, wiewohl
etymologia, ae, *f* (gr.)
(N. Kl.) Wortableitung, Etymologie
eu interi. (gr.)
(P) schön! brav!
euhan (euan) (gr.)
(P) Jubelruf der Bacchantinnen, auch = Bacchus selbst; davon (P) **eu(h)ans**, gen. antis unter „euhan" Rufen feiernd
euergetae, arum, *m* (gr.)
Wohltäter (N. Kl.)
Euhius, Euhias s. euhoe
euhoe (euoe) (gr.)
(P) Jubelruf der Bacchantinnen „juchhei"!, daher **Euhius** (Euius), ii, *m* Beiname des Bacchus. **Euhias** (Euias), adis, *f* = Mänade
Eumenides, um (gr.)
die Wohlwollenden, Gütigen (euphemistische Bezeichnung. der Furien)
eunuchus, i, *m* (gr.)
Betthüter: Verschnittener, Kastrat
euoe s. euhoe
euripus, i, *m* (gr.)
Meerenge, Sund (insbes. **Euripus**, der Sund zwisch. Euböa u. Böotien, der Euripus), Graben, Kanal
eurous s. eurus
eurus, i, *m* (gr.) (N. Kl.)
der Südostwind; **eurous**, a, um (P) östlich
euxinus, a, um (gr.)
gastfreundlich: klass. nur euphem. v. dem „ungastlichen" Schwarzen Meer Euxinus pontus
evado, vasi, vasum 3. (vado)
I. intr. herausgehen, -kommen, hervorgehen; (meist. N. Kl.) hinaufsteigen, emporklimmen; entweichen, entkommen; sich zu etw. entwickeln, werden; e. Ausgang nehmen, ausschlagen
II. trans. (N. Kl.) ersteigen, erklimmen, (e. Fluß) passieren, zurücklegen, hinauskommen über, entkommen
evagor 1. (vagor)
übtrg. ausschweifen, auf fremde Dinge kommen; (N. Kl.) umherschweifen, (milit.) e. Schwenkung machen; (P) trans. überschreiten
evalesco, valui 3. (valesco)
(N. Kl.) stark, kräftig werden, erstarken
evalidus, a, um
völlig stark (N. Kl.)
evan = euhan
evanesco, vanui 3. (vanesco)
eigtl. u. übtrg. vergehen, sich verflüchtigen, schwinden

evanidus, a, um
(N. Kl.) entschwindend, vergehend
evangelium, ii, *n* (gr.)
(Sp.) frohe Botschaft, Evangelium
evans = euhans
evasto 1. (vasto)
(N. Kl.) gänzlich, völlig verwüsten
eveho 3. (veho)
I. herausführen: fortschaffen; pass. übtrg. ausgehen von; (N. Kl.) pass. (v. Schiffenden) aus-, abfahren, absegeln, (v. Schiffen) feindlich losfahren, über etw. hinaussegeln, übtrg. über etw. hinausgehen, sich verbreiten über, sich fort-, hinreißen lassen, hervor-, lossprengen.
II. (N. Kl.) pass. herauffahren, -reiten, übtrg. (P) meist erheben zu
evello 3. (vello)
eigtl. herausreißen; übtrg. vertilgen, vernichten
evenio 4. (venio)
eigtl. herauskommen (P); übtrg. (durchs Los) zufallen, zuteil werden (N. Kl.); ausfallen, ausgehen, in Erfüllg. gehen; geschehen, widerfahren
eventum, i, *n* (meist plur. u. konkr.)
Ausgang, Resultat, Erfolg, Ereignis, Begebenheit
eventus, us, *m*
die Art, wie etw. abläuft: Ausgang, Ende, Erfolg (günstig u. ungünstig, z. B. belli); spez. günstiger Erfolg; (bei e. Theaterstück od. e. Person) Ausgang, Ende (meist P); Ereignis, Schicksal, Los
everbero 1. (verbero)
(N. Kl.) emporschlagen, auspeitschen, abschütteln
evergo, ere (vergo)
(N. Kl.) herausfließen lassen
everriculum, i, *n*
Kehrbesen
everro 3. (verro)
ausfegen, auskehren
eversio, onis, *f*
d. Umwerfen: Zerstörung; übtrg. Umwälzung, Umsturz
eversor, oris, *m*
Zerstörer
everto 3. (verto)
umkehren: umstürzen, umwerfen, (P) (d. Wasser) aufwühlen; zerstören; übtrg. stürzen, vernichten, ruinieren, zu Grunde richten; jem. um d. Besitz von etw. bringen
evestigatus, a, um
(N. Kl.) aufgespürt = ausfindig gemacht
evidens gen. entis
eigtl. sichtbar; übtrg. einleuchtend, offenbar
evidentia, ae, *f*
Augenscheinlichkeit
evigilo 1. (vigilo)
intrans. aufwachen (N. Kl.); übtrg. wachen = unermüdlich sein; (meist. N. Kl.) trans. übtrg. die Nächte hindurch (= mit Sorgfalt) ausarbeiten
evilesco, lui 3.
wertlos werden (N. Kl.)
evincio 4. (vincio)
(völlig, rings) umbinden (N. Kl.)
evinco 3. (vinco)
(N. Kl.) gänzlich besiegen, überwältigen, durchsetzen, unumstößlich dartun, jem. zu etw. bewegen
eviscero 1.
(N. Kl.) ausweiden, zerfleischen
evitabilis, e
vermeidbar (N. Kl.)
evito 1. (vito)
vermeiden, entgehen
evito 1. (vita)
das Leben rauben (P)
evocator, oris, *m*
Aufwiegler
evoco 1. (voco)
heraus-, hervorrufen, -locken; (Verstorbene) „zitieren“, erwecken; (Soldaten) abrufen, wohin beordern; herausfordern; übtrg. hervorrufen, erregen; (Soldaten zum Kriegsdienst) einberufen, aufbieten, subst. **evocati**, orum, *m* aufgebotene Veteranen; entbieten, (amtlich) zu sich entbieten, berufen, vorladen, aufrufen; berufen, erheben zu
evolo 1. (volo)
heraus-, hervorfliegen, ausfliegen; übtrg. ausfliegen; hervoreilen, -brechen; enteilen, entfliehen; übtrg. emporfliegen, sich emporschwingen (i. eigtl. Sinne P)

evolsio, onis, *f*
das Ausziehen
evolutio, onis, *f*
d. Aufrollen: d. Aufschlagen, Lesen
evolvo 3. (volvo)
I. eigtl. (N. Kl.) hervor-, hinauswälzen, -winden, -rollen, emporwälzen, pass. (v. Rauch) aufsteigen, (v. Gewässern) entströmen lassen (se e. „entströmen"), evolvi „weiter dringen" (v. Nachrichten); übtrg. (einer Hülle) entkleiden, (N. Kl.) herauswickeln, -helfen, -treiben, verdrängen, berauben
II. auseinanderrollen, aufrollen; übtrg. entwickeln, darlegen; ermitteln, (P) überlegen
III. (P) von sich abwälzen
evomo 3. (vomo)
ausspeien; übtrg. ausstoßen, -schütten
evulgo 1. (vulgo)
(N. Kl.) unter die Leute bringen, bekannt machen, preisgeben
ex u. **e** praep. mit abl. (und zwar ex vor Vokal. u. h; e u. ex vor Konson.)
zur Bezeichng. der Bewegung, des Ausgehens aus d. Innern eines Gegenst. heraus:
I. (räumlich) aus, heraus, hinaus, zuweilen aus ... hinaus (heraus), von, aus ... herab (hinab); von (einem Punkte) aus; (verwandschaftliche Abstammung oder Heimat bezeichnend) aus, von; (zum Ausdruck der Trennung) aus, von; (zur Bezeichng. des Stoffes u. der Teile, woraus etw. besteht) aus, von; (zur Umschreibg. des gen. part., besonders bei Zahlbegriffen) aus, von, unter; (bei Begriffen des Nehmens u. Empfangens) von, aus; (zum Ausdruck der Veränderung bei facere, reddere, existere, fieri u. a.) aus; (zur Angabe der Quelle, des Grundes, der Ursache) aus, wegen, durch, infolge von, aus Anlaß von u. a.; (zur Angabe der Norm = pro) nach, gemäß, in Rücksicht, in Hinsicht auf
II. selbständ. Adverbialausdrücke: ex parte „teilweise", ex memoria „auswendig", e regione „gegenüber", ex inopinato „unvermutet", ex professo „ausdrücklich", e vestigio „augenblicklich" u. a.
III. (zeitlich = ab) seit, von ... an; (zur Bezeichng. der unmittelbaren Folge, sogleich nach, nach; daher alius ex alio „einer nach dem anderen", diem ex die „einen Tag nach d. andern" = von Tag zu Tag)
exacerbo 1. (acerbo)
(N. Kl.) jem. (völlig) erbittern, aufbringen
exactio, onis, *f*
I. Vertreibung
II. übtrg. Erhebung, Eintreibung, pass. Abgabe; Beaufsichtigung
exactor, oris, *m*
Eintreiber der Abgaben. „Exekutor"; (N. Kl.) Vertreiber, Ausführer, Besorger
exactus, a, um
(N. Kl.) vollendet: genau, vollkommen
exacuo 3. (acuo)
eigtl. spitzen, wetzen, schärfen; übtrg. schärfen, aufstacheln, anspornen
exadversus (-sum) praep. m. acc.
gegenüber
exaedificatio, onis, *f*
Ausführung e. Gebäudes (bildl.)
exaedifico 1. (aedifico)
eigtl. u. übtrg. aufbauen, erbauen
exaequatio, onis, *f*
(N. Kl.) völlige Gleichstellung
exaequo 1. (aequo)
übtrg. (völlig) gleichstellen, ausgleichen; (N. Kl.) eigtl. gleichmachen
exaeresimus, a um (gr.)
ausscheidbar: dies exaeresimi „Schalttage"
exaestuo 1. (aestuo)
(N. Kl.) aufwallen, fluten, branden, übtrg. erglühen, aufbrausen
exaggeratio, onis, *f*
übtrg. Erhebung
exaggero 1. (aggero)
eigtl. aufdämmen (N. Kl.); übtrg. aufhäufen, vergrößern; stärker hervorheben (durch d. Darstellg.); allzu groß machen, (durch Worte) allzu sehr erheben; einen höheren Schwung geben, erheben
exagitator, oris, *m*
Tadler

exagito 1. (agito)
eigtl. aufscheuchen, umhertreiben, heftig aufregen (P); übtrg. (wie ein Wild) abhetzen, beunruhigen, aufregen, verfolgen, (N. Kl.) aufwiegeln, aufreizen; tadeln, geißeln; (i. gut. Sinne) aufrütteln, wieder rege machen, auffrischen
exalbesco 3. (albesco)
übtrg. erbleichen
examen, inis, *n*
„das Ausziehende“: eigtl. u. übtrg. Schwarm, Schar; (P) „das Abwägende“: Zunge der Waage, Prüfung
examino 1.
eigtl. abwägen: übtrg. ins Gleichgewicht bringen; untersuchen, prüfen
exancio (exantio) 1.
„ausschöpfen“: übtrg. erdulden, aushalten
exanguis s. exsanguis
exanimatio, onis, *f*
d. Außersichgeraten, Entsetzen
exanimis, e u. **exanimus**, a, um
(N. Kl.) tot, entseelt, übtrg. atemlos, vor Schrecken außer sich
exanimo
1. eigtl. des Atems berauben, erschöpfen; übtrg. betäuben, erschrecken, außer Fassung bringen
2. entseelen, töten; (P) übtrg. quälen, entmutigen
exanimus s. exanimis
exantlo s. exanclo
exardesco 3. (ardesco)
eigtl. sich entzünden; übtrg. entbrennen, erglühen, hingerissen werden zu; auflodern; heftig ergriffen werden von, spez. von Zorn entbrennen
exaresco 3. (aresco)
eigtl. u. übtrg. (völlig) austrocknen, versiegen; gänzlich verschwinden
exarmo 1. (armo)
entwaffnen (N. Kl.)
exaro 1. (aro)
ausackern, übtrg. durch Ackerbau gewinnen; übtrg. aufackern, durchfurchen (N. Kl.), entwerfen, aufzeichnen
exaspero 1. (aspero)
(N. Kl.) eigtl. ganz rauh, uneben machen, aufwühlen, übtrg. erbittern, aufreizen
exauctoro 1. (auctoro)
(N. Kl.) vom Fahneneid entbinden, verabschieden, se e. „den Dienst quittieren“
exaudio 4. (audio)
(deutlich) hören, vernehmen; (N. Kl.) erhören
exauguratio, onis, *f*
(N. Kl.) Aufhebung der Weihe
exauguro 1. (auguro)
(N. Kl.) die Weihe von etwas aufheben, etwas dem gewöhnl. Gebrauch übergeben
excaeco 1. (caeco)
blind machen, blenden; (P) übtrg. (Fluß u. a.) verstopfen
excandescentia, ae, *f*
das Aufbrausen (des Zornigen)
excandesco 3. (candesco)
von etwas erglühen
excanto 1. (canto)
(N. Kl.) hervor-, weg-, zu sich zaubern
excarnifico 1. (carnifico)
zu Tode martern
excavo 1. (cavo)
aushöhlen
excedo 3. (cedo)
I. intr. eigentl. u. übtrg. heraus-, hinausgehen, s. entfernen, entweichen, verlassen, scheiden aus; (von Leblos.) hervortreten, hervorragen; (N. Kl.) übtrg. (üb. eine Grenze) hinausgehen, übergehen zu, v. Thema abschweifen
II. (N. Kl.) trans. eigtl. u. übtrg. verlassen, räumen, über ein Maß hinausgehen, überschreiten
excellens, gen. entis
übtrg. hervorragend, vortrefflich, vorzüglich, ausgezeichnet; (N. Kl.) eigtl. hervorragend, erhaben
excellentia, ae, *f*
Vortrefflichkeit, Vorzug (als Zustand); konkr. hervorragende Persönlichkeit. (Sp.) als Titel „Exzellenz“
excello, ere (N. Kl. excelleo, ere)
übtrg. hervorragen, sich auszeichnen
excelsitas, atis, *f*
Erhabenheit
excelsus, a, um
1. eigtl. emporragend, hoch; subst. **excelsum**, i, *n* die Höhe

2. übtrg erhaben; (N. Kl.) subst. **excelsum**, i, *n* hoher Rang, hohe Würde, Blüte

exceptio, onis, *f*
Ausnahme, Einschränkung; (gerichtliche) Einrede (wider d. Kläger)

excepto, are
herausnehmen; aufnehmen, die Hand (zur Unterstützung) reichen; (P) in sich aufnehmen = einatmen

excerno 3. (cerno)
ausscheiden (N. Kl.)

excerpo, cerpsi, cerptum 3. (carpo)
eigtl. herausnehmen (N. Kl.); übtrg. auswählen; „exzerpieren"; ausscheiden, streichen aus

excessus, us, *m*
d. Herausgehen: das Scheiden, Hinscheiden, Tod; (N. Kl.) die Abschweifung v. Thema (t. t. rhet.)

excetra, ae *f*
(N. Kl.) Schlange, übtrg. Schimpfwort für ränkevolle Weiber

excidium, ii, *n*
(N. Kl.) Zerstörung, Verwüstung, Vernichtung, Untergang, konkr. Ruine

excido, cidi 3. (cado)
eigtl. heraus-, entfallen, fallen; excidunt nummi isti [„ihm"]; ausfallen, verloren gehen, entschwinden; entfallen, entschlüpfen; verloren gehen; (aus d. Gedächtnis) entschwinden; (N. Kl.) (beim Losen) herauskommen, verlustig gehen einer Sache

excido, cidi, cisum 3. (caedo)
(v. Dingen) eigtl. heraushauen; abhauen; ausbrechen, aushöhlen; (völlig) zertrümmern, zerstören; übtrg. entfernen; (N. Kl. auch von Pers. u. Abstraktem) völlig vernichten, vertilgen

excieo 2. (cieo) u. **excio** 4.
(N. Kl.) zum Herausgehen bringen: auftreiben, aufscheuchen, kommen lassen, entbieten, aufbieten, zu Hilfe rufen, übtrg. aufregen, reizen, erregen, verursachen, erschüttern

excindo s. exscindo

excipio, cepi, ceptum 3. (capio)
I. eigtl. herausnehmen, -ziehen; übtrg. ausnehmen, ausbedingen, Einschränkungen machen
II. eigtl. (Fallendes, Flüssiges) auffangen; aufgreifen, gefangen nehmen, fangen, (aus d. Hinterhalt) abfangen; (mit d. Gehör) auffangen, lauschen auf; (Geschosse, Angriffe, Lasten u. a.) aufnehmen, aushalten, auf sich nehmen, bestehen; (N. Kl.) angreifen, verwunden, erlegen
III. aufnehmen, empfangen; beherbergen, bewirten; übtrg. (v. Zuständ.) ergreifen, treffen, erwarten
IV. (v. d. Reihe) aufnehmen = ablösen, auf jem. folgen; (räuml. od. zeitl.) aufnehmen = unmittelbar folgen, sich anschließen, (übernehmen u.) fortsetzen, fortpflanzen

excisio, onis, *f*
die Zerstörung

excito 1.
I. (Wild) aufjagen, übtrg. aufschrecken; (Menschen) heraus-, herauf-, herbeirufen, aufrufen, (N. Kl.) (Wachen) anrufen; aufwecken; übtrg. hervorrufen, erwecken, erregen
II. sich erheben lassen, aufstehen, heißen; übtrg. (geistig) aufrichten; aufrufen (bes. vor Gericht); (Bauten) aufführen; (Feuer)anfachen; übtrg. anfeuern, antreiben

excitatus, a, um
stark, heftig

exclamatio, onis, *f*
der Ausruf (t. t. rhet.); (N. Kl.) Ausruf, Ausspruch, Sentenz

exclamo 1. (clamo)
intr. eigtl. u. übtrg. (laut) aufschreien, schreien, laut ausrufen (a. c. i.); trans. laut (beim Namen) nennen

excludo, si, sum 3. (claudo)
eigtl. (Pers.) ausschließen, nicht einlassen, (N. Kl.) (einen Ort) absondern, absperren; übtrg. fernhalten, abhalten; abweisen, unmöglich machen; (milit.) abschneiden von, behindern (an); ausbrüten

excogitatio, onis, *f*
das Ausdenken

excogito 1. (cogito)
ersinnen, ausdenken, ausfindig machen

excolo 3. (colo)
übtrg. bilden, ausbilden, veredeln,

verfeinern; (N. Kl.) eigtl. (sorgfältig) bebauen, bearbeiten, übtrg. ausschmücken, verehren

excommunico 1. (communico)
(Sp.) in den Bann tun = von der Kirche ausschließen

excommunicatio, onis, *f*
(Sp.) Kirchenbann

excoquo 3. (coquo)
(N. Kl.) schmelzen, ausschmelzen, ausdörren

excors, gen. cordis
kopflos, einfältig

excrementum, i, *n*
(N. Kl.) Absonderung des Körpers

excresco 3. (cresco)
(N. Kl.) auf-, emporwachsen

excrucio 1. (crucio)
eigtl. u. übtrg. peinigen, quälen, ängstigen

excubiae, arum, *f*
das Draußenliegen: eigtl. das Wachen, Wachehalten; übtrg. konkr. Wache, Wachtposten, spez. i. Ggstz. zu vigiliae „Tagwachen"

excubitor, oris, *m*
Wächter, plur. Wachtposten

excubo 1. (cubo)
draußen liegen, schlafen; Wache halten (militär. u. übtrg.)

excudo 3. (cudo)
eigtl. herausschlagen, schmieden (N. Kl.); übtrg. ausbrüten; (schriftlich) „schmieden", zustande bringen

exculco 1. (calco)
feststampfen

excurro, cucurri u. curri, cursum 3. (curro)
eigtl. u. übtrg. hinauslaufen, -eilen; Ausflug machen; Ausfall machen, hervorbrechen, Einfall machen; (i. d. Rede) abschweifen; (N. Kl.) (v. Gewässern) entspringen, (v. Örtlichkt.) sich hinaus erstrecken

excursio, onis, *f*
Ausfall; Einfall, Streifzug; (N. Kl.) Ausflug

excursor, oris, *m*
Kundschafter

excursus, us, *m*
Anlauf, Angriff; (N. Kl.) das Auslaufen (d. Schiffe), Ausfall

excusabilis, e
entschuldigungsfähig (N. Kl.)

excusatio, onis, *f*
Entschuldigung, Entschuldigungsgrund; Ablehnung

excuso
1. entschuldigen, rechtfertigen, excusare aliquid od. se excusare de re „sich entschuldigen, sich rechtfertigen wegen"
2. sich (mit etw.) entschuldigen, etw. als Entschuldigung anführen, vorschützen; (N. Kl.) etw. ablehnen, excusari rei „sich einer Sache entziehen"

excutio, cussi, cussum 3. (quatio)
herausschütteln, -werfen (meist N. Kl.); übtrg. ausschütten; abschütteln, austreiben; entreißen, rauben, entlocken; (N. Kl.) eigtl. abschütteln, herab- od. herauswerfen, -schleudern, -stoßen, -treiben, abschießen, übtrg. vertreiben, wegtreiben, zerstören, berauben
II. eigtl. tüchtig schütteln (N. Kl.); übtrg. durchsuchen, sorgfältig untersuchen

exec... s. exsec...

exedo 3. (edo)
aus-, aufessen (P); (von innen) ausfressen, zerfressen, zerstören; übtrg. zernagen, aufreiben. (N. Kl.) **exesus**, a, um ausgehöhlt, hohl

exedra (exhedra), ae, *f* (gr.)
Außensitz: (in röm. Privathäusern) Konversationszimmer

exedrium (exhedrium), ii, *n* (gr.)
kleine exedra

exemplar, aris, *n*
Kopie, Abschrift; übtrg. Ebenbild, Abbild; Muster, Vorbild

exemplaris, e
„kopiert": nur subst. **exemplares** Abschriften (N. Kl.)

exemplum, i, *n*
das (zur Probe) Herausgenommene: Probe, Muster (N. Kl.); Abschrift, Kopie, Exemplar; Inhalt = Wortlaut; Formular, Konzept; (in d. Kunst) Kopie (N. Kl.); Original; (moral.) Muster, Vorbild, (nachahmenswertes) Beispiel; Beispiel, Vorgang, spez. analoger Fall, Präzedenzfall; Beispiel;

Beispiel (zur Lehre), spez. warnendes Beispiel, Strafe

exeo, ii (N. Kl. ivi), itum, ire (eo)
eigtl. heraus-, hinausgehen, auswandern, weggehen; ausrücken, ausmarschieren; auslaufen; ans Land gehen; übtrg. herausgehen, verlassen, scheiden; zu Ende gehen; bekannt werden; (N. Kl.) herauskommen, -fließen, austreten, entstehen, emporsteigen, -ragen, trans. überschreiten, ausweichen, entgehen

exequiae, **exequor** s. exseq...

exerceo, cui, citum 2. (arceo)
aus d. Ruhe bringen: in Bewegung setzen, emsig rühren, handhaben, beschäftigen, umhertummeln, aufwühlen, pflügen, aufgraben, (Bergbau) betreiben, (Acker) bestellen (meist P.); übtrg. beunruhigen, heimsuchen, quälen; üben, einüben; betreiben; ausüben, üben; vollziehen; (e. Gewerbe) betreiben; verwalten. **exercitus**, a, um klassisch nur = hart geprüft, geplagt

exercitatio, onis, *f*
Übung, Geübtheit, Ausübung

exercitatus, a, um s. exercito

exercitium, ii, *n*
(milit.) Übung (N. Kl.)

exercito 1.
tüchtig üben (N. Kl.). Klass. ist **exercitatus**, a, um geübt (abs.; in armis), geschult, erfahren; hart geprüft

exercitus, us, *m*
Übung (P); übtrg. eingeübte Mannschaft = Heer, plur. auch = Heerhaufen; (als Ggstz. zur Reiterei) Fußvolk, (als Ggstz. zur Flotte) Landmacht; übtrg. Schar, Haufe, Bande; (P) Schwarm (v. Vögeln u. a.)

exero u. **exerto** s. exse...

exhaeresimus s. exaeres...

exhalatio, onis, *f*
Ausdünstung

exhalo 1. (halo)
(v. Pers.) aushauchen, ausdünsten, (N. Kl.) auch v. leblos. Subj.

exhaurio 4. (haurio)
1. eigtl. u. übtrg. ausschöpfen; heraus-, fortschaffen; übtrg. nehmen, benehmen, entziehen
2. eigtl. u. übtrg. ausschöpfen, ausleeren; übtrg. erschöpfen, schwächen, vernichten; (meist. N. Kl.) vollenden, überstehen, durchmachen

exhedr... s. exedr...

exheredo 1.
enterben

exheres, gen. redis
enterbt, erblos

exhibeo, hibui, hibitum 2. (habeo)
(vor. Gericht) herbei-, zur Stelle schaffen, herausgeben, ausliefern; darstellen, vorführen; darbieten, erweisen; verursachen; (N. Kl.) gewähren, gestatten, zeigen, sehen lassen

exhilaro 1. (hilaro)
aufheitern

exhorresco 3. (horresco)
sich entsetzen; trans. N. Kl.

exhortatio, onis, *f*
(N. Kl.) Aufmunterung, Anfeuerung

exhortor 1. (hortor)
(N. Kl.) auf-, ermuntern, anfeuern

exigo 3. (ago)
I. heraus-, vertreiben; (e. Frau) „verstoßen"; (N. Kl.) (Waren) vertreiben = verkaufen, (P) (e. Waffe) schwingen, hinein-, durchstoßen
II. (N. Kl.) zu Ende bringen, vollenden, beenden, (e. Zeit) hinbringen, verleben; klassisch jedoch (bei Zeitbest.) **exactus** verflossen, vollendet
III. herausbringen: eintreiben, einfordern; (amtlich) den Bau, Ausbau von etw. verlangen, die Instandhaltung von etw. beaufsichtigen; übtrg. verlangen, fordern; (N. Kl.) erfragen
IV. (nach einem Maßstab) abmessen, untersuchen, übtrg. abwägen, prüfen; (N. Kl.) erwägen, überlegen, verhandeln

exiguitas, atis, *f*
eigtl. u. übtrg. Kleinheit, Knappheit; Geringfügigkeit

exiguus, a, um
genau abgemessen: (räumlich) klein, beschränkt; (zeitlich) kurz; (qualit.) gering, unbedeutend; (quantitat.) gering, wenig, notdürftig, knapp; kleinlich. (N. Kl.) subst. **exiguum**, ii, *n* ein Geringes, ein Weniges

exilis, e
eigtl. mager, dürr, schmächtig; übtrg. dürftig; trocken; schwach (Zahl); (Gesinnung) engherzig; dünn
exilitas, atis, *f*
übtrg. Trockenheit
exilio, exilium s. exsil...
exim, exin u. **exinde**
(selten klassisch) darauf, nachher (räuml. u. zeitl. anreihend); (N. Kl.) von da an, seitdem, (kausal) dadurch, deswegen, (örtl.) von daher, daraus
eximius, a, um
ausgenommen, ausnehmend, außerordentlich, ausgezeichnet
eximo, emi, emptum 3. (emo)
heraus-, hinwegnehmen; die Zeit hinziehen; benehmen, beseitigen; befreien; (N. Kl.) (jem. einer Sache) entziehen, entrücken u. a.
exin s. exim
exinanio 4. (inanio)
eigtl. u. übtrg. (völlig) ausleeren, ausplündern
exinde s. exim
existimatio, onis, *f*
Meinung, Urteil, Schätzung; Achtung, Ruf; Kredit
existimator, onis, *m*
Beurteiler, Kritiker
existimo (alt existumo) 1. (aestimo)
übtrg. (wofür) halten, ansehen, erachten, pass. (wofür) angesehen werden, gelten; urteilen, beurteilen, begutachten, entscheiden; erachten, meinen, glauben; (N. Kl.) schätzen, achten
existo s. exsisto
exitiabilis, e
verderblich, unheilvoll
exitialis, e
unheilvoll
exitiosus, a, um
verderblich, unheilvoll
exitium, ii, *n*
Untergang, Verderben, Sturz, Vernichtung
exitus, us, *m*
eigtl. (v. Pers.) das Herausgehen, Ausgang; konkr. Ausgang, Ausgangsweg, -punkt; übtrg. Ende, Ausgang, Schluß; Lebensende, Tod, Schicksal; das Ziel, Ergebnis
exlex, gen. legis
dem Gesetz nicht unterworfen
exodium, ii, *n* (gr.)
(N. Kl.) (scherzhaftes) Nachspiel (tragischer Stücke)
exodus, i, *f* (gr.)
(Sp.) Auszug = Titel für d. 2. Buch Moses
exolesco 3. (olesco)
1. auswachsen; nur im part. **exoletus**, a, um erwachsen, mannbar (klassisch nur im obszönen Sinn = Buhlknabe)
2. (N. Kl.) übtrg. abkommen, veralten, verlöschen
exonero 1. (onero)
(N. Kl.) entlasten, aus-, abladen, übtrg. befreien, erleichtern
exopto 1. (opto)
herbeiwünschen, ersehnen. **exoptatus**, a, um erwünscht, lieb
exorabilis, e
leicht zu erbitten
exordior 4. (ordior)
eigtl. (ein Gewebe) anfangen; daher übtrg. beginnen, anfangen
exordium, ii, *n*
Anfang eines Gewebes: übtrg. Beginn, Anfang, insbes. Eingang (einer Rede), Einleitung
exorior 4. (orior)
eigtl. als t. t. milit. (feindlich) hervorkommen, -brechen (N. Kl.); (v. Gestirnen) aufgehen; übtrg. (plötzlich) sich erheben, auftreten, zum Vorschein kommen, sich Bahn brechen; entstehen, eintreten; erstehen, entstehen aus
exornatio, onis, *f*
Ausschmückung; übtrg. Schmuck (der Rede); Prunkrede
exornator, oris, *m*
Ausschmücker
exorno 1. (orno)
anordnen, ordnen, Vorkehrungen treffen (N. Kl.); eigtl. u. übtrg. womit versehen, ausschmücken, schmücken
exoro 1. (oro)
erbitten = durch Bitten bewegen; (N. Kl.) etw. erbitten, erflehen
exors s. exsors
exorsus, us, *m*
Anfang, Eingang

exortus, us, *m*
(N. Kl.) Aufgang
exosculor 1. (osculor)
inbrünstig küssen (N. Kl.)
exostra, ae, *f* (gr.)
eine Maschinerie im Theater (zu plötzlichem Dekorationswechsel)
exosus, a, um
(N. Kl.) activ. gründlich hassend
exoticus, a, um (gr.)
ausländisch (N. Kl.)
expallesco 3. (pallesco)
(N. Kl.) erblassen, erbleichen, trans. vor etw. zurückschrecken
expando 3. (pando)
(N. Kl.) ausspannen, ausbreiten
expavesco 3. (pavesco)
(N. Kl.) sehr ängstlich werden, trans. zurückschrecken vor
expecto, **expectatio** s. exsp...
expectoro, are
aus d. Herzen reißen (P)
expedio 4.
aus den Fesseln befreien:
I. übtrg. frei machen, befreien, heraushelfen; d. Schwierigkeiten einer Sache überwinden = erleichtern, erledigen, ausführen, zustande bringen; (P) (ohne Schwierigkeit) schleudern; (N. Kl.) entwickeln, erzählen
II. eigtl. herausholen, vorbringen; übtrg. (milit.) in Bereitschaft setzen, zurecht machen; ermitteln, ausfindig machen
III. expedit = es kommt zustatten, es nützt
expeditio, onis, *f*
(milit.) Zug, Unternehmen, Feldzug
expeditus, a, um
(v. Pers.) frei, ungehindert, leicht; insbes. (militär.) ohne Gepäck; subst. **expediti**, orum, *m* „leichte Truppen“, e. levis armaturae „Leichtbewaffnete“, daher: kampfbereit, schlagfertig; (v. lebl. Dingen) unbehindert, leicht, bequem, abgemacht, entschieden
expello, puli, pulsum 3. (pello)
eigtl. heraus-, weg-, forttreiben, hinaus-, aus-, abstoßen (N. Kl.); (v. Meer) ans Land werfen; übtrg. vertreiben, verjagen, insbes. verbannen; aus d. Familie verstoßen; (Zustände) benehmen, beseitigen
expendo, pendi, pensum 3. (pendo)
eigtl. abwägen; übtrg. abwägen, erwägen, beurteilen, prüfen; auszahlen, ausgeben; (P) (Strafe) zahlen, erleiden, etw. abbüßen
expergefacio 3. (facio)
übtrg. aus d. Ruhe aufwecken
expergiscor, perrectus sum 3.
eigtl. u. übtrg. aufwachen, erwachen
expergo s. exspergo
experiens, gen. entis
(v. Pers.) unternehmend, tätig; (P) ausdauernd (in einer Sache)
experientia, ae, *f*
Probe, Versuch; (N. Kl.) Erfahrung
experimentum, i, *n*
(Erfahrungs-)Beweis; (N. Kl.) Versuch, Probe
experior, pertus sum 4.
abs. versuchen, Versuche machen, trans. versuchen, erproben, auf d. Probe stellen; (in feindl, Sinne) den Kampf versuchen (mit); (vor Gericht) rechten, streiten, gegen jem. gerichtlich verfahren; (vor Gericht) geltend machen; (versuchsweise) unternehmen, wagen; (durch Versuche) erfahren, kennen lernen; (Unangenehmes) erfahren, erleiden. **expertus**, a, um act. erfahren; (N. Kl.) pass. erprobt, versucht
expers, gen. pertis (pars)
eigtl. u. übtrg. unteilhaftig, unbeteiligt an, ohne Teil an, entbehrend, frei von
expertus, a, um s. experior
expeto 3. (peto)
I. trans. etw. (ab-)verlangen, (ab-)fordern, dringend fordern; erstreben, begehren, trachten nach
II. (N. Kl.) aliquid e. in aliquem „trifft“, „widerfährt“. **expetendus**, a, um erstrebenswert
expiatio, onis, *f*
Sühnung
expilatio, onis, *f*
Ausplünderung
expilator, oris, *m*
Plünderer
expilo 1.
ausplündern, berauben
expingo 3. (pingo)
übtrg. (schildernd) ausmalen

expio 1. (pio)
(Schuldbeflecktes durch Sühne) reinigen, entsündigen, sühnen; (Gottheiten durch Sühne) besänftigen, versöhnen; (Geschehenes) wieder gut machen, sühnen; (v. d. Göttern Gesandtes) unschädlich machen; übtrg. befriedigen

expiro s. exsp...

expiscor 1. (piscor)
herausfischen: übtrg. ausforschen (i. Scherz od. Spott)

explanatio, onis, *f*
Entwicklung, Auslegung, Deutung

explanator, oris, *m*
Erklärer, Ausleger

explano 1.
eigtl. eben ausbreiten: übtrg. deutlich entwickeln, deuten, auslegen; deutlich darstellen. **explanatus**, a um deutlich

expleo, plevi 2.
eigtl. ausfüllen; übtrg. ausfüllen, erfüllen; vollzählig, vollständig machen, ergänzen; befriedigen, sättigen, stillen; (N. Kl.) (Zeit oder Zahl) voll machen, vollenden, erreichen. **expletus**, a, um vollkommen

expletio, onis, *f*
Vervollständigung

expletus s. expleo am Ende

explicatio, onis, *f*
eigtl. das Abrollen; übtrg. Entwicklung, Erörterung; Lösung, Deutung

explicator, oris, *m*
Entwickler, Darsteller. fem. **explicatrix**, icis, *f* (v. d. Rhetorik) Entwicklerin

explicatus u. **-itus**, a, um s. explico

explicatus, us, *m*
die Erörterung

explico, avi, atum u. (meist N. Kl.) ui, itum 1.
eigtl. auseinanderfalten, -wickeln, ausbreiten, entrollen; (i. Raum) ausbreiten; (milit.) entwickeln, entfalten; übtrg. (aus einer Schwierigkeit) herauswickeln, befreien, lösen, aus der Verlegenheit helfen; abwickeln, zustande bringen; (mündlich od. schriftlich) entwickeln, erklären, erörtern, auseinandersetzen; in freier Übersetzung wiedergeben; ausfindig machen. **explicatus**, a, um geordnet, geregelt; deutlich, klar. **explicitus**, a, um ausführbar

explodo 3. (plaudo)
(durch Zischen, Pochen u. a. Zeichen des Mißfallens einen Schauspieler) zum Abgang nötigen, „auszischen“, übtrg. verwerfen

exploratio, onis, *f*
das Auskundschaften (N. Kl.)

explorator, oris, *m*
Kundschafter (N. Kl.); klassisch nur plur. **exploratores** Aufklärungstruppen

exploratus, a, um
erkundet: sicher, gewiß, ausgemacht, feststehend

exploro 1.
eigtl. (besond. milit.) u. übtrg. auskundschaften, ausforschen, erforschen, erspähen, ermitteln, ausfindig machen; auf Mittel u. Wege zu etw. sinnen; (N. Kl.) untersuchen, prüfen

explosio, onis, *f*
(N. Kl.) das „Auspfeifen“

expolio 4. (polio)
eigtl. abpolieren, abputzen (N. Kl.); übtrg. ausbilden, verfeinern; (v. Redner) ausschmücken

expolio 1. s. exspolio

expolitio, onis, *f*
eigtl. das Anstreichen, Abputzen; übtrg. (v. d. Rede) Ausschmückung

expono 3. (pono)
aussetzen, -stellen, -legen: eigtl. u. übtrg. ausstellen, zur Schau stellen; ans Land setzen, ausschiffen, ausladen; (N. Kl.) (e. Kind) aussetzen; übtrg. aussetzen, preisgeben; aussetzen, zur Verfügung stellen; (mündlich od. schriftlich) auseinandersetzen, darlegen, erzählen, mitteilen. (N. Kl.) **expositus**, a, um frei daliegend (P) synkopierte Form expostus

exporrigo 3. (porrigo)
(N. Kl.) ausstrecken, -dehnen, -breiten

exportatio, onis, *f*
Ausfuhr (v. Waren)

exporto 1. (porto)
heraus-, forttragen, -schaffen; (Waren) ausführen, „exportieren“; (i. üblem Sinn) verbannen

exposco 3. (posco)
dringend, ungeduldig fordern, verlangen; erbitten, erflehen; (N. Kl.) jemandes Auslieferung verlangen
expositio, onis, *f*
Erklärung, „Definition“
expositus, a, um s. expono
expostulatio, onis, *f*
dringende Aufforderung, Bitten; Beschwerde
expostulo 1. (postulo)
(bei jemd.) sich beschweren (über), von jemd. Genugtuung fordern für, jemdm. etwas vorhalten; (N. Kl.) dringend verlangen, spez. jemds. Ausliefergs. verlangen
expostus, a, um s. expono a. Ende
expressus, a, um
herausgedrückt: eigtl. u. übtrg. ausdrucksvoll, sichtbar, anschaulich, deutlich
exprimo, pressi, pressum 3. (premo)
herausdrücken, -pressen; spez. emportreiben, emporheben; erpressen, erzwingen, abnötigen; (in Wachs, Metall, durch Farbe) ausdrücken = abbilden, gestalten, hervortreten lassen (N. Kl.); daher übtrg. (durch Worte) ausdrücken = abbilden, schildern, darstellen; nachbilden, übersetzen; (in d. Haltg.) nachahmen
exprobratio, onis, *f*
Vorwurf (N. Kl.)
exprobro 1.
Vorwürfe machen, vorwerfen, vorhalten
expromo 3. (promo)
eigtl. hervornehmen, -bringen (N. Kl.); übtrg. etw. gegen jemd. zeigen, an den Tag legen, betätigen; (mit Worten) vorbringen, entwickeln, darlegen
expugnabilis, e
einnehmbar (N. Kl.)
expugnatio, onis, *f*
Eroberung, Erstürmung
expugnator, oris, *m*
eigtl. u. übtrg. Eroberer, Überwinder
expugnax, gen. acis
bezwingend (P)
expugno 1. (pugno)
auskämpfen: erobern, erstürmen; (Personen) besiegen, überwinden; übtrg. erkämpfen, erzwingen, durchsetzen; überwinden, brechen
expulsio, onis, *f*
Vertreibung
expulsor, oris, *m*
Vertreiber
expultrix, tricis, *f*
übtrg. Vertreiberin
expuo s. exspuo
expurgo 1. (purgo)
völlig reinigen; (N. Kl.) (gänzlich) rechtfertigen, entschuldigen
exputo 1. (puto)
ergründen (N. Kl.)
exquiro, quisivi, quisitum 3. (quaero)
eigtl. u. übtrg. ausforschen, ausfindig machen, aussuchen; (N. Kl.) eigtl. durchsuchen; klass. übtrg. untersuchen, prüfen; erforschen, ergründen; (durch Fragen) ermitteln, abfragen, fragen nach, sich erkundigen; erbitten, erflehen
exquisitus, a, um
ausgesucht, auserlesen, fein, scharfsinnig, durchdacht, sorgfältig
exsacrifico 1.
Opfer darbringen (P)
exsaevio, ire (saevio)
(N. Kl.) austoben
exsanguis (exanguis), e
eigtl. blutlos; übtrg. blaß (v. Pers.); erschöpft, ohnmächtig; (P) blaß machend
exsatio 1. (satio)
(N. Kl.) völlig sättigen, übtrg. ganz zufrieden stellen
exsaturabilis, e
ersättlich (P)
exsaturo 1. (saturo)
völlig sättigen
exscendo, **-scensio**, **-scensus** s. escendo u.s.w.
exscindo (excindo) 3. (scindo)
zerstören, vernichten, zu Grunde richten
exscreo 1. (screo)
sich räuspern (N. Kl.)
exscribo 3. (scribo)
abschreiben; aufschreiben
exsculpo 3. (sculpo)
herausgraben: ausmeißeln, ausschnit-

zen; (N. Kl.) wegmeißeln, auskratzen, übtrg. (durch Fragen) herauspressen

exseco 1. (seco)
herausschneiden; entmannen; übtrg. ausschneiden, vernichten; (P) herausschinden (hohe Zinsen)

exsecrabilis, e
(N. Kl.) fluchwürdig, verwünscht, activ. verfluchend

exsecratio, onis, *f*
Verwünschung, Fluch; Beteuerung, Schwur (unter Verwünschungen)

exsecror 1.
verwünschen, verfluchen; abs. Verwünschungen ausstoßen; (P) unter Verwünschungen etw. schwören, sich selbst verwünschen. **exsecratus**, a, um verflucht

exsectio, onis, *f*
das Ausschneiden

exsecutio, onis, *f*
(N. Kl.) Vollziehung, Vollstreckung = Gerichtsbarkeit in einer Sache, vollziehende Gewalt in; (Sp.) Bestrafung

exsecutor, oris, *m*
(N. Kl.) Vollstrecker, Rächer

exsequiae, arum, *f*
das Hinausgeleiten: Leichenbegängnis, Bestattung; (P) Leichenfeier

exsequialis, e
Sterbelied (des Schwans) (P)

exsequor 3. (sequor)
hinaus-, zu Grabe geleiten (P); übtrg. (bis zu Ende) verfolgen; ausführen; mit durchmachen; (N. Kl.) (rächend, strafend) verfolgen, ahnden, (nachforschend) verfolgen = zu ermitteln suchen; (meist N. Kl.) (mündlich od. schriftlich) ausführen, ausführlich erörtern, berichten, angeben

exsero (exero), serui, sertum 3. (sero)
eigtl. (einen Körperteil) heraus-, hervorstrecken; übtrg. se e. aere alieno „sich losmachen"; (N. Kl.) offenbar machen, zeigen

exserto (exerto), are
(P) heraus-, hervorstrecken

exsibilo 1. (sibilo)
auszischen

exsicco 1. (sicco)
völlig austrocknen; (N. Kl.) etw. austrinken

exsigno 1. (signo)
aufzeichnen (N. Kl.)

exsilio (exilio), silui, sultum 4.
in die Höhe springen, aufspringen; (N. Kl.) heraus-, hervorspringen

exsilium (exilium), ii, *n*
(freiwillig. u. unfreiwillig.) Aufenthalt im Ausland, Verbannung, Exil; übtrg. Verbannungsstätte, Zufluchtsort; (N. Kl.) plur. = exsules

exsistentia, ae, *f*
Dasein (N. L.)

exsisto (existo), stiti 3. (sisto)
(von Lebend. u. Leblos.) hervorgehen, -treten, auftreten, sich erheben, zum Vorschein kommen (nicht - existieren!); (N. Kl.) (milit.) los-, hervorbrechen; übtrg. (plötzlich) entstehen, werden, eintreten, sich zeigen, erscheinen u. a., im perf. auch = sein; (logisch) folgen (ut; a. c. i.).

exsolvo 3.
eigtl. u. übtrg. (völlig) auflösen, schmelzen, entwirren, aufheben (N. Kl.); übtrg. losmachen von, befreien; (meist N. Kl.) (Schulden) bezahlen, auszahlen, abtragen, erfüllen

exsomnis, e
schlaflos (P)

exsorbeo, bui (N. Kl. sorpsi) 2. (sorbeo)
eigtl. (völlig) ausschlürfen, einsaugen (N. Kl.); übtrg. ausschlürfen; verschlingen; auskosten

exsors (exors), gen. sortis
ohne Los:
1. (P) dem Lose nicht unterworfen = außerordentlich, auserlesen
2. (N. Kl.) nicht mitlosend = ohne Anteil an, nicht teilhaftig

exspatior 1. (spatior)
(N. Kl.) die Bahn verlassen, sich ausbreiten, (von Gewässern) austreten, übtrg. abschweifen (vom Thema)

exspectatio (expectatio), onis, *f*
Erwartung, Spannung, Sehnsucht

exspecto (expecto) 1. (specto)
nach etw. ausschauen: warten, sich verweilen, abwarten, erwarten; (mit Hoffnung od. Furcht) erwarten = erhoffen, sehnlichst wünschen, befürchten, gespannt sein auf, entgegensehen u. a.; (N. Kl. mit sachl. Subj.) erwar-

ten = bevorstehen, erfordern, verlangen

exspectatus, a, um
erwünscht, willkommen

exspergo, ere (spargo)
(P) bespritzen

exspes
(N. Kl.) ohne Hoffnung, hoffnungslos

exspiratio, onis, *f*
Ausdünstung

exspiro (expiro) 1. (spiro)
(N. Kl.) trans. herausblasen, aushauchen, intrans. sterben, erlöschen

exsplendesco 3. (splendesco)
(N. Kl.) hervorleuchten, sich geistig hervortun

exspolio 1. (spolio)
ausplündern; berauben

exspuo (expuo) 3. (spuo)
(N. Kl.) eigtl. u. übtrg. ausspeien, von sich geben

exsterno 1. (sterno)
in Schrecken setzen (P)

exstillesco, ere
zu triefen beginnen (P)

exstimulator, oris, *m*
Aufstachler (N. Kl.)

exstimulo 1. (stimulo)
aufstacheln (N. Kl.)

exstinctio (extinctio), onis, *f*
übtrg. Vernichtung

exstinctor (extinctor), oris, *m*
eigtl. der Auslöscher; übtrg. Vernichter

exstinguo (extinguo), stinxi, stinctum 3. (stinguo)
eigtl. u. übtrg. löschen, auslöschen, pass. erlöschen, übtrg. das Leben (vor d. Zeit) verlieren; (etwas) vernichten, tilgen, unterdrücken; etwas in Vergessenheit bringen, pass. in Verg. kommen; (N. Kl.) austrocknen, (Hunger, Durst) stillen; jemd. umbringen

exstirpo 1.
übtrg. ausrotten; (N. Kl.) i. eigtl. Sinne

exsto (exto), are (sto)
eigtl. hervorstehen, -ragen; übtrg. sichtbar hervortreten, bestehen, vorhanden sein; noch vorhanden sein

exstructio, onis, *f*
Erbauung, Bau

exstruo (extruo) 3. (struo)
eigtl. aufschichten, aufhäufen, reich besetzen, beladen; eigtl. u. übtrg. aufbauen, erbauen

exsudo (exudo) 1. (sudo)
(N. Kl.) trans. u. intrans. ausschwitzen, übtrg. über etwas schwitzen

exsugo 3. (sugo)
(N. Kl.) aussaugen

exsul (exul), gen. sulis, *c* (zu salio)
„ausgesprungen“: verbannt, ausgewiesen, ausgewandert, heimatlos

exsulo (exulo) 1.
in der Verbannung, im Ausland leben; auch übtrg. heimatlos werden

exsultatio, onis, *f*
das wiederholte Emporspringen: übtrg. d. Frohlocken

exsultim (exultim)
in ausgelassenen Sprüngen (P)

exsulto (exulto) 1.
eigtl. (wiederholt) aufspringen, emporspringen, sich bäumen, tummeln; (N. Kl.) (v. Leblos.) aufwallen, aufbrodeln; übtrg. toben, ungestüm auftreten; (vor Freude) aufspringen = ausgelassen sein, frohlocken, sich freuen; (v. Redner u. der Rede) frei sich ergehen

exsuperabilis, e
überwindlich (P)

exsuperantia, ae, *f*
das Hervorragen

exsupero (exupero, ecsupero) 1. (supero)
(P) intr. eigtl. (v. Feuer) hoch aufschlagen, übtrg. hervorragen, obsiegen; (N. Kl.) trans. eigtl. (über einen Ort) hinauskommen, übersteigen, überragen, übtrg. übertreffen, besiegen

exsurdo 1.
völlig taub machen: (N. Kl.) übtrg. völlig betäuben, abstumpfen

exsurgo 3. (surgo)
eigtl. (v. Pers.) sich erheben, aufstehen, (N. Kl.) (v. Leblos.) sich erheben; übtrg. sich erholen, sich aufrichten; (N. Kl.) (politisch) sich erheben gegen

exsuscito 1. (suscito)
eigtl. aus d. Schlaf aufwecken, er-

wecken; übtrg. erwecken, anregen; (N. Kl.) eigtl. u. übtrg. (e. Feuer) anfachen

exta, orum, *n*
Eingeweide (der Opfertiere, bes. die edleren, wie Herz, Lunge, Leber)

extabesco 3. (tabesco)
eigtl. sich gänzlich abzehren (N. Kl.); übtrg. schwinden

extemplo adv.
alsbald, sogleich

extemporalis, e
(N. Kl.) aus dem Stegreif (v. d. Rede)

extendo, tendi, tensum u. tentum 3. (tendo)
eigtl. ausstrecken; übtrg. ausdehnen; (N. Kl.) eigtl. u. übtrg. ausdehnen, -spannen, -breiten, lang hinstrecken, pass. sich lang h., se e. „sich anstrengen"

extentus, a, um
(lokal) ausgedehnt (N. Kl.)

extenuatio, onis, *f*
(t. t. rhet.) die Verkleinerung

extenuo 1. (tenuo)
eigtl. verdünnen, klein machen; (N. Kl.) (milit.) zu sehr in die Länge ziehen; übtrg. vermindern, herabsetzen, abschwächen. **extenuatus**, a, um (N. Kl.) zusammengeschmolzen, übtrg. schwach, gering

exter (exterus), a, um
außen befindlich: übtrg. auswärtig, ausländisch. comp. **exterior**, ius, gen. oris (Ggstz. interior) auf der Außenseite befindlich, nach außen zu gelegen, von der Außenseite kommend = äußerer. superl. **extremus**, a, um (örtlich) äußerst, entferntest, letzt auf Teile einer Sache bezogen: Ende des Gebiets, Grabens, Brücke; (zeitlich) letzt, ausgehend, endend; übtrg. nur im Notfall angewendet, äußerst; der äußerste = ärgste, gefährlichste, schlimmste, höchste; (N. Kl.) d. schlechteste, verächtlichste. subst. **extremum**, i, *n* Ende; **in extremo** am Schluß (eines Briefes); **ad extremum**
1) zuletzt, schließlich
2) für d. äußersten Fall. (N. Kl.) **extrema**, orum, *n* d. Äußerste, Not, Tod, Untergang

exterebro 1. (terebro)
ausbohren

extergeo 2. (tergeo)
auswischen: übtrg. rein ausplündern

exterior s. exter

extermino 1. (termino)
über die Grenze treiben: eigtl. u. übtrg. vertreiben, verbannen

externus, a, um
1. äußerlich = was außen ist u. von außen kommt: res externae „Dinge der Außenwelt", bona externa „die (sinnlichen, sichtbaren) Güter der Welt". subst. **externa**, orum, *n* Außendinge
2. auswärtig, ausländisch, fremd; insbes. fremd = nicht zum Hause gehörig

extero 3. (tero)
(meist N. Kl.) völlig zerreiben, herausreiben = dreschen, zertreten, zermalmen

exterreo 2. (terreo)
(Pers.) in Schrecken setzen, einschüchtern (klassisch nur pass.); (P) (Wild) aufscheuchen

exterus, a, um s. exter

extimesco, timui 3.
in Furcht geraten, fürchten

extimus, a, um s. exter

extinctio, extinctor, extinguo s. exst...

extispex, spicis, *m*
Eingeweidebeschauer

extispicium, ii, *n*
Eingeweideschau (N. Kl.)

exto s. exsto

extollo, ero (tollo) (perf. u. supin. von effero)
eigtl. auf-, emporheben; übtrg. emporheben, aufrichten:
1. durch Ehren (N. Kl.)
2. zu größerem Selbstgefühl
3. (mit Worten) erheben, preisen; (N. Kl.) verschönern

extorqueo 2. (torqueo)
herausdrehen: eigtl. entwinden, entreißen; übtrg. (jemdm. etw.) entreißen, benehmen; (N. Kl.) foltern

extorris, e (terra)
heimatlos

extra
I. adv. außerhalb
II. praep. mit acc. außer, außerhalb; (bei

Verben der Bewegung) über ... hinaus, aus ... heraus; übtrg. ausgenommen, außer; über etw. hinaus, gegen etw.
extraho 3. (traho)
I. eigtl. herausziehen, -schleppen, -reißen; übtrg. heraus-, aus-, entreißen; (N. Kl.) jem. hervorlocken, (Verborgenes) ans Licht ziehen, jem. (zu Ehren) emporbringen
II. (Zeit) unnütz hinbringen, verschleppen; (meist N. Kl.) etw. in die Länge ziehen, hinziehen, jem. hinhalten
extraneus, a, um
äußerlich, von außen kommend, außerhalb liegend; (meist N. Kl.) fremd, auswärtig, fernstehend, subst. Fremder, Fernstehender, Ausländer
extraordinarius, a, um
außerordentlich, außergewöhnlich; (N. Kl.) (milit.) auserlesen, plur. „Elite, Garde“
extrarius, a, um
äußerer, außerhalb befindlich
extremitas, atis, *f*
das Äußerste = äußerste Grenze, Punkt, Oberfläche
extremus, a, um s. exter
extrico 1.
(N. Kl.) eigtl. herauswickeln, übtrg. ausfindig machen
extrinsecus adv.
eigtl. u. übtrg. von außen, außen, außerhalb
extrudo 3. (trudo)
hinausstoßen, -treiben, verdrängen; (P) (Ware) losschlagen
extumefactus, a, um
übtrg. hoch aufgeschwollen
extumus s. exter
extundo, tudi 3. (tundo)
herausschlagen: (meist P)
1. eigtl. in Relief arbeiten; übtrg. (mit Mühe) zustande bringen, verschaffen,
2. eigtl. etw. einschlagen, übtrg. vertreiben
exturbo 1. (turbo)
eigtl. (scharenweise od. mit Ungestüm) hinaustreiben, verjagen; übtrg. außer Fassung bringen

exubero 1. (ubero)
(N. Kl.) eigtl. reichlich hervorkommen, überströmen, übtrg. reichlich sich zeigen, Überfluß haben an
exudo s. exsudo
exul s. exsul
exulcero 1. (ulcero)
eigtl. entzünden, zum Eitern bringen (N. Kl.); übtrg. verschlimmern; **exulceratus**, a, um wund = verbittert
exulo s. exsulo
exult... s. exsult...
exululo 1. (ululo)
(P) aufheulen. **exululatus**, a, um
1. aufheulend
2. mit Heulen gerufen
exundo 1. (undo)
(N. Kl.) eigtl. u. übtrg. herausströmen, überfluten
exuo, ui, utum 3.
eigtl. jem. od. etw. ausziehen, ablegen, abtun, entblößen, entledigen (N. Kl.); übtrg. ablegen, aufgeben; (N. Kl.) lösen, brechen, verschmähen, sich lossagen, sich (einer Person) entledigen; übtrg. jem. herausziehen, ausziehen, entkleiden; (dem Feinde etw.) abnehmen, berauben, (N. Kl.) (allgemein) berauben
exuper... s. exsuper...
exurgo s. exsurgo
exuro 3. (uro)
eigtl. (völlig) verbrennen, einäschern; übtrg. (v. Durst) quälen; (N. Kl.) übtrg. herausbrennen, (ätzend) verbrennen = zerstören, (v. d. Sonne) austrocknen, erhitzen
exustio, onis, *f*
d. Verbrennen, Brand
exuviae, arum, *f* (exuo)
das Ausgezogene: (N. Kl.) die (abgezogene) Waffenrüstung, Beute (klassisch nur übtrg., z. B. von den Schiffsschnäbeln), die (abgelegte) Kleidung, die (abgelegte od. abgezogene) Tierhaut

F

faba, ae, *f*
die Bohne
fabalis, e
(P) von Bohnen
fabella, ae, *f*
kleine Erzählung; Fabel, Märchen; kleines Schauspiel
faber, bra, brum
kunstfertig, künstlich (P); meist subst. **faber**, bri, *m* Handwerker (bes. Schmied u. Zimmermann); plur. **fabri**, orum Handwerksleute, (milit.) Geniewaffe, Pioniere
fabrefactus, a, um
(N. Kl.) künstlich gearbeitet
fabrica, ae, *f*
Baukunst; künstliche Bearbeitung; übtrg. künstlicher Bau; Werkstätte
fabricatio, onis, *f*
Bildung, Bau
fabricator, oris, *m*
Verfertiger, Bildner; (P) übtrg. Urheber
fabrico, klassisch nur **fabricor** 1.
eigtl. u. übtrg. verfertigen, bilden
fabrilis, e
(meist N. Kl.) des Handwerkers, des Künstlers; (P) subst. **fabrilia**, ium, *n* Schmiedearbeit
fabula, ae, *f*
Gerede (der Leute), Klatsch, Gespräch, Unterhaltung (N. Kl.); (erdichtete) Erzählung, Erdichtung, (mythische) Sage, Mythe, Märchen, plur. „Mythologie"; (äsop.) Fabel, Fabel = poetischer Stoff, Sujet (N. Kl.); Theaterstück, Drama, Schauspiel; übtrg. „Posse", „Komödie"
fabulor (fabulo) 1.
(N. Kl.) schwatzen, plaudern
fabulosus, a, um
(N. Kl.) sagenreich, übtrg. „fabelhaft", unglaublich
facesso, cessi (cessivi, cessii?), cessitum 3.
trans. (mit Eifer) verrichten, ausführen (P); (Übles) machen, schaffen, heraufbeschwören; intrans. sich (eilig) entfernen
facetiae, arum, *f*
Witz, Scherz, witzige Einfälle, Spottreden
facetus, a, um
übtrg. anmutig, fein, „elegant"; launig, witzig, heiter; (P) freundlich, „artig"
facies, ei, *f*
das Aussehen, das äußere Ansehen, Erscheinung; konkr. Gestalt, Figur, Gesicht, Antlitz, Gesichtsbildung; (N. Kl.) Gestaltung, Art, Beschaffenheit, spez. (äußerer) Schein, Schönheit, Anmut
facile adv.
leicht, mühelos; non (haud) f. „schwerlich, kaum"; (bei superl., hohen Zahlangaben u. Verben des Übertreffens) unstreitig, sicher; ohne weiteres, unbedenklich, willig, gern; f. esse „gern wo sein"
facilis, e
I. pass. tunlich, leicht (zu machen), mühelos, bequem
II. activ. leicht, beweglich, geschmeidig, gewandt; (v. Pers.) leicht zu behandeln, umgänglich, gefällig, nachgiebig, gütig, geneigt, willig
facilitas, atis, *f*
Neigung, Anlage (zu etw. Gutem), Gefälligkeit, Leutseligkeit, Umgänglichkeit, „Popularität"; (N. Kl.) Leichtigkeit, Gewandtheit
facinorosus, a, um
lasterhaft
facinus, oris, *n*
(jede auffallende, gute od. böse) Handlung, Tat; spez. Schandtat, Übeltat, Verbrechen; (N. Kl.) konkret Übeltäter; (P) übtrg. Werkzeug des Verbrechens
facio, feci, factum 3. (Pass. ersetzt durch fio s. unten; Imp. fac; alte Formen: Imp. face, Fut. exact. faxo, faxit, faximus, faxitis, faxint, pass. faxitur =

factum erit)
I. trans. 1. (mit allgem. Object) tun, machen
2. (konkr.) machen = verfertigen, bauen; schaffen, erzeugen, hervorbringen; (schriftlich) abfassen, niederschreiben, machen; (schreibend) machen = schaffen, bilden; (von körperlicher Tätigkeit) machen, tun; (Geld u. a.) erzielen, erwerben, verdienen, sich machen; aufbringen, auftreiben; ausführen; schließen; (Geschäft) betreiben; (Festlichkeiten) veranstalten, feiern; (Schaden, Verlust) erleiden; (Affekte u. Zustände) hervorrufen, erregen, erwecken; (jemdm. etw.) geben, gewähren, verschaffen; (N. Kl.) (Zeit) zubringen, vollenden; (N. Kl.) (mit gen. des Besitzers) etw. zum Eigentum jemds. machen; (mit gen. pretii) jem. od. etw. schätzen, achten, ansehen
II. intrans. tun, handeln; (als Ritualausdruck) opfern

facteon
scherzh. nach d. Griech. gebild. Wortform = faciendum

factio, onis, *f*
I. d. Recht, etw. zu machen
II. Parteiumtriebe, Parteiungen; übtrg. (meist mit übl. Nebensinn) politische Partei, spez. die Oligarchie

factiosus, a, um
parteisüchtig, subst. Parteigänger

factito 1.
zu tun (machen) pflegen, gewöhnlich (häufig) verrichten; insbes. etw. gewerbsmäßig betreiben; gewöhnlich feiern; jem. immer u. immer wieder zu etw. erklären

factum, i, *n*
Tat, Handlung, Handlungsweise, Verfahren, Benehmen; die ursprüngl. Verbalnatur zeigen; (P) facta boum = gepflügtes Feld; (N. Kl.) Ereignis, Tatsache, Erfolg

factus, a, um
(künstlich) bearbeitet; (v. Pers.) (zu e. Zweck) „gezogen", geschickt, gemacht, zu etw. geschaffen

facultas, atis, *f* (v. alten facul = facile)
Tunlichkeit:
1. subi. (die jmdm. innewohnende) geist. Kraft, Fähigkeit, Gewandtheit, Anlage, Talent, insbes. Rednergabe, Beredsamkeit
2. obi. (die von außen gebotene) Möglichkeit, Gelegenheit; Erlaubnis; Vorrat, Fülle, plur. Mittel, Vermögen

facundia, ae, *f*
(N. Kl.) (natürliche) Redegewandtheit, Redefertigkeit

facundus, a, um
(N. Kl.) (v. Pers.) redefertig, (v. d. Sprache) geläufig

faecula, ae, *f*
Weinsteinsalz (N. Kl.)

faeles u. **faelis** (weniger gut feles u. felis), is, *f*
Katze

faenebris (fenebris), e
(N. Kl.) die Zinsen betreffend

faeneratio (feneratio), onis *f*
Wucher

faenerator (fenerator), oris, *m*
Geldverleiher, Wucherer

faeneror (feneror)
(N. Kl. auch activ.) Wucher treiben trans. auf Zinsen leihen, auf Wucher anlegen

faeneus (feneus), a, um
aus Heu

faenile (fenile), is, *n*
Heuboden (P)

faenum (fenum), i, *n*
Heu

faenus (fenus), oris, *n*
Ertrag, Zinsen, Interessen von ausgelieh. Geld; (i. üblem Sinne) Wucher; (N. Kl.) Schuldenlast, ausgeliehenes Kapital

faex, faecis, *f*
eigtl. Hefe, insbes. Weinhefe, Weinstein, „Niederschlag" auch von trock. Gegenständen (N. Kl.); übtrg. Hefe = niedrigste Klasse

fagineus u. **faginus**, a. um (gr.)
(N. Kl.) aus Buchenholz, buchen

fagus, i, *f* (gr.)
Buche

falarica u. **phalarica**, ae, *f*
(N. Kl.) Wurfspeer

falcarius, ii, *m*
Sichelschmied

falcatus, a, um
mit Sicheln versehen (N. Kl.); sichelförmig (P)

falcifer, era, erum
sicheltragend (P)

fallacia, ae, *f*
Täuschung, Verstellung, Intrige, Ränke

fallaciloquus, a, um
betrügerisch redend (P)

fallax, gen, acis
trügerisch, betrügerisch, ränkevoll; adv. **fallaciter** (imitari)

fallo, fefelli (N. Kl. falsum, klassisch ersetzt durch deceptum) 3.
eigtl. zu Fall bringen (N. Kl.); übtrg. täuschen, hintergehen, betrügen, irre führen; (P) etw. unmerklich, unbemerkbar, unwirksam machen, vertreiben; etw. nicht leisten, nicht erfüllen = brechen (klassisch nur fidem [sein Wort]); (N. Kl.) unbemerkt, verborgen bleiben, (der Aufmerksamkeit) entgehen, oft mit Partic. = heimlich, unbemerkt

falso adv.
irrtümlich; fälschlich, grundlos

falsus, a, um
I. (medial) falsch = irrend, irrig, unbegründet, leer, eitel, nichtig; subst. **falsum**, i, *n* Irrtum
II. (activ.) falsch = betrügerisch, heuchelnd; (N. Kl.) subst. falsum Trug, Fälschung, Heuchelei
III. (passiv.) gefälscht, erdichtet, unwahr; (v. Pers.) untergeschoben, unecht, (P) (v. Sachen) unecht, nicht wirklich; subst. falsum „etw. Falsches, Unwahres, Lüge"

falx, falcis, *f*
Sichel, Sense, Hippe; (t. t. milit.) Mauerhaken (zum Einreißen der Mauern)

fama, ae, *f*
(klassisch nur sing.) was i. Munde des Volkes geht: (v. d. dunklen Vergangenheit) Sage, Sagengeschichte; (P) als Göttin personif. Fama: (v. d. Gegenwart) (die von Mund zu Mund gegang.) Kunde, Nachricht, Gerücht, Gerede; (was die Leute urteilen =) öffentl. Meinung, Volksstimme; der Ruf, insbes. guter Ruf, Ehre, spez. Ruhm, Frauenehre, (N. Kl.) übler Ruf

fames, is, *f*
Hunger, (P) personifiz. Fames; Hungersnot; übtrg. Magerkeit i. Ausdruck; (N. Kl.) Hunger = heißes Verlangen, Gier

familia, ae (alte gen. Endg. as, noch klass. bei d. Wörtern pater, mater, filius), *f*
I. (d. Gesamtheit der unfreien u. halbfreien Hausgenossen =) Gesinde, Dienerschaft; insbes. (die einem lanista als dominus zugehörige) Bande, Rotte, Truppe
II. (die Summe aller freien u. unfreien Hausgenossen =) Hausstand, Hauswesen, „Haus"; spez. Vermögen, Besitz, Erbmasse des Hausstandes
III. als Komplexbegriff bald für einen Teil der Geschlechtsgenossen, bald für das Geschlecht selbst a) im engeren Sinne = Familie, „Haus"; b) i. weiteren Sinne = Geschlecht, Stamm; spez. Philosophenschule

familiaris, e
I. zum Gesinde gehörig: subst. **familiares**, ium, *m* Sklaven, Gesinde (N. Kl.)
II. zum Hause gehörig, häuslich, Haus-; zur Familie gehörig, Familien-; (v. Pers.) (mit d. Familie) bekannt, vertraut; subst. **familiaris**, is, *m* Hausfreund, Vertrauter; (v. Sachen) freundlich, vertraulich, einheimisch, vaterländisch (vgl. fissum)

familiaritas, atis, *f*
Vertrautheit, Freundschaft, vertraut. Umgang; (N. Kl.) konkr. vertraute Freunde

famosus, a, um
viel besprochen: übelberüchtigt; (N. Kl.) berühmt, ehrenrührig

famul, famula s. famulus

famularis, e
eines Sklaven, eines Dieners

famulatus, us, *m*
eigtl. u. übtrg. Dienstbarkeit, Knechtschaft

famulor 1.
dienen

famulus, a, um
dienend, aufwartend (N. Kl.); subst.

famulus (P **famul**), i, *m* Bedienter, Diener
fanaticus, a, um (fanum)
(v. einer Gottheit) begeistert, schwärmend, rasend
fandus, a, um s. for
fanum, i, *n*
geweihter Ort; Tempel, Heiligtum, Kapelle; subst. Ortsname
far, farris, *n*
(N. Kl.) Spelt, Dinkel, Mehl, Opferschrot, Brot
farcio, farsi, fartum 4.
stopfen, füllen
farina, ae, *f*
Mehl (N. Kl.)
farrago, ginis, *f*
Mengfutter fürs Vieh (N. Kl.)
fartor, oris, *m*
Geflügelmäster (N. Kl.)
fas, *n* (nur nom. u. acc)
das „Wort", die Stimme d. Gottes (v. Orakeln u. Priestern verkündet); göttliches Gebot, Gesetz, Recht; (v. Gott verhängtes) Schicksal, Verhängnis; übtrg. d. Recht = sittlich Erlaubtes, Pflichtmäßiges, heilige Pflicht; daher fas est „es ist erlaubt, pflichtmäßig, recht, es schickt sich" u. a.
fascea s. fascia
fasceola s. fasciola
fascia (fascea), ae, *f*
Band, Binde zu den verschiedensten Zwecken
fasciculus, i, *m*
ein Bündelchen, Paket
fascino 1.
(N. Kl.) beschreien, behexen
fascinum, i, *n* (**fascinus**, i, *m*) (gr.)
d. männliche Glied (als Mittel gegen Beschreiung od. Behexung) (N. Kl.)
fasciola (fasceola), ae, *f*
kleine Binde, Band
fascis, is, *m*
Bund, Bündel, Bürde (N. Kl.) Insbes. plur. **fasces** Rutenbündel, „Fasces"; übtrg. Konsulat, konsular. Gewalt; (P) Ehrenstellen, Würden
fasti s. fastus, a, um
fastidio 4.
eigtl. Ekel, Widerwillen empfinden, sich ekeln vor (N. Kl.); übtrg. verschmähen, Widerwillen haben, zurückweisen
fastidiosus, a, um
eigtl. voll Ekel, Widerwillen (N. Kl.); übtrg. voll (mit) Widerwillen = etw. nicht mögend; insbes. wählerisch, verwöhnt, schwer zu befriedigen; (P) Ekel erregend
fastidium, ii, *n*
eigtl. Ekel, Widerwille, Mangel an Appetit; übtrg. Abneigung, Widerwille, Antipathie; insbes. verwöhnter Geschmack, Blasiertheit, Krittelei; (i. Benehmen gegen andere) schnöder Stolz, Hochmut, „Spleen"
fastigatus, a, um (fastigo)
abgedacht; adv. **fastigate** schräg; (N. Kl.) schräg (spitzig) aufsteigend
fastigium, ii, *n*
Giebeldach, insbes. d. ausgeschmückte Vordergiebel; schräge Richtung nach unten od. oben, Neigung, Erhebung, Abdachung, Senkung; (N. Kl.) Höhe, Oberfläche, Gipfel, Spitze, oberster Rand, übtrg. Höhe, Höhepunkt, (hohe) Stellung, Rang, Würde; (P) Hauptpunkt
fastus, us, *m*
(N. Kl.) Stolz, Sprödigkeit
fastus, a, um (?): **dies fasti** u. bloß
fasti, orum, *m*
Gerichtstage; Verzeichnis der Gerichtstage; (der durch Aufnahme der Feste u. Ereignisse entstandene röm.) Kalender; insbes. Beamtenverzeichnis; (P) Jahrbücher der Weltgeschichte
fatalis, e
v. Schicksal bestimmt, verhängt; (N. Kl.) schicksalverkündend; (P) verhängnisvoll, Verderben bringend, verderblich. adv. **fataliter** durch Schicksalsspruch
fateor, fassus sum 2.
gestehen, bekennen, einräumen, zugeben; Geständnis machen von; (N. Kl.) übtrg. zu erkennen geben, zeigen, merken lassen
faticanus u. **faticinus**, a, um
(P) weissagerisch
fatidicus, a, um
weissagend; subst. Weissager

fatifer, era, erum
(P) todbringend
fatigatio, onis, *f*
(N. Kl.) Ermüdung
fatigo 1.
eigtl. bis zur Erschöpfung tummeln, abhetzen, abmühen, ermüden, mürbe machen (N. Kl.); übtrg. jmd. hart mitnehmen, heimsuchen, zusetzen, bedrängen, quälen; (N. Kl.) (durch Bitten) erweichen, mürbe machen, (mit Worten) unanblässig antreiben
fatiloquus, a, um
(N. Kl.) weissagend, subst. *m* u. *f* Weissager (-sagerin)
fatisco, ere
(N. Kl.) Risse bekommen, auseinandergehen, zerfallen, übtrg. ermatten, erschlaffen, sich legen
fatuitas, atis, *f*
Albernheit
fatum, i *n*
Ausspruch: Göttersprruch, Weissagung; (d. ewige) Weltordnung; Schicksalsbestimmung, Schicksal, Geschick, Bestimmung, Verhängnis; Personifiz. **Fatum** Schicksalsgottheit; spez. = Tod, od. = Verderben; (P) Beschluß, Wille der Gottheit
fatuus, a, um
einfältig. albern; (v. Sachen) fade
faustitas, atis, *f*
personif. = Göttin d. ländl. Segens u. der Fruchtbarkeit (P)
faustus, a, um
v. Segen begleitet, günstig, Glück bringend
fautor, oris, *m*
Gönner, Beschützer; (N. Kl.) Beifallsklatscher, „Klaqueur"; fem. **fautrix**, tricis, *f* Gönnerin, günstig
faux, faucis, *f* klassisch nur plur.
fauces, ium, *f*
eigtl. Schlund, Kehle, (P) Freßgier; übtrg. Engpaß, enger Eingang, Zugang; Landenge; Schlund, Kluft, Tiefe; (N. Kl.) Meerenge, Sund, Mündung (eines Flusses)
faveo, favi, fautum 2.
günstig, geneigt, gewogen sein, begünstigen, unterstützen, sich auf jemds. Seite stellen; (N. Kl.) Beifall klatschen, „applaudieren"; (N. Kl.) sich (einer Tätigkeit) hingeben, daher als solenne Formel: (bei heiligen Handlungen) sich unglückbedeutender Worte od. Gedank. enthalten = in Andacht schweigen
favilla, ae, *f*
(N. Kl.) glimmende Asche (bes. der Toten)
favonius, ii, *m*
d. warme Westwind
favor, oris, *m*
(nur v. Menschen) Gunst, Beifall; (P) Andacht
favorabilis, e
(N. Kl.) einnehmend, gewinnend, beliebt
favus, i, *m*
Honigscheibe, Wabe; (P) Honig
fax, facis, *f*
eigtl. Fackel, Feuerbrand, Brandfackel; übtrg. Fackel = Urheber, Anstifter; feurige Lufterscheinung = Komet; (bildlich) Flamme, Glut, Feuer u. a.; (P) Licht (der Gestirne) Hochzeit
faxo s. facio
febricula, ae, *f*
leichtes Fieber
febris, is, *f* (acc. -im, abl. -i [-e])
Fieber; personif. als Gottheit
februus, a, um
reinigend: subst. **februa**, orum, *n* (i. der Opfersprache) Reinigungs-, Sühnemittel, insbes. Riemen (v. Fell des Opfertieres; die damit auf d. Rücken geschlagenen Frauen wurd. von Unfruchtbarkeit geheilt), Reinigungsfest. Daher dies **februarius** = Tag dieses Festes; (mensis) **Februarius** = Monat dieses Festes, Februar, adi. zum Monat F. gehörig, des F. (z. B. Nonis Februariis)
fecunditas, atis, *f*
Fruchtbarkeit
fecundo 1.
fruchtbar machen (P)
fecundus, a, um
fruchtbar = fruchttragend, ergiebig; übtrg. fruchtbar, reichlich, ergiebig; (N. Kl.) fruchtbar = befruchtend
fel, fellis, *n*
Galle (f. gallinaceum); (P) (Schlan-

gengalle als) Gift; (N. Kl.) übtrg. Galle = Bitterkeit, Gehässigkeit, Zorn
feles s. faeles
felicitas, atis, *f*
Fruchtbarkeit (N. Kl.); übtrg. (fast nur von äußerem) Glück, glückliche Lage, glückliche Umstände; Glück = glückliches Gedeihen, Gelingen, Erfolg; personif. als Gottheit
felis s. faeles
felix, gen. licis
fruchtbar, befruchtend, reich, köstlich (N. Kl.); übtrg. (meist nur von äußerem Glück) glücklich = erfolgreich, von Erfolg gekrönt; v. Glück begünstigt, glücklich, gesegnet; (meist P) Glück bringend, spez. heilkräftig
femen s. femur
femina, ae, *f*
weibliches Wesen: (v. Menschen u. Göttern) Weib, Frau, (v. Tieren) Weibchen; (N. Kl.) verächtl. v. weiblich. Männern, als t. t. gramm. = weibl. Geschlecht, Femininum
femineus, a, um
(N. Kl.) weiblich, der Weiber, des Weibes, Weiber-, übtrg. weibisch
femininus, a, um
(N. Kl.) t. t. gramm. = weibl. Geschlechts
femur, -oris, *n* u. (femen), **feminis**, *n*
Oberschenkel
fenestra, ae, *f*
Fensteröffnung, Fenster; Schießscharte
fenicularius, a, um
Fenchel= (campus)
feniculum, i, *n*
(N. Kl.) Fenchel
fenum, **fenus** u. ihre Ableitgn. s. faen...
fera s. ferus
feralis, e
Tote, Leichen betreffend, Toten-, übtrg. todbringend, verderblich (N. Kl.); subst. **feralia**, ium, *n* (d. alljährlich am 21. Februar in Rom gefeierte) Fest aller Toten = Totenfest; (N. Kl.) Totenfeier, Leichenbestattung
ferax, gen. acis
eigtl. u. übtrg. fruchtbar, ergiebig
ferculum, i, *n*
Traggerüst, Tragbahre; (N. Kl.) Speisebrett: übtrg. (beim Essen) Gericht, „Gang“
fere adv. (meist nachgestellt) die Genauigkeit od. Allgemeingültigkeit eines Begriffs, einer Aussage abschwächend,
1) bei Ausdrücken, die keiner Steigerung od. Herabminderung fähig sind = fast, beinahe
2) bei Zahlw., Pronom. u. Adjektiv. = ungefähr, annähernd. etwa
3) bei Verb. u. Sätzen = gewöhnlich, in d. Regel, durchschnittlich, meistens
ferentarius, ii, *m*
Wurfschütz (eine Art leichter Truppen) (N. Kl.)
feretrum, i, *n*
Totenbahre (N. Kl.)
feriae, arum, *f*
Ruhetage, Feiertage, mit gottesdienstl. Handlungen verbund.; (P) Ruhe, Friede
feriatus, a, um s. ferior
ferinus, a um
(N. Kl.) von wilden Tieren, des Wildes, (P) subst. **ferina**, ae, *f* Wildbret
ferio, ire
eigtl. schlagen, treffen; übtrg. treffen; töten, schlachten, erlegen (klassisch nur aliquem securi f. „enthaupten“; übtrg. foedus f. „einen Vertrag schließen“ [weil dabei ein Opfertier geschlachtet wurde]; (P) e. Ton anschlagen, hervorbringen
ferior 1.
Feiertage haben (N. Kl.); klassisch **feriatus**, a, um feiernd, geschäftslos
feritas, atis, *f*
(v. Lebdm.) Wildheit, wildes Wesen; (N. Kl.) übtrg. v. Leblosem
ferme adv.
(klassisch selten) im selben Sinne wie fere = fast, nahezu, ungefähr, i. der Regel, gewöhnlich, fast stets
fermentum, i, *n*
(N. Kl.) Sauerteig, Ferment, Gerstentrank
fero, tuli, latum, ferre
I. 1) eigtl. tragen; (N. Kl.) (v. Schwangeren) ventrem f. „schwanger sein“
2) übtrg. tragen, führen; ertragen, aushalten, erdulden, ausstehen; (mit adverb. Zusatz) irgendwie tragen, ertra-

gen, aufnehmen, sich in etw. hineinfinden, -fügen, sich zu etw. verstehen
II. 1) bringen, darbringen, entrichten; [P] v. Opfergaben u. Gebeten
2) (N. Kl.) mündl. od. schriftl. hinterbringen, melden, berichten
3) anbieten, antragen (aliquam „zur Frau", alicui condicionem „Vorschlag machen, Bedingung stellen")
4) (bes. als publiz. u. jurist. t. t.) (Gesetze) einbrigen, beantragen, Antrag stellen, vorschlagen; (Richter) vorschlagen; (Stimme) abgeben; insbes. ins Hausbuch eintragen, verbuchen
5) (mit abstrakt. Subj.) mit sich bringen, erfordern
III. (mündl. od. schriftl.) umhertragen, verbreiten, preisen, rühmen, pass. im Umlauf, i. Munde d. Volkes sein, erzählt werden; allgem. behaupten, sagen, überall erzählen
IV. davontragen = 1) mitnehmen
2) (als Gewinn od. Lohn) erhalten, erlangen
3) (N. Kl.) (als Beute) wegtragen = rauben, plündern, entführen, entreißen
V. tragen = hervorbringen
VI. 1) (tragend od. hebend) bewegen, in Bewegung setzen
2) übtrg. treiben, leiten, führen
3) **se ferre** u. sehr häufig pass. **ferri** sich rasch bewegen, eilen, hineilen, stürzen u. a.; **ferri** eigtl. u. übtrg. fortgeführt, fortgerissen werden, beseelt sein

ferocia, ae, *f*
(von d. Gesinnung) u. **ferocitas**, atis, *f* (von d. Handlungsweise) unbändiger Mut, (i. übl. Sinne) Wildheit, Unbändigkeit, Trotz

ferox, ocis
(i. gut. Sinne) mutig, herzhaft, kriegerisch (N. Kl.); (i. übl. Sinne) wild, ungestüm, trotzig, frech, übermütig

ferramentum, i, *n*
Eisengerät, spez. = Waffen

ferrarius, a, um
zum Eisen gehörig: subst. **ferraria**, ae, *f* Eisengrube

ferratus, a, um
(N. Kl.) mit Eisen versehen, eisenbeschlagen, geharnischt, subst. plur. Geharnischte

ferreus, a, um
eisern, aus Eisen; übtrg. eisern = starr, gefühllos, hart; (N. Kl.) eisern = fest, unerschütterlich

ferrugineus, a, um
eisenrostartig: (N. Kl.) schwarz, dunkel

ferrugo, inis, *f*
(N. Kl.) Eisenrost, übtrg. Stahlbläue, dunkelblaue Farbe, Schwarz

ferrum, i, *n*
Eisen (als Metall); übtrg.:
1) (P) eisernes Herz, Gefühllosigkeit, eisernes Zeitalter
2) jedes eiserne Instrument, (P = Pflug, Pflugschar)
3) spez. Eisen = eiserne Spitze (des Wurfspeers, daher P = Speer, Lanze, Pfeil), Waffe, Schwert; übtrg. = Kampf

fertilis, e
tragfähig, fruchtbar, ergiebig; (N. Kl.) befruchtend

fertilitas, atis, *f*
Fruchtbarkeit, Ergiebigkeit

ferula, ae, *f*
(N. Kl.) Gertenkraut, Pfriemenkraut, übtrg. Stab, Rohr

ferus, a, um (ohne comp. u. superl.)
I. 1) eigtl. wild = ungezähmt; subst. **ferus**, i, *m* (P) u. **fera**, ae, *f* ein wildes Tier, Wild, (P) übtrg. von den Tiergestalten des Tierkreises
2) (N. Kl.) (v. Pflanzen) wild wachsend, (P) (v. Örtlichkt.) wild, öde
II. übrtg. (v. Charakt.) wild = roh, unbändig, hart, grausam

fervefacio 3.
heiß machen

fervens, gen. entis
eigtl. siedend, glühend heiß; übtrg. hitzig, heftig

ferveo, ere (N. Kl.) fervo, ere)
eigtl. sieden, kochen, glühen; übtrg. (von e. hitzig. Leidenschaft) glühen, ergriffen sein; (P) (v. Gewässern u. Stürmen) brausen, toben, zischen, (v. einer Menge) hin- und herwogen, (v. einem Lokal) wimmeln

fervidus, a, um
eigtl. siedend, kochend, (im weiter.

Sinne) wallend, brausend, tosend, dröhnend (meist P); glühend, heiß; übtrg. feurig, hitzig, heißblütig
fervo s. ferveo
fervor, oris, *m*
eigtl. u. übtrg. Hitze, Glut; Wallen, Brandung
fessus, a, um
(v. leb. Wesen) müde, erschöpft, entkräftet; (N. Kl.) übtrg. v. Leblosem
festinanter
schnell, übereilt
festinatio, onis, *f*
Eile, Hast, Übereilung, Ungeduld
festino 1.
intr. eilen, sich beeilen, sich sputen; (N. Kl.) trans. etw. beeilen, beschleunigen, eilig herstellen, vollenden
festinus, a, um
(P) eilig, schleunig
festivitas, atis, *f*
Aufputz, Prunk der Rede; Lebendigkeit, Witz, heitere Laune; (Sp.) Festlichkeit, Feierlichkeit
festivus, a, um
anmutig, artig, fein, witzig
festuca (fistuca), ae, *f*
die Ramme; (N. Kl.) Rute, Stab, Grashalm
festus, a, um
festlich, feierlich; (N. Kl.) **festum**, i, *n* Fest, Festtag, Festmahl
fetiales, ium, *m*
„Herolde", ein 20gliedriges Priesterkollegium, fungierten bei Friedensschlüssen, Bündnissen, Kriegserklärungen u. a.; **fetialis**, e fetialisch, Fetial-
fetura, ae, *f*
(N. Kl.) Fortpflanzung d. Geschlechts, Zeugung, Zucht; (P) übtrg. die Jungen
fetus, us, *m*
I abstr. (v. Menschen) d. Gebären (P); (v. Tieren) d. Werfen; (P) (v. Pflanzen) Wachstum, Triebkraft
II. konkr. 1) (v. Tieren) Leibesfrucht = Junges, plur. junge Brut; (P) (v. Mensch.) Leibesfrucht = Sprößling, Kind, „Brut"
2) (v. Lebl.) Sproß, Trieb, Reis u. a. (P; klassisch nur bildl.); Frucht, Ertrag, Fruchtbarkeit
fetus, a, um
passiv. schwanger, trächtig, übtrg. angefüllt mit, medial säugend, daher subst. **feta**, ae, *f* Muttertier (P); (übtrg. v. Boden) fruchtbar, ergiebig an etwas
fiber, bri, *m*
Biber
fibra, ae, *f*
Faser, Wurzelfaser; insbes. die Faser an den Eingeweiden, bes. a. d. Leber; (P) plur. Eingeweide
fibula, ae, *f*
Klammer, Spange, Agraffe
fictilis, e
irden, tönern; (N. Kl.) subst. **fictile**, is, *n* (sc. vas), gewöhnl. plur. irdenes Gefäß
fictio, onis, *f*
(N. Kl.) Bildung, Gestaltung, Erdichtung, „Fiktion"
fictor, oris, *m*
Bildner, Gestalter, Bildhauer, spez. Opferbildner; (P) Erdichter. fem. **fictrix**, tricis, *f* Bildnerin, Gestalterin
fictus, a, um s. fingo
ficulnus, a, um
(N. Kl.) v. Feigenbaum
ficus, i u. (meist N. Kl.) us, *f*
Feigenbaum; (N. Kl.) Feige, (P) Reifezeit der Feige = Herbstanfang
fideicommissum, i, *n*
„Fideikommiß" (N. Kl.)
fidelia, ae, *f*
Tünchgefäß (N. Kl.)
fidelis, e
1. (v. Pers. u. deren Gesinnung) treu, anhänglich, ehrlich, zuverlässig, subst. plur. die Getreuen, Vertrauten
2. übtrg. (v. Sachen) haltbar, dauerhaft, tüchtig, sicher
fidelitas, atis, *f*
Treue (als Anhänglichkeit), Zuverlässigkeit
fidens, gen. entis
(i. gutem Sinne) zuversichtlich, beherzt
fidentia, ae, *f*
Zuversicht
fides, ei *f*
I. subi. 1. Glaube, Vertrauen (das man hegt)

2. Glaube, Vertrauen (das man findet od. genießt) = Glaubwürdigkeit; spez. (in d. Geschäftssprache) Kredit
3. (die das Vertrauen bedingende Gesinnung) = Treue, Anhänglichkeit, Ehrlichkeit, Zuverlässigkeit, Gewissenhaftigkeit; personif. **Fides** Göttin d. Treue
4. spez. der (von jemds. Treue zu erwartende) Schutz, Beistand
II. obi. (was Mittel od. Gegenstand d. Vertrauens ist)
1. Bestätigung, Bewahrheitung, Erfüllung (Erfolg), sicherer Beweis von etw. (N. Kl.)
2. Sicherheit, Garantie, insbes. (als Fachwort d. Völkerrechts) freies Geleit, Zusicherung der Straflosigkeit, „Amnestie"; bindendes Wort, Zusage, Versprechen
3. Verbürgtheit (N. Kl.); Glaublichkeit, Glaubwürdigkeit, Aufrichtigkeit, Wahrheit einer Sache; (Sp) relig. Glaube

fides, is, *f*, gewöhnl. plur. **fides**, ium
Saitenspiel, Lyra, Laute, Leier; (N. Kl.) ein Gestirn = Lyra, Leier

fidicen, cinis, *m*
Saitenspieler; (P) übtrg. Lyriker, Odendichter

fidiculae, arum, *f*
(kleines) Saiteninstrument

fidius
der Treue, zur Tr. gehörig: Fast nur i. d. Schwurformel me dius (medius) fidius s. dius

fido, fisus sum, ere
trauen, vertrauen, sich verlassen auf; vgl. fidens

fiducia, ae, *f*
1. Vertrauen auf, Zuversicht, insbes, (i. gut. Sinne) Selbstvertrauen
2. (t. t. iur,) Verpfändung, Überlassung eines Eigentums auf Treu u. Glauben an einen anderen mit Verabredg. der Rückgabe unter gewissen Bedinggn.
3. übtrg. Sicherheit, Bürgschaft, Unterpfand
4. (N. Kl.) Zuverlässigkeit

fiduciarius, a, um
auf Treu und Glauben anvertraut

fidus, a, um
treu, zuverlässig; (N. Kl.) (v. Sachen) sicher, verlässig

figo, fixi, fixum, ere
I. 1. heften, anheften, befestigen
2. (öffentl.) anheften, anschlagen
3. (als Weihgeschenk, Trophäe) aufhängen
4. (Bauwerke) aufrichten, aufschlagen, feststellen
5. übtrg. etw. fest-, unumstößlich, unabänderlich machen, partic. **fixus**, a, um fest, unabänderlich, bleibend
6. (P) ein Ziel setzen, (d. Schritt) hemmen
II. 1. (spitzige Gegenst.) einschlagen, einbohren, einstoßen
2. mit etw. treffen, durchbohren, verwunden, erlegen

fig(u)linus, a, um
des Töpfers (N. Kl.)

figulus, i, *m*
Töpfer (N. Kl.)

figura, ae, *f*
1. eigtl. Bildung, Gestaltung; (v. leb. Wesen) Gestalt, Aussehen, „Figur"; zuweil. = schöne Gestalt
2. (als Geformtes) „Figur" = Gebilde, Bild, (P) (v. Schatten der verstorb. Erscheinung, Schemen; (t. t. rhet.) Redefigur; übtrg. leibhafte Gestalt, äußeres Gepräge, Beschaffenheit

figuro 1.
gestalten, formen, bilden; (N. Kl.) (geistig) sich vorstellen

filia, ae, *f*
Tochter

filicatus, a, um
(v. Schnitzwerk) mit Farnkraut geschmückt

filiola, ae, *f*
Töchterchen

filiolus, i, *m*
Söhchen

filius, ii, *m*
Sohn; (N. Kl.) filii auch = Kinder

filix, icis, *f*
Farnkraut

filum, i, *n*
1. eigtl. Faden, Garn; (P) Lebensfaden, plur. Saiten
2. übtrg. (v. d. Rede) Form, Stil, Behandlungsart; (N. Kl.) (äußere) Form,

Umrisse (d. Dinge), „Profil“
fimbriae, arum, *f*
Fransen: übtrg. f. cincinnorum „gekräuselte Locken“
fimus, i, *m* u. **fimum**, i, *n*
(N. Kl.) Mist, Dünger, übtrg. Kot, Schmutz
findo, fidi, fissum, ere
(meist N. Kl.) spalten, teilen, durchschneiden, durchfurchen
fingo, tinxi, fictum 3
I. sanft berühren, streicheln (P)
II. 1. (in Ton, Wachs u. a.) formen, gestalten, bilden; (v. d. Plastik) bilden, darstellen; (P) (v. Ordnen d. Toilette, spez. des Haars) ordnen, frisieren, in Ordnung brigen
2. (bildl.) bauen, schaffen, gestalten, machen, spez. umbilden
3. übtrg. (durch Unterricht) bilden, ausbilden
4. gefügig machen
5. (nach einem Muster) richten, einrichten
6. (im Geiste) sich ein Bild machen von etw., sich etw. denken, annehmen, träumen, sich einbilden
7. erdichten, erlügen, ersinnen; erheucheln, vorgeben. **fictus**, a, um erdichtet, erlogen, falsch, unwahr, erheuchelt. (P) **fictum**, i, *n* Erdichtung
finiens, entis, *m*
der Gesichtskreis, „Horizont“
finio 4.
I. eigtl. begrenzen, abgrenzen
II. übtrg. 1. Grenze setzen, einschränken, beschränken
2. festsetzen, bestimmen
3. endigen, beenden, beschließen
4. (t. t. rhet.) periodisch abschließen, abrunden
5. (N. Kl.) intr. enden, aufhören (mit Reden)
finis, is, *m* (N. Kl. auch *f*)
1. Grenze; plur. das (von d. Grenzen umschlossene) Gebiet, Land, Mark, spez. Grundstücke, Landbesitz
2. übtrg. Grenze, Schranke; (P) (v. d. Rennbahn) äußerste Schranke = Ziel, Ende, (von Schiffen) Standort
3. übtrg. höchster, letzter (in einer Sache gelegener) Zweck
4. Ende; (N. Kl.) spez. Lebensende, Tod
5. das Höchste, Äußerste i. einer Sache
finite adv.
in Grenzen = nicht übermäßig
finitimus (finitumus), a, um
1. benachbart, angrenzend, subst. plur. die Grenznachbarn
2. übtrg. nahestehend, naheliegend, verwandt, ähnlich
finitor, oris, *m*
Vermesser, Feldmesser
finitumus s. finitimus
fio, fieri, Perf. factus sum
I. 1. (als Passiv. v. facio) getan, gemacht, erbaut, verfertigt werden
2. (wozu) gemacht, ernannt, erwählt w.
3. (m. gen. pretii) geschätzt werden
4. (m. gen. possess.) Eigentum werden
5. geopfert werden
II. 1. werden, entstehen
2. geschehen, sich ereignen, eintreten; quo facto = seitdem, hierauf, infolgedessen; dadurch, deshalb; gleichwohl, trotzdem
3. werden = sein
firmamen, minis, *n*
Stütze (P)
firmamentum, i, *n*
eigtl. u. übtrg. Stütze, Stärke, (rhet.) Hauptpunkt; (Sp.) Himmel, „Firmament“
firmator, oris, *m*
der Befestiger (N. Kl.)
firmitas, atis, *f*
eigtl. Festigkeit, Stärke; übtrg. Standhaftigkeit, Ausdauer, (moralische) Stärke
firmiter s. firmus
firmitudo, inis, *f* = firmitas
firmo 1.
I. eigtl. befestigen, verstärken, sichern, decken
II. übtrg. befestigen, sichern. (Körper u. Geist) stärken, kräftigen, stählen; ermuntern, ermutigen; bekräftigen, beweisen, bestätigen
firmus, a, um, adv. **firme** u. **firmiter**
I. eigtl. fest, stark
II. übtrg. 1. (physisch) stark, gesund, kräftig, „widerstandsfähig“
2. (v. d. Zeit) fest = dauernd, gültig
3. (geistig) fest, beharrlich, standhaft,

unerschütterlich
4. (v. Pers: u. Sachen) fest = sicher, zuverlässig
fiscalis, e
fiskalisch (N. Kl.)
fiscella, ae, *f*
Körbchen (N. Kl.)
fiscina, ae, *f*
Korb, Körbchen
fiscus, i, *m*
Korb: Geldkorb, Kasse; Staatskasse; (N. Kl.) kaiserl. Privatkasse
fissilis, e
spaltbar (N. Kl.)
fissio, onis, *f*
d. Spalten, Zerteilen
fissum, i, *n*
Einschnitt (t. t. der Haruspices) teilt die Leber in 2 Teile, einen „Freundesteil", f. familiare, u. e. „Feindesteil", f. hostile
fistuca s. festuca
fistula, ae, *f*
Wasserröhre; Hirtenpfeife; (N. Kl.) röhrenartiges Geschwür = „Fistel"
fistulator, oris, *m*
(Rohrpfeifen-)Bläser
fisus, a, um s. fido
fixus, a, um s. figo
flabellum, i, *n*
Fächer, Wedel
flabilis, e
blasbar; luftig
flabra, orum, *n*
d. Blasen des Windes (P)
flacceo, ere
schlapp sein: übtrg. die Flügel hängen lassen
flaccesco, ere
schlapp werden: übtrg. ermatten
flaccus, a, um
schlappe Ohren habend
flagello 1.
(N. Kl.) geißeln, peitschen
flagellum, i, *n*
Geißel, Peitsche; (meist P) übtrg. Wurfriemen, Schößling, Reis (an Gewächsen), plur. Fangarme (der Polypen)
flagitatio, onis, *f*
(stürmische) Forderung, Mahnung
flagitator, oris, *m*
(ungestümer) Forderer
flagitiosus, u, um
mit Schande beladen (spez. als Folge der Sinnlichkeit), schimpflich, schmachvoll
flagitium, ii, *n*
(was jemd. moralisch entehrt) Schandtat, schimpfl. Handlung (spez. gemeiner Sinnlichkeit); übtrg. Schimpf, Schande; (N. Kl.) Schurke
flagito 1.
(etw. als sein Recht dringend, ungestüm) fordern, verlangen, (auf etw.) dringen, jemd. (ungestüm) mahnen, auffordern; zu wissen verlangen; (N. Kl.) (vor Gericht) belangen, jemds. Auslieferung verlangen
flagrans, antis s. flagro
flagrantia, ae, *f*
Glut
flagro 1.
eigtl. brennen, lodern; übtrg. (v. einem Übel) brennen, behaftet sein mit; (v. einer Leidenschaft) brennen, erglühen, erfüllt sein; (v. Augen u. a.) flammen, glühen (meist P); (v. d. Farbe) glänzen, funkeln (N. Kl.). adi. **flagrans**, gen. antis brennend = übtrg. glühend, heiß, leidenschaftl. erregt
flagrum, i, *n*
(N. Kl.) Geißel, Peitsche
flamen, minis, *m*
Priester einer bestimmt. einzelnen Gottheit = „Eigenpriester", der Flamen
flamen, minis, *n*
(P) das Blasen, Wehen des Windes, Wind
flaminica, ae, *f* (sc. uxor)
Gattin des Eigenpriesters (N. Kl.)
flaminium, ii, *n*
Würde = Amt des Flamen
flamma, ae, *f*
Feuer, Flamme; konkr. Feuerbrand, leuchtendes Gestirn; (P) Blitz, Glanz, Glut; übtrg. (v. Leidenschaft) Glut, Feuer, (P) spez. Liebesglut, konkr. die Geliebte; Verderben
flammeus, a, um
feurig, glänzend. (N. Kl.) **flammeum**, ei, *n* (d. feuerfarbige) Brautschleier
flammifer, era, erum

(P) Flammen tragend = flammend, feurig
flammo 1.
(N. Kl.) entflammen, entzünden, anzünden, intr. flammen, brennen
flammula, ae, *f*
Flämmchen
flatus, us, *m*
das Wehen; (N. Kl.) Luftstrom, Wind; (P) Hauch, Atem, d. Flöteblasen, d. Schnauben (der Rosse), übtrg. Aufgeblasenheit
flaveo, ere
(P) goldgelb, rötlich, blond sein, **flavens**, gen. entis goldgelb, gelb
flavesco, ere
(N. Kl.) goldgelb, blond werden, zu Gold werden
flavus, a, um
(P) goldgelb, blond
flebilis, e pass
beweinens-, beklagenswert, kläglich; activ. kläglich, weinerlich, weinend; (P) Tränen verursachend
flecto, flexi, flexum 3
I. eigtl. beugen, biegen, krümmen
II. übtrg. 1. (beim Singen) modulieren
2. (N. Kl.) (t. t. gramm.) formen, bilden
3. umstimmen, erweichen
4. abwenden
5. abbringen von
6. (durch eine Biegung) umsegeln
III. (N. Kl.) intr. eigtl. u. übtrg. sich wohin (zu etwas) wenden
fleo, flevi, fletum 2.
intr. (vor Schmerz u. Leid) weinen; (meist N. Kl.) trans. beweinen; (P) unter Tränen besingen
fletus, us, *m*
Weinen, das Gerührtsein, Rührung
flexanimus, a, um
(P) activ. herzrührend, pass. gerührten Herzens
flexibilis, e
eigtl. u. übtrg. biegsam, geschmeidig, elastisch; übtrg. unbeständig, haltlos, (in gut. Sinne) lenksam
flexilis, e
biegsam (N. Kl.)
flxiloquus, a, um
zweideutig redend
flexio, onis, *f*
Biegung; übtrg. Modulation; insbes. Krümmung
flexipes, gen. pedis
krummrankend (P)
flexuosus, a, um
gewunden
flexus, us, *m*
eigtl. u. übtrg. Biegung, Krümmung, Umweg, Wendung
flictus, us, *m*
(P) d. Zusammenschlagen, der Anprall
flo 1.
I. intr. (v. Wind) blasen, wehen; (P) (v. Instrum.) ertönen
II. trans. 1. (v. Wind) herwehen, (ein Instrum. blasen (N. Kl.)
2. gießen, münzen
floccus, i, *m*
Flocke der Wolle: klassisch nur: rem non flocci facere „etw. für nichts achten“
florens, gen. entis
blühend = (v. Redner) blumenreich; (v. Alter) blühend; blühend = glänzend, höchst, angesehen, herrlich, ausgezeichnet, auf der Höhe des Glücks (der Macht) stehend u. a.; f. aliqua re = ausgezeichnet durch, glänzend ausgestattet mit
floreo, ui, ere
blühen, in Blüte stehen; übtrg. blühen = in Blüte, Ansehen, Kraft stehen, e. bedeutde. Rolle spielen, hoch geehrt sein, glänzen; f. aliqua re „sich auszeichnen durch“, etwas in reichem Maße besitzen, genießen, gesegnet sein mit u. a.; (P) von etw. schimmern, (v. Wein) schäumen. Vgl. florens
floresco, ere
eigtl. u. übtrg. aufblühen, erblühen
florens, a, um
blumenreich (P)
floridus, a, um
eigtl. blühend, in d. Blüte stehend (P); (meist P) aus Blumen bestehend; (N. Kl.) (v. Lokal.) blumig, blumenreich; (P) übtrg. (v. Alter) i. d. Blüte stehend, frisch
florilegus, a, um
Blumen sammelnd (P)

flos, floris, *m*
I. eig. Blume, Blüte, (P) flores = Honigsaft
II. übtrg. 1. blühdr. Zustand, Höhepunkt, Blütezeit, blühende Entwicklung, (N. Kl.) Jugendkraft
2. (t. t. rhet.) Blüte, Schmuck
3. konkr. Blüte, Zierde, Kern
4. (P) Flaum
flosculus, i, *m*
eigtl. Blümchen; übtrg. (von der Rede) Putz, „Floskeln"
fluctuatio, onis, *f*
d. Hin- und Herschwanken (N. Kl.)
fluctuo (fluctuor) 1.
eigtl. Wellen schlagen, wogen, übtrg. (leidenschaftl.) aufbrausen, wallen (N. Kl.); (v. Pers. u. Sachen) mit od. auf d. Wellen treiben; übtrg. wanken, schwanken, unschlüssig sein
fluctus, us, *m*
eigtl. Strömung, (hochgehende) Welle, Woge, spez. Meereswoge, Flut; übtrg. plur. Wogen, Fluten, Strudel (bes. des öffentl. Lebens)
fluens, gen. entis
fließend = triefend; (v. Körperteilen) schlaff, schlapp; (v. d. Rede) einförmig (dahinfließend)
fluenta, orum, *n*
(P) Fluten, Gewässer
fluidus, a, um
(P) eigtl. herniederwallend, erschlaffend; (N. Kl.) locker, weich, schlaff
fluito 1.
eigtl. (v. Wasser) hin u. her fließen, strömen, wogen (P); (v. Gegenst.) auf d. Wasser treiben, schwimmen; (N. Kl.) schlaff herabhängen, wallen, flattern, (physisch u. geistig) schwanken, wanken
flumen, minis, *n*
fließendes Wasser, Strömung; spez. Fluß, Strom; übtrg. Strom; (P) person. Flußgott
flumineus, a, um
(P) zum Fluß gehörig, Fluß-
fluo, fluxi 3
I. eigtl. (v. Flüssig.) fließen, strömen
II. übtrg. 1. (P) (v. Gewand u. Haar) wallen, flattern, (v. Sterbenden) niedersinken, (v. Ästen) wuchern
2. (t. t. philos.) i. Fluß sein
3. aus-, hervorströmen
4. (v. Lehren) sich ausbreiten, um sich greifen
5. aus etw. fließen = hervorgehen, herrühren, entstehen
6. ungehindert, leicht, glücklich vor sich gehen
7. zerfließen, erschlaffen, zergehen
8. vergehen
9. (P) (v. d. Zeit) verfließen, entfliehen. Vgl. fluens
fluvialis, e
(P) im od. am Fluß, Fluß-
fluviatilia, e
im Fluß befindlich, Fluß-
fluvius, ii, *m*
fließendes Wasser, Flut, Strömung (N. Kl.); spez. Fluß
fluxus, a, um
(N. Kl.) eigtl. wallend, fliegend, flatternd, (v. d. Rüstung) schlottrig, (v. Körper) nicht widerstandsfähig, übtrg. schwankend, unbeständig, zer-, verfallend
focale, is, *n*
Halsbinde (N. Kl.)
foculus, i, *m*
Opferherd, Feuerbecken
focus, i, *m*
Feuerstätte d. Hauses, Herd, übtrg. Herd = Besitztum, Haus u. Hof (bes. plur.); (P) Herd = Familie; (N. Kl.) Opfer-, Räucherbecken, Opferherd, Kohlenpfanne (als Wärmegeschirr), Brandstätte (des Scheiterhaufens)
fodico, are
eigtl. (wiederholt) stechen, stoßen (P); übtrg. weh tun, kränken
fodio, fodi, fossum, ere
graben; (N. Kl.) ausgraben; (P) umgraben, untergraben; stechen, durchstechen, durchbohren; (P) ausstechen (Augen)
foecund... s. fecund...
foederatus, a, um
verbündet, plur. oft subst.
foedifragus, a, um
bundesbrüchig
foeditas, atis, *f*
(physisch u. moral.) Garstigkeit, Scheußlichkeit, Entstellung, Schänd-

lichkeit

foedo 1.
eigtl. verunstalten, entstellen, besudeln, mit Blut beflecken, verwunden, (v. e. Wolke) verdunkeln (N. Kl.); übtrg. entstellen, entweihen, entbehren

foedus, a, um
garstig, gräßlich, abscheulich

foedus, eris, *n*
(polit. zwischen Völkern od. Gemeinden geschloss. feierlich.) Treuvertrag, Vertrag; (übtrg.) Verbindung; (P) Anordnung, Gesetz

foen... .s. fen...

foetidus, a, um
übelriechend

foetor, oris, *m*
Gestank, übler Geruch

folium, ii, *n*
Blatt; (Sp.) Blatt Papier

folliculus, i, *m*
(kleiner) Ledersack, -schlauch

follis, is, *m*
lederner Schlauch: Blasebalg

fomentum, i, *n*
(klass. nur plur.) eigtl. (warmer) Umschlag, Verband (N. Kl.); übtrg. Linderungsmittel

fomes, itis, *m*
(N. Kl.) Zunder, Zündstoff

fons, fontis, *m*
eigtl. Quelle; (P) Quellwasser; übtrg. Quelle = Ursprung, Grundlage; personif. Quellgott; (N. Kl.) **Fontinalis**, e dem Quellgott geweiht

fontanus, a, um
(P) von (aus) der Quelle, Quell-

fonticulus, i, *m*
Quellchen (N. Kl.)

for, fatus, sum, fari
(meist. P) sagen, sprechen, verkünden, weissagen (bes. v. Göttern, Orakeln, Sehern u. a.; (N. Kl.) **fandus**, a, um erlaubt, recht, (P) subst. **fandum** das Rechte

forabilis, e
durchbohrbar (P)

foramen, minis, *n*
(natürl. od. künstl.) Loch, Zugang

foras, adv.
heraus, hinaus, nach außen (librum f. dare „herausgeben“, aliquid f. producere od. proferre „vor die Öffentlichkeit bringen“)

forceps, cipis, *c*
Zange (P)

forda, ae, *f*
trächtige Kuh (N. Kl.)

fordus, a, um
trächtig (N. Kl.)

fore, forem, es u.s.w. s. fuo

forensis, e
1. auf d. Markt, Markt- (f. factio „die Marktplatzpartei“) (N. Kl.)
2. (i. Gegensatz zu domesticus) öffentlich
3. (da die Gerichtsverhandlgn. auf d. Markt stattfanden) übtrg. gerichtlich, Gerichts-

foris, is, *f*
Tür, gewöhnl. plur. **fores**, ium, *f* Flügeltür; übtrg. Zugang, Öffnung

foris adv.
1. von außen her, von auswärts
2. draußen, auswärts; außerhalb (des Senats, der Stadt, des Staates u. a.)

forma, ae, *f*
I. (v. leb. Wesen) abstr. Gestalt, Figur, Form, Äußeres; insbes, schöne Gestalt, Schönheit; (P). konkr. Gestalt, Erscheinung (als Ggstz. zur Wesenheit)
II. (v. Leblos.) abstr. Gestalt, äußeres Aussehen, Form; Form = Einrichtung, Verfassung; (N. Kl.) Form = Fassung, Abfassung, Entwurf; Gestaltung, Beschaffenheit, Gepräge, Bild, Vorstellung, Charakter, Art, Wesen; (in d. Logik) die Spezies, Art
III. konkr. Gestalt, Figur, Bild; (N. Kl.) Stempel auf Münzen, Gepräge; Buchstabenzeichen, Type; Bauriß, Grundriß; (P) Leisten des Schusters; bildl. (v. d. Rede) Gestaltung, Gepräge, Typus

formica, ae, *f*
Ameise

formidabilis, e
(N. Kl.) furchtbar, grausig

formido 1.
intr. sich heftig fürchten (N. Kl.); trans. vor etw. Grausen empfinden, erbeben

formido, dinis, *f*
Grausen, heiliger Schauer, Angst; übtrg. Gegenstand d. Grausens = Schreckbild, Scheuche; (N. Kl.) Wild-, Vogelscheuche
formidolosus, a, um
grausig, furchtbar; (N. Kl.) sich scheuend, scheu
formo 1.
I. (einen Stoff) bilden, „formen", gestalten; (v. Künstler) bilden, darstellen als
II. übtrg. bilden = ausbilden, unterweisen, abrichten (N. Kl.); einwirken auf; übtrg. bilden = schaffen, zustande bringen
formositas, atis, *f*
Schönheit
formosus, a, um
wohlgestaltet, schön, formvollendet; (P) subst. ein Schöner, eine Schöne
formula, ae, *f*
Gestalt, Form: übtrg.
1. Norm, Maßstab, Gesetz, Regel, Vorschrift
2. (N. Kl.) spez. Vertragsformel, Vertragsinstrument, Vertrag, (beim Zensus) Tarif, Taxe
3. (t. t. iur.) Formel, Formular, Norm, Verfahren
fornacalis, e
(P) zu d. Backöfen gehörig, subst. **Fornacalia**, ium, *n* Fest der Ofengöttin
fornax, nacis, *f*
Ofen; (P) subst. die Göttin der Backöfen
fornicatus, a, um
gewölbt
fornix, nicis, *m*
Wölbung, Bogen, Schwibbogen, Gewölbe; spez. Triumphbogen; (N. Kl.) (milit.) Ausfallspforte, bedeckter Weg, Bordell
fors, fortis, *f* (nur nom. u. abl. sing.)
Zufall, Schickung; **Fors**, rtis, *f* Göttin des Zufalls. (P) fors = fortasse „vielleicht". abl. **forte** als adv.
1. von ungefähr, zufällig
2. nach si, sin, nisi, ne etwa, vielleicht = fortasse
forsan (= fors an) N. Kl. = forsitan
forsit (= fors sit)
vielleicht (P)
forsitan (= fors sit an)
vielleicht
fortasse
vielleicht (auf einen Satz [meist im indic.] oder auf einen einzelnen adjekt. od. adverb. Ausdruck bezogen); bei Zahlangaben = ungefähr, etwa, wohl
fortassis
(klass. zweifelhaft) vielleicht
forte s. fors
forticulus, a, um
leidlich standhaft
fortis, e
fest:
I. physisch (vom Mensch.) stark, kräftig, rüstig; (v. Ding.) fest, dauerhaft
II. geistig (im Kampf u. anderen Verhältn. v. Mensch. u. ihr. Tun u. Gesinnung) tapfer, mutig, kühn, entschlossen, ausdauernd, tatkräftig, wacker, (P) gewaltsam
fortitudo, inis, *f*
Stärke: übtrg. Tapferkeit, Energie, plur. tapfer Taten
fortuitus, a, um
vom Zufall geboten, zufällig, planlos, spez. aus d. Stegreif. adv. **fortuito**
fortuna, ae, *f*
I. Schicksal, (günst. od. ungünst.) Geschick, Los; spez.
1. Glück
2. Unglück, Mißgeschick
II. Los = Lage, Stand, Stellung, äußere Verhältnisse; spez. plur. Glücksgüter, Vermögen, Hab u. Gut; sing. Vermögensklasse; (N. Kl.) Ausgang, Erfolg, (P) Anteil. **Fortuna**, ae, *f* (vgl. Fors) Schicksalsgöttin
fortunatus, a, um
beglückt, glücklich; begütert, reich
fortuno 1.
jemdm. (göttl.) Segen zu etw. geben, ihm etw. segnen
forum, i, *n*
I. Vorplatz (N. Kl.)
II. Versammlungsplatz des Volkes, bes. für Märkte u. öffentl. Versammlungen, (N. Kl.) auch = d. Menge auf dem f. Daher: in foro versari „Geldgeschäfte machen"; forum agere „Ge-

richtstage abhalten“ (außer Rom, z. B. Tarsi), f. attingere „sich am Staatsleben zu beteiligen anfangen“, bes. als gerichtl. Redner auftreten; foro carere „sich v. öffentl. Leben zurückziehen“
III. Gerichts-, Kreisstadt einer Provinz, daher Name vieler Städte, (N. Kl.) Stapelplatz für Waren
forus, i, *m*
I. sing. Nebenform für forum (N. Kl.)
II. plur. Gänge (zwisch. den Ruderbänk.) auf dem Schiff; (N. Kl.) Sitzreihen (i. Theater); (P) die (noch ungefüllt.) Zellen der Bienen
fossa, ae, *f* (fodio)
Graben; Flußbett; (N. Kl.) Kanal, Grube; (P) Abzugsgraben, Furche
fossio, onis, *f*
das Graben
fossor, oris, *m*
der Graber: spez. Winzer (P)
fovea, ae *f*
Grube (P), spez. Fallgrube
foveo, fovi, fotum 2.
1. wärmen, warm halten, (P) warm waschen, baden, umarmt halten, hegen u. pflegen, (v. Örtlichkt.) sich irgendwo gern od. lange aufhalten
2. sich jemandes mit Wärme annehmen, eifrig für ihn Partei ergreifen, jem. od. (N. Kl.) etw. begünstigen, unterstützen, fördern; (N. Kl.) (e. Hoffnung u. a. im Herzen) hegen, nähren
fractus, a, um s. frango
fragilis, e
eigtl. zerbrechlich, (beim Brennen) knisternd (P); übtrg. gebrechlich, hinfällig, vergänglich, unbeständig
fragilitas, atis, *f*
Hinfälligkeit
fragmen, inis, *n*
(N. Kl.) = fragmentum
fragmentum, i, *n*
nur eigtl. (Bruch)stück, meist plur
fragor, oris, *m*
d. Zerbrechen: Krachen, Prasseln, übhpt. Getöse, Lärm (meist N. Kl.)
fragosus, a, um (P)
1. holperig
2. tosend
fragro, are
(P) riechen, duften

fragum, i, *n*
Erdbeere
framea, ae, *f* (Fw.)
Spieß der Germanen (N. Kl.)
frango, fregi, fractum 3
I. eigtl. 1. etw. zerbrechen, (N. Kl.) zerschlagen, zermalmen, zermahlen. zerstoßen, zerknicken
2. sich (einen Körperteil) brechen
3. **frangi** intr. brechen
II. übtrg. 1. (oft verbund. mit synonym. Verben) gänzlich schwächen, brechen, vereiteln, entkräften, widerlegen, (P) (d. Tag) kürzen
2. überwältigen, bezwingen, demütigen, bändigen, bezähmen
3. entmutigen, beugen
4. jemds. Sinn erweichen
5. brechen = verletzen. **fractus**, a, um (infolge. v. Anstrng., Mühseligkt., traurigen Geschicken, heftigen Affekten) schwach, matt, entmutigt; (N. Kl.) weichlich, weibisch
frater, tris, *m*
Bruder
1. **f. uxoris** Schwager, **fratris filius** Neffe, **fratres gemini** Zwillingsbrüder; (uneigtl.) Vetter, Blutsverwandter; übtrg. brüderl. Freund
2. plur. **fratres**, trum auch = Geschwister (N. Kl.); übtrg. „Brüder“ als Ehrentitel von Bundesgenossen, (P) übtrg. v. Sachen
fraterculus, i, *m*
Brüderchen
fraternitas, atis, *f*
(N. Kl.) Bruderschaft
fraternus, a, um
eigtl. brüderlich, des Bruders; (uneigtl.) verwandtschaftlich (P); übtrg. wie ein Bruder, brüderlich, innig, herzlich
fratricida, ae, *m*
Brudermörder
fraudatio, onis, *f*
Betrügerei
fraudator, oris, *m*
Betrüger
fraudo 1.
betrügen; unterschlagen
fraudulentus, a, um
betrügerisch

fraus, fraudis, *f*
I. Betrug, Trug (N. Kl. auch v. Örtlichkt. = „Tücke“, plur. Betrügereien; spez. Selbsttäuschung, Irrtum, Verirrung
II. (durch Betrug erzeugter) Schaden, Nachteil
III. Verbrechen, Vergehen, Frevel
IV. Personifiz. **Fraus** Göttin des Truges
fraxineus (fraxinus), a, um
von Eschenholz (P)
fraxinus, i, *f*
Esche, (P) Eschenspeer
fremebundus, a, um
(P) rauschend, (vor Zorn) schnaubend
fremidus, a, um
tobend (P)
fremitus, us, *m*
(von Tieren u. Leblos.) (dumpfes) Getöse, Rauschen, Brausen, Schnauben, Summen u. ähnl.; (v. Menschen) Lärm, Gemurmel, spez. Murren
fremo, ui, itum 3. (N. Kl.)
1. intrans. (von Tieren u. Leblos.) (dumpf) brausen, Rauschen, schnauben, brüllen, schwirren, knirschen u. ähnl., (v. Menschen) murmeln
2. trans. etw. murmeln, lärmend verlangen; über etwas murren, unwillig sein, seinen Unwillen äußern
fremor, oris, *m*
Murmeln (P)
frendo, ere (P u. meist im part. praes.)
(vor Wut) mit d. Zähnen knirschen
freno 1.
eigtl. (auf-)zäumen ((N. Kl.); übtrg. im Zaum halten, bändigen
frenum, i, *n* (sing. selten, plur. in Prosa nur **freni**, orum, *m)*
Gebiß, Zaum, Zügel
frequens, gen entis
häufig:
I. vom Raum:
1. activ. (von Menschen) zahlreich versammelt, zahlreich, in großer Zahl vorhanden; (N. Kl.) auch v. Leblos.
2. passiv. (v. Örtlichktn.) zahlreich besucht, volkreich, (N. Kl.) reich an, voll von, angefüllt mit (mit abl.)
II. von der Zeit:
1. activ. (v. Pers.) häufig anwesend, h. sich einfindend, häufig
2. passiv. häufig stattfindend, h. gebraucht, häufig
frequentia, ae, *f*
(v. Pers.) zahlreicher Besuch, Zudrang; zahlreiche Versammlung, zahlreiche Menge; (v. Sachen) Häufigkeit, Menge, Fülle
frequento 1.
I. 1. (Pers:) in großer Zahl versammeln, übtrg. aufhäufen
2. (Örtlichkeiten) beleben, bevölkern, stark besetzen
3. (N. Kl.) (Örtlichkeiten) zahlreich besuchen, sich um jem. scharen
4. fast nur N. Kl. (Feierlichkeiten) zahlreich besuchen, zahlreich begehen, (in Gesellschaft) mitfeiern
II. häufig etw. tun: häufig anwenden, häufig besuchen
fretensis, e
zur Meerenge gehörig
fretum, i, *n* (abl. selten fretu vom N. Kl. **fretus**, us)
Flut, Brandung, überhpt. Meer (P); Meerenge, spez. Meerenge von Sizilien
fretus, a, um
unterstützt durch, mit Hilfe von (P); vertrauend, sich verlassend auf (mit abl. v. Pers. u. Sach.), (in übl. Sinne) pochend, trotzend auf
fretus, us, *m* s. fretum
frico, fricui, frictum 1.
(N. Kl.) reiben, abreiben
frictus, a, um s. frico u. frigo
frigeo, frixi 2.
eigtl. kalt sein, starr sein, spez. erkaltet sein von e. Toten (N. Kl.); übtrg. untätig sein, unwirksam sein, nichts ausrichten
frigesco, frixi 3.
(N. Kl.) erkalten, erstarren, übtrg. schlaff sein
frigidus, a, um
1. eigtl. (v. Leblos.) kalt, (N. Kl.) auch v. Menschen kalt, starr, (v. Ding.) Kälte, Schauer bringend, erregend
2. übtrg. kalt = schlaff, lässig, lau, matt, fade
frigo, frixi, frictum 3. (gr.)
(P) rösten, dörren
frigus, oris, *n*

eigtl. Kälte, Frost, (P) Kühle; plur. frigora = kalte Witterung, kaltes Klima, (P) = Winter; übtrg. (fast nur P) Erstarrung, Schauder (des Todes), Entsetzen (der Furcht), Kälte der Gesinnung, Schlaffheit

frivolus, a, um
(N. Kl.) wertlos, armselig, unbedeutend

frondator, oris, *m*
Laubscherer (P)

frondeo, ere
(P) belaubt sein, grünen

frondesco, ere
Laub bekommen

frondeus, a, um
(P) aus Laub, belaubt, laubig

frondosus, a, um
(N. Kl.) reich belaubt, laubreich

frons, frondis, *f*, oft auch plur
Laub, Laubwerk; (P) Laubkranz, Laubkrone

frons, frontis, *f*
Stirn, bildl. als Ausdruck der Stimmung od. des Charakters = Gesichtsausdruck; übtrg. die vordere Seite, Vorderseite, „Front", (P)
1. das äußere Ansehen,
2. die Breite (beim Messen),

frontale, is, *n*
„Stirnschmuck" der Pferde (N. Kl.)

fronto, onis
breitstirnig

fructuarius, a, um
Frucht abwerfend (N. Kl.)

fructuosus, a, um
eigtl. ertragreich, ergiebig, einträglich; übtrg. Nutzen bringend

fructus, us, *m*
I. Nutznießung, Genuß, konkr. (sing. u. plur.) Ertrag
II. Frucht (im eigtl. Sinne)
1. allgemein
2. spez. Baumfrucht; übtrg. (sing. u. plur.) Frucht = Nutzen, Gewinn, Lohn, Vorteil

frugalis, e
wirtschaftlich, sparsam, mäßig; brav, bieder

frugalitas, atis, *f*
Wirtschaftlichkeit, Sparsamkeit, Mäßigkeit; Bravheit, Biederkeit

fruges u. **frugi** s. frux

frugifer, era, erum
eigtl. und übtrg. fruchtbringend

frugilegus, a, um
Früchte sammelnd (P)

frumentarius, a, um
zum Getreide gehörig; getreidereich. subst. **frumentarius**, ii Getreidehändler; (N. Kl.) plur. Proviantkolonnen (i. Heere)

frumentatio, onis, *f*
Beschaffung von Getreide, Fouragierung

frumentator, oris, *m*
(N. Kl.) Getreidehändler, Fourageur

frumentor 1.
Getreide holen, fouragieren

frumentum, i, *n* (fruor)
Getreide (als Frucht), plur. frumenta von dem auf d. Felde stehenden Getreide; (N. Kl.) Weizen, Getreideabgabe

fruor (N. Kl. fructus od. fruitus sum, aber klass. fruitarus) 3.
(abs. od. mit abl.) genießen, d. h. sich dem Genuß hingeben, (frohen) Genuß haben von, an etw. Behagen finden (zu unterscheiden von uti „genießen" = Gebrauch machen von, benutzen; Nießbrauch haben von

frustra adv. (zu fraus)
1. irrtümlich (f. habere „täuschen, betrügen", auch = unbeachtet lassen, f. esse „sich getäuscht sehen") (N. Kl.)
2. umsonst, vergeblich, erfolglos, nutzlos (mit Rücksicht auf d. Subjekt, das sich in seiner Erwartung getäuscht sieht; N. Kl. oft f. esse „wirkungslos sein"
3. umsonst, zwecklos = sine causa

frustratio, onis, *f*
(N. Kl.) das Hinhalten, Verzögerung, Vereitelung (einer Erwartung, e. Planes)

frustror 1. (N. Kl. für I. auch frustro 1.)
I. (in. d. Erwartg.) täuschen, betrügen, hinhalten
II. (N. Kl) etw. vereiteln, nutzlos machen

frustum, i, *n*
„Gebrochenes": Brocken, Bissen

frutex, icis, *m*

(N. Kl.) Busch, Strauch
fruticetum, i, *n*
(P) Busch, Gebüsch
fruticor 1.
(v. Bäumen) Zweige treiben, ausschlagen
fruticosus, a, um
(N. Kl.) buschig, voll Gesträuch
frux, frugis, *f* (fruor)
I. eigtl.Feldfrucht
1. allgemein: Getreide u. Hülsenfrüchte
2. Getreide im Ggstz. zu d. Hülsenfrüchten
3. (P) Frucht eines Baumes
II. übtrg. Frucht, Tauglichkeit; der Dativ **frugi** wie ein indeklin. Adjektiv i. Positiv gebraucht = rechtschaffen, brav, bieder, (N. Kl.) = mäßig, sparsam
fuco 1.
eigtl. färben, durch Färbung hervorbringen, übertünchen, schminken
fucosus, a, um
„geschminkt": verfälscht
fucus, i, *m* (gr.)
1. „Orseille" (eine rotfärbende Flechte), rote Farbe, Purpur, (rötliches) Bienenharz (N. Kl.)
2. übtrg. Schminke = Schein, Verstellung, Aufputz
fuga, ae, *f*
I. eigtl. 1. das Fliehen, Flucht
2. Gelegenheit, Möglichkeit zur Flucht
3. Landesflucht, Verbannung
II. übtrg. Scheu, Abneigung vor
III. (P) Eile, schneller Lauf od. schnelle Fahrt, personif. Göttin der Flucht
fugax, gen. acis
fliehend, flüchtig, fluchtbereit, dahineilend (N. Kl.); übtrg. flüchtig, vergänglich, (N. Kl.) meidend, verschmähend
fugiens s. fugi a. Ende
fugio, fugi, fugitum 3.
fliehen:
I. intrans (v. Lebend.) fliehen, entfliehen, spez.
1. (im Kriege) die Flucht ergreifen, entfliehen
2. (politisch: aus d. Vaterlande) fliehen, flüchtig werden
3. (N. Kl.) (v. Sklaven) entlaufen
4. übtrg. fliehen vor etw., meiden
5. (v. Leblos.) (meist N. Kl.) entfliehen, dahineilen, enteilen, (den Augen) entschwinden, schwinden, vergehen
II. trans. 1. (vor jem.) fliehen, (Örtlichktn.) meiden
2. übtrg. (eine Sache) meiden, vermeiden, ihr zu entgehen suchen
3. verschmähen, zurückweisen, ablehnen
4. (der sinnl. od. geist. Wahrnehmg.) entgehen, sich entziehen, besond. **fugit me** es entgeht mir, ist mir unbekannt
5. (N. Kl.) einer Sache entgehen, entkommen, **fugiens**, gen. entis fliehend vor, scheuend
fugitivus, a, um
(v. Sklaven) flüchtig, entlaufen. subst. Flüchtling, entlaufener Sklave
fugito 1.
übtrg. fliehen = meiden
fugo 1.
in d. Flucht treiben, spez. (militär) in die Flucht schlagen, wegtreiben, (P) verscheuchen, in die Verbannung treiben
fulcimen, minis, *n*
(P) Stütze, Pfeiler
fulcio, fulsi, fultum 4.
1. eigtl. stützen, (P) befestigen, verwahren
2. übtrg. stützen, unterstützen, aufrecht halten
fulcrum, i, *n*
(P) Gestell (des Speisesofas).
fulgeo, fulsi, fulgere (dicht. auch fulgere)
1. eigtl. blitzen
2. übtrg. blitzen = schlimmern, strahlen, glänzen, leuchten
fulgidus, a, um
(P) blitzend, schimmernd
fulgor, oris, *m*
eigtl. das Blitzen, Schimmer, konkr. = Gestirn; spez. d. Wetterleuchten, Blitz; (N. Kl.) übtrg. Schimmer, Glanz
fulgur, uris, *n* (plur. auch fulgora)
der (leuchtende) Blitz; (P) übtrg. das Blitzen, Glanz, Schimmer
fulguralis, e
den Blitz betreffend

fulgurator, oris, *m*
Blitzdeuter
fulguro 1.
blitzen (N. Kl.)
fulica, ae (**fulix**, icis), *f*
Bläßhuhn, Wasserhuhn
fuligo, ginis, *f*
Ruß
fulix, icis s. fulica
fulmen, inis, *n*
der (einschlagende) Blitz; übtrg. Blitzstrahl
1. = vernichtender Schlag
2. = unwiderstehliche Kraft
fulmineus, a, um
(P) eigtl. zum Blitz gehörig, des Blitzes, Blitz-, übtrg blitzähnlich, blitzschnell, mörderisch
fulmino 1.
(N. Kl.) den Blitz schleudern, blitzen
fultura, ae, *f*
(N. Kl.) Stütze, übtrg. Stärkung
fulvus, a, um
(P) rotgelb, bräunlich
fumeus, a, um
(P) voll Rauch, rauchig
fumidus, a, um
(N. Kl.) rauchig, rauchend, dampfend, qualmend
fumifer, era, erum
(P) rauchend, dampfend, qualmend
fumificus, a, um
(P) Rauch machend, dampfend
fumo 1.
rauchen, dampfen, qualmen
fumosus, a, um
rauchend, dampfend, qualmend (N. Kl.); geräuchert, verräuchert
fumus, i, *m*
Rauch, Qualm, Dampf
funalis, e
aus einem Seil gemacht (cereus f. „Wachskerze"). subst. **funale**, is, *n* (N. Kl.) Strick (der Schleuder), Wachsfackel, (P) Kandelaber
functio, onis, *f*
Verrichtung
funda, ae, *f*
Schleuder, (P) Wurfnetz
fundamen, inis, *n* (P) =
fundamentum, i, *n*
1. eigtl. Grund, Fundament
2. übtrg. Grundlage, Grundforderung
fundator, oris, *m*
Gründer (P)
fundatus, a, um
fest begründet
funditor, oris, *m*
Schleuderer
funditus adv.
eigtl. von Grund aus; übtrg. völlig, gänzlich, ganz u. gar
fundo 1.
1. eigtl. mit e. Boden versehen, den Grund legen, gründen, erbauen; (P) befestigen
2. übtrg. befestigen, sichern
fundo, fudi, fusum 3.
I. eigtl. (meist N. Kl.) (e. Flüssigkeit) gießen, ausgießen, (nicht Flüssiges) herabschütten, ergießen, ausströmen lassen (fundi „sich ergießen"), ein Gefäß ausgießen, Tränen, Blut vergießen, spez. Erz u. a. „gießen"
II. übtrg. 1. (ausbreitd.) ergießen, verbreiten (P) **fundi** od. **se fundere** sich ausbreiten, sich ergießen, sich zerstreuen; daher
2. i. feindl. Sinne (Feinde) zersprengen in die Flucht schlagen
3. (meist P) hinstrecken, zu Boden strecken
4. (Worte u. a.) von sich geben, hören lassen
5. (Früchte u. a.) hervorbringen, gebären
6. (P) werfen, schleudern
fusus, a, um
1. ausgegossen, fließend, verbreitet
2. übtrg. spez. (von d. Rede) weitläufig, ausführlich, breit
3. (P) wallend (v. Haar), vergeudet (v. Mühen)
fundus, i, *m*
Grund, Boden; spez. Grundstück, Landgut, Grund u. Boden
funebris, e
zum Leichenbegängnis gehörig; (P) unheilvoll
funereus, a, um
(P) zum Leichenbegägnis gehörig, Toten-, Tod bringend od. verkündend, unheilvoll
funero 1.

(P) zur Leiche machen, töten, (N. Kl.) bestatten
funesto 1.
(durch Blutvergießen) beflecken, entweihen
funestus, a, um
todbringend, tödlich, unheilvoll, verderblich; (durch Tod od. Mord) befleckt; unrein; (N. Kl.) Tote betreffend
fungor, functus sum 3.
mit abl. (pflichtmäßig) verrichten, vollziehen; (P) teilhaftig werden, überstehen, erleiden
fungus, i, *m* (gr.)
Erdschwamm, Pilz; (P) übtrg. Lichtschnuppe
funiculus, i, *m*
dünnes Seil
funis, is, *m*
Seil, Strick, Tau
funus, neris, *n*
1. Leichenbegängnis, Leichenzug, Bestattung, Beerdigung, Leichenfeier, (P) Leiche, Leichnam, d. Sterben, Tod, Mord, auch = Scheiterhaufen
2. übtrg. Untergang, Verderben, Tod
fuo, fui, futurum, fore (aus fuere)
sein. Klassisch sind **fui** u. die davon abgeleit. Formen u. **futurus**, a, um (futurum etc. esse) als Ergänzg. des Verbums sum. Ferner ist **fore** = dem inf. tut. futurum etc. esse; es tritt stets an dessen Stelle in der (klass. vereinzelten) Verbindg. mit Partizipien (dico me satis adeptum fore [„daß ich erlangt haben werde"], si nullum in me periculum redundarit); **fore ut** dient zur Umschreibg. od. (wenn das Verb. kein supin od. part. fut. hat) zur Bildg. des inf. fut. Endlich ist **forem** etc. (wohl nur N. Kl.) = essem etc. Die übrigen von fuo vorkommenden Formen sind P
fur, furis, *m* (gr.)
Dieb, (P) als Schimpfwort von Sklaven = Spitzbube, Schlingel
furax, gen. acis
diebisch
furca, ae, *f*
(zweizinkige) Gabel, Mistgabel, (N. Kl.) gabelförmige Stütze; spez. Gabelkreuz (gabelförmiges Joch als Marterinstrument für Sklaven)
furcifer, eri, *m*
„Gabelträger": Galgenstrick (als Schimpfwort)
furcilla, ae, *f*
Gäbelchen
furcula, ae, *f*
(N. Kl.) gabelförmige Stütze, ein enger Paß
furenter adv.
rasend
furfur, uris, *m*
Spreu, Kleie
Furiae, arum, *f*
die 3 Rachegöttinnen (die griech. Eumeniden); die Rachegeister, die jemd. zu Untaten treiben; übtrg. sing. **furia** von einem verderbl. Menschen = „Furie", „Verderben"; **furiae**, arum (N. Kl.) = Wahnsinn, Wut, Raserei, Leidenschaft
furialis, e
eigtl. den Furien angehörend, der Furien; (N. Kl.) übtrg. furienartig, rasend, unsinnig; (P) in Raserei versetzend
furibundus, a, um
wuterfüllt, rasend, gottbegeistert
furio 1.
(P) in Raserei versetzen, **furiatus**, a, um rasend, wütend
furiosus, a, um
rasend, unsinnig, leidenschaftlich, spez. (in polit. Sinne) (N. Kl.) v. feindselig. Gesinnung (geg. d. Republ.) erfüllt; (P) wuteinflößend
furnus, i, *m*
Ofen. bes. Backofen
furo, ere
(physisch: v. Menschen, [N. Kl.] auch von Leblos.) rasen, toben, wüten, (P) wild umherschweifen, dahinrasen; (im Geiste) rasen, toben, wüten, wahnsinnig sein, (P) begeistert sein (v. Weissagenden), ausgelassen sein, v. Liebe entflammt sein
furor, oris, *m*
1. (physisch) Raserei, das Toben, Wüten (v. Mensch u. Leblos.) (N. Kl.)
2. (geistig) blinde Leidenschaft, Tollheit, Verblendung, Wahnsinn, rasen-

des Beginnen, spez. (i. polit. Sinne) aufrührerische Gesinnung, Empörung gegen d. Staat
3. Verzückung, Begeisterung (der Gottbegeisterten: Dichter, Weissager, Bacchanten)
4. (P) Wut, Kampfeswut, Liebeswut

furor 1.
stehlen, entwenden; übtrg. erschleichen, (N. Kl.) etw. einem entziehen, Handstreiche (gegen d. Feind) ausführen

furtim adv.
verstohlen, insgeheim, unbemerkt

furtivus, a, um
gestohlen (N. Kl.); übtrg. verstohlen, geheim, heimlich

furtum, i, *n*
I. eigtl. 1. Diebstahl
2. das Gestohlene, der „Raub"
II. übtrg. (N. Kl.) geheime Handlung (furto „insgeheim"), spez. geheimer Vorwand, heimliche Liebschaft, Kriegslist, Schelmenstreich, Trug, Hinterlist, plur. Ränke, Schliche

furunculus, i, *m*
kleiner Dieb; (N. Kl.) Nebenschößling, Blutgeschwür

furvus, a, um
(P) rabenschwarz, finster

fuscina, ae, *f*
dreizackige Gabel, Dreizack (des Neptun)

fusco 1.
(P) bräunen, schwärzen

fuscus, a, um
eigtl. dunkelbraun, schwärzlich; übtrg. dumpf (vom Ton)

fusilis, e
geschmolzen, flüssig

fusio, onis, *f*
Ausfluß

fustis, is, *m*
Knüppel, Prügel, Stock

fustuarium, ii, *n*
Tötung durch Knüppelhiebe u. Steinwürfe (als Strafe bes. bei Soldaten)

fusus, a, um s. fundo am Ende

fusus, i, *m*
(N. Kl.) Spindel, Spille

futtilis (futilis), e
durchlässig, zerbrechlich (P); übtrg. unzuverlässig, nichtig, unnütz

futtilitas (futilitas), atis, *f*
Nichtigkeit, Zerfahrenheit

futuo 1.
den Beischlaf ausüben (P)

futurus, a, um (fuo)
bevorstehend, künftig, zukünftig. subst. **futura**, orum u. (N. Kl.) **futurum**, i, *n* Zukunft

G

gaesum, i, *n* (keltisch)
schwerer Wurfspieß
galbaneus, a, um
aus Galban (P)
galbanum, i, *n* (Fw.)
Galban (ein Harz)
galea, ae, *f*
Lederhelm, Pickelhaube; Helm
galeatus, a, um
behelmt
galerus, i, *m*
Pelzkappe (P)
galla, ae, *f*
Gallapfel
gallina, ae, *f*
Henne
gallinaceus (gallinacius), a, um
zu d. Hühnern gehörig, Hühner-
gallinarius, ii, *m*
Hühnerwärter
gallus, i, *m*
Haushahn, Hahn
ganea, ae, *f*
Garküche, Kneipe; (N. Kl.) plur. Kneipenleben
ganeo, onis, *m*
Schlemmer, Schwelger
gangaba, ae, *m* (persisch)
Lastträger (N. Kl.)
garrio 4.
schwatzen, plaudern, plappern, (P) trans. etw. hinplaudern
garrulitas, atis, *f*
Geschwätzigkeit (N. Kl.)
garrulus, a, um
(N. Kl.) schwatzhaft, geschwätzig (v. Menschen u. Tieren, [P] v. Leblos.)
garum, i, *n* (gr.)
Fischsauce (N. Kl.)
gaudeo, gavisus sum 2.
(v. Pers. u. Sachen) froh sein, sich (innerlich) freuen, Vergnügen empfinden; in sinu gaudere „sich im stillen freuen, sich ins Fäustchen lachen“
gaudium, ii, *n*
(innere) Freude, freudige Stimmung; (N. Kl.) Genuß, spez. Liebesgenuß, Wollust, konkr. von dem Gegenstand der Freude = Wonne, Liebling
gausape, is, *n* (**-pum**, i, *n*; **-pa**, ae, *f*)
Fries, Kleid od. Decke aus Fries
gaza, ae, *f* (persisch. Fw.)
Schatz eines (ursprgl. des persischen) Königs, Schatz überhaupt; (P) = Habe, Vorrat
gelidus, a, um
kalt, eisig; (P) **gelida**, ae, *f* kaltes Wasser; (P) kühl, frisch, gelide = mit kalter Ruhe
gelu, us, *n* (**gelus**, us, *m*; **gelum**, i, *n*)
Eiskälte, Frost; Eis; übtrg. Erstarrung
gemebundus, a, um
(P) seufzend, stöhnend
gemellipara
Zwillinge gebärend (P)
gemellus, a, um
(P) doppelt, Zwillings- (klassisch nur in der Verbindg. gemella legio), (P) übtrg. völlig gleich. subst. **gemelli**, orum, *m* (P) Zwillinge
geminatio, onis, *f*
Verdoppelung
gemino 1.
(N. Kl.) verdoppeln, unmittelbar aufeinander folgen lassen, wiederholen, paaren (klass. im partic. **geminatus**, a, um)
geminus, a, um
Zwillings-; übtrg.
1. doppelt, (P) doppelgestaltig, beide, zwei, ein Paar
2. völlig ähnlich, völlig gleich. subst. **gemini**, orum, *m* Zwillinge

gemitus, us, *m*
(v. Menschen) Seufzen, Ächzen, Stöhnen, Wehklage; (P) von Tieren u. Leblos.) Ächzen, Stöhnen, Dröhnen, Getöse, Gebrüll, Getön
gemma, ae, *f*
1. Knospe
2. (heller) Edelstein
3. (N. Kl.) alles aus E. Gefertigte (Siegel, Schale, Becher), (P) **gemmae** die „Augen“ des Pfauenschweifs

gemmatus, a, um
mit Edelsteinen geschmückt (N. Kl.)
gemmeus, a, um
aus Edelsteinen; (N. Kl.) edelsteingeschmückt
gemmo 1.
Knospen treiben; (P) mit Edelsteinen besetzt sein
gemo, ui 3.
1. intr. (v. Mensch.) seufzen, ächzen, stöhnen, klagen; (P) (v. Tieren u. Leblos.) ächzen, seufzen, girren, dröhnen, knarren, krachen u. ähnl.
2. trans. über etw. seufzen, klagen, etw. beseufzen, beklagen
genae, arum, *f*
Wangen; (P) Augenhöhlen, Augen
genealogia, ae, *f* (gr.)
Geschlechtsregister
genealogus, i, *m* (gr.)
Verfertiger eines Geschlechtsregisters, Genealoge
gener, eri, *m*
Schwiegersohn, N. Kl. auch schon vom „Verlobten" der Tochter od. auch der Enkelin gesagt; (N. Kl.) Schwager
generalis, e
1. Geschlechts-, Gattungs-
2. = allgemein
generatim adv.
1. nach Geschlechtern (Stämmen, Ständen, Klassen), klassenweise
2. im allgemeinen, überhaupt
generatio, onis, *f*
(N. Kl.) Zeugung, (Sp) Geschlecht, Zeitalter, „Generation"
generator, oris, *m*
Erzeuger: Ahnherr, (P) Züchter
genero 1.
zeugen, erschaffen, hervorbringen, pass. abstammen, entsprießen von
generosus, a, um
aus edlem Geschlecht, adelig; (P) v. Tieren u. Pflanzen „von edler Art, erlesen"; übtrg. edelgesinnt, hochherzig
genesta (genista), ae, *f*
Ginster
genetivus, a, um (besser als genitivus)
angeboren, ursprünglich (P); (casus) genetivus „Genetiv" (N. Kl.)
genetrix, tricis, *f*
(P) eigtl. u. übtrg. Erzeugerin, Mutter
genialis, e
1. dem Genius heilig = bräutlich, hochzeitlich, ehelich
2. (P) den Genius erfreuend = erfreulich, wonnevoll, festlich, heiter, fröhlich, gastlich
geniculatus, a, um
mit Knoten versehen, knotig
genista s. genesta
genitalis, e
(N. Kl.) Zeugungs- (Glieder, Stoffe u. a.), Geburts-
genitivus s. genetivus
genitor, oris, *m*
Zeuger, Erzeuger, Vater (meist P u. besond. v. Göttern u. Heroen)
genitrix nicht gut für genetrix
genitus s. gigno
genius, ii, *m* (v. geno)
(N. Kl.) der „Genius", „Schutzgeist", der über jedem Menschen von seiner Geburt an, aber ebenso auch über ganzen Staaten, Städten, Örtlichkeiten, über jeder Familie u. jeder Genossenschaft, über Zuständen und Verrichtungen waltete
geno s. gigno
gens, gentis, *f* (geno)
1. (selten im allgemein. Sinne) Geschlecht
2. (familienrechtlich) Geschlecht, Sippe, Verwandtschaft (der Verband der von einem gemeinschaftl. Stammvater abstammenden u. durch gemeinsames nomen gentile verbundenen Personen
3. (völkerrechtlich) Volksstamm, Stamm, Volk (mit Bezug auf gemeinsame Abkunft u. Sprache
4. übtrg. „Sippschaft", „Völkchen" (von e. Philosophenschule)
5. (N. Kl.) von der Bevölkerung einer Stadt gebraucht
6. (P von Tieren) Geschlecht, Stamm, Art, Volk
7. Der gen. plur. **gentium** oft als gen. partit. in Verbindgn. wie ubinam gentium „wo in aller Welt", longe g. „weit in d. Welt", ubicumque terrarum et g.
genticus, a, um
(N. Kl.) einer Nation eigen, national

gentilicius, a, um
(N. Kl.) einem Geschlecht angehörig
gentilis, e
1. zu demselben Geschlecht gehörig, geschlechtsverwandt, klass. nur als subst. gebraucht
2. (N. Kl.) demselben Volk angehörig, einem Volk eigentümlich, vaterländisch, national
gentilitas, atis, *f*
Geschlechtsverwandtschaft
genu, us, *n*
Knie
genualia, ium, *n*
Kniebänder (P)
genuinus, a, um
1. (v. gena) zu den Wangen gehörig
2. (v. geno) angeboren, angestammt
3. adv. **genuine** übtrg. aufrichtig
genus, neris, *n*
I. Geburt, Abkunft, Herkunft, spez. hohe Geburt, Adel
II. (N. Kl.) Geschlecht, (als t. t. grammat.: genus masculinum, femininum, neutrum)
III. 1. Geschlecht (als Gesamtheit gleichartiger Wesen od. Gegenstände, Gattung, Art, Klasse, Menschenschlag, Sorte, „Genre")
2. spez. als t. t. philos. Gattung
3. übtrg. Art, Weise
4. Hinsicht, Rücksicht, Beziehung
IV. Stamm, Volksstamm, Volk = gens
V. Geschlecht, Haus, Familie
VI. (P) Nachkommenschaft, von einem einzelnen: Sproß, Abkömmling
geographia, ae, *f* (gr.)
Erdbeschreibung
geometres, ae, *m* (gr.)
Feldmesser; Mathematiker
geometria, ae, *f* (gr.)
Feldmeßkunst; Geometrie
geometricus, a, um (gr.)
geometrisch. subst. **geometrica**, orum, *n* geometrische Lehren, Geometrie
georgicus, a, um
den Landbau betreffend (N. Kl.)
germanitas, atis, *f*
(v. Person.) Geschwisterschaft, Brüderlichkeit; (N. Kl.) übtrg. von Schwesterstädten
germanus, a, um (germen)
1. eigtl. (v. Geschwistern aus derselben Ehe) leiblich; subst. (P) Bruder, Schwester
2. übtrg. leibhaftig, echt, eigentlich, wirklich, wahr
germen, minis, *n*
eigtl. Keim, Knospe (N. Kl.); übtrg. Keim
germino 1.
sprossen (N. Kl.)
gero, gessi, gestum 3.
I. tragen (mit od. ohne Angabe des Körperteils, mit dem man etwas trägt), an sich tragen, führen, haben, in sich tragen, auf sich tragen, spez. hervorbringen
II. 1. ausführen, verrichten, vollziehen, besorgen, pass. **geri** sich vollziehen, vorgehen
2. lenken, leiten
3. (Ämter) verwalten
4. (e. Amtshandlg.) vornehmen
III. Spez. **rem gerere** „sein Geschäft versehen"
1. vom Kaufmann od. Hausvater = negotium gerere „Geschäfte machen"
2. im Kriege rem od. negotium (bene, male) gerere „ein (glückliches, unglückliches) Unternehmen ausführen", (v. Feldherrn od. Soldaten: glücklich od. unglücklich) kämpfen.
res gerere
1. (öffentlich) tätig sein, sich betätigen
2. spez. Taten ausführen, **res gestae** Taten, bes. Kriegstaten. **bellum gerere** (v. Feldherrn, od. vom Volk resp. Fürsten) Krieg führen. (N. Kl.) **aetatem gerere** seine Lebenszeit hinbringen
gerulus, i, *m*
Träger (N. Kl.)
gestamen, minis, *n* (N. Kl.)
1. Tracht, Last, Bürde
2. Tragfessel, Sänfte, Wagen
gesticulatio, onis, *f*
Gebärdenspiel (N. Kl.)
gesticulor 1.
Gebärden machen, gestikulieren
gestio, onis, *f* (gero)
Ausführung
gestio 4.
sich ausgelassen gebärden, ausgelas-

sen sein, frohlocken; mit inf. lebhaft verlangen
gesto 1.
(fast nur N. Kl.) tragen; (N. Kl.) herbeischaffen
gestus, us, *m*
Haltung; Bewegung (bes. der Hände), Geberden, „Gesten“
gigno, genui, genitum 3. [Pers. u. Sup. stammen von geno, welches sonst N. Kl. ist]
eigtl. und übtrg. zeugen, erzeugen, gebären, hervorbringen. **genitus**, a, um (N. Kl.) erzeugt, abstammend von, geboren (zu od. für etw.)
gilvus, a, um
(v. Pferd.) isabellfarbig (P)
glaber, bra, brum
unbehaart: subst. etwa = Milchgesicht
glacialis, e
eisig (P)
glacies, ei, *f*
Eis (N. Kl.)
glacio 1.
in Eis verwandeln (N. Kl.)
gladiator, oris, *m*
Schaufechter, Gladiator; übtrg. als Schimpfwort „Bandit“. plur. übtrg. = Gladiatorenkämpfe
gladiatorium, ii, *n*
Handgeld für Gladiatoren (N. Kl.)
gladiatorius, a, um
zu d. Gladiatoren gehörig, Gladiatoren-; übtrg. gladiatormäßig
gladiatura, ae, *f*
Gladiatorenkampf (N. Kl.)
gladius, ii, *m*
Schwert; übtrg. Mordtat
glaeba = gleba
glaesum, i, *n*
Bernstein
glandifer, era, erum
Eicheln tragend
glans, glandis, *f*
Eichel; übtrg. (eichelförmige) Schleuderkugel (aus Blei oder Ton)
glarea, ae, *f*
Kies
glareosus, a, um
voller Kies (N. Kl.)
glaucus, a, um (gr.)
(P) blaugrau, dunkelgrün
gleba (glaeba), ae, *f*
Erdscholle, Scholle; übtrg. Klumpen; (P) Scholle = Acker, Boden
glis, gliris, *m*
Haselmaus
glisco, ere
(fast nur N. Kl.) eigtl. vom Feuer „glimmen“, dann = unvermerkt zunehmen, u. ganz allgemein = heftiger werden, wachsen (meist von sachl. Subj.)
globosus, a, um
kugelförmig, kugelrund
globus, i, *m*
Kugel; (N. Kl. in ursprüngl. Bedeutg.) Klumpen, Masse, (v. Menschen) Haufe, Knäuel, Schwarm, (politischer) Verein, Klub
glomero 1.
(N. Kl.) (zum Knäuel od. zu e. Kugel) zusammenballen, zusammendrängen, -scharen
glomus, meris, *n* (= globus)
Knäuel (N. Kl.)
gloria, ae, *f*
Ruhm; Ruhmbegierde, Ehrgeiz, (in übl. Sinne) Ruhmredigkeit; (N. Kl.) Ruhmestat, (von Pers.) Ruhm = Zierde
gloriatio, onis, *f*
d. Sich-Rühmen
gloriola, ae, *f*
ein bißchen Ruhm
glorior 1.
sich rühmen, prahlen. **gloriandus**, a, um rühmenswert
gloriosus, a, um
ruhmvoll, rühmlich; prahlerisch
glubo, gluptum, ere
abschälen (N. Kl.)
gluten, tinis, *n* u. **glutinum**, i, *n*
Leim (N. Kl.)
glutinator, oris, *m*
Zusammenleimer
glutino 1.
leimen (N. Kl.)
gnarus, a, um (and. Schreibart **narus**)
kundig; (N. Kl.) bekannt
gnatus (-a) s. natus
gnav... s. nav...
gobius, ii, *m* (gr.)
Gründling (e. Fisch)

gorytus, i, *m* s. corytus
grabatus, i, *m* (Fw.)
niedriges Ruhebett (ärmerer Leute)
gracilis, e
(N. Kl.) (v. Pers. u. Sach.) schlank, schmal, dünn, fein, (im übl. Sinne) hager, mager
gracilitas, atis, *f*
Schlankheit, (im üblen Sinne) Hagerkeit, Magerkeit
graculus, i, *m*
Dohle
gradatim adv.
Schritt vor Schritt; stufenweise = nach u. nach
gradatio, onis, *f*
Steigerung (rhetor. Figur)
gradior, gressus sum 3.
Schritte machen, schreiten, einherschreiten
gradus, us, *m*
I. 1. Schritt
2. Stellung (d. Kämpfenden)
II. 1. (gewöhnl. i. Plur.) Stufe, Sprosse, (N. Kl.) Platz im Theater
2. übtrg. Stufe, Grad
III. (N. Kl.) Grad als t. t. grammat. (Positiv, Komparativ, Superlativ)
graecor 1.
auf griechische Art leben (P)
gramen, minis, *n*
(N. Kl.) Gras, Pflanze, Kraut
gramineus, a, um
grasig, aus Gras (N. Kl.); spez. aus Bambusrohr
grammaticus, a, um
grammatisch (N. Kl.). subst. **grammaticus**, i, *m* Sprachkundiger, Interpret. **grammatica**, ae, *f* und **grammatica**, orum, *n* Sprachwissenschaft
granarium, ii, *n*
(gewöhnl. im Plur.) Kornspeicher
grandaevus, a, um
hochbejahrt (N. Kl.)
grandesco, ere
groß werden (P)
grandifer, era, erum
höchst einträglich
grandiloquus, a, um
(v. Redner) „großrednerisch", pathetisch; (im übl. Sinne) großsprecherisch, subst. Prahler
grandinat
es hagelt (N. Kl.)
grandis, e
1. (dem Wachstum und Umfang nach) groß, ausgewachsen, umfangreich
2. übtrg. (nach Menge u. Gewicht) groß, bedeutend, (nach Kraft) bedeutend, stark, (nach Zeit u. Alter) hoch, hochbejahrt, hochbetagt, (intensiv) bedeutend, großartig, erhaben; spez. vom Redner u. der Rede
granditas, atis, *f*
Erhabenheit
grando, dinis, *f*
Hagel, Schloßen, plur. Hagelwetter
granifer, era, erum
Körner tragend (P)
granum, i, *n*
Korn, Kern
graphium, ii, *n* (gr.)
Griffel (N. Kl.)
grassator, oris, *m*
Herumschwärmer, Wegelagerer
grassor 1.
(N. Kl.) (eigtl.) rüstig einherschreiten, herumschwärmen, (meist übtrg.) losgehen auf, zu Werke gehen, verfahren, wüten
grates (nur als nom. und acc. plur. [acc. auch gratis] gebraucht, abl. gratibus einmal N. Kl.)
Dank = gratia (nur in einzelnen Verbindungen üblich u. außer in der solennen Phrase grates agere „Dank sagen" N. Kl.)
gratia, ae, *f*
1. Anmut, personifiz. **Gratia** Göttin der A., meist (N. Kl.) i. Plur. **Gratiae** die (3) „Grazien". Übtrg. Gunst, Gefälligkeit, Gnade, spez. Parteilichkeit, (N. Kl.) Nachsicht
2. Dank, Erkenntlichkeit (**gratias agere** = Dank sagen, **gratiam habere** Dank wissen, **gratiam** [vereinzelt gratias] **referre** = [mit d. Tat] Dank abstatten, vergelten; **gratiam debere** Dank schulden, persolvere „abstatten"; **gratiarum actio** Danksagung)
3. Beliebtheit, Gunst, Ansehen, Einfluß; gutes Einvernehmen, Wohlwollen, Freundschaft. Abl. sing. **gratia** wegen, um - willen, zu Gefallen. Abl.

plur. **gratiis** oder **gratis** ohne Bezahlung, umsonst
gratificatio, onis, *f*
Willfährigkeit, Gefälligkeit, Schenkung
gratificor 1.
willfahren, sich gefällig erweisen; gewähren, opfern
gratiis s. gratia
gratiosus, a, um
beliebt; gefällig, (N. Kl.) aus Gefälligkeit gegeben
gratis s. gratia
grator 1.
(N. Kl.) Glück wünschen, danken
gratuitus, a, um
unentgeltlich, nicht erkauft, uneigennützig, umsonst. adv. **gratuito**
gratulabundus, a, um
sich in Glückwünschen ergehend
gratulatio, onis, *f*
1. Freudenbezeugung (einem andern gegenüber), Beglückwünschung, Glückwunsch, Freude (über eigenes Glück)
2. Danksagung, Dankfest
gratulor 1.
(anderen) seine Freude bezeugen, Glück wünschen; sibi g. „sich Glück wünschen, sich freuen"; (N. Kl.) danken
gratus, a, um
1. lieblich, anmutig (P)
2. (dem inneren Wert nach) dankenswert, (u. daher) angenehm, lieb, beliebt, wert, erfreulich, erwünscht (von Sachen, N. Kl. auch von Personen)
3. dankbar. adv. **grate** gern; dankbar. Vgl. iucundus
gravamen, inis, *n*
Beschwerde (Sp.)
gravanter N. Kl. = gravate
gravate adv.
ungern, non. od. haud g. „ohne Weigerung, ohne viel Umstände"
gravatim N. Kl. = gravate
gravedinosus, a, um
mit Stockschnupfen behaftet
gravedo, dinis, *f*
Stockschnupfen
graveolens, gen. entis (auch getrennt grave olens)
stark-, übelriechend (P)
gravesco, ere
(N. Kl.) schwer werden, übtrg. sich verschlimmern
graviditas, atis, *f*
Schwangerschaft
gravido 1.
schwängern, befruchten
gravidus, a, um
schwanger (von Menschen, N. Kl. auch v. Tieren [„trächtig"] u. a.); übtrg. (P) voll, reich an
gravis, e
I. (v. Gewicht) schwer, wuchtig, gewichtig (Ggstz. levis; [N. Kl.] gravis aliqua re beschwert, belastet, beladen mit etwas, voll von, übtrg. schwanger, bedrückt od. gebeugt durch etw. [z. B. durch Krankheit = krank, od. durch Alter = betagt])
II. übtrg. 1. (vom Ton) tief, dumpf
2. (P) (vom Geruch) widrig, betäubend
3. schwer = heftig, stark, gewaltig, eindringlich
4. lastend, drückend
5. schlimm, gefährlich
6. beschwerlich, ungesund, schädlich
7. lästig, unangenehm, beschwerlich, adv. **graviter** ungern, mit Verdruß
8. schlimm, hart
9. schwer = gewichtig, bedeutend, eindrucksvoll
10. ernst, besonnen, würdevoll, ehrwürdig
gravitas, atis, *f*
activ. I. eigtl. Schwere, Gewicht
II. übtrg. 1. (v. Geld) hoher Preis, Höhe
2. Schwere = Last
3. Beschwerlichkeit, Schädlichkeit, Ungesundheit
4. Heftigkeit, Gefährlichkeit
5. Strenge, Härte
6. Gewicht, Bedeutung, Nachdruck, Wirkung, Effekt, Inhaltsschwere
7. Ernst, Würde, Erhabenheit
gravo 1.
(N. Kl.) beschweren, belasten, übtrg. jemd. belästigen, bedrücken, etwas erschweren, drückender machen, verschlimmern
gravor 1.
intrans. Umstände machen, schwerer an etw. gehen, sich sträuben, sich wei-

gern (abs. od. mit inf.); (N. Kl.) trans. Widerwillen haben gegen, ungern ertragen

gregalis, e
zur Herde gehörig: übtrg. spez. = eines gemeinen Soldaten (N. Kl.). subst. **gregales**, ium Kameraden, (im übl. Sinne) Spießgesellen

gregarius, a, um
zur Herde gehörig; (t. t. milit.) miles g. „gemeiner Soldat", N. Kl. subst. **gregarius** „Gemeiner"

gregatim adv.
herdenweise (N. Kl.); übtrg. scharenweise (von Menschen)

gremium, ii, *n*
Schoß

gressus, us, *m*
(P) Schritt, Gang, Lauf

grex, gregis, *m*
I. eigtl. (v. Tieren) Herde, Rudel, Schwarm
II. übtrg. 1. (v. Mensch.) Schar, Haufe, Kreis, Schwarm, (v. Philos.) Sekte
2. verächtl. = der große Haufe
3. (N. Kl.) Haufe, Rotte, (P) Gefolge

gruis s. grus

grumus, i, *m*
(kleiner Erd-)Haufen (N. Kl.)

grundio (grunnio) 4.
grunzen (N. Kl.)

grunditus, us, *m*
das Grunzen

grus (P auch gruis), gruis, *m*
Kranich

gryps, grypis, *m* (gr.)
Vogel „Greif"

gubernaculum (P gubernaclum), i, *n*
Steuerruder; übtrg. (im plur.) Steuer = Leitung, Regierung

gubernatio, onis, *f*
das Steuern eines Schiffes; übtrg. = Lenkung, Leitung

gubernator, oris, *m*
Steuermann; übtrg. = Lenker, fem. **gubernatrix**, icis Lenkerin

guberno 1.
eigtl. u. übtrg. das Steuerruder führen, steuern, lenken, leiten

gula, ae, *f*
Speiseröhre, Kehle; übtrg. = Schlemmerei

gumia, ae, *m*
(P) Fresser, Schlemmer

gurges, itis, *m*
I. eigtl. (meist N. Kl.) Strudel, strudelndes Gewässer, Strömung, Flut, (P) tiefes Wasser, Tiefe
II. übtrg. 1. Abgrund, Freßsucht
2. Schlemmer, (Ver-) Prasser

gurgulio, onis, *m*
Gurgel, Luftröhre

gurgustium, ii, *n*
enge Behausung, obskure Kneipe

gustatus, us, *m*
das Kosten, der Geschmack. Geschmackssinn

gusto 1.
eigtl. u. übtrg. kosten, genießen

gustus, us, *m*
(N. Kl.) das Kosten; (Sp.) Geschmack als Sinn, (N. L.) Geschmack in ästhetischer Bedeutung

gutta, ae, *f*
Tropfen; (P) Tupf, Fleck

guttur, uris, *n*
Gurgel, Kehle

guttus, i, *m*
(enghalsiger) Krug (N. Kl.)

gymnasiarchus, i, *m* (gr.)
Vorsteher der Ringschule

gymnasium, ii, *n* (gr.)
Platz für Leidesübungen, Übungsplatz, zugleich Versammlungsplatz der Philosophen u. ihrer Schüler, oft auch Begräbnisplatz berühmter Männer

gymnasticus, a, um (N. Kl.) = gymnicus

gymnicus, a, um (gr.)
d. Leibesübungen betreffend, gymnastisch

gynaeceum (-cium), ii, *n* und (N. Kl.)
gynaeconitis, tidis, *f* (gr.)
Frauengemach

gypso 1.
übergipsen: klass. **gypsatus**, a, um übergipst

gypsum, i, *n* (gr.)
Gips

gyrus, i, *m* (gr.)
(durch Bewegung gemachte) Windung, Ring, Kreis, Kreislauf

H

habena, ae, *f*
1. eigtl. Schleuderriemen, Peitsche, plur. Zügel, übtrg. Segel (P)
2. bildl. Zügel; (P) Lenkung, Leitung, Regierung

habeo, ui, itum 2.
I. eigtl. 1. halten, führen, tragen, heben; (P) von leblos. Subjekt
2. spez. halten = festhalten
3. behalten
4. (v. Schriften) enthalten
5. halten = abhalten, veranstalten, anstellen, vornehmen
6. (irgendwie) halten = behandeln
7. (mit prädikativ. Zusatz) für etw. halten, ansehen, betrachten
8. sich befinden, sich verhalten, stehen
II. 1. (faktisch) besitzen, haben
2. abs. Besitz, Besitzungen, Vermögen haben
3. (N. Kl.) in Besitz nehmen, erlangen, (als Herrscher) beherrschen, bewohnen, abs. wohnen, (Vieh) halten, züchten
4. (P) (von Zuständen der Seele) ergriffen haben, befangen halten
III. 1. haben
2. (Zustände der Seele) haben = hegen, zeigen
3. (als Eigenschaft, Eigentümlichkeit) an sich haben
4. etw. mit sich bringen, in sich schließen, verursachen, notwendig zur Folge haben
5. (Affekte) erregen, verursachen
6. (mit Inf. od. indir. Fragesatz) haben = vermögen, wissen, können
7. (mit part. pass., um das Eigentum, den Besitz zu bezeichnen) haben
8. (N. Kl.) habeo mit gerundiv. „habe zu", „muß", z. B. dicendum habeo „habe zu reden" = est mihi dicendum

habilis, e
1. handlich, leicht zu handhaben od. zu tragen
2. übtrg. passend, bequem, von Pers. geschickt, gewandt, anstellig

habilitas, atis, *f*
geschickte Anlage

habitabilis, e
bewohnbar

habitatio, onis, *f*
Wohnung

habitator, oris, *m*
(Haus-)Bewohner, Mietsmann

habito 1.
I. trans. bewohnen, pass. bewohnt werden, zur Wohnung dienen
II. intr. 1. wohnen
2. übtrg. sich mit etw. eifrig beschäftigen, (v. Redner) bei einer Sache sich aufhalten

habitus, us, *m*
I. das Äußere, das Aussehen, Haltung, Gestalt, Erscheinung, (N. Kl.) insbes. Kleidung, Tracht
II. übtrg. 1. Beschaffenheit, Zustand, Lage
2. spez. Zustand = Stimmung
3. Stimmung = Gesinnung (N. Kl.)
4. (t. t. philos.) die persönliche (individuelle) Eigenschaft

hac adv.
auf dieser Seite, hier

hactenus adv.
I. eigtl. (räumlich) bis dahin, bis hierher, so weit, (zeitlich) bis jetzt, bis zu dies. Zeitpunkt (N. Kl.)
II. übtrg. bis zu diesem Punkt (Stelle), bis hierher, so weit; spez.
1. eine Erörterung abschließend, namentlich beim Abbrechen der Rede und Übergang zu etw. Neuem od. bei der Rückkehr zum Ausgangspunkt
2. zur Angabe des Ziels
3. (beschränkend) nur insofern, insoweit

haedilia, ae. *f*
Zicklein (P)

haedinus, a, um
von Ziegenböckchen

haedus, i, *m*
Böckchen; (P) übtrg. **haedi**, auch kollekt. i. sing., „die Böcklein" = zwei Sterne

haereo, haesi, haesurus 2.
I. 1. eigtl. hängen, stecken, haften, festsitzen, befestigt sein
2. übtrg. festsitzen, verweilen
3. festhängen, nicht loskommen von, festsitzen (an, auf, in)
4. (N. Kl.) sich beständig anschließen an jem., nicht von ihm weichen, (feindl.) auf d. Nacken sitzen
II. 1. in der Bewegung gehemmt werden, stecken bleiben, stehen bleiben, stocken, stutzen
2. übtrg. stocken = in Verlegenheit sein
haeres s. heres
haeresco, haesi 3.
(N. Kl.) hängen, stecken bleiben
haeresis, is, *f* (gr.)
(philos.) Schule, Sekte, Partei; (Sp.) Ketzerei
haesitantia, ae, *f*
das Stocken
haesitatio, onis, *f*
1. das (beabsichtigte) Stocken im Reden
2. die Bedenklichkeit
haesito 1.
I. eigtl. (fortwährend) stecken-, hängen bleiben (klassisch nur abs.)
II. übtrg. 1. stottern
2. (im Geiste fortwährend) schwanken, in Verlegenheit sein
halcyon s. al...
haliaeetus, i, *m* (gr.)
See-, Meeradler (P)
halitus, us, *m*
(P) Hauch, Atem
halo 1.
(P) hauchen, duften
halucinor s. aluc...
hamadryas, adis, *f* (gr.)
(P) eine Baumnymphe, Nymphe übhpt.
hamatus, a, um
mit Haken versehen (P); hakenförmig, gekrümmt
hamus, i, *m*
Haken, spez. Angelhaken; (P) übtrg. Köder, plur. Klauen des Habichts
hara, ae, *f*
Schweinestall
harena s. arena
hariolatio, onis, *f*
Wahrsagung (P)
hariolor 1.
wahrsagen
hariolus, i, *m*
Wahrsager
harmonia, ae, *f* (gr.)
Einklang, Harmonie (der Töne)
harpago, onis, *m* (gr.)
Hakenstange; Enterhaken
harpe, es, *f* (gr.)
Sichelschwert (P)
harundo s. ar...
haruspex (aruspex), spicis, *m*
Eingeweideschauer, Zeichendeuter
haruspicinus, a, um
die Eingeweideschau betreffend. subst. **haruspicina**, ae, *f* Eingeweideschau
hasta, ae, *f*
I. im allgem. Stab, Stäbchen, Stange (meist N. Kl.; hastae gramineae „Bambusrohr“)
II. spez. Lanze, Wurfspieß, Speer
2. (N. Kl.) als Ehrenzeichen für tapfere Offiziere od. als Symbol des Krieges
hastatus, a, um
mit einem Wurfspieß bewaffnet, plur. subst. Speerträger (N. Kl.); spez. hastati die „Hastaten“, erste Schlachtreihe der in drei Treffen aufgestellten röm. Legion
hastile, is, *n*
Schaft des Wurfspießes; (N. Kl.) Wurfspieß, Stange, Pfahl
haud u. **haut** (N. Kl. hau) adv.
nicht, nicht gerade, (verstärkend) gar nicht, keineswegs
hauddum adv.
(N. Kl.) noch nicht eben, wohl noch nicht
haudquaquam
keineswegs, durchaus nicht
haurio, hausi, haustum 4.
I. eigtl. schöpfen
II. übtrg. 1. schöpfen = entnehmen
2. (P) aufsammeln, ausgraben, ausreißen
3. (N. Kl.) ausschöpfen, ausleeren, austrinken, schlürfen, verzehren (v. Feuer), jem. durchbohren, etw. vertun, vollenden, erschöpfen u. a.
4. durchkosten, genießen, erdulden
III. schöpfen = einziehen, einschlürfen;

(N. Kl.) (v. Leblos.) verzehren, verschlingen
IV. übtrg. (mit d. Sinnen) einsaugen = gierig aufnehmen, hören, vernehmen
haustus, us, *m*
das Schöpfen:
1. das Recht zu schöpfen = Wasserbenutzung
2. (N. Kl.) das Geschöpfte, das Einziehen (der Luft), Hauch, Trunk, Schluck
haut s. haud
haveo s. aveo
hebdomas, madis, *f* (gr.)
„Siebenzahl", daher der (kritische) siebente Tag bei Krankheiten
hebenus s. eb..
hebeo, ere
(N. Kl.) eigtl. u. übtrg. stumpf, träge sein
hebes, betis
I. eigtl. 1. stumpf
2. (d. Gestalt nach) abgestumpft
II. übtrg. 1. (v. den Sinnen) stumpf, abgestumpft, schwach, matt
2. stumpf = schwerfällig, lau, oberflächlich, träge
3. (geistig) stumpf, abgestumpft, stumpfsinnig, dumm
hebesco, ere
stumpf werden, sich abschwächen, erlahmen; (N. Kl.) (v. Licht) erblassen
hebeto 1.
(N. Kl.) stumpf machen, abstumpfen, übtrg. schwächen, entkräften u. a.
hedera (edera), ae, *f*
Efeu
hedychrum, i, *n* (gr.)
wohlriechende Salbe
hei, **heia** = ei, eia
helica, ae, *f* (gr.)
Schneckengewinde
helleborus (-um) s. elleb...
helluatio, onis, *f*
Schwelgerei (klassisch plur.)
helluo, onis, *m*
Schlemmer, Verprasser
helluor (heluor, elluor) 1.
schlemmen, schwelgen
helops (ellops), lopis, *m* (gr.)
e. Seefisch, Sterlet (?)
helvella, ae, *f*
Küchenkraut
hem
(Wort der Umgangssprache) ei! ach!
hemerodromos, plur. -dromoe (gr.)
(N. Kl.) „Tagläufer", Eilbote, Kurier
hemicyclium, ii, *n* (gr.)
Halbkreis: übtrg. halbrunde, steinerne Bank
hemisphaerium, ii, *n* (gr.)
(N. Kl.) Halbkugel, „Hemisphäre".
hendecasyllabi, orum, *m* (gr.)
elfsilbige Verse (N. Kl.)
hepteris, is, *f* (gr.)
Siebenruderer (N. Kl.)
hera = era
herba, ae, *f*
Grünes, Kraut, Pflanze, junges Gras, Rasen; spez. Küchenkräuter; der grüne Halm des Getreides, plur. die junge Saat; (N. Kl.) Unkraut, Heilkraut, Zauberkraut, herbam dare (dem Sieger Gras überreichen) = sich für besiegt erklären
herbesco, ere
hervorsprießen
herbidus, a, um
grasreich (N. Kl.)
herbifer, era, erum
grasreich (N. Kl.)
herbigradum, a, um
im Gras wandelnd (P)
herbosus, a, um
grasreich (N. Kl.)
herbula, ae, *f*
kleines Kraut
hercisco (ercisco), ere
teilen: nur i. Verbindg. mit familia: causam agere herciscendae familiae „wegen Erbschaftsteilung"
hercle, **mehercle**, **hercule**, **mehercule**, auch **hercules** u. **mercules** (**Hercules**)
= Beteuerungsformeln (männlicher, wie me castor weiblicher Individuen), „o Herkules", „beim Herkules" = wahrlich, wirklich, fürwahr
herctum, i, *n*
Erbgut: nur in der Verbindung h. ciere „E. teilen"
hercule s. hercle
here s. heri
hereditarius, a, um
die Erbschaft betreffend, Erbschafts-; ererbt

hereditas, atis, *f*
Erbschaft
heredium, ii, *n*
Erbgut (N. Kl.)
heres, redis, *c*
eigtl. Erbe, Erbin; bildl. Erbe, Nachfolger
heri, (N. Kl.) here adv.
gestern
herilis = erilis
hermae, arum, *m* (Hermes)
Hermensäulen
heroicus, a, um (gr.)
zu den Heroen, Halbgöttern gehörig, der Heroen
heroine, es, *f* (gr.)
Halbgöttin, „Heroine" (P)
herois, idis, *f* (gr.)
Halbgöttin, „Heroide" (N. Kl.)
heros, ois, *m* (gr.)
Halbgott, Heros, „Held"; übtrg. „Heros" von wissenschaftl. oder polit. hervorragdn. Männern
herous, a, um (gr.)
heroisch = episch (pedes h. „Daktylen", versus h. „daktyl. Hexameter"). (N. Kl.) subst. **herous**, i, *m* d. epische Vers = Hexameter
herus = erus
Hesperus, i, *m*
der Abendstern (P)
hesternus, a, um
gestrig, von gestern. adv. **hesterno** am gestrigen Tage
heu
(Ausdruck der Klage, des Schmerzes) ach! wehe! o!
heus
(familiär. Ausruf zur Erregung der Aufmerksamkeit) höre, hör einmal!
hexameter, tri, *m* (gr.)
der (daktylische) Hexameter
hexapylon, i, *n* (gr.)
sechsbogiges Tor i. Syrakus (N. Kl.)
hexeris, is, *f* (gr.)
Sechsruderer (N. Kl.)
hiatus, us, *m*
1. eigtl. gähnende Öffnung, Schlund, Kluft, Rachen
2. (N. Kl.) übtrg. Gier
3. (P) d. Mundaufreißen = pomphaftes Versprechen
4. (rhet.) Zusammentreffen zweier Vokale = „Hiatus"
hiberna, orum s. hibernus
hibernacula, orum, *n*
(N. Kl.) (milit.) Winterzelte, Winterlager
hiberno 1.
überwintern (klassisch nur milit.)
hibernus, a, um
winterlich, Winter-, subst. **hiberna**, orum, *n*, Winterquartiere
hibiscum, i, *n* (gr.)
Eibisch (eine Pflanze)
hibrida s. hybrida
hic (hic), haec, hoc
1. dieser, diese, dieses (von dem, was dem Redenden od. Schreibenden räumlich, zeitlich oder dem Gedanken nach am nächsten liegt)
2. temporal = gegenwärtig, jetzig, heutig
3. spez. neutr. plur. haec = „das Weltall", od. = „diese Stadt", „dieser Staat"
4. (beim Hinweis auf genannte Gegenstände) hic - ille „dieser, der letztere - jener, der erstere"
5. zuweilen auf qui bezogen (vor od. hinter gestellt), um die betreff. Pers. od. Sache als gegenwärtig zu bezeichnen oder nachdrücklich hervorzuheben
6. mit Bezeichnung auf das Folgende hic = folgender, hoc Thrasybuli „folgde. Äußerung des Th.", namentl. bei Ankündigg. v. gesprochenen und geschriebenen Worten od. von Ereignissen. Auch zur Vorbereitg. auf einen folgd. Satz = dieser, der. **hoc et illud** „dieses und jenes" (hoc signum ... et illud). **hoc et hoc** „dies u. das" (doch nicht zur Bezeichnung verschiedener Dinge). hoc = „so viel", „nur so viel". **hoc est** = „das heißt". (N. Kl.) **ad hoc** (**haec**) = außerdem. hoc vor comparat. (als abl. mens.) = „um so", „desto". (N. Kl.) **hoc** = deswegen
hic (N. Kl. heic) adv.
1. (örtl.) hier = an diesem Ort, an dieser Stelle; (P) hic - illic hier - dort, asynd. hic illice „hier u. dort, an mehreren Orten, einigemal"

2. (zeitl.) hier, da = hierauf, alsdann, nunmehr
3. übtrg. (i. Dialog, i. Erzählungen u. a.) hier = hierin, hierbei, und da, bei dieser Gelegenheit, bei solcher Sachlage, unter diesen Umständen, trotzdem, und doch

hice, **hicine** s. hic (pron.)

hiemalis, e
winterlich, Winter-; übtrg. stürmisch

hiemo 1.
d. Winter wo zubringen; spez. milit. überwintern, Winterquartiere abhalten; (P) (v. Meer) stürmisch sein

hiems (hiemps), hiemis, *f*
Winter, Winterszeit; übtrg. stürmisches Wetter; (N. Kl.) Kälte; (P) Wintergottheit, Jahr

hilaris, e und **hilarus**, a, um
heiter, vergnügt, fröhlich, aufgeräumt

hilaritas, atis, *f*
Heiterkeit, Frohsinn

hilaro 1.
erheitern, fröhlich machen

hilarulus, a, um
ziemlich heiter

hilarus s. hilaris

hilla, ae, *f*
Würstchen (P)

hilum, i, *n* (nur im acc.)
Haar: übtrg. neque hilum „u. nicht ein Haar" = u. nicht das Geringste (P)

hinc adv.
1. (lokal) von hier
2. übtrg. (konklusiv) daher, heraus, deshalb
3. von (auf) dieser Seite
4. (N. Kl.) (zeitl.) von jetzt an, hierauf

hinnio, ire
wiehern (N. Kl.)

hinnitus, us, *m*
das Wiehern

hinnuleus, i, *m*
junger Hirsch (N. Kl.)

hio 1.
I. eigtl. klaffen, sich öffnen, offen stehen, (N. Kl.) spez. den Mund, den Rachen, den Schnabel auftun = schnappen
II. übtrg. 1. (von d. Rede) klaffen = nicht zusammenhängen; einen „Hiatus" machen
2. wonach lechzen, schnappen; (N. Kl.) staunen, gaffen

hippocentaurus, i, *m* (gr.)
der „Hippozentaur" = Pferdemensch (halb Mensch, halb Pferd)

hippodromos u. **-us**, i. *m* (gr.)
Rennbahn für Rosse u. Wagen (N. Kl.)

hippomanes, is, *n* (gr.)
(P) Brunstschleim od. ein Fleischgewächs auf der Stirn des neugebor. Füllens (zu Zaubereien gebraucht)

hippopotamus, i, *m* (gr.)
Nilpferd (N. Kl.)

hippotoxota, ae, *m* (gr.)
Bogenschütze zu Pferde

hircinus, a, um
(P) vom Bock, Bocks-

hircus (hirquus), i, *m*
(N. Kl.) Bock, übtrg. Bocksgeruch

hirsutus, a, um
(meist N. Kl.) struppig, stachelig, rauh, übtrg. rauh, schmucklos

hirtus, a, um
(N. Kl.) eigtl. struppig, borstig; übtrg. rauh

hirudo, dinis, *f*
Blutegel: übtrg. Aussauger

hirundo, dinis, *f*
Schwalbe

hisco, ere
eigtl. sich auftun, sich öffnen (P); übtrg. den Mund auftun = mucken, mucksen

hispidus, a, um
(N. Kl.) borstig, struppig, rauh

historia, ae, *f* (gr.)
1. Kenntnis(nahme)
2. übtrg. (N. Kl.) Geschichte, Erzählung, Anekdote, Mythe, Sage
3. spez. Geschichtsforschung, -schreibung
4. Geschichte, Geschichtswerk als Darstellung des Geschehenen
5. historischer od. histor. merkwürdiger Boden

historicus, a, um
geschichtlich. subs. Geschichtsforscher, -schreiber, Kenner der Geschichte

histrio, onis, *m*
Schauspieler

histrionalis, e
(N. Kl.) schauspielerisch, für die Schauspieler
hiulcus, a, um
1. eigtl. gähnend, klaffend, gespalten (P)
2. übtrg. (von d. Rede) (durch das Zusammentreffen der Vokale = durch den Hiatus) klaffend, unzusammenhängend
hoc adv. (N. Kl. = huc)
(räumlich) hierher, dahin
hodie adv.
1. heute, am geutigen Tage
2. übtrg. heutzutage, jetzt, gegenwärtig, noch heutzutage
hodiernus, a, um
heutig
holitor (olitor), oris, *m*
Gemüsegärtner (N. Kl.)
holus (olus), leris, *n* (N. Kl.) u. **holusculum** (olusculum), i, *n*
Gemüse, Kohl (klassisch plur.)
homicida, ae, *m*
Mörder, (N. Kl.) Mörderin; (P) menschenwürgend
homicidium, ii, *n*
Totschlag, Mord
homo, minis, *m* (nicht fem.!)
I. (als Gattungsbegriff) Mensch, d. h. Mann oder Frau, plur. Menschen
II. (als Spezies) Mensch, Mann, plur. Leute
III. (prägnant der Mensch nach seinen Vorzügen od. Gebrechen)
1. ein Mann, ein Mensch von höheren Vorzügen, von menschl. Gefühl
2. spez. ein Mann von Geschmack
3. ein Mann v. Verstand
4. ein Mann von Wort
5. homo unterschieden von vir, indem homo den Mann nach Seiten seiner rein menschlichen Eigenschaften und als Privatmann, vir in Hinsicht auf Männlichkeit und staatsbürgerliche Eigenschaften bezeichnet
6. Mensch = Menschenkind (als fehlendes Wesen); (wegwerfend) = Kerl
IV. nicht selten als Ersatz für is, (P) hic homo = ego
V. spez. 1. Bursche, Sklave
2. Hausleute
3. (milit.) Mann; (N. Kl.) homines „Fußvolk" verbunden mit equites
homullus, i, *m*
Menschlein = Schwächling
homuncio, onis, *m* u. **homunculus**, i, *m*
schwacher Mensch
honestas, atis, *f*
1. (objektiv) das Geehrtsein, Ehre und Ansehen bei der Welt, guter Name
2. (subjektiv) Ehrenhaftigkeit, Sinn od. Gefühl für das Edle, Sittlichkeit, Würde, Anstand
3. übtrg. (v. Leblos.) edler Inhalt, Schönheit
4. (t. t. philos.) Tugend
honeste adv.
1. ehrenvoll, ehrenhaft, anständig, tugendhaft, mit Ehren
2. schicklich, ordentlich
3. (N. Kl.) ehrbar (in Bezug auf Abkunft)
honesto 1.
ehren, schmücken, auszeichnen
honestus, a, um
1. activ. ehrenvoll, d. h. Ehre bringend
2. passiv. achtungs-, ehrenwert, ehrbar, in Ehre u. Ansehen stehend. (Speziell Titel der Ritter); subst. **honesti**, orum, *m* Leute von Distinktion, ehrenwerte Leute
3. (moral.) sittlich gut, edel, ehrenhaft, anständig. subst. **honestum**, i, *n* die Sittlichkeit, Moralität, Tugend
4. übtrg. schönklingend (aber nur scheinbar wahr); (N. Kl.) (von der Gestalt u. a.) wohlgestaltet, ansehnlich
honor (**honos**), oris, *m*
1. Ehre = Ehrenbezeigung, Auszeichnung, Huldigung, Achtung, Verehrung gegen jemd. od. etwas. honoris causa „ehrenhalber", aus Hochachtung (gegen jem.), um (jem.) zu ehren; (N. Kl.) „die letzte Ehre"
2. Ehre = Ansehen, Glanz, Berühmtheit, personif. Gott der Ehre
3. spez. (meist plur.) Amt (insbes. = magistratus), amtliche Würde, Rang
4. Ehrengeschenk = Belohnung, „Honorar", (P) Siegespreis
5. Erbschaft, Vermächtnis
6. Ehrentitel

7. (N. Kl.) (den Göttern angebotene) Ehre = Opfer, Opfertier, Opfer-, Dankfest, Spende, Loblied u. a.
8. (P) übtrg. Schmuck, Zierde, Pracht, Anmut

honorabilis, e
ehrenvoll

honorarius, a, um
ehrenhalber geschehen, gegeben, erwählt, Ehren-. (N. Kl.) subst. **honorarium**, ii, *n* Ehrengeschenk

honoratus, a, um s. honoro

honorificus, a, um (comp. **-ficentior**, superl. **-ficentissimus**)
ehrenbringend, ehrenvoll

honoro 1.
ehren, Ehre erweisen; (N. Kl.) mit etw. beehren, belohnen, verherrlichen. adiectiv. **honoratus**, a, um der in Ehren steht, geehrt, (von Leblos. auch =) ehrenvoll; spez. (durch ein Amt) geehrt = hochgestellt

honorus, a, um
ehrenvoll (N. Kl.)

honos, oris s. honor

hora, ae, *f* (gr.)
1. die Stunde (von verschied. Länge, da die Römer den natürl. Tag zwischen Aufgang u. Unterg. der Sonne in 12 Stund. zerlegten)
2. übtrg. plur. **horae**, arum, *f* (selten) = horologium (Sonnen-, Wasser-) Uhr
3. (P) Zeit, spez. Jahreszeit, plur. personif. Horen, die Göttinnen der Zeit u. des Jahreswechsels

hordeum, i, *n*
die Gerste

horizon, zontis, *m* (gr.)
(N. Kl.) Gesichtskreis, „Horizont“

hornotinus, a, um u. (P) **hornus**, a, um
heurig, von diesem Jahr

horologium, ii, *n* (gr.)
Stundenzeiger, Uhr (Sonnen- oder Wasseruhr)

horrendus, a, um
schaudervoll, schrecklich; (P) ehrenwürdig

horreo, ere
I. übtrg. 1. intrans. (vor Furcht) schauern, schaudern, zittern, sich entsetzen; trans. etwas oder jemd. fürchten, sich scheuen vor, sich entsetzen über
2. (vor Frost) zittern, schaudern, starren
II. (N. Kl.) eigtl. starren, emporstarren, part. **horrens** starrend, stachelig, struppig

horresco, horrui 3.
eigtl. von etw. rauh od. uneben werden, starren (klassisch nur mare h. „wallt“); übtrg. (vor Furcht) schauern, zittern u. a. (klassisch nur non h. mit inf. „ich sträube mich nicht“; [P] trans.)

horreum, i, *n*
Scheune, Magazin, Speicher (bes. für Getreide, N. Kl. auch für Wein u. a.)

horribilis, e
furchtbar, schrecklich, entsetzlich; spez. staunenswert

horridulus, a, um
rauh: übtrg. (von d. Rede) gar zu einfach od. schlicht

horridus, a, um
I. 1. eigtl. rauh, struppig, zottig
2. übtrg. unkultiviert
3. rauh = ungebildet, ungeschliffen, roh
4. (i. gutem Sinne) rauh = einfach, schlicht
5. (von der Rede) ohne äußeren Glanz u. Schmuck (oft, aber nicht notwendig mit dem Mangel an feinerer Bildung zusammenhängend)
II. eigtl. (vor Kälte) schauernd, zitternd, schaurig kalt (P); übtrg. entsetzlich, schrecklich

horrifer, era, erum
(P) schaurig kalt, übtrg. schauderhaft, furchtbar

horrifico 1.
übtrg. schrecken (P)

horrificus, a, um
(P) schrecklich, entsetzlich

horrisonus, a, um
(P) schauerlich tönend

horror, oris, *m*
(meist. N. Kl.) (v. Menschen) Schauer, Schauder, spez. Fieberfrost; Grausen, Entsetzen; (N. Kl.) spez. heilige Scheu, frommer Schauer

hortamen, minis, *n* u. **-mentum**, i, *n*
(N. Kl.) Ermunterungsmittel, Ermunterung

hortatio, onis, *f*
Ermahnung, Ermunterung

hortator, oris, *m*
Aufmunterer, Mahner
hortatus, us, *m*
das Aufmuntern, die Aufmunterung
hortor 1.
(v. persönl. u. sächl. Subj.) antreiben, aufmuntern, ermuntern, ermutigen, bestimmen, zureden, anfeuern u. a
hortulus, i, *m*
Gärtchen (klassisch nur plur. = kleiner Park)
hortus, i, *m* (gr.)
Garten, plur. Gartenanlagen, Park
hospes [aus host(i)potis „Gastherr"], pitis, *m* (N. Kl. auch fem.)
1. Gastfreund, spez. Wirt (sofern er Gastfreundschaft gewährt)
2. Gast, Freund (sofern er G. genießt)
3. Fremder (der sich nur zeitweilig wo aufhält), übtrg. unbekannt; (P) Iuppiter Hospes als Schützer des Gastrechts
hospita, ae s. hospitus
hospitalis, e
des Gastes, des Gastfreundes; die Gastfreundschaft schützend; gastlich, gastfreundlich. **hospitalia** Herberge
hospitalitas, atis, *f*
Gastlichkeit
hospitium, ii, *n*
1. (als Verhältnis zwischen zwei Gastfreunden) = Gastfreundschaft; insbes. (die betätigte Gastfreundschaft) = Bewirtung, Aufnahme
2. übtrg. Herberge, Quartier, Logis; (N. Kl.) Lager, Ruheort (d. Tiere)
hospitus, a, um
1. fremd (P). subst. **hospita**, ae, *f* eine Fremde, e. Gast
2. (P) gastfreundlich, gastlich. subst. **hospita**, ae, *f* Gastfreundin, Wirtin
hostia, ae, *f*
Opfertier (zu Ehren der Götter), Sühnopfer; h. humanae „Menschenopfer"
hosticus, a, um
(N. Kl.) feindlich = dem Feinde angehörig, subst. **hosticum**, i, *n* Feindesland, feindl. Gebiet
hostilis, e
1. (= hostium) feindlich, des Feindes
2. feindlich = feindlich gesinnt, feindselig. (N. Kl.) plur. subst. **hostilia**, ium, *n* Feindseligkeiten. adv. **hostiliter** nach Feindes Weise
hostis, is, *m* (selten u. N. Kl. auch fem.)
1. (altertümlich) Fremder, Fremdling
2. Kriegsfeind, (auswärtiger) Feind; übtrg. (in privaten u. politischen Verhältnissen, [Gegensatz civis]) offener Feind, Gegner, Angreifer; (P) (Feind in der Liebe =) Rival
huc adv.
1. (räumlich) hierher, hierhin
2. übtrg. a) hierher, hierzu, für diesen Zweck; b) (auf das Folgende weisend) dahin, soweit
hucine adv.
dahin?
hui hui! ei!
(Der Umgangssprache angehörig. Ausruf des Erstaunens od. unwilliger Verwunderung)
huiuscemodi u. **huiusmodi**
von der Art, derartig (als gen. qual.)
humanitas, atis, *f*
1. Menschennatur, Menschlichkeit, menschl. Gefühl (Würde, Wesen)
2. insbes. a) Menschenfreundlichkeit, Milde, Leutseligkeit, Artigkeit, Feinheit des Benehmens (z. B. gegen Gäste); b) Bildung, feine Lebensbildung, „Zivilisation"; c) (als Folge der höheren Bildg.) der feine Geschmack, die feine Manier
humaniter s. humanus
humanitus adv.
auf menschliche Art
humanus, a, um, adv. **humane** u. **humaniter**
I. der (des) Menschen, menschlich. subst.
1. **humanus**, i, *m* Mensch, Irdischer, Sterblicher (P)
2. **humana**, orum, *n* das Menschliche = menschl. Dinge, Verhältnisse, Handlungen, Begebenheiten, Schicksale, menschliches Recht u. a
II. insbes.
1. menschlich = menschenfreundlich, rücksichtvoll, verständig
2. von feiner (wissenschaftlicher) Bildung, fein gebildet
humatio, onis, *f*
die Beerdigung

humecto u. **humectus** s. um...
humeo s. umeo
humerus s. umerus
humesco s. umesco
humidus u. **humidulus** s. um...
humifer s. umifer
humilis, e
was am Boden bleibt:
I. eigtl. niedrig (Ggstz. altus); spez. (N. Kl.) (von Wuchs u. Statur) niedrig, klein, (von Örtlichktn.) tief gelegen, (i. Ggstz. zum Tiefen) flach, nicht tief gehend
II. übtrg. 1. (v. Personen u. deren Herkunft) niedrig = gering, tiefgestellt
2. (dem Ansehen, der Macht nach) schwach, unbedeutend
3. (dem Verdienst od. den inneren Vorzügen nach) tiefstehend, gering, unbedeutend
4. (von Leblos.) niedrig = gering, alltäglich, unedel, gemein
5. (d. Stimmung nach) niedergeschlagen, kleinmütig
6. (v. Bittenden) unterwürfig, demütig
7. knechtlich
8. (von d. Rede) niedrig = ohne Schwung
humilitas, atis, *f*
I. eigtl. Niedrigkeit, Kleinheit
II. übtrg. 1. (objektiv) Niedrigkeit (des Standes), (v. Ansehen und Macht) geringe Macht, Ohnmacht, Schwäche
2. (subjektiv) Niedergeschlagenheit, Verzagtheit, gedrücktes, unterwürfiges Wesen, erniedrigendes Benehmen
humo 1.
begraben, bestatten
humor s. umor
humus, i, *f*
1. Erdreich, Erdboden, Erde, Boden; spez. a) der Lokativ **humi** (bei Verben der Ruhe) an, auf der Erde, an, auf dem Boden; b) accus. **humum** auf den Boden (P); c) ablat. **humo** von der Erde, vom Boden (meist N. Kl.; P auch „auf dem Boden, in die Erde, zu Boden")
2. (P) übtrg. Gegend, Land

hyacinthinus, a, um (gr.)
Hyazinthen- (P)
hyacinthus, i, *m* (gr.)
die „Hyazinthe" (entweder die violettblaue Schwertlilie od. der blaue Gartenrittersporn)
Hyacinthia, orum, *n* (gr.)
das dreitägige Hyazinthusfest in Sparta (P)
hyades, dum, *f* (gr.)
(P) die „Hyaden" = Siebengestirn am Haupt des Stieres, dessen Aufgang (Mitte Mai) gewöhnl. Regen brachte
hyaena, ae, *f* (gr.)
die Hyäne
hyalus, i, *m* (gr.)
Glas (P)
hybrida (hibrida), ae, *c*
Mischling (N. Kl.)
hydra, ae, *f* (gr.) (P)
1. Wasserschlange, spez. die Lernäische, die Herkules erlegte
2. übtrg. Wasserschlange (ein Gestirn)
hydraulus, i, *m* (gr.)
Wasserorgel
hydria, ae, *f* (gr.)
Wasserkrug, Krug, Urne
hydropicus, a, um (gr.)
wassersüchtig (P)
hydrops, dropis, *m* (gr.)
Wassersucht (P)
hydrus, i, *m* (gr.)
(Wasser-)Schlange (P)
Hymen, menis, *m* (gr.)
„Hymen", der Gott der Vermählung. Davon **hymenaeus** (od. **-os**), i, *m* (gr.) (P) Brautgesang, Hochzeitslied, übtrg. Hochzeit, (von Tieren) Begattung, personif. = Hymen
hymnus, i, *m* (gr.)
Lobgesang auf die Gottheit, „Hymne" (N. Kl.)
hypodidascalus, i, *m* (gr.)
Unterlehrer
hypomnema, matis, *n* (gr.)
(N. Kl.) Bemerkung, Notiz, Exzerpt aus einem Schriftsteller
hypotheca, ae, *f* (gr.)
Pfand, Unterpfand, „Hypothek"

I

iaceo, ui 2.
I. eigtl. 1. liegen (von Lebendem und Leblosem)
2. spez. zu Bette liegen, ruhen, schlafen
3. zu Tische liegen
4. krank darniederliegen
5. tot, begraben liegen (P); insbesondere = „gefallen sein" von Verwundeten u. im Kampf Gefallenen
6. (besiegt) auf dem Boden liegen
7. (P) in Trümmern liegen
8. (P) (v. Gliedern) gesenkt, schlaff, kraftlos sein, (von Haaren) herabhängen, (von Gewändern) schleppen
9. (v. Reisenden) liegen bleiben
10. (von Örtlichkeiten (N. Kl.) liegen, gelegen sein, ausgebreitet liegen, sich erstrecken, klass. = niedrig, tief gelegen sein
II. übtrg. 1. (in e. Zustand) liegen, versenkt, versunken sein
2. am Boden liegen, gestürzt sein, überwunden sein, darniederliegen, machtlos sein, niedergeschlagen sein, hoffnungslos sein (v. Pers. u. Dingen)
3. brach liegen, darniederliegen, unbeachtet liegen oder bleiben, (dem Werte nach) niedrig stehen

iacio, ieci, iactum 3.
I. 1. werfen, schleudern; (N. Kl.) von sich werfen, hin und her werfen, ausstreuen
2. übtrg. (Äußerungen) fallen lassen, vorbringen, (Vorwürfe u. a.) gegen jemd. richten, schleudern
II. auswerfen, aufführen, errichten

iactans s. iacto a. Ende

iactantia, ae, *f*
Prahlerei (N. Kl.)

iactatio, onis, *f*
I. eigtl. 1. act. d. Hinundherwerfen, Schütteln, Erschütterung (N. Kl.); die (gestikulierende) Hinundherbewegung
2. pass. und medial d. Hinundhergeworfenwerden, d. Sich-Hinundherwerfen: das Wogen, Schwanken
II. übtrg. 1. Ausgelassenheit
2. Prahlerei
3. Aufregung
4. (wankelmütige) Gunst; (N. Kl.) Wankelmut

iactatus, us, *m*
d. Schütteln (P)

iactito 1.
öffentlich vortragen (N. Kl.)

iacto
I. eigtl. 1. (wiederholt) werfen; (N. Kl.) auswerfen, ausstreuen, wegwerfen
2. hin u. her werfen, bewegen, schütteln, schwingen. pass. **iactari**
1. eigtl. hin und her getrieben, geschleudert werden
2. übtrg. geplagt, übel mitgenommen werden
II. übtrg. 1. (Äußerungen) hinwerfen, fallen lassen, schleudern, etw. (wiederholt) zur Sprache bringen, erwähnen, hin und her besprechen:
2. etw. fort u. fort im Munde führen, prahlen, sich brüsten, sich rühmen mit. **iactans**, gen. antis prahlerisch

iactura, ae, *f*
1. d. über Bord Werfen
2. übtrg. Aufopferung, Einbuße, Verlust; spez. Geldopfer, Aufwand

iactus, us, *m*
das Schleudern, Wurf

iaculabilis, e
Wurf- (P)

iaculator, oris, *m*
(N. Kl.) Schleuderer, spez. (milit.) Speerschleuderer, fem. **iaculatrix**, icis Schützin

iaculor 1.
I. intrans. den Speer schleudern
II. (N. Kl.) trans. etw. schleudern, nach etw. schießen, etw. treffen, erlegen, übtrg. zu erjagen suchen

iaculum, i, *n*
Wurfspieß

iam
(bei Tempor. der Gegenwart, Verganght., Zukunft)

I. schon, bereits, nunmehr, nun (im besond. auch in Verbindung mit Zeitbegriffen); spez.
1. mit Bezug auf unmittelbar Bevorstehendes = alsbald, sofort, augenblicklich
2. um etwas als unmittelbare Folge einer vorhergehdn. Handlg. zu bezeichnen = alsbald, dann gewiß
II. zur Bezeichng. des längst erwarteten od. zu erwartenden Eintritts einer Handlung = nun endlich
III. = „noch, weiter"; oft in Verbindung mit Negationen = „mehr, länger"
IV. 1. (zur Fortführg. v. Beweisen u. Beispielen) = nunmehr, ferner
2. (zur Einführg. der propositio minor) „nun aber" = atqui (verstärkt i. vero)
V. In Verbindg. mit Partikeln:
1. **iamiam** = e. verstärktes iam, aber **iam ... iam** (N. Kl.) = bald... bald; **iamiamque** = „in jedem Augenblick"
2. **iam diu, iam dudum, iam pridem** s. diu, dudum, pridem
3. **iam cum** „sobald nur"
4. **ut iam (iam ut)** „gesetzt, daß wirklich"

iambeus, a, um (gr.)
jambisch (P)

iambus, i, *m* (gr.)
Versfuß „Jambus" (P); kollekt. Schmähgedicht

ianalis, e
des Janus (P)

ianigena, ae, *f*
Kind des Janus (P)

ianitor, oris, *m*
Pförtner

ianua, ae, *f* (s. Ianus)
Tür, Haustür; übtrg. Zugang

Ianuarius, a, um
1. dem Janus geweiht: **mensis J.** od. subst. **Ianuarius**, ii, *m* Januar
2. des Januar (Kalendae etc.)

Ianus, i, *m*
I. altitalisch. Gott, welchem Jahres- und Tagesbeginn, sowie jeder Anfang heilig war. Die Türen u. Torbögen sind ihm geweiht. Seine doppelköpfige Bildsäule stand in dem ihm heiligen Torbogen am Forum, dessen beide gegenüberstehende Türen im Frieden geschlossen und im Kriege geöffnet wurden
II. als Appellativ.
1. überwölbter Durchgang
2. (P) Januar

iapyx, pygis, *m* (gr.)
Westnordwestwind (P)

iaspis, pidis, *f* (gr.)
Jaspis, ein grüner Edelstein (P)

ibi
1. (örtl.) daselbst, da, dort (ibi - ubi „da - wo").
2. (zeitl.) (N. Kl.) dann, damals, darauf
3. (bezogen auf sachl. Verhältnisse od. [N. Kl.] auf Personen) da, dabei, darin

ibidem
1. (örtl.) ebendaselbst
2. (zeitl.) zugleich dabei
3. (bezogen auf sachl. Verhältnisse) ebendabei

ibis, ibis od. (P) ibidis, *f*
Ibis, e. Wasservogel, der Isis heilig

iccirco s. idcirco

ichneumon, monis, *m* (gr.)
Pharaonsratte

icio od. **ico (ico?)**, ici, ictum 3.
I. eigtl. schlagen, stoßen hauen, treffen
II. übtrg. foedus icere „e. Vertrag schließen" (näml. durch Schlagen des Opfertiers)

ictus, us, *m*
Schlag, Stoß, Hieb, Streich, Schuß, Wurf; übtrg. (P) Taktschlag, Takt

idcirco (iccirco)
deswegen, deshalb

idea, ae, *f*
Urbild, „Idee", Begriff (t. t. phil.)

idealis, e
(Sp.) d. Urbild betreffend, „ideal"

idem, eadem, idem (nom. und dat. plur. masc. oft idem und isdem für iidem [eidem] und iisdem [eisdem])
ebenderselbe, der nämliche; spez.
1. um zu bezeichnen, daß einem Subjekt zwei Prädikate zukommen, sowohl a) zum Ausdruck der Gleichheit = „(und) ebenfalls, zugleich, auch"; b) zum Ausdruck des Gegensatzes = „(aber)dagegen"
2. beim Vergleich idem mit folgdm. ac (atque) od. Relativum = „ebenderselbe - wie"

identidem adv.
wiederholt, immer wieder
ideo
deshalb
idiota, ae, *m* (gr.)
Laie (im Ggstz. zum Fachmann)
idoneus, a, um
tauglich, tüchtig, geeignet, passend; ausreichend; wert, würdig
idus, iduum, *f*
die Iden, der 15. Tag im März, Mai, Juli, Oktober, sonst der 13.
iecur, iecoris (N. Kl. iocineris), *n*
Leber
iecusculum, i, *n*
kleine Leber
ieiunitas, atis, *f*
bildl. Nüchternheit (der Rede)
ieiunium, ii, *n*
(N. Kl.) Fasten, Fastenzeit, Hunger, Abmagerung
ieiunus, a, um
nüchtern, hungrig; übtrg. (v. Boden) mager, daher = unfruchtbar, kraftlos, unbedeutend, dürftig; (geistig) beschränkt; (v. Ausdruck) trocken
igitur
(konklusiv) also, demnach, folglich
1. bei e. Schlußfolge in einer Aussage, Einräumung, Ausruf, Aufforderung u- Frage; quid igitur? (leitet e. verneinende Frage ein) = „ich frage also". quid igitur est „wie steht es also?"
2. bei einer Zusammenfassg. = „nun"
3. zur Wiederaufnahme des Gedankens nach Abschweifg. od. Paranthese = „also" od. „wie gesagt"
4. bei Übergang von Thema u. Einteilung zur Behandlg. des ersten Hauptteils
ignarus, a, um
1. activ.: unwissend, unbekannt mit
2. passiv. (N. Kl.) unbekannt
ignavia, ae, *f*
Feigheit; (N. Kl.) Trägheit
ignavus, a, um
lässig, träge (aus Mangel an sittl. Kraft); feige; erschlaffend. adv. **ignave**, (N. Kl.) **ignaviter**
ignesco, ere
in Brand geraten; (P) übtrg. entbrennen
igneus, a, um
1. eigtl. aus Feuer, feurig
2. (meist P) übtrg. feurig, glühend, brennend, blitzschnell
ingiculus, i, *m*
Feuerchen, Flämmchen
ignifer, era, erum
feuertragend (P)
ignigena, ae, *m*
d. Feuergeborene (P)
ignipes, gen. pedis
feuerfüßig (P)
ignipotens, ge, entis
feuerbeherrschend, auch subst. (P)
ignis, is, *m* (abl. oft igni, stets in ferro ignique, aqua et igni, vgl. ferrum, u. interdico; acc. plur, auch ignis)
I. eigtl. u. übtrg.1. Feuer
2. spez. Wachtfeuer
3. Signalfeuer
4. Brand, Feuersbrunst
5. Feuerbrand
6. (N. Kl.) Kriegsfeuer, (v. Pers., die e. Krieg erregen) Funke, Flamme; (P) Gestirn, Blitz, Fackel, Scheiterhaufen u. a.
II. übtrg. Feuer; Röte (der Wangen), (P) Röte (als Entzündg.), Glanz, Schimmer, Hitze, Glut, insbes. der Begeisterung, des Schmerzes, des Zornes, der Liebe, person. Flamme = Geliebte(r)
ignobilis, e
unberühmt, ruhmlos, unbedeutend; von niederer Herkunft, niedrig
ignobilitas, atis, *f*
Unberühmtheit; niedere Herkunft, Niedrigkeit
ignominia, ae, *f*
Beraubg. des gut. Namens: Schimpf, Schande, Beschimpfung; spez.
1. entehrende Strafe, Entehrung (polit. als „Verlust der bürgerl. Ehre" infolge ein. Rüge des Zensors, od. milit. durch schimpfl. Ausstellg., Degradation, Soldverkürzung und dergl.
2. im Sinne von „Niederlage" (insofern diese den Feldherrn od. die Soldaten entehrt)
ignominiosus, a, um
schimpflich
ignorabilis, e
unbekannt (fast nur N. Kl.)

ignorantia, ae, *f*
Unkenntnis
ignoratio, onis, *f*
1. Unfreiwilligkeit
2. Unkenntnis
ignoro 1.
I. unkundig sein, nicht wissen, nicht kennen, mit vorhergehdr. Negation = sehr wohl wissen, kennen
II. (selten!) keine Kenntnis nehmen wollen, „ignorieren". **ignoratus**, a, um
1. unfreiwillig
2. ungekannt
3. (N. Kl.) unerkannt
ignosco, novi, notum 3.
(aus der Präp. in und gnosco, also eigtl. = „Einsehen haben", od. mit **in privativ.** als Weiterbildg. aus ignoscens, vgl. insciens)
I. Nachsicht haben (mit), verzeihen, vergeben, begnadigen
II. Nachsicht haben mit, d. h. nachgeben, befriedigen
ignotus, a, um
I. unbekannt, fremd; auch subst.: **noti - ignoti** „Bekannte - Unbekannte"; (P) von niederer Herkunft, unberühmt
II. zuweilen activ. nicht kennend, unkundig: subst. **ignoti** = Leute, die einen nicht kennen (Ggstz. noti)
ilex, icis, *f*
Steineiche
ilia, ium, *n* (gr.)
(N. Kl.) die Weichen, Unterleib, Eingeweide
ilicet (= i, licet)
„geh, es ist erlaubt", ursprgl. solenne Entlassgsformel; (P) = unverzüglich
ilico (locus) adv.
auf der Stelle
1. örtlich (P)
2. zeitlich
3. logisch in hypothet. Satzgefüge
ilignus, a, um
(P) von d. Steineiche, eichen
illa (adverb. abl. sing. v. ille)
(N. Kl.) auf jener Seite, dort
il-(in-)labefactus, a, um
unerschütterlich (P)
il-(in-)labor 3. (labor)
eigtl. u. übtrg. hinein(herab)gleiten, -fallen
il(in-)laboro 1. (laboro)
sich abmühen bei (N. Kl.)
illac adv.
auf jener Seite, dort
il-(in-)lacessitus, a, um
ungereizt (N. Kl.)
il-(in-)lacrimabilis, e (P)
1. durch Tränen nicht zu erbitten
2. unbeweint
il-(in-)lacrimor und (N. Kl.) **il-(in-) lacrimo** 1. (lacrimo)
(dabei) weinen, beweinen, weinen über
il-(in-)laesus, a, um
unverletzt (N. Kl.)
il-(in-)laetabilis, e
unerfreulich (P)
il-(in-)laqueo 1. (laqueo)
übtrg. umstricken
il-(in-)laudatus, a, um
unlöblich = abscheulich (P)
il-(in-)lautus, a, um
unabgewaschen (P)
ille, illa, illud (gen. **illius**, [P] auch **illius**; in Gesetzesurkunden u. P finden sich noch Kasus des ursprünglich. ollus)
pron. demonstr. der 3. Pers.: jener, -e, -es (zur Bezeichnung des räuml. od. zeitl. od. begrifflich. Entfernteren), oft = „oben erwähnt, obig, früher, damalig"; spez.
1. auch zur Bezeichng. der Gegner
2. mit Beziehg. auf Bekanntes od. Bedeutsames = „bekannt, berühmt, berüchtigt"
3. zeitlich beim abl.: paucis illis diebus = vor wenigen Tagen (vgl. hic)
4. in der or. obl. a) Bezeichng. der angeredeten Person, b) Vertretg. für das pron. hic der direkt. Rede
5. zur Ankündigung von folgendem, namentlich beim Übergang zu etwas Neuem = dieser, der
6. zur nachdrückl. Zurückweisung auf ein vergangenes Subjekt od. Objekt, bleibt i. Deutsch unübersetzt
7. über hic - ille und hic et ille vgl. hic; ille aut ille „dieser oder jener"
8. (P) ex illo „seitdem"
il-(in-)lecebra, ae, *f*
Lockung, Anreizung (meist in schlechtem Sinne)

il-(in-)lectus s. illicio
illegitimus, a, um
ungesetzmäßig (Sp.)
il-(in-)lepidus, a, um
(N. Kl.) geistlos, abgeschmackt
illi adv. (N. Kl.) = illic
il-(in-)libatus, a, um
unvermindert, unversehrt
il-(in-)liberalis, e
eines freien Mannes unwürdig, unedel, gemein; ungefällig; knickerig
il-(in-)liberalitas, atis, *f*
Ungefälligkeit; Knauserigkeit, Geiz
illic adv.
dort; auf Pers. oder (N. Kl.) auf Sachen bezogen = bei ihnen (ihm), hierbei
il-(in-)licio, lexi, lectum 3. (lacio)
anlocken; (N. Kl. in übl. Sinne) verlocken
il-(in-)licitator, oris, *m*
Scheinbieter (bei Auktionen)
il-(in-)licitus, a, um
unerlaubt (N. Kl.)
illido, lisi, lisum 3. (laedo)
1. (hin-)einstoßen, -schlagen, anstoßen, -schlagen (N. Kl.)
2. zerschlagen, -schmettern
il-(in-)ligo 1. (ligo)
I. eigtl. anbinden, befestigen, anfügen, anbringen in od. an
II. 1. übtrg. (ver)binden, fesseln
2. verwickeln, verstricken, hemmen
illim adv. = illinc
von dort
il-(in-)limis, e
schlammfrei (P)
illinc adv.
von dort; übtrg. auf jener Seite
il-(in-)lino 3. (lino)
aufstreichen, bestreichen, aufschmieren, durch-, überziehen u. a
il-(in-)liquefactus, a, um
in Fluß gesetzt
il-(in-)litteratus, a, um
ungebildet, ohne wissenschaftl. Bildung
illo adv.
dorthin
illuc adv.
dorthin; übtrg. „hierzu"; dahin, d. h. zu jener Sache, od. (N. Kl.) zu jenem Menschen; zeitlich (N, Kl.) i. usque „bis dahin"
il-(in-)lucesco 3. (lucesco)
zu leuchten (scheinen) beginnen; übtrg. aufleuchten
il-(in-)ludo 3. (ludo)
übtrg. 1. sein Spiel treiben = a) (ver-) höhnen, b) täuschen, betrügen
2. (N. Kl.) seinen Mutwillen treiben mit, sich vergreifen an, beschädigen; (P) in ludo chartis „werfe leicht hin aufs Papier"
il-(in-)lumino 1.
eigtl. erleuchten; übtrg. (rhet.) Glanz verleihen, verschönern. **illuminate** adv. glanzvoll
il-(in-)lusio, onis, *f*
Ironie (als rhet. Figur)
il-(in-)lustratio, onis, *f*
lebendige Veranschaulichung (in d. Rede)
il-(in-)lustris, e
I. eigtl. glanzvoll, hell, strahlend
II. übtrg. 1. deutlich, anschaulich
2. a) angesehen, vornehm; b) ausgezeichnet, bedeutend, auffallend; c) berühmt, v. der Menge bewundert, berüchtigt
il(in-)lustro 1.
I. eigentl. Licht spenden, erleuchten, erhellen
II. übtrg. 1. ans Licht bringen, pass. ans Licht kommen; ins rechte Licht setzen, zur Anschauung bringen, aufklären
2. Glanz verleihen, verschönern; berühmt machen, verherrlichen, pass. berühmt werden
il-(in-)luvies, ei, *f*
(N. Kl.) d. (ruhige) Uferwasser, Morast, Schmutz, Unflat
imaginarius, a, um
(N. Kl.) eingebildet, scheinbar
imaginatio, onis, *f*
Einbildung (N. Kl.)
imaginor 1.
sich etw. vorstellen (N. Kl.)
imago, inis, *f* (zus.hängd. mit imitor)
I. eigtl. 1. Bild
2. spez. Wachsmaske, Ahnenbild
II. übtrg. 1. Bild = Abbild, Ebenbild
2. spez. (t. t. phil.) Bild = ειδωλον

3. Schattenbild, Schatten
4. Echo
5. Traumbild
6. (rhet.) Bild = Gleichnis
7. Scheinbild, Trugbild, Phantom
8. (wesenloser) Schatten
9. (N. Kl.) Anblick, Erscheinung, übtrg. Vorstellung von etwas, Gedanke an etwas

imaguncula, ae, *f*
Bildchen

imbecillis Variante von imbecillus

im-(in-)becillitas, atis, *f*
(physisch) Schwächlichkeit, Schwäche; übtrg. Ohnmacht, Gefühl der Schwäche, (v. Charakt.) Schwäche, Energielosigkeit

im-(in-)becillus, a, um
1. (physisch) schwächlich, kränklich, ohnmächtig
2. übtrg. hilfsbedürftig; (v. Charakt.) energielos, charakterlos; adv. **imbecillius** adsentiri, horrere dolorem

im-(in-)bellis, e
feige; (N. Kl.) friedsam

imber, bris, *m* (abl. klass. -bri)
1. eigtl. heftiger Regen, Regenguß, Platzregen; (N. Kl.) Regenwasser, (P) „Wasser" überhpt., Regenwolke
2. übtrg. „Regen", (P) bildl. „Hagel" (von Geschossen), „Strom" (von Tränen)

im-(in-)berbus, a, um (**-bis**, e)
unbärtig

im-(in-)bibo 3. (bibo)
übtrg. einsaugen, in sich aufnehmen; sich vornehmen

imbrex, bricis, *c*
Hohlziegel (N. Kl.)

imbrifer, era, erum
Regen bringend (P)

im-(in-)buo, bui, butum 3.
I. eigtl. anfeuchten, befeuchten, benetzen, tränken
II. übtrg. 1. erfüllen, spez. (in schlecht. Sinne) besudeln, beflecken
2. jem. in etw. einführen, unterrichten, einweihen, an etw. gewöhnen
3. (P) etw. zuerst kennen lernen, probieren, beginnen

imitabilis, e
nachahmbar

imitamen, minis, *n* (P) u. **imitamentum**, i, *n*
(N. Kl.) Nachahmung

imitatio, onis, *f*
Nachahmung

imitator, oris, *m* und **imitatrix**, icis, *f*
Nachahmer, Nachäffer (-in)

imito 1. (?) (N. Kl.) = imitor; klass.

imitatus, a, um
nachgeahmt

imitor 1.
I. nachahmen, nachmachen; (v. sachl. Subj.) vergleichbar, ähnlich sein, ähnlich sehen
II. (nachahmend) darstellen, nachmachen
III. spez. (N. Kl.) = heucheln; (P) etw. durch Ähnliches ersetzen

im-(in-)maculatus, a, um
unbefleckt (P)

im-(in-)madesco 3. (madesco)
(P) naß, feucht werden

im-(in-)manis, e
1. ungeheuer groß, riesig, unermeßlich, ungemein
2. schrecklich, furchtbar, entsetzlich, wild, roh

im-(in-)manitas, atis, *f*
ungeheure Größe; Wildheit, Rohheit; konkr. (kollektiv.) = Horde, Unmenschen

im-(in-)mansuetus, a, um
(P) übtrg. unbändig, wild

im-(in-)maturitas, atis, *f*
Unreife: Unzeitigkeit, Voreiligkeit

im-(in-)maturus, a, um
unreif: unzeitig, vorzeitig

immediatus, a, um
ohne Mitte: unmittelbar (Sp.)

im-(in-)medicabilis, e
unheilbar (P)

im-(in-)memor, gen. oris
vergeßlich; uneingedenk, unbekümmert, ohne Rücksicht auf, nicht erkenntlich für, undankbar gegen

im-(in-)memoratus, a, um
unerwähnt = neu (P)

im-(in-)mensitas, atis, *f*
Unermeßlichkeit

im-(in-)mensus, a, um
unermeßlich, ungeheuer, gewaltig, bedeutend; subst. **immensum**, i, *n* das

Unermeßliche, Unendliche; (N. Kl.) adv. **immensum** unermeßlich, ungemein

im-(in-)merens, gen. entis
nicht verdienend: unschuldig (N. Kl.)

im-(in-)mergo 3. (mergo)
ein-, untertauchen, versenken

im-(in-)meritus, a, um
1. activ. nicht verdient habend: schuldlos (P)
2. passiv. unverdient, unverschuldet. (N. Kl.) **immerito** ohne Verschuldung, ohne Verdienst

im-(in-)mersabilis, e
unversenkbar (P)

im-(in-)metatus, a, um
unabgegrenzt (P)

im-(in-)migro 1. (migro)
einziehen

im-(in-)mineo, ere
I. eigtl. (meist N. Kl.) herüber-, hereinragen, hervorragen über, sich hinneigen zu, sich herneigen über, (v. Örtlichktn.) einen Ort beherrschen, dicht angrenzen, anstoßen an
II. übtrg. 1. (v. Gegner u. Verfolger) auf den Fersen sein, ganz nahe sein, drohen, bedrohen, bedrängen
2. etw. bedrohen, sich einer Sache zu bemächtigen suchen, sein Verlangen richten auf, trachten nach, lauern auf
3. (zeitl.) nahe bevorstehen, bald eintreten, (v. Übeln) drohen

im-(in-)minuo 3. (minuo)
1. (quantit.) vermindern, verringern, verkürzen, beschränken, schmälern
2. (qualit.) schwächen, entkräften, herabsetzen, herabwürdigen

im-(in-)minutio, onis, *f*
Verminderung (corporis „Verkrüppelung"; [rhet.] i. = Wortverkürzung oder = Herabminderung); übtrg. Schmälerung

im-(in-)misceo 2. (misceo)
(N. Kl.) eigtl. hinein-, einmischen, einmengen, einreihen, übtrg. einmischen, mit hineinziehen, verbinden, verflechten, verknüpfen mit, se i. od. immisceri „sich einlassen in, teilnehmen an"

im-(in-)miserabilis, e
ohne Erbarmen (zu finden) (P)

im-(in-)misericors, gen. cordis
unbarmherzig

im-(in-)missio, onis, *f*
d. Wachsenlassen

im-(in-)missus, a, um s. immitto a. Ende

im-(in-)mitis, e
(N. Kl.) herb, unreif, übtrg. unhold, unsanft, rauh, roh, hart, streng, grausam, erbarmungslos

im-(in-)mitto 3. (mitto)
I. hineinschicken, -senden, -lassen; se immittere „sich stürzen"; (N. Kl.) immitti „sich (hinein)stürzen, eindringen, einströmen"
II. spez. 1. (milit.) losschicken, vorgehen lassen
2. schleudern
3. einsenken, einlassen, einfügen
4. hineinleiten
5. (als Besitzer) einsetzen
6. loslassen, hetzen auf
7. übtrg. anstellen, anstiften
8. (e. Übel) verursachen, jemdm. senden
II. (P) freien Lauf lassen, schießen lassen (Zügel), frei wachsen lassen, daher **immissus**, a, um lang herabwallend (Bart), ungehindert wachsend

immo (nicht imo) adv.
hat adversative Bedeutung und steht
1. vornehmlich nach Fragen, indem es a) das Vorhergehende berichtigt u. zugleich Stärkeres an seine Stelle setzt = „nein", „vielmehr", „im Gegenteil"; verstärkend **immo vero**; zugl. steigernd **immo vero etiam**; b) indem es den in der Frage liegdn. Zweifel widerlegt u. d. Gegenteil nachdrücklich bestätigt = „(vielmehr) ja", „allerdings", „ja vielmehr"; verstärkend **immo vero**
2. dienen **immo** od. **immo vero** zur Berichtigung einer Aussage = „vielmehr", „im Gegenteil"
3. steht **immo** innerhalb desselben Satzes zur Berichtigung u. Steigerg. eines Ausdrucks
4. (N. Kl.) **immo si** = wie viel mehr wenn

im-(in-)mobilis, e
unbeweglich; (N. Kl.) unerschütterlich, übtrg. schwerfällig, ruhig

im-(in-)moderatio, onis, *f*
Maßlosigkeit
im-(in-)moderatus, a, um
1. unermeßlich (P)
2. übtrg. maßlos, zügellos, regellos
im-(in-)modestia, ae, *f*
(N. Kl.) Maßlosigkeit, Zuchtlosigkeit
im-(in-)modestus, a, um
maßlos, ungebührlich, frech
im-(in-)modicus, a, um
(N. Kl.) über-, unmäßig, ungemäßigt
im-(in-)modulatus, a, um
unmelodisch (v. Versbau) (P)
im-(in-)molatio, onis, *f*
d. Opfern, Opferung (als Handlg.)
im-(in-)molator, oris, *m*
Opferer
im-(in-)molitus, a, um
hineingebaut (N. Kl.)
im-(in-)molo 1. (mola)
„mit Opfermehl bestreuen": opfern; (P) = töten
im-(in-)morior 3. (morior)
(P) in od. auf etw. sterben, i. studiis = sich zu Tode arbeiten
im-(in-)morsus, a, um
(P) eingebissen: gebeizt
im-(in-)mortalis, e
unsterblich; plur. die Unsterblichen = die Götter (N. Kl. auch Name einer auserlesenen Schar persisch. Krieger); übtrg. unsterblich = unvergänglich, ewig; adv. immortaliter „unsterblich"
im-(in-)mortalitas, atis, *f*
Unsterblichkeit, konkr. unsterbliche Natur; übtrg. Unsterblichkt. = Unvergänglichkeit, ewiger Ruhm
im-(in-)motus, a, um
(N. Kl.) unbewegt, unbeweglich, übtrg. unerschüttert, ungerührt, still, ruhig, ungestört, unverändert, unveränderlich, fest, sicher
im-(in-)mugio, ii 4. (mugio)
(P) erdröhnen in, erschallen von
im-(in-)mulgeo, ere (mulgeo)
(P) hineinmelken
im-(in-)mundus, a, um
unsauber, schmutzig
im(in-)munio, ivi 4. (munio)
lege bei jemdm. an
im-(in-)munis, e (munia)
abgabenfrei, steuerfrei, frei v. Leistungen; (N. Kl.) (milit.) dienstfrei; (P) frei von Beiträgen, ohne Geschenke zu geben; übtrg. undienstfertig; (P) befreit, frei von
im-(in-)munitas, atis, *f*
Freiheit von Leistungen, Abgabenfreiheit; Vergünstigung
im-(in-)munitus, a, um
ungepflastert; (N. Kl.) unbefestigt
im-(in-)murmuro, are (murmuro)
murmeln in od. bei etw. od. gegen jmd. (P)
im-(in-)mutabilis, e
unveränderlich, unverwandelbar
im-(in-)mutabilitas, atis, *f*
Unveränderlichkeit
im-(in-)mutatio, onis, *f*
Veränderung, als rhet. Figur = Metonymie
im-(in-)muto 1. (muto)
ab-, verändern, verwandeln. **im-(in-)mutatus**, a, um
1. verändert; (rhet.) verba immutata = metonymisch gebrauchte W. (z. B. Afri für Africa), i. oratio = Allegorie
2. (vereinzelt) = unverändert
im-(in-)pacatus, a, um
unfriedlich (P)
im-(in-)par, gen. paris
1. ungleich, ungleichartig; spez. (v. der Zahl) = ungerade
2. (N. Kl.) (an Kräften) ungleich, nicht gewachsen, nachstehend, (an Geburt) unebenbürtig; (klass. von Dingen, denen man nicht gewachsen ist) = ungleich
im-(in-)paratus, a, um
unvorbereitet, nicht gerüstet
im-(in-)pastus, a, um
hungrig (P)
im-(in-)patabilis s. impetibilis
im-(in-)patiens, gen. entis
(N. Kl.) unfähig od. nicht willig zu dulden, empfindlich gegen, ungeduldig
im-(in-)patientia, ae, *f*
(N. Kl.) Unvermögen oder Ungeneigtheit etw. zu dulden, Schwäche, Empfindlichkeit, Ungeduld, Abneigung
im-(in-)pavidus, a, um
furchtlos (N. Kl.)

impedimentum, i, *n*
1. Hindernis
2. insbes. **impedimenta**, orum, *n* (milit.; übtrg. auch v. Reisenden) Gepäck, Troß, Bagage, spez. Packpferde
im-(in-)pedio, ivi od. ii, itum 4.
I. eigtl. fesseln, spez. umwickeln (P)
II. übtrg. 1. unzugänglich machen
2. verwickeln, verwirren
3. (mit persönl. od. sachl. Subj.) aufhalten, hemmen, hindern, Hindernisse bereiten; mit ab hindern „an"; mit in und abl. hindern „in" oder „bei", mit ad u. d. gerund. hindern „an einer Tätigkeit"; hindern „daß" = quominus, seltener ne od. (bei sächlichem Subj.) inf. **im-(in-)peditus**, a, um
1. behindert, gehemmt
2. unwegsam, schwer zugänglich
3. (milit.) durch Gepäck behindert, schwer bepackt, daher = nicht zum Kampf gerüstet, nicht kampffähig
4. (v. der Begleitung) schwerfällig
5. hinderlich
6. mißlich, verwickelt
impeditio, onis, *f*
Hindernis
impeditus, a, um s. impedio
im-(in-)pello, puli, pulsum 3. (pello)
I. eigtl. 1. (an)schlagen, an-, fortstoßen, an-, forttreiben, in Bewegung setzen, erschüttern, (an)treiben u. a.; bildl. den letzten Stoß geben, zu Fall, gänzlich zum Weichen bringen
II. übtrg. in etw. hineintreiben, -stürzen, verleiten zu, zu etw. treiben, bewegen, veranlassen, reizen
im-(in-)pendeo, ere (pendeo)
1. herüberhängen, hängen, schweben über
2. übtrg. = drohd. bevorstehen, drohen
im-(in-)pendium, ii, *n*
1. Kosten, Aufwand, (N. Kl.) Schaden, Verlust
2. Zinsen abl. **impendio** vor ein. comp. = um vieles
im-(in-)pendo, pendi, pensum 3. (pendo)
„(Geld) aufwägen": aufwenden
im-(in-)penetrabilis, e
(N. Kl.) undurchdringlich, unzugänglich
im-(in-)pensa, ae, *f* (impendo)
Aufwand = Kosten
im-(in-)pensus, a, um (impendo)
teuer; übtrg. bedeutend, groß, dringend, angelegentlich, inständig
imperator, oris, *m*
Gebieter, Herrscher; spez.
1. (milit.) Oberfeldherr
2. Ehrentitel a) siegreicher Feldherrn (vom Tage des Sieges bis zum Tage des Triumphes); b) (N. Kl.) der Kaiser
imperatorius, a, um
des (eines) Feldherrn, Feldherrn-, (N. Kl.) kaiserlich
imperatrix, icis, *f*
Gebieterin
imperatum, i, *n*
das Befohlene, Befehl
im-(in-)perceptus, a, um
unentdeckt (P)
im-(in-)perditus, a, um
= noch verschont (P)
im-(in-)perfectus, a, um
unvollendet
im-(in-)perfossus, a, um
undurchbohrt (P)
imperiosus, a, um
1. (selt.) herrschend, gebietend
2. gebieterisch, herrisch, tyrannisch
imperitia, ae, *f*
(N. Kl.) Unerfahrenheit, Unwissenheit
imperito 1.
(N. Kl.) gebieten, befehlen
im-(in-)peritus, a, um
unerfahren, unwissend, unkundig. adv. **imperite** ungeschickt, töricht, irrig
imperium, ii, *n*
I. Befehl, Vorschrift
II. Macht zu befehlen, Gewalt, Herrschaft; spez.
1. (politisch) Regierung, Regiment, Herrschaft
2. (milit.) Oberbefehl, Kommando
3. Amtsgewalt, Amtsführung, Amt
4. Imperia konkr. (die mit dem imperium bekleideten) Beamten, Behörde
5. imperium = Herrschaftsgebiet, spez. (das römische) Reich, (der röm.) Staat
im-(in-)permissus, a, um
unerlaubt (P)

impero 1. (paro)
1. befehlen, gebieten
2. befehligen, kommandieren, herrschen, gebieten, regieren
3. Anordnungen treffen, etw. anordnen, auftragen, (behördl.) die Lieferg. od. Stellg. von etw. auferlegen, anbefehlen

im-(in-)perterritus, a, um
unerschrocken (P)

im-(in-)pertio, (P) **impertior** 4. (partio)
Anteil nehmen lassen, zuteilen, mitteilen, gewähren

im-(in-)pervius, a, um
unwegsam, auch übtrg. (N. Kl.)

impete s. impetus

im-(in-)petibilis, e
unerträglich

im-(in-)petrabilis, e
leicht erreichber (N. Kl.)

im-(in-)petrio 4.
(v. den haruspices) günstige Vorzeichen (od. etw. durch günst. Vorzeichen) zu erlangen suchen

im-(in-)petro 1.
(Gewährg. eines Wunsches, einer Bitte, Vorstellg.) auswirken, (bei jmdm.) durchsetzen, erlangen, abs. Erfolg haben

im-(in-)petus, us, *m* (i. sing. fehlt d. dat., nur N. Kl. kommt vor impetu [als dat.!] resistere; P ist der abl. impete; i. plur. fehlen gen., dat. u. abl.)
d. Vorwärtseilen:
1. ungestüme Bewegung; Andrang, Anlauf, Ansturm, Ungestüm
2. (feindlicher) Angriff, Überfall
3. übtrg. Schwung, Aufschwung, Aufwallung; drängendes Streben, leidenschaftlicher Eifer, Trieb, Leidenschaft; (N. Kl.) rascher Entschluß

im-(in-)pexus, a, um
(N. Kl.) ungekämmt, zottig, übtrg. schmucklos

im-(in-)pietas, atis, *f*
Gottlosigkeit, Ruchlosigkeit

im-(in-)piger, gra, grum
unverdrossen, rastlos, rüstig

im-(in-)pigritas, atis, *f*
Unverdrossenheit

im-(in-)pingo, pegi, pactum 3. (pango)
(meist N. Kl.) etw. (od. jem.) an (od. auf, in, gegen) jem. (od. etw.) schlagen, stoßen, werfen, treiben, drängen

im-(in-)pius, a, um
gottlos, ruchlos, frevelhaft, gewissenlos, lieblos, unehrerbietig. adv. **impie**

im-(in-)placabilis, e
unversöhnlich

im-(in-)placatus, a, um
= unersättlich (P)

im-(in-)placidus, a, um
= wild (P)

im-(in-)plecto 3. (plecto)
einflechten (N. Kl.)

im-(in-)pleo, plevi, pletum 2.
I. eigtl. 1. abfüllen
2. (P) sättigen, schwängern
II. übtrg. 1. (Örtlichktn.) (er)füllen
2. erfüllen = Genüge tun; (N. Kl.) e. Stelle „ausfüllen"
3. jem. erfüllen mit Hoffnung, Furcht u.s.w.
4. (N. Kl.) (e. Zahl, Maß, Zeit) ausfüllen, erreichen

im-(in-)plicatio, onis, *f*
Verflechtung; übtrg. Einflechtung, Verwicklung

im-(in-)plico, plicui (N. Kl. plicavi), plicitum (klass. gewöhnl. plicatum) 1.
I. 1. eigtl. hineinwickeln, verwickeln, verschlingen
2. übtrg. a) = verwickeln, verstricken; b) = verknüpfen, verbinden, verflechten; c) (N. Kl.) verwirren
II. (P) umflechten, umwinden, umschlingen. **implicatus(-plicitus)**, a, um spez.: verworren

im-(in-)ploratio, onis, *f*
das Anflehen, Flehen

im-(in-)ploro 1. (ploro)
(unter Weinen u. Klagen) flehentlich rufen, etw. erflehen, flehentlich bitten

im-(in-)plumis, e
(P) ungefiedert, nackt

im-(in-)pluo 3. (pluo)
herabregnen (P)

im-(in-)pluvium, ii, *n* (pluo)
(d. ungedeckte) Hofraum

im-(in-)politus, a, um
übtrg. ungeglättet, ungefeilt, unausgebildet, unvollendet

im-(in-)pollutus, a, um
unbefleckt (N. Kl.)

im-(in-)pono 3. (pono)
I. hineinlegen, -setzen, -stellen, auch übtrg. (N. Kl.); spez. einschiffen, an Bord bringen
II. auflegen, -setzen; spez.
1. (Lasten od. Leistungen) auflegen, anweisen, aufbürden
2. (Personen) einsetzen, aufstellen, anstellen (als Wächter, Befehlshaber u. a.)
3. hinters Licht führen, täuschen
III. anlegen, -setzen, eigtl. u. übtrg. (N. Kl.); spez.
1. (Namen) beilegen
2. (Übles) antun, zufügen
im-(in-)porto 1. (porto)
(Waren von außen) hineinschaffen, einführen, „importieren"; übtrg.
1. einführen
2. (Schädliches) herbeiführen, verursachen
im-(in-)portunitas, atis, *f*
übtrg. Rücksichtslosigkeit, Schroffheit, Unverschämtheit
im-(in-)portunus, a, um
hafenlos: eigtl. (örtl.) unzugänglich, gefährlich (N. Kl.); übtrg.
1. (örtl. od. zeitl.) ungünstig
2. (v. Zuständen) mißlich, schwierig, lästig (N. Kl.)
3. (v. Charakter) schroff, rücksichtslos, maßlos
im-(in-)portuosus, a, um
hafenlos (N. Kl.)
im-(in-)postus = impositus (P)
im-(in-)potens, gen. entis
nicht mächtig = ohnmächtig, schwach; spez. seiner nicht mächtig = ohne Selbstbeherrschung, maßlos, zügellos, despotisch
im-(in-)potentia, ae, *f*
Maßlosigkeit, Zügellosigkeit, Willkür
im-(in-)praesentiarum
(N. Kl.) gegenwärtig, für d. Augenblick
im-(in-)pransus, a, um
noch nüchtern (P)
im-(in-)precor 1. (precor)
(jmdm.) etw. Böses wünschen (N. Kl.)
im-(in-)pressio, onis, *f*
Eindruck: übtrg.
1. (rhetor.) impressiones = Hebungen und Senkungen, vocum i. = „Artikulation"
2. (philos.) „Eindruck" der Erscheinungen auf d. Seele
3. (kriegerischer) Angriff, Einfall
im-(in-)primis (getrennt **in primis**) adv.
vor allen, vor allem, hauptsächlich, in erster Linie, besonders
im-(in-)primo, pressi, pressum 3. (premo)
I. hinein-, ein-, aufdrücken (N. Kl.)
II. spez. 1. durch Druck hervorbringen = eindrücken, einprägen, auf-, abdrücken
2. (von dem Gegenstand, der d. Eindruck erhält) eindrücken, bezeichnen, pass. Eindrücke bekommen
im-(in-)probatio, onis, *f*
Mißbilligung
im-(in-)probitas, atis, *f*
Schlechtigkeit, Ruchlosigkeit, Unverschämtheit
im-(in-)probo 1. (probo)
mißbilligen, verwerfen, nicht annehmen
im-(in-)probus, a, um
1. (moral.) schlecht, ruchlos, unredlich, schändlich, schamlos, ungesetzlich, frech, dreist, unverschämt (v. Menschen u. Dingen), **improbi** spez. i. politisch. Sinne = die Schlechtgesinnten (Ggstz. boni)
2. (P) maßlos, ungeheuer, unbändig, gierig, gefräßig u. a., (i. gut. Sinne) rastlos
im-(in-)procerus, a, um
= unansehnlich (N. Kl.)
im-(in-)prodictus, a, um
nicht später angesetzt
im-(in-)promptus, a, um
(N. Kl.) nicht mehr rüstig, schwerfällig
im-(in-)properatus, a, um
= langsam (P)
im-(in-)prosper, era, erum
unheilbringend (N. Kl.)
im-(in-)providus, a, um
nichts ahnend (N. Kl.); achtlos, sorglos, unvorsichtig
im-(in-)provisus, a, um

unvorhergesehen, unvermutet; adv. **improviso**, de od. **ex improviso** unversehens, plötzlich

im-(in-)prudens, gen. entis
nichts ahnend, vermutend, wissend, unabsichtlich; unkundig; unklug, unverständig

im-(in-)prudentia, ae, *f*
Ahnungslosigkeit, Unabsichtlichkeit; Unüberlegtheit, Unvorsichtigkeit; Unkenntnis

im-(in-)pubes, gen. -beris u. (N. Kl.) **impubis**, e
noch nicht mannbar, unreif, subst. plur. = Knaben

im-(in-)pudens, gen. entis
schamlos, unverschämt

im-(in-)pudentia, ae, *f*
Schamlosigkeit, Unverschämtheit

im-(in-)pudicitia, ae, *f*
Unkeuschheit, Unzucht

im-(in-)pudicus, a, um
unzüchtig

im-(in-)pugnatio, onis, *f*
Angriff

im-(in-)pugno 1. (pugno)
eigtl. u. übtrg. angreifen, bekämpfen

im-(in-)pulsio, onis, *f*
äußerer Anstoß: übtrg. Antrieb, spez. (rhet.) i. ad hilaritatem = Versetzung in e. heitere Stimmung

im-(in-)pulsor, oris, *m*
Veranlasser (zu etwas)

im-(in-)pulsus, us, *m*
(nur im abl. sing.) Anstoß; übtrg. Antrieb, Veranlassung

im-(in-)pune (comp. impunius) adv.
1. ungestraft
2. ohne Nachteil, ohne Gefahr, ungefährdet

im-(in-)punitas, atis, *f*
1. Straflosigkeit, Sicherheit vor Strafe
2. Zuchtlosigkeit

im-(in-)punitus, a, um
1. ungestraft, straflos
2. zügellos

im-(in-)puritas, atis, *f*
Lasterhaftigkeit

im-(in-)purus, a, um
1. eigtl. unrein (P)
2. übtrg. unlauter, sittenlos, lasterhaft, verworfen

im-(in-)putatus, a, um
1. unbeschnitten (P)
2. s. imputo

im-(in-)puto 1. (puto)
(N. Kl.) anrechnen (eigtl. u. übtrg.)

imus, a, um s. inferus

in praep.
I. mit acc. 1. räuml. a) um d. Ziel einer Bewegung zu bez. = in - hinein, auf - hin, nach (einer Richtg.) = hin, in, auf, nach; b) um eine Ausdehnung zu bez.
2. zeitl. a) „in - hinein"; b) „auf" od. „für" e. Zeit, entwed. zur Angabe des Ziels, od. zur Angabe e. Dauer
3. distributiv = in, auf a) bei d. Verb. des Ein- u. Verteilens u. ähnl.; b) bei and. Angaben; insbes. in dies (singulos), in (singulas) horas (namentlich bei Komparativbegriffen, = von Tag zu Tag (täglich), v. Stunde z. Stunde (stündlich)
4. zur Bezeichnung der Richtg. einer Tätigkeit od. Gemütsstimmg. = gegen (freundl. od. feindl.), auf, über
5. zur Bez. des Zwecks = in, auf, für, zu; (N. Kl.) öfter in aliquid (d. Beweggrund bezeichnend.) = auf etw. hin, im Hinblick auf ; zur Angabe v. Mitteln „für" etw.
6. zur Angabe einer Wirkg., eines Ergebnisses
7. modal = nach - hin
II. mit abl. 1. räuml. (zur Bezeichnung des Seins od. Geschehens an e. Ort, auf die Frage „wo") = in, an, auf; insbes. v. Waffen u. a., worin man steckt
2. partitiv: zur Bezeichnung einer Mehrheit, „unter" der man sich befindet
3. zeitlich a) bei Subst., die an sich nicht ein Zeitmaß bedeuten = in, auf; b) insbes. zur Bez. der Dauer = innerhalb, während, im Verlauf, od. zur Bez. des Ziels = binnen
4. übtrg. auf Begebenheiten u. Zustände i. Sinne eines konjunktion. Nebensatzes = in, bei, bei Gelegenheit von; insbesondere als Vertreter eines Kausal- oder Konzessivsatzes = bei, trotz
5. zur Bezeichnung der Person oder Sache, an der etw. ausgeübt wird, od. in bezug auf die etw. geschieht: (wo

es sich handelt um -) an, bei, hinsichtlich, in betreff, vgl. I, 4; spez. = auf dem Gebiet von
inaccessus, a, um
unzugänglich (N. Kl.)
inadf... s. inaff...; **inadp...** s. inapp...; **inadsc...** s. inasc...; **inads...** s. inass...; **inadt...** s. inatt...
inaedifico 1. (aedifico)
in (an, bei) etw. bauen, einbauen; verbauen = verbarrikadieren
inaequabilis, e
ungleichmäßig
inaequalis, e
(N. Kl.) ungleich (beschaffen), uneben, unbeständig, auch = ungleich machend
innaequo 1. (aequo)
eben machen
inaestimabilis, e
schwer zu beurteilen, unberechenbar (N. Kl.); spez.
1. (als Ggstz. zu aestimabilis) nicht schätzenswert
2. (N. Kl.) unschätzbar, unvergleichlich
inaestuo 1. (aestuo)
(P) in etw. wallen, kochen
inalpini, orum, *m*
Alpenbewohner (N. Kl.)
inamabilis, e
= (P) widrig, verhaßt
inamaresco, ere
(P) bitter, vergällt werden
inambitiosus, a, um
ehrgeizlos (P)
inambulatio, onis, *f*
d. Auf- und Abgehen
inambulo 1. (ambulo)
hin und her gehen, auf u. ab spazieren
inamoenus, a, um
anmutlos (P)
inanimalis, e
leblos (N. Kl.)
inanimus, a, um (Ggstz. animatus, animal)
unbeseelt, leblos
inanis, e
I. eigtl. leer (was Inhalt haben sollte) spez.: vas, domum inanem reddere, castra, navis „unbemannt“ od. „unbeladen“, basis „unbeschrieben“, equus „ohne Reiter“, corpus „tot“, civitas „arm“, Siciliam inanem offenderant, „ausgesogen“, inanes redierunt „mit leeren Händen“ u. a., (P) = nüchtern, hungrig u. a. **inane**, is *n* (phil.) der leere Raum, (P) d. Luftraum
II. übtrg. 1. leer = gehaltlos, hohl, wertlos, unwesentlich, nichtig
2. grundlos, nichtig
3. nutzlos, erfolglos, vergeblich, eitel, nichtig
4. eitel, eingebildet; nichtig
inanitas, atis, *f*
Leere, leerer Raum; übtrg. Nichtigkeit
inapparatio, onis, *f*
Mangel an Zurüstung (N. Kl.)
inaratus, a, um
(P) ungepflügt, brach
inardesco 3. (ardesco)
(N. Kl.). intr. sich einbrennen, eigtl. u. übtrg. entbrennen, erglühen
inaresco 3. (aresco)
(N. Kl.) ein-, vertrocknen
inassuetus, a, um
ungewohnt (P)
inattenuatus, a, um
ungeschwächt (P)
inaudax, gen. acis
= zaghaft (P)
inaudio 4. (audio)
unter der Hand hören
inauditus, a, um
I. 1. ungehört = unerhört, unbekannt, noch nicht dagewesen
2. (N. Kl.) nicht angehört, unverhört
II. s. inaudio
inauguro 1. (auguro)
I. intr. Augurien anstellen, **inaugurato** nach Anstellung von A. (N. Kl.)
2. trans. (durch Augurien) einweihen, einen Priester feierlich einführen
inauro 1.
vergolden: klass. nur **inauratus**, a, um vergoldet; übtrg. = reich machen
inauspicatus, a, um
ohne Auspizien gegeben (Gesetz) (N. Kl.). adv. **inauspicato** ohne Auspizien angestellt zu haben
inausus, a, um
ungewagt (N. Kl.)
inb... s. imb...
incaeduus, a, um
nicht v. Beil berührt (P)

incalesco 3. (calesco)
(N. Kl.) eigtl. u. übtrg. heiß werden, erglühen, in Glut geraten, sich erhitzen, begeistern
incalfacio, ere (calfacio)
warm machen (P)
incallidus, a, um
unklug, ungeschickt
incandesco 3. (candesco)
glühend heiß werden (P)
incanesco 3. (canesco)
weiß, grau werden (P)
incantatus, a, um
durch Zauberformeln geweiht (P)
incanus, a, um
(P) graulich, greis
incassum = in cassum s. cassus
incastigatus, a, um
(P) ungezüchtigt, ungestraft
incautus, a, *m*
unvorsichtig, unbedachtsam, sorglos; (N. Kl.) pass. unverwahrt, unbewacht, unsicher
incedo 3. (cedo)
1. einher-, daher-, dahinschreiten
2. (N. Kl.) (milit.) einhermarschieren, an-, vorrücken
3. (von Zuständen, Affekten) hereinbrechen, um sich greifen, jemd. befallen, ergreifen; (N. Kl.) anbrechen (v. zeitl. Angaben), s. verbreiten (v. Gerüchten)
4. (N. Kl.) (einen Ort) beschreiten, betreten
incelebratus, a, um
unveröffentlicht (N. Kl.)
incendiarus, ii, *m*
Brandstifter (N. Kl.)
incendium, ii, *n*
1. eigtl. Brandstiftung, Brand, Feuersbrunst; (P) Feuer, Glut, Feuerbrand
2. übtrg. Brand, Feuer (= Unheil, Verderben)
incendo, cendi, censum 3.
I. eigtl. 1. an-, entzünden, in Brand setzen, in Brand stecken, anstecken, pass. in Brand geraten
2. erhitzen
3. erhellen, erleuchten
II. übtrg. 1. entzünden, entflammen, anfeuern, aufreizen, erbittern, häufig **incensus,** a, um entbrannt, entflammt
2. (N. Kl.) steigern, erhöhen

incensio, onis, *f*
Brandstiftung, Einäscherung
incensus, a, um
1. (v. Zensor) nicht abgeschätzt
2. s. incendo
inceptio, onis, *f*
das Beginnen
inceptum, i, *n* s. incipio a. Ende
inceptus, us, *m*
(N. Kl.) das Beginnen (nur i. abl.)
incertus, a, um
1. (v. Lebdm.) ungewiß = in Ungewißheit, schwankend, unschlüssig
2. ungewiß = unentschieden, unsicher, unzuverlässig, unbestimmt. subst. **incertum**, i, *n* Ungewißheit
incesso, ere
(N. Kl.) losgehen auf, angreifen, anfallen
incessus, us, *m*
Gang (d. h. d. Art zu gehen); (N. Kl.) Zug, Aufzug, (feindl.) Anrücken, Angriff
incesto 1.
(N. Kl.) beflecken (spez. durch Unzucht), schänden
incestum, i, *n*
Unzucht, Blutschande (auch i. plur.)
incestus, a, um
unrein, befleckt; insbes. durch Unzucht befleckt, unzüchtig, blutschänderisch
incestus, us, *m* (selten u. nur im abl.) =
incestum, i, *n*
inchoo 1. s. incoho
incido, cidi 3. (cado)
I. eigtl. hineinfallen, -stürzen, in od. auf etwas fallen, stürzen, (N. Kl.) spez. (v. Flüssen) sich ergießen, (feindl.) anfallen
II. übtrg. 1. (zeitlich) fallen, treffen in od. auf, zusammenfallen mit
2. auf jem. (von ungefähr, zufällig) stoßen, treffen, in etw. hineingeraten, -kommen, verfallen auf etw.
3. (von Begebenheiten) (unvermutet) eintreten, vorfallen, sich ereignen, hereinbrechen
4. fallen auf jemd., überfallen, zustoßen, befallen
incido, cidi, cisum 3. (caedo)
1. eigtl. einschneiden, Einschnitte ma-

chen in, ver-, beschneiden; eingraben, einmeißeln; zer-, durchschneiden, -hauen; (P) schneiden = durch Schneiden verfertigen
2. übtrg. etw. kurz abtun; unter-, abbrechen, aufheben; (N. Kl.) abschneiden, benehmen
incile, is, *n*
Abzugsgraben (auch bildl.) (N. Kl.)
incingo 3. (cingo)
(N. Kl.) umgürten, bildl. umschließen, umgeben
incipio, (incepi [N. Kl.], dafür klass. coepi), inceptum (selten, dafür coeptum) 3. (capio)
I. beginnen, anfangen 1. abs.
2. (selten) incipere a „mit"
3. (N. KL.) trans., daher auch im pass. persönl. gebraucht
4. gewöhnl. mit inf.
II. prägnant: 1. zu sprechen, zu reden (singen) beginnen
2. (N. Kl.) übhpt. anfangen zu handeln, (P) anfangen zu kämpfen. **inceptus**, a, um begonnen; subst. **inceptum**, i, *n* Beginnen, Unternehmen, Vorhaben
incise u. **incisim**
kurzgegliedert
incisio, onis, *f* u. **incisum**, i, *n*
(rhet.) kurzes Glied einer Periode
incitamentum, i, *n*
Antrieb, Reiz, „Sporn"
incitatio, onis, *f*
1. activ. Erregung
2. passiv. eigtl. rasche Bewegung; übtrg. Schwung, Trieb, göttl. Begeisterung
incito 1. (cito)
I. eigtl. in schnellere Bewegung setzen, antreiben, beschleunigen; incitari u. se incitare „herausstürzen", sich losstürzen auf, herandringen, steigen
II. übtrg. 1. erregen, aufregen, antreiben, anspornen, spez. (göttl.) begeistern
2. (feindl.) aufreizen, aufbringen, erbittern
III. steigern, erhöhen. **incitatus**, a, um
I. eigtl. in voll. Lauf befindlich, beschleunigt, rasch, in schneller Bewegung
II. übtrg. 1. erregt, erbittert
2. in heftige Aufregung versetzt

incitus, a, um
(P) schnell, rasch
incivilis, e
(N. Kl.) tyrannisch, ungerecht
inclamo 1. (clamo)
laut rufen, zurufen, anrufen
inclaresco 3. (claresco)
(N. Kl.) bekannt, berühmt werden
inclemens, gen. entis
unbarmherzig, hart
inclementia, ae, *f*
(N. Kl.) Unbarmherzigkeit, Härte
inclinatio, onis, *f*
eigtl. Neigung, Beugung; übtrg.
1. (rhet.) Senkung
2. Neigung, Wendung, Wechsel
3. Neigung, Hinneigung
inclino 1.
I. trans. neigen, beugen, lenken (N. Kl.); übtrg.
1. zum Wanken bringen
2. (N. Kl.) hinneigen, hinwenden, den Ausschlag geben, entscheiden
II. intrans. **inclinare** od. refl. **se inclinare** od. med. **inclinari**
1. sich neigen, wanken, sinken, weichen; (N. Kl.) militär. v. d. Schlachtreihe
2. (v. Ansicht od. Gesinnung) sich neigen nach od. zu. **inclinatus**, a, um übtrg. (v. d. Stimme) tief; sinkend, wankend; (N. Kl.) geneigt zu
inclitus, a, um s. inclutus
includo, clusi, clusum 3. (claudo)
I. 1. einschließen, einfügen. **inclusus**, a, um absol. eingeschlossen, eingeengt
2. (P) umgeben, einschließen
II. (N. Kl.) verschließen, versperren
inclusio, onis, *f*
Einschließung
inclusus, a, um s. includo
inclutus (inclitus), a, um (clueo)
(N. Kl.) gepriesen, berühmt, ruhmreich
incogito 1. (cogito)
etw. ersinnen gegen jem. (P)
incognitus, a, um
1. unbekannt
2. (gerichtl.) ununtersucht
3. (N. Kl.) nicht als Eigentum erkannt
incoho (besser als **inchoo**) 1.
beginnen, anfangen, in Angriff neh-

men, einleiten. **incohatus**, a, um = unfertig
incola, ae, *m* (P auch auf femin. bezog.)
I. eigtl. 1. (der nicht eingebürgerte) Insasse, Ansässige
2. (N. Kl.) allgemein: Ein-, Bewohner (klass. übtrg. v. Tieren; [P] adi. = heimisch)
incolo 3. (colo)
1. (v. einer Gesamtheit) intr. wohnen
2. trans. bewohnen
incolumis, e
unverletzt, wohlbehalten, unversehrt, heil, unangetastet, ohne Verluste, ohne Schaden, noch lebend
incolumitas, atis, *f*
Unversehrtheit, Unverletztheit, Sicherheit des Lebens, „Existenz"
incomitatus, a, um
ohne Geleit (P)
incommendatus, a, um
(P) = preisgegeben
incommoditas, atis, *f*
Ungelegenheit, Unannehmlichkeit
incommodo 1.
Nachteil bringen
incommodum, i, *n*
Unannehmlichkeit; spez. Nachteil, Übelstand, Beschwerde, Ungemach, Schaden, (milit.) Niederlage
incommodus, a, um
unbequem, ungelegen, ungünstig; unfreundlich
incommutabilis, e
unveränderlich
incompertus, a, um
(N. Kl.) nicht ausgemacht, unsicher
incompositus, a, um
(N. Kl.) ungeordnet, regellos, kunstlos, ungelenk
incomptus, a, um
1. (meist N. Kl.) ungepflegt, ungeordnet, ungeputzt (bes. vom Haar)
2. übtrg. ungeschminkt, einfach, schmucklos, schlicht
inconcessus, a, um
(P) unerlaubt, verboten
inconcinnus, a, um
unharmonisch, ungeschickt, plump (klass. v. Pers.)
inconcussus, a, um
unerschüttert (N. Kl.)
inconditus, a, um
ungeordnet, ungeregelt, kunstlos, wirr, plump
inconsequentia, ae, *f*
Folgewidrigkeit (in d. Darstellung) (N. Kl.)
inconsiderantia, ae, *f*
Unüberlegtheit
inconsideratus, a, um
unüberlegt, unbedacht, übereilt; adv. **inconsiderate**
inconsolabilis, e
durch keinen Trost zu heilen (P)
inconstans, gen. antis
unbeständig, wankelmütig, nicht folgerichtig, „inkonsequent"
inconstantia, ae, *f*
Unbeständigkeit, Wankelmut, „Inkonsequenz"
inconsultus, a, um
1. unbedachtsam, unüberlegt
2. (N. Kl.) nicht zu Rate gezogen, nicht befragt
3. (P) ohne Rat erhalten zu haben = unberaten, ratlos
inconsumptus, a, um
(P) unverbraucht, unvergänglich
incontaminatus, a, um
(N. Kl.) unbefleckt, rein
incontentus, a, um
schlecht gespannt
incontinens, gen. entis
(P) unenthaltsam, unmäßig (klass. ist d. adv. **incontinenter**)
incontinentia, ae, *f*
Unenthaltsamkeit, Ungenügsamkeit, Begehrlichkeit (nach Besitz)
inconveniens, gen. entis
(N. Kl.) ohne Übereinstimmung, unähnlich
incoquo 3. (coquo)
(P) in etwas oder zu etw. kochen, in etwas färben
incorporatio, onis, *f*
Einverleibung (Sp.)
incorporo 1.
einverleiben (Sp.)
incorrectus, a, um
unverbessert (P)
incorruptus, a, um
1. unverdorben, unversehrt
2. übtrg. unverführt, unverführbar, un-

bestochen, unbestechlich, unbescholten, unverfälscht, unbefangen, aufrichtig

increbresco od. **increbesco** 3. (crebresco)
häufiger, stärker werden, zunehmen, sich verbreiten

incredibilis, e
unglaublich; unglaublich = außerordentlich

incredulus, a, um
ungläubig (P)

incrementum, i, *n*
eigtl. Wachstum; übtrg.
1. Wachstum = Zunahme
2. (N. Kl.) Zuwachs, Nachwuchs, Sproß, Same

increpito 1. (crepito)
1. laut auffordern (P)
2. schelten, höhnen

increpo, ui, itum (N. Kl. avi, atum) 1. (crepo)
I. intrans. 1. eigtl. ein Geräusch machen, rauschen, rasseln, prasseln, krachen u. a.
2. übtrg. laut werden, sich regen, (P) zuschreien
II. trans. 1. erdröhnen, erschallen, ertönen, hören lassen, scheltend od. tadelnd äußern (N. Kl.)
2. etwas tadeln
3. jemd. anfahren, schelten, tadeln, verhöhnen, (P) aufmuntern

incresco, crevi 3. (cresco)
(N. Kl.) an-, ein-, aufwachsen, zunehmen, zu sehr hervortreten

incretus, a, um
eingesiebt (P)

incruentatus, a, um
nicht mit Blut befleckt (N. Kl.)

incruentus, a, um
(N. Kl.) unblutig = ohne Blutvergießen, unverwundet, ohne Verluste

incrusto 1.
mit e. Kruste überziehen: beschmutzen (P)

incubo, are (perf. -bui [P]) (cubo)
I. eigtl. (N. Kl.) auf od. in etw. liegen, spez.
1. (v. Vögeln) brüten
2. (an e. heiligen Ort zum Zweck göttlicher Eingebg.) schlafen
II. übtrg. (über e. Schatze) brüten = sorgsam hüten

inculco 1. (calco)
fest eintreten: übtrg.
1. (fremde Wörter) ungehörig einmischen, (ohne üblen Nebensinn) einschalten; inculcatus „mit Zusätzen versehen“
2. aufdrängen
3. (e. Überzeugung) aufnötigen, einbläuen

inculpatus, a, um
unbescholten (P)

incultus, a, um
I. eigtl. unangebaut, ungepflegt
II. übtrg., oft verbunden mit horridus
1. (i. Äußern) vernachlässigt, verwildert
2. (ohne übl. Nebensinn) ohne Luxus, einfach, schmucklos
3. (geistig) ungebildet, unzivilisiert

incultus, us, *m*
Vernachlässigung (N. Kl.)

incumbo, cubui, cubitum 3.
I. eigtl. 1. sich hineinlegen, sich auf od. an etw. legen, lehnen, stützen, sich über etw. strecken, sich nach etw. neigen, beugen (N Kl.)
2. sich hineinstürzen
3. (feindl.) losstürzen auf, angreifen, hereinbrechen über, bedrängen
II. übtrg. 1. sich legen auf etw. = sich befleißigen, sich angelegen sein lassen, fleißig obliegen, fördern
2. (in Ansicht od. Stimmung) sich zuneigen

incunabula, orum, *n*
Windeln: übtrg. = Wiege
1. = Geburtsort
2. = Ursprung, erster Anfang
3. N. Kl. = erste Kindheit

incuratus, a, um
ungeheilt (P)

incuria, ae, *f*
Nachlässigkeit; Vernachlässigung

incuriosus, a, um (N. Kl.)
1. activ. nachlässig, gleichgültig
2. pass. vernachlässigt

incurro, curri (cucurri), cursum 3. (curro)
1. einherlaufen, -rennen; N. Kl. (von Flüssen) dahinströmen
2. (zufällig) anlaufen od. anrennen ge-

gen, stoßen auf, unwillkürlich zu sprechen kommen auf, stoßen auf, hineingeraten in
3. (in e. Übel) geraten, verfallen
4. (N. Kl.) anstürmen, angreifen
5. treffen, betreffen
6. (von Ereignissen) eintreten, d. h. mit einwirken, „mit ins Spiel kommen"
7. (in od. auf eine Zeit) fallen
8. (örtl.) sich hinein erstrecken

incursio, onis, *f*
1. Andrang
2. (feindl.) Angriff, Überfall, Streifzug

incurso 1.
1. anlaufen, anstoßen an etw. (P)
2. (feindl.) anstürmen, angreifen, in e. Gebiet einfallen

incursus, us, *m*
1. Anlauf, Anprall, Ansturm (P)
2. das Herbeieilen
3. t. t. milit. (feindl.) Angriff, Überfall, Einfall

incurvesco, ere
sich krümmen (P)

incurvo 1.
einbiegen, krümmen

incurvus, a, um
eingebogen, gekrümmt, gebückt

incus, cudis, *f*
Amboß (auch bildl.)

incusatio, onis, *f*
Beschuldigung

incuso 1.
beschuldigen, sich beschweren über, Vorwürfe machen

incussus, us, *m*
das Anschlagen (N. Kl.)

incustoditus, a, um
(N. Kl.) unbewacht, ungehütet, unbeobachtet, unverhehlt

incusus, a, um
geschmiedet = bearbeitet (P)

incutio, cussi, cussum 3. (quatio)
1. anschlagen, anstoßen, an od. auf etw. schlagen, stoßen, schleudern, werfen auf jemd. (N. Kl.)
2. übtrg. (Affekte) einjagen, einflößen, erregen

indagatio, onis, *f*
das Erforschen

indagatrix, icis, *f*
Erforscherin

indago 1.
(Wild) aufspüren; übtrg. erforschen, entdecken

indago, inis, *f*
(N. Kl.) Einschließung (des Wildes), Treibjagden, Einhegung

inde adv.
I. (räuml.) 1. eigtl. a) von da, von dort, von da aus; b) darauf, dahinter
2. übtrg. daraus, davon, daher; N. Kl. mit Bezug auf Personen
3. daher = deshalb (selten u. meist N. Kl.)
4. (N. Kl.) auf od. von der Seite
II. (zeitlich) 1. hierauf
2. von - an, von der Zeit an

indebitus, a, um
(P) unverdient, nicht gebührend

indeclinabilis, e
nicht beugsam: nicht deklinierbar (t. t. gramm.) (N. Kl.)

indeclinatus, a, um
(P) unverändert, beständig, treu

indecoris, e
(P) unrühmlich, ruhmlos, zur Schande gereichend

indecorus, a, um
1. (äußerlich) unschön, häßlich
2. (ethisch) unziemlich, unschicklich, unrühmlich

indefensus, a, um
unverteidigt (N. Kl.)

indefessus, a, um
(N. Kl.) unermüdet, unermüdlich

indefletus, a, um
unbeweint (P)

indeiectus, a, um
nicht niedergeworfen (P)

indelebilis, e
unzerstörbar (P)

indelibatus, a, um
ungeschmälert (P)

indemnatus, a, um
unverurteilt, ohne Urteil

indeploratus, a, um
unbeweint (P)

indeprensus, a, um
unergründlich (P)

indestrictus, a, um
(P) ungestreift, ungeritzt

indetonsus, a, um
(P) mit unbeschorenem (d. h. mit rei-

chem) Haupthaar
indevitatus, a, um
unvermeidbar (P)
index, icis, *c*
I. (v. Pers.) Anzeiger, spez. Angeber, Verräter, Spion, (gerichtl.) Denunziant (vgl. indicium)
II. (v. Leblos.) 1. Anzeiger (-gerin), „Verräter (-terin)", Kennzeichen, angebend, verratend, spez. (digitus) index „Zeigefinger"
2. kurzer Inhalt, Verzeichnis
3. lederner Streifen an der Schriftrolle mit d. Namen des Verfassers od. dem Titel des Buches, (N. Kl.) Aufschrift (einer Statue)
indicens, gen. entis
1. (N. Kl.) der nicht sagt: me i. „ohne mein Geheiß"
2. s. indico
indicium, ii, *n*
I. eigtl. 1. (mündliche) Anzeige, Angabe, Verrat
2. Aussage, Angabe vor Gericht (besond., um Straflosigkeit zu erlangen), spez. Erlaubnis, Anzeige machen zu dürfen, Anzeigerlohn
II. übtrg. Kennzeichen, Merkmal, Beweis
indico 1.
I. 1. Anzeige, Meldung machen, anzeigen, bekannt machen, offenbaren
2. anzeigen, entdecken, verraten, spez. vor Gericht angeben
3. übtrg. (e. inneren Zustand) verraten, zeigen
II. Wert od. Preis angeben od. bestimmen
indico 3. (dico)
ansagen, ankündigen, öffentl. bekannt machen; anberaumen, (N. Kl.) beordern (Truppen), auferlegen (Leistungen)
indictus, a, um
I. s. indico
II. ungesagt, unbesungen (N. Kl.), klassisch causa indicta = ohne Verhör, ohne Verteidigung
indidem
1. (örtl.) von ebendaher
2. übtrg. (zur Bezeichng. des Ursprungs) ebendaher
indifferens, gen. entis
sich nicht unterscheidend: (t. t. philos.) gleichgültig, d. h. weder gut noch böse
indigena, ae
(N. Kl.) eingeboren, inländisch, auch subst.
indigentia, ae, *f*
1. (materielles) Bedürfnis
2. Ungenügsamkeit
indigeo, ui 2. (vgl. egeo)
1. Mangel haben, bedürftig sein (abs.; **indigentes**, ium die Bedürftigen)
2. Mangel haben an, ermangeln
3. bedürfen, nötig haben, brauchen, vermissen
indiges, gen. etis
(N. Kl.) eingeboren, einheimisch, subst. bes. im plur. **indigetes** = einheimische Heroen, die nach dem Tode als „Heimatgötter" verehrt wurden
indiges, gen, is
bedürftig (P)
indigestio, onis, *f*
Unverdaulichkeit (Sp.)
indigestus, a, um
ungeordnet (N. Kl.)
indignabundus, a, um
in Unwillen ausbrechend (N. Kl.)
indignatio, onis, *f*
1. Unwille, Unmut (N. Kl.)
2. als t. t. rhet. = Unwillenserregung
indigne adv.
1. unwürdig, schmachvoll. empörend
2. unwillig, entrüstet, mit Empörung
indignatas, atis, *f*
1. Unwürdigkeit, Nichtswürdigkeit, unwürdiges Benehmen, Schändlichkeit, Schmach, das Empörende einer Sache
2. Unwille, Entrüstung
indignor 1.
für unwürdig halten: unwillig sein, sich entrüsten über, mit Unmut ertragen. (P) **indignans**, gen. antis unwillig, entrüstet
indignus, a, um
I. (eine Person oder Sache) nicht verdienend: unwürdig, unwert
II. unverdient: unwürdig, unpassend, unangemessen, schändlich, empörend
indigus, a, um
bedürftig (N. Kl.)

indiligens, gen. entis, adv. **indiligenter**
unachtsam, nachlässig
indiligentia, ae, *f*
Unachtsamkeit, Nachlässigkeit
indipiscor, deptus sum 3. (apiscor)
(N. Kl.) erreichen, einholen
indirectus, a, um
nicht geradezu (Sp.)
indireptus, a, um
ungeplündert (N. Kl.)
indiscretus, a, um
(N. Kl.) ungetrennt, ohne Unterschied, ununterscheidbar; (N. L.) unbescheiden, „indiskret"
indisertus, a, um
unberedt, wortarm
indispositus, a, um
ungeordnet (N. Kl.)
indissolubilis, e u. **indissolutus**, a, um
unauflöslich
indistictus, a, um
(N. Kl.) unklar, verworren
individuus, a, um
1. unzertrennlich (N. Kl.)
2. unteilbar. subst. **individuum**, i, *n*
unteilbarer Körper (Atom)
indo, didi, ditum 3. (do)
(fast nur N. Kl.) eigtl. in oder an (auf) etwas tun, fügen, stecken, bringen, legen; übtrg. einführen (Gebräuche), einflößen (Furcht u. a.), beilegen (Namen)
indocilis, e
1. ungelehrig
2. unlehrbar
3. (P) ungelehrt, ungeschult, kunstlos, roh
indoctus, a, um
ungelehrt, ununterrichtet, ungeschickt, ungebildet; subst. **indocti** Ungebildete (Ggstz. docti), Laien
indolentia, ae, *f*
(t. t. philos.) Schmerzlosigkeit
indoles, is, *f*
(klass. v. Menschen u. nur sing.) natürl. Eigenschaften, Anlagen, Talent
indolesco, dolui 3.
übtrg. Schmerz empfinden, sich betrüben, sich ärgern (a.c.i.)
indomitus, a, um
unbezwungen, unbezwinglich, wild, unbändig
indormio 4. (dormio)
auf, bei od. über etw. schlafen, einschlafen, etwas lässig betreiben
indotatus, a, um
ohne Mitgift; unbegabt (klass. bildl. v. Redner: ars i. „arm" d. h. ohne die Gabe der Beredsamkeit)
indotiae s. indutiae
indubitatus, a, um
unzweifelhaft (N. Kl.)
indubito 1. (dubito)
an etwas zweifeln (P)
indubius, a, um
unzweifelhaft (N. Kl.)
induco 3. (duco)
I. 1. überziehen
2. darüberziehen
3. (Kleidungsstücke) über-, anziehen
4. (Geschriebenes) überziehen = ausstreichen, übtrg. tilgen, aufheben
II. 1. eigtl. a) hineinführen; b) (N. Kl.) heimführen (als Gattin), vorführen (zum Verhör u. a.), (Truppen) herbei-, heranführen; c) (in d. Arena od. auf der Bühne) auftreten lassen; d) (vom Dichter, Schriftsteller) jem. redend (od. ähnl.) einführen, ihn reden (u. ähnl.) lassen, pass. auftreten; (e. Gespräch) führen lassen
2. übtrg. a) in Rechnung bringen, anrechnen; b) (Sitten u. a.) einführen, aufbringen; c) (jemd. in eine Lage, Stimmung) bringen, versetzen; d) jemd. (zu etw.) veranlassen, verleiten; e) anführen, täuschen
III. **animum induco** „in d. Sinn einführen" = sich vornehmen, über sich gewinnen, sich in d. Kopf setzen, sich entschließen
inductio, onis, *f*
d. Hineinführen:
I. eigtl. 1. d. Hineinleiten
2. (N. Kl.) d. Auftreten (im Zirkus)
II. übtrg. Einführung; Verleitung; Neigung, Vorsatz; (rhetor.) Beweisführung durch Anführg. ähnlicher Tatsachen, „Induktion"
inductus, us, *m* (nur in abl.)
Antrieb
indulgens, gen. entis
hingebend, nachsichtig, gütig, bereitwillig

indulgentia, ae, *f*
Nachsicht, Huld, Milde, Hingebung, Zärtlichkeit
indulgo, dulsi, dultum 2.
I. intrans. 1. nachsichtig sein, spez. willfährig, gefällig sein, begünstigen
2. (N. Kl.) nachhängen, nachgeben, sich überlassen (d. Schmerz, d. Schlaf u. a.)
II. trans. (N. Kl.) gewähren, bewilligen, hingeben
induo, dui, dutum 3.
I. eigtl. anziehen, anlegen
II. übtrg. 1. um-, einhüllen, bekleiden
2. (wie e. Gewand) anlegen, annehmen; N. Kl. auch = eingehen auf etw., beginnen. **se induere** sich verwickeln in, hineingeraten oder fallen in
induperator P = imperator
induresco 3. (duresco)
(N. Kl.) hart werden, erstarren, übtrg. sich abhärten, (in der Gesinnung) fest werden
induro 1. (duro)
(N. Kl.) hart machen, härten, übtrg. stählen
industria, ae, *f*
eifrige Tätigkeit, Betriebsamkeit, Unternehmungslust, Fleiß (abl. indudustria oder de [N. Kl. auch ex] industria = mit Fleiß, d. h. mit Vorsatz, sine i. = ohne Vorsatz)
industrius, a, um
betriebsam, regsam, eifrig, fleißig
indutiae (A. L. indotiae), arum, *f*
Waffenstillstand
indutus, us, *m* (nur i. dat.)
Bekleidung (N. Kl.)
inedia, ae, *f*
d. Hungern, Fasten
ineditus, a, um
nicht herausgegeben (P)
inelegans, gen. antis
ungewählt, geschmacklos, unfein
ineluctabilis, e
= unabwendbar (P)
inemorior, mori (morior)
bei etw. sterben (P)
inemptus, a, um
(N. Kl.) ungekauft, ohne Lösegeld, unerkauft
inenarrabilis, e
unaussprechlich (N. Kl.)
inenodabilis, e
unentwirrbar
ineo, ii, itum, ire (eo)
I. intrans. 1. hineingehen, einziehen (N. Kl.); (zeitl.) eintreten, beginnen
II. trans. 1. betreten
2. (N. Kl.) begatten, bespringen
3. (e. Tätigkeit, Zustand. Amt u. dgl.) antreten, beginnen, übernehmen, sich unterziehen, vornehmen; besonders i. consilium „Plan, Entschluß fassen", Maßregeln treffen, Erwägungen anstellen; i. rationem a) Berechnung anstellen, berechnen, b) Überlegung anstellen, überlegen
ineptiae, arum, *f*
Albernheiten, Torheiten, Possen, ungereimtes Zeug, Geschmack- u. Taktlosigkeiten
ineptus, a, um (aptus)
1. untauglich (P)
2. übtrg. unpassend, ungereimt, unschicklich, töricht, läppisch
inequitabilis, e
für Reiterei untauglich (N. Kl.)
inermis, e u. **inermus**, a, um
unbewaffnet, schlecht bewaffnet, wehrlos; übtrg. nicht beschlagen in; (N. Kl.) von Truppen entblößt, ungeschützt (v. Lokalitäten)
inerrans, gen. antis
nicht irrend; stellae errantes „Planeten", st. inerrantes „Fixsterne"
iners, gen. ertis (ars)
1. ohne Kunstbildg., ungeschickt
2. träge, untätig, spez. unmännlich, weichlich; (N. Kl.) schwach, feige, mutlos, ruhmlos (Tod), erfolglos, unbeweglich (Erde), (in gut. Sinne) in Muße verbracht
3. träge machend, erschlaffend
inertia, ae, *f*
1. Ungeschicktheit (im plur. [Ggstz. artes])
2. Untätigkeit, Trägheit, Verdrossenheit (i. laboris „Unlust zur Arbeit")
ineruditus, a, um
ungebildet, roh
inesco 1.
(N. Kl.) ködern, anlocken
inevitabilis, e
unvermeidbar (N. Kl.)

inexcitus, a, um
= friedlich (P)
inexcusabilis, e
(P) keine Ausflucht zulassend, ohne Grund zur Entschuldigung
inexcitatus, a, um
ungeübt, ungeschickt
inexhaustus, a, um
(N. Kl.) ungeschwächt, unerschöpflich
inexorabilis, e
unerbittlich
inexpectatus s. inexspectatus
inexperrectus, a, um
unerweckbar (P)
inexpertus, a, um (N. Kl.)
1. unerfahren (in), unbekannt mit
2. unversucht, unerprobt, unbewährt
inexpiabilis, e
1. unversöhnlich
2. unsühnbar
inexplebilis, e
unersättlich
inexpletus, a, um
(P) ungesättigt, unaufhörlich
inexplicabilis, e
1. eigtl. unentwirrbar (N. Kl.)
2. verwickelt; N. Kl. = ungangbar, erfolglos, endlos
inexploratus, a, um
(N. Kl.) unerkundet, unbekannt, inexplorato = ohne Kundschaft eingezogen zu haben
inexpugnabilis, e
unbezwinglich, uneinnehmbar, ungangbar, unausrottbar
inexspectatus (inexpectatus), a, um
unerwartet
inexstinctus (inextinctus), a, um
(P) unausgelöscht, unauslöschbar, unersättlich
inexsuperabilis, e
(N. Kl.) unübersteigbar, unüberwindlich, unübertrefflich
inextricabilis, e
unentwirrbar (P)
infabre adv.
(N. Kl.) ungeschickt, kunstlos
infabricatus, a, um
(P) unbearbeitet, roh
infacetus, a, um
unfein, plump, witzlos
infacundus, a, um
nicht beredt (N. Kl.)
infallibibilis
= wer sich nicht irren kann (N. L.)
infamia, ae, *f*
1. übler Ruf, üble Nachrede, Schmach, Schande; (i. politisch. Sinne) Entehrung, „Infamie“
2. (P) konkr. = Schande
infamis, e (fama)
berüchtigt, verrufen, ehrlos
infamo 1.
in üblen Ruf, in Schande bringen; (N. Kl.) verdächtigen
infandus, a, um
1. unsäglich (P)
2. entsetzlich, abscheulich, schändlich
infans, gen. antis (for)
I. nicht sprechend:
1. stumm
2. (von Kindern) sehr jung, klein, subst. **infans**, antis kleines Kind
3. (P) kindlich, Kindes-
4. kindisch
II. unberedt, ohne Rednergabe
infantia, ae, *f*
1. die erste Kindheit (N. Kl.)
2. Mangel an Rednergabe, Ungewandtheit im Reden
infatuo 1.
betören
infaustus, a, um (N. Kl.)
1. kein Glück bringend, Unglücks-
2. nicht vom Glück begünstigt
infector, oris, *m*
Färber
infectus, a, um
I. s. inficio
II. (in u. factus) 1. ungetan, ungeschehen, unverrichtet, unvollendet
2. (N. Kl.) unausführbar
infecunditas, atis, *f*
Unfruchtbarkeit (N. Kl.)
infecundus, a, um
unfruchtbar, unergiebig, arm an
infelicitas, atis, *f*
Unglück = unglückliche Lage, Unglückseligkeit
infelix, gen. licis
I. (P) unfruchtbar
II. übtrg. 1. unglücklich (klass. von Pers.; N. Kl. auch v. Sachen; [N. Kl.]

adv. **infeliciter**)
2. unglückbringend, unselig
infenso 1.
(N. Kl.) beunruhigen, feindselig sein
infensus, a, um
erbittert, aufgebracht, feindselig, gehässig
infercio, ire (farcio)
hineinstopfen
inferiae, arum, *f* (s. inferno I 3)
Totenopfer
inferi, orum s. inferus
inferior, ius, s. inferus u. infra
infernalis, e
unterirdisch (Sp.)
infernus, a, um (N. Kl.)
1. unten gelegen
2. unterirdisch, der Unterwelt. **inferna**, orum, *n* Unterwelt
infero, intuli, inlatum (illatum), inferre (fero)
I. eigtl. 1. wohin tragen, bringen, werfen; spez.
2. (Tote) beisetzen
3. (P) Opfer darbringen, opfern
4. **signa inferre** d. Feldzeichen in den Feind tragen = zum Angriff vorrücken, angreifen
5. **bellum** (N. Kl. arma) **inferre** abs. den Krieg anfangen; mit Zusatz der Richtg.; ähnlich ignes inferre „Feuer anlegen"
6. **pedem inferre** d. Fuß hineinsetzen, eintreten, (N. Kl.) feindl. eindringen auf, angreifen (ebenso gradum)
7. **inferri** od. **se inferre** (in Hast, Unbesonnenheit, feindl. Absicht) sich hineinbegeben, hineineilen, -stürzen, -dringen
II. übtrg. 1. (Rechnungen) eintragen, etw. jemdm. anrechnen
2. vorbringen
3. eintreten lassen
4. erregen, veranlassen
5. (Übles) zufügen, verursachen
6. schließen, folgern
infervesco, ferbui, ere
aufgekocht werden (P)
inferus, a, um
unten befindlich. subst. **inferi**, orum, *m* d. Unterirdischen (Menschen, nicht Orte!) = Tote, Unterwelt: apud i. = in der U., ab i. = aus der U., ad i. = in die U.). comp. **inferior**, ius
1. (örtl.) d. untere, niedriger, tiefer gelegene
2. (zeitl.) später, jünger
3. (v. d. Zahl) geringer
4. (den Kräften nach) schwächer
5. (dem Rang, Stand, Ansehen, der Lage nach) geringer, niedriger stehend. superl. **infimus**, a, um od. (namentlich P) **imus**, a, um
1. (örtl.) d. unterste, niedrigste, tiefste. **infimum** oder **imum** unterster Teil, Grund, Boden, Ende
2. (der Reihe oder dem Rang, Stand nach) d. unterste, niedrigste, letzte
3. (P) (d. Zeit nach) imus = d. letzte
infesto 1.
(N. Kl.) unsicher machen, beunruhigen, angreifen
infestus, a, um
I. activ. 1. beunruhigend, feindlich, gefährlich, a) von Lebdm.; b) v. Leblosem
2. spez. (milit.) feindlich, drohend, kampfbereit; (N. Kl.) v. Heere
II. passiv. (v. Leblos.) unruhig, unsicher, bedroht, beunruhigt, gefährdet
inficio, feci, fectum 3. (facio)
hineinmachen: vermischen (P); spez.
1. (mit Farbe) tränken, färben
2. (mit etw. Schädlichem, Gift u. a.) tränken, vergiften, verpesten, „infizieren"
infidelis, e
untreu, treulos, unredlich
infidelitas, atis, *f*
Untreue
infidus, a, um
ungetreu, unzuverlässig
infigo 3. (figo)
I. eigtl. hinein-, anheften, -stechen, -schlagen, -stoßen, -bohren
II. übtrg. infixum esse „eingeprägt sein", gerichtet sein auf, festwurzeln, haften an
infimus s. inferus
infindo 3. (findo)
einschneiden (P)
infinitas, atis, *f*
Unbegrenztheit, Unendlichkeit; übtrg. der unendliche Raum

infinitio, onis, *f*
Unendlichkeit
infinitivus, a, um
unbestimmt: t. t. gramm. (Sp.)
infinitus, a, um
I. ohne Grenzen, ohne Ende, endlos, unermeßlich, unaufhörlich, zahllos, (in abgeschwächt. Sinne) außerordentlich
II. unbestimmt
infirmatio, onis, *f*
Widerlegung: Ungültigmachung
infirmitas, atis, *f*
I. eigtl. (phys.) Schwäche; N. Kl. konkr. = das schwache Geschlecht
II. übtrg. 1. (geist.) Schwachheit
2. (moral.) Wankelmut, Charakterlosigkeit
infirmo 1. (firmo)
I. eigentl. schwächen, entkräften
II. übtrg. entkräften
1. = erschüttern
2. = widerlegen
3. = außer Kraft setzen, für ungültig erklären
infirmus, a, um
I. eigtl. schwach
1. an Kräften
2. an Zahl
3. an Bedeutg.
4. unpäßlich
II. übtrg. schwach =
1. (geistig) zaghaft, kleinmütig, kleingeistig, abergläubisch
2. (moral.) unzuverlässig
3. (von Sachen) von geringer Geltung, geringfügig, unbedeutend
infit
(N. Kl.) er (sie) fängt an (zu reden), absol. od. mit inf.
infitiae, arum, *f*
das Leugnen: nur in d. Verbindung **infitias ire** N. Kl. = infitiari (meist in negat. Sätzen)
infitialis, e
in Abrede stellend
infitiatio, onis, *f*
(t. t. iur.) das Leugnen, Ableugnung
infitiator, oris, *m*
Leugner, Ausflüchtemacher
infitior 1.
leugnen, in Abrede stellen, nicht anerkennen
inflammatio, onis, *f*
Brandstiftung; übtrg. Erregung, Begeisterung
inflammo 1.
I. eigtl. in Brand stecken, anzünden, verbrennen
II. übtrg. 1. entflammen, entzünden, erregen, reizen. **inflammatus**, a, um übtrg. entflammt, erregt, erbittert
inflatio, onis, *f*
Blähung
inflatus, a, um s. inflo a. Ende
inflatus, us, *m*
d. Blasen; übtrg. Eingebung, Begeisterung
inflecto 3. (flecto)
I. eigtl. einbiegen, krümmen
II. übtrg. 1. (ab)lenken
2. (rhetor.) modulieren; (der Rede) eine andere Richtung geben
3. (e. Namen) umwandeln, verändern
4. (den Sinn) umstimmen, rühren
5. (das Recht) beugen
infletus, a, um
unbeweint (P)
inflexio, onis, *f*
Krümmung
infligo 3. (fligo)
1. an oder auf od. gegen etw. schlagen, stoßen, schleudern
2. etw. (jemdm.) zufügen
inflo 1. (flo)
I. 1. blasen
2. (e. Instrument) blasen, blasen = durch Blasen hervorbringen
II. 1. aufblasen, aufblähen, anschwellen lassen
2. anfachen, begeistern
3. aufblähen, aufgeblasen, stolz, übermütig machen. Oft **inflatus**, a, um aufgeblasen, stolz, hochmütig, übermütig; (N. Kl.) v. Redner „schwülstig". adv. comp. **inflatius** übertriebener, prahlerischer
influo 3. (fluo)
I. eigtl. hinein oder in etw. fließen, strömen, münden
II. übtrg. (leicht ungehindert) eindringen, einströmen, „Eingang finden, sich einschmeicheln"
infodio 3. (fodio)
ein-, vergraben

informatio, onis, *f*
1. Erläuterung
2. (geistig) Abbild, Vorstellung
informis, e
(N. Kl.) unförmig, plump, häßlich, widrig
informo 1. (formo)
I. eigtl. (P) formen, abbilden, entwerfen, bilden
II. übtrg. 1. bilden, belehren
2. ein Bild entwerfen von, darstellen, schildern
3. (im Geiste) eine Vorstellung bilden, e. Idee fassen, sich vorstellen, sich denken
infortunatus, a, um
vom Glück nicht begünstigt
infortunium, ii, *n*
(N. Kl.) Unglück, Unheil = Strafe
infra
I. adv. (örtlich)
1. unten, unterhalb; spez. a) i. Briefe = „hinten"; b) v. der Tischordnung „unten" = zur Rechten
2. i. komparativ. Sinne a) örtl. = weiter (nach) unten, b) (N. Kl.) dem Ansehen nach = tiefer stehend. (P) comp. **inferius**
II. praep. mit acc.
1. (örtlich) unter, unterhalb, hinunter zu
2. (der Größe nach) = kleiner als
3. (der Zeit nach) = später als
4. (dem Wert u. Ansehen nach) = geringer, tiefer als, unter jemd. stehend
infractio, onis, *f*
Gebrochenheit, Niedergeschlagenheit
infractus, a, um s. infringo
infragilis, e
ungeschwächt (P)
infremo 3. (fremo)
aufgrunzen (P)
infrenatus, a, um
1. s. infreno
2. (N. Kl.) ohne Zaum
infrendeo, ere
zu knirschen beginnen (P)
infrenis, e, u. **infrenus**, a, um
ohne Zaum (P)
infreno 1.
(N. Kl.) aufzäumen, übtrg = anschirren. klass. **infrenatus**, a, um bildl. = gehemmt
infrequens, gen. entis
I. (räuml.) 1. activ. nicht zahlreich, in geringer Zahl
2. passiv. (N. Kl.) (v. Örtlichkt. u. a.) nicht zahlreich besucht, bewohnt, besetzt mit
II. (zeitlich) (N. Kl.) selten erscheinend, übtrg. selten etw. tuend, nicht häufig
infrequentia, ae, *f*
schwacher Besuch (der Senatssitz.), (N. Kl.) geringe Zahl = Schwäche an Bewohnern
infringo, fregi, fractum 3. (frango)
I. eigtl. ein-, ab-, zerbrechen, knicken; (P) zerreißen, etw. an etw. zerschlagen
II. übtrg. 1. brechen, knicken, schwächen, entkräften, schmälern, erschüttern, vereiteln
2. (v. der Rede) kurz abbrechen
3. (Mut, Hoffnung) brechen, lähmen
infrons, gen. frondis
baumlos (P)
infructuosus, a, um
(N. Kl.) übtrg. unergiebig, unnütz
infucatus, a, um
übtrg. übertüncht
infula, ae, *f*
1. wollene Kopfbinde (der Priester, auch der Schutzflehenden u. der Opfertiere, als Zeichen heiliger Weihe)
2. (i. weiter. Sinne) Putzband
infumus, a, um s. inferus
infundo 3. (fundo)
I. eigtl. gießen in etw., eingießen, einschenken
2. übtrg. eindringen, einströmen lassen, **infundi** einströmen, eindringen
II. (N. Kl.) eigtl. hingießen, hinschütten, gießen od. schütten auf od. über etw., überschütten, infundi „sich ergießen", sich verbreiten, übtrg. **infusus**, a, um hingesunken, angeschmiegt
infusco 1.
I. eigtl. bräunen, schwärzen (P)
II. übtrg. entstellen, trüben
ingemino 1.
(P) trans. verdoppeln, wiederholen, intrans. sich verdoppeln, sich wiederholen, sich vermehren, sich steigern
ingemisco (-mesco), gemui 3.
I. intrans. (auf)seufzen, (auf)stöhnen (in hoc „hierbei")

II. trans. beseufzen, beklagen (a. c. i.)
ingemo, ere (gemo)
(N. Kl.) bei od. über etw. seufzen, ächzen
ingenero 1. (genero)
übtrg. an-, erschaffen, einpflanzen
ingeniosus, a, um
1. (v. Menschen) talentvoll, geistreich, erfinderisch
2. (v. Ding.) (P) geeignet zu
ingenium, ii, *n* (geno)
d. Angeborene:
I. (von Menschen)
1. Naturanlage, Naturell, Gemütsart, Charakter
2. (geistig) angeborene Fähigkeit, Geisteskraft, Anlage, Verstand; im prägn. Sinne, Scharfsinn, Erfindungsgabe, Talent, „Genie“, spez. Rednertalent
3. (konkr.) a) geistreicher Mann, „ein Genie, Talent“; b) (N. Kl.) Einfall, Antrieb, konkr. u. kollekt. = Gesindel
II. von Tieren u. leblos. Dingen (N. Kl.): natürliche Beschaffenheit, Natur, Wesen
ingens, gen. entis (comp. und superl. sind N. Kl.)
ungeheuer groß, riesig, (abgeschwächt) sehr groß, gewaltig, bedeutend
ingenuitas, atis, *f*
freie Geburt, Stand des Freigeborenen; übtrg. edler Anstand, freies, offenes Wesen
ingenuus, a, um (geno)
1. frei geboren, (u. daher) frei, subst. ein Freier
2. übtrg. was einem Freien geziemt: a) edel, anständig; b) aufrichtig, freimütig, ehrlich; (P) spez. verzärtelt, (u. daher) schwächlich
ingero 3. (gero) (meist N. Kl.)
1. eigtl. hinein-, in oder auf jemd. od. etwas tragen, bringen, werfen, schütten, schleudern
2. übtrg. a) etw. jemdm. zufügen, antun; b) (Worte) vorbringen, vorhalten, ausstoßen; c) aufnötigen, aufdrängen
ingigno 3. (gigno)
übtrg. einpflanzen
inglorius, a, um
unberühmt, ruhmlos, unrühmlich
ingluvies, ei, *f*
(N. Kl.) eigtl. Vormagen, Kropf, Kehle, Rachen, übtrg. Gefräßigkeit, Völlerei
ingratificus, a, um
undankbar handelnd (P)
ingratiis u. **ingratis** (vgl. gratiis)
wider Willen, ungern
ingratus, a, um
1. unangenehm, unwillkommen, unlieb, lästig
2. undankbar
3. nicht dankbar anerkannt, ohne Anerkennung, nutzlos
ingravesco, ere (gravesco)
I. schwerfälliger werden
II. übtrg. 1. (in übl. Sinne) drückender, lästiger werden; schlimmer, ärger werden, sich verschlimmern
2. (in gut. Sinne) ernstlicher werden, zunehmen
ingravo 1. (gravo)
(P) beschweren, schwerer machen, steigern
ingredior, gressus sum 3. (gradior)
I. intrans. 1. einherschreiten, -gehen
2. a) eigtl. (hin)einschreiten, -treten, -gehen, eindringen; b) übtrg. herantreten an, sich machen an, sich einlassen in, eintreten in, (mit Worten) eingehen auf
II. trans. 1. eigtl. betreten
2. übtrg. antreten, beginnen, anfangen; (P) = zu reden beginnen
ingressio, onis, *f*
I. eigtl. Eintritt in, Zugang zu; übtrg. Eingang = Anfang (der Betrachtung)
II. eigtl. Einherschreiten, übtrg. Gang (der Rede)
ingressus, us, *m*
I. eigtl. 1. das Einherschreiten, Gang
2. Eintritt, (N. Kl.) feindl. Einfall
II. übtrg. (P) Anfang
ingruo, grui, ere
(N. Kl.) hereinstürzen, losstürzen auf, (von Übeln) hereinbrechen, befallen
inguen, guinis, oft plur. **inguina**, um *n*
1. Dünnung, Weichen, Schamglied (N. Kl.)
2. Leistengeschwulst
ingurgito 1.
in d. Strudel stürzen: übtrg. **se ingur-**

gitare sich hineinstürzen, spez. sich volltrinken
ingustatus, a, um
noch nie vorher genossen (P)
inhabilis, e
unhandlich, unlenksam, (N. Kl.); übtrg. untauglich, ungeschickt zu
inhabitabilis, e
unbewohnbar
inhabito 1. (habito)
bewohnen (N. Kl.)
inhaereo 2. (haereo)
eigtl. und übtrg. in od. an etw. hängen, haften, angewachsen sein
inhaeresco, haesi 3.
eigtl. und übtrg. wo hängen-, stecken-, kleben bleiben, haften
inhalo 1. (halo)
zuhauchen
inhibeo, bui, bitum 2. (habeo)
I. einhalten, Einhalt tun, hemmen, hindern, abhalten, zurückhalten
II. spez. (als Fachwort der Seeleute)
1. inhibere „rückwärts rudern“
2. aufhören zu rudern; übtrg. in Anwendung bringen, ausüben
inhibitio, onis, *f*
das Rückwärtsrudern
inhio 1. (hio)
(vor Begierde) nach etw. den Mund aufsperren, nach etw. schnappen; (N. Kl.) nach etw. trachten, streben; (P) (neugierig, staunend) angaffen
inhonesto, are
(P) entehren, schänden
inhonestus, a, um
unehrbar, unsittlich, ehrlos, schändlich; (P) häßlich anzusehen
inhonoratus, a, um
ungeehrt = ohne Ehrenamt; (N. Kl.) unbelohnt, unbeschenkt
inhonorus, a, um
(N. Kl.) ungeputzt, ungeziert
inhorreo, ere (horreo)
starren (N. Kl.)
inhorresco 3. (horresco)
(N. Kl.) (physisch) emporstarren, sich sträuben, (v. Wasser) aufbrausen; (meist N. Kl.) übtrg. (vor Furcht) erschauern, erbeben, erzittern
inhospitalis, e
ungastlich (N. Kl.)
inhospitalitas, atis, *f*
Ungastlichkeit
inhospitus, a, um
ungastlich (P)
inhumanitas, atis, *f*
Unmenschlichkeit, Rohheit, Grausamkeit; spez. Mangel an Lebensart, Unbildung, Unhöflichkeit, Lieblosigkeit; Knickerei (beim Mahl)
inhumanus, a, um, adv. **inhumane** und **inhumaniter**
roh, grausam, barbarisch; spez. „inhuman“ = unhöflich, rücksichtslos, lieblos u. a.; unkultiviert, ungebildet
inhumatus, a, um
unbeerdigt
inibi (-bi) adv.
(räumlich) darin, daselbst; (zeitlich) in dem Augenblick, eben
inicio, ieci, iectum 3. (iacio)
I. 1. hineinwerfen, -stürzen, -legen
2. (eine Gemütsbewegung) plötzlich hervorrufen, einflößen, einjagen, veranlassen
3. (etw. im Gespräch) hinwerfen, einfließen lassen, zu jemd. sprechen von etw.
II. 1. an, auf, über etwas oder jemd. etw. werfen (zu freundl. od. feindl. Zwecke)
2. spez. (Kleidung) umwerfen
3. (Fesseln) anlegen
4. (t. t. iur.) manum inicere = (gewaltsam) Hand anlegen an
iniectus, us, *m*
das Daraufwerfen (N. Kl.)
inimicitia, ae, *f*
(philos.) Feinschaft = feindselige Gesinnung; nur plur. Feindschaft = feindsel. Verhalten (zweier od. mehrerer gegeneinander), Feindseligkeiten
inimico 1.
(P) verfeinden, entzweien
inimicus, a, um
I. feind, feindlich, feindselig, feindlich gesinnt; (P) übtrg. = hostilis. subst.
1. **inimicus**, i, *m* Feind
2. **inimica**, ae, *f* Feindin
II. ungünstig, nachteilig
III. (N. Kl.) verfeindet, verhaßt
inintellegens, gen. entis
vernunftlos

iniquitas, atis, *f*
I. eigtl. Unebenheit, Ungleichheit
II. übtrg. 1. Schwierigkeit, Ungunst, Not
2. Unbilligkeit, Ungerechtigkeit, Härte, Ungunst
iniquus, a, um
I. eigtl. uneben, ungleich, abschüssig
II. übtrg. 1. a) unbequem, -günstig, nachteilig, gefährlich; b) (v. d. Zeit) ungelegen (N. Kl.); c) (v. Geist) nicht gelassen, nicht gleichbleibend, unwillig
2. (v. d. Gesinnung) a) abgeneigt, feindlich, gehässig. subst. **iniqui**, orum, *m* Feinde ; b) unbillig, ungerecht
3. (P) ungleich = zu groß, zu schwer, übtrg. scheel, neidisch
initio 1.
weihen, einweihen (klassisch nur von geheimem Gottesdienst)
initium, ii, *n*
1. Eingang, Anfang, Ursprung, Beginn; **ab initio** von Anfang an (nur zeitlich); **initio** (abl.) im Anfang, anfänglich; spez.
2. (meist plur.) Anfangsgründe
3. (t. t. philos.) Grundstoff, Element
4. das Prinzip
5. (N. Kl.) Ursprung = Abkunft, Herkunft, Regierungsanfang, Auspizien (mit denen alles begonnen wurde)
6. (als Fachwort der Geheimkulte) plur. **initia**, orum, *n* Mysterien, Geheimkulte
initus, us, *m*
(N. Kl.) das Herannahen, Begattung
iniucunditas, atis, *f*
das Unangenehme, Widrige
iniucundus, a, um
unangenehm, lästig; unfreundlich
iniungo 3. (iungo)
eigtl. hineinfügen, anfügen (N. Kl.); übtrg. auferlegen, aufbürden; (N. Kl.) (Schaden u. a.) zufügen
iniuratus, a, um
unvereidigt
iniuria, ae, *f*
1. Unrecht, Rechtsverletzung, Ungerechtigkeit, Gewalttätigkeit, Beleidigung, Kränkung, Unbill
2. spez. (P) Entehrung, Verführung (einer Frau)
3. (t. t. iur.) Injurie, Unbill
4. (N. Kl.) übtrg. mit Unrecht Erworbenes, Rache wegen, Strafe für
iniuriosus, a, um
ungerecht, widerrechtlich
iniurius, a, um
ungerecht (selten klassisch)
iniussu
ohne Befehl, ohne Geheiß
iniussus, a, um
(P) ungeheißen, von selbst
iniustitia, ae, *f*
ungerechtes Verfahren (Vorgehen), Ungerechtigkeit, Härte
iniustus, a, um
ungerecht, rechtswidrig; übtrg. drückend, schwer
inl... s. ill...
inm... s. imm...
innabilis, e
nicht flutend (P)
innascor 3. (nascor)
eigtl. in, auf etw. wachsen, geboren werden (N. Kl.); übtrg. in od. bei etwas entstehen, eintreten, angeboren werden. **innatus**, a, um angeboren, natürlich, naturgemäß entstanden
innato 1. (nato)
hineinschwimmen; (N. Kl.) auf od. in etwas schwimmen, sich ergießen
innavigabilis, e
nicht schiffbar (N. Kl)
innecto 3. (necto)
(N. Kl.) umschlingen, umknüpfen, verknüpfen, verschlingen, übtrg. verbinden, verwickeln, verstricken
innitor 3. (nitor)
eigtl. sich auf etw. lehnen, stemmen, stützen; (N. Kl.) übtrg. worauf beruhen
inno 1. (no)
(N. Kl.) hinein-, darauf schwimmen, obenauf schwimmend, auf etw. schiffen, segeln, dahinströmen
innocens, gen. entis
eigtl. (von Speise, Trank u. a.) unschädlich; übtrg. unschuldig; unbescholten, harmlos, rechtschaffen, spez. uneigennützig
innocentia, ae, *f*
(v. Charakter) Unschädlichkeit; Unschuld, Schuldlosigkeit; Rechtlich-

keit, spez. Uneigenützigkeit; übtrg. konkret = die Unschuldigen
innocuus, a, um
(N. Kl.) activ. unschädlich, übtrg. unschuldig, rechtschaffen, passiv. unbeschädigt, unverletzt
innotesco 3. (notesco)
bekannt werden (N. Kl.)
innovo 1. (novo)
erneuern
innoxius, a, um
(N. Kl.) activ. eigtl. u. übtrg. unschädlich, unschuldig, harmlos, passiv. unverletzt, unbeschädigt, unverschuldet
innuba, ae adi.
(P) unverheiratet, ehelos, übtrg. jungfräulich
innubo 3. (nubo)
hineinheiraten (N. Kl.)
innumerabilis, e
unzählig, zahllos, massenhaft
innumerabilitas, atis, *f*
Unzahl, zahllose Menge
innumerus, a, um
unzählig (N. Kl.)
innuo, nui 3. (nuo)
zunicken, zuwinken
innupta, ae adi.
(P) unverheiratet, jungfräulich, übtrg. innuptae nuptiae = Unglücksheirat, subst. **innuptae**, arum, *f* = Jungfrauen
innutrio 4. (nutrio)
(N. Kl.) bei etw. aufziehen, übtrg. pass. in etw. aufwachsen
inoblitus, a, um
nicht vergessend = dankbar (P)
inobrutus, a, um
unverschüttet (P)
inobservantia, ae, *f*
die Nichtbeachtung
inobservatus, a, um
unbeobachtet (N. Kl.)
inoffensus, a, um
(N. Kl.) übtrg. ohne Anstoß, ungehindert
inofficiosus, a, um
(v. Leblos.) pflichtwidrig, ungehörig; (v. Pers.) rücksichtslos
inolesco, levi 3.
(P) einwachsen, anwachsen
inominatus, a, um
= fluchbeladen (P)
inopia, ae, *f*
I. (absolut.)
1. Mittellosigkeit, Mangel, Armut, Not
2. spez. Mangel an Lebensmitteln
3. übtrg. von der „Gedankenleere“
4. Hilflosigkeit, Verlegenheit
II. (relativ) Mangel an etwas, Hilflosigkeit, Verlegenheit
inopinans, gen. antis
nicht(-s) vermutend, wider Vermuten
inopinatus, a, um
1. (passiv.) unvermutet, überraschend. subst. **inopinatum**, i, *n* etwas Unvermutetes; **ex inopinato** oder (N. Kl.) **inopinato** unvermutet
2. (N. Kl.) (activ.) = inopinans
inopinus, a, um
unvermutet (P)
inops, gen. opis
(absolut) mittellos, arm; übtrg. arm (an Worten, Gedanken, Stoff), mager; armselig; (relativ) arm an, entblößt von, ohne etwas = „los“; (N. Kl.) machtlos (Ggstz. potens); hilf-, ratlos
inoratus, a, um (s. oro)
nicht vorgetragen
inordinatus, a, um
unordentlich; (N. Kl.) (milit.) = nicht in Reih u. Glied stehend
inornatus, a, um
ungeschmückt, schlicht
inp... s. im...
in primis s. imprimis
inquam (verbum defectiv.; klassisch nur: inquam, inquis, inquit, inquiunt; inquiebat; inquies, inquiet; inquisti; N. Kl. auch: inquimus, inquitis; inquiat; inquii [inqui]; inque, inquito; inquiens)
sagen, antworten, anheben, fortfahren u. a. (klassisch nur in die oratio recta eingeschoben)
1. bei Anführung der Worte jemandes
2. bei der rhetorischen Gemination, oder wenn der unterbroch. Faden der Rede wieder aufgenommen wird
3. wenn alles Vorerwähnte zusammengefaßt und nun die Sache kurz u. bündig bezeichnet wird
4. bei Einwendungen eines unbestimmten Gegners = „heißt es, sagt man“
inquies, gen. etis
unruhig (N. Kl.)

inquieto 1.
(N. Kl.) beunruhigen, übtrg. erschweren
inquietus, a, um
unruhig (N. Kl.)
inquilinus, i, *m*
Insasse, Mietsmann (Ggstz. dominus); (N. Kl.) übtrg. adiectiv. „fremdbürtig“ (weil nicht in Rom geboren)
inquino 1.
eigtl. verunreinigen, beschmutzen; übtrg. besudeln, beflecken, verunglimpfen, entstellen u. a. **inquinatus**, a, um schmutzig, schändlich; (v. Ausdruck) unrein, unedel, verderbt; (P) verschlechtern
inquiro, quisivi, quisitum 3. (quaero)
nach etw. suchen, es aufsuchen; (eindringend) forschen nach, erforschen, untersuchen; (t. t. iur.) gerichtl. Beweismittel aufsuchen gegen, gerichtl. Untersuchung einleiten, inquisitorisches Verfahren anstellen u. a.
inquisitio, onis, *f*
das Aufsuchen, Erforschung; (t. t. iur.) gerichtl. Untersuchung
inquisitor, oris, *m*
(t. t. philos.) Erforscher; (t. t. iur.) Untersucher (von Beweismitteln zur Klage gegen jemd.), „Inquirent“
inr... s. irr...
insaluber, bris, e
ungesund (N. Kl.)
insalutatus, a, um
ohne Abschiedsgruß (P)
insanabilis, e
unheilbar
insania, ae, *f*
1. (als Krankheit) Wahnsinn, Tollheit; (P) dichter. Begeisterung, „Wahn“
2. übtrg. unsinniges Gebaren, tolles Treiben (Verlangen), i. polit. Sinne = furor (s. dort), plur. tolle Streiche (= Forderungen); der Unsinn, die Übertreibung bei etw.
insanio, ivi u. ii, itum 4.
toll, wahnsinnig sein; übtrg. sich unsinnig benehmen, gebaren, toll oder unsinnig handeln, rasen, in polit. Sinne = sich gegen d. Staat empören
insanitas, atis, *f*
Ungesundheit
insanus, a, um
1. vernunftlos, unsinnig, toll, wahnsinnig (v. Pers.; [P] von Leblos. „rasend, tobend“); (P) (von dichter. Begeisterg.) verzückt; (vor Leidenschaft) rasend, wahnsinnig
2. übtrg. übermäßig, übertrieben groß, = heftig
3. (P) activ. wahnsinnig machend
insatiabilis, e
activ. nicht sättigend, keinen Überdruß erregend; passiv. unersättlich
insaturabilis, e
unersättlich
inscendo, scendi, scensum 3. (scando)
hinaufsteigen, besteigen
insciens, gen. entis
nicht wissend, ohne ... Wissen. adv. **inscienter**, z. B. facere „ohne Sachkunde“
inscientia, ae, *f*
das Nichtwissen, Nichtkennen einer Sache, Unwissenheit
inscitia, ae, *f*
(klassisch im tadelnden Sinne) Dummheit, Unverstand, Ungeschick, Mangel an Verständnis einer Sache, Unkenntnis
inscitus, a, um
ungeschickt, unverständig
inscius, a, um
unwissend, unkundig, unbekannt mit, ohne etw. zu ahnen, ohne ... Wissen
inscribo 3. (scribo)
I. in, auf, an etw. schreiben; übtrg. zuschreiben = beilegen; (P) etwas als Urheber (Ursache, Vorwand) bezeichnen
II. etwas beschreiben, mit Inschrift (Aufschrift) versehen; betiteln; spez. adressieren
inscriptio, onis, *f*
das Daraufschreiben; Aufschrift (einer Statue), Überschrift, Titel (eines Buches)
inscriptus, a, um
nicht geschrieben
insculpo 3. (sculpo)
eingraben, einmeißeln
inseco 1. (seco)
ein-, durchschneiden. (N. Kl.) subst. **insectum**, i, *n* Kerbtier, „Insekt“

insectatio, onis, *f*
(N. Kl.) eigtl. heftiges Verfolgen, übtrg. Ausfälle, Verunglimpfung
insectator, oris, *m*
(N. Kl.) Verfolger
insector 1.
eigtl. heftig verfolgen; übtrg. (mit Worten) heftig zusetzen, jemd. verfolgen, verunglimpfen, gegen etw. eifern
insenesco 3. (senesco)
(N. Kl.) in od. bei od. über etwas alt, grau werden
insepultus, a, um
unbegraben
insequor 3. (sequor)
I. (allgem.) unmittelbar nachfolgen, sogleich folgen
1. räumlich
2. zeitlich
3. (in d. Rede) die Sache weiter verfolgen
4. darauf ausgehen
II. spez. 1. (feindlich) auf d. Fuße folgen, nachsetzen, verfolgen
2. übtrg. (mit Worten) verfolgen, einem zusetzen mit, tadeln, verhöhnen u. a.
insero, sevi, situm 3. (sero)
1. eigtl. einsäen, einpflanzen, einpfropfen, pfropfen (N. Kl.)
2. übtrg. einpflanzen = einverleiben, einfügen; meist nur **insitus**, a, um (von Natur oder durch Erziehung) eingepflanzt, angeboren, angestammt, eingewurzelt
insero, serui, sertum 3. (sero)
eigtl. (hin)einfügen, -stecken; (N. Kl.) übtrg. einfügen, einfließen lassen, einmischen, spez. jemand irgendwohin einreihen
inserto 1.
(N. Kl.) hineinfügen, -stecken
inservio 4. (servio)
eigtl. (als Untertan, Vasall) dienstbar sein (N. Kl.); übtrg. jemdm. zu Diensten stehen, zu Gefallen leben, nachgeben; (einer Sache) ergeben sein, sie eifrig betreiben, fördern
insibili, are (sibilo)
(v. Wind) hineinpfeifen (P)
insideo, ere (sedeo)
1. eigtl. auf etw. sitzen, spez. seinen Sitz haben
2. übtrg. (von phys. u. geistig. Zuständen) in etw. seinen Sitz haben, festsitzen, haften in
3. (N. Kl.) trans. etw. besetzt halten (milit.), bewohnen
insidiae, arum, *f*
(milit.) Hinterhalt (als Ort und als Truppe); übtrg. Nachstellungen, Heimtücke, Hinterlist; Übervorteilung
insidiator, oris, *m*
Soldat im Hinterhalt (N. Kl.); übtrg. Auflauerer, Nachsteller
insidior 1.
(militär.) im Hinterhalt liegen, auflauern (klassisch nur abs.); übtrg. (jemdm. od. einer Sache) auflauern, nachstellen, nach dem Leben trachten
insidiosus, a, um
1. hinterlistig, ränkevoll, gefährlich
2. gefährdet
insido, sedi, sessum 3. (sido)
1. eigtl. auf etw. sich setzen, sich niederlassen, spez. (als Ansiedler) sich niederlassen, (milit.) besetzen
2. übtrg. sich festsetzen, einwurzeln, sich einprägen
insigne s. insignis
insignio 4.
mit einem Zeichen versehen, kenntlich machen, bezeichnen, kennzeichnen, brandmarken, schmücken (N. Kl.). Klass. nur **insignitus**, a, um
1. eingezeichnet
2. adi. kenntlich, deutlich, ausgezeichnet, auffallend
insignis, e (signum)
1. eigtl. gezeichnet (vor anderen) kenntlich, erkennbar, abstehend, auffallend u. a. (lobend u. tadelnd)
2. übtrg. (i. gutem u. üblem Sinn) auffallend, hervortretend, ausgezeichnet, durch etw. gebrandmarkt u. a. subst. **insigne**, is, *n*
1. eigtl. u. übtrg. Kennzeichen, Abzeichen
2. Zierde. Öfter plur. **insignia**, ium, *n*
1. eigtl. u. übtrg. Abzeichen, Kennzeichen, Auszeichnungen, Insignien u. a.
2. spez. eigtl. (bei Festen) Schau-, Prunkstücke; übtrg. Glanzpunkte
insilio, silui, sultum 4. (salio)
intr. in, auf etw. springen

insimulatio, onis, *f*
Beschuldigung, Anklage
insimulo 1. (simulo)
1. (t. t. iur.) fälschlich beschuldigen
2. (überhaupt) beschuldigen, bezichtigen, verdächtigen
insincerus, a, um
verdorben (P)
insinuatio, onis, *f*
(t. t. rhet.) der Teil des exordium, der den Hörer für die Sache gewinnen soll
insinuo 1.
in den sinus stecken, in das Innere dringen lassen:
1. eigtl. eindringen lassen (N. Kl.); klass. intrans. od. se i. „sich eindrängen"
2. übtrg. intrans. insinuare oder reflex. se i. = sich einnisten, sich einschleichen, eindringen
insipiens, gen. entis
einsichtslos, unverständig, töricht
insipientia, ae, *f*
Unverstand
insisto, stiti, ere (sisto)
I. 1. sich (auf etw.) stellen, sich hinstellen, hintreten, auftreten
2. spez. (einen Weg) betreten, einschlagen; jemd. verfolgen, ihm nachsetzen, zusetzen (N. Kl.)
3. übtrg. sich auf etw. werfen, legen, etw. mit Eifer vornehmen, betreiben, bestehen auf
II. eigtl. u. übtrg. 1. Halt machen, still stehen, stehen bleiben, verweilen
2. (in der Rede) Halt machen, inne halten; bei etw. verweilen
3. bei etw. fest harren
4. Anstand nehmen an = zweifeln
insitio, onis, *f*
das Pfropfen
insitivus, a, um
eigtl. gepfropft (N. Kl.); übtrg. (aus d. Fremde) eingeführt, fremd; untergeschoben
insociabilis, e
(N. Kl.) unvereinbar, unverträglich
insolabiliter adv.
untröstlich (P)
insolens, gen. entis
wider Gewohntheit; nicht gewöhnt an, ungeübt, neu in etw.; auffallend, ungewöhnlich; unmäßig, verschwenderisch mit; (von Pers. u. Abstrakt.) keck, übermütig, unverschämt
insolentia, ae, *f*
Ungewohntheit; (von d. Rede) das Ungewöhnliche, Auffallende; spez. Verschwendung; Überhebung, Hoffart, Übermut, Unverschämtheit
insolesco, ere
stolz werden (N. Kl.)
insolidus, a, um
(P) ohne Festigkeit, haltlos
insolitus, a, um
1. activ. nicht gewöhnt an
2. pass. (von Sachen) ungewöhnlich, ungewohnt
insomnia, ae, *f*
Schlaflosigkeit
insomnis, e
schlaflos (N. Kl.)
insomnium, ii, *n*
(meist plur.) Traum, Traumbild (N. Kl.)
insono 1. (sono)
(meist P) zu tönen beginnen, erschallen, erdröhnen, trans. etwas ertönen lassen
insons, gen. sontis
(N. Kl.) schuldlos, ohne zu schaden
insopitus, a, um
= stets wach (P)
inspectio, onis, *f*
(N. Kl.) eigtl. Einsicht, Durchsicht, übtrg. Untersuchung, Überlegung
inspecto 1.
auf etw. hinsehen, mit ansehen, zuschauen
inspector, oris, *m*
der Beschauer (N. Kl.)
insperans, gen. antis
nicht hoffend, wider Hoffen (Erwarten)
insperatus, a, um
unverhofft, unerwartet; (N. Kl.) ex insperato „unverhofft, unerwartet"
inspergo, spersi, spersum 3. (spargo)
eigtl. daraufspritzen; (P) übtrg.
inspicio, spexi, spectum 3.
I. eigtl. hineinsehen, -blicken, auf etw. hinsehen (meist P); spez. (etw. Geschriebenes) einsehen = nachlesen

II. ansehen, betrachten, in Augenschein nehmen, beschauen; (t. t. milit.) mustern, „inspizieren"

inspico, are (spica)
(ährenähnlich) einzacken (P)

inspiratio, onis, *f*
(Sp.) Eingebung, Begeisterung

inspiro, are
(N. Kl.) eigtl. intr. auf etw. blasen, übtrg. trans. einhauchen, einflößen, begeistern u. a.

inspoliatus, a, um
ungeraubt (P)

instabilis, e
eigtl. u. übtrg. ohne festen Stand, nicht feststehend, schwankend, haltlos, unbeständig, veränderlich

instans, gen. antis
unmittelbar bevorstehend; spez. gegenwärtig; (N. Kl.) übtrg. dringend, drohend

instantia, ae, *f*
das Bevorstehen

instar, *n*, nur nom. und acc.
„das Einstehen" (von dem Gleichstehen der Waagschalen; klassisch stets ohne Adjekt. od. Pronomen u. mit regelmäß. Angabe des verglichen. Gegenst. im Genetiv) (als Quantitätsbegriff)
1. Größe, Umfang, Geltung, Inhalt, Quantität, Äquivalent; od. = so groß wie, so zahlreich wie, so schwer wie u. a.
2. Gleichwertigkeit, gleichviel wert wie, so gut wie; (N. Kl.) qualitativ = similitudo: Ähnlichkeit, Abbild, Bild = gleichwie

instauratio, onis, *f*
(feierliche) Erneuerung, Wiederherstellung, vgl. instauro

instaurativus, a, um
(feierlich) erneuert, wiederhergestellt

instauro 1.
veranstalten, anstellen; (meist mit dem Nebenbegriff feierlicher Wichtigkeit) erneuern, wiederholen; (P) bildl. wieder aufrichten

insterno 3. (sterno) (N. Kl.)
1. bedecken, überdecken, pass. sich umhüllen
2. (Gerüst) aufschlagen

instigator, oris, *m* u. **instigatrix**, icis, *f*
(N. Kl.) Aufstachler (-rin), Anreizer (-rin)

instigo 1.
anstacheln, aufstacheln, aufreizen

instillo 1. (stillo)
eigtl. u. übtrg. tropfenweise eingießen, einträpfeln

instimulator, oris, *m*
Aufreizer zu etw.

instimulo 1. (stimulo)
aufstacheln (P)

instinctor, oris, *m*
Anreizer (N. Kl.)

instinctus, us, *m* (klassisch nur im abl. instinctu)
Anreizung, Antrieb, Eingebung. **instinctus**, a, um angespornt, angestachelt, angefeuert, angetrieben

instita, ae, *f*
Besatz an d. tunica = Falbel (P)

institio, onis, *f*
Stillstand

institor, oris, *m*
Krämer, Hausierer

instituo, tui, tutum 3. (statuo)
I. eigtl. u. übtrg. hinein-, hinstellen (N. Kl.)
II. aufstellen u. zwar a) eigtl.
1. errichten, aufrichten, erbauen, den Bau von etw. beginnen, einrichten, anlegen, anfertigen
2. (Pers.) anstellen, einsetzen
3. (t. t. milit.) aufstellen = formieren
b) übtrg. 1. (im allgem.) wozu Anstalten treffen, etwas veranstalten, unternehmen, beginnen u. a.
2. (mit Inf.) sich anschicken, Anstalten treffen, beginnen etw. zu tun
3. (etw. Neues) einsetzen, einführen, anordnen, verordnen
4. (etw. schon Bestehendes) organisieren
5. spez. (Personen) unterweisen, unterrichten; (N. Kl.) abrichten (v. Tieren)

institutio, onis, *f* (nur activ.)
Einrichtung, „Natur", Anordnung; Unterweisung, Belehrung, Unterricht, spez. Unterrichtsmethode, (phil.) Lehre

institutum, i, *n*
1. das (begonnene) Unternehmen, Vor-

haben, (allgem.) Plan, Vorsatz, Sitte, Brauch
2. (passiv.) eine einzelne (auf praktischem Gebiete getroffene) Einrichtung, Anordnung
3. (auch wissensch. Gebiete) (meist plur.) Leistungen, Fortschritte, Kenntnisse, Wissen, Erkenntnis, spez. Grundsätze, Lehrsätze, Methode

insto (N. Kl. institi, instaturus) 1. (sto)
eigtl. 1. auf etw. stehen, stehen bleiben, sich festsetzen
2. (t. t. milit.) unmittelbar in der Nähe sein, spez. hart hinterher sein, hart zusetzen; übtrg. (dem Gegner) zusetzen, ihn bedrängen
3. (eine Sache) unablässig betreiben, nicht ablassen, fest darauf bestehen, darauf dringen
4. (durch Bitten) jemdm. zusetzen, ihn bestürmen, dringend bitten
5. (v. Zeit u. Umständen) nahe bevorstehen, drängen, drohen, zunächst vorliegen

instratus, a, um
I. vgl. insterno
II. unbedeckt (P)

instrepo, ere (strepo)
zu knarren beginnen (P)

instructio, onis, *f*
die Aufstellung, das Aufpflanzen; (N. Kl.) Erbauung; (Sp.) „Instruktion", Befehl, Unterweisung

instructor, oris, *m*
Zubereiter

instructus, a, um
1. eingerichtet, geordnet
2. ausgestattet, ausgerüstet, wohl versehen mit

instructus, us, *m*
(selten!) übtrg. Ausstattung

instrumentum, i, *n* (kollektiv.)
1. eigtl. die Gerätschaften, die Werkzeuge (klassisch nie von einem einzelnen Gerät), „Ackergerätschaften"; (P) spez. Kleidung, Zierat
2. übtrg. Hilfsmittel, Ausrüstung, Zurüstung, Mittel; spez. Zeugnis, Beweismittel, Urkunde

instruo 3. (struo)
I. eigtl. 1. (schichtenweise) darauf legen
2. (durch schichtenweises Auflegen) herstellen, errichten, aufführen, erbauen
II. übtrg. 1. etw. herstellen, anstellen, veranstalten, zustande bringen, ins Werk setzen
2. spez. tr. t. milit.: a) geordnet aufstellen, in Schlachtordnung aufstellen; b) ausrüsten, rüsten
3. (allgemein) womit versehen, einrichten, ausstatten, ausrüsten
4. unterrichten, erziehen, bilden, „instruieren"

insuavis, e
nicht süß: übtrg. unangenehm

insudo 1. (sudo)
bei, über etw. zu schwitzen beginnen (P)

insuefactus, a, um
daran gewöhnt, dazu abgerichtet

insuesco 3. (suesco)
(N. Kl.) intrans. sich an etw. gewöhnen, trans. (jemd.) an etw. gewöhnen

insuetus, a, um
1. nicht gewöhnt an, ungeübt in
2. (N. Kl.) pass. (v. Sachen) ungewöhnlich, ungewohnt

insula, ae, *f*
1. eigtl. Insel, Eiland
2. übtrg. (alleinstehendes) Mietshaus

insulani, orum, *m*
Inselbewohner

insulsitas, atis, *f*
Abgeschmacktheit, das Fade

insulsus, a, um (salsus)
ungesalzen: übtrg. abgeschmackt, geschmacklos, fade

insulto 1.
I. eigtl. in etw. springen, auf etwas herumspringen, sich herumtummeln (N. Kl.)
II. übtrg. 1. jemd. verspotten, verhöhnen
2. abs. frohlocken

insum, (ohne Perf.), inesse (sum)
I. eigtl. an, auf od. in etwas sein
II. übtrg. (die innere, im Wesen der Sache begründete Zugehörigkeit bezeichnend) enthalten sein in, innewohnen, anhaften, beruhen auf, bei Pers. (von sittl. Eigenschaften) = haben, besitzen

insumo 3. (sumo)
anwenden an od. zu

insuo 3. (suo)
einnähen; (P) übtrg. einsticken
insuper adv.
eigtl. oben darauf, oben darüber; (N. Kl.) übtrg. überdies, obendrein
insuperabilis, e
(N. Kl.) ungangbar, unüberwindlich
insurgo 3. (surgo)
(N. Kl.) sich aufrichten, aufstehen, übtrg. sich erheben
insusurro 1. (susurro)
einflüstern, zuflüstern
intabesco 3. (tabesco)
(N. Kl.) zu schmelzen beginnen, übtrg. sich aufzulösen beginnen, allmählich hinschwinden
intactus, a, um
unberührt, spez. unverletzt, unversehrt; (N. Kl.) frei von, (von Mädchen) rein, jungfräulich
intaminatus, a, um
unbefleckt (P)
intectus, a, um
I. (tego) (N. Kl.) unbedeckt, unbekleidet, unbeschirmt, ohne Rüstung, übtrg. offen, ehrlich
II. s. intego
integellus, a, um
ziemlich unversehrt
integer, gra, grum
I. eigtl. a) (v. Sachen)
1. unberührt, unangetastet, unversehrt, unbeschädigt, unverletzt, noch ganz
2. spez. ganz, voll, ungeschmälert, unvermindert
3. unvermischt, rein
4. v. Plünderung, Krieg u. a. verschont geblieben
b) (von Pers., v. Körper, v. phys. Kraft)
1. ungeschwächt, nicht erschöpft, noch frisch. adverb. **de** (seltener ab) **integro** von neuem, von frischem
2. unberührt = unbefleckt, unentehrt, rein. (t. t. iur.) subst. **integrum** der unverletzte Rechtszustand
II. übtrg. 1. noch unberührt = noch unentschieden, freistehend, frei
2. (geistig) unberührt = unbefangen, unparteiisch, leidenschaftslos, ehrlich, redlich
3. (moralisch) rein, unbefleckt, unbescholten, lauter, unverdorben
4. unangetastet = ungeschmälert, unbeschadet
intego 3. (tego)
eigtl. bedecken, überdecken
integratio, onis, *f*
Wiederherstellung (P)
integritas, atis, *f*
(physisch) Unversehrtheit, spez. Frische (des Geistes, der Gesundheit), Reinheit (der Sprache); (moral.) Reinheit, Unverdorbenheit, spez. Unbestechlichkeit, Unparteilichkeit
integro 1.
in den alten Stand bringen: (N. Kl.) wiederherstellen, heilen, auffrischen, erneuern, von neuem beginnen
integumentum, i, *n*
Decke, Hülle
intellectus, us, *m*
(N. Kl.) Verstand, Fassungskraft, Verständnis für, Sinn (einer Stelle), Bedeutung, Begriff, Vorstellung
intellegens (N. Kl. **-ligens**), gen. entis
1. sich auf etw. verstehend, einsichtig, verständig
2. spez. (von gründlichem Wissen u. sicherem Urteil auf wissenschaftl. u. namentlich künstler. Gebiete) kundig, kunstverständig, subst. Kenner
3. mit Vernunft begabt
intellegentia, ae, *f*
Erkenntnisvermögen, Verstand; spez. (namentlich auf Kunst und Wissensch. bezogen) Kenntnis, Verständnis, Kennerschaft, Geschmack; Begriff, Vorstellung
intellego (N. Kl. **intelligo**), lexi, lectum
3. (inter u. lego)
unterscheiden:
I. 1. (mit den Sinnen u. dem Verstand unterscheidend) inne werden, merken, wahrnehmen, spüren u. a.
2. (mit bloßem Verstande unterscheidend) wahrnehmen, ersehen, erkennen, Erkenntnis gewinnen, pass. erhellen
II. 1. (erkennend) den Sinn von etw. fassen, verstehen, begreifen, einsehen, zur Einsicht gelangen, sich zum Bewußtsein bringen, Überzeugung gewinnen, im Präs. und Imperf. auch = wissen

2. spez. jemanden verstehen = zu würdigen wissen, sein Wesen begreifen
3. etwas od. jemd. verstehen unter, sich denken, sich vorstellen, annehmen
4. (in d. Wissensch., besonders in der Kunst) Kenner, Sachverständiger sein

intemeratus, a, um
(N. Kl.) nicht verunehrt, unverletzt, lauter, rein

intemperans, gen. antis
übtrg. (im Benehmen) ohne Mäßigung, maßlos, schonungslos, übermütig, schrankenlos; (in Neigungen u. Begierden) maßlos, zügellos

intemperantia, ae, *f*
übtrg. Mangel an Selbstbeherrschung, Unmäßigkeit, Zügellosigkeit, daher Sittenlosigkeit; (N. Kl.) Anmaßung, Übermutung, Insubordination

intemperatus, a, um
übtrg. unmäßig, übertrieben

intemperies, ei *f*
ungemäßigte Beschaffenheit: N. Kl. eigtl. i. aquarum = „maßlose Regengüsse“, i. caeli „ungesunde Witterung“; klassisch übtrg. (v. Charakter) Übermut, Unbotmäßigkeit

intempestivus, a, um
unzeitig, zur Unzeit, ungelegen

intempestus, a, um (tempus?): klassisch nur nocte intempesta
„in tiefer Nacht“; (P) übtrg. (v. Klima) ungesund

intempto s. intento

intendo, tendi, tentum 3. (tendo)
I. 1. eigtl. a) anspannen, spannen; b) (N. Kl.) etwas (über etw.) ausspannen; c) etw. mit etw. (das man ausspannt) überziehen, beziehen
2. übtrg. a) anspannen, anstrengen; b) (N. Kl.) anspannen = steigern, vermehren
II. 1. eigtl. a) wohin ausspannen, ausstrecken, richten, lenken; b) spez. (Waffen wohin) richten
2. übtrg. a) (eine Bewegung wohin) richten, sich wohin wenden, = richten, streben u. a.; b) (seinen Geist wohin) richten, wenden; c) (eine Tätigkeit gegen jemdn.) richten; d) etwas beabsichtigen, planen; e) zu beweisen suchen, behaupten

intentatus, a, um
1. (in u. tento) (N. Kl.) unversucht, unangetastet
2. s. intento

intentio, onis, *f*
1. Spannung = „Stimmung“
2. Anspannung, Anstrengung, (N. Kl.) gespannte Aufmerksamkeit
3. Absicht, Vorhaben

intento (intempto) 1.
drohend richten auf, androhen

intentus, a, um
1. eigtl. u. übtrg. angespannt
2. übtrg. (auf etw.) gespannt, aufmerksam; hingerichtet = geneigt
3. (N. Kl.) eifrig beschäftigt mit, angestrengt, gesteigert = „streng“

intentus, us, *m*
plur. das Ausstrecken

intepesco, tepui 3.
warm werden (P)

inter praep. mit acc
I. örtlich = in, inmitten, zwischen, unter, umgeben von u. a.
II. zeitlich: 1. zur Angabe zweier Zeitpunkte = zwischen
2. zur Angabe einer Zeit, in die etw. fällt = während, im Verlaufe von, innerhalb
3. bei uneigentl. Zeitbestimmgn. = unter, während, bei
III. von anderen Verhältnissen:
1. zur Angabe einer Klasse od. Anzahl = unter
2. bei Parteien u. Unterschieden = zwischen
IV. beim Ersatz des pron. reciprocum: i. nos, i. vos, i. se = „mit-, unter einander, gegenseitig“ od. (bei Verben der Trennung) „von einander“

interamenta, orum, *n*
(N. Kl.) die innere Einrichtung (eines Schiffes)

interaresco 3. (aresco)
übtrg. (zeitweilig) vertrocknen

intercalaris, e, und **intercalarius**, a, um
zum Einschalten dienend, eingeschaltet, Schalt-

intercalo 1. (calo)
durch Ausruf einschieben: (als Fachwort d. Kalenderwesens) einschalten; (N. Kl.) übtrg. aufschieben

intercapedo, dinis, *f* (capio)
Unterbrechung, Aufschub
intercedo 3. (cedo)
I. eigtl. dazwischen einherziehen
II. übtrg. dazwischen treten =
1. (v. d. Zeit) inzwischen vergehen, verlaufen
2. (v. Örtlichkeit.) sich dazwischen erstrecken, hinziehen
3. (v. Ereignissen) dazwischen eintreten
4. (v. Bestehen eines freundl. od. feindl. Verhältnisses zwischen mehreren) bestehen, statthaben
5. (von Pers.) dazwischen treten: a) verhindernd = widersprechen, sich widersetzen, etwas verhindern, gegen etw. protestieren (spez. von den Volkstribunen); b) vermittelnd = für jem. eintreten. sich ins Mittel legen; c) in Geldsachen = sich verbürgen
interceptio, onis, *f*
die Wegnahme
interceptor, oris. *m*
Unterschlager (N. Kl.)
intercessio, onis, *f*
Widerspruch, spez. Interzessionsrecht (der Volkstribunen); Vermittlung, Bürgschaft für etw.
intercessor, oris, *m*
Einspruchserheber (v. Tribunen); übtrg. Verhinderer; Bürge
intercido, cidi, cisum 3. (caedo)
durchschneiden, durchstechen, abgraben, trennen
intercido, cidi, ere (cado)
I. eigtl. dazwischenfallen (N. Kl.); übtrg. dazwischen vorfallen
II. übtrg. (N. Kl.) untergehen, aufhören, spez. (dem Gedächtnis) entfallen
intercino, ere (cano)
dazwischen singen (P)
intercipio, cepi, ceptum 3. (capio)
eigtl. (mitten auf d. Wege) auffangen, -heben, gefangen, an sich nehmen; übtrg. wegschnappen, entreißen; (N. Kl.) (einen Weg) unterbrechen, versperren, jemdn. umbringen
intercise adv.
nicht zusammenhängend
intercludo, clusi, clusum 3. (claudo)
1. eigtl. u. übtrg. etw. abschließen, versperren, verhindern
2. (meist militär.) jemd. (von etw.) absperren = abschneiden; abs. intercludi (durch etw.) abgeschnitten, (in etw.) eingeschlossen werden
interclusio, onis, *f*
Hemmung
intercolumnium, ii, *n*
Säulenabstand
intercurro, ere (curro)
übtrg. dazwischentreten, sich ins Mittel schlagen, (N. Kl.) eigtl. unterdessen wohin eilen
intercurso, are
wiederholt dazwischen laufen (N. Kl.)
intercursus, us, *m*
(N. Kl.) Dazwischenkunft, Einmengung
intercus, gen. cutis
unter der Haut befindlich
interdico 3. (dico)
1. untersagen, verbieten
2. spez. (t. t. iur.) alicui aqua et igni i. (meist pass.) „den Gebrauch von Feuer u. Wasser verbieten“ = bannen, ächten
3. gelegentl.: verordnen, befehlen, einschärfen
4. (vom Prätor) Schiedsspruch tun, Bescheid geben, ein „Interdikt“ ergehen lassen
interdicto, onis, *f*
Verbietung
interdictum, i, *n*
1. das Verbot
2. spez. (vom Prätor) Schiedsspruch, Bescheid, „Interdikt“
interdiu
bei Tage
interductus, us, *m*
die Interpunktion
interdum
bisweilen; (N. Kl.) eine Zeit lang
interea
1. (temporal) unterdessen, inzwischen (öfter verbunden cum interea)
2. (adversativ) indes, jedoch
intereo, ii, ire (eo)
1. eigtl. untergehen, zu Grunde gehen
2. übtrg. a) untergehen, verloren gehen, vergehen, ausgehen, (v. Menschen) umkommen; b) vereitelt werden

interequito 1. (equito)
(N. Kl.) dazwischenreiten, trans. durchreiten
interfacio, onis, *f*
das Dreinreden, Unterbrecheung
interfectio, onis, *f*
Ermordung (N. Kl.)
interfector, oris, *m*
Mörder (in einem einzelnen Falle)
interfectrix, tricis, *f*
Mörderin (N. Kl.)
interficio, feci, fectum 3. (facio)
(von jeder Art des Todes) umbringen, töten, ermorden, niedermachen u. a.
interfluo 3. (fluo)
(N. Kl.) fließen, schwimmen zwischen
interfor 1. (for)
(N. Kl.) dazwischenreden, jemdm. ins Wort fallen
interfulgeo, ere (fulgeo)
dazwischenglänzen (N. Kl.)
interfusus, a, um (fundo)
(N. Kl.) dazwischenfließend, -strömend, übtrg. unterlaufen mit
interiaceo, ere (iaceo)
dazwischenliegen (N. Kl.)
intericio (N. Kl. **interiacio**), ieci, iectum 3. (iacio)
1. (lokal) dazwischen setzen, stellen, aufstellen, einsetzen, einfügen; am häufigsten **interiectus**, a, um dazwischen liegend, befindlich
2. (temporal) dazwischen eintreten, verlaufen lassen
interiectus, us, *m*
1. (örtlich) das Dazwischentreten
2. (N. Kl.) (zeitl.) Zwischenzeit, Frist
interim
1. (rein zeitlich) unterdessen, mittlerweile, inzwischen (cum i. „während unterdessen" mit Indik.)
2. (zeitl. beschränkend) vorläufig, einstweilen, vor der Hand; übtrg. indes = jedoch (cum i. mit Konj.)
3. (N. Kl.) zuweilen
interimo, emi, emptum 3. (emo)
aus dem Weg räumen, vernichten, beseitigen, umbringen, töten
interior, ius, gen. oris, comp.
I. eigtl. 1. mehr nach innen gelegen, der innere, (partitiv) der innere Teil. subst. **interiores** = die feindl. Besatzung i. d. Stadt
2. (geograph.) entfernter, tiefer im Lande, binnenländisch; subst. **interiores** „die Bewohner des innern Landes"
3. (N. Kl.) näher, (auf d. Rennbahn) links
II. übtrg. 1. (philosoph.) innerer
2. enger, vertrauter
3. tiefer, geheimer. **intimus (intumus)**, a, um superl.
I. eigtl. d. innerste, tiefste, (partitiv) d. innerste Teil
II. übtrg. 1. d. innerste = tiefste, geheimste, tiefgehendste
2. vertrautest, engst, „intim"; subst. **intimus**, i, *m* Vertrauter, intimer Freund
3. d. wirksamste
interitio, onis, *f* (selten) = interitus
interitus, us, *m*
Tod, Untergang, Vernichtung
interiungo 3. (iungo)
miteinander verbinden (meist P)
interlabor, labi (labor)
(vom Wasser) dazwischen fließen (P)
interlego, ere (lego)
hier u. da abbrechen (P)
interlino 3. (lino)
1. dazwischen, i. den Zwischenräumen bestreichen (N. Kl.)
2. (Urkunden durch Ausstreichen einzelner Wörter) fälschen
interloquor 3. (loquor)
dazwischenreden (N. Kl.)
interluceo 3. (luceo)
(N. Kl.) dazwischen sichtbar sein = durchscheinen, durchsichtig sein
interlunium, ii, *n*
(N. Kl.) Zeit des Neumondes, Neumond
interluo, ere (luo)
durchströmen (N. Kl.)
intermenstruus, a, um
zwischen 2 Monaten: tempore i. „z. Zt. d. Mondwechsels"; subst. **intermenstruum**, ii, *n* Neumond
interminatus, a, um
1. (termino) unbegrenzt
2. (P) (minor) mit Drohungen untersagt
intermisceo 2. (misceo)
mischen unter (N. Kl.)

intermissio, onis, *f*
1. d. Nachlassen, Unterbrechung
2. Verfall
intermitto 3. (mitto)
I. trans. 1. a) (örtlich) (dazwischen) frei, leer lassen; b) (eine Zeit inzwischen) vorbeigehen, indessen verstreichen lassen, pass. verstreichen, verfließen, verlaufen
2. a) (auf kürzere od. längere Zeit) einstellen, aussetzen, unterbrechen, ruhen lassen, pass. einige Zeit aussetzen, zeitweilig nachlassen, ruhen; b) (ganz) unterlassen, einstellen; c) nicht vollenden
II. intr. aussetzen, aufhören
intermorior 3. (morior)
übtrg. absterben, ausgehen, erlöschen
intermundia, orum, *n*
die Räume zwischen den Welten
intermuralis, e
zwischen den Mauern befindlich
internascor 3. (nascor)
dazwischen wachsen (N. Kl.)
internecio (**-nicio**), onis, *f*
Niedermetzelung, d. Niedermachen; übtrg. völlige Vernichtung, Untergang
internecivus (**-nicivus**), a, um
gänzliche Vernichtung mit sich führend, mörderisch
internecto, ere (necto)
(P) durchflechten, durchschlingen
internicio s. internecio
interniteo, ere (niteo)
(N. Kl.) dazwischen hervorleuchten, durchscheinen
internodium, ii, *n*
Zwischenraum zwischen zwei Gelenken (N. Kl.)
internosco 3. (nosco)
(von einander) unterscheiden
internuntio, are (nuntio)
durch Unterhändler verhandeln (N. Kl.)
internuntius, ii, *m* und **-nuntia**, ae, *f*
Unterhändler (-in), Vermittler (-in), Bote (-tin)
internus, a, um
(N. Kl.) eigtl. im Innern befindlich, der innere, übtrg. inländisch, einheimisch, subst. **interna**, orum, *n* die inneren Angelegenheiten

interpellatio, onis, *f*
Unterbrechung (i. Reden), Störung (in einer Tätigkeit)
interpellator, oris, *m*
Störer
interpello 1.
1. jmdm. in die Rede fallen, ihn oder seine Rede unterbrechen
2. dazwischenreden, Einwände vorbringen, etw. als Einwand vorbringen
3. jmdn. um Auskunft angehen, ihn mit Fragen bestürmen
4. übtrg. stören, hindern, aufhalten, unterbrechen, vereiteln, beseitigen
interpolo 1.
(abgetragene Kleider) wiederzurichten; übtrg. (Bücher, Urkunden u. a.) verfälschen (klassisch nur abs.)
interpono 3. (pono)
I. eigtl. dazwischenstellen
II. übtrg. 1. (i. d. Rede) einschieben, einschalten
2. (eine Zeit dazwischen) eintreten, verstreichen lassen, pass. dazwischen eintreten, verstreichen, verlaufen
3. vermittelnd oder hindernd eintreten lassen u. zwar a) (Pers.) einschieben, zuziehen; meist se i. „sich einmischen“, sich widersetzen; b) (v. Abstrakt) eintreten, obwalten lassen, einlegen, einsetzen, geltend machen, pass. eintreten, obwalten u. a.; c) spez. etw. vorschützen, vorgeben
4. unterschieben = fälschlich ausgeben für, verfälschen
interpositio, onis, *f*
das Einschieben (i. die Rede), Hineinziehung; übtrg. das Einschiebsel = eingeschobene Stelle
interpositus, us, *m*
Dazwischenkunft; vgl. interiectus
interpres, pretis, *m* u. *f*
Mittelsperson, Vermittler, Unterhändler; Dolmetscher; Ausleger, Erklärer, Deuter; Übersetzer
interpretatio, onis, *f*
Erklärung, Auslegung, Deutung; konkr. Übersetzung; (N. Kl.) Entscheidung
interpretor 1. (perf. und part. perf. oft passiv.)
1. auslegen, deuten, erklären

2. spez. (dem Sinne nach) übertragen, übersetzen
3. übtrg. etw. auslegen = verstehen, beurteilen, begreifen
4. etw. erklären, Erklärung abgeben über, (N. Kl.) entscheiden

interpunctio, onis, *f*
Abteilung (durch Punkte)

interpungo 3. (pungo)
durch Punkte abteilen: klassisch **interpunctus**, a, um übtrg. (t. t. rhet.) gehörig abgeteilt

interquiesco 3. (quiesco)
dazwischen ausruhen: eine Pause machen

interregnum, i, *n*
Zwischenkönigtum, Zwischenregierung, „Interregnum“

interrex, regis, *m*
Zwischenkönig: Reichsverweser

interritus, a, um
(N. Kl.) unerschrocken, nicht fürchtend

interrogatio, onis, *f*
1. (allgem.) Frage (plur.: faciles)
2. spez. a) als t. t. iur. Befragung der Zeugen, Zeugenverhör; b) als t. t. philos. Schlußfolgerung in Frageform = Schluß, Syllogismus; c) (N. Kl.) plur. das häufige Anrufen (milit.)

interrogatiuncula, ae, *f*
(t. t. philos.) kurze Frage, Schluß

interrogo 1. (rogo)
eine Zwischenfrage stellen:
1. (allgem.) fragen, befragen
2. spez. a) als t. t. iur. (gerichtlich) befragen, verhören; b) gerichtlich belangen, anklagen, in Untersuchung ziehen; c) als t. t. philos. schließen, argumentieren

interrumpo 3. (rumpo)
I. eigtl. abbrechen, unterbrechen
II. übtrg. 1. trennen, vereinzeln
2. unterbrechen, stören. **interruptus**, a, um übtrg. unterbrochen. subst. **interruptum**, i, *n* (rhet. Figur) das absichtliche Abbrechen od. das sich selbst Unterbrechen

intersaepio 4. (saepio)
(durch Zwischengelegtes) absperren, verstopfen u. a. (klassisch nur foramina)

interscindo 3. (scindo)
(in der Mitte) zerreißen, auseinanderreißen, abbrechen; (N. Kl.) übtrg. trennen

intersero, serui, sertum 3. (sero)
(N. Kl.) dazwischen einfügen, einschieben

interspiratio, onis, *f*
das Absetzen, um Atem zu holen, = Pause

interstinctus, a, um (interstinguo)
(N. Kl.) hin und wieder mit etw. besetzt = wie besät

intersum, fui, esse (sum)
I. (räuml. und zeitl.) dazwischen sein, liegen, vergehen
II. zugegen sein bei, beiwohnen, teilnehmen an
III. verschieden sein, sich unterscheiden, ein Unterschied sein
IV. unpers. **interest** es liegt in jemds. Interesse, es ist von Wert, Wichtigkeit, Bedeutung für jemd., es muß einem daran gelegen sein

intertextus, a, um (texo)
(P) durchflochten, eingeflochten

intertrimentum, i, *n*
eigtl. Abgang (vom Metall u. a.) durch Abreiben od. Abnutzen (N. Kl.); übtrg. Verlust, Schaden

intervallum, i, *n*
der Raum zwischen zwei Schanzpfählen:
1. (räuml.) Zwischenraum, Entfernung; spez. plur. a) t. t. der Musik: Stufe; b) t. t. d. Geometrie: der Raum
2. (zeitl.) Zwischenzeit, Pause; spez. Pause, Ruhepunkt, „Intervall“
3. übtrg. Unterschied, Abstand

intervenio 4. (venio)
1. (während einer Handlung) sich einstellen, erscheinen, dazwischen, dazu kommen u. a.
2. (von Pers.) (hindernd oder vermittelnd) dazwischentreten, sich ins Mittel legen, einschreiten
3. (von Zuständen u. Ereignissen) dabei eintreten, dazwischen fallen, unterbrechen, hindern, entgegen-, in d. Weg treten, widerfahren

interventor, oris, *m*
störender Besucher

interventus, us, *m*
Dazwischenkunft
interverto 3. (vero)
unter der Hand beiseite bringen, unterschlagen, entziehen
interviso 3. (viso)
unter der Hand nachsehen, von Zeit zu Zeit aufsuchen
intervolito, are (volito)
beständig dazwischen herumfliegen
intestabilis, e
wegen seines Betragens unfähig, Zeuge zu sein: übtrg. (N. Kl.) ehrlos, verabscheuungswürdig, abscheulich
intestatus, a, um
ohne Testament (gemacht zu haben)
intestinus, a, um
was drin ist (in der einzelnen Person, i. d. Familie, im Staate), der innere, innerlich. subst. **intestinum**, i, *n* Darm u. **intestina**, orum, *n* Eingeweide (i. Unterkörper)
intexo 3. (texo)
1. eigtl. einweben, einwirken (N. Kl.); spez. einflechten
2. übtrg. (in d. Rede) einweben, verflechten, einfügen
3. (N. Kl.) mit etw. umweben, umflechten, umschließen, umgeben
intibus (nicht intubus), i, *m* und **intubum**, i, *n*
die wilde Cichorie, spez. Endivie
intimus, a, um s. interior
intingo 3. (tingo)
eintauchen (P)
intolerabilis, e
nicht zu ertragen, unausstehlich
intolerandus, a, um
unerträglich, unausstehlich
intolerans, gen. antis
1. act. nicht (nicht leicht, n. gern) ertragend, unduldsam, unmäßig (N. Kl.)
2. pass. unerträglich
intolerantia, ae, *f*
Unerträglichkeit, Übermut, maßloses Treiben
intono, tonui, tonatum 1. (tono)
I. intr. 1. eigtl. (P) zu donnern beginnen, d. Donner erschallen lassen, **intonatus** (im aktiven Sinne) unter Donner (Gewittern) hereinbrechend, unpers. **intonat** der Donner erschallt
2. übtrg. (von d. Stimme) losdonnern; (P) (mit anderen Gegenständen) ein Getöse machen, erdröhnen, rasseln
II. (N. Kl.) trans. mit Donnerstimme hersagen
intonsus, a, um
(N. Kl.) ungeschoren, (v. Pers.) mit langem Haar u. Bart, übtrg. unbehauen = waldig, belaubt
intorqueo 2. (torqueo)
1. eigtl. hineindrehen, (hinein)flechten, -winden, einwärts drehen
2. (drehend gegen jem.) werfen, schleudern
3. (nach der andern Seite) drehen, spez. verdrehen, schief ziehen
intra
I. adv. innerhalb, inwendig (N. Kl.)
II. praep. mit acc. 1. eigtl. a) (räuml.) innerhalb, im od. in den Bereich von, in - hinein; b) (zeitl.) innerhalb, während, klassisch jedoch nur mit einer Ordinalzahl = noch vor Ablauf; c) (N. Kl.) (singulär) unter = weniger als
2. übtrg. innerhalb = ohne d. Grenzen zu überschreiten od. zu erreichen, in den Grenzen von etw., beschränkt auf
intrabilis, e
zugänglich (N. Kl.)
intractabilis, e
(N. Kl.) schwer zu behandeln, zu überwinden, unbeugsam, rauh u. a.
intractatus, a, um
eigtl. nicht zugeritten, nicht dressiert; übtrg. (P) unversucht
intremisco, tremui, ere
(N. Kl.) zu zittern, zu beben beginnen
intremo, ere
(P) erzittern, erbeben
intrepidus, a, um
(N. Kl.) unerschrocken, unverzagt, in Ruhe, in Ordnung u. a.
intrico, are (tricae)
in Verlegenheit bringen
intrinsecus adv.
(N. Kl.) inwendig, innerlich
intritus, a, um 1. (tero)
unabgerieben: übtrg. noch nicht geschwächt
intro adv.
hinein

intro 1.
I. eigtl. in etw. hineingehen, -treten, eindringen, etw. betreten
II. übtrg. 1. eindringen, eingehen auf
2. (N. Kl.) (von Affekten) beschleichen, anwandeln
introduco 3. (duco)
I. eigtl. (in einem Ort) hineinführen, -bringen, spez. (milit.) einrücken lassen
II. übtrg. 1. einführen, zuerst anordnen
2. einen Satz (als Behauptung) vorführen, anführen, behaupten (mit a.c.i.), spez. Gründe anführen
introductio, onis, *f*
eigtl. das Hereinführen; übtrg. Einleitung
introeo (eo)
in etw. hineingehen, eintreten in, etw. betreten; übtrg. introire (sc. in vitam) ins Leben eintreten
introfero (auch getrennt) (fero)
hineintragen, -bringen
introgredior, gressus sum, gredi (gradior)
hineinschreiten (P).
introitus, us, *m*
1. Eintritt, Einzug
2. Eingang, Zugang, spez. = Öffnung
3. zuweilen übtrg. Eingang = Anfang (eines Buches, einer Rede)
intromitto 3. (mitto)
hineinschicken, -lassen, einlassen; spez. (milit.) einziehen, einrücken lassen
introrsus N. Kl. auch **introrsum**, adv.
hineinwärts, hinein, nach innen zu; (N. Kl.) inwendig, auf der Innenseite, drinnen
introrumpo 3. (rumpo)
hineinbrechen, eindringen
introspicio, spexi, spectum 3. (specio)
hineinblicken, -schauen
introvoco 1. (auch getrennt) (voco)
hereinrufen
intubum, **intubus** s. intibus
intueor 2. (tueor)
I. eigtl. (genau auf etw.) hinsehen, hinschauen, (etw.) anschauen, betrachten
II. übtrg. 1. den Blick richten auf, hinschauen auf, etw. geistig anschauen, betrachten, erwägen
2. spez. a) bewundernd anschauen;
b) beachten, berücksichtigen
intumesco 3. (tumesco)
(N. Kl.) anzuschwellen beginnen, übtrg. steigen, wachsen, zunehmen, sich (vor Stolz) aufblähen u. a.
intuor, ui N. Kl. = intueor
inturbidus, a, um
(N. Kl.) pass. ungestört, activ. Unruhen abgeneigt, ruheliebend
intus adv.
1. eigtl. und übtrg. innen, inwendig, darin
2. (N. Kl.) nach innen, hinein
intutus, a, um
(N. Kl.) pass. ungeschützt, nicht verwahrt, activ. unzuverlässig
inula, ae, *f*
Alant (e. Pflanze)
inultus, a, um
ungerecht; ungestraft, sicher
inumbro 1. (umbro)
(N. Kl.) beschatten, dunkeln
inundatio, onis, *f*
Überschwemmung (N. Kl.)
inundo 1.
trans. überfluten, überschwemmen; (N. Kl.) abs. Überschwemungen verursachen, übtrg. (von Menschen) e. Land überschwemmen, intr. daher-, dahinwogen
inungo 1. (unguo)
(P) einreiben, bestreichen, pass. sich salben
inurbanus, a, um
nur übtrg. 1. (v. Äußern der Rede) ungefällig
2. (i. der Rede) unwitzig, unfein
3. unhöflich, unartig
inuro 3. (uro)
1. eigtl. einbrennen, aufbrennen (N. Kl.)
2. übtrg. einbrennen = etw. unauslöschlich eindrücken, aufprägen, -drücken, anhängen; spez. (Übel) zufügen
3. eigtl. an-, verbrennen, ansengen
inusitatus, a, um
1. ungebräuchlich (d. h. gegen d. Gebrauch oder d. Form verstoßend)
2. ungewöhnlich, unerhört
inutilis, e
1. nutzlos, unbrauchbar, untauglich, von Soldaten = kampfunfähig

2. nachteilig, schädlich, verderblich
inutilitas, atis, *f*
Schädlichkeit (Ggstz. utilitas)
inuus, i, *m*
(N. Kl.) der Befruchter (Beiwort des Pan als befruchtenden Herdengottes)
invado, vasi, vasum 3. (vado)
I. 1. ([in] einen Ort gewaltsam) hineingehen, einbringen, betreten
2. übtrg. (N. Kl.) an etwas gehen, sich an etw. machen, etw. unternehmen
II. 1. (auf einen Ort oder jemd.) feindlich losgehen, eindringen, ihn überfallen, angreifen, spez. auf etwas räuberisch losgehen = etw. an sich reißen, gewaltsam in Besitz nehmen (wollen)
2. übtrg. (N. Kl.) (mit Worten) hart anlassen
3. (von Leidenschaften u.s.w.) einbringen, einreißen, sich verbreiten,
invalesco 3. (valesco)
(N. Kl.) erstarken, zunehmen, die Oberhand gewinnen
invalidus, a, um
(N. Kl.) schwach, kränklich, subst. Schwacher, Kranker, übtrg. schwach, unvermögend
invasio, onis. *f*
(Sp.) Einfall, Anfall
invectio, onid. *f*
Einfuhr; Einfahrt
inveho 3. (veho)
I. (activ.) heran od. hineinbringen, -tragen, -führen, einführen, übtrg. etw. über jemd. bringen, einjagen, zufügen; spez. (N. Kl.) (Wein) einführen
II. 1. medial **invehi**
1. hineinfahren, -schiffen, einlaufen od. einherfahren, -reiten, -schiffen
2. (N. Kl.) **se invehere** od. medial **invehi** = eigtl. (angreifend) einbringen, eingreifen, losreiten, (v. Fahrzeugen) losfahren auf, (v. Gewässern) hineinlaufen, heranströmen
3. übtrg. **invehi** in aliquem od. in aliquid = (mit Worten, Schmähungen) herfallen über, heftig ausfallen, losziehen gegen
invenio 4. (venio)
I. (zufällig) auf etwas kommen, auf jemd. stoßen, jemd. od. etw. antreffen, finden
2. spez. (i. einer Schrift) lesend finden, geschrieben finden
3. übtrg. (mit prädik. Ergänzg.) jemd. finden, befinden als, klassisch meist pass. = erscheinen, sich zeigen, auftreten als
4. (medial) sich finden, sich finden lassen; (N. Kl.) se i. „sich in etw. finden“
5. (zufällig) zu etwas kommen = bekommen, erhalten, erwerben
II. 1. eigtl. (durch Suchen) jemd. od. etwas finden, auffinden, ausfindig machen, auftreiben, erlangen u. a.
2. übtrg. (durch eigene Tätigkeit) bewerkstelligen, ermöglichen
3. (durch Nachforschen von andern) erfahren, ausfindig machen, auf etwas kommen, entdecken, ermitteln
4. (durch eigenes Nachdenken) finden, erfinden, entdecken, ersinnen, aussinnen; spez. (t. t. rhet.) auffinden (v. Stoff): Vgl. inventum
inventio, onis, *f*
Erfindungsgabe; übtrg. subjektiv: Auffindung, Ermittlung, Erfindung; spez. (t. t. rhet.) Auffindung (und Sammlung des Stoffes)
inventor, oris, *m* u. **inventrix**, icis, *f*
eigtl. u. übtrg. Finder (-in), Erfinder (-in), Urheber (-in), Begründer (-in)
inventum, i, *n*
das Erfundene, obiect. = Erfindung, spez.
1. philos. Forschungen = Lehrsätze
2. (rhet.) = Stoff
invenustus, a, um
unschön, ohne Anmut
inverecundus, a, um
(von Pers. u. Sachen) unbescheiden, rücksichtslos
invergo, ere (vergo)
darüber hinneigen: (t. t. der Religionssprache) darübergießen (P)
inversio, onis, *f*
Umkehrung (verborum = „Ironie“)
inverto 3. (verto)
I. eigtl. 1. umwenden, umdrehen
2. (P) spez. (umwendend) aufwühlen (vom Winde), umpflügen, umstürzen (und so) ausleeren (Weinkrüge)

II. übtrg. 1. umkehren, umstürzen, umwandeln
2. spez. (rhet.) umkehren, verkehren (verba = ironisch gebrauchen, vgl. inversio)
3. (N. Kl.) umgestalten = mit andern Worten wiedergeben

invesperascit (vesperasco)
es dämmert

investigatio, onis, *f*
Aufspürung, Erforschung

investigator, oris, *f*
Aufspürer, Erforscher

investigo 1. (vestigo)
I. eigtl. auf die Spur kommen, aufspüren
II. übtrg. 1. aufspüren = auskundschaften
2. erforschen, erkunden

inveterasco, ravi, ere
I. (von Pers.) alt, grau werden; (v. Leblos.) = auf die lange Bank geschoben werden
II. sich einnisten, festwurzeln, sich festsetzen

inveteratio, onis, *f*
übtrg. eingewurzelter Fehler

invetero 1. (vetero)
alt machen, alt werden lassen; medial **inveterari** übtrg. einwurzeln; klassisch meist nur **inveteratus**, a, um festgewurzelt, altgewohnt

invicem u. getrennt **in vicem**
I. 1. (klass. selten u. nur bei Caesar) abwechselnd, wechselweise, umschichtig
2. (N. Kl.) recipr. = inter se gegenseitig, einer den andern, unter-, miteinander
II. (N. Kl.) 1. auf beiden Seiten
2. umgekehrt, andererseits, hingegen

invictus, a, um
unbesiegt; unbesiegbar, unüberwindlich, unerschütterlich, unbeugsam u. a.

invidentia, ae, *f*
Mißgunst, Neid (im aktiven Sinne als chronisches Übel)

invideo 2. (video)
I. trans. eigtl. jemd. od. etwas mit scheelem, bösem Blick ansehen (N. Kl.)
II. intrans. übtrg. (jemd.) beneiden, (auf etw. od. jemd.) neidisch sein, (gegen jemd.) Neid empfinden, (jemdm. etwas) mißgönnen
III. (N. Kl.) i. alicui aliquid spez. jemdm. etw. (mißgünstig) versagen, vorenthalten. **invidendus**, a, um (P) beneidenswert

invidia, ae, *f*
I. activ. Neid und der (aus d. Neid entspringende) Haß (welchen man hegt)
Öfter II. pass. Neid, Haß (den man bei andern erregt), Unpopularität, Unzufriedenheit mit, Mißvergnügen, Unwille über, Mißfallen, Anfeindung, Gehässigkeit, gehässige Nachrede, Vorwurf, Mißkredit u. a. im privaten u. polit. Leben; (P) übtrg. Neider, neidische Person; personif. Gottheit d. Neides

invidiosus, a, um
I. activ. neidisch, mißgünstig, gehässig
Meist II. pass.
1. beneidet, beneidenswert (P)
2. verhaßt, mißliebig, widerwärtig, verdächtigt, verrufen u. a.
3. causativ. Neid (Unwillen, Mißfallen) bei andern erregend, Haß bringend, verunglimpfend, spez. invidiosum est „es erregt (verursacht, führt mit sich) Mißfallen“, Mißbilligung, Haß, ist unpopulär, mißliebig u. a.

invidus, a, um
scheel auf etwas sehend: nur avtiv. (v. Pers.) neidisch, mißgünstig, eifersüchtig, häufig subst. Neider, Beneider; (P) übtrg. v. Leblosem

invigilo 1. (vigilo)
eigtl. bei etwas wachen (N. Kl.); übtrg. auf etw. bedacht sein, es überwachen, große Sorge auf etw. verwenden

inviolabilis, e
unverletzlich (N. Kl.)

inviolatus, a, um
1. (v. Pers. und Sachen) unverletzt, unversehrt
2. unverletzlich, unantastbar

invisitatus, a, um
nicht gesehen (N. Kl.); noch nie gesehen = neu, selten, ungewöhnlich

inviso 3. (viso)
nachsehen, besehen, besichtigen; besuchen, aufsuchen

invisus, a, um
I. (in u. video) noch nicht (nie) gesehen

II. (invideo) verhaßt; (P) activ. gehässig, feindlich gesinnt

invitamentum, i, *n*, meist plur. Lockmittel, Reiz, Lockung

invitatio, onis, *f* Einladung, Aufforderung

invitatus, us, *m* Einladung (im abl. invitatu tuo „auf d. E.“)

invito 1.
I. eigtl. 1. jemd. als Gast einladen, zu Gast bitten, bewirten
2. (N. Kl.) reflex.: se i. „sich (in Essen u. Trinken) gütlich tun“, es sich wohl schmecken lassen
II. übtrg. zu etw. auffordern, ermuntern, rufen, laden, anlocken, reizen, verlocken

invitus, a, um wider Willen, ungern, nur widerstrebend, unfreiwillig, gezwungen

invius, a, um (N. Kl.) unwegsam, schwer zugänglich, übtrg. unmöglich, subst. **invia**, orum, *n* unwegsames Terrain

invocatus, a, um
I. (in u. voco) ungerufen
II. part. von invoco

invoco 1. (voco)
1. anrufen, spez. (e. Gottheit zur Hilfe) anrufen, anflehen
2. (N. Kl.) (mit dopp. acc.) anrufen als

involatus, us, *m* der Flug

involito, are fortwährend hinflattern (P)

involo 1. (volo) hineinfliegen: übtrg. sich auf etw. stürzen, eindringen in etwas, sich einer Sache bemächtigen; (N. Kl.) (v. Affekten) plötzlich befallen

involucrum, i, *n* Hülle, Decke, Futteral

involvo 3. (volvo)
eigtl. 1. hineinwälzen, -rollen, mit sich fortwälzen, pass. bildl. sich einschleichen (N. Kl.)
2. hinaufwälzen, -rollen
3. einrollen, einwickeln, einhüllen; übtrg. verhüllen; adi. **involutus**, a, um in Dunkel gehüllt = schwer verständlich

invulneratus, a, um unverwundet

io (gr.) (P) (Ausruf der Freude oder des Schmerzes) juchhei! oh! ah!

iocatio, onis, *f* das Scherzen, der Scherz (auch plur.)

iocor 1. intr. scherzen; trans. als Scherz vorbringen, scherzend sagen

iocosus, a, um scherzhaft, kurzweilig, neckisch

iocularis, e spaßhaft, schnurrig (N. Kl.) subst. **iocularia**, ium, *n* Späße, Scherze

ioculator, oris, *m* Spaßmacher

ioculor, ari Späßchen machen (N. Kl.)

iocus, i, *m*, plur. klassisch nur ioca
I. eigtl. Scherz, Witz
II. übtrg. 1. Spiel, Zeitvertreib
2. Gegenstand des Scherzes, Spottes
3. (meist P) Liebeständelei, scherzhaftes oder erotisches Gedicht, personif. Gott des Scherzes u. a.

ion (**ium**), ii, *n* (gr.) das Veilchen

iota, *n* indeklin. (gr.) das Jota

ipse (P auch **ipsus**), a, um (wohl aus is u. pse, daher P alter acc. eumpse [vgl. auch reapse]; gen. ipsiua; dat. ipsi; mit Suff met klass. nur im nom. plur. ipsimet) pron. determinativ.
I. = (ich, du, er, einer [unbestimmt]) selbst, in ausdrücklich. od. gedacht. Ggstz. zu anderem; substantiv. u. adjektiv. gebraucht
II. spez. 1. (um einem zweiten subj. dasselbe Prädik. beizuleg.) = auch selbst, selbst auch, auch, ebenfalls u. a.
2. (im gemeinen Leben zur Bezeichnung des Hausherrn, des Meisters, der Hausfrau) Er, Sie
3. persönlich, in eigener Person, um seiner selbst willen, an sich, allein, nur, bloß, schon der (die, das)
4. gerade, eben, lediglich
5. unmittelbar, mitten in
6. eigentlich, wirklich
7. rein, wahr

8. (bei Zahl- u. Zeitbestimmungen) gerade, genau
9. (steigernd) selbst = sogar
10. von selbst, aus freien Stücken, freiwillig
11. = speziell
12. = im ganzen
13. statt des pron. reflexiv., um den Gegensatz hervorzuheben

ira, ae, *f*
Zorn, Erbitterung, Ingrimm, plur. Zornesausbrüche, Zornesaufwallungen u. a. (klassisch nur v. Menschen); spez. (P) Liebes-, Kampfeswut, Grund z. Zürnen, personif. **Irae**

iracundia, ae, *f*
1. Neigung zum Zorn, leidenschaftliches Temperament
2. spez. der Ausbruch des Z. = Zorn, Jähzorn, Rachsucht, (abgeschwächt) Erbitterung, Heftigkeit, Eifer, Unwille, üble Laune u. a.
3. (als rhet. Figur) Unwille

iracundus, a, um
zu Zornesausbrüchen geneigt, jähzornig, heftig, (abgeschwächt) mißgestimmt, übelgelaunt

irascor, irasci
zornig werden, in Zorn geraten, zornig sein, zürnen, auf od. über jemd. erzürnt sein; (P) kühn entgegentreten, wüten gegen, i. in cornua „seine Wut in d. Hörner drängen"

iratus, a, um
zornig erzürnt, im Zorn, wütend, leidenschaftlich erregt, ergrimmt; übtrg. (P) stürmisch, heftig u. a.

ironia, ae, *f* (gr.)
die Ironie

irrationalis, e
unvernünftig (N. Kl.)

irraucesco, rausi, ere
heiser werden

irreligiosus, a, um
(N. Kl.) gottlos, unehrerbietig

irremeabilis, e
keine Rückkehr bietend (P)

irreparabilis, e
(N. Kl.) unersetzlich, unwiederbringlich

irrepertus, a, um
nicht gefunden (P)

irrepo 3. (repo)
1. eigtl. hineinkriechen, -schleichen
2. übtrg. sich einschleichen, sich einnisten in, quentia in sensus, dissimulatio un mentes hominum)

irreprehensus, a, um
(P) untadelhaft, wahr

irrequietus, a, um
(N. Kl.) rastlos, unablässig

irresectus, a, um
unbeschnitten (P)

irresolutus, a, um
unaufgelöst (P)

irretio 4. (retio)
i. Netz fangen: übtrg. verstricken, fangen

irretortus, a, um
nicht zurückgedreht (P)

irreverentia, ae, *f*
(N. Kl.) Unehrerbietigkeit, Unbescheidenheit

irrevocabilis, e (N. Kl.)
1. nicht zurückzurufen, unaufhaltsam
2. nichts widerufend, unversöhnlich

irrevocatus, a, um
nicht zur Wiederholung aufgefordert (P)

irrideo 2. (rideo)
bei, zu, über etw. lachen, scherzen, spotten, etw. od. jemd. verspotten, verhöhnen, zum besten haben

irridicule
unwitzig

irrigatio, onis, *f*
Bewässerung

irrigo 1. (rigo)
1. eine Flüssigkeit wohinleiten, übtrg. ausgießen über (N. Kl.)
2. benetzen, bewässern; übtrg. (P) erfrischen

irriguus, a, um
(N. Kl.) activ. bewässernd, pass. bewässert, befeuchtet

irrisio, onis, *f*
Hohn, Spott, Verspottung

irrisor, oris, *m*
Spötter, Verhöhner

irrisus, us, *m*
Spott, Hohn, Verhöhnung (klass. nur irrisui esse „zum Gespött dienen")

irritabilis, e
leicht reizbar

irritamen, minis, *n*
Reizmittel (P)
irritamentum, i, *n*
Reizmittel (N. Kl.)
irritatio, onis, *f*
(N. Kl.) Reizung, Anreizung, Verlockung
irrito 1.
I. reizen = anregen, antreiben, bewegen
II. spez. 1. jemd. zum Zorn reizen, aufbringen, erbittern
2. (N. Kl.) (einen Zustand) gewaltsam erregen, wecken, verursachen
irritus, a, um
1. ungültig
2. (N. Kl.) erfolglos, vergeblich, (v. Pers.) ohne etwas auszurichten, subst. **irritum**, i, *n* Erfolglosigkeit, Vergeblichkeit
irrogatio, onis, *f*
Auferlegung
irrogo 1. (rogo) [irrogassit altlat. = irrogaverit]
als staatsrechtl. t. t.
1. etw. (beim Volk) für jemdn. beantragen, durchsetzen
2. gegen jemd. beantragen, erkennen lassen
3. (N. Kl.) überhaupt: auferlegen, zuerkennen, verhängen
irroro 1. (roro)
(P) betauen, befeuchten benetzen, herabträufeln auf
irrumpo 3. (rumpo)
eindringen, einbrechen, einfallen, einen Einfall machen
irruo 3. (ruo)
hineinstürzen, -rennen, eindringen, losgehen auf; spez. sich eindrängen
irruptio, onis, *f*
Einbruch, Einfall
irruptus, a, um
unzerreißbar (P)
is, ea, id (acc. sing. altlat. im)
I. (bei folgendem oder vorhergehendem Relativsatz, und zwar adi. und subst.) derjenige, der; spez.
1. (vor dem durch kein Attribut näher bestimmten, aber von einem vervollständigenden indikat od. konjunktiv. Relativsatz begleiteten Subst.) is, qui „einer der“
2. (als nachdrucksvollere Form der Apposition) is qui, id quod (nicht durch Komma getrennt!) „derselbe welcher“, „er, der ja“, „ich meine nämlich den, welcher“
3. prägnant (= talis, tantus) solch, so beschaffen, so groß u. a., auch beschränkend = „nur solcher“ u.s.w.
II. (bei Beziehung auf eine genannte Person od. Sache, subst. und adi.) dieser, derselbe, er; spez.
1. et is, isque, atque is, et is quidem „und zwar“, steigernd „und noch dazu“, neque is „und zwar nicht“, „und nicht einmal“
2. in quidem = „wirklich“ (im Ggstz. zu dem bloßen Versuch)
3. isque (= sed is) „aber“
4. häufig statt des gen. obi. u. subi. mit dem Subst. attributiv verbunden
5. id oft subst. a) id dico „nur so viel sage ich“; b) zur Anreihung eines Attrib. id est = „das heißt“
6. in Nebensätzen zuweilen statt des pron. reflex. (aus d. Sinne des Schreibers od. Referenten)
istac adv.
(P) da, auf d. Wege
iste, ista, istud
(pron. demonstr. der 2. Pers.; es wird gebraucht von dem, was den Angeredeten angeht, ihm örtlich, zeitlich od. in der Vorstellung nahe liegt; dann auch zur nachdrücklichen Hinweisung auf etw. von dem Redenden Bezeichnetes, dem dieser sich gleichsam gegenüberstellt) der da, dieser da, dieser dein od. dieser euer; spez.
1. (in Briefen das auf den Adressaten Bezügliche bezeichnd.) jener dort, dortig u. a.
2. (im Dialog mit Bezug auf das von dem andern Redner Erwähnte) eben der, von dir genannt
3. (in gerichtl. u. polit. Reden den Gegner bezeichnd., zu welchem der Redner sich hinwendet, z. B. in Ciceros Verrinen spez. Verres) = der da, der Gegner, daher allgemein oft Gegnerschaft, Mißbilligung oder Verachtung ausdrückend
isti adv. P = istic

istic, istaec, istuc
der, dieser da od. dort
istic adv.
da, dort; übtrg. dabei
istim adv. = istinc
istinc adv.
von da, von dort
istiusmodi (besser getrennt)
von der Art, solcherart
isto adv. = istuc
dahin, dorthin; übtrg. dahinein, darein
istoc adv. (N. Kl.) = istuc
istuc adv.
dahin, dorthin
ita adv.
(bei Handlungen u. Zuständen die Art u. Weise bezeichnend, daher vorherrschend bei Verbis [doch s. 10.]; vgl. tam)
1. (prädikativ) so beschaffen, von der Art, in solcher (dieser) Lage, so
2. (Vorausgehendes zusammenfassend od. Folgendes einleitend) auf diese (folgende) Weise, derartig, so, also, folgendermaßen, unter solchen (diesen) Umständen u. a.
3. (bestimmend und einschränkend) nur so, nur so weit, insofern, mit der Maßgabe (Einschränkung, Bestimmung), unter der Bedingung, auf die Bedingung hin
4. (vergleichend) so, auf diese Weise
5. (in affektvollen Fragen, besond. des Unwillens u. der Verwunderung, mit Voraussetzung der Bejahung) itane? „also wirklich?"; quid ita? „wie so? weshalb oder warum das? wie meinst du das?"
6. (in Antworten) ja!, so ist es!, freilich u. a.; und so allgem. bekräftigend = wirklich
7. (in Beteuerungen) ita (mit Konjunktiv) - ut (gewöhnl. mit Indik.) „so wahr ... so gewiß"
8. (vereinz. im Schlußsatz) folglich, demnach, wofür auch ita fit, ut
9. (zur Einführung eines Beispiels) so = so zum Beispiel
10. (graduell bei Adj. und Adv., doch der modalen Bedeutung sich meist annähernd) so, so sehr, in so hohem Grade

itaque
I. = et ita, betont itaque
II. Konklusivpartikel, bet. itaque:
1. (knüpft eine Tatsache oder zuweilen einen logischen Schluß als Folge an das Vorhergehende an) und deshalb, infolgedessen, daher, also
2. oft erläutert es auch einen allgemein. Gedanken durch ein Beispiel, einen besonderen Fall = „und so, so auch"
3. gelegtl. spez. (um eine unterbrochene Rede wieder aufzunehmen) also
item adv.
1. ebenso, ebenfalls, auch, desgleichen
2. spez. (in Vergleichen) ebenso, auf gleiche Weise
3. (anreihend) et item, atque item, itemque, que item (beim Übergang zu etw. Neuem), auch bloß item = und ebenso, und auch, sowie auch, gleichermaßen
iter, itineris, *n*
I. abstr. (als Handlung)
1. Weg, Reise, Marsch, Fahrt; spez.
2. (als Wegmaß) Tagemarsch, Tagereise
3. Durchgangsrecht, Erlaubnis zu gehen
4. (N. Kl.) Lauf (v. Flüssen)
II. konkr. = Weg, Straße; spez. (N. Kl.) Straße in einer Stadt
III. übtrg. 1. (von Abstrakten) Weg, Gang, Verlauf
2. spez. Gang = Art u. Weise, Mittel und Wege, Verfahren u. a.
iteratio, onis, *f*
(t. t. rhet.) Wiederholung (der Worte in Rede u. Schrift)
itero
1. (allgemein.) etwas noch einmal vornehmen, wiederholen, erneuern (N. Kl.); spez. 1. (t. t. des Landbaues) (den Boden mit d. Pflug) wiederholt aufreißen, wenden, bearbeiten
2. (t. t. rhet.) (Worte) wiederholen = zweimal setzen
iterum adv.
1. zum zweiten Mal, abermals
2. in Verbindungen: semel iterumque, semel atque i. „einmal u. noch einmal = ein paarmal"; (P) iterum iterumque, i. atque i. „wieder und wieder"
3. bei Angabe der Aufeinanderfolge von Tatsachen = zweitens (semel - iterum)

4. (N. Kl.) andererseits, wiederum, dagegen

itidem adv.
auf gleiche Weise, ebenso, ebenfalls

itinerarium, ii, *n*
Reisebeschreibung (Sp.)

itio, onis, *f*
Reise, Fahrt

ito, are
(zu) gehen (pflegen)

itus, us, *m* (eo)
das Gehen, der Gang

iuba, ae, *f*
die Mähne; (N. Kl.) übtrg. der Kamm am Kopf der Schlange, Helmraupe der Krieger

iubar, baris, *n*
(P) Lichtschein, strahlendes Licht, übtrg. Stern, spez. Morgenstern, Sonne

iubatus, a, um
(N. Kl.) mit einer Mähne, einem Kamm versehen

iubeo, iussi, iussum 2.
I. (im allgem.) 1. auffordern, befehlen, heißen, lassen, Ggstz. veto
2. (mit acc. der Sache) etw. anbefehlen, verordnen, jmdm. etw. auferlegen
II. (prägn.) 1. (als t. t. der Ärzte) verordnen
2. (v. Gesetz) verordnen, gebieten
3. (staatsrechtlich v. Senat u. Volk) verordnen, beschließen, genehmigen, gutheißen; spez. (N. Kl.) jemd. zu etwas wählen, für etw. erklären, jmd. verlangen, jmdm. etwas zuerkennen, jmdm. etwas auferlegen u. a.; vgl. iussum

iucunditas, atis, *f*
Annehmlichkeit; (von Pers.) das ansprechende, gefällige Wesen, das sich in jovialer Laune u. heiterer Unterhaltung zeigt = Jovialität, Frohsinn, Liebenswürdigkeit, (daher) Beliebtheit

iucundus, a, um (iuvo)
ergötzlich, erfreulich, angenehm (insofern etw. e. körperliches od. geistiges Vergnügen schafft; vgl. gratus); (v. Pers.) (im Umgang) liebenswürdig, jovial, (daher) beliebt (bei jemd.), lieb, angenehm, vertraut. adv. **iucunde**

iudex, dicis, *m*
I. eigtl. Richter
1. in gerichtlichen Streitsachen
2. außergerichtlich = Schiedsrichter
3. altlat. = consul
II. übtrg. Richter = Beurteiler

iudicatio, onis, *f*
richterliche Untersuchung (bes. der vorgebrachten Entschuldigung); Urteil

iudicatum, i, *n*
(richterliche) Erkenntnis, Entscheidung, Urteilsspruch

iudicatus, us, *m*
Richteramt

iudicialis, e
gerichtlich, bei Gericht üblich, Gerichts-

iudiciarius, a, um
auf das Gericht bezüglich, gerichtlich, Gerichts-

iudicium, ii, *n*
I. (t. t. iur.) 1. gerichtliche (richterliche) Untersuchung, Gericht; spez.
2. Gerichtsstätte
3. Gerichtsbarkeit, Richteramt, -stelle
4. das Richterkollegium, die Richter
5. Prozeß
II. 1. (vom Richter u. der Obrigkeit) Erkenntnis, Urteil, Spruch, Entscheidung; übtrg.
2. Urteil, Meinung, Überzeugung, Ausspruch u. a.; spez.
3. Anerkennung, Achtung
4. Urteilskraft, Urteilsvermögen (spez. in ästhetischen Dingen), Geschmack
5. freier Entschluß, Vorbedacht, Überlegung, Grundsatz

iudico 1.
I. (staatsrechtl. t. t.)
1. Recht sprechen, urteilen, das Richteramt üben, Richter sein, Entscheidung fällen, etw. entscheiden, aburteilen
2. jemd. für schuldig erklären, verurteilen, richten
3. (mit prädik. acc. jemdn. od. etw.) wozu erklären
II. 1. entscheiden, beschließen, bestimmen
2. urteilen, beurteilen, zu beurteilen wissen, ermessen, ein (sachverständiges) Urteil abgeben

3. wofür halten, erklären, der Meinung sein, erachten
iugalis, e (iugum)
(meist P) ans Joch gewöhnt, Joch-, Zug-, subst. **iugales**, ium, *m* Gespann
übtrg. ehelich, hochzeitlich, Ehe-
iugarius, a, um
im Joch gehend (N. Kl.)
iugatio, onis, *f* sc. capitum
die „Verbindung" der Pfahlköpfe durch Querlatten
iugerum, i, *n* (gen. plur. iugerum, dat. u. abl. iugeribus)
ein Morgen Landes
iugis, e
verbunden: klassisch nur übtrg. (v. Wasser) stets quellend, nie versiegend
iuglans, glandis, *f* (= Iovis glans)
Walnuß
iugo 1.
jochen: übtrg. verknüpfen, verbinden; (P) ehelich verbinden
iugosus, a, um
gebirgig (P)
iugulatio, onis, *f*
Ermordung (N. Kl.)
iugulo 1.
die Kehle durchschneiden, abstehen; vulgär = erstechen, abschlachten, morden; übtrg. = vernichten, verderben, spez. stehende Bezeichng. für e. unrechtmäßig gerichtl. Verurteilung
iugulum, i, *n* und (N. Kl.) **iugulus**, i, *m*
das Schlüsselbein; Kehle
iugum, i, *n*
I. eigtl. das Joch (d. h. das Holz, welches auf dem Nacken der Lasttiere oder Pferde liegend das Gespann verband); übtrg.
1. Sklavenjoch
2. (P) Ehejoch
3. konkret ein Joch = ein Gespann; übtrg. = ein Paar
II. (als Querholz zwischen zwei Gegenständen)
1. (als Zeichen der Knechtschaft und Schande) Joch
2. Waage (an d. Deichsel), übtrg. Waage (als Gestirn)
3. (P) Webebaum, Ruderbank
4. übtrg. Gebirgsjoch, -kette, -kamm, (P) allgemein = Gebirge, Höhe
iumentum, i, *n*
Zugtier, Spanntier, Lasttier (Pferd, Esel, Maultier)
iunceus, a, um
aus Binsen (P)
iuncosus, a, um
voll Binsen (P)
iunctim adv.
vereint, mitsammen, beieinander
iunctio, onis, *f*
Verbindung
iunctura, ae, *f*
Verbindung, Zusammenfügung, Zusammensetzung
iunctus, a, um s. iungo a. Ende
iuncus i, *m*
Binse
iungo, iunxi, iunctum 3.
I. eigtl. verbinden, vereinigen, zusammenfügen, -knüpfen; spez.
1. (Tiere) anspannen, anschirren (N. Kl.), (Wagen) bespannen
2. überbrücken
3. (räumlich) pass. iungi „an etw. anstoßen", angrenzen, nahe liegen
4. (N. Kl.) (t. t. milit.) Truppen miteinander vereinigen, zusammenstoßen lassen, pass. zusammenstoßen, sich vereinigen
II. übtrg. (allgem.) verbinden, vereinigen, pass. iungi „sich vereinigen, sich verbinden"; spez.
1. (durch Genossenschaft, Freundschaft) verbinden
2. (in Liebe u. Ehe) verbinden, vermählen
3. mit prolept. Objekt: (vereinigend) zustande bringen, schließen, stiften.
iunctus, a, um zus.gefügt, vereinigt, verbunden; spez. (t. t. rhet.) wohl verbunden; (N. Kl.) = befreundet, vertraut
iunior s. iuvenis
iuniperus, i, *f*
Wachholderstrauch
Iuppiter (besser als Iupiter)
Jupiter; übtrg.
1. Jupiter (Planet)
2. (P) = Himmel, Luft, Klima
iurator, oris, *m*
(N. Kl.) vereidigter Vertrauensmann, Taxator (beim Zensus)

iuratus, a, um s. iuro
iure s. ius a. Ende
iurgium, ii, *n*
Wortwechsel, Streit, Zank; spez. (meist nur in alten Gesetzen) Streit vor Gericht
iurgo 1.
zanken, streiten, hadern; spez. streiten vor Gericht; (P) trans. auszanken, schelten
iuridicialis, e
rechtlich, juridisch
iuris-consultus s. consulo
iuris-dictio s. dictio
iuro 1.
I. intr. 1. schwören, einen Eid ablegen
2. (N. Kl.) sich verschwören
II. trans. 1. schwören, beschwören
2. (klassisch selten) bei jmdm. schwören, ihn mit einem Schwur zum Zeugen der Wahrheit anrufen
3. (N. Kl.) abschwören. **iuratus**, a, um
1. selten pass.: quod iuratum est
2. meist activ.: in Eid genommen, geschworen, vereidigt
ius, iuris, *n*
Brühe, Suppe
ius, iuris, *n* (nur im nom. u. acc.)
I. (objetktiv) eigtl. 1. (allgemein) Recht = Satzungen, Verordnungen (der Gesetzgeber u. Juristen); spez.
2. (kollektiv) das Recht (als Inbegriff von Rechten einer bestimmten Art) = Rechtssatzungen, Rechtsnormen, Gesetzessammlung
3. (einzelne) gesetzliche Bestimmung
4. das Recht (als Gegenstand richterlicher Entscheidung), spez. Rechtsfall, Rechtsgutachten, Rechtsverhältnis
5. Gericht = Gerichtsstätte
II. (subjektiv) übtrg. Recht (als Naturrecht oder als auf geschriebenen Gesetzen oder Herkommen beruhende Befugnisse oder Ansprüche)
III. allgemein; spez.
1. Recht = Rechtszustand, rechtl. Befugnis, Anrecht, Gerechtsame, Vollmacht, Gewalt, Macht, Privilegium
2. Recht (in polit. Sinne). Oft **iure** mit Recht
ius iurandum, gen. **iuris iurandi**, *n*
(der bürgerliche, gerichtliche) Eidschwur, Eid, Schwur; spez. Huldigungseid, Eid der Treue
iussum, i, *n* (fast nur plur.)
Befehl, Geheiß; spez. Verordnung, Beschluß (des Volkes)
iussu
auf Befehl, Geheiß, Verordnung, Beschluß
iustitia, ae, *f*
gerechte Handlungsweise, gebührendes Verhalten; Gerechtigkeit
iustitium, ii, *n* (ius und sisto)
Stillstand der Gerichte (bei Gefahr des Staates od. bei Landestrauer); (N. Kl.) übtrg. Stillstand, Hemmung
iustus, a, um
I. subi. (v. Pers.) gerecht, rechtschaffen, redlich
II. obi. 1. (was dem strengen Recht entspricht) gerecht = rechtmäßig, gesetzlich, recht; subst. **iustum**, i, *n* Recht, Gerechtigkeit
2. übtrg. gerecht = wohlbegründet, verdient, gebührend, berechtigt
3. billig, glimpflich
4. (was der Gewohnheit u. Sitte entspricht =) regelmäßig, regelrecht, gehörig, ordentlich, normal, vollständig u. a. subst. **iusta**, orum, *n* a) rechtmäßiger Lohn; b) die herkömmlichen Gebräuche, Feierlichkeiten, Förmlichkeiten, spez. Totenehre (= die dem Toten zu gewährende Pflicht der Bestattung)
iuvenalis, e
(N. Kl.) jugendlich, jungen Leuten angemessen, für junge Leute, subst. **iuvenalia**, ium, *n* theatral. Spiele (von Nero gestiftet)
iuvencus, a, um
(N. Kl.) jung, subst. **iuvencus**, i, *m* junger Mensch, junger Stier. **iuvenca**, ae, *f* Mädchen, Jungfrau, junge Kuh, Färse
iuvenesco, ere
(N. Kl.) in die Jünglingsjahre treten, heranwachsen, wieder jung werden, sich verjüngen
iuvenilis, e
jugendlich
iuvenis, gen. is
I. adi. jung, jugendlich

II. subst. **iuvenis**, is, *m* (rüstiger, kräftiger, im Krieg helfender) junger Mann, Jüngling, im Alter zwischen den adulescentes und seniores stehend; bisweilen = adulescens, wenn es sich weniger um das Alter, als um d. Jugendkraft handelt)
2. (P) junges Weib
II. comp. **iunior** (auch **iuvenior**), oris
1. (N. Kl.) jünger, der Jüngere
2. plur. subst. **iuniores** klass. = (Fachwort des Militär- und Staatswesens) die junge Mannschaft
iuvenor 1.
(P) den Jüngling spielen, tändeln
iuventa, ae, *f*
(N. Kl.) Jugendzeit, Jugend, personif. Göttin der Jugend, übtrg. Jugend = junge Leute, Jugendkraft, Flaum (das erste Barthaar)
iuventas, atis, *f*
1. Jugend, Jünglingsalter (P)
2. personif. die Göttin der Jugend
iuventus, utis, *f*
abstr. Jugend, Jugendzeit, Jugendalter; konkr. Jugend = Jünglinge, junge Männer, spez. d. junge Mannschaft
iuvo, iuvi, iuvare (N. Kl. iutum u. iuvaturus)
I. erheitern, erfreuen, ergötzen, Befriedigung gewähren, Freude machen; spez. unpersönl. **iuvat** es erfreut, erheitert, ergötzt
II. unterstützen, helfen; übtrg. förderlich sein, fördern
iuxta
I. adv. 1. (örtlich) dicht dabei, nahe bei, nebenan
2. übtrg. ebenso, auf gleiche Art, gleich
II. praep. mit acc
1. (räumlich) dicht neben, nächst, an der Seite; (N. Kl.) bis in die Nähe
2. (N. Kl.) (von d. Reihenfolge) gleich nach, nächst, (zur Bezeichnung der Annäherung) nahe kommend, nahe an (von Zeit und Ähnlichkeit)

K

Nur als Anfangsbuchstabe vor a in wenigen Wörtern, bes. als Abkürzungszeichen (für Kaeso, Kalendae, Klumnia, Kaput „Kapital“ od. „Kapitel“).

L

labecula, ae, *f*
kleiner Schandfleck
labefacio 3. (facio), klass. selten u. meist i. partic. labefactus
1. eigtl. wankend, locker machen, erschüttern
2. übtrg. (im Bestehen od. in d. Gesinnung) erschüttern, wankend machen
labefacto 1. (labefacio)
1. eigtl. ins Wanken bringen
2. übtrg. (in d. Existenz od. Gesinnung) wankend machen, erschüttern, fast zu Grunde richten
labellum, i, *n*
1. kleine Lippe
2. kleines (Wasser-)Becken
labes, is, *f*
I. eigtl. Erdsturz
II. übtrg. 1. Sturz = Schaden, Nachteil, Unglück, Verderben
2. Fleck a) eigtl. P; b) bildl. Flecken, Schandfleck, Schande, Schmach
labo, are
1. eigtl. zu fallen drohen, dem Fall nahe sein, wanken
2. übtrg. (im Bestehen od. in der Gesinnung) wanken, zu fallen drohen
labor, lapsus sum 3.
I. eigtl. [klass. selten] 1. (allmählich u. beständig abwärts) gleiten, schweben, sinken, fallen, fließen
2. (ohne ausgesprochene Abwärtsbewegung) (hin)gleiten, -dringen, schlüpfen, (v. Wasser) hinfließen
3. (prägnant) abgleiten, abkommen
4. ausgleiten
5. (N. Kl.) herausgleiten, entschlüpfen, hin-, ein-, zusammensinken
II. übtrg. 1. (mit üblem Nebensinn) a) abwärts gleiten; b) sinken, straucheln; c) abkommen (in d. Rede: labor longius „ich verliere mich zu weit"); d) sich hinneigen zu, in e. Zustand verfallen, geraten; e) herausfallen (hac spe lapsus „in dieser H. getäuscht"); f) oft (geistig oder moralisch) irren, fehlen, sich vergehen
2. (wie e. Fluß) dahingleiten, -fließen
3. (N. Kl.) hinsinken, hinschwinden (vom Leben), entfallen, (v. Sterbenden) untergehen, in Verfall geraten
labor (N. Kl. auch **labos**), oris, *m*
angestrengte, mühevolle Tätigkeit, daher
1. Anstrengung, Mühe, Arbeit
2. (milit.) Strapaze, spez. Kampfesmühe, Kampf, (P) Unternehmung, Tat
3. Tätigkeit, Arbeitsamkeit
4. Arbeitskraft, Ausdauer
5. Arbeit = (das durch Anstrengung hervorgebrachte) Werk; (P) von künstlerisch. Arbeit
6. Not, Beschwerde, Mühseligkeit, Drangsal
7. personif. **Labor** als Gottheit der Mühsal
laborifer, era, erum
Strapazen ertragend (P)
laboriosus, a, um
1. mühsam, beschwerlich
2. arbeitsam, tätig
3. geplagt („sich abquälend")
laboro 1.
I. 1. intrans. sich anstrengen, arbeiten, sich bemühen; **non** (nihil) **laboro** sich nicht kümmern, unbekümmert sein, nicht(s) fragen nach
2. trans. (N. Kl.) verfertigen, bereiten, bearbeiten
II. in Not sein, in Sorgen sein, bedrängt, bedrückt sein, leiden
1. im allgemeinen Sinne
2. spez. a) (militär.) in Not sein, bedrängt werden; b) (an e. Krankheit) leiden
labrum, i, *n* (lambo) (gewöhnl. im plur.)
1. eigtl. Lippe (l. superius „Oberlippe")
2. übtrg. Rand (labra fossae; ab labris [cornuum] „oben am Rande")
labrum, i, *n* (lavo)
Wanne, Becken, Kessel, Kufe
labrusca, ae, *f*
wilder Wein

labyrinthus, i, *m* (gr.)
d. Labyrinth (auf Kreta)
lac, lactis, *n*
Milch; übtrg. (P) = Saft v. Pflanzen
lacer, era, erum
(N. Kl.) zerrissen, verstümmelt, zerfleischt, (P) zerfleischend
laceratio, onis, *f*
das Zerfleischen
lacerna, ae, *f*
Mantel mit einer Kapuze
lacero 1.
I. eigtl. zerreißen, zerfleischen, (P) zertrümmern, verstümmeln, zerraufen
II. übrtg. 1. zerfleischen = tief verwunden, peinigen, quälen; zu Grunde richten, zerrütten; verschleudern
2. (mit Worten zerfleischen =) tief verletzen, herabsetzen, verunglimpfen
lacerta, ae, *f* u. **lacertus**, i, *m*
Eidechse; (Name e. Seefisches)
lacertosus, a, um
muskulös
lacertus, i, *m*
1. eigtl. Muskel des Oberarms, Oberarm, (der kräftige) Arm
2. übtrg. a) Stärke, Kraft (v. dem Redner: in Lysia sunt lacerti; [hastas] oratoris lacertis viribusque torquebit; von überlegener Heeresmacht: non pugnabamus ... consilio ... sed lacertis et viribus); b) (P) Scheren des Skorpions, Arme des Flusses
lacesso, ivi (ii), itum 3.
I. (in feindl. Sinne) (an)reizen, herausfordern, angreifen
II. etw. herausfordern, (herausfordernd) veranlassen
lacinia, ae, *f*
Fetzen, Zipfel
lacrima, ae, *f*
Träne (P) übtrg. Pflanzensaft, Harz, Bernstein
lacrimabilis, e
(P) beweinenswert, kläglich
lacrimabundus, a, um
in Tränen ausbrechend (N. Kl.)
lacrimo 1.
weinen; tränen; (P) **lacrimatus**, a, um = herabgeträufelt
lacrimosus, a, um
(P) tränend, Tränen erregend, kläglich
lacrimula, ae, *f*
Tränchen
lactans, gen. antis (lacto)
(P) Milch gebend, säugend, saugend
lactens, gen. entis (lacteo)
1. saugend (Romulus; hostiae)
2. (P) milch-, saftreich
lactesco, ere
zu Milch werden (cibus matrum)
lacteus, a, um
1. eigtl. der Milch, Milch gebend (P)
2. übtrg. milchweiß (orbis l. „Milchstraße")
lactuca, ae, *f*
Kopfsalat
lacuna, ae, *f* (lacus)
1. Lache, Sumpf (N. Kl.)
2. Tiefe. Abgrund (N. Kl.)
3. Lücke
lacunar, aris, *n*
(mit Vertiefungen [Kassetten] versehene) getäfelte Zimmerdecke, Plafond
lacuno, are
(P) wie mit getäfelter Arbeit schmükken (vgl. lacunar)
lacunosus, a, um
lückenhaft
lacus, us, *m*
mit Wasser gefüllte Vertiefung:
1. Lache, (Land-)See, Teich
2. (P) Quellbecken, Gewässer, Flut
3. (künstlicher) Wasserbehälter, Bassin
4. Kühltrog, (Preß-)Kufe
laedo, si, sum 3.
I. verletzen, beschädigen, nachteilig einwirken; (N. Kl. von Empfindungen) bedrücken, beunruhigen
II. verletzen = kränken, beleidigen
laena, ae, *f* (gr.)
Oberkleid für Männer, (Wetter-) Mantel
laesio, onis, *f*
(t. t. rhet.) das Reizen des Gegners
laetabilis, e
erfreulich
laetatio, onis, *f*
Frohlocken, Jubel
laetifico 1.
mit Freude erfüllen; fruchtbar machen, befruchten
laetificus, a, um
Freude bringend (P)

laetitia, ae, *f*
1. (äußerliche) Freude, Fröhlichkeit
2. (N. Kl.) Anmut, (P) personif. Göttin der Fröhlichkeit

laetor 1.
sich freuen, Freude äußern, frohlocken; (N. Kl.) an etw. Freude haben. **laetans**, gen. antis frohlockend

laetus, a, um
I. subi. froh, fröhlich, heiter; (P) sich erfreuend an etw.
II. obi. 1. erfreuend, erfreulich, fröhlich stimmend, angenehm
2. spez. (N. Kl.) a) glückverheißend; b) üppig, blühend, reich, reichlich, fruchtbar, fett (Saaten, Tiere u. a.)

laevus, a, um (gr.)
1. eigtl. (selten klass.) link (manus, pars; subst. **laeva** linke Hand, daher ad laevam = zur Linken; a leava - ab dextera); links liegend, subst. **laeva**, orum die linke Seite
2. (N. Kl.) übtrg. a) töricht, ungeschickt, b) in der Sprache der Auguren: günstig (nach röm. Auffassg.), ungünstig (nach griech. A.)

laganum, i, *n*
Ölkuchen, Plinse (P)

lagena schlecht statt lagoena

lageos, gei, *f* (gr.)
„Hasenwein"

lagoena (auch **lagona**), ae, *f*
gehenkeltes Gefäß, Flasche

lagois, goidis (gr.)
„Haselhuhn"

lagona s. lagoena

lama, ae, *f*
(P) Morast, Pfütze

lambo, ere
lecken, belecken (von Tieren: tribunal; P von Leblosem = umzüngeln [v. Feuer], umspülen [v. Wasser])

lamentabilis, e
1. jammervoll, kläglich
2. (P) bejammernswert

lamentatio, onis, *f*
Wehklagen, Jammer (auch im plur.)

lamentor, 1.
intrans. wehklagen, jammern; trans. bejammern

lamenta, orum, *n*
Wehklagen

lamina ([P] **lammina** od. **lamna**), ae, *f*
1. (aus Metall, Holz, Stein bestehende) Platte, Scheibe, Brett, Blech u. a.
2. spez. (P) Blatt (der Säge), Klinge (des Schwertes), (Silber-)Blech

lampas, padis, *f* (gr.)
Fackel, Leuchte, Licht, Leuchter

lana, ae, *f*
1. Wolle (der Schafe), plur. (P) Wollfäden
2. (N. Kl.) Wollarbeit = das Spinnen, (P) Baumwolle

lanatus, a, um
wollig (N. Kl.)

lancea, ae, *f* (Fw.)
(mit einem Riemen versehener) Wurfspeer (N. Kl.)

laneus, a, um
wollen, aus Wolle (pallium)

languefacio 3. (facido)
schlaff machen, beruhigen (excitatos)

langueo, ere
matt, schlaff, träge, untätig sein

languesco, ere
erschlaffen, matt, schlaff, träge, untätig werden (senectute; corpore; [N. Kl.] sich verdunkeln (v. Mond), milder werden (v. Wein)

languidus, a, um
1. matt, schlaff, träge, lässig; (P) mild (v. Wein u. Wind)
2. erschlaffend

languor, oris, *m*
Mattigkeit, Ermattung, Schlaffheit, Lässigkeit; (P) Schwermut

laniatus, us, *m*
Zerfleischung

laniena, ae, *f*
(N. Kl.) Schlachtbude, Schlachthaus, Fleischbank

lanificus, a, um
(P) = webend, spinnend

laniger, era, erum
(P) Wolle tragend, wollig, wollen, subst. **laniger**, eri, *m* Widder, Lamm

lanio 1.
zerfleischen, zerreißen

lanista, ae, *m*
Lehrmeister (und Vermieter) von Gladiatoren; übtrg. = Aufhetzer

lanitium, ii, *n*
(P) (verarbeitete) Wolle, Wollertrag

lanius, ii, *m*
(N. Kl.) Fleischer, Metzger
lanterna, ae, *f*
Lampe, „Laterne“
lanternarius, ii, *m*
Laternenträger: übtrg. Helfershelfer
lanugo, ginis, *f*
(P) Wollichtes, Flaum (an Früchten und als sprossender Bart)
lanx, lancis, *f*
Schüssel, Schale, spez. Waagschale
lapathum, i, *n* u. **lapathus**, i, *m* (gr.)
Sauerampfer
lapicida, ae, *m*
Steinmetz (N. Kl.)
lapicidinae, arum, *f*
Steinbrüche
lapidarius, a, um
(N. Kl.) Stein- (z. B. litterae lapidariae = Buchstaben auf Stein, die eine größere Form hatten)
lapidatio, onis, *f*
d. Steinwerfen
lapidator, oris, *m*
Steinwerfer
lapideus, a, um
aus Stein, steinern, Stein-
lapido 1.
(N. Kl.) Steine werfen:
1. impers. lapidat „es regnet Steine“
2. trans. steinigen
lapidosus, a, um
(N. Kl.) steinig, voll Steine, steinhart
lapillus, i, *m*
(N. Kl.) Steinchen, spez. Edelstein od. Perle, Mosaiksteinchen, Stimmstein
lapis, lapidis, *m*
I. Stein
II. spez. (N. Kl.) 1. Meilenstein (im Abstand von 1000 passus stehend)
2. Grenzstein
3. Grabstein
4. Mühlstein
5. Marmor
6. Edelstein oder Perle
7. Mosaikstein
8. lapides ardentes „Meteore“
9. l. vivus = Feuerstein
10. l. bibulus = Bimsstein
11. Iovem Lapidem iurare „Beim J. L. schwören“, wobei die Schwörenden einen Kiesel in d. Hand hielten)

lapa, ae, *f*
Klette
lapsio, onis, *f*
= Neigung zum Schlimmen (t. t. phil.)
lapso 1.
wanken (N. Kl.)
lapsus, us, *m*
I. eigtl. 1. das Fallen, Sinken, Fall, Sturz, Einsturz (terrae)
2. das Gleiten, Fliegen, Schlüpfen, Flug, Lauf, Bahn
II. übtrg. Fall = Fehltritt, Irrung, Versehen, Verstoß
laquear, aris, *n*
getäfelte Decke = lacunar (N. Kl.)
laqueatus, a, um
mit getäfelter Decke versehen
laqueus, i, *m*
Fallstrick, Schlinge; spez. von verfänglichen Worten, Trugschlüssen u.a.
Lar, Laris, gewöhnl. plur. **Lares**, gen. Larum (N. Kl. u. selten Larium)
vergötterte Seelen v. Verstorbenen als Schutzgötter, zunächst des Hauses, dann auch (den griech. Heroen vergleichbar) der Öffentlichkeit; daher metonymisch auch = Haus, Wohnung
lardum (aus **laridum**), i, *n*
(P) fettes Schweinefleisch, Speck
Larentalia, ium, *n*
Fest zu Ehren der Acca Larentia (P)
largificus, a, um
reichlich (P)
largior 4.
reichlich schenken, spenden, spez. um zu bestechen = bestechen; (gern) einräumen, zugestehen, gewähren, verleihen, zum Opfer bringen, (N. Kl.) ungestraft durchgehen lassen
largitas, atis, *f*
Reichlichkeit, Freigiebigkeit
largitio, onis, *f*
1. (reichliches) Spenden, Freigiebigkeit
2. (in übl. Sinne) Bestechung
3. Verleihung, Gewährung
largiter s. largus
largitio, oris, *m*
1. freigiebiger Spender (N. Kl.)
2. (in übl. Sinne) Bestecher
largus, a, um
reichlich gebend, freigiebig; reichlich; adv. **large** oder **largiter**

larix, icis, *f*
Lärche
Lars, lartis, *m*
Fürstentitel bei d. Etruskern
larva, ae, *f*
böser Geist eines Verstorbenen: übtrg. (P) Maske, Larve
lasanum, i, *n* (gr.)
Nachtgeschirr (P)
lascivia, ae, *f*
1. fröhliche Ausgelassenheit
2. (N. Kl.) (in schlecht. Sinne) Zügellosigkeit, Ausschweifung
lascivio, ire
mutwillig, ausgelassen sein
lascivus, a, um
1. (in gutem Sinne) mutwillig, ausgelassen (P)
2. (in übl. Sinne) zügellos, übermütig
lassitudo, dinis, *f*
Mattigkeit, Ermüdung
lasso 1.
müde machen (N. Kl.)
lassus, a, um
(N. Kl.) matt, müde, ermüdet
late s. latus a. Ende
latebra, ae, f (lateo)
I. das Verborgenbleiben, Verborgenheit
II. konkr. 1. (meist plur.) versteckter Ort, Schlupfwinkel, Versteck
2. übtrg. Schlupfwinkel = Zuflucht, Ausflucht
latebrosus, a, um
reich an Schlupfwinkeln. (P) = porös
lateo, ui, ere
1. eigtl. u. übtrg. verborgen sein, versteckt sein, sich verborgen halten; (P) im Verborgenen leben
2. geborgen sein
3. verborgen = unbekannt sein, unbemerkt bleiben
later, eris, *m*
Ziegel, Ziegelstein (auch kollekt.); übtrg. (N. Kl.) lateres (auri) „Barren"
laterculus, i, *m*
Ziegel (auch kollekt.)
latericius, a, um
aus Ziegeln gebaut (murus, turris), subst. **latericium**, ii, n Ziegelwerk
laterna, -arius s. lanterna, -arius
latesco, ere
sich verbergen (P)
latex, icis, *m*
Versteck: N. Kl., meist im plur., (verstecktes) Wasser (der Quellen, der unterird. Flüsse), übhpt. Flüssigkeit jeder Art (Wasser, Wein, Öl)
Latiar, aris, *n*
Fest des Iuppiter Latiaris (des Schutzgottes des Latinerbundes)
latibulum, i, *n*
(meist im plur.) Schlupfwinkel, Versteck (der Tiere), auch übtrg.
latifundium, ii, *n*
Landgut von großem Umfang
Latinitas, atis, *f*
1. (v. Ausdruck) das reine Latein
2. (politisch) das latinische Recht
Latinus, a, um
1. eigtl. lateinisch
2. prägnant v. Ausdruck = gut lateinisch, elegant, adv. **Latine**
1. lateinisch
2. prägn. = gut lateinisch, elegant, [L. loqui auch = sich offen, deutlich ausdrücken: L., non accusatori loqui d.h. „buchstäblich"]. subst. in Latinum convertere = ins Lat. übersetzen
latio, onis *f*
1. das Bringen (v. Hilfe) (N. Kl.)
2. spez. a) legis (legum) l. „Gesetzesvorschlag"; b) N. Kl. „Stimmrecht"
latito 1.
sich versteckt halten (spez. um sich dem Gericht zu entziehen)
latitudo, inis, *f*
Breite; Ausdehnung, Größe; übtrg. breite Aussprache
Latonigenae, arum, *m*
die Kinder der Latona = Apollo und Artemis (P)
lator, oris, *m*
Antragsteller; „Votierer" bei d. Abstimmung
latrator, oris, *m*
(P) Beller, Hund
latratus, us, *m*
(N. Kl.) Bellen, Gebell
latrina, ae, *f*
Kloake (N. Kl.)
latro 1.
I. eigtl. bellen; (P) anbellen
II. übtrg. belfern; (P) intrans. = heulen, knurren, trans. = beschimpfen

latro, onis, *m* (gr.)
ursprüngl. Mietsoldat: Freibeuter; Straßenräuber, Bandit, Räuber

latrocinium, ii, *n*
Kriegsdienst (vgl. latro):
1. sing. u. plur. Freibeuterei, Straßenraub, Räuberkrieg
2. übtrg. Ränke, Spitzbüberei
3. konkr. Räuberbande

latrocinor 1.
Freibeuterei, Straßenraub treiben

lactrunculus, i, *m*
elender Räuber

latus, a, um Partiz. von fero s. fero

latus, a, um
I. eigtl. 1. breit
2. weit, in weiter Ausdehnung
3. (P) breitspurig
II. breit (v. d. Aussprache: cuius illa lata imitaris); breit, weitläufig, ausführlich (oratio latior), adv. **late** eigtl. und übtrg.
1. breit (longe lateque „weit u. breit“)
2. weit, weithin
3. weitläufig, ausführlich
4. (P) reichlich

latus, eris, *n*
I. Seite (am Körper) 1. im allgemeinen: Seite, Weiche
2. spez. „Seite“ als Sitz u. Bezeichng. der Kraft u. Stärke; oft im plur. vom Redner = „Lunge, Lungenkraft“
3. P für den ganzen Körper
II. Seite eines Gegenstandes = Seitenfläche, Flanke; fossa directis lateribus „Seitenwänden“; lateris deiectus „steile Seitenabhänge“; spez. milit. = Flanke (d. Heeres)

laudabilis, e
lobenswert, rühmlich; preisens-, beneidenswert (vita)

laudatio, onis, *f*
I. Belobigung, Lobrede
II. spez. 1. günstiges Zeugnis (vor Gericht: alicui dare)
2. Leichenrede
3. Dankadresse (der Provinzialen an d. Senat: decernere)

laudator, oris, *m*
1. Lobredner; fem. **laudatrix**, icis;
2. Enlastungszeuge (vor Gericht)
3. (N. Kl.) Leichenredner

laudo 1.
I. loben, jemds. Verdienst anerkennen
II spez. 1. jemdm. ein günstiges Zeugnis geben, ihn entlasten (vor Gericht)
2. (jemdm.) e. Leichenrede halten
3. (P) = glücklich preisen
III. übtrg. jemd. anführen, zitieren.

laudatus, a, um
gepriesen, vortrefflich

laurea, ae, *f*
1. eigtl. Lorbeerbaum, Lorbeerkranz, -zweig, (N. Kl.)
2. übtrg. a) Lorbeer = Triumph, Sieg, Ruhm

laureatus, a, um
lorbeerbekränzt = geschmückt, (N. Kl. laureatae [litterae] „Siegesbotschaft“)

laureola, ae, *f*
Lorbeerkränzchen: übtrg. = Triumph

laureus, a, um
Lorbeer- (corona)

laurus, i, *f* (nach der 4. Dekl. finden sich lauru u. im plur. laurus)
Lorbeerbaum, Lorbeer, Lorbeerzweig, -kranz

laus, laudis, *f*
I. 1. Lob, Ruhm (allgemeiner als das mit ihm oft verbundene gloria; spez. ist laus „Anerkennung“, gloria „Tatenruhm“; l. ferre „davontragen“
2. (N. Kl.) Ruhmbegierde
3. plur. **laudes** Lobreden; [N. Kl.] funebres laudes „Leichenreden“
II. Tüchtigkeit, Verdienst; gewöhnl. im plur. laudes „ruhmvolle Taten, Verdienste“

lautia, orum, *n*
(N. Kl.) Unterhalt (fremder Gesandten auf Staatskosten)

lautitia, ae, *f*
Luxus, Aufwand

lautumiae, arum, *f* (gr.)
„Steinbrüche“ (Kerker in Syrakus u. Rom)

lautus, a, um (lavo)
„sauber“: stattlich, ansehnlich, anständig, vornehm, fein

lavatio, onis, *f*
1. das Baden, Bad
2. Bad = was zum Baden gebraucht wird, Badewasser etc.

lavo, lavi, lavare (supin. [P] lavatum; part. perf. pass. **lautus** oder [klass. ?] **lotus**; part. fut. act. [P] auch nach der 3. Konj.)
1. waschen, baden; **lavari** (N. Kl. auch lavare) sich baden, sich waschen
2. (P) befeuchten, begießen, abwaschen, vertreiben

laxamentum, i, *n*
übtrg. Erleichterung, Erholung, Schonung

laxitas, atis, *f*
Geräumigkeit (eines Hauses)

laxo 1.
I. erweitern, öffnen
II. (N. Kl.) etwas schlaff machen, lockern, lösen; übtrg. nachlassen mit etw., (mit einem Preis), erleichtern, laxari u. laxare „nachlassen"
III. jemd. erleichtern, ihm Erholung verschaffen, ihn lösen, befreien von etw.

laxus, a, um
I. weit, geräumig 1. räumlich: laxe habitare
2. zeitlich: diem statuo satis laxam; laxius proferre diem)
II. 1. schlaff, lose, locker, offen
2. übtrg. (N. Kl.) milde (Regierung), lässig, wohlfeil (Preis)

lea, ae, *f* P = leaena

leaena, ae, *f* (gr.)
Löwin

lebes, etis, *m* (gr.)
Kessel od. Becken aus Metall

lectica, ae, *f*
Tragbett, Sänfte

lecticarius, ii, *m*
Sänftenträger

lecticula, ae, *f* e.
einfache Sänfte, (N. Kl.) e. einfache Bahre (für Tote)

lectio, onis, *f*
1. Auslese, Auswahl
2. das Lesen, die Lektüre, das Vorlesen (als t. t.: l. senatus die „Vorlesung" der Senatsliste, vgl. lego)
3. (N. Kl.) Lektüre als Lesestoff
4. (Sp) Lesart
5. (N. L.) Vorlesung, zum Lernen aufgegebenes Pensum

lectisternium, ii, *n*
feierliches Göttermahl (N. Kl.)

lectito 1.
wiederholt = aufmerksam lesen, studieren

lectiuncula, ae, *f*
leichte, angenehme Lektüre

lector, oris, *m*
Leser (eines Buches); Verleser (v. Urkunden etc. bei Gericht); (N. Kl.) allgemein Vorleser (= anagnostes)

lectulus, i, *m*
1. Bett (zum Schlafen)
2. Ruhebett (für Meditationen), Lektüre u. ähnl.)
3. Speisesofa
4. (N. Kl.) Leichenbett

lectus, a, um s. lego No. II

lectus, i, *m*
1. Bett (zum Schlafen: lecto teneri „das Bett hüten", „ans Bett gefesselt sein")
2. Ruhebett
3. Braut-, Ehebett (l. genialis)
4. Speisesofa
5. Leichenbett

legata, ae, *f*
Gesandtin

legatio, onis, *f*
I. 1. abstr. Gesandtschaft, Amt eines Gesandten; spez. l. libera „freie G." (in persönlichen Angelegenheiten, im bes. um e. Gelübde zu erfüllen
2. konkr. Gesandtschaft = die Gesandten
3. Auftrag oder Bericht eines Gesandten (l. renuntiare „Bericht über d. Gesandtschaft erstatten")
II. Stelle eines Legaten (l. obire)

legatum, i, *n*
(testamentarisches) Vermächtnis

legatus, i, *m*
1. Gesandter, Bevollmächtigter
2. (milit.) Unterfeldherr, „Legat" (Führer eines Legion od. auch größerer Heeresabtlgn.; l. pro praetore „als Stellvertreter des Feldherrn")
3. „Legat" als Gehilfe des Statthalters einer Provinz
4. (N. Kl.) unter den Kaisern selbständige Statthalter einer Provinz (l. oder l. pro praetore)

legifer, era, erum
Gesetze gebend (P)

legio, onis, *f* (lego)
die „Lese":

1. (die römische) Legion
2. (N. Kl.) übtrg. Heerhaufe, Heer
legionarius, a, um
zur Legion gehörig, Legions-, subst. **legionarii** „Legionssoldaten"
legislator s. lator
legitismus (N. Kl. **-tumus**), a, um
1. gesetzmäßig, rechtmäßig
2. übtrg. gehörig, gebührend, regelrecht
legiuncula, ae, *f*
e. Legiönchen (N. Kl.)
lego 1.
I. (von Amtswegen) 1. jemd. als Gesandten (ab)senden
2. zum Legaten (vgl. legatus 2 u. 3) ernennen, als L. beigeben
II. übtrg. testamentarisch (testamento) hinterlassen, vermachen
lego, legi, lectum 3.
I. 1. eigtl. (klass. selten) zusammen-, auflesen, sammeln
2. (P) (Blumen u. a.) pflücken, abbrechen, (Segel) einziehen, (d. letzten Atem) auffangen, (e. Faden) spinnen od. aufwickeln, (Weihschätze) stehlen.
II. auslesen, (aus)wählen; **lectus**, a, um erlesen, ausgezeichnet.
III. 1. mustern (P)
2. a) lesen; b) vorlesen; c) (N. Kl.) (e. Spur od. Weg) verfolgen, folgen, (Örtlichkeiten gleichsam ablesen =) durchlaufen, -streifen, -fahren
leguleius, ii, *m*
„Gesetzkrämer" (von e. Anwalt)
legumen, inis, *n*
Hülsenfrucht, spez. (P) Bohne
lembus, i, *m* (gr.)
(N. Kl.) Barke, Boot
lemniscatus, a, um
mit Bändern geschmückt (s. lemniscus)
lemniscus, i, *m* (gr.)
„Band" um den Kranz, auch „Band" allein als Zeichen bes. Auszeichnung
lemures, um, *m*
die (umherspukenden) Geister der Abgeschiedenen
lemuria, orum, *n*
(P) Fest zur Sühnung der lemures
lena, ae, *f*
Kupplerin: übtrg. = Anlockerin
Lenaeus, a, um (gr.)
zur Kelter gehörig: (P) bacchisch, Bacchus
lenimen, inis, *n* (P) u. **lenimentum**, i, n
(N. Kl.) Linderungsmittel, Linderung
lenio 4.
lindern, mildern, besänftigen
lenis, e
eigtl. und übtrg. mild, sanft, gelind, gelassen, Ggstz. asper, adv. **leniter**
lenitas, atis, *f*
eigtl. und übtrg. Sanftheit, Milde, Ruhe, Gelassenheit
lenitudo, inis, *f* selten = lenitas
leno, onis, *m*
Kuppler, auch übtr. für e. „Agenten", „Werber"
lenocinium, ii, *n*
1. eigtl. Kuppelei; Kupplerlohn
2. übtrg. a) Lockung; b) raffinierter Schmuck
lenocinor 1.
Kuppelei treiben: nur übtrg.
1. schmeichelnd locken, in niedriger Weise schmeicheln
2. (N. Kl.) einer Sache künstlich höheren Reiz verleihen
lens, lentis, *f*.
Linse
lentesco, ere
(N. Kl.) zähe, klebrig werden
lentiscus, i, *m*
Mastixbaum (P)
lentitudo, inis, *f*
1. Lässigkeit, Zaudern, (v.d. Rede) Phlegma (N. Kl.)
2. Gleichgültigkeit, Dickfelligkeit
lento 1.
biegen (P.)
lentulus, a, um
etwas zähe: übtrg. von e. schlechten Zahler
lentus, a, um
I. eigtl. zähe, biegsam, geschmeidig, klebrig (P).
II. übtrg. 1. langsam (auch v. d. Zeit), ruhig träge, lässig, matt (N. Kl.; klass. adv. **lente**, z. B. procedere)
2. schleppend
3. zäh
4. ruhig, geduldig, (in übl. Sinne) phlegmatisch, gleichgültig

lenunculus, i, *m*
Barke
leo, onis, *m*
Löwe, auch als Gestirn d. Tierkreises
leopardus, i, *m* (gr.)
Leopard) (Sp.)
lepidus, a, um
1. zierlich, nett, niedlich, allerliebst
2. (v. Ausdruck) humoristisch, witzig
lepos, oris, *m*
(vom Ausdruck) geistreicher Humor, feiner Witz
lepra, ae, *f* (gr.)
Aussatz (N. Kl.)
lepus, oris, *m*
Hase (P *f* = „Häsin“), auch Name eines Sternbildes
lepusculus, i, *m*
Häschen
lessus (nur im acc. **lessum**), *m*
Totenklage (A. L.)
letalis, e
tödlich (N. Kl.)
lethargicus, i, *m* (gr.)
Schlafsüchtiger (P.)
lethargus, i, *m* (gr.)
Schlafsucht (N. Kl.)
Lethaeus, a, um (gr.)
(P) zum Fluß Lethe, zur Unterwelt gehörig, lethäisch, übtrg. = Vergessenheit bringend, einschläfernd
letifer, era, erum
(P) todbringend, tödlich
leto 1.
töten (P)
letum, i, *n*
(meist in poetischer Diktion) Tod, übtrg. Untergang, Todeslos, auch personif.
leucaspis, gen. pidis (gr.)
weißbeschildet (N. Kl.)
levamen, inis, *n* = levamentum
levamentum, i, *n*
Linderungsmittel
lavatio, onis, *f*
Erleichterung; übtrg. Verminderung
leviculus, a, um
ziemlich eitel
levidensis, e
geringfügig
levipes, gen. pedis
leichtfüßig (P)
levis, e
glatt (Ggstz. asper, übtrg. v. der Rede) glatt = gut fließend; (P) glatt = blank (Becher u.a.), unbehaart, schlüpfrig (Blut), jugendlich zart
levis, e (Ggstz. gravis)
I. eigtl. (dem Gewicht nach) leicht
II. übtrg. 1. (v. der Stimme) weich, Ggstz. asper
2. leichterträglich, von leichter Wirkung = leicht, nicht drückend, leise, sanft, gelinde, milde; leicht = von leichtem Gehalt
3. (N. Kl.) leichtbeweglich = flink, schnell, flüchtig
4. (nach Wert und Bedeutung) unbedeutend, unwichtig, wertlos, geringfügig, gehaltlos
5. (vom Charakter) leichtsinnig, leichtfertig, wankelmütig, gesinnungslos, adv. **leviter**
1. eigtl. (N. Kl.) leicht (v. Gewicht: l. armati)
2. übtrg. leicht = mit geringer Wirkung, erträglich, milde, leichten Herzens, gering, unerheblich, unbedeutend, obenhin
levitas, atis, *f*
Glätte
levitas, atis, *f*
I.. eigtl. Leichtigkeit
II. übtrg. 1. (P) Beweglichkeit
2. Richtigkeit
3. Flüchtigkeit, Leichtsinn, Gesinnungslosigkeit, Wankelmut
levo 1. (levis)
glatt machen; (P) übtrg. v. Ausdruck
levo 1. (levis)
I. eigtl. erleichtern, (er-, auf-)heben, weg-, abnehmen, losmachen (N. Kl.)
II. übtrg. 1. leichter, beweglicher machen
2. etw. erleichtern, mindern, erträglicher machen, abhelfen, jemd. einer Sache entledigen, befreien von
3. jemd. aufrichten, erleichtern, trösten, unterstützen
4. vermindern, schwächen
lex, legis, *f* (lego)
I. eigtl. (als publiz.-jur. Ausdruck)
1. Vertrag, Kontrakt, Vorschlag, Bedingung (des Friedens u. a.)

2. (v. dem zuständ. Magistrate gemachter) Gesetzesvorschlag, Antrag, gesetzliche Bestimmung, Einrichtung, Gesetz, vgl. auch ab-, de- und obrogare; plur. **leges** politisch = Verfassung
3. (e. förmlicher) Volksbeschluß
II. (außerhalb der publiz.-jurist. Sphäre)
1. Regel, Vorschrift, Bedingung
2. Bestimmung
3. (P) Regelmäßigkeit, Ordnung

lexicon (gr.)
Wörterbuch (N. L.)

libamen, inis, *n* P = libamentum 1

libamentum, i, *n*
1. Opfergabe
2. übtrg. = Probe

libatio, onis, *f*
Trankopfer (einmal im plur.)

libella, ea, *f*
eigtl. = as (vgl. libra II): Bezeichng. für eine kl. Münze = „Heller, Pfennig"; ad libellam „auf den Pf." = genau)

libellus, i, *m*
1. Büchelchen, Werkchen, Schrift, bei Horaz auch von e. einzelnen Satire
2. spez. a) Notizenbuch, Verzeichnis; b) öffentl. Anschlag; c) Bittschrift; d) (N. Kl.) Anklageschrift; e) Brief, Schreiben; f) Programm

libens, gen. entis
willig, gern, bereitwillig; oft adv. **libenter** = nach freiem Belieben

liber, era, erum
frei
I. 1. frei von Zwang = ungehindert
2. unbefangen, freimütig, offen
3. abgabenfrei, schuldenfrei
4. (N. Kl.) = unbewohnt (Haus)
5. (moral.) frei = zügellos, ausgelassen
II. frei, befreit von, ledig
III. 1. (politisch) frei, unabhängig
2. (bürgerlich) frei (Ggstz. liberi - servi); daher **liberi**, gen **liberorum** od. **liberum**, *m* die Kinder (als der freie Teil der Hausgenossenschaft; gesetzt nur in Bezug auf die Eltern [vgl. pueri]; rhetor. in allgemein. Sinne auch von einem Kind gebraucht)

liber, bri, *m*
I. eigtl. Bast
II. (weil d. Alten auf Bast schrieben) allgemein = Buch, Schrift, Abhandlung, insb. = Register

Liber, eri, *m*
altital. Gott, mit Bacchus identifiziert; übtrg. = Wein

Liberalia, ium, *n*
Fest am 17. März, an dem d. Jünglinge die toga virilis nahmen

liberalis, e
I. die Freiheit betreffend
II. eines freien Mannes würdig = edel, anständig; daher auch = gütig, freigiebig, reichlich, stattlich

liberalitas, atis, *f*
anständige Gesinnung, daher auch = Güte, Freigiebigkeit; (N. Kl.) = (freigiebiges) Geschenk

liberatio, onis, *f*
Befreiung; Freisprechung

liberator, oris, *m*
Befreier

libero 1.
I. freimachen, befreien
II. spez. (gerichtlich) freisprechen

liberta, ae, *f* s. libertus

libertas, atis, *f*
Freiheit:
1. = Unbeschränktheit i. Reden und Handeln; daher = Erlaubnis, Freimut; in übl. Sinne = Zügellosigkeit
2. = (polit) Freiheit, Unabhängigkeit; spez. Freiheitsliebe; auch personif. Libertas = Göttin der F
3. = (bürgerl.) Freiheit, Ggstz. **servitus**

libertinus, i, *m*
Freigelassener; auch adjekt. fem. **libertina**, ae

libertus, i, *m*
Freigelassener (mit Bezug auf d. früheren Herrn, daher 1. meus, Caesaris). fem. **liberta**, ae

libet, libitum est (meist im Sinne des Präs.; N. Kl. libuit) 2.
es beliebt, gefällt, gelüstet

libidinosus, a, um
willkürlich; zügellos, ausschweifend, wollüstig

libido, inis, *f*
1. Belieben, Gefallen
2. Begierde, Lust, Verlangen
3. (in übl. Sinne) Willkür, Gelüst, Ausschweifung, bes. sinnliche Begierde

libita, orum, *n*
(N. Kl.) Belieben, Gelüste
Libitina, ae, *f*
(N. Kl.) Leichengöttin, übtrg. Leichengeräte
libo 1. (gr.)
I. (N. Kl.) 1. (einem Gott e. Trankopfer) ausgießen, spenden
2. (be)sprengen, opfern, weihen
II. v. der Oberfläche abnehmen:
1. (N. Kl.) schöpfen, sanft berühren, nippen
2. klass. übtrg. (als das Beste) ab-, entnehmen; (N. Kl.) vermindern, oberflächlich kennen lernen
libra, ae, *f* (gr.)
I. (zweischalige) Waage (eigtl. u. bildl.); spez.
1. Nivellierwaage (ad libram = „in gleich. Höhe")
2. (P) Waage als Sternbild
II. (N. Kl.) das Gewogene: das Pfund = as
libramentum, i, *n*
1. Gewicht, Gleichgewicht, Schwungriemen (N. Kl.)
2. gleichmäßige Fläche
librariolus, i, *m*
Kopist, Schreiber, verächtl. Skribent
librarius, a, um
zu d. Büchern gehörig (taberna l. „Buchladen").
subs. 1. **librarius**, ii, *m*
Schreiber, Abschreiber
2. **librarium**, ii, *n*
Behältnis (für Schriften u. Bücher)
librator, oris, *m*
Steinwerfer (N. Kl.)
librilis funda
„Pfundschleuder" (die pfundschwere [librilis] Steine schleudert)
libritor, oris, *m* = librator
libro 1. (libra)
1. im Gleichgewicht, i. d. Schwebe halten
2. N. Kl. (im Gleichgewicht od. mit Wucht) schwingen, schleudern
libum, i, *n*
Opferkuchen (P)
Liburni, orum, *m*
Liburner (in Illyrien): **Liburna**, ae, *f* = Liburnerschiff
licens, gen. entis
I. s. liceor
II. (licet) frei, ungebunden; willkürlich, dreist, regel-, zügellos, frech
licentia, ae, *f*
1. Freiheit, Ungebundenheit
2. Willkür, Dreistigkeit, Zügellosigkeit, Ausgelassenheit, Frechheit; personif. **Licentia**, „Die Frechheit"
liceo, ui 2.
feil sein, -stehen
liceor, itus sum 2.
bieten a) abs.: digito „durch Aufheben des. F."; contra l. ein Gegengebot tun; contra aliquem l. = jemd. überbieten; b) trans. bieten auf, z.B. hortos
licet, **licuit** od. **licitum est**, licere (licitum est in d. Umgangssprache = licet)
es ist erlaubt, man kann, darf, mag
licitatio, onis, *f*
„Gebot" bei Auktionen
licitator, oris, *m*
„Bieter" bei Auktionen
licitus, a, um
erlaubt (N. Kl.)
licium, ii, *n*
(N. Kl.) Einschlag (i. Gewebe), allgem. = Faden, Band
lictor, oris, *m* (ligo)
„Liktor", öffentl. Diener bes. der Oberbeamten cum imperio
licuit s. 1. licet 2. liquet
lien, enis, *n*
Milz
ligamen, inis, *n* u. **ligamentum**, i, *n*
(N. Kl.) Band, Binde, Verband
lignarius, ii, *m*
Holzhändler (N. Kl.)
lignatio, onis, *f*
d. Holzholen
lignator, oris, *m*
Holzholer
ligneolus, a, um
hölzern
ligneus, a, um
hölzern
lignor 1.
Holz holen
lignosus, a, um
holzig (N. Kl.)
lignum, i, *n*
1. Holz

2. (N. Kl.) übtrg. lignum „Holz“: a) = hölzerner Gegenstand („Baum“, „hölzern. Pferd oder Kuh, oder Figur“, „Schaft“), b) (P) = Pfropfreis

ligo 1.
(N. Kl.) umschlingen, verbinden

ligo, onis, *m*
Hacke (N. Kl.)

ligurio (ligurrio), ii 4.
eigtl. belecken (P); übtrg. belecken, lüstern sein nach (acc.: lucra)

liguritio (ligurritio), onis, *f*
Naschhaftigkeit

ligustrum, i, *n*
Liguster (ein Strauch)

lilium, ii, *n* (gr.)
Lilie, übtrg. eine Art Fallgruben

lima, ae, *f*
(N. Kl.) Feile (eigtl. u. übtrg.)

limatulus, a, um
gefeilt

limbus, i, *m*
(P) Besatz, Saum

limen, inis, *n*
1. eigtl. Schwelle
2. übtrg. (N. Kl.) a) = Haus, Wohnsitz, Gemach (meist plur.), b) = Eingang (des Hafens der Ruhe), c) = Schranke (der Rennbahn), d) = Grenze, e) = Anfang

limes, itis, *m*
(N. Kl.) 1) eigtl. Grenzscheide, Rain, Grenzlinie, befestigter Grenzwall
2) Feldweg, Weg, Straße, Bahn

limo 1.
feilen: übtrg.
1. feilen, abschleifen, glätten, daher **limatus**, a, um gefeilt, abgeschliffen
2. (philosoph.) genau untersuchen
3. abfeilen = mindern, schmälern

limosus, a, um
schlammig (N. Kl.)

limus, a, um
schräg: schielend (P)

limus, i, *m*
I. (P) Schurz (der Opferdiener).
II. (fast nur N. Kl.) Schlamm (am Grunde des Wassers), Kot, Ton

linea, ae, *f* (vulg. linia)
I. eigtl. 1. leinener Faden, Schnur
2. Richtschnur (rectis lineis, ad lineam = „geradlinig, senkrecht“)
II. übrtrg. 1. (geometr.) Linie
2. spez. Grenzlinie (in d. Rennbahn, klassich nur übtrg.: tamquam transilire lineas)

lineamentum (liniamentum), i, *n*
1. Strich, Linie
2. übtrg. plur. Umrisse, Konturen, Zeichnung, Skizze, Züge

lineas, a, um
leinen (N. Kl.)

lingua, ae *f*
1. Zunge; übtrg. (N. Kl.) Landzunge, (P) „Staubbeutel“ der Lilie
2. Zunge = Rede, Worte; spez. a) böse Zunge, Lästerzunge; b) Redegabe, -fertigkeit; c) (P) in üblem Sinne = Geschwätzigkeit, Ruhmredigkeit, Vermessenheit; d) (P) Stimme, Laut, Gesang; e) oft Sprache (in Bezug auf ihre materielle Beschaffenheit), spez. Mundart, Dialekt

linguale, ae, *f*
Landzunge

liniamentum, i, *n* s. lineamentum

liniger, era, erum
linnentragend (P)

lino, levi, litum 3.
(N. Kl.) (be)schmieren, bestreichen, spez. verpichen (Wein), besudeln, überziehen, bedecken, ausstreichen

linquo, liqui 3.
(selten klassisch) lassen, bleiben lassen, im Stich lassen, überlassen, fahren lassen, unterlassen, zurücklassen, (e. Ort) verlassen

linteatus, a, um
leinen-

linter, tris, *f* (gr.)
Kahn, Nachen, (P) Mulde od. Trog

linteus, a, um
leinen, linnen; ([N. Kl.] libri l. alte Urkunden, auf leinene Rollen geschrieben). subst. **linteum**, ei, *n* Leinwand, leinenes Tuch, (P) Segel

lintriculus, i, *m*
kleiner Kahn

linum, i, *n* (gr.)
1. Lein, Flachs
2. aus Lein Gefertigtes: a) Faden, Schnur, b) (P) Seil, Netz, Leintuch

lippio, ire
triefäugig sein

lippitudo, dinis, *f*
Augenleiden, spez. Triefäugigkeit
lippus, a, um
triefäugig (P)
liquefacio 3. (facio)
flüssig machen, auflösen, schmelzen; übtrg. entnerven
liqueo, ere
1. eigtl. flüssig, klar sein (P und nur liquens)
2. übtrg. **liquet**, licuit, liquere »es ist klar"; spez. gerichtl. [mihi] non liquet [abgekürzt NL] „die Sache ist [mir] nicht klar, nicht spruchreif")
liquesco, ere
flüssig, klar werden, sich auflösen, schmelzen; übtrg. weichlich werden
liquidus, a um
1. flüssig, liquidum Flüssigkeit, Wasser
2. hell, klar, lauter (klass. übtrg.), liquidum die Gewißheit: klass. **liquido** mit Gewißheit, mit gutem Gewissen, unbedenklich
liquier inf. (P) = linqui
liquo 1.
(N. Kl.) trans. schmelzen, klären
liquor, oris, *m*
1. flüssiger Zustand (aquae)
2. Flüssigkit, „Gewässer")
liquor, qui
flüssig sein, schmelzen, fließen, übtrg. hinschwinden
lira, ae, *f*
Furche (N. Kl.)
lis (altlat. stlis), litis, *f*
I. (jurist.) 1. Streitigkeit, Prozeß, litem suam facere „anstatt den Klienten sich selbst verteidigen"
2. Streitsache, Streitobjekt
II. übhpt. Streit, Streitigkeit
litatio, onis, *f*
das Opfern mit glücklich. Ausgang (N. Kl.)
litera u. Ableitgn. s litt...
liticen, inis, *m*
Zinkenbläser
litigator, oris, *m*
Prozeßführer
litigiosus, a, um
1. streitsüchtig; Streit erregend, (P) voller Prozesse
2. strittig
litigo 1.
streiten, hadern, spez. prozessieren
lito 1. (gr.)
unter günstigen Vorzeichen opfern; übtrg. = ein Sühnopfer bringen; e. glückl Ausgang versprechen; b) trans. [N. Kl.] glücklich opfern, sühnen
litoreus, a, um
(P) Ufer-, Strand-
littera (besser als litera), ae, *f*
I. Schriftzeichen, Buchstabe
II. 1. sing. a) Schriftzüge, Handschrift; b) (P) Brief, Grabschrift
2. plur. **litterae**, arum, *f* alles Geschriebene: a) allg. schriftl. Aufzeichnung; spez. b) Schriftstück, Schrift, Dokument, Vertrag, Urkunde, Rechnung, Protokoll, Verfügung u.a.; c) insbes. Schreiben amtl. od. privater Art [in Bezug auf den Inhalt; hingegen epistula in Bezug auf Form und Art eines Schreibens nur private „Zusendung" od. -Brief], schriftl. Bericht, Botschaft, Befehl, Order, Brief; l. victrices „Siegesbotschaften", l. commendaticiae „Empfehlungsschreiben" u.a. d) wissenschaftl. Kenntnisse oder Bildung, Wissenschaften, wissenschaftl. Beschäftigung, Studien, Lektüre, Schriftstellerei; e) Schriften, Literatur
litterarius, a, um
Lese- u. Schreib-
litteratura, ae, *f*
Buchstabenschrift; (N. Kl.) Alphabet
litteratus, a, um
schriftkundig; gelehrt, wisschaftl. gebildet, belesen, in der Literatur bewandert; den gelehrten Studien gewidmet. adv. **literate** mit deutlich. Buchstaben, deutlich; buchstäblich; gelehrt, gebildet
litterula, ae, *f*
Buchstäbchen (minuta), plur. **litterulae**
1. ein Briefchen
2. einige literarische Studien, Kenntnisse, ein bißchen Schriftstellerei, Literatur
litura, ae, *f*
das Ausstreichen, Korrektur
litus, oris, *n*
Ufer, Strand, Gestade (des Meeres, [fast nur P auch Ufer eines Flusses

oder Sees]; vgl. ora u. ripa); plur. litora vom „Gestade“ in seiner ganzen Ausdehnung

lituus, i, *m*
1. das gekrümmte Signalhorn der Reiterei, die „Zinke“
2. der ähnlich gekrümmte Amtsstab der Auguren

liveo, ere
(N. Kl.) bleifarbig, bläulich sein (bes. auch als Folge von Schlägen od. Quetschungen), übtrg. neidisch sein

lividus, a, um
bleifarben, bläulich (P); übtrg. neidisch

livor, oris, *m*
(N. Kl.) bleiartige Farbe, blauer Fleck, übertrg. Neid

lixa, ae, *m*
Marketender (N. Kl.)

locatio, onis, *f*
Verdingung, Verpachtung; Pachtkontrakt

locator, oris, *m*
Verpachter

locellus, i, *m*
Kästchen

loco 1. (locus)
1. eigtl. u. übtrg. stellen, legen, setzen, errichten
2. (Geld auf Zinsen) ausleihen, anlegen
3. a) vermieten, verpachten; subst. **locatum** Verpachtung; b) (Liefrgn.) verdingen, vergeben, verakkordieren

loculus, i, *m*
kleines Behältnis: plur. Kästchen, Schatulle, Kassette

locuples, gen. etis (abl. -i u. -e)
I. eigtl. begütert (an Grundbesitz), dann übhpt. bemittelt, wohlhabend, reich
II. übrtg. vollgültig, zuverlässig, glaubwürdig

locupleto 1.
eigtl. u. übtrg. bereichern, reichlich ausstatten, versehen

locus, i, *m*
I. räuml. 1. eigtl. a) Ort, Platz, Stelle; ex loco superiore „von oben herab“ [spez. dicere ex l. s. = reden „vom Tribunal od. von d. Rednerbühne aus“, d.h. in der Volksversammlung]; Ggstz. ex inferiore loco „von unten herauf“ [spez. vom Reden „vor Gericht“, weil der Richter erhöht saß, wie ex aequo vom Reden „im Senat“, wo man vom Platz aus sprach]; b) prägn. locus = die rechte, gehörige Stelle; N. Kl. spez. in loco „an Ort und Stelle“); c) sing. od. plur. Terrain, Gelände; d) (allgemein) Örtlichkeit, Gegend, auch = Klima; e) (angewiesener od. eingenomm.) Posten, Stellung; f) plur. = Grundstücke, Ländereien; g) plur. = Mutterleib; h) Sitz im Theater u.a.; i) (N. Kl.) Gelaß, Gemach, Wohnung, Logis
2. übtrg. a) Punkt, Abschnitt, Gegenstand, Thema, Materie, (rhet.) Beweisquelle, auch „Satz“ als schriftl. ausgedrückter Gedanke; b) Punkt = Beziehung, Hinsicht; plur. loci die örtl. „Anknüpfungspunkte“
3. übtrg. a) Raum, Platz, (locum dare = weichen); b) Stelle (in der Reihenfolge: priore loco = zuerst, secundo, posteriore l.); c) Platz, Stelle; daher prägn. d) = Stellung, Stand, Rang, (Amts-)Stelle; plur. loca; e) = Stand, Herkunft. (Anmerkg. Der plur. **loca** wird klass. gebraucht bei Bezeichng. räuml. Ausdehnung (s. namentl. 1a, c u. d. auch 3d), **loci** stets in wissenschaftl. Bedeutg. (s. 2a u. c)
II. zeitlich. 1. (N. Kl.) Zeitraum, Zeit, ad locum „alsbald“
2. übtrg. Veranlassung, Gelegenheit, Möglichkeit
3. Lage, Zustand, Umstände, Verfassung

locusta (lucusta), ae, *f*
Heuschrecke

locutio, onis, *f*
das Reden, Sprache, spez. = Aussprache

logeum od. **logaeum** (?), i, *n* (gr.)
Archiv

lolium, ii, *n*
Lolch

lolligo (loligo), inis, *f*
Tintenfisch

lomentum, i, *n*
übtrg. Waschmittel (N. Kl.)

longaevus, a um
hochbetagt (P)

longe adv.
I. (räumlich eigtl. u. übtrg.) weit, fern, weithin, fernhin
II. (zeitlich) lange
III. (von der Rede) weitläufig
IV. übtrg. = „bei weitem", „weitaus", „ganz" 1. bei Wörtern, die eine Verschiedenheit bezeichnen
2. bei Komparat. u. komparat. Begriffen „weitaus"
3. bei Superlat. und superlat. Begriffen „bei weitem"
longinquitas, atis, *f*
1. (räuml.) weite Entfernung (N. Kl.), weite Ausdehnung
2. (zeitl.) lange Dauer, Langwierigkeit
longinquus, a, um
I. räumlich weit = weit entfernt (wohnend od. liegend), entlegen; übtrg. fernstehend
II. zeitl. 1. langewährend, langwierig
2. entfernt, fern
longitudo, inis, *f*
Länge
1. räuml. in longitudinem „in die Länge", oder „in der (einer) Länge von", od. „der Länge nach"
2. zeitl.
longiusculus, a, um
ziemlich lang
longurius, ii, *m*
Stange
longus, a, um (Ggstz. brevis)
I. räuml. 1. lang; bes. navis longa = Kriegsschiff
2. spez. entfernt
3. weit ausgedehnt, weit
II. zeitl. 1. lang, langwierig
2. spez. entfernt
III. (v. d. Rede) weitläufig
loquacitas, atis, *f*
Geschwätzigkeit
loquax, gen. acis
redselig, geschwätzig
loquela (loquella), ae, *f*
(P) Wort, Sprache
loquor, locutus sum 3.
sprechen, reden (allg. vom sprachl. Ausdruck der Gedanken, während bei dicere als rhet. Ausdruck Form u. Inhalt in Betracht kommen, reden von; (P) berichten, erzählen, besingen
loreola, ea, *f* vulgär = laur...
lorica, ae, *f*
Panzer, Panzerhemd; übtrg. Brustwehr (an Mauern)
loricatus, a, um
gepanzert (N. Kl.)
loricula, ae, *f*
kleine Brustwehr (N. Kl.)
lorum, i, *n* 1.
Riemen, spez. Peitsche, Geißel, Zügel (sing. u. plur.)
lotus (-os), i, *f* (auch *m*) (gr.)
1. Lotusbaum od. -frucht, (P) übtrg. Flöte, aus Lotusholz gefertigt
2. eine Kleeart
lotus, a, um s. lavo
lubens, **lubet**, **lubido** älter für lib...
lubricus, a, um
I. eigtl. 1. schlüpfrig, glatt (N. Kl.)
2. leicht beweglich, (P) flüchtig
II. übtrg. 1. unsicher, bedenklich, gefährlich
2. (P) glatt = betrügerisch
lucanica, ae, *f*
Lukaner Wurst
lucar, aris *n*
Einkünfte aus den Forsten, verwendet als „Schauspielgeld" (N. Kl.)
lucellum, i, *n*
kleiner Profit
luceo, luxi 2.
I. eigtl. leuchten, hell sein; impers. lucet „es ist hell" = Tag; (P) durchsichtig sein (vom Wasser)
II. übtrg. in die Augen fallen, klar, deutlich sein
Luceres, um, *m* s. tribus
lucerna, ae, *f*
Leuchte, Lampe
lucesco, luxi 3.
zu leuchten anfangen, klass. nur unpers. **lucescit** es wird hell, Tag
luci s. lux
lucidus, a, um
eigtl. u. übtrg. leuchtend, hell, klar (P). adv. **lucide** klar
lucifer, era, erum
lichtbringend, ans Licht bringend; klass. als Beiname der Diana. subst. **Lucifer**, eri, *m* der Morgenstern, (P) = dies
lucifugus, a, um

lichtscheu (P); klass. übtrg. von Menschen = menschenscheu
Lucina, ae, *f*
Lichtgöttin, klass. Beiname der Juno (od. P. der Diane) als der „Geburtsgöttin"; (P) übtrg. das Gebären
lucisco = lucesco
lucror 1.
gewinnen, profitieren
lucrosus, a, um
vorteilhaft (N. Kl.)
lucrum, i, *n*
I. Gewinn, Vorteil, Profit
II. (P) Gewinnsucht, Habsucht, Reichtum
luctamen, inis, *n*
übtrg. d. Ringen (P)
luctatio, onis *f*
d. Ringen, Ringkampf; übtrg. spez. vom Wortkampf
luctator, oris, *m*
Ringer (N. Kl.)
luctificus, a, um
trauerbringend (P)
luctisonus, a, um
traurig klingend (P)
luctor 1.
ringen, übtrg. (N. Kl.) sich abmühen; klass. spez. vom Redekampf: l. cum aliquo
luctuosus, a, um
traurig, jammervoll; (P) tiefbetrübt
luctus, us, *m*
1. (die sich äußernde) Trauer (zunächst beim Tode, dann auch bei andern schweren Unglücksfällen)
2. Trauer (von den sichtbaren Zeichen der Trauer
3. (P) Veranlassung zur Trauer, personif. **Luctus** Gott der Trauer
lucubratio, onis, *f*
d. Arbeiten bei Licht, nächtliche Arbeit; auch im plur.
lucubro 1.
bei Nacht oder Licht arbeiten
luculentus, a, um, adv. **luculente** (od. **-ter**)
I. (v. lux) hell; übtrg. lichtvoll, glänzend, treffend (v. Ausdruck und dem Schriftsteller selbst)
II. (v. lucrum) ansehnlich, tüchtig, gehörig, gewichtig
Lucumo, onis, *m*
von d. Römern fälschlich als Eigenname angesehen, war Titel der etrurischen Magnaten (N. Kl.)
lucus, i, *m*
(heiliger) Hain; (P) übhpt. Wald
lucusta s. locusta
ludibrium, ii, *n*
1. Spiel, Spielwerk, Gaukelspiel
2. Gespött, Hohn, Gegenstand des Spottes
ludibundus, a, um
1. Mutwillen treibend (N. Kl.)
2. gleichsam spielend = mühelos
ludicer (od. **-crus?**), ludicra, um
1. zum Schauspiel gehörig (ars l. = Schauspielkunst
2. kurzweilig; subst. **ludicra** „Kurzweil". subst. **ludicrum**, i, n (N. Kl.) Schauspiel
ludificatio, onis, *f*
das Foppen, Necken
ludifico u. (gewöhnl) **ludificor** 1.
foppen, necken, Spott treiben mit, täuschen; (N. Kl.) vereiteln
ludimagister s. ludus
ludius, ii, (N. Kl. **ludio**, onis) *m*
Gaukler, Pantomime, Komödiant
ludo, lusi, lusum 3.
I. 1. spielen; N. Kl. im Schauspiel auftreten
2. a) Kurzweil treiben, zum Zeitvertreib sich üben in; oft von minder ernster geistiger Arbeit, spez. v. poetischer Beschäftigung; (P) trans. zur Kurzweil etwas treiben, spielend verfertigen; b) P sich vergnügen, schäkern, scherzen, spielen, tändeln, tanzen
II. übtrg. 1. scherzen
2. (ver)spotten, sich lustig machen über; (P) täuschen, hintergehen, ausweichen
ludus (altlat. **loedus**), i, *m*
I. 1. Spiel, Zeitvertreib
2. Wett-, Kampfspiel (N. Kl.); spez. klassisch **ludi** als plur. tantum (öffentlche) Spiele, Schauspiele
II. Schule 1. für Gladiatoren (mit od. ohne gladiatorius) od.
2. für Elementarschüler oder
3. von der Rednerschule
III. übtrg. 1. Spiel = Kleinigkeit, Kinderspiel; per ludum „spielend"

2. Spaß, Scherz, Spott
lues, is, *f*
I. eigtl. ansteckende Krankheit, Seuche (P)
II. übtrg. 1. (bei Pers.) = Seuche, Unflat
2. (N. Kl.) jedes sich ausbreitende Unglück, Verderben
lugeo, luxi 2.
intrans. trauern (vegl. luctus), trans. betrauern
lugubris, e
1. zur Trauer gehörig, Trauer-; (P) **lugubria**, ium Trauerkleider
2. (N. Kl) trauernd, unheilvoll; (P) unheilverkündend, kläglich
lumbus, i, *m*
Lende
lumen, inis, *n*
I. eigtl. das (konkrete) Licht, vgl. lux; spez. a) Tageslicht, Tag, Lebenslicht, Leben (N. Kl.); b) Augenlicht, plur. auch = die Augen; c) im plur. bei Gebäuden: Licht, Aussicht; daher lumina auch konkret = Lichtöffnungen, Sehlöcher, spez. Fenster = fenestrae; d) leuchtender Gegenstand = Leuchte, Licht, Lampe, Laterne, Fackel
II. übtrg. Licht = 1. Einsicht, Klarheit
2. Glanz, glänzende Vorzüge
3. v. Pers. = Leuchte, Zierde
4. im plur. in der Rede: der (oratorische) „Schmuck" (v. den Eigenschaften eines gut. Stils)
5. N. Kl. = Heil, Rettung, Retter
luminosus, a, um
übtrg. lichtreich
luna, ae, *f*
1. Mond (plena, nova; crescens, senescens „zu-", „abnehmend"; quarta 1. = 4. Tag nach Neumond
2. (P) Mond = Monat
3. Luna Mondgöttin
lunaris, e
des Mondes; (P) mondähnlich
lunatus, a, um
halbmondförmig (P)
lunter, tris altlat. = linter
luo, lui 3.
I. lösen: 1. zahlen
2. etw. büßen
II. abwaschen: sühnen; (N. Kl.) (Gefahren durch Sühneopfer) abwenden

lupa, ae, *f*
Wölfin, übtrg. Buhldirne
lupatus, a, um:
lupata mit od. ohne frena (P) mit Eisenspitzen (eigtl. Wolfszähnen) versehenes Gebiß, Wolfsgebiß
Lupercal, alis, *n*
1. eine dem lycäischen Pan heilige Grotte
2. d. Fest dieses Gottes, klass. plur. **Lupercalia**, ium
Lupercus, i, *m*
Priester des Pan
lupinus, a, um
Wolfs-
lupinus, i, *m* od. **lupinum**, i, *n*
Lupine
lupus, i, *m*
I. Wolf
II. übtrg. (N. Kl.) 1. Name eines Fisches
2. Wolfsgebiß
3. e. Art Eisenhaken
luridus, a, um
(N. Kl.) blaßgelb, fahl
luscinia, ae, *f* auch **luscinius**, ii, *m*
Nachtigall
luscus, a, um
einäugig
lusio, onis, *f*
das Spiel (als Handlung), das Spielen
lusor, oris, *m*
(P) Spieler, übtrg. vom Dichter tändelnder Liebesdichtung
lustralis, e
(N. Kl.) 1. zum Sühnopfer gehörig (z.B. Eingeweide), Sühn-(Opfer)
2. fünfjährlich
lustratio, onis, *f*
1. Sühnopfer nach der Heerschau (N. Kl.)
2. Durchreise, Durchstreifen, Lauf
lustro 1.
I. beleuchten, erhellen
II. 1. eigtl. reinigen, sühnen
2. übtrg. a) mustern; b) bereisen, durchwandern, durchlaufen u.a. (P) umwandeln, umreiten, umkreisen, umfahren, umtanzen, bildl. (Gefahren) durchmachen; c) übtrg. (mit d. Augen od. geistig) betrachten, beschauen, prüfen

lustrum, i, *n*
Pfütze:
1. Lager des Wildes im Walde, daher auch = Wald (P)
2. übtrg. im plur. Bordell, Ausschweifungen

lustrum, i, *n*
1. Reinigungsopfer (alle 5 Jahre von d. Zensoren am Schluß d. Amtes vollzogen: l. condere = d. Zensoramt beschließen; sub lustrum = gegen Ende der Zensur)
2. übtrg. (N. Kl.) ein „Jahrfünft", ein Zeitraum v. 5 Jahren, klassisch spez. = (d. 5jährige) Steuerperiode

lusus, us, *m*
(N. Kl.) Spiel, Zeitvertreib

luteolus, a, um
gelblich (P)

luteus, a, um
(P) goldgelb, gelb

luteus, a, um
aus Kot, kotig (N. Kl.); übtrg. nichtsnutzig

lutulentus, a, um
kotig, schlammig; übtrg. schmutzig, gemein

lutum, i, *n*
Gelbkraut (zum Färben)

lutum, i, *n*
Lehm; Kot (auch übtrg. als Schimpfwort)

lux, lucis, *f*
I. (das verbreitete) Licht, Helle, Helligkeit, Glanz, Ggstz. tenebrae; vgl. lumen; spez.:
1. Tageslicht, Tag
2. Lebenslicht, Leben
3. (P) Augenlicht, konkr. luces = Sterne
II. bildl. 1. Licht = Öffentlichkeit; v. Lokalit.: was d. Blick auf sich zieht = Vordergrund, Mittelpunkt, Glanzpunkt, Sonne
2. Licht (geistig) = was erleuchtet, erklärt
3. Licht = Hilfe, Heil, Rettung; (P) v. Pers.
4. = Ruhm

luxuria, ae, od. **luxuries**, ei, *f*
1. eigtl. zu üppiges Wachstum, Geilheit
2. übtrg. Hang zur Schwelgerei, Genußsucht, (N. Kl.) Ausschreitung

luxurio u. luxurior 1.
(N. Kl.) zu üppig sein, wachsen, übtrg. strotzen od. schwellen, prangen, mutwillig sein oder springen, ausschreiten, ausarten, ausschweifen

luxuriosus, a, um
1. eigtl. (vom Wachstum) zu üppig
2. übtrg. a) ausschweifend, schwelgerisch; b) (N. Kl.) maßlos (Freude)

luxus, a, um (gr.)
verrenkt (N. Kl.)

luxus, us, *m*
(N. Kl.) eigtl. Üppigkeit, üppige Fülle, übtrg. Schwelgerei, Ausschweifung, Prunk, „Luxus"

Lyaeus, i, *m* (gr.)
(P) „Sorgenlöser" (v. Bacchus), übtrg. = Wein

Lycanonius, Arctos (gr.)
(P) = Kallisto (ein Gestirn = großer Bär), daher L. axis = Norden

lychnuchus, i, *m* (gr.)
Leuchter, Kandelaber

lychnus, i, *m* (gr.)
Leuchte, Lampe

lycium (lyceum), i, *n*
Gymnasium in Athen u. auf Ciceros Tuskulanum

Lycurgei, orum, *m*
Männer wie (der strenge) Lykurg = strenge Tadler

lympha, ae, *f* (gr.)
(P) Quellnymphe (= nympha), daher = (Quell-)Wasser

lymphaticus, a, um
wahnsinnig (Schrecken) (N. Kl.)

lymphatus, a, um
(N. Kl.) von wahnsinnigem Schrecken erfaßt, wie besessen

Lynceus
einer der Argonauten, durch sein scharfes Auge berühmt; daher übtrg. quis est tam L.: = wer ist so scharfsichtig?

lynx, lyncis, *m* (gr.)
Luchs

lyra, ae, *f* (gr.)
Lyra, Laute; (P) bildl. lyrische Dichtung, Lied, übtrg. ein Sternbild: die Lyra

lyricus, a, um (gr.)
lyrisch (P)

M

macellum, i, *n* (gr.)
Fleisch-, Speisemarkt
macer, cra, crum
mager (klassisch solum m. „unergiebig"); (P) übtrg. abgehärmt, traurig
maceria, ae, *f* (gr.)
(eilig aufgeworfene) Umfriedigung, Mauer (um Gärten u. Weinberge od. als Verschanzung)
macero 1. (gr.)
(N. Kl.) eigtl. einweichen, mürbe machen, übtrg. (körperlich oder körperlich und geistig zugleich) aufreiben, verzehren, quälen, ängstigen u. a.
machaerophorus, i, *m*
Schwertträger = Söldner, Trabant
machina, ae, *f* (gr.)
eigtl. (mechanische Vorrichtung, wie) Rolle, Hebel, Walze, Gerüst, „Maschine" u. a.; übtrg. (Werkzeug zum Bösen =) Kunstgriff, List
machinamentum, i, *n*
(Kriegs-) Maschine (N. Kl.)
machinatio, onis, *f*
Mechanismus, Maschinerie (um etw. in Bewegung oder ins Werk zu setzen); spez. Maschine (zu Belagerungen)
machinator, oris, *m*
eigtl. Maschinenbauer, Architekt, Baumeister (N. Kl.); übtrg. (in schlecht. Sinne) Anstifter, Urheber
machinor 1.
(kunstreich u. genial) aussinnen, erdenken, schaffen, bereiten; spez. etw. Böses: alicui insidias
macies, ei, *f*
Magerkeit, Dürre (klassisch nur von Menschen und Tieren)
macresco, ere
(N. Kl.) abmagern, sich abzehren
macrocollum, i, *n* (gr.)
Großfolio (Papier)
macte s. mactus
macto 1.
I. (in d. Opfersprache) 1. durch Opferung von etwas ehren, verherrlichen, versöhnen
2. etwas od. jemd. opfern, zum Opfer bringen, schlachten
II. übtrg. 1. jemd. mit etw. verherrlichen
2. jemd. mit einer Strafe belegen, bestrafen
3. hinopfern, hinschlachten, töten, zu Grunde richten
mactus, a, um
vergrößert, verherrlicht (ursprüngl. Wort der Opfersprache; klass. nur **macte** und zwar übtrg. als Heil- und Beifallsruf „Heil dir!" „Glück auf!")
macula, ae, *f*
1. die Masche
2. der Fleck, Flecken
3. spez. (der entstellende Fleck =) Mal; übtrg. Schandfleck, „Makel"
maculo 1.
beflecken, besudeln, entweihen
maculosus, a, um
1. buntgefleckt (N. Kl.)
2. eigtl. und übtrg. befleckt, besudelt
madefacio 3. (facio)
benetzen, tränken
madeo, ere (gr.)
1. eigtl. feucht, naß sein, triefen
2. spez. (P) schmelzen (vom Schnee), gaen, weich kochen, betrunken sein; übtrg. (N. Kl.) voll, reich sein an etw.
madesco, dui 3.
(N. Kl.) naß, feucht werden
madidus, a, um
naß, feucht
mador, oris, *m*
(N. Kl.) Feuchtigkeit, Nässe
Maeander (-dros), dri, *m*
Fluß in Kleinasien, sprichwörtl. wegen seiner vielen Krümmungen: daher:
1. = Krümmung, Umweg
2. (P) künstlich verschlungener Saum am Gewand, „Mäanderborte"
maena, ae, *f* (gr.)
Sardelle (?)
maenas, adis, *f* (gr.)
Bacchantin (P)

Maeniana, orum, *n*
(nach C. Maenius genannt) Erker, Balkon
maereo, ere
I. intrans. tief betrübt, traurig gestimmt sein, trauern; part. **maereus** wehmütig, tief betrübt
II. trans. etwas (in Wehmut) betrauern, über etwas trauern; (P) jammernd ausrufen
maeror, oris, *m*
stille Betrübnis, Wehmut, Trauer (vgl. luctus)
maestitia, ae, *f*
traurige Stimmung (als solche), Wehmut, Niedergeschlagenheit
maestus, a, um
traurig, betrübt, niedergeschlagen, wehmütig, schwermütig (Ggstz. hilaris); übtrg.
1. (von Pers.) traurig = finster (N. Kl,)
2. (P) Trauer anzeigend, prophezeiend, verursachend, unheilbringend u. a
magalia, ium, *n* = mapalia
mage s. magis
magicus, a, um
(N. Kl.) zauberisch, magisch
magis (alte Nbf. **mage**) adv.
I. v. Grad (als comp. zu den Adverb., welche „sehr" bedeuten, z. B. valde; vgl. plus) = mehr, in einem höheren Grad
1. a) vor Adjektiv. und Abverb. zur Umschreibung des fehlenden comp.; des rhetor. Nachdrucks wegen; bei Vergleich zweier Eigensch.; b) vor Verben; m. „mit noch vollerem Rechte" dicere; meist mit folgdm. quam; c) vereinzelt bei Subst.
2. besond. Verbindungen a) non (neque) magis ... quam = „ebenso sehr ... als" (wenn e. Eigenschaft beiden Gliedern gleichmäßig zukommt; b) mit abl. mensurae: eo (selten hoc) magis „desto mehr", „um so mehr" d) in Gemination: magis magisque (selten magis et magis) „mehr u. mehr, immer mehr"
II. bisweilen = potius „eher, lieber". Superl. **maxime** (älter **maxume**), adv. von maximus,
I. vom Grad = am meisten, im höchsten Grad, höchst 1. vor Adjektiv. a) allgem. b) zur Umschreibg. des fehlenden Superl.
2. vor Verben a) allgemein, z. B. displicere, delectari; b) spez. für andere Adverb., z. B. ex. hoc intellegi m. „am besten" potest
3. vereinzelt mit gen. part., z. B. Sulpicius Gallus, qui maxime omnium nobilium Graecis litteris studuit
4. besondere Verbindung a) mit unus u. N. Kl. mit multo = bei weitem, am meisten,; vel m. „am allermeisten"; quam m. „so viel, so sehr wie möglich, möglichst", vollständig, auch ut m.; b) elliptisch: quam (N. Kl. ut) qui (pron. indef.!) maxime „als (wie) nur irgend einer"; c) ut quisque m. ... ita m. (od. minime) „je mehr einer ... desto mehr (weniger)", und umgekehrt ita m. ... ut quisque m. „desto mehr einer ... je mehr er"; d) non m. = nicht ganz u. gar
II. vom Vorzug oder zur Bevorhebung „am meisten" a) = vorzüglich, ganz besonders, vor allen andern u. a.; b) in volgenden Verbindgn,: cum ... tum (vel) maxime = sowohl ... als auch (ganz) besonders; et maxime = „und zwar besonders, namentlich, hauptsächlich", auch ergänzt durch Satz mit si, quod oder cum; c) cum maxime „gerade als, =wenn", „ganz besonders"; d) si maxime „wenn auch noch so sehr", „wenn wirklich"; e) bei einer Stufenfolge = an erster Stelle, in erster Reihe, am liebsten, wo möglich; f) = im wesentlichen, in der Hauptsache, ungefähr (N. Kl.)
magister, tri, *m* (Ggstz. minister)
1. allgemein: Vorgesetzter, Leiter, Vorsteher, Anführer (m. populi Amtstitel d. Diktators, m. equitum Amtsgehilfe des Diktators u. Befehlshaber der Reiterei; m. navis Kapitän; m. ludi Schulmeister, Lehrer
2. spez. a) Kurator der Masse (Konkursmasse); b) Lehrmeister, Lehrer, Anleiter
magisterium, ii, *n*
Aufsicht, Lenkung, Leitung

magistra, ae, *f*
übtrg. Lehrerin, Leiterin; (P) adjekt. = meisterlich (Kunst)

magistratus, us, *m*
1. (obrigkeitliches) Amt, Würde (als Beamter)
2. übtrg. Magistratsperson, obrigkeitl. Person, Beamter
3. plur. Beamtenkollegium, Behörde, Obrigkeit; N. Kl. auch sing.

magmentarius, a, um
als Opferbeigabe geweiht

magnanimitas, atis, *f*
Hochherzigkeit

magnanimus, a, um
hochherzig, mutig (klassisch nur von Pers.: vir)

Magnes, netis
magnesisch, aus Magnesia (Stadt i. Kleinasien); daher magnes lapis = Magnetstein, Magnet

magnificentia, ae, *f*
I. von Personen: 1. hochherzige Gesinnung, Hochherzigkeit
2. (N. Kl.) Freigebigkeit
3. Großtuerei, hochtrabende Worte
4. Prachtliebe, Prunksucht
II. (von Leblos. u. Abstrakt.) Großartigkeit, Pracht, Prunk, Kostbarkeit u. a.

magnificus, a, um, comp. **magnificentior**, superl. **magnificentissimus**
I. v. Menschen: 1. (im Aufwand) großartig, prachtliebend, prächtig, spez. (N.-Kl.) freigebig
2. (durch Taten) glänzend, herrlich, rühmlich
3. (im Benehmen u. in Worten) hochfahrend, großsprecherisch, großtuend, stolz
4. (v. Charakter) hochherzig, hochsinnig
II. von Leblos. u. Abstrakt.: 1. großartig, glänzend, prächtig, ansehnlich
2. erhaben, pathetisch, wortreich
3. (N. Kl.) (i. üblem Sinne) hochfahrend, prahlerisch u. a., subst. (N. Kl.) **magnifica**, orum, *n* hochfahrende Reden

magniloquentia, ae, *f*
1. die erhabene Sprache
2. (N. Kl.) das Großsprechen, Prahlerei

magniloquus, a, um
(N. Kl.) großsprecherisch, prahlerisch

magnitudo, dinis, *f*
die Größe:
1. (räumliche) Größe, Ausdehnung, Umfang u. a.
2. (numerisch) = große Menge
3. (dynamisch) = Stärke, hoher Grad; animi m. „hochherzige Gesinnung, Seelenstärke, hoher Mut“, ingenii m. „Geisteskraft“, m. consilii „tiefe Einsicht“
4. Größe = Bedeutung, Gewicht
5. (N. Kl.) spez. = hohe Stellung, Würde, Ansehen, Macht u. a.

magnopere oder **magno opere** (comp. maiore opere [N. Kl.]; superl. maximo opere, N. Kl. auch maximopere) adv. „mit großer Bemühung“:
1. in hohem Grade, sehr, ganz besonders, überaus, nachdrücklich, angelegentlich u. a.
2. in negiertem Satze = nicht erheblich, nicht eben sehr, nicht leicht; magno opere nemo = wohl niemand, nicht leicht jemand

magnus, a, um (comp. **maior**, us; superl. **maximus**, älter **maxumus**)
1. räumlich: groß = umfangreich, weit, lang, hoch, stattlich u. a.; (P) körperlich groß (von Menschen u. Tieren
2. quantitativ: a) (numerisch) groß = bedeutend, beträchtlich, volkreich, zahlreich, viel u. a.; maior pars „Majorität“; magna pecunia viel Geld, plur. große Geldsummen, dagegen multae p. viele Geldposten; b) v. Wert oder Preis = hoch, teuer, erheblich, beträchtlich u. a.; im gen. und abl. als allgemeine Wertangabe
3. (zeitlich) a) (von der Dauer) groß = beträchtlich, lang (klassisch nur m. annus „das große Weltjahr“); b) zur Bezeichnung des Alters maior, maximus (mit od. ohne natu) = älterer, ältester; spez. maiores, um „Vorfahren, Ahnen“ (auch von einem Vorfahr, Ahn)
4. (zur Bezeichnung der Intensität) groß = stark, schwer, heftig, gewaltig, (v. d. Stimme) laut u. a.; [N. Kl.] in maius „ins zu Große“ = übertrieben, übermäßig; m. suspiciones „dringend“; von Affekten: heftig, gespannt;

schwer, eng; schnell; wirksam; tiefgehend, dringend, triftig, schlagend od. ehrenvoll, gründlich, sorgfältig, genau; lebhaft, „ausgebreitet"; „tief"; „innig"; dringend
5. groß = bedeutend, wichtig, schwierig; m. locus „wichtiger philosoph. Punkt"
6. von Personen a) (der Macht, dem Vermögen nach) groß = hochstehend, angesehen, mächtig, erhaben, ehrwürdig; b) (dem Talent, Verdienst nach) groß = bedeutend, angesehen, hervorragend; (als Beiname: Magnus Alexander, Magnus Pompeius); c) (von Gesinnung, Denkungsart u. a.) groß = hoch, hochherzig, edel, stark; d) (N. Kl.) hochfahrend, stolz, vermessen, prahlerisch, übertrieben, übermäßig

magus, i, *m* (gr.)
persischer Priester, Magier; (P) übtrg. Zauberer, Beschwörer, adjektiv. zauberisch, magisch

maialis, is, *m* (sc. sus)
geschnittens Schwein (klass. nur übtrg. als Schimpfwort)

maiestas, atis, *f*
Würde, Erhabenheit, Größe, Hoheit; spez.
1. Hoheit od. Majestät des Staates (deren Träger der Monarch od. in einer Republik das Volk ist)
2. (als Staatsverbrechen) Hoheitsverletzung
3. (N. Kl.) „Majestät" (als Titel)
4. selten übtrg. Hoheit, Würde

maior, **maiores** s. magnus

Maius, a, um
des Mai; mensis Maius u. bloß **Maius** „der Mai"

maiusculus, a, um
ein wenig größer

mala, ae, *f*
(N. Kl.) Kinnbacke, Kinnlade, übtrg. Backe, Wange

malacia, ae, *f* (gr.)
Windstille

male adv. (comp. **peius**, superl. **pessime**), Ggstz. bene,
I. eigtl. 1. (v. Beschaffenheit, v. Befinden u. Ergehen) schlecht, übel, böse, nicht recht, schlimm u. a.; m. vivere „ärmlich"; factum male „herbes Geschick"; auch als Verwünschungsformel m. sit Antonio „A. soll der Henker holen"
2. allgem. (vom Verfahren u. Verhalten) schlecht = verkehrt, nicht recht, schlimm, übel
3. (vom Erfolg) unglücklich, ungünstig, mit üblem Erfolg, zum Unglück, Nachteil, Verderben
4. spez. ohne Erfolg, vergeblich, zur unrechten Zeit
5. (v. Denkart u. Gesinnung) schlecht = übel, schlimm, böse, nachteilig, ungünstig
II. übtrg. (von Maß u. Grad): 1. arg, tüchtig, derb, sehr
2. (von unrichtigem Maß) a) zu viel, zu sehr, allzu (meist P); b) zu wenig, nicht gehörig, nicht recht, nicht sonderlich

maledico 3. (auch getrennt **male dico**, vgl. male I 4)
lästern, schimpfen, schmähen; adjektiv. **maledicens** schmähsüchtig

maledictio, onis, *f*
das Lästern, Schmähen

maledictum, i, *n*
Schmähwort, Schmährede, Schimpfwort

maledicus, a, um (comp. und superl. von **maledicens**:)
schmähend, schmähsüchtig, verleumderisch

malefactum, i, *n*
Übeltat

maleficium, ii, *n*
Übeltat, Verbrechen, Feindseligkeit; übtrg. (der zugefügte) Schaden

maleficus (besser als malificus), a, um (comp. fehlt; superl. [N. Kl.] maleticentissimus)
eigtl. übelhandelnd, ruchlos (homo; subst. Übeltäter); (N. Kl.) mißgünstig, plur. subst. malefica Zaubermittel

malesuadus, a, um
(P) übelratend, verführerlisch

malevolentia, ae, *f*
Übelwollen, Haß, spez. Schadenfreude

malevolus (besser als **maliv-**), a, um (superl. malevolentissimus)
mißgünstig, übelwollend, gehässig

malifer, era, erum
(P) Äpfel tragend, obstreich
malific ... s. malefic ...
malignitas, atis, *f*
(N. Kl.) Bosheit, Bösartigkeit, spez. Knauserei, Knappheit
malignus, a, um
(N. Kl.) boshaft, neidisch, mißgünstig, spez. karg, knauserig, unfruchtbar, spärlich, schwach
malitia, ae, *f*
Bosheit, Nichtswürdigkeit, Schurkerei, hinterlistiges Benehmen; auch im plur.; oft gerichtlich; scherzhaft = Schalkhaftigkeit, Schelmerei, N. Kl. im allgemeineren Sinn als Ggstz. zu virtus
malitiosus, a, um
boshaft, hinterlistig, tückisch
malivol ... s. malevol ...
malleolus, i, *m*
Hämmerchen: übtrg.
1. (beim Weinbau) Fechser, Schößling
2. Brandpfeil
malleus, i, *m*
(N. Kl.) Hammer, Schlachtbeil
male, malui, malle
1. lieber wollen, vorziehen
2. spez. einem günstiger, gewogener sein, einem etwas mehr od. lieber gönnen
malobathrum, i, *n* (gr.)
Zimtöl, Malobathrum
malum, i, *n*
das Übel, s. malus
malum, i, *n* (gr.)
Apfel; übtrg. (N. Kl.) jede apfelähnliche Frucht, z. B. Granaten, Quitten, felix malum „Limone", unsere Zitrone
malus, a, um (comp. u. superl. ersetzt durch **peior**, us u. **pessimus**)
schlecht (Ggstz. bonus)
1. allgem. schlecht
2. (moralisch) schlecht = böse, bösartig, böswillig, gottlos, unrecht, nichtsnutzig u. a.
3. spez. a) (vom polit. Gegner) schlecht = übelgesinnt, demagogisch; subst. mali „die Übelgesinnten, Demagogen"); b) schlimm, böse, schädlich, nachteilig, gefährlich, verderblich; c) (dem Aussehen nach) unansehnlich, häßlich; d) schlecht = untüchtig, untauglich; e) schlecht = ungünstig, unglücklich, unheilbringend; in rebus malis „wenn die Verhältnisse unglücklich sind"; f) (N. Kl.) schwach, mutlos (in d. Schlacht), (von phys. Übeln) leidig, lästig, drückend, zu groß, (v, Zunge und Rede) schmähend, Schmäh- u. a. –
subst. **malum**, i und **mala**, orum, *n*
1. (physisch, geist. u. moral.) Übel, Leiden, Krankheit, Verbrechen, Fehler
2. äußeres Mißgeschick, Unheil, Unglück, Unfall, Not, Trübsal, Drangsal, Schaden u. a.; quid mali datis? „was für ein Unheil richtet ihr an?"
3. parenthetisch in Fragesätzen „zum Henker!", „zum Teufel!", (milder) „in aller Welt!"
4. (N. Kl.) Unrecht, Übeltat
malus, i, *f*
Apfelbaum
malus, i, *m*
senkrecht stehender Ständer:
1. Mast, Mastbaum
2. (milit.) die Rüstbalken od. langen Eckbalken (der Türme)
3. (N. Kl.) im Zirkus u. Theater: „Mast", an dem man die übergespannten Tücher befestigte
malva, ae, *f*
die Malve
mamma, ae, *f* (gr.)
Busen, Brust; auch vom Mann; (v. weiblichen Tieren) Euter, Zitze
manceps, sipis (altlat. cupis), *m* (manus u. capio)
(publiz. t. t.) einer, der Staatseinkünfte kauf- od. pachtweise übernimmt, daher: Aufkäufer, Pächter, später auch Übernehmer öffentl. Leistgen, z. B. Wegbauten; (N. Kl.) übtrg. Mieter
mancipium (altlat. **mancupium**), ii, *n*
1. (publiz. t. t.) der förmliche Kauf, Eigentumserwerb (in mancipio „beim Abschluß des Kaufes"; ius mancipii „Eigentumsrecht"
2. übtrg. Sklave (als käufliche Ware)
mancipo (altlat. **mancupo**) 1.
(N. Kl. publiz. t. t.) übergeben, verkaufen, übtrg. hingeben

mancup... s. mancip...
mancus, a, um
(an den Gliedmaßen) gebrechlich; übtrg. gebrechlich, unvollständig
mandatu
im Auftrag
mandatum, i, *n*
(mündl.) Auftrag, Weisung, Order, Befehl, Instruktion; spez. als t. t. iur. „Bevollmächtigungsvertrag", durch den man die Besorgung der Geschäfte anderer unentgeltlich übernimmt
mando 1.
I. übergeben, anvertrauen, verleihen, überlassen; se *od.* vitam fugae m. „sein Heil in d. Flucht suchen"; rem memoriae m. „auswendig lernen", [N. Kl. = der Nachwelt überliefern]
II. auftragen, Auftrag (Weisung, [jur.] Vollmacht) geben, angeben, bestellen, benachrichtigen, sagen lassen u. a.
mando, mandi, mansum 3.
kauen
mane
I. indekl. subst. der Morgen, die Frühe (a mane „vom frühen M. an")
II. adv. früh, frühmorgens; bene m. „am frühen M.", ganz oder sehr früh
maneo, mansi, mansurus 2.
I. intrans.: 1. (allgem.) bleiben
2. spez. a) übernachten; b) bleiben, verbleiben = noch vorhanden sein, fortdauern, (an-)dauern, anhalten, Bestand haben, fortbestehen, sich halten u. a.; bei etwas bleiben, ausgemacht sein, feststehen; c) fest bleiben, bei etw. verharren; d) jmdm. verbleiben, sicher beschieden sein
II. trans. jemdn. erwarten, jmds. harren, jmdm. bevorstehen
Manes, ium, *m*
1. die (göttlich verehrten) Seelen der Verstorbenen in der Unterwelt, die „Manen"; vollständ. dei Manes; [N. Kl.] auch von einer Person; übtrg. vom Ort, wo die Manes sich befinden = Unterwelt
2. (N. KL.) a) Leichname, b) (P) = Strafen der Unterwelt od. Götter d. U. als strafende Richter
mango, onis, *m*
Sklavenhändler (N. Kl.)
manibiae s. manubiae
manicae, arum, *f* (manus)
(lange) Ärmel an der Tunika; (N. Kl.) übtrg. Handfessel, Handeisen
manicatus, a, um
mit (langen) Ärmeln
manifesto 1.
(P) offenbaren, kund tun, bekannt machen
manifestus (altlat. **manuf ...**) handgreiflich:
1. ertappt, überführt, etwas sichtbar verratend (N. Kl.)
2. deutlich, offenbar, augenscheinlich, klar
manipl... s. manipul ..
manipularis (N. Kl. **maniplaris**)
zum manipulus gehörig, Manipel- (iudex m. „aus den gemeinen Soldaten erwählt").
subst. **manipularis**, is, *m* gemeiner Soldat, Gemeiner
manipularius, a, um
zum Manipel gehörig: (N. Kl.) subst. Gemeiner
manipulatim adv.
(N. Kl.) bündelweise, manipelweise, nach Manipeln
manipulus (P synk. **maniplus**), i, *m* (manus u. pleo)
1. eine Handvoll, Bündel, Bund (N. Kl.)
2. übtrg. Manipel, Kompanie (deren 3 eine Kohorte ausmachten)
Manlianus, a, um
des Manlius, manlianisch: subst.
1. **Manliana**, orum, *n* (sprichwörtl.) strenge od. grausame Befehle
2. **Manlianum**, i, *n* das „Manlianum" (Landgut Ciceros)
mannus, i, *m* (Fw.)
gallisches Pony
mano 1.
I. eigtl. 1. (v. Feuchtigkeiten) fließen, strömen, rinnen (selten klassisch); spez. triefen von; (N. Kl.) trans. etw. fließen lassen, ausströmen, vergießen
2. (v. d. Luft u. anderen Dingen) fließen, strömen, sich ausbreiten
II. übtrg. 1. aus etw. fließen, entstehen, entspringen, herrühren
2. sich verbreiten, sich ausbreiten, weiter um sich greifen

mansio, onis, *f*
das Verbleiben, Aufenthalt
mansito 1. (maneo)
(N. Kl.) dauernd wohnen, sich aufhalten
mansuefacio 3. (facio) pass. mansuefio (fio)
(Tiere) zähmen; übtrg. (Menschen) mildern, gesitteter machen (klassisch durch höhere Bildung)
mansuesco, suevi, suetum 3.
(N. Kl.) zahm, mild, ergiebiger werden
mansuetudo, dinis, *f*
Zahmheit (N. Kl.); übtrg. Milde, Gelassenheit, Sanftmut, Gutherzigkeit
mansuetus, a, um
(von Tieren) zahm, gezähmt (N. Kl.); übtrg. sanft, milde, gelassen, harmlos, friedliebend, friedlich u. a.
mantele, is *n* (manus)
Handtuch (N. Kl.)
mantica, ae, *f*
(N. Kl.) Ranzen, Quersack
manualis, e
(N. Kl.) mit der Hand geworfen
manubiae od. **mani...**, arum, *f* (manus)
die (an d. Feldherrn und d. Soldaten verteilte und verkaufte Beute, der Beuteanteil, die Beutegelder; übtrg. Raubanteil, Raub
manubrium, ii, *n*
Handhabe, Griff, Henkel
manufactura, ae, *f* (von manu factus)
Manufaktur (N. L.)
manufestus s. manifestus
manumissio, onis, *f*
Freilassung (eines Sklaven)
manumitto 3. (manu u. mitto)
(einen Sklaven) aus seiner Gewalt lassen, ihm die Freiheit schenken
manupretium (N. Kl. **mani ...**), ii, *n*
Macherlohn (bei Kunstsachen); übtrg. Lohn, Entgelt übhpt.
manus, us, *f* (eigtl. u. übtrg.)
I. (im allgem.) Hand, (zuweilen) Arm; manus adhibere „sich vergreifen an"; ne manum quidem vertere, „keinen Finger rühren"; prägnant vallum manu „mit bloßen Händen"; sprichwörtl. manum de tabula „genug! es sei genug!", [N. Kl.] manus manum lavat „eine Hand wäscht die andere"; manu tenere „gewiß wissen", pass. „offenkundig [handgreiflich] sein"; sua manu „mit eigener Hand"
II. spez.: 1. a) die bewaffnete Hand, Faust; übtrg. (persönliche) Tapferkeit; Handgemenge, Kampf; Gewalttat, Gewalttätigkeit, Tätlichkeiten;
b) Hand = Gewalt, Macht; Macht des Eheherrn über d. Frau, über Sklaven
2. Hand = Arbeit, Tätigkeit, Hände-, Menschen-, Kunstarbeit
3. Hand = Schrift, Handschrift, (P) Stil (der bildenden Künstler)
4. Handvoll = a) (bewaffnete) Schar, Korps, Truppen u. a.; b) (in üblem Sinne) Rotte, Bande
5. übtrg. von Handähnlichem =
a) Rüssel; b) Enterhaken
manuscriptum, i, *n*
(N. L.) Handschrift, Manuskript
mapalia, ium, *n* (Fw.)
(N. Kl.) Hütten, Nomadenzelte
mappa, ae, *f* (Fw.)
Serviette (N. Kl.)
marathrus, i, *m* u. **marathrum**, i, *n* (gr.)
Fenchel
Marcellia, orum, *n* (gr.)
Fest zu Ehren der marcellischen Familie auf Sizilien
marceo, ere
(N. Kl.) schlaff, matt, kraftlos, träge sein, **marcens**, gen. entis schlaff
marcesco, ere
erschlaffen (N. Kl.)
marcidus, a, um
(N. Kl.) welk, schlaff, entnervt
mare, is, *n* (im plur. nur nom. **maria** u. abl. **maribus**)
Meer
1. eigtl. (Ggstz. terra; nostrum m. „Mittelmeer"
2. übtrg. See, Meer-, Seewasser
margarita, ae, *f* u. N. Kl. -um, i, *n* (gr.)
Perle
margino 1.
(N. Kl.) mit einer Einfassung versehen
margo, inis, *m*
(N. Kl.) Rand, Einfassung, übtrg. Grenze, Mark

marinus, a, um
zum Meer gehörig, Meer-
marita s. maritus
maritalis, e
ehelich (P)
maritimus (altlat. **-tumus**), a, um
1. nach dem Meer od. am Meer gelegen, Meer-, See-, Küsten-; subst. **maritima**, orum, *n* Seegegenden
2. zum Meer, zur See gehörig, im Meer, in der See befindlich
marito 1.
(N. Kl.) verheiraten, ehelich verbinden, übtrg. von Bäumen u. Weinstöcken
maritus, a, um (mas)
ehelich, verehelicht, Ehe-;
subst. **maritus**, i, m
1. (im Ggstz. zur Gattin) Gatte, Gemahl
2. (als Stand) Ehemann
3. (P) übtrg. v. Tieren
4. (P) Freier. **marita**, ae, *f* (N: Kl.) Ehefrau, Gattin
marmor, oris, *n* (gr.)
Marmor, Marmorstein; (N. Kl.) plur. Marmorbrüche, -blöcke, -tafeln, sing. u. plur. Marmorbild, Denkmal; (P) Stein überhaupt, Steinkruste, glänzende Meeresfläche
marmoreus, a, um
aus Marmor, marmorn; (P) übtrg. marmorweiß, -schimmernd
Mars, Martis, *m* (aus dem altlat. u. poet. **Mavors**)
Mars, spez. Kriegsgott; übtrg.
1. Krieg, Kampf, Schlacht; sprichw. bildl.: suo Marte „durch eigene Kraft, ohne fremde Hilfe, selbständig"
2. Kriegsglück
3. (P) Mut, Tapferkeit
4. (P) Mavors = Kriegsmacht
5. Mars = ein Planet (Martis stella). Adjekt. a) **Martialis**, e des Mars; b) **Martius**, a, um des Mars, martisch, dem Mars geweiht; (N. Kl.) Martius [monsis] März, klass. Idus Martiae, Kalendae M.); übtrg. zum Mars (als Planeten) gehörig (fulgor); (P) kriegerisch.; c) (P) **Mavortius**, a, um martisch, des Mars, subst. Marssohn
Marticola, ae, *m* (P)
Marsverehrer
Martigena, ae, *m*
(P) Sohn des Mars
mas, maris, *m*
Mann, (v. Tieren) Männchen, adjekt. männlichen Geschlechts (Ggstz. femina; übtrg. (N. Kl.) von Gewächsen, (P) mannhaft, kräftig
masculinus, a, um
(N. Kl.) eigtl. u. übtrg. männlich
masculus, a, um (mas?)
(N. Kl.) männlich. übtrg. kräftig, tüchtig, mutig, subst. **masculus**, i, *m* Männchen, Mannsbild
massa, ae, *f* (gr.)
(N. Kl.) Teig, weicher Klumpen, Masse
Massicus, i, *m*
Berg in Kampanien. Davon (P) **Massicum**, i, *n* massischer Wein, so auch humor Massicus u. a.
mastruca (-ga), ae, *f* (Fw.)
Schafpelz
mastrucatus, a, um
einen Schafpelz tragend
matara, ae u. (N. Kl.) **-taris**, is, *f*
(keltisch) Wurfspieß der Gallier
matellio, onis, *m*
Topf, Nachtgeschirr
mater, tris, *f*
1. eigtl. (v. Menschen) Mutter (spez. m. familiae [-as] „Haus- od. Familienmutter"
2. übtrg. a) von Göttinnen; b) Gattin, Frau, Weib, plur. ältere Frauen übhpt., Mutterleib, Mutterliebe, Mutterland, (v. Pflanzen) Mutterstock, (von Tieren) Muttertier
3. übtrg. (von Abstrakten) Urheberin, Schöpferin, Quelle, Wurzel
matercula, ae, *f*
Mütterchen
materia, ae u. **materies**, ei, *f*
I. eigtl. 1. (t .t. philos.) Grundstoff, Stoff, Materie
2. Material
3. (noch grünes) Holz, Nußholz, Bauholz, spez. Balken
4. Vorrat, Vorräte, Nahrung (meist P)
II. übtrg.: 1. (abstr.) Stoff, Gegenstand
2. Stoff, Objekt, Thema, Materie, Material (einer wissenschaftl. Abhandlg., einer Rede, Schrift)

3. Quelle, Veranlassung, Gelegenheit
4. Talent, Anlage

materio 1.
aus Holz bauen

materior, ari
Holz fällen, holen

maternus, a, um
mütterlich, von mütterlicher (von der Mutter) Seite, der Mutter

matertera, ae, *f*
der Mutter, Schwester, Tante

mathematicus, i, *m* (gr.)
Mathematiker; (N. Kl.) plur. Sterndeuter, Astrologen; (N. Kl.) **mathematica**, ae u. **-e**, es, *f* Mathematik, Astrologie

Matralia, ium, *n*
Fest der Mater Matuta = der Göttin der Morgenhelle (P)

matricida, ae, *m*
Muttermörder

matricidium, ii, *n*
Muttermord

matrimonium, ii, *n*
Ehe; tenere m. alicuius „jemds. Ehegattin sein", aliquam in matrimonium ducere „heiraten"; aliquam ex m. expellere „verstoßen"; (N. Kl.) plur. übtrg. Ehefrauen

matrimus, a, um
die Mutter noch am Leben habend

matrona, ae, *f*
1. (freigeborene, ehrbare, verheiratete, Frau, Hausfrau, Ehefrau, Gattin
2. (Ggstz. virgo) Frau, Matrone

matronalis, e
(N. Kl.) einer Ehefrau (Mutter) gehörig, eigen, zukommend, subst. **matrinalia**, ium, *n* Frauenfest zu Ehren der Juno Lucina

maturatio, onis, *f*
Beschleunigung (N. Kl.)

mature, comp, **maturius**, superl. **maturissime** u. **maturrime**, adv.
1. rechtzeitig
2. zeitig, früh, frühzeitig
3. (N. Kl.) zur Unzeit, zu früh

maturesco, rui, ere
reifen, reif werden; (N.Kl.) übtrg. (v. Abstrakt.) erstarken

maturitas, atis, *f*
1. eigtl. (von Früchten) Reife
2. übtrg. a) volle Entwicklung, Vollendung, Höhe(-punkt); b) (geistige) Reife, Reife des Verstandes, reife Einsicht u. a.; c) spez. richtiger Zeitpunkt

maturo 1.
1. eigtl. (Früchte) reif machen, zur Reife bringen, klassisch nur **maturatus**, a, um gereift
2. übtrg. a) etwas zur rechten Zeit verrichten (P); b) sich beeilen, etw. befördern, beschleunigen, beeilen; mit inf. = schleunigst etw. tun, (N. Kl.) auch = etw. übereilt tun

maturus, a, um
1. eigtl. reif (poma [Ggstz. cruda], frumenta)
2. übtrg. (in seiner körperl. u. geistig Entwicklg.) gereift, reif; übtrg. v. Dingen
3. (von Pers.) dem Alter nach reif = erwachsen, mannbar, bejahrt, reif zu etw. (N. Kl.)
4. (von d. Zeit) a) frühzeitig, zeitig, früh; b) vorzeitig, zu früh; c) übtrg. beschleunigt, rasch, prompt

matutinus, a, um
morgendlich, am frühen Morgen, Morgen-; subst. **Matutinus** pater = Ianus

Mausolus, i, *m* (gr.)
König in Karien. Davon (N. Kl.) **Mausoleum**, i, *n* (gr.)
1. das prächtige Grabmal des Mausolus
2. prächtiges Grabmal übhpt.

Mavors, vortis, *m* u. **Mavortius**, a, um
s. Mars

maxilla, ae, *f* (mala)
Kinnlade, Kinnbacken

maxime (maxume) s. magis

maximopere s. magnopere

maximus (maxumus) s. magnus

mazonomus, i, *m* (gr.)
(große) Eßschüssel (N. Kl.)

meatus, us, *m* (meo)
(N. Kl.) Gang, Lauf, Flug, übtrg. Weg, Mündung

mechanicus, i, *m* (gr.)
Mechaniker (N. Kl.); adjekt. (Sp) künstlich, mechanisch

meddix (medix), dicis, *m*
(N. Kl.) Bundesoberhaupt der kampanischen Städte

medeor, eri
eigtl. heilen, Heilung gewähren, kurieren (mit dat.: morbo); übtrg. heilen = helfen, zu Hilfe kommen; abhelfen, steuern
mediastinus (altlat. **mediastrinus**), i,*m*
Sklave od. Bursche „für alles" (N.Kl.)
Medica, ae, *f* (sc. herba)
(N. Kl.) medischer Klee, „Luzerne"
medicabilis, e
heilbar (P)
medicamen, minis, *n*
Heilmittel; (N. Kl.) Salbe, Pflaster, (in übl. Sinne) Giftmittel, Gifttrank, Gift, Zaubermittel, -trank
medicamentum, i, *n*
I. Heilmittel, u. zwar 1. eigtl. a) (in gut. Sinne) Heilmittel, Arznei, Medikament, Medizin; Salbe, Pflaster;
b) (N. Kl.) in übl. Sinne = Gifttrank, -mittel, Gift, Zaubermittel, -trank
2. übtrg. Heilmittel = Hilfsmittel (doloris „gegen")
II. 1. Färbemittel, -stoff, Farbe
2. übtrg. (von dem gesuchten Redeschmuck) Schönheitsmittel
medicatus, us, *m*
Zaubermittel (P)
medicina, ae, *f*
1. Heilkunst; alicui m. facere „jemd. heilen"
2. Arznei, Arzneimittel
3. übtrg. Arznei = Hilfs-, Heilmittel
medico 1.
(N. Kl.) heilsam, wirksam machen, besprengen, benetzen, färben, mit Heil- oder Zauberkräften versehen, bezaubern
medicor 1.
heilen (N. Kl.)
medicus, a, um
heilend, heilsam (P); subst. **medicus**, i, *m* Arzt
medietas, atis, *f*
Mitte; N. Kl. Hälfte
medimnum, i, *n* und (N. Kl.) **medimnus**, i, *m* (gen. plur. **medimnum**) (gr.)
der attische Scheffel (= sechs modii)
mediocris, e (medius)
die Mitte haltend, mittelmäßig, u. zwar
1. eigtl. mäßig, unbedeutend, gering
2. übtrg. a) (der inneren Beschaffenheit nach) mäßig, mittelmäßig, unbedeutend, nicht sonderlich, unerheblich;
b) gemäßigt, genügsam. Vgl. mediocriter
mediocritas, atis, *f*
1. Mittelmäßigkeit, Kleinheit
2. das Mittelmaß, die Mittelstraße, Mäßigung
mediocriter adv.
1. mittelmäßig, mäßig, nur in geringem Grade, wenig; non m. „in nicht geringem Grade"
2. gelassen, mit Maß
meditamentum, i, *n*
Vorübung (N. Kl.)
meditatio, onis, *f*
1. d. Nachdenken, Bedachtnahme auf etw.
2. Zurüstung, Vorbereitung
mediterraneus, a, um
mitten im Lande gelegen, binnenländisch; subst. **mediterranei**, orum, *m* die Leute im Binenlande; (N. Kl.) subst. neutr. plur. Binnenland; (Sp) mare Mediterraneum „d. Mittelländische Meer"
meditor 1.
1. allgem. über etw. nachdenken, etwas überdenken, auf etw. Bedacht nehmen
2. auf etw. sinnen, denken, mit etwas umgehen
3. übtrg. (ein)üben, Vorübungen, Vorstudien machen; part. **meditatus**, a, um auch pass.: überlegt, überdacht, ausgedacht, ausgearbeitet u.a.
medius, a, um
I. eigtl. 1. (vom Raum) der mittlere, mittelste, in der Mitte befindlich, dazwischenliegend, (partitiv) in d. Mitte von, mitten in, auf, unter u. a.
2. (von d. Zeit) mittlere, dazwischen liegend, (partit.) mitten in, in d. Mitte
II. übtrg.: 1. (zwischen zwei extremen Begriffen, Ansichten, Parteien) in d. Mitte stehend, die Mitte haltend, Mittelding
2. spez. a) unparteiisch, neutral; b) subst. (vom Stande) medii „Leute von mittlerem Stande"
3. (N. Kl.) unentschieden, zweideutig, vermittelnd, störend, (dem Grade und Maße nach) mäßig, mittelmäßig, halb,

zur Hälfte u. a. - subst. **medium**, ii, *n*
1.(vom Raum) die Mitte, Mittelpunkt; übtrg. spez.: m. ferire „die Mittelstraße beobachten"; facinus in medium proferre „aufs Tapet brongen"; in m. venire „vor Gericht erscheinen"; rem in m. vocare „vor Gericht ziehen"; in medium afferre „zum Gemeingut machen"
2. (N. Kl.) (von d. Zeit) die Mitte, die mittlere Zeit, übtrg. die Hälfte
3. (P) Mittelmäßigkeit

medius fidius s. fidius

medix s. meddix

medulla, ae *f* (medius)
Mark; übtrg.
1. Innerstes
2. (P) Kern

Megale, es, *f* (gr.)
die Große, Erhabene (Beiname der Cybele). Davon **Megalensia (-lesia)**, ium, *n* die Megalesien = Fest der C.

mehercule, **-hercle**, **-hercules** s. hercle

meio, ere (P)
harnen, pissen

mel, mellis, *n*
Honig; (N. Kl.) übtrg. Süßigkeit, Liebliches, auch als Liebkosungswort gebraucht

melancholicus, a, um (gr.)
schwermütig, melancholisch

melicus, a, um (gr.)
lyrisch

melilotos, i, *m* (gr.)
(süßer) Steinklee

melimelum, i, *n* (gr.)
Honigapfel

melior, ius s. bonus

melisphyllum, i, *n* (gr.)
Melisse

Melitensis, e
maltesisch, subst. **Melitensia**, ium, *n* Teppiche v. Malta

meliusculus, a, um
etwas besser

mellifer, era, erum
Honig (ein)tragend (P)

mellitus, a, um
(N. Kl.) mit Honig versüßt; klass. übtrg. süß

melos, *n* (gr.)
(P) Gesang, Lied, Weise

membrana, ae, *f* (membrum)
Häutchen, Haut; (N. Kl.) übtrg. Balg (der Schlange), Pergament

membranula, ae, *f*
Häutchen: (dünnes) Pergament

membratim adv. (membrum)
gliedweise: übtrg. stückweise, einzeln, nach und nach; spez. (v. d. Rede) in kleinen Sätzen

membrum, i, *n*
1. eigtl. Körperglied, Glied; spez. (P) plur. das männliche Glied,
2. übtrg. a) Glied = Teil, b) (von Pers.) Glied = Genosse, Teilhaber (N. Kl.); c) Glied = Gemach; d) Glied (der Rede), Satzglied; e) Unterabteilung, Abschnitt

memini, nisse
1. sich erinnern, sich auf etwas od. jemd. besinnen, einer Sache gedenken, an sie denken, sie noch nicht vergessen haben, eingedenkt sein, wissen
2. mit folgd. inf. = daran denken, darauf bedacht sein (meist P)
3. gelegentlich: (schriftlich od. mündlich) gedenken = erwähnen

Memnon, onis, *m* (gr.)
König im homer. Äthiopien. Davon
1. (N. Kl.) **Memnonides**, um, *f* Memnonsvögel
2. **Memnonius**, a, um (P) des Memnon, übtrg. morgenländisch, schwarz

memor, gen. oris
I. 1. sich erinnernd, eingedenk, etwas im Gedächnis, im Andenken behaltend
2. spez. a) (der Wohltat) eingedenk = dankbar, erkenntlich; b) (N. Kl.) (der Beleidigung) eingedenk = nachtragend, unversöhnlich; c) (P) bedachtsam, vorsorgend; d) gedächtnisstark
II. an etwas erinnernd, mahnend activ. (P). Vgl. memoriter

memorabilis, e
denkwürdig, merkwürdig

memorandus, a, um
(N. Kl.) erwähnenswert, merkwürdig

memoratus, us, m
(N. Kl.) Erwähnung, Erzählung

memoria, ae, *f*
I. eigtl. 1. Gedächtnis = Erinnerung, Andenken, das Gedenken

2. (N. Kl.) das Bewußtsein, der Gedanke (an etw. Zukünftiges)
3. Gedächtnis = Erinnerungskraft, -fähigkeit; ex memoria „aus der Erinnerung", aus d. Kopf
4. Gedächtnis der Nachwelt
II. übtrg.: 1. (die im Gedächtnis haftende) Sache, Ereignis, Vorfall
2. (d. auf Gedächtnis beruhende) Geschichte, Überlieferung, Erzählung, Kunde
3. spez. schriftl. Aufzeichnung
4. Zeitalter, Zeit, „Tage"

memoriola, ae, *f*
geringes Gedächtnis

memoriter adv.
mit gutem, treuem Gedächtnis

memoro 1.
an etw. mahnen (N. Kl.); übtrg. gedenken erwähnen, berichten, erzählen, u. a.

mendacium, ii, *n*
1. Unwahrheit, Lüge, Vorspiegelung; (N. Kl.) spez. Fabel (Ggstz. histor. Wahrheit)
2. übtrg. (v. Leblos.) Täuschung, Trug (klassisch von d. Sinnestäuschung)

mendaciunculum, i, *n*
kleine Lüge, Unwahrheit

mendax, gen. dacis
1. lügenhaft, lügnerisch; auch subst. = Lügner
2. übtrg. (v. Leblos.) a) trügerisch; b) (P) falsch, erdichtet, nachgeahmt

mendicitas, atis, *f*
Bettelarmut

mendico 1. (mendicus)
(N. Kl.) betteln gehen, trans. erbetteln

mendicus, a, um
1. (von Pers.) bettelarm; subst. **mendici** = Bettler; spez. [P] von d. Priestern der Cybele
2. übtrg. (v. Leblos.) armselig, ärmlich

mendosus, a, um
I. pass. 1. (phys. od. moral.) mit Fehlern behaftet, voller Fehler, Gebrechen (P)
2. mit Fehlern gegen die Richtigkeit behaftet = voller Fehler, fehlerhaft
II. activ. Fehler, Unrichtigkeiten begehend

mendum, i, *n*
1. (körperl.) Fehler, Gebrechen (P)
2. übtrg. Fehler, spez. Schreib-, Rechenfehler

mens, mentis, *f*
1. das Denken, Denkvermögen, der denkende Geist, Verstand
2. spez. a) Nachdenken, Überlegung, Vernunft, Einsicht, Besinnung, Geist; b) Denkart, Sinnesart, Sinn, Gesinnung; c) Empfindungsart, Herz, Seele, inneres Wesen, Charakter, Gemüt; spez. das Gewissen; d) (Gemütsaffekte, wie) Zorn, Leidenschaft, (N. Kl.) Mut; e) Gedanke, Vorstellung, Erinnerung; f) Meinung, Ansicht; g) Absicht, Vorsatz, Wille
3. personif. Mens = Göttin der Besinnung. Spez. (vgl. e) venit (alicui) in mentem = i) es fällt (jendm.) ein = den Einfall haben, den Gedanken bekommen, etwas zu tun; ii) es fällt mir ein = ich erinnere mich

mensa, ae, *f*
1. (Speise-) Tisch, „Tafel"
2. übtrg. Wahl, Essen, Gericht
3. spez. a) Wechseltisch, Bank; b) Opfertisch; c) (Grab-)Platte; d) (N. Kl.) Verkaufstisch

mensarius, ii, *m* (mensa)
Wechsler, Bankier (N. Kl.); spez. öffentlicher Wechsler

mensio, onis, *f* (metior)
das Abmessen

mensis, is, *m*
Monat (gen. plur. mensium, vereinzelt auch mensum u. mensuum)

mensor, oris, *m*
(N. Kl.) Messer, Feldmesser

menstruus, a, um
1. allmonatlich
2. einen Monat dauernd, auf einen M. berechnet. (N. Kl.) subst. **menstruum**, i, *n* monatl. Ration, monatl. Reinigung

mensura, ae, *f*
1. das Messen, Messung
2. übtrg. a) das Maß (als Resultat des Messens) = Länge, Größe, Umfang; b) das Maß (womit oder wonach gemessen wird)

mensuum u. **mensum** s. mensis

menta (mentha), ae, *f*
Minze

mentio, onis, *f*
Erwähnung, Erinnerung, spez. Antrag, Vorschlag (im Senat u. in den Komitien)
mentior, titus sum, tiri
I. intr. 1. lügen, ein Lügner sein; subst. **mentiens**, entis, *m* ein „Trugschluß"
2. spez. a) fabeln (P); b) sein Wort nicht halten, brechen
II. trans. 1. erlügen, erdichten
2. (N. Kl.) fälschlich vorgeben, vorspiegeln, täuschen, die Gestalt od. Farbe von etw. annehmen, pass. **mentitus**, a, um erlogen, erdichtet, vorgespiegelt
mentum, i, *n*
das Kinn
meo 1.
(N. Kl.) ziehen, wandeln, gehen
mephitis, tis *f*
(N. Kl.) schädl. Ausdünstung (der Erde), Gestank, personifiz. die Göttin, welche solche Ausdünstung vertreibt
meracus, a, um
rein, unvermischt
mercator, oris, *m*
1. Kaufmann als Handelsherr, Großhändler (Ggstz. caupo)
2. Käufer, Aufkäufer
mercatura, ae, *f*
Handel; plur. Handelsgeschäfte
mercatus, us, *m*
1. Handel, Kauf und Verkauf
2. Markt, Messe, (spez. übtrg. von dem Volksfest zu Olympia, mit dem auch e. Markt verbunden war)
mercedula, ae, *f*
1. geringer Lohn
2. geringe Einnahmen
mercennarius, a, um
bezahlt, gedungen, gemietet, besoldet, spez. bestochen; subst. **mercennarius**, ii, *m* Mietling, Lohndiener, Tagelöhner
merces, cedis, *f*
1. (im allgem.) Lohn, Sold, Bezahlung, Honorar, Preis (für etw.); sprichw. una mercede duas res assequi „mit einer Klappe zwei Fliegen schlagen"
2. spez. a) (in übl. Sinne) Lohn, Sold, Sündengeld; b) Lohn = Strafe, Schaden, Nachteil; c) Zins, Einkünfte (aus Häusern und Äckern u. a.)
mercimonium, ii, *n*
Ware (N. Kl.)
mercor 1.
kaufen, erkaufen, handeln
Mercuriales, ium, *m* (Mercurius)
Handelsleute, Kaufleute, die in Rom ein Kollegium hatten
merda, ae, *f*
(P) Kot, Exkremente
mereo, ui, ere u. **mereor**, itus sum, eri
1. verdienen, erwerben; (P) einbringen; spez. milit. (stipendia) merere oder gelegentl. mereri „Sold verdienen" = (als Soldat) dienen
2. (in gut. Sinne) verdienen = sich einer Sache würdig machen, auf etw. Anspruch erwerben
3. (in üblem Sinne) verdienen = verschulden, verwirken, sich zu ziehen; **meritus**, a, um gerecht, gebührend
4. spez. mereri, selten merere (in gut. und übl. Sinne) sich Verdienste erwerben, sich verdient machen
meretricius, a, um
der od. von Freudenmädchen, buhlerisch, dirnenhaft
meretricula, ae, *f*
Buhldirne
meretrix, tricis, *f*
Dirne, Freudenmädchen
merges, itis, *f*
Garbe (N. Kl.)
mergo, mersi, mersum 3.
eigtl. tauchen, untertauchen; (N. Kl.) (ein Schiff) versenken (pass. untersinken, untergehen), übtrg. hineinstecken, verbergen, verstecken, in etwas versenken od. stürzen
mergus, i, *m*
Taucher (ein Wasservogel)
meridianus, a, um
mittägig, Mittags-; (N. KL.) übtrg. südlich
meridiatio, onis, *f*
Mittagsruhe
meridies, ei, *m* (medius u. dies)
1. Mittag = Mittagszeit
2. übtrg. Mittag = Mittagsgegend, Süden
merito und **meritissimo** s. meritum
merito 1.
verdienen

meritorius, a, um
gemietet, bezahlt, Miet- (klassisch nur pueri meritorii „Buhlknaben")
meritum, i, *n*
1. Verdienst = Lohn, Belohnung, Strafe
2. Verdienst = Würdigkeit
3. Verdienst = Dienstleistung, Gefälligkeit, Wohltat
4. Verdienst = Schuld, Verschulden; spez. abl. **merito** adverb. = nach Verdienst, mit Recht, billig
meritus, a, um s. mereo
merops, opis, *m* (gr.)
(N. Kl.) Bienenwolf, Bienenspecht
merso 1. (N. Kl.) = mergo
merula, ae, *f*
Amsel
merus, a, um
1. eigtl. unvermischt, lauter, rein, subst. **merum**, i, *n* unvermischter Wein
2. übtrg. echt, wahr, unverfälscht
3. lauter = nichts (weiter) als
merx, mercis, *f*
Ware, (P) Tand
messis, is, *f* (meto)
Ernte, Ernteertrag
2. Erntezeit
messor, oris, *m*
Mäher, Schnitter
messorius, a, um
Schnitter-
met
enklit. Wörtchen, an pronomina tretend, = selbst, eigen. Vgl. ego u. ipse
meta, ae, *f*
1. jede kegel- oder pyramidenförmige Figur, Kegel
2. spez. die Ziel-, Spitz-, Malsäule in d. Rennbahn; daher
3. übtrg. (N. Kl.) Wendepunkt, Ausgangspunkt, (P) Ziel, Grenze, Ende
metallum, i, *n* (gr.)
(N. Kl.) Metall, spez. Silber u. Gold, übtrg. Grube, Bergwerk
metamorphosis, is, *f* (gr.)
(fabelhafte) Verwandlung der Gestalt: daher **Metamorphoses**, eon die Verwandlungen (Titel e. Werks v. Ovid)
metator, oris *m*
Abmesser, Vermesser
metior, mensus sum, metiri
1. messen, ab-, aus-, vermessen
2. spez. zumessen
3. (P) (räuml. und zeitl.) durchmessen, durchfahren, durchwandern, durchschiffen, zurücklegen u. a.
4. übtrg. messen, ermessen, beurteilen
Metius s. Mettius
meto, ere (N. Kl. messui und messum)
1. intr. mähen, ernten
2. (N. Kl.) trans. mähen, abmähen, abernten, (P) übtrg. abschneiden, abhauen, niedermähen = niedermetzeln
meto 1. und **metor** 1.
(meist N. Kl.) ausmessen, abgrenzen, abstecken
metrum, i, *n* (gr.)
(N. Kl.) Versmaß, Silbenmaß
Mettius (a. **Mettus** od. **Metius**), ii, *m*
als Appellat. Bezeichnung des höchsten Beamten der Albaner (N. Kl.)
metuo, ui 3.
I. intr.: 1. sich fürchten, fürchten, in Furcht sein, besorgt sein
2. (N. Kl.) sich scheuen, nicht wollen, Bedenken tragen (mit inf.)
II. trans. fürchten, befürchten, sich vor jemdm. od. etw. fürchten. Spez. **metuens**, gen. entis etw. fürchtend, um etw. besorgt, **metuendus**, a, um furchtbar
metus, us, *m* (dat. N. Kl. auch metu)
1. Furcht, Befürchtung, Besorgnis, Ängstlichkeit; in metu esse „in Furcht sein", sich fürchten od. auch gefürchtet werden
2. spez. a) P (ehrfurchtsvolles) Schaudern, Ehrfurcht; b) (N. Kl.) Gegenstand der Furcht, Furcht erregendes; c) in stärkerem Sinne = gefährliche Lage, spez. Kriegsnot, (N. Kl.) plur. Schrecknisse, Schreckenszeit; d) personif. **Metus** Göttin der F
meus, a, um (Vokat. mi, mea, meum)
I. pron. possess. mein, mir zugehörig, von mir
II. spez. subst.: 1. **mea** (P) als Anrede „meine Liebe"
2. **meum**, i, *n* und **mea**, orum, *n* das Meinige
3. **mei**, orum, *n* die Meinigen = Angehörigen und ähnl.
mi
I. = mihi, s. ego

II. Vok. v. meus
mica, ae, *f*
(N. Kl.) Körnchen, übtrg. = ein bißchen
mico, cui, are
1. zucken, zittern, zappeln; spez. Fingerspiel spielen
2. (N. Kl.) übtrg. flimmern, blitzen, funkeln (von zuckenden Lichterscheinungen., dann auch v. Augen, Waffen, Steinen)
migratio, onis, *f*
Wanderung
migro 1.
1. intr. wandern, auswandern
2. trans. a) fortschaffen (N. Kl. u. singulär); b) übtrg. etw. überschreiten, nicht beachten, verletzen
miles, itis, *m* (mille)
der Tausendgänger:
1. Soldat, Krieger, Streiter
2. spez. a) Fußsoldat; b) gemeiner Soldat; c) kollektiv. der Soldat = die Soldaten, das Heer
3. (P) übtrg. Stein im Schachbrett, fem. = (bewaffnete) Begleiterin, Neuling
milia u. **millia** s. mille. **milie(n)s** u.
miliarium s. milli...
mili... s. milli...
militaris, e
soldatisch, kriegerisch, militärisch, Kriegs-, Soldaten-, der Soldaten; (N. Kl.) kriegserfahren, subst. Krieger, Soldat. adv. **militariter** nach Soldatenart (N. Kl.)
militia, ae, *f*
1. Kriegsdienst, Felddienst
2. übtrg. a) Feldzug; b) (N. Kl.) die Soldaten
milito 1.
(N. Kl.) Kriegsdienste tun, Soldat sein, übtrg. dienen
milium, ii, *n*
Hirse
mille
I. indeklin.: 1. tausend
2. (N. Kl.) übtrg. = sehr viele, unzählige
II. subst. **milia** (N. Kl. **millia**), ium, *n*
Tausende
millesimus u. **millensimus**, a, um
tausendste; adverb. **millesimum** zum tausendsten Male
milliarius, a, um
tausend (Mann oder Schritt) enthaltend: **milliarium**, ii, *n* Meilenstein; (N. Kl.) Meile
millies und **milies (-ens)** adv.
tausendmal; übtrg. tausendmal = vielmal, unzählige Male
miluus (milvus), i, *m*
Weihe, Falke; (N. Kl.) übtrg. ein Raubfisch, ein Gestirn
milvinus (miluinus), a, um
falkenartig, räuberisch (übtrg. pullus m. „der junge Falke“ = Diebsjunge)
mima, ae, *f*
Schauspielerin, Pantomimin
mimicus, a, um (gr.)
Schauspieler-, übtrg. burlesk, possenmäßig
mimula, ae, *f*
Schauspielerin
mimus, i, *m* (gr.)
1. Mime, Schauspieler
2. ein mimisches Schauspiel, Posse
mina, ae, *f* (gr.)
Mine, e. griech. Silbermünze
minae, arum, *f*
1. Zinnen (der Mauern) (P)
2. übtrg. Drohungen
minatio, onis, *f*
die Drohung (klassisch im plur.)
minax, gen. acis
1. eigtl. emporragend (P)
2. übtrg. drohend, voll Drohungen, trotzig
Minerva, ae, *f*
Göttin der Weisheit, der Künste, Wissenschaften u. Gewerbe; (P) übtrg. Wollarbeit (Spinnen, Weben)
mingo, minxi, mi(n)ctum 3.
harnen (N. Kl.)
miniatus u. **miniatulus**, a, um
rotgefärbt (Iuppiter [„Juppiterstaute“]; m. cerula „Rotstift“)
minister, tri, *m* und **ministra**, ae, *f*
1. eigtl. Diener(-in), Bedienter im Hause (N. Kl.)
2. übtrg. Diener(-in) = Gehilfe(-fin), Beförderer, Vollstrecker, Werkzeug, Helfershelfer
ministerium, ii, *n*
Dienstleistung, Verrichtung, Amt, übtrg. Dienerschaft, Bediente

ministrator, oris, *m*
1. Diener
2. Beistand, Ratgeber
ministro 1.
1. dienen, spez. (bei Tisch) aufwarten, servieren, austragen, kredenzen, darreichen
2. übtrg. a) darreichen, verschaffen; b) (P) betreiben, ausführen
minitabundus, a, um
unter lauten Drohungen (N. Kl.)
minitor 1.
drohen, androhen
minium, ii, *n* (Fw.)
Mennig, Zinnober
minor 1.
I. eigtl. emporragen (P)
II. übtrg. 1. drohen, androhen
2. (P) prahlend versprechen, erwarten lassen
minuo, nui, nutum, ere
I. in kleinere Teile zerlegen = kleiner machen, zerkleinern, zerschneiden u. a. (P)
II. (durch Hinwegnahme von Teilen) (ver)-mindern, verkleinern, verringern und zwar 1. eigtl.
2. übtrg. schwächen, schmälern, beschränken, beeinträchtigen, herabstimmen, untergraben, einer Sache Einhalt tun
3. intr. minuere oder pass. minui „sich vermindern, abnehmen"
minus s. parvus u. parum
minusculus, a, um
ziemlich klein
minutatim adv.
stückweise, nach u. nach
minutus, a, um (minuo)
1. klein, winzig, unbedeutend
2. kleinlich, kleinmütig
mirabilis, e
wunderbar, u. zwar
1. = bewundernswert, erstaunlich, außerordentlich
2. = wunderlich, sonderbar
3. (t. t. philos.) neutr. plur. **mirabilia** Paradoxen
mirabundus, a, um
voll Verwunderung (N. Kl.)
miraculum, i, *n*
Wunder, Wunderding, -gestalt; (N. Kl.) das Wunderbare, Auffallende einer Sache
miratio, onis, *f*
Verwunderung
mirator, oris, *m*
Bewunderer (N. Kl.)
mirificus, a, um
wunderbar = erstaunlich, auffallend, sonderbar, außerordentlich
miror 1. (in gutem u. schlechtem Sinne) auffallend finden, daher
1. sich wundern, sich verwundern, nicht recht begreifen
2. seiner Verwunderung Ausdruck geben, seine V. äußern; auch mit indir. Fragstz.
3. bewundern, anstaunen, jmd. verehren. **mirandus**, a, um bewundernswert, wunderbar
mirus, a, um, ohne comp. und superl. (in gutem u. schlechtem Sinne) wunderbar, erstaunlich, außerordentlich, bewundernswert, spez. sonderbar
misceo, miscui, mixtum (schlechter mistum) 2.
1. mischen, vermischen, (ver)mengen
2. vermischen = vereinigen
3. spez. a) (durch Mischung) zurechtmachen, bereiten, übtrg. erregen, erzeugen, in Gärung bringen; b) untereinander mischen = verwirren, in Unordnung bringen; c) (N. Kl.) etw. mit etw. erfüllen
misellus, a, um
sehr elend, sehr unglücklich
miser, era, erum
1. (im allgem.) elend = unglücklich, erbärmlich, arm, kläglich, jammervoll, bejammernswert, unselig u. a.
2. (von leblos. Subj.) kläglich, erbärmlich, elend, ärmlich
3. spez. a) (moralisch) elend, erbärmlich = nichtswürdig, abscheulich; b) (P) (körperlich) elend = krank. adv. **misere**
1. elend, unglücklich
2. leidenschaftlich, heftig
miserabilis, e
1. beklagenswert, jämmerlich
2. kläglich = klagend, jammernd
miserandus, a, um
bejammerns-, beklagenswert

miseratio, onis, *f*
1. d. Bedauern, Mitgefühl
2. d. Jammern, übtrg. rührende Schilderung (bes. als Kunstgriff des Redners)
misereor, itus sum 2. und (N. Kl.) **misereo**, ui, itum 2.
sich erbarmen, Mitleid fühlen (mit der Tendenz zu helfen). impers. me miseret u. selten me miseretur (ohne perf.) „es ergreift mich Mitleid mit", es jammert mich jemds. od. einer Sache, jemd. dauert mich
miseresco, ere und unperf. **miserescit** (N. Kl.)
Mitleid haben, es jammert mich
miseria, ae, f
1. i. allgem. Elend, Not, Leid, Jammer, Unglück u. a.
2. spez. a) Mühseligkeit, Beschwerlichkeit; b) peinliche Ängstlichkeit; personif. **Miseria**
misericordia, ae, *f*
1. Mitleid, Barmherzigkeit, Erbarmen, Mitgefühl, Teilnahme (die man empfindet)
2. (das bei andern erweckte) Mitleid
3. d. Jammern
misericors, gen. cordis
mitleidig, barmherzig
miseror 1.
über etwas Mitleid äußern, beklagen, bejammern. Vgl. miserandus
missilis, e
(N. Kl.) werfbar, Wurf-, subst. **missile**, is, *n* Geschoß (Wurfspieß, Pfeil)
missio, onis, *f*
1. das Schicken, Abschicken
2. Freilassung (eines Gefangenen)
3. (milit.) Abschied, Verabschiedung
4. das Aufhören, Schluß
5. (N. Kl.) Entlassung der Gladiatoren aus d. Arena, „Pardon"
missito 1.
wiederholt schicken (N. Kl.)
missor, oris, *m*
d. Schütze (P)
missus, us, *m*
Sendung; (N. Kl.) Wurf
mitesco, ere
mild, reif werden; (N. Kl.) übtrg. (v. Wetter) gelind werden, (v. Leidenschaft.) sich legen, nachlassen, (v. Mensch u. Tieren) zahm, friedsam, mild gestimmt werden
mitifico 1.
mild, weich, zahm machen
mitigatio, onis, *f*
Besänftigung
mitigo 1. (mitis u. ago)
1. eigtl. (Früchte) zur Reife bringen, mild, weich, locker machen
2. übtrg. a) jmd. besänftigen, beruhigen, versöhnen, mild stimmen; b) (einen Zustand) mildern, lindern, vergessen machen
mitis, e
1. eigtl. mild, weich, reif
2. übtrg. mild, sanft, gelassen, friedsam, mild gestimmt od. gestinnt
mitra, ae, f (gr.)
(asiatische) Kopfbinde (in Rom von Weibern u. Gecken getragen)
mitto, misi, missum 3.
I. schicken, senden, gehenlassen; spez.
1. schicken = sagen lassen, melden, schreiben
2. (eine Schrift) zusenden = widmen, zueignen, dedizieren
3. entsenden = von sich geben, zu erkennen geben, hören lassen
4. (t. t. medic.) Blut lassen, zur Ader lassen
II. werfen, schleudern, schießen, schwingen; (N. Kl.) werfen (v. Würfelspiel), stürzen, se m. „sich stürzen, werfen, schwingen"
III. gehen, laufen, fahren, fallen lassen, aufgeben
1. im allgem., selten klassisch und nur mit sachl. Objekt (missis armis „nachdem sie die W. weggeworfen")
2. spez. a) (vom Redner) unterlassen; b) (in d. Rede) übergehen, unerwähnt lassen, etwas lassen; c) auf etw. Verzicht leisten = aufgeben, nicht weiter beachten; d) (e. Versammlung) entlassen, auseinander gehen lassen; e) (aus dem Dienst) entlassen; f) von d. Anklage gegen jemd. abstehen, ihn freilassen; g) (aus dem Gefängnis) entlassen ; h) (e. Sklaven, aus seiner Gewalt lassen, (ihm) die Freiheit schenken)
mitulus, i, *m* (gr.)
die Miesmuschel

mobilis, e (moveo)
1. eigtl. beweglich, leicht zu bewegen
2. übtrg. a) beweglich = lenksam, leicht erregbar, leicht zu etwas zu bewegen (N. Kl.); b) veränderlich, unbeständug, wankelmütig; Ggstz. stabilis). adv. **mobiliter** schnell

mobilitas, atis, *f*
1. eigtl. Beweglichkeit, Schnelligkeit
2. übtrg. Veränderlichkeit, Unbestand, Wankelmut

moderabilis, e
gemäßigt (P)

moderamen, minis, *n*
(P) Steuerruder, Lenkung, Regierung

moderatio, onis, *f*
I. objektiv: das Zügeln, Lenkung, Leitung, leitender Einfluß, Regierung; spez. a) Einschränkung; b) maßvolle Gestaltung
II. subjektiv: 1. eigtl. das rechte Maß, Milde
2. übtrg. (geistig u. moralisch) Mäßigung, das Wohlgefallen, Selbstbeherrschung, Milde, Schonung; spez. Messung, Modulation, Artikulation

moderator, oris, *m* u. **moderatrix**, tricis, *f*
Mäßiger(-in); übtrg.Lenker(-in), Leiter(-in)

moderatus, a, um
(von Pers.) einer, der sich beherrschen gelernt hat = gemäßigt, besonnen, ruhig

modernus, a, um
neu, jetzig (Sp.)

moderor 1. (modus)
I. intr. einer Sache Maß u. Ziel setzen, dem Übermaß einer Sache od. Pers. steuern, mäßigen, abs. die richtige Mitte halten
II. trans.: 1. (im allgem.) beherrschen, bezähmen, zügeln, leiten, regieren
2. spez. a) jemd. auf etw. stimmen; b) (mit Angabe des Maßes) etw. nach etw. richten, einrichten, bestimmen

modestia, ae, *f* (modestus)
1. Mäßigung, Besonnenheit
2. spez. a) Bescheidenheit, Anspruchslosigkeit; b) Selbstbeherrschung; c) Gehorsam, Subordination; d) Sittsamkeit, Anstand; e) Loyalität
3. (stoischer t. t.) als Übersetzung von ευταξια = die Fertigkeit, alles zur rechten Zeit u. am rechten Ort zu tun
4. (N. Kl.) übtrg. Gelindigkeit (des Winters)

modestus, a, um (modus)
1. (im allgem.) gemäßigt, maßvoll, mild, besonnen
2. spez. a) bescheiden, anspruchslos, fügsam; b) sittsam, ehrbar; c) loyal

modicus, a, um (modus)
I. eigtl. im allgem. „mäßig" (mäßig groß, viel); spez. gerade recht, angemessen
II. übtrg. Maß u. Ziel haltend = mäßig, gemäßigt, mit Mäßigung, bescheiden, besonnen, ruhig

modificatio, onis, *f*
die Abmessung einer Sache (N. Kl.)

modificatus, a, um
gehörig abgemessen

modius, ii, *m* (modus)
röm. Getreidemaß = 10 1/2 Liter, „Scheffel"; pleno modio = reichlich

modo, adv, (modus)
mit Maßen:
I. temporal: 1. allein; a) zur Bezeichng. der nächsten Vergangenheit = eben, eben erst, eben noch, soeben, gerade; b) oder = vor nicht allzu langer Zeit, jüngst, vor kurzem (im gedachten od. ausgedrückten Verhältnis zu e. entfernteren Vergangenheit
2. korrespondierend *modo – modo* bald – bald, ähnlich *modo – tum (autem)* erst – dann (aber)
II. modal (auf ein Maß beschränkend)
1. nur, bloß, allein
2. spez. a) (um e. Wunsch od. e. Auffordrg. eindringlicher zu machen) nur, doch nur; b) (um e. Beschränkg. des regierenden Satzes auszudrücken) nur, doch nur vorausgesetzt daß (nicht), wenn nur (nicht)

modulator, oris, *m*
Tonkünstler (P)

modulor 1. (modus)
nach dem Takt abmessen; (N. Kl.) spez. taktmäßig singen oder spielen

modulus, i, *m*
Maß(stab) (N. Kl.)

modus, i, *m*
1. das Maß (das eine Sache hat) = Größe, Menge, Länge, Umfang u.a.; spez. (t. t. d. Musik) Takt, Rhythmus, Melodie, Weise
2. Maß = Ziel, Grenze, Schranke, Einschränkung; spez. a) das Maßhalten, Mäßigung; b) Maß = Vorschrift, Regel
3. Weise, Art, Manier, spez. Beziehung, Hinsicht

moecha, ae, *f* (gr.)
Ehebrecherin (P)

moechor 1.
Ehebruch begehen (P)

moechus, i, *m* (gr.)
Ehebrecher (P)

moenia, ium, *n*
Stadtmauer(n), Mauerring (als Befestigungsmittel; spez. a) Mauerdamm; b) die Gebäude, Häuser der Stadt, die Stadt; c) (P) einzelnes Haus, Palast, Burg, Wände

moerus, i, *m* s. murus

mola, ae, *f*
Mühlstein, plur. Mühle; übtrg. Opferschrot

molaris, is, *m*
(N. Kl.) Mühlstein; Steinblock

moles, is, *f*
I. konkret: 1. im allgem. (N. Kl.) Masse, Last (Steine, Felsen, Wogen, insbes. v. Belagerungswerken; v. Pers. = Masse, Heeresmacht)
2. spez. a) massiver Damm, Mole; b) massive Bauten, Grundbauten, Riesenbauten
II. abstrakt: 1. Masse, Last = Schwere, Größe, Gewalt, Wucht
2. (N. Kl.) a) = Anstrengung, Mühe, Not, b) = Pomp

molestia, ae, *f*
1. aktiv. das Beschwerlichfallen, a) im allgem. Beschwerlichkeit, Beschwerde, Unannehmlichkeit; b) spez. Peinlichkeit, Pedanterie, Affektiertheit
2. passiv. das Beschwertsein = gedrückte Stimmung, Niedergeschlagenheit, Kummer, Ärger, Verdruß

molestus, a, um
1. im allgem. beschwerlich, lästig, unangenehm, widerwärtig, peinlich; spez. moleste fero „es tut mir leid, betrübt mich, verdrießt mich, ist mir unangenehm" u. a.
2. spez. a) schwer auszusprechen; b) peinlich, pedantisch

molimen, minis, *n*
(meist P) Anstrengung, Bedeutung, Wichtigtuerei, (staatlich) Umwälzung, = moles „Bau"

molimentum, i, *n*
Anstrengung, Kraftäußerung

molior 4. (moles)
I. trans.: 1. (durch Anstrengung) in Bewegung setzen, fortbewegen, handhaben, (Anker) lichten, etw. schwingen, schleudern, etwas sprengen, untergraben, (d. Boden) umackern (N. Kl.)
2. (Schwieriges) ins Werk setzen, zustande bringen, bauen, aufführen, verrichten, unternehmen, schaffen
3. mit etw. umgehen, etw. vorhaben, beabsichtigen, im Schilde führen
4. (e. Zustand) erregen, erwecken, erzeugen
II. intr. eigtl. und übtrg. sich in Bewegung setzen, sich rühren, plagen, sich (bei etw.) abmühen, geschäftig sein

molitio, onis, *f*
1. das Niederreißen (N. Kl.)
2. Zurüstung

molitor, oris, *m* (molior)
Erbauer; (N. Kl.). übtrg. Veranstalter

molitor, oris, *m* (molo)
Müller (N. Kl.)

mollesco, ere
(meist) weich od. sanft, verweichlicht werden

mollio 4.
1. eigtl. erweichen, weich, locker, geschmeidig machen
2. übtrg. a) mäßigen, mildern; c) verweichlichen; d) besänftigen, bändigen, zähmen

mollipes, gen. pedis
schleppfüßig (P)

mollis, e
I. 1. eigtl. u. übtrg. im allgem. weich, zart, mild, gelind, locker, biegsam, geschmeidig, beweglich, gelenkig, elastisch, u. a.
2. spez. a) (v. Lokal.) sanft ansteigend od. fallend; b) (v. Werken d. Kunst)

weich, zart gehalten; c) (v. d. Beredsamkeit und Poesie) weich, sanft, mild, fließend
II. (auf Menschen bezogen) 1. weich, zartfühlend, empfindsam, sentimental, leicht empfänglich für
2. spez. a) (in üblem Sinne) i) schwach = (leicht) erregbar, nachgiebig, empfindlich; ii) schwach = schlaff, unmännlich, weichlich, verweichlicht, verzärtelt, furchtsam u. a. ; iii) wollüstig, üppig; b) (in gutem Sinne) sanft, gelassen, ruhig, behaglich, mild, schonend, leidenschaftslos, gefügig.

mollitia, ae, *f* oder **mollities**, ei, *f*
1. eigtl. Beweglichkeit
2. übtrg. a) Weichheit, Empfindsamkeit; b) Schwäche, Mangel an Energie; c) Üppigkeit, Wollust

mollitudo, inis, *f*
1. eigtl. Weichheit; (N. Kl.) Geschmeidigkeit (der Stimme)
2. übertrag. weiche Empfindung; Schwäche, Nachgiebigkeit

molo, ui, itum 3.
mahlen: molita cibaria = Mehl

Molossi, orum, *m*
Volk in Epirus. **Molossus**, a, um molossisch, subst. (P) **Molossus**, eine Hunderasse, „Molosser"

moly (gr.)
Name eines Wunderkrautes (P)

momentum, i, *n* (moveo)
1. eigtl. Bewegung (als Kraft, sich od. andere zu bewegen)
2. Bewegungsdauer: a) plur. Zeiträume, Perioden, Stadien; b) (N. Kl.) sing. spez. (kurzer) Verlauf (einer Zeit); prägn. als Bezeichnung des kürzesten Zeitteils: „Minute", „Augenblick", „Moment"
3. (übtrg. v. dem Ausschlag an der Waage) was ins Gewicht fällt: a) Bewegungseinfluß: plur. Einwirkungen, Anlässe, Einflüsse, Bestimmungsgründe; b) (N. Kl.) Aufwand an Kraft od. Mitteln; c) Entscheidung, entscheidender Einfluß, Gewicht, Bedeutung, Wert

monedula, ae, *f*
Dohle

moneo, ui, itum 2.
1. (v. Pers. u. Dingen) erinnern, belehren, aufmerksam machen, (er)mahnen, warnen
2. spez. a) Rechtsbeistand leisten (vgl. monitor); b) von göttl. Eingebg.: mahnen; c) vorhersagen, prophezeien; e) (N. Kl.) züchtigen

moneris, is, *f* (gr.)
Einruderer (N. Kl.)

moneta, ae, *f*
1. Münze = Prägestätte (eine zeitlang im Tempel der Juno Moneta befindl.)
2. (P) Münze als Geld

monetalis, e
zur Münze gehörig: scherzhaft monetalis „Geldmann" (der Geld fordert)

monile, is, *n*
Halsband

monimentum, i, *n* = monumentum

monita, orum, *n*
Erinnerungen, Ermahnungen; Prophezeiungen

monitio, onis, *f*
Ermahnung

monitor, oris, *m*
Erinnerer, Mahner, Warner; spez. Rechtsbeistand (des Redners vor Gericht)

monitus, us, *m*
1. Mahnung, Rat, Warnung (P)
2. spez. als Ausdruck göttlichen Willens: monitu = nach d. Willen, auf Geheiß

monogrammus (gr.)
was nur aus Umrissen besteht: von den Göttern Epikurs = „körperlos, schattenhaft"

monopodium, ii, *n* (gr.)
einfüßiges Tischchen (N. Kl.)

monopolium, ii, *n* (gr.)
Recht des Alleinverkaufs, „Monopol"

mons, montis, *m*
(eigtl. u. [N. Kl.] auch im übtrg. Sinne) Berg, Gebirge (auch als Apposition bei Namen: m. Iura, m. Cevenna); (P) Felsmasse, plur. Berglehne, personif. Berggott

monstrator, oris, *m*
(N. Kl.) Anweiser, Unterweiser

monstro 1.
zeigen, weisen; (mit Worten) auf etw.,

spez. auf göttl. Wunderzeichen hinweisen, unterweisen, Anleitg. = Auskunft geben, (P) anweisen, verordnen, anraten, antreiben, (N. Kl.) anzeigen
monstrum, i, *n*
1. göttl. Wahrzeichen, Wunder (namentlich in Bezug auf d. Unnatürliche und Häßliche der Erscheinung)
2. übtrg. jede (unangenehm) auffallende Erscheinung: a) (von lebenden Wesen) Wundererscheinung, Wunder, Ungetüm, Ungeheuer, Scheusal; b) (v. Handlungen, Worten, Gedanken) Ungeheuerlichkeit, Scheußlichkeit, plur. Ungereimtheiten, Abenteuerlichkeiten
monstruosus, (monstrosus), a, um
ungeheuerlich, seltsam, scheußlich
montanus, a, um
auf Bergen befindlich, Berg-, Gebirgs- (klassisch v. Menschen = auf Bergen wohnend, subst. **montani** Bergbewohner (vgl. auch paganus), Bergvölker; N. Kl. **montana**, orum, *n* Berggegenden); (P) gebirgig
monticola, ae, *m*
(P) Bergbewohner
montivagus, a, um
Berge durchschweifend
montuosus (P **montosus**), a, um
gebirgig
monumentum (monimentum), i, *n* (moneo)
Erinnerungszeichen (oft im plur.): Denkmal, Andenken, Denkzeichen; spez. a) von Weihgeschenken, Votivgegenständen, Statuen, Gebäuden, Straßen, die zu Ehren jemds. gestiftet u. errichtet, od. von jemd. gestiftet und erbaut sind, um seinen Namen zu verewigen; b) mit oder ohne sepulcri (sepulcrorum) Grabmal; c) schriftliche Denkmäler: Aufzeichnungen, Schriften, Urkunden, Akten
mora, ae, *f*
Verzug, Verzögerung, Aufschub, Aufenthalt: spez.
1. (N. Kl.) Rast, Rasttag
2. Pause (im Reden)
3. Hindernis, Hemmnis
4. (P) zeitl. Dauer, Länge der Zeit
mora, ae, *f* (gr.)
Abteilung des spartanischen Fußvolks
moralis, e
die Sitten betreffend (m. pars philosophiae = Ethik), N. L. = sittlich
morator, oris, *m*
1. (N. Kl.) Nachzügler
2. Verzögerer (klass. als gerichtl. t. t.)
moratus, a, um
1. irgendwie gesittet, geartet
2. dem Charakter entsprechend, charakteristisch
morbus, i, *m*
Krankheit (leibliche wie geistige); (P) personif. Morbus
mordax, gen. acis
(meist P) eigtl. u. übertrg. bissig, beißend, stechend, schneidend, beizend
mordeo, momordi, morsum 2.
I. beißen; (P) bildl.: kauen, benagen, (v. Flusse) bespülen, (v. Haken u. a.) fassen oder festhalten, (v. Hitze u. Kälte) verbrennen, versehren
II. übtrg. beißen = kränken, wehtun, mitnehmen, peinigen
mordicus adv.
1. eigtl. durch Bisse, mit d. Zähnen
2. übtrg. = mit aller Kraft, hartnäckig
moretum, i, *n*
Mörsergericht (P)
moribundus, a, um
im Sterben liegend; (P) sterblich
morigeror 1.
willfahren
morior, mortuus sum (part. fut. moriturus), mori (archaist. moriri)
sterben:
1. von Pers.
2. v. Tieren, „sterben, verrecken, verenden"
3. v. Leblos. „absterben", „erlöschen", „enden"; (P) sterblich verliebt sein. **mortuus**, a, um tot, bildl. abgestorben, erloschen, ganz schwach; subst. ein Toter, plur. Tote, die Toten
mormyr, myris, *f* (gr.)
e. Seefischart
moror 1.
I. intrans. 1. verweilen (als Unterbrechung des Fortschritts der Handlung), weilen, sich aufhalten; [P] = noch blühen [v. d. Rose], haften an)
2. zögern, säumen, ausbleiben
II. trans. 1. jemd. od. etw. aufhalten,

verzögern, hemmen; (P) = festhalten, fesseln
2. spez. in der Rede: ne multis morer ohne Obj. = um es kurz zu machen
morositas, atis, *f*
Eigenwilligkeit, Pedanterie, Grämlichkeit
morosus, a, um (mos)
voll Eigenheiten: eigenwillig, pedantisch, mürrisch, launisch
mors, mortis, *f*
1. Tod (bes. der natürliche Tod, doch auch der Tod als Vergeltung; vgl. nex)
2. übrtrg. a) (P) Mord, Blut; b) Tod als Person, Töter; c) personif. **Mors** Todesgöttin
morsus, us, m
1. eigtl.Biß, das Beißen; (P) bildl. a) das Beißen in etw. = das Verzehren, b) das, was durch Biß festhält = Zahn, Anker, Spalte
2. übtrg. Schmerz, Verdruß, Kränkung
mortalis, e
sterblich vergänglich; irdisch, menschlich
mortalitas, atis, *f*
Sterblichkeit, Vergänglichkeit; (N. Kl.) Zeitlichkeit, konkr. Menschheit
mortarium ii, *n*
(N. Kl.) Mörser, Mörtel
mortifer, era, erum
todbringend, tödlich; neutr. subst. **mortifera** todbringende Mittel
mortuus s. morior
morum, i, *n* (gr.)
Maul-, Brombeere
morus, i, *f*
Maulbeerbaum
mos, morus, *m*
I. Wille
II. 1. Sitte, Herkommen, Brauch, (abgeschwächt) Art, Weise; spez. (P) Vorschrift, Gesetz; (N. Kl.) Unsitte
2. plur. **mores**, um a) Sitten, Charakter, Wesen, „Persönlichkeit"; b) spez. (gute) Gesittung (N. Kl.); schlechte Sitten (o tempora, o mores!); Lebensführung
motio, onis, *f*
Bewegung (abs., corporum; übtrg. suaves motiones „Eindrücke")
moto, are
hin und her bewegen (P)
motus, us, *m*
I. eigtl. (physisch) Bewegung; spez. (kunstmäßige) Bewegung, Wendung; daher N. Kl. = Tanz; (N. Kl. militär.) Evolution, Manöver; (P) Abreise
II. übtrg.: 1. (sinnl. u. geistige) Bewegung, Regung, Erregung, Tätigkeit, Trieb
2. Wendung, Wechsel
3. (politisch) Bewegung, Erhebung, gewöhnl. in übl. Sinne = Beunruhigung, Erschütterung, Unruhe, Aufruhr, Aufstand, Erhebung
moveo, movi, motum 2.
I. (Am Orte): 1. körperl. a) bewegen, in Bewegung setzen; b) moveri „sich bewegen"; N. Kl. auch movere intrans.= sich bewegen, erbeben; c) spez. (P) (im Tanze) bewegen, moveri „tanzen"; d) N. Kl. (die Waffen) ergreifen; e) P aufgraben oder bearbeiten (den Boden), rühren od. schlagen (Saiten), schütteln (Urne, Haupt), schwingen (Flügel), hineinstoßen (Schwert), flattern lassen (Haar), erschüttern (Mauern u. a.), aufrühren (Schmutz), aufwühlen (Fluten) u. a., moveri „erbeben" (Berge), wogen (Meer), schlagen (Puls), wachsen (Pflanzen) u. a.; insbesond. übtrg. f) N. Kl. (den Körper) angreifen (von Krankheit.); g) N. Kl. se movere od. moveri „sich regen, sich rühren"; h) se in nullam (neutram) partem m., se ad motus fortunae m. = sich für keine (von beid.) Partei(-en) entscheiden, sich dahin wenden, wohin das Glück sich neigt; i) = mutare „ändern, (ver)wandeln"
2. geistig a) N. Kl. (in seinem Geiste) bewegen, erwägen, überlegen; b) (im allgem.) Eindruck machen auf, Einfluß haben auf, einwirken, beeinflussen, bestimmen, pass. Einwirkung erleiden, bewegt, beeinflußt werden, sich bestimmen lassen von od. durch; im besondern c) = jemd. in einer Ansicht, Entschluß od. Handlungsweise bewegen, bestimmen, zu etw. veranlassen; d) jemd. besorgt, bestürzt machen, beunruhigen, erschrecken;

e) rühren, Teilnahme, Mitleid erwekken, schmerzlich bewegen; f) jemds. Denkkraft anregen; g) aufreizen (N. Kl.); h) (politisch) in Aufruhr bringen, aufregen, aufrühren; i) (P) jemd. in Staunen, Bewunderung, in Begeisterung versetzen
II. (Von einem Orte) 1. fortbewegen, -schaffen, -bringen, -rücken, entfernen
2. se movere od. (N. Kl.) moveri „sich fortbewegen", sich wegbewegen, fortgehen, sich entfernen, aufbrechen
3. spez. milit. castra movere „das Lager abbrechen", aufbrechen, weiter marschieren, vorrücken
4. verjagen, verdrängen, verstoßen, entfernen
5. (P) fort- u. herbeischaffen, -bringen
6. übtrg. (e. Zustand) erregen, erwekken, verursachen, erzeugen
7. (N. Kl.) anfangen, anheben
8. spez. anstiften
9. (N. Kl.) in Anregung, zur Sprache bringen, an den Tag legen, enthüllen

mox adv.
1. zur Bezeichng. der zukünftigen Zeit, u. zwar von der Gegenwart des Erzählenden od. Redenden aus = bald, bald nachher, nächstens
2. N. Kl. a) bei einem Präteritum = bald darauf, späterhin, darauf, alsdann, b) bei e. Aufzählung = sodann, ferner, zweitens

Mucia, orum, *n*
das Muciusfest zu Ehren des Q. Mucius

mucro, onis, *m*
Schwertspitze, Schwert; übtrg. = Schneide, Schärfe

muginor, ari
sich lange besinnen

mugio 4.
brüllen; übtrg. von Dingen (P) brüllen, dröhnen, krachen

mugitus, us, *m*
das Brüllen

mula, ae, *f*
Mauleselin

mulceo, mulsi, mulsum 2.
(N. Kl.) streichen, streicheln, sanft berühren, bewegen, belecken, übtrg. bezaubern, ergötzen, besänftigen, beruhigen, beschwichtigen, schmeicheln, mit sanften Tönen erfüllen

Mulciber, beri, *m*
(P) Beiname des Vulkan, übtrg. = Feuer

mulco 1.
übel zurichten, mißhandeln, prügeln u. a.; auch übtrg.

mulctra, ae, *f* = **mulctrarium**, ii, *n* =
mulctrum, i, *n*
Melkfaß (P)

mulgeo, mulsi, mulsum 2.
melken (N. Kl.)

muliebris, e
1. weiblich, eines Weibes, Weiber-; subst. **muliebria**, ium, *n* (N. Kl.) weibliche Scham, m. pati = sich wie ein Weib gebrauchen lassen
2. übtrg. weiblich

mulier, eris, *f* (Ggstz. vir)
1. Weib
2. spez. Eheweib, Frau

mulierarius, a, um
Weiber-

muliercula, ae, *f*
Weib, im besondern = schwaches Weib, in üblem Sinne = Weibsbild, Dirne

mulierositas, atis, *f*
Weibersucht

mulierosus, a, um
weibertoll

mulio, onis, *m*
Maultiertreiber (auch Schimpfwort [N. Kl.])

mulionius, a, um
einem Maultiertreiber gehörig

mullus, i, *m* (gr.)
Meerbarbe

mulsum, i, *n*
Honigwein

multa, ae, *f*
Strafe (an Vieh, später an Geld), (Geld-)Buße; (N. Kl.) gelegtl. auch in weiterem Sinne von der „Kriegskontribution" od. von einer „Ehrenstrafe" gebraucht

multaticius, a, um
(N. Kl.) Straf-, Buß-(Geld, Summe)

multatio, onis, *f*
Bestrafung

multicavus, a, um
löcherig (P)
multifariam adv.
an vielen Stellen
multifidus, a, um
vielgespalten (N. Kl.)
multiformis, e
vielgestaltig
multiforus, a, um
viellöcherig (P)
multiiugus, a, um und **multiiugis**, e
vielspännig (N. Kl.); übtrg. = vielfältig
multimodis adv.
auf vielerlei Art, mannigfach
multiplex, gen. plicis
1. vielfältig, aus vielen Teilen bestehend, vielteilig; b) vervielfältigt, vielfach, im Ggstz. zu unus oder pauci; c) N. Kl. vielmal so groß, vielmal größer
2. übtrg. a) mannigfaltig, vielseitig vielverzweigt, reichhaltig; b) spez. kompliziert
multiplicabilis, e
vielfältig (P)
multiplicatio, onis, *f*
Vervielfältigung (N. Kl.)
multiplico 1.
vervielfältigen, vergrößern, vermehren; N. Kl. „multiplizieren"
multitudo, dinis, *f*
1. große Zahl, Menge, Masse
2. der große Haufe, die Menge
3. milit. = Übermacht; d. (ganze) Heer
multo 1.
strafen, bestrafen
multus, a, um
I. adi. (vgl. plus!) viel
1. von der Menge = viel, zahlreich, reichlich
2. intensiv = viel, groß, reichlich, stark, bedeutend; (P) v. Stoff = stark, dicht
3. zeitlich = vorgerückt
4. N. Kl. räuml. = groß
5. N. Kl. von d. Tätigkt. = eifrig, emsig, unablässig
6. von der Rede = weitschweifig, weitläufig
II. subst. 1. **multi**, orum, *m* viele, spez. = „der große Haufe, die Menge"
2. **multa**, orum, *n* vieles; (N. Kl.) in adverb. Sinne, „vielfach, heftig, stark"
3. **multum**, i, *n* viel, ein großer Teil; spez. a) **multum** adv. (v. Grad und Zeit) viel, sehr, vielfach, häufig; b) **multo** als abl. compar. = um vieles, viel, bei weitem
mulus, i, *m*
Maulesel
mundanus, i, *m*
Weltbürger
munditia, ae, *f*
Zierlichkeit, Eleganz (auch übtrg. vom Stil)
mundus, a, um
schmuck, sauber, elegant
mundus, i, m
I. Toilettengerät, Putz der Frauen (N. Kl.)
II. Weltall, Welt; spez. (fast nur P) = Himmel, Erdkreis, Menschheit
munero (?) u. **muneror** 1.
schenken, beschenken
munia, ium, *n*
Pflichten, Geschäfte
municeps, cipis, *m*
1. Bürger eines municipium, „Munizipale"
2. Bürger desselben municipium = Mitbürger, Landsmann
municipalis, e
einem municipium angehörig, aus einem m., kleinstädtisch
municipium, ii, *n*
Landstadt, besond. in Italien, deren Bürger das römische Bürgerrecht genossen, „Munizipium"
munificentia, ae, *f*
Mildtätigkeit, Wohltätigkeit, Freigebigkeit
munificus, a, um
mildtätig, wohltätig, freigebig
munimentum (altlat. **moenimentum** [?]), i, *n* und P **munimen**, inis, *n*
Befestigung, Schutzbau; übtrg. (N. Kl.) Schutz
munio 4.
I. 1. Schanzen aufwerfen, sich verschanzen, (N. Kl.) e. Feste bauen, gründen
2. e. Weg anlegen, bahnen, gangbar machen
II. 1. eigentl. verschanzen, befestigen, in Verteidigungszustand setzen; **mu-**

nitus, a, um befestigt
2. übtrg. (Pers. oder Sachen) verwahren, schützen, decken, sichern; **munitus**, a, um geschützt, gesichert
munitio, onis, *f*
I. 1. Befestigung, Befestigungsarbeit
2. Gangbarmachung
II. Befestigungswerk, Verschanzung
munito 1.
(e. Weg) bahnen (P)
munitor, oris, *m*
(N. Kl.) Befestiger, Schanzarbeiter, Minierer
munus, neris, *n*
I. (die durch das innere Wesen von Natur angewiesene od. durch äußere Verhältnisse übernommene) Verrichtung, Obliegenheit, Dienst, Funktion, Geschäft, Aufgabe, Pflicht; daher.
1. d. berufsmäßige „Pflicht" des Beamten = Dienst, Amt, Posten
2. milit. Amt, Dienst, Aufgabe
3. staatsbürgerl. Pflicht, Leistung, Last, Abgabe
4. das Geleistete = Leistung, Arbeit
II. Leistung aus Gefälligkeit =
1. Liebesdienst, Gefälligkeit, Dienst
2. spez. (P) = der letzte Liebesdienst gegen Verstorbene
III. Gabe, Spende, Geschenk (aus Verpflichtg. u besonderem Anlaß, z. B. aus Freundschaft oder Wohlwollen); spez.
1. (P) = Opfergabe, Opfer, „letzte Ehre", Totenspende, „Siegespreis"
2. a) Festspiel, (wie es z. B. die Ädilen dem Volke gaben); b) Schaugebäude
munusculum, i, *n*
kleines Geschenk
muralis, e
zur Mauer gehörig, Mauer
murena (muraena), ae, *f* (gr.)
Muräne (ein beliebter Seefisch)
murex, icis, *m*
(N. Kl.) Purpurschnecke, Purpursaft, -farbe, Purpur, (übtrg. v. der Form) Riff, Fußangel
muria, ae, *f* (gr.)
Salzlake (P)
murmillo s. myrmillo
murmur, uris, *n*
(meist P) das Murmeln, Gemurmel, Murren, (v. Bienen) Gesumme, (vom Donner) Rollen, (v. Wind und Wasser) Brausen (v. Bäumen) Rauschen, (v. Tieren) Gebrüll, Knurren, Grunzen
murmuro 1.
murmeln, rauschen
murra (myrrha), ae, *f* (gr.)
Myrrhe (Balsamstaude), Myrrhenbalsam
murra, ae, *f*
ein edler Stein
murreus (myrrheus), a, um
mit Myrrhensaft gesalbt (P)
murtetum, i, *n*
Myrtenhain (N. Kl.)
murteus, a, um
Myrten- (Hain) (P)
murtum, i, *n* (gr.)
Myrtenbeere
murtus, i, *f*, nom. plur. auch -us (gr.)
(P) Myrtenbaum, -hain, -kranz, Speer aus Myrtenholz
murus (archaist. **moerus**), i, *m*
1. Mauer (einer Stadt; auch e. Gebäudes); spez. = Verschanzung
2. übtrg. „Mauer" als Schutz
mus, muris, *m* (gen. plur. murum [?])
Maus
Musa, ae, *f* (gr.)
Muse; übtrg. (P) Lied, Gedicht
musca, ae, *f*
Fliege (auch übertrag. v. einem lästigen Menschen)
muscipulum, i, *n*
Mausefalle
muscosus, a, um
moosig
musculus, i, *m*
1. eigtl. Mäuschen
2. übtrg. a) Muskel (N. Kl.); b) Muschel (N. Kl.); c) (milit.) Minierhütte
muscus, i, *m*
Moos
museum, i, *n* (gr.)
(N. Kl.) Ort für gelehrte Studien
musicus, a, um (gr.)
die Musik betreffend. subst.
1. **musicus**, i, *m* Musikverständiger, Musiker
2. **musica**, ae, *f* Musik, Tonkunst
3. **musica**, orum, *n* Tonkunst, Musik
mussito, are

leise vor sich hinmurmeln (N. Kl.)
musso, are
(N. Kl.) leise sprechen, vor sich hinmurmeln, (v. Bienen) summen, übtrg. zögern zu reden oder zu tun, scheu harren
mustaceum, i, *n* (**-ceus**, i, *m*)
Hochzeitskuchen: übtrg. loreolam in mustaceo quaerere = e. wohlfeilen Triumph zu erlangen suchen
mustela, ae, *f*
Wiesel
mustum, i, *n*
Most (vgl. auch lacus); übtrg. (P) = Weinlese
mutabilis, e
wandelbar, veränderlich
mutabilitas, atis, *f*
Veränderlichkeit
mutatio, onis, *f*
Veränderung, Wechsel; Austausch
mutilo 1.
verstümmeln, stutzen
mutilus, a, um (gr.)
verstümmelt, gestutzt
muto 1. (moveo)
I. entfernen, versetzen
II. ändern, verändern; (N. Kl.) auch mutare = sich ändern; spez. (N.Kl.) (in e. andere Gestalt) verwandeln, (den Sinn) umstimmen, wandeln (in gutem od. schlecht Sinne), (P) = färben
III. wechseln, (ver)tauschen
muto (mutto), onis, *m*
= das männl. Glied (P)
mutatio, onis, *f*
Anleihe
mutue (-tuo) adv. s. mutuus
mutuor 1.
borgen, leihen, (N. Kl.) mieten (e. Haus); übtrg. borgen, entlehnen
mutus, a, um
stumm:
1. v. Menschen
2. v. Tieren
3. von unbelebten Ggstdn. = stumm, still, schweigend; von dem, worin kein Laut ertönt; [P] von dem, worüber man nicht spricht
mutuus, a, um
1. wechselseitig, gegenseitig; adv. **mutue**; (N. Kl.) = beiderseitig
2. geborgt, geliehen; subst. **mutuum,** i, *n* Gegenseitigkeit; abl. **mutuo** adv. (N. Kl.) wechselweise, wieder = zur Vergeltung; (P) per mutua „wechselweise“, „an“- od. „untereinander“
myoparo, onis, *m* (gr.)
leichtes Kaperschiff
myrica, ae, *f* (gr.)
Tamariske
myrmillo (and. Form **murmillo**), onis, *m* (mormyr)
e. Art Gladiatoren
myrrha (-heus) s. murra (-reus)
myrtetum, myrteus, myrtum, myrtus = murtum etc
mystagogus, i, *m* (gr.)
Führer an heiligen Orten, „Cicerone“
mysteria, orum, *n* (gr.)
Geheimlehre, Geheimkultus (besonders der Ceres), „Mysterien“; übtrg. Geheimnisse
mystae, arum, *m* (gr.)
„Mysten“, Priester bei geheimem Gottesdienst (P)
mysticus, a, um (gr.)
geheimnisvoll (P)

N

nae s. ne
naenia, ae, *f* s. nenia
naevus, i, *m*
Muttermal
naias, adis oder nais, idis, *f* (gr.)
(P) Wassernymphe, überhaupt Nymphe
nam od. **namque**
einen Gedanken od. Ausdruck, (P) auch e. Anrede begründend oder erläuternd = „denn", „nämlich"
Spez. a) namentlich nam oft bei Anknüpfung einer Bemerkung, die die Richtigkeit oder Alleingültigkeit einer Angabe unterstützt, indem sie anderes als unwichtig oder unrichtig abweist oder Wesentliches scheinbar beiläufig nachträgt. Hierbei bleibt der durch nam begründete Zwischengedanke oft verschwiegen, im Deutsch. = „ja, fürwahr, freilich" oder unübersetzt
b) Ferner zur Einleitung von Parenthesen oder geleg. zur Anknüpfung eines durch e. Zwischensatz unterbrochenen Gedankens
c) Im Übergang zur näheren Ausführg. des Vorhergehenden, spez. zur Anführung von Beispielen (= „z. B.")
Anmkg. nam und namque stehen klassisch an erster Stelle, namque fast nur vor Vokalen; in Fragen schließt sich tonloses nam oft an das Fragewort an: quisnam igitur u. a. (=„denn", „eigentlich")
nanciscor, nanctus und nactus sum 3. (zufällig, durch günstige Umstände, durch glücklichen Zufall) finden, antreffen, treffen auf, erlangen, in den Besitz kommen von. (N. Kl.) auch in ungünstigem Sinne, z. B. morbum (zu e. Ort) gelangen, (einen Ort) erreichen; (jemd. oder etw. in einer Lage) antreffen
Napaeae, arum, *f* (gr.)
Talnymphen (P)
narcissus, i, *m* (gr.)
Narzisse
naris, is, *f*
1. eigtl. (N. Kl.) Nasenloch, Nase; klass. nur plur. **nares**, ium, *f* Nase
2. überg. (P) von scharfer Beobachtungsgabe, Spott u. Geringschätzg.
narrabilis, e
erzählbar (P)
narratio, onis, *f*
1. Erzählung (indem dabei die Tätigkeit des Erzählers als solche in Betracht kommt)
2. spez. als t. t. rhet. Teil der Rede, der die Darstellg. des Sachverhalts enthält
narrator, oris, *m*
Erzähler
narratus, us, *m*
Erzählung (P)
narro 1.
1. (mündl. od. schriftl.) erzählen
2. familiär: male, bene n. spez. = schlechte oder gute Nachricht bringen
3. familiär oft = erwähnen, sagen, sprechen od. reden von
narthecium, ii, *n* (gr.)
Salbenbüchse
narus = gnarus
nascor, natus sum, nasci (aus gnascor)
I. eigtl. 1. geschaffen, erzeugt, geboren werden, aufwachsen: a) von Pers. b) von Tieren c) von leblosen Dingen wachsen, entstehen, vorkommen, sich finden
2) in weiter. Sinne = entspringen, abstammen
II. übertrg. seinen Anfang nehemn, entstehen, entspringen, ausgehen, herrühren, sich zeigen, **natus**, a, um
I. adi. 1. geboren, erzeugt, geschaffen, entstanden, aufgewachsen, entsprungen, entstammt u. a.
2. spez. a) angeboren b) übertrg. geschaffen, bestimmt, geeignet für oder zu; c) (v. Natur) beschaffen; d) alt
II. subst. **natus** Sohn oder **nata** Tochter (P); **nati** = „Kinder", auch klass. in Verbindg. mit parentes ; (P) = Junge
nassa, ae, *f*

Fischreuse: bildl. ex hac nassa exire
nasturcium, ii, *n*
Kresse
nasus, i, *m*
Nase (als Körperteil); bildl. (P) zur Bezeichnung feinen Geruchs oder des Hochmuts oder Spotts, vgl. suspendo
nasutus, a, um
(P) großnasig, naseweis, spöttisch
nata, ae, *f* s. nascor a. Ende
natalicius, a, um
zur Geburtsstunde gehörig. subst. **natalicia**, ae, *f* Geburtstagsschmaus
natalis e
zur Geburt gehörig, Geburts- (dies n. „Geburtstag, Jahrestag") subst.
1. **natalis**, is, *m* Geburtstag, (P) personif. Geburtsgenius
2. **natalia**, ium, *n* (N. Kl.) Stand, Familie
natatio, onis, *f*
d. Schwimmen, Schwimmübung
natator, oris, *m*
Schwimmer (P)
natio, onis, *f* (nascor)
I. Appellativum 1. Völkerschaft, Stamm, „Nation" (hinsichtl. der gemeinsamen Abstammung, spezieller als gens, als dessen Teil es auch erscheint
2. übertrg. Gattung, Klasse, Sippschaft
II. personif. **Natio** Geburtsgöttin
natis, is, *f*
Hinterbacke, meist plur. **nates** Hinterer, Gesäß
nativus, a, um
1. durch Geburt entstanden, geboren
2. angeboren, natürlich
nato 1.
I. eigtl. schwimmen (von Pers., Tieren, Sachen, (P) trans. durchschwimmen. subst. (P) natantes = pisces
II. Übtrg. 1. (P) wallen, wogen
2. schwimmen = überfließen von
3. (P) wanken, hin und her schwanken (vom Blick), „schwimmen", matt sein, brechen, klass. scherzhaft bildl.= unsicher sein
natrix, icis, *f*
Wasserschlange
natura, ae, *f*
I. 1. Geburt
2. (männl. oder weibl.) Zeugungsglied
II. natürliche Beschaffenheit
1. von Leblos.: Wesen, Beschaffenheit, Lage, „Natur"; spez. (N. Kl.) gute Beschaffenheit, Schönheit
2. von Lebdm.: a) physische Beschaffenheit, „Natur"; b) = natürlich. Bedürfnis, Gefühl, Naturtrieb; c) = angeborene geist. und sittl. Anlage, Beschaffenheit, Naturell, Individualität; d) Wesen, wirkende Kraft
III. Einrichtung u. Organismus der Welt, das Wesen der Dinge; der natürliche Lauf der Dinge; das vernünftige, planvoll waltende Naturgesetz, Weltordnung
IV. „Natur"
1. als die schaffende Kraft
2. als das Geschaffene; a) = d. Weltall, d. Sinnenwelt; b) = d. einzelne Geschaffene; Geschöpf, Kreatur, Wesen, Ding, Element, körperliches Organ
naturalis, e
1. von Geburt, leiblich (N. Kl.)
2. a) die Natur betreffend; b) von Natur, natürlich, angeboren; c) naturgemäß
natus, a, um s. nascor
natus, us, *m*
Geburt = Alter, Jahre; N. Kl. sind Ausdrücke wie homo magno natu „bejahrt" oder maximo natu „ältester"
nauarchus, i, *m*
Schiffskapitän
nauci: non habere n. aliquem
= „keiner tauben Nuß" für wert halten
naufragium, ii, *n*
1. Schiffbruch
2. Trümmer, Reste e. Schiffbruchs (bildl. v. Pers.u. Sachen)
naufragus, a, um
1. schiffbrüchig, übtrg. ruiniert
2. (P) Schiffe zerschellend
nausea, ae, *f* (gr.)
Seekrankheit; (N. Kl.) übtrg. Übelkeit, Erbrechen
nauseo 1.
seekrank sein, Übelkeit empfinden, sich erbrechen (auch bildl.)
nauseola, ae, *f*
kleine Übelkeit
nauta, ae, *m* (gr.)
Schiffer, Matrose; (P) Kaufherr =

mercator
nauticus, a, um (Fw.)
zu den Schiffern gehörig, seemännisch
navalis, e
zu den Schiffen gehörig, Schiffs-, See- . subst. **navalia**, ium, *n* (P auch sing. **navale**), Werft, Stapel (N. Kl.) Takelwerk
navicula, ae, *f*
Schifflein, Kahn
navicularia, ae, *f*
Frachtschiffahrt
navicularius, ii, *m*
Reeder, Frachtschiffer
navifragus, a, um P = naufragus 2.
navigabilis, e
schiffbar (N. Kl.)
navigatio, onis, *f*
Schiffahrt, Seefahrt, spez. Fahrgelegenheit
navigiolum, i, *n*
Boot (N. Kl.)
navigium, ii, *n*
jedes Fahrzeug zu Wasser, Schiff, Kahn, spez. n. actuarium = leichtes, schnelles Ruderschiff, n. vectorium = Transportschiff
navigo 1.
intrans. schiffen, segeln, fahren, in See gehen, kreuzen; trans. (N. Kl.) befahren, durchsegeln
navis, is, *f* (abl. navi u. nave)
I. Schiff (n. longa „Kriegsschiff", n. oneraria „Lastschiff", n. actuaria „leichtes und schnelles Ruderschiff")
II. (P) das Schiff Argo als Gestirn
navita, ae, *m* P = nauta
navitas, atis, *f*
Rührigkeit
naviter s. navus
navo
etw. rührig, emsig betreiben oder verrichten, eifrig betätigen, erweisen
navus (älter **gnavus**), a, um
rührig, betriebsam, tätig, eifrig
ne (nicht **nae**)
Versicherungspartikel, fürwahr, in der Tat, bei Gott. Vgl. haud a. Ende
ne
die ursprüngl. Verneinungspartikel = nicht, klass. erhalten
I. in Zusammensetzungen wie nescio, nefas, nequeo
II. in **ne - quidem**
1. (ohne Steigerung) auch nicht, ebensowenig (steigernd) selbst nicht, nicht einmal, getrennt durch das Wort, die Wortverbindg., die den Nachdruck haben und den Ggstz. bilden; und auch nicht (und nicht einmal) = ac (N. Kl. auch et) ne - q. (nicht neque q.!), oder es genügt ne - q. allein
2. im Ggstz. zu folgdm. sed od. etiam = keineswegs
3. **non modo** (auch **non solum**) **non - sed ne-q.** u. ähnl. s. unter modo, resp. solum
III. in Sätzen, die den Ausdruck einer Willenstätigkeit enthalten
1. in unabhängigen Aufforderungssätzen, Wunschsätzen, Konzessivsätzen, Beteuerungen
2. in abhängigen Sätzen a) in Absichtssätzen als Negation nach ut; b) in beschränkenden Sätzen; c) in freierem Gebrauch elliptisch vor Komparativbegriffen
IV. Scheinbar als Konjunktion in abhängigen Absichtssätzen = „daß nicht, damit nicht, um nicht"; nach Verben einer Willensäußerung, des Wollens und Strebens, Bewirkens = „daß nicht" nach Verb. des Fürchtens = „daß" nach Verben einer hindernden Wirksamkeit (im Deutsch. „daß" od. Infin.), nach den Verb. „zusehen, erwägen" u. ä. = „daß nicht", „ob nicht". Über ne quis u. ähnl. vgl. die betreffdn. Wörter. ne aut - aut = daß weder - noch
V. Gelegentlich im Sinne von nedum
ne
Fragepartikel, abgeschwächt aus der Verneinung ne, als Enklitikon dem betonten Wort angehängt, das gewöhnl. die erste Stelle des Satzes einnimmt. Bei Dichtern wird e häufig apokopiert, auch in Prosa finden sich Formen wie ain = aisne, viden = videsne, satin = satisne, vin = visne.
ne steht
I. in Fragen 1. direkten Fragen (im Deutsch. = „etwa", „(etwa) nicht" od.

unübersatzbar); a) in einfachen ind. oder coniunct. Sätzen; b) im a.c.i. in affektvollen Ausrufen, z.B. essene quemquam; c) (P) findet es sich an Relativ- oder Fragepron. u. an quia angehängt; d) ohne Verb.: egone „ich?", „doch ich nicht?", ebenso itane (s. ita 5). - Vgl. Numne, nonne
2. in indirekten Fragen = „ob"
II. in Doppelfragen, direkten und indirekten, u. zwar
1. im ersten Glied, zuweilen hinter vorausgeschicktem utrum
2. im zweiten Glied in indir. Fragen
3. gelegentlich anaphorisch bei beid. Gliedern

nebula, ae, *f*
Dunst, Nebel (klass.?), (P) Wolke, Rauch

nebulo, onis, *m*
Windbeutel, Taugenichts

nebulosus, a, um
nebelig

nec s. neque

necdum oder **nequedum**
„und (aber, auch) noch nicht", verbindet Sätze und Satzteile; n. etiam „und sogar noch nicht"; N. Kl. = nondum

necessarius, a, um
I. v. Dingen 1. unumgänglich, unvermeidlich, notwendig
2. notwendig, nötig, erforderlich, unentbehrlich
3. nötigend, zwingend, dringend
II. v. Personen 1. = befreundet, verwandt, schutzverwandt
2. übtrg. = in engem Zusammenhang stehend mit. adv.
1. **necessario** notgedrungen, notwendigerweise
2. (sehr selten) **necessarie**

necesse (isoliertes neutr.)
notwendig, unumgänglich (aus der Natur der Sache sich ergebend, daher oft zur Bezeichnung logischer Notwendigkeit) klass.
1. **necesse esse** notwenig sein, müssen
2. **necesse habere** od. **putare** nötig haben, für nötig halten

necessitas, atis, *f*
I. Notwendigkeit
1. Zwangslage, dringende Umstände, Zwang
2. unabänderl. Einrichtung, Verhängnis, Schicksal, natürl. Folge
3. Notdurft, Bedürfnisse (N. Kl.) Not, Mangel
4. (P) person. Necessitas
II. selten = necessitudo II „enge Verbindung"

necessitudo, inis, *f*
I. = necessitas Unvermeidlichkeit, Notlage (fast nur N. Kl.)
II. enges Verhältnis, Verbindung, Zusammenhang; spez. freundschaftl. oder verwandtschaftl. Beziehungen = Freundschaft, Verwandschaft, Kollegialität, Klientschaft; N. Kl. plur. konkr. = Verwandte, Freunde

necessum est altlat. = necesse est

necsne (s. neque I)
oder nicht, im zweiten Teil einer Doppelfrage
1. gewöhnl. in der indirekten mit od. ohne Wiederholung des Verbs
2. selten in der direkten

nec non s. neque 7

neco 1. (nex)
(gewaltsam) töten, umbringen

necopinans, gen. antis (s. neque I)
wider Vermuten

necopinatus, a, um (s. neque I)
unvermutet; adv. **necopinato**, z. B. evenire; N. Kl. auch **ex necopinato**

necopinus, a, um
(P) act. nichts vermutend, pass. unvermutet

nectar, aris, *n* (gr.)
eigtl. Göttertrank, Nektar; übtrg. (P) edles Getränk (Wein, Milch), Honig

nectareus, a, um (gr.)
von Nektar (P)

nectier = necti, Inf. v. necto

necto (nexi oder nexui, beide selt. u. N. Kl. nexum 3.
I. ver-, an-, zusammenknüpfen, -binden, -fügen, -schlingen
II. spez. fesseln, verhaften, bes. schuldenhalber

necubi (-bi)
damit nicht irgendwo

necunde
damit nicht irgendwoher (N. Kl.)

nedum
„geschweige denn (daß)" nach vorausgeh. Negation oder wenigstens bei negat. Gedankenverb.
nefandus, a, um
unsagbar = ruchlos, verrucht, unrecht, (P) auch subst., vgl. fandus
nefarius, a, um
gottlos, ruchlos, frevelhaft, empörend als Subst.
1. nefarius = e. Ruchloser
2. nefarium = eine ruchlose Handlung
adv. **nefarie**
nefas, *n* (nur nom. oder acc.; vgl. fas)
1. Unrecht, Frevel, Sünde. Oft **nefas est** es ist unrecht, unerlaubt, vermessen, od. es ist unmöglich, untunlich; (P) parenthetisch nefas = entsetzlich! unerhört!
2. (P) von Pers. = Scheusal, Greuel
nefastus, a, um (N. Kl.)
1. (religiös) verboten
2. übtrg. = unheilvoll, Unglücks-(Tag, Land)
3. unheilig, sündhaft
negantia, ae, *f* (singulär)
Verneinung
negatio, onis, *f*
Verneinung, Leugnung
negativus, a, um
verneinend (Sp.)
negito 1.
beharrlich verneinen, leugnen
neglectio, onis, *f*
Gleichgültigkeit (selten !)
neglectus, a, um
unbeachtet
neglegens, gen. entis
1. nachlässig, gleichgültig gegen, unachtsam
2. spez. = verschwenderisch
neglegentia, ae, *f*
Nachlässigkeit, Unachtsamkeit, Gleichgültigkeit, Geringschätzung
neglego (archaist. **neclego**, vlg. neque I) lexi (gelegtl. N. Kl. legi), lectum 3.
a) nachlässig sein, vernachlässigen, versäumen, sich nicht kümmern um
b) sich nichts machen aus, gering schätzen, hintansetzen, nicht fürchten
c) nicht ahnden, ungestraft lassen. Vgl. neglectus und neglegens
neglig... s. negleg...
nego
I. nein sagen (Diogenes ait „sagt ja", Antipater negat)
II. 1. verneinen, versichern daß nicht, bestreiten, leugnen
2. eine abschläg. Antwort geben, versagen, verweigern, abschlagen
negotialis, e (selten!)
die Sache betreffend
negotiatio, onis, *f*
Großhandel, Bankiergeschäft
negotiator, oris, *m*
Großhändler, Bankier, spez. auch = Spekulant
negotiolum, i, *n*
Geschäftchen
negotior
1. Handels- oder Geldgeschäfte (im Großen) treiben
negotiosus, a, um
voller Geschäfte, geschäftig
negotium, ii, *n* (nec u. otium, vgl. neque I)
1. (allgem.) Beschäftigung, Tätigkeit, Geschäft
2. spez. a) = schwieriges Geschäft, schwierige Aufgabe, Schwierigkeit, Mühe; b) öffentliche Tätigkeit, Staatsdienst; c) geschäftl. Angelegenheit (Handels-, Geldgeschäft, Hauswesen); d) Auftrag, Aufgabe; e) Tätigkeit, Verrichtung, Handeln; f) (allgem. u. militär.) Vorhaben, Handel, Unternehmen; g) N. Kl. = Umstände, Sachlage; h) öfters (vulgär) allgemein = Sache ; i) übtrg. von Menschen = Wesen
Nemea, orum, *n*
die nemeischen Kampfspiele
nemo (aus ne[h]hemo = ne homo) klass. ohne gen.u. abl. (vgl. nullus) subst.
= niemand, keiner
nemoralis, e
(P) im Hain befindlich, waldig
nemoricultrix, icis, *f*
Waldbewohnerin (P)
nemorosus, a, um
(N. Kl.) waldreich, baumreich
nempe (aus **nam-pe**)
an der Spitze eines vollen Satzes oder in einem verkürzten Satz zum Hinweis auf etwas Unzweifelhaftes oder

Bekanntes) = doch wohl, natürlich, nun ja, allerdings, wirklich, nicht wahr?
1. bestätigend und erläuternd
2. in Folgerungen
3. bei Einräumungen
4. in Fragen
5. auch ironisch

nemus, oris, *n* (gr.)
1. Wald (mit Weiden und Triften, vgl. silva), (lieblicher) Hain, spez. heiliger Hain
2. (P) Wald überhaupt, Baum- oder Weinpflanzung, Trift

nenia, ae, *f* (gr.)
Totengesang, (P) Klagelied überhpt.; Zauberlied, jedes (leichte volksmäßige, triviale) Lied, Liedchen

neo, nevi, netum 2.
(N. Kl.) spinnen, weben

nepa, ae, *f* (Fw.)
Skorpion (als Tier); (P) als Gestirn

nepos, otis, *m*
1. Enkel (genauer: dex filia n. im Ggstz. zu (N. Kl.) ex filio n.) N. Kl. Schwestersohn, (meist P) Enkel = (später) Nachkomme
2. übertrg. Verschwender

neptis, is, *f*
Enkelin

Neptunus, i, *m*
Meergott; P = Meer

nequam, adi., indeclin., comp. **nequior**, superl. **nequissimus**
nichtsnutzig, liederlich, ausschweifend. Vgl. nequiter

nequaquam adv.
auf keine Weise, keineswegs, ganz und gar nicht

neque (aus **ne** und **que**) od. verkürzt **nec** (beide vor Vok. und Konson.)
I. N. Kl. als Negation = non gebraucht; klass. in diesem Sinne noch in Kompositis wie necne, necopinatus, negotium, neglego u. a.
II. als Verbindungspartikel = et non = und nicht zur Verbindung von Satzteilen und Sätzen. Insbes. für zu erwartendes neve am Anfang eines Satzes im Anschluß an einen imperativen Ausdruck oder e. Finalsatz mit ut.; Speziell:
1. zur Anreihg. e. erklärenden Zusatzes = „und zwar nicht", „und noch dazu nicht"
2. zur Erweiterung des vorhergehenden Gedankens = und überhaupt nicht
3. Zur Anreihg. e. gegensätzlichen Begriffs od. Gedankens = aber (indessen) nicht
4. zur Bezeichnung eines negativen Begleitumstandes = ohne zu, ohne daß
5. zur Anknüpfung an e. vorhergehende Negation = „und (ebensowenig)", „noch", „oder"
6. fortsetzend = „(und) auch nicht" zur Anknüpfung e. neuen Satzes; N. Kl. steht es = ne - quidem zur Anreihung e. einzelnen Begriffs
7. mit folgender Negation nec - non zur Anknüpfung e. neuen Satzes = „und sicherlich (auch)"; (P) nec non ungetrennt = „(und) ebenso, (und) auch"
8. Über neque quisquam, neque ullus, neque unquam, neque usquam vgl. die betreffenden Wörter
9. Über neque enim, neque vero, neque tamen s. enim, vero tamen (vgl. No. I)
10. **neque dum** s. necdum
11. **neque etiam** „und auch nicht" = ac ne quidem
12. **neque (nec) - neque (nec)** „weder - noch", „weder - noch überhaupt" (vgl. neque 2), zugleich anknüpfend „und (aber) weder - noch". Speziell a) mit vorhergehender Negation zur einfachen Disjunktion = aut - aut ohne Aufhebung der Verneinung (vgl. ne - quidem); b) neque - neque non „einerseits nicht - anderseits doch", auch umgekehrt neque non - neque (vgl. neque 7); c) über neque - neque tamen und neque - neque vero s. tamen und vero; singulär: neque - neque autem; über neque - neque etiam „eder - noch auch" vgl. neque 11.; d) neque aut - aut „ und weder - oder"; e) ut neque - neque in finalem Sinne „daß weder - noch" = ne aut - aut od. ne neque - neque (vgl. a), od. ut neve - neve (vgl. neve)
13. **neque (nec) - et** „einerseits nicht - andererseits", „wie nicht - so", „nicht

- sondern vielmehr" ; so auch neque - et tamen
14. **neque - que** „keineswegs - vielmehr"
15. **et - neque** „einerseits - andererseits nicht", „zwar - aber nicht"

nequedum s. necdum
nequeo, ivi, u. ii, ire (verb. defect.; vgl. queo)
(der Umstände wegen) nicht können, nicht imstande sein
neque opinaus N. Kl. = necopinans
ne - quidem s. ne II
nequior, **nequissimus** s. nequam
nequiquam (ne und quiquam [qui ist Lokativ], auch **nequicquam**)
1. vergeblich, ohne Erfolg
2. non n. „nicht zwecklos, nicht ohne Grund"

nequiter adv. (nequam)
nichtsnutzig, ausschweifend, N. Kl. energielos
nequitia, ae, *f* und (P) **nequities**, ei, *f*
Nichtsnutzigkeit, Liederlichkeit, Ausschweifung, Energielosigkeit
Nereus, ei u. eos, *m*
(P) 1. Name e. Meergottes
2. Meer

nervosus, a, um
sehnig (klass. v. Redner „kraftvoll, nachdrücklich")
nervuli, orum, *m*
übtrg. (schwache) Kraft (in der Rede)
nervus, i, *m* (gr.)
I. konkr. 1. eigtl. Sehne, Nerv
2. übtrg. a) Saite; b) (N. Kl.) Riemen, übtrg. = Fessel, Haft, Gefängnis; c) (N. Kl.) Lederhaut; d) (P) Bogensehne, männliches Glied
II. abstr. plur. 1. Sehnen oder Nerven = Kraft, Stärke, Nachdruck, Schwung; spez. vom Redner u. der Rede
2. Triebfeder, Hauptorgan, Lebenskraft, Seele einer Sache

nescio 4. (scio)
1. nicht wissen
2. (P) nicht kennen
3. nicht können, nicht verstehen, nicht gelernt haben

nescius, a, um
I. activ. 1. unwissend, unkundig (klass. mit Negation, meist non sum nescius „ich weiß wohl" mit a.c.i oder indir. Frgstz.)
2. (N. Kl.) nicht verstehend, nicht imstande, ungeübt, unvermögend
II. pass. (N. Kl.) unbekannt

neu s. neve
neuter, tra, trum (ne u. uter)
keiner (v. zweien), keiner von beiden; plur. **neutri**, ae, a keiner von beiden Teilen, keine von beiden Parteien;
spez. 1. als t. t. phil. = gleichgültig, indifferent (was weder gut noch schlecht ist)
2. als t. t. gramm. neutra = Wörter sächl. Geschlechts

neutiquam (auch getrennt **ne utiquam**)
in keinem Fall, keineswegs, durchaus nicht
neutralis, e
(N. Kl.) sächlich; (N. L.) neutral
neutro adv.
nach keiner v. beiden Seiten (N. Kl.)
neve (aus **ne** und **ve**) oder **neu**
„oder nicht", „und nicht", „noch", „oder": bei Fortführg.; a) eines final. ut; b) eines final. ne, mit eigenem Verb. od. ohne dieses, od.: c) eines imperat. Konjunktivs. **neve - neve** (**neu - neu**) „weder - noch", „oder", „noch" : a) nach vorausgehdm. ut oder ne; b) selbständig = „damit oder daß weder - noch"
nex, necis, *f*
(der gewaltsam herbeigeführte) Tod, Mord, Ermordung, Hinrichtung; (N. Kl.) Tod überhaupt
nexum, i, *n* (t. t. iur.)
1. Schuldverpflichtung, Obligation; vgl. nexus
2. allgem. jedes mit d. übl. Gebräuchen abgeschlossene Geschäft, z. B. Eigentumsübertragungen, Zahlungen u. a.

nexus, us, *m*
1. Verknüpfung, Verschlingung, Verbindung, Verkettung
2. spez. (t. t. iur.) a) Schuldverpflichtung; b) Schuldhörigkeit

nexus, i, *m*
Schuldknecht (N. Kl.)
ni
I. Nebenform für ne
1. vgl. nimirum u. quidni

2. = daß nicht (P)
II. konditional = wofern nicht (klass. meist: a) bei gerichtl. Sponsionen und Wetten; b) bei Beteuerungen)
nicatores, um, *m* (gr.)
„Sieger", Beiname der Leibwache des Perseus v. Mazedonien (N. Kl.)
nidor, oris, *m*
Dunst, Qualm, Gestank (durch Versengen, Verbrennen); (P) Opferdampf
nidulus, i, *m*
Nestchen
nidus, i, *m*
Nest; übtrg. (P) „Nest" v. dem Wohnsitz, der Wohnung, der „Brut" (der Vögel, Bienen)
niger, gra, grum
1. eigtl. schwarz, dunkel; (P) verdunkelnd
2. bildl. finster, düster, unheilvoll (P); (moral.) = boshaft
nigresco, ere
schwarz werden (P)
nigrans, gen. antis
(P) schwarz, dunkel
nigror, oris, *m*
Schwärze (P)
nihil (verkürzt aus **nihilum**) nur im nom. u. acc. ohne Präpos.
= nichts
I. subst. 1. als Subj. od. Obj.
2. als Prädikat
3. in besond. Verbindungen: a) bei unpersönl. Verb., wie decet, interest, paenitet; b) nihil agere „nichts ausrichten"; c) nichts = nichts Bedeutendes: nihil esse = nichts sein, nichts gelten, nichts bedeuten; ebenso n. hominis est = es ist nichts an ihm; n. dicere od. afferre = dummes Zeug reden; d) nihil est, cur oder quod mit coni. = es ist kein Grund vorhanden (ich habe keinen Gr.), weshalb od. daß; e) nihil unquam (usquam) = nie (nirgends) etwas; f) non nihil = etwas, einiges, nicht weniges; g) nihil non = alles; h) nihil unum = nichts einzelnes; i) nihil minus = mitnichten; k) nihil magis als starke Bejahung
II. adv. 1. in nichts, gar nicht, durchaus nicht; **non nihil** = einigermaßen ziemlich
2. aus keiner Ursache
nihildum
(selt.) noch nichts
nihilominus s. nihilum IV 1.
nihilum, i, *n* (aus ni [für ne] und hilum) nichts, das Nichts:
I. nom. gelegentl. N. Kl.
II. gen. **nihili** als gen. pretii bei esse „nichts wert sein", aestimare, putare, facere „für n. achten"
III. acc. **nihilum**
1. inVerbindung mit Präpos.
2. **nihilum** (N. Kl.) adv. = keineswegs
IV. abl. **nihilo** 1. als abl. mens. = „um nichts" vor Komparat.; oft n. magis = ebensowenig; nihilo minus „um nichts weniger" = ebenso
2. abhäng. von Präpos. a) de nihilo z. B. fieri, adv. de nihilo (N. Kl.) = ohne Grund; b) ex nihilo, z. B. oriri; c) pro nihilo esse „nichts gelten"
nil zusammengezogen aus nihil
Nilus, i, *m*
Nil; appellat. **nilus** = Graben, Kanal
nimbifer, era, erum
Sturm bringend (P)
nimbosus, a, um
(P) Regen bringend, stürmisch
nimbus, i, *m*
(meist N. Kl.)
1. Regen-, Sturmwolke, Gewölk, überhpt. Wolke
2. Platzregen, Regenguß, Sturm, Unwetter, Sturmwind
nimirum adv. (aus ni u. mirum)
offenbar, allerdings, freilich, (ironisch) natürlich, selbstverständlich
nimis adv.
zu sehr, allzu, über die Maßen; spez. non nimis = nicht sonderlich
nimius, a, um
zu groß, zu viel, übermäßig, unmäßig.
nimium
1. subst. das Zuviel
2. nimium im acc. als Adv. = zu sehr; spez. a) non nimium = nicht eben sehr; b) nimium quantum = über die Maßen, außerordentlich
3. nimio (N. Kl.) = allzusehr
ningit (ninguit)
es schneit (P)
niptra, orum, *n* (gr.)

Waschwasser: Titel e. Trauerspiels des Pakuvius
nisi (aus ni = ne u. si)
I. wenn nicht, wo nicht, wofern nicht
II. außer, als
1. a) vor oder nach Negationen; b) ohne Negation (doch meist so, daß d. Satz verneinenden Sinn hat)
2. in besonderen Verbindungen a) nisi „nur", „nur soviel" u. nisi tamen „indes" fügen an negative Sätze e. Ausnahme oder Einschränkung; b) nisi, nisi forte und nisi vero ironisch, mit ind. = „es müßte denn sein, daß", „wenn nicht gerade"; c) nisi si zuweilen = außer wenn; d) nisi quod „abgesehen davon daß", zuweil. geradezu = „indes"; e) oft nisi mit pron. relativ. od. indefin. = außer wer, der u.s.w.
nisus (P auch **nixus**), us, *m*
(meist N. Kl.) Schwung, das Anstemmen, Anstrengung (beim Gebären oder beim Erbrechen od. beim Fliegen), das Erklimmen
nitedula, ae, *f*
Haselmaus
nitens s. niteo bzw. nitor
niteo, ui, ere
glänzen, prangen; übtrg. a) von Ausdruck; b) (P) von Schönheit, von guter Pflege und reicher Fülle (Tiere, Felder, Pflanzen); c) daher = reichlich vorhanden sein
nitesco, ere
erglänzen (P)
nitidus, a, um
1. glänzend, schimmernd
2. übtrg. a) v. Ausdruck „sauber"; b) von Äckern u. a. „in reicher Fülle prangend", „üppig"; c) v. Menschen u. Tieren „wohlgenährt, schmuck, nett"
nitor, oris, *m*
1. eigtl. das Blinken, Glanz (N. Kl.)
2. übtrg. a) vom Ausdruck „Eleganz", „Glanz"; b) vom Körper „glänzende Erscheinung", „Eleganz", „Schönheit"; c) (P) Glanz, Ansehen (d. Geschlechts, e. Unternehmens)
nitor, nisus oder nixus sum 3.
1. sich an od. auf etw. stemmen, stützen (um einen Halt zu gewinnen), eine Stütze finden; a) eigtl. „knieen"; b) übtrg. beruhen auf
2. sich (zu einer Bewegung) aufstemmen; a) ohne Hervorheben des Ziels = sich aufrichten, auftreten, (P) schweben; b) mit Bezeichnung des Ziels = vorwärts oder empor streben, sich drängen, steigen, klimmen
3. übtrg. a) = sich anstrengen, sich bemühen (um etwas zu erreichen); b) sich anstrengen, ankämpfen (um Widerstand zu leisten), v. Kämpfenden. übtrg. contra nit „sich dagegen sträuben", (P) in Wehen liegen
nitrum, i, *n* (gr.)
Laugensalz (N. Kl.)
nivalis, e
(N. Kl.) Schnee-(Tag u. a.), übtrg. schneeweiß, schneebedeckt
nive
oder wenn nicht (vgl. ni II a)
nivens, a, um
(N. Kl.) aus Schnee, schneeweiß
nivosus, a, um
schneereich (N. Kl.)
nix, nivis, *f*
Schnee; plur. Schneemassen, Schneegestöber; (P) übtrg. von grauem Haar
nixor 1.
(P) sich stemmen, - stützen
nixus, us, *m* s. nisus
no 1.
schwimmen, (P) übtrg. vom Schiffer = schiffen, ferner vom „Flug" der Bienen
nobilis, e (nosco)
1. kenntlich, sichtlich, bekannt (N. Kl.)
2. spez. a) in die Augen fallend, angesehen, berühmt (nicht = „edel" in moral. Sinne) oder „berüchtigt"; b) edel = adelig, vornehm; (N. Kl.) von fürstl. Abstammung; c) edel = vortrefflich
nobilitas, atis, *f*
1. Berühmtheit, großer Ruf, Ruhm
2. spez. a) Adel, vornehm. Geburt, Geschlecht, Stand, Rang; b) nobiles = die Adeligen, Aristrokratie; c) (N. Kl.) fürstl. Abstammung, nobilitates konkr. = „Hoheiten"; d) (N. Kl.) adlige Gesinnung; e) Vorzüglichkeit
nobilito 1.
bekannt machen (N. Kl.); spez. be-

rühmt machen (klass. nur pass. nobilitari „berühmt werden“, meist **nobilitatus**, a, um berühmt

noceo, ui, itum 2.
schaden, schädigen, Abbruch oder Schaden tun

nocens, gen. entis
1. schädlich
2. schuldig, ruchlos, strafbar

nocivus, a, um
schädlich (N. Kl.)

noctiluca, ae, *f*
Nachtleuchte = Mond (P)

noctivagus, a, um
(P) d. Nachts umherschweifend, nächtlich

noctu adv.
des Nachts, nachts, zur Nachtzeit

noctua, ae, *f*
Käuzchen

noctuabundus, a, um
d. Nacht hindurch reisend

nocturnus, a, um
nächtlich, bei Nacht, Nacht-

nodo 1.
in e. Knoten knüpfen (P)

nodosus, a, um
(P) knotig, übtrg. von e. Wucherer, der mit allen Rechtskniffen, sich e. Schuldners zu versichern, vertraut ist = kniffig

nodus, i, *m*
1. der natürl. Knoten a) an Gelenken; b) (N. Kl.) am Holz; c) (P) an Ästen, „Auge“
2. der künstl. geknüpfte „Knoten“ oder das, womit man einen Knoten knüpft, „Fessel“, „Schlinge“; übtrg. a) Knoten = Band; b) = Verwicklung, Hemmnis, „schwieriger Punkt“ u. a.; c) (P) „Knoten“, „Verwicklung“ im Drama

noenum (**-u**) altlat. = non

nolo, nolui, nolle (ne u. volo; über nolens vgl. volo)
1. nicht wollen
2. gelegtl. nolo alicui = jemandem nicht wohlwollen

nomen, inis, *n* ([g]nosco) „Erkennungszeichen“
I. 1. Name, Benennung, Bezeichnung
2. Geschlechtsname
3. meton. für das Benannte selbst: a) = Person; b) kollekt. = Volk, Geschlecht; c) = Wesen, Begriff, Verhältnis
4. Titel
5. N. Kl. als t. t. gramm. zur Bezeichnung der deklinierbarenWörter
6. prägn. berühmter Name = Ruhm, Ruf, Berühmtheit, Ansehen
II. 1. bloßer „Name“ im Ggstz. zum Wesen der Sache und zur Wirklichkeit
2. Name = Rubrik, Titel
3. gelegtl. N. Kl. nomina militär. = die Rahmen
4. Grund, Vorwand
III. (kaufmännisch) der Name des Schuldners im Schuldbuch: eigtl. u. übtrg. = Posten, Schuldposten, Schulden

nomenclatio, onis, *f*
Benennung mit Namen (N. Kl.)

nomenclator, oris, *m*
Namennenner

nominatim adv.
mit Nennung des Namens, einzeln, im besonderen, ausdrücklich

nominatio, onis, *f*
1. (als rhet. Figur) Benennung (N. Kl.)
2. „Vorschlag“, (N. Kl.) Ernennung

nomino 1.
I. allgem. 1. benennen, bezeichnen, nennen, pass. auch = heißen
2. nennen, namhaft machen, erwähnen, anführen
II. prägn. 1. = namhaft machen, ausdrücklich od. rühmend nennen
2. = (zu einem Amt) vorschlagen; (N. Kl.) ernennen
3. = jem. bezichtigen, angeben, anklagen

nomisma, atis, *n* (gr.)
Münze (P)

non (aus **noenum** entstanden) „nicht“:
I. allgemein: es steht vor dem verneinten Satzglied, als Satzverneinung vor dem Verbum finitum. Doch wird es im zweiten Falle oft auch als pathet. Wort an den Anfang gestellt, andererseits ziehen Pronomina od. gewisse Partikeln non gern an sich, z. B. non enim, n. fere, n. profecto, n. omuino

II. im besonderen
1. N. Kl. als Satzverneinung = ne beim imperativen Konjunktiv, klass. gelegtl. bei Aufforderungen
2. zuweil. in Gegensätzen wie Varroni displicet, mihi non (vgl. item 1)
3. in direkten Fragen statte nonne
4. in der Antwort zuweilen = nein
5. öfters verschmilzt es mit Subst. od. Adj. zu einem Begriff; spez. a) non mit dem Superl. als urbaner Ausdruck für den Positiv des Gegenteils; b) non mit einem negat. Begriff zur Hervorhebg. des Gegenteils
6. et non u. ac non berichtigend = „und nicht (etwa oder vielmehr)", auch verbund. mit potius

nonae, arum, *f*
„die Nonen", d. 5. oder (im März, Mai, Juli, Oktober) 9. Tag im Monat

nonaginta
90. **nonagesimus**, a, um d. 90ste. **nonagie(n)s** 90mal

nonanus
(N. Kl.) der 9. Legion (Soldat; plur. subst. **nonani**)

nondum
noch nicht (bezeichn. Zeit und Grad)

nongenti, ae, a
900. **nongentesimus**, a, um d. 900ste.

nonne (non u. ne)
1. in direkt. Frage = „nicht"
2. gelegtl. in der Antwort = „nicht wahr"
3. in indir. Frage nach quaerere = ob nicht

nonnemo s. nemo a. Ende

non-nihil s. nihil I 4 f und II 1.

nonnisi s. nisi II 1 a.

non-nullus s. nullus II 2.

non-numquam s. numquam

nonus, a, um
der neunte, (P) **nona**, ae, *f* = d. neunte Stunde; N. Kl. **nonus decimus** = d. 19te.

norma, ae, *f* (gr.)
1. eigtl. Winkelmaß
2. übtrg. (nur im sing.) Richtschnur, Vorschrift, Maßstab

normalis, e
= nach d. Winkelmaß (N. Kl.)

nos
„wir" von der Person des Redenden od. Schreibenden auch = „ich". gen. **nostri** (als gen. obi.), **nostrum**

noscito 1.
(N. Kl.) kennenlernen, wahrnehmen, bemerken, (Bekanntes) erkennen

nosco, novi 3.
I. kennenlernen, wahrnehmen; oft **novi** = wissen, kennen, auch im Sinne von „gelten lassen"
II. prägn. 1. N. Kl. etw. Bekanntes „erkennen", od. sagen, daß man es erkennt = „einräumen", od. es „auskundschaften, aufsuchen, rekognoszieren"
2. prüfen, untersuchen

noster, tra, trum
„unser" vom Redenden, Schreibenden auch = „mein"; prägn.
1. „unser" = zu uns gehörig, unser Landsmann, Verwandter, Freund, Genosse, Meister, Gewährsmann, unser lieber u. a. (nicht einfach = hic von d. Anwesenden od. von dem, mit dem man sich beschäftigt) so: Plato n., n. ille poeta etc. Daher subst. **noster**, besonders **nostri** die Unsrigen, unsere Landsleute, „unsere Leute" u. a. u. **nostra** das Unsrige, unsere Schriften, Taten, Lehren, u. a
2. „unser" = uns günstig

nostras, gen. atis adi.
unser einheimisch

nota, ae, *f* (nosco)
I. allgem.: („Kenn"-, Unterscheidungs-) Zeichen, Merkmal
II. spez. 1. (körperliches) Mal (natürliches (P) od. künstliches
2. übtrg. a) Brandmal; b) „Rüge" des Zensors; (N. Kl.) Beschimpfung
3. Schriftzeichen, Buchstaben, daher (P) = Schrift, Brief, Interpunktionszeichen; N. Kl. auch „Abbreviatur, chiffre"
4. (N. Kl.) Aufschrift, Etikette, daher übtrg. = Marke, Sorte, Qualität

notabilis, e
(fast nur N. Kl.) merkwürdig, auffallend

notarius, ii, *m*
Schnellschreiber (N. Kl.)

notatio, onis, *f* (vgl. noto)
1. eigtl. Kennzeichnung
2. übtrg. a) Beobachtung; b) Anmerkung; c) etymologische Erklärung; d) Charakterisierung; e) zensorische Rüge; f) Prüfung

notatus, a, um s. noto a. Ende

noteo, ui 2.
bekannt sein (N. Kl.)

notesco, ere
bekannt werden (N. Kl.)

nothus, a, um (gr.)
(P) unehelich, (v. Tieren) Bastard

notio, onis, *f*
1. Begriff, Kenntnis, Vorstellung; Begriffsvermögen
2. spez. a) Untersuchung = cognitio; b) zensorische „Kenntnisnahme", „Prüfung", „Rüge"

notitia, ae, *f*
I. activ. Kenntnis, Bekanntschaft mit, Begriff, Vorstellung
II. pass. N. Kl. das Bekanntsein, Bekanntschaft, Ruf

noto 1.
I. (allgem.) kenntlich machen, (kenn-) zeichnen
II. spez. 1. (mit den Augen u. Ohren) wahrnehmen, beobachten, achten auf (N. Kl.) unterscheiden
2. übtrg. feststellen, anmerken, schriftlich aufzeichnen
3. sich merken, einprägen
4. bezeichnen, ausdrücken
5. etymologisch erklären
6. insbes. „Kennzeichnen"; a) = „charakterisieren"; b) in gutem Sinne = auszeichnen; c) in üblem Sinne = brandmarken, tadeln, entehren; spez. (bes. vom Zensor) „rügen", „an der Ehre strafen"

notus, a, um
1. (v. Pers. und Sachen) bekannt; subst. **noti** „Bekannte" (vgl. ignotus); N. Kl. **nota** Bekanntes
2. spez. a) „allbekannt" = berühmt oder = berüchtigt; b) P = gewohnt, (ver-) traut

notus, i, *m* (gr.)
(N. Kl.) Südwind, überhpt. Wind, Sturm

novacula, ae, *f*
Rasiermesser

novalis, is, *f* od. **novale**, is, *n*
(P) Brachfeld, Acker, vgl. novo

novatrix, icis, *f*
Erneuerin (P)

novellus, a, um
(meist N. Kl.) jung, neu

novem
neun

november, bris, *m* (mensis)
November. adi. **november**, bris, e zum N. gehörig, des N.

novendialis, e
1. neuntägig
2. (N. Kl.) am neunten Tage (am 9. Tage erfolgte die Beerdigung der Toten, daher n. cena = Leichenschmaus, n. pulveres = die noch frische Asche)

noveni, ae, a
je neun (N. Kl.)

novensiles divi
neuaufgenommene Götter, im Ggstz. zu den indigetes (N. Kl.)

noverca, ae, *f*
Stiefmutter

novercalis, e
(N. Kl.) stiefmütterlich, übtrg. feindselig

novicius, a, um
neu = noch unerfahren, subst. Neuling (sing. u. plur.)

novie(n)s
neunmal (P)

novitas, atis, *f*
1. Neuheit, das Neue
2. übtrg. a) das Ungewohnte, Überraschende, Unerhörte, die ungewohnte Art; b) die Emporkömmlingschaft, vgl. novus I c

novo 1.
I. (meist N. Kl.) erneuern, wiederherstellen, übtrg. erfrischen, erquicken
II. e. neue Gestalt geben, verändern, wandeln, „neuern", spez. P = verwandeln
III. neu bilden, schaffen, „neuern"

novus, a, um (ohne comp.; üb. novissimus s. 5)
1. eigtl. neu, frisch, jung; spez. a) res nova „Neuigkeit"; res novae „Neuerungen im Staate"; b) tabulae novae s. tabula; c) homo novus oder

novus homo, „Emporkömmling", der zuerst aus e. nichtadligen Familie e. kurul. Amt bekleidet; d) subst. **novum** etwas Neues (numquid novi? „gibt's was Neues?")
2. N. Kl. neu = unerfahren, unbekannt, ungewohnt (klass. equus n., „undressiert")
3. neu = ungewöhnlich, unerhört, seltsam
4. neu = zweiter, anderer
5. **novissimus**, a, um; a) (räuml.) äußerst, letzt (klass. v. Reihenfolge u. Rang); novissimi „Hintertreffen, Nachhut";b) (zeitl.) letzt, jüngst; c) (v. Grad) N. Kl. äußerst, ärgst. - Spez. **Novae** (tabernae) die (neu aufgebauten) Wechslerläden auf der Nordseite des Forums

nox, noctis, *f*
I. Nacht; personif. **Nox** Göttin der Nacht
II. spez. meist (P) nächtl. Ruhe, Schlaf, Todesnacht, nächtl. Beischlaf
III. Nacht = Dunkel:
1. eigtl. (P) Finsternis (infolge e. Unwetters), Dunkel der Unterwelt, Dunkel der Augen (Blindheit)
2. klass. übtrg. „Nacht"; a) von geist. Unklarheit, Unwissenheit; b) von staatl. Verwirrung

noxa, ae, *f* N. Kl.
1. Schaden
2. Schuld
3. Strafe

noxia, ae, *f*
Schuld, Vergehen

noxius, a, um N. Kl
1. schädlich
2. schuldig

nubecula, ae, *f*
Wölkchen

nubes, is, *f*
1. eigtl. u. übtrg. Wolke
2. N. Kl. Wolken ähnliches: Wolke von Staub, Rauch, Kampfgetümmel, Wolke = (eine dahinziehende) dichte Menge
3. bildl. „Wolke" a) = traurige Lage, Unglück; b) finsteres Aussehen

nubifer, era, erum
Wolken tragend, bringend (P)

nubigenae, arum
(P) die Zentauren als „Wolkensöhne"

nubilis, e
heiratsfähig

nubilus, a, um
(N. Kl.) wolkig, umwölkt, Wolken bringend, übtrg. beschattet, trübe, finster, traurig, unglücklich, ungünstig. **nubila**, orum, *n* Wolken, Regengewölk

nubo, nupsi, nuptum 3.
„sich verhüllen": heiraten; partic. **nupta** vermählt; (P) subst. = Vermählte, Gattin

nucleus, i, *m*
Kern (N. Kl.)

nudius (aus num = nunc und dius = dies)
= es ist jetzt der (so und so vielte Tag)

nudo
1. a) (der Kleider, Hülle, Decke) berauben, entkleiden, entblößen; b) N. Kl. = blankziehen (Schwert), trockenlegen (seichte Stellen), ausdreschen (Getreide) u. a.
2. (des Eigentums) berauben, (aus)plündern
3. spez. (militär.) der Deckung berauben, von Verteidigern entblößen, unverteidigt lassen, N. Kl. bloßstellen gegen
4. (im weiteren Sinne) berauben, entblößen
5. (N. Kl.) bloßgeben, enthüllen, verraten (Gesinnung u. a.)

nudus, a, um
1. unbekleidet, nackt, fast nackt
2. spez. a) unbewaffnet, ungeschützt; b) P ohne Toga, leicht bekleidet; c) unbesetzt, leer, kahl; d) N. Kl. unbedeckt, unverhüllt, bloß, blank (Schwert), frei, unbeerdigt u. a
3. entblößt, beraubt, bloß, ohne etwas
4. nackt = schmucklos, einfach
5. bloß, allein, ausschließlich

nugae, arum, *f*
Possen, Tändeleien, (v. Pers.) Possenreißer, Windbeutel

nugator, oris, *m*
Windbeutel, Flausenmacher, Schwätzer

nugatorius, a, um
läppisch, wertlos, nichtig

nugax, gen. acis
voller Possen (N. Kl.)
nugor 1.
tändeln, faseln, witzeln
nullus, a, um (aus ne u. ullus; gen. nullius, vereinzelt nilli; dat. nulli, vereinzelt nullo)
I. 1. adi. kein, keinerlei, kein einziger
2. subst. keiner, niemand
II. spez. 1. a) = nicht existierend, nicht vorhanden, dahin, namentlich **nullum esse** = nicht vorhanden sein; b) so gut wie nicht vorhanden = nichtig, bedeutungslos, gering, wertlos, elend, „eine Null"
2. als verstärkte Negation = überhaupt nicht, in keiner Weise
3. **non nullus**, a, um einiger, mancher, beträchtlich; a) adi.; b) subst. **nonnulli**, a manche (-ches), einige (-ges)
4. nullus non = jeder
num
I. (ursprglch.) Zeitpartikel = „nun", „jetzt" (vgl. tum), erhalten in etiamnum (vgl. etiam I. u. nudius)
II. Fragepartikel
1. in einfachen direkten Fragen, gewöhnl. in solchen, auf die e. verneinende Antwort erwartet wird = „etwa", „doch nicht", „wohl"
2. in einfachen indirekt. Fragen allgem. = „ob" oder „ob nicht"
numarius, numatus s. numm...
numen, inis, *n* (nuo)
1. (göttlich.) Wille, Geheiß, Gebot, spez. Orakel
2. (göttl.) Walten, Wirken, (wirksame) Macht
3. Hoheit der waltenden Gottheit, konkret (N. Kl.) = göttl. Wesen, waltende Gottheit
numerabilis, e
(P) zählbar, klein
numeratus, a, um
bar
numeratum, i, *n*
bares Geld
numero 1.
I. eigtl. 1. zählen
2. spez. a) zählen, (be)rechnen; b) aufzählen, (auszahlen)
II. übtrg. 1. zählen = haben (N. Kl.)
2. herzählen, anführen (klass. nur gelgtl.)
3. zählen = mitzählen, schätzen, gelten lassen
4. zählen zu, rechnen unter
numerosus, a, um
I. zahlreich (N. Kl.)
II. rhythmisch, taktmäßig, harmonisch
numerus, i, *m*
I. 1. Zahl, Anzahl; abl. **numero** „an Zahl", „im ganzen"; **ad numerum** a) = ungefähr, gegen; b) vollständig; c) = so daß etwas sich zählen läßt
2. Zahl = Reihe, Schar, Klasse
3. übtrg. = Reihe, Platz, Stelle, Rang
4. Zahl = Anzahl, Haufe(n), Menge, Masse, spez. (N. Kl.) militär. = Abteilung
5. spez. a) = Mathematik; b) N. Kl. t. t. gramm. „Numerus", d. h. Singular u.s.w.
II. = „Teil" eines Ganzen
1. allgem. = Glied, Bestandteil
2. spez. Takt, Rhythmus, Harmonie
3. übtrg. a) procedere in numerum „nach dem Takt", d. h. in gehöriger Weise, nach Wunsch; b) P = Regel, Ordnung
nummarius, a, um
1. Geld-
2. bestochen
nummatus, a, um
mit Geld versehen
nummuli, orum, *m*
geringes, elendes Geld
nummus, i, *m* (gr.)
1. a) Münze, Geldstück; plur. Geld; b) Münze (als Verkehrsmittel), Geld
2. = Sesterz, vlg. sestertius; übtrg. als geringfüg. Münze = „Heller", „Pfennig"
numne s. num
numquam oder **nunquam** (neumquam) = niemals (n. non = immer, stets, nonnumquam = bisweilen; n. nisi auch = „immer nur"); übtrg. versichernd = nimmermehr
numquis (-quid[nam], -quando etc.) s. num am Ende
numus (-uli) s. nummus (-uli)
nunc (num-ce s. num I)
I. allein: 1. = (noch) jetzt, gegenwärtig

2. in lebhaft. Schilderg. zuweilen auch von Ereignissen der Vergangenheit
3. spez. a) beim Übergang zu e. neuen Punkt der Rede u. a. = nunmehr; b) um die Wirklichkeit einer vorhergehdn. irrealen Annahme gegenüberzustellen = „so aber“; c) bei Aufforderg. = „nun also“, „somit“
II. N. Kl. nunc - nunc (modo) = bald - bald
nuncupatio, onis, *f*
N. Kl. feierl. Aussprechen od. Darbringen v. Gelübden
nuncupo 1. (nomen u. capio)
I. (allgem.) nennen, benennen
II. spez. a) (feierlich) ankündigen, verheißen; b) N. Kl. e. Adoption ankündigen, jem. vor Zeugen zum Erben ernennen
nundinae, arum, *f*
1. Markttag (jeder neunte Tag), Wochenmarkt, Markt
2. übrtr. Handel, Schacher
3. **trinum nundinum** (gen. plur.?) = e. Zeit v. 3 x 8 Tagen
nundinatio, onis, *f*
d. Feilschen
nundinor 1.
feilschen, schachern, übtrg. scherzh. = Verkehr treiben
nuntia s. nuntius a. Ende
nuntiatio, onis, *f*
Bericht (des Augurn über den Ausfall der Auspizien)
nuntio 1.
(mündl., doch auch in briefl. Berichten) verkünden, berichten, melden, Nachricht bringen, hinterbringen
nuntius, ii, *m*
I. subst. 1. Verkündiger, Bote
2. (mündl.) a) Botschaft, Nachricht; b) auch = Auftrag
3. spez. nuntium remittere = die Ehe aufkündigen; auch übtrg. virtuti „entsagen“ **nuntia**, ae, *f* Verkünderin
II. **nuntius**, a, um, gelegtl. N. Kl. adi.
nuper
als relative Zeitbest. bald = „vor kurzem, neulich“, bald = „vor einiger Zeit“, „vor Zeiten“; **nuperrime** (selten!) ganz kürzlich
nupta s. nubo
nuptiae, arum, *f*
Hochzeit, Ehe
nuptialis, e
hochzeitlich, ehelich, Hochzeits-, Ehe-
nurus, us, *f*
Schwiegertochter; plur. junge Frauen
nusquam (ne u. **usquam)**
nirgends, an keiner Stelle, übtrg. bei keiner Gelegenheit, in keinem Fall; (N. Kl.) auch n. alio zur Angabe der Bestimmung = zu nichts anderem
nutatio, onis, *f*
das Wanken (N. Kl.)
nuto 1.
eigtl. (mit dem Haupte) nicken, hin u. her schwanken (N. Kl.); übtrg. schwanken; N. Kl. = wanken (i. d. Treue)
nutricius, ii, *m*
Erzieher
nutricor 1.
(wie e. Amme) nähren
nutricula, ae, *f*
Nährerin
nutrimen, inis, *n*
Nahrungsmittel
nitrimenta, orum, *n*
Nahrung
nutrio 4.
(N. Kl.) eigtl. u. übtrg. nähren, aufziehen, pflegen, durch Pflege heilen, (P) gelegtl. nutrior **„(für sich) pflegen“**
nutrix, icis, *f*
Nährerin, Amme
nutus, us, *m*
1. eigtl. Neigung od. Nicken des Hauptes, „Wink“ der Hand, der Augen
2. übtrg. a) (die dadurch anged.) Willensmeinung, (bloßer) „Wink“, Wille, Befehl, Gebot; b) (mündl.) (bloße) Andeutung
3. spez. physik. = das Gesetz der „Schwerkraft“, „Gravitation“
nux, nucis, *f*
Nuß; spez. N. Kl. a) jede Frucht mit harter Schale; b) Mandelbaum
Nyctelius, a, um (gr.)
„nächtlich“, Beiname des Bacchus (P)
nympha, ae, u. **nymphe**, es, *f* (gr.)
Nymphe (P)

O

o
o!, ach! als Zeichen des Ausrufs beim acc., (P) auch vor Relativ- und Wunschsätzen
ob, praep. mit acc.
1. lokal = entgegen, vor (nach); prägn. im geschäftl. Sinne = als Gegenwert, als Bezahlung für, anstatt (N. Kl.)
II. übtrg. 1. = als Gegenleistung, als Vergeltung (Lohn, Strafe) für etw.
2. spez. = im Interesse, für
3. kausal = auf etw. hin, auf Grund von, mit Rücksicht auf, wegen
4. (N. Kl.) final = ad
obaeratus, a, um
verschuldet (klass. plur. subst. „Schuldner")
obambulo 1. (ambulo)
(N. Kl.) auf und ab gehen vor, spazieren gehen
obarmo, are (armo)
gegen den Feind bewaffnen (P)
obaro 1. (aro)
(heran)pflügen (N. Kl.)
obc... s. occ...
obdo, didi, ditum 3. (do)
(N. Kl.) entgegenstellen, verschließen
obdormio 4. (dormio)
einschlafen
obdormisco, ere
übtrg. einschlafen
obduco 3. (duco)
1. entgegen-, vorziehen, über ewas ziehen
2. mit etw. bedecken, verhüllen, umgeben
3. einziehen, trinken
4. entgegenstellen
obductio, onis, *f*
Verhüllung
obduresco, rui 3.
unempfindlich werden
obduro, are
(selten) ausharren
obed... s. oboed...
obeliscus, i. *m* (gr.)
Obelisk (N. Kl.)
obeo, ii (P ivi), itum, ire (eo)
I. intr. 1. (einer Sache) entgegengehen (N. Kl.)
2. hingehen
3. spez. a) untergehen; b) (N. Kl.) sterben
II. trans. 1. etw. begehen, bereisen, besuchen, sich bei etwas einfinden
2. spez. a) (in d. Reded) durchgehen; b) (P) um etwas herumgehen, etwas umgeben, umziehen; c) etwas erreichen
3. sich an etw. machen, etw. antreten, übernehmen, besorgen, verrichten, abwarten, wahrnehmen u. a.
obequito 1. (equito)
(feindlich) entgegen-, heranreiten (N. Kl.)
oberro 1. (erro)
(N. Kl.) (an etw.) hin und her irren, fehlgreifen
obesus, a, um
(N. Kl.) fett, feist, geschwollen, (P) übtrg. naris obesae „ohne feinen Geruch"
obex s. obiex
obf... s. off...
obiaceo 2. (iaceo)
davor-, gegenüberliegen (N. Kl.)
oblicio, ieci, iectum 3. (iacio)
1. vor oder entgegenwerfen, -setzen, -stellen, -halten, pass. sich entgegenstellen, entgegentreten; **oblectus**, a, um vorgelagert, vorliegend
2. spez. (zum Schutz oder zur Abwehr) davor od. entgegenwerfen, -stellen, -legen, -ziehen
3. a) bloßstellen, preisgeben, aussetzen; b) etw. jmdm. eingeben, einjagen, einflößen, verursachen; c) etw. jmdm. vorwerfen, zum Vorwurf machen, vorhalten, vorrücken
obiectatio, onis, *f*
Vorwurf
obiecto 1.
preisgeben, aussetzen (N. Kl.); vorwerfen

obiectus, a, um s. obicio 1.
obiectus, us, *m*
das Vorliegen
obiex, obici, *m* und *f*
(N. Kl.) Riegel, Damm, Wall, Barrikade, übtrg. Hindernis
obiratio, onis, *f*
Ingrimm
obiratus, a, um
(über etw.) ergrimmt
obitus, us, *m* (obeo)
1. Untergang
2. übtrg. a) (von Pers.) Hinscheiden, Tod; b) Untergang, Vernichtung
obiurgatio, onis, *f*
Verweis; auch t. t. rhetor.
obiurgator, oris, *m*
Tadler
obiurgatorius, a, um
verweisend
obiurgo 1. (iurgo)
(auf jmd. los) zanken, verweisen, tadeln
oblanguesco, ui 3.
ermatten
oblectamentum, i (P **-amen**, inis) *n*
Unterhaltung, Zeitvertreib
oblectatio, onis, *f*
(flüchtiges) Ergötzen, Unterhaltung, Zeitvertreib
oblecto 1.
heranlocken (zum Zeitvertreib) ergötzen, erheitern, unterhalten; (N. Kl.) (eine Zeit) angenehm ausfüllen
oblido, lisi, lisum 3. (laedo)
zudrücken
obligatio, onis, *f*
Verbürgung
obligo 1.
I. eigtl. 1. an etwas anbinden, spez. anschmieden (N. Kl.)
2. verbinden
II. übtrg. 1. binden = einschränken
2. binden = (eines Vergehens) schuldig machen; pass. obligari „sich (eines Vergehens od. einer Strafe) schuldig machen“, verfallen in
3. binden = verbinden, verpflichten
4. verpfänden, zum Pfand geben
oblimo 1.
mit Schlamm überziehen; (P) übtrg. verschlemmen, verprassen
oblino, levi, litum 3. (lino)
1. eigtl. beschmieren, bestreichen
2. übtrg. besudeln, beflecken
obliquo 1.
(N. Kl.) seitwärts, schräg, schief richten, spez. gegen den Strich kämmen
obliquus (oblicus), a, um
1. eigtl. seitlich, schräg, schief
2. übtrg. a) (von d. Rede) verblümt, versteckt (N. Kl.); b) schielend, scheel (P)
oblitesco, ui 3. (latesco)
sich verstecken vor
oblittero (-litero) 1. (littera)
übtrg. in Vergessenheit bringen
oblivio, onis, *f*
1. das Vergessen, Vergessenheit
2. (N. Kl.) Vergeßlichkeit
obliviosus, a um
vergeßlich, (P) sorgenstillend
obliviscor, oblitus sum 3.
vergessen, nicht (mehr) daran denken; übtrg. vergessen = nicht beachten, beiseite setzen, aus den Augen lassen; **oblitus**, a, um P auch pass.
oblivium, ii, *n* (N. Kl.) = oblivio
oblongus, a, um
länglich (N. Kl.)
obloquor 3. (loquor)
1. dagegen sprechen, widersprechen
2. spez. a) tadeln (N. Kl.); b) dazu singen oder spielen (P)
obluctor 1. (luctor)
(N. Kl.) dagegen ankämpfen, widerstreben
obmolior 4. (molior)
(N. Kl.) zur Verteidigung vorschieben, spez. verbarrikadieren
obmutesco, ui 3.
eigtl. verstummen, still werden, schweigen
obnatus, a, um
angewachsen (N. Kl.)
obnitor 3. (nitor)
(N. Kl.) sich entgegenstemmen, spez. Widerstand leisten; **obnixus**, a, um
standhaft, fest, eifrig
obnixius, a, um
(N. Kl.) straffällig (eines Vergehens) schuldig, (einem Laster) ergeben, jmdm. unterworfen, verpflichtet, verbunden, abhängig von, (einem Übel)

ausgesetzt, preisgegeben, unterwürfig, knechtisch
obnubilus, a, um
umwölkt (P)
obnubo, ere (nubo)
verhüllen
obnuntiatio, onis, *f*
Meldung böser Vorzeichen, Einspruch
obnuntio 1. (nuntio)
(v. Augurn u. Magistratspers.) ungünstige Vorzeichen melden, Einspruch tun bei jmdm. od. gegen etw.
oboedientia, ae, *f*
Gehorsam
oboedio 4. (audio)
1. jmdm. Gehör geben, sein Ohr leihen (N. Kl.)
2. übtrg. gehorchen, sich fügen; **oboendiens**, gen. entis, (N. Kl.) adv. **oboedienter** gehorsam, willfährig, fügsam
oborior 4. (orior)
entstehen, heraufkommen, hervorbrechen (klass. nur übtrg.)
obrepo 3. (repo)
herankriechen: klass. nur übtrg. = heran-, beschleichen, sich einschleichen
obrigesco, ui 3. (rigeo)
erstarren
obrogo 1. (rogo)
dagegen beantragen: ein altes Gesetz stillschweigd. durch ein neues ganz od. z. Teil aufheben
obruo 3. (ruo)
1. eigtl. etwas schütten über, mit etwas überschütten, bedecken, verscharren, vergraben
2. übtrg. a) = begraben, verdunkeln, in Schatten stellen, vernichten, vergessen machen: b) = übertreffen (N. Kl.); c) überladen, erdrücken, unter-, niederdrücken
obrussa, ae, *f* (gr.)
Feuerprobe des Goldes
obsaepio 4. (saepio)
versperren
obscenitas, atis, *f*
Unanständigkeit
obscenus (-caenus), a, um (caenum)
1. (N. Kl.) eigtl. schmutzig, häßlich, ekelhaft, subst. **obscenum**, i, *n* Schamglied, **obscena**, orum, *n* der Hintere, der Kot
2. übtrg. a) (moral.) anstößig, unanständig, zotig, unzüchtig, unsittlich; b) unheilvoll
obscuratio, onis, *f*
eigtl. und übtrg. Verfinsterung, Verdunkelung
obscuritas, atis, *f*
1. eigtl. Dunkelheit (N. Kl.)
2. übtrg. a) Dunkelheit, Unklarheit, Unverständlichkeit; b) (von Menschen) Unbekanntheit, Unberühmtheit
obscuro 1.
1. eigtl. verdunkeln, verfinstern
2. übtrg. verdunkeln a) = undeutlich aussprechen; b) = verbergen, verhüllen; c) = etw. in unbedeutendem Licht erscheinen lassen, in Schatten stellen, vergessen machen
obscurus, a, um
1. eigtl. dunkel ohne Licht, finster; (N. Kl.) subst. **obscurum**, i, *n* Dunkel, Dunkelheit
2. übtrg. dunkel a) = (dem Laut nach) undeutlich, dumpf; b) (dem Verständnis nach) undeutlich, unverständlich, unklar u. a.; c) (v. Charakter) verschlossen, versteckt; d) unbekannt, ruhmlos; e) versteckt, heimlich, insgeheim, unvermerkt
obsecratio, onis, *f*
inständiges Bitten, Beschwörung; spez. Bet-, Bußtag
obsecro 1. (sacro)
inständig bitten, beschwören, anflehen
obsecundo 1. (secundo)
begünstigen
obsequens, gen. entis
willfährig (N. Kl.)
obsequentia, ae, *f*
Nachgiebigkeit
obsequium, ii, *n*
1. (lobend und tadelnd) Willfährigkeit, Gefälligkeit, Nachgiebigkeit
2. (N. Kl.) Gehorsam, Subordination, Unterwerfung, Hingebung = Beischlaf
obsequor 3. (sequor)
1. (von freier Unterordnung) sich willfährig zeigen, willfahren, nachgeben, sich richten nach, (N. Kl.) gehorchen
2. übtrg. (einer Sache od. Stimmung)

sich hingeben, sich überlassen, nachgeben
obsero 1.
verriegeln
obsero, sevi, situm 3. (sero)
besäen, beplanzen; meist **obsitus**, a, um
1. bepflanzt
2. (N. Kl.) übtrg. bedeckt mit
observans, gen. antis
(vom Benehmen) achtungsvoll, höflich
observantia, ae, *f*
Ehrerbietung, rücksichtsvolle Aufmerksamkeit gegen jmd., (N. Kl.) Beobachtung, Befolgung von etw.
oberservatio, onis, *f*
Beobachtung; übtrg. Beobachtung der Pflicht
observito 1.
(eifrig) beobachten, beachten
observo 1. (servo)
1. eigtl. und übtrg. (tatsächlich) beobachten, in den Augen behalten
2. spez. a) (Herde) hüten (P); b) etwas berechnen; c) auf etwas lauern, belauern; d) (t. t. der Augurn) beobachten
3. etwas beobachten = auf etw. achten, halten = sich nach etwas richten, etwas befolgen
4. jmdm. Ehrerbietung, Respekt, Hochachtung erweisen, jmd. schätzen, verehren
obses, sidis, *m* und *f*
1. Geisel
2. übtrg. Bürge, Gewähr
obsessio, onis, *f*
das Besetztsein, die Einschließung, Blockade
obsessor, oris, *m*
Belagerer, (P) Bewohner
obsideo, sedi, sessum 2. (sedeo)
I. vor od. in od. auf etwas sitzen, etw. bewohnen (N. Kl.)
II. spez. 1. eigtl. a) einschließen, eingeschlossen halten, belagern, blockieren; b) etwas besetzt halten, innehaben, beherrschen
2. übtrg. a) „im Belagerungszustand halten“, einengen, bedrängen; b) in Anspruch nehmen, sich bemächtigen; c) auf etwas lauern od. aufpassen, Achtung geben
obsidialis od. **obsidionalis** corona
„Belagerungs-Kranz“ als Belohnung für Befreiung v. d. Einschließung (N. Kl.)
obsidio, onis, *f*
Einschließung, Belagerung, Blockade; Belagerungszustand (N. Kl.); übtrg. Not, Bedrängnis
obsidium, ii, *n* (N. Kl.)
1. = obsidio
2. Geiselschaft
obsido, sedi, sessum 3. (sido)
(N. Kl.) besetzen, in Besitz nehmen
obsignator, oris, *m*
Untersiegler
obsigno 1. (signo)
zu-, versiegeln, spez. eine Urkunde (als Zeuge) untersiegeln
obsisto, stiti 3. (sisto)
eigtl. u. übtrg. sich entgegenstellen, in den Weg treten, sich widersetzen, Widerstand leisten u. a.
obsolefio (fio)
den Wert verlieren
obsolesco, levi 3.
übtrg. sich abnutzen, Geltung u. Ansehen verlieren, veralten, abkommen.
obsoletus, a, um
1. eigtl. a) abgetragen, abgenutzt, unscheinbar, veraltet; b) morsch, unsauber (P)
2. übtrg. alltäglich, gemein
obsonium, ii, *n* (gr.)
Zukost, spez. Fischspeise
obsono (N. Kl. **-or**) 1.
(als Zukost) einkaufen
obstetrix, tricis, *f*
Hebamme (N. Kl.)
obstinatio, onis, *f*
Festigkeit, Hartnäckigkeit, Starrsinn (klass. tadelnd)
obstino 1.
sich fest vornehmen, auf etwas bestehen (N. Kl.)
obstinatus, a, um
1. fest entschlossen zu etw. (N. Kl.)
2. beharrlich, hartnäckig (klass. tadelnd)
obstipesco (**obstupesco**), pui 3.
erstarren, spez. staunen, erstaunen
obstipus, a, um
(meist P) seitwärts geneigt, eingezo-

gen, gedruckt
obstita, orum, *n*
(i. d. Augursprache) v. Blitz getroffene Gegenstände (N. Kl.)
obsto, stiti 1. (sto)
eigtl. und übtrg. (hindernd) im Wege stehen, widerstehen, hindern, hinderlich sein
obstrepo 3. (streop)
1. eigtl. entgegenrauschen, -tönen, -lärmen (N. Kl.)
2. spez. überschreien, übertönen
3. übtrg. stören, hinderlich sein
obstringo 3. (stringo)
1. eigtl. zubinden, zuschnüren, (fest) binden (N. Kl.)
2. übtrg. a) jmd. verbindlich machen, (ver)binden, verpflichten; b) etwas zusichern (N. Kl.); c) (in Übles) verwickeln, verstricken, jmd. einer Sache schuldig machen
obstructio, onis, *f*
Verbauung
obstrudo s. obtrudo
obstruo 3. (struo)
1. vorbauen
2. verbauen, verrammeln, versperren, verschließen
obstupefacio 3. (facio)
in Erstaunen setzen, betäuben, sinnlos machen
obstupesco = obstipesco
obsum (sum)
entgegen, hinderlich sein, schaden (Ggstz. prosum)
obsuo 3. (suo)
zunähen (N. Kl.)
obsurdesco, dui 3.
eigtl. und übtrg. taub werden
obtego 3. (tego)
1. bedecken, verbergen
2. schützen, decken
obtemperatio, onis, *f*
Gehorsam
obtempero 1. (tempero)
nachgiebig sein gegen, nachkommen, willfahren, gehorchen, Folge leisten
obtendo, tendi, tentum 3. (tendo)
1. etwas (da)vorspannen, -ziehen, halten vor, übtrg. etw. vorschützen, pass. v. Lok. gegenüberliegen (N. Kl.)
2. verhüllen
obtentus, us, *m*
(N. Kl.) das Vorziehen, übtrg. Deckung, Deckmantel
obtero 3. (tero)
1. zertreten, zerquetschen; N. Kl. milit. = aufreiben
2. übtrg. a) vernichten, zu Schanden machen; b) schmälern, herabwürdigen
obtestatio, onis, *f*
feierl. Anrufung der Götter, Beschwörung, inständ. Bitte
obtestor 1. (testor)
1. feierl. zu Zeugen anrufen, beschwören, anflehen; (N. Kl.) feierlich versichern, beteuern (mit a.c.i.)
obtexo, ere (texo)
bedecken (P)
obticesco, ticui 3
verstummen (P)
obtineo, tinui, tentum 2. (teneo)
1. im Besitz haben, besitzen, inne haben, einnehmen, (einen Ort) besetzt halten; spez. verwalten, (ein Amt) bekleiden
2. in d. Besitz kommen von, erhalten, (N. Kl.) e. Ort besetzen
3. im Besitz behaupten, bewahren, festhalten an, nicht abgehen von; spez. a) (sein Recht oder e. Sache) behaupten, durchsetzen; b) (eine Behauptung) verteidigen, beweisen
4. (N. Kl.) intr. sich behaupten, Geltung haben, gelten
obtingo, tigi 3. (tango)
1. zuteil werden, zufallen
2. zustoßen, begegnen
obtorpesco, torpui 3. (torpesco)
erstarren, gefühllos werden
obtorqueo 2. (torqueo)
1. winden (P)
2. würgen
obtrectatio, onis, *f*
Verkleinerung, Mißgunst, Eifersucht
obtrectator, oris, *m*
Verkleinerer, Nebenbuhler, Neider, Gegner
obtrecto 1. (tracto)
jmdm. entgegenarbeiten, Abbruch tun, jmd. anfeinden, verkleinern
obtrudo 3. (trudo)
verstoßen: (Kleider) verbrämen (P)
obtrunco 1. (trunco)
(N. Kl.) verstümmeln, zerstückeln,

niedermetzeln
obtundo, tudi, tusum od. (N. Kl.) tunsum 3. (tundo)
1. eigtl. auf etw. schlagen, etw. abstumpfen; pass. stumpf werden (N. Kl.)
2. übtrg. a) etw. abstumpfen, schwächen, betäuben; b) belästigen, behelligen, beschwerlich fallen. **obtusus** (N. Kl. **obtunsus**), a, um
1. eigtl. abgestumpft, stumpf (N. Kl.)
2. übtrg. a) (geist.) abgestumpft, stumpfsinnig; b) (N. Kl.) (v. Gefühl) gefühllos, (v. d. Wirkung) schwach
obturbo 1. (turbo)
1. eigtl. verwirren, niederwerfen (N. Kl.)
2. übtrg. a) jmd. durch Geschrei verwirren, überschreien, abs. dagegen lärmen (N. Kl.); b) (geistig) betäuben; c) stören
obturo 1.
verstopfen
obtu(n)sus, a, um s. obtundo
obtutus, us, *m*
das Anschauen, Anblick, Blick
obumbro 1. (umbro)
(N.K.) beschatten, übtrg. verdunkeln, verhehlen, schützen
obuncus, a, um
gekrümmt (P)
obustus, a, um
(P) angebrannt, versehrt, (durch Brennen) gehärtet
obvallatus, a, um
verschanzt (bildl.)
obvenio 4. (venio)
1. eigtl. entgegenkommen, sich einfinden (N. Kl.)
2. übtrg. a) widerfahren, eintreten, sich zutragen; b) zuteil werden, zufallen
obversor 1. (versor)
1. eigtl. sich aufhalten, umhertreiben (N. Kl.)
2. übtrg. erscheinen, vorschweben
obverto 3. (verto)
(N. Kl.) zuwenden, zukehren, pass. eigtl. u. übtrg. sich hinwenden, zukehren, sich gegen jmd. wenden
obviam
„in den Weg": entgegen (bei Verben der Bewegung in friedl. und feindl. Sinne); spez. bildl. o. ire alicui rei a) sich widersetzen; b) (N. Kl.) einem Übel abhelfen, steuern
obviamitio (auch getrennt), onis, *f*
das Entgegengehen
obvius, a, um
1. eigtl. begegnend, entgegenkommend, entgegen
2. (N. Kl.) übtrg. im Wege liegend, preisgegeben, ausgesetzt, leicht zur Hand, sich leicht einfindend, entgegenkommend
obvolvo 3. (volvo)
einwickeln, verhüllen
occaeco 1. (caeco)
1. blind machen, blenden
2. verdunkeln, verfinstern
3. unsichtbar machen, bedecken
occallesco, callui 3. (calleo)
dickhäutig werden, gefühllos werden
occano, canui 3. (cano)
(milit. t. t.) dareinblasen (N. Kl.)
occasio, onis, *f* (occido)
günstiger Zeitpunkt, Umstand, günstige Gelegenheit
occasus, us, *m*
1. eigtl. Untergang (o. solis [auch = „Abend" od. = „Westen", N. Kl. auch o. allein]; plur. occasus siderum)
2. übtrg. a) Untergang, Verderben; b) Tod
occatio, onis, *f*
das Eggen
occento 1. (canto)
e. Spottlied singen (N. Kl.)
occidens, entis, *m*
Westen
occidio, onis, *f*
Niedermetzelung
occido, cidi, cisum 3. (caedo)
eigtl. erschlagen, niederhauen, töten, umbringen
occido, cidi, casum 3. (cado)
1. eigtl. nieder-, hinfallen (N. Kl.)
2. übtrg. a) (von Gestirnen) untergehen b) untergehen, zu Ende = zugrunde gehen, umkommen, sterben, (i. d. Schlacht) fallen, verloren gehen u. a.
occiduus, a, um
(N. Kl.) untergehend, hinfällig, westlich
occino, cinui (ceceni) 3. (cano)

(von Weissagevögeln) warnend schreien (N. Kl.)

occipio, cepi, ceptum 3. (capio)
(N. Kl.) anfangen, unternehmen, (e. Amt) antreten, intr. seinen Anfang nehmen (archaist.)

occisio, onis, *f*
Totschlag

occludo, clusi, clusum 3. (claudo)
ver-, zuschließen

occo 1.
(N. Kl.) eggen, (Land) bestellen

occubo, are (cubo)
(v. Toten) hingestreckt liegen (N. Kl.)

occulco 1. (calco)
niedertreten (N. Kl.)

occulo, cului 3. (vgl. occulto und occultus)
eigtl. u. übtrg. jmd. od. etws. verdecken, verbergen, verheimlichen (selten klassisch)

occultatio, onis, *f*
1. eigt. das Versteckt-, Verborgenhalten, Verheimlichung
2. (N. Kl.) t. t. rhet. = die Übergehung

occultator, oris, *m*
Versteckthalter

occulto 1.
eigtl. verbergen, verstecken; übtrg. geheimhalten, verheimlichen

occultus, a, um (occulo)
I. adi. eigtl. u. übtrg. verborgen, versteckt, heimlich, unvermerkt, geheim; spez. von e. Menschen = heimlich versteckt
II. subst. 1. **occulta**, orum, *n*, a) eigtl. verborgene Räume; b) übtrg. das Geheime, Geheimnisse; c) (P) Geheimdienst
2. in occulto, ex occulto „geheim, insgeheim, heimlich, im Verborgenen“

occumbo, cubui 3.
niedersinken, sterben, erliegen

occupatio, onis, *f*
1. Besetzung, Besitznahme
2. übtrg. Beschäftigung mit Behinderung durch

occupo
1. besetzen, einnehmen, in Besitz, in Beschlag, in Anspruch nehmen, an sich reißen, sich bemächtigen, gewinnen
2. (v. Zuständ.) sich jmds. bemächtigen, erfassen
3. mit etwas besetzen, anfüllen, (v. Lok.) ausfüllen, einnehmen
4. (N. Kl.) jmd. überfallen, angreifen
5. jmdm. zuvorkommen
b. (Geld) anlegen, verleihen an
7. beschäftigen, in Anspruch nehmen, klass. nur **occupatus**, a, um v. Pers. u. Abstrakt. (bes. von amtlicher Tätigkeit, Ggstz. otiosus)

occurro, curri (N. Kl. cucurri), cursum 3. (curro)
I. eigtl. 1. (im allgem.) entgegenlaufen, -eilen, -gehen, -kommen, begegnen, auf jmd. oder etwas stoßen
2. spez. a) (feindlich) auf jmd. losgehen, begegnen, angreifen; b) zu Hilfe eilen
3. sich (zu etwas) einstellen, eintreffen
II. übtrg. 1. begegnen = antreffen, hineingeraten
2. entgegentreten = entgegenarbeiten, vorbeugen, abhelfen
3. einwendend begegnen a) (v. Redner) entgegnen, erwidern, einwenden; b) (v. e. Sache) entgegenstehen, -treten, eingewendet werden
4. jmdm. entgegentreten = sich darbieten, sich zeigen, vor Augen oder vor die Seele treten, ein-, beifallen, in d. Gedanken kommen u. a.

occursatio, onis, *f*
d. Entgegeneilen

occurso 1.
(N. Kl.) entgegeneilen, begegnen, heranlaufen, übtrg. widerstreben

occursus, us, *m*
(N. Kl.) das Herbeieilen, Begegnung, d. Anstoßen an

Oceanus, i, *m* (gr.)
1. Weltmeer, Ozean
2. personif. Gottheit; davon (P) **Oceanitis**, tidis, *f* (gr.) Tochter des O.

ocellus, i, *m*
Äuglein

ocior, ius (gr.) comp., superl. **ocissimus**, a, um
1. schneller, geschwinder
2. adv. **ocius** (P) je eher je lieber, auf d. Stelle, eher, leichter (v. d. Zeit) früher

ocrea, ae, *f*
Beinschiene (N. Kl.)

Ocreatus, a, um
mit Beinschienen versehen (N. Kl.)
octavus, a, um
d. achte
octie(n)s
achtmal
octingentesimus, a, um
der achthundertste
octingenti, ae, a
achthundert
octipes, gen. pedis
achtfüßig (P)
octo
acht
October, bris, bre
des Oktober, mensis O. oder (N. Kl.) **October**, bris, *m* Oktober
octodecim
achtzehn (N. Kl.)
octogeni, ae, a
je achtzig
octogesimus, a, um
d. achtzigste
octogies (-iens)
achzigmal
octoginta
achtzig
octoiugis, e
achtspännig, übtr. acht Mann hoch (N. Kl.)
octoni, ae, a
je acht
octophoros, on (gr.)
von acht Trägern getragen
octuplicatus, a, um
verachtfacht, acht Mann hoch (N. Kl.)
octuplus, a, um (gr.)
achtfach
octuplum, i, *n*
das Achtfache (als Strafsatz)
octussibus (P) = octo assibus
ocularius, a, um
zu d. Augen gehörig (N. Kl.)
oculus, i, *m*
I. eigtl. u. bild. Auge, Augenlicht, Blick
II. übtrg. a) Auge = Augapfel, Perle; b) (N. Kl.) Auge = Knospe, Trieb
odi (eigtl. Perf. v. odio, wovon einmal [N. Kl.] **odivi**) **odisse** mit Präsensbedeutg.
= hassen, nicht mögen
odiosus, a, um
verhaßt, widerwärtig, anstößig, lästig; spez. langweilig
odium, ii, *n*
1. activ. Haß, Gehässigkeit, Abneigung, Widerwille
2. pass. Verhaßtheit, Widerwärtigkeit, gehässiges Benehmen
3. Gegenstand des Hasses
odor (altlat. **odos**) oris, *m*
1. Geruchssinn (N. Kl.)
2. Geruch, spez. Duft, Gestank, Dunst, Dampf
3. übtrg. a) plur. Räucherwerk, Spezereien; b) „Hauch“ Witterung (v. einer Sache) Ahnung, Vorgefühl
odoratio, onis, *f*
das Riechen
odoratus, us, *m*
der Geruch; übtrg. Geruchssinn
odoro 1.
(N. Kl.) wohlriechend machen, **odoratus**, a, um wohlriechend
odorifer, era, erum
(N. Kl.) duftend, Spezereien erzeugend
odoror 1.
1. eigtl. riechen, wittern (N. Kl.)
2. übtrg. (meist im Scherz oder mit Spott): a) ausspüren, erforschen; b) = nach etw. trachten; c) (N. Kl.) hineinriechen = sich oberflächl. mit etw. bekannt machen
odorus, a, um
(P) wohlriechend, witternd
odos s. odor
oenophorum, i, *n* (gr.)
Weinkorb (P)
oenus, **oesus**, altlat. = unus, usus
oestrus, i, *m* (gr.)
Bremse (P)
offa, ae, *f*
Bissen, Kloß, insbes. Mehlkloß
offendo, fendi, fensum 3.
I. intr. 1. eigtl. an od. auf etwas stoßen, anschlagen
2. übtrg. a) (anstoßend) Unfall erleiden, zu Schaden kommen, (im Krieg) eine Niederlage, Schlappe erleiden; b) anstoßen = verstoßen, fehlen, es bei jmdm. versehen, Anstoß od. Unzufriedenheit erregen; c) anstoßen = sich stoßen, Anstoß nehmen an, unzu-

frieden sein mit, zu tadeln haben
II. trans. 1. eigtl. a) etwas anstoßen, etw. an etwas stoßen, schlagen (N. Kl.); b) auf etw. stoßen; c) verletzen, beschädigen
2. übtrg. a) antreffen, finden; b) verletzen, beleidigen, kränken, pass. Anstoß nehmen, sich verletzt fühlen, unwillig sein
offensa, ae, *f*
Anstoß: übtrg. Kränkung, Beleidigung (N. Kl.); Ungnade, Feindschaft
offensio, onis, *f*
I. eigtl. 1. das Anstoßen
2. Ort des Anstoßes
II. übtrg. 1. Unpäßlichkeit, Übelbefinden
2. Unfall, Widerwärtigkeit, Schlappe
3. activ. u. pass. Anstoß = Beleidigung, Ärgernis, Ungunst, Abneigung, Verdruß, Unwille, Feindschaft
offensiuncula, ae, *f*
1. kleines Ärgernis
2. kleiner Unfall
offenso 1.
etw. stoßen gegen (N. Kl.)
offensus, a, um (offendo)
1. beleidigt, unwillig, abgeneigt, feindlich
2. verhaßt, anstößig
offensum, i. *n*
der Verstoß
offero, obtuli, oblatum 3. (fero)
1. eigtl. entgegenbringen, vorhalten, darbieten, zur Schau tragen
2. übtrg. a) an-, darbieten; b) preisgeben, aussetzen; c) erweisen, zufügen, antun, verursachen
3. **se offere** od. pass. **offerri** a) begegnen, sich entgegenstellen; b) sich anbieten, sich zur Verfügung stellen; c) sich aussetzen, sich preisgeben; d) sich darbeiten; e) sich zeigen, sehen lassen, erscheinen
officina, ae, *f*
Werkstätte, Fabrik; übtrg. Werkstätte, Herd, Sitz, Quelle
officio, feci, fectum 3. (facio)
eigtl. u. übtrg. in d. Weg treten, im Wege stehen, versperren, verbauen; spez. schädigen, hinderlich sein
officiosus, a, um (mit comp. u. superl.)
dienstfertig, zuvorkommend, willig, pflichtmäßig
officium, ii, *n* (aus opificium)
I. obi. 1. im allgem. Moral, (moral.) Obliegenheit, Pflicht, Verpflichtung, Schuldigkeit, Beruf u. a.
2. spez. a) Dienst, Dienstleistung, Amt, Stellung, Geschäft, Amtsgeschäft, Verrichtung; b) Pflichterfüllung, pflichtmäßige Handlungsweise, Unterwürfigkeit, (v. Besiegten) Gehorsam; c) Dienstfertigkeit, Gefälligkeit, Höflichkeit, Dienst, Liebesdienst; d) (N. Kl.) Ehrengeleit, -bezeugung, -pflicht, Aufmerksamkeit, Huldigung u. a.
II. subi. Pflichtgefühl, Pflichttreue
offigo 3. (figo)
befestigen (N. Kl.)
offirmatus, a, um
hartnäckig
offulgeo 2. (fulgeo)
entgegenleuchten (P)
offundo 3. (fundo)
1. (etw. über etw.) verbreiten, pass. sich verbreiten, ergießen
2. etwas mit etw. bedecken, überströmen, überstrahlen
oh
(P) o! ah! ha!
ohe
halt ein ! (P)
olea, ae, *f* (gr.)
1. Olivenbaum
2. (N. Kl.) Olive
oleaginus, a, um
vom Ölbaum (N. Kl.)
olearius, a, um
Öl-
oleaster, tri, *m*
wild. Ölbaum
oleo, ui 2.
1. eigtl. intr. riechen, stinken
2. übtrg. a) nach etws. riechen = erkennen lassen, verraten; b) sich ermitteln lassen
oleum, i, *n*
eigtl. u. bildl. Öl; übtrg. oleum et opera von d. Nachtarbeit; sprichw. von vergeblicher Mühe: et operam et o. perdere
olfacio 3. (oleo u. facio)

riechen, wittern
olidus, a, um
übelriechend (N. Kl.)
olim adv.
1. v. d. Vergangenheit a) dazumal, einst, ehemals, sonst, vor Zeiten, einmal (P) zur Einführung e. Fabel: fuit olim „Es war einmal"; b) (N. Kl.) schon längst, von jeher
2. v. d. Zukunft: künftig, einstmals, dereinst u. a.
3. (meist P in Frage- u. Konditionalsätzen) einmal = je, jemals
4. (P bes. bei Beispielen u. Vergleichungen) zu Zeiten, manchmal
olitor s. holitor
olitorius, a, um
(N. Kl.) Gemüse-(Markt)
oliva, ae, *f*
1. Ölbaum
2. (N. Kl.) Olive, Olivenstab, -kranz, -zweig
olivetum, i, *n*
Olivenpflanzung
olivifer, era, erum
Oliven tragend (P)
olivum, i, *n*
(P) Öl, Salböl
olla, ae, *f*
Topf
ollus vgl. ille
olor, oris, *m*
Schwan (N. Kl.)
olorinus, a, um
Schwanen- (P)
olus u. **olusculum** s. holus...
Olympia, ae, *f* (gr.)
bekannte Gegend in Elis. **Olympius**, a, um od. (N. Kl.) **Olympiacus**, a, um od. (P) **Olympicus**, a, um olympisch. **Olympia**, orum, *n* die (alle 4 Jahre gefeierten) olympischen Spiele. **Olympionices**, ae, *m* Sieger in d. olymp. Spielen. **Olympias**, adis, *f* e. Olympiade = Zeitraum von 4 (P auch 5) Jahren
Olympus, i, *m*
1. der Berg O. in Thessalien, d. Wohnsitz der Götter
2. (P) = Himmelsgewölbe
omasum, i, *n*
Rinderkaldaunen (N. Kl.)
omen, inis, *n*
1. Wahrzeichen, An-, Vorzeichen, (gute o. böse) Vorbedeutung, „Omen"
2. Wunsch für jmd. (P) feierlicher Brauch, Ehe
ominor 1. (omen)
weissagen, prophezeien, ahnen
omitto 3. (ab u. mitto)
I. eigtl. fahren, fallen lassen
II. übtrg. 1. fahren lassen, aufgeben, sein lassen, aus den Augen lassen
2. spez. a) unbenutzt (vorbei) lassen; b) (in d. Rede) übergehen, unerwähnt lassen, absehen von
omnigena, ae
von allerlei Gestalt (P)
omnino adv. (omnis)
I. zur Bezeichnung der weitesten Ausdehnung
1. allgemein = gänzlich, ganz, überhaupt
2. spez. a) vom einzelnen zum allgemeinen aufsteigend = überhaupt, im allgemeinen; b) steigend = überhaupt nur, auch nur; c) bei Zahlen = überhaupt, im ganzen, bisweilen auch = überhpt. nur
II. zur Bezeichnung des höchsten Grades = völlig, gänzlich, ganz u. gar, durchaus, in jeder Hinsicht
III. konzessiv = allerdings, immerhin, freilich
omniparens, gen. entis
allerzeugend (P)
omnipotens, gen. entis
allmächtig (P)
omnis, e
1. alle, jeder, alle und jeder (keiner ausgenommen); subst. **omnes** alle, alle Menschen; im neutr. **omne** u. **omnia** „alles"
2. ganz, vollständig, gesamt
3. spez. a) jedweder, allerlei, alle möglichen; b) lauter, lediglich, ausnahmslos; c) jeder = jedesmalig, allemal; d) omnis = omnino „überhaupt, völlig"
omnivagus, a, um
überall herumschweifend (P)
onager u. **-grus**, i, *m*
Waldesel (N. Kl.)
Onchesmites, ae, *m* (gr.)
Name eines Windes (P)

onerarius, a, um
lasttragend. subst. **oneraria**, ae, *f* Fracht-, Transportschiff

onero 1.
1. eigt. beladen, belasten, befrachten, (meist P) bedecken mit, (Tisch) besetzen mit, bewaffnen u. a.
2. übtrg. a) jmd. überhäufen, überschütten mit; (N. Kl.) spez. mit Anklagen überhäufen; b) jmd. belästigen, ihm lästig fallen; c) (N. Kl.) etw. vergrößern, vermehren, schwerer, lästiger machen, erschweren; d) (P) etw. in etw. laden od. füllen

onerosus, a um
(N. Kl.) lästig, drückend, beschwerlich

onus, eris, *n*
I. eigtl. 1. im engeren Sinne = Last, Ladung, Fracht, Bürde, (P) Leibesfrucht
2. im weiter. Sinne: Gewicht, Schwere
II. übtrg. 1. Last = Mühe, Beschwerlichkeit, schwierige Aufgabe
2. Abgabe, drückende Steuer

onustus, a, um
1. eigtl. mit etw. beladen, beschwert, befrachtet
2. übtrg. a) voll von etw.; b) (N. Kl.) von etw. bedrückt

onyx, ychis, *m*
Salbenbüchschen aus Onyx (P)

opacitas, atis, *f*
Schatten (N. Kl.)

opaco 1.
beschatten

opacus, a, um
eigtl. schattig, beschattet, (P) Schatten spendend, übtrg. dunkel, finster

opella, ae, *f*
kleine Mühe (P)

opera, ae, *f*
I. abstr. 1. (im allgem.) Arbeit, Mühe, Bemühungung; mea, tua usw. od. alicuius opera „auf Betreiben, durch Zutun, durch Schuld od. Vermittlung" oder einfach = durch (in gutem und bösem Sinne!); spez. operae pretium (N. Kl. bloß operae) est „es ist der Mühe wert". **dare operam** (seltener umgekehrt!) ergänzt duch Adverbia a) alicui rei: auf etw. Mühe verwenden, sich mit etwas beschäftigen, etw. pflegen u. a.; b) sich Mühe geben, sich bemühen, darauf hinarbeiten, darauf sehen, daß od. daß nicht; mit ut od. ne, auch mit bloßem coniunct.; vgl. auch No. 2; **dedita opera** „mit Fleiß, vorsätzlich"
2. (spez.) Mühe für andere = Dienst, Dienstleistung, Unterstützung, tätiger Beistand u. a.; spez. dare operam alicui a) Dienste leisten = erweisen; b) von wissensch. Verkehr = jmdm. zuhören, sich jmdm. anschließen; c) vom Richter = jmds. Sache untersuchen
3. prägn. Zeit oder Muße (tätig zu sein)
II. konkret 1. Arbeiter, Werkleute, Tagelöhner
2. spez. Helfershelfer; (N. Kl.) Claqueurs

operarius, a, um
zur Arbeit gehörig od. tauglich; subst. Tagelöhner, Handlanger; übtrg. „Banause"

operatio, onis, *f*
(N. Kl.) Verrichtung, Gottesdienst

operculum, i, *n*
Deckel

operimentum, i, *n*
Decke, Deckel (klass. nur bildl.)

operio, perui, pertum 4.
I. eigtl. 1. bedecken, verhüllen
2. zumachen, verschließen
3. (N. Kl.) begraben
II. übtrg. 1. (mit Schande) bedecken, überhäufen
2. verbergen, verhehlen, verheimlichen

operor 1.
(N. Kl.) mit etwas (Geistigem od. Materiellem) beschäftigt sein, spez. (relig. t. t.) eine gottesdienstl. Handlung verrichten, opfern, oft **operatus** in präs. Bedeutung

operosus, a, um
1. geschäftig sein
2. mühsam, beschwerlich
3. (P) wirksam, kunstreich

opertum, i, *n* (operio)
1. eigtl. das (den Männern) verbotene Heiligtum; (P) plur. die Tiefen
2. übtrg. Geheimnis, Orakel

opes s. ops

Ophiuchus, i, *m* (gr.)

Schlangenträger (ein Gestirn) (P)
opifer, era, erum (P)
hilfeleistend, subst. Hilfebringer
opifex, ficis, *m*
1. Werkmeister, Bildner, Verfertiger
2. spez. Künstler (z. B. Maler, Bildhauer, im Ggstz. zu d. Vertretern der artes ingenuae)
3. Handwerker
opilio (**upilio**), onis, *m*
Schäfer (N. Kl.)
opimus, a, um (ops)
I. eigtl. 1. fett, fruchtbar
2. fett, feist
II. übtrg. 1. (v. d. Rede und d. Redner) strotzend, überladen, üppig
2. bereichert
3. reichlich, stattlich, ansehnlich; spez. (N. Kl.) (spolia) **opima** „Feldherrnbeute“ = die dem (von d. röm. Feldherrn) im Zweikampf getöt. feindl. Feldherrn abgenommenen Waffen
opinabilis, e
bloß auf Vermutung beruhend = vermutlich, unsicher, eingebildet
opinatio, onis, *f*
Vermutung, Einbildung
opinator, oris, *m*
zu Vermutg. geneigt
opinatus, a, um s. opinor
opinio, onis, *f*
1. im allgem. (Privat)meinung, Ansicht, Vermutung, Vorstellung, Erwartung, Vorauassetzung, Glaube, Ahnung u. a.
2. spez. Einbildung, Vorurteil, Wahn
3. öffentliche Meinung, Ruf, insbes. guter Ruf, hohe Meinung, Erwartung
4. Gerücht
opinor 1.
vermuten, wähnen, (vermutungsweise) glauben
opiparus, a, um
(vulgär) reichlich, prächtig, klass. nur adv. **opipare**
opitulor 1.
helfen, beistehen, Rettung bringen, (einem Übel) abhelfen
oportet, uit, ere
es gehört sich, es ist billig, nötig, ersprießlich, zweckdienlich, man muß oder soll; non o. „man darf nicht“
oppedo, ere
höhnen (P)
opperior, iri
warten, N. Kl. trans. er-, abwarten
oppeto 3. (peto)
entgegengehen
oppidanus, a, um
aus einer Landstadt, städtisch, kleinstädtisch; subst. **oppidani**, orum, *m* Einwohner einer Stadt, Städter
oppido adv.
(klass. selten) „von Grund aus“: sehr, gar
oppidulum, i, *n*
Städtchen
oppidum, i, *n*
befestigter Platz als Ansiedlung, befestigter Ort (Ggstz. vicus), Stadt. Bemerkung: urbs im Verhältnis zu o. ist der vornehmere Ausdruck, bei dem man an d. Stadt als Sitz der Macht und Bildg. denkt. Daher o. fast nie von Rom gebraucht)
oppignero 1. (pignero)
z. Pfand geben
oppilo 1.
verrammeln
oppleo, plevi, pletum 2.
an-, erfüllen
oppono 3. (pono)
I. eigtl. und bildl. 1. (im allgem.) gegen od. vor etwas stellen, setzen, legen, halten (klass. **oppositus**, a, um gegenüber od. vorgestellt, -stehend, -liegend)
II. übtrg. 1. preisgeben, aussetzen
2. vorhalten, vor Augen stellen
3. dagegen vorbringen, geltend machen
4. (als Einwand oder Erwiderg.) entgegenhalten, einwenden, erwidern, entgegnen
5. (vergleichend) gegenüberstellen
6. opponi od. oppositum esse (gegensätzl.) gegenüberstehen = contrarium esse
op(p)ortunitas, atis, *f*
1. günstige örtl. Lage
2. günst. zeitl. Lage, gelegene Zeit, günst. Augenblick, günst. Gelegenheit etw. bequem und leicht zu tun, günstiger Umstand, (angenehmer) Vorteil, Annehmlichkeit
op(p)ortunus, a, um

1. (örtlich, zeitl., der Beschaffenheit nach) günstig gelegen, bequem, vorteilhaft, dienlich, geeignet, klass. v. Dingen; (N. Kl.) v. Pers. = geschickt
2. (N. Kl.) ausgesetzt = preisgegeben, bloßgestellt

oppositus, a, um s. oppono

oppositus, us, *m*
Entgegenstellung

oppressio, onis, *f*
Unterdrückung, Überfall

oppressor, oris, *m*
Unterdrücker (N. Kl.)

opprimo, pressi, pressum 3. (premo)
I. eigtl. 1. nieder-, unter-, zu Boden drücken
2. erdrücken, ersticken, über-, verschütten, begraben unter
3. (P) zudrücken (Mund)
II. übtrg. 1. zu Boden-, nieder-, unterdrücken, niederwerfen, überwältigen, knechten, pass. **opprimi** unterliegen; erdrücken, ersticken ; jmd. stürzen, ihm den Untergang bereiten; unterdrücken = niederhalten, verhehlen; jmd. festhalten, nicht loslassen
2 a) (milit.) jmd. überfallen, anfallen, bedrängen, überraschen; übtrg. = aus der Fassung bringen; b) (mit lebl. Subj.) überraschen, plötzlich ereilen

opprobrium, ii, *n*
(meist N. Kl.) Schimpf, Schande, Beschimpfung

oppugnatio, onis, *f*
1. Angriff, Bestürmung, Belagerung; auch bildl. „Angriff, Anklage, Opposition"
2. Belagerungsmethode, -kunst

oppugnator, oris, *m*
Angreifer

oppugno 1. (pugno)
bekämpfen, anfechten, angreifen, bestürmen, belagern

ops, opis, *f*
(ohne dat. sing. im Nomin. nur als nom. pr.; die Göttin Ops)
I. Hilfe, Beistand
II. **opes**, opum 1. d. „Mittel" (etw. auszurichten u. anderen zu helfen), materielle od. geistige: Vermögen, Reichtum, Schätze, Besitz, Macht, Hilfsquellen; spez. Streitkräfte, Kriegsmacht
2. Macht, Einfluß, Ansehen
3. ops u. opes (abstrakt) „Kraft, Macht, Mittel"

ops... s. obs...

opt... s. obt... (in Kompos. mit ob)

optabilis, e
wünschenswert, willkommen

optandus, a, um
wünschenswert

obtatio, onis, *f*
Wunsch

obtatus, a, um
erwünscht, willkommen, lieb (von Pers. und Sachen); **obtatum**, i, *n* Wunsch; spez. optata = „Luftschlösser", vgl. opto 3; optato „erwünscht"

optimas (**optumas**), gen. atis (optimus) adi.
zu den Besten gehörig, aristokratisch: **optimates**, ium, (selt. um) die Aristokraten (als politische Partei)

optimus und **optime** s. bonus u. bene

optio, onis, *f*
1. (freie) Wahl, freier Wille, Belieben
2. N. Kl. masc. = „Adjutant" oder „Feldwebel"

optivus, a, um
selbstgewählt (P)

opto 1.
I. wählen, küren
II. 1. etw. wünschen (aus Überlegung, als d. Beste)
2. spez. alicui aliquid optare = (in bösem u. (seltener) in gutem Sinne) etw. jmd. wünschen
3. optare = sich Hoffnung machen auf (mit d. Nebenbegriff d. kühnen Wunsches)
4. optare „fromme Wünsche hegen" hoc est, non docere „Beweise führen" (von einer willkürlichen Annahme)

optum... s. optim...

opulens, gen. entis N. Kl. = opulentus

opulentia, ae, *f*
(N. Kl.) Wohlhabenheit, Reichtum, Macht

opulento 1.
bereichern (P)

opulentus, a, um
„im Besitz von opes", also:
1. vermögend, wohlhabend, reich, ein-

flußreich, mächtig
2. reich = reichlich, prächtig, opulent, N. Kl. = stark (von e. Flottenmacht)

opus, operis, *n*
I. abstr. „Werktätigkeit"
1. Arbeit, Beschäftigung, Verrichtung a) im allgem.: v. Mensch; b) spez.: Landarbeit; (P) vom Weidwerk, von der Arbeit der Bienen; v. d. Bautätigkeit = „Bau", v. künstl. u. wissensch. „Arbeit", „Tätigkeit", Handarbeit, „Menschenarbeit", „Kunst" im Ggstz. zur Natur, (milit.) Befestigungs-, Belagerungs-, Schanzarbeit
2. „Werk" = Aufgabe, Geschäft, Geschäftskreis
3. Mühe, Bemühung
II. konkr. d. vollendete Werk, die fertige Arbeit
1. im allgem.: opera deorum u. a.; opera manu facta i. Ggstz. zur Natur).
2. spez.: a) Bauwerk, Bau (v. Gebäuden, Mauern, Brücken, Dämmen u.a.); b) (milit.) Verteidigungs- od. Belagerungswerk od. -apparat, Schanzwerk, Schanzen, Befestigung; c) Arbeit od. Werk der Kunst, Kunstwerk (der Technik), der Literatur

opusculum, i, *n*
Werkchen = Schriftchen

opus (indecl.!) est
„es ist Bedarf" =
I. es ist nötig, notwendig, man braucht
II. = es ist vorteilhaft, zweckmäßig

ora, ae, *f* (os)
1. Rand, Saum, Grenze
2. Gebiet, Bereich, Gegend; gelgtl. spez. Zone
3. (Meeres-) Küste

ora, ae, *f*
Schiffstau (N. Kl.)

oraculum (oraclum) i, *n*
„Orakel" (als Ausspruch e. Gottes u. als Kultstätte); übtrg. von merkwürdigen Verkündigungen übhpt.

oratio, onis, *f*
1. Sprache (als Fähigkt. seine Gedanken auszudrücken)
2. der sprachl. „Ausdruck" selbst, Rede übhpt. (zusammenhängende) Worte; Darstellung, Stil; Darstellungsgabe; spez. = mündliche Mitteilung (Ggstz. litterae) = Einrede, = Entschuldigung, = Unterhandlung
3. (kunstgemäße) Rede (Ggstz. sermo), Vortrag; spez. Redestoff, Thema, Rednergabe, Redeweise
4. Prosa
5. N. Kl. kaiserl. Handschreiben, Kabinettsordre

oratiuncula, ae, *f*
kleine Rede

orator, oris, *m*
1. Redner
2. „Sprecher", (polit.) Unterhändler, Gesandter

oratorius, a, um
d. Redner betreffend, rednerisch, des Redners

oratrix, icis, *f*
Vermittlerin

oratus, us, *m*
Bitten

orbator, oris, *m*
Berauber (P)

orbiculatus, a, um
rundgeformt (N. Kl.)

orbiculus, i, *m*
Scheibe (N. Kl.)

orbis, is, *m*
I. Kreis = Kreislinie; spez.
1. orbis (signifer) „Tierkreis", o. lacteus „Milchstraße"
2. kreisförmige Bewegung, Windung, Kreislauf, Schwingung, Umschwung, Bahn u. a.
3. als e. von Mensch. od. Ding. gebildete Rundung: a) o. verborum od. orationis „Periode"; b) orbis terrarum = d. Komplex der Länder, „Erdkreis" und seine Bewohner, inbes. zur Bezeichng. d. röm. Weltreiches; hier auch abl. orbi; ebenso locat.: orbi terrarum „auf dem E."; c) als milit. t. t. = Karree
II. Kreis = Kreisfläche (von globus unterschieden). Spez. etwas Kreis, Flächen- od. Kugelförmiges:
1. Scheibe
2. kugelförm. Masse
3. (P) Sonnen- od. Mondscheibe, Himmelsgewölbe, Diskus, Rundung (des Auges), Fläche, Platte, auch Knäuel
4. (eigtl. u. übtrg.) = Rad

5. orbis terrae (N. Kl. auch orbis allein) = d. Erdscheibe, „Erdkreis" u. seine Bewohner, insbes. zur Bezeichnung des „röm. Weltreiches"; meton. (P) **orbis** a) = Weltall, b) = Erdteil, -strich, Land, Gegend, Gebiet

orbita, ae, *f*
Geleise, (P) Pfad

orbitas, atis, *f*
d. Verwaistsein; übtrg. „Mangel"

orbo 1.
berauben (zunächst der Eltern od. Kinder, dann allgemein einer Pers. od. Sache)

orbus, a, um
1. verwaist, eltern- od. kinderlos
2. (allgem.) beraubt

orca, ae, *f* (gr.)
„Tonne" (P)

orchas, adis, *f*
e. Olivenart (P)

Orcus, i, *m*
1. (P) Unterwelt, Totenreich, Tod
2. Gott der Unterwelt

ordeum s. hord...

ordinarius, a, um
(N. Kl.) ordentlich, regelmäßig, gewöhnlich

ordinatim adv.
nach der Reihe

ordino 1.
(fast nur N. Kl.) in Reih und Glied od. in Rotten aufstellen, ordnen, reihen, übtrg. ordnen = regeln, in Ordnung bringen, in e. Amt einsetzen. **ordinatus**, a, um geregelt

ordior, orsus sum 4.
„anzetteln" (e. Gewerbe): übtrg. anfangen, beginnen, anheben mit (mit Rücksicht auf Fortsetzg. u. Ende)

ordo, dinis, *m*
1. (kunstgerechte, planmäßige) Reihe, Reihenfolge, Anordnung, Schicht, Lage, (N. Kl.) Zug od. Schar lebender Wesen; prägn. rechte Reihenfolge, Ordnung; spez.: a) ordine „nach der Reihe", Punkt für Punkt, gehörig, planmäßig; b) ex ordine „nach der Reihe", nacheinander; c) in ordinem, (P) in ordine „der Reihe nach"; d) extra ordinem „außer der Reihe", außergewöhnlich ; e) nullo ordine „ohne Ordnung"
2. Sitzreihe
3. (politisch) „Klasse" von Bürgern, Stand, Körperschaft, Rang
4. (milit.) a) „Reihe", „Glied"; b) = Zenturie des Fußvolks; c) Stelle e. Zenturio, Charge; d) meton. = Zenturio

oreas, adis, *f* (gr.)
Bergnymphe (P)

orgia, orum, *n* (gr.)
Bacchusfest (P)

orichalcum, i, *n* (gr.)
Messing

oriens, entis, *m*
1. Sonnengott, Sonne (P)
2. Osten
3. Morgenland

orientalis, e
morgenländisch (N. Kl.)

origo, inis, *f*
1. Ursprung; plur. „Urgeschichte"
2. (N. Kl.) Abstammung, konkr. Geschlecht, Stammvater, -väter, Mutterstadt, bildl. Mutterland, Urheber, Ursache

orior, ortus sum (part. fut. oriturus, doch selt. u. N. Kl.), oriri
1. sich erheben, aufstehen, erscheinen (N. Kl.)
2. aufgehen, sichtbar werden
3. entstehen, hervorgehen od. hervorwachsen aus, herrühren von
4. spez. entspringen
5. geboren werden, abstammen von
6. anfangen

oriundus, a, um
abstammend (N. Kl.)

ornamentum, i, *n* im sing. u. plur.
1. (Aus-)Rüstung, Rüstzeug
2. Zierde, Schmuck, Kostbarkeit; plur. Auszeichnungen, Ehren, „Ehrenrechte"

ornatus, a, um
1. (aus-)gerüstet, (wohl) ausgestattet
2. schmuck-, geschmackvoll
3. ansehnlich, geehrt
4. rühmlich, ehrenvoll

ornatus, us, *m*
1. Ausrüstung, Kleidung
2. Ausschmückung
3. (eigtl. und bildl.) Schmuck, Zierde

orno

1. ausrüsten, -statten, rüsten, herrichten
2. schmücken, verzieren
3. auszeichnen, ehren
4. (mit Worten) ausschmücken, verherrlichen, loben

ornus, i, *f*
Bergesche

oro 1. (os)
I. reden, sprechen
II. bitten, ersuchen

orsa, orum, *n*
(P) pass. „das Beginnen“: Worte, Rede

orsus, us, *m*
d. Beginnen (P)

orthographia, ae, *f* (gr.)
Rechtschreibung (N. Kl.)

orthodoxus (gr.)
rechtgläubig (Sp.)

ortus, us, *m*
1. Aufgang; spez. = Osten
2. (eigtl. u. bildl.) Entstehung, Aufkommen, Ursprung; spez. Geburt

os, oris, *n*
I. 1. Mund, Maul, Schnabel (eigtl. v. Mensch u. Tier)
2. übtrg. a) Stimme, Sprache, Rede (N. Kl.); b) Öffnung, Eingang; (N. Kl.) v. Flüssen = Mündung od. (P) Quelle
II. 1. Antlitz, Gesicht
2. „Angesicht“ zur Bezeichng. der Gegenwart
3. = Dreistigkeit, Frechheit, „Stirn“
4. Larve, Maske

os, ossis, *n*
Knochen; plur. ossa eigtl. u. übtg. = „Gebein(e)“

oscen, inis, *m*
(durch Stimme) weissagender Vogel

oscillum, i, *n*
kleine Maske (P)

oscitans, gen. antis
gähnend, übtrg. träge, teilnahmslos

osculatio, onis, *f*
das Küssen

osculor 1.
küssen; übtrg. hätscheln

osculum, i, *n*
Mündchen (P); Kuß

osseus, a, um
knöchern (N. Kl.)

ostendo, tendi (N. Kl. tentum u. seltener tensum, dafür klass. ostentatum) 3. (ob-s u. tendo)
1. entgegenstrecken, -halten
2. den Blicken zeigen, sehen od. zum Vorschein kommen lassen, hinweisen od. aufmerksam machen auf; se ostendere „sich zeigen, erscheinen“
3. in Aussicht stellen, versprechen, pass. in Aussicht stehen, drohen
4. an d. Tag legen, offenbaren, nachweisen
5. eröffnen, darlegen, erklären

ostentatio, onis, *f*
1. das Zeigen, zur Schau tragen
2. spez. d. zur Schau tragen: a) = das Prahlen, Prahlerei; b) Heuchelei, Schein

ostentator, oris, *m*
(N. Kl.) übtrg. Wegweiser für Schausteller

ostento (vgl. ostendo!)
1. (oft) hinhalten
2. (den Blicken) zeigen, erscheinen lassen, hinweisen auf
3. (prahlerisch) zeigen, zur Schau tragen, hinweisen auf; se ostentare „sich brüsten“
4. androhen
5. in Ausicht stellen, versprechen
6. an d. Tag legen, offenbaren
7. (gelegtl.) dartun

ostentum, i, *n*
Anzeichen, Wunderzeichen; spez. N. Kl. Wunderding, Scheusal

ostentus, us, *m*
(nur N. Kl. u. nur im dat. **ostentui** „zur Schau“, „zum offenbaren Beweis für“, „zum Schein“)

ostiarius, ii, *m*
Pförtner (N. Kl.)

ostiarium, ii, *n*
Türsteuer

ostiatim adv.
= Haus für Haus

ostium, ii, *n* (os)
1. (Haus-)Tür
2. Ein-, Zugang, Mündung

ostrea, ae, *f* u. **-um**, i, *n* (gr.)
Auster

ostrifer, era, erim
austernreich (P)

ostrum, i, *n* (gr.)
Purpur (P)
otiolum, i, *n*
ein wenig Muße (N. Kl.)
otior 1.
der Muße pflegen
otiosus, a, um (vgl. otium!)
1. unbeschäftigt, spez. frei von öffentl. Geschäften, untätig, müßig, der Muße (d. h. der liter. Beschäftigung ergeben od. gewidmet)
2. (v. staatl. Zuständen) ruhig, friedlich; spez. neutral, gleichgültig
3. sorglos, ruhig
4. in aller Muße; N. Kl. (tadelnd) lässig, langweilig (v. Redner)
otium, ii, *n*
1. Ruhe von Berufstätigkeit, spez. von öffentl. Geschäften = Nichtstun, Muße, freie Zeit; insbes. d. freie Zeit od. Muße für andere, namentl. wissenschaftl. Beschäftigung, die dem Römer nicht, wie dem Griechen, Selbstzweck war; (P) = Erzeugnis der Muße
2. (polit.) Ruhe, friedl. Zustand, äußerer und innerer Friede
ovatio, onis, *f*
der kleine Triumph, bei dem der Sieger zu Fuß oder zu Pferde mit e. Myrtenkranz auf d. Haupt s. Einzug hielt (N. Kl.)
ovile, is, *n*
(N. Kl.) Schaf- od. Ziegenstall, übtrg. d. Abstimmungsplatz der Komitien
ovillus, a, um
Schaf- (Herde usw.) N. Kl.
ovis, is, *f*
Schaf
ovo 1.
frohlocken, jubeln, jauchzen (N. Kl.); klass. im Partiz. ovans = e. kleinen Triumph halten, vgl. ovatio
ovum, i, *n*
Ei. Eier bildeten d. Anfang der Mahlzeit, Obst den Nachtisch, daher (P) ab ovo usque ad mala. Übtrg. **ovum** (N. Kl.) = eine der 7 eiförmigen Figuren im Zirkus, nach denen man d. Umläufe zählte.

P

pabulatio, onis, *f*
Beschaffung v. Futter (für Tiere, auch i. plur.)
pabulor 1.
(Vieh-) Futter beschaffen
pabulum, i, *n*
1. allgem. Nahrung für Tiere, Futter
2. spez. milit. t. t. = Fourage
pacalis, e
Friedens- (Zweig u.a.) (P)
pacatus s. paco
pacifer, era, erum
Frieden bringend (P)
pacificatio, onis, *f*
Friedensvermittlung
pacificator, oris, *m*
Vermittler d. Friedens
pacificatorius, a, um
friedenstiftend
pacifico 1.
(N. Kl.) über d. Frieden verhandeln, den Frieden vermitteln
pacificus, a, um
friedlich
paciscor, pactus sum 3.
e. Verabredung oder Übereinkommen treffen, übereinkommen, verabreden, e. Vertrag schließen, sich einigen; etw. ausbedingen, ausmachen. **pactus sum** etc. u. **pactus** (v. paciscor od. dem stammverwandten pango) oft im pass. Sinne; spez. pacta sum „ich bin verlobt", subst. (P) pacta „die Verlobte".Vgl. pango II.
paco 1.
„zum Frieden bringen" (einer Gegend) Ruhe u. Frieden verschaffen, euphem. = unterwerfen; (P) urbar machen. **pacatus**, a, um
1. friedlich, ruhig, beruhigt; (P) = kultiviert; subst. **pacati** „friedl. Bürger"
2. friedl. und freundl. gesinnt; (N. Kl.) subst. pacatum = Freundesland
pactio, onis, *f*
1. Überein-, Abkommen, Vertrag, Vergleich unter bestimmt. Festsetzungen, plur. Vertragspunkte, Bedingungen
2. spez. a) = Versprechung; b) geheime Verabredung, Komplott; c) „Kontrakt" der publicani mit d. Provinzialen; d) Formel
pactor, oris, *m*
Vermittler
pactum, i, *n*
Vertrag, Vergleich, Verabredung, abl. **pacto** in Verbindung wie: nullo pacto „auf keine Art und Weise, durchaus nicht"
Paean, anis, *m* (gr.)
Heilgott u. Beiname des Apollo; übtrg.
1. = (apollinischer) Festhymnus, übhpt. Jubellied, Siegesgesang oder -ruf
2. als Versfuß = paeon
paedagogus, i, *m* (gr.)
„Hofmeister", „Mentor", das ist d. Sklave, der die Knaben zu beaufsichtigen hat
paedor, oris, *m*
Schmutz
paelex, icis, *f* (gr.)
Konkubine, Kebsweib
paelicatus, us, *m*
Konkubinat (v. Mann u. Frau)
paene
fast, beinahe, man möchte sagen
paene insula od. **paeninsula**, ae, *f*
Halbinsel
paenitentia, ae, *f*
Reue (N. Kl.)
paeniteo, ere
bereuen, unzufrieden sein mit; (N. Kl.) non od. haud paenitendus, a, um „womit man nicht unzufrieden zu sein braucht", „nicht verwerflich". Meist unpers. **paenitet**, uit, ere „es ergreift Reue", es reut, (man) ist unzufrieden, es genügt noch nicht, es tut leid, verdrießt
paenula, ae, *f* (gr.)
Reisemantel. **paenulatus**, a, um im Reisemantel
paenultimus, a, um
vorletzter (Sp.)
paenuria = penuria

paeon, onis, *m*
Bezeichng. e. Versfußes (3 Kürzen u. 1 Länge)
paeonius, a, um
(P) des Heilgottes (Paeon = Paean), ärztlich, heilsam
paetulus u. (P) **paetus**, a, um
seitwärts blickend
paganus, a, um
ländlich (N. Kl.). subst. **pagani** a) „Flurbewohner", Bauern (vgl. pagus 2); b) (N. Kl.) „Zivilbevölkerung", i. Ggstz. zu d. Soldaten, verächtl. „Zivilisten"; c) (Sp.) Heiden
pagatim
gemeindeweise (N. Kl.)
pagella, ae, *f* = pagina 1.
pagina, ae, *f*
1. e. Blatt Papier, e. „Seite", an sich sowie das darauf Geschriebene
2. (N. Kl.) = Verzeichnis
paginula, ae, *f*
(kleines) Blatt, Seite: paginulae consulum „Konsullisten"
pagus, i, *m*
1. Flurbezirk, Landgemeinde, Gau; auch übtrg. auf nichtital. Territorien = „Gau, Bezirk, Kanton", an sich sowie zur Bezeichnung der Bewohnerschaft.
2. In Rom bildeten nach alter Einteilung die montes und pagi das Stadtgebiet, u. ihre Bewohner, die montani und pagari, die Summe der Bevölkerung. Für sakrale Zwecke dauerte diese Einteilung, wie es scheint, bis auf Augustus fort.
3. im engeren Sinne = ländl. Ortschaft, Dorf, Dorfgemeinde
4. Arius pagus = „Areopag"
pala, ae, *f*
1. Spaten, Schippe (N. Kl.)
2. d. „Kasten" des Ringes, der den Stein einfaßt
palaestra, ae, *f* (gr.)
1. eigtl. a) Platz für Ringkämpfe u. übhpt. für Übungen in körperl. Gewandtheit, Ringschule; b) Ringkunst
2. übtrg. auf geist. Übungen, vor allem in Rede od. schriftl. Darstellung, sowohl von der geist. Übungsstätte als von der Übung selbst = Schule, Schulung, Routine
palaestricus, a, um (gr.)
der Ringschule
palaestrita, ae, *m* (gr.)
Ringer, Lehrer in d. Ringschule
palam adv.
1. eigtl. offen, öffentlich, vor aller Augen, Ggstz. clam, obscure; N. Kl. als praep. mit abl. „vor", „in Gegenwart von"
2. übtrg. a) offen, frei und offen, unverhohlen; b) offenkundig, allgemein bekannt; c) offenbar, augenscheinlich (zur Verstärkg. des Sinnes)
Palatium, ii, *n*
der palatin. Hügel, auf dem seit Augustus die Kaiser residierten. Daher meton. (P) im plur. = Kaiserpalast. Davon **Palatinus**, a, um
1. palatinisch
2. (P) des kaiserl. Palastes (Lorbeer)
palatum, i, *n* (od. **palatus**, i, *m*)
Gaumen (eigtl. u. übtrg.)
palea, ae, *f*
Spreu (auch i. plur.)
palearia, ium, *n*
Wamme (P)
Palilis e
der Göttin Pales geweiht; subst. **Palilia**, ium, *n* Fest der Pales (21. April)
palimpsestus, i, *m* (gr.)
„Palimpsest", Papier, dessen Schrift man mit e. Schwamm abgewaschen hat, um es nochmals beschreiben zu können
paliurus, i, *f* (gr.)
Judendorn
palla, ae, *f*
1. weites und langes Obergewand, bes. der röm. Frauen
2. Kostüm der Gottheiten, Heroen, Kitharöden u. trag. Schauspieler
Pallas, adis, *f* (gr.)
poet. Beiname der Athene u. der ihr entsprechdn. Minerva; (P) meton. = Tempel od. Bild der P., Öl. Davon **Palladius**, a, um (P) der Pallas gehörig od. von ihr stammend (z. B. Flüssigkeit, d. h. Öl u. a.). **Palladium**, ii, *n* (gr.) d. heil. Bild der P. in Troja
Pallantis (-tias), tidis (-tiadis) *f* (gr.)
(P) Aurora, die Morgenröte, meton. = Tag

palleo, ui 2.
1. blaß oder bleich sein; spez. (P) entfärbt, fahl, glanzlos sein
2. übtrg. (P) blaß sein = krank sein, od. = in Furcht sein (für), sich fürchten (vor). **pallens**, gen. entis (N. Kl.) blaß, bleich, spez. fahl, glanzlos, blaß = blaß machend

pallesco, pallui 3.
(N. Kl.) blaß werden, erblassen, spez. fahl, glanzlos werden, blaß werden vor Furcht, sich besorgen

palliatus, a, um
mit e. pallium bekleidet

pallidus, a, um
(N. Kl.) blaß, bleich, blaß = blaß machend, blaß vor Furcht, furchtsam

pallium (P auch **palliolum**), ii, *n*
der (aus Griechenland eingeführte) Mantel; (P) sprichwörtl. = tunica propior pallio „das Hemd ist mir näher als der Rock"

pallor, oris, *m*
(selt. klass.) Blässe, d. Erbleichen, fahle Farbe, übtrg. blasse Furcht, auch personif. als Göttin

palma, ae, *f* (gr.)
I. Handfläche, (flache) Hand
II. (wegen der handförmig geteilten Blattfläche) = Palme. In weiterem Sinne
1. Palmfrucht, Dattel (N. Kl.)
2. Palmzweig od. Kranz daraus, auch = palmes: a) eigtl. (N. Kl.); b) übtrg. als „Siegespreis"; übhpt. Preis, Vorzug, Ruhm, Sieg, P = Sieger

palmaris, e
des Preises wert, vorzüglich

palmatus, a, um
(N. Kl.) mit eingestickten Palmenzweigen (Tunika)

palmes, itis, *m*
(N. Kl.) Schoß, Zweig meist Rebschoß

palmetum, i, *n*
Palmenhain (N. Kl.)

palmosus, a, um
palmenreich (P)

palmula, ae, *f*
Ruderschaufel (P)

palor 1.
(N. Kl.) sich zerstreuen, hin und herschweifen (milit. t. t.; auch v. d. Gestirnen), übtrg. im Urteil schwanken

palpebrae, arum, *f*
Augenlider

palpito 1.
zucken

palpo u. **palpor** 1.
(N. Kl.) (sanft) streicheln, übtrg. schmeicheln

paludamentum, i, *n*
(N. Kl.) Soldatenmantel, meist = Feldherrnmantel

paludatus, a, um
mit d. Feldherrnmantel bekleidet

paludosus, a, um
sumpfig (P)

palumbes, is, e
Holztaube

palus, i, *m*
Pfahl

palus, udis, *f*
Sumpf, Pfuhl, Weiher

paluster, tris, tre
sumpfig; (P) im Sumpf lebend, Sumpf-

pampineus, a, um
(N. Kl.) aus Weinlaub, mit W. geschmückt, des Weinlaubs, der Ranken, rankend

pampinus, i, *m*
Weinlaub; (N. Kl.) Weinranke

panacea, ae, *f* (gr.)
Allheilkraut (P)

panchrestus, um (gr.)
zu allem nützlich

pando, pandi, passum 3
I. ausbreiten, -strecken, -spannen, -spreizen; N. Kl. passus = getrocknet: lac p. = Käse, racemi p. = Rosinen, subst. passum = Wein aus gedörrt. Trauben, „Sekt"
II. (N.Kl). öffnen, auftun (pass. sich öffnen, sich auftun) gangbar machen, bahnen, übtrg. eröffnen, kundtun

pandus, a, um
(P) eingedrückt, gekrümmt, gebogen, gehöhlt

panegyricus, i, *m*
bei den Griech. Fest- u. Lobrede in e. Festversammlung; bei den Römern (N. Kl.) übtrg. Lobrede auf einzelne Personen, z. B. der p. des Plinius auf

Trajan
pango (altlat. paco), **panxi** od. (N. Kl.) **pepigi**, **pactum** 3.
I. 1. eigtl. befestigen (Anker), einschlagen (Nagel) (N. Kl.)
2. übtrg. (schriftl.) ab-, verfassen, dichten, (P) besingen
II. Im perf. **pepigi** od. vereinzelt **pegi** (pactus sum von paciscor) u. sup. **pactum**
1. = bestimmen, festsetzen, verabreden, ausbedingen, (e. Vertrag u. a.) schließen
2. (N. Kl.) = versprechen, spez. verloben. Vgl. paciscor!
panicum, i, *n*
Hirse
panis, is, *m*
Brot
pannosus, a, um
zerlumpt
pannus, i. *m* (gr.)
(P) e. Stück Tuch, Gewand, grober Mantel, (verächtl.) Lappen, Lumpen
panthera, ae, *f* (gr.)
Panther
papaver, eris, *n*
Mohn
papavereus, a, um
des Mohns (P)
papilio, onis, *m*
Schmetterling
papilla, ae, *f*
(N. Kl.) Brustwarze, Brust
papula, ae, *f*
Blatter (N. Kl.)
papyrifer, era, erum
Papyrus hervorbringend (P)
papyrus, i, *c* (gr.)
Papyrusstaude u. die daraus gefertigten Gegenstände (N. Kl.)
par, gen. paris
I. adi. 1. (quantitativ) gleich, Ggstz. dispar
2. spez. an Kräften gleichgewachsen, ebenbürtig. Ggstz. impar, inferior; (N. Kl.) subst. Gegner
3. angemessen, schicklich, entsprechend
4. sich gleich, gleich stark
5. (v. d. Zahl) gerade, vgl. impar
II. subst. 1. Genosse, (P) Gatte(in)
2. im neutr. a) das Gleiche, Gleiches; b) ein Paar; vgl. pariter
parabilis, e
leicht zu bechaffen
parasitus, i, *m* (gr.)
Schmarotzer. (P) fem. **parasita**, ae
paratio, onis, *f*
Trachten nach (N. Kl.)
paratus, a, um als Adj. mit comp. und superl.
I. 1. (von Dingen) bereit, fertig, bereitstehend, zur Hand
2. (von Pers.) bereit = geneigt, entschlossen
II. wohl (aus)gerüstet, wohlversehen, schlagfertig, gewappnet, geschult, wohlbeschlagen, (bes. v. Redn.) wohl vorbereitet; adv. **parate** schlagfertig. Über paratus als partic. vgl. paro
paratus, us, *m*
sing. u. plur.: (selt. klass.) Zurüstung, Einrichtung, Prunk, Schmuck
parco, peperci (N. Kl. gelegtl. parsi), ohne sup., doch gelegtl. N. Kl. parsurus 3.
1. sparsam umgehen mit, sparen
2. sparen = nicht anwenden, unterlassen, sich enthalten
3. schonen (mit dat.) = a) verschonen; b) Schonung auferlegen, Rücksicht nehmen auf, „wahren“
parcus, a, um
1. sparsam, knauserig
2. sparsam = enthaltsam, schonend
3. (P) sparsam = kärglich, gering. adv. **parce** sparsam, kärglich; mit Maßen, zurückhaltend, wenig, (P) selten
pardalis, is, *f* (gr.)
Pantherweibchen (N. Kl.)
parens, gen. entis s. pareo a. E.
parens, entis, *c*
1. Erzeuger(-in), Vater, Mutter: a) eigtl.; b) übtrg. (als Titel) Parens = p. patriae
2. in weiterem Sinne (N. Kl.) Vetter, (P) Großvater, Vorfahre, Ahne
3. (P) Ehrenname v. Gottheiten, spez. = Jupiter. plur. **parentes**, ium o. um, *m*
1. Eltern (eigtl.; [N. Kl.] auch übtrg. „Stifter“)
2. spez. (klass. gelegtl.) = Voreltern, Väter (N. Kl.) auch = Mütter, Anverwandte übhpt.

parentalis, e (P)
1. elterlich
2. der Totenfeier (Tag)
parentalia, ium, *n*
öffentl. (im Febr.) oder private Totenfeier
parento
1. (Eltern, Verwandten u. a.) e. Totenopfer darbringen
2. jmds. Tod rächen
pareo, ui, 2.
I. 1. sich zeigen (N. Kl.)
2. übtrg. (jur.) paret „es ist erwiesen" (a.c.i.)
II. gehorchen: 1. gehorsam, folgsam sein, gehorchen müssen, Ggstz. imperare
2. = untertänig sein
3. = willfahren, nachgeben, sich leiten lassen von. Gelegtl. **parens**, gen. entis gehorsam; N. Kl. parentes = Untertanen
piricida (**-dium**) N. Kl. = parri...
paries, etis, *m*
Wand, Mauer
parietinae, arum, *f*
Gemäuer, Ruinen
Parilia s. Palilia
parilis, e
gleich (P)
pario, peperi, partum (part. fut. pariturus) 3.
I. eigtl. (v. Mensch und Tier) gebären
II. übtrg. zeugen: 1. (physisch) schaffen, hervorbringen, stiften
2. (geistig) erfinden
3. erwerben, gewinnen, verschaffen
4. erzeugen, verursachen. Vgl. partus
pariter
1. in gleicher Weise, in gleichem Grade, ebenso
2. zugleich mit
3. gleichfalls
4. zu gleicher Zeit
parma, ae, *f* (gr.)
ein kleiner (Rund-) Schild (N. Kl.)
parmatus, a, um
(N. Kl.) beschildet, plur. subst. Schildträger
parmula, ae, *f*
Schildchen (P)
paro 1.
1. (zu)bereiten, einrichten, in Bereitschaft setzen, aufbringen, rüsten, sich rüsten od. Vorkehrgn. treffen zu etw.
2. sich anschicken, vorhaben
3. sich verschaffen, anschaffen, erwerben, kaufen
4. se parare = sich verständigen
paro, onis, *m* (gr.)
Barke
parochus, i, *m* (gr.)
e. Lieferant, der Staatsreisende mit d. Nötigen versehen mußte; scherzhaft für „Wirt", „Hausherr"
parra, ae, *f*
Schleiereule (N. Kl.)
parricida, ae, *m*
offenbarer „Mörder", bes. Vater- oder Muttermörder, (N. Kl.) Mörder von Verwandten übhpt; übtrg. von dem Verbrecher an dem patriae parens, an Bürgern, am Staat = Hochverräter
parricidium, ii, *n*
offenbare „Mord(tat)", insbes. Mord an nah. Verwandten, Eltern-, Vatermord, Brudermord, u. a.; übtrg. spez. parricidium (patriae) Verbrechen am Vaterlande = Hochverrat
pars, partis, *f*
1. Teil, Stück a) oft mit gen. auch eines gerund.; b) partes facere „Teile machen, abteilen"; c) p. magna; maior (auch = „Mehrzahl"); tenius; minor (auch = „Minderzahl") u. a.; d) pars - pars „die einen - die anderen, ein Teil - der andere"; e) dimidia pars „die Hälfte", tertia pars „ein Drittel" usw. tres partes = $^3/_4$ usw.; f) spez. magnum partem adv. „zum großen Teil, großenteils", ebenso maiorem, maximam p.; g) magna ex parte „großenteils", ebenso maiore ex p. u. a.; ne minima quidem ex p., „nicht im entferntesten"; N. Kl. dafür auch bloßer abl.; h) multis partibus „vielmal", omnibus partibus „unendlich" bei Komparativbegriffen, z. B. maior, malle, superare u. a.; so auch duabus usw. partibus, z. B. amplius = „zweimal mehr" oder zweimal so viel
2. Anteil; spez. a) pro (rata) parte = nach dem Verhältnis; b) pro mea, tua etc. parte = für meinen usw. Teil, nach

meinen Kräften; c) pro virili parte = „nach Kräften“, so auch pro civili parte = „nach meiner Bürgerpflicht“. Daher
3. = Geschäftsanteil
4. (lokal) meist im plur. = Gegend, Gebiet
5. (lok.) Seite, Richtung, Punkt
6. übtrg. Seite, Punkt, Hinsicht, Beziehung
7. (gegenüberstellend) „Seite“. Daher, meist i. plur.
8. (polit. u. übtrg.) Partei
9. (v. Schauspieler) partes = Rolle. Daher
10. partes = Obliegenheit, Aufgabe
11. (log.) „Art“ als Unterabtlg. von genus; doch übtrg. auch = genus „Gattung“, z. B. una p. earum epistolarum
12. (P) Geschlechtsteil
13. **partim** (erstarrter acc. v. pars.) = „zum Teil“ a) subst. als Subj. od. Obj. i) einmal, ii) in Korresponsion partim - partim allein od. in Verbindung mit gen. part. od. auch mit ex = alii - alii, mit Präd. im plur.; b) als Adverb i) einmal, ii) in Korresponsion

parsimonia, ae, *f*
Sparsamkeit

particeps, gen. cipis
teilhaftig, teilnehmend; subst. Teilnehmer (-in), z. B. consilii

participa 1.
(fast nur N. Kl.) jemd. teilnehmen lassen an, etw. mit jmd. teilen, teilhaben an

particula, ae, *f*
Teilchen, Stückchen, bißchen

partim s. pars 13.

partio, ivi od. ii, itum od. **partior**, itus sum 4.
1. teilen = in Teile zerlegen
2. einteilen
3. (sich mit e. andern in etw.) teilen
4. etw. teilen mit = jemdm. gleichen Anteil gewähren an
5. etw. teilen = den gleichen Anteil nehmen von
6. (N. Kl.) zu-, verteilen

partite
mit klarer Einteilung

partitio, onis, *f*
Teilung, Einteilung (log. u. rhet.) Gliederung, Verteilung, Erbschaftsteilung

parturio, ire
1. eigtl. (N. Kl.) a) gebären wollen, (P) grünen, ausschlagen (Baum); b) gebären
2. übtrg. schwanger gehen mit

partus, a, um s. pario. **parta**, orum, *n*
(N. Kl.) das Erworbene, Eroberungen, (P) sing. Vorrat

partus, us, *m*
1. abstr. Gebären, Geburt
2. konkr. Leibesfrucht, Kind, (von Tieren) Junges
3. (P) Zeugung

parum, adv.
zu wenig, nicht genug, Ggstz. nimium u. satis; Adj. u. Adv.dD: p. multi = allzu wenige; p. ad utilitatem nicht g. „für“ - ; Spez. non parum = genug, recht sehr

parumper
auf kurze Zeit

parunculus, i, *m*
Barke

parvitas, atis *f*
Kleinheit

parvulus (besser als -volus), a, um
1. eigtl. (sehr) klein
2. übtrg. a) klein = (ganz) jung; b) geringfügig, unbedeutend; subst. parvulum = etw. Kleines, Kleinigkeit: (P) parvula = einfache Verhältnisse

parvus, a, um (comp. u. superl. klass. ersetzt durch **minir**, us u. **minimus**, a, um)
I. adi. 1. (v. d. Größe) klein; a) v. Lebdm.; b) v. Leblos.
2. (v. d. Zeit) = kurz
3. (v. Alter) klein, jung
4. (v. d. Zahl und Menge) klein, gering, wenig
5. (v. d. Stärke und Bedeutung) gering (-fügig), schwach, unbedeutend
6. (v. geist. Beschaffht.) kleinlich, kleinmütig
7. (v. Wert) gering, unbedeutend
8. (v. d. Geltg.) klein, niedrig, unbedeutend
II. subst. 1. masc. a) **parvus** kleiner

Knabe, **parvi** = d. Kleinen, Kinder (P) auch im sing.; spez. a parvo (von mehreren a parvis) = v. Kind auf; minores = „d. Jüngeren"; (P) minor (v. Lebensalter) der Jüngere, plur. die Jüngeren, Nachkommen; b) parvus = der geringe Mann, minores (N. Kl.) „d. unteren Stände, die Untergebenen"
2. neutr. a) sing. **parvum** Wenigkeit, Kleinigkeit; comp. **minus** das Kleinere, Geringere, weniger; superl. **minimum** d. Kleinste, Geringste, sehr wenig; b) plur. **parva** Kleines, comp. minora, superl. minima; c) **parvi**, minoris, minimi als gen. pret. bei Verb. des Schätzens, **parvo**, minoris, minimo als abl. (gen.) pret. bei Verb. des Kaufens u. a.; d) parvo als abl. compl. N. Kl. u. singulär
III. adv. 1. comp. **minus** weniger a) bei Verb., Adj., Adv., gelegtl. bei Subst.: nec me m. hominem quam te putaveris; b) bei Zahlenangaben minus mit od. gewöhnlich ohne quam „weniger als"; c) mit abl. mens. uno m. teste habere „einen Z. weniger haben" nihilo m., multo, quo, eo m. u. a. vgl. magis 2 b; (P) minus mit abl. = ausgenommen; d) non minus = ebenso, daher non m. - quam = „ebenso (sehr) - wie", non m. - quam si „Ebenso - wie wenn"; e) (N. Kl.) verdoppelt minus (et) m., minus, minusque „immer weniger"; f) (N. Kl.) plus minus = ungefähr; g) minus = zuwenig; h) minus „minder", „nicht recht" als abgeschwächte Negation; i)über quo minus u. si(n) minus s. quo, si u. sin
2. superl. a) **minimum** = d. kleinste Stück (N. Kl.) non m. „nicht zum wenigsten"; b) **minime** i) = am wenigsten (auch mit gen. part.: ad te m. omnium „am allerwenigsten" pertinebat), sehr wenig, non m. = nicht zum wenigsten; ii) = „keineswegs", „durchaus nicht", auch selbständ. in Antworten: an tu haec non credis? m. vero

pasco, pavi, pastum 3.
1. eigtl. a) trans. (Vieh)weiden; b) füttern, (er)nähren, unterhalten (P) wachsen lassen; c) abs. = Viehzucht treiben; d) (P) (ab) weiden, fressen
2. übtrg. weiden = ergötzen

pascor, pastus sum 3.
1. eigt. a) intrans. weiden, fressen, sich nähren, (P) wachsen, sich verbreiten; b) trans. (P) abweiden, fressen
2. übtrg. sich weiden, ergötzen an

pascuus, a, um
z. Weide dienlich

pascua, orum, *n*
Weideland

passer, eris, *m*
1. Sperling
2. (P) Stachelflunder

passerculus, i, *m*
Kl. Sperling

passim, adv.
aller Orten, zerstreut, überall hin; (N. Kl.) unterschiedslos

passivus, a, um
leidend

passum, i, *n* s. pando

passus s. pando u. patior

passus, us, *m* (pando)
1. Schritt, (P) Tritt
2. als Maß „Schritt"

pastillus, i, *m*
Pastille (P)

pastio, onis, *f*
Weide

pastor, oris, *m*
Hirt

pastoralis, e (auguratus), **pastoricius**, a, um (fistula), (P) **pastorius**, a, um
= (der) Hirten

pastus, us, *m*
1. Nahrung, Futter
2. Weide

patefacio 3. (facio), pass. **patefio** (fio)
1. öffnen
2. eröffnen, erschließen
3. sichtbar machen, aufdecken, enthüllen

patefactio, onis, *f*
Enthüllung

patella, ae, *f*
Opferschale, (P) Schüssel

pateo, ui 2.
1. offen sein, stehen, zugänglich sein, frei stehen
2. sich erstrecken, ausdehnen, „messen"
3. (meist N. Kl.) bloßliegen, übtrg. aus-

gesetzt sein
4. vor Augen liegen, offenbar sein.
patens, gen. entis offen, frei, (P) offenkundig
pater, tris, *m*
I. eigtl. 1. Vater; spez. p. familias (-iae) „Hausvater“, auch bildl. als Bez. eines simplen Mannes: unus p. f. „jeder beliebige Laie“
2. übtrg. a) als Ehrenbezeichnung: p. patriae u. a.; bes. oft v. Göttern b) „Vater“ = Schöpfer, Haupt. plur. **patres**, um
1. Väter
2. übtrg. a) ursprüngl. = patricii; b) dann allgem. = senatores, senatus (vgl. conscribo)
3. „Väter“ = Vorfahren (enger als maiores)
patera, ae, *f*
(Opfer-)Schale
paternus, a, um
1. (was vom Vater stammt) väterlich
2. (P) = heimisch
patesco, patui 3.
(N. Kl.) sich öffnen, ausdehen, offenbaren
patibilis, e
erträglich, empfindungsfähig
patibulum, i, *n*
„Marterholz“
patiens, gen. entis
mit comp. u. superl., fähig oder willig zu ertragen, geduldig, standhaft, abgehärtet, unempfindlich gegen
patientia, ae, *f*
Erduldung, Ausdauer, Geduld; (gelgtl.) Preisgebung zur Unzucht; (N. Kl.) Genügsamkeit, Unterwürfigkeit
patina, ae, *f*
Pfanne
patior, passus sum 3. (archaist. act. patio)
leiden:
1. dulden, erdulden, sich gefallen, geschehen lassen, zugeben, (zu)lassen
2. = aushalten, ertragen
3. = erleiden, betroffen werden von
4. = sein lassen
5. (P) kärglich leben
patrator, oris, *m*
Vollstrecker (N. Kl.). **pater patratus** „Eidesvater“
patria, ae, *f*
Vaterland, -stadt, Heimat, Geburtsort
patricida, ae, *m*
Vatermörder
patricius, a, um
patrizisch: subst. *m* u. *f* Patrizier (-rin), meist plur.
patrimonium, ii, *n*
1. Erbgut; Erbe
2. übhpt. Vermögen
patrimus, a, um
dessen Vater noch lebt
patritus, a, um
väterlich
patrius, a, um
1. (dem Vater entsprechd. od. zukommend) väterlich
2. von d. Vätern stammend, ererbt, herkömmlich, heimatlich
patro 1.
(meist N. Kl.) vollziehen, zu Ende führen
patrocinium, ii, *n*
Schutz, Verteidigung (spez. jur.)
patrocinor 1.
beschützen (N. Kl.)
patronus, i, *m*
1. Schutzherr, „Patron“
2. Verteidiger, Anwalt (jur. u. allgem.). fem. **patrona**, ae
patruelis, e
1. vom Vaterbruder (od. -Schwester) stammend: frater p. od. (P) patruelis allein = Vetter
2. vetterlich
patruus, i, *m*
1. Vaterbruder, Oheim; N. Kl. maior p. = Großonkel
2. übtrg. = strenger Sittenrichter
patruus, a, um
des Oheims (P)
patulus, a, um
offen, weit, breit
paucitas, atis, *f*
kleine Zahl
pauci, ae, a
(im sing. selt. u. N. Kl.), mit comp. u. superl. = wenige, etliche. Oft subst.
1. **pauci**, orum, wenige; spez. „die wenigen“ = d. Optimaten

2. **pauca**, orum wenig, etliches, spez. = wenige od. einige Worte
pauculi, ae, a
= ein paar
paul(l)atim adv.
allmählich, nach und nach (v. Zahl = in einzeln. Abtlgn. od. Portionen, einzeln)
paul(l)isper adv.
ein Weilchen
paul(l)ulus, a, um
klein, gering (N. Kl.). **paul(l)ulum** = e. (klein) wenig (subst. od. adv.)
paul(l)us, a, um
gering: klass. nur
1. **paul(l)um** als subst. i. nom od. acc. (nur) e. wenig
2. **paul(l)um** adv.
3. **paul(l)o** oft als abl. mens.
pauper, gen. eris
nur mäßig bemittelt, arm; (P) v. Lebl. = ärmlich
pauperculus, a, um
ärmlich (P)
pauperies N. Kl. = paupertas
paupero 1.
= berauben (P)
paupertas, atis, *f*
Unbemitteltheit, Armut, Not
pausia, ae, *f*
e. Olivenart (P)
pavefactus, a, um
erschreckt (N. Kl.)
paveo, pavi 2.
(N. Kl.) beben, zittern, zagen. **pavesco**, ere (N. Kl.) in Angst geraten, sich ängstigen
pavidus, a, um
(N. Kl.) bebend, zagend, angstvoll (P) schreckend
pavimentum, i, *n*
Estrich. **pavimentatus**, a, um mit E. versehen
pavio 4. (gr.)
schlagen
pavito 1.
(P) zittern, sich ängstigen
pavo, onis, *m*
Pfau
pavor, oris, *m*
Beben, Angst, Entsetzen; (N. Kl.) personif.
pax, pacis, *f*
1. a) Friede; b) plur. N. Kl. = „Friedensschlüsse" od. „friedl. Zustände"; c) **Pax** (N. Kl.) „Friedensgöttin"
2. pace tua od. pace Quirini u. a. dixerim = „magst du" od. „mag es Q. mir nicht übel nehmen"
3. (P) übtrg. v. Lebl. = „Friede, Ruhe", klass. v. d. „Ruhe" des Gemüts
4. „Huld", „Beistand" der Götter
paccatum, i, *n*
(allgem.) Versehen, Fehler; spez. (moral.) Vergeben, Sünde
pecco 1.
fehlen, e. Fehler machen, (moral.) sündigen, sich vergehen, sich vergreifen an
pecten, inis, *n* (P)
1. Kamm, übtrg.
2. Weberkamm
3. Kammuschel
4. = plectrum No. 1, daher
5. meton. = carmen.
pecto, pexi, pexum 3.
(P) kämmen. **pexus**, a, um (P) wollreich = neu
pectus, oris, *n*
I. eigtl. Brust; (N. Kl.) auch zur Bez. d. ganzen Person
II. übtrg. (meist N. Kl.) Sinn, Herz, Gemüt, Geist
pecua, uum, *n*
Vieh (N. Kl.)
pecuarius, a, um
Vieh-: res p. „Viehstand", -zucht. subst.
1. **pecuarius**, ii, *m* Viehzüchter, Weidepächter
2. **pecuaria**, ae, *f* = res p.
3. **pecuaria**, orum, *n* (N. Kl.) Herden
peculator, oris, *m*
Veruntreuer (von öffentl. Geldern). **peculatus**, us, *m* Veruntreuung (von öffentl. Geldern)
peculiaris, e
eigen gehörig, geartet, besonders
peculiatus, a, um
begütert (N. Kl.)
peculium, ii, *n*
Vermögen, spez. Privatvermögen des Haussklaven od. des Haussohnes
pecunia, ae, *f* (pecus)

kollekt. 1. Vermögen
2. Geld, Geldsumme, Geldwert
pecuniarius, a, um
Geld betreffend
pecuniosus, a, um
reich
pecus, coris, *n*, plur. pecora
Vieh (als Gattung), „Herde", bes. v. zahmen Haustieren und Kleinvieh, (N. Kl.) spez. = Schafe; (P) übtrg.
pecus, udis, *f*, plur. pecudes
1. eigtl. Vieh (als einzeln. Stück), Tier, bes. Haustier, (P) spez. = Schaf
2. übtrg. als Schimpfwort
pedalis, e
einen Fuß messend
pedarii (senatores), iorum, *m*
Senatoren „zweit. Ranges", die nur abstimmen, an der Umfrage aber rechtlich od. faktisch nicht teilnahmen
pedes, itis, *m*
1. eigtl. Fußsoldat, -kämpfer; (N. Kl.) a) Fußvolk; b) Fußgänger, zu Fuß
2. übtrg. (N. Kl.) pedites = d. Plebejer, d. Ungebildeten
pedester, tris, tre
1. zu Fuß, Fuß-
2. (N. Kl.) des Fußvolkes
3. Land-, zu Lande
4. (P) übtrg. prosaisch, schwunglos
pedetemptim adv.
Schritt für Schritt, nach und nach, behutsam
pedica, ae, *f*
Fußschlinge (N. Kl.)
pedis(s)equus, i, *m* u. **-a**, ae, *f*
eigtl. u. übtrg. Diener(-in)
peditatus, us, *m*
Fußvolk
pedo, pepedi 3.
farzen (P)
pedor = paedor
pedum, i, *n*
Hirtenstab (P)
pegma, atis, *n*
(Bücher-) Gestell; (P) e. Art Theatermaschine
peiero 1. (besser als **periuro** od. **periero**)
e. Meineid schwören; (P) ius peieratum = Meineid
peior, **peius**, s. malus, male
pelagius, a, um
Meer- (P)
pelagus, i, *n* (gr.)
Meer (N. Kl.)
pellex = paelex
pel... = pael...
pellax, gen. acis
berückend (P)
pellectio, onis, *f*
Durchlesung
pellego = perlego
pellicio, lexi, lectum 3. (lacio)
ver-, an (sich) locken
pellicula, ae, *f*
Fellchen
pellis, is, *f*
1. Fell, Haut, (P) bildl. = Hülle
2. übtrg. a) milit. sub pellibus „in Zelten"; b) Pelzmütze, Schuh, Schuhriemen u. a.
pellitus, a, um
mit Fellen bekleidet
pello, pepuli, pulsum 3.
1. stoßen, schlagen, treffen
2. in Bewegung setzen, rühren, abschnellen
3. fort-, vertreiben, verjagen, verdrängen
4. spez. milit. zum Weichen bringen, werfen, (i. d. Flucht) schlagen
5. übtrg. Eindruck machen (auf), rühren
pelluceo s. perluceo
peloris, idis, *f* (gr.)
Riesenmuschel
pelta, ae, *f* (gr.)
Leichtschild u. **peltastae**, arum, *m* (gr.) Leichtbeschildete (N. Kl.)
penarius, a, um
Vorrats-
penates, ium, *m* (mit u. ohne dei)
1. „Penaten", Schutzgötter des penus, Schirmer des Hauswesens wie des Staates. Ihre Bilder (immer 2) standen am Herd
2. meton. = Haus u. Hof, Behausung, Heimat; (P) = Herd
penatiger, era, erum
d. Penaten tragend (P)
pendeo, pependi 2.
1. (herab)hängen (mit ab od. ex. „von - herab"; in arbore u. a., am -; (P) ab ore alicuius = aufmerksam zuhören
2. (in d. Luft) hängen, schweben

3. (P) hängen = verweilen, (v. Bauten) ruhen
4. übtrg. abhängen von, beruhen auf
5. übtrg. schwanken, in Ungewißheit sein

pendo, pependi, pensum 3.
aufhängen:
I. „abwägen“
1. eigtl. vgl. pensus
2. übtrg. abwägen, schätzen, beurteilen
II. „(be)zahlen“
1. eigtl.: alicui pecuniam, tributum u. a.
2. übtrg. zahlen, leiden
3. (N. Kl.) = wiegen, schwer sein

pendulus, a, um
(P) (herab)hängend, übtrg. schwankend

penes praep. mit acc.
(auch hintergestellt: quos p.!) „bei“ = in den Händen, in d. Gewalt, Besitz jemds., (N. Kl.) auch = „auf Seiten von“

penetrabilis, e (P)
durchdringbar, durchdringend

penetralis, e,
inwendig, innerst. **penetrale**, is, *n* (N. Kl.) d. Inner(st)e, Heiligtum

penetro 1.
eigtl. u. übtrg. (hinein)dringen; (N. Kl.) trans. durchdringen, -ziehen, betreten

penicillus, i, *m*
Pinsel

penis, is, *m*
Schwanz: männl. Glied; (N. Kl.) übtrg. Unzucht

penitus adv.
eigtl. u. übtrg. „tief“ = tief innen od. = tief heraus; übtrg. = gründlich, genau, von Herzensgrund

penna (pinna), ae, *f*
(Flug-)Feder, bes. im plur. = Flügel, Schwingen; (P) = Flug, Feder (als Schmuck, als Jagdgerät, am Pfeil), Pfeil; (Sp.) = Schreibfeder

pennatus, a, um u. **penniger**, era, erum
geflügelt

pennula, ae, *f*
Flügelchen

pensilis, e
hängend (N. Kl.)

pensio, onis, *f*
Rate (bei Zahlgn.)

pensito 1.
abwägen:
1. = erwägen (N. Kl.)
2. bezahlen

penso 1.
(N. Kl.) eigtl. abwägen, übtrg. beurteilen, erwägen, gegeneinander abwägen, vergleichen, bezahlen = vergelten od. erkaufen

pensus, a, um (pendo)
gewichtig. **pensum**, i, *n*
1. (N. Kl.) = (die als Tagesarbeit zugewogene) Wolle, od. = Arbeit
2. klass. übtrg. = „Aufgabe“

penuria, ae, *f* mit gen.
Mangel an

penus (klass. außer d. nom. nur noch abl. penu; (P) acc. penum od. penus)
„Mundvorrat“ für d. Haushalt, Speisen

peplum, i, *n* (gr.)
Prachtmantel (P)

per praep. mit acc.
I. räumlich 1. durch, durch - hindurch, durch - hin, zwischen - hindurch
2. über, über - hin(wg)
3. in (od. an, auf, unter) - umher, überall in usw.
4. (N. Kl.) vor - hin
II. zeitlich: 1. durch - hindurch, lang
2. im Verlauf von, während, in
III. instrumental: 1. vermittelst, durch, mit Hilfe od. durch Vermittlung od. auf Veranlassung jmds, auf dem Wege von etw., spez. a) per me etc. „für mich allein, auf eigene Hand“; b) per se = an u. für sich; auch verbdn. mit ipse
2. modal: mit, unter, -weise
3. unter d. Vorwand od. Schein, unter
IV. kausal.: wegen, halber
V. bei Beteuerungen u. ä.

pera, ae, *f* (gr.)
Ranzen (P)

perabsurdus, a, um
sehr abgeschmackt

peracer, cris, cre
sehr scharf

peracerbus, a, um
sehr herb

peractio, onis, *f*

Schlußakt
peracutus, a, um
sehr scharf; sehr scharfsinnig
peradulescens, gen. entis
blutjung
peradulescentulus
sehr jung (N. Kl.)
peraeque adv.
völlig gleich
peragito 1. (agito)
bedrängen
perago 3. (ago)
1. (mater. u. geist.) fort und fort bearbeiten (N. Kl.)
2. (bis zu Ende) durchführen, vollführen, vollenden; spez. a) (vollständig) vollziehen, abhalten; b) zu Ende spielen; c) (N. Kl.) (e. Zeit) zu-, hinbringen; d) e. Prozeß zu Ende führen; e) (N. Kl.) in bestimmten Worten „formulieren", vollziehen, verhandeln, ausführen
peragratio, onis, *f*
d. Herumstreifen, Durchziehen
peragro 1. (ager)
durchwandern, -reisen, -streifen, -dringen
peramans, gen. antis
sehr liebevoll
perambulo 1. (ambulo)
durchwandeln (P)
peramice
sehr freundschaftlich
peramoenus, a, um
sehr angenehm (N. Kl.)
peramplus, a, um
sehr groß
perangustus, a, um
sehr eng
perantiques, a, um
uralt
perappositus, a, um
sehr schicklich
perarduus, a, um
sehr schwierig
perargutus, a, um
sehr witzig
perarmatus, a, um
wohlbewaffnet (N. Kl.)
peraro 1. (aro)
(P) durchfurchen, (schreibend) einritzen
perattentus, a, um
sehr aufmerksam
perbacchor 1. (baccor)
durchschwärmen
perbeatus, a, um
sehr glücklich
perbelle adv.
sehr hübsch
perbene adv.
sehr gut
perbenevolus, a, um
sehr wohlwollend
perbenigne
sehr gütig
perbibo 3. (bibo)
ganz einsaugen (P)
perblandus, a, um
sehr einnehmend
perbonus, a, um
sehr gut
perbrevis, e
sehr kurz. perbrevi (tempore) „in sehr kurzer Zeit"
percalesco 3. (calesco)
durchwärmt werden (P)
percallesco, callui 3.
übtrg. gefühllos = gewitzigt werden
percarus, a, um
sehr wert
percautus, a, um
sehr vorsichtig
percelebro 1. (celebro)
nur pass. = sehr verbreitet sein
perceler, is, e
sehr schnell
percello, culi, culsum 3. (stärker als percutio)
1. feindl.zu Boden strecken od. schmettern, niederwerfen, (ins Verderben) stürzen; (N. Kl.) = heftig schlagen , stoßen, treffen
2. bestürzt, betroffen, mutlos machen
percenseo, censui 2. (censeo)
aufzählen, berechnen, durchreisen; (N. Kl) mustern, kritisieren
percepset P = percepiset
percepta, orum, *n*
Lehrsätze
perceptio, onis, *f*
1. d. Einsammeln
2. Erkenntnis, Begriff
percipio, cepi, ceptum 3. (capio)

1. sich völlig aneignen, in sich aufnehmen, empfangen
2. (mit den Sinnen) wahrnehmen u. erfassen, empfinden, (an)hören u. a.
3. geistig völlig erfassen, (er)lernen, deutlich begreifen u. a.

percitus, a, um
aufgebracht, (N. Kl.) reizbar

percolo 3. (colo)
(N. Kl.) übtrg. ausschmücken, hoch ehren

percomis, e
sehr liebenswürdig

percommodus, a, um
sehr gelegen, passend (klass. nur adv.)

percontatio, onis, *f*
Frage

percontator, oris, *m*
Frager (P)

percontor (percunctor) 1. (contus)
sondieren: ausfragen, (aus)forschen

percreb(r)esco 3. (crebresco)
sich überall verbreiten = ruchbar werden, (N. Kl.) = überhand nehmen

percrepo, are (crepo)
laut erschallen

percunct... s. percont....

percupidus, a, um
sehr geneigt

percuriosus, a, um
sehr neugierig

percuro 1. (curo)
ausheilen (N. Kl.)

percurro, (cu)curri, cursum 3. (curro)
I. intr. 1. (eigtl. u. bildl.) durch oder über etw. hinlaufen
2. (N. Kl.) hineilen, -laufen
II. trans. 1. eigtl. durcheilen, durchlaufen
2. übtrg. etw. flüchtig durchgehen, überfliegen, etw. flüchtig erwähnen, aufzählen

percursatio, onis, *f*
Durchreise

percursio, onis, *f*
1. (geistig) d. schnelle Überdenken
2. (rhet.) gedrängte Zusammenfassung

percurso 1.
(N. Kl.) umher-, durchstreifen

percussio, onis, *f*
1. das Schlagen
2. (als t. t. der Musik u. Rhetor.) das Taktschlagen (mit dem Fuß), der (scharfe) Takt

percussor, oris, *m*
Mörder, Totschläger (als Werkzeug anderer)

percussus, us, *m*
Schlag (N. Kl.)

percutio, cussi, cussum, (quatio)
I. eigtl. 1. durchbohrern, durchstechen
2. (wirksam) schlagen, treffen, erschüttern
3. sepz. a) verwunden (N. Kl.); b) erlegen, totschlagen töten; c) (P) schlagen, führen (Leier u. a.)
II. übtrg. 1. starken Eindruck machen auf, erschüttern, rühren, erschrecken u. a.
2. prellen
3. jmd. gleichsam verwunden, schmerzlich berühren

perdifficilis, e
sehr schwer

perdignus, a, um
sehr würdig

perdiligens, gen. entis
sehr sorgfältig

perdisco 3. (disco)
gründlich od. auswendig (er)lernen

perdiserte
sehr beredt

perditor, oris, *m*
Verderber

perditus, a, um
(v. Pers. u. Sach.)
1. verloren, aufgegeben, hoffnungslos, verzweifelt; spez. ganz versunken in, P = (v. Liebe) betört
2. (moralisch) heillos, verworfen, verrucht. Vgl. auch perdo

perdiu
sehr lange

perdiuturnus, a, um
sehr lange dauernd

perdives, gen. itis
sehr reich

perdix, icis, *c* (gr.)
Rebhuhn

perdo, didi, ditum 3. (do)
1. (im allgem.) zu Grunde richten, verderben, vernichten, ruinieren, unglücklich machen u. a.
2. verschwenden, vergeuden

3. (unwiederbringlich) verlieren, um etwas kommen, einbüßen
4. spez. verspielen

perdoceo 2. (doceo)
gehörig lehren, unterrichten, dartun

perdolesco, dolui 3.
tief bedauern

permodo 1. (domo)
völlig zähmen, bezwingen, unterjochen

perduco 3. (duco)
I. 1. eigt. a) (bis ans Ziel) hinführen, -bringen, geleiten; b) spez. i) (eine Buhlerin) zuführen, ii) anlegen, aufführen
2. übtrg. a) jmd. zu einem Ziele bringen, führen befördern; b) jmd. zu etw. bewegen, bestimmen, veranlassen; spez. verleiten; c) fortführen, fortsetzen, pass. dauern; spez. hinziehen
II. (P) überziehen, bestreichen

perductor, oris, *m*
Kuppler

perduellio, onis, *f*
Hochverrat

perduellis, is, *m* (duellum)
in älter. Sprache = Kriegsfeind

perduint s. perdo a. Ende

perduro 1. (duro)
fortdauern (N. Kl.)

peredo 3. (edo)
(P) verzehren, zernagen

peregre adv.
1. in der Fremde, auswärts
2. (N. Kl.) in die od. aus der Fremde

peregrinabundus, a, um
viel in der Fremde umherreisend (N. Kl.)

peregrinatio, onis, *f*
Aufenthalt in der Fremde, das Reisen

peregrinator, oris
reiselustig

peregrinitas, atis, *f*
die Stellung eines peregrinus (N. Kl.); übtrg. fremdes Wesen, Ausländerei

peregrinor 1.
sich als Fremder aufhalten, i. d. Fremde sein, umherreisen, -wandern, -schweifen; spez. fremd sein

peregrinus, a, um
I. ausländisch, fremd, aus oder in der Fremde; (N. Kl.) provincia p. = Amt des Prätors, der die Streitigkeiten zwischen Bürgern und Fremden schlichtet). subst. **peregrinus**, i, *m* Fremder = Ausländer (der sich temporär im Inland aufhält), oder = Nichtbürger (weil er des Bürger- oder Einwohnerrechts entbehrt)
II. übtrg. fremd, unwissend

perelegans, gen. antis
sehr gewählt (v. Ausdruck; auch adv.)

pereloquens, gen. entis
sehr beredt

peremnis, e (amnis)
bei einem Flußübergang

perendie
übermorgen

perendinus, a, um
übermorgig

perennis, e (annus)
1. das ganze Jahr hindurch dauernd (N. Kl.)
2. übtrg. dauernd, beständig, spez. nie versiegend

perennitas, atis, *f*
Unversiegbarkeit

perenno 1.
lange dauern (N. Kl.)

pereo, ii, iturum, ire (eo) (vgl. perdo)
1. ganz weggehen, verschwinden, sich verlieren u. a. (meist P)
2. (v. Lebdm. u. Leblos.) vergehen, verloren gehen, umkommen, zugrunde gehen, gerichtet werden, sterben, unterliegen
3. spez. a) (polit. u. bürgerl.) untergehen, zu Grunde gehen, herunterkommen, unterliegen; b) (N. Kl.) beteuernd peream, si od. nisi „ich will des Todes sein, wenn nicht"; c) (vor Liebe) vergehen (P); d) vergeudet werden; e) (t. t. jur.) erlöschen (N. Kl.)

perequito 1. (equito)
umherreiten; (N. Kl.) trans. durchreiten

pererro 1. (erro)
(N. Kl.) durchirren, -schweifen, -streifen

pereruditus, a, um
sehr gebildet

perexcelsus, a, um
sehr emporragend

perexiguus, a, um

sehr klein, wenig, gering, kurz (von Raum, Zahl, Zeit)
perexpeditus, a, um
unbehindert
perfacetus, a, um
sehr witzig
perfacilis, e
sehr leicht u. a.
perfamiliaris, e
sehr vertraut; meist subst. vertrauter Freund
perfectio, onis, *f*
1. Ausführung, Vollendung
2. Vollkommenheit
perfector, oris, *m* u. (N. Kl.) **-trix**, tricis, *f*
Vollender, Vervollkommner (-in)
perfectus, a, um
1. (der Zeit nach) vollendet: N. Kl. (als grammat. t. t.) tempus p. od. bloß perfectum
2. mit comp. u. superl. übtrg. (in seiner Art) vollkommen, vollendet, „perfekt“; adv. **perfecte**
perfero 3. (fero)
I. 1. (ans Ziel) tragen, oder bringen; (P) bis zu Ende bewahren
2. überbringen, -geben, pass. anlangen, wohin dringen, sich verbreiten
3. (mündlich) berichten, melden, verkünden, spez. hinterbringen
II. 1. zu Ende bringen, durchführen, vollenden; spez. (e. Gesetz) durchsetzen
2. geduldig ertragen, aushalten, überstehen
perficio, feci, fectum 3. (facio)
1. fertigen, verfertigen; spez. abfassen
2. fertigbringen, -bauen, vollenden, zu Ende führen (Ggstz. inchoare)
3. ausführen, verwirklichen, zustande bringen
4. (v. leitender Tätigkeit) beendigen, beschließen
5. durchsetzen, bewirken, erreichen. Vgl. perfectus
perfidelis, e
sehr zuverlässig
perfidia, ae, *f*
Treulosigkeit, Wortbrüchigkeit, Unredlichkeit
perfidiosus, a, um
wortbrüchig, treulos (v. Pers. u. Handlgn.)
perfidus, a, um
(klass. v. Pers.) wortbrüchig, treulos
perflabilis, e
durchwehbar
perflagitiosus, a, um
sehr lasterhaft
perflo 1. (flo)
durchwehen, (N. Kl.) intr. hinwehen
perfodio 3. (fodio)
durchgraben, -stechen
perforo 1.
durchbohren, -löchern; spez. durchbrechen
perfremo, ere (fremo)
laut schnaubend, einherrauschen (P)
perfrequens, gen. entis
sehr besucht (N. Kl.)
perfrico, ui 1. (frico)
stark reiben, kratzen (klass.: caput sinistra manu „sich hinter d. Ohren kratzen“ v. Bedenklichen); bildl. os p. „alle Scham ablegen“
perfrigidus, a, um
sehr kalt
perfringo, fregi, fractum 3. (frango)
1. etwas durchbrechen, sich durch etw. gewaltsam Bahn brechen
2. zerbrechen, zerschmettern; übtrg. vernichten, umstürzen
perfruor, fructus sum 3. (fruor)
etw. auskosten, vollständig, dauernd genießen
perfuga, ae, *m*
Überläufer
perfugio 3. (fugio)
(zum Feinde) überlaufen; übtrg. seine Zuflucht nehmen
perfugium, ii, *n*
eiglt. u. übtrg. Zuflucht, Zufluchtstätte, Asyl
perfunctio, onis, *f*
Verwaltung, das Überstehen
perfundo 3. (fundo)
1. (mit Flüssigkeit) überschütten, -gießen, begießen; (N. Kl.) pass. sich über und über benetzen, sich baden u. a.
2. (N. Kl.) (mit trockenen Gegenst.) über u. über beschütten, bestreuen, bedecken

3. übtrg. (v. Affekt. u. a.) ganz erfüllen
perfungor 3. (fungor)
1. (völlig od. gehörig) verrichten, verwalten
2. überstehen, durchmachen
3. (N. Kl.) genießen
perfuro, ere (furo)
umhertoben (P)
pergaudeo, ere (gaudeo)
sich sehr freuen
pergo, perrexi, perrectum 3. (rego)
(in Hinsicht auf d. zu erreichende Ziel) e. Richtung od. Weg einschlagen; im Zusammenhang entweder = „d. Weg nehmen, losgehen auf, aufbrechen, sich (an e. Werk) machen" oder = (d. begonnenen Weg) „weiter gehen, weiter verfolgen, fortsetzen, bis zu Ende führen" sowohl örtl. als auch übtrg.
pergrandis, e
sehr groß (N. Kl.) p. natu „hochbetagt"
pergratus, a, um
(von Dingen) sehr angenehm, sehr willkommen
pergravis, e
sehr gewichtig; adv. **pergraviter** sehr heftig
perhibeo, bui, bitum 2. (habeo)
1. eigtl. herbeischaffen: aliquem „als Anwalt aufstellen"
2. übtrg. (rühmend) erwähnen, anführen, erzählen
perhonorificus, a, um
sehr ehrenvoll, sehr rücksichtsvoll
perhorresco 3. (horresco)
1. intr. hoch aufschauern, erbeben, erzittern
2. trans. sich entsetzen vor od. wegen, schaudern vor
perhorridus, a, um
sehr schauerlich, (N. Kl.)
perhumanus, a, um
sehr freundlich; adv. **perhumaniter**
periclitatio, onis, *f*
Versuch
periclitor 1.
1. einen Versuch, Probe machen, versuchen, erproben, riskieren
2. Gefahr laufen, bedroht sein; (N. Kl.) **periclitantes** = Angeklagte
periculosus, a, um
gefährlich, gefahrbringend, mit Gefahr oder Risiko verbunden
periculum u. (P) **periclum**, i, *n*
1. Versuch, Probe
2. Risiko, Gefahr
3. (N. Kl.) = Wagnis, kühne Tat, auch = gefährl. Ggstd.
4. spez. a) = Prozeß, Klage;
b) (gerichtl.) Protokoll
peridoneus, a, um
sehr geeignet
perillustris, e
sehr geehrt; (N. Kl.) sehr augenfällig
perimbecillus, a, um
sehr schwach
perimo, emi, emptum 3. (emo)
1. vernichten, zerstören, aufreiben
2. (N. Kl.) jmd. töten
3. vereiteln, hintertreiben
perincommodus, a, um
sehr gelegen (klass. adv.)
perinde
ganz ebenso, auf gleiche Weise, demgemäß
perindulgens, gen. entis
sehr nachsichtig
perinfirmus, a, um
sehr schwach
peringeniosus, a, um
sehr scharfsinnig
periniquus, a, um
sehr unbillig, gar nicht gelassen
perinsignis, e
sehr auffallend
perinvisus, a, um
sehr verhaßt
perinvitus, a, um
sehr ungern
periodus, i, *f* (gr.)
(N. Kl.) Satzgefüge, Periode
peripetasma, matis, *n* (gr.)
Teppich (z. Bedecken d. Speisesofas)
periratus, a, um
sehr zornig
periscelis, idis, *f* (gr.)
Knieband
peristroma, ats, *n* (gr.)
Decke, Teppich
peristylum, i, *n* (gr.)
Hof(raum), „Peristyl"

peritia, ae, *f*
Erfahrung (N. Kl.)
peritus, a, um
in etw. erfahren od. bewandert, kundig, praktisch, gescheit, subst. Kundiger, Sachverständiger u. a.
periucundus, a, um
sehr angenehm; adv. mit großem Behagen, sehr angenehmer Stimmung
periurium, ii, *n*
Meineid
periuro s. peiero
periurus, a, um
meineidig, eidbrüchig, auch subst. (s. per VI)
perlabor 3. (labor)
über oder durch etwas hingleiten oder -schlüpfen, wohin gelangen
perlaetus, a, um
sehr freudig (N. Kl.)
perlate adv.
sehr weit
perlectio = pellectio
perlego 3. (lego)
durchlesen; (N. Kl.) (Senatorenliste) verlesen; (P) genau betrachten
perlevis, e
sehr leicht, gering
perlibens, gen. entis
sehr gern
perliberaliter adv.
sehr gütig
perlicio s. pellicio
perlit(t)eratus, a, um
sehr gelehrt
perlito 1. (lito)
mit günstigen Vorzeichen opfern (N. Kl.)
perlongus, a, um
sehr lang
perluceo 2. (luceo)
durchscheinen, hervorschimmern, -leuchten; **perlucens** durchsichtig
perlucidus, a, um
durchsichtig, sehr hell
perluctuosus, a, um
viel Traue, erweckend
perluo 3. (luo)
abwaschen
perlustro 1. (lustro)
1. mustern
2. (N. Kl.) durchstreifen
permagnus, a, um
sehr groß; subst. **permagnum**
permaneo 2. (maneo)
1. verbleiben, ausharren
2. anhaltten, sich erhalten, fortdauern, -bestehen
3. spez. bei etw. verharren, auf etw. beharren
permano 1. (mano)
eigtl. hindurchfließen, sich ergießen; übtrg. hin-, eindringen, sich verbreiten
permansio, onis, *f*
das Verbleiben, Beharren an einem Ort (lok. u. übtrg.)
permarinus, a, um
durchs Meer geleitend (N. Kl.)
permaturesco 3. (maturesco)
völlig reif werden (N. Kl.)
permediocris, e
sehr mittelmäßig
permeo 1. (meo) (N. Kl.)
durchgehen, -wandern, (ans Ziel) gelangen
permetior 4. (metior)
ausmessen; (N. Kl.) durchfahren
permingo 3. (mingo)
bepissen (P)
permirus, a, um
sehr wunderbar
permisceo 2. (mesceo)
vermischen, durcheinandermengen, vereinen; übtrg. verwirren, in Unordnung bringen
permissio, onis, *f*
Übergabe (N. Kl.); Erlaubnis; (rhet.) Anheimstellung
permissu
mit (jmds.) Erlaubnis
permitto 3. (mitto)
I. (bis wohin) werfen, schleudern, (feindl.) loslassen, (Zügel) schießen lassen u. a. (N. Kl.)
II. 1. überlassen, übergeben, anvertrauen, freistellen
2. = zum Opfer bringen
3. zulassen, erlauben, geschehen lassen. (P) subst. **permissum**, i, *n* Erlaubnis
permixte u. **permixtim**
vermischt, vermengt
permixtio, onis, *f*
Vermischung

permodestus, a, um
überaus folgsam, gemäßigt
permolestus, a, um
sehr lästig
permolo, ere (molo)
beschlafen (P)
permotio, onis, *f*
Erregung, spez. = Affekt
permoveo 2. (moveo)
übtrg. 1. bewegen, bestimmen, veranlassen
2. bewegen = auf-, erregen, rühren, erschüttern, beunruhigen, erbittern u. a.
3. (N. Kl.) (e. Affekt) erregen
permulceo, mulsi, mulsum (N. Kl. mulctum) 2. (mulceo)
1. eigtl. streicheln, sanft berühren, glatt streichen, bildl. (v. Wind) umfächeln (N. Kl.)
2. übtrg. a) schmeicheln, zu gewinnen suchen; b) beruhigen, besänftigen
permultus, a, um
sehr viel
permunio 4. (munio) (N. Kl.)
fertig bauen, (Befestigung) vollenden, tüchtig befestigen
permutatio, onis, *f*
1. (völlige) Veränderung, Wechsel
2. (v. Waren u. a.) Umtausch (selten klass.)
3. spez. a) Umsatz; b) (N. Kl.) Auswechslung (v. Gefangenen)
permuto 1. (muto)
1. völlig verändern
2. (N. Kl.) etw. (mit etw.) wechseln, vertauschen
3. spez. a) (Geld) eintauschen, umsetzen; b) (N. Kl.) (Gefangene) auswechseln, loskaufen
perna, ae, *f*
Schinken (N. Kl.)
pernescessarius, a, um
sehr dringend; sehr nahestehend
pernecesse adv.
unumgänglich, notwendig
pernego 1. (nego)
hartnäckig leugnen, abschlagen (abs.; a.c.i.)
perniciabilis, e
verderblich (N. Kl.)
pernicies, ei, *f* (arch. gen. pernicii, dat. pernicie u. pernicii)
Verderben, Vernichtung, Untergang (auch v. Pers.)
perniciosus, a, um
verderblich, unheilvoll, gefährlich, spez. staatsgefährlich
pernicitas, atis, *f*
Behendigkeit
pernix, gen. nicis (N. Kl.)
1. flink, hurtig
2. ausdauernd
pernobilis, e
sehr bekannt
pernocto 1.
die Nacht zubringen, übernachten
pernosco 3. (nosco)
recht, genau erkennen
pernotesco 3. (notesco)
überall bekannt werden (N. Kl.)
pernotus, a, um
sehr bekannt (N. Kl.)
pernox, gen. noctis
die Nacht hindurch (ausdauernd) (N. Kl.)
pernumero 1. (numero)
auszahlen (N. Kl.)
pero, onis, *m*
Gamasche (P)
perobscurus, a, um
sehr dunkel
perodiosus, a, um
sehr verhaßt
perofficiose
sehr gefällig
perop(p)ortunus, a, um
sehr willkommen
peroptatus, a, um
sehr erwünscht
peroratio, onis, *f*
1. Schluß der Rede
2. Schlußrede
perornatus, a, um *f*
sehr geschmackvoll (vom Redner)
perorno 1. (orno)
beständig zieren (N. Kl.)
peroro 1. (oro)
(meist t. t. der Gerichtssprache)
1. (etw. mündlich) vollständig behandeln, erörtern
2. spez. a) (im Vortrag) beendigen, schließen, zu Ende führen; b) abs. (den Vortrag) schließen; die Schlußrede halten

perosus, a, um
voll Haß gegen (N. Kl.)
perpaco 1. (paco)
völlig zur Ruhe bringen (N. Kl.)
perparvulus, a, um
sehr klein
perparvus, a, um
sehr klein; subst. **perparvum** sehr wenig
perpastus, a, um
wohlgenährt (N. Kl.)
perpauci, ae, a
sehr wenige (adi. u. subst.)
perpauculi, ae, a
sehr wenige
perpaul(l)ulum
nur sehr wenig
perpaul(l)um, adv.
nur sehr wenig (als subst. u. adv.)
perpauper, gen. peris
sehr wenig bemittelt
perpello, puli, pulsum 3. (pello)
(mit aller Gewalt) bewegen, durchsetzen (N. Kl.)
perpendiculum, i, *n*
Richtlot (ad. p. „lotrecht, senkrecht")
perpendo, pendi, pensum 3. (pendo)
übtrg. vollständig od. genau abwägen, untersuchen, erwägen
perperam adv.
verkehrt, unrichtig (Ggstz. recte)
perpessio, onis, *f*
das Erdulden
perpetior, pessus, sum 3. (patior)
(standhaft) ertragen, ausstehen, aushalten; (meist P) über sich gewinnen, sich unterwinden, dulden
perpetro 1. (patro)
(N. Kl.) vollziehen, verrichten, ausführen, beendigen, durchsetzen
perpetuitas, atis, *f*
beständige Dauer, Fortdauer, Stetigkeit; spez. Zusammenhang
perpetuo adv. s. perpetuus
perpetuo 1.
ununterbrochen fortdauern lassen
perpetuus, a, um
1. (lokal u. tempor.) fortlaufend, zusammenhängend, ununterbrochen, beständig, fortwährend, in perpetuum „für immer" adv. **perpetuo** beständig, ununterbrochen
2. allgemein gültig
perplaceo, ere (placeo)
sehr gefallen
perplexus, a, um
(N. Kl.) eigtl. verschlungen, übtrg. verworren, versteckt
perpolio 4. (polio)
übtrg. die letzte Hand an etw. legen, die gehörige Glätte geben; **perpolitus**, a, um gefeilt, fein gebildet, verfeinert
perpolitio, onis, *f*
Ausfeilung (N. Kl.)
perpopulor 1. (populor)
(N. Kl.) ganz verwüsten, ausplündern
perpotatio, onis, *f*
Trinkgelage
perpoto 1. (poto)
fortzechen
perprimo, ere (premo)
(N. Kl.) fort und fort drücken
perpropinquus, a, um
1. sehr nahe (P)
2. subst. sehr naher Verwandter
perpugnax, gen. nacis
sehr streitsüchtig
perpurgo 1. (purgo)
1. eigtl. völlig reinigen
2. übtrg. a) ins Reine bringen; b) gründlich widerlegen
perpusillus, a, um
sehr winzig
perquam adv.
überaus, sehr
perquiro, quisivi, quisitum 3. (quaero)
genau erforschen, nach etw. forschen, sich genau erkundigen
perquisite
mit strenger Kritik
perrarus, a, um
sehr selten
perreconditus, a, um
sehr versteckt
perridiculus, a, um
sehr lächerlich
perrogatio, onis, *f*
Durchführung
perrogo 1. (rogo)
durchfragen: (N. Kl.) sententias p. „die Umfrage vollziehen"
perrumpo 3. (rump)
1. eigtl. a) durchbrechen; b) (P) durch-

bohren.
2. übtrg. a) durchbrechen, sich einen Weg bahnen durch od. über, sich durchschlagen; b) etw. vernichten, überwältigen, unwirksam machen

persaepe adv.
sehr oft

persalsus, a, um
sehr witzig

persalutatio, onis, *f*
allseitiges Grüßen

persaluto 1. (saluto)
allseitig begrüßen

persapiens, gen. entis
sehr weise

perscienter adv.
sehr weislich

perscindo, ere (scindo)
ganz zerreißen (N. Kl.)

perscitus, a, um
sehr gescheit

perscribo 3. (scribo)
1. (allgem.) genau niederschreiben, aufzeichnen
2. spez. amtlich niederschreiben a) protokollieren, abfassen; b) (auch v. Privaten) buchen, eintragen,
3. (ausführlich) berichten oder melden
4. (Geld) anweisen = durch Anweisung bezahlen, Ggstz. solvere „bar bezahlen“, vgl. rescribo; (N. Kl.) a quaestore „durch Anweisung auf den Q.“

perscriptio, onis, *f*
1. Protokollierung
2. plur. Buchung, gebuchter Posten
3. „Anweisung“ zur Bezahlung

perscriptor, oris, *m*
Eintrager

perscrutor 2. (scrutor)
durchsuchen, -stöbern; übtrg. ergründen

perseco, are (seco)
übtrg. genau erforschen; (N. Kl.) ausschneiden, ausrotten

persedeo u. **persideo** 2. (sedeo)
ununterbrochen sitzen (N. Kl.)

persegnis, e
sehr matt (N. Kl.)

persentio 4. (sentio)
(P) tief fühlen, deutlich wahrnehmen

persequor 3. (sequor)
1. (im allgem.) eigtl. u. übtrg. beharrlich (nach)folgen, nachgehen
2. spez. a) (feindlich) verfolgen, nachsetzen; b) (rächend) verfolgen, zu rächen suchen, bestrafen, ahnden; c) (gerichtlich) verfolgen, (sein Recht) geltend zu machen suchen; d) geschwind nachschreiben, protokollieren; e) (mit Eifer) einer Sache nachstreben, sich dauernd hingeben, zu erlangen suchen u. a.; f) nachstreben, anhängen; g) (bis zu Ende) fortsetzen, fortfahren, durch-, ausführen, vollziehen; h) etw. durchforschen, durchsuchen, studieren; i) jmd. einholen; k) (i. Rede od. Schrift) behandeln, darstellen, beschreiben, er-, aufzählen

perseverans, gen. antis
beharrlich

perseverantia, ae, *f*
Beharrlichkeit

persèvero 1.
(mit allem Ernst) bei etw. verbleiben, verharren, auf etw. bestehen; spez. verweilen, ellipt. die Fahrt fortsetzen

Persicus, a (griech. e), um
persisch. **Persica**, orum, *n* persische Geschichte

persideo s. persedeo

persido 3. (sido)
= eindringen (P)

persigno 1. (signo)
genau aufzeichnen (N. Kl.)

persimilis, e
sehr ähnlich

persimplex, gen. plicis
sehr einfach (N. Kl.)

persistro, ere (sisto)
(N. Kl.) bei etw. verharren. Vgl. persto

persolvo 3. (solvo)
1. scherzhaft = dissolvo = völlig lösen
2. a) eigtl. ab-, aus-, bezahlen; b) übtrg. abtragen, erweisen, erfüllen, zollen ; spez. poenas persolvere = büßen, Strafe zahlen (abs.; alicui)

persona, ae, *f*
1. eigtl. Maske (des Schauspielers)
2. übtrg. a) (im Drama) Rolle, Person; b) (im Leben) Rolle, Charakter, spez. Stellung, Rang, Würde, u. a.; c) Person = „Persönlichkeit“ als Träger ei-

nes bestimmten Charakters, Amtes etc.; d) auch in allg. Sinne = Person
personatus, a, um
maskiert
persono 1. (sono)
1. intr. a) von etw. laut widerhallen, erklingen, ertönen; b) sich (auf einem Instrument) hören lassen (P); c) abs. lärmen (N. Kl.)
2. trans. a) mit Tönen erfüllen (N. Kl.) b) laut rufen, schreien, laut von etw. reden
perspectus, a, um s. perspicio
perspergo, ere (spargo)
besprengen
perspicax, gen. cacis
einsichtsvoll
perspicientia, ae,
völlige Erkenntnis
perspicio, spexi, spectum 3. (specio)
1. eigt. a) intr. wo hineinsehen; b) trans. etw. deutlich sehen; c) etw. prüfend mit d. Blick durchdringen;besichtigen, besehen, genau beschauen, sich etws. ansehen, untersuchen; (e. Schrift) durchsehen
2. übtrg. (geistig) durchschauen, kennenlernen, erkennen, wahrnehmen, jmds. Charakter u. Wesen genau kennen lernen. **perspectus**, a, um (mit superl.) wohlbekannt, bewährt
perspicuitas, atis, *f*
Augenscheinlichkeit, Deutlichkeit
perspicuus, a, um
eigtl. durchsichtig (N. Kl.); übtrg. augenscheinlich, deutlich, offenbar
persterno 3. (sterno)
ganz pflastern (N. Kl.)
perstimulo 1. (stimulo)
ununterbrochen (auf)reizen (N. Kl.)
persto, stiti (N. Kl.) staturus 1. (sto)
1. eigtl. stehen bleiben, fest stehen (N. Kl.)
2. übtrg. a) fortdauern, bleiben (P); b) bei od. auf etw. beharren
perstringeo 3. (stringo)
1. eigtl. a) = ganz umspannen (P); b) streifen, berühren, leicht verwunden
2. übtrg. a) jmd. durchzucken; b) (mit Worten) mitnehmen, verletzen, tadeln, verspotten; c) (i. d. Rede) streifen, obenhin besprechen, kurz berühren; d) (P) betäuben (die Ohren)
perstudiosus, a, um
sehr eifrig betreiben
persuadeo 2. (suadeo)
mit Erfolg raten, einreden, daher
1. jmd. überreden, bereden, zu etwas bestimmen oder bewegen
2. jmd. von etw. überzeugen
persuasio, onis, *f*
activ. Überredung, Überzeugung (selt.); (N. Kl.) pass. Meinung, (relig.) Glaube
persuasus, a, um s. persuadeo
persuasu alicuius
auf jmds. Zureden
persubtilis, e
tief durchdacht
persulto 1. (salto) (N. Kl.)
umherspringen, -streifen, trans. durchstreifen
pertaedet, taesum (altlat. tisum) est 2. (taedet)
Ekel empfinden, überdrüssig werden
pertaesus, a, um
überdrüssig (N. Kl.)
pertempto u. **-tento** 1. (tempto, tento)
überall betasten:
1. eigtl. probieren, prüfen (N. Kl.)
2. übtrg. a) (N. Kl.) auf die Probe stellen, erforschen; b) überlegen, überdenken; c) (P) durch und durch ergreifen, durchzucken
pertendo, tendi, tensum oder tentum 3. (tendo)
wohin ziehen oder eilen (N. Kl.)
pertento s. pertempto
pertenuis, e
übtrg. sehr schwach od. gering
perterebro 1. (terebro)
durchbohren
pertergeo, ere (tergeo)
abwischen (P)
perterreo 2. (terreo)
sehr erschrecken, einschüchtern
perterricrepus, a, um
schrecklich tönend (P)
pertexo 3.(texo)
vollenden
pertica, ae, *f*
lang. Rock (N. Kl.)
pertimefactus, a, um
eingeschüchtert (N. Kl.)

pertimesco, timui 3.
sich sehr fürchten, sehr in Furcht geraten (vor oder für); a) intr. abs. od. mit de „für" oder „wegen"; b) trans. „vor"; gelegtl. Satz mit ne od. indir. Frgstz.

pertinacia, ae, *f*
Hartnäckigkeit, Starrsinn; N. Kl. (i. gutem Sinne) Beharrlichkeit; personif. als Göttin

pertinax, gen. nacis
hartnäckig, rechthaberisch; N. Kl. (i. gutem Sinne) ausdauernd, beharrlich

pertineo, ui 2. (teneo)
I. sich erstrecken, ausdehnen, verbreiten, reichen
1. räuml.
2. zeitl.
II. übtrg. sich erstrecken
1. von wesentlichem Einfluß sein auf, von Wichtigkeit, Vorteil, Wert, Bedeutung sein für, jmdm. zugute kommen, jmd. od. etw. angehen, sich beziehen auf, negativ: nichts angehen, gleichgültig, sein, ohne alle Bedeutung oder Einfluß sein, nicht berühren
2. in wesentlicher Verbindung, Berührung, Gemeinschaft stehen mit, etw. bedingen, bezwecken, vermitteln, zielen auf, erforderlich, maßgebend sein für u. a.
3. jmdm. gebühren
4. auf jmd. fallen, auf jmd. hinzielen, jmd. treffen u.a.
5. jmd. od. etw. anbelangen, betreffen

pertingo, ere (tango)
sich hinziehen (N. Kl.)

pertractatio onis, *f*
Beschäftigung mit (mit gen.)

pertracto 1. (tracto)
1. eigtl. überall betasten, befühlen
2. übtrg. etw. eingehend behandeln, durchdenken
3. einwirken auf

pertraho 3. (traho) (N. Kl.)
hinschleppen, hinlocken

pertristis, e
sehr mürrisch, (P) sehr traurig

pertumultuose
sehr lärmend

perusus, a, um (pertundo)
durchlöchert (N. Kl.)

perturbatio, onis, *f*
Verwirrung:
1. eigtl. p. caeli „stürmisches Wetter"
2. übtrg. a) Verwirrung, Bestürzung, Unordnung, Störung; b) spez. i) (polit.) Wirren, Störung, Umwälzung, stürmische Auftritte; ii) Leidenschaft, Affekt (mit und ohne animi)

perturbatrix, tricis, *f*
Verwirrerin

perturbo 1. (turbo)
1. eigtl. sehr verwirren, in Verwirrung od. in große Unordnung bringen, pass. in ... geraten
2. übtrg. a) stören, verwirren; b) spez. i) (polit.) stören, die Ruhe von etw. stören, Wirren erregen u. a., ii) (Geist oder Herz) aufregen, aus der Fassung bringen, bestürzt machen u. a., pass. in Bestürzung od. aus d. Fassung geraten u. a.; **perturbatus**, a, um wirr, verworren, bestürzt, außer Fassung

perturpis, e
sehr unanständig

perungo 3. (ungo)
(über und über) einschmieren, -salben

perurbanus, a, um
überaus fein, sehr witzig, in üblem Sinne = überhöflich

peruro 3. (uro)
eigtl. (ganz) verbrennen, versengen, wund reiben, übtrg. brennen, quälen

perutilis, e
sehr nützlich

pervado 3. (vado)
1. hindurchgehen, durchdringen, sich verbreiten über
2. eigtl. u. übtrg. hindurchdringen bis, erreichen, gelangen

pervagor 1. (vagor)
1. intr. umherschweifen, -streifen, übtrg. überall bekannt werden
2. trans. durchschweifen, -wandern, -ziehen

pervagatus, a, um mit superl.
(v. Ding.) ausgebreitet, sehr verbreitet, allbekannt, allgemein u. a.

pervagus, a, um
durchstreifend (P)

pervarie
sehr mannigfaltig

pervasto 1. (vasto)

völlig verwüsten (N. Kl.)
perveho 3. (veho)
1. etw. durchführen, pervehi, etw. durch-, befahren (N. Kl.)
2. etw. hinführen, -tragen, -bringen (N. Kl.); klass. **pervehor** hinfahren, -segeln, -kommen
pervello, velli 3. (vello)
1. eigtl. tüchtig, rupfen, (Magen) reizen (N. Kl.)
2. übtrg. tüchtig mitnehmen
pervenio 4. (venio)
1. v. Pers. (an ein Ziel) hinkommen, -gelangen, ankommen, etw. erreichen, wohin geraten u. a.
2. (v. Leblos.) wohin gelangen, etw. erreichen, an jmd. gelangen = jmdm. zufallen od. zuteil werden
perversio, onis, *f*
Verdrehung (N. Kl.)
perversitas, atis, *f*
Verkehrtheit
perversus, a, um, mit comp. u. superl. eigtl. = schielend; übtrg. verkehrt, falsch, töricht
perverto (N. Kl. -vorto) 3. (verto)
1. eigtl. umkehren, -stürzen, -werfen
2. übtrg. a) etw. völlig umstoßen, vernichten; b) zu Fall bringen, stürzen
pervesperi adv.
spät abends
pervestigatio, onis *f*
d. Erforschen
pervestigo 1. (vestigo)
(wie Hunde) aufspüren; erforschen
pervetus, gen. veteris
uralt
pervetustus, a, um
sehr alt
pervicacia, ae, *f*
Hartnäckigkeit, Eigensinn; (N. Kl.) Standhaftigkeit
pervicax, gen. cacis
(N. Kl.) hartnäckig, eigensinnig, beharrlich, unermüdlich
pervideo 2. (video)
1. überblicken, genau unterscheiden (P)
2. übtrg. etw. genau erforschen, erkennen
pervigeo 2. (vigeo)
sehr kräftig sein (N. Kl.)
pervigil, gen. ilis
stets wachsam (N. Kl.)
pervigilatio, onis, *f* u. (N. Kl.) **pervigilium**, ii, *n*
(relig.) Nachtfeier
pervigilo 1. (vigilo)
wach bleiben, durchwachen
pervilis, e
sehr wohlfeil (N. Kl.)
pervinco 3. (vinco)
1. intr. völlig siegen, (N. Kl.) übtrg. = Recht behalten
2. (N. Kl.) trans. völlig besiegen, überwinden, übtrg. mühsam jmd. zu etwas bewegen, etw. durchsetzen
pervius, a, um
1. gangbar, wegsam; (N. Kl.) subst. **pervium**, ii, *n* Durchgang
2. (N. Kl.) übtrg. offen, zugänglich
pervolg... = pervulg...
pervolito 1. (volito)
durchfliegen (P)
pervolo 1. (volo)
1. durchfliegen, -eilen
2. übtrg. hinfliegen
pervolo (volo)
gern wollen
pervoluto 1. (voluto)
genau durchstudieren, durchlesen
pervolvo 3. (volvo)
herumwälzen
pervulgo 1. (vulgo)
öffentlich bekannt machen; spez. se p. (v. Dirnen) „sich preisgeben". adi. **pervulgatus**, a, um allbekannt; gemein, gewöhnlich
pes, pedis, *m*
1. (v. Menschen) Fuß (P) pedem ferre „gehen, kommen"
2. (von Tieren) Huf, Kralle (P)
3. spez. (milit.) paedem conferre „auf d. Leib rücken" (klass. bildl.); pedem referre „langsam zurückweichen"; ad pedes desilire „vom Pferd springen", „absitzen"
4. bildl. Wendungen: ante pedes vestros „in eurer Gegenwart"; servus a pedibus „Diener"; aliquem circum pedes habere „zu seinem persönlichen Dienst h."; (N. Kl.) sub pedibus „i. d. Gewalt"; (P) sub. p. esse oder iacere „nicht geachtet werden"
5. übtrg. a) „Fuß" von personifizierten

Dingen, z. B. von fließ. Wasser, v. d. Zeit, u. a., (N. Kl.) von Tischen und Bänken; b) (meist im plur.) = „Lenkseil" des Segels; c) oft als Längenmaß = Fuß; d) Schritt; e) (metrisch) = Versfuß, Versglied, (P) Versart, Rhythmus, Takt

pessimus s. malus, a, um

pessumdo (auch getrennt) 1. (do) zugrunde richten, verderben, **pessum eo** (N. Kl.) zu Grunde gehen, umkommen

pestifer, era, erum
verpestend, verderblich, unheilvoll

pestilens, gen. entis
ungesund

pestilentia, ae, *f*
1. Pest, ansteckende Krankheit, Seuche
2. ungesunde Luft, Witterung, Gegend

pestis, is *f*
1. ansteckende Krankheit, Pest, Seuche, ungesunde Witterung (selt. klass.)
2. übtrg. a) Unglück, Unheil, Verderben, Untergang, Geißel, u. a.; b) auch von schädl. Pers. od. (P) Tieren = Unhold u. a.

petasatus, a, um
(v. petasus „Reisehut") = reisefertig

petesso, ere
erstreben

petitio, onis, *f*
1. t. t. der Fechtersprache = Angriff, Hieb, Stoß
2. übtrg. a) Ersuchen, Bitte (N. Kl.); b) Bewerbung; c) (jur.) Klage (auf e. Sache), Anspruchsrecht (i. Privat- od. Zivilsachen)

petitor, oris, *m*
1. Amtsbewerber
2. Kläger (in Privatprozessen)

petiturio, ire
sich (um ein Amt) bewerben wollen

peto, ivi u. ii, itum 3.
zu erreichen suchen:
1. (e. Ort) aufsuchen, (nach e. Ort) eilen, sich schnell begeben, u. a.
2. (einen Weg) nehmen, einschlagen
3. (feindlich) eigtl. und übtrg. auf jmd. od. etw. losgehen, es abgesehen haben auf, zu Leibe gehen, angreifen, bedrohen, spez. als t. t. der Fechtersprache = einen Hieb oder Stoß führen, nach jmdm. hauen, stechen, stoßen u. a.
4. jmd. aufsuchen = bittweise angehen (N. Kl.)
5. a) etwas (zu erlangen) suchen, nach etw. streben, trachten, etwas begehren b) etw. fordern, begehren; c) (in e. Zivilklage) beanspruchen, nachsuchen um, einklagen, klägerisch auftreten; d) sich bewerben (um ein Amt); (N. Kl.) (um ein Mädchen) anhalten, (zur Geliebten) begehren, um jmd. buhlen; e) etw. von jmdm. erbitten, jmd. um etw. bitten
6. eigtl. u. übtrg. etw. suchen, holen, her-, ab-, herausholen, entlehnen v., schöpfen aus

petorritum, i, *n*
Kutsche (N. Kl.)

petulans, gen. antis
ausgelassen, mutwillig, leichtfertig, frivol, adv. **petulanter**

petulantia, ae, *f*
Ausgelassenheit, Mutwille; Frechheit

phalanga, ae, *f* (gr.)
Walze, Rolle

phalangitae, arum, *m* (gr.)
Schwerbewaffnete (N. Kl.)

phalanx, langis, *f* (gr.) (acc. sing. auch phalanga)
im allgem. Schlachtreihe, -ordnung (P); spez. die geschlossene Sch. des schwerbewaff. Fußvolks = Phalanx

phalarica s. falarica

phalerae, arum, *f* (gr.)
Brustschmuck (der Pferde, oder als milit. Auszeichnung)

phaleratus, a, um
mit Brustschmuck geziert (N. Kl.)

pharetra, ae, *f* (gr.)
Köcher (P)

pharetratus, a, um
köchertragend (P)

pharmaceutria, ae, *f* (gr.)
Zauberin (P)

pharmacopula, ae, *m* (gr.)
Quacksalber

phaselus, i, *m* (gr.)
Schwertbohne (P); übtrg. (leichtes) Fahrzeug

philitia, orum, *n* (gr.)
Bezeichnung der gemeinsamen Mahlzeiten der Spartaner

philologia, ae, *f* (gr.)
Gelehrsamkeit, spez. Literaturkunde
philologus, i, *m* (gr.)
Gelehrter, Literat
philosophia, ae, *f* (gr.)
Philosophie, spez. philosophisches System; (N. Kl.) philos. Problem, philos. Gegenstand
philosophor 1.
philosophieren
philosophus, i, *m* (gr.)
Philosoph
philyra, ae, *f* (gr.)
Lindenbast (N. Kl.)
phimus, i, *m* (gr.)
Würfelbecher (P)
phoca ae, u. **phoce**, es, *f* (gr.)
Robbe
Phoebe, es, *f* (gr.)
(P) 1. = Diana
2. = Nacht
Phoebus, i, *m* (gr.)
Beiname des Apollo (P). Meton. (P)
1. = Sonne
2. = Himmelsgegend
3. = Tempel des Apollo; **Phoebigena**, ae, *m* Sohn des Ph. = Äskulap (P)
phonascus, i, *m* (gr.)
Gesanglehrer (N. Kl.)
phreneticus, i, *m* (gr.)
Wahnsinniger
phylarchus, i, *m* (gr.)
Stammeshäuptling, Emir
physicus, a, um (gr.)
„physisch", „physikalisch"; adv. **physice** nach der Weise der Naturforschung. subst. **physicus**, i, *m* Naturforscher, „Physiker", Naturphilosoph. **physica**, ae, *f* u. **physica**, orum, *n* Naturkunde, „Physik"
physiognomon, onis, *m* (gr.)
Physiognom
physiologia, ae, *f* (gr.)
Naturphilosophie
piabilis, e
sühnbar (P)
piacularis, e
(N. Kl.) sühnend, neutr. plur. subst. = Sühnopfer
piaculum, i, *n*
1. Sühnopfer, klass. eigtl. N. Kl. auch übtrg. = Sühnopfer, -mittel, Sühne
2. (N. Kl.) Vergehen, Schuld, Sünde
piamen, inis, *n*
Sühnmittel (P)
pica, ae, *f*
Elster
picaria, ae, *f*
Pechbrennerei
picea, ae, *f*
Kiefer
piceus, a, um
(N. Kl.) aus Pech, Pech-, pechschwarz
pictor, oris, *m*
Maler
pictura, ae, *f*
1. abstr. Malerei, auch übtrg. v. d. Rede
2. konkr. Gemälde
picturatus, a, um
gemalt = gestickt (P)
pictus, a, um s. pingo
picus, i, *m*
Specht
Pieris, idis, *f* (gr.) = musa (P)
Pierius, a, um (gr.)
(P) = dichterisch; subst. **Pieriae** = musae
pietas, atis, *f*
1. abstr. „Liebe, zu der uns heilige Bande der Natur verpflichten, gegen Götter, Eltern, Verwandte, Vaterland, Wohltäter": Pflichtgefühl, Frömmigkeit, Kindes- od. Verwandten-Liebe od. -Pflicht, Ergebenheit, Zärtlichkeit, liebevolles Benehmen, Dankbarkeit, Vaterlandsliebe, „Pietät"; (P) Milde, Güte, Mitleid, Gerechtigkeit
2. konkr. Pietas als Göttin
piger, gra, grum
(fast nur N. Kl.) verdrossen, langsam, träge, faul
piget, (N. Kl.) piguit 2.
(klass. selt.) verdrießen, leid sein, Verdruß oder Mißmut empfinden
pigmentarius, ii, *n*
Salbenhändler
pigmentum, i, *n*
(meist. plur.) Farbe (als Stoff zum Malen u. a.) auch übtrg. v. d. Schmuck der Rede
pignerator, oris, *m*
Pfandnehmer
pignero 1.

verpfänden (N. Kl.)
pigneror 1.
als Pfand nehmen (P); übtrg. sibi p. = beanspruchen
pignus, noris (N. Kl. auch -neris), *n*
1. Pfand, Unterpfand, klass. eigtl. spez. (als Strafmittel): p. auferre „pfänden", p. caedere od. concidere, „ein Pfand wertlos machen, zerstören"; (N. Kl.) auch bildl. von e. Wettbetrag, Hypothek, von Geiseln, Kindern (als dem U. der Liebe) u. a.
2. übtrg. = Bürgschaft, sicherer Beweis, Wahrzeichen
pigritia, ae (N. Kl. auch **-ies**, ei), *f*
Trägheit, Unlust
pigror 1.
säumen
pila, ae, *f*
1. Mörser (N. Kl.)
2. Pfeiler
pila, ae, *f*
Ball, Ballspiel
pilanus, i, *m* (N. Kl.)
= triarius
pilatus, a, um
mit Wurfspießen bewaffnet (P)
pil(l)eatus, a, um
mit d. pilleus bekleidet (N. Kl.)
pilentum, i, *n*
(N. Kl.) vierrädrige „Karosse" (namentl. für Matronen)
pil(l)eolus, i, *m*
Filzkäppchen (P)
pil(l)eus, i, *m*
eine Filzkappe (als „Symbol der Freiheit", Tracht der freigelassenen Sklaven oder Gefangenen)
pilosus, a, um
behaart
pilum, i, *n*
Wurfspieß, „Pilum"
pilus, i, *m*
e. Manipel der Triarier
pilus, i, *m*
(e. einzelnes) Haar; übtrg. = geringe Kleinigkeit
Pimplea, ae, od. **Pimpleis**, idis, *f*
(gr. u. P.) = musa (von Pimpla, e. Stadt, Berg u. Quelle in Macedonien)
pina, ae, *f* (gr.)
Steckmuschel
pinetum, i, *n*
Fichtenwald (N.K.)
pineus, a, um
fichten (N. Kl.)
pingo, pinxi, pietum 3.
1. malen; spez. sticken; (N. Kl.) bunt machen, bemalen, pictus „bemalt, bunt(farbig)"
2. übtrg. schmücken (in d. Darstellg.) ausmalen, schildern, pictus „fein ausgeführt"
pinguesco, ere
fett werden (P)
pinguis, e, comp. pinguior, superl. pinguissimus (meist N. Kl.)
1. (v. Lebdm.) fett, feist
2. fettig, fett, saftig
3. fett, fruchtbar, reichlich, ergiebig
4. dick
5. (geistig) schwerfällig, plump. subst. **pingue**, is, *n* (N. Kl.) Fett
pinifer, era, erum u. **piniger**, era, erum
Fichten tragend (P)
pinna, ae, *f*
1. = penna, ebenso **pinnatus**, **pinniger**, **pinnula** = penn ...
2. Mauerzinne
3. = **pina**
pinoteres, ae, *m* (gr.)
Bezeichng. für den Bernhardinerkrebs
pinus, us, od. i, *f* (N. Kl.)
1. Fichte, Kiefer, Pinie
2. daraus Gemachtes: Bauholz, Schiff, Fackel, Fichtenkranz
pio 1.
besänftigen, versöhnen (P); übtrg. (relig.) entsündigen, (P) sühnen, wieder gut machen, abzuwenden suchen
piper, eris, *n* (gr.)
Pfeffer
pirata, ae, *m* (gr.)
Seeräuber
piraticus, a, um
Seeräuber-; **piratica**, ae, *f* Seeräuberei
pirum, i, *n*
Birne
pirus, i, *f*
Birnbaum
piscator, oris, *m*
Fischer
piscatorius, a, um
Fischer-

piscatus, us, *m*
Fischfang
pisciculus, i, *m*
Fischchen
piscina, ae, *f*
Fischteich; (N. Kl.) = Schwimmbassin
piscinarius, ii, *m*
Liebhaber von Fischteichen
piscis, is, *m*
Fisch, auch (P) Name e. Sternbildes
piscor 1.
fischen
piscosus, a, um
fischreich (N. Kl.)
pistor, oris, *m*
Bäcker
pistrinum, i, *n*
Stampfmühle (klass. übtrg. zur Bezeichng. harter Arbeit)
pistrix, icis, *f* = pristis
pituita, ae, *f*
Schleim (P) = Schnupfen
pituitosus, a, um
verschleimt
pius, a, um
(klass. nur im posit.) gottesfürchtig, from, frei von Frevel, heilig, rein; liebevoll, pietätvoll; patriotisch, treu; gewissenhaft; rechtmäßig; (P) gütig, milde, gerecht (vgl. pietas!). subst. **pii**, orum spez. = die Seligen
pix, picis, *f*
Pech, Teer
placabilis, e
versöhnlich
placabilitas, atis, *f*
Versöhnlichkeit
placamen, inis, od. **placamentum**, i, *n*
Besänftigungsmittel (N. Kl.)
placatio, onis, *f*
Beruhigung, Versöhnung
placatus, a, um s. placo
placenta, ae, *f* (gr.)
Kuchen (N. Kl.)
placeo, ui (vgl. placet), itum 2.
gefallen, recht sein, auch = gefällig sein, Beifall finden (auf d. Bühne). Spez. (alicui) **placet**, placuit od. auch placitum est, ere „belieben, für gut befinden, der Ansicht sein" (bes. philos. t.t.), dafür stimmen (im Senat u. a.), beschließen, verordnen (behördl. u. a.): abs. si placet u.a.; si dis placet (klass. iron); inf.; a.c.i.; von dem, was geschehen soll, auch ut (selbst bei gleich. Subj.); populo p. de „stimmt zu".
placidus, a, um, mit comp. (N. Kl.) u. superl.
sanft, ruhig, mild, friedlich
placitum, i, *n*
Meinung, plur. Grundsätze, Lehren (N. Kl.)
placitus, a, um
angenehm (N. Kl.)
placo
1. glätten (P), übtrg. besänftigen, versöhnen, günstig stimmen.
placatus, a, um
1. beruhigt, versöhnt, ohne Groll
2. ruhig, friedlich, sanft
plaga, ae, *f* (gr.)
eigtl. u. übtrg. Schlag, Streich, Hieb, Stoß, Wunde
plaga, ae, *f* (gr.)
1. (Jagd-) Netz
2. (N. Kl.) Gegend, Landstrich u. die Bewohner, Himmelsgegend, Zone
plagiarius, ii, *m*
Leutedieb
plagosus, a, um
schlaglustig (P)
plagula, ae, *f*
Vorhang (N. Kl.)
planctus, us, *m*
Klagen (N. Kl.)
plane, adv.
flach, eben; übtrg.
1. deutlich, klar, geradezu, ausdrücklich
2. im vollen Sinne des Wortes, gänzlich, durchaus, völlig; spez. in einem Zugeständnis = allerdings
plango, planxi, planetum 3.
(fast nur N. Kl.) schlagen, intr. brausen, spez. (aus Trauer) Brust u. a. schlagen, daher = wehklagen, beklagen, med. **plangi** sich schlagen, flattern, klagen
plangor, oris, *m*
d. Schlagen (N. Kl.); übtrg. d. Wehklagen
planitas, atis, *f*
Deutlichkeit (N. Kl.)
planities, ei u. **-a**, ae, *f*

Ebene, Fläche; Flachheit
planta, ae, *f*
1. Pfropfreis, Setzling (nicht = Pflanze!)
2. (N. Kl.) = Fußsohle
plantaria, ium, *n*
Senker (P)
planto 1.
pflanzen (N. Kl.!)
planus, a, um
1. eben, flach, glatt; (N. Kl.) subst. **planum**, i, *n* Ebene, Fläche
2. klar, deutlich
planus, i, *m* (gr.)
= Betrüger
platalea, ae, *f*
Pelikan
platanus, i, *f* (gr.)
Platane
platea, ae, *f* (gr.)
Straße (in. e. Stadt)
plaudo (plodo), si, sum 3.
eigtl. intr. u. trans. klatschen, klatschend schlagen, stampfen (P); spez. Beifall klatschen, spenden
plausibilis, e
beifallswert
plausor, oris, *m*
Beifallklatscher (N. Kl.)
plaustrum, i, *n*
1. Lastwagen
2. (P) als Gestirn = großer Bär
plausus, us, *m*
d. Klatschen (P); spez. Beifallklatschen, übtr. Beifall; auch plur.
plebecula, ae, *f*
Pöbel
plebeius, a, um
bürgerlich, plebejisch; übtrg. niedrig, gering, „plebejisch". Oft subst. masc. (N. Kl. gelegentl. fem. sing.)
plebicola, ae, *m*
Freund der Plebs
plebs, bis *f*
Bürgerstand, „Plebs" (in Rom); übtrg. d. niedere Volk, d. Menge, „Pöbel". Anm.: Die ältere (seltenere) form ist **plebes**, gen. plebei od. auch plebi (bes. in **tribunus plebi** u. **plebiscitum** -vgl. scitum!)
pleto, xi, xum 3.
flechten (P)
plector, i (gr.)
Schläge bekommen (P); übtrg. bestraft werden, büßen (mit. abl. caus.)
plectrum, i, *n* (gr.)
Schlegel; übtrg. (P)
1. Zither
2. „Anschlag" (übtrg. von dem Inhalt der Dichtung), Weise
Pleiades, um *f* (gr.)
als Sternbild = d. Siebengestirn (N. Kl.)
plenus, a, um (Ggstz. inanis)
1. (eigtl. u. bildl.) voll, gefüllt, reichlich versehen (mit), reich (an); spez.
a) voll = beleibt, dick; b) schwanger;
c) (P) satt, übersättigt
2. voll = vollständig, vollzählig, vollkommen, volltönend, kräftig (von der Stimme). adv. **plene** reichlich, völlig, vollständig
plerusque, raque, rumque
I. sing. 1. adi. meist, d. größte Teil (nur N. Kl.)
2. subst. **plerumque**, klass. nur adv. = gewöhnlich, meistenteils, sehr oft
II. plur. **plerique**, aeque, aque (gen. fehlt) „d. Mehrzahl, der M. nach, d. meisten, größtenteils", auch = „sehr viele, nicht wenige", daher (N. Kl.) gesteigert: plerique - plures - plurimi (subst. u. adi.; abs. od. mit gen. part.)
plico, are
zus. rollen (P)
plodo s. plaudo
ploeres, a (altlat.) = plures, a
ploratus, us, *m*
lautes Wehklagen
ploro 1.
intr. laut jammern, wehklagen, heulen; (P) trans.
plostellum, i, *n*
Wägelchen (P)
pluma, ae, *f*
Flaumfeder, kollekt. Flaum, Gefieder; (P) Flaum (v. Bart)
plumatus, a, um
befiedert (P)
plumbeus, a, um
bleiern (N. Kl.)
übtrg. 1 = stumpf
2. = stumpfsinnig
3. (P) = drückend
plumbum, i, *n*

1. Blei, p. album = Zinn
2. (P) Bleikugel, -röhre

plumeus, a, um
Feder-

pluo, ui (N. Kl. -uvi) 3.
regnen; klass. sonst unpers. **pluit** es regnet, eigtl. u. bildl., abs. od. mit abl. des Stoffs, z. B. sanguine)

pluralis, e
(N. Kl.) d. Mehrzahl bezeichnd., subst. **pluralis**, is, *m* „plural" **pluralia**, ium, *n* in der Mehrzahl stehende Wörter

plures u. **plurimus** s. plus

plus, gen. pluris u. **plures**, a (gen. -ium) dienen als comp. zu multus:
I. sing. **plus** mehr, ein größer. Stück oder Teil
1. im nom. u. acc. a) subst. als subj. od. obi. (vgl. multus II3), mit od. ohne folgd. quam, allein oder mit gen. part.; mit abl. mens.: uno digito p. habere „einen F. mehr"; b) im acc. als adv. plus = mehr (Grad od. Maß; vgl. multus II 3a); non plus quam = „nicht mehr als", „ebensowenig wie " (vgl. magis I 2a); (N. Kl.) plus minus = ungefähr
2. im gen. bei Verb. des Kaufens und Schätzens: pluris = teurer, höher
II. plur. **plures**, a „mehr, mehrere": klass. komparat. gedacht, daher z. B. aliique p. = u. noch andere mehr (N. Kl. auch = mehrere, die Mehrzahl): adi. oder subst. (vgl. multus I 1 a u. II 1, 2); mit oder ohne folg. quam; superl. **plurimus**, a, um
I. sing. 1. adi. meist, sehr viel, sehr zahlreich, reichlich, sehr groß, stark, dicht u. a. vgl. multus I 1 ff
2. subst. **plurimum** d. meiste, sehr viel a) im nom. od. acc. als subi. od. obi., allein od. mit gen. part., vgl. multus II 3; b) im gen. bei Verb. des Schätzens: plurimi = sehr hoch; c) im abl. bei Verb. des Kaufens: plurimo = sehr teuer; d) als adv. plurimum „am meisten, sehr viel"
II. plur. **plurimi**, ae, a die meisten, sehr viele, vgl. multus II 1,2, adi. od. subst.

plusculum
etwas mehr

pluteus, i, *m* (milit.)
1. (bewegl.) Schutzdach
2. (feste) Schutzwand

pluvia, ae, *f*
Regen, Regenguß od. -fall

pluvialis, e (P) = pluvius

pluvius, a, um
v. Regen herrührend, Regen bringend, regnerisch, Regen-

pocillum, i, *n*
Becherchen (N. Kl.)

poculum, i, *n*
Becher; meton. = Trank, Trinken, Trinkgelage, spez. Gifttrank, (P) Zauber-, Liebestrank

podagra, ae, *f* (gr.)
Fußgicht

podex, icis, *m*
d. Hintere (P)

poema, atis, *n* (plur. nach d. 2. Dekl.)
Dichtung, Gedicht

poena, ae, *f* (gr.)
1. eigtl. Bezeichnung des Sühngeldes, dann = Strafe, Bestrafung, Sühne, Buße, Rache
2. N. Kl. = Qual, Plage, Mühsal
3. personif. **Poena** Rachegöttin

Poenic... s. Punic...

poenio, **poenitor** s. pun...

poesis, is (acc. - in), *f* (gr.)
Dichtung, gebundene Rede, „Poesie"

poeta, ae, *m* (gr.)
Dichter

poetica, ae (N. Kl. **poetice**, es), *f* (gr.)
Dichtkunst

poeticus, a, um (gr.)
dichterisch

poetria, ae, *f* (gr.)
Dichterin

pol interi.
wahrlich (P)

polenta, ae, *f*
Gerstengraupen (P)

polio 4.
glätten, weißen, abputzen, übtrg. glätten = feilen; **politus**, a, um, mit comp. u. superl., geschmackvoll, fein, verfeinert, adv. **polite**

politura, ae, *f*
Glättung (N. Kl.)

politicus, a, um (gr.)

sich mit der Staatskunst beschäftigend
polleo, ere
viel vermögen oder ausrichten, stark oder mächtig sein; (N. Kl.) **pollens**, gen. entis stark, mächtig
pollex, icis, *m*
Daumen
polliceor, citus, sum 2. (por u. liceor)
sich erbieten zu, sich anheischig machen, versprechen, verheißen, anbieten, zusagen
pollicitatio, onis, *f*
Verheißung, Versprechen Zusage
pollicitor 1. N. Kl. = polliceor
pollicitus, a, um
versprochen (P)
pollicitum, i, *n*
Versprechen (P)
polluo, lui, lutum 3. (por u. luo)
eigtl. besudeln, verunreinigen (N. Kl.); übtrg. entehren, verletzen, (Heiliges) entweihen
pollutus, a, um
(N. Kl.) spez. lasterhaft
polus, i, *m* (gr.)
(N. Kl.) Pol, Himmelsgewölbe
polypus, i, *m* (gr.)
Meerpolyp; (N. Kl.) übtrg. Nasenpolyp
pomarium, ii, *n*
Obstgarten
pomarius, ii, *m*
Obsthändler (P)
pomerium, ii, *n* (post u. murus)
freier Raum längs der Stadtmauer, „Maueranger"
pomifer, era, erum
obstreich (P)
pomoerium = pomerium
pompa, ae, *f* (gr.)
1. a) (öffentl., feierl.) Aufzug, Umzug (spez. bei zirzens. Spielen); b) langer „Zug" von Personen
2. übtrg. Prunk, Gepränge (bes. der Prunkreden i. Ggstz. zu der gerichtl. Beredsamkeit)
pomum, i, *n*
1. (jede) Baumfrucht, plur. Obst
2. (N. Kl.) Obstbaum
pondero 1.
abwägen: übtrg. = erwägen, beurteilen
ponderosus, a, um
gewichtig
pondo (indecl., eigtl. abl.)
1. = an Gewicht (N. Kl.)
2. spez. = libra pondo = 1 Pfund
pondus, eris, *n*
I. eigtl. 1. „Gewicht" bei der Waage, sowohl a) konkr. als auch b) abstr. = Schwere od. c) = Schwerkraft, Gleichgewicht
2. a) schwerer Körper, Last, (P) = Leibesfrucht; b) schwere Menge, Masse
II. übtrg. 1. Gewicht, Nachdruck, Eindruck, Ansehen
2. (P) = Bürde
pone (Ggstz. ante; selt.!)
1. adv. = hinten
2. praep. mit acc. = hinter
pono, posui, positum 3.
1. (hin, nieder) setzen, legen, stellen, aufstellen. **positus**, a, um stehend, liegend, (von Lokal.) gelegen; (P) gefallen (Schnee, Tau u. a.)
2. (N. Kl.) a) säen, pflanzen; b) (zur Ruhe od. zum Tode) hinlagern, hinstrecken, hinbetten, beisetzen; c) (Speise) hin-, vorsetzen; d) ordnen (Haar); e) ruhig machen oder = sich beruhigen (Wind); f) bekannt machen (Edikt); g) (Anker) werfen; h) aufstemmen, auflehnen, senken u. a.
3. (milit.) aufstellen, legen; (P) jmd. wohin versetzen
4. jmd. an-, auf-, bestellen
5. niederlegen, aufstellen, weihen
6. etw. hinterlegen; (Geld) anlegen
7. (Bauten u. a.) aufstellen, ausführen, errichten, gründen; (P) (v. Künstler) verfertigen, darstellen
8. a) ab-, fortlegen; (P) gebären, legen (Eier), verlieren (Laub) u. a.; b) übtrg. ablegen, von sich tun, aufgeben
9. jemd. in e. Zustand versetzen oder bringen
10. oft übtrg. = legen, setzen, beruhen lassen, Gewicht legen auf; poni od. positum esse in re „beruhen, begründet sein auf, liegen in, ankommen auf"
11. verwenden auf
12. reihen unter, rechnen oder zählen unter (zu), ansehen od. anrechnen als,

halten für
13. festsetzen, feststellen, bestimmen
14. (ein Thema) aufstellen
15. (in Rede od. Schrift) anführen, äußern, bemerken
16. (als feststehd.) hinstellen, annehmen behaupten

pons, pontis, *m*
1. Brücke; spez. (N. Kl.) Schiffstreppe, Turmbrücke, Schiffsverdeck (auf dem die tormenta standen), plur. von einer Brücke aus vielen Jochen od. von d. Balkenwerk od. Bohlen (bei Türmen u. über Sümpfe)
2. pontes d. „Stege" zum Abstimmungsraum

ponticulus, i, *m*
Brückchen

pontifex, icis, *m*
Oberpriester, „Pontifex". Die Tätigkeit der p. ist vielseitig, insbes. haben sie die Aufsicht über den heimisch. Kultus, d. Besorgung bestimmter Opfer, die Ordnung des Kalenders und Führung der fasti consulares. Ihr Oberhaupt ist der p. maximus, ihre Gehilfen sind die p. minores.

pontificalis, e u. **pontificius**, a, um
oberpriesterlich

pontificatus, us, *m*
Amt oder Würde des pontifex

ponto, onis, *m*
Brückenschiff

pontus, i, *m* (gr.)
(P) (d. tiefe) Meer, Tiefe, Flut, Wasser

popa, ae, *m*
e. Opferdiener

popellus, i, *m*
Völklein (P)

popina, ae, *f*
Garküche; Küchenspeise, Küchenduft

popino, onis, *m*
Schlemmer (P)

poples, itis, *m*
Knie(kehle)

populabilis, e
verwüstbar (P)

populabundus, a, um
verheerend (N. Kl.)

popularis, e, comp. N. Kl. superl. fehlt
I. adi. 1. zum Volk gehörig, vom Volk (ausgehd.), für das V. (berechnet), das Volk, Volks-
2. (P) einheimisch, landsmännisch
3. spez. a) volksmäßig, gemeinverständlich; b) volkstümlich, populär; c) volksfreundlich, demokratisch; d) demagogisch
II. subst. 1. Volksmann, plur. **populares**, ium, *m* die Demokraten, Demagogen (Ggstz. optimates) (N. Kl.) = Bevölkerung
2. Landsmann (N. Kl.) Genosse

popularitas, atis, *f*
Volksfreundlichkeit (N. Kl.)

populatio, onis, *f*
Verheerung, Plünderung

populator, oris, *m*
Verheerer (N. Kl.)

populeus, a, um
von Pappeln (P)

populifer, era, erum
pappelreich (P)

populiscitum, i, *n* s. scitum

populo 1. (klass. nur **populatus [sum]** etc.) und **populor** 1.
verwüsten, verheeren; berauben, ausplündern

populus, i, *m*
I. polit. 1. (allgem.) als nationale Vereinigung zu. e. polit. Ganzen = Volk, Völkerschaft, Gemeinde, Staat
2. „Volk" als die regierte Masse i. Ggstz. zu den Regierenden
3. „Volk" als souveräner Gebieter in e. Freistaat, „Demokratie"
4. inbes. in Rom zur Zeit der Rep. p. (Romanus) Bez. für d. Gesamtheit des Volkes, das alle Stände mit ihren besond. Vorrechten umfaßt. Neben p. können a) einzelne Teile der Gesamtheit spez. genannt werden, so oft: senatus p.que R., ferner: p. plebsque Romana; od. b) p. tritt zu ihnen in Ggstz. z. B. (video) populum a senatu disiunctum; populi commodum a rei p. utilitate discrepabat (pop. hier die Masse der nieder. Bürger, die populares, in Ggstz. zu den Optimaten)
II. allgem. 1. Volk, Volksmenge, Bevölkerung
2. (N. Kl.) Schar, Haufe, (v. Bienen u. a.) Schwarm, plur. (P) = Leute
3. (N. Kl.) Gebiet

4. (P) = Öffentlichkeit, Straße
por
= dar (nur in compos.)
populus, i, *f*
Pappel, p. alba, nigra Silber-, Schwarzpappel
porcellus, i, *m*
Frischling (P)
porcus, i, *m*
Schwein; p. femina = **porca**, ae, *f* Sau
porgo s. porrigo
porrectio, onis, *f*
Ausstreckung
porrectus, a, um s. porrigo
porrectus, a, um s. porricio
porricio, rectum 3. = proicio
(Eingeweide als Opfer auf d. Alter od. ins Meer) hinwerfen, klass. sprichw. inter caesa et porrecta (wo keine Störung eintreten durfte, also) von dem, was sehr ungelegen kommt
porrigo, inis, *f*
Grind (N. Kl.)
porrigo, exi, ectum 3. (P synk. porgo) (rego)
I. 1. vor-, ausstrecken, ausdehnen; **porrigi** sich er-, ausstrecken, sich ausdehnen (**porrectus**, a, um: loca)
2. (N. Kl.) zu Boden strecken (eigtl. u. bildl.)
II. (dar)reichen, (dar)bieten
porro
1. (räuml.) vorwärts, weiter (fort), fern, weit (N. Kl.)
2. übtrg. a) beim Übergang der Handlung von einer Pers. auf e. andere = „weiter", „seiner (etc.)seits";
b) beim Fortschreiten zu e. neuen Punkt, auch innerhalb eines Schlusses = „weiter", sodann, ferner - oder bei Ggstzn. = „andererseits"
porrum, i, *n* (**-us**, i, *m*)
Lauch
porta, ae, *f*
Tor (der Stadt, des Lagers; übtrg. Ein-, Zu-, Ausgang
portatio, onis, *f*
Transport (N. Kl.)
portendo, tendi, tentum 3. (tendo)
ankündigen, anzeigen
portentificus, a, um
Ungeheuer zeugend (P)
portentosus, a, um
unnatürlich
portentum, i, *n*
1. An-, Vor-, Wunderzeichen, Wunder
2. übtrg. a) eigtl. u. bildl. Ungeheuer, Mißgeburt; b) Abenteuerlichkeit
porticula, ae, *f*
kleine Galerie
porticus, us, *m*
1. Säulengang, Galerie, offene Halle, spez. Gerichtshalle
2. meton. = stoische Sekte od. Philosophie
3. Halle = Vorplatz e. Zeltes (P)
4. (milit.) Laufhalle (z. Schutz der Dammarbeiter)
portio, onis, *f*
1. zugemess. Teil (N. Kl.)
2. Verhältnis (klass. nur pro portione „nach d. V.")
portitor, oris, *m*
1. Zöllner
2. (P) Fährmann
porto 1.
(eigtl. e. Last, N. Kl. auch uneigtl. gebraucht) tragen, bringen, fortschaffen
portorium, ii, *n*
Warenzoll, Abgabe
portula, ae, *f*
Pförtchen (N. Kl.)
portuosus, a, um (comp. N. Kl., superl. fehlt)
hafenreich
portus, us, *m* (dat. u. abl. klass. portibus)
Hafen; bildl. = Zuflucht, Sicherheit; spez. = Hafenzoll
posco, poposci 3.
I. 1. (als gebührd. u. sein Recht) fordern, verlangen, in Anspruch nehmen
2. erheischen
II. spez. 1. vor Gericht fordern
2. herausfordern
3. (P) forschen nach, anrufen, anflehen
positio, onis, *f*
Lage: p. caeli = Klima (N. Kl.)
positor, oris, *m*
Gründer (P)
positus, us, *m*
(N. Kl.) Stellung, Stand, Lage, spez. Frisur
posmer... s. postmer...

possessio, onis, *f*
I. (possideo) 1. abstr. Besitz
2. konkr. Besitz(tum), Besitzung, Landbesitz, Grundstück
II. (possido) Besitzergreifung
possessiuncula, ae, *f*
kl. Besitzung
possessor, oris, *m*
Besitzer; spez. Inhaber v. Staatsland, Grundbesitzer
possideo, sedi, sessum 2. (sedeo)
in (faktisch.) Besitz haben, besitzen, inne haben
possido, sedi, sessum 3. (sido)
in Besitz od. Beschlag nehmen, sich bemächtigen, besetzen
possum, potui, posse (vgl. potis)
1. (phys. und psych.) imstande sein, vermögen, können
2. imstande sein, ausrichten (können) bewirken, Einfluß haben, gelten
3. fähig sein, Fähigkeiten besitzen, in gutem Stande sein
4. können = verstehen
5. potest = es ist möglich
6. können = über sich gewinnen
7. können, gelegtl. = dürfen, sollen
post
I. adv. 1. zeitl. „nachher, später“
2. örtl. „hinten, hinter“
3. v. Rang „danach“
II. praep. mit acc. 1. zeitl. „nach, seit“
2. örtl. „hinter“
3. (selt.) vom Rang „nach, nächst“
- Über post ... quam „später ... als“ s. postquam
postea adv.
zeitl. „nachher, später“
posteritas, atis, *f*
(allgem.) Zukunft; (spez.) Nachwelt
posterus, a, um
I. posit. (zeitl.) folgend, kommend. subst.
1. **posteri**, orum, *m* Nachkommen
2. subst. neutr. d. Kommende. in posterum „auf d. folgd. Tg“ oder „auf d. Folgezeit“
II. comp. **posterior**, ius (Ggstz. prior: von Raum, Zeit, Reihe, Rang) d. hintere, spätere, jüngere, letztere, letztgenannte, geringere; adv. **posterius** „später“
III. superl. 1. **postremus**, a, um (Ggstz. primus: v. Raum, Zeit, Reihe, Rang) d. hinterste, jüngste, letzte, letzte Teil von, schlechteste, ärgste; spez.
a) **postremum** zum letzten Mal;
b) **postremo** endlich, zuletzt, schließlich (allein oder in Aufzählgn.), auch = überhaupt, kurz; c) ad postremum (N. Kl.) = zuletzt, endlich
2. **postumus**, a, um nach (des Vaters Tod) geboren od. (P) spätgeboren
postfero (fero)
nachsetzen (N. Kl.)
postgeniti, orum, *m*
Nachkommen (P)
posthabeo 2. (habeo)
hintansetzen
posthac
von nun an; später, künftig
posticus, a, um
(N. Kl.) hinten befindlich, hinter,
posticum, i, *n* Hintertür
postilio, onis, *f*
„Forderung“ der Götter auf e. Sühneopfer
postilla (P) = postea
postis, is, *m*
Pfosten, besonders der Tür, (P) plur. Tür
postliminium, ii, *n*
Heimkehrrecht, wodurch man in einen suspendiert. Rechtsstand wieder eintritt
pos(t)meridianus, a, um
nachmittägig
postmodo od. **postmodum**
späterhin (N. Kl.)
postpono 3. (pono)
hintansetzen
postprincipia
Fortgang (P)
postquam od. **posteaquam** (oft getrennt **post** od. **postea ... quam**)
1. „nachdem“
2. zur Bezeichnung eines Zustandes = „seitdem“
postremus, a, um s. posterus
postridie
am folgdn. Tage, tags darauf
postscribio 3. (scribo)
hinterschreiben (e. Namen hinter e. anderen) (N. Kl.)

postulatio, onis, *f* (act.!)
1. Forderung, Verlangen, Gesuch, Drängen
2. (jur.) Klagegesuch
postulatum, i, *n* (pass.!)
Forderung
postulatus, us, *m*
Beschwerde (N. Kl.)
postulo 1.
I. (als Wunsch und Wille) fordern, verlangen, beanspruchen, auffordern, nachsuchen um, (bei sachl. Subj.) erheischen
II. (t. t. iur.) 1. antragen auf
2. gerichtl. belangen, anklagen
potatio, onis, *f*
Trinkgelage
pote s. potis I.
potens, gen. entis, mit comp. u. superl.
1. fähig, kundig, mit gen. (N. Kl.)
2. angesehen, mächtig, einflußreich; auch subst.
3. (N. Kl.) (v. Leblos.) kräftig, stark, wirksam
4. (N. Kl.) mächtig, beherrschend, Herr, Herrscher, mit gen.
5. (P) im Besitz einer Sache, teilhaftig. adv. (P) **potenter** kräftig, nach d. Maß der Kräfte
potentatus, us, *m*
Oberherrschaft
potentia, ae, *f*
1. Kraft, Wirkung (N. Kl.)
2. (polit.) Einfluß, Machtstellung, Ansehen, auch = Obmacht, Herrschaft (auch i. plur. bei mehreren Pers.)
poteretur etc. s. potior
potestas, atis, *f*
1. Kraft, (N. Kl. v. Leblos.) Wirkung
2. „Macht" etw. zu tun, Gewalt zu od. über
3. spez. a) (polit.) Macht, Gewalt, Herrschaft; (P) konkr. = Herrscher;
b) obrigkeitliche Gewalt, Amtsgewalt, Stellung, obrigkeitl. Amt; konkr. = Behörde
4. Möglichkeit, Gelegenheit, Erlaubnis, Vollmacht
potio, onis, *f*
das Trinken, Trank; spez. Gifttrank, (P) Liebes-, Zaubertrank
potior, titus sum 4.
etw. erlangen, erreichen (P auch e. Ort), sich e. Sache bemächtigen; auch = teilhaftig sein, inne haben, besitzen, genießen
potis, e
I. posit. = „vermögend", meist p. (esse) „imstande, möglich sein"; bei Cic. familiär pote = potest
II. comp. **potior**, ius vorzüglicher, wichtiger, bevorzugt, höherstehend; **potius** adv. = „vielmehr", „lieber" (anderes ausschließend)
1. allein
2. in Verbindungen wie: ac p. „ja vielmehr", sed p., sive P., aut p., oft vel potius quam „vielmehr als" bei Gegenüberstellg. von Satzteilen
III. superl. **potissimus**, a, um (klass. selt.) der vorzüglichste, hauptsächlichste. **potissimum** adv. hauptsächlich, vor allem anderen, gerade
poto, potavi, potatum u. potum 1.
trinken, zechen (abs.); (P) einsaugen: spez. **potus**, a, um = betrunken, angetrunken,
potor, oris, *m*
(N. Kl.) Trinker, Säufer, **potrix**, icis, *f* Säuferin
potulentus, a, um
trinkbar: neutr. plur. = Getränke
potus, a, um s. poto
potus, us, *m*
Trank
prae praep. mit abl.
1. örtl. (selt.) vor, vor - her
2. übtrg. vor, im Vergleich mit, gegen
3. (kausal) vor, wegen
praeacutus, a, um
vorn zugespitzt
praealtus, a, um
sehr hoch, tief (N.Kl.)
praebeo, bui, bitum 2. (prae u. habeo)
1. hinhalten, darbieten, übtrg. preisgeben
2. darreichen, gewähren, liefern
3. me praebeo mit praed. acc. „be- oder erweise mich" (in. e. Eigenschaft), „zeige mich als"
praebibo 3. (bibo)
zutrinken
praebitor, oris, *m*
Lieferant

praecalidus, a, um
sehr warm (N.Kl.)
praecanus, a, um
vorzeitig grau (P)
praecaveo 2. (caveo)
Vorsicht brauchen, sich hüten, vorbeugen, verhüten
praecedo 3. (cedo) abs. ob. mit acc.
1. vorangehen, -eilen (N.Kl.)
2. übertreffen
praecello, ere
sich auszeichnen, herrschen über, übertreffen: klass. **praecellens**, gen. entis, mit superl., ausgezeichnet
praecelsus, a, um
sehr hoch (P)
praecentio, onis, *f*
Vorspiel
praecento, are (canto)
seine Zauberformeln vorsagen
praeceps, gen. cipitis (caput)
I. adi. 1. a) mit dem Kopf voran, kopfüber; b) Hals über Kopf, eilig (zu)eilend, übereilt, unbesonnen, dahinstürmend, blindlings, blind, auch = abwärts dem Verderben zu; c) (N. Kl.) (dem Untergang od. Ende) sich neigend (Sonne u. a.); d) (N. Kl.) leicht geneigt od. hingerissen zu (zum Zorn u. a.)
2. a) jäh, abschüssig; b) gefahrvoll
II. adv. (N. Kl.) praeceps = in die Tiefe, übtrg. in große Gefahr
III. subst. (N. Kl.) praeceps = abschüssige Stelle, jähe Tiefe, übtrg. Abgrund (der Gefahr)
praeceptio, onis, *f*
Unterweisung, Vorbegriff
praeceptor, oris, *m*
Lehrer. fem. **-trix**, tricis
praeceptum, i, *n*
Vorschrift, Weisung, Lehre, (allgem.) Befehl
praecerpo, cerpsi, cerptum 3. (carpo)
übtrg. vorwegnehmen
praecido, cidi, cisum 3. (caedo)
(vorn) ab-, zerschneiden; übtrg. abschneiden, benehmen; abschlagen (e. Bitte); abbrechen; in d. Rede: (brevi) p. „sich kurz fassen“. Vgl. praecisus
praecingo 3. (cingo)
fast nur N. Kl.: (um)gürten, bekränzen, umgeben, praecinctus spez. = (auf)geschürzt
praecino, (P cinui) 3. (cano)
vorspielen; übtrg. vorher verkünden
praecipio, cepi, ceptum 3. (capio)
1. im voraus nehmen, bekommen ; übtrg. im voraus sich vorstellen, wissen, genießen u. a.
2. vorschreiben, Vorschriften (Anweisg., Auskunft) geben, verordnen, befehlen, spez. lehren, unterweisen
praecipito 1.
I. trans. 1. eigtl. jäh herabstürzen, (zeitl.) dem Ende zueilen
2. übtrg. (ins Verderben stürzen, vernichten; (N. Kl.) beschleunigen, übereilen, drängen
II. intr. 1. eigtl. (s. herabstürzen, stürzen)
2. übtrg. a) dem Ende zueilen; b) (dem Verderben) zueilen, (ins Verderben) stürzen
praecipus
vornehmlich
praecipuus, a, um
I. adi. 1. ausschließlich, besonders, speziell, eigen(tümlich), Ggstz. communis, par
2. besonders, hervorragend, außerordentlich, hauptsächlich
II. subst. **praecipuum**, i, *n*
1. das Besondere, Vorzug, Vorrecht
2. (i. d. stoisch. Phil.) etwas unverwerfliches
praecisus, a, um
1. jäh, abschüssig (N. Kl.)
2. (rhet.) abgekürzt, adv. **praecise**
praeclarus, a, um, mit comp. u. superl.
überaus laut, deutlich; schön, ansehnlich; vortrefflich, ausgezeichnet, rühmlich, berühmt (auch iron.!), (N. Kl.) berüchtigt, edel, würdig, ehrenvoll. adv. **praeclare** sehr deutlich; vortrefflich
praecludo 3. (claudo)
verschließen, übtrg. versperren, hindern
praeco, onis, *m*
(öffentl.) Ausrufer, z. B. bei Auktionen, Herold
praecogito 1. (cogito)
vorher bedenken (N. Kl.)
praecognosco 3. (cognosco)

vorher erfahren (N. Kl.)
praecolo 3. (colo)
verfrüht verehren (N. Kl.); vorbilden
praecompositus, a, um
vorher zurechtgelegt (P)
praeconius, a, um
eines praeco (quaestus). **praeconium**, ii, *n* Ausruferamt; übtrg. = Bekanntmachung, Veröffentlichung, Verherrlichung
praeconsumo 3. (consumo)
vorher aufbrauchen (P)
praecontrecto 1. (contrecto)
vorher betasten (P)
praecordia, orum, *n*
Zwerchfell; Bauchhöhle, Eingeweide, Magen oder Brusthöhle, Brust (P) bildl. = Herz, Empfindung
praecorrumpo 3. (rumpo)
vorher bestechen (P)
praecox, gen. cocis
verfrüht (N. Kl.)
praecurro, curri (N. Kl. cucurri), cursum 3. (curro)
1. vorauslaufen, -eilen, vorangehen
2. überholen, zuvorkommen, übtrg. übertreffen
praecursio, onis, *f*
(bild.) d. Vorhergehen; (rhet.) vorbereitende Einleitung
praecursor, oris, *m*
Vorläufer (klass. bild. „Spion"); spez. (N. Kl.) praecursores „Vortrab"
praecutio, ere (quatio)
voran schwingen
praeda, ae, *f*
(im Krieg u. durch Raub gemachte) Beute; (N. Kl.) Jagdbeute; übtrg. Beute = Raub od. Gewinn
praedabundus, a, um
auf Beute ausgehend (N. Kl.)
praedamno 1. (damno)
(N. Kl.) vorher verurteilen, im voraus aufgeben
praedatio, onis, *f*
(N. Kl.) d. Beutemachen, Plündern
praedator, oris, *m*
Plünderer, Beutemacher; (P) = Jäger
praedatorius, a, um
(N. Kl.) beutemachend, plündernd
praedelasso 1. (delasso)
vorher gänzlich ermüden (P)
praedestino 1. (destino)
im voraus zum Ziel setzen (N. Kl.)
praediator, oris, *m*
„Güteraufkäufer"
praediatorius, a, um: ius p.
= Güterpfandrecht
praedicabilis, e
rühmenswert
praedicatio, onis, *f*
öffentl. Bekanntmachung; Aussage; Rühmen, Lob, Lobpreisung
praedicator, oris, *m*
Lobredner
praedico 1.
ausrufen, öffentlich bekannt machen; übtrg. a) laut äußern, aussagen, verkünden, hervorheben, vorstellen;
b) rühmend hervorheben, rühmen, preisen
praedico 3. (dico)
1. (Künftiges) vorhersagen
2. im voraus befehlen, einschärfen
3. (N. Kl.) vorher od. oben erwähnen, vorher festsetzen, namentlich in der Form praedictus
4. auch = vorher ankündigen (in Reden od. Schrift) vorherbemerken
praedictum, i, *n*
Weissagung; (N. Kl.) Befehl, Abrede
praediolum, i, *n*
Landgütchen
praedisco, ere (disco)
vorher lernen, (P) vorher erkennen
praedispositus, a, um
vorher hier und da aufgestellt (N. Kl.)
praeditus, a, um
sehr begabt, versehen, behaftet mit
praedium, ii, *n*
Pfandstück; das (kautionsfähige) Grundstück, Gut
praedives, gen. itis
sehr reich (N. Kl.)
praedo, onis, *m*
Räuber, spez. Seeräuber
praedoceo 2 (doceo)
vorher unterrichten (N. Kl.)
praedor 1.
(eigtl. u. übtrg.) Beute machen, plündern, rauben, Gewinn ziehen, sich bereichern; (N. Kl.) trans. jmd. ausplündern, etw. rauben
praeduco 3. (duco)

vorziehen
praedulcis, e
lockend (P)
praedurus, a, um
sehr stark (P)
praeeo 4. (eo)
vorausgehen; spez. (bei e. sakral. od. gerichtl. Handldung d. Einleitungsformel u. a.) vorsprechen; (N. Kl.) = anleiten, vorschreiben, verordnen
praefatio, onis, *f*
Einleitungsformel (einer öffentl. Handlg.); (N. Kl.) Einleitung, Vorrede
praefectura, ae, *f*
1. (N. Kl.) i. allgem. Aufseher- od. Vorsteheramt, Befehlshaberstelle, Kommando; spez. (klass.) „Präfektur", d. h. die Stellung eines v. Statthalter der Provinz für milit. od. Verwaltungsdienste ernannten praefectus
2. ital. „Kreisstadt", in der e. röm. praefectus iure dicundo d. Rechtspflege versieht
3. (N. Kl.) „Statthalterschaft" (Bezeichng. der Provinzen v. Parthien u. Armenien). Vgl. praefectus
praefectus, i, *m*
„Vorsteher, Aufseher, Befehlshaber" als Titel v. Zivil- u. Militärbeamten; milit. zunächst Befehlshaber der bundesgenöss. Konting., dann neben den tribuni mit mannigfalt. Kommand. betraut, insbes. p. fabrum (vgl. faber); spez. (N. Kl.) Statthalter, Satrap, General. Vgl. auch praefectura
praefero (fero)
1. vorantragen
2. übtrg. an den Tag legen, zeigen, verraten, offenbaren
3. vorziehen
4. (N. Kl.) (zeitl.) vorausnehmen
5. (N. Kl.) praeferri = vorbeieilen, -reiten, -fahren u. a.
praeferox, gen. ocis
(N. Kl.) sehr heftig, wild, ungestüm
praefervidus, a, um
(N. Kl.) siedend heiß, übtrg. glühend
praefestino 1. (festino)
(N. Kl.) sich übereilen, vorübereilen
praeficio, feci, fectum 3. (facio)
jmd. setzen od. stellen über, z. Befehlh. machen, d. Führg. od. Aufsicht übertragen über, beauftragen mit
praefidens, gen. entis
zu vertrauend (N. Kl.)
praefigo 3. (figo)
vorn anheften, befestigen; vorn versetzen, beschlagen mit
praefinio 4. (finio)
vorher festsetzen, vorschreiben
praefloro 1.
der Blüte berauben (N. Kl.)
praefluo, ere (fluo)
vorbeifließen (N. Kl.)
praefodio 3. (fodio) (P)
1. e. Graben ziehen vor
2. vorher vergraben
praefor 1. (for)
1. sakral.: (e. heil. Formel) zuvor sprechen, (N. Kl.) zuvor verkünden, weissagen; (P) zuvor anrufen (die Götter)
2. voraus bemerken
3. honorem p. „vorher sagen, mit Respekt sagen"
praefractus, a, um
1. (i. Stil) abgebrochen
2. (i. Charakt.) rücksichtslos
praefrigidus, a, um
sehr kalt (P)
praefringo, fregi, fractum 3. (frango)
vorn abbrechen
praefulcio, ire (fulcio)
übtrg. = vorbauen
praefulgeo, ere (fulgeo)
hell leuchten (N. Kl.)
praegilidus, a, um
sehr kalt (N. Kl.)
praegestio, ire (gestio)
sich überaus freuen
praegnans (-gnas), gen. antis (atis)
schwanger; (N. Kl.) trächtig
praegracilis, e
sehr hager (N. Kl.)
praegravis, e
(N. Kl.) sehr schwer, lästig, schwerfällig, überladen
praegravo 1. (gravo)
(N. Kl.) sehr beschweren, niederdrücken (bildl.)
praegredior, gressus sum 3. (gradior)
1. vorangehen, -eilen (klass. abs.)
2. (N. Kl.) vorüberziehen
praegressio, onis, *f*
d. Vorangehen; d. Vorrücken

praegressus, us, *m*
übtrg. = Entwicklung
praegustator, oris, *m*
Vorkoster
praegusto 1. (gusto)
vorher kosten (P)
praeiaceo, ere (iaceo)
liegen vor (N. Kl.)
praeludicium, ii, *n*
Vorentscheidung, „Präjudiz" (gerichtl.: p. facere „treffen"; übtrg. belli „für - ", p. facto = entscheidendes Beispiel)
praeiudico 1. (iudico)
vor-, voraus entscheiden
praeiuvo 1. (iuvo)
vorher unterstützen (N. Kl.)
praelabor 3. (labor)
(N. Kl.) sich vorausbewegen, vorbeifahren
praelambo, ere (lambo)
vorher belecken (P)
praelego, ere (lego)
vorbeisegeln an (N. Kl.)
praeligo 1. (logo)
vorn anbinden (N. Kl.); zubinden
praelongus, a, um
sehr lang (N. Kl.)
praeluceo 2. (luceo)
vorleuchten, (P) überstrahlen
praelustris, e
sehr erhaben (P)
praemando 1. (mando)
im voraus auftragen
praematurus, a, um
vorzeitig (N. Kl.)
praemeditatio, onis, *f*
das Vorherbedenken
praemeditor 1. (meditor)
vorher bedenken oder erwägen
praemetuo 3. (metuo)
im vorarus fürchten
praemineo, ere
überragen (N.K.)
praemitto 3. (mitto)
eigtl. vorausschicken, -gehen lassen; (N. Kl.) übtrg. (redend) vorausschicken
praemium, ii, *n* (prae u. emo)
1. (i. allgem.) Vorteil, Vorrecht, Auszeichnung
2. spez. Lohn, Belohnung (Ehren-)Preis, (P) ironisch = Strafe
3. (P) = Heldentat, Beute
praemolestia, ae, f
Vorbetrübnis
praemolior 4. (molior)
vorbereiten (N. Kl.)
praemoneo 2. (moneo)
vorher erinnern, mahnen, warnen; (N. Kl.) vorher verkünden
praemonitus, us, *m*
Weissagung (P)
praemonstro 1. (monstro)
vorher anzeigen
praemorior 3. (morior)
vorzeitig (ab)sterben (N. Kl.)
praemunio 4. (munio)
1. vorn befestigen oder verschanzen, schützen
2. (etw. als Bollwerk) vorbauen (klass. bildl.)
praemunitio, onis, *f*
(rhet.) das Vorbauen, die Verwahrung
praenato 1. (nato)
vorbeifließen (P)
praeniteo 2. (niteo)
überstrahlen (N. Kl.)
praenomen, inis, *n*
Vorname
praenosco 3. (nosco)
voraus erkennen
praenitio, onis, *f*
d. Vorbegriff
praenubilus, a, um
sehr bewölkt (P)
praenuntio 1. (nuntio)
vorher verkünden
praenuntius, a, um
vorher verkündigend: klass. subst. **praenuntia**, ae, *f* Vorbotin
praeoccupatio, onis, *f*
rechtzeitige Besetzung (N. Kl.)
praeoccupo 1. (occupo)
1. eigtl. vorher besetzen, einnehmen, sich früher bemächtigen
2. übtrg. a) sich (vorher) bemächtigen; b) im voraus verpflichten, gewinnen
3. zuvorkommen, überraschen; (N. Kl.) zuvorkommen in etw. (mit inf.)
praeopto 1. (opto)
lieber wollen, vorziehen (klass. mit inf.)
praepando, ere (pando)

eröffnen (P)
praeparatio, onis, *f*
Vorbereitung
praeparo 1. (paro)
eigtl. u. übtrg. (wohl) vorbereiten, zurichten, Vorbereitungen od. Maßregeln treffen für etwa.
praepedio, ivi, u. ii, itum 4.
(N. Kl.) vorn ankoppeln, hemmen, verhindern, unwirksam machen
praependeo, ere (pendio)
vorn herabhängen
praepes, gen. petis
(N. Kl.) (t. t. d. Augursprache) günstig fliegend, schnell fliegend, schnell: subst. Vogel
praepilatus, a, um
vorn mit einem Knauf versehen (N. Kl.)
praepolleo, ere (polleo)
(N. Kl.) vorzüglich viel vermögen, Übergewicht haben
praepondero 1. (pondero)
überwiegen
praepono 3. (pono)
1. (lokal u. tempor.) vor(an)setzen, stellen, legen, (i. Rede, Schrift) vorausschicken, vorangehen lassen
2. übtrg. = jmd. über etw. setzen, an die Spitze (von etw.) stellen, jmdm. den Oberbefehl, Führung, Aufsicht u. a. übertragen od. anvertrauen; subst. **praepositus**, i, *m* Vorgesetzter, Offizier
3. vorziehen, bevorzugen, den Vorzug geben vor; spez. subst. **praepositum**, i, *n* (phil.) = praecipuum
praeporto 1. (porto)
vor sich hertragen (P)
praepositio, onis, *f*
1. das Vorsetzen
2. (t. t. gramm.) „Präposition"
3. (i. phil. Sinne) Vorzug
praepositus u. **-um** s. praepono
praeposterus, a, um
„was später ist, geht voran": verkehrt, übel angebracht, unzeitig; verkehrt handelnd
praepotens, gen. entis
übermächtig, (be)herrschend
praeproperus, am, um
zu hastig, voreilig

praequeror 3. (queror)
vorherklagen (P)
praerapidus, a, um
überaus reißend (N. Kl.)
praerigesco 3. (rigesco)
(vorn) erfrieren (N. Kl.)
praeripio, ripui, reptum 3. (rapio)
klass. übtrg.
1. wegreißen, -schnappen, entreißen, entziehen
2. vorzeitig an sich reißen
3. im voraus vereiteln, zuvorkommen
praerodo 3. (rodo)
(vorn) abfressen (P)
praerogativus, a, um
1. centuria p., gewöhnlich als subst. **praerogativa**, ae, *f* d. zuerst abstimmende Zenturie
2. übtrg. **praerogativa**, ae a) die Vorwahl (N. Kl.); b) Vorbedeutung; c) (N. Kl.) Vorrecht
praerumpo 3. (rumpo)
vorn abreißen. adi. **praeruptus**, a, um
1. steil, abschüssig, jäh, schroff; subst. **praerupta**, orum, *n* schroffe oder steile Abhänge oder Felsen
2. übtrg. = schroff, zügellos
praes, praedis, *m*
Bürge (in Geldsachen; vgl. vas); übtrg. plur. = Vermögen des Bürgen
praesaepe, is, *n*
Krippe, plur. Stall, Hürde, Bienenkorb
praesaepio 4. (saepio)
(vorn) versperren
praesagio 4. (sagio)
1. ein Vorgefühl, e. Ahnung haben (klass. abs.)
2. (N. Kl.) übtrg. etw. vorhersagen, prophezeien, voraussehen lassen
praesagitio, onis, *f*
Vorahnung
praesagium, ii, *n*
(N. Kl.) Vorahnung, Vorherverkündigung, Vorzeichen u. a.
praesagus, a, um
(N. Kl.) vorahnend, weissagend
praescisco 3. (scisco)
vorher wahrnehmen (N. Kl.)
praescius, a, um
vorher wissend (N. Kl.)
praescribo 3. (scribo)
1. voranschreiben, -setzen

2. übtrg. a) (allgem.) vorschreiben, verordnen, befehlen, einschärfen u. a.; b) (N. Kl.) etw. od. jmd. vorschieben, vorschützen, (jur.) e. Gutachten abgeben, etw. vorzeichnen, ein Bild entwerfen

praescriptio, onis, *f*
1. Titel, Überschrift, Eingang
2. übtrg. a) Vorwand, Einrede; b) Beschränkung
3. Vorschrift, Verordnung

praescriptum, i, *n*
eigtl. vorgezeichnete Grenze (P), übtrg. Vorschrift, Regel

praeseco 1. (seco)
vorn abschneiden

praesens, gen. entis (comp. u. superl. sind N. Kl.)
1. im allgem. (örtl. und zeitl.) gegenwärtig, jetzig, anwesend, persönlich, selbst, leibhaftig u. a., von Pers. u. von Abstrakt.; me praesente „in meiner Gegenwart" u. a., in praesens „für jetzt, vor d. Hand"; vgl. **praesentia**, ae, *f*; in rem praesentem venire „zur eigenen Besichtigung einer Sache kommen" od. „zur gerichtl. Verhandlung kommen"; subst. praesentes, ium „d. Anwesenden"; praesentia, ium „Gegenwart, d. gegenwärt. Umstände"
2. prägnant a) augenblicklich, sofortig, dringend, dringlich; b) wirksam, kräftig, mächtig, hilfreich, günstig; c) entschlossen, unerschrocken; d) offenbar, sichtbar

praesensio, onis, *f*
Vorempfindung

praesentia, ae, *f*
Gegenwart, Anwesenheit; in praesentia „gegenwärtig, für den Augenblick, vorderhand", (N. Kl.) „sofort"; p. animi „Geistesgegenwart, Entschlossenheit"; (P) = Macht

praesentio 4. (sentio)
vorher empfinden, merken, ahnen

praesertim adv.
„zumal", besonders zur Hervorhebung einer spez. Bemerkung, die kausale, adversative od. konditionale Bedetung hat, in e. vollen Satz: p. cum u. cum p. „zumal da"; „um so auffallender, da" = „obwohl obendrein"

praesens, gen. sidis
schützend (N. Kl.). subst. *m.* u. (N. Kl.) *f* Beschützer(-in), (N. Kl.) Statthalter

praesideo, sedi, sessum 2. (sedeo)
1. (be)schützen, decken, schirmen, ein Schutz sein
2. leiten, Aufsicht führen über, befehligen; (N. Kl.) trans. beherrschen, regieren, schützen, kommandieren, ein Land als Statthalter verwalten, subst. **praesidens**, entis, *m* Statthalter

praesidiarius, a, um
die Besatzung bildend (N. Kl.)

praesidium, ii, *n*
1. (allgem. u. milit.) Schutz, Hilfe, Unterstützung, Deckung, Hilfsmittel, Stütze, Bollwerk u. a.; spez. Besetzung
2. (v. Pers.) a) Bedeckung, Geleit, Leibwache, Beschützer; b) (milit. t. t.) Besatzung(struppe), Bedeckung(smannschaft) Posten, Pikett, Hilfscorps, Wehr-, Streitkräfte u. a.
3. (v. Ort) fester Platz, Kastell, Bollwerk, Schanze, Verschanzung u. a.

praesignifico 1. (significo)
vorher anzeigen

praesignis, e
vor anderen ausgezeichnet (P)

praestabilis, e
vorzüglich, vortrefflich

praestans, gen. antis, mit comp. u. superl.
vorzüglich, vortrefflich (v. Pers. u. Abstrakt.)

praestantia, ae, *f*
Vortrefflichkeit, Vorzug

praestes, gen. stitis
schützend (P)

praestigiae, arum, *f*
Blendwerk, Gaukelei

praestituo, ui, utum 3. (statuo)
vorherbestimmen, festsetzen

praesto adv.
klassisch stets mit esse, v. Pers. u. Sachen:
1. zugegen, anwesend, gegenwärtig
2. (freundl.) zur Hand, zu Diensten, zur Verfügung, zur Hilfe, förderlich, dienlich

3. (feindl.) alicui p. esse = entgegentreten
praesto, stiti (N. Kl.) praestitus, aber klass. praestaturus 1. (sto)
I. intr. übtrg. voranstehen, d. Vorzug haben, sich auszeichnen od. sich hervortun vor, überlegen sein, einen od. etw. übertreffen u. a.; praestat „es ist besser"
II. trans. 1. für jmd. od. etw. Bürge sein, einstehen, eintreten, Gewähr leisten, sich verbürgen, haften, etw. auf sich nehmen, garantieren u. a.
2. (wozu man verpflichtet ist) erfüllen, leisten, verrichten
3. an d. Tag legen, (durch d. Tat) zeigen, beweisen, bewähren, refl. se praestare = „sich bewähren" mit praedic. acc.
4. gewähren, verschaffen, geben, jmdm. etw. erweisen, widerfahren lassen
praestolor 1.
jmds. (in dienstl. Stellg.) od. einer Sache harren, bereitstehen für, erwarten
praestringo 3. (stringo)
vorn zuschnüren (N. Kl.), übtrg. verdunkeln, blenden, abstumpfen
praestruo 3. (struo)
(N. Kl.) vorn verbauen, verrammeln, übtrg. etw. (als Schutz) sich verschaffen
praesul, sulis *u.* (N. Kl.) **praesultator**, oris, *m*
Vortänzer
praesulto, are
vor etw. herspringen (N. Kl.)
praesum (sum) abs. od. mit dat.
1. (im allgem. u. als publiz. t. t.) vorstehen, a.d. Spitze stehen (von), gebieten oder gesetzt sein über, etw. leiten, beaufsichtigen
2. spez. a) Statthalter sein, als St. verwalten; b) (milit. t. t.) unter sich haben, besitzen, Oberbefehl haben u. a. c) (P) schützen
praesumo 3. (sumo) (N. Kl.)
vorher zu sich nehmen, vorher empfinden oder genießen, voraussetzen, vorher vermuten, annehmen, sich vorstellen
praesuo 3. (suo)
übtrg. = (N. Kl.) vorn bedecken, verhüllen

praetempto s. praetento
praetendo, tendi, tentum 3. (tendo)
1. (N. Kl.) vorstrecken, vor sich hinhalten, vorspannen, vorziehen, pass. (lokal) sich vor od. an etw. hinerstrekken, gelegen sein
2. übtrg. bei etw. vorschützen, mit etw. beschönigen
praetento (**-tempto**) 1. (tento, tempto) (N. Kl.) vorher untersuchen, durchsuchen, versuchen
praeter
I. adv. (wohl N.Kl.) vorüber, vorbei, übtrg. außer, ausgenommen
II. praep. mit acc. 1. (lokal) vorbei - an, vorüber- an, an - hin
2. übtrg. a) = außer: i) (abgesehen von) außer, ausgenommen, (nach Negat. auch) als, ii) (eingeschlossen) außer = nächst, mit, abgesehen von; b) (hinausgehend über d. Maß) über - hinaus, gegen, wider; c) (v. höherem Grade i. gutem u. bösem Sinne) p. coteros „mehr als alle, vor allen"; bei Negat. „am wenigsten von allen"
praeterago, ere (ago)
vorbeitreiben (P)
praeterea adv.
1. (bei Aufzählgn. u. Übergängen) außerdem, überdies, ferner, sodann, (bei Negat. auch) sonst, weiter
2. (temporal) fernerhin, weiter
praetereo (eo)
1. (räuml.) vorüber-, vorbeigehen oder kommen an
2. (zeitl.) vergehen, verfließen, meist klass. **praeteritus**, a, um vergangen, verflossen, früher
3. übtrg. a) unpers. (hoc, illud) me (non) praeterit = (dies) entgeht mir (nicht), ist mir (nicht) unbekannt; b) übergehen: i) unverübt lassen, ii) (i. d. Rede) nicht erwähnen, unerwähnt, unbeachtet lassen, auslassen, nicht reden von, iii) (v. Zensor) jmd. übergehen, auslassen, iv) jmd. (bei Erbschaft, Geschenken, Ämtern) übergehen, nicht berücksichtigen, vergessen, hintansetzen, v) (etw. zu tun) unterlassen, vi) (meist P) jmd. überholen, (e. Maß) überschreiten
praeterquito 1. (equito)

vorüberreiten (N. Kl.)
praeterfero 3. (fero)
vorbeitragen: pass. vorbeiziehen an etw. (N. Kl.)
praeterfluo 3.(fluo)
vorbeifließen
praetergredior, gressus sum 3. (gradior)
vorbeiziehen an etw.
praeterlabor 3. (labor)
vorübergleiten, -fahren
praetermissio, onis, *f*
Weg-, Unterlassung
praetermitto 3. (mitto)
1. eigtl. vorbeigehen lassen
2. übtrg. a) verstreichen lassen, (unbenutzt) vorbeilassen; b) unterlassen; c) unberücksichtigt lassen, übergehen; d) (i. d. Rede) übergehen, übersehen, weglassen, nicht sprechen wollen von
praeterquam adv.
außer, außerdem; p. quod „davon abgesehen, daß“
praetervectio, onis, *f*
das Vorbeifahren
praetervehor, vectus sum 3. (veho)
vorbeifahren, -segeln an od. vor, (N. Kl.) vorbeireiten, -ziehen, übtrg. vermeiden, ent-, übergehen
praetervolo 1. (volo)
eigtl. vorbeifliegen an; klass. bildl. = über etw. schnell hinweggehend; übtrg. etw. entschlüpft jmd., wird von ihm überhört
praetexo 3. (texo)
1. eigtl. (vorn) verbrämen, umsäumen, vorn besetzen; klass. nur **praetextus**, a, um purpurverbrämt, a) toga p. od. (selten) subst. **praetexta**, ae, *f* die purpurverbrämte Toga (der hohen Beamten u. freigeb. Kinder); b) (N. Kl.) **praetexta**, ae, *f* (sc. fabula) = die röm. Nationaltragödie
2. übtrg. a) verbrämen, (vorn) besetzen od. versehen mit; b) etw. verhehlen, bemänteln; c) (P) zieren; d) (N. Kl.) vorschützen, als Vorwand gebrauchen
praetextatus, a, um
die praetexta tragend
praetextus, -a s. praetexo
praetextum, i, *n*, u. **praetextus**, us, *m*
(N. Kl.) Schmuck, Glanz, Vorwand
praetinctus, a, um
vorher benetzt (P)
praetor, oris, *m* (prae u. ire)
„Anführer“)
1. (allgem.) Bezeichnung des oberst. Beamten der alt.röm. Republik, ebenso auch der latin. Gemeinden
2. „Feldherr, Anführer“ bes. nichtröm. Völker
3. spez. Bezeichng. „Prätor“ (in Rom)
4. = „Statthalter“ einer Provinz
5. (N. Kl.) p. aerarii „Vorsteher des -“
praetorianus, a, um
(N. Kl.) zur kaiserl. Leibwache gehörig, plur. subst. die Leibgarde (der Kaiser) „Prätorianer“
praetorius, a, um
I. adi. 1. zum Prätor-, zu den Prätoren gehörig, prätorisch, Prätor(en)-
2. zum Prätor (= Statthalter) gehörig, prätorisch, proprätorisch
3. dem Feldherrn gehörig, eigen, Feldherrn-
II. subst. 1. **praetorius**, ii, *m* gewesener Prätor
2. **praetorium**, ii, *n* „Prätorium“; a) = Amtswohnung des Statth. i. d. Provinz; b) = Hauptplatz i. Lager um d. Feldherrnzelt; c) = Feldherrnzelt; d) (N. Kl.) Kriegsrat, kaiserl. Leibwache
praetracto 1. (tracto)
vorberaten (N. Kl.)
praetura, ae, *f*
„Prätur“
1. Prätorenamt in Rom
2. Statthalterschaft
3. Feldherrnamt (i. Griechenland)
praeumbro 1.
(bild.) verdunkeln (N. Kl.)
praeustus, a, um (uro)
vorn angekohlt; (N. Kl.) = vorn erfroren
praevaleo 2. (valeo)
(N. Kl.) sehr stark sein, sehr viel vermögen, Übergewicht haben, übermächtig sein, überwiegen
praevalidus, a, um
(N. Kl.) überaus stark, mächtig
praevaricatio, onis, *f*
Pflichtverletzung u. **praevaricator**, oris, *m* Scheinankläger, Scheinanwalt
praevaricor 1.

(v. Gang) sehr grätschen: übtrg. = s. Pflicht verletzen (v. Anwalt od. Ankläger, der sich von d. Gegenpartei bestechen läßt)

praevarus, a, um
ganz verkehrt

praevehor, vectus sum 3. (veho)
(N. Kl.) voran od. vorbeifahren, -reiten, -fliegen, -fließen

praevenio 4. (venio)
(N. Kl.) abs. od. trans. zuvorkommen, überholen

praeverro 3. (verro)
vorher (ab)fegen (P)

praeverto u. depon. **-vertor** 3. (verto)
(klass. nur Gerundiv.)
1. etw. (an Wichtigkeit) voranstellen
2. sich e. Sache vornehmlich zuwenden, e. Sache zuerst vornehmen, zuerst ins Auge fassen
3. (N. Kl.) eigtl. vorangehen, vorlaufen, zuvor sich wohin begeben, zuvorkommen, vereiteln, voranstehen, mehr gelten als etw., (P) zuvor einnehmen (d. Sinn)

praevideo 2. (video)
zuvor od. früher erblicken (N. Kl.); übtrg. (etw. Zukünftiges) vorhersehen

praevitio 1. (vitio)
vorher verderben (P)

praevius, a, um
vorangehend (P)

praevolo 1. (volo)
voranfliegen

pragmaticus, a, um (gr.)
(im allgem.) sachkundig; spez. subst. **pragmaticus**, i, *m* d. praktische Rechtskundige (der den gerichtl. Rednern d. jur. Material lieferte)

prandeo, prandi, pransum 2..
intr. frühstücken. adi. **pransus** = einer, der gefrühstückt hat; (P) trans. etw. zum Frühstück verzehren

pratensis, e
auf Wiesen wachsend (N. Kl.)

pratulum, i, *n*
kleine Wiese

pratum, i, *n*
Wiese; (P) Neptunia prata = Meer

pravitas, atis, *f*
Verunstaltung (der Glieder); übtrg. Verkehrtheit, Verschrobenheit, Verworfenheit

pravus, a, um
(Ggstz. rectus) eigtl. krumm, schief, mißgestaltet; übtrg. verkehrt, verschroben, unschicklich, unrichtig, schlecht, übel u. a.

precarius, a, um
bittweise erlangt, erbeten, erbettelt, auf fremde Gnade angewiesen, daher = widerruflich, klass. nur adv. precario „bittweise, widerruflich"

precatio, onis, *f*
(relig.) Bitte, Gebet

preciae, arum, *f*
e. Art Weinreben (P)

precor
1. (die Götter) bitten, (zu ihnen) beten, (sie bittend od. betend) anrufen, seltener = (Menschen) flehentlich, demütig bitten
2. jmdm. etw. (Gutes od. Böses) anwünschen; spez. verfluchen, verwünschen

prehendo, prehendi, prehensum u. prendo, prendi, prensum 3.
1. (im allgem.) fassen, (er)greifen, nehmen, sich bemächtigen
2. spez. a) jmd. anfassen, anpacken (um mit ihm zu reden); b) (N. Kl.) jmd. bei etw. ertappen; c) aufgreifen, einfangen; d) (e. Ort) rasch in Besitz nehmen; e) übtrg. erreichen (klass. nur gelegtl. u. bildl. = deutlich wahrnehmen)

prenso u.(N. Kl.) prehenso 1.
(oft) er-. anfassen, ergreifen (bes. d. Hand beim Grüßen); spez. „d. Hände drücken" = sich um e. Amt bewerben

prelum, i, *n*
Kelter (N. Kl.)

premo, pressi, pressum 3.
I. 1. (im allgem.) drücken, pressen
2. spez. a) (meist P) etw. (mit d. Körper) drücken, auf etw. sitzen od. liegen, stehen, treten; b) (meist P) etw. (be-) decken, umschließen, umfangen, begraben, verbergen, verhehlen; c) (P) an etw. streifen, stoßen, etw. berühren d) drücken = belasten, belästigen e) (be)drängen, hart zusetzen, verfolgen, nachsetzen, pass. in Bedrängnis (Not, Gefahr) sein, Not leiden; f) etw. nachdrücklich betonen

II. 1. eindrücken; (P) spez. = in die Erde einpflanzen, jmd. durchbohren, übtrg. bezeichnen
2. (P) ausdrücken, auslösen, dämpfen, (aus)pressen, keltern, melken u. a.
3. (P) herab-, niederdrücken, senken, pass. sich senken, sinken; spez. a) (tief) (ein)graben (N. Kl.); b) zu Boden schlagen (N. Kl.); c) übtrg. i) herabsetzen, mißachten, ii) (P) übtrg. beherrschen, übertreffen
4. zusammendrücken, zudrücken; spez. a) (P) (Zügel) kurz halten, (Bäume) beschneiden; b) übtrg. zusammenziehen = kurz fassen, abkürzen
5. eigtl. u. übtrg. zurückhalten, hemmen, dämpfen, (N. Kl.) spez. (polit.) niederhalten, unterdrücken, stürzen. Vgl. pressus
prendo s. prehendo
presatio, onis, *f*
Bewerbung um ein Amt
prenso s. prehenso
pressio, onis, *f*
Unterlage
presso 1.
(P) oft drücken, pressen
pressus, a, um
1. eigtl. langsam (Schritt), gehemmt (N. Kl.)
2. übtrg. a) (i. Ausdruck) gedrängt, knapp, kurz; b) (i. d. Aussprache) knapp gehalten = artikuliert, gedämpft, langsam
pressus, us, *m*
Druck
pretiosus, a, um
wertvoll, kostbar, prächtig; (P) = teuer bezahlend
pretium, ii, *n*
1. Geldeswert, Preis
2. Geld, Bezahlung; spez. Lösegeld
3. eigtl. u. bildl. Lohn, Belohnung
4. (P) Lohn = Strafe, Vergeltung
prex, precis, *f* (i. sing. nur dat., acc., abl.; klass. nur abl.), gewöhnlich plur.
preces, um, *f*
1. Bitte, Fürbitte, Ersuchen
2. Gebet
3. spez. Verwünschung, Fluch
pridem adv.
längst, vor langer Zeit; (N. Kl.) sonst, ehemals
priedie adv.
tags vorher
primaevus, a, um
jugendlich (P)
primani, orum, *m*
Soldaten der ersten Legion (N. Kl.)
primarius, a, um
zu d. Ersten gehörig, vornehm
primipilaris, is, *m*
gewesener primipilus (N. Kl.)
primipilus, i, *m* s. pilus
primitiae, arum, *f*
(N. Kl.) Erstlinge (d. Früchte), erster Ertrag, übtrg. (P) erster Versuch
primo s. primus
(primor)
1. d. vorderste Teil von, vorn
2. (N. Kl.) primores: a) (milit.) die Leute i. d. vordersten Schlachtreihe; b) adi. u. subst. vornehmste
primordium, ii, *n*
(klass. nur plur.) erster Anfang, Ursprung; (N:Kl.) spez. Regierungsantritt
primus, a, um
der erste (auch wohl von zweien)
1. (lokal) = vorderster, vord. Teil von. (N. Kl.) subst. **primum**, i, *n* Vordertreffen, Vortrag
2. (der Ordnung u. Zeit nach) der erste, zuerst. subst. **primum**, i, *n* (sing. u. plur.): a) Anfang, Beginn; b) Vordersatz; c) spez. (philos. t. t.) Urkraft, Urstoff; prima naturae u. ähnl. (in d. stoisch. Phil.) = Grundtriebe
3. vornehmster, angesehenster, vorzüglichster. subst. **primae**, arum, *f* (mit od. ohne partes): a) Hauptrolle als Protagonist; b) übtrg. Hauptrolle, erster Platz. Spez.
1. adv. **primum:** a) zuerst, fürs erste, erstens, erstlich: b) zuerst = zum ersten Mal; c) verb. mit cum, ubi, ut, simulac = so bald als
2. adv. **primo** (i. d. Zeitfolge) zuerst, anfangs, zunächst
3. vgl. imprimis u. cumprimis
princeps, gen. cipis, adi. u. subst.
1. (i. d. Reihenfolge) der erste, zuerst
2. (nach Rang u. Bedeutung) der erste = vornehmste, vorzüglichste

3. spez. a) Urheber, Begründer, Stifter, Anstifter u. a.; b) Führer, Haupt, Lenker; c) (publiz. t. t.) p. rogationis „erster Antragsteller“; p. in agendo „Hauptankläger“; p. consilii publici „Wortführer d. Staatsrats“; p. senatus „Vormann des S.“; d) Herrscher, Regent, Fürst, Kaiser u. a.; e) (milit.) i) principes = Soldaten der 2. Schlachtreihe (N. Kl.); daher: ii) princeps = ein Manipel der principes, od. ein Zenturio der principes

principalis, e
ursprünglich; (N. Kl.) übtrg.a) fürstlich, kaiserlich; b) s. principium a. E.

principatus, us, *m*
1. (im allgem.) erste Stelle, Vorrang
2. spez. a) erste Stelle (i. Staat), Obergewalt, Oberbefehlshaberstelle; b) Hegemonie; c) (N. Kl.) kaiserl. Regierung, „Prinzipat“, Kaiser selbst; d) (philos. t. t.) Grundkraft; e) Ursprung; f) vereinzelt = der vornehmste Teil

principium, ii, *n*
1. i. allgem. (eigtl. u. bild.) Anfang, Ursprung, Grundlage; oft principio „zuerst, zunächst, zuvörderst“; a principio „von Anfang an, anfangs“
2. spez. a) (philos.) Grund, Anstoß, Urkraft; d. Anfang alles Handelns u. Begehrens; Grundstoff, plur. Elemente; spez. principia naturae (Natualia) „Grundtriebe“; b) = die zuerst stimmende (Kurie) (N. Kl.); c) (milit.) **principia**, orum, *n*: i) Vordertreffen, Front (N. Kl.), ii) Hauptquartier, Hauptplatz od. -straße im Lager (selt. klass.); hiervon (N. Kl.) via od. porta principalis „Haupt-“

prior, prius, gen. prioris
1. (lokal) der erstere, vordere, vorderste (meist von zweien), auch subst.
2. (temp.) eher, früher, zuerst, der erste oder erstere (meist von zweien); (N. Kl.) älter, (P) subst. **priores**, um, *m* Vorfahren
3. (d. Range nach) vorzüglicher, höherstehend u. a. adv. **prius** a) eher, früher, zuvor, vorher, zuerst; b) übtrg. eher = lieber

priscus, a, um
(nur i. posit.) uralt, altertümlich, einfach, streng, nach alter Sitte; (P) vormalig, früher

pristinus, a, um
vorig, ehemalig, früher; spez. letztvergangen, letzter = gestrig, bisherig

pristis, is, *f*
(N. Kl.) Seetier, übtrg.
1. „Walfisch“ als Gestirn
2. e. Art Kriegsschiff

priusquam
eher als, ehe, bevor

privatim adv.
als Privatmann, i. Privatverhältnissen, für seine Person, persönlich, i. eigenem Namen u. a. (Ggstz. publice); (N. Kl.) zu Hause

privatio, onis, *f*
das Befreitsein

privatus, a, um
abgesondert (Ggstz. publicus, communis)
1. alleinstehend
2. (v. Lebl.) einer einzelnen Person, Privat-, persönlich, besonders, eigen; (N. Kl.) in privato „zu Hause“, ex p. „aus d. Hause“, in privatum „zum Privatgebrauch“, ex p. „aus seinem Beutel“
3. (v. Pers.) adi. u. subst. ohne amtliche Befugnis, ohne Amt und Kommando, auf eigene Faust, Privat-, (als) Privatmann, plur. Privatleute u. a.
4. (N. Kl.) ohne Anrecht auf d. Thron, nicht fürstlich, (P) alltäglich

privigna, ae, *f*
Stieftocher

privignus, i, *m*
Stiefsohn; (P) plur. Stiefkinder

privilegium, ii, *n*
(einen einzelnen betreffendes, daher gesetzwidriges) Ausnahmegesetz; (N. Kl.) übtrg. Vorrecht

privo 1.
berauben, befreien

privus, a, um
(N. Kl.) einzeln, je ein, eigen, besonders

pro interi.
(bei Verwunderung u. Klage) o!, ach!, ha! wehe! leider u. a.

pro praep. mit abl.

I. (lokal) 1. vor
2. vorn auf, in, an
II. übtrg. 1. für = zum Schutze, zu Gunsten, zum Vorteil, im Interesse u. a.
2. in Stellvertretung a) für = statt, anstatt, im Namen; b) für = so gut wie, wie, als; c) für = als Entgelt, zum Lohn für
3. für = im Verhältnis (Vergleich) zu, entsprechend, in Anbetracht, gemäß, nach, bei. Oft pro eo mit folgend. ut, ac, quod od. Relativum = dem gemäß wie, je nachdem wie, i. d. Maße (Verhältnis) wie, mit Rücksicht darauf daß, im Vergleich zu

proagorus, i, *m* (gr.)
Ortsvorstand

proavitus, a, um
der Ahne (P)

proavus, i, *m*
Urgroßvater; übtrg. Ahne, Vorfahr

probabilis, e, mit comp.
1. beifallswürdig, tüchtig
2. annehmbar, glaublich, wahrscheinlich

probabilitas, atis, *f*
Wahrscheinlichkeit

probatio, onis, *f*
1. Prüfung, Musterung
2. Billigung, Genehmigung, Abnahme (v. öffentl. Bauten)
3. spez. Schein der Wahrheit
4. (N. Kl.) Beweis(führung)

probator, oris, *m*
Gutheißer

probatus, a, um, mit superl.
erprobt, bewährt, trefflich; (v. jmdm.) geachtet, geliebt, (jmdm.) angenehm

probe
recht, gehörig, wohl

probitas, atis, *f*
Rechtschaffenheit, Redlichkeit: Anspruchslosigkeit

probo
1. prüfen, besichtigen, untersuchen, beurteilen (N. Kl.)
2. (als tüchtig) anerkennen, billigen, gutheißen, gelten lassen, für zweckmäßig halten, Beifall schenken, loben
3. (jmdm.) etw. annehmlich, beifallswert machen, jmd. zufriedenstellen mit etw., etw. bewähren, (vor jmdm.) rechtfertigen; **probari** od. **se probare** alicui = jmds. Beifall (Billigung, Anerkennung) finden od. gewinnen, sich bei jmdm. beliebt machen, sich jmdm. empfehlen, jmdm. gefallen
4. spez. jmdm. etw. glaublich, glaubwürdig machen, dartun, er-, beweisen
5. ausgeben, gelten lassen wollen für. Vgl. probatus

probrosus, a, um
beschimpfend, schändlich

probrum, i, *n*
1. schimpfliche Handlung, Schandtat; spez. Unzucht
2. übtrg. Schimpf, Schande, spez. Schmähung

probus, a, um
ordentlich, tüchtig; (moral.) rechtschaffen, ehrlich, tugendhaft, anspruchslos. Vgl. probe

procacitas, atis, *f*
Unverschämtheit

procax, gen. cacis
frech, unverschämt

procedo 3. (cedo)
1. (im allgem.) vorwärts gehen, hervor-, auftreten, kommen u. a.
2. spez. a) (milit. t. t. von Truppen, Schiffen) vordringen, -rücken, -gehen, ausrücken, marschieren (N. Kl.) auslaufen; (N. Kl.) vorausgehen, -rücken; b) (v. Gestirnen u. i. d. Öffentlichkeit) vortreten, erscheinen, auftreten, sich zeigen
3. übtrg. vorwärts kommen, vorrücken a) (v. d. Zeit) vorrücken, verstreichen; b) fortschreiten, Fortgang nehmen, verlaufen; c) (N. Kl.) (i. d. Berechnung) (fort)dauern, währen, zugute kommen, nützen; d) Fortschritte machen, weiter kommen, emporsteigen; e) bis zu einem Punkte vorgehen od. sich versteigen, zu weit gehen, kommen; f) (v. Handlungen u. Zuständen) Fortgang oder Erfolg haben, von statten gehen, ablaufen, prägn. = glücken

procella, ae, *f*
eigtl. Sturm (-wind); übtrg. a) (N. Kl.) Ansturm, stürmischer Angriff;
b) Sturm = Aufruhr, Unruhe, u. a.

procellosus, a, um
(N. Kl.) stürmisch, stürmend

proceres, um, *m*

die Vornehmsten, Aristokratie
proceritas, atis, *f*
hoher Wuchs, Schlankheit, (metr.) Länge
procerus, a, um, mit comp. u. superl.
schlank, hoch gestreckt, lang
processio, onis, *f*
d. Vor-, Ausrücken (e. Heers)
processus, us, *m*
übtrg. Fortschritt, (guter) Fortgang
procido, cidi 3. (cado)
(vorwärts) niederfallen (N. Kl.)
procinctus, us, *m*
das Gürten: in procinctu „in Kampfbereitschaft"
proclamator, oris, *m* = clamator
proclamo 1. (clamo)
laut rufen, schreien (klass. v. Sachwalter)
proclino 1. (clino)
vorwärts beugen, (abwärts) neigen (klass. res proclinata „zum Schlimmen geneigt")
proclivis, e u. (N. Kl.) **-us**, a, um mit comp.
1. eigtl. abschüssig, abwärts (N. Kl.)
2. übtrg. a) leicht zu etw. neigend, willig b) leicht zu tun. adv. **proclivi** übtrg.: p. currit oratio „eilt schnell weiter"
proclivitas, atis, *f*
1. eigtl. Abhang, Halde (N. Kl.)
2. übtrg. Neigung
proconsul, sulis, *m*
gewesener Konsul, Prokonsul
proconsularis, e
prokonsularisch (N. Kl.)
proconsulatus, us, *m*
Prokonsulat (N. Kl.)
procor, ari
fordern (selten)
procrastinatio, onis, *f*
Vertagung
procrastino 1.
verschieben, vertagen (abs.)
procreatio, onis, *f*
Zeugung, Hervorbringung
procreator, oris, *m*
Erzeuger; plur. Eltern. **procreatrix**, tricis, „Mutter"
procreo
1. eigtl. (v. Menschen u. Tieren) hervorbringen, zeugen, gebären
2. übtrg. erzeugen, verursachen
procubo, are (cubo)
hingestreckt liegen (P)
procudo 3. (cudo)
schmieden (P); übtrg. bilden
procul adv.
1. aus d. Ferne, von ferne
2. in der Ferne, fern; auch = in einiger Entfernung
3. in die Ferne, weit weg
proculco 1. (calco)
(N. Kl.) niedertreten, -reiten
procumbo, cubui 3. (cumbo)
1. sich vorbeugen, nach vorn neigen
2. (v. Verwundeten od. Ermatteten) niedersinken, sich (nieder)legen, sich lagern
3. einem (bittend) zu Füßen fallen
4. einstürzen
5. (N. Kl.) (v. Höhen) sich senken, abdachen
6. (N. Kl.) (i. Kampf) unterliegen, (P) übtrg. in Verfall geraten
procuratio, onis, *f*
1. Besorgung, Verwaltung, Fürsorge (meist als Amtspflicht; auch stellvertretend)
2. spez. a) Wirkungskreis; b) Amt e. kaiserl. Prokurators (N. Kl.); c) (relig.) Sühnung
procurator, oris, *m*
1. Verwalter, Geschäftsführer, Stellvertreter, Bevollmächtigter
2. (N. Kl.) spez. kaiserl. Prokurator od. Rendant
procuratrix, tricis, *f*
Pflegerin
procuro 1. (curo)
1. besorgen, verwalten, warten, pflegen
2. sühnen
procurro, (cu)curri 3. (curro)
1. (her)vorlaufen, -eilen, -rücken
2. (N. Kl.) übtr. (v. Lokal.) vorragen, sich erstrecken, auslaufen
procursatio, onis, *f*
das Plänkeln (N. Kl.)
procursatores, um, *m*
Plänkler (N. Kl.)
procurso, are
plänkeln (N. Kl.)
procursus, us, *m*
(N. Kl.) das Vorlaufen, -rennen, An-

sturm
procurvus, a, um
vorwärts gekrümmt (P)
procus, i, *m*
Freier (übtrg. „Bewerber“)
prodeo (eo)
I. (im allgem.) 1. hervorgehen, herauskommen, -treten
2. übtrg. zum Vorschein kommen, sich zeigen
II. spez. 1. auftreten: a) als Schauspieler; b) als Zeuge; c) als Kläger
2. (milit.) vorgehen, vorrücken
3. (v. Schiffen) auslaufen, segeln
4. hinausgehen
5. (P) hervorgehen = wenden zu, (v. Lokal.) vortreten, vorragen
prodico 3. (dico)
auf e. spätere Zeit ansetzen
prodictator, oris, *m* besser **pro dictatore**
Stellvertreter des Diktators (N. Kl.)
prodigentia, ae, *f*
Verschwendung (N. Kl.)
prodigialiter adv.
= unnatürlich (P)
prodigiosus, a, um
(N. Kl.) wider-, unnatürlich, seltsam
prodigium, ii, *n*
1. (meist unheilvoll) Wunder, Wunderzeichen
2. übtrg. a) Ungeheuerlichkeit; b) (von Pers.) Ungeheuer
prodigo, egi 3. (ago)
verschwenden (N. Kl.)
prodigus, a, um
verschwenderisch; (P) übtrg. reich, fruchtbar
proditio, onis, *f*
1. verratende Anzeige (N. Kl.)
2. Verrat, treuloses Preisgeben
proditor, oris, *m*
Verräter
prodo, didi, ditum 3. (do)
I. weiter geben:
1. fortpflanzen (P)
2. hinterlassen, überliefern
3. (mündl. oder schriftl.) fortpflanzen, berichten, überliefern
II. 1. (allgem.) hervorgeben, -bringen, -holen, zum Vorschein bringen (P)
2. spez. a) veröffentlichen, bekannt machen; b) ernennen; c) (Geheimes) verraten, entdecken; d) verraten = preisgeben, verräterisch ausliefern
prodeceo, ere (doceo)
laut predigen (P)
prodromus, i, *m* (gr.)
Vorläufer, Sendling; plur. übtrg. die „Vorwinde“ vor d. Aufgang des Sirius
produco 3. (duco)
I. 1. (im allgem.) hervor-, vor-, fortführen, -ziehen, -bringen
2. spez. a) vorführen = ausliefern;
b) (Truppen) ausrücken lassen; c) hervorlocken; d) geleiten, (P) das letzte Geleit geben; e) herleiten; f) jmd. vorführen = jmd. öffentl. auftreten lassen, ihm das Wort erteilen (vor Gericht u. i. d. Volksvers.); g) einführen (i. d. Gesellschaft); h) auf d. Bühne bringen
II. weiter vorführen:
1. ausdehnen, (i. d. Aussprache) dehnen
2. (zeitlich) verlängern, hinziehen, verschieben; jmd. hinhalten; (P) weiter hinbringen
3. (als Auszeichng.) (be)fördern
4. (N. Kl.) schaffen, erzeugen, hervorbringen, auf-, großziehen. Vgl. productus
productio, onis, *f*
Verlängerung; Dehnung (einer Silbe)
productus, a, um
verlängert, (aus)gedehnt; (zeitl.) sich i. die Länge ziehend
proegmena s. productus
proeliator, oris, *m*
Krieger (N. Kl.)
proelior 1.
e. Treffen liefern, kämpfen, streiten
proelium, ii, *n*
Kampf, Treffen, Gefecht, Schlacht
profano 1.
(N. Kl.) entweihen, schänden
profanus, a, um
vor d. Tempelbezirk: ungeweiht, unheilig, „profan“; (meist P) übtrg. nicht eingeweiht, ruchlos, unheilverkündend
profectio, onis, *f*
(Ab-)Reise, Aufbruch, Abmarsch, Abzug, Abfahrt; übtrg. (v. Lebl.) Herkunft

profecto adv.
(v. subjektiver Gewißheit) jedenfalls, sicherlich, gewiß
profectus, us, *m*
Erfolg (N. Kl.)
profero 3. (fero)
I. 1. (im allgem.) hervortragen, -bringen, -holen
2. spez. a) hervorstecken, her-, vor-, ausstrecken; b) ausliefern; c) (öffentl.) (vor)zeigen, ausweisen; (N. Kl.) übtrg.: d) an das Licht der Öffentlichkeit bringen, vor Augen führen, veröffentlichen, aufdecken; f) vor-, auf-, anführen; g) hinweisen, auf, erwähnen, vorbringen
II. 1. (im allgem.) vorwärts oder weiter tragen, vorrücken, vorschieben
2. spez. a) (zeitl.) ausdehnen, verlängern b) verschieben, vertagen
professio, onis, *f*
1. (im allgem.) Ankündigung, Erklärung
2. spez. a) die öffentl. Angabe, Anmeldung (seines Namens oder Vermögens); b) (N. Kl.) das (offiz. angegebene) Gewerbe, Geschäft, Fach u. a.
professor, oris, *m*
(N. Kl.) öffentl. Lehrer, spez. Rhetor
professorius, a, um
schulmeisterlich (N. Kl.)
profestus, a, um
nicht festlich (N. Kl.)
proficio, feci, fectum 3. (facio)
1. eigtl. vorwärts kommen (wohl N.Kl.)
2. übtrg. a) (v. Pers.) Fortschritte machen, etw. ausrichten, erreichen, gewinnen; b) (v. Leblos.) nützen, dienen, helfen, anschlagen
proficiscor, fectus, sum 3.
1. eigtl. sich aufmachen, sich auf den Weg machen, aufbrechen, abgehen, (ab)marschieren, (aus)ziehen, (v. Schiffen) abfahren, e. Reise antreten, (ab)reisen u. a.
2. übtrg. a) (i. d. Rede) weiter-, übergehen; b) ausgehen von; c) herrühren, seinen Ursprung haben
profiteor, fessus, sum 2. (fateor)
1. (im allgem.) offen bekennen, gestehen, Bekenntnis ablegen
2. spez. a) etw. öffentl. als seinen Beruf oder s. Kunst an-, aus-, vorgeben, ankündigen, se p. = sich als etw. ankündigen, sich für etw. ausgeben, sich bekennen zu oder als etw. sich nennen, u. a.; b) verheißen, versprechen, anbieten, sich erbieten, sich anheischig machen, deutlich zu erkennen geben c) (amtlich) angeben, anmelden; pass. **professus**, a, um (N. Kl.) zugestanden, offenkundig
profligator, oris, *m*
Verschwender (N. Kl.)
profligatus, a, um, mit superl.
ruchlos, heillos
profligo
1. (nieder)werfen, überwältigen
2. übtrg. a) (polit.) zugrunde richten, vernichten, stürzen; b) (i. Gemüt) niederschlagen; c) (moral.) erniedrigen, tief sinken lassen; d) dem Ende nahe bringen
proflo 1. (flo)
hervorblasen (P)
profluens, gen. entis
1. eigtl. fließend
2. bildl. a) fließend, (hin)strömend (v. Ausdruck); b) in reichlichem Maße (adv. profluenter)
profluentia, ae, *f*
Hervorströmen
profluo 3. (fluo)
fließen, herausfließen; bildl. = hingelangen, hingeraten. Vgl. profluens
profluvium, ii, *n*
das Hervorfließen (N. Kl.)
profor 1. (for)
(heraus)sagen (P)
profugio 3. (fugio)
1. intr. d. Weite suchen, entfliehen, sich flüchten, entlaufen u. a.
2. trans. (ent)fliehen, meiden
profugus, a, um
(N. Kl.) flüchtig, fliehend, verbannt, umherschweifend
profundo 3. (fundo)
1. eigtl. u. bildl. ver-, ergießen, ausströmen (lassen), se pr. od. profundi „heranströmen, sich ergießen", hervorbrechen, -stürzen
2. spez. übtrg. a) se p. „üppig wachsen"; b) hervorbringen; c) aushauchen, -stoßen; d) hingeben, preisgeben, opfern; e) verschwenden,

vergeuden. Vgl. profusus
profundus, a, um
1. eigtl. tief (absol., nicht als Maßbezeichnung!) unergründlich. **profundum**, i, *n* eigtl. u. übtrg. Tiefe, Meerestiefe, Abgrund
2. übtrg. bodenlos, unermeßlich, unersättlich, unerschöpflich
profusus, a, um
unmäßig, ausgelassen, verschwenderisch, kostspielig
progener, eri, *m*
Gatte der Enkelin (N. Kl.)
progenero 1. (genero)
(er)zeugen (N. Kl.)
progenies, ei, *f*
Abstammung, Geschlecht; übtrg. Nachkommenschaft, Abkömmling; (P) v. Tieren und Abstrakt.
progenitor, oris, *m*
Stammvater (N. Kl.)
progigno 3. (gigno)
hervorbringen, erzeugen
prognatus, a, um
1. geboren, entsprossen (N. Kl.)
2. i. weiterem Sinne = abstammend
progredior, gressus, sum 3. (gradior)
I. 1. eigtl. hervor-, vorschreiten, -gehen
2. übtrg. (i. d. Rede) ausgehen von
II. „vorwärtsschreiten"
1. eigtl., spez. (milit.) vorgehen, -rükken, weiterrücken
2. übtrg. a) (im allgem.) fortschreiten, -gehen, vorgehen, -rücken; b) spez. (i. d. Rede) fortschreiten, weitergehen; Fortschritte machen, steigen; (dem Alter nach) vorrücken; weit gehen in
progressio, onis, *f*
1. bild. Fortschritt, Zunahme, Wachstum
2. (rhet. Figur) Steigerung
progressus, us, m
1. eigtl. sing. u. plur. das Vor-, Vorwärtsschreiten, Vorrücken: a) im allg. (Ggstz. regressus od. reditus); b) spez. milit.
2. übtrg. a) Anfang; b) Fortschritt
prohibeo, bui, bitum 2. (habeo)
1. (im allg.) ab-, fernhalten, ver-, abwehren, (ver)hindern, abschneiden
2. spez. a) verbieten, untersagen; b) bewahren, beschützen
prohibitio, onis, *f*
(gesetzliches) Verbot
proicio, ieci, iectum 3. (iacio)
I. 1. (zum Fraß) vorwerfen (P)
2. vor-, ausstrecken, vorsetzen, vorhalten u. a.
3. proici (örtlich) „vor-, hinausragen"
4. hinauswerfen, wegjagen, (N. Kl.) verbannen
II. 1. im allg. (vorwärts) hinwerfen, stürzen
2. spez. a) wegwerfen, zu Boden werfen; b) (N. Kl.) für nichts achten, se p. „sich erniedrigen"; c) fahren lassen, aufgeben, verzichten auf, preisgeben; d) (N. Kl.) jmd. hinziehen, (auf bestimmte Zeit) verweisen. Vgl. proiectus, a, um
proiectio, onis, *f*
das Ausstrecken
proiectus, a, um
I. 1. hervortretend, vorspringend (vgl. proicio I 3)
2. übtrg. sehr hervortretend, übermäßig, leicht geneigt zu
II. 1. eigtl. daliegend
2. (N. Kl.) übtrg. verächtlich, niedergeschlagen
proinde u. (P) **proin** adv.
1. ebenso, entsprechend, auf gleiche Weise
2. = „demgemäß, demnach, also" bei Aufforderungen
prolabor 3. (labor)
I. 1. eigtl. vorwärts gleiten oder schlüpfen (N. Kl.)
2. übtrg. a) zu etw. hingeraten, sich hinreißen lassen, auf etw. verfallen
II. 1. eigtl. herabfallen, -gleiten, (v. Gebäuden) einstürzen (N. Kl.)
2. übtrg. a) fehlen, sich vergehen; b) sinken, verfallen
prolapsio, onis, *f*
übtrg. d. Ausgleiten
prolatio, onis, *f*
1. das Anführen
2. Erweiterung (N. Kl.)
3. Aufschub
prolato
1. eigtl. erweitern, vergrößern (N. Kl.)
2. übtrg. hinhalten, aufschieben, verzögern, verschleppen (klass. selt.)
prolecto 1. (prolicio)

verlocken, reizen
proles is, *f*
1. (v. Lebdm. u. Pflanzen) Sprößling, Kind, Junges, Nachkomme, kollekt. Nachkommenschaft, Jungen, Geschlecht u. a. (meist P)
2. spez. = junge Mannschaft
proletarii, orum *n* (proles)
Bürger der untersten Klasse, „Proletarier"
prolicio, ere (lacio)
hervor-, anlocken
prolixus, a, um
weit ausgedehnt:
1. reich, reichlich
2. (bereit)willig, geneigt, gefällig
3. glücklich (von statten gehend)
prologus, i, *m* (gr.)
Prolog (e. Theaterstückes) (N. Kl.)
proloquor 3. (loquor)
(N. Kl.) heraussagen, aussprechen, äußern
proludo 3. (ludo)
(t. t. der Fechtersprache) vorüben, sich einüben (klass. bildl.)
proluo 3. (luo)
ab-, ausspülen, befeuchten, anschwemmen (meist P); klass. wegspülen
prolusio, onis, *f*
(t. t. der Fechtersprache) Vorübung, Vorspiel; bildl. vom Redner
proluvies, ei, *f*
Überschwemmung; (N. Kl.) Unrat
promero u. **promereor** 2. (s. mereo)
1. verdienen, sich würdig machen
2. verschulden, sich zuziehen (N. Kl.)
3. sich verdient machen, Verdienste erwerben um
promeritum, i, *n*
Verdienst, Schuld
prominens, entis, *n*
Ausläufer
promineo, ui 2. (N. Kl.)
eigtl. u. übtrg. hervor-, herüberragen, sich herüberneigen (selt. klass.)
promiscuus u. **promiscus**, a, um
(N. Kl.) gemischt, ungesondert, ohne Unterschied, gemeinsam, jedem zugänglich, allerhand, jeder Art. subst. in promiscuo „gemeinschaftlich, in jedermanns Händen" u. a. übtrg. gemein, gewöhnlich, klass. adv. **promiscue** u. **-isce**
promissio, onis, *f*
d. Versprechen, Verheißen (als Handlung); spez. als rhet. Figur
promissor, oris *m*
(P) Prahler
promissum, i, *n*
(das gegebene) Versprechen, das Versprochene
promitto 3. (mitto)
I. (lang) wachsen lassen
II. übtrg. 1. (im allgm.) versprechen, zusagen, zusichern, verheißen
2. spez. a) ellipt. p. ad aliquem = einem zusagen, sich bei jmdm. als Gast ansagen, auch bloß promitto; b) damni infecti p. „für möglichen Schaden Entschädigung versprechen"; c) geloben; d) gelegtl. = vorhersagen
promo, prompsi, promptum 3.
1. eigtl. hervornehmen, -holen, -langen, -ziehen, vorlegen; spez. (Geld) entnehmen, verabfolgen
2. übtrg. a) herholen, entleihen, entnehmen; b) (meist N. Kl.) offenbaren, enthüllen, ausüben, schriftl. od. mündl. kundgeben, angeben, äußern
promontorium, ii, *n* = promunt...
promota, orum, *n* = producta
promoveo 2. (moveo)
1. eigtl. fort- oder vorwärtsbewegen, -rücken, fort- oder weiterschaffen, vorschieben, u. a.; (N. Kl.) spez. erweitern, ausdehnen
2. übtrg. a) (P) loco pl. „zu Tage fördern"; b) (N. Kl.) fördern, vergrößern, jmd. befördern
promptus, a, um, mit comp. u. superl.
hervorgeholt:
I. sichtbar, offen(bar)
II. bereit, fertig:
1. (v. Pers.) a) willfährig, (bereit)willig; b) entschlossen (zum Handeln), schlagfertig, rasch; c) freimütig
2. (v. Leblos.) a) bereit, zur Hand; b) leicht, bequem
promptus, us, *m*: nur in **promptu** mit Verben:
1. sichtbar, vor (aller) Augen, offen
2. übtrg. in Bereitschaft, bei d. Hand, bereit

3. (N. Kl.) i. p. esse „leicht sein"
promulgatio, onis, *f*
(vorläufige) Bekanntmachung (e. Gesetzes)
promulgo 1.
(e. Antrag durch öffentl. Anschlag) bekannt machen, öffentl. anschlagen, veröffentlichen; (N. Kl.) übtrg. ankündigen
promulsis, sidis, *f*
d. erste Teil der cena = Vorgericht
promunturium, ii, *n*
Vorgebirge, Berg, Bergvorsprung
promus, i, *m*
Küchen- u. Kellermeister
promutuus, a, um
vorschußweise geliehen
pronepos, potis, *m*
Urenkel
pronoea, ae, *f* (gr.)
Vorsehung
pronuba, ae, *f*
Hüterin der Ehe (P)
pronuntiatio, onis, *f*
1. öffentl. Bekanntmachung
2. spez. a) richterl. Urteil; b) = pronuntiatum; c) Vortrag als Darstellungsart
pronuntiator, oris, *m*
Erzähler
pronuntiatum, i, *n*
(e. in sich abgeschloss.) Satz
pronuntio 1. (nuntio)
I. (laut oder öffentl.) bekannt machen, ausrufen, aussagen, aussprechen, berichten, erzählen
II. spez. 1. (v. Behörden, Feldherrn, Ausrufern) ankündigen, bekanntmachen, ausrufen, ansagen, Befehl ergehen lassen
2. zur Abstimmung bringen
3. (öffentl.) versprechen, zusagen
4. (v. Richter) d. Urteil fällen, d. Ausspruch tun
5. (die auf e. Verkaufsobjekt ruhend. Servituten) angeben
6. (rhetor.) im Vortrag behandeln, vortragen, deklamieren, reziteiren
pronus, a, um
1. eigtl. a) vorwärts geneigt, vornüber hängend, schräg; b) (N. Kl.) abschüssig, vorwärtsstürzend; c) (P) spez. (v. Gestirnen) sich zum Untergang neigend, (von d. Zeit) enteilend
2. übtrg. a) zu etw. geneigt; b) (N. Kl.) gewogen geneigt, leicht
prooemium, ii, *n* (gr.)
Eingang, Vorrede, Vorspiel
propagatio, onis, *f*
1. Weiterpflanzung, Erweiterung
2. Verlängerung
3. Fortpflanzung (durch die Ehe)
propagator, oris, *m*
Verlängerer
propago, ginis, *f*
1. eigtl. Setzling, Ableger, Senker
2. (P) übtrg. Sprößling, Kind, Nachkommenschaft, (N. Kl.) plur. Stammbäume
propago
1. fortpflanzen
2. erweitern
3. verlängern, ausdehnen, fortsetzen
propalam adv.
öffentlich
propatulus, a, um
(nach vorn hin) offen, frei. **in propatulo**
1. = im Freien, öffentlich
2. (N. Kl.) = öffentlich (übtrg.), od. = auf d. Vorhof (-platz)
prope, comp. **propius**, superl. **proxime**
I. adv. 1. (örtl.) eigtl. u. bildl. nahe, nahe bei (an), in der od. die Nähe
2. (zeitl.) nahe. spez. **proxime**; a) zunächst; b) kurz vorher, kürzlich; c) zuletzt, das letzte Mal
3. (v. Rang) zunächst
4. übtrg. **prope** = „beinahe, fast"
5. (der Ähnlichkeit nach) „fast ebenso"
II. praepositionell mit acc.
1. (örtl.) eigtl. u. bildl. nahe bei, in der od. die Nähe, unweit
2. (zeitl.) nahe, an, gegen
3. (N. Kl.) übtrg. (von der Annäherung od. Ähnlichkeit) nahe an, nahe oder beinahe zu, nicht weit von u. a.
propediem adv.
nächster Tage, nächstens
propello, puli, pulsum 3. (pello)
1. eigtl. u. bildl. vorwärts-, vor-, fortstoßen, -treiben, -schleudern (klass. selten)
2. (milit. t. t.) fort-, zurücktreiben
3. (N. Kl.) übtrg. etw. abwehren, jmd.

wozu treiben, bewegen
propemodum adv. s. modus 2.
propendeo, pendi, pensum 2. (pendeo) herabhängen, klassisch (v. d. Waage) sinken, überwiegen; übtrg. sich hinneigen
propensio, onis, *f*
Neigung zu
propensus, a, um mit comp.
1. überwiegend
2. nahekommend, sich nähernd
3. (zu etw.) geneigt, sich hinneigend
properanter adv.
eilends (N. Kl.)
properantia, ae (N. Kl.) u. **properatio**, onis, *f*
Eilfertigkeit
properato adv.
eilends (N. Kl.)
propero 1.
intr. eilen, sich beeilen; (N. Kl.) trans. eilend betreiben, beschleunigen
properus, a, um
eilig, schleunig
propexus, a, um
(N. Kl.) herabhängend (Haar)
propino 1. (gr.)
zutrinken (dat.)
propinquitas, atis, *f*
Nähe; übtrg. Verwandtschaft
propinquo 1.
(N. Kl.) sich nähern; trans. beschleunigen
propinquus, a, um
1. (örtl.) nahe(liegend), benachbart, angrenzend, anstoßend
2. (zeitl.) nahe (bevorstehend)
3. übtrg. a) nahe = ähnlich (selt.); b) nahe verwandt; subst. **propinquus**, i, *m* u. **-a**, ae, *f* der, die Verwandte; spez. plur. (im allg.) Näherstehende
propior, ius, superl. **proximus**, a, um (prope)
I. **propior** 1. näher(liegend), in größerer Nähe; a) räumlich; b) zeitlich (selt. klass.)
2. übtrg. a) näher = näher angehend oder liegend; b) = näherkommend, ähnlicher; c) = näher verwandt, enger; d) passender, bequemer, geeigneter
II. **proximus**, a, um 1. (örtl.) nächst, sehr od. ganz nahe. subst.; a) **proximi** d. Zunächststehenden od. d. Zunächstwohnenden; b) **proximum**, i, *n* (N. Kl.) nächste Nähe, Nachbarschaft, nächster Punkt
2. (zeitl.) a) „nächstvergangen, letzter" oder; b) „nächstfolgender, nächster"
3. (i. d. Reihe) nächstfolgend od. vorhergehd.
4. d. nächste = nächst verwandte, engste. subst. **proximi** die nächsten Angehörigen
5. nächstkommend, sehr ähnlich
6. genau nachkommend
propitio 1.
versöhnen (N. Kl.)
propitius, a, um
(meist v. Göttern) geneigt, gnädig
propius adv. s. prope
propola, ae, *m* (gr.)
Krämer
propolluo, ere (polluo)
noch mehr beflecken (N. Kl.)
propono 3. (pono)
1. eigtl. (öffentl.) vorlegen, vor Augen, hin-, aufstellen; spez. zum Verkauf ausstellen, feilbieten
2. übtrg. a) in Aussicht stellen, bestimmen für, erwarten lassen, aussetzen, verheißen, androhen, pass. in Aussicht stehen, bevorstehen, drohen; b) vorstellen = vor Augen stellen, vergegenwärtigen, pass. vor A. treten, liegen, vorschweben; spez. zur Wahl stellen; c) sich etw. vornehmen, beschließen, sich d. Aufgabe stellen, etw. zum Zweck oder Ziel setzen, proponi = als Vorsatz, Ziel od. Aufgabe vorschweben, propositum esse = V., Ziel od. A. sein; d) vorbringen, -tragen, anführen, berichten, erzählen, hinweisen od. aufmerksam machen auf; indir. Frgstz; a.c.i.; e) vorlegen (e. Thema), aufstellen; f) d. Vordersatz (e. Schlusses) bilden; g) (N. Kl.) (Heilmittel) verordnen
proportio, onis, *f*
Verhältnis
propositio, onis, *f*
1. Vorstellung
2. Satz, Thema
3. Vordersatz (e. Schlusses)
propositus, a, um s. propono

subst. **propositum**, i, *n*
1. Vorsatz, Vorhaben
2. Hauptsache (in e. Schrift), Thema
3. = quaestio infinita
4. Vordersatz (e. Schlusses)

propraetor, oris, *m*
Proprätor

proprie
1. jeder für sich, eigentümlich, individuell, für sich besonders, speziell, ausdrücklich
2. im eigtl. Sinne

proprietas, atis, *f*
1. eigentüml. Beschaffenheit, besondere Art
2. (N. Kl.) übtrg. Eigentumsrecht, Hab und Gut

proprius, a, um
1. dauernd, beständig
2. ausschließlich angehörig, eigen, Ggstz. communis, alienus; (N. Kl.) subt. **proprium**, ii, *n* Eigentum
3. übtrg. a) charakteristisch, wesentlich, eigentümlich; b) ausschließlich, persönlich, individuell, alleinig; c) (von Wörtern) speziell, eigentümlich. Vgl. proprie

propter
I. adv. daneben, nahe, i. d. Nähe
II. praep. mit acc. 1. (räuml.) nahe bei, neben
2. übtrg. a) (kausal) wegen, aus; b) spez. (namtl. beim relat.) p. quos vivit „denen er sein Leben verdankt“ u. a.

propterea adv.
deswegen

propudium, ii, *n*
Schandbube

propugnaculum, i, *n*
Schutz(wehr), Bollwerk, Verteidigungsmittel (Heer u. Flotte), Wehrkraft (allein od. mit gen.; auch übtrg. von Sach. wie v. Pers.); spez. = Verteidigungsgrund

propugnatio, onis, *f*
Verteidigung (klass. bildl.)

propugnator, oris, *m*
eigtl. Verteidiger, Kämpfer, spez. Schiffssoldat; übtrg. Beschützer, Verteidiger

propugno 1. (pugno)
1. intr. eigl. u. übtrg. Gegenwehr leisten, sich verteidigen, kämpfen, streiten
2. (N. Kl.) trans. etw. verteidigen

propulsatio, onis, *f*
Abwehr

propulso 1.
eigtl. u. übtrg. zurückschlagen, abwehren, abwenden

pro quaestore
Titel
1. des Stellvertreters eines Q.
2. eines gewesenen Q., der wieder in eine Provinz geschickt wird

prora, ae, *f* (gr.)
Vorderteil e. Schiffes, (P) übtrg. Schiff

prorepo 3. (repo)
hervorkriechen (N. Kl.)

proripio, ripui, reptum 3. (rapio)
hervor-, fortreißen. **se proripere** eilend hervorstürzen, aufbrechen, fortstürzen

prorogatio, onis, *f*
Verlängerung (N. Kl.); Aufschub

prorogo 1. (rogo)
(zeitl.) 1. verlängern
2. aufschieben

prorsus od. **-sum** (altlat. prosus, -sum, proversus, -sum) adv.
1. vorwärts
2. übtrg. a) geradezu, durchaus, völlig, ganz und gar, gänzlich; b) (N. Kl.) kurz, überhaupt

prorumpo 3. (rumpo)
1. trans. hervorbrechen lassen, pass. hervorbrechen, -stürzen, -dringen (P)
2. intrans. a) eigtl. hervorbrechen; b) übtrg. hervor-, ausbrechen, sich versteigen zu

proruo 3. (ruo)
1. intr. hervor-, einstürzen (N. Kl.)
2. trans. niederstürzen, nieder-, umreißen

prosa, ae, *f*
Prosa (N. Kl.)

prosapia, ae, *f*
Geschlecht(-sreihe) (A. L.). (N. Kl.)

proscaenium, ii, *n* (gr.)
Bühne

proscindo 3. (scindo)
(N. Kl.) (die Erde) aufreißen, pflügen, übtrg. schmähen

proscribo 3. (scribo)

1. (durch Anschlag) öffentl. bekannt machen
2. spez. a) (z. Verkauf od. Pacht) ausbieten; b) (durch öffentl. Anschlag) jmd. seiner Güter für verlustig erklären, jmd. ächten. subst. **proscripti**, orum, *m* Geächtete

proscriptio, onis, *f*
1. Bekanntmachung
2. Beschlagnahme, Zwangsverkauf
3. Ächtung

proscripturio, ire
ächten wollen

proseco 1. (seco)
(N. Kl. als relig. t. t.) (vorn) abschneiden. (P) subst. **prosecta**, orum, *n* Opferstücke, übtrg. Eingeweide

prosemino 2. (semino)
aussäen; bildl. fortpflanzen

prosequor 3. (sequor)
1. eigtl. a) (aus Liebe, Achtung) begleiten, geleiten, d. Geleit geben; b) (feindlich) verfolgen
2. übtrg. a) jmd. (beim Scheiden) mit etw. begleiten; b) jmd. mit etw. (be-)lehren, beschenken, auszeichnen, jmdm. etw. spenden, weihen, widmen; c) (N. Kl.) (i. d. Rede) etw. weiter verfolgen, beschreiben, schildern

prosilio, ui 4. (salio)
hervor- od. aufspringen, -stürzen, -stürmen; (N. Kl.) wohin springen od. stürmen

prosocer, eri, *m*
Großvater der Gattin (N. Kl.)

prospecto 1. (specto)
1. von ferne, in d. Ferne sehen (mare p. „blicke sehnsüchtig"); (N. Kl.) spez. anschauen, mit ansehen, (v. Lok.) wohin die Aussicht gewähren, angrenzen
2. bildl. sich nach etw. umsehen, nach etw. spähen; (P) bevorstehen

prospectus, us, *m*
Fern-, Aussicht

prospeculor 1. (speculor)
nach etw. ausschauen (N. Kl.)

prosperus, a, um (comp. prosperior u. superl. prosperrimus N. Kl.)
günstig, glücklich; (N. Kl.) subst. **prospera**, orum, *n* Glück, glückl. Umstände; (P) activ. beglückend, segnend

prosperitas, atis, *f*
Gedeihen, Glück

prospero 1.
(relig.) Gedeihen geben (N. Kl.)

prospicientia, ae, *f*
Vorsorge

prospicio, spexi, spectum 3. (specio)
I. intr. 1. eigtl. in die Ferne schauen, ausschauen
2. übtrg. Vorsorge treffen, sorgen, achtgeben
II. trans. 1. eigtl. in der Ferne erblicken, vor sich sehen
2. übtrg. a) (v. Lok.) Aussicht auf etw. gewähren (N. Kl.); b) vorher-, voraussehen; c) besorgen, beschaffen

prosterno 3. (sterno)
eigtl. zu Boden werfen, nieder-, hinstrecken, niederschlagen; übtrg. zu Grunde richten, vernichten

prostituo, ui, utum 3. (statuo)
zur Unzucht preisgeben

prosto 1. (sto)
öffentlich feil stehen (klass. nur bildl.)

prosubigo, ere (subigo)
vor sich aufwühlen (P)

prosum, profui, prodesse (sum)
(v. Pers. od. Sach.) nützen, nützlich sein = förderlich sein

prosum (-us) adv. s. prorsus

protego 3. (tego)
eigtl. (vorn) bedecken; spez. aedes p. = ein Vordach am Hause anlegen; übtrg. decken, (be)schützen, beschirmen

protendo, tendi, tentum 3. (tendo)
(N. Kl.) hervor-, ausstrecken, pass. erstrecken

protenus = protinus

protero 3. (tero)
eigtl. jmd. nieder-, zertreten; bildl. jmd. völlig verachten, (P) vertreiben

proterreo 2. (terreo)
fort-, verjagen

protervitas, atis, *f*
Frechheit; (P) Schelmerei, Mutwille

protervus, a, um
dreist, frech; (P) keck, mutwillig, ungestüm, heftig

protinus adv.
1. vorwärts, geradewegs, ohne Aufenthalt, (immer) weiter, weiter fort, (P)

weithin (meist bei Verben der Bewegung)
2. fernerhin, (folgend) hinfort
3. (N. Kl.) gleich daneben, in einem Zuge, ohne Unterbrechung
4. gleich darauf, sofort (nur vereinzelt klassisch)

protraho 3. (traho)
hervor- od. hinziehen, -schleppen, nötigen; (N. Kl.) übtrg. etw. ans Licht bringen, entdecken

protrudo 3. (trudo)
fortstoßen; bildl. hinausschieben

proturbo 1. (turbo)
forttreiben, verjagen; (P) (Leblos.) niederwerfen

prout coni.
sowie, je nachdem, i. d. Verhältnis wie. Vgl. pro a. E.

proveho 3. (veho)
I. activ. 1. eigtl. vorwärts- od. fort- od. hinführen
2. übtrg. a) zuweit führen, hinreißen, verleiten; b) fördern, befördern
II. pass. **provehor** vorwärts od. fort od. zu weit fahren, segeln, reiten

provenio 4. (venio)
1. eigtl. (v. Pflanzen) wachsen, (N. Kl.) geboren werden, entstehen, aufkommen
2. (N. Kl.) fortkommen, geraten, gelingen, gedeihen

proventus, us, *m*
Ertrag, Ernte (N. Kl.); übtrg. Fortgang, Erfolg, prägn. glücklicher Erfolg

proverbium, ii, *n*
Sprichwort, sprichwörtl. Redensart

providens, gen. entis m. comp. u. superl. vorsichtig. adv. **providenter**

providentia, ae, *f*
1. Voraussicht
2. Fürsorge, Vorsicht; spez. göttliche Vorsehung

provideo 2. (video)
1. zuerst od. früher sehen, i. d. Ferne sehen (N. Kl.)
2. vorher-, voraussehen
3. für oder gegen etw. Maßregeln treffen, Sorge tragen, sorgen, vorbeugen

providus, a, um
vorhersehend, vorsorgend, für etw. sorgend; abs. vorsichtig, behutsam

provincia, ae, *f*
I. (im allg.) Wirkungskreis, Auftrag, Geschäft, Dienst, sing. u. plur.
II. spez. 1. (amtl.) (das e. Beamten zugewiesene) Amt, Geschäfts-, Wirkungskreis, (Amts-)Geschäft, Auftrag u. a.
2. Provinz (d. h. e. nichtital., unter röm. Verwaltung stds. Land), spez. auch Gallien, Asien, Spanien u. a.
3. Provinzialverwaltung

provincialis, e
d. Provinz betreffend, provinzial; subst. **provinciales**, ium, *m* „Leute aus d. Provinz"; spez. zur P. Gallia gehörig

provisio, onis, *f*
d. Vorhersehen; Vorsicht, spez. Vorsichtsmaßregel gegen

provisor, oris, *m*
(N. Kl.) der Vorherbedenkende, vorher Erwägende

provisus, us, *m*
(N. Kl.) d. Vorsichhinsehen, das Voraussehen, Vorsorge

provivo 3. (vivo)
weiter leben (N. Kl.)

provocatio, onis, *f*
1. Herausforderung z. Kampf (N. Kl.)
2. Berufung an e. höheren Richter

provocator, oris, *m*
Herausforderer z. Kampf (klass. e. Art v. Gladiatoren)

provoco 1. (voco)
1. hervor-, herausrufen od. locken (N. Kl.)
2. auffordern, anregen, (i. gut. u. übl. Sinne) reizen; spez. zum Kampf herausfordern
3. (t. t. iur.) Berufung einlegen, appellieren an

provolo 1. (volo)
hervoreilen

provolvo 3. (volvo)
(N. Kl.) vorwärtswälzen, weiterrollen

proximitas, atis, *f*
nahe Verwandtschaft (P)

proximus (**-e**) s. propior II u. prope

prudens, gen. entis (aus providens)
1. wissentlich, mit Vorbedacht
2. einsichtsvoll, erfahren in, kundig,

klug, verständig, spez. staatsklug
prudentia, ae, *f*
1. das Vorherwissen
2. Kenntnis, Wissen(schaft)
3. Klugheit, praktische Einsicht, Lebens- oder Staatsklugheit
pruina, ae, *f*
sing. u. plur. Reif; (P) plur. Winter, Schnee
pruinosus, a, um
bereift (P)
pruna, ae, *f*
d. glühende Kohle (N. Kl.)
pruniceus, a, um
verkohlend (P)
prunum, i, *n* (gr.)
Pflaume
prunus, i, *f* (gr.)
Pflaumbaum
prytaneum, ei, *n* (gr.)
Stadthaus, Rathaus in griech. Städt.
prytanis, is, *m* (gr.)
Prytane (in manch. griech. Staat. die höchste Obrigkeit)
psallo, psalli, ere (gr.)
(N. Kl.) Zither spielen, zur Z. singen
psalterium, ii, *n* (gr.)
(zitherartiges) Saiteninstrument, „Psalter“
psaltria, ae, *f* (gr.)
Zitherspielerin
psephisma, atis, *n*
bei d. Griech. „Volksbeschluß“
Pseudocato, onis, *m*
e. falscher Cato
Pseudodamasippus, i
e. falscher D.
pseudomenos, i, *m* (gr.)
Trugschluß
pseudothyrum, i, *n* (gr.)
Hintertür (bildl. per p. „heimlich“)
psithia (vitis), ae, *f* (gr.)
Strohweintraube
psychomantium, ii, *n* (gr.)
Totenbefragungsort
ptisanarium, ii, *n* (gr.)
e. Reisaufguß
pubens, gen. entis
strotzend (P)
pubertas, atis, *f*
Mannbarkeit, Geschlechtsreife, Manneskraft (klass. nur bildl. = der Bartflaum)
pubes u. **pubis**, gen. beris
mannbar, männlich, erwachsen, (P) ausgewachsen
pubes, is, *f*
1. Scham(gegend) (N. Kl.)
2. übtrg. a) mannbare Mannschaft; b) (P) Geschlecht, Leute, Volk, Herde
pubesco, ere
1. mannbar werden
2. übtrg. a) heranwachsen, -reifen; b) (P) strotzen von
publicanus, i, *m*
Steuerpächter
publicatio, onis, *f*
Konfiskation
publice adv.
öffentlich (Ggstz. privatim, proprie)
1. im Namen, im Interesse, von seiten des Staates oder der Gemeinde, i. öffentl. Auftrag, für d. Staat, amtlich, auf öffentl. Beschluß
2. auf Staatskosten
3. in der Gesamtheit
publico 1.
einziehen, konfiszieren; (N. Kl.) der Öffentlichkeit übergeben, preisgeben
publicus, a, um (Ggstz. privatus)
1. dem Volk, d. Staat, der Gemeinde gehörig, i. Namen, i. Auftrag d. Staates, staatlich, städtisch, öffentlich, amtlich
2. allgemein (üblich); (P) übtrg. alltäglich
3. subst. **publicum**, i, *n* a) Staatseigentum, -gut, -gebiet, Gemeindeland; b) Staatskasse, -vermögen, -schatz; c) Staatseinkünfte, Steuern, spez. Steuerpacht; d) öffentl. Magazin; e) (N. Kl.) Staat, Gemeinwesen; f) öffentl. Platz, Öffentlichkeit. Vgl. publice
pudens, gen. entis, mit comp. u. superl.
voll Scham- u. Ehrgefühl, zartfühlend, ehrbar, bescheiden
pudeo 2.
sich schämen, Scham empfinden; (N. Kl.) **pudendus**, a, um schimpflich, schändlich. Meist impers. **pudet**, puduit (P) od. puditum est (selt.), ere „es ergreift Scham, man schämt sich“
pudibundus, a, um

verschämt (N. Kl.)
pudicitia, ae, *f*
Sittsamkeit, Keuschheit, Anstand; (N. Kl.) als Göttin
pudicus, a, um
schamhaft, keusch, züchtig
pudor, oris, *m*
1. Scham, Scheu, Schüchternheit
2. Ehrgefühl, Gewissenhaftigkeit
3. Zartgefühl, Bescheidenheit, rücksichtsvolles Benehmen
4. Keuschheit
5. (N. Kl.) Schimpf, Schande
puella, ae, *f*
Mädchen; (meist P) Tochter, Geliebte, junge Frau
puellaris, e
(N. Kl.) mädchenhaft, Mädchen-
puer, eri, *m*
1. (im allg.) Kind, bes. plur. Kinder (als Bez. der Altersstufe)
2. spez. a) Knabe, junger Mensch, „Herrchen"; b) (P) Sohn
3. übtrg. a) Diener, Bursche, Page; b) (P) Hagestolz
puerilis, e
kindlich, jugendlich, Kinder-, Knaben-; übtrg. knabenhaft, kindisch
pueritia, ae, *f*
Kindheit, Knabenalter, Jugend
puerpera, ae, *f*
Wöchnerin (N. Kl.)
puerperium, ii, *n*
Entbindung (N. Kl.)
puerperus, a, um
die Niederkunft fördernd (Worte) (P)
pueruli, orum, *m*
Bürschchen
puga, ae, *f* (gr.)
Steiß (P)
pugil, gilis, *m*
Faustkämpfer
pugillatus, us, *m*
Faustkampf
pugio, onis, *m*
Dolch (auch bildl.)
pugiunculus, i, *m*
Stilett
pugna, ae, *f*
1. Faustkampf, Schlägerei
2. Kampf, Schlacht, Gefecht
3. Kampfspiel (P)
4. Schlachtreihe (N. Kl.)
5. übtrg. Wortstreit
pugnacitas, atis, *f*
Kampflust (N. Kl.)
pugnator, oris, *m*
Kämpfer (N. Kl.)
pugnax, gen. acis, mit comp. u. superl.
1. kampflustig, kriegerisch
2. übtrg. a) streitlustig, polemisch; b) hartnäckig
pugno 1.
1. faustkämpfen
2. kämpfen, fechten, Gefecht liefern (von einzelnen u. Heeren); **pugnantes** „Kämpfer"
3. übtrg. a) (sich) streiten, im Streit liegen; b) (sich) widersprechen; c) streiten um, ringen nach, sich bemühen
pugnus, i, *m*
Faust
pulcer s. pulcher
pulchellus, a, um
zierlich
pulcher (nicht pulcer), a, um (Ggstz. turpis)
1. schön (dem Äußeren nach: v. Pers. u. Sachen; adv. **pulchre**)
2. übtrg. a) (geist. u. sittl.) schön, herrlich, vortrefflich, ruhmvoll, edel; b) behaglich, glücklich; adv. pulchre est mihi „mir ist wohl"
pulchritudo, dinis, *f*
Schönheit, Trefflichkeit, Herrlichkeit; konkr. haec p. = diese schöne Welt
puleium, ii, *n*
Flöhkraut (auch bildl.)
pulex, icis, *m*
Floh
pullarius, ii, *m*
Hühnerwärter
pullulo, aro
(N. Kl.) ausschlagen, keimen, wimmeln von
pullus, i, *m*
Junges (klass. v. Vögeln), spez. junges Huhn (klass. v. d. Weissagehühnern), übtrg. (N. Kl.) als Liebkosungswort „Küken"
pullus, a, um
dunkel(farbig), schwärzlich; (P) subst. **pullum**, i, *n* dunkle Farbe
pulmentarium, ii, *n*

„Zukost" (P)
pulmentum, i, *n* (N. Kl.)
„Zukost", dann = Gericht, Portion
pulmo, onis, *m* (gr.)
Lunge
pulpa, ae, *f*
Dickfleisch (N. Kl.)
pulpamentum, i, *n* (pulpa)
d. aus Fleischspeise bestehende „Zukost"
pulpitum, i, *n*
(N. Kl.) Bühne, Katheder
puls, pultis, *f*
Mehlbrei
pulsatio, onis, *f*
d. Schlagen (N. Kl.); spez. Tracht Prügel
pulso 1. (meist P)
1. eigtl. (wiederholt) schlagen, stoßen, stampfen, erschüttern, treffen, peitschen, schlagen o. klopfen an etwas, berühren, forttreiben, -schnellen; spez. jmd. knuffen, prügeln, mißhandeln
2. übtrg. Eindruck machen, erregen
pulsus, us, *m*
1. das Schlagen, Stampfen, Schlag
2. prägn. (philos.) Eindruck
pulvereus, a, um
(P) Staub-, staubig, stäubend
pulverulentus, a, um
staubig; (P) mühevoll
pulvillus, i, *m*
kl. Polster (P)
pulvinar, aris, *n*
Götterpolster (beim lectisternium), plur. auch Göttermahl; (N. Kl.) übtrg. Polstersitz
pulvinarium, ii, *n*
Götterpolster (N. Kl.)
pulvinus, i, *m*
(Sitz- od. Kopf-)Kissen
pulvis, veris, *m*
1. eigtl. Staub, Staubwolke; spez. d. Glasstaub, in den d. Mathem. ihre Figuren zeichneten; (P) (Toten-)Asche, Erde, Sand
2. meton. a) (P) Ring-, Renn-, Kampfplatz; daher b) bildl. „öffentl. Schauplatz" der Tätigkeit; (P) Anstrengung
pumex, micis, *m*
(N. Kl.) Bimsstein, Geklüft
pumiceus, a, um
ausgehöhlt (P)
punctim adv.
stichweise (N. Kl.)
punctum, i, *n* (pungo)
1. Stich (N. Kl.)
2. „Punkt" a) eigtl. als Lesezeichen (N. Kl.); b) meton. Wahlstimme, daher c) übtrg. (P) Beifall; d) mathem. „Punkt" als kleinste Größe; daher p. temporis = Augenblick
pungo, pupugi, punctum 3.
eigtl. stechen; bildl. quälen, kränken, verletzen
punio (altertüml. **poenio**) u. Dep. **punior** (**poenior**) 4.
strafen, bestrafen, Strafe setzen auf; Rache nehmen an; etwas rächen
punitor (**poe-**), oris, *m*
Rächer
pupillaris, e
Waisen- (N. Kl.)
pupillus, i, *m* (v. Knaben) u. **pupilla**, ae *f* (v. Mädchen)
Waise, Mündel, fem. N. Kl. „Pupille"
puppis, is, *f*
Schiffshinterteil, Hinterdeck (auch bildl. v. Staatsschiff; (P) Schiff, auch als Gestirn
pupula, ae, *f*
Pupille; (P) Auge
purgamen, minis, *n*
(P) Unrat, Sühnmittel. **purgamentum**, i, *n* (N. Kl.) Unrat, übtrg. Auswurf
purgatio, onis, *f*
eigtl. Reinigung; übtrg. Rechtfertigung, auch als rhetor. Figur
purgo 1.
1. reinigen, säubern
2. spez. (mediz.) reinigen, abführen
3. übtrg. a) (P) (relig.) sühnen, heiligen; b) (moral.) reinigen = (zu) rechtfertigen oder entschuldigen (suchen); (N. Kl.) zur Entschuldigung anführen mit a.c.i.
purpura, ae, *f* (gr.)
Purpurschnecke: übtrg.
1. Purpurfarbe
2. purpurgefärbte Wolle, Purpur
3. Purpurkleid, (N. Kl.) Purpurdecke
4. (N. Kl.) meton. von hohen Würden u. Würdenträgern
purpurasco, ere

purpurn werden
purpuratus, i, *m*
Purpurträger: „Großwesir“, Höfling
purpureus, a, um
1. purpurn, purpurfarbig
2. (P) in Purpur gekleidet, übhpt. glänzend
purus, a, um, mit comp. u. superl.
1. eigtl. a) rein, gereinigt, sauber; b) klar, hell, heiter
2. übtrg. a) ohne fremde Zutat = einfach, unvermischt, rein, bloß: i) v. d. Elementen, ii) argentum p. „ohne Verzierung“, iii) v. Gewinn; (N. Kl.) unbebaut, unbepflanzt, unbetreten; b) rein = fleckenlos, rechtschaffen, lauter, keusch, unbefleckt, unentweiht; c) entsühnt, von d. Trauer befreit; d) (von der Rede): i) korrekt, ii) schlicht, schmucklos; e) (iur.) ohne Vorbehalt
pus, puris, *n* (gr.)
Eiter, auch bildl. (N. Kl.)
pusillus, a, um
1. eigtl. winzig, (N. Kl.) subst. **pusillum**, i, *n* ein bißchen
2. übtrg. kleinlich, (N. Kl.) geringfügig
pusio, onis, *m*
Knäblein
pustula, ae, *f*
Pustel (N. Kl.)
puta s. puto a. E.
putamen, minis, *n*
Schale
putatio, onis, *f*
d. Beschneiden
puteal, alis, *n*
1. Brunneneinfassung
2. übtrg. „Puteal“, d. h. e. einem p. ähnl. Umfriedig. einer v. Blitz getroff. Stelle, so in Rom auf d. forum; in seiner Nähe war d. tribunal des Prätors u. trieb man Geldgeschäfte
putearius, ii, *m*
Brunnengräber
puteo, ere
(übel) riechen
putesco, putui 3.
verwesen
puteus, i, *m*
1. Grube (N. Kl.)
2. Brunnen, Born
putidiusculus, a, um
etw. zudringlich
putidus, a, um, mit comp.
1. eigtl. u. bildl. in Fäulnis übergegangen, faulig (klass. bildl.)
2. übtrg. a) widerwärtig; b) spez. (v. Redner u. dessen Ausdruck) gesucht, affektiert; auch adv.
putisco = putesco
puto 1.
I. (N. Kl.) reinigen, putzen, spez. (Bäume) beschneiden
II. übtrg. 1. ins Reine bringen, ordnen
2. in Rechnung, in Anschlag bringen, in Betracht ziehen, erwägen
3. (d. Wert nach) anschlagen, schätzen, übhpt. für etw. ansehen, achten, halten
4. annehmen, vermuten, meinen, glauben. Spez. **puta** adverb. (N. Kl.) = zum Beispiel, nämlich
putrefacio 3. (facio)
(N. Kl.) morsch, mürbe machen, **putrefio** in Fäulnis übergehen
putresco, ere
mürbe werden (N. Kl.)
putridus, a, um
morsch
putris, e
(N. Kl.) faul, faulig, morsch, locker, schlaff
putus, a, um
rein, sauber
pycta, ae, *m* (gr.)
Faustkämpfer (N. Kl.)
pylae, arum, *f* (gr.)
Engpässe
pyra, ae, *f* (gr.)
(N. Kl.) Scheiterhaufen, Holzstoß
pyramis, idis, *f* (gr.)
Pyramide
pyropus, i, *m* (gr.)
Goldbronze (N. Kl.)
pyxis, idis, *f* (gr.)
Büchse (zu Salbe u. a.)

Q

qua adv.
I. eigtl. lokal 1. relat. a) auf welcher Seite, wo, bei Verb. der Beweg. = auf welche. Wege, wo, sowohl allgem. wie in Beziehg. auf örtl. Subst.; b) beschränkd. = soweit
2. indef. (N. Kl.) irgend wo
II. übtrg. 1. modal a) auf welche Weise, wie; b) (N. Kl.) soweit; c) (N. Kl.) irgend wie
2. qua - qua = et - et teils - teils, sowohl - als auch" (klass. nur i. familiär. Stil)
quacumque (auch **-cunque**)
1. überall, wo
2. (P) = auf alle Weise
quadam-tenus
(P) bis zu e. gewissen Punkt
quadra, ae, *f*
(viereckig.) Stück (P)
quadrageni, ae, a
je 40
quadragesima, ae, *f*
(N. Kl.), d. 40ste Teil als Abgabe (2 $^1/_2$%)
quadragie(n)s
vierzigmal
quadraginta
vierzig (N. Kl.)
quadrans, antis, *m*
= $^1/_4$ as Stück
quadrantarius, a, um
$^1/_4$ (as)
quadratus, a, um
viereckig, subst. **quadratum**, i, *n* Quadrat, (in d. Astronomie) „Geviertschein"
quadriduum (quatri-), i, *n*
4 Tage, e. Zeit v. 4 Tagen, **quadriennium**, ii, *n* 4 Jahre, e. Zeit v. 4 J.
quadrifariam, adv.
in 4 Teile
quadrifidus, a, um
viergespalten (P)
quadrigae, arum, *f*
Viergespann, vierspännig. Wagen (auch bildl.)
quadrigarius, ii, *m*
Wettfahrer
quadrigatus nummus
Silberdenar mit e. Viergespann, vgl. bigatus (N. Kl.)
quadrigulae, arum, *f*
klein. Viergespann
quadriiugus, a, um (**-iugis**, e)
(N. Kl.) vierspännig
quadrimus, a, um
vierjährig
quadringenarius, a, um
von je 400
quadringeni, ae, a
je 400 (N. Kl.)
quadringenti, ae, a
400. **-tesimus**, a, um (N. Kl.) der 400ste, **-tiens** 400mal
quadripertitus, a, um
vierfach, in vier Teile geteilt
quadripedans, gen. antis
(P) = galoppierend, subst. = Roß
quadripes, pedis, *c*
Vierfüßler (namentl. Roß)
quadriremis, is, *f* (abl. - i)
Vierruderer; N. Kl. auch adi.
quadro 1.
viereckig zurichten: übtrg.
1. trans. abrunden
2. intr. a) passen; b) (v. Zahlen) zutreffen stimmen
quadrum, i, *n*
Viereck: sententias redigere in q. „abrunden"
quadrupedans, **quadrupes** = quadrip...
quadruplator, oris, *m*
Ankläger (aus Gewinnsucht od. Schikane), übtrg. (N. Kl.) auch bestechl. Richter
quadruplex, gen. icis
vierfach (N. Kl.)
quadruplum, i, *n*
d. Vierfache, der vierfache (Straf-) Betrag
quaero, quaesivi, quaesitum 3.
1. (auf)suchen
2. vermissen, sich vergebens umsehen nach

3. erfordern
4. zu erwerben oder zu bewerkstelligen suchen, sich umsehen oder suchen nach, erstreben, trachten, verlangen, begehren, sinnen od. denken auf, (sich od. andern) verschaffen, erwerben, bewerkstelligen, bereiten
5. zu erfahren suchen, forschen, fragen, sich erkundigen a) aliquem nach jem.; b) si (verum) quaeris (quaerimus) = aufrichtig gesagt, unleugbar, sicherlich; c) quid quaeris? oder noli quaerere „was fragst du noch?", „kurz"
6. (beratd.) untersuchen, beraten, besprechen
7. (wissenschaftlich) untersuchen
8. (gerichtl.) befragen, verhören, untersuchen, Verhör oder Untersuchg. anstellen

quaesitor, oris, *m*
Untersuchungsrichter

quaesitus, a, um (N. Kl.)
1. gesucht, affektiert
2. ausgesucht

quaeso, ere (altlat. = quaero; klass. nur quaeso u. quaesumus)
bitten

quaesticulus, i, *m*
kleiner Gewinn

quaestio, onis, *f*
1. Befragung
2. (philosa. od. rhet.) Frage, Untersuchung, Erörterung, Thema, Stoff, Gegenstand
3. (gerichtl.) a) Untersuchung, Verhör, spez. peinliches Verhör, Folter; b) Untersuchungsprotokoll; c) (gerichtl.) Aussage, Geständnis; d) Gerichtshof (in Kriminalsachen)

quaestincula, ae, *f*
Detailfrage

quaestor, oris, *m* (quaero)
„Quästor", ursprgl. auch gerichtl. Beamter als ständig. Untersuchungsrichter in Kriminalsachen, später spez. Finanzbeamter; zur Kaiserzeit e. Art Sekretär

quaestorius, a, um
1. quästorisch, des oder eines Quästors, Quästor-
2. v. quästor. Range, subst.
1. **quaestorius**, ii, *m* gewesener Quästor
2. **quaestorium**, ii, *n* a) Amtsgebäude für den Q.; b) N. Kl. Zelt des Q.

quaestuosus, a, um mit comp. u. superl.
1. einträglich, ertragreich
2. v. Pers. a) gewinnsüchtig; b) (N. Kl.) reich (an Gewinn)

quaestura, ae, *f*
Amt od. Würde e. Quästors, Quästur

quaestus, us, *m*
1. Erwerb, Gewinn, Vorteil
2. Gewerbe

qualis, e
wie beschaffen, was für ein, welch, wie; gelegtl. indef. = irgend wie beschaffen

qualiscumque, qualecumque (auch getrennt)
1. relat. wie beschaffen auch immer
2. indef. mit einem subst. = v. irgend welcher Art

qualislibet
von beliebg. Beschaffenheit

qualis(le)nam
welcher eigtlich.?

qualitas, atis, *f*
Beschaffenheit

qual(l)us, i, *m*
Korb (P)

quam adv.
I. in Frag. u. Ausruf. wie = wie sehr, zur Steigerung sowohl von Adj. u. Adv. Spez. ohne Ausruf: quam multa verstärkd. = recht viel
II. relat. „wie", als
1. in Korrelat. mit tam: tam-quam, vgl. tam!
2. bei superl. mit od. ohne possum; so auch quam primum = sobald als möglich
3. in Korrelat. mit e. Komparativ
4. gelegtl. quam si „als wenn"

quamdiu interr.
wie lange?; relat. so lange (als)

quamlibet
nach Belieben, wenn auch noch so sehr (N. Kl.)

quamobrem (auch getrennt)
weswegen

quamquam
Bedeutg. u. Gebrauch wie etsi

quamvis
wie sehr auch, wenn auch noch so, q.

non „wie wenig“
quanam
auf welchem Wege? (N. Kl.)
quando
1. interr., dir. u. indir. „wann“
2. indef. „jemals“
3. rel. als Coni. a) kausal = „da ja“; b) temp. (selt.) = „als“
quandocumque (-cunque), (P) = quandoque 1 u. 3
quandoque
1. temp.= sobald od. so oft einmal
2. (altertüml.) kausal = da ja
3. indef. = (irgend) einmal, früher od. später
4. distrib. = in jed. einzeln. Falle
quandoquidem
da ja
quanquam = quamquam
quantitas, atis, *f*
(N. Kl.) Größe, Menge
quantopere (quanto opere)
wie sehr
quantulus, a, um
= wie klein, neutr. wie wenig
quantulus, (-a -um) **cumque** od. **cunque**
wie klein auch immer, neutr. wie wenig auch immer
quantumvis s. quantusvis
quantus, a, um
wie groß (stark, bedeutend) in Frag. u. Ausruf., od. relat. (hier allein od. in Korrel. mit tantus: **tantus-q.** = so groß - wie) neutr. **quantum** wie viel a) als subi. od. obi.; b) adverb. = wie viel a) als subi. od. obi.; b) adverb. = wie viel, wie sehr, wie, beschränkend = soweit; N. Kl. q. ad = hinsichtlich, in q. = insoweit; c) gen. **quanti** wie hoch, wie teuer bei Verb. des Schätzes u. Kaufens; d) abl. **quanto** um wie viel vor Komparativbegriff.; **quanto-tanto** je - desto. Spez.
1. **quanto opere** s. quantopere
2. quantus mit maximus verbdn. bei posse z.B. des mögl. hoh. Grad., klass. mit vorherghdm. tantus; N. Kl. steht hier auch quantum = quam, od. quantus bei maxime
3. emphat. **quantus** = wie unbedeutend, **quantum** wie wenig
quantus (a, um) **cumque** od. **cunque**
wie groß auch immer, emphat. wie unbedeutend auch immer (attrib. u. prädik.) neutr. = wie viel auch immer
quantus (a, um) **libet**
(N. Kl.) beliebig groß, so groß er sei
quantus quantus
wie groß auch immer
quantus (a, um) **vis**
beliebig groß, jeder noch so große. (P) adv. quantumvis „noch so sehr“
quapropter
(und) deswegen
quaque s. usque
quare
1. interr. „wodurch, weshalb“
2. relat. (und) deswegen (auch bei Auffordrg.)
quartadecumani, orum, *m*
Soldaten der 14. Legion (N. Kl.)
quartana, mit u. ohne febris
d. viertäg. (Wechsel-) Fieber
quartani, orum, *m*
Soldaten der 4. Legion (N. Kl.)
quartarius, ii, *m*
e. Viertel Maß (N. Kl.)
quartus, a, um
d. vierte. **quartum** (N. Kl. -o) zum vierten Mal
quasi (aus quam si)
1. (selten) „wie“ in rein. Vergleichsätz.
2. bei bloß Annahme mit coni., mit od. ohne korrespond. ita, sic, idem u. a. „(gleich) als ob, wie wenn“ (das Richtige folgt mit ac non „und nicht vielmehr“), ebenso q. vero; auch im verkürzt. Satz beim part.; spez. (N. Kl.) e. fremde Ansicht od. Aussage bezeichnd., ohne Urteil üb. ihre Richtigkt. = „weil“, „daß“, „als“
3. q. bezeichn., daß e. Begriff bildl. od. annäherungsweise gesagt ist = „e. Art von, gleichsam, gewissermaßen“ od. = sozusagen, beinahe, ungefähr
quasillum,i, *n*
Spinnkorb
quassatio, onis, *f*
Schütteln (N. Kl.)
quasso 1.
heftig schütteln, zerschlagen, beschädigen, intr. rasseln
quassus, a, um s. quatio

quassus, us, *m*
Erschütterg. (P)
quatefacio 3. (facio)
(polit.) erschüttern
quatenus
1. indir. fragd. „bis wie weit", relat. „so weit, insofern" a) räuml.; b) modal; c) gelegtl. zeitl.
2. (N. Kl.) kausal = weil, da
quater
viermal. ter et q. u. ähnl. (P) = „wiederholt" od. „überaus"
quaterni, ae, a
je vier
quatinus = quatenus
quatio, quassum, ere
eigtl. u. übtrg. schütteln, erschüttern, schwingen, stoßen, (umher)treiben, (zer)schlagen, zerschmettern u. ähnl. (fast nur K. Kl.)
quatriduum, i, *n* s. quadriduum
quattuor, besser als **quatuor** vier.
quattuordecim 14. **quattuorviri**, orum, *m* Vierherren (magistratl. Beamte in d. Munizip.). Ihr Amt (N. Kl.)
quattuorviratus, us, *m*
que, stets enklit.
zus. gehör. Satzglieder u. Sätze zu e. Ganzen verbindend = „und", präzisierend, ergänzend, abschließend = „u. zwar, das heißt, und dabei (noch dazu), und (oder) auch, und somit, und überhaupt, und somit, und überhaupt, kurz", nach Negation. (non, nec) = (und) vielmehr, sondern. **que-que** (N. Kl.) sowohl - als auch, teils - teils; ferner (N. Kl.) **que-et** u. **que-ac**; gelegtl. findet sich klass. **et-que** zur (ungenauen) Verbindg. von Sätzen
quemadmodum, (auch in 3 Wört.)
„wie", interr. od. relat.
queo, quivi, quire (verb. defect.)
(d. Umständen nach) können, imstande sein (meist in negat. Sätz.; inf.)
quercetum, i, *n*
Eichenwald (N. Kl.)
querceus, a, um
Eichen- (N. Kl.)
querella (besser **querela**), ae, *f*
1. Wehklage
2. Klage = Beschwerde, Bedauern
queribundus, a, um
klagend
querimonia, ae, *f*
1. (Weh-) Klage
2. = Anklage, Beschwerde
querito 1.
(N. Kl.) klagen
quernus, a, um
Eichen- (P)
queror, questus sum 3.
I. 1. intr. Klagen äußern, hören lassen, jammern, klagen
2. trans. beklagen, bejammern; (P) auch v. Tieren u. a.
II. sich beklagen, sich beschweren
querquetum = quercetum
querulus, a, um
klagend (N. Kl.)
questus, us, *m* u. (als rhet. t. t.) **questio**, onis, *f*
(Weh)-klage
qui, quae, quod I.
(gen. u. dat. sing. älter = quoius u. quoi; dat. u. abl. plur. auch = quis [klass.?] pron. rel. = „welcher, welche, welches" od. „der, die das" (in relat. Anknüpfg. = [und, aber, denn, also] dieser)
1. selbständ. a) allein, b) mit gen. part; spez. quod = wieviel, soviel - als; beschränkend = insofern, soweit
2. verbd. mit Subst. od pron.
qui, quae, quod, II.
(verstärkt quinam etc. pron. interrog., sing. u. plur., dir. u. indir. = „welcher, (e, es), was für ein, wie beschaffen", deklin. wie I., adi., doch im masc. auch subst. in dir. u. indir. Frage = wer; vgl. quis-quid
qui, quae u. qua, quod, (neutr. plur. quae u. qua) III.
pron. indef. = (irgend) ein oder welch, sing. u. plur., deklin. wie die vorigen, adiectiv
quia (eigtl. neutr. plur. v. qui)
1. fragend: quianam „warum?" (P)
2. Coni. „weil"; (P) quiane etwa weil?
quicum s. qui locat 1.
quicumque, quaecumque, quodcumque, besser als -cunque, auch getrennt qui etc. -cumque; pron. rel., sing. u. plur., subst. (außer im fem.) u. adi. =
1. wer (welcher) nur immer; jeder der

(welcher), neutr. alles was, plur. alle welche
2. absol. = irgend welcher (wer), jeder, (alle) mögliche

quidam-quidam, subst. u. **qui-quae-quoddam** adi.
1. jemand, etwas, (plur. etliche, manche), e. gewisser, „ein" v. Pers. u. Sach., allein od. mit ex (de), das neutr. mit gen.
2. spez. bei Subst. u. hinter Adj. = etwa, etwas, e. Art von, gewissermaßen, oder = ganz, recht, wahrhaft, förmlich

quidem Coni.
e. Wort markierend u. diesem nachgestellt = gewiß, sicher, geradezu, gerade, was - betrifft, wenigstens, freilich, jedoch, indes (s. auch et 5), ohne od. mit voranghdm. od. folgdm. Ggstz., gern e. pron. angeschlossen

quidni
warum nicht, in rhetor. Frag. mit d. coni., z. B. q. possim? warum sollte ich nicht = allerdings kann ich. Vgl. ni

quies, etis, *f*
Ruhe
1. = Stille, Schweigen (N. Kl.)
2. = Schlaf, Traum, P. v. Tod
3. = Ruhe, Erholung, polit. Zurückgezogenheit
4. = Friede (äußerer u. innerer)

quiesco, evi, etum 3.
zur Ruhe kommen u. ruhen, schlafen (P. v. Toten, N. Kl. auch v. Leblos.); ausruhen; übtrg. ruhen = untätig sein, ruhig zusehen, Ruhe halten, sich friedlich od. neutral verhalten, schweigen, verstummen, e. Pause machen (i. Vortrag), (N. Kl.) in Frieden, ungestört bleiben, (P) ruhen lassen

quietus, a, um, mit comp. u. superl.
ruhend, spez. (N. Kl.) schlafend; übtrg. ruhig
1. = (polit. u. sonst) untätig, friedlich, neutral, ungestört
2. = friedfertig, gelassen, od. (N. Kl.) = bedächtig, energielos

quilibet (od. -lubet), quaelibet, quidlibet als subst. u. quilibet, quaelibet, quodlibet als adi.
jeder beliebige, jedweder od. -welcher (auch i. verächtl. Sinne)

quin (aus qui-ne)
I. in Hauptsätzen: 1. rhet. fragd. warum nicht, mit indic. der 1. u. 2. Pers. im Sinne e. Aufmunterg. = wohlan denn, bisweilen auch mit imperat., z. B. q. sic attendite; (N. Kl.) auch in or. obl.
2. steigernd u. berichtigend (warum nicht auch) = ja sogar, ja, (ja) vielmehr, verstärkt q. etiam, (N. Kl.) q. potius
II. in Nebensätzen mit coni.:
1. nach e. negiert. Hauptsatz (!) a) ursprüngl. fragd. (warum nicht) = „daß, zu" mit Inf. (nach Verb. d. Zweifelns, Ungewißheit, Hindernis, Unterlassens u. ähnl., deren negat. Begriff durch die Form der Verneinung aufgehoben wird); b) ursprgl. relat. (wie nicht) = (so) daß nicht, ohne daß, ohne zu
2. non quin kausal = „nicht als ob nicht"

qui-quae-quodnam s. quis-quid

Quinctilis: mense Quinctili
im Juli, Idibus Quinctilibus = am 15. Juli

quincunx, uncis, *m*
1. als Münze = 5 Unzen (P)
2. übtrg. = Kreuzstellung (gestellt wie d. 5 Augen auf d. Würfel)

quindecim
fünfzehn

quindeciens
fünfzehnmal

quindecimviri, orum (od. um), *m*
(N. Kl.) Fünfzehnmänner (Priesterkolleg.), sing. quindecimvir

quindecimviralis, e
der 15 Männer (N. Kl.)

quingenarius, a, um
aus je 500 (N. Kl.)

quingeni, ae, a
je 500

quingentesimus, a, um
d. 500ste

quingenties
500mal

quinci, ae, a
je 5; N. Kl. (zusammen) 5

quinquageni, ae, a
je fünfzig

quinquagesimus, a, um
d. 50ste. fem. subst. = ein Fünfzigstel, als Abgabe = 2%

quinquaginta
fünfzig
quinquatrus, uum (abl. -ibus), *f*
ursprgl. eintäg. Fest für d. lustratio der arma ancilia, später Fest der Minerva u. der artifices, spez. auch als Schulfest gefeiert vom 19. März bis zum 23. M. Von diesen q. (maiores) sind verschieden d. q. minores, ein spez. Fest der tibicines
quinque
fünf
quinquennalis, e
fünfjährig
1. = in jed. 5. Jahre wiederkehrd.
2. (N. Kl.) = fünf Jahre umfassend
quinquennis, e
fünfjährig (P)
quinquennium, ii, *n*
5 Jahre, e. Jahrfünft
quinquepertitus, a, um
fünffach
quinqueremis, e (abl. -i), *f*
Fünfruderer; (N. Kl.) adi. fünfruderig
quinqueviri, orum
Fünfmännerkollegium für amtl. Verrichtgn. sing. quinquevir von einem Mitglied. **quinqueviratus**, us, *m* Amt eines q.
quinque(n)s,
5mal (N. Kl.)
quinquiplico, are
verfünffachen
quintadecumani, orum, *m*
Soldaten der 15. Legion (N. Kl.)
quintana, (via), ae, *f*
Name einer Straße im Lager (N. Kl.)
quintani, orum, *m*
Soldaten der 5. Legion (N. Kl.)
Quintilis = Quinctilis
quintus, a, um
d. fünfte. **quintum (-o)** (N. Kl.) zum 5ten Mal. **quintus decimus** d. 15te
quippe
1. (das vorherghde. als selbstverständl.) bestätigd. u. erläuternd = allerdings, freilich, natürlich, begreiflicherweise, jawohl (auch ironisch)
2. (N. Kl.) einfach erläuternd = denn, nämlich
Quirinus, i, *m*
Name des vergötterten Romulus, (N. Kl.) auch des Janus, (P) des Augustus. adi. **Quirinus**, a, um (P; klass. subst. Quirina als Name e. tribus). adi. **Quirinalis**, e dem Romulus eigen od. geweiht. **Quirinalia**, ium, *n* ein Fest zu Ehren des Romulus
quiritatio, onis, *f*
Angstgeschrei (N. Kl.)
Quirites, ium, *m*
eigtl. d. Bewohner von Cures (P); später Name der Römer als (friedl.) Staatsbürger, daher auch (N. Kl.) i. Gegstz. zu milites stehd.; (P) übtrg. v. d. Bienen. (P) sing. Quiris, itis ein Q.
quirito 1.
(N. Kl.) d. Hilfe der Quiriten anrufen: um Hilfe rufen, klagen, schreien
quis-quid
„wer - was“, **qui, quae, quod** „welcher, welche, welches,“ verstärkt **quisnam - quidnam „**wer (was) denn“ u. **quinam** etc. „welcher u.s.w denn“, pron. interr. direkt u. indir. sing. u. plur., deklin. (außer d. Form quis u. quid) wie die pron. relat. qui, quae, quod. Bemerkg. Die Form quis ist subst. od. adi.; d. Form qui ist adi. (nur gelegt. subst. in indir. Fr., z. B. qui esset, ignorabas; ebenso quinam fuerit); im übrigen sind die Formen des femin. nur adi., die anderen subst. od. adi. Die subst. Formen stehen allein od. mit gen. part. Spez. **quid**
1. subst = wie viel
2. adv. a) inwiefern?; b) warum, wieso?; c) spez. quid? rhet., um e. neues, stärkeres Argument einzuführen, mit folgd. (Ausruf od.) Frage = wie?, wie stehts mit?, ferner (frage ich), nun erst, oder quid zur Einleitg. einer widerlgdn. Frage „wie?“
quis, qua, quid
(irgend) einer od. jemand, (irgend) etwas, plur. welche, was u. **qui, quae** od. **qua, quod** (irgend) ein od. welch, pron. indef., sing. u. plur., deklin. (außer den Form. quis, qua u. quid) wie d. pron. relat. qui, quae, quod. Bemerkg. Die Form quid ist subst., quod adi., die übrigen Formen sind subst. od. adi., doch kommt d. fem. nur vereinzelt als subst. vor: si qua

erat famosa. Im neutr. plur. kommt adi. neben quae auch qua vor. Die subst. Formen stehen allein od. mit gen. part. Spez. **quid** auch adv. = irgend wie - Gebrauch: Die pron. stehen stets enklit., meist nach num oder in Nebensätzen nach si, sive, nisi, ne u. Relativen

quis = quibus

quisnam - quidam
1. interr. wer (was) denn, s. quis-quid
2. indef. nach num: num quisnam - num quidnam, „etwa jemand (irgend ein) - etwa etwas?" - Vgl. nam a. Ende

quispiam - quidpiam od. **quippiam,** (subst.) u. **quis-, quae, quod-** od. **quoppiam** (adi.), pron. indef.
= irgend ein, jemand, der od. jener - etwas (qualit.), in bejahdn. u. verneindn. Sätzen, sing. u. (selt.) plur., als subst. allein oder mit gen. - Anmerkg. Ältere dat. Form: quoipiam

quisquam - quidquam od. besser **quicquam** (älterer gen.: quoi-usquam), pron. indef.
= irgend ein, jemand - etwas (quantit.) in Sätz. mit verneindm. od. beschränkdm. Inhalt. - Anmerkg. Eine Femininform u. der Plur. fehlen; q. ist substant. (allein od. mit gen.), doch steht es bei subst. Personenbezeichng. u. substant.

quisque - quidue, (subst.), u. **quis-, quae-, quodque** (adi.) (älter. dat.: quoique), pron. indef., distributiv
= in jed. einzeln. Falle einer (od. der), jedesmalig, jeder, meist im sing., zur zusammenfassdn. Bezchng. der Klasse auch wohl im plur. (aller genera):
1. allgemein (doch nicht am Anfang des Satzes)
2. im Anschluß an pron. refl. (selt. davor), pron. relat. od. adv. relat., oft ut q (seltener steht q. in d. [vorangehdn.] Hauptsatz, gelegtl. in beiden Sätz.), pron. interrog., superlat., ordinalia; spez. a) **primus quisque** = einer nach d. andern, der Reihe nach, od. = der erste beste; b) **quotus quisque** (nur i. nom.) wie wenige? - **unus quisque** etc. = jeder einzelne

quisquiliae, arum, *f*
Abfall: übtrg. Auswurf

quisquis - quidquid oder **quicquid** (auß. dies. Form in Prosa nur noch quoquo u. [N. Kl.] quaqua, quibusquibus) subst. u. adi.
1. relat. wer (was) od. welcher auch immer; jeder der (alles was). Adjekt. klass. nur i. d. Form quoquo: q. modo est (dafür auch cuicui [gen.!] modi est); q. consilio fecit u. a.
2. indef. i. Sinne von quisque nach Relativis; vgl. quis-que)
3. daher absol. quoquo modo = auf irgend welche od. auf alle mögliche Weise

quivis - quidvis, als subst., u. **quivis, quaevis, quodvis** als adi.
jedweder od. jeglicher, e, es

quo I.
1. lokal, eigtl. u. übtrg. a) interrog. „wohin?" (bisweilen = wo); b) indef. „irgend wohin" (vgl. quis, qua, quid a. Ende); c) relat. „wohin"
2. final „wozu? zu welchem Zweck?"
3. modal (N. Kl.) „irgendwie"

quo II.
1. = wodurch, woher, weswegen, und dadurch u.s.w.
2. vor Kompar. = a) und desto; b) um wie viel, je (quo - eo „je - desto" [eo fehlt auch]; eo - quo)
3. final: a) „damit dadurch"; b) vor e. Kompar. „damit desto"; c) zur Bezeichng. eines abzulehnenden Grundes „deshalb weil, als ob" mit conjunct.; quo minus s. quominus

quoad
1. beschränkd. a) soweit als, mit indic.; b) insofern als
2. zeitl. so lange als, (so lange) bis, konstr. wie dum II 1 b c

quocumque (P auch getrennt)
wohin nur (örtl. u. übtrg.)

quod
I. adv. 1. weshalb (bes. [non] est, quod „es ist [kein] Grund, daß" mit coni., ebenso nibil habeo q.)
2. vor Konjunktionen an der Spitze e. Periode zur inhaltl. Verbindg. mit d. vorhergehdn., so namtl. quod si „u. wenn, wenn nun (also, aber), u. selbst wenn" (quodsi - tamen); ferner q. etsi,

q. nisi, q. quia, q. quoniam, q. ubi, q. cum, q. utinam u. a.
3. beschränkd. (vgl. qui, quae, quod I) = soweit
II. Coni. 1. d. faktische quod = (die Tatsache od. der Umstand) daß, auch = was das betrifft, daß, sofern, wenn
2. d. kausale quod „weil"; non quod, coni. = nicht als ob; non q. - sed quod od. sed ut. u. a.
3. (P) = obgleich

quodammodo
gewisser-, einigermaßen

quod si s. quod I 2

quoius, **quoi**, allein od. in comp. = cuius, cui

quolibet
wohin immer (P),wohin es beliebt

quom s. cum Coni.

quominus mit coni. nach Verb. des Hinderns u. ähnl.
= „daß, zu" mit Inf.

qumodo
auf welche Weise
1. interr.
2. relat. (auch q. - sic, oder ita - q.); spez. in beschränkdm. Sinne: q. nunc est u.a.; **quomodocumque** wie auch immer

quomodonam
wie denn?

quondam adv.
1. einst, ehemals
2. zuzeiten, manchmal
3. (P) zu einer (gewissen) Zeit, einmal

quoniam (aus quom - iam)
1. (zeitl. bei Übergäng.) nachdem nun
2. (kausal) da ja, weil denn

quoquam
irgend wohin

quoque
auch (reiht einfach an, ohne zu steigern; verbindet nicht Sätze, sondern Satzteile, hinter die es enklit. gestellt wird)

quoquo
wohin nur

quoquo (oder **quoque**) **versus** (**-um**)
nach allen Seiten hin

quor altlat. = cur

quorsus u. **quorsum**
1. wohin? (klass. übtrg. bei spectare, recidere u. a.)
2. wozu?

quot indecl.
wie viele
1. interr. u. relat.
2. indef. in quot annos = Jahr für Jahr, quot annis oder **quotannis** = alljährlich

quotcumque
wie viele nur (N. Kl.)

quoteni, ae, a
je wie viele

quotidie (**-dianus**) = cot...

quoties (besser **quotiens**) 1.
interr. „wie oft"; als Coni. = so oft (verallgem. quotienscumque „so oft nur")

quotquot
wie viele nur

quotus, a, um
der wievielte? (N. Kl.) = e. wie geringer. **quotus quisque** s. quisque a. E.

quousque (**quo usque**)
(bis) wie lange? in rhet. Frage

quum s. cum als Coni.

R

rabidus, a, um
(N. Kl.) wütend, wild, ungestüm, rasend (klass. adv.)
rabies, (em, e), *f*
eigtl. Tollwut; übtrg. Wut, Tollheit, Wildheit, Ungestüm, Raserei (selt. klass.)
rabio, bere
toll sein (P)
rabiosulus, a, um
halb toll
rabiosus, a, um
toll, wild
rabula, ae, *m*
„Rabulist", e. streitsüchtiger, lärmend. Anwalt
racemifer, era, erum
Beeren od. Trauben tragend (P)
racemus, i, *m*
(N. Kl.) Beere, Traube, Traubensaft
radiatus, a, um
strahlend
radicitus, adv.
von der Wurzel aus = v. Grund aus, gänzlich
radicula, ae, *f*
Würzelchen
radio u. **-or**
strahlen (N. Kl.)
radius, ii, *m*
1. Stab (N. Kl.), spez. Maß- oder Zeichenstab, Halbmesser des Kreises, (P) Speiche, Weberschiffchen, eine Olivenart
2. Strahl
radix, icis, *f*
1. Wurzel, eßbare Wurzel, spez. (P) Rettich
2. übtrg. Wurzel meist plur. = unterst. Teil, Fuß, oder = Ursprung, Quelle, oder = fest. Grund
rado, si, sum 3.
meist (N. Kl.) (zer)kratzen, (ab)schaben, glatt machen, auskratzen, tilgen verschwemmen, scheren, hin- oder vorbeistreichen an, streifen
raeda, ae, *f* (kelt.)
Reisewagen
raedarius, ii, *m*
Kutscher
ramalia, ium, *n*
(N. Kl.) (trockenes) Geäst, Reisig
rameus, a, um
von Ästen (P)
ramosus, a, um
vielästig (N. Kl.)
ramulus, i, *m*
Ästchen
ramus, i, *m*
Ast, Zweig; (P) plur. = Baum, Baumfrüchte, Laub
rana, ae, *f*
Frosch, (P) Kröte; r. marina „Seeteufel" (e. Fisch)
rancidus, a, um
stinkend (P)
ranunculus, i, *m*
Fröschlein
rapacitas, atis, *f*
Raubsucht
rapax, gen. acis
1. reißend, unwiderstehlich (N. Kl.)
2. an sich ziehend
3. räuberisch, subst. Räuber
rapiditas, atis, *f*
reißende Schnelligkeit
rapidus, a, um, mit comp. u. superl.
reißend, (reißend) schnell, ungestüm, heftig, (schnell) hinraffend, eilig
rapina, ae, *f* (klass. nur plur.)
d. Rauben, Räuberei, (P) Beute
rapio, rapui, raptum 3.
I. 1. eigtl. u. übtrg. (hastig od. unwiderstehlich, gewaltsam) an sich raffend od. reißen od. ziehen a) (N. Kl.) eilig ergreifen, fassen, zusammenraffen; b) (N. Kl.) etw. beschleunigen od. schleunig vollenden, vollbringen, insbes. = durcheilen, i. Fluge erobern; c) (P) übtrg. etw. rasch auf- od. annehmen, einsaugen; d) (meist P) etw. aus-, ab-, zerreißen
II. 1. eigtl. u. übtrg. mit sich od. fort-, wegraffen, fortreißen, (fort)schleppen

2. spez. a) (N. Kl.) etw. schnell wegschaffen, eilig wohin schaffen lassen; b) (P) dahinraffen (v. Tod od. Krankheit); c) se rapere od. rapi forteilen, -stürmen; d) weg-, entreißen; e) fortschleppen = entführen, rauben, (N. Kl.) plündern; f) jmd. mit sich fort- od. hinreißen, zu etw. verleiten, drängen u. a.

rapsit altlat. = rapuerit

raptim adv.
in Eile, rasch

rapto 1.
(hastig oder gewaltsam) fortreißen, -schleppen, -führen, rauben, plündern (selt. klass.)

raptor, oris, *m*
(N. Kl.) Räuber, Entführer

raptum, i, *n*
Raub (N. Kl.)

raptus, us, *m*
Riß, Räuberei (N. Kl.); spez. Raub

rapum, i, *n* (gr.)
Rübe. **rapulum**, i, *n* kleine Rübe

raresco, ere
(N. Kl.) sich verdünnen, sich öffnen, seltener werden

raritas, atis, *f*
Porosität; Seltenheit

raro (comp. rarius)
selten, zuweilen

rarus, a, um, mit comp. u. superl.
1. locker, dünn, spärlich, mit weit. Löchern od. Maschen (N. Kl.)
2. hier u. da, vereinzelt, weitläufig, zerstreut
3. selten, wenig; (P) selten = ausgezeichnet

rasilils, e
(P) leicht zu glätten, geglättet

(raster), tri, *m* u. (**rastrum**), i, *n*
Karst (N. Kl.)

ratio, onis, *f* (reor)
1. eigtl. u. übtrg. Rechnung, Berechnung; spez. (statistisch.) Verzeichnis
2. Geschäftsangelegenheit, Geschäft, übhptg. Angelegenheit
3. Bedachtnahme, Rücksicht auf, Sorge für
4. Verhältnis od. Verbindng mit, Beziehung zu
5. (subjekt.) allgem. = Verhalten, Verfahren, Art u. Weise, Disposition, Maßregel, Gesichtspunkt, Plan, Mittel, Möglichkeit
6. (objekt.) = Verhalten, Beschaffenheit, Natur, Einrichtung, Zustand, Lage, Verhältnis, Wesen, Art, Kategorie, Bereich, Gebiet, innerer Zusammenhang u. a.
7. Vernunft = Denkvermögen, Denken
8. Vernunft = Überzeugung, Klugheit, Sinn u. Verstand
9. Gesetz-, Planmäßigkeit, Methode
10. (vernünft.) Grund, Beweggrund, Motiv, Argument
11. Begründung, Motivierung, Beweisführung, Folgerung
12. Meinungsrichtung, Ansicht, Sinn
13. Tendenz, Richtung, Prinzip, Grundsatz
14. Betrachtung(-sweise), Untersuchung, System, Lehre, Schule, Regel, wissenschaftl. Kenntnis od. Bildung

ratiocinatio, onis, *f*
Überlegung, Schlußfolgerung

ratiocinativus, a, um
folgernd

ratiocinator, oris, *m*
Rechnungsführer, übtrg. Berechner

ratiocinor 1.
Rechnung führen, (be)rechnen

rationalis, e
(N. Kl.) vernunftgemäß, Vernunft-

ratis, is, *f*
Floß, Fahrzeug übhpt.

ratiuncula, ae, *f*
schwacher Grund, spitzfindiger Schluß

ratus, a, um (reor) pass.
1. berechnet
2. bestimmt, fest(stehend)
3. gültig, bestätigt, rechtskräftig; (P) r. esse „in Erfüllung gehen“

raucus, a, um
heiser; (P) schrillend, dumpf tönend, rauschend u. a.

raudusculum, i, *n*
Erzstückchen: kleine Geldsumme (als Schuld)

ravus, a, um
grau, graugelb

rea, ae, *f* s. reus

reapse (vgl. ipse a. Anf.)

in der Tat, faktisch
rebellatio, onis, *f* (N. Kl. = rebellio)
rebellatrix, gen. icis
abtrünnig (N. Kl.)
rebellio, onis, *f*
Aufstand, Empörung
rebellis, e
(N. Kl.) aufrührerisch, aufständisch, auch subst.
rebello 1. (bello)
(N. Kl.) den Krieg erneuern, sich empören (v. Besiegten gegen d. Sieger!)
reboo, are
widerhallen (P)
recalcitro, are P = calcitro
recaleo, ere (caleo)
warm sein (P)
recalesco 3. (calesco)
erwarmen
recalfacio, ere (calefacio)
warm machen (P)
recandesco, dui 3. (candesco)
(P) (wieder) erglühen, weiß aufschäumen
recanto 1. (canto)
widerrufen (P)
recedo 3. (cedo)
I. zurückweichen, -gehen, -treten, sich zurückziehen; spez. (N. Kl.) (v. Lokal.) zurücktreten, sich aus d. Gesichtskreis verlieren.
II. 1. sich trennen, sich entfernen, fortgehen, entschwinden
2. von etw. abweichen, ablassen, zurücktreten, etw. aufgeben
recello, ere
zurückschnellen (N. Kl.)
recens, gen. entis, mit comp. u. superl.
I. adiect. 1. eigtl. u. übtrg. neu, frisch, jung, jüngst, neu entstanden, neulich u. a. (Ggstz. alt, eingewurzelt)
2. prägn. unmittelbar, frisch herkommend von
3. (d. Kräften nach) frisch, kräftig, rüstig (v. Soldat; auch subst.)
II. (N. Kl.) adv. recens = vor kurzem, soeben, neu, neuerdings u. a.
recenseo, ui (N. Kl.), ere (censeo)
1. eigtl. (durch)zählen, mustern, spez. (N. Kl.) vom Zensor
2. (N. Kl.) übtrg. erwägen, aufzählen; (P) durchlaufen
recensio, onis, *f* u. (N. Kl.) **recensus**, us, *m*
(zensorische) Musterung
receptaculum, i, *n*
1. Behältnis, Behälter
2. spez. a) Aufbewahrungsort, Sammel-, Stapelplatz, (N. Kl.) Abzugskanal; b) Zuflucht, Zufluchtsort
recepto 1.
(stark) zurückziehen (P), (oft) bei sich aufnehmen (N. Kl.)
receptor, oris, *m* u. **-trix**, tricis, *f*
Hehler(-in)
receptus, us, *m*
1. Zurücknahme (einer Ansicht), Rücktritt von etw. (N. Kl.)
2. (milit.) Rückzug, -marsch
3. Zuflucht
recessus, us, *m*
1. eigtl. u. übtrg. das Zurückgehen, -weichen, Rückgang, Entfernung
2. meton. eigtl. u. bildl. entlegener Ort, Schlupfwinkel, Einsamkeit
recidivus, a, um
rückfällig: wied. erstehend od. erstand. (P)
recido (P auch reccido od. recido), rec(c)idi, recasurus 3. (cado)
I. eigtl. zurückfallen, -sinken, (N. Kl.) niederfallen
II. übtrg. 1. (v. Pers.) wieder (in e. Zustand) geraten, verfallen
2. v. Leblos.: a) zurückfallen, anheimfalllen; b) auf jmd. zurückfallen = ebenfalls treffen; c) herabsinken, verfallen, wohin kommen; d) (in e. Zeit) fallen
recido, cidi, cisum 3. (caedo)
1. eigtl. abhauen, ab-, beschneiden, stutzen u. a. (N. Kl.)
2. übtrg. beseitigen, verkürzen, beschränken u. a.
recingo, ere (cingo)
(P) ent-, losgürten, pass. etw. ablegen
recino, ere (cingo)
(P) intr. (v. Vogel) seinen Ruf hören lassen, trans. (v. Echo) wiederhallen lassen, (v. Sänger) i. Wechselgesang preisen, (Worte) „nachbeten“
reciperatio und **-rator** s. unt. recuper...
recipero s. recup...
recipio, cepi, ceptum 3. (capio)

I. (re = wieder od. zurück)
1. eigtl. u. übtrg. wiederbekommen, -erhalten, -gewinnen, -erobern, an sich bringen
2. spez. a) (Verurteilte) restituieren; b) se r. = sich erholen, sammeln, wieder fassen
3. zurücknehmen, -holen, -bringen, -ziehen, -führen, -gehen lassen, spez. se recipere „sich zurückziehen“, zurückweichen, -gehen
4. spez. a) (t. t. iur.) sich vorbehalten; b) (N. Kl.) retten, befreien
II. (re verblaßt) hin-, annehmen, nehmen
1. eigtl. a) als t. t. der Fechtersprache; b) einnehmen, i. Besitz nehmen; c) (Geld) einnehmen; d) (Truppen) an sich ziehen; e) jmd. od. etw. aufnehmen, empfangen, Aufnahme gewähren, einlassen
2. übtrg. a) jmd. (in e. Stand, e. Verhältnis) aufnehmen; b) (v. Prätor) e. Klage gegen jmd. annehmen, zulassen; c) gestatten, zulassen, gutheißen; d) (meist auf jmds. Veranlassg. vgl. suscipio) auf sich nehmen od. laden, annehmen, übernehmen, sich gegen jmd. zu etw. verpflichten, einem etw. zusagen, versprechen, gut sagen für, dafür stehen u. a.

reciproco
1. trans. vorwärts u. rückwärts wenden (N. Kl.) animam r. = ein- u. ausatmen
2. (N. Kl.) intr. hin- u. zurückfließen

reciprocus, a, um
(bei d. Ebbe) zurücktretend (N. Kl.)

recitatio, onis, *f*
d. Vorlesen

recitator, oris, *m*
Vorleser

recito
1. e. Urkunde u. a. vorlesen, (Pers.) verlesen
2. (N. Kl.) (eigene Werke) vorlesen, deklamieren

reclamatio, onis, *f*
Widerspruch

reclamito 1.
übtrg. sich sträuben

reclamo 1. (clamo)
1. eigtl. u. übtrg. entgegenschreien, laut widersprechen, sein Mißfallen bekunden, nein sagen, sich sträuben gegen
2. (P) widerhallen

reclinis, e
zurückgelehnt (N. Kl.)

reclino 1.
zurücklehnen; (P) bildl. erquicken

recludo, si, sum 3. (claudo)
(meist P) erschließen, (er)öffnen, entblößen, durchbohren, übtrg. enthüllen

recogito 1. (cogito)
zurückdenken

recognitio, onis, *f*
Besichtigung (N. Kl.)

recognosco 3. (cognosco)
1. wiedererkennen, sich wieder erinnern, (i. der Erinnerung) durchgehen, sich vergegenwärtigen
2. revidieren, prüfen, durchsehen

recolligo 3. (colligo)
wieder sammeln: klass. animum alicuius r. = jmd. wiederversöhnen

recolo 3. (colo)
1. eigtl. wieder anbauen od. bearbeiten (N. Kl.); (P) wieder besuchen
2. übtrg. a) wieder pflegen, erneuern; b) wiederherstellen; c) nochmals erwägen, überdenken

reconciliatio, onis, *f*
Wiederherstellung; Versöhnung

reconciliator, oris, *m*
Wiederhersteller (N. Kl.)

reconcilio 1. (concilio)
1. wiedervereinigen, aus-, versöhnen
2. wiederherstellen, gut machen, wieder gewinnen

reconcinno 1. (concinno)
= ausbessern

reconco 3. (conco) (klass. selten)
1. bergen, verwahren, (auf)bewahren, (P) (Augen) schließen
2. verstecken, verheimlichen

reconditus, a, um
1. eigtl. versteckt, verborgen, (örtlich) entfernt, entlegen
2. übtrg. a) tiefliegend, geheim, tiefsinnig; b) (v. Charakter) verschlossen

recoquo 3. (coquo)
wiederkochen; (N. Kl.) umschmelzen, umschmieden

recordatio, onis, *f*
Erinnerung

recordor 1.

sich vergegenwärtigen, sich erinnern, eingedenk sein; (P) (Zukünftiges) bedenken
recreo 1. (creo)
(phys., geist., polit.) wiederherstellen, -beleben, -aufrichten, neu kräftigen, erfrischen, erquicken u. a.; **se recreare** u. **recreari** sich erholen, Erholung finden
recresco, crevi, ere (cresco)
wieder wachsen (N. Kl.)
recrudesco, dui 3. (crudesco)
(v. Wunden) wieder aufbrechen (klassisch. bildl.); (N. Kl.) übtrg. wieder ausbrechen
recta (sc. via)
gerades Weges
recte adv.
1. eigtl. gerade, lotrecht
2. übtrg. a) recht, richtig, gehörig, ordentlich, b) mit (Fug und) Recht, füglich; c) (v. Befinden) wohl, gut; d) sicher, ohne Gefahr, unbedenklich
rectio, onis, *f*
Regierung
rector, oris, *m*
Lenker, Leiter, N. Kl. Beherrscher, Führer
rectus, a, um
1. eigtl. a) (horizontal) gerade (gerichtet); b) (vertikal) gerade = senkrecht, (P) v. grad. Wuchs
2. übtrg. a) recht, richtig, gehörig, sachgemäß, regelrecht u. a.; b) schlicht, natürlich; c) (moralisch) i) rechtlich, ehrlich; ii) recht, sittlich, gut, tugendhaft
recubo, are (cubo)
auf. d. Rücken liegen (um zu ruhen)
recula, ae, *f* (scherzh. demin. von res)
geringe Habe
recumbo, cubui 3.
sich nieder, zur Ruhe, (spez.) zur Tafel legen; (P) (v. Leblos.) zurück-, niedersinken
recuperatio, onis, *f*
Wiedererlangung
recuperator, oris, *m*
1. Wiedereroberer (N. Kl.)
2. im plur. (Kollegium der) Eigentumsrichter, Schiedsrichter
recuperatorius, a, um
von Schiedsrichtern
recupero 1.
wiedererlangen, -gewinnen, zu etwas kommen
recurro, curri 3. (curro)
zurücklaufen, -eilen, -kommen; übtrg. zurückkommen auf
recurso, are
zurückkehren (N. Kl.)
recursus, us, *m*
Rücklauf, -kehr (N. Kl.)
recurvo 1.
zurückkrümmen (meist P.)
recurvus, a, um
gekrümmt (P)
recusatio, onis, *f*
Weigerung; (jurist.) Einspruch
recuso 1.
etw. ablehnen, zurückweisen, von sich (v. d. Hand) weisen, verweigern, gegen etw. protestieren (auch jurist.), non r. = nichts dagegen haben, keine Einwendung machen u. a.
recussus, a, um (recutio)
erschüttert (P)
reda = raeda
redamao, are (amo)
Gegenliebe hegen (abs.)
redarguo, ui 3. (arguo)
widerlegen, Lügen strafen
redarius = raedarius
reddo, didi, ditum 3. (do)
1. zurückgeben, wieder herausgeben, -zustellen, zurückerstatten (N. Kl.) se reddere u. (P) pass. reddi = zu etw. sich zurückbegeben, -kehren
2. (wieder) von sich geben, ausstoßen; spez. a) (Gehörtes od. Gelerntes) vortragen, auf-, hersagen, erzählen; b) (P) erwidern, antworten; c) wiedergeben, übersetzen, übertragen; d) (dem Ansehen od. Wesen nach) wiedergeben, nachahmen, nachbilden, darstellen
3. (zur Vergeltg.) wiedergeben, (zum Dank) darbringen, erstatten, vergelten
4. (nach Gebühr, i. gebührdr. Weise) geben, erweisen, gewähren, darbringen, zustellen, zukommen lassen
redemptio, onis, *f*
Bestechung, Pachtung; (N. Kl.) Loskaufg.

redempto, are
loskaufen (N. Kl.)
redemptor, oris, *m*
Pächter, Unternehmer, Lieferant
redemptura, ae, *f*
Pachtung (N. Kl.)
redeo, ii, itum, ire (eo)
1. eigtl. u. übtrg. zurückgehen, -kehren, -kommen, wiederkehren, spez. heimkehren, v. Pers. u. Sach.: abs.; res. r. „kommt wied. zur Verhandlg."
2. spez. a) (i. d. Rede) zurückkehren, -kommen; b) (v. Erträgen, Geld) einkommen, eingehen
3. (re verblaßt) a) zu etw. kommen, schreiten; b) an jmd. übergehen
redhibeo, bui, bitum 2. (habeo)
(Gekauftes wegen Mängel) zurückgeben
redigo, egi, actum 3. (ago)
1. zurücktreiben, -bringen
2. spez. a) (Geld u. a.) eintreiben, einziehen, einliefern, (durch Verkauf) lösen; b) übtrg. in e. (schlechteren) Zustand bringen oder versetzen, zu etw. machen; c) (nach Zahl od. Wert) herabsetzen, reduzieren, pass. herunterkommen
recimiculum, i, *n*
(Hals- od. Stirn-)Band od. Kette
redimio 4.
bekränzen, umwinden
redimo, emi, emptum 3. (emo)
1. zurückkaufen
2. (er)kaufen
3. loskaufen (durch Geld u. a.) befreien, abwenden
redintegratio, onis, *f*
Wiederholung (N. Kl.)
redintegro 1.
wiederherstellen, erneuern, ergänzen, auffrischen
reditio, onis, *f*
Rückkehr
reditus, us, *m*
1. eigtl. u. übtrg. (auch im plur.) Rückkehr, -kunft, spez. Kreislauf
2. (N. Kl.) Einnahme, Einkünfte
redivivus, a, um
schon gebraucht; (N. Kl) übtrg. wiedererstanden
redoleo 2. (oleo)
stark riechen od. duften
redomitus, a, um
von neuem bewältigt
redono 1. (dono)
(P) wiederschenken, aufgeben, gewähren
reduco 3. (duco)
I. zurückziehen
II. zurückführen, -bringen, spez.
a) (ehrenhalber) heimgeleiten;
b) (eine verstoß. Frau) wied. zu sich nehmen (N. Kl.); c) (Vertriebene) zurückrufen; d) (milit.) zurückführen, -ziehen, sich zurückziehen lassen;
e) (Abgekommenes) wied. einführen (N. Kl.)
3. in e. Gesalt bringen (P). Vgl. reductus
reductio, onis, *f*
Wiedereinsetzg.
reductor, oris, *m*
Zurückführer (N. Kl.)
reductus, a, um
eigtl. u. übtrg. entlegen (N. Kl.). **reducta**, orum, *n* = reiectanea
reduncus, a, um
gekrümmt (P)
redundantia, ae, *f*
Überfülle
redundo 1. (unda)
1. eigtl. u. übtrg. überfließen, -strömen, austreten
2. übtrg. a) reichlich hervorgehen od. herauskommen aus; b) sich ergießen, hereinbrechen über; c) (v. d. Rede) überströmen; d) abs. in Überfluß haben an, in reich. Maße besitzen, reich sein an
reduvia, ae, *f*
Niednagel
redux, gen. ducis
zurückführend (N. Kl.); zur. geführt, -kehrend
refello, felli 3. (fallo)
widerlegen
refercio, fersi, fertum 4. (farcio)
eigtl. u. übtrg. vollstopfen, anfüllen (mit abl.); aufeinanderhäufen. Vgl. refertus
referio, ire (ferio)
zurückschlagen, -werfen (P)
refero, rettuli, relatum 3. (fero)
I. (re = zurück) 1. i. allg. zurücktragen,

-bringen, -treiben
2. spez. a) (als Fund, Beute) zurück-, heimbringen, einliefern; b) (als Meldung) hinterbringen, melden, berichten; c) zurückwenden, -ziehen; d) pedem od. se referre, gelegtl. referri = sich (allmählich) zurückziehen, zurückgehen, -kehren, heimkehren; e) (Blick, Geist) wieder zuwenden, wieder lenken auf; f) zurückerstatten, -geben; g) vergelten, erwidern; h) (Töne) wiedergeben, widerhallen lassen; i) (mündlich) erwidern, entgegnen; k) (mündlich) wiederholen; l) (mündlich) etw. umkehren; m) (Entschwundenes) wieder od. zurückbringen, wiederholen, -herstellen, erneuern; n) (P) sich an etw. erinnern, etw. überdenken; o) (N. Kl.) wiederspiegeln, -geben, (nachahmd.) darstellen, Ebenbild sein von; p) zurückführen auf, bemessen od. beurteilen nach, abhängig machen von
II. (re verblaßt) 1. ein-, abliefern, überbringen
2. (N. Kl.) (mündl. od. schriftl.) überliefern, hinterbringen, berichten, erzählen, sprechen anführen
3. publiz. t. t. a) (d. gesammelten Stimmen dem Vorsitzdn.) hinterbringen; b) zur Begutachtg. vorlegen, z. Sprache bringen, vortragen, Bericht erstatten, Vorlage machen, Antrag stellen, befragen u. a.
4. eintragen, einschreiben, aufnehmen in
5. eintragen, buchen, verrechnen

refert, referre
es nützt, liegt daran, kommt darauf an u. a.

refertus, a, um mit comp. u. superl.
eigtl. u. übtrg. vollgestopft, gedrängt voll, ganz erfüllt, reich

referveo, ere (ferveo)
bildl. aufwallen

reficio, feci, fectum 3. (facio)
1. wiederherstellen, wieder instandsetzen u. a.
2. wieder wählen
3. (phys., geist., polit.) Erholg. gewähren, erquicken, (neu) beleben, kräftigen, sich erholen lassen
4. (Geld) einnehmen

refigo 3. (figo)
losmachen, -lösen, (her)abnehmen; übtrg. aufheben; (P) wieder befestigen

refingo 3. (fingo)
wiederbilden (P)

reflatus, us, *m*
Gegenwind

reflecto 3. (flecto)
rückwärts biegen, drehen, wenden (N. Kl.); übtrg. zurückwenden, umstimmen

reflo 1. (flo)
entgegenwehen

refluo, ere (fluo)
zur.fließen (P)

refluus, a, um
zurückfließd. (P)

reformatio, onis, *f*
Verbessrg. u. **reformator**, oris, *m* Erneuerer (N. Kl.)

reformidatio, onis, *f*
d. Zurückscheuen

reformido 1. (formido)
zurückschaudern, -beben, (sich) fürchten, scheuen

reformo 1. (formo)
(N. Kl.) wied. umgestalten, herstellen

refoveo 2. (foveo)
(N. Kl.) wied. erwärmen, beleben

refractariolus, a, um
ziemlich ungebärdig

refragor 1.
gegen jem. stimmen, widerstreben (dat.)

refrenatio, onis, *f*
Zügelung (N. Kl.)

refreno 1. (freno)
zügeln, zurückhalten, hemmen

refrico, cui, caturus 1. (frico)
wied. aufreißen, pass. w. aufbrechen; übtrg. wied. erregen, erneuern

refrigeratio, onis, *f*
Abkühlg.

refrigero 1.
abkühlen (klass. abs.), pass. sich abkühlen, erkalten

refrigesco 3. (frigesco)
(wieder) erkalten (N. Kl.); übtrg. erlahmen, ins Hintertreffen geraten, außer Gebrauch kommen

refringo, fregi, fractum 3. (frango)

er-, aufbrechen, (P) losreißen; übtrg. hemmen, brechen

refugio 3. (fugio)

I. intr. 1. eigtl. u. übtrg. zurückgehen, -weichen, fliehen, sich flüchten, sich fernhalten von

2. (v. Lokal.) zurücktreten (N. Kl.)

3. übtrg. s. Zuflucht nehmen

II. trans. fliehen vor; übtrg. meiden, sich scheuen vor

refugium, ii, *n*
Zuflucht(-sort)

refugus, a, um
(N. Kl.) zurückfliehend, -weichend

refulgeo 2. (fulgeo)
(N. Kl.) hell aufleuchten, glänzen

refundo 3. (fundo)
zurückergießen, (P) pass. zurückströmen, sich ergießen

refutatio, onis, *f*
Widerlegung

refuto 1.
zurückweisen; bildl. übtrg. a) = verschmähen, nicht wollen; b) = widerlegen

regalis, e

1. königlich = e. König gebührd., e. Königs

2. königlich = e. Königs würdig, fürstlich

3. (P) tyrannisch. (N. Kl.) adv. **regaliter**

regero 3. (gero)
(N. Kl.) zurücktragen, -bringen, -werfen, übtrg. erwidern

regia, **regii**, s. regius

regificus, a, um
fürstlich (P)

regimen, minis (Sp. **regimentum**, i), *n*
(N. Kl.) Lenkung, Leitung, Verwaltung, übtrg. Leiter, (P) Steuerruder

regina, ae, *f*

1. Königin

2. (N. Kl.) Königstochter, Prinzessin

regio, onis, *f*

1. Richtung, Linie

2. spez. e. regione a) in gerader Richtung, gerade; b) gerade gegenüber

3. Grenzlinie, Grenze

4. spez. a) Gesichtslinie der Augurn am Himmel; b) Himmels-, Weltgegend; c) (geograph.) Lage

5. i. allg. Gegend, Bezirk

6. spez. a) (bildl.) Gebiet = Bereich; b) Gebiet = Landstrich, Landschaft, Bezirk; c) Stadtbezirk

regionatim adv.
bezirksweise (N. Kl.)

regius, a, um

1. königlich = d. König gehörig, des Königs od. der Könige

2. übtrg. a) königlich = eines K. würdig, prächtig; b) tyrannisch. (N. Kl.) **regii**, orum, *m* königl. Truppen, Hofleute. **regia**, ae, *f* Königsburg, Residenz; (N. Kl.) Hof(staat), Königsfamilie, -würde u. a.

regnator, oris, *m*, fem. **-trix**, **tricis**
Herrscher (-in) (N. Kl.)

regno 1.

I. intr. 1. eigtl. König sein, herrschen, regieren

2. übtrg. herrschen, gebieten, d. Herren od. Tyrannen spielen, schalten und walten

II. (N. Kl.) **regnari** beherrscht werden

regnum, i, *n*

1. Königtum, Königsherrschaft, -würde

2. (i. gut. od. übl Sinne) Herrschaft, Regierung, unumschränkte Macht, Tyrannei

3. Königreich u. seine Bewohner; (übtrg. = Reich, Besitztum), Eigentum, Gebiet, Domäne

4. Königshaus

5. (P) Herrschersitz

rego, rexi, rectum 3.

1. eigtl. richten, lenken, leiten; fines r. = d. Grenzen (von Grundstücken) bestimmen, regulieren.

2. übtrg. a) lenken, leiten, regieren, beherrschen, (N. Kl.) subst. **regens**, entis, *m* Regent; b) jmd. auf d. rechten Weg bringen, zurechtweisen

regredior, gressus sum 3. (gradior)
zurückschreiten, -gehen, sich zurückziehen (allg. u. spez. als milit. t. t.); (N. Kl.) zurückkehren

regressus, us, *m*
rückläuf. Bewegung; (N. Kl.) eigtl. u. übtrg. Rückzug, Rückkehr, Rückhalt

regula, ae, *f*

1. Latte, Leiste

2. spez. a) eigtl. Richtscheit; b) übtrg. Maßstab, Norm

regulus, i, *m*
(N. Kl.) kleiner König, Häuptling, Prinz
regusto 1. (gusto)
übtrg. wiederholt genießen
reicio, ieci, iectum 3. (iacio)
I. eigtl. 1. (wieder) zurückwerfen
2. spez. a) Kleidung zurückschlagen, vgl. 4a; b) (N. Kl.) rücklings niedersinken lassen; c) nach hinten stellen od. verweisen
3. (i. allgem.) fortwerfen, -stoßen, zurückstoßen, -drängen; (P) wegwenden
4. spez. a) (Kleider) abwerfen; vgl. 2a; b) (milit.) zurückwerfen, -treiben, -schlagen; b) (nautisch) pass. **reici** zurückverschlagen werden (Schiffe; Pers. [auch bildl.])
II. übtrg. 1. jmd. verstoßen
2. zurück-, abweisen, ablehnen, verschmähen
3. (i. allgem. u. public. t. t.) jmd. od. etw. wohin verweisen
4. verschieben
reiectanea, orum, *n*
(stoisch. t. t.) Dinge, die verwerflich sind, z. B. Krankheit, Armut
reiectio, onis, *f*
d. Zurückweisen, Verwerfg. Ablehng.
reiectus, a, um s. reicio (II 2!)
relabor 3. (labor)
(N. Kl.) zurückgleiten, -sinken, -fallen, -fließen
relanguesco, langui 3. (languesco) erschlaffen, ermatten; nachlassen (klass. bildl.)
relatio, onis, *f*
bildl. 1. (t. t. jur.) d. Zurückschieben
2. (als Redefigur) Wiederholung
3. Anführung
4. Bericht(erstattung), Vortrag (e. Magistrats i. Senat)
relator, oris, *m*
Berichterstattg.
relaxatio, onis, *f*
Erholung, Linderung
relaxo 1. (laxo)
1. eigtl. erweitern, lockern, öffnen, lösen u. a.
2. übtrg. (i. allgem.) trans. nachlassen, mäßigen, läßt nach
3. spez. Erholung od. Erleichterg. gewähren, erholen
relegatio, onis, *f*
Verweisung, Verbannung
relego 1. (lego)
1. fortschicken, entfernen
2. spez. (zur Strafe) verweisen, verbannen
3. übtrg. a) entfernen; b) zurückweisen
relego 3. (lego)
1. wieder aufwickeln (Faden), (e. Ort) wied. aufsuchen, vorbeisegeln an
2. übtrg. geistig wied. durchgehen (P), wiederlesen
relevo 1. (levo)
1. eigtl. a) in die Höhe heben (P); b) erleichtern
2. übtrg. a) etw. erleichtern, heben, mildern; b) (von e. Übel) befreien, Erholung schaffen, pass. sich erholen, Erleichterung fühlen von
relictio, onis, *f*
d. im Stich lassen
relicuus s. reliquus
religatio, onis, *f*
d. Anbinden
religio, onis, *f*
I. subiect. im allgem. gewissenhafte Sorgfalt, Beobachtung, Gewissen, Gewissenhaftigkeit. Spez.
1. a) Skrupel, (relig.) Bedenken, Bedenklichkeit; b) heilige Scheu, Andacht
2. a) Gottesfurcht, Frömmigkeit, Glaube, relig. Gefühl, plur. relig. Gesinnungen od. Gefühle, Religiosität u. a.; b) Aberglaube, plur. abergläub. Bedenken
II. obiect. 1. göttl. Verehrg., Gottesdienst, Kultus, plur. gottesdienstl. od. relig. Handlgn., Gebräuche, Zeremonien, Religion(-swesen), Staatsreligion, Kult
2. Gegenstand der Verehrg. a) abstr. das Heilige, Heiligkt., Weihe; b) konkr. Heiligtum, heil. Stätte, heil. Gegenstd., Götterbild u. a.; c) relig. Schuld, Sünde, Frevel, Fluch; d) relig. Verpflichtg., heilig. Band, Verbindlichkeit, spez. bindender Eid
religiosus, a, um
1. gewissenhaft
2. (religiös) bedenklich, ängstlich

3. gottesfürchtig, fromm
4. heilig, ehrwürdig

religo 1. (ligo)
1. an-, festbinden, befestigen
2. (N. Kl.) (Haar) emporbinden, (P) umwinden

relino, ere (lino)
öffnen (P)

relinquo, liqui, lictum 3. (linquo)
I. eigtl. u. übtrg. 1. (i. allgm.) zurück-, hinterlassen, pass. zurückbleiben
2. spez. a) (i. Rang) überholen; b) liegen lassen; c) (i. e. Zustand) (zurück) lassen; d) (beim Tode) hinterlassen
II. eigtl. u. übtrg. übrig lassen, überlassen, lassen, belassen, pass. übrig bleiben
III. 1. (i. allg.) hinter sich lassen, verlassen, sich trennen von, aufgeben
2. spez. a) i. Stich, fahren lassen; b) außer acht lassen, vernachlässigen; c) (i. d. Rede) übergehen, unerwähnt lassen; d) unbearbeitet lassen; e) ungestraft lassen

reliquiae, arum, *f*
eigtl. u. bildl. Überbleibsel, Rest(e), Trümmer; (P) Ruinen

reliquus (auch relicuus), a, um
1. (i. allg.) zurückgelassen, übrig (geblieben); subst. **reliquum**, i. *n* u. **-a**, orum, *n* der Rest, das übrige
2. spez. a) (v. d. Zeit) künftig, später
3. übrig od. weiter, plur. die übrigen, die anderen, (als Rest, vgl. ceterus); auch adv. **reliqua** übrigens

relli... s. reli...

reluceo 2. (luceo)
(zurück)strahlen

resucesco 3. (lucesco)
wieder erglänzen (N. Kl.)

reluctor 1. (luctor)
(N. Kl.) dagegen ankämpfen, sich sträuben

remaneo 2. (maneo)
1. eigt. a) (zurück)bleiben; (N. Kl.) v. Leblos; b) verbleiben
2. übtrg. übrig bleiben, sich erhalten

remansio, onis, *f*
d. Bleiben

remedium, ii, *n*
eigtl. u. übtrg. Arznei, Heil-, Rettungs-, Hilfsmittel

remeo 1. (meo)
zurückgehen, -kommen (selt. klass.)

remetior, 4. (metior)
(N. Kl.) wieder messen, durchmessen

remex, migis, *m*
Ruderer, Ruderknecht, (N. Kl.) kollekt.

remigatio, onis, *f*
d. Rudern

remigium, ii, *n*
Ruderwerk, Ruder; (N. Kl.) Schiffsmannschaft; (P) übtrg. Flügel, Flugwerk

remigo 1.
rudern

remigro 1. (migro)
eigtl. u. übtrg. zurückkehren, -ziehen, ausziehen

reminiscor, nisci
sich wieder besinnen, sich erinnern, zurückdenken an

remisceo 2. (misceo)
(wieder) vermischen (N. Kl.)

remissio, onis, *f*
1. d. Zurückschicken (N. Kl.)
2. d. Sinkenlassen
3. übtrg. a) d. (allmähliche) Nachlassen; b) Erlassung; c) Nachsicht; d) Erholung; e) Abspannung, Ruhe

remissus, a, um, mit comp.
1. eigtl. lose, schlaff, locker
2. übtrg. a) gelind, sanft; b) gelassen, mild, sanft, ruhig; c) scherzhaft, heiter; d) schlaff, lässig

remitto 3. (mitto)
I. 1. zurückschicken, -senden, (N. Kl.) = entlassen (konstr. wie mitto)
2. spez. a) zurückwerfen; b) dagegen schicken; c) verweisen an; d) zurückgeben, wiederzustellen, -abtreten, (P) vergelten; e) (wieder) von sich geben od. lassen, hinterlassen, hervorbringen u. a. (meist P); f) übtrg. aufgeben
II. 1. (Gespanntes) los-, nachlassen, fahren lassen
2. spez. a) schmelzen, auflösen (P); b) übtrg. erschlaffen lassen, nachlassen in, vermindern; pass. remitti od. intr. remittere = nachlassen; c) freien Lauf lassen; d) erlassen, nachlassen von, (zugunsten jmds.) auf etw. verzichten, einem etw. opfern, gönnen,

schenken, zugestehen
remolior 4. (molior)
zurückstoßen (P)
remollesco 3. (mollesco)
weich werden (P); übtrg. verweichlichen, (P) sich erweichen lassen
remollio 4. (mollio)
verweichlichen (P)
remoramen, inis, *n*
Hemmnis (P)
remordeo, morsum 2. (mordeo)
(N. Kl.) übtrg. wieder beißen, quälen
remoror 1. (moror)
1. intr. verweilen, zögern (N. Kl.)
2. trans. zurück-, aufhalten, warten lassen
remotio, onis, *f*
Ablehnung
remotus, a, um mit comp. u. superl.
1. entfernt, entlegen
2. übtrg. a) von etw. fern, frei, abgeneigt; b) (philos.) remota = reiecta
removeo 2. (moveo) eigtl. u. übtrg. zurückbewegen, -schaffen, entfernen, fern halten, ab-, wegschaffen, beseitigen, abwenden, abbringen u. a., se r. „sich entfernen, lossagen, abwenden, zurückziehen"
remugio, ire (mugio)
(P) zurückbrüllen, -schallen, -rauschen
remulceo, ere (mulceo)
sanft zurückziehen (P)
remulcum, i, *n* (gr.)
Schlepptau
remuneratio, onis, *f*
Vergeltg.
remuneror 1.
belohnen, vergelten
remurmuro, are (murmuro)
zurückrauschen (P)
remus, i, *m*
Ruder (auch bildl.: velis remisque = mit aller Kraft)
renarro, are (narro)
wieder erzählen (P)
renascor 3. (nascor)
wiedergeboren werd., wied. entstehen od. wachsen
renavigo, are (navigo)
zurückschiffen
reneo, ere (neo)
(d. Gespinst) wieder auflösen (P)
renes, gen. (N. Kl.) um u. ium, *m*
Nieren
renideo, ere
eigtl. zurückstrahlen, glänzen (P); übtrg. (N. Kl.) (vor Freude) strahlen, höhnisch od. spöttisch lächeln
renitor i (nitor)
sich widersetzen (N. Kl.)
reno, are (no)
wieder emportauchen (P)
reno, onis, *m* (Fw.)
Wildschnur
renodo, are
in e. Knoten zurückbinden (P)
renovamen, inis, *n*
neue Gestalt (P)
renovatio, onis, *f*
Erneuerung
renovo 1. (novo)
1. eigtl. erneuern, wiederherstellen; (P) (Acker) umarbeiten
2. übtrg. a) i. allg. erneuern; b) ins Gedächtnis zurückrufen; c) erquicken, erfrischen, kräftigen, sich erholen lassen
renuntiatio, onis, *f*
Anzeige, Bericht
renuntio 1. (nuntio)
1. i. allg. (zurück)berichten, verkünden, melden, anzeigen, hinterbringen
2. spez. amtlich a) berichten, melden; b) (d. Resultat der Wahl) bekannt machen, (e. Gewählten) (ausrufen, verkündigen)
3. aufsagen, aufkündigen, mit jmdm. brechen
renuo 3. (nuo)
verneinen, ablehnen, widersprechen
reor, ratus sum, reri
(nach Berechnung) glauben, meinen. Vgl. ratus
repagula, orum, *n*
Riegel
repandus, a, um
aufwärts gebogen
reparabilis, e
ersetzbar (N. Kl.)
reparo 1. (paro)
1. wiedererwerben, -anschaffen, -erneuern, -ergänzen, -ersetzen
2. übtrg. (N. Kl.) a) erfrischen, b) ein-

tauschen
repastino 1.
umhacken (N. Kl.). **repastinatio**, onis, *f* d. Umhacken
repello, reppuli, repulsum 3. (pello)
1. eigtl. zurückstoßen, -treiben, vertreiben, (P) spez. umstoßen
2. übtrg. ab-, zurückhalten, zurück-, abweisen, verhindern, entfernen
rependo, pendi, pensum 3. (pendo)
1. dagegen wägen: bezahlen, (P) loskaufen.
2. übtrg. (P) vergelten, ausgleichen, erstatten
repens, gen. entis
(fast nur N. Kl.) plötzlich, unerwartet, frisch, neu
repente adv.
plötzlich, unvermutet
repentinus, a, um
plötzlich, unerwartet; abl. **repentino** adv. plötzlich (selt.)
repercussus, us, *m*
Widerhall (N. Kl.)
repercutio, ere (percutio)
(N. Kl.) zurückwerfen, bes. **repercussus**, a, um zurückprallend, widerhallend, -strahlend
reperio, repperi, repertum 4. (pario)
(allgem., od. [gewöhnl] mit d. Nebenbegr. des voraufgegang. Suchens) finden, wiederauffinden, antreffen, ausfindig machen, ermitteln. Spez.
1. berichtet finden
2. erfahren
3. finden, erlangen; (P) erwerben
4. erfinden, erdenken
repertor, oris, *m*
(N. Kl.) Erfinder, Urheber, Schöpfer
repetitio, onis, *f*
Wiederholg.
repeto 3. (peto)
I. 1. wieder aufsuchen, zurückkehren nach (N. Kl.)
2. a) jem. wieder od. wiederholt angreifen, mit e. Waffe treffen (N. Kl.); b) e. (Tätigkeit) wieder aufnehmen, wieder in Angriff nehmen, wiederholen, erneuern; c) wieder überdenken, ins Gedächtnis zurückrufen, sich erinnern an; d) (mündlich) wiederholen
3. a) zurückgehen auf, ausholen von, verfolgen bis auf; b) herleiten von; c) zurückrechnen
II. 1. jem. od. etw. zurückholen, wiederholen
2. nachholen
3. (P) hervorholen (Seufzer = ausstoßen)
4. wiedergewinnen
5. zurückerbitten, -fordern, -verlangen. Spez. a) Schadenersatz fordern, insbes. **pecuniae repetundae** u. bloß **repetundae**, arum Schadenersatz für Erpressungen (der Statthalter); b) (polit.) res repetere „Genugtuung fordern“ (durch d. Fetialen)
III. 1. aufsuchen (was sich gebührt) (P)
2. (als sein Recht) fordern, (für sich) beanspruchen; spez. poenas r. ab aliquo (pro re) "Strafe vollziehen an jem. (für)“
repetundae, arum, *f* s. repeto II 5 a
repleo, plevi, pletum 2.
I. wieder füllen, ergänzen, ersetzen
II. (an-, er-)füllen
replicatio, onis, *f*
= in sich selbst zurückkehrende Bewegung
replico, are (plico)
übtrg. entfalten, aufrollen
repo, psi 3.
kriechen (N. Kl.)
repono 3. (pono)
I. zurück- od. beiseite-, ab-, weglegen (um es wieder zu nehmen) übtrg.
1. (auf)bewahren; (P) repostus = entlegen
2. (P) aufgeben, entsagen
II. wieder hinsetzen, -stellen, -legen, -bringen; spez.
1. wiederherstellen
2. jmd. wiedereinsetzen (N. Kl.) wiedererstatten, (e. Stück) wiederaufführen
III. an d. Stelle setzen; spez.
1. Entschädigung geben, vergelten
2. erwidern
IV. hinstellen, -setzen, -legen, -bringen, daher P von Toten = ausstellen, bestatten, begraben; spez.
1. beruhen lassen, setzen auf
2. rechnen zu
reporto 1. (porto)
eigtl. und übtrg. zurück- od. heimtra-

gen, -führen, -bringen; spez. (als Sieger) heimbringen; (P) überbringen, berichten
reposco, ere (posco)
zurückfordern od. (als sein Recht) fordern
repositus, (repostus) s. repono
repostor, oris, *m*
Wiederhersteller (P)
repotia, orum, *n*
Nachfeier des Hochzeitsfestes (P)
repraedentatio, onis, *f*
Barzahlg.
repraesento 1.
I. vergegenwärtigen; (P) nachahmen
II. etw. unverzügl. vollziehen, herbeiführen; spez. barzahlen
reprehendo u. reprendo 3. (prehendo)
1. eigtl. u. bildl. jmd. od. etw. zurückhalten, hemmen
2. übtrg. mißbilligen, tadeln
3. widerlegen
4. (Gesagtes) wiederbehandeln
reprehensio u. reprensio, onis, *f*
1. (rhet.) d. Ausruhen, Widerlegung
2. Tadel
reprehenso, are
fort und fort zurückhalten (N. Kl.)
reprehensor u. reprensor, oris, *m*
Tadler
repren... s. reprehen...
repressor, oris, *m*
Beschränker
reprimo, pressi, pressum 3. (premo)
eigtl. u. bildl. zurückdrängen, hemmen, einschränken, unterdrücken
repromissio, onis, *f*
Gegenversprechen
repromitto 3. (promitto)
e. Gegenversprechen leisten
repto 1.
(N. Kl.) kriechen, schlendern
repudiatio, onis, *f*
Abweisung
repudio 1.
von sich, zurückweisen, zurückstoßen, verschmähen, verwerfen
repudium, ii, *n*
(N. Kl.) Aufhebung, Scheidung (einer Ehe od. Verlobung)
repuerasco, ere
wieder z. Kinde werden, kindisch werden
repugnanter adv.
widerstrebend
repugnantia, ae, *f*
Widerstreit, Widerspruch
repugno 1. (pugno)
Widerstand leisten, sich widersetzen, widerstreben, entgegen sein; i. Widerspruch stehen (mit), widersprechen
repulsa, ae, *f*
Zurückweisung, Durchfall, klass. bei e. Amtsbewergb.; (N. Kl.) übtrg. = abschlägiger Bescheid
repulsus, us, *m*
Zurückprall, (P) Widerhall
repungo, ere (pungo)
wieder stechen (bildl.)
repurgo 1. (purgo)
(wieder) reinigen, säubern (N. Kl.), reinigend entfernen (P)
reputatio, onis, *f*
Erwägung
reputo 1. (puto)
berechnen; erwägen
reqies, etis, *f* (acc. auch requiem; dat. fehlt; abl. nur N. Kl. u. zwar gew. requie)
Ruhe, Erholung; (P) = Stütze
requiesco 3. (quiesco)
Ruhe finden, sich erholen, (aus)ruhen, übtrg. sich beruhigen
requietus, a, um
ausgeruht (N. Kl.)
requiro, quisivi, quisitum 3. (quaero)
1. (auf)suchen, sich umsehen nach
2. vermissen
3. verlangen nach
4. erfordern, nötig machen
5. untersuchen
6. fragen, forschen, sich erkundigen
requisita, orum, *n*
Bedürfnisse
res, rei, *f*
1. Sache, Ding, Gegenstand (allgem. von Abstrakt. wie v. Konkr., selbst von Lebdm.: natura rerum = Welt
2. Wesen: res militaris, divina, rustica etc., s. die Adj. u. vgl. 5; spez. res publica „Gemeinwesen, Staat, Staatsform“, im bes. = Freistaat, Republik; Staatsgewalt, Staatsverwaltung. Vgl. auch Nr. 3, 5, 6, 10. res p. oft durch

„politisch" zu übers., z. B. munera rei p. „pol. Tätigkt." u. a.
3. Lage, Sachlage, Sache, Umstand od. Umstände, Fall, Beziehg., Rücksicht, Hinsicht, Angelegenheit, Verhältnisse, oft = „es", spez. staatliche Verhältnisse
4. die Sache, um die es sich handelt
5 Besitz, Hab u. Gut, Vermögen
6. Vorteil, Interesse, Nutzen
7. Ursache, Grund
8. Geschäft, Unternehmen; spez. = Rechtshandel, Prozeß
9. Ereignis, Vorfall, Begebenheit, plur. spez. geschichtl. Tatsachen, Geschichte
10. öffentl. Handlung, Unternehmen, Tat, spez. Kriegstat, Kampf; rem publicam gerere od. administrare „Krieg führen" (i. Interesse des Staates)
11. prägn. Tatsache, Tatsächlichkeit, Tat, tatsächl. Erfolg od. Erfahrg., Wirklichkeit, d. wahre Wesen von der Natur der Sache; re re vera, re ipsa, reapse = in Wirklichkeit, tatsächlich

resacro, are (sacro)
entsühnen (N. Kl.)

resaevio, ire (saevido)
wieder wüten (P)

resaluto 1. (saluto)
wiedergrüßen

rescindo 3. (scindo)
1. eigtl. u. bildl. ein-, auf-, abreißen, d. Zugang öffnen zu
2. übtrg. ungültig machen, aufheben

rescisco 3. (scisco)
erkunden, erfahren

rescribo 3. (scribo)
1. wiederschreiben: (Legionen) wieder bilden (N. Kl.)
2. zurückschreiben, (schriftl.) antworten; N. Kl. subst. **rescriptum**
3. a) umschreiben; daher b) = durch Anweisg. zurückzahlen, vgl. perscribo
4. (N. Kl.) eine Gegenschrift schreiben

reseco 1. (seco)
ab- od. losschneiden

resemino, are (semino)
wieder erzeugen (P)

resequor 3. (sequor)
= antworten (P)

resero 1. (sera)
öffnen (N. Kl.); übtrg. = zugänglich machen, (N. Kl.) = anfangen, offenbaren

reservo 1. (servo)
jmd. od. etw. zurückbehalten (auch = am Leben erhalten), aufbewahren, auf- od. versparen, vorbehalten

reses, gen. idis
(N. Kl.) zurückgeblieben, untätig, rastend

resideo, sedi 2. (sedeo)
1. eigtl. u. bildl. sitzen bleiben, sitzen, seinen Sitz haben, zurückbleiben, übrig sein
2. spez. (denicales) residentur mortuis „werden gefeiert"

resido, sedi 3. (sido)
1. sich setzen, sich niederlassen, rasten, Halt machen; (P) sich ansiedeln
2. zurücksinken, sich senken, (P) einschrumpfen (Haut); übtrg. sich beruhigen, nachlassen, (N. Kl.) sinken (Mut)

residuus, a, um
zurückbleibend, übrig, spez. rückständig

resigno 1. (signo)
1. eigtl. öffnen
2. übtrg. a) enthüllen (P); b) nichtig machen; c) zurückzahlen (P)

resilio, silui 4. (salido)
zurückspringen, zurück- od. abprallen; (P) zus. schrumpfen

resimus, a, um
aufwärts gebogen (P)

resipio, ere (sapio)
schmecken nach

resipisco, sipivi (-pii) 3.
wieder zu sich od. wieder zur Vernunft kommen

resisto, stiti 3. (sisto)
1. a) nicht weiter gehen, stehen bleiben, Halt machen; b) nicht mitgehen, zurückbleiben; wieder Fuß fassen, (P) sich wieder erheben
2. sich widersetzen, Widerstand leisten, opponieren, widerlegen

resolvo 3. (solvo)
(N. Kl.) auf- od. loslösen, -binden, -trennen, abspannen (Rosse), öffnen, lösen, übtrg. (auf)lösen, matt machen, endigen, befreien, vernichten

resonabilis, e
widerhallend (P)
resono, coni. perf. (P) resonarim (?), are (sono)
1. a) intr. widerhallen; b) (er)schallen, ertönen u. a.
2. trans. (P) erschallen lassen (einen Ton od. Ort)
resonus, a, um
widerhallend (P)
resorbeo, ere (sorbeo)
zurückschlürfen (N. Kl.)
respecto, are (specto)
zurückschauen, (N. Kl.) anschauen, (P) berücksichtigen
respectus, us, *m*
1. eigtl. d. Zurückschauen (mit gen.: nach -)
2. übtrg. Zuflucht, Rückhalt
3. (N. Kl.) Rücksicht
respergo, si, sum 3. (spargo)
bespritzen; (P) zurückspritzen; (N. Kl.) bildl.
respersio, onis, *f*
d. Besprengen
respicio, spexi, spectum 3. (specio)
1. eigtl. a) intr. zurücksehen, sich umsehen; b) (N. Kl.) trans. = sich umsehen nach, auch bildl., od. = hinter sich bemerken; c) blicken auf
2. übtrg. a) zurückdenken; b) e. wachsames Auge haben (auf); c) Rücksicht nehmen auf, bedenken, bedacht sein auf, sich kümmern um; d) jem. angehen; e) (N. Kl.) seine Zuflucht nehmen, warten od. hoffen auf
respiramen, inis, *n* (P)
d. Atmen, Atemweg
respiratio, onis, *f*
das Atemschöpfen, Pause im Reden; Ausdünstung
respiratus, us, *m*
d. Atmen
respiro 1. (spiro)
eigtl. atmen; übtrg. (auf)atmen; ruhen
resplendeo, ere (splendeo)
zurückstrahlen (P)
respondeo, di, sum 2. (spondeo)
I. eigtl. 1. allgem. antworten (auf), erwidern, beantworten
2. spez. a) (amtl.) Gutachten od. Bescheid geben; b) sich verantworten, abwehren; c) (zu e. Termin od. [N. Kl.] zu e. Musterg.) sich melden, erscheinen
II. übtrg. 1. entsprechen, ähnlich oder gemäß sein
2. sich messen
3. erwidern, vergelten
4. Bezahlgn. einhalten, leisten
5. (lokal) gegenüber liegen
responsio, onis, *f*
Antwort
responso, are
(meist P) (gebührdn.) Bescheid geben, Trotz bieten, widerhallen
responsum, i, *n*
Antwort, Bescheid; wohl meist offiz. Art, spez. = Ausspruch, (Rechts-)Gutachten, (N. Kl.) abs. Weissagung
res publica s. res 2
respuo, ui 3. (spuo)
ausspeien; übtrg. verwerfen, von sich weisen, mißbilligen
restagno 1. (stagno)
übertreten (v. Wasser) (N. Kl.); klass locus r. „bildet Sümpfe“
restauro 1.
wiederherstellen (N. Kl.)
resticula, ae, *f*
Schnur
restinctio, onis, *f*
d. Löschen
restinguo, stinxi, stinctum 3. (stinguo)
(aus)löschen; übtrg. dämpfen, stillen, mäßigen, unterdrücken, löschen, pass. erlöschen
restipulor 1.
sich dagegen versprechen lassen
restipulatio, onis, *f*
Gegenversprechen
restis, is, *f*
Seil
restito, are
sich zu widersetzen versuchen (N. Kl.)
restituo, iu, utum 3. (statuo)
1. (an die alte Stelle) wieder hinstellen, aufrichten; spez. a) (aus d. Fremde) zurückrufen, -führen; b) (wieder) zurückgeben, zustellen; ersetzen, wiedergutmachen; jemd. wiedergewinnen für jmd. (se alicui „s. aussöhnen mit“)
2. wieder (in d. alt. Zustand) ver- od.

einsetzen, wiederherstellen, eigtl. u. bildl.
restitutio, onis, *f*
Wiederherstellung, Zurückberufg., Begnadigung
restitutor, oris, *m*
Wiederhersteller
resto, are (sto; perf. restiti zu restito?)
1. übrig bleiben od. sein = noch vorhanden sein, od. = noch fehlen; spez. = a) noch am Leben sein, (P) fortdauern; b) = bevorstehen
2. (N. Kl.) Widerstand leisten
restringo 3. (stringo)
fest binden, beengen (N. Kl.). **restrictus**, a, um mit comp., karg, genau, streng
resudo, are (sudo)
(aus)schwitzen (N. Kl.)
resulto, are
(N. Kl.) zurückprallen, zurück-, widerhallen
resumo 3. (sumo)
(N. Kl.) wieder (an- oder auf)nehmen, wieder bekommen
resupino 1.
rücklings zu Boden werden (N. Kl.)
resupinus, a, um
(N. Kl.) zurückgebeugt, rücklings, auf d. Rücken (liegend), mit (stolz) zurückgeworfenem Haupt
resurgo 3. (surgo)
(N. Kl.) eigtl. u. bildl. wieder aufstehen, sich wieder erheben, wieder erstehen
resuscito, are
wied. anfachen (P)
retardatio, onis, *f*
Verzögerg.
retardo 1. (tardo)
zurück-, aufhalten, hemmen, gelegtl. = zurückbleiben
rete, is, *n*
Netz
retego 3. (tego)
1. eigtl. aufdecken, öffnen, entblößen
2. übtrg. (meist P) sichtbar machen, erhellen, offenbaren, enthüllen
retempto 1. (tempto)
wieder versuchen (P)
retendo, di, tum od. sum 3. (tendo)
losspannen (P)
retentio, onis, *f*
d. An-, Zurückhalten
retento 1.
(N. Kl.) zurück-, be-, festhalten, (P) erhalten
retexo 3. (texo)
1. auftrennen, bildl. rückgängig, zunichte machen
2. von neuem weben: (P) = wiederholen
reticentia, ae, *f*
(Ver-)Schweigen; rhet. = das Abbrechen
reticeo, cui 2. (taceo)
1. (still) schweigen; N. Kl. nicht antworten
2. verschweigen
reticulum, i, *n*
Netzchen
retinaculum, i, *n*
(P) Halter, Leine, Seil, Halttau
retineo, tinui, tentum 2. (teneo)
1. nicht fort od. los od. weiter lassen, zurückhalten
2. er- od. behalten
3. zurück od. in Schranken halten, zügeln
retinnio, ire
widerklingen
retorqueo 2. (torqueo)
zurückdrehen, -wenden; (P) zurückdrängen, zurückwerfen (Kleid), ändern (Sinn)
retorridus, a, um
schlau (P)
retractatio, onis, *f*
Weigerung
retracto 1. (tracto)
1. wieder berühren, ergreifen, vornehmen; übtrg. wieder behandeln, besprechen, überdenken
2. zurückziehen: a) sich sträuben; b) (N. Kl.) widerrufen
retraho 3. (traho)
1. eigtl. zurückziehen, -bringen, spez. (Flüchtige) zurückholen; übtrg. a) zurückziehen, zurück- od. fernhalten; b) (N. Kl.) zurückbehalten
2. (N. Kl.) wieder ziehen, schleppen, übtrg. wird z. Vorschein bringen
3. (nach d. Gegenteil) hinführen
retractus, a, um
spez. (N. Kl.) entfernt

retribuo, ere (tribuo)
zurückgeben, zuweisen (selt.)
retro adv.
1. (räuml.) rückwärts, zurück, (nach) hinten (eigtl. u. bildl.)
2. zeitl.
retrorsum (-sus) adv.
rückwärts, zurück (P); übtrg. umgekehrt
retrusus, a, um (part. v. retrudo)
versteckt
retundo, re(t)tudi, retu(n)sum 3. (tundo)
(Waffen) stumpf machen, abstumpfen; übtrg. (N. Kl.) dämpfen, zähmen, zum Schweigen bringen u. a. **retusus**, a, um übtrg. stumpf
reus, i, *m* u. rea, ae, *f*
1. (gerichtl.) der (die) Angeklagte
2. verpflichtet zu, (N. Kl.) schuld(ig) an, verantwortlich für
revalesco, ere
(N. Kl.) wieder erstarken, Geltung erhalten
reveho 3. (veho)
zurückführen, -bringen; **revehi** zur. kommen, -fahren, -reiten (klass. [in d. Rede] zurückkommen auf)
revellos, velli (P vulsi), vulsum (volsum) 3. (vello)
weg-, los-, heraus-, aufreißen, erbrechen
revelo 1. (velo)
(N. Kl.) entblößen, enthüllen
revenio 4. (venio)
heimkehren
re vera s. res a. E.
reverberor, ari
(N. Kl.) zurückgeworfen werden, anprallen
reverentia, ae, *f*
Achtung, Ehrerbietung; (P) Scham
revereor 2. (vereor)
1. scheuen, befürchten
2. (N. Kl.) achten, ehren, **reverens** ehrfurchtsvoll
reversio, onis, *f*
1. Umkehr
2. Rückkehr, Wiederkehr
revertor, (altl. revortor), perf. reverti (N. Kl. gelegtl. reversus sum, klass. part. reversus u. reversurus, doch selten)
1. (auf dem Wege) umkehren, übhpt. zurückkehren; (P) = wieder wachsen.
2. gelegt. = sich wenden zu
revincio 4. (vincio)
an- od. festbinden, befestigen; (P) fesseln, umwinden
revinco 3. (vinco)
siegreich niederwerfen (N. Kl.); widerlegen
reviresco, ere (viresco)
1. eigtl. wied. grünen (N. Kl.)
2. übtrg. wied. jung werden (P); wieder aufblühen, erstarken
reviso 3. (viso)
wieder sehen, (wieder) besuchen
revivisco, vixi 3.
(eigtl. u. bildl.) wieder aufleben, wied. lebendig werden
revocabilis, e
zurückrufbar (P)
revocamen, inis, *n*
Rückruf (P)
revocatio, onis, *f*
1. (bildl.) d. Zurückrufen
2. (rhet.) Wiederholg.
revoco 1. (voco)
I. eigtl. u. bildl. zurück- od. abrufen, zur Rückkehr auffordern, zurückführen, zurück- od. abbringen, -ziehen; spez. se revocare ad rem „sich etwas ins Gedächtnis zurückrufen"
2. spez. a) wiederherstellen, erneuern; b) beschränken; c) (N. Kl.) widerrufen
II. wieder, nochmals rufen (N. Kl.); spez. a) wied. vor Gericht rufen; b) (als Bühnenausdr.) da capo rufen; c) (Soldaten) wiedereinberufen
III. seinerseits rufen, spez. Einladung erwidern
IV. (re verblaßt) hin- od. berufen (P); übtrg. a) hineinziehen in, es kommen lassen zu; b) in Beziehg. bringen zu, beziehen auf, einrichten od. beurteilen nach; c) verweisen auf; zuweisen
revolo 1. (volo)
zurückfliegen
revolsus, a, um s. revello
revolutio, onis, *f*
Umwälzung (N. Kl.)
revolvo 3. (volvo)
(meist N. Kl.) eigtl. u. bildl. trans. =

etw. zurück od. wieder rollen, wälzen, wieder aufschlagen (e. Buch), von neuem durchmessen od. bestehen , (i. Geist od. Sprechen) zurückkommen auf, überdenken. **revolvi** zurückwogen, -rollen, zurück- od. herabsinken od. -kommen, (v. d. Zeit) zurückkehren, (i. Geist od. Sprechen) zurückkommen auf

revomo ui 3. (vomo)
wieder ausspeien (N. Kl.)

revortor s. revertor

rex, regis, *m*
König
Spez. 1. (N. Kl.) Bezeichng. d. Perserkönigs u. der karthag. Suffeten
2. reges bez. die Glieder der königl. Familie, d. Königspaar, rex = (königl.) Prinz
3. rex sacrorum, gelegtl. rex allein, (N. Kl.) auch r. sacrificiorum, sacrificus, sacrificiorum, sacrificus, sacrificulus = Opferkönig, Bezeichng. eines besond. Priesters
4. reges (namtl. P.) zur Bezeichng. der Gebietenden, die großen Herren, d. Reichen, rex devot von e. Gönner, ferner rex (P) allgem. eigtl. u. bildl. = Lenker, Leiter, ehrend = Gebieter, (Ober-) Haupt, Fürst (v. Göttern, Helden und sonst), adi. = herrschend
5. rex als gehässige Bezeichng. für Tyrann, Despot

rhapsodia, ae, *f* (gr.)
Rhapsodie (N. Kl.)

rhetor, oris, *m* (gr.)
Rhetor = Lehrer der Beredsamkt., Deklamator, (schulmäßig gebild.) Redner, (N. Kl.) verächtl., Redekünstler

rhetoricus, a, um (gr.)
rhetorisch. **rhetorica**, orum *n* od. **rhetorica**, ae (**-e**, es), *f* Redekunst. adv. **rhetorice** rhetorisch, wortreich

rhinoceros, otis, *m* (gr.)
Nashorn

rhombus, i, *m* (gr.)
Butte (e. Fisch)

rhythmici, orum, *m* (gr.)
Lehrer der Rhythmik

ricinium, ii, *n*
e. Kopftuch

rictum, i, *n* u. (N. Kl.) **rictus**, us, *m*
d. geöffnete Mund, Rachen

rideo, si, sum 2.
I. intr. lachen, spez. (P) lächeln, anlachen, zulächeln, lachen = heiter aussehen, strahlen
II. trans. (mit persönl. pass.) lachen od. spotten über jem. od. etw., be-, ver-, auslachen

ridiculus, a, um
1. spaßhaft, witzig. **ridiculum**, i, *n* Witz, Spaß
2. lächerlich

rigeo, ere
starr, steif sein, starren; (P) emporstarren, -ragen, strotzen

rigesco, rigui 3.
(N. Kl.) starrsteif werd., erstarren, (v. Haar) sich sträuben

rigidus, a, um
(meist N. Kl.) starr, steif, hart, unbiegsam, emporstarrend, -ragend, bildl. starr = unerschütterlich, streng, unbeugsam. od. = rauch, abgehärtet, wild

rigo 1.
(N. Kl.) leiten (Wasser), bewässern, benetzen, tränken

rigor, oris, *m*
(N. Kl.) Starrheit, strenge Kälte, Härte, Unbiegsamkt. (eigtl. u. bildl.)

riguus, a, um (P)
1. bewässert
2. bewässernd

rima, ae, *f*
Riß, Ritze

rimor, 1.
aufreißen, durchwühlen, -suchen (klass. bildl.)

rimosus, a, um
rissig (P)

ringor, i
Zähne fletschen: bildl. sich ärgern (P)

ripa, ae, *f*
Ufer (fluminis! [N. Kl.] des Meeres); der plur. bez. auch ein U. in sein. Ausdehng. od. an verschied. Stellen

ripula, ae, *f*
kleines Ufer

risor, oris, *m*
Spötter (P)

risus, us, *m*
Lachen, Gelächter, gelegtl. = Spott;

(P) Stoff od. Gegstd. d. Gelächters
rite
1. (relig.) dem Brauch gemäß, gehörig
2. (N. Kl.) gesetzmäßig
3. (allgem.) a) in gehöriger Weise, rechtmäßig, mit Recht; b) in herkömmlicher Weise, c) (P) zum Heil
ritualis, e
die relig. Gebräche betreffend
ritus, us, *m*
1. relig. Gebrauch, Zeremonie, Ritus
2. übhpt. Gebrauch, Sitte
rivalis, is, *m* (rivus)
wer Mitanrecht hat am Wasser e. Kanals; Nebenbuhler in d. Liebe. **rivalitas**, atis, *f* Eifersucht (selt.!)
rivulus, i, *m*
Bächlein
rivus, i, *m*
Bach, (P) übtrg. Strom; (N. Kl.) (Bewässerungs- od. Abzugs-) Kanal
rixa, ae, *f*
Streit, Hader, Zwist
rixor 1.
in Streit geraten, hadern
robigo, inis, *m*
(N. Kl.) Rost (eigtl. u. übtrg.), Zahnfäule, Meltau, person. als Gottheit
roboreus, a, um
eichen (P)
roboro 1.
kräftigen
robur, boris, *n*
1. Kernholz, spez. Eichenholz, auch = (Eich-) Stamm
2. Ggstde. daraus: Holzbank, ferner (P) Balken, Schaft, Keule, d. hölz. Pferd, spez. (N. Kl.) Verließ des röm. Staatskerkers
3. bildl. a) Härte, Stärke, Kraft, Festigkt. (körperl. u. geistig); b) stärkster Teil, Kern, Stärke, Stütze, insbes. = Kerntruppen; c) Kern, Mittelpunkt
robustus, a, um, mit comp. u. superl.
eichen, fest (N. Kl.); übtrg. rüstig, kräftig, stark
rodo, si, sum 3.
(be)nagen; übtrg. = hämisch verkleinern
rogatio, onis, *f*
d. Fragen; Frage (als Redefigur); (publiz. t. t.) Anfrage, Gesetzesvorschlag, Antrag; Bitte
rogatiuncula, ae, *f*
kurze Frage; kleiner Antrag
rogator, oris, *m*
Bittsteller (gelegtl.!); Antragsteller; Stimmensammler
rogatu
auf Bitten
rogito 1.
oft od. eifrig fragen (N. Kl.)
rogo 1.
I. fragen 1. allgem.: a) abs.; b) aliquem; nach etw. = neutr. pron.; (aliquem) mit indir. Frgstz.: insbesond. vor Gericht beim Verhör: de betreffs
2. spez. a) im Senat; b) in d. Volksversammlg. Antrag stellen, beantragen; c) (e. Beamt. [vom Volk] wählen lassen, [dem Volk] zur Wahl vorschlagen); d) vgl. sacramentum
II. bitten 1. allgem. a) abs.; b) aliquem; um etw. klass. = neutr. pron.; c) (aliquem) de betreffs; d) aliquid, z. B. auxilium = bitten um, erbitten; e) ut, ne, auch bloß. coni.; vgl. ora a. Ende!
2. spez. = zu sich bitten, einladen
rogus, i, *m*
Scheiterhaufen
Romanus, a, um
römisch. Romano more = buchstäblich, aufrichtig
rorarii, iorum, *m*
Plänkler (N. Kl.)
roro 1.
(P) tauen, betauen, übtrg. triefen, träufeln, tropfen, spritzen
ros, roris, *m*
1. Tau; (P) jede Flüssigkt., Naß: Blut, Milch, Tränen, Schweiß, Wasser u. a.
2. **ros** (**marinus** od. **maris**) Rosmarin
rosa, ae, *f* (Fw.)
Rose, meist kollekt. (klass. nur im Sing.; in rosa = mit R. bekränzt, auch als Bezeichng. von Lust u. Freude); (P) Rosenstrauch
rosarium, ii, *n*
(N. Kl.) Rosenhecke, -garten
roscidus, a, um
(N. Kl.) tauend, betaut, träufelnd, feucht
Roscius, ii, *m*
berühmt. Schauspieler; appell. = voll-

endeter Künstler
rosetum, i, *n* (N. Kl.) = rosarium
roseus, a, um
(N. Kl.) aus Rosen, rosenfarbig, rosig
rostra, orum, *n* s. rostrum
rostratus, a, um
mit Schiffsschnabel (-schnäbeln) versehen (geziert)
rostrum, i, *n* (rodo)
1. Schnabel; Rüssel; (P) Schnauze, Gebiß
2. (d. erzbeschlagene) Schiffsschnabel. Spez. **rostra**, orum, *n* d. Rednerbühne auf d. Forum
rota, ae, *f*
(Wagen-) Rad, (P) = Wagen; spez. a) Folterrad; b) (N. Kl.) Töpferscheibe, Walze, Rad einer Winde; übtrg. rota fortunae vom Wechsel des Glücks
roto 1.
N. Kl. (i. Kreise) schwingen, schleudern, drehen, rotans „rollend"
rotundo 1.
abrunden (klass. eigtl., P. bildl.)
rotundus, a, um
(scheiben- od. kugel-)rund; übtrg. abgerundet
rubefacio 3. (facio)
röten (P)
rubeo, ere
rot sein, schimmern, erglänzen, prangen, rubens = rot, rötlich (N. Kl.); übtrg. erröten (vor Scham)
ruber, bra, brum
rot (rubrum mare = d. Rote Meer)
rubesco, bui 3.
rot werden (N. Kl.)
rubetum, i, *n*
Brombeerstrauch
rubeus, a, um
Brombeer- (P)
rubicundus, a, um
rötlich (N. Kl.)
rubor, oris, *m*
1. Röte, Erröten, spez. Schamröte, übtrg. Schamhaftigkeit, Beschämung, Schande
2. rote Schminke; (P) Purpur
rubrica, ae, *f*
(N. Kl.) Rötel, übtrg. Gesetz (die Titel der G. wurden rot geschrieben)
rubus, i, *m*
Brombeerstrauch
ructo 1. selt. dep.
rülpsen
ructus, us, *m*
d. Rülpsen
rudens, entis, *m*
(Schiffs-) Tau
rudimentum, i, *n*
(N. Kl.) erster Anfang, Probe, Schule
rudis, e (nur i. posit.)
1. eigtl. unbearbeitet, roh (N. Kl.)
2. übtrg. unausgebildet, unvollkommen, kunstlos, roh; ungebildet, unerfahren, ungeschickt, unkundig
rudis, is, *f*
(Fechter-) Stab, Freistab (d. Gladiatoren erhielten ihn bei Dienstentlassg., daher [P] bildl. rude donari)
rudo, ere
(P) schreien (v. Esel), brüllen, knarren
rudus, eris, *n* s. raudus
Rufuli, orum, *m*
Bezeichn. der im Feld gewählten tribuni, militum (N. Kl.)
ruga, ae, *f*
Runzel (auch zur Bez. hohen Alters, finsteren Ernstes u. a.)
rugosus, a, um
runzelig (P)
ruina, ae, *f*
I. sing. u. plur. d. Stürzen, Sturz, Hin-, Einsturz (klass. v. Baulichktn.); einstürzen, r. dare auch = niederstrecken; übtrg.
1. (Um-) Sturz, Verderben, Ruin, N. Kl. spez. = völl. Niederlage, Tod
2. Irrtum, Wirren
II. 1. was herabstürzt: caeli r. „Regensturz" (P)
2. plur. d. Eingestürzte: Trümmer
ruinosus, a, um
baufällig
rumino 1.
wiederkäuen (N. Kl.)
ruminatio, onis, *f*
d. Wiederkäuer (bildl.)
rumor, oris, *m*
1. Geräusch
2. Gerede
3. öffentl. Meinung, Ruf; spez. Beifall, (N. Kl.) Verleumdung

rumpia, ae, *f* (gr.)
e. Hiebwaffe bei barbar. Völkern (N. Kl.)
rumpo, rupi, ruptum 3.
I. (vorwiegd. N. Kl.) (zer- od. ab)reißen, (zer)sprengen, (gewaltsam) öffnen, durchbohren, .-schneiden, -hauen, verletzen, beschädigen, spalten, hervorbrechen lassen, hören lassen, **rumpi** bersten, platzen, zerspringen
II. übtrg. 1. brechen, verletzen, vernichten, aufheben
2. unterbrechen, stören, abbrechen
rumusculus, i, *m*
(nichtiges) Gerede
ruo, rui, ruere
I. intr. 1. eigtl. u. bildl. (v. Pers. u. Sach.) (hin- od. nieder-, herab-, ein-, hervor-, dahin- od. einher-) stürzen, stürmen, eilen
2. bildl. unüberlegt od. unsinnig handeln, irren, ins Unglück stürzen
II. trans. 1. herab- od. ein- od. niederstürzen, feindl. anrennen
2. aufwühlen, hervorreißen, zus. raffen (N. Kl.)
rupes, is, *f*
Fels, (N. Kl.) Klippe, Schlucht, Kluft
ruptor, oris, *m*
Brecher (N. Kl.)
ruricola, ae
(P) d. Feld bebauend od. bewohnd., auch subst.
rurivenae, *m*
Landleute (P)
rursum u. **rursus**, (P auch rusum, -us)
1. zurück, rückwärts
2. wiederum, von neuem (e. Rückkehr zu einer früher. Tätigkt. od. e. Wiederholg. bezeichnd.)
3. = contra, vicissim: hinwiederum, hingegen, andererseits
rus, ruris, *n*
1. Land, Landgut, (bebaut.) Feld, Flur (Ggstz. Stadt); spez. rus „aufs Land", rure „vom Lande", ruri (N. Kl. auch rure) „auf dem L."
2. übtrg. (P) Land = bäur. Wesen
ruscum, i, *n*
Mäusedorn
russus, a, um
rot (P)
rusticanus, a, um
ländlich, vom Lande
rusticatio, onis, *f*
Aufenthalt auf d. Lande
rusticitas, atis, *f*
Ländlichkeit (übtrg. [N. Kl.])
rusticor 1.
sich auf d. Lande aufhalten
rusticulus, i, *m*
Bäuerlein
rusticus, a, um (comp. nur als adv.)
1. ländlich, Land; subst. **rusticus**, i, *m* Landmann
2. übtrg. a) = schlicht; b) = bäurisch, roh; subst. Bauer; adv. **rustice**
rusum, **-us** s. rursus, -um
ruta, ae, *f* (gr.)
Raute, e. bitter. Kraut
ruta caesa s. ruo
rutilo 1.
(N. Kl.) rötlich färben, rötlich od. golдig schimmern
rutilus, a, um
(rötlich) glänzend
rutrum, i, *n*
Schaufel (N. Kl.)
rutula, ae, *f* demin. v. ruta

S

sabbata, orum, *n*
Sabbat (N. Kl.)
Sabinus, a, um
sabinisch. herba S. „Sadebaum". (N. Kl.) **Sabinum**, i, *n* Sabinerwein (P)
sabulum, i, *n*
Kies (N. Kl.)
saburra, ae, *f*
Ballast (N. Kl.)
sacco, onis, *m*
„Säckler"
sacculus, i, *m*
Säckchen (P)
saccus, i, *m* (gr.)
Sack
sacellum, i, *n*
kleines Heiligtum, Kapelle
sacer, cra, crum (comp. fehlt; superl. N. Kl.)
1. den Göttern geweiht, heilig
2. (N. Kl.) verwünscht, verflucht
subst. **sacrum**, i, *n*
1. konkr. heilig. Ggstd., Gerät, Bild, Gut, Heiligtum, Opfer
2. abstr. (meist plur.) heil. Handlung, Brauch, Fest, Feier, Gottesdienst, Kult, Opfer; (N. Kl.) Heiligkeit, Unverletzbarkeit
sacerdos, otis, *c*
Priester (-in)
sacerdotium, ii, *n*
Priestertum, -amt, -würde
sacramentum, i, *n*
1. (die von den Parteien deponierte) „Prozeßbuße"; übtrg. Prozeß, Klage
2. a) Fahneneid, b) übhpt. „Eid"
sacrarium, i, *n*
Ort, wo die sacra aufgehob. werd.: Kapelle, übhpt. Heiligtum, heil. Sitz
sacratus, a, um s. sacro
sacricola, ae, *m*
Opferer (N. Kl.)
sacrifer, era, erum
Heiligtümer tragend (P)
sacrificalis, e
Opfer- (N. Kl.)
sacrificatio, onis, *f*
d. Opfern
sacrificium, ii, *n*
Opfer
sacrificulus, a, um
(N. Kl.) opfernd, auch subst. plur. Opferer (verächtl.)
sacrificus, a, um
(N. Kl.) opfernd, Opfer-
sacrilegium, ii, *n*
(N. Kl.) Tempelraub, Religionsfrevel
sacrilegus, a, um
tempelräuberisch; (P) gottlos, verrucht, auch subst.
sacro 1.
weihen, widmen (einer Gottht. u. übtrg.), mit Fluch belegen, heiligen, unverletzlich machen; (N. Kl.) spez. unsterblich machen
sacrosanctus, a, um
hochheilig, unverletzlich
sacrum, i, *n* s. sacer
saeculum od. **saeclum**, i, *n* (statt seculum von sero)
I. Geschlecht (P)
II. spez. Maximum des Menschenlebens
1. das natürl.: a) Menschenalter, Lebensalter, Generation (33 $^1/_2$ Jahr); b) im weiter. Sinne: Generation, Zeitalter, Zeit (sowohl tempor. als auch von den darin lebdn. Menschen u. dem darin herrschend. „Zeitgeist"); (N. Kl.) Regierungszeit
2. juristisch: Zeit v. 100 Jahren, „Jahrhundert" (tempor. u. von den darin lebdn. Menschen), auch im weiter. Sinne als lang. Zeitraum von unbestimmt. Dauer
saepe, saepius, saepissime, oft **saepenumero**
oftmals
saepes, is, *f*
Zaun, Gehege
saepimentum, i, *n*
Umzäunung
saepio, psi, ptum 4.
umzäunen, umhegen; umgeben,

einschließen; schützen, decken
saepta, orum, *n*
1. Gehege, Zaun
2. die „Schranken" für d. Komitien
saeta, ae, *f*
Haar, Borste
saetiger, era, erum
(P) borstig, subst. masc. = Eber
saetosus, a, um
borstig (P)
saevio, ii, itum 4.
wüten, toben
saevitia, ae, *f*
Wut, Heftigkeit, heftig. Zorn, Strenge, Härte (klass. v. Menschen)
saevus, a, um
(meist N. Kl.) wütend, wild, heftig; furchtbar, schrecklich, grimmig
saga, ae, *f*
Wahrsagerin
sagacitas, atis, *f*
Spürkraft; Scharfsinn, -blick
sagatus, a, um
= mit dem sagum bekleidet
sagax, gen. acis, mit comp. u. superl.
leicht witternd; übtrg. scharfsichtig, schlau
sagina, ae, *f*
Mästung, reichl. Kost
sagino 1.
mästen
sagio, ire
wittern
sagitta, ae, *f*
Pfeil; (N. Kl.) „Pfeil" als Gestirn; (P) Wunde
sagittarius, ii, *m*
(Bogen-) Schütze; (N. Kl.) „Schütze" (e. Gestirn)
sagittifer, era, erum
Pfeile tragd. (P). **sagittipotens**, entis, *m* (P) „Schütze" (e. Gestirn)
sagitto, are
mit Pfeilen schießen (N. Kl.)
sagmina, um, *n*
heil. Gras (N. Kl.)
sagum, i, *n* (Fw.) u. **sagulum**, i, *n*
Umwurf, spez. Kriegsmantel (Ggstz. toga)
sal, salis, *m*
1. Salz; (P) Salzflut, Meer
2. übtrg. (feiner) Witz (auch in plur.), (feiner) Geschmack
salaco, onis, *m* (gr.)
Prahler
salarius, a, um
(N. Kl.) Salz-. subst. **salarium**, ii, *n* „Salzgeld" = Diäten, Gehalt
salax, gen. acis
geil (N. Kl.)
salebra, ae, *f*
Holper (P); klass. bildl. = Anstoß, Schwierigkt
salebrosus, a, um
holprig (P)
Saliaris, e s. Salii
saliatus, us, *m*
Salieramt
salictum, i, *n*
Weidengebüsch
salignus, a, um
(P) aus Weidenholz, Weiden-
Salii, orum, *m*
Salier (Name v. Priesterkolleg.). **Saliaris**, e saliarisch (P); übtrg. = prächtig
salinae, arum, *f*
Salzgruben
salinum, i, *n*
Salzfaß (N. Kl.)
salio, ui od. selt. ii 4.
springen, hüpfen, sprudeln (klass. **salientes**, ium, *m* Springbrunnen)
saliva, ae, *f*
Speichel (N. Kl.)
salix, icis, *f*
Weide
salsamentum, i, *n*
Lake
salsus, a, um
1. gesalzen, salzig, beißend (N. Kl.)
2. übtrg. reizvoll, witzig
saltatio, onis, *f* u. (N. Kl.) **-tatus**, us, *m*
Tanz
saltator, oris, *m* (fem. **-trix**, icis)
Tänzer(-in). **saltatorius**, a, um Tanz-
saltem
(e. Begriff herabmindernd) „doch wenigstens"
salto 1.
tanzen (auch bildl.); (P) pantomimisch darstellen
saltuosus, a, um
(N. Kl.) schluchtenreich, waldig

saltus, us, *m*
1. d. Springen, Sprung
2. a) Waldtrift: b) Waldgebirge;
c) Waldschlucht, Engpaß
salubris (N. Kl. -ber), bris, bre, mit comp. u. superl.
1. eigtl. u. übtrg. gesund = heilsam, dienlich
2. gesund = kräftig, tauglich
salubritas, atis, *f*
1. gesunde Beschaffenht. od. Wirkg.; Zuträglichkt. (eigtl. u. übtrg.)
2. Gesundheit, Wohlbefinden
salum, i, *n*
1. d. offene, bewegte Meer
2. (P) = Meer
salus, utis, *f*
1. Gesundheit
2. Wohl(fahrt), Heil, persönl. Sicherht., Leben, Existenz
3. Rettung, Rettungsmittel, konkr. Retter; auch personif. als Göttin
4. Gruß
salutaris, e (mit comp.)
1. Heil bringend, heilsam, ersprießlich
2. gelegtl. = salvus
salutatio, onis, *f*
1. (i. allg.) Begrüßung, Grüßen, Gruß
2. spez. Aufwartung = Besuch
salutator, oris, *m*
Besucher
salutifer P = salutaris
saluto
1. (be)grüßen
2. aufwarten, besuchen; auch = Besuche empfangen
salveo, ere
„gesund, wohl sein", nur:
1. imp.: salve (etc.) a) = sei (u.s.w.) gegrüßt; b) = lebewohl!
2. iubeo aliquem salvere „ich (be)grüße jem."
3. salvebis a Cicerone „C. läßt dich grüßen"
salvus, a, um
heil, wohlbehalten, gesund, gerettet, unverletzt, unbeschädigt
sambucistria, ae, *f* (gr.)
Sambuka (e. Art Harfe)-spielerin (N. Kl.)
Samnis, gen. itis
samnitisch, Samniter. Samnites auch = Gladiatoren in samnit. Rüstung
sanabilis, e
heilbar
sanatio, onis, *f*
Heilung
sancio, sanxi, sanctum (N. Kl. sancitum) 4.
heiligen:
1. unverbrüchlich machen, bekräftigen, anerkennen
2. = festsetzen, verordnen, od. = verbieten, bestrafen
sanctimonia, ae, *f*
Heiligkeit, Ehrwürdigkeit, Sittenreinheit
sanctio, onis, *f*
1. gesetzl. (Straf-) Bestimmung
2. Klausel
sanctitas, atis, *f*
Heiligkt., Unverletzlichkt.; Frömmigkeit; Sittlichkeit, Rechtlichkeit
sanctitudo, inis, *f*
Heiligkeit
sanctor, oris, *m*
Verordner (N. Kl.)
sanctus, a, um
I. part. s. sancio
II. adi. mit comp. u. superl.
1. heilig, unantastbar, unverletzlich
2. heilig, ehrwürdig, erhaben
3. fromm, keusch, sittlich ernst, rechtlich, peinlich
sandyx, ycis, *f* (gr.)
Scharlach (P)
sane adv.
1. (e. Aussage od. Aufforderung bekräftigd.) „fürwahr", „in der Tat", „gewiß"
2. (e. adjekt., adverb., negat. Begriff hervorhebend), „fürwahr", „recht sehr", „durchaus", „ganz"
3. beim coni. concess. od. imper. (einräumd.) „meinetwegen", „immerhin", „nur immer"
4. (in Antworten bestätigd.) „ja wohl", „allerdings" a) nach Fragen; b) nach Auffordrgn.
sangualis avis
(N. Kl.) der dem Sancus heilige Vogel
sanguen s. sanguis
sanguinarius, a, um
blutdürstig

sanguineus, a, um
1. aus Blut, Blut-
2. blutrot
3. (P) blutig (eigtl. u. übtrg.), blutdürstig
sanguinans, gen. antis
blutgierig (N. Kl.)
sanguinolentus (**-nulentus**), a, um
eigtl. u. übtrg. blutig (N. Kl.)
sanguis, inis, *m* oder (N. Kl.) **sanguen**, inis, *n*
1. d. Blut im Körper
2. bildl. Blut = Herzblut, Kraft, Mark
3. übtrg. Blut = Blutvergießen, Mord(en)
4. Blut = Geblüt, Blutsverwandtschaft, Geschlecht, Abkunft; konkr. = „Fleisch u. Blut", Sproß, Kind(er)
sanies, ei, *f*
(N. Kl.) widriges Blut, Jauche, Geifer
sanitas, atis, *f*
1. Gesundheit, bildl. v. d. Rede = Schlichtheit
2. öfter geist. = Besonnenheit, Vernunft (auch i. polit. Sinne)
sannio, onis, *m*
Harlekin
sano 1.
eigtl. u. bildl. heilen, bessern; übtrg. zur Vernunft bringen, beruhigen
sanus, a, um mit comp. u. superl.
1. eigtl. u. übtrg. gesund, heil, bildl. v. d. Rede = einfach, schlicht
2. öfter geist. = besonnen, vernünftig, bei Verstand. adv. **sane** (P)
sapa, ae, *f*
Mostsaft (P)
sapiens, gen. entis, mit comp. u. superl.
weise; einsichtig, klug; adv. **sapienter**
sapientia, ae, *f*
Lebensweisheit, Einsicht, Klugheit
sapientipotens, gen. entis
weisheitsmächtig (P)
sapio, ere
1. eigtl. a) schmecken; b) Geschmack empfinden
2. übtrg. klug, einsichtig sein
sapor, oris, *m*
1. eigtl. Geschmack, auch i. plur., konkr. (P) = (wohlschmeckd.) Saft
2. übtrg. (feiner) Geschmack, Feinheit
sarcina, ae, *f*
eigtl. u. übtrg. Last, Bürde (N. Kl.); spez. plur. Gepäck (des einzeln. Soldat.)
sarcinarius, a, um
Last-
sarcio, sarsi, sartum 4.
ausbessern. Spez. **sartus tectus** = in gut. baulich. Zustande, plur. sarta tecta = d. bauliche Instandhaltg
sarculum, i, *n*
Hacke (N. Kl.)
sarda, ae, *f*
Sardelle
sarisa (bess. als sarissa), ae, *f* (gr.)
mazed. Lanze, u. **sarisophorus**, i, *m* Sarissenträger (N. Kl.)
sarmentum, i, *n*, klass. plur.
1. (Setz-) Reiser
2. Reisig
sartus, a, um s. sarcio
sat = satis
sata, orum, *n* s. sero II
satelles, itis, *m*
Leibwächter, Trabant; übtrg. Begleiter, Spießgeselle
satias, atis, *f* N. Kl. = satietas
satietas, atis, *f*
1. d. Sattsein, Sättigung, Genüge
2. Übersättigung, Überdruß
satin = satisne (s. est id?; [N. Kl.] s. salvae od. salve)
= steht alles gut?)
satio 1.
eigtl. sättigen (N. Kl.); übtrg. a) = befriedigen, stillen; b) = übersättigen
satio, onis, *f*
1. Säen, (N. Kl.) d. Anpflanzen
2. plur. Saatfelder
satira s. satura
satis
genug, hinreichend, hinlänglich
I. adv.
II. prädik.
1. **s. esse** = „genügen, hinreichen"
2. **s. habere** mit inf. „sich begnügen"
3. **s. putare** „für genug halten"
III. Spez. 1. **satis superque** „übergenug", konstr. wie satis
2. **s. agere** seine Not haben
3. **s. accipere** (jur.) Sicherheit empfangen
4. **s. dare** Sicherheit geben. **satisdatio**, onis, *f* Bürgschaft

5. **satis facere** Genüge leisten, befriedigen; e. Gläubiger „befriedigen", „bezahlen"; Genugtuung geben, sich entschuldigen, rechtfertigen; hinlänglich überzeugen. **satisfactio**, onis, *f* Entschuldigung, (N. Kl.) Genugtuung
6. comp. **satius** = besser

sator, oris, *m* (fast nur P)
Pflanzer, Erzeuger, Urheber

satrapes, ae, *m* (im sing. auch nach d. 3. Dekl.) (gr.)
persisch. Statthalter, u. **satrapea**, ae, *f* pers. Statthalterschaft (N. Kl.)

satur, ura, urum (nur posit.)
1. eigtl. satt, gesättigt.
2. übtrg. a) reichhaltig (Stoff); b) (P) fruchtbar, voll. **satura**, ae, *f* e. Schale voll v. verschied. Frücht.: N. Kl. =
1. pers. „i. Gemisch", „ohne Ordng."
2. **satura** a) Name für e. Sammlg. vermischt. Poesieen u. spez. für d. „Satire" des Lucilius u. Horaz; b) Bezeichng. alter possenhaft. Singspiele

saturitas, atis, *f*
Überfluß

Saturnus, i, *m*
Name d. Gottes u. des Planeten. **Saturnius**, a, um saturnisch. **Saturnalia**, ibus, *n* Saturnfest

saturo 1.
eigtl. u. bildl. sättigen

satus, us, *m*
d. Pflanzen, Saat; übtrg. Zeugung, Ursprung

Satyrus, i, *m* (gr.)
Satyr. **Satyriscus**, i, *m* junger S. **Satyri**, orum, *m* (P) Satyrspiele

sauciatio, onis, *f*
Verwundung

saucio 1.
verwunden

saucius, a, um
verwundet, verletzt (eigtl. u. [meist P] bildl.); subst. Verwundeter

s(u)avior 1.
küssen

s(u)avium, ii, *n*
Kuß

saxetum, i, *n*
Steinicht

saxum, i, *n*
Stein(block), Fels(stück). **saxulum**, i, *n* kleiner Fels. **saxeus**, a, um (N. Kl.) felsig, steinern. **saxosus**, a, um (N. Kl.) steinig, **saxifragus**, a, um (P) Felsen zerbrechend

scaber, bra, brum
(N. Kl.) rauh, schartig, übtrg. schäbig

scabies, ei, *f*
Rauhigkeit, Räude, Krätze (N. Kl.); übtrg. = Reiz

scabillum, i, *n*
Taktbrett (hölz. Instrument der Choristen)

scabo, ere
kratzen (N. Kl.)

scaena (nicht gut scena), ae, *f* (gr.)
1. eigtl. Bühne, Theater
2. übtrg. a) öffentl. Bühne, Öffentlichkt.; b) Schaugepränge; c) (N. Kl.) „Szene", „Komödie". **scaenicus**, a, um (gr.) der Bühne, dramatisch; subst. Schauspieler

scalae, arum, *f*
Treppe, Leiter

scalmus, i, *m* (gr.)
Ruderpflock

scalpellum, i, *n*
Lanzette

scalpo, psi, ptum 3.
(in Holz od. Stein) schnitzen, gravieren, (P) = kratzen

scalprum, i, *n*
(N. Kl.) Ahle, Meißel, Federmesser

scammonia (-ea), ae, *f* (gr.)
Purgierkraut

scamnum, i, *n*
(N. Kl.) (Fuß-)Bank

scando, ere
steigen, klass. trans. er-, besteigen

scandula, ae, *f*
Schindel (N. Kl.)

scapha, ae, *f*
(Schiffs-) Boot, Bording

scaphium, ii, *n* (gr.)
Trinkschale

scarus, i, *m* (gr.)
Lippfisch

scatebrae, arum, *f*
sprudelndes Gewässer (P)

scateo, ere, auch **scato**, ere
(N. Kl.) sprudeln, wimmeln von

scatu(r)rigo, inis, *f* u. **-tu(r)rex**, igis, *m*
Sprudelquell (N. Kl.)

scaturio, ire
übtrg. sprudeln von (N. Kl.)
scaurus (gr.)
„Klumpfuß" (P)
scelero 1.
durch Frevel entweihen (P). adi. **sceleratus**, a, um, mit comp. u. superl.
1. (v. Örtlichktn.) durch Frevel entweiht, verflucht (N. Kl.)
2. übtrg. frevelhaft, verbrecherisch, verrucht; subst. Frevel; (N. Kl.) unheilvoll, durchtreiben
scelestus, a, um, im posit.
verrucht, ruchlos
scelus, eris, *n*
1. Frevel, Verbrechen; personif. = Bösewicht
2. Ruchlosigkeit, N. Kl. = ruchloses Wort
3. (P) = Strafe für Verbrechen
scena (-icus) s. scaen...
sceptrum, i, *n* (gr.)
Zepter, (P) = Reich, Herrschaft. **sceptifer**, era, erum (P) Zepter tragd. **sceptuchus**, i, *m* (N. Kl.) Zepterträger, Statthalter
schola, ae, *f* (gr.)
1. (wissenschaftl.) Vortrag, Vorlesg., Unterredung, Untersuchung
2. „Schule", spez. der Rhetoren od. Philosophen, als Ort od. konkr. = Sekte. **scholasticus**, a, um (gr.) rhetorisch (N. Kl.)
scida, ae, *f* (gr.)
Blatt Papier
sciens, gen. entis
1. wissentlich, mit Wissen
2. (mit comp. u. superl.) kundig, geschickt
scientia, ae, *f* (stets subi., nicht obj. = Wissenschaft!)
1. (allgem.) Wissen, Kenntnis, spez. = Gebiet od. Ggstd. des Wissens
2. (insbes. d. gründl.) Wissen, Kenntnis od. Kenntnisse (!), Geschicklichkt. in, Verständnis von (nur sing.!)
scilicet (wohl aus **sci licet**)
(oft ironisch)
1. auf Offenbares hinweisd. = „selbstverständlich", „natürlich", „freilich", spez. bedauernd = „leider", od. konzessiv = „freilich" mit folgdm. sed, tamen
2. (P) Auffallendes hervorhebd. = „man denke nur!"
scilla (squilla), ae, *f* (gr.)
1. Meerzwiebel
2. Krabbe
scindo, scidi, scissum 3.
(durch e. Riß od. Spalt) trennen, zer-, ab-, aufreißen, (zer)teilen, spalten, auch übtrg.
scintilla, ae, *f*
Funke
scintillo, are
Funken sprühen (P)
scio, scivi, od. scii, scitum 4.
I. wissen, Kenntnis haben od. erhalten von, erfahren haben od. erfahren
II. (Bescheid) wissen, verstehen, können. Vgl. sciens.
scipio, onis, *m*
Stab
scirpus, i, *m*
Binse, **scirpeus**, a, um aus Binsen, **scirpea**, ae, *f* Binsenkorb (N. Kl.)
sciscitor 1.
zu erfahren suchen, sich erkundigen, forschen, fragen nach
scisco, scivi, scitum 3.
beschließen, verordnen, stimmen für
scitor 1. P = sciscitor
scitum, i, *n* (scisco)
Beschluß, Verordng.; dafür gelegtl. **scitus**, us, *m* im abl. sing
scitus, a, um (scisco)
geschickt, kundig, spez. geschmackvoll, fein, witzig
scobis, is, *f*
Sägespäne (P)
scopae, arum, *f*
Besen (klass. bildl.)
scopulosus, a, um
klippenreich
scopulus, i, *m* (gr.)
Fels, spez. Riff, Klippe (eigtl. u. bildl.)
scorpio, onis, *m* od. (P) **scorpius (-ios)**, ii, *m* (gr.)
„Skorpion", N. Kl. eigtl. u. als Gestirn, klass. (millit.) als Wurfmaschine od. ihr Geschoß
scortator, oris, *m*
Hurer (P)

scortea, orum, *n*
Lederzeug (N. Kl.)
scortum, i, *n*
Hure
scriba, ae, *m*
„Schreiber" (als Beamter), Sekretär
scribo, scripsi, scriptum 3.
einritzen:
I. zeichnen , N. Kl. e. Abriß machen von, entwerfen, beschreiben mit
II. (i. allg.) schreiben, spez.
1. = (schriftl.) aufzeichnen, e. Schriftstück aufsetzen, abfassen
2. = beschreiben, schildern (oft auch v. dichter. Darstellung), (P) jmd. besingen
III. spez. 1. schriftl. einsetzen, ernennen
2. (Soldaten u. a.) einschreiben in e. Liste, ausheben; (P) übtrg. = aufnehmen unter
3. als ausgeliehen buchen ([P] ab aliquo = durch Anweisung auf jemd.)
scrinium, ii, *n*
Kapsel (N. Kl.)
scriptio, onis, *f*
d. Schreiben; schriftl. Darstellung; schriftstellerische Tätigkeit
scriptito 1.
oft schreiben; verfassen
scriptor, oris, *m*
Schreiber; Verfasser, Darsteller; Schriftsteller, spez. Geschichtschreiber, od. auch (meist P) = Dichter
scriptum, i, *n*
I. „Linie" in e. Brettspiel (XII scripta „d. Zwölf-Linien-Brett")
II. 1. i. allg. Geschriebenes, Aufsatz, Schrift, plur, schriftsteller. Tätigkt.
2. spez. a) Konzept, schriftl. Entwurf; b) Verordnung; c) Wortlaut, buchstäbl. Auffassung
scriptura, ae, *f*
1. d. Schreiben (N. Kl.); schriftl. Darstellg., (N. Kl.). = Aufzeichng.; Wortlaut
2. Weidegeld
scriptus, us, *m*
Schreiberdienst (N. Kl.)
scripulum, i, *n*
= $^{1}/_{24}$ uncia, etwa „Gramm"
scrobis, is, meist *m*
Grube
scrofa, ae, *f*
Mutterschwein (N. Kl.)
scrupeus, a, um
schroff (P)
scrupulosus, a, um
schroff
scrupulus, i, *m*
übtrg. Bedenken, „Skrupel"
scrupus, i, *m*
rauher Fels
scruta, orum, *n* (gr.)
Trödel (P)
scrutor 1.
eigtl. durchsuchen, -wühlen; bildl. untersuchen, er-, durchforschen; forschen nach
sculpo, psi, ptum 3.
schnitzen, meißeln (selt. klass.).
sculptilis, e, geschnitzt (P).
sculptura, ae, *f* (N. Kl.) Schnitzarbeit
scurra, ae, *m*
Possenreißer; Pflastertreter, Lebemann
scurrilis, e
hanswurstmäßig
scurrilitas, atis, *f*
Possenreißerei (N. Kl.)
scurror, ari
(P) d. Hof machen, schmarotzen
scutale, is, *n*
Schleuderleder (N. Kl.)
scutatus s. scutum
scutella, ae, *f*
(Trink-) Schale
scutica, ae, *f* (gr.)
Karbatsche (P)
scutula, ae, *f* (gr.)
Walze; (N. Kl.) Rhombus
scutulum, i, *n*
kleiner Schild
scutum, i, *n* (gr.)
viereckiger „(Lang-) Schild", auch wohl übtrg. **scutatus**, a, um = schwer bewaffnet, N. Kl. auch subst. plur
scyphus, i, *m* (gr.)
Becher
se u. **sed** = sine s. sed I
sebum, i, *n*
Talg
secedo 3. (cedo)
beiseite-, weggehen, sich entfernen, sich trennen (meist N. Kl.)

secerno 3. (cerno)
eigtl. u. bildl. (ab)sondern, (aus)scheiden, trennen (ab „von“). **sectretus**, a, um adi. (ab)gesondert, besonders, getrennt (ab „von“); (N. Kl.) einsam, abgelegen, geheim. **secretum**, i, *n* Abgeschiedenheit, entlegener od. geheimer Ort, Gemach (N. Kl.); Geheimnis. **secreto** adv. insgeheim

secessio, onis, *f*
d. Abseitstreten; (polit.) Spaltung, Absonderung, Abzug

secessus, us, *m*
(N. Kl.) Abgeschiedenheit, Zurückgezogenheit, abgeschiedener Ort, Versteck

secius s. secus adv. II

secludo, si, sum 3. (claudo)
ab-, verschließen, absondern, trennen (ab „von“)

seco, secui, sectus 1.
I. (ab-, zer-) schneiden; operieren, amputieren; (P) zersägen, verletzen, zerfleischen
II. 1. bildl. durchschneiden, -eilen, -ziehen, -segeln, -fliegen (P)
2. übtrg. (ab)trennen, einteilen, P = entscheiden

secretio, onis, *f*
Trennung

secretus, (**-tum**, **-to**) s. secerno

secta, ae, *f*
1. Richtung, Bahn
2. Partei (auch polit.), philos. „Schule“

sectator, oris, *m*
ständiger Begleiter, Anhänger. Vgl. sector

sectio, onis, *f*
1. „Aufkauf“ od. „Verkauf“ der Kriegsbeute od. der konfiszierten Güter durch die sectores
2. „Auktions-, Beutemasse“

sector 1.
stets folgen, überall begleiten, i. Gefolge od. Diensten jmds. sein (besond. v. Klienten); (P) = jagen; übtrg. = trachten nach

sector, oris, *m*
1. Abschneider
2. „Aufkäufer“

sectura, ae, *f*
Steinbruch

secubo 1. (cubo)
allein schlafen (N. Kl.)

sec(u)lum = saec(u)lum

secundani, orum, *m*
Soldaten der 2. Legion (N. Kl.)

secundarius, a, um
zweiter (nach Ordnung u. Art.)

secundo, are
(N. Kl.) begünstigen, zum besten wenden

secundum praep. mit acc.
1. (örtl.) a) entlang, längs, in d. Richtung von; b) (N. Kl.) dicht hinter
2. (zeitl.) gleich nach
3. nächst (v. Reihe u. Grad)
4. gemäß
5. zu Gunsten

secundus, a, um (sequor)
I. d. folgende, zweite, nächste (in Reihe u. Rang); (N. Kl.) = nachstehend, geringer. adv. **secundo** an 2. Stelle
II. „leicht folgend“
1. flumine secundo s. flumen.
2. (auch comp. u. superl.) a) = günstig, beifällig; b) = glücklich, nach Wunsch

securifer, era, erum
e. Streitaxt tragend (P)

securis, is, *f*
Beil, Axt; übtrg.:
1. = Wunde
2. plur. = (obrigkeitl.) Gewalt, (polit.) Macht

securitas, atis, *f*
1. Sorglosigkeit
2. (N. Kl.) übtrg. Fahrlässigkt., (Gefühl der) Sicherheit

securus, a, um (mit comp.)
sorglos, unbesorgt; (N. Kl.) fahrlässig, sicher, gefahrlos

secus subst. s. sexus

secus adv.
I. anders; (non) secus - atque od. quam „(nicht) anders - als“
II. comp. **sequius** (N. Kl.), klass. **setius** (nicht secius!) „weniger“, „minder“, „minder gut“, (klass. in der Verbindg. nihilo setius = nichts desto weniger)

sed eigt. abl. des pron. refl.:
I. sed od. se „ohne, sonder“
1. archaist. = sine
2. in Kompos., z. B. seditio, securus,

seiungo, segnis (aus se igne) u. a.
II. **sed** (auch set geschr.) Coni., an d. Anfg. gestellt, doch dicht. auch nachgesetzt:
1. „sondern", e. Negat. aufhebd.; vgl. non modo - sed (etiam) u. a.
2. nach Affirmat. beschränkd. od. berichtigd. „aber", „allein": Spez. a) abbrechd. u. zu Neuem, insbes. zum eigtl. Thema übergehd., od. nach Digression od. Paranthese wieder einlenkd.; b) abbrechd. „doch" bei Einwurf, Widerlegung, Einräumung, unwill. Trage; c) nach irrealer Hypothesis die Wirklichkt. einführd. Verbindgn.
1. sed enim „aber freilich", „aber natürlich", „aber ja"
2. sed etiam (mit zu ergänzdm. non modo) steigernd = „ja sogar"
3. sed tamen „indessen"
4. sed vero „sondern doch, fürwahr"

sedatio, onis, *f*
Beruhigung

sedatus, a, um s. sedo

sedicim
sechzehn

sedecula, ae, *f*
Stühlchen

sedeo, sedi, sessum 2.
sitzen, da sitzen; spez. a) zu Rate od. Gericht sitzen; b) weilen, untätig sitzen, (N. Kl.) milit. = still liegen; c) (v. Leblos.) festsitzen, haften, eigtl. u. bildl.

sedes, is, *f* (gen. plur. sedum)
eigtl. u. bildl.
1. konkr. Sitz, Platz
2. abstr. (v. Pers. u. Sach.) Sitz, Wohnsitz, Aufenthalt, Platz, Stätte

sedile, is, *n*
Sitz (N. Kl.)

seditio, onis, *f* (vgl. sed I 2)
Zwietracht, Zwist, Aufruhr, Aufstand (klass. v. Bürgern u. Soldaten). **seditiosus**, a, um, mit comp. (N. Kl.) u. superl., aufrührerisch, unruhig

sedo 1.
sinken machen: beschwichtigen, stillen, unterdrücken. **sedatus**, a, um mit comp. u. (N. Kl.) superl., ruhig, gelassen

seduco 3. (duco)
1. beiseiteführen, (u. dadurch) retten
2. (N. Kl.) trennen, **seductus**, a, um entfernt

seductio, onis, *f*
Beiseiteführung

sedulitas, atis, *f*
Dienstbeflissenheit, (i. übl. S.) Übereifer

sedulus, a, um
geschäftig, emsig; (P) (i. übl. S.) übereifrig. **sedulo** = „sine dolo": geschäftig, eifrig, ernstlich (N. Kl.) vorsätzlich

seges, etis, *f* (sing. u. plur.)
Saatfeld, Saat (konkr.!), auch bildl.; (P) Pflanzung; übtrg. (P) = dichte Menge

segnis, e (s. sed I 2), mit comp.
träge, säumig, lässig

segnitia, ae u. **-ties**, ei (einmal **segnitas**, atis [?]), *f*
Trägheit, Lässigkeit

segrego 1. (grex)
absondern, trennen

seiugatus, a, um
getrennt

seiuges, *m*
Sechsgespann (N. Kl.)

seiunctio, onis, *f*
Trennung

seiungo 3. (iungo)
trennen, scheiden

selectio, onis, *f*
Auswahl

selibra, ae, *f*
$^1/_2$ Pfund (N. Kl.)

seligo, legi, lectum 3. (lego)
auswählen, -lesen

sella, ae, *f*
Sessel, Stuhl

sellarius, ii, *m*
„Seßler" (N. Kl.)

sellisternium, ii, *n*
Götterschmaus (N. Kl.)

sellula, ae, *f*
Sesselchen (N. Kl.)

sellularius, ii, *m*
Sitzarbeiter

semel
einmal; spez.
1. = d. erste Mal, erstlich

2. = auf einmal, ein für allemal, (einmal) für immer
3. tonlos „einmal“ bei Relat., Konj.

semen, inis, *n*
1. (allgem.) Same, Keim, Grundstoff, auch bildl.; (P) Setzling
2. übtrg. Geschlecht, (P) Sprößling

semenstris, e = semestris

sementus
dies: Saatfest (P)

sementis, is, *f*
Saat = Aussaat

semermis (-mus) = semierm...

semestris, e
halbjährig

semesus, a um
halbverzehrt (N. Kl.)

semet s. sui

semhomo = semihomo

semianimis, e u. **-us**, a, um
halbtot (N. Kl.)

semiapertus, a, um
halb offen (N. Kl.)

semibos, bovis, *m*
Halbstier (P)

semicaper, pri, *m*
Halbbock (P)

semicremus, a, um
halbverbrannt (P)

semicubitalis, e
$^1/_2$ Elle lang (N. Kl.)

semideus, i, *m*
Halbgott (P)

semidocti, orum, *m*
Halbgelehrte

semiermis, e, u. **-us**, a, um
halbbewaffnet (N. Kl.)

semiesus, a, um = semesus

semifactus, a, um
halbfertig (N. Kl.)

semifer, era, erum
(P) halbtierisch, halbwild, auch subst.

semigermanus, a, um
halbgermanisch (N. Kl.)

semigravis, e
halbbetrunken (N. Kl.)

semigro 1.
wegziehen

semihomo, minis, *m*
(P) Halbmensch, Wilder

semihora, ae, *f*
$^1/_2$ Stunde

semilacer, era, erum
halbzerfleischt (P)

semiliber, era, erum
halbfrei

semilixa, ae, *m*
halber Marketender (als Schimpfwort) (N. Kl.)

semimas, aris, *m*
Halbmann (N. Kl.)

seminarium, ii, *n*
Baum-, Pflanzschule

seminator, oris, *m*
(eigtl. u. bildl.) Säer

(**seminex**), necis
halbtot (N. Kl.)

semino 1.
hervorbringen

seminudus, a, um
halbnackt (N. Kl.)

semiplenus, a, um
halbvoll

semiputatus, a, um
halbbeschnitten (P)

semirutus, a, um
halbzerstört (N. Kl.)

semis, missis, *m* (auch indecl.)
$^1/_2$ As: übtrg. $^1/_2$ HS singuli semis „je 1 $^1/_2$“, bei Zinsen semisses = $^1/_2$% monatl.

semisomnus, a, um
schlaftrunken

semita, ae, *f*
Fußsteig, Pfad (auch bidl.)

semiustilatus (-tulatus), a, um u. **semiustus**, a, um
halbverbrannt

semivir, iri, *m*
(N. Kl.) Halbmann, weibisch

semivivus, a, um
halb tot, halb erstorben

semoveo 2. (moveo)
trennen, ausschließen (ab). **semotus**, a, um entfernt (ab); N. Kl. = vertraulich

semper adv.
immer, stets, von jeher; (P) = jedesmal

sempiternus, a, um
immerwährend, ewig

semuncia, ae, *f*
$^1/_2$ Unze, 1/24 Pfund; bei Erbschaft = $^1/_{24}$. **semunciarum** fenus N. Kl. = $^1/_{24}$

v. Kapital (jährl.) Zinsen, d. h. 5% im (12 monatl.) Jahr, nach andern = $^1/_{24}$% monatl. d. h. $^1/_2$ % jährlich

semust... = semiust...

senaculum, i, *n*
Versammlungsplatz der Senatoren (N. Kl.)

senarius, ii, *m*
„Senar“ (Versart); **senariolus**, i, *m* (unbedeutender) Senar

senator, oris, *m*
„Senator“ (in Rom; auch übtrg. bei anderen Völkern). **senatorius**, a, um senatorisch

senatus, us (gen. wohl auch - i; dat. [N. Kl.] -u), *m*
Senat, Senatsitzg. (i. Rom, übtrg. auch v. and. Völk.)

senecta, ae, *f*
Greisenalter (N. Kl.)

senectus, tutis, *f*
1. (hohes) Alter, Greisenalter, auch bildl.; konkr. = Greise
2. (P) übtrg. a) Grämlichkeit, b) Grauhaar

senesco, ere
alt werden, altern; übtrg. altern, (alters)schwach werden, abnehmen, (hin)schwinden, in Verfall geraten, erschlaffen, sich verzehren u. a.

senex, gen. senis
alt, bejahrt, greis; bildl. = reif. subst. **senex** Greis, Alter; **seniores** a) d. Älteren; b) mil. = d. ältere Aufgebot der röm. Bürger (v. 45-60 Jahr.)

seni, ae, a
je sechs (gen. senum); (P) sechs auf einmal

senilis, e
greisenhaft, gealtert, im Greisenalter, des (der) Greises (-se) u. a.

senior s. senex

senium, ii, *n*
eigtl. u. übtrg. Altersschwäche, Verfall; Leid, Trauer; (P) Grämlichkeit

sensa, orum, *n* s. sentio II 2.

sensim adv.
allmählich, gemach, nach u. nach, kaum merklich

sensus, us, *m*
I. 1. (phys.) Empfindung(-svermögen), Wahrnehmung
2. Sinn
3. Bewußtsein, Besinnung
II. (intellekt.) 1. Verstand, Denkkraft
2. Ansicht, Meinung, Gedanken, Denkweise
3. Verständnis, Urteil
4. (N. Kl.) Sinn = Bedeutung od. Begriff (eines Wortes), Inhalt (einer Rede).
III. (moral.) 1. Gefühl, Empfindung
2. Sinnesart, Gesinnung, Stimmung

sententia, ae, *f*
1. Meinung, Ansicht, Entschluß
2. Gesinnung, Denkweise, Überzeugung, Grundsatz, Prinzip
3. (publiz. t. t.) a) (v. Senat) Meinung (-säußerung), Stimme, Antrag, Votum; b) (v. Geschworenen u. sonst) Stimme, Abstimmung, Entscheidung, Urteil(-sspruch)
4. übtrg. a) abstr. = Bedeutg., Begriff (e. Wortes) od. = Gedanke, Inhalt, od. spez. = Grundgedanke. b) konkr. Satz, Periode; Sinnspruch, Sentenz

sententiola, ae, *f*
Sätzchen

sententiosus, a, um
gedankenreich

sentina, ae, *f*
Schiffsjauche; übtrg. (v. Menschen) „Hefe“

sentio, sensi, sensum 4.
I. (phys.) wahrnehmen, fühlen, empfinden; bes. (d. Wirkg. v. etwas Ungünstig.) verspüren
II. übtrg. 1. (geistig) wahrnehmen, (be)merken, einsehen
2. gesinnt sein, denken, urteilen, meinen. subst. **sensa**, orum, *n* Gedanken, Empfindungen
3. (offiz.) Ansicht äußern

sentis, is, *m*
Dornstrauch, Dorn; (P) auch bildl.

sentus, a, um
(P) dornig, rauh

seorsum u. (N. Kl.) **seorsus** adv.
abgesondert, für sich (selt. klass.)

separabilis, e
trennbar

separatim adv.
abgesondert, besonders (Ggstz. communiter)

separatio, onis, *f*
Trennung
separo 1. (paro)
eigtl. u. übtrg. absondern, trennen, besonders vornehmen. adi. **separatus**, a, um abgesondert, getrennt, für sich, (P) = entfernt
sepelio, pelevi, pultum 4.
begraben, bestatten, (N. Kl.) verbrennen; bildl. völlig unterdrücken, ersticken. (P) **sepultus** in etw. versenkt, schlummernd
sepes, **sepio**, **sepim...** = saep...
sepia, ae, *f* (gr.)
Tintenfisch
sepono 3. (pono)
1. beiseite legen, schaffen,
2. aufheben, aufsparen
3. vorbehalten, reservieren
4. absondern (ab)
5. (N. Kl.) fernhalten, verbannen
sepse s. sui
septem
7. s. et decem = 17
September, bris, bre
des September
septemdecim
siebzehn
septemfluus, a, um u. **-geminus**, a, um = siebenarmig (P)
septemplex, gen. plicis
siebenfach (P)
septemtrionalis, e
(N. Kl.) nördlich. **septemtrionalia**, ium, *n* nördliche Gegenden
septemviri, orum, *m*
Siebenmännerkollegium, sing. ein Mitglied desselben. **septemviralis**, e der Siebenmänner; plur. subst. Septemvirn. **septemviratus**, us, *m* Würde eines Septemvir
septenarius, ii, *m*
Septenar (Vers)
septeni, ae, a
je 7; (P) 7 zugleich
septentrio (**-temtrio**), onis, *m* (trio), meist plur.
1. Siebengestirn, Großer Bär (s. minor „Kleiner Bär")
2. Norden
3. Nordwind
septie(n)s
siebenmal
septimani, orum, *m*
Soldaten der 7. Legion (N. Kl.)
septimus (alt **-umus**), a, um
d. siebente. adv. **septimum** zum 7. Mal
septingentesimus, a, um
d. 700ste
septingenti, ae, a
700
septiremis, e
siebenruderig (N. Kl.)
septuagesimus, a, um
d. siebzigste
septuaginta
siebzig
septunx, uncis *m*
(N. Kl.) 7 Unzen, $^{7}/_{12}$
sepulchr... s. sepulcr...
sepulcralis, e
z. Grabe gehörig
sepulcrum (**-chrum**), i, *n*
Grab, Grabmal (eigtl.; bildl. rei p.); (P) Scheiterhaufen, Begräbnis, plur. Manen
sepultura, ae, *f*
Begräbnis, auch von d. Verbrennung; (N. Kl.) = Grabhügel
sequax, gen. quacis
(ver)folgend (P)
sequester, tra, trum
vermittelnd (P). **sequester**, tris, *m* Unterhändler
sequius s. secus adv. II
sequor, secutus sum, sequi
eigtl. u. übtrg.:
1. (i. allgem.) (nach)folgen, begleiten
2. spez. a) (feindl.) verfolgen; b) (e. Ort) aufsuchen; c) (v. Zeit u. Reihe) (nach)folgen, kommen; d) (i. d. Rede) folgen, an d. Reihe kommen; (P) (in d. Rede) sich halten an, anführen, erwidern; e) nachkommen, später eintreten, sich herausstellen; f) d. Folge sein, z. Folge haben, begleitet sein von; g) von selbst folgen; h) (logisch) folgen, sich ergeben; i) (e. Autorität, Beispiel u. a.) (be)folgen, Folge leisten, beitreten, sich anschließen, sich richten nach, gehorchen; k) (e. Sache) nachgehen, als Ziel haben, ins Auge fassen, ausgehen auf, suchen sich zur

Aufgabe machen; l) sich bestimmen lassen von, sich richten nach; m) zuteil werden, zufallen
Ser, is, *m*
Serer; daher **Sericus**, a, um, (N. Kl.) serisch, seidenartig
sera, ae, *f*
Riegel (N. Kl.)
serenitas, atis, *f*
Heiterkeit = heiteres Wetter
sereno 1.
aufheitern
serenus, a, um
heiter, hell. subst. **serenum**, i, *n* (N. Kl.) heiteres Wetter
seria, ae, *f*
(N. Kl.) Tonne, Faß
series, ei, *f*
Reihe(nfolge), Kette; (P) Geschlechtsreihe
serius adv. s. serus
serius, a, um
ernshaft, ernst(lich). subst. **serium**, ii, *n* Ernst. adv. abl. **serio** im Ernst, ernstlich
sermo, onis, *m*
1. (i. allg.) Rede, Unterredung, Unterhaltung, Gespräch
2. spez. a) gelehrtes Gespräch; b) Ggstd. des Gesprächs, Thema; c) Umgangston, Konversation, (N. Kl.) von d. Satir. u. Epist. des Horaz; d) Gerede, Gerücht, (P) Sage; e) Sprache = Ausdrucksweise, Sprachgebrauch, Schreibart, Mundart
sermocinor 1.
plaudern, diskurieren
sermunculus, i, *m*
Geschwätz
sero (I), sertum 3.
eigtl. zusammenfügen, -knüpfen, reihen: nur sertae loricae „Kettenpanzer“ (N. Kl.) u. subst. **serta** orum, *n* Kranz, Girlande; übtrg. ver-, anknüpfen
sero (II), sevi, satum 3.
eigtl. (be)säen, bestellen, (be)pflanzen; subst. **sata**, orum, *n* (N. Kl.) Saaten, Pflanzungen, Gewächse; übtrg. hervorbringen, zeugen, erregen, verursachen, ausstreuen; spez. **satus**, a, um (N. Kl.) geboren, entsprossen, Sohn od. Tochter
sero adv. s. serus
serpens, entis, *c*
Schlange; (P) übtrg. Drache (Sternbild)
serpentigena, ae, *m*
Schlangensprößling (P)
serpentipes, gen. pedis
schlangenfüßig (P)
serpirastra, orum, *n*
Beinschienen: scherzh. von Offizieren, die Manneszucht hielten
serpo, serpsi, serptum 3.
eigtl. u. bildl. kriechen, schleichen, (allmählich) sich ausbreiten, um sich greifen, fortwuchern
serpellum (-pyllum) i, *n* (gr.)
Feldthymian
serra, ae, *f*
Säge
serrati, orum, *m*
Denare mit gezahntem Rand (N. Kl.)
serta, orum, *n* s. sero I
serrula, ae, *f*
kleine Säge
serum, i, *n*
Molken (P)
serus, a, um (comp. u. sup. N. Kl.)
1. (erst) spät, zu spät, verspätet. (N. Kl.) subst. **serum**, i, *n* späte Zeit
2. adv. **sero** (erst) spät, zu spät, spez. abends. comp. **serius** später, zu spät superl. (quam) **serissime** möglichst spät
serva s. servus
servabilis, e
errettbar (P)
servantissimus, a, um
sehr beobachtend (P)
servator, oris, *m* u. **-trix**, tricis, *f*
Erhalter (-in), Erretter (-in)
servilis, e
sklavisch, Sklaven-; auch adv.
servio 4.
1. eigtl. u. übtrg. Sklave sein, dienstbar sein, dienen
2. spez. a) (von Grundstücken) belastet sein; b) (N. Kl.) zu etw. dienen od. dienlich sein
3. bildl. a) Sklave sein, frönen; b) bedacht sein auf, Rücksicht nehmen = gefällig sein; c) sich fügen, gehorchen, treu bleiben, sich richten nach

servitium, ii, *n*
1. abstr. Sklaverei, Dienstbarkeit (N. Kl.)
2. konkr. Sklavenschaft, Sklaven, plur. Sklaven(horden)
servitudo, dinis, *f*
Sklaverei (N. Kl.)
servitus, tutis, *f*
1. (Zustand der) Sklaverei, Knechtschaft, (P) konkr. Sklavenschar
2. übtrg. a) Unterwürfigkeit, Gehorsam; b) (bei Grundstücken) Belastung
servo 1.
1. (meist N. Kl.) etw. beobachten, achtgeben auf, bewachen, spez. de caelo s. „Himmelszeichen beobachten" (v. Augur)
2. (P) (e. Ort) hüten = (an e. Orte) weilen od. wohnen
3. übtrg. a) beobachten = (be)wahren, innehalten, in acht nehmen; b) unversehrt erhalten, (er)retten, behüten; c) aufbewahren, aufsparen
servolus (**servulus**), i, *m*
(junger od. wertloser) Sklave
servus, i, *m*
Sklave. adi. **servus**, a, um dienstbar; belastet. **serva**, ae, *f* Sklavin
sesama, ae, *f*
Sesam
sescenarius, a, um
600 Mann stark
sesceni, ae, a
je sechshundert
sescennaris, e
anderthalbjährig (N. Kl.)
sescenti, ae, a
600; übtrg. unzählige
sescenties adv.
sechshundertmal
seselis, is, *f* (gr.)
Steinkümmel
sesqui adv.
um die Hälfte mehr, 1 $^1/_2$
sesquialter, era, erum
anderthalbig
sesquimodius, ii, *m*
1 $^1/_2$ Scheffel
sesquioctavus, a, um
= $^9/_8$
sesquipedalis, e
1 $^1/_2$ Fuß dick; (P) übtrg. ellenlang
sesquiplaga, ae, *f*
anderthalb Hiebe (N. Kl.)
sesquiplex, gen. plicis
1 $^1/_2$ fach
sesquitertius, a, um
= $^4/_3$
sessilis, e
z. Sitzen geeignet (P)
sessio, onis, *f*
1. das Sitzen
2. spez. a) d. Müßigsitzen; b) „Sitzung"
3. übtrg. Sitz(platz)
sessito 1.
zu sitzen pflegen
sessiuncula, ae, *f*
„Kränzchen" (zur Unterhaltung)
sessor, oris, *m*
Sitzer (P); Insasse (N. Kl.)
sestertius, ii, *m* (gen. plur. sestertium)
Sesterz (Silbermünze = 2 $^1/_2$ As, zur Zeit Cic. = vier As). **sestertia**, orum, *n* tausend S. (s. dena „zehntausend S.". **sestertium**, ii, *n* (mit Zahladverb.) hunderttausend S. (id. erat sestertium [nom.!] tricies „3 Millionen S.")
set s. sed II
set... = saet...
setius s. secus adv. II
seu s. sive
severitas, atis, *f*
Strenge, Ernst, strenges Urteil
severus, a, um (mit comp. u. superl.)
streng, ernst, in übl. S. = grausam
sevoco 1. (voco)
beiseite rufen; übtrg. „auf d. Seite bringen"; bildl. abziehen
sex
sechs
sexageni, ae, a
je sechzig
sexagesimus, a, um
d. sechzigste
sexagie(n)s
sechzigmal
sexaginta
sechzig
sexangulus, a, um
sechseckig (N. Kl.)
sexc... s. sesc...
sexennis, e
sechsjährig

sexennium, ii, *n*
Zeitraum v. 6 Jahren
sexie(n)s
sechsmal
sexprimi, orum, *m* vgl. primus 3.
sextadecumani, orum, *m*
Soldaten der 16. Legion (N. Kl.)
sextani, orum, *m*
Soldaten der 6. Legion (N. Kl.)
sextans, antis, *m*
$^1/_6$ As (N. Kl.), übtrg. $^1/_6$ (einer Erbschaft)
sextarius, ii, *m*
„Schoppen", „Krug"
Sextilis, is, *m* (mensis)
August; adi. des August
sextula, ae, *f*
$^1/_6$ Unze: = $^1/_{72}$
sextus, a, um
d. sechste, adv. **sextum** zum sechsten Mal
sexus, us, *m*
Geschlecht. Nebenform (N. Kl.) **secus**, *n*
si Coni.
1. (hypothet.) wenn, wofern. **quod si** vgl. quod I. 2. **si vero** wenn vollends, wenn wirklich. **ita ... si** vgl. ita 3. **si** od. **si modo** od. **si quidem** wenn wirklich, wenn anders. **si forte** s. fors (auch ellipt. = günstigenfalls, möglicherweise). **miror** u. **mirum si** s. miror u. mirus
2. (P) in Wünschen (**o**) **si** „(o) wenn doch"
3. (konzessiv) **si** od. **si iam** wenn schon, wenn auch, wenn denn einmal. **si maxime** s. maxime
4. (vergleichd.) **... ac si** „als wenn", z. B. perinde ac si u. a. **ut si** zur Einführg. e. exemplum fictum „so z. B. wenn"
5. (zur Bezeichng. e. wiederholt. Falles) „wenn", si qui(s) = quicunque etc.
6. (indir. fragd.) „ob" nach Verb. des Versuchens u. Erwartens
sibilo, are
eigtl. zischen (klass. aliquem „auszischen")
sibilus, a, um
zischend (P)
sibilus, i, *m* (P plur. auch **sibila**, orum, *n*)
Zischen, Pfeifen, spez. Auszischen
sic adv. (fragd. sicine)
1. so, auf solche Weise, von der Art
2. folgendermaßen
3. unter solchen Umständen, demgemäß
4. (vergleichd.) sic - ut, quasi u. a. „so - wie", „als ob"; auch ut - sic (etiam) "wie - so (auch)"; quomodo od. tamquam - sic; ut - sic auch „wiewohl - doch"
5. (P) Bei Beteuerungen = ita 7 „so wahr..."
6. bestätigd. u. bekräftigd. „ja, so ist's", „allerdings"
7. (graduell) „in d. Grade", „so" (z. Satz gehörig, od. auch z. Begriffen)
8. (deiktisch) „so" = in dieser Verfassg. Vgl. ita!
sica, ae, *f*
Dolch; bildl. Mord
sicarius, ii, *m*
Meuchelmörder
siccitas, atis, *f*
1. Trockenheit, spez. Dürre
2. übtrg. a) feste Gesundheit; b) (lobend u. tadelnd) Nüchternheit
sicco 1.
(aus)trocknen; (P) leeren
siccus, a, um
1. eigtl. trocken, subst. **siccum**, i, *n* das Trockne (meist P)
2. übtrg. a) nüchtern; b) (v. Redner lobend u. tadelnd) nüchtern, knapp
sicine
so? s. sic
sicubi Coni.
wenn irgendwo
sicunde Coni.
wenn irgendwoher
sicut (**-uti**) adv.
1. (allg.) sowie, wie; (s. - ita [N. Kl.] auch = zwar - aber)
2. spez. a) „wie wirklich"; b) wie (z. B.); c) (i. d. Zustande) wie (N. Kl.); d) gleichsam; e) gleich als ob
sidereus, a, um
(P) gestirnt, der Sterne, Sternen-, der Sonne, Sonnen-, sternenhell, strahlend
sido, sedi, sessum 3.
1. eigtl. sich setzen, sich niederlassen (klass. v. Pers.)

2. (N. Kl.) übtrg. sich senken, sich legen, sitzen od. stecken bleiben
sidus, eris, *n*
Sternbild, Sterngruppe, Gestirn, Stern (klass. nur plur.); (meist P) übtrg. Gegend, Witterung, Sturm, pl. Himmel, Höhe des Himmels, bildl. Glanz, Zierde u. a.
sigillatus, a, um
(mit Reliefs) geschmückt
sigillum, i, *n*
1. kleine Figur
2. Siegel
signator, oris, *m*
Testamentszeuge (N. Kl.)
signifer, era, erum
gestirnt: s. orbis „Tierkreis". subst. **signifer**, eri, *m* „Fahnenträger", auch bildl.
significanter adv.
anschaulich
significatio, onis, *f*
1. Bezeichng., Zeichen, Anzeige, Andeutung, Wink
2. spez. a) Beifallszeichen, Kundgebung (auch plur.); b) (rhet. Fig.) Emphase; c) (Wort-) Sinn
significo
1. e. Zeichen geben, andeuten, anzeigen, kundgeben, zu verstehen od. zu erkennen geben, an d. Tag legen u. a.
2. spez. a) (Zukünftiges) anzeigen, verkünden; b) bezeichnen, bedeuten
signo 1.
1. mit e. Zeichen versehen, (ein-, be-) zeichnen, einprägen u. a. (meist N. Kl., klass. bildl.)
2. spez. a) (ver)siegeln; b) prägen; c) (P) auszeichnen, beobachten, bemerken
signum, i, *n*
I. (i. allg.) (Kenn-) Zeichen, Merkmal, Spur
II. spez. 1. milit. a) Feldzeichen, Fahne; b) übtrg. (N. Kl.) Abteilung, Schar, Fähnlein; c) Signal, Kommando
2. Wahr-, Vorzeichen
3. Zeichen, Beweis
4. (plast.) Bild(nis), Figur (bes. v. Göttern)
5. Siegel (i. Petschaft)
6. Sternbild, Gestirn
silentium, ii, *n*
(Still-)Schweigen, Stille; oft abl. **silentio** stillschweigend, mit Schweigen; spez. Ungestörtheit (der Auspizien); übtrg. Ruhe, Muße
sileo, ui 2.
1. (v. Lebdm.) lautlos-, still sein, schweigen, etw. verschweigen. subst. silentes (P) von d. Pythagoreern od. d. Toten, **silenda** (N. Kl.) Geheimnisse, Mysterien
2. übtrg. ruhen, feiern
siler, eris, *n*
Bachweide
silesco, ere
verstummen (P)
silex, icis, *m* (u. [P] *f*)
(harter) Stein, Feldstein, auch Kalkstein, bes. „Kiesel"; (P) = Fels
siliqua, ae, *f*
(N. Kl.) Schote, plur. Hülsenfrüchte
sillybus s. sittybus
silus, a, um
stulpnäsig
silva, ae, *f*
1. eigtl. Wald(ung), Forst, spez. Park, (P) (Wald-) Bäume, Gesträuch
2. übtrg. Material, reicher Stoff, Vorrat, große Menge
3. (P) = Hirtenlied
silvesco, ere
zu sehr ins Holz gehen
silvestris, e, u. (N. Kl.) **-ster**, tris, e
waldig; i. Walde (lebend); (N. Kl.) wildwachsend, ländlich
silvicola, ae, *m*
Waldbewohner (P)
silvosus, a, um
waldreich (N. Kl.)
simia, ae, *f* u. (N. Kl.) **simius**, ii, *m*
Affe
similis, e, mit comp. u. superl.
ähnlich. adv. **similiter.** subst. **simile**, is, e Analogon, Gleichnis
similitudo, dinis, *f*
1. (i. allg.) Ähnlichkeit
2. spez. a) Analogie, plur. verwandte oder ähnliche Fälle; Anwendg. auf ähnl. Fälle; b) Porträtähnlichkt.; c) Gleichnis; d) Charakterähnlichkeit
simiolus, i, *m*
Äffchen
simplex, gen. plicis (N. Kl. comp. u. su-

perl.)
eigtl. u. übtrg.:
1. einfach (Ggstz. mehr-, mannigfach), nicht zus. gesetzt, unvermischt, daher **simpliciter** schlechthin, lediglich
2. einzig, ein
3. einzeln
4. einfach = natürlich, kunstlos
5. (moral.) schlicht, wahrhaft, offen, harmlos

simplicitas, atis, *f*
(N. Kl.) Einfachheit, übtrg. Offenheit

simplum, i, *n*
d. Einfache

simpulum, i, *n*
Schöpfgefäß

simpuvium, ii, *n*
Opferschale

simul
I. adv. 1. (meist zeitl.) zugleich, gleichzeitig, zusammen
2. örtl. = una (selt. klass.)
3. (hinzufügd.) zugleich, zusammen; (N. Kl.) als praep. mit abl.
II. Coni. sogleich wie, sobald als, meist **simul ac** od. **s. atque**

simulacrum, i, *n*
1. eigtl. a) i. allg. Bild(nis), Abbild, Gebilde (der Plastik od. Malerei); b) bes. Götterbild, seltener v. Menschen
2. übtrg. a) Traumbild, Schatten v. Toten (P); b) Charakterbild, -schilderg. (N. Kl.); c) Zeichen (in der Mnemonik); d) Trugbild, Phantom

simulamen, minis, *n*
Nachahmg. (P)

simulatio, onis, *f*
Verstellung, Heuchelei

simulator, oris, *m*
Nachahmer (P); sich verstellend, (N. Kl.) = Heuchler

simulac, **-atque** s. simul

simulo 1.
1. eigtl. a) ähnlich machen. b) (N. Kl.) nachahmen, nachbilden
2. übtrg. (was nicht ist) vorgeben, vorschützen, (er)heucheln, sich d. Anschein geben, sich stellen als ob. **simulatus**, a, um erheuchelt, verstellt, scheinbar, zum Schein

simultas, atis, *f*
Eifersucht, (bes. polit.) Anfeindung, Feindschaft

simus, a, um
plattnasig (N. Kl.)

sin Coni.
„wenn (wofern) aber", meist nach vorhergeh. Bedingung, allein od. sin autem, neg. sin... non, sin nullus, sin minus u. a.; zuweil. ohne Verb. sin minus, sin aliter, auch bloß sin (autem) „wo nicht, widrigenfalls"

sinceritas, atis, *f*
(N. Kl.) Aufrichtigkeit, Ehrlichkeit

sincerus, a, um, nur i. posit.
1. ungeschminkt; übtrg. rein, aufrichtig
2. rein = unversehrt
3. rein = unvermischt

sine praep. m. abl.
ohne, sonder, s. sede heimatlos u. a.

singillatim adv.
einzeln

singularis, e
1. eigtl. a) einzeln, vereinzelt, b) einzel(n) = eines einzelnen; c) (N. Kl.) z. singular gehörig; d) spez. **singulares**, ium, *m* (N. Kl.) Ordonnanzen
2. übtrg. einzig in s. Art, beispiellos, außerordentlich

singuli, ae, a
1. je einer, jeder ein (mit u. ohne Subst.)
2. jeder einzeln od. für sich (Ggstz. plures, universi, populi)

singultim (P) = singillatim

singulto 1.
(P) schluchzen, (aus)röcheln

singultus, us, *m*
Schluchzen, (P) Röcheln

sinister, tra, trum (N. Kl. comp.)
1. link(s), zur Linken. **sinistra**, ae, *f* „linke Hand, Linke", daher **sinistra** „links" u. a.
2. übtrg. a) v. Wahrzeichen „glücklich, günstig" (nach röm. Sitte), „unglücklich, ungünstig" (nach griech.); b) (N. Kl.) linkisch, verkehrt, schlimm, böswillig

sinistrorsus u. (P) **-sum**
nach links

sino, sivi, situm 3.
1. hinstellen, -legen (nur in **situs**, a, um)
2. übtrg. (zu)lassen, dulden, erlauben; (N. Kl.) **sine sinite** abs. od. mit coni. laß, möge, mag sein

sinum, i, *n*
Napf (N. Kl.)
sinuo 1.
(N. Kl.) krümmen, pass. sich bauschen, bogenförmig auslaufen
sinuosus, a, um
(N. Kl.) gekrümmt, bauschig
sinus, us, *m*
I. (i. allg.) Krümmung, Biegung, Rundg., Bogen, Bausch, Höhlung, Vertiefg. (N. Kl.)
II. spez. 1. Meerbusen, Bucht, Golf; (N. Kl.) v. Ländern „Ausbuchtg.“, „Halbinsel“
2. (N. Kl.) „Bausch“ der Toga, (P) Busen(gewand), meton. Busen, Brust. Daher a) (Geld-)Tasche, (N. Kl.) Beutelschneiderei; b) bildl. (von zärtl. Liebe) Busen, „Schoß“; c) = Innerstes; d) (N. Kl.) Versteck, Vorwand
siparium, ii, *n*
(Zwischen-)Vorhang
siquidem s. si
Sirius, ii, *m* (gr.)
Hundstern (P)
sirp... = scirp...
sirus, i, *m* (gr.)
(Getreide-)Grube (N. Kl.)
sis = si vis
wenn's beliebt
siser, siseris, *n* (gr.)
Rapunzel
sisto, stiti (steti), statum 3.
I. trans. (N. Kl.) 1. hinstellen, -bringen, aufstellen, errichten, (P) (Schwert u. a.) stoßen in
2. spez. a) (gerichtl.) sistere aliquem „jmd. (od. sich) zu e. Termin stellen“, daher übtrg. se s. „sich bei jmdm. einfinden, einstellen“; b) eigtl. u. übtrg. z. Stehen, z. Ruhe bringen, anhalten, hemmen, se s. „Halt machen“ (N. Kl.); c) befestigen (N. Kl.).
status, a, um festgesetzt, bestimmt
II. intr. a) (gerichtl.) sich vor Gericht stellen; b) (N. Kl.) sich einstellen, stehen bleiben; c) (fort)bestehen; (N. Kl.) pass. impers.
sistrum, i, *n* (gr.)
Klapper (N. Kl.)
Sisymbrium, ii, *n* (gr.)
Brunnenkresse
sitella, ae, *f*
Lostopf
siticulosus, a, um
lechzend (P)
sitio 4.
1. intr. eigtl. u. übtrg. dürsten, dürr sein, lechzen, begierig sein
2. trans. nach etw. dürsten, lechzen, heißes Verlangen tragen
sitis, is, *f*
1. eigtl. Durst
2. übtrg. a) = Dürre, Trockenheit (P); b) = Begierde, Drang
sittybus, i, *m* (gr.) = index II 3.
situs, a, um (sino)
I. hingelegt (P); spez. erobert (N. Kl.); beigesetzt, begraben
II. 1. gelegen, liegend, befindlich; (N. Kl.) wohnend, verwandt
2. übtrg. situm esse in re od. in aliquo „beruhen auf, abhängen von“
situs, us, *m* (sino)
1. eigtl. Lage, Stellung, plur. auch Ortsverhältnisse
2. (N. Kl.) langes Liegen, Ruhe, im übl. S. = Mangel an Pflege, Schmutz, Wust, Runzeln (der Haut), (geist.) Untätigkeit, Verfall
sive od. **seu**
1. (einfach) a) i. Satz „oder wenn“; b) bei Satzglied. „oder“
2. (disjunkt.) sive ... sive, seu ... seu... „wenn ... oder wenn“, „sei es daß ... oder daß“, auch = „entweder ... oder“; indir. fragd. s. - s. „ob etwa - oder“; s. si 6
smaragdus, i, *c* (gr.)
Smaragd
sobrinus, i, *m* u. (N. Kl.) **-a**, ae, *f*
„Vetter“, „Base“ zweit. Grad., denn **sobrini** (**-ae**) sind Kinder v. consobrini
sobrius, a, um
nüchtern; übtrg. mäßig, enthaltsam auch adv. **sobrie**; verständig, besonnen
soccus, i, *m* (gr.)
(griech.) Schuh, spez. (P) Schuh des kom. Schauspielers, (N. Kl.) übtrg. Komödie, Stil der Komödie
socer, ceri, *m*
Schwiegervater; (N. Kl.) plur.

Schwiegereltern
socia s. socius
sociabilis, e
gesellig (N. Kl.)
socialis, e
1. gesellig (N. Kl.)
2. spez. a) ehelich (P); b) der Bundesgenossen od. mit od. für die B. (N. Kl.)
socialia, ium, *n* Angelegenheiten der Bundesgenossen
societas, atis, *f*
1. (i. allg.) jede Verbindg. m. anderen (im Gut. u. Bös.), Teilnahme an, Gemeinschaft, Bündnis, Komplott
2. spez. a) (polit.) Bündnis; b) Handelsgenossenschaft, Kompagnie
socio 1.
vereinigen
socius, a, um
teilnehmend an, i. Verbindg. stehd. mit, gemeinsam, verbunden mit, subst. masc. u. fem. (i. allg.) Genosse, Gefährte, Kamerad, Teilnehmer(-in). Spez. **socius**, ii, *m*
1. Bundesgenosse, Verbündeter, adi. verbündet
2. Geschäftsgenosse, Kompagnon
3. socii = Gesellschaft der publicani
4. (N. Kl.) socii navales = Rudermannschaft, Matrosen, zuw. Flottensoldaten (auch sing.)
socordia, ae, *f*
(N. Kl.) Beschränktheit, Lässigkeit
socors, gen. cordis
beschränkt; (N. Kl.) sorglos, lässig
socrus, us, *f*
Schwiegermutter
sodalicius, a, um
kameradschaftlich (P). subst. **sodalicium**, ii, *n*
1. Kameradschaft (N. Kl.)
2. polit. Klub
sodalis, is, *m*
1. Kamerad, Gefährte, Freund
2. Mitglied einer sodalitas
sodalitas, atis, *f*
1. „Genossenschaft" zu relig. Zweck
2. (i. übl. S.) als „geheime Verbindg." zu polit. Zweck
3. Kameradschaft (N. Kl.)
sodes (aus si audes)
„gefälligst" nach Imperat.
sol, solis, *m*
1. eigtl. Sonne, auch bildl. personif. Sonnengott
2. übtrg. a) Sonnenschein, -strahl, -wärme, -licht u. a.; b) Tag (P); c) Öffentlichkt., öffentl. Tätigkt.
solacium, ii, *n*
1. Trost(mittel, -grund)
2. Linderung(-smittel), Zuflucht
3. Ersatz, Entschädigung
4. (P) Tröster(-in)
solamen, minis, *n* (P) = solacium
solaris, e
Sonnen- (N. Kl.)
solarium, ii, *n*
Sonnenuhr
solduril, orum, *m* (keltisch)
„Getreue"
soldus synk. = solidus
solea, ae, *f*
Sandale
soleatus, a, um
in Sandalen
soleo, solitus sum (N. Kl. solui) 2.
oft tun, pflegen, gewohnt sein. **solitus**, a, um (N. Kl.) gewöhnlich, üblich, gebräuchlich. subst. **solitum**, i, *n* Gewohnheit, Brauch
soliditas, atis, *f*
Dichtheit
solido 1.
(N. Kl.) dicht od. fest machen, befestigen
solidus, a, um (P superl.)
1. eigtl. dicht a) = gediegen, massiv, kompakt; b) (mathem.) = körperhaft. subst. **solida** „feste Körper"; c) = fest, hart. subst. **solidum**, i, *n* etw. Dichtes od. Festes, fester Boden, Festigkeit
2. übtrg. a) vollständig. subst. **solidum**, i, *n* Gesamtsumme; b) bildl. fest = wirklich, wahrhaft, bleibend, dauerhaft
soliferreum, i, *n*
Wurfeisen (N. Kl.)
solistimus s. tripudium
solitarius, a, um
allein(stehd.), ohne Beispiel, ungesellig
solitudo, dinis, *f*
1. Einsamkt., Alleinsein, Menschenleere
2. konkr. Einöde, Wüste

3. Verlassenht., Hilflosigkeit
solitus, a, um s. soleo
solium, ii, *n*
1. Thron, (N. Kl.) Königswürde, -reich
2. Sessel (von dem d. Patron in s. Hause den Klienten Rat erteilte)
3. (N. Kl.) Sarkophag; Badewanne
solivagus, a, um
allein umherschweifd.; übtrg. vereinzelt
sollemnis, e
1. jährlich wiederkehrd., gefeiert
2. übh. feierlich, festlich
3. üblich, regelmäßig. subst. **sollemne**, is, *n* a) Feier, Fest; b) Opfer (N. Kl.); c) Brauch
sollers, gen. ertis, mit comp. u. superl. geschickt, kunstfertig, erfindungsreich, schlau. adv. **sollerter**
sollertia, ae, *f*
Geschick(lichkt.), Kunstfertigkeit, Schlauheit (auch i. übl. Sinne)
sollicitatio, onis, *f*
Aufwiegelg.
solli... s. auch soli...
sollicito 1.
1. eigtl. stark bewegen, erschüttern, spez. bildl. aufwühlen, jagen, schütteln u. a. (meist P)
2. übtrg. a) (jemds. Gemüt) beunruhigen, bekümmern, aufregen; b) (jemds. Willen) aufregen, (auf)reizen, aufwiegeln
sollicitudo, dinis, *f*
Unruhe, Kummer, Besorgnis
sollicitus, a, um
1. (phys.) stark bwegt (P)
2. übtrg. a) beunruhigt, aufgeregt, bekümmert, besorgt, b) (P) beunruhigend
solor 1.
(N. Kl.) trösten, lindern, mildern, entschädigen
solstitialis, e
der Sommersonnenwende; (N. Kl.) übtrg. Sommer-, Sonnen-
solstitium, ii, *n*
(Sommer-)Sonnenwende; (N. Kl.) übtrg. Sommerzeit, -hitze
solum adv. s. solus
solum, i, *n*
1. Boden, Grund, Sohle
2. spez. a) Fußboden; b) Fußsohle; c) Erdboden, Grund u. Boden, meton. Land
solus, a, um
1. allein(ig), einzig
2. prägn. einsam, öde. adv. **solum** allein, bloß, nur
solutio, onis, *f*
1. d. Gelöstsein (linguae = „geläuf. Zunge")
2. Zahlung; Auflösung
solvo, solvi, solutum 3.
I. 1. (i. allg.) los-, aufbinden, (auf)lösen, öffnen
2. spez. a) naves s. „absegeln"; b) (be-, aus)zahlen; daher c) übtrg. abtragen = erweisen, leisten
3. übtrg. losmachen, befreien, spez. freisprechen
II. 1. (meist N. Kl.) (e. Ganzes in Teile) auflösen, trennen, (Brücke) abbrechen, spez. (P) schmelzen
2. übtrg. a) erschlaffen, schwächen; b) entwickeln; c) (N. Kl.) aufheben, entfernen, abschaffen, beenden. adi. **solutus**, a, um. mit comp. u. superl.
1. (i. allg.) ungehindert, frei
2. spez. a) schuldenfrei; b) zügellos, ausgelassen; c) (nach)lässig, schlaff; d) (v. Redner) frei, gewandt, fließend; e) ungebunden = prosaisch
somniculosus, a, um
schläfrig
somnifer, era, erum
schlafbringd. (N. Kl.)
somnio 1.
träumen, übtrg. faseln
somnium, ii, *n*
Traum(bild); auch personif.; übtrg. = Wahn, Possen
somnus, i, *n*
Schlaf; (P) Schlafgott; übtrg. a) Trägheit; b) (P) Traumbild, Todesschlaf, Nacht
sonabilis, e
klangreich (P)
sonipes, pedis
Roß (P)
sonitus, us, *m*
Schall, Getöse, Geräusch
sonivius, a, um s. tripudium
sono, ui, (P) sonaturus 1.

I. intr. eigtl. u. übtrg. (er)tönen, (er)klingen, (er)schallen, (P) rauschen, brausen, widerhallen u. a.
II. trans. 1. ertönen, erklingen, hören lassen
2. bedeuten
3. (P) besingen, rühmen
sonor, oris, *m* (N. Kl.) = sonitus
sonorus, a, um (P) = sonans
sons, gen. sontis
straffällig, klass. subst. Übeltäter
sonus, i, *m*
1. eigtl. u. übtrg. Laut, Ton, Schall, Klang, Geräusch
2. spez. a) (meist P) Stimme, Sprache, Wort; b) Art der Darstellung = Ton
sophisma, matis, *n* (gr.)
Trugschluß
sophistes, ae, *m* (gr.)
Sophist
sopio 4.
eigtl. u. übtrg. einschläfern, beruhigen, pass. schlummern; (N. Kl.) betäuben
sopor, oris, *m*
(N. Kl.) (tief.) Schlaf, übtrg. Schlaftrunk, Schläfrigkt. Lässigkt., (P) Gott d. Schlafes
soporifer, era, erum
schlafbringend (P)
soporatus, a, um
(N. Kl.) eingeschlafen, beruhigt, mit betäubender Wirkung
soporus, a, um
schlafbringd. (P)
sorbeo, bui 2.
schlürfen, schlucken
sorbitio, onis, *f*
Brühe (N. Kl.)
sorbum, i, *n*
Vogelbeere
sordeo, ui, 2.
(meist P) schmutzig sein, übtrg. verächtlich erscheinen
sordes, is, *f* meist plur.
1. Schmutz
2. übtrg. a) Trauerkleidung, Trauer, Unglück; b) schmutziger Geiz, Habsucht, c) Verächtlichkt., nieder. Gesinnung; d) konkr. schmutziger Mensch, Auswurf
sordesco, ere
schmutzig (od. wertlos) werden (N. Kl.)
sordidatus, a, um
in schmutziger Kleidg., spez. in Trauerkleidg.
sordidus, a, um, mit comp. u. superl.
1. eigtl. schmutzig (N. Kl.)
2. übtrg. a) niedrig, ärmlich, unbedeutend; b) gemein, unedel, verächtlich, von niedr. Gesinnung; c) schmutzig, geizig. adv. **sordide**
sorites, ae, *m* (gr.)
e. Art Trugschluß
soror, oris, *f*
Schwester, gelegt. Base; (P) = Genossin
sororicida, ae, *m*
Schwestermörder
sororius, a, um
schwesterlich
sors, sortis, *f*
I. eigtl. Los, Lostafel, -stäbchen
II. übtrg. 1. Los = Losen
2. Orakel(spruch)
3. (Los-)Teil: a) Amt, Beruf, Aufgabe; b) Los = Schicksal, Geschick; c) Anteil, Besitz (N. Kl.); d) Stand, Rang (N. Kl.); e) Art, Sorte, Geschlecht, (P); (ausgeliehenes) Kapital
sortilegus, i, *m*
Weissager; (P) adi. weissagend
sortior 4.
1. intr. losen
2. trans. a) losen um, erlosen; b) auslosen; c) (N. Kl.) erlangen, aussuchen, verteilen. **sortitus**, a, um erlost (selt. klass.); **sortito** durch d. Los, (P) durch d. Schicksal
sortitio, onis, *f*
d. Losen, Verlosung, Bestimmung durch d. Los
sortito s. sortior
sortitor, oris, *m*
Verloser
sortitus, us, *m*
d. Losen, Los
sospes, gen. itis
(N. Kl.) wohlbehalten, unverletzt, glücklich
sospita, ae, *f*
Retterin, Schützerin (von Juno: [Juno] Sospita)

sospito, are
behüten (N. Kl.)
soter, teris, *m* (gr.)
Retter
spadix, dicis (gr.)
dattelfarben (P)
spado, onis, *f* (gr.)
Verschnittener (N. Kl.)
spargo, sparsi, sparsum 3.
1. (i. allg.) (aus)streuen
2. spez. a) (Flüssiges) sprengen, spritzen; b) (meist P) bestreuen, bespritzen, besprengen, benetzen; c) ausstreuen, säen; d) (Geschosse u. a.) werfen, schleudern, schießen (P); e) eigtl. u. bildl. zerstreuen, aus-, versprengen, ausbreiten, zerteilen, zerreißen (N. Kl.); f) vergeuden (P)
spartum, i, *n* (gr.)
Priemengras
sparus, i, *m* u. **sparum**, i, *n*
(Jagd-)Speer (N. Kl.)
spatha, ae, *f* (gr.)
Säbel (N. Kl.)
spatior 1.
einher- od. spazieren gehen, wandeln, (P) sich ausbreiten
spatiosus, a, um
(N. Kl.) geräumig, weit(läufig), groß, lang
spatium, ii, *n* (gr.)
I. v. Raum
1. (i. allg.) Raum, Platz, Strecke
2. spez. a) Abstand, Entferng., Zwischenraum; b) (P) Umfang, Größe, Länge; c) Bahn (der Gestirne), spez. Rennbahn, Bahn, Laufbahn; d) Spaziergang, Promenade
II. v. d. Zeit 1. (i. allg.) Zeit(dauer)
2. spez. a) Zeit(raum); b) Zeit = Frist, Muße; c) (metr.) Zeitmaß
species, ei, *f* (ohne gen. u. dat. plur.)
1. Anblick, Aussehen, Äußeres, Erscheinung, Gestalt
2. spez. a) Gesicht, Traumbild; b) Schönheit, Pracht, Glanz, Ansehen; (P) Anstand; c) konkret Bild(nis)
3. Schein, Anschein
4. (philos.) a) Vorstellung, Idee; b) Musterbild, Ideal; c) Art (Ggstz. genus)
specillum, i, *n*
Sonde
specio, spexi, spectum 3.
blicken (N. Kl.)
specimen, minis, *n* (nie plur.)
Probe, Kennzeichen, Beweis; Muster, Ideal
speciosus, a, um
schön, stattlich, prächtig, blendend (klass. selt.)
spectabilis, e
sichtbar; (N. Kl.) ansehnlich
spectaculum, i, *n*
1. allg. Schauspiel
2. spez. a) (theatr.) Schauspiel; b) plur. Zuschauerplätze
spectatio, onis, *f*
Anschauen; Prüfung
spectator. oris. *m*
Beobachter, Zuschauer
spectatus, a, um s. specto 4.
spectio, onis, *f*
„Beobachtungsrecht"
specto 1.
1. (an-, zu-, hin)schauen, (an)sehen, betrachten
2. (v. Lokal.) gerichtet, gelegen sein nach
3. übtrg. (geist.) betrachten, in Erwägung ziehen, berücksichtigen
4. prüfen, erproben, beurteilen. **spectatus**, a, um, mit superl., erprobt, vortrefflich, tüchtig
5. ausblicken, trachten nach, beabsichtigen
6. (v. Sach.) hinzielen od. sich beziehen auf, betreffen, sich neigen zu, hinauslaufen auf
spectrum, i, *n*
(philos.) „Bild"
specula, ae, *f*
Schimmer v. Hoffnung
specula, ae, *f*
Warte, Wartturm; übtrg. Lauer, (P) Höhe
speculabundus, a, um
auf d. Lauer (N. Kl.)
speculatio, onis, *f*
Betrachtung (Sp.)
speculator, oris, *m*
Kundschafter, Späher (meist milit.). fem. **-trix**, tricis
speculatorius, a, um
Wacht(schiff)

speculor 1.
er-, ausspähen, auskundschaften, beobachten
speculum, i, *n*
Spiegel
specus, us, *m* (vereinz. [P] *n*)
(meist N. Kl.) Höhle, Grotte, Schlucht, Höhlung, spez. Abzugskanal
spelaeum, i, *n* (gr.)
Höhle (P)
spelunca, ae, *f* (gr.)
Höhle
sperno, sprevi, spretum 3.
(Pers. od. Sach.) verwerfen, verschmähen, verachten (Ggstz. cupere), (N. Kl.) unterschätzen
spero 1.
hoffen, erhoffen; auch erwarten = fürchten, klass. meist. negat.
spes, spei, *f* (i. plur. spes als nom. od. acc.)
1. Hoffnung, Erwartg.
2. = Ggstd. der Hoffnung
3. (N. Kl.) = Befürchtung
4. Spes als Göttin
sphaera, ae, *f* (gr.)
Kugel; spez Himmelskugel, Kreisbahn
spica, ae, *f* u. (selt.) **spicum**, i, *n*
Ähre;
(P) 1. Name eines Sterns,
2. sp. Cilissa = Safran
spiceus, a, um
Ähren- (P)
spiculum, i, *n*
Lanzenspitze; (P) Pfeilspitze, Pfeil, Spieß, Stachel
spina, ae, *f*
1. eigtl. Dorn; Stachel (der Tiere), Gräte; (N. Kl.) Rückgrat
2. übtrg. v. Fehlern, Sorgen, Begierden (P); **spinae** = Spitzfindigkeiten
spinetum, i, *n*
Dornhecke (P)
spineus, a, um
aus Dornen (P)
spinifer, era, erum
stachlig (P)
spinosus, a, um, mit comp.
dornig, stachlig (N. Kl.); übtrg. spitzfindig
spintria, ae, *m*
Bezeichng. unzücht. Männer (N. Kl.)
spinus, i, *f*
Schlehdorn (P)
spira, ae, *f* (gr.)
Windung (P)
spirabilis, e
luftförmig; (P) atembar = lebenspendend
spiraculum, i, *n*
Luftloch (N. Kl.)
spiramentum, i, *n*
(N. Kl.) Luftweg, Luftloch, übtrg. Pause
spiritus, us, *m*
I. 1. Luft, bes. die man atmet
2. d. Atmen; Atemzug
3. Lebenshauch, Leben
4. (P) Seufzer
II. Seele, Geist (N. Kl.); übtrg.
1. Anhauch, Begeisterg.; (P) dicht. Begabung
2. Geist. Gesinnung (N. Kl.); spez.
a) Mut (N. Kl.); b) Selbstbewußtsein, Stolz, Hochmut, (N. Kl.) Zorn,
Anmkg. Bei II 2 ist statt des nom. u. acc. sing. der plur. üblich
spiro 1.
I. atmen, leben (v. Pers. u. übtrg. v. Leblos.)
II. (N. Kl.) intr. wehen, hauchen, brausen, hervorströmen, duften, übtrg. (dichter.) schaffen, trans. aushauchen, -duften, übtrg. erfüllt sein von, trachten nach
spisso 1.
verdichten (N. Kl.)
spissus, a, um, mit comp.
1. dicht, voll (N. Kl.)
2. langsam (vorwärts kommend), bedächtig
splen, enis, *m* (gr.)
Milz
splendeo, ere
glänzen, schimmern, strahlen (klass. bildl.)
splendesco, ere
glänzend werden, erglänzen (klass. bildl.)
splendidus, a, um, mit comp. u. superl.
1. eigtl. glänzend
2. übtrg. a) prächtig, glanzvoll, brillant;

(N. Kl.) Glanz liebend; b) ansehnlich; c) (v. Ausdruck) frisch, lebendig. adv. **splendide**

splendor, oris, *m*
eigtl. Glanz; übtrg. Glanz, Pracht(liebe); Ansehen, Trefflichkeit, Würde; konkr. Zier

spoliatio, onis, *f*
Beraubung

spoliator, oris, *m* u. **-trix**, tricis, *f*
Plünderer(-in)

spolio 1.
(d. Kleid.) berauben, entkleiden; übhpt. (be-)rauben, plündern

spolium, ii, *n*
abgezog. Tierhaut (P). **spolia**, orum, *n* (P auch sing.) die dem Feind abgenommene Rüstung, Beute, vgl. opimus 3.; übhpt. Beute, Raub

sponda, ae, *f*
(N. Kl.) Bettrand, Bett(gestell), „Pfühl"

spondeo, spopondi, sponsum 2.
1. jur. u. allgem.: (feierlich) sich verpflichten, geloben, verheißen, spez. sich verbürgen
2. (ein Mädch.) verloben (N. Kl.), daher **sponsus** = Bräutigam, (P) Freier; **sponsa** = Braut

spondeus, i, *m* (gr.)
Spondeus (– –), auch e. Gedicht aus Sp.

spongia, ae, *f* (gr.)
Schwamm, (N. Kl.) e. schwammähnl. Panzer

sponsalia, ium, *n*
Verlobung, Verlobungsmahl

sponsio, onis, *f*
Gelöbnis; publiz. u. gerichtl.: feierl. Übereinkunft, Bürgschaft, gerichtl. „Wette" (zur Zahlg. einer deponiert. Summe)

sponsor, oris, *m*
Bürge

sponsus etc. s. spondeo

sponsus, us, *m*
Bürgschaft

sponte (abl. v. spons)
1. klass. nur **mea, nostra** etc. **sponte** (Stellg.!) v. Lebdm. u. Leblos. a) aus eig. Antriebe, von selbst, aus freien Stücken, freiwillig; b) auf eig. Hand, selbständig, ohne Hilfe; c) an u. für sich, an sich
2. (N. Kl.) mit gen. = „nach d. Willen -"

sportella, ae, *f*
Speisekörbchen

spretor, oris, *m*
Verächter (P)

spuma, ae, *f*
Schaum

spumeus, od. **spumosus**, a, um u. **spumiger**, era, erum
(meist P) schäumend, mit Schaum bedeckt, schaumig

spumo 1.
schäumen (N. Kl.)

spuo, ui, utum 3.
(aus)spucken (N. Kl.)

spurco 1.
besudeln

spurcus, a, um, mit comp. u. superl.
schweinisch, unflätig; auch adv.

sputo 1. (P) = spuo

sputatilicus, a um
übtrg. = „zum Ausspucken" (N. Kl.)

sputum, i, *n*
Spucke (N. Kl.)

squaleo, ere
(N. Kl.) rauh sein, starren (von), schmutzig, wüst sein, klass. = trauern

squalidus, a, um, mit comp.
(N. Kl.) rauh (klass. v. Ausdruck „trocken"), schmutzig (übtrg. = angeklagt), wüst, öde

squalor, oris, *m*
1. Schmutz, (N. Kl.) Wüstheit
2. Trauergewand, daher = (äußere) Trauer, Elend

squama, ae, *f*
Schuppe

squameus, a, um (P) u. **squamiger**, era, orum
(N. Kl.) schuppig

squamosus, a, um
schuppig (P)

squilla, ae, *f* s. scilla

st!
= stille!

stabilimen, inis, *n*
Stütze (P)

stabilio 4.
befestigen

stabilis, e, mit comp.

fest(stehd.)
stabilitas, atis, *f*
(eigtl. u. übtrg.) Festigkeit, Stetigkeit
stabulor 1. (auch act.)
(N. Kl.) im Stall stehen, hausen
stabulum, i, *n*
Stall, (P) Behausung; übtrg. Bordell
stadium, ii, *n* (gr.)
„Stadium" (Längenmaß = 200 m, od. Rennbahn)
stagno 1.
(N. Kl.) austreten, versumpft sein, überschwemmen
stagnum, i, *n*
(ausgetret.) See, Sumpf, Teich, (N. Kl.) auch = (künstliches) Bassin, (P) tiefes Gewässer
stamen, inis, *n*
(P) „Aufzug" am Webstuhl, Faden, Saite
statarius, a, um
feststehend (N. Kl.); übtrg. (v. Schauspieler u. Redner) „gemessen"
statera, ae, *f* (gr.)
Waage (st. aurificis „Goldwaage")
statim adv. (sto)
sogleich, unmittelbar
statio, onis, *f*
1. Stellung, Stelle (N. Kl.); Aufenthaltsort
2. spez. a) Ankerplatz, Bucht; b) Wachtposten, Wache; konkr. Feldwache, Posten
stativus, a, um
feststehend, (castra) **stativa** Standlager, Standquartier e. Heeres
stator, oris, *m*
1. „Fluchthemmer" (Beiname d. Jupit.): = Schirmherr
2. „Ordonnanz"
statua, ae, *f*
Bildsäule
statumen, inis, *n*
(Schiffs-)Rippe
statuo, ui, utum 3.
1. hin-, aufstellen, aufschlagen, auf-, errichten, erbauen, gründen. übtrg.
2. festsetzen, bestimmen
3. beschließen, entscheiden
4. beschließen, sich vornehmen, sich entschließen
5. sich vorstellen, dafür halten, auch = behaupten
statura, ae, *f*
(Leibes-)Größe
status, us, *m* (plur. klass. wohl nur nom. u. acc.)
1. d. Stehen; Stellung, Haltung; spez. (N. Kl.) „Stellung" Kämpfender
2. übtrg. a) Stand, Zustand, Lage, Verhältnisse, Bestand; b) (äuß.) Stellung, Stand; c) (rhet.) „Stand" der Untersuchung
status, a, um (sisto)
festgesetzt, bestimmt
stella, ae, *f*
Stern, (P) Gestirn
stel(l)io, onis, *f*
Sterneidechse
stellans, gen. antis
(N. Kl.) gestirnt, schimmernd
stellatus, a, um
unter d. Sterne versetzt; (N. Kl.) gestirnt, auch bildl.
stellifer, era, erum
gestirnt
stercoro 1.
düngen
stercus, oris, *n*
Mist, Dünger
sterilis, e
unfruchtbar (klass. nur bildl.). **sterilitas**, atis, *f* Unfruchtbarkeit
sternax, gen. acis
(P) = störrisch
sterno, stravi, stratum 3.
1. auf d. Boden (hin)streuen, hinbreiten (N. Kl.)
2. zu Boden strecken, hin-, niederstrecken od. -werfen, fällen
3. ebenen, glätten, übtrg. beruhigen (N. Kl.); klass. = pflastern; N. Kl. **strata**, ae, *f* „Straße"
4. be-, überdecken, bewerfen, belegen (N. Kl.); spez. a) (e. Lager u. a.) bedecken, rüsten; N. Kl. **stratum**, i, *n* Decke, Polster, Lager; b) (N. Kl.) satteln. **stratum**, i, *n* Sattel, Decke
sternuo, ui, 3.
niesen (N. Kl.)
sternumentum, i, *n*
d. Niesen
sterquilinum, i, *n*
Misthaufen (N. Kl.)

sterto, ere
schnarchen
stigmatias, ae, *m* (gr.)
Gebrandmarkter (von e. Sklaven)
stilla, ae, *f*
Tropfen
stlillicidium, i, *n*
= Traufe
stillo 1.
tropfen, (N. Kl.) trans. tropfen lassen, (P) **stillatus**, a, um geträufelt
stilus, i, *m*
1. (Schreib-)Griffel, „Feder"
2. Übg. in schriftl. Darstellg., „Feder"
3. Schreibart
stimulatio, onis, *f*
Triebfeder (N. Kl.)
stimulo 1.
stacheln: übtrg. quälen, beunruhigen; anspornen, (an)reizen
stimulus, i, *m*
1. Treibstachel, milit. e. Art Fußangel
2. übtrg. a) Stachel, Pein; b) Sporn, Antrieb
stinguo, ere
1. stechen
2. verlöschen (P)
stipatio, onis, *f*
„Suite"
stipator, oris, *m*
Trabant
stipendiarius, a, um
steuer-, tributpflichtig; (N. Kl.) um Sold dienend, Söldner
stipendium, ii, *n* (stips u. pendo)
1. (fast nur milit.) Sold, Löhnung
2. Kriegsdienst, Feldzug, (N. Kl.) Dienstjahr
3. Steuer, Tribut (Besiegten auferlegt, daher P = Strafe)
stipes, itis, *m*
Baumstamm, Pfahl; (P) Baum, Ast, Keule, Scheit, Klotz (klass. bildl. „Tölpel")
stipo 1.
1. zus. drängen, -packen, dicht füllen, (P) aufhäufen
2. umdrängen, dicht umgeben
stips, stipis, *f*
(gering.) Geldbeitrag, Kollekte, (N. Kl.) Gewinn
stipula, ae, *f*
(N. Kl.) Halm, Stoppel, Stroh, Rohr
stipulatio, onis, *f*
förmliche Verpflichtg., Kontrakt, ebenso **stipulatiuncula**, ae, *f*
stipulor 1.
förml. ausbedingen
stiria, ae, *f*
Eiszapfen (N. Kl.)
stirpitus adv.
(bildl.) mit der Wurzel
stirps (N. Kl. gelegtl. stirpis od. -es), stirpis, *f* (P auch *m*)
I. eigt. 1. d. (untere) „Stamm" e. Baumes
2. Wurzel
3. Pflanze, „Wurzel"
4. (P) Ast
II. übtrg. 1. = Familie (als Teil e. gens.)
2. = Geschlecht, Stamm, Abstammung
3. Nachkommenschaft, (P) Nachkommen
4. „Wurzel" = Ursprung, Grundlage, ursprüngliche Natur
stiva, ae, *f*
Pflugsterze
stlis s. lis
sto, steti, staturus 1.
I. 1. stehen (Ggstz. liegen, sitzen), dastehen, sich aufhalten
2. spez. a) stare cum od. ab (N. Kl. auch pro, ebenso unde u. a.) „auf Seiten stehen von", Ggstz. contra u. a. „Gegner sein". „sich widersetzen"; b) per aliquem stat = d. Schuld liegt an jem., od. es steht bei jem.
3. (N. Kl.) beruhen auf
4. (P) emporragen, -starren, sich sträuben, strotzen von
5. kosten, zu stehen kommen; (P) feil sein (v. Dirnen)
II. 1. still stehen, bleiben, feststehen (Ggstz. moveri)
2. übtrg. a) stecken bleiben, stocken (P); b) feststehen, standhalten; c) (v. Gebäud. u. a.) Verstand haben, dauern; d) sich (aufrecht) halten, sich behaupten; e) (P) v. Schauspielen = Beifall erhalten; f) fest, getreu bleiben; g) sich halten an, sich beschränken auf; h) fest stehen, beschlossen sein
stola, ae. *f* (gr.)
langes Gewand (der ehrbar. Frauen u.

[P] der Flötenspieler)
stolidus, a, um
tölpelhaft, töricht (N. Kl.); gelegtl. übtrg. unbeweglich
stomachor 1.
sich ärgern
stomachosus, a, um, mit comp.
ärgerlich, gereizt; auch adv.
stomachus, i, *m*
1. Schlund, Speiseröhre
2. Magen
3. bildl. a) Geschmack; b) Ärger
storia (-ea), ae, *f*
Matte
strabo, onis, *m* (gr.)
Schieler
strages, is, *f*
(N. Kl.) d. Niederwerfen, -stürzen, Einsturz, Niedermetzelung, Niederlage, Verwüstung, (ungeordneter) Haufe
stragulus, a, um
z. Ausbreiten dienend: vestis s. u. subst. **stragulum**, i, *n* Decke, Teppich
stramen, minis, *n*
Streu (N, Kl.)
stramentum, i, *n*
1. Stroh
2. Packsattel
stramineus, a, um
strohern (P)
strangulo 1.
erdrosseln, (er)würgen; (P) übtrg. quälen
stranguria, ae, *f* (gr.)
Harnzwang
strategema, matis, *n* (gr.)
Kriegslist (klass. bildl.)
stratus, a, um s. sterno
strenuitas, atis, *f*
Regsamkt. (P)
strenuus, a, um (comp. u. superl. N. Kl.)
1. v. Pers. a) eifrig, emsig, betriebsam (in Geschäften) munter, hurtig; b) (N. Kl.) unruhig
2. (N. Kl. v. Leblos.) kräftig, rüstig
strepito, are
lärmen (P)
strepitus, us, *m*
Geräusch, Getöse, Lärm; (P) Klang
strepo, ui, ere
(N. Kl.) lärmen, tosen, rauschen, dröhnen, (er)klingen u. a.
strictim adv.
obenhin
strictura, ae, *f*
(glühende) Eisenmasse (P)
strideo, ere u. **strido**, di, ere
(meist P) zischen, schwirren, pfeifen, sausen, knarren, zischeln
stridor, oris, *m*
(meist P) Zischen, Schwirren, Sausen, Rauschen, Knarren, Kreischen, Zischeln, Schreien, Grunzen
stridulus, a, um
(P) zischend, knarrend
strigilis, is, *f*
Schabeisen
strigosus, a, um
mager, dürr (klass. übtrg. v. Redner)
stringo, strinxi, strictum 3.
1. streifen, spez. (leicht) verwunden, rühren (N. Kl.)
2. abstreifen, zücken od. ziehen
3. an od. zusammenziehen, schnüren (selt. klass.). **strictus**, a, um (N. Kl.) straff, bündig
strix, igis, *f* (gr.)
Ohreule
strophium, ii, *n* (gr.)
Busenbinde
structor, oris, *m*
Maurer, plur. Bauleute
structura, ae, *f*
Bau(art), Mauerwerk
strues, si, *f*
(zus. geschichtet.) Haufe, spez. von Opferkuchen (klass. als Maß)
struma, ae, *f*
Drüsen(geschwür)
struo, struxi, structum 3.
1. schichten, aufhäufen
2. auf-, erbauen, errichten, (N. Kl.) veranstalten (Gelage u. a.)
3. (an)stiften, ersinnen
4. zusammenfügen, ordnen, aufstellen
studeo, dui, ere
1. i. allg. sich um od. für etw. bemühen, befleißigen, üben, eifrig obliegen od. betreiben, im Auge haben, suchen, nach etwas streben od. trachten
2. spez. begünstigen
studiosus, a, um, mit comp. u. superl.
1. eifrig, sorgfältig, bemüht etw. zu tun,

bedacht auf, obliegend, studierend, begierig nach
2. zugetan, gewogen, Liebhaber von, Gönner, Verehrer
studium, ii, *n*
1. i. allg. eifriges Streben, Bemühg., Verlangen, Eifer, Fleiß, Lust, Neigung, Wunsch
2. spez. a) Leidenschaft, Begierde, spez. Kampflust; b) Begeisterung; c) Anhänglichkeit, Ergebenht., Zuneigung, Interesse, Teilnahme, Gunst, Liebe, Sympathie; d) Vorliebe, Parteilichkeit; e) (Lieblings-)Beschäftigung, Geschäft, Bestrebg., Liebhaberei; wissensch. Beschäftigung, Studium; Wissenschaft, Wissenszweig; (N. Kl.) künstler. Leistungen, Werke der Literatur
stultitia, ae, *f*
Torheit
stultus, a, um
töricht, dumm
stupefacio 3. (facio)
betäuben, übertäuben, klass. **stupefactus**, a, um erstaunt, außer sich
stupeu, ere
1. starr, sein (N. Kl.)
2. übtrg. starr, betäubt, verblüfft sein, stutzen, staunen
stipesco, ui 3.
stocken (P); stutzen
stupiditas, atis, *f*
Dummheit
stupidus, a, um
verdutzt; dumm
stupor, oris, *m*
Unempfindlichkt.; Schwerfälligkeit; Verdutztheit; Stumpfsinn
stuppa, ae, *f* (gr.)
Werg
stuppeus, a, um
aus Werg (P)
stupro 1.
schänden (auch übtrg.)
stuprum, i, *n*
Unzucht, Schändg.
Styx, *f* (gr.)
Fluß der Unterwelt, (P) Unterwelt, (N. Kl.) e. giftige Quelle in Arkadien. **Stygius**, a, um (P) stygisch, verderblich

Suada, ae, *f*
Göttin der Beredsamkeit (P)
Suadela, ae, *f*
Göttin der Überredung (P)
suadeo, suasi, suasum 2.
1. intr. raten, Rat geben, zureden
2. trans. a) (an)raten, befürworten, empfehlen; b) (P) zu etw. einladen od. reizen
suapte etc. s. suus
suasio, onis, *f*
Empfehlung; empfehlende Rede
suasor, oris, *m*
Anrater, Empfehler, Fürsprecher
suaviloquens, gen. entis
lieblich redend. **suaviloquentia**, ae, *f* das liebliche Reden
suavior, **suavium** s. sav...
suavis, e, mit comp. u. superl.
lieblich, angenehm, reizend
suavitas, atis, u. (N. Kl.) **suavitudo**, inis, *f*
Lieblichkt., Annehmlichkt., Liebenswürdigkt., Reiz
sub praep.
I. mit acc. 1. (räuml. „wohin?“ a) unter, unten ... hin, hinein; b) unterhalb, bis an, nahe an
2. (zeitl.) a) gegen, um, unmittelbar vor od. nach
II. mit abl. 1. (räuml. „wo?“) a) unter; b) unterhalb, nahe an, vor (e. höheren Ggstd.); c) (P) unmittelbar hinter
2. (zeitl.) a) innerhalb, während, zur Zeit, bei; b) (N. Kl.) gegen, um
subabsurdus, a, um
zieml. ungereimt
subaccuso 1. (accuso)
ein wenig tadeln, bemängeln
subactio, onis, *f*
Durchbildung
subadroganter
zieml. anmaßend
subagrestis, e
zieml. bäurisch
subalaris, e
unter der Achsel versteckt (N. Kl.)
subamarus, a, um
zieml. bitter
subausculto 1. (ausculto)
heimlich zuhören, lauschen
subc... vgl. succ...

subcontumeliose adv.
ziemlich schimpflich
subcrispus, a, um
gekräuselt
subdeficiens, gen. entis
nach u. nach ermattend (N. Kl.)
subdifficilis, e
zieml. schwierig
subdiffido, ere (diffido)
nicht recht trauen
subditivus, a, um
untergeschoben
subdo, didi, ditum 3. (do)
1. i. allg. unten hin od. unter etw. hin tun, legen, setzen, stellen, unterlegen, pass. unten liegen od. stehen
2. spez. a) unterwerfen, preisgeben (N. Kl.); b) an jmds. Stelle setzen, unterschieben; c) heimlich anstiften
subdoceo, ere (doceo)
aushilfsweise unterrichten
subdolus, a, um
arglistig; auch adv.
subdubito, are (dubito)
einigermaßen zweifeln
subduco 3. (duco)
I. 1. i. allg. unten wegziehen, nehmen, entziehen
2. spez. a) (unbemerkt) wegziehen, -bringen, (heimlich) entfernen, wegschaffen; b) hinaufführen; c) berechnen
II. 1. in d. Höhe ziehen, spez. (Segel) reffen (N. Kl.)
2. ans Land ziehen, bergen
subductio, onis, *f*
1. Berechng.
2. das ans Land Ziehen
subdurus, a, um
zieml. hart (bildl.)
subedo 3. (edo)
unterhöhlen (P)
subeo, ii, itum 4. (eo)
I. 1. unter etw. gehen, kommen, dringen u. a., betreten
2. spez. a) auf d. Schultern nehmen, aufnehmen (meist P); b) übtrg. auf sich nehmen, sich unterziehen, über sich ergehen lassen, sich aussetzen, zu erdulden haben, eingehen auf, anheimfallen
II. 1. (her)aufrücken, auf-, emporsteigen
2. (N. Kl.) heranrücken, sich nähern, herantreten, bespülen
3. (N. Kl.) a) heimlich herangehen, sich heranschleichen, überkommen, angreifen, beschleichen, befallen, in d. Sinn kommen; b) (N. Kl.) nachfolgen, an d. Stelle treten, ablösen, (P) nachwachsen, keimen
suber, beris, *n*
Kork(eiche) (P)
subf... s. suff...
subg... s. sugg...
subhorridus, a, um
zieml. struppig
subiaceo, ere (iaceo)
(v. Lok.) unten liegen (N. Kl.)
subicio, ieci, iectum 3. (iacio)
I. 1. i. allg. unter etw. werfen, legen, setzen, stellen, (an)bringen, pass. unter etw. stehen, liegen, in d. Bereich fallen, von
2. spz. a) unterwerfen; b) unterordnen; c) aussetzen, preisgeben; d) unterschieben, vorschieben, heimlich anstiften
II. 1. nahe heranbringen, -führen, -rücken lassen
2. spez. a) überreichen; b) übtrg. an d. Hand geben, einflüstern; c) folgen lassen, an Stelle treten lassen; d) (i. d. Rede) hinzufügen; e) entgegnen
II. (v. unten) emporwerfen, -richten, -heben. **subiectus**, a, um
1. unter, an, bei etw. liegend, angrenzd., (N. Kl.) subst. **subiecta**, orum, *n* Niederungen
2. unterwürfig, zu Gebote stehend; (N. Kl.) subst. **subiecti**, orum, *m* Untertanen
3. ausgesetzt (vgl. I 2 d)
subiectio, onis, *f*
1. sub aspectum s. „Voraugenstellung“
2. (N. Kl.) Unterschiebung, Hinzufügung
subiecto, are
(P) (wiederholt) unterlegen, i. d. Höhe werfen
subiector, oris, *m*
Unterschieber
subigo, egi, actum 3. (ago)
1. eigtl. unter etw. treiben od. führen, hinauftreiben, -führen (N. Kl.)

2. übtrg. a) zu etw. nötigen, zwingen, vermögen (N. Kl.); b) bezwingen, unterjochen, knechten; c) hart mitnehmen
3. a) um- und durcharbeiten, bearbeiten, zurechtmachen, bildl. **subactus**, a, um „geschult“; b) spez. (Tiere) zähmen; (P) wetzen, schärfen, glätten u. a.

subimpudens, gen. entis
zieml. unverschämt

subinanis, e
ein wenig eitel

subinde adv. (N. Kl.)
1. gleich darauf
2. wiederholt

subinsulsus, a, um
etwas abgeschmackt

subinvideo 2. (invideo)
e. wenig eifersüchtig sein.**subinvisus**, a, um etwas verhaßt

subinvito, are (invito)
unter d. Hand einladen

subirascor 3. (irascor)
etw. zornig werden, e. wenig zürnen. **subiratus**, a, um e. wenig böse

subitarius, a, um
(N. Kl.) in Eile zusammengerafft, gefertigt

subitus, a, um, adv. **subito**
plötzlich, unvermutet

subiungo 3. (iungo)
1. anbringen, verbinden mit
2. spez. a) anspannen (P); b) unterjochen, -werfen

sublabor 3. (labor)
1. heimlich hereinschleichen (P)
2. zus. sinken (N. Kl.)

sublatio, onis, *f*
Erhebung

sublatus, a, um
1. erhaben
2. zuversichtlich, hochfahrend

sublego 3. (lego)
1. unten auflesen (P)
2. jmd. etw. abhorchen (P)
3. nachwählen (N. Kl.)

sublevatio, onis, *f*
Linderung

sublevo 1. (levo)
1. eigtl. a) aufrichten; b) i. d. Höhe heben
2. übtrg. a) erleichtern, lindern, abschwächen; b) unterstützen

sublica, ae, *f*
(Brücken-)Pfahl

sublicius, a, um
auf Pfählen gebaut (N. Kl.)

subligaculum, i, *n*
Schurz

subligo 1. (ligo)
anbinden (N. Kl.)

sublimis, e
1. eigtl. hoch(ragend), in der (die) Luft od. Höhe, klass. adv. **sublime**
2. (N. Kl.) übtrg. erhaben, imponierend, hochstrebend, -fahrend

subluceo, ere (luceo)
hervorleuchten (N. Kl.)

subluo, ere (luo)
bespülen

sublustris, e
dämmerig (N. Kl.)

submergo 3. (mergo)
untertauchen, versenken, pass. versinken, ertrinken

subministro 1. (ministro)
eigtl. u. bildl. beschaffen, darreichen, zuführen

submissio, onis, *f*
1. Senkung
2. s. orationis = d. einfache Redegattung
3. Verringerung (Ggstz. elatio)

submissus, a, um, mit comp.
1. eigtl. gesenkt (N. Kl.)
2. übtrg. a) gesenkt, gelassen; b) (v. Charakt.) niedrig, kriechend; demütig

submitto 3. (mitto)
I. 1. niederlassen, -legen, senken, pass. (auch v. Lokal. u. Gewäss.) sich senken, sinken (klass. übtrg. se s. „sich herablassen = erniedrigen“)
2. spez. a) nachlassen, (Mut) sinken lassen; b) unterwerfen (N. Kl.)
II. (heiml.) zuschicken od. nachsenden, Hilfe schicken; spez. als Nachfolger schicken
III. 1. emporheben (N. Kl.)
2. spez. a) (Haar u. a.) wachsen lassen (N. Kl.); b) (Tiere) (zur Zucht) aufziehen (N. Kl.). Vgl. submissus

submolestus, a, um
zieml. unangenehm

submorosus, a, um
zieml. grämlich

submoveo 2. (moveo)
1. allg. wegschaffen, zurückdrängen, Platz machen, entfernen, beseitigen
2. spez. a) vertreiben, zurückdrängen; b) bildl. zurück-, fern-, abhalten, von etw. abbringen, (N. Kl.) verbannen
submuto 1. (muto)
(hin u. wieder) vertauschen
subnascor 3. (nascor)
unten hervorwachsen (N. Kl.)
subnecto 3. (necto)
(P) unten (an)knüpfen od. anbinden, unterbinden, zusammenhalten
subnego, are (nego)
ziemlich abschlagen
subnixus (subnisus), a, um
auf etw. sich stützend od. gelehnt, übtrg. vertrauend, trotzend (abl.)
subnubilus, a, um
trübe
subo, are
brünstig sein (P)
subobscenus, a, um
etw. unsittlich
subobscurus, a, um
etw. dunkel, d. h. nicht recht verständlich
subodiosus, a, um
etw. verdrießlich
suboffendo, ere (offendo)
ein wenig verstoßen
suboles, is, *f*
(meist poet. Ausdruck) Nachwuchs, Nachkommenschaft, (P) Sproß
subolesco, ere
nachwachsen (N. Kl.)
suborno 1. (orno)
ausrüsten, versehen; spez. anstiften
subp... s. supp...
subrancidus, a, um
etw. ranzig
subraucus, a, um
etw. heiser
subremigo, are (remigo)
nachrudern (N. Kl.)
subrepo 3. (repo)
sich einschleichen
subrideo 2. (rideo)
dabei lächeln
subridicule adv.
etw. lächerlich
subrigo s. surgo
subringor, i (ringor)
ein wenig die Nase rümpfen
subripio, ripui, reptum 3. (rapio)
(heilml.) entwenden, stehlen, entziehen
subrogo 1. (rogo)
nachwählen (lassen)
subrostani, orum, *m*
„Bummler“ (N. Kl.)
subruo, rui, rutum 3. (ruo)
untergraben, -wühlen, z. Einsturz bringen, stürzen
subrusticus, a, um
etw. bäurisch
subscribo 3. (scribo)
I. i. allg. darunter schreiben od. unten hinschreiben
II. spez. 1. aufschreiben, verzeichnen
2. (v. Zensor.) vermerken, notieren
3. a) Klage einreichen, klagen; b) Mitankläger sein
4. (N. Kl.) übtrg. beipflichten, unterstützen
subscriptio, onis, *f*
1. Unterschrift
2. spez. a) Verzeichnis; b) Zensor. Note; c) Mitanklage
subscriptor, oris, *m*
Mitankläger
subseco 1. (seco)
abschneiden (N. Kl.)
subsellium, ii, *n*
Bank, Sitz; spez. in Gerichten, daher übtrg. plur. = Gerichte, Prozesse
subsequor 3. (sequor)
1. unmittelbar (nach)folgen (v. Lebdm. u. Leblos.)
2. spez. a) begleiten; b) folgen = sich richten nach, sich anschließen an, nachahmen
subsicivus, a, um
„abgeschnitten“: erübrigt
subsidiarius, a, um
Reserve-; (N. Kl.) **subsidiarii**, orum, *m* Reservetruppen
subsidior 1.
in Reserve stehen (N. Kl.)
subsidium, ii, *n*
I. milit. 1. konkr. Hintertreffen (der Triarier), Reserve, Hilfskorps
2. abstr. Hilfe, Beistand
II. übtrg. Hilfe, Stütze, Schutz, Rück-

halt, Hort, Schutz-, Hilfsmittel, Abhilfe, Zuflucht, (N. Kl.) Zufluchtsort; subsidio esse „zum Schutz dienen, zu statten kommen, abhelfen"

subsido 3. (sido)
1. eigtl. sich niedersetzen, sich niederlassen (N. Kl.)
2. spez. a) auflauern; b) sich begatten lassen (P)
3. übtrg. (v. Leblos.) sich senken, sich legen, sinken, untergehen (N. Kl.)
4. zurückbleiben

subsignanus, a, um
unter der Fahne; s. miles kollekt. = „Legionstruppen" (N. Kl.)

subsigno 1. (signo)
(urkundlich) verpfänden, eintragen lassen

subsisto 3. (sisto)
1. (klass. milit.) still stehen, stehen bleiben, Halt machen, zurückbleiben, verharren
2. N. Kl. (v. Leblos.) aufhören, innehalten, einhalten
3. N. Kl. Widerstand leisten, widerstehen

subsortior (sortior)
zum Ersatz auslosen

subsortitio, onis, *f*
Ersatzlosg.

substantia, ae, *f*
(N. Kl.) Wesen, Bestand

substerno 3. (sterno)
bestreuen, auspolstern; übtrg. unterbreiten, darbieten; unterwerfen

substituo, ui, utum 3. (statuo)
an d. Stelle setzen; (N. Kl.) übtrg. vor-, unterstellen

substringo 3. (stringo)
(N. Kl.) in d. Höhe schnüren, (P) spitzen (Ohr); **substrictus**, a, um (P) schmächtig

substructio, onis, *f*
Unterbau, Mauerwerk (klass. i. plur.)

substruo 3. (struo)
(N. Kl.) mit e. Unterbau (-lage) versehen

subsum (sum)
eigtl. unter etw. sein od. stecken (N. Kl.); nah sein, bevorstehen; übtrg. dahinterstecken, i. Spiel sein, unter etw. begriffen sein, zugrunde liegen, vorliegen, vorhanden sein

subsutus, a, um (suo)
unten besetzt (P)

subte(g)men, inis, *n*
(P) „Einschlag" beim Weben, (Schicksals-)Faden

subter adv. u. praep.
unter(halb), unten

subterfugio 3. (fugio)
sich (insgeheim) entziehen, entgehen

subterlabor 3. (labor)
(unter etw.) hinfließen, -schlüpfen (N. Kl.)

subterraneus, a, um
unterirdisch

subtexo 3. (texo)
(P) e. Schleier vorziehen, umschleiern, (N. Kl.) einflechten, anfügen (in d. Darstellung)

subtilis, e, mit comp. u. superl.
„feingewbt": fein, feinfühlig, genau, gründlich, scharf(sinnig), schlicht. adv. **subtiliter**

subtilitas, atis, *f*
übtrg. Feinht., Schärfe, Gründlichkt., Schlichtheit

subtraho 3. (traho)
1. unten wegziehen, pass. unter jem. weichen (N. Kl.)
2. eigtl. u. übtrg. entziehen, entfernen; (N. Kl.) (Augen) abwenden, weglassen = nicht erwähnen

subturpis, e u. **subturpiculus**, a, um
etwas schimpflich

subtus adv.
(N. Kl.) unten, unterhalb

subucula, ae, *f*
„Hemd" (P)

subulcus, i, *m*
Sauhirt (P)

suburbanus, a, um
in der Nähe v. Rom. **suburbanum**, i, *n* Landgut nahe bei Rom. **suburbani**, orum, *m* (P) Bewohner der Umgegend Roms. **suburbanitas**, atis, *f* Nähe zu Rom

suburbium, ii, *n*
Vorstadt

suburgeo, ere (urgeo)
dränge nahe an etwas (P)

subvectio, onis *f*
Zufuhr

subvecto 1.
herbeischaffen (N. Kl.)
subvectus, us, *m*
(im abl.) Zufuhr (N. Kl.)
subveho 3. (veho)
(stromaufwärts) fahren, herbeischaffen; **subvehi** (N. Kl.) intr. aufwärtsfahren
subvenio 4. (venio)
zu Hilfe kommen, beistehen, (ab)helfen
subvereor, eri (vereor)
e. wenig fürchten
subversor, oris, *m*
Umstürzer (N. Kl.)
subverto 3. (verto)
(N. Kl.) umstürzen, vernichten
subvexus, a, um
allmählich aufsteigend (N. Kl.)
subvolo 1. (volo)
auffliegen
subvolvo, ere (volvo)
hinaufwälzen (P)
succedo 3. (cedo)
I. unter etw. gehen, treten, eintreten; (P) auf sich nehemen
II. (P) emporsteigen
III. herandrängen, herein-, vordringen, anrücken, sich nähern
IV. an d. Stelle treten, nachrücken, ablösen, folgen, spez.
1. zeitl.: aetas aetati
2. örtl.: Ubii „liegen zunächst"
3. im Amt u. a.: abs.; in locum alicuius; alicui; muneri tuo; succeditur alicui „jmd. erhält e. Nachfolger". V. von statten gehen, gelingen
succendo, di, sum.3.
(von unten) an-, entzünden
succenseo (besser suscenseo), ui 2. (su[b]s u. candeo)
aufgebracht sein, zürnen
succenturio, onis, *n*
Untercenturio (N. Kl.)
successio, onis, *f*
d. Einrücken, (N. Kl.) Nachfolge
successor, oris, *m*
Nachfolger
successus, us, *m*
d. Anrücken; (N. Kl.) (glückl.) Erfolg
succidia, ae, *f*
Speckseite
succido, di, sum 3. (caedo)
(unten) ab- od. durchhauen, fällen, abschneiden
succido, ere (cado)
einsinken (P)
succiduus, a, um
einsinkend (P)
succingo 3. (cingo) meist **succinctus**, a, um
1. aufschürzen, aufbinden (P)
2. umgürten, (aus)rüsten, umgeben
succino, ere (cano)
„einstimmen" (P)
succipio altertüml. = susc...
succlamatio, onis, *f*
Zuruf (N. Kl.)
succlamo 1. (clamo)
zurufen (N. Kl.)
succresco 3. (cresco)
emporwachsen (P); nachreifen
succumbo, cubui, cubitum 3.
1. niedersinken (P)
2. unter-, erliegen, Mut verlieren
succurro, curri, cursum 3. (curro)
„unterlaufen"
übtrg. 1. s. atque subire „entschlossen entgegengehen"
2. in Gedanken kommen, einfallen
3. zu Hilfe eilen, beistehen, (ab)helfen
succussus, us, *n*
Erschütterg. (P)
succutio 3. (quatio)
in d. Höhe schnellen (P)
sucinum, i, *n*
Bernstein (N. Kl.)
sucula, ae, *f*
Schweinchen
sucus (nicht succus), i, *m*
Saft, übtrg.
1. Kraft, Frische
2. (P) Geschmack
sudis, is, *f*
Pfahl
sudo 1.
schwitzen (eigtl. u. übtrg.); (N. Kl.) dünsten, triefen, ausschwitzen
sudor, oris, *m*
Schweiß (eigtl. u. bildl.)
sudus, a, um
heiter, klass. sudum est „es ist heiterer Himmel"
suesco, suevi, suetum 3. (vgl. suus)

(N. Kl.) 1. trans. gewöhnen (singulär!)
2. intr. sich gewöhnen, perf. pflegen;
suetus, a, um gewöhnt, gewohnt
sufetes, m (Fw.)
„Sufeten", karthag. Behörde (N. Kl.)
suffero, ferre (fero)
erdulden
sufficio, feci, fectum 3. (facio)
1. an jemds. Stelle wählen, nachwählen; (P) ergänzen
2. Grundfarbe geben, färben
3. (N. Kl.) darreichen, -bieten, verleihen
4. aus-, hinreichen, genügen, hinlängl. zu Gebote stehen; aus-, standhalten, (P) imstande sein
suffigo 3. (figo)
an od. auf etw. heften, stecken, schlagen
suffio 4.
räuchern (N. Kl.). **suffimentum**, i, *n* u. (P) **suffimen**, inis, *n* „Sühnmittel"
sufflo, are (flo)
aufblasen (N. Kl.)
suffoco 1. (faux)
ersticken
suffodio 3. (fodio)
(v. unten) durchbohren; untergraben; (N. Kl.) hineingraben
suffragatio, onis, *f*
(publiz.) Begünstigung, Empfehlung
suffragator, oris, *m*
(publiz.) Begünstiger, Stimmwerber
suffragatorius, a, um
zum Zweck der Stimmwerbung
suffragiu, ii, *n*
1. (sing. u. plur.) Abstimmung, Stimme, Votum
2. plur. (die 6 neuen) Stimmzenturien
3. Wahlrecht
4. bildl. Urteil, (P) Beifall
suffragor 1.
(meist publiz.) Stimmen werben, stimmen für, begünstigen, (be)fördern, (jemds. Wahl) empfehlen
suffringo, ere (frango)
entzwei schlagen
suffugio 3. (fugio)
Zuflucht suchen (N. Kl.)
suffugium, ii, *n*
Zuflucht(-sstätte)
suffundo 3. (fundo)
untergießen, unterlaufen lassen, eingießen, benetzen
suffuscus, a, um
bräunlich (N. Kl.)
suggero 3. (gero)
1. (P) unterlegen (Flamme; auch bildl. „nähren")
2. (N. Kl.) herbeischaffen, darreichen, gewähren, liefern, an d. Hand geben, bieten
3. hinzufügen, folgen lassen
4. heiml. beibringen
suggestum, i, *n* u. **suggestus**, us, *m*
„Erhöhung": Rednerbühne, Tribüne
suggrandis, e
ziemlich groß
suggredior, gressus sum 3. (gradior)
heiml. (her)anrücken (N. Kl.)
sugillo (**suggillo**) 1.
braun u. blau schlagen: verhöhnen, beschimpfen (N. Kl.). **sugillatio** (**sugg...**), onis, *f* Verhöhnung, Beschimpfung (N. Kl.)
sugo, suxi, suctum 3.
saugen; einsaugen
sui, **sibi**, se
seiner, sich, pron. refl. - Verstärkt:
1. sepse
2. (N. Kl.) sibimet u. semet
3. sese = se, oft als acc., doch auch als abl.
suidus = sudus
suillus, a, um
Schweine- (N. Kl.)
sulco 1.
eigtl. u. übtrg. (durch)furchen (P)
sulcus, i, *m*
Furche (eigtl. u. bildl.)
sullaturio, ire
d. Sulla spielen wollen
sulphur (**sulfur** od. **sulpur**), uris, *n*
Schwefel, s. vivum „Schwefelblüte". **sulphureus**, a, um schwefelig
sultis = si vultis
sum, fui, esse (escunt altlat. = erunt; vgl. fuo)
I. selbständ. Verb.
1. v. Konkret. u. Abstrakt. = (vorhanden od. da) sein, existieren, „es gibt", stattfinden, der Fall sein, mos est „herrscht" u. a., spez. = leben
2. (an e. Ort od. in e. Zustand) sein, sich befinden, leben, sich aufhalten

3. sich verhalten, stehen, gehen
4. wirklich od. in Wahrheit sein, wahr sein
II. Copula, verbindet d. Subj. mit e. Prädikatsnomen
III. besondere Verbindgn.:
1. esse mit gen. poss., qualit., pretii, mit abl. qualit., pretii, mit dat. zur Bezeichng. d. Besitztums od. Zwecks; spez. esse mit gen. gerund. „dienen zu", mit dat. gerund. „imstande od. fähig sein zu" (beides selt. klass.)
2. esse **ab** a) herstammen von; b) jemds. Partei od. Schule angehören
3. esse **ad** „dienen, tauglich sein zu"
4. est apud Platonem od. in libro „es steht bei -", „heißt in -".
5. esse **cum** aliquo „verkehren mit", cum re „bei od. an sich haben (tragen)"
6. esse **de** (bei Abhandlgn.) „handeln von"
7. esse ex „gehören zu, stammen von od. aus"; ex usu esse u. a., s. res 6 u. ex I a. E.
8. esse **in** a) beruhen, ankommen auf, bedeuten, b) gehören zu
9. esse **pro** s. pro II.
IV. **est** unpers. 1. est ut „es ist d. Fall, daß", meist fore ut s. fuo
2. est mit inf. (N. Kl.) „es ist möglich", „man darf" od „kann"
3. in eo est ut (N. Kl.) „es ist soweit, daß"
4. est mit rel. zur verstärkdn. Umschreibg., z. B. est ubi = alicubi, est quatenus = aliquatenus u. a.
5. id est = das heißt

summ... in Kompos. s. subm...

summa, ae, *f*
1. höchste Stelle, Entscheidung über, Oberleitung
2. entscheid. Ausgang
3. Hauptsache, -punkt, -zweck, -inhalt
4. Gesamtht., d. Ganze, Inbegriff; adv. ad summam „überhaupt", „kurz"
5. Gesamtzahl, -betrag, Summe, Fazit

summatim adv.
in den Hauptpunkten

summe s. superus

summopere adv.
mit aller Mühe

summus, a, um s. superus

sumo, sumpsi, sumptum 3.
I. allg. (zu sich od. an sich) nehmen, annehmen
II. spez. 1. i. Gebrauch nehmen, anwenden
2. anziehen, anlegen
3. kaufen, mieten
4. genießen
5. nehmen, wählen, aussuchen
6. (stoisch. t. t.) wünschen, begehren (Ggstz. reicere)
7. auf sich nehmen = unternehmen, vornehmen
8. a) annehmen, behaupten, (als Beispiel) anführen; b) etwas vornehmen (um es zu behandeln)
9. annehmen = sich aneignen, sich herausnehmen, sich anmaßen, Anspruch erheben
10. (P) aufreiben

sumptio, onis, *f*
Vordersatz eines Schlusses

sumptuarius, a, um
den Aufwand betreffend

sumptuosus, a, um
kostspielig, (v. Pers.) verschwenderisch; (auch adv.)

sumptus, us, *m* (sing. u. plur.)
Aufwand, Kosten, Verschwendg

suo, sui, sutum 3.
nähen; (P) zusammenfügen. **suta**, orum, *n* Panzerhemd

suopte s. suus

suovetaurilia, ium, *n*
Bez. e. feierl. Opfers (N. Kl.)

supellex, pellectilis, *f* (nur sing.; abl. auf e u. i)
Hausgerät, -rat, Geschirr; übtrg. Rüstzeug, Schatz

super
I. adv. 1. (v. Raum) a) oben darauf, darüber (selt. klass.); b) von oben her, nach oben, über sich (N. Kl.)
2. übtrg. a) darüber, mehr; b) **super** (quam) überdies, außerdem (N. Kl.); c) übrig (N. Kl.)
II. praep. 1. mit acc. a) (v. Raum) über, oben darauf; (N. Kl.) über = oberhalb, über ... hinaus; b) (zeitlich) während, bei (N. Kl.); c) (vermehrend) über = über ... hinaus, außer, vor, mehr als u.

a. (N. Kl.)
2. mit abl. a) (v. Raum) über, oben auf (klass.?); b) (zeitlich) während (P); c) bildl. = praeter (P), od. = de

supera (P) = supra

superabilis, e
(N. Kl.) übersteigbar, übtrg. überwindlich

superator, oris, *m*
Besieger (P)

superbia, ae, *f*
Hochmut, Übermut, Stolz; (N. Kl.) Selbstgefühl

superbiloquentia, ae, *f*
freche Rede (P)

superbio, ire
(N. Kl.) übermütig sein, sich brüsten

superbus, a, um, mit comp. u. superl. hochragend:
1. hoch-, übermütig, stolz, tyrannisch; spez. wählerisch
2. (P) erhaben, ausgezeichnet, prächtig

supercilium, ii, *n*
Augenbraue (meist plur.); übtrg. finsteres Wesen, Ernst; Hochmut, Stolz; (N. Kl.) Vorsprung, Anhöhe

superemineo, ere (emineo)
überragen (N. Kl.)

superficies, ei, *f*
1. Oberfläche (N. Kl.)
2. (t. t. iur.) alles von d. Oberfläche Hervorragende, bes. Gebäude

superfixus, a, um
aufgesteckt (N. Kl.)

superfluo 3. (fluo)
überströmen, -fließen, i. Überfluß vorhanden sein (klass. bildl.)

superfundo 3. (fundo)
(N. Kl.) darübergießen, bedecken, überschütten, se s. u. pass. überströmen, austreten, sich ergießen, sich ausbreiten

supergredior, gressus sum 3. (gradior)
(N. Kl.) überschreiten, übertreffen

superi, orum, *m* s. superus

superiacio 3. (iacio)
(N. Kl.) darüber-, daraufwerfen, -legen, überdecken, über etw. hinauswerfen, übtrg. überschreiten

superimmineo, ere (immineo)
darüber emporragen (P)

superimpono 3. (impono)
oben darauflegen, -setzen (N. Kl.)

superincido, ere (incido)
von oben hereinfallen (N. Kl.)

superincubo, are (incubo)
oben daraufliegen (P)

superinicio 3. (inicio)
darüberwerfen (N. Kl.)

superinsterno 3. (insterno)
oben darüberbreiten (N. Kl.)

superlabor 3. (labor)
darüber hingleiten (N. Kl.)

superlatio, onis, *f*
(rhet.) Übertreibung

superlatus, a, um
übertrieben

superne adv.
(N. Kl.) von oben her, aus der Höhe oben

supernus, a, um
(N. Kl.) oben befindlich, d. obere

supero 1.
I. intr. 1. eigtl. hervorragen (P)
2. überlegen sein, Oberhand gewinnen od. haben, (ob)siegen
3. i. Überfluß od. zu viel sein
4. noch vorhanden sein, übrig sein, bleiben, spez. vita s. „überleben, am Leben bleiben", [P] auch ohne vita
II. trans. 1. hinauskommen über, übersteigen, -schreiten, passieren
2. vorbei od. vorübergehen, -kommen, -fahren an, umsegeln (N. Kl.)
3. übtrg. a) übertreffen, überbieten, überlegen sein; b) überwältigen, überwinden, besiegen

superpendens, gen. entis
überhangend (N. Kl.)

superpono 3. (pono)
darüber-, od. daraufsetzen od. -legen (N. Kl.)

superscando, ere (scando)
überschreiten (N. Kl.)

supersedeo 2. (sedeo)
sich über etw. hinwegsetzen, sich etw. ersparen, e. Sache überhoben sein

superstagno 1. (stagno)
austreten (N. Kl.)

supersterno 3. (sterno)
darüberbreiten (N. Kl.)

superstes, gen. stitis
1, darüberstehd. (P); altertüml. = Zeuge
2. überlebend

superstitio, onis, *f*
1. abergläub. Scheu od. Furcht, Aberglaube (bes. von d. Verehrg. fremder, staatl. nicht anerkannter Gottheit.), plur. (ir)religiöse, abergläubische Zeremonien od. Vorstellungen
2. (P) heil. Schwur
superstitiosus, a, um
abergläubisch; auch adv.
supersto 1. (sto)
oben stehen (auf) (N. Kl.)
superstruo 3. (struo)
darüber (auf)bauen (N. Kl.)
supersum (sum)
1. übrig sein od. bleiben
2. spez. a) noch vorhanden od. am Leben sein, (N. Kl.) überleben; b) im Überfluß vorhanden sein, völlig ausreichen; c) überflüssig sein; d) überwiegen, überlegen sein
superurgeo, ere (urgeo)
oben eindringen (N. Kl.)
superus, a, um
oben befindlich, oben, der obere, spez. **superi**, orum, *m* a) d. oberen Götter; b) (P) Oberwelt. comp. **superior**, ius
1. weiter oben befindlich, oberer, oberer Teil von
2. der frühere, ehere, vorige, erstere, letztere, ehemalige, vergangene
3. stärker, überlegen, siegreich
4. höher gestellt, höher, vornehmer, vorzüglicher, superl.
I. **supremus**, a, um
1. höchster, oberster, äußerster (P)
2. (zeitl.) letzter (klass. dies s. „Todestag"), (N. Kl.) subst. **suprema**, orum, *n* letzte Ehre, Bestattung, Tod, Überreste (d. Leichnams), letzter Wille, Testament
3. (v. Maß) äußerster = ärgster, härtester (klass. supplicium)
II. **summus**, a, um
1. (räuml.) oberster, höchster, oberster Teil von, Höhe, Spitze, Oberfläche u. a.
2. (v. Zeit u. Reihe) letzter (P)
3. (v. Grad u. Rang) höchster, sehr hoher, äußerster, größter u. a.; adv. **ad summum** „höchstens", öfter bloß **summum**, adv. **summe** höchst, i. höchsten Grade
supervacaneus u. (N. Kl.) **supervacuus**, a, um
überflüssig, unnötig; nebensächlich
supervado, ere (vado)
übersteigen (N. Kl.)
supervehor 3. (vehor)
über etw. hinausfahren (N. Kl.)
supervenio 4. (venio)
(N. Kl.) sich über etw. werfen od. legen, dazukommen, überraschen
superventus, us, *m*
d. Dazukommen (N. Kl.)
supervolito 1. (volito)
über etw. fliegen (N. Kl.)
supervolo, are (volo)
über etw. hinfliegen (N. Kl.)
supino 1.
(N. Kl.) rückwärts beugen, umkehren
supinus, a, um
rückwärts gebogen, rücklings; (N. Kl.) aufwärts gerichtet, (P) (örtl.) gesenkt, abfallend
suppaenitet, ere (paenitet)
es gereut ein wenig
suppar, gen. paris
fast gleich
suppditatio, onis, *f*
Überfluß
suppedito 1.
I. trans. (zur Genüge) darbieten, gewähren, zusenden, verschaffen
II. intr. 1. beistehen
2. (reichlich) vorhanden od. vorrätig sein, ausreichen
suppedo, ere (pedo)
e. wenig farzen
suppetior 1. (?)
beistehen
suppeto 3. (peto)
zur Hand sein, hinlänglich zu Gebote stehen, ausreichen, entsprechen
supplanto 1.
e. Bein stellen
supplementum, i, *n* (milit.)
1. Ergänzung, Rekrutierg. (N. Kl.)
2. Ergänzungsmannschaft, Reserven
suppleo, plevi, pletum 2.
1. eigtl. nachfüllen, wieder anfüllen (N. Kl.)
2. übtrg. a) ergänzen, ersetzen, hinzusetzen; b) rekrutieren

supplex, gen. plicis (abl. subst. -e, adi. -i; gen. plur. -um)
kniefällig: demütig bittend, (an)flehend, flehentlich
supplicatio, onis, *f*
Dankfest od. Buß-, Betfest
supplicium, ii, *n*
1. (N. Kl.) plur. flehentl. Bitten, relig. = supplicationes
2. a) allg. Strafe, Bestrafung; b) spez. Todesstrafe, Hinrichtung, Marter, Pein
supplico 1.
kniefällig od. demütig bitten, anflehen
supplodo, plosi 3. (plaudo)
aufstampfen
supplosio, onis, *f*
d. Aufstampfen
suppono 3. (pono)
1. eigtl. a) legen, stellen od. bringen unter; b) (P) unten anlegen
2. übtrg. a) unterwerfen; b) (log.) unterordnen; c) hinzufügen; d) an jemds. Stelle setzen; e) unterschieben
supporto 1. (porto)
herbei-, nachschaffen
suppostus (P) = suppositus
suppressio, onis, *f*
Unterschlagung
supprimo 3. (premo)
1. in den Grund bohren (N. Kl.)
2. zurück-, aufhalten, hemmen, zum Stehen bringen
3. unterdrücken (N. Kl.), spez. unterschlagen. **suppressus**, a, um leise
suppudet 2. (pudet)
ich schäme mich e. wenig
suppuratus, a, um
„fortfressend"
supputo 1. (puto)
nachrechnen (N. Kl.)
supra
I. adv. 1. (räuml.) oben, oberhalb, darüber
2. (zeitl.) vorher, (schon) früher, (N. Kl.) von früher her
3. (v. Maß) eigtl. u. übtrg. darüber = darüber hinaus, mehr, weiter
II. praep, m. acc.
1. (räuml.) a) oberhalb, über, oben auf; b) über ... hinaus, über
2. (zeitl.) über hinaus = vor
3. (v. Maß) über = über ... hinaus, mehr als, (N. Kl.) = außer
supralatus, a, um
übertreiben
suprascando, ere (scando)
übersteigen (N. Kl.)
supremus, a, um s. superus
supter = subter
sura, ae, *f*
Wade
surculus, i, *m*
Zweig, Kreis; spez. Setzling
surdaster, tra, trum
etwas taub, schwerhörig
surditas, atis, *f*
Taubheit
surdus, a, um
1. eigtl. taub
2. übtrg. a) unempfindlich (N. Kl.), b) pass. lautlos, still, verschwiegen (P)
Surena, ae, *m*
(N. Kl.) „der Surena", Kronfeldherr (bei d. Parthern)
surgo (N. Kl. **subrigo**, **surrigo**), surrexi, surrectum 3. (rego)
I. trans. auf-, emporrichten, erheben (N. Kl.)
II. intr. 1. aufstehen, sich erheben; spez. a) v. Redner; b) v. Schlafenden
2. (meist P) (v. Leblos.) sich erheben, empor-, aufsteigen, entstehen, (zeitl.) anbrechen, wachsen, zunehmen, anfangen, beginnen
surpite, **surpu...** u. a. (P) = surripite usw.
surr... in compos. = subr...
surrexe (P) = surrexisse
sursum (**-sus**) adv.
aufwärts, in die Höhe; oben, i. der Höhe
sus, suis, dat. u. abl. plur. suibus u. subus, *c*
Schwein, Sau, spez. Wildschwein, Eber
suscenseo s. succenseo
susceptio, onis, *f*
Übernahme
suscipio, cepi, ceptum 3. (su[b]s u. capio)
I. eigtl. auffangen, aufheben (N. Kl.); spez. (e. neugeborn. Kind von d. Erde aufnehmen und so) anerkennen u. er-

ziehen, daher = (rechtmäß.) „Kinder bekommen", pass. „auf die Welt kommen, geboren werden"
II. übtrg. 1. sich einer Sache od. Person annehmen, vertreten, verteidigen
2. (aus freier Wahl) auf sich, unter-, übernehmen, sich entschließen zu, veranstalten
3. auf sich laden, sich zuziehen, sich aussetzen, erleiden
4. auf sich laden = vollführen, begehen
5. an-, aufnehmen
6. sich etwas herausnehmen
7. (als wahr) annehmen, behaupten
8. (P) erwidern

suscito 1. (cito)
1. eigtl. etw. auf-, emportreiben, in d. Höhe richten, aufrichten, aufscheuchen (P)
2. spez. jemd. aufstehen lassen, aufwecken
3. übtrg. (N. Kl.) erwecken, erregen, (wieder) anfachen, verursachen

suspecto 1. (specto) (N. Kl.)
1. auf etw. hinaufsehen
2. jemd. beargwöhnen, etw. argwöhnen

suspectus, us, *m*
(N. Kl.) Aufblick, übtrg. Verehrung, Bewunderung

suspectus, a, um, mit comp.
beargwöhnt, verdächtig, Verdacht od. Furcht erregend

suspendium, ii, *n*
d. Erhängen

suspendo, pendi, pensum 3. (pendo)
herabhängen lassen:
1. eigtl. aufhängen, erhängen; (N. Kl.) **suspensus** hängend
2. empor-, erheben, schweben machen, schwebend halten, pass. schweben (klass. v. Bauten)
3. übtrg. a) (in d. Schwebe =) unentschieden lassen (N. Kl.); b) in Ungewißheit setzen, lassen

suspensus, a, um
spez. bildl.
1. von etw. abhängig, auf etw. beruhend
2. ungewiß, schwankend, erwartungsvoll, unruhig

suspicax, ge. cacis
(N. Kl.) argwöhnisch, verdächtig

suspicio, spexi, spectum 3. (specio)
1. eigtl. in d. Höhe, aufwärts-, emporblicken
2. übtrg. a) d. Blick erheben zu etw., etw. Erhabenes fassen; b) mit Hochachtung u. Verehrg. hinaufblicken zu, verehren, bewundern; c) beargwöhnen

suspisio (auch **-tio**), onis, *f*
1. subj. a) Vermutg., Ahnung, Idee; b) spez. Verdacht, Argwohn
2. obj. verdächt. Umstand, Stoff od. Grund zu Verdacht

suspiciosus, a, um, mit comp. u. superl.
1. argwöhnisch
2. Argwohn od. Verdacht erregend, verdächtig

suspicor 1.
ahnen, Ahnung haben, vermuten, Verdacht schöpfen, argwöhnen

suspiratus, us, *m*
tiefer Atemzug (P)

suspiritus, us, *n*
tiefes Atemholen, Keuchen, Seufzen

suspirium, ii, *n*
Seufzer

suspiro 1. (spiro)
(tief) aufatmen, seufzen

suspitio, onis = suspicio

susque deque adv.
darunter u. darüber

sustentatio, onis, *f*
Aufschub

sustento 1.
1. eigtl. stützen, pass. sich halten (N. Kl.)
2. übtrg. a) (aufrecht) erhalten, (unter-) stützen, nicht sinken od. zugrunde gehen lassen; b) unter-, erhalten, ernähren; c) aushalten, überstehen, abs. = standhalten; d) zurück-, aufhalten, hemmen (N. Kl.); e) hinhalten, verschieben

sustineo, tinui, tentum 2. (su[b]s u. teneo)
1. eigtl. (empor-, aufrecht)halten, nicht sinken lassen, stützen, tragen
2. eigtl. u. übtrg. zurückhalten, hemmen, an-, aufhalten, Halt machen lassen
3. verzögern, verschieben (solutionem; se s. „sich aufhalten")
4. übtrg. a) allg. aushalten, (er)tragen,

zu leisten od. zu tragen haben, auf sich nehmen, sich unterziehen, durchführen, sich erwehren, widerstehen; spez. über sich gewinnen, über d. Herz bringen; b) spez. (milit.) aushalten, bestehen, standhalten, die Spitze bieten, abs. sich halten; c) ernähren, unter-, erhalten; d) (aufrecht) erhalten, bewahren, behaupten

sustollo, ere (tollo)
emporheben (P)

susurrator, oris, *m*
Flüsterer (N. Kl.)

susurro, are
(P) flüstern, summen, zischeln

susurrus, a, um
flüsternd (P)

susurrus, i, *m*
d. Flüstern, Summen, Zischeln (klass. v. Menschen)

sutilis, e
(P) zusammengenäht, geflochten

sutor, oris, *m*
Schuster

sutorius, a, um
Schuster-,; subst. gewesener Flickschuster

sutrinus, a, um (N. Kl.) = sutorius

sutura, ae, *f*
Naht (N. Kl.)

suus, a, um
sein, ihr, eigen (verstärkt durch pte im abl. sing., [N. Kl.] auch durch met: suopte pondere u. a.)
2. subst. a) **sui**, orum, *m* die Seinigen od. Ihrigen, Angehörigen, Freunde, Anhänger, seine Leute u. a; b) **suum**, i, *n* das Seine od. Ihrige, sein Eigentum, s. Habe (Ggstz. alienum)
3. prägn. a) sein, ihr = angemessen, zukommend, bestimmt, gehörig, schicklich; b) günstig, vorteilhaft, passend, erwünscht; c) jmdm. eigentümlich, gewohnt, üblich; d) sein eigener Herr, selbständig, orginell (Ggstz. alienus)
3. zuweil. für gen. obi. sui, z. B. suae „ihm zugefügte“ iniuriae

syllaba, ae, *f* (gr.)
Silbe

syllabatim adv.
silbenweise

sympathia, ae, *f* (gr.)
natürl. Zusammenhang (philos.)

symphonia, ae, *f* (gr.)
(harmonische) Musik, Konzert

symphoniacus, a, um (gr.)
musikalisch

synedrus, i, *m* (gr.)
Beisitzer (N. Kl.)

syngrapha, ae, *f* (gr.)
Schuldschein, Wechsel (per s. „auf W.“; facere „sich ausstellen lassen“)

T

tabella, ae, *f*
1. Brett(chen), spez. Spielbrett (P)
2. Täfelchen als Votivtafel od. Schreibtafel (P). Daher
3. plur. = Brief, Schreiben, Urkunde, Protokoll
4. Stimmtäfelchen
5. Gemälde

tabellarius, a, um
d. Abstimmg. durch tabellae betreffd.
tabellarius, ii, *m* Briefbote

tabeo, ere
(P) zergehen, hinschwinden, triefen von

taberna, ae, *f*
1. (Bretter-)Hütte (P)
2. Laden, Werkstätte, Bude, Wirtshaus
3. „Bogengang" im Zirkus

tabernaculum, i, *n*
1. Zelt
2. „Schauzelt" der Augurn

tabernarius, ii, *m*
Budenbesitzer

tabes, is, *f*
(fast nur N. Kl.) eigtl. u. übtrg. Zersetzung, Verwesung, Schwinden, Siechtum, Pest, Gift, Jauche, Matsch

tabesco, bui 3.
sich zersetzen, schwinden, vergehen

tabidus, a, um
(N. Kl.) zergehend, schwindend, auszehrend

tabificus, a, um
„aufreibend"

tabula, ae, *f*
I. Brett, Holztafel
II. spez. 1. Gemälde, spez. als „Votivtafel" (P), od. als „Landkarte"
2. (N. Kl.) Schreib- u. Rechentafel, Anschlagbrett, Anschlag, Bekanntmachung, Gesetz, Gesetzesantrag
3. Gesetzestafel
4. Liste, Verzeichnis, daher = Auktion, (N. Kl.) Testament
5. **tabulae** = Urkunde, Kontrakt, Protokoll, spez. a) Rechnungsbuch, Schuldbuch, Schuldverschreibg., b) öffentl. Urkunden, Archiv
6. Wechslerbank

tabularium, ii, *n*
Archiv

tabulatio, onis, *f*
Gebälk

tabulatum, i, *n*
Bretter- od. Balkenlage, Stockwerk, Stock

tabum, i, *n*
(N. Kl.) verwesender Saft, Jauche, Gift, Fäulnis, Seuche

taceo, ui, itum 2.
intr. schweigen, still od. lautlos sein, (N. Kl.) übtrg.; trans.verschweigen

taciturnitas, atis, *f*
Schweigen, Verschwieght.

taciturnus, a, um
schweigend, schweigsam, (P) übtrg. leise

tacitus, a, um
1. pass. verschwiegen, geheim, heimlich, im stillen
2. act. schweigend, schweigsam, still, stumm, im stillen, geräuschlos. adv. **tacite**

tactio, onis, *f*
Gefühl (selt.!)

tactus, us, m
Berührung; Einwirkung; Gefühl

taeda, ae, *f*
Kien(holz); übtrg. (Kien-)Fackel, spez. (P) Hochzeitfackel, Hochzeit, Ehe

taedet, taedere
es ekelt, überdrüssig sein, Widerwillen haben

taedium, ii, *n*
(N. Kl.) Ekel, Überdruß, Widerwille

taenia, ae, *f* (gr.)
Binde (N. Kl.)

taeter, tra, trum, mit comp. u. superl.
(für d. Sinne) häßlich, garstig, abstoßend; übtrg. schändlich, abscheulich

tagax, gen. acis (tango)
„diebisch"

talaris, e (talus)
1. bis an die Knöchel reichend
2. an den Knöcheln befindlich: subst. **talaria**, ium, *n* Flügelschuhe, (P) Fußbinden

talarius, a, um
zu d. Knöcheln herabreichend: ludus t. „Knöchelspiel", bei dem d. Spieler in langem Gewand auftraten; auch konkr. = Schauspielerbande

talea, ae, *f*
Pflock, t. ferrea „Eisenbarre"

talentum, i, *n* (gr.)
„Talent"
1. e. Gewicht (P)
2. e. Summe Geldes

talio, onis, *f*
Wiedervergeltung (jur.)

talis, e
solch, so beschaffen, so, derartig; (in bezug auf folgendes) folgend; prägn. = so bedeutsam, = groß, auch = so mißlich

talpa, ae, *f* od. *m*
Maulwurf

talus, i, *m*
1. Knöchel
2. Würfel

tam adv.
I. (ohne Korrelativ) „so sehr, so, in dem Grad od. Maß", zur Steigerg. des Positivs von Adj. u. Adv. Numeral. Parizip., seltener anderer Verbalformen, vgl. quam I. II. (mit Korrel.).
1. **tam - quam** „in gleichem Grad - wie", „(eben)so - wie", „ebensowohl - als"
2. **non (neque) tam - quam** „nicht (u. nicht) sowohl - als vielmehr", auch non tam - sed (at)
3. **tam** mit folgd. Konsekutivsatz im coni.

tamdiu
„solange" allein od. mit folgdm. quamdiu, quoad, dum, quam

tamen
„doch", „dennoch", „gleichwohl", „indes", „trotzdem", im Ggstz. zu e. Einräumg.; diese steht in e. Hauptsatz od. in e. konzessiv. Nebensatz, oder in e. Satzglied im selben Satz. Zur Anknüpfg. e. neuen Momentes: et od. ae tamen „und außerdem, u. überdies, und abgesehen davon". Spez. tamen = „doch wenigstens", „doch immerhin", „denn doch"; si (non) - at tamen „wenn auch (nicht) - so doch (wenigstens)"

tamenetsi (nur P?) u. **tametsi**
„obgleich", „wiewohl", (korrektiv) „indes", „jedoch", gebraucht wie etsi

tamquam (tanquam)
führt vergleichd. e. Tatsache an = ein Bild = „wie", „gewissermaßen", „gleichsam", als Coni. in e. vollen Satz od. als adv. in e. verkürzt. Satz; auch adj. bei e. Subst.

tandem
1. „(doch) endlich", „schließlich", „zuletzt", verstärkt t. aliquando, auch iam t. (führt e. Resultat als erwartet od. erwünscht an)
2. oft in dir. u. indir. Frag. = „denn eigentlich", „in aller Welt"
3. in Auffordrgn. = „doch", „nur"

tango, tetigi, tactum 3.
I. (körperl.) 1. be-, anrühren, (be)fühlen; (P) = benetzen u. a.
2. (e. Ort) betreten, erreichen, gelangen nach
3. grenzen an
4. sich vergreifen an, schlagen, treffen; (P) prellen um
5. anrühren, (weg)nehmen
6. (Speisen) berühren, kosten (P)
II. (geist.) 1. rühren, reizen, ergreifen, Eindruck machen
2. (in Rede od. Schrift) erwähnen, anführen

tantisper
1. so lange
2. einstweilen, unterdessen

tantopere (tanto opere)
so sehr bei Verb.; t. - ut; t. - quantopere; vgl. opus I 3.

tantulus, a, um
so klein, so gering(fügig), **tantulum** so wenig, „auch nur so viel"

tantummodo
nur, bloß (s. modo II 1 u. tandum 2b)

tantus, a, um (vgl. quantus!)
„so groß (bedeutend, berühmt, wichtig, erheblich, stark, schwierig u. a.)", beschränkd. = „nur so groß" od. „groß

genug" (v. Pers. u. Sach.). neutr. **tantum** „so viel", beschränkend „nur od. grade so viel"
1. subst. a) (N. Kl.) in tantum „so sehr"; b) **tanti** als gen. pretii, spez. est mihi t. „es lohnt sich", „es ist mir recht". c) **tanto** als abl. mensurae (altero tanto „um d. Doppelte"; vgl. oben quinquies tanto; quanto - tanto)
2. **tantum** adv. a) (nur) so sehr, so weit; b) „nur", „bloß", vor- od. nachstehend = modo, auch verbdn. tantummodo, s. modo II 1; mit ut [ne] = modo ut [ne] s. modo II 2b; c) tantum non (N. Kl.) = beinahe; d) tantum quod = nisi quod (s. nisi II 2d), od. = soeben; e) t. satis est „ist schon genug"; f) non t. - sed (verum) etiam = non modo etc.

tantus (a, um) **dem**
ebenso groß: klass. **tantundem** ebensoviel, -weit

(tapes), etis, (abl. pl. auch -tis) (gr.)
(P) Teppich, Decke

tardigradus, a, um
langsam schreitend (P)

tadritas, atis, *f*
Langsamkt., langsame Bewegung, Trägheit, Schwerfälligkeit

tardo 1.
intr. säumen, zögern; öfter trans. verzögern, auf-, zurückhalten, hemmen

tardus, a, um, mit comp. u. superl.
(körperl. u. geistig) langsam, säumig, saumselig, schwerfällig, träge (meist tadelnd v. Lebdm. u. Leblos. [P] = lange dauernd, nachhaltig); (N. Kl.) = hemmend, lähmend. adv. **tarde** langsam, spät

Tartarus, i, *m* u. **Tartara**, orum, *n*
(P) Unterwelt (als Strafort). **Tartareus**, a, um (P) unterweltlich, schrecklich

taureus, a, um u. **taurinus**, a, um
(P) vom Stier, Stier-, stierförmig

tauriformis, e
stierförmig (P)

taurus, i, *m* (gr.)
Stier, (P) Name e. Gestirns

taxatio, onis, *f*
Schätzung (klass. selt.)

taxillus, i, *m*
kleiner Würfel

taxo 1.
abschätzen (N. Kl.)

taxus, i, *m*
Eibe, „Taxus" (Baum u. Frucht)

tete s. tu

tector, oris, *m*
Wandbekleider. **tectorium** opus u. subst. **tectorium**, ii, *n* u. **tectoriolum**, i, *n* Wandbekleidung

tectum, i, *n*
1. Dach
2. übtrg. „Dach u. Fach", Obdach, Haus, Wohnung; (P) in weiter. Bed. = Gemach, Höhle, Lager, Nest u. a.
3. Zimmerdecke
4. (P) Betthimmel

tectus, a, um s. tego

tegmen (**-gimen**, älter **-gumen**), inis, *n*
Bedeckung, Decke, Hülle (klass. Scythicum t. „Fell")

tegmentum (**tegim...** , **tegum...**), i, *n*
Bedeckung, Decke, Hülle, Schutz

tego, texi, tectum 3.
1. decken = bedecken, einhüllen
2. decken = verdecken, verbergen, verhüllen eigtl. u. übtrg. **tectus**, a, um, mit comp. u. sup., v. Pers. = zurückhaltend, vorsichtig, verschlossen, von Sach. = versteckt, geheim; adv. **tecte** „geheim", „verblümt", vorsichtig; (N. Kl.) tegens „voll Heimlichkeit"
3. decken = schützen, Schutz gewähren

tegula, ae, *f*
Dachziegel, plur. auch = (Ziegel-) Dach

tela, ae, *f*
Gewebe; (P) „Aufzug" des Gewebes, Webstuhl, das Weben

tellus, uris, *f*
1. Erde (als Weltkörper, auch als Göttin)
2. (P) Erde, Land (als Stoff od. Element), Erdreich, -boden, -oberfläche, Fußboden, Land, Gebiet, Volk, Landbesitz

telum, i, *n*
Waffe = Wurfwaffe, Geschoß, Speer, Pfeil, P v. Blitz u. a.; dann = Angriffswaffe, Schwert, Dolch u. a.

temerarius, a, um
unbedacht, unbesonnen, verwegen

temere adv.
planlos, blindlings, aufs Geratewohl,

unüberlegt, ohne weiteres, zufällig, von ungefähr, verbdn. mit forte, casu u. ähnl.; **temere** mit Negat. = nicht leicht

temeritas, atis, *f*
Planlosigkeit, Zufall (Ggstz. ordo, ratio; t. fortunae); Unbesonnenheit, abs. Unüberlegtheit, Verwegenheit

temero 1.
(N. Kl.) verletzen, entehren, beflecken, schänden, entweihen

temetum, i, *n*
Wein

temno, ere
(P) verachten, verschmähen

temo, onis, *m*
Deichsel; (P) Pflugbaum, Wagen (als Gestirn)

Tempe, *n*
1. Tal des Peneus
2. übtrg. = schöne Talgegend

temperamentum, i, *n*
rechtes Maß, Mäßigung, Mittelweg

temperans, gen. antis, mit comp. u. superl.
maßvoll (v. Pers.); adv. **temperanter**

temperantia, ae, *f*
Mäßigung, Maßhalten, Selbstbeherrschung

temperatio, onis, *f*
d. rechte Mischung, Maß, Einrichtung, Beschaffenheit; konkr. Ordner

temperator, oris, *m*
Ordner

temperatus, a, um, mit comp.
gemäßigt, mäßig, maßvoll

temperi (comp. temperius) s. tempus

temperies, ei, *f*
(N. Kl.) rechte Mischung, Milde

tempero 1.
1. trans. a) (gehörig) mischen; b) mildern, lindern, besänftigen, erleichtern; c) regeln, ordnen, regieren, lenken
2. intr. mäßigen, Maß halten (in), beherrschen, zurückhalten, sich enthalten; spez. schonen. Vgl. temperans u. temperatus

tempestas, atis, *f* (sing. u. pl.)
1. Zeit, Zeitabschnitt („Jahr", [P] „Tag"), Lage (klass. selt. u. nur sing.)
2. a) Witterung, Wetter; b) spez. gutes Wetter, meist = Unwetter, Sturm; c) personif., meist im plur.

tempestivitas, atis, *f*
= zeitgemäße Entwicklung

tempestivus, a, um (pros. nur posit.)
zeitgemäß, rechtzeitig, passend, gelegen; zeitig, reif; spez. convivia od. coenae t. d. h. früh begonnene (u. spät beendete) = „schwelgerische"

templum, i, *n*
I. „Beobachtungskreis" der Augurn, „Aussichtsplatz" (N. Kl.)
II. übtrg. 1. allg. a) (heiliger) „Raum", den man überschaut; b) (P) plur. Höhen, Himmel, Meer u. a.
2. spez. a) geweihter Ort od. Bezirk, heilig. Raum, (N. Kl.) auch Grabmal, Kapelle, Tempelzelle
3. meist = Heiligtum, Tempel

temporarius, a, um
(N. Kl.) d. Umständen gemäß, zeitweilig = veränderlich

tempto u. Ableitgn. s. tent...

tempus, oris, *n*
I. 1. allg. Zeit
2. spez. a) (bestimmte) Zeit, Zeitabschnitt, -punkt; ad tempus „für einige Z., vorübergehd.", vgl. b u. c; uno t. = „zur selben Zeit"; b) rechte, passende, günstige Zeit od. Augenblick, (günst.) Gelegenht.; tempore od. N. Kl. in tempore „zur recht. [= gelegen.] Z."; ad tempus „rechtzeitig" = zur bestimmt. Z.; ante t.; **temperi**, comp. **temperius** „bei Zeiten, rechtzeitig, frühzeitig"; tempus est „es ist an d. Zeit"; c) (Zeit-)Umstände, Verhältnisse, Lage; ex tempore „d. Umst. gemäß"; spez. mißliche Umstände. traur. Lage, Bedrängnisse, Unglück, Gefahr, Not; d) Zeitmaß, Quantität (einer Silbe); e) (N. Kl.) (gram. t. t.) „Tempus"
II. (N. Kl.) meist plur. Schlaf, Schläfe (am Haupt)

temulentus, a, um
(be)trunken

tenacitas, atis, *f*
d. Festhalten; (N. Kl.) übtrg. Geiz

tenax, gen. acis
festhaltend, zäh, fest, dicht (klass. bildl. v. Pers.); (N. Kl.) übtrg. beharrlich, hartnäckig, störrig

tendiculae, arum, *f*
Dohnen: bildl. Fallstricke
tendo, tetendi, (N. Kl.) tensum od. tentum 3.
I. trans. u. intr. 1. spannen, straff anziehen
2. ausspannen, ausbreiten, ausstrecken
3. spez. a) (Zelte) aufschlagen; daher b) abs. (i. Zelten) lagern (klass. milit.); c) hin-, darreichen; d) (meist P) wohin richten, lenken, zielen, intr. wohin segeln, ziehen, marschieren, (los)gehen, sich begeben, Weg nehmen, (v. Leblos.) sich hinziehen, sich erstrecken
II. intr. 1. nach etw. (vorwärts) streben od. trachten, zu etw. hinneigen, sich hingezogen fühlen
2. (mit Worten) sich anstrengen, sich abmühen
3. (N. Kl.) (mit Waffen) Gegenwehr, Widerstand leisten, kämpfen, i. Schlachtordnung aufstellen
tenebrae, arum, *f*
1. eigtl. Finsternis, Dunkel(heit); spez. Nacht(dunkel); auch personif.
2. übtrg. a) d. Dunkel; b) (P) Todesdunkel, Blindheit
3. meton. finsterer, dunkler Ort, (Schlupf-)Winkel, (P) Unterwelt
4. übtrg. Dunkelheit: a) = Niedrigkeit, Verborgenheit; b) = Undeutlichkt., Unklarht.; c) = trübe Lage, Wirrnis
tenebricosus, a, um
i. Dunkel gefüllt, dunkel, umnachtet
tenebricus u. **tenebrosus**, a, um
finster (P)
teneo, tenui 2.
I. (fest)halten. Spez.
1. gefaßt, ergriffen od. umfaßt halten
2. (geist.) erfaßt haben, festhalten, sicher erkennen, begreifen, wissen, verstehen
3. (gerichtet) halten, wohin richten
4. (e. Weg) nehmen od. einschlagen
5. wohin halten = steuern od. segeln, Richtung einschlagen nach, (zu Schiffe) wohin gelangen, erreichen
II. besitzen, einnehmen, im Besitz haben, innehaben, teneri ab „i. Besitz jmds. sein". Spez.
1. (e. Ort) bewohnen (N. Kl.)
2. milit. a) besetzt halten, beherrschen; b) (Truppen) befehligen
3. übtrg. einnehmen = umfassen, begreifen, enthalten, pass. in etw. enthalten sein
4. (v. Affekt.) einnehmen, fesseln, erfüllen, beherrschen
III. festhalten, nicht loslassen. Spez.
1. eingesperrt od. eingeschlossen halten (N. Kl.)
2. (milit.) (e. Ort) halten = behaupten, erfolgreich verteidigen
3. jmd. überführt haben, meist pass. überführt werden od. sein, bei etw. ertappt werden
4. (e. Besitz) behaupten, erhalten
5. an etw. festhalten, bei etw. verbleiben, beobachten
6. (an e. Ansicht u. ähnl.) festhalten
7. verpflichten, binden
8. etw. (als Recht) behaupten, durchsetzen
9. (N. Kl.) intr. sich erhalten, anhalten, noch bestehen, (fort)dauern
IV. 1. zurück-, aufhalten
2. etw. v. jmdm. zurückhalten (N. Kl.)
3. jmd. hinhalten, verzögern
4. (Affekte) zurück, in Schranken halten, bezähmen
5. glgtl. bei sich behalten, verschweigen
tener, era, erum, mit comp.
1. zart, weich (bildl. sprichw. a teneris unguiculis = [P] de tenui ungue „bis in die Fingerspitzen")
2. jugendlich, zart, jung
3. übtrg. a) schwach, dünn (P); b) zart, weich, biegsam, lenksam
teneritas, atis, *f*
Zartheit
tenesmos, i, *m* (gr.)
Stuhlzwang (N. Kl.)
tenor, oris, *m*
eigtl. u. bildl. ununterbrochener Lauf od. Zug od. Verlauf od. Fortgang
tensa, ae, *f*
Götterwagen
tentabundus (tempt...), a, um
umhertastend (N. Kl.)
tentamen (tempt...), inis, u. **tentamentum (tempt...)**, i, *n*
(meist P) Probe, Versuch, Versuchung, Vorspiel zu

tentatio (tempt...), onis, *f*
Anfall (einer Krankht.), (N. Kl.) Versuch, Probe
tentator (tempt...), oris, *m*
Versucher (P)
tentigo, ginis, *f*
(P) Geilheit
tento u. **tempto** 1.
1. betasten, befühlen, berühren
2. (feindl.) angreifen, zu erobern suchen, anfechten, antasten, bekämpfen, spez. (v. Krankheit) befallen
3. untersuchen, prüfen, auf d. Probe stellen, versuchen, probieren
4. (mit List, Bitten, Bestechung) jem. angehen, bearbeiten, zu gewinnen suchen, aufregen, beunruhigen
5. übtrg. nach etw. streben (P)
tentoriolum, i, *n*
Zeltchen (N. Kl.)
tentorium, ii, *n*
Zelt (N. Kl.)
tenuiculus, a, um
zieml. ärmlich
tenuis, e, mit comp. u. superl., adv. **tenuiter**
I. eigtl. 1. allg. dünn, fein, zart, mager
2. spez. (N. Kl.) schmal, eng, seicht, flach, (P) klar
II. übtrg. 1. fein, scharfsinnig
2. schlicht
3. unbedeutend, gering(fügig), spärlich, schwach, beschränkt
4. dürftig, i. dürft. Verhältnissen, unbemittelt, arm
5. (v. Stand) niedrig, gering
6. adv. obenhin
tenuitas, atis, *f*
1. eigtl. Dünnheit, Feinheit, spez. Magerkeit
2. übtrg. a) Dürftigkeit; b) Schlichtheit; c) Feinheit
tenuo 1.
(meist P) dünn machen, verdünnen, bildl. vermindern, herabsetzen, schwächen
tenus
dem abl., (N. Kl.) auch dem gen. nachgestellt, = bis an, bis zu
tepefacio 3. (facio)
(er)wärmen
tepeo, ere
(meist P) lau od. warm sein, verliebt sein
tepesco, pui, ere
warm werden
tepidus, a, um
(meist P) lau, warm, mild, (i. übl. Sinne) kühl, erkaltend, bildl. matt
tepor, oris, *m*
Lauheit, milde od. mäßige Wärme; (N. Kl.) bildl. Kühle, Mattheit
ter adv.
dreimal; (P) meton. öfter, wiederholt, überaus, sehr, vielmals
terdecie(n)s adv.
dreizehnmal
terebinthus, i, *f* (gr.)
Terebinthe
terebro 1.
(aus-, durch)bohren (N. Kl.)
teredo, dinis, *f* (gr.)
Holzwurm (N. Kl.)
teres, gen. etis
1. länglichrund, glattrund
2. (P) festgedreht (Stricke)
3. (N. Kl.) drall, prall (Körperteile)
4. bildl. geschmackvoll, fein
tergeminus s. trig...
tergeo, ere u. (N. Kl.) tergo, tersi, tersum 3.
abtrocknen, reinigen, (N. Kl.) adi. **tersus**, a, um sauber, rein, übtrg. fehlerfrei; (P) kitzeln (d. Gaumen)
tergiversatio, onis, *f*
Zögern, Verzögerung
tergiversor 1.
Ausflüchte machen, zögern
tergo s. tergeo
tergum, i, *n*
1. eigtl. Rücken
2. übtrg. a) übhpt. Leib, Körper (P); b) Rück-, Hinterseite (e. Berges u. a.) (N. Kl.); c) Oberfläche, Oberseite (P); d) Haut, Fell, Leder, spez. Überzug (P); e) aus Leder Bereitetes = Schlauch, Lederschild, Handpauke u. a. (P)
tergus, goris, *n*
(P) Rücken, Leib, Fell, Haut
termes, mitis, *m*
(P) Zweig, Reis
Terminalia, ium, *n*
Fest des Grenzgottes (23. Febr.)

terminatio, onis, *f*
1. eigtl. Grenzbestimmung (N. Kl.)
2. übtrg. a) Abgrenzung, Bestimmung; b) (philos. t. t.) Schluß
termino 1.
1. be-, abgrenzen
2. beschränken auf
3. bestimmen, bemessen nach
4. beenden
terminus, i, *m*
1. Grenzstein, plur. Grenze, Mark; (N. Kl.) personif. Grenzgott
2. übtrg. meist plur. „Grenze" = Schranken, Ziel, Ende
terni, ae, a
je drei; (P) zu dreien, sing. dreifach
tero, trivi, tritum 3.
1. eigtl. (ab)reiben, glätten, drechseln, dreschen, zermalmen, zerreiben, abstumpfen
2. übtrg. a) aufreiben, abnutzen, abhärten (N. Kl.); b) oft brauchen, viel benutzen, spez. (Weg) oft betreten; c) (Zeit) zubringen, vergeuden
terra, ae, *f*
1. Erde als Weltkörper; personif. als Gottheit
2. Erde als Element od. Stoff
3. Erdreich, (Erd-)Boden
4. Erde, (Fest-)Land
5. (einzelnes) Land, Landstrich, Landschaft, Gegend, plur. Welt
terraneola, ae, *f*
Haubenlerche
terrenus, a, um
1. aus Erde (bestehend); (N. Kl.) subst. **terrenum**, i, *n* Erdreich, Acker
2. auf d. Erde, auf d. Land befindlich, irdisch, der Erde, Erd-, Land-; (P) unterirdisch
terreo, ui, itum 2.
(er)schrecken, in Schrecken setzen; abschrecken; (P) (ver)scheuchen, wegtreiben
terrestris, e u. (N. Kl.) **terrester**, tris, tre
1. zur Erde gehörig, irdisch (Ggstz. caelestis)
2. zum Lande gehörig, auf d. Land, Land- (Ggstz. maritimus, navalis)
terreus, a, um
aus Erde (N. Kl.)
terribilis, e
schrecklich, Schrecken erregend
terriculum, i, *n*
Schreckmittel (N. Kl.)
terrifico 1.
(er)schrecken (N. Kl.)
terrificus, a, um (P) = terribilis
terrigena, ae, *c*
(P) Erdgeborene(r), Erdensohn
terripavium u. **-pudium** s. tripudium
territo 1.
sehr (er)schrecken
territorium, ii, *n*
Ackergebiet, Land
terror, oris, *m*
Schreck(en); meton. = Ggstd. d. Schreckens, zuw. = schreckendes Wort, Schreckensnachricht
tersus, a, um s. tergo
tertiadecumani, orum, *m*
Soldaten der 13. Legion (N. Kl.)
tertiana febris
das dreitägige (Wechsel-)Fieber
tertiani, orum, *m* (od. sing. kollekt.)
d. Soldaten der 3. Legion (N. Kl.)
tertius, a, um
dritter. adv. **tertium** zum 3. Mal; **tertio** zum 3. Mal; drittens, an 3. Stelle
teruncius, ii, *m*
$^{3}/_{12}$ od. $^{1}/_{4}$ As, sprichw. = „Heller", „Pfennig"; $^{1}/_{4}$ d. Erbschaft, vgl. heres
tesqua, orum, *n*
Steppen
tessera, ae, *f* (gr.)
1. Würfel
2. Marke, Kennzeichen; (N. Kl.) Parole, Losung, Feldgeschrei, Befehl
tesserarius, ii, *m*
Paroleempfänger (N. Kl.)
tesserula, ae, *f*
Mosaiksteinchen (P)
testa, ae, *f*
1. Ziegel-, Backstein
2. (N. Kl.) irdenes Geschirr, Topf, Urne, Lampe
3. (N. Kl.) Scherbe
4. Schale (der Schaltiere)
5. meton. a) Schaltier (P); b) Schale, Decke (P)
testamentarius, a, um
Testamente betreffend; subst. Testamentsfälscher

testamentum, i, *n*
letzter Wille, Testament
testatio, onis, *f*
Anrufung zum Zeugen (N. Kl.)
testatus, a, um (testor)
bezeugt, unleugbar
testiculus, i, *m*
Hode (N. Kl.)
testificatio, onis, *f*
(Zeugen-) Beweis, Konstatierg. v. Zeugenaussagen; übtrg. Bezeugung, Beweis
testificor 1.
1. z. Zeugen anrufen (N. Kl.)
2. (be)zeugen, Zeugnis ablegen, feierlich versichern; übtrg. bezeugen, versichern, beweisen, an d. Tag legen
testimonium, ii, *n*
(mündl. od. schriftl.) Zeugnis, Zeugenaussage; übtrg. Zeugnis, Beweis
testis, is, *c*
Zeuge, Zeugin; übtrg. Augenzeuge, Mitwisser
testis, is, *m*
die Hode (N. Kl.)
testor 1.
1. als Zeugen anrufen
2. (jurist. u. allg.) bezeugen, bekunden, dartun, beweisen
3. spez. testieren, e. Testament machen
testu, *n*
indekl., irdenes Geschirr, ird. Napf od Deckel (N. Kl.)
testudo, inis, *f*
1. Schildkröte
2. spez. Schildpatt (N. Kl.)
3. gewölbter Ggstd.: a) „Resonanzboden" der cithara, (P) Zither, Laute; b) gewölbtes Dach, Halle, „Pavillon"
4. (milit.) a) (hölzernes) Schutz-, Sturmdach; b) Schilddach
testula, ae, *f*
ird. Täfelchen: Scherbengericht (N. Kl.)
teter nicht gut für taeter
tetrachmum, i, *n* (gr.)
Vierdrachmenstück (andere Lesart tetradrachmum)
tetrarches, ae, *m* (gr.)
Vierfürst, (kleiner) Fürst, „Tetrarch". **tetrarchia**, ae, *f* (gr.) Gebiet e. Tetrarchen, „Tetrarchie"
tetricus, a, um
(N. Kl.) streng, pedantisch
texo, texui, textum 3.
weben, flechten, bauen, verfertigen
textilis, e
gewebt. Subst. **textile**, is, *n* Gewebe, Tuch, Leinwand
textor, oris, *m*
Weber (N. Kl.)
textrinum, i, *n*
Weberwerkstatt
textum, i, *n*
(P) Gewebe, Gefüge
thalamus, i, *m* (gr.)
(P) Wohngemach, Gemach, Wohnung, Behausung, Schlafgemach, Braut- od. Ehegemach, Braut- od. Ehebett, Ehe, Vermählung
theatralis, e
i. Theater, Theater-
theatrum, i, *n*
Theater, (P) Schauplatz (für Kampfspiele); meton. (Theater-) Publikum; übtrg. a) übhpt. Zuschauer, Zuhörer, Versammlung; b) Schauplatz, Wirkungskreis
theca, ae, *f* (gr.)
Kapsel, Büchse
thensaurus s. thes...
theologus, i, *m* (gr.)
Verfasser e. Götterlehre, Mythologe
thermae, arum, *f* (gr.)
warme Quellen od. Bäder
thesaurus (altertüml. thens...), i, *m* (gr.)
1. Schatz, (N. Kl.) reicher Vorrat an
2. Schatz-, Vorratskammer
Thetis, tidis, acc. im, *f* (gr.)
Meernymphe, (P) = Meer
thiasus od. **-os**, i, *m* (gr.)
Bacchusreigen, -tanz (P)
tholus, i, *m* (gr.)
(Tempel-)Kuppel (N. Kl.)
thorax, racis, *m* (gr.)
Brustharnisch (N. Kl.)
Thraex, cis, *m*
Gladiator in thrakischer Rüstung. **thraecidica**, orum, *n* Waffen eines Thraex
thunnus, i, *m* = thynnus
thus, thur... s. tus, tur...
thyias, adis, *f* (gr.)
Bacchantin (P)

thymbra, ae, *f* (gr.)
Saturei (e. Küchenkraut)
thymum, i, *n* (gr.)
Thymian
thynnus, i, *m* (gr.)
Thunfisch
thyrsus, i, *m* (gr.)
Bacchusstab (P)
tiara, ae, *f* u. **tiaras**, ae, *m*
(N. Kl.) oriental. Kopfschmuck, Tiara
tibia, ae, *f*
Schienbein(knochen): Pfeife, Flöte (klass. plur.)
tibicen, cinis, *m*
I. Flötenbläser
II. (P) Stützpfeiler
tibicina, ae, *f*
Flötenbläserin
tibicinium, ii, *n*
Flötenspiel
tigillum, i, *n*
kleiner Balken (N. Kl.)
tignarius, a, um
z. Bauholz gehörig: faber t. „Zimmermann"
tignum, i, *n*
Balken
tigris, idis, od. is, *c* (gr.)
Tiger
tilia, ae, *f*
Linde
timefactus, a, um
eingeschüchtert
timeo, ui 2.
(sich) fürchten, in Furcht sein, besorgt sein. **timendus**, a, um (meist P) furchtbar, grimmig
timiditas, atis, *f*
Furchtsamkeit, Scheu, Schüchternht. (auch plur.)
timidus, a, um
furchtsam, schüchtern, behutsam
timor, oris, *m* (vgl. metus)
Furcht, Befürchtung, Besorgnis, Scheu; auch personif. (klass. als Gottheit); (N. Kl.) meton. Ggstd. d. Furcht, Schrecken, Schrecknis, drohende Lage
tinctilis, e
„flüssig" (P)
tinea, ae, *f*
Motte, Raupe
tingo, tinxi, tinctum 3.
1. benetzen, befeuchten, bestreichen, eintauchen
2. färben
tinia, ae, *f* = tinea
tinnio 4.
klingen, klimpern (klass. übtrg. = „zahlen")
tinnitus, us, *m*
(N. Kl.) das Klingen, Klirren, übtrg. Wortgeklingel
tinnulus, a, um
schallend (P)
tinus, i, *f*
Schneeball (Pflanze)
tiro, onis, *m*
Rekrut (auch adjekt.: milites t. „ungeübte"); übtrg. = Neuling
tirocinium, ii, *n*
(N. Kl.) die (einjähr.) Zeit der Vorbereitg. auf die öffentl. Tätigkeit od. d. Kriegsdienst, Rekrutendienst, konkr. = Rekruten, übtrg. (milit.) Unerfahrenheit, Probe(stück)
tisanarium, ii, *n* s. ptis...
Tities s. tribus. **Titiensis**, e
zu den T. gehörig, der T.; plur.
1. = die titiensische Tribus
2. = die tit. (Ritter-)Zenturie
titillo 1.
kitzeln (bildl.)
titillatio, onis, *f*
Kitzel, Reiz
titubatio, onis, *f*
„Unsicherheit"
titubo 1.
1. eigtl. wanken (N. Kl.), titubans u. titubatus (P) „wankend"
2. übtrg. schwanken, unsicher sein, straucheln; titubanter „unsicher"
titulus, i, *m*
1. eigtl. Über-, Aufschrift, Inschrift, Titel (v. Büchern N. Kl.!)
2. übtrg. Titel = Ehrenname, -titel; N. Kl. a) Ruhm, Ehre, b) Grund, Vorwand
tocullio, onis, *m*
„Wucherer"
tofus (tophus), i, *m*
Tuff(stein)
toga, ae, *f* (tego)
„Toga", Obergewand der Römer, me-

ton. Friedenskleid, Frieden (Ggstz. arma, sagum, bellum); (N. Kl.) friedl. (wissenschaftl.) Tätigkeit
togatus, a, um
mit d. Toga bekleidet; meton. im Friedenskleide, römisch, national. subst.
1. **togatus**, i, *m* e. (schlichter, echter) röm. Bürger
2. **togata**, ae, *f* a) Buhldirne (P); b) (sc. fabula) d. röm. Nationalkomödie, Ggstz. palliata d. nach griech. Vorbildern gearbeitete Komödie; vgl. auch praetexta
togula, ae, *f*
kleine Toga
tolerabilis, e, mit comp.
erträglich, leidlich (oft v. Pers. u. Sach.); adv. tolerabiliter = geduldig
tolerantia, ae, *f* u. **toleratio**, onis, *f*
Ertragung (mit. gen.)
tolero 1.
1. (standhaft) ertragen, überstehen
2. notdürftig erhalten, fristen. **tolerans** standhaft
tolleno, onis, *m*
Schwungbalken (N. Kl.)
tollo, sustuli, sublatum 3. (vgl. suffero!)
I. 1. auf-, empor-, in d. Höhe heben, richten
2. spez. a) ancoras t. „A. lichten"; b) signa t. „aufbrechen"; c) (Kinder) aufziehen = suscipio I
3. ein-, aufnehmen
4. erheben
5. (lobend) erheben; b) (N. Kl.) erheben, erhöhen; c) (N. Kl.) aufrichten, trösten; d) heben, stolz machen
6. auf sich nehmen
II. 1. wegnehmen, fortschaffen, entfernen, entführen, entrücken; [P] **tolli** = sich fortmachen; spez. abtragen, abdecken
2. (Pers. u. ähnl.) aus dem Wege räumen, befestigen, töten, vernichten, zerstören
3. aufheben, benehmen, vernichten, abschaffen, ein Ende machen, unmöglich machen, **tolli** „aufhören"
tomentum, i, *n*
Stopfwerk (Stroh, Heu u. a.) (N. Kl.)
tondeo, totondi, tonsum 2.
scheren, abscheren; (P) (ab)mähen, beschneiden, behauen, abpflücken, abfressen
tonitrus, us, *m* (N. Kl.) u. **-truum**, i, *n* (hiervon klass. d. Form tonitrua)
Donner
tono, ui 1.
eigtl. donnern; (P) **tonans** „der Donnerer" = Juppiter; übtrg. a) donnern = mit Donnerstimme reden; (P) trans. = laut anrufen; b) (P) laut erschallen, dröhnen, krachen, rasseln
tonsa, ae, *f*
Ruder (P)
tonsillae, arum, *f*
Mandeln (im Hals)
tonsor, oris, *m*
Barbier
tonsorius, a, um
Scher-
tonstricula, ae, *f*
Barbierin
tonsura, ae, *f*
Schur (N. Kl.)
tophus s. tofus
topiarius, ii, *m* (gr.)
Kunstgärtner. **topiaria**, ae, *f* Kunstgärtnerei
toral, alis, *n*
(P) Lagerdecke, Sofateppich
toreuma, atis, *n* (gr.) = vas caclatum ziseliertes Gefäß
tormentum, i, *n*
1. (Dreh-)Winde
2. a) Wurfmaschine, schweres Geschütz; b) schweres Geschoß
3. Marter(werkzeug), Folter; übtrg. a) = Zwang (P); b) Qual
tormina, um, *n*
Kolik, Ruhr
torminosus, a, um
an d. Ruhr leidend
torno
(ab)runden
tornus, i, *m*
(N. Kl.) Drechseleisen, Grabstichel
torosus, a, um
muskulös (P)
torpedo, inis, *f*
1. Lähmung (N. Kl.)
2. Zitterrochen (e. Fisch)
torpeo, ere
empfindungslos, regungslos, starr, er-

lahmt sein (fast nur N. Kl.)
torpesco, torpui 3.
(N. Kl.) erstarren, -lahmen, -schlaffen
torpidus, a, um
(N. Kl.) erstarrt, betäubt
torpor, oris, *m*
Betäubung (N. Kl.) Erschlaffung, Lethargie
torquatus, a, um
mit e. Halskette geschmückt (N. Kl.)
torqueo, torsi, tortum 2.
1. drehen, winden; (P) krümmen, wälzen, rollen, aufwühlen, sich umwerfen (Gewand)
2. drehen, wenden, lenken; übtrg. lenken, leiten
3. schwingen, schleudern
4. verdrehen, verzerren, verrenken
5. spez. foltern; übtrg. foltern = a) genau prüfen; b) martern, quälen
torquis, is, *m*
Halskette; (P) plur. (weidene) „Reifen“ als Halsjoch, Blumengewinde
torreo, ui, tostum 2.
dörren, rösten, braten, backen, (ver-)sengen; (P) (v. Liebe) entflammen. **torrens**, gen. entis (N. Kl.)
1. brennend, glühend heiß
2. brausend, reißend, ungestüm, klass. als subst. **torrens**, entis Gießbach, Wildbach
torridus, a, um
(N. Kl.) dürr, trocken, eingeschrumpft, ausgetrocknet, heiß
torris, is, *m*
Brennscheit (P)
tortilis, e
(P) gedreht, gewunden
tortor, oris, *m*
Folterknecht
tortuosus, a, um
reich an Krümmungen, gewunden, bildl. gewunden, verworren
tortus, us, *m*
Windung (P)
torus, i, *m*
1. Knoten od. Schleife an e. Kranz
2. (P) a) Muskel, auch = Wamme (des Stiers), b) Polster, Pfühl, auch v. d. „Rasenböschungen“ e. Flusses, (Polster-)Lager, Totenbahre, Bett, spez. Ehebett, daher auch = Ehe
torvitas, atis, *f*
Wildheit (N. Kl.)
torvus, a, um
(N. Kl.) wild, grimmig, finster, zornig, ernst
tot indecl.
so viele
totidem indecl.
ebenso viele
totie(n)s
so oft; (P) ebenso oft
totus, a, um
1. ganz, völlig, gänzlich, ganz u. gar; **totum**, i, *n* d. Ganze
2. (i. Ggstz. zu d. Teilen) sämtlich
toxicum, i, *n* (gr.)
(Pfeil-)Gift (N. Kl.)
trabalis, e
Balken- (bildl. t. clavo figere „niet- u. nagelfest machen“); (P) balkenartig
trabea, ae, *f*
Staatskleid (N. Kl.)
trabeatus, a, um
mit der trabea bekleidet (N. Kl.)
trabs, trabis, *f*
Balken, (P) übtrg. Baum(stamm), Schiff, Dach, Haus
tractabilis, e
1. eigtl. greifbar, betastbar, (P) non t. = stürmisch
2. übtrg. geschmeidig, nachgiebig
tractatio, onis, *f*
1. eigtl. u. übtrg. Behandlg., Handhabg., Bearbeitung einer Sache, Beschäftigung mit
2. spez. (rhet.) d. besondere Gebrauch (e. Wortes)
tractatus, us, *m* = tractatio 1.
tractim adv.
i. einem Zuge (P)
tracto 1.
I. umherzerren
II. 1. betasten, berühren, anfassen
2. handhaben, „Waffen“ führen od. tragen, gebrauchen, anwenden
3. übtrg. a) etw. führen, lenken, leiten, verwalten, betreiben; b) behandeln „sich benehmen“, spez. jmd. bewirten; c) (mündl. od. schriftl.) behandeln, besprechen, bearbeiten, untersuchen, überlegen; d) (N. Kl.) intr. über etw. unter-, verhandeln

tractus, a, um s. traho II, 6 u. 8
tractus, us, *m*
1. das Ziehen, Zug, Lauf, Richtung
2. Strich, Landstrich, Gegend, Gebiet
3. das Fortschleppen (N. Kl.)
4. bildl. a) Hinziehen, Verzögerung (N. Kl.); b) (rhet.) ruhige Haltung, gehaltener Stil, Dehnung
traditio, onis, *f*
Übergabe; (N. Kl.). Bericht
trado, didi, ditum 3.
1. allg. übergeben, überliefern, einhändigen, überreichen, zustellen, abgeben an, einliefern
2. spez. a) übergeben, überlassen, anvertrauen, übertragen; b) an jmd. verheiraten (N. Kl.); c) (zum Unterricht) übergeben, anvertrauen; d) (dem Feind) übergeben, ausliefern, abtreten; e) (durch Verkauf) überlassen, abtreten (P); f) (zur Bestrafung) übergeben, ausliefern; g) preisgeben, verraten an, in d. Hände liefern; h) se t. „sich ergeben od. hingeben"; i) (als Erbteil) überliefern, hinterlassen; k) empfehlen, einführen; l) (schriftl. d. Nachwelt) überliefern, erzählen, mitteilen, berichten; m) (mündlich) mitteilen; n) spez. (durch Lehre) mitteilen, vortragen, lehren
traduco (transduco) 3. (duco)
1. eigtl. (über e. Fluß [Meer] od. an e. and. Ort) hinüberführen, -bringen, wohin führen, übersetzen (lassen)
2. oft übtrg. a) (in e. and. Verhältnis) bringen od. versetzen; b) spez. jmd. zu jmdm. od. auf jmds. Seite (Partei) hinüberziehen od. gewinnen für; c) (Zeit) hinbringen, verleben; d) (ver)wenden; e) auf etw. anwenden
3. vorbei-, vorüber-, hindurchführen; (N. Kl.) bildl. öffentl. dem Spott preisgeben, blamieren
traductio, onis, *f*
1. Versetzung unter
2. Verlauf, Fortdauer
3. (rhet.) a) Metonymie; b) (N. Kl.) Wiederholung (e. Wortes)
traductor, oris, *m*
Überführer
tradux, ducis, *m*
Weinranke

tragicus, a, um (gr.)
1. zur Tragödie gehörig, tragisch, im Trauerspiel, subst. Tragiker
2. übtrg. a) erhaben, pathetisch, effektvoll; b) (N. Kl.) schrecklich, traurig
tragoedia, ae, *f* (gr.)
Trauerspiel, Tragödie; übtrg. plur. a) = theatral. Effektstücke, Künste, rührende Szenen; b) hochtrabende Phrasen, trg. Pathos
tragoedus, i, *m* (gr.)
tragischer Schauspieler
tragula, ae, *f* (kelt.)
Wurfspieß
trahea, ae, *f*
Dreschwalze (P)
traho, traxi, tractum 3.
I. allg. 1. eigtl.ziehen, (fort-, mit)schleppen, schleifen, reißen, hin und herziehem, schleppen, zerren
2. bildl. a) zerrütten, verprassen (N. Kl.); verteilen (P); b) überlegen, erwägen; c) (unwiderstehlich) (hin-) ziehen, verleiten, reizen, veranlassen; d) (etw. worauf) beziehen, jemdm. etw. beimessen od. beilegen (N. Kl.); e) auslegen od. deuten, für etw. ansehen (N. Kl.)
II. spez. 1. mit sich fortziehen od. fortschleppen, fortreißen, spez. (aus)plündern, verheeren
2. nach sich od. hinter sich herziehen, nachschleppen, übtrg. in seinem Gefolge haben (N. Kl.)
3. etw. an sich od. in sich ziehen, einziehen, (ein)schlürfen, an- od. entnehmen, bekommen, empfangen
4. zusammenziehen (P)
5. abziehen, ablenken, zu gewinnen suchen (N. Kl.)
6. eigtl. hervor-, heraus-, heraufziehen, (P) (ab)spinnen, krämpeln; übtrg. herleiten, ableiten, her- od. entnehmen
7. in die Länge ziehen, verlängern, hinziehen, verzögern, hinhalten
traicio u. **transicio**, ieci, iectum 3. (iacio)
1. hinüberwerfen, -schießen, -bringen
2. übersetzen (lassen); spez. traicere mit o. ohne se = übersetzen, hinüberfahren
3. überschreiten, -fahren, passieren (N. Kl.)

4. durchwerfen, -stoßen, -bohren
5. durchstecken

traiectio, onis, *f*
1. Überfahrt, Übergang; t. stellae „Sternschnuppe"
2. (rhetor.) a) t. in alium „das Hinüberschieben auf einen a."; b) Versetzung; c) Übertreibung

traiectus, us, *m*
Überfahrt; (N. Kl.) Überfahrtsort

tralaticius u. a. s. transl...

tra-m... (z. B. tramitto) s. trans-m...

trames, itis, *m*
Seitenweg, (P) Weg, Pfad, Gang, Lauf

trano (transno) 1. u. **tranato** 1.
hinüber-, (hin)durchschwimmen; übtrg. durchfliegen, -fahren, -dringen (von Gestirnen)

tranquillitas, atis, *f*
1. Wind-, Meeresstille, ruhiges Wetter
2. übtrg. a) politische, b) Gemütsruhe

tranquillo 1.
übtrg. beruhigen

tranquillus, a, um, mit comp. u. superl. (adv. tranquille, [N. Kl.] tranquillo)
1. eigtl. windstill, ruhig
2. übtrg. ruhig, still, friedlich, beruhigt, ungetrübt; (N. Kl.) subst. Ruhe, Stille

trans praep. m. acc.
1. (bei Verb. d. Beweg.) über, über ... hin, über ... hinaus;
2. (bei Verb. der Ruhe) jenseits

transabeo, ire (abeo)
durchbohren (P)

transactor, oris, *m*
Vermittler

transadigo 3. (adigo)
(P) durch etw. treiben, durchbohren

transalpinus, a, um
jenseits d. Alpen (befindlich, wohnend u. a.), transalpinisch

transcendo, scendi, scensum 3. (scando)
intr. hinübersteigen, -gehen, (N. Kl.) prägn. schiffen über; trans. etw. übersteigen, -schreiten, (N. Kl.) übtrg. überschreiten = übertreten

transcribo 3. (scribo)
um-, überschreiben, überweisen (klass. nur im übl. Sinne)

transcurro, curri (N. Kl. cucurri), cursum 3. (curro)
1. hinüber-, hinlaufen, übtrg. zu etw. übergehen (N. Kl.)
2. vorüberfahren, -segeln
3. trans. etw. durcheilen (klass. bildl. suum cursum „s. Laufbahn rasch d.")

transd... s. trad...

transenna, ae, *f*
Netz (klass. sprichw. quasi per t. „flüchtig, obenhin")

transeo, ii, itum 3. (eo)
I. intr. 1. allg. (hin)über-, (hin)durchgehen, marschieren, ziehen od. schreiten
2. spez. a) auf d. andere Seite treten; b) übergehen = übertreten; c) zu etw. übergehen; d) (N. Kl.) sich verwandeln in; e) (N. Kl.) vorbei od. vorüberziehen; f) (v. d. Zeit) vorübergehen, verfließen
II. trans. 1. allg. hindurchgehen, überschreiten, passieren, über etw. gehen
2. spez. a) vorbeigehen od. -fahren an, überholen, voraneilen (P); b) bildl. etw. überstehen, über etw. hinwegkommen; c) (v. Redner) etw. kurz durchgehen od. besprechen; d) (e. Zeit) zubringen, verbringen (N. Kl.); e) übergehen

transfero 3. (fero)
I. eigtl. hinübertragen, -bringen, -schaffen
II. übtrg. 1. allg. wohin wenden, versetzen, verlegen, übertragen, spez. schieben auf, auf jemd. übergehen lassen
2. verschieben
3. übertragen = a) abschreiben; b) übersetzen; c) anwenden auf; d) bildlich gebrauchen; e) verwandeln in (N. Kl.)
4. vorbeitragen, vorbeibringen (N. Kl.)

transfigo 3. (figo)
durchbohren; (N. Kl.) hindurchstoßen

transfodio 3. (fodio)
durchbohren, -stechen

transformis, e
verwandelt (P)

transformo 1. (formo)
(meist P) umgestalten, verwandeln

transfuga, ae, *m*
Überläufer

transfugio 3. (fugio)
überlaufen

transfugium, ii, *n*
d. Überlaufen (N. Kl.)

transfundo 3. (fundo)
übtrg. sich ergießen lassen, übertragen
transfusio, onis, *f*
übtrg. Vermischung
transgredior, gressus sum 3. (gradior)
1. intr. hinübergehen, übtrg. übergehen zu, zu etw. schreiten (N. Kl.)
2. trans. überschreiten, wegschreiten über, passieren
transgressio, onis, *f*
Übergang; bildl. t. verborum „das Hyperbaton"
transgressus, us, *m*
Übergang (N. Kl.)
transicio s. traicio
transigo, egi, actum 3. (ago)
1. durchbohren (N. Kl.)
2. übtrg. a) (Zeit) zubringen, verleben (N. Kl.); b) etw. vollführen, zustande bringen, abmachen, besorgen (lassen); c) spez. (Streit) beilegen, mit jmdm. sich vergleichen, e. Abkommen treffen, vermitteln; d) übtrg. e. Ende machen, mit etw. fertig werden (N. Kl.)
tran(s)silio, silui 4. (salio)
1. intr. hinüberspringen (N. Kl.)
2. trans. a) eigtl. überspringen, über etw. springen od. hüpfen (N. Kl.); b) übtrg. überschreiten; übergehen
transitio, onis, *f*
1. Übergang
2. spez. a) Übertritt; b) d. Übergehen z. Feinde (N. Kl.); c) Übergang in der Rede (N. Kl.); d) konkr. Durchgang
transitus, us, m
1. d. Hinübergehen, Übergang
2. spez. a) Übertritt zu e. Partei (N. Kl.); b) Farbenübergang (P)
3. Durchgang, Durchzug, Furt (N. Kl.)
4. d. Vorübergehen
translaticius (tralat...), a, um
herkömmlich, hergebracht
translatio, onis, *f*
1. Übertragung
2. Ablehnung d. Richters, Klägers
3. rhet. Metathesis, Metapher
translativus, a, um
übertragend, ablehnend
translator, oris, *m*
Übertrager
transluceo, ere (luceo)
durchschimmern (P)
transmarinus, a, um
überseeisch
transmeo 1. (meo)
passieren (N. Kl.)
transmigro 1. (migro)
übersiedeln (N. Kl.)
transmissio, onis, *f* u. **-missus**, us, *m*
Überfahrt
transmitto 3. (mitto)
1. hinüberschicken, -gehen lassen, übersetzen (lassen), pass. in intr. Bed. (klass, selt.); (N. Kl.) bildl. (Krieg) hinüberspielen
2. spez. a) durchlassen (N. Kl.); b) übergeben, anvertrauen; c) widmen
3. über etw. gehen od. setzen, etw. überschreiten, -fahren, -fliegen, passieren
4. spez. bildl. a) hinweggehen über, unbeachtet lassen (N. Kl.); b) (Zeit) zubringen, verstreichen lassen (N. Kl.)
transmontani, orum, *m*
die Stämme jenseits der Berge (N. Kl.)
transmoveo 1. (moveo)
hinüberschaffen (N. Kl.)
transmuto 1. (muto)
vertauschen (P)
transnato transno = tranato u. trano
transpadanus, a, um
jenseits des Po; plur. auch subst.
transpono 3. (pono)
(Soldaten) übersetzen (N. Kl.)
transporto 1. (porto)
hinüberbringen, -schaffen, übersetzen
transrhenanus, a, um
überrheinisch
trans-s... s. tran-s...
transtiberini, orum, *m*
die jenseits des Tiber Wohnenden
transtrum, i, *n*
1. Ruderbank
2. Querbalken
transulto, are
hinüberspringen (N. Kl.)
transuo 2. (suo)
durchstechen (N. Kl.)
tra(ns)vectio, onis, *f*
Überfahrt
tra(ns)veho 3. (veho)
1. hinüberfahren, -schaffen, übersetzen, pass. überfahren, -setzen
2. (N. Kl.) vorbei-, vorüberführen, pass.

vorüberfahren, -ziehen, -reiten
3. (N. Kl.) vorübergehen, verfließen (v. d. Zeit)
transverbero 1. (verbero)
durchbohren
transversarius, a, um
querliegend: tigna t. „Querbalken"
tra(ns)versus, a, um
I. adi. 1. querliegend quer, schräg, schief, seitwärts, Quer-
2. (N. Kl.) abwärts, seitwärts (v. recht. Wege)
3. (P) transversa adv. = seitwärts, scheel
II. subst. e oder de transverso in d. Quere (kommend) = störend, unvermutet
tra(ns)volo 1. (volo)
eigtl. u. bildl. hinüberfliegen, eilen, i. Flug übersteigen, (N. Kl.), (P) an etwas vorbeifliegen
trapetus, i, *m* od. **-um**, *n* (gr.)
(N. Kl.) (Öl-)Presse
trapezophorum, i, *n* (gr.)
Tischhalter
treceni, ae, a
je 300
trecentesimus, a, um
d. 300 ste
trecenti, ae, a
300
trecentie(n)s adv.
300 mal
tredecim
dreizehn
tremibundus (tremeb...) a, um
zitternd
tremefacio 3. (facio)
erzittern machen (P)
tremendus, a, um
(P) furchtbar, schrecklich
tremesco u. **-isco**, ere
(P) erzittern, erheben
tremo, ui 3.
intr. (er)zittern, (er)beben; (N. Kl.) trans. zittern vor
tremor, oris, *m*
d. Zittern, Beben
tremulus, a, um
(P) zitternd, zittern machend
trepidanter
ängstlich
trepidatio, onis, *f*
d. Durcheinanderlaufen, ängstliche Verwirrung, Unruhe
trepido 1.
durcheinanderlaufen, ängstlich od. hastig eilen, in Unruhe od. Verwirrung od. Aufregung sein, zagen, bangen, schwanken (klass. v. Pers.)
trepidus, a, um
(N. Kl.) ängstlich od. hastig umherlaufend, zitternd, unruhig, aufgeregt, ängstlich, ratlos, beunruhigend, aufregend, (P) kochend, wallend, wogend
tres (acc. auch tris)
drei, übtrg.= ein paar
tresviri s. triumphiri
triangulus, i, *m* meist **-um**, i, *n*
Dreieck
triarii, orum, *m*
(N. Kl.) (milit.) Triarier, Reserve (Soldat. der 3. Schlachtreihe)
tribas, badis, *f* (gr.)
„Reiberin" (unzücht. Weib) (N. Kl.)
tribuarius, a, um
auf die Tribus bezüglich, Tribus-
tribulis, is, *m*
Tribusgenosse
tribulum, i, *n*
Dreschwagen (N. Kl.)
tribulus (tribolus), i, *m* (gr.)
Wurzeldorn
tribunal, alis, *n*
halbkreisförm. Tribüne, von der bes. d. Prätor Gericht hielt od. d. Feldherr im Lager zu den Soldat. sprach = Richterstuhl, Tribunal, (N. Kl.) spez. Trauerbühne, (P) meton. die auf der T. Sitzenden
tribunatus, us, *m*
a) Volkstribunat; b) Militärtribunat
tribunicius, a, um
1. des o. der Volkstribunen, tribunizisch
2. subst. gewes. Volkstribun
3. dem Kriegstribunen gehörig
tribunus, i, *m*
1. Tribusvorsteher (N. Kl.)
2. übtrg. a) tribuni aerarii „Ärartribunen", Zahlmeister; b) (milit.) Kriegs-, Militärtribun, übh. Oberster, Befehlshaber; c) Volkstribun
tribuo, bui, butum 3.
I. (ein)teilen
II. 1. eigtl. u. übtrg. (was gerecht od. billig ist) zu-, er-, austeilen, schenken,

gewähren, erweisen, zollen
2. spez. zugestehen, einräumen, beimessen, Wert legen auf, willfahren
3. übtrg. a) zuschreiben od. beimessen, auf Rechnung setzen von, auslegen als; b) (Zeit) verwenden auf

tribus, us, *f* (dat. u. abl. plur. tribubus)
1. Ein „Drittel“ d. röm. Volkes = Stamm, näml. die Ramnes, Tities, Luceres
2. örtl. Tribus, Bezirk (von Servius Tullius eingerichtet, später 35, u. zwar 31 rusticae u. 4 urbanae)
3. übtrg. a) die Stimme e. Tribus; b) (P) scherzhaft t. grammaticae „die Stimme der Kunstrichter“

tributarius, a, um
Tribut betreffd.: tabellae t. = reiche Geschenke versprechend

tributim adv.
tribusweise, nach den Tribus

tributio, onis, *f*
Ein-, Verteilung

tributum, i, *n*
(Vermögens-)Steuer

tributus, a, um
nach den Tribus

tricae, arum, *f*
Widerwärtigkeiten

triceni, ae, a
je dreißig

triceps, gen. cipitis
dreiköpfig

tricesimus, (N. Kl. tricens...), a, um
der 30ste

trichila, ae, *f*
Sommerlaube

tricie(n)s
dreißigmal

triclinium, ii, *n*
1. Speisesofa
2. Speisezimmer

tricor 1.
Ausflüchte, Winkelzüge machen, zögern

tricorpor, gen. corporis
dreileibig (P)

trisuspis, gen. cuspidis
dreizackig (P)

tridens, gen. dentis
(P) dreizackig, subst. *m* Dreizack

tridentifer u. **-ger**
den Dreizack führend (P)

triduum, i, *n*
Zeitraum v. drei Tagen, drei Tage

triennia, ium, *n*
dreijähriges Bacchusfest (P)

triennium, ii, *n*
Zeitraum von drei Jahren, drei Jahre

triens, entis, *m*
1/2 As (seni et trientes „je 6 1/2 As“); übhpt. 1/3

trientabulum, i, *n*
Drittelersatz (N. Kl.)

trierarchus, i, *m* (gr.)
Trierenführer

trieris, e (gr.)
dreiruderig, subst. *f* Dreiruderer

trietericus, a, um
(P) alle 3 Jahre wiederkehrend, subst. **trieterica**, orum, *n* alle 3 Jahre wiederkehrendes Fest des Bacchus

Trieterites, um, *f*
die alle drei Jahre wiederkehr. Bacchusfeier

trifariam adv.
an drei Stellen (N. Kl.)

trifaux, gen. faucis
dreischlündig (P)

trifidus, a, um
dreigespalten (P)

triformis, e
dreigestaltig (P)

trigeminus, a, um (vgl. terg...)
Drillings-, dreigestaltig, dreifach

triginta
dreißig

trigon, onis, *m* (gr.)
Dreiball (ein Spiel) (P)

trilibris, e
dreipfündig (P)

trilinguis, e
dreizüngig (P)

trilix, gen. licis
(P) dreifädig, dreidrähtig

trimestris, e
dreimonatig (P)

trimetrus, a, um
(N. Kl.) trimetrisch, sechsfüßig, subst. *m* Trimeter

trimus, a, um
dreijährig (N. Kl.)

trini, ae, a
je drei

trinodis, e
dreiknotig (P)
trio, onis, *m*
Dreschochse (N. Kl.); (P) plur. Gestirn des Bären. Vgl. septentrio
tripedalis, e
drei Fuß lang (N. Kl.)
tripertitus (nicht tripart...), a, um
in drei Teile geteilt, dreiteilig, dreifach. adv. **tripertito** in drei Teile(n) od. Abteilungen
tripes, gen. pedis
dreifüßig (N. Kl.)
triplex, gen. plicis
1. dreifach, dreifältig, (P) plur. drei
2. subst. a) **triplex**, plicis, *n* das Dreifache (N. Kl.); b) **triplices**, um, *m* Schreibtafel von drei Täfelchen
triplus, a, um (gr.)
dreifach
tripudio 1.
i. Dreischritt tanzen, den Waffentanz tanzen (klass. bildl. exultare ac t. „jauchzen u. frohlocken")
tripudium, ii, *n*
I. Dreischritt, plur. (dreischrittig.) Waffentanz (N. Kl.)
II. (bei d. Auguren) e. Vorzeich. durch heilige Hühner (dieses t. galt als günstig, wenn, die H. so gierig fraßen, daß ihnen dabei etwas v. d. Speise mit Geräusch zur Erde fiel)
tripus, podis, *m* (gr.)
Dreifuß, klass. spez. der D. der Pythia, daher tripodes (P) = d. delph. Orakel
triquetrus, a, um
dreieckig
tremis, e
dreiruderig. subst. **triremis**, is, *f* Dreiruderer
tris = tres (als acc.)
tristiculus, a, um
etwas traurig
tristificus, a, um
schrecklich (P)
tristis, e, mit comp. u. superl.
1. traurig, betrübt (klass. von Pers.)
2. (v. Leblos.) traurig = betrübend, trübe, unerfreulich, schmerzlich, unglücklich, unselig, verderblich, unglückverheißend
3. (i. tadelnd. Sinne) ernst, streng, finster, verdrießlich, grimmig, drohend, hart, grob
4. (P) widerlich, herb (v. Geschmack)
tristitia, ae, *f*
Traurigkeit; Traurigkeit = Trübseligkeit; Härte, Ernst, Strenge
trisulcus, a, um
dreispaltig (P)
triticum, i, *n* (tero)
Weizen. **triticeus**, a, um (P) Weizen-(Ernte)
tritura, ae, *f*
d. Dreschen (P)
tritus, a, um s. tero
tritus, us, *m*
d. Reiben
triumphalis, e
z. Triumph gehörig, Triumph- (N. Kl.) **triumphalia** (sc. ornamenta) die „Insignien des T." u. a.; (N. Kl.) **triumphalis** = der e. T. gefeiert hat
triumpho 1.
intr. Triumph feiern, triumphieren; (N. Kl.) trans. (doch nur in pass. Formen) im Triumph aufführen, triumphieren über, völlig besiegen, (P) erbeuten; übtrg. frohlocken
triumphus, i, *m* (Fw.?)
Siegeszug, Triumph, auch bildl.; (P) siegreicher Kampf, Sieg
triumviri, orum (od. N. Kl. um), *m*
Dreimännerkollegium, „Triumvirn" sing. **triumvir**
triumviralis, e
der Triumvirn (N. Kl.)
triumviratus, us, *m*
Amt als Triumvir
trivialis, e
„dreiwegig": übtrg. = allgemein zugänglich, gewöhnlich (N. Kl.)
trivium, ii, *n*
1. Dreiweg, Kreuz-, Scheideweg
2. = (öff.) Straße
trochaeus, i, *m* (gr.) 1.
Name e. Versfußes (– ∪, auch wohl = tribrachys ∪ ∪ ∪)
trochus, i, *m* (gr.)
Spielreif (P)
Troia, ae, *f*
1. Name der Stadt
2. (N. Kl.) eines nach ihr genannten

Tourniers
Troiugena
P = trojanisch, Troer
tropaeum (nicht trophaeum), i, *n* (gr.)
Siegszeichen, -denkmal; Sieg, (N. Kl.) Siegesbeute; übtrg. Denkmal
trucidatio, onis, *f*
Hinschlachten
trucido 1.
hinschlachten, niederstoßen, -metzeln; P = zerkauen; übtrg. (grausam) ruinieren
truculentia, ae, *f*
Rauheit (N. Kl.)
truculentus, a, um
(klass. in d. Miene) finster, wild, grimmig, unfreundlich
trudis, is, *f*
spitze Stange (N. Kl.)
trudo, si, sum 3.
(fort od. hinein) stoßen, drängen, treiben
trulla, ae, *f*
Schöpfgefäß; (N. Kl.) Pechpfanne
trunco 1.
(N. Kl.) stutzen, beschneiden, verstümmeln, auch = niedermetzeln
truncus, a, um
(N. Kl.) verstümmelt, gestützt
truncus, i, *m*
(Baum-)Stamm; (menschlicher) Rumpf; bildl. Klotz (als Schimpfwort)
trutina, ae, *f* (gr.)
Waage (klass. nur gelegtl. u. bildl.)
trux, gen. trucis
wild, grimmig, rauh, trotzig, drohend, heftig
tu (öfters verstärkt tute; verdoppelt gelegtl. tete; [N. Kl.] tibimet)
du. Vgl. vos
tuba, ae, *f*
(gerade) Trompete, Tuba
tuber, eris, *n*
(N. Kl.) Beule, Höcker
tubicen, inis, *m*
der Trompeter (N. Kl.)
tubilustrium, ii, *n*
Trompetenreinigungsfest (N. Kl.)
tueor, tueri (altertüml. act. tuento)
1. ansehen, (an)schauen, (an)blicken (P)
2. sorgen für, wahrnehmen, sich annehmen, (be)wahren, behaupten, schützen, schirmen, sichern; spez. milit. schützen, decken, sichern, verteidigen
3. in gut. Zustand erhalten
4. er-, unterhalten, ernähren
tugurium, ii, *n*
Hütte, Schuppen
tuitio, onis, *f*
Beschützung
tum
I. adv. 1. zur Hervorhebg. e. bestimmten Zeitpunktes der Vergangenheit „damals“, „da“, „jetzt“
2. a) mit Beziehg. auf e. nur angenommen. Zeitpunkt der Gegenwart od. Zukunft od. des Irrealis. „(als)dann“; b) mit Zurücktreten des zeitl. Moments „unter d. Umständen“, „in dem Falle“
3. zur Bezeichng. der Folge a) rein zeitlich „darauf, (so)dann, nun“; b) mit verblaßt. Zeitvorstellung „ferner“, „sodann“, „außerdem“
II. coniunctionell 1. **tum-tum** (selt. mit zugefügt. autem od. rursus) „einmal-dann“, „bald-bald“
2. **cum-tum** (**tum etiam** od. **imprimis** u. a.)
„sowohl - als besonders“, „wenn schon - so (doch) besonders“, „nicht nur - sondern sogar“ u. a. (verbindet Satzteile und Sätze)
tumefacio 3. (facio)
schwellen machen (P)
tumeo, ere (öfters tumens adi.)
1. eigtl. geschwollen sein, strotzen, schwellen (N. Kl.)
2. übtrg. in Wallung, in Gärung, aufgeregt sein; (N. Kl.) aufgeblasen sein, (v. Redn.) schwülstig sein
tumesco, tumui 3.
(N. Kl.) anschwellen, übtrg. aufwallen, ausbrechen
tumidus, a, um
schwellend, (an)geschwollen; (N. Kl.) aufwallend, hochfahrend, aufgeblasen, schwülstig
tumor, oris, *m*
Schwellung, Geschwulst; übtrg. Aufwallung, Unwille; Gärung (N. Kl.) Stolz
tumulo 1.

begraben (P)
tumulosus, a, um
hügelig (N. Kl.)
tumultuarius, a, um
(N. Kl.) in der Eile aufgeboten (Heer), eilig, hastig
tumultuatio, onis, *f*
Lärm (N. Kl.)
tumultuor 1.
1. als dep. unruhig sein, lärmen, den Kopf verlieren
2. als pass. tumultuatur unpers. = es gibt Unruhe, Unruhe herrscht od. bricht aus
tumultuosus, a, um mit comp. u. sup.
unruhig, lärmend, geräuschvoll; Unruhe erregend
tumultus, us, *m*
1. äußere Unruhe, Lärm, Getöse, Aufruhr, Aufregung, Tumult
2. innere Unruhe, Schrecken, (P) Leidenschaft
3. spez. plötzlicher Kriegslärm, Kriegsschrecken, a) allgem.; b) insbesondere von krieger. Bewegungen in Italien selbst u. in Gallia cisalpina
tumulus, i, *m*
Erhöhung, Hügel (aus der Ebene sich erhebend)
tunc
damals, dann = tum I 1 u. 2 a
tundo, tutudi, tunsum u. tusum 3.
stoßen, schlagen, (meist N. Kl.); (P) zerstoßen, -stampfen, -malmen, (aus-) dreschen, (mit Worten) bestürmen
tunica, ae, *f* (Lehnwort)
das wollene Unterkleid. Tunika; (P) übtrg. „Bast" (bei Pflanzen)
tunicatus, a, um
(bloß) mit e. Tunika bekleidet; plur. auch subst.
tunicula (tunicla), ae, *f*
kleine Tunika
turpa, ae, *f* (Fw.)
1. Verwirrung, Unruhe, Getümmel, Lärm, (N. Kl.) plur. „Dummheiten" (vulgär)
2. Gedränge, Gewühl, Gewimmel, Getümmel
3. (regelloser [daher auch in verächtl. Sinn]) Haufe, Schwarm, Schar, Menge, Volk
turbamentum, i, *n*
Aufwiegelungsmittel (N. Kl.)
turbatio, onis, *f*
Verwirrung (N. Kl.)
turbator, oris, *m*
(N. Kl.) Aufwiegler, Anstifter
turbatus, a, um s. turbo. adv. **turbate**
ohne Ordnung
turbidus, a, um, mit comp. (P) u. sup.
unruhig, verwirrt, ungestüm; (geistig) aufgeregt; (N. Kl.) bestürzt, zornig, aufrührerisch
turbineus, a, um
wirbelnd (P)
turbo 1.
Unruhe stiften, Verwirrung anrichten, Aufruhr erregen, in Unordng. od. Verwirrung bringen, verwirren, **turbari** in Unruhe etc. geraten, gelegentl. auch turbo = turbor a) eigtl. von äußerer Unruhe abs. od. trans.; mare „aufwühlen"; (P) trüben (Wasser), auseinanderscheuchen (Tiere); spez. (N. Kl.) milit. b) übtrg. abs. t. Sampsiceramus „macht Dummheiten"; (geistig) in Aufregung od. Bestürzung versetzen, stören, (N. Kl.) scheu machen
turbo, binis, *m*
1. Wirbel (P)
2. Wirbelwind, Orkan, Sturm
3. Kreisel, (P) Drehscheibe (als Zauberinstrument)
turbulentus, a, um, mit comp. u. superl.
1. (äußerl.) unruhig, verworren, stürmisch
2. übtrg. unruhig a) = voll Unruhe, aufgeregt, stürmisch; adv. **turbulente** od. **turbulenter** (agere); b) = Unruhe stiftend, verwirrend
turdus, i, *m*
Drossel, Kramtsvogel
tureus, a, um
Weihrauch- (P)
turgeo, ere
(N. Kl.) aufgeschwollen sein, strotzen, schwülstig sein
turgesco, ere
(an)schwellen (N. Kl.); aufwallen
turgidus, a, um
geschwollen; (P) gebläht, übtrg. schwülstig

turibulum, i, *n*
Weihrauchpfanne
turicremus, a, um
weihrauchflammend (P)
turifer, era, erum
Weihrauch hervorbringend (N. Kl.)
turilegus, a, um
Weihrauch sammelnd (P)
turma, ae, *f*
„Schwadron"; übtrg. Schwarm
turmales, ium, *m*
(N. Kl.) Reiter derselben Turme, bildl. v. einem Haufen zus. stehender Statuen (N. Kl.)
turmatim adv.
schwadronweise
turpiculus, a, um
häßlich (moral.)
turpificatus, a, um
entsittlicht
turpis, e, mit comp. u. superl.
1. (äußerl.) häßlich, entstellt od. entstellend, garstig
2. übtrg. (moral.) häßlich, schändlich, schimpflich, schmachvoll, entehrend; gelegentl. (P) turpis = der gemeine Mann, adv. **turpiter**
turpitudo, inis, *f*
Häßlichkeit; übtrg. Schändlichkeit, Schimpf, Schmach
turpo 1.
entstellen
turriger, era, erum (P) = turritus 1.
turris, is, *f* (gr.) (klass. acc. -im, abl. fast nur -i)
1.allg. hoher Bau, Scloß, Palast (N. Kl.)
2. spez. a) Turm, insbes. Befestigungsturm, (auf Mauern, Wall, Schiffen), (P) meton. Belagerungsturm; b) P Taubenschlag
turritus, a, um
1. mit Türmen versehen, turmgekrönt (N. Kl.)
2. turmhoch (P)
turtur, uris, *m*
Turteltaube
tus, turis, *n* (gr.)
Weihrauch
tussio, ire
husten (P)
tussus P = tusus (s. tundo)
tussis, is, *f*
Husten (N. Kl.)
tutamen, inis, *n* u. **tutamentum**, i, *n*
Schutz (N. Kl.)
tute s. tu
tutela, ae, *f*
1. Schutz, Obhut
2. (P) meton. a) (Be-)Schützer, Schutz, Schirm, Schutzpatron; b) Schützling(e)
3. a) Vormundschaft; b) Vermögen des Mündels
tuto s. tutus
tutor 1.
schützen, sichern
tutor, oris, *m*
Beschützer, Leiter; Vormund (eigtl. u. bildl.)
tutus, a, um, mit comp. u. superl.
geschützt, sicher; sicher, gefahrlos, (N. Kl.) behutsam, vorsichtig. **tutum**, i, *n* Sicherheit, sicherer Ort. adv. **tuto**, tutius, tutissime (gelegtl. -mo) sicher, ungefährdet
tuus, a, um, pron. possessiv.
dein, von dir eigen; subst. **tui** die Deinen, **tuum**, tua das Deine, vgl. meus, spez. dein = dein Freund, (N. Kl.) dir günstig
tympanum, i, *n* (gr.)
Handpauke, Tamburin, (P) Rad ohne Speichen = „Scheibenrad"
typus, i, *m* (gr.)
Bildwerk
tyrannicus, a, um (gr.)
tyrannisch, despotisch
tyrannis, idis, *f* (gr.)
Tyrannis, Zwing- od. Gewaltherrschaft, Despotismus; (N. Kl.) meton. das Gebiet eines tyrannus
tyrannoctonus, i, *m* (gr.)
Tyrannenmörder
tyrannus, i, *m* (gr.)
1. (unumschränkter) Herrscher (meist P)
2. spez. „Tyrann", Usurpator, in übl. Sinne Gewaltherrscher, Despot
tyrotarichum, i, *n* (gr.)
Ragout aus Käse u. Hering
tyrus, i, *m* (gr.)
Käse
Tyrius, a, um
tyrisch, meton. (P) purpurn, purpurfarbig

U

uber, **uberis**, *n*
(v. Tieren) Euter, Zitze, Brust; (P) übtrg. Fruchtbarkeit, Fülle
uber, gen. uberis, mit comp. u. sup., adv. uberius u. uberime
1. allg. eigtl. u. übtrg. fruchtbar, ergiebig, reich, in Fülle, einträglich
2. spez. (v. Redner u. dgl.) ergiebig, gehaltvoll, ausführlich; im comp. auch = übertrieben
ubertas, atis, *f*
1. eigtl. u. übtrg. (strotzende Fülle, Fruchtbarkeit, Ergiebigkeit
2. Fülle, Reichtum, Reichhaltigkeit, Überfluß
ubi
I. adv. (lokal) 1. relat. „wo"; in Beziehg. auf Sachen od. Pers. statt des pron. rel.; (N. Kl.) ubi ubi „wo nur immer"
2. interrog. (dir. u. indir.) wo
II. Coni. (zeitl.) 1. wann, sobald (als)
2. so oft (als)
ubicumque (-cunquie) adv.
1. (relat.) wo (nur) immer
2. (indef.) überall, wo es immer sei (P)
ubinam s. ubi 12 u. nam
ubique adv. distribut.
= überall, d. h. an jed. einzeln. Ort
ubique (N. Kl.) = et ubi
ubiubi s. ubi 11
ubivis adv.
überall
udus, a, um
(meist P) feucht, naß, betrunken, flüssig, noch frisch, saftig, weich
ulcero 1.
schwären machen, wund drücken, (P) bildl. verwunden
ulcerosus, a, um
voller Geschwüre (N. Kl.); (P) bildl. verwundet
ulciscor, ultus sum 3.
1. sich an jmdm. rächen, sich von jmdm. Genugtuung verschaffen, (sich rächend) jmd. zur Strafe ziehen, strafen, etw. ahnden
2. (e. Beleidigten u. a.) rächen, (für ihn) Rache nehmen, (ihm) Genugtuung verschaffen
ulcus, ceris, *n*
Geschwür (klass. bildl.)
uligo, inis, *f*
(N. Kl.) Feuchtigkeit, Nässe
ullus, a, um pron. indef.
= irgend ein, irgend jemand, etwas (quantit.), i. Sätzen mit verneindm. od. beschränkdm. Inhalt. Anmerkg. ullus ist meist adi.; subst. auch im masc. sing. u. plur., im neutr. nur selten
ulmus, i, *m*
Ulme, Rüster
ulna, ae, *f*
(N. Kl.) Ellenbogen, (P) meton. Arm, übtrg. Elle
ulterior, **-ius**, comp.
1. (lok.) jenseitig (gelegen), spez. entfernter, weiter (Gegstz. citerior)
2. (zeitl.) weiter, ferner, vergangen, länger, älter (meist P)
3. (graduell) darüber hinaus, ärger, mehr (meist P). **ultimus** (**-tumus**), a, um superl.
1. (lok.) äußerster, entferntester, letzter, hinterster, (partit.) d. äußerste od. entfernteste Teil von
2. (zeitl.) äußerster = a) ältester, fernster; b) letzter; subst. ultima „d. letzt. Ereignisse"; N. Kl. ad ultimum „bis zuletzt, schließlich", ultimum „zum letzt. Mal"
3. übtrg. äußerster = a) höchster, größter, schlimmster; N. Kl. ad ultimum „bis zum äußersten, im äußerst. Falle"; b) unterster, letzter, geringster
ultio, onis, *f*
(N. Kl.) Rache, personif. Rachegöttin
ultor, oris, *m*
Rächer, Bestrafer, (P) adi. rächend
ultra
I. adv. 1. (örtl.) weiter hinaus, darüber hinaus, jenseits
2. (zeitl.) non u. „nicht länger, nicht weiter" (N. Kl.)

3. (v. Maß u. Zahl) weiter(hin), ferner
II. praep. m. acc.
1. (örtl.) über-hinaus, jenseits
2. (zeitl.) über, länger als (N. Kl.)
3. (bildl.) über-hinaus

ultrix, tricis, *f*
(P) Rächerin, rächend

ultro adv.
1. eigtl. nach jenseits, hinüber, nach d. anderen Seite, drüben
2. übtrg. a) überdies, noch dazu, noch obendrein; b) aus eigenem Antrieb, unaufgefordert, von selbst

ulula, ae, *f*
Kauz, Käuzchen

ululatus, us, *m*
Geheul, Geschrei

ululo 1.
heulen, laut schreien; (P) intr. heulend anrufen

ulva, ae, *f*
Schilf

umbilicus, i, *m*
1. Nabel (N. Kl.)
2. übtrg. a) Nabel = Mittelpunkt; b) Buchrollenknopf od. -kopf (N. Kl.)
3. e. Art Meerschnecke

umbo, onis, *m*
(N. Kl.) Schildbuckel, (P) Schild

umbra, ae, *f*
1. eigtl. Schatten, (P) Dunkelheit, Finsternis
2. spez. a) (i. d. Malerei) Schatten, Schattierung, Ggstz. lumen; (i. d. Rede) dunkle Partieen; b) beschatteter Gegenstand, schattiger Ort od. Baum (P); c) ständig. Begleiter, (P) plur. Unterwelt
4. übtrg. a) Schutz, Schirm (N. Kl.); b) Muße, (behaglich.) Ruhe, Zurückgezogenheit; c) Schein, Abbild, Trugbild, (N. Kl.). Schein = Vorwand; d) (P) Schatten d. Geistes = Angst u. Not

umbraculum, i, *n*
1. Sonnenschirm (P)
2. plur. a) schattig. Gang, Laube; b) bildl. schattiges Lehrzimmer, Schule

umbratilis, e
d. Schatten genießend: gemächlich, beschaulich; schulmäßig

umbrifer, era, erum
schattig (P)

umbro 1.
(N. Kl.) Schatten geben, (P) trans. beschatten, bedecken

umbrosus, a, um
schattig; (P) beschattend

umecto 1.
(P) befruchten, benetzen

umeo, ere
(N. Kl.) feucht, naß sein, oft **umenes**, gen. entis feucht, naß

umerus, i, *m*
Schulter, Achsel

umesco, ere
feucht werden (N. Kl.)

umidus, a, um
feucht, naß, (P) flüssig, fließend, quellenreich

umifer, era, erum
feucht (P)

umor, oris, *m*
Flüssigkeit, Feuchtigkeit, Naß, insbes. Wasser, (P) Saft

umquam u. **umquan** adv.
irgend einmal, jemals, je (klass. nur in Sätzen verneindn. Inhalts

una adv.
(örtl. u. übtrg.) beisammen, zusammen, gemeinschaftlich

unanimitas, atis, *f*
Einmütigkeit (N. Kl.)

unanimus, a, um
eimütig (N. Kl.)

uncia, ae *f*
Unze = $^1/_{12}$ as, klass. übtrg. $^1/_{12}$ betragd.: bei Zinsen 10% im (12 monatl.) Jahr, nach anderen $^1/_{12}$% monatl. = 1% jährl. (N. Kl.)

uncinatus, a, um
hakenförmig

unctio, onis, *f*
das Salben

unctor, oris, *m*
Salber

unctura, ae, *f*
d. Einbalsamieren

unctus, a, um (ungo)
1. eigt. gesalbt, (P) fett (gemacht), fettig
2. übtrg. fett = reich
3. subst. **unctum**, i, *n* Leckerbissen (P)

uncus, a, um
(meist P) eingebogen, gekrümmt

uncus, i, *m*
Haken, Widerhaken
unda, ae, *f*
1. die Woge, klass. kollekt. die Wogen, die Wellen
2. übtrg. a) Wasser, Gewässer, Strom (P); b) plur. Strudel, Unruhe, unruhiges Treiben
unde adv.
von wo(her), woher, übtrg. woraus, wovon, womit, von welchem; doppelt undeunde „woher auch immer" (P)
undecim
elf
undecimus, a, um
d. elfte
undeni, ae, a
je elf
undenonaginta
89
undeoctoginta
79
undeoquadraginta
39
undequinquagesimus, a, um
d. 49ste
undequinquaginta
neunundvierzig
undesexaginta
neunundfünfzig
undetricesimus, a, um
d. 29ste
undeunde s. unde am Ende
undevice(n)simus, a, um
d. 19te
undeviginti
neunzehn
undique adv.
eigtl. u. übtrg. von od. auf allen Seiten, von überall her od. überall, in jed. Hinsicht
undo 1.
eigtl. wallen, (auf)wogen, sieden (N. Kl.); übtrg. (P) sich wellenförmig bewegen
undosus, a, um
(P) wogend, stürmisch
unetvicesimani, orum, *m*
Soldaten der 21. Legion (N. Kl.)
ungo (unguo), unxi, unctum 3.
salben, (mit Salben od. Öl) bestreichen, benetzen. Vgl. unctus
unguen, inis, *n* (P) = unguentum
unguentarius, ii, *m*
Salbenhändler
unguentum, i, *n*
Salbe, Salböl
unguiculus, i, *m*
Nagel (an Finger od. Zehe); a teneris unguiculis „bis in die Fingerspitzen", d. h. ganz genau
unguis, is, *m*
d. Nagel (an d. Finger od. an d. Zehe) a) der Menschen: vgl. imus 1; (P) de tenero ungui = mit Leib u. Seele, ad od. in unguem „bis aufs Haar, aufs genaueste"; b) der Tiere: Kralle, Klaue, Huf, Tatze, Pranke
ungula, ae *f*
Huf (sprichw. omnibus ungulis „mit Händen u. Füßen"); (P) Pferd
unguo s. ungo
unicolor, gen. coloris
einfarbig (P)
unicus, a, um
einzig, alleinig; einzig i. seiner Art, vorzüglich, außerordentlich
uniformis, e
einförmig (N. Kl.)
unigena, ae
allein geschaffen
unimanus, a, um
einhändig (N. Kl.)
unio, onis, *m*
einzelne große Perle (N. Kl.)
unitas, aris, *f*
Einheit (N. Kl.)
universitas, atis, *f*
Gesamtheit, Ganzes
universus, a, um
1. sämtlich, (ins)gesamt, ganz, vollständig, allgemein, Ggstz. pars, singuli u. a.; subst. a) **universi**, a alle(s) zusammen, die Gesamtheit; b) **universum**, i, *n* Weltall
2. übtrg. allgemein. Ggstz. proprius
unquam s. umquam
unus (altert. oenus), a, um
1. (Zahlw.) ein
2. spez. a) nur ein, ein einziger, allein, nur, übtrg. unvergleichlich, höchst, vor allen anderen, bei weitem; b) ein = ein u. derselbe, d. gleiche, gemeinsam; c) indef. (irgend) ein, e. einzel-

ner; u. et (aut u. a.) alter „der eine u. (oder) der andere, etliche, wenige"; oft **unus quisque** jeder einzelne a) adi.; b) subst. *m* u. *n* allein od. mit gen. (nur v. mehreren, während quisque auch v. zweien gebr. werd. kann)

unusquisque s. unus 2 c

upilio s. opilio

urbanitas, atis, *f*
1. d. Stadtleben
2. übtrg. a) städtisches Wesen = feines Benehmen, feiner Ton, plur. städtische Manieren; b) feiner Witz, Scherz; c) (v. d. Rede) Feinheit (i. Auffassung, Ausdruck u.s.w.)

urbanus, a, um, mit comp. u. sup.
1. zur Stadt gehörig, städtisch, i. d. Stadt, Stadt-, spez. i. d. Hauptstadt, i. Rom (Ggstz. rusticus); res urbanae = Verhältn. i. Rom od. Ggstz. zu res bellicae; subst. **urbani**, orum, *m* Städter, Großstädter
2. übtrg. a) (v. d. Bildung u. Rede) fein, gebildet, geschmackvoll, distinguiert, gewählt; b) spez. witzig, geistreich; c) dreist, keck (P)

urbs, urbis, *f*
1. allg. die (m. ein. Ringmauer umgebene) Stadt
2. prägn. a) d. Hauptstadt, spez. Rom; b) die Oberstadt (N. Kl.)
3. meton. die Stadtbewohner

urceus, i, *m*
(N. Kl.) Krug, Opferkanne der Augurn

uredo, dinis, *f*
Brand (am Getreide)

urgeo u. **urgueo**, ursi 2.
1. eigtl. drängen, treiben, stoßen, drücken; P andringen
2. übtrg. a) drängen, trans. bedrängen, bedrücken, belasten, belästigen, bestürmen, hart zusetzen; b) spez. (i. d. Erörterg.) i. d. Enge treiben, hart zusetzen; c) (bei e. Behauptg.) hartnäckig od. nachdrücklich verharren, Nachdruck legen auf, etw. betonen, versichern; d) mit Eifer betreiben

urina, ae, *f*
Harn, Urin

urinator, oris, *m*
Taucher (N. Kl.)

urinor 1.
untertauchen

urna, ae, *f*
1. Wasserkrug (N. Kl.)
2. übtrg. a) übhpt. Krug, Topf, Urne, spez. Schicksalsurne, Aschenkrug (meist P); b) (gerichtl.) Losurne, (N. Kl.) Wahl durchs Los

urnula, ae, *f*
kleiner Wasserkrug

uro, ussi, ustum 3.
(ver)brennen
1. allg.
2. spez. a) v. Leichen; b) mediz. t. t.; c) (t. t. d. Malerei) enkaustisch einbrennen od. bemalen (P); d) verwüsten, verheeren, sengen u. brennen
3. übtrg. (N. Kl.) a) austrocknen, versengen, pass. spez. (v. Frost) erstarren; b) (brennend) drücken, wund machen od. reiben (N. Kl.); c) (v. Leidenschaften) entflammen, verzehren (meist P); d) plagen, belästigen, heimsuchen, beunruhigen (N. Kl.)

ursa, ae, *f*
Bärin; (P) a) Bär übhpt., b) Bär als Sternbild

ursus, i, *m*
Bär; (P) Bärenhatz

urtica, ae, *f*
(Brenn-) Nessel

urus, i, *m*
Ur, Auerochse

usitatus, a, um, mit comp. u. sup.
gebräuchlich, gewöhnlich, üblich, auf gewöhnliche Weise

uspiam adv.
irgendwo

usquam adv.
(klass. in verneindn. Sätzen)
1. irgendwo; übtrg. in irgend etwas, i. irgd. e. Angelegenht.
2. irgendwohin

usque adv.
eigtl. u. übtrg. in einem fort, ununterbrochen, fort u. fort, bis von - her, bis - hin
1. (örtl.)
2. (zeitl.)
3. steigernd usque adeo u. usque eo, vgl. adeo u. eo; (N. Kl.) vor comp.: u. plures „immer mehr" u. a.

usquequaque (auch getrennt)
räuml., zeitl., übtrg. „überall, immer"
ustor, oris, *m*
Leichenverbrenner
usucapio 3. (capio; besser getrennt)
(jurist.) durch Verjährung erwerben, etw. ersitzen
usucapio od. **usus capio**, onis, *f*
(jurist.) Eigentumsrecht durch Verjährung, Ersitzung
usura, ae, *f*
I. allg. Gebrauch, Genuß, spez. Benutzung des geliehenen Kaptials
2. d. Zinsen e. Kapitals
usurpatio, onis, *f*
Benutzung, Anwendung, Gebrauch, Geltendmachung (N. Kl.) widerrechtliche Anmaßung
usurpo 1.
1. allg. in Gebrauch nehmen, gebrauchen, anwenden, benutzen
2. spez. a) geltend machen; b) (rechtmäß.) in Besitz nehmen, sich aneignen; c) (widerrechtl.) sich anmaßen (N. Kl.); d) (Worte) i. d. Mund nehmen, (e. Sache) erwähnen od. aufs Tapet bringen; e) insgemein (be)nennen
usus, us, *m*
1. Gebrauch, Anwendung, Benutzung; (N. Kl.) usui esse „gebraucht werden"
2. spez. a) (jurist.) Nießbrauch, Nutznießung, lange Benutzung; b) prakt. Ausübung od. Erfahrung (in), Gewohnheit, Übung, Praxis. Spez. **usu venire** notwendig (wirklich, gewöhnlich) eintreten, sich ereignen, zu geschehen pflegen, c) Verkehr, Umgang, Bekanntschaft; d) Brauchbarkeit, Vorteil, Nutzen; e) Bedarf, Bedürfnis, Notwendigkeit, Interesse
usus fructus s. usus 2 a
usu venit s. usus 2 b
ut (uti)
I. adv. A. (örtl.) „wo" (nur selt. u. P). B. (modal) wie
1. interr., klass. nur in indir. Frag.
2. relat. „wie" a) in Korrelat. ut-ita (sic u. ähnl.) = wie - so auch; b) bei Vergleichen; c) itaut bei Beteuerungen s. ita 7; d) zur Einführg. von Beispielen „wie" = „wie z. B." e. Satz einführd. = „so z. B."; e) ut quisque-ita mit sup. = je - desto, vgl. ita 4 u. quisque; ähnlich; f) erläuternd; g) spez. begründend bei relat. Sätz. mit coni.
II. Coni. 1. ut consec. = „daß, so daß", verneint ut non, nihil etc. a) anknüpfd. an vorherghds. Demonstr., wie tam, talis, is u. a., od. auch ohne solch. Hinweis; b) nach compar. m. quam (vgl. qusam II 3 a); c) nach d. Verb. d. Geschehens u. nach unpers. Ausdrücken, die sonst den inf. od. a.c.i. od. quod bei sich haben, wenn auf d. Tatsache od. Möglichkt. d. Geschehens, nicht auf d. subjektive Vorstellg. od. d. Begründung Rücksicht genommen w.; d) als appositionelle Erläuterg. des Vorherghndn. im Hinweis auf e. relat. od. demonstr. Pron.
2. ut finale „daß, damit, auf daß, um zu" zur Bez. d. Absicht, d. Wunsches, der Forderg., d. Strebens, daß man etwas tun will od. etwas geschehen soll; nach Verb. d. Fürchtens = „daß nicht"
3. ut ellipt. in unwillig. Fragen
4. ut zur Einführg. e. begleitdn. Umstandes, einer Einschränkg., fast = si od. dummodo „im Fall daß, wenn (nur)"
5. ut concess. „gesetzt daß, zugegeben daß, wenn auch"
6. ut tempor. „sobald als, seitdem, so oft" mit indic.; (verstärkt ut primum; korrel. ut-tum; ut-statim u. a.)
7. (P) ellipt. e. Wunsch einführend = „daß doch"
utcumque (-cunque) adv.
wie auch immer, je nachdem; (N. Kl.) ohne Verb. = gleichviel wie, so gut es geht etc., einigermaßen; (P) wo auch immer, (zeitl.) sobald nur
utens, gen. entis
1. partic. v. utor
2. als adi. im comp. utentior = größ. Aufwand zu machen imstande
utensilia, ium, *n*
(N. Kl.) Gebrauchsgegenstände (Gerätschaften, Waffen, Lebensmittel)
uter, tris, *m*
Schlauch
uter, utra, utrum (gen. utrius, dat. utri)
1. interr. od. rel. „wer od. welcher von beiden"; plur. utri = welche von beiden Parteien

2. indef. = alter - uter
uter (-tra, -trum), cumque od. cunque
wer auch immer (von beid.) pron. rel., subst. u. adi.
uter (-tra, -trum) libet
wer v. beid. beliebt = e. beliebiger (od. einer) von beiden
uterque, utraque, utrumque (s. uter)
adiekt. u. subst.
jeder (einzelne für sich) von zweien od. v. beiden, beide
1. mit gen. part.
2. im plur. steht uterque a) bei plur. tant., z. B. utraque castra, utraeque litterae, od. b) wenn auf beiden Seiten mehrere sind; utrique = beide Teile (Parteien); c) klass. selt. bei 2 zus.-gehörig. Pers. od. Sachen
3. (N. Kl.) unterque utrumque „beide einander“, klass. dafür: quorum uterque (centempsit) alterum
uterus, i, *m*
Mutterleib, -schoß; (N. Kl.) meton. Leibesfrucht, Leib, übtrg. Bauch-Inneres
uter (-tra, -trum), vis
jeder (beliebige) von beiden, einer od. d. andere von beiden
uti s. ut
utilis, e
brauchbar, tauglich, dienlich, nützlich, zuträglich, spez. lehrreich
utilitas, atis, *f*
abstr. u. konkr. Brauchbarkeit, Tauglichkeit, Zuträglichkeit, Nützlichkeit, Nutzen, Vorteil, Interesse; plur. Vorteile, Interessen, nützliche (polit.) Einrichtungen od. Bestimmungen
utinam Coni. mit coni.
o daß doch, wenn doch
utique adv.
1. (restringierd.) jedenfalls, unter allen Umständen, durchaus, unbedingt, gewiß, wenigstens
2. (N. Kl.) besonders, zumal
3. = et uti (s. ut)
utor, usus sum, uti
1. benutzen, anwenden, sich bedienen, Gebrauch machen von, Nutzen ziehen aus
2. spez. a) sich e. Sache erfreuen, genießen, bekommen, vgl. fruor; b) übhpt. haben, besitzen, über etw. zu verfügen haben; c) (Eigenschaft. od. Tätigkt) (aus)üben, beweisen, zeigen, an d. Tag legen; d) umgehen, verkehren
utpote adv.
(zur Hervorhebg. e. Grundes) natürlich, nämlich, ja
utrimque adv.
auf beiden Seiten (eigtl. u. bildl.); (N Kl.) von beiden Seiten (übtrg.)
utro adv.
nach welcher v. beiden Seiten auch
utrobique (utrubique) adv.
an beiden Seiten, i. beid. Fällen
utroque adv.
nach beid. Seiten
utrum (uter)
in disjunkt. Frg. „was von beiden“:
I. in dir. Frg. 1. mit korresp. einfach. od. wiederholt. an (non) „(ob) - oder (nicht)“
2. utrum... ne - an, z.B. u. illudne an tuum malis? u.a.; (N. Kl.) utrumne - an
3. ohne zweites Glied
II. in indir. Frg. 1. mit korresp. an: quaero, u. vestras iniurias an rei p. persequamini
2. utrum... ne - an, vgl. ne II 1.3. mit anne: quaerendum, u. una ... anne plures.
4. mit necne, (N. Kl.) annon; vgl. necne
5. ohne d. Schlußsatz mit an
utut adv.
wie auch immer
uva, ae, *f*
Weintraube, meton. Traubensaft, Wein, Weinstock, übtrg. traubenförm. Klumpen
uvesco, ere
(P)= feucht werden, (v. Trinker) zechen
uvidus, a, um
(meist P) feucht, naß, wohlbewässert, meton. berauscht
uxor, oris, *f*
Gattin, Gemahlin, Ehefrau; (P) übtrg. v. Tieren
uxorius, a, um
der Ehefrau (gehörig), d. Gattin betreffd.; (P) prägn. Weiberknecht

V

vacatio, onis, *f*
1. allg. d. Freisein, Befreitsein, Befreiung, Entlastung
2. spez. (milit.) Dienstbefreiung, Urlaub, Entlastung
3. Ablösungssumme (N. Kl.)
vacca, ae, *f*
Kuh
vaccinium, i, *n*
Heidelbeere
vacillo 1.
wanken, wackeln; bildl. schwanken, unsicher sein
vacive
bei Muße (P)
vaco 1.
1. allg. leer od. ledig, frei, unbesetzt, unbebaut od. unbewohnt sein; (N. Kl.) spez. (v. Besitz, Ämtern u. a.) erledigt sein, herrenlos sein
2. übtrg. a) frei od. ledig sein von, sich enthalten, etw. nicht treiben oder haben, sich mit etwas nicht beschäftigen; b) spez. Zeit od. Muße haben, (N. Kl.), unpers. **vacat** (alicui) man hat Muße, es steht jmdm. frei, ist jmdm. vergönnt
vacuefacio 3. (facio)
leer machen, pass. **vacuefio** (fio) leer werden
vacuitas, atis, *f*
1. d. Freisein von etw.
2. spez. die Vakanz (N. Kl.)
vacuus, a, um
I. eigtl. 1. allg. leer, ledig, frei, entblößt, unbesetzt, verödet, ohne etwas, -los. (N. Kl.) subst. **vacuum**, i, *n* der leere Raum, d. Leere
2. spez. a) (v. Örtlichktn.) offen (stehd.), weit, frei, zugänglich (meist P), übtrg. unbeschützt, schutzlos (N. Kl.); b) ledig = unverheiratet (N. Kl.). c) frei = erledigt, unbesetzt, vakant, herrenlos
II. übtrg. 1. allg. frei von etwas, ohne etwas, von etw. (sich) fern (halten)
2. spez. a) (v. Leistgn.) frei, befreit; b) frei v. Geschäften, unbeschäftigt, müßig; (P) übtrg. v. Stätten der Ruhe = geräuschlos, ruhig, still; c) (v. Kummer; [P] v. Liebe) frei, sorglos; d) vacuum est „man hat freie Hand" (N. Kl.); e) inhaltleer, nichtig, eitel (N. Kl.)
vadimonium, ii, *n*
die Kaution (die d. Bürge für d. Angeklagten stellt, daß er d. Termin einhalte), Bürgschaft (-sleistung), übtrg. d. Erscheinen vor Gericht, Termin
vado, ere
(namentl. mit Hindeutung auf d. Mut des Gehenden) gehen, schreiten
vador 1.
jmd. (durch Verpflichtg. zur Bürgschaft für sein Erscheinen) vor Gericht fordern; (P) adv. **vadato** nach geleisteter Bürgschaft
vadosus, a, um
seicht
vadum, i, *n*
seichte Stelle, Untiefe, Furt; (P) übtrg. seichtes Wasser, Meer, Gewässer, Flußbett
vae
(N. Kl.) wehe! ach!; vgl. ve
vaesania (ves...), ae, *f*
Wahnsinn (N. Kl.)
vaesanus (ves...), a, um
wahnsinnig, rasend, wütend (klass. v. Pers.)
vafer, vafra, vafrum, m. sup.
schlau, verschmitzt
vagatio, onis, *f*
d. Umherschweifen (N. Kl.)
vagina, ae, *f*
Scheide; übtrg. Halmhülle
vagio 4.
wimmern, schreien (v. klein. Kind.)
vagitus, us, *m*
(N. Kl.) das Wimmern, Schreien
vagor 1.
1. umherschweifen, (milit.) umherstreifen, unstet sein; spez. kreuzen
2. übtrg. a) sich verbreiten; b) (beim Schreib. od. Sprech.) sich gehen las-

sen, abschweifen
vagus, a, um
1. umherschweifend = streifend, unstet
2. übtrg. a) schwankend, unbeständig; b) (v. d. Rede) ohne Ziel und Plan od. nach verschiedenen Seiten sich leicht bewegend
valde (aus valide), (N. Kl. valdius u. valdissime), adv.
stark, heftig, sehr
valedico (auch getrennt) 3. (dico)
Lebewohl sagen (N. Kl.)
valens, gen. entis (valeo), mit comp. u. sup.
1. eigtl. kräftig, stark, handfest, spez. gesund, wohlauf
2. übtrg. a) (polit., milit.) stark, mächtig; b) wirksam, gewaltig, kraftvoll
valeo, valui, valiturus 2.
I. eigtl. 1. allg. stark od. kräftig sein, Kraft haben; (N. Kl.) mit inf. imstande sein, vermögen
2. prägn. (phys.) gesund od. wohl od. wohlauf sein, sich wohlbefinden a) mit adv.: bene etc.; minus v. „sich unwohl fühlen“; b) m. abl.: corpore „körperlich“; c) abs. bes. in Briefen: si vales, bene est (auch mit Zusatz [ego] valeo) u. a.; als Abschiedsgruß vale od. valete „lebe(t)wohl“ (klass. i. Briefen), (N. Kl.) vale dicere vgl. valedico; daher d) übtrg. als Abweisungsformel: si talis est deus, valeat „dann fort mit ihm“
II. übtrg. 1. allg. stark od. mächtig sein, etw. gelten od, vermögen, Wert (Bedeutung, Einfluß u. a.) haben, wesentlich sein für, (bes. v. Leblos.) durchdringen, siegen, Ausschlag geben, in Betracht kommen, sich geltend machen, Geltung behaupten, sich bewähren an od. bei u. a.
2. spez. a) (v. Pers. u. Leblos.) „wozu“ od. „wofür“ die Kraft od. Macht haben, stark genug sein, beitragen, mitwirken, etw. können, vermögen, imstande sein; b) wohin zielen, jmd. treffen, sich auf etw. beziehen; c) (v. Geld) gelten = wert sein (N. Kl.); d) (v. Wörtern) gelten = heißen, bedeuten, Sinn haben
valesco, ere
(N. Kl.) übtrg. erstarken, zunehmen
valetudo, dinis, *f*
1. allg. Befinden, Gesundheitszustand
2. spez. a) Gesundheit; b) Krankheit, Schwäche
validus, a, um (N. Kl. comp. u. superl.)
I. eigtl. 1. allg. kräftig. stark, rüstig (N. Kl.)
2. spez. a) (phys.) gesund, wohl; b) (milit.) stark, fest; c) (v. Speis. u. Arzneien) kräftig, stark (N. Kl.)
II. übtrg. stark, mächtig, einflußreich, wirksam (N. Kl.). adv. **valide** (N. Kl.)
vallaris, e
Wall- (N. Kl.)
valles u. **vallis**, is, *f*
Tal
vallo 1.
eigtl. verschanzen (N. Kl.); übtrg. schützen, umgeben
vallum, i, *n*
eigtl. Brustwehr, Pallisaden (auf dem agger), dann Damm mit der Brustwehr = Wall; übtrg. Wall = Schutzwehr
vallus, i, *m*
1. allg. Pfahl (N. Kl.)
2. spez. a) Schanzpfahl, Pallisade; b) gelegtl. (kollekt.) Wall
valvae, arum, *f*
mehrteilige Klapptüren, Flügeltüren
vanesco, ere
(meist P) verschwinden, vergehen
vaniloquentia, ae, *f*
Prahlerei (N. Kl.)
vaniloquus, a, um
prahlerisch (N. Kl.)
vanitas, atis, *f*
1. (obi.) leerer Schein, Inhaltlosigkeit, Unwahrheit; (N. Kl.) spez. Vergeblichkeit, Erfolglosigkeit
2. (subi.) schwindelhaftes Benehmen, Schwindel, Windbeutelei, Prahlerei
vannus, i, *f*
Futter-, Getreideschwinge (N. Kl.)
vanus, a, um
1. eigtl. inhaltslos, leer, hohl, taub, dünn (N. Kl.)
2. übtrg. a) eitel, gehaltlos, nichtig, unwahr, grundlos, (N. Kl.) subst. **vanum**, i, *n* Wahn, Schein, Unwahrheit, Grundlosigkeit; b) erfolglos, ver-

geblich (N. Kl.); c) (v. Pers.) lügenhaft, prahlerisch, charakterlos
vapor, oris, *m*
1. Dampf, Dunst, (P) Rauch
2. Brodem, feuchte Wärme
3. (N. Kl.) Hitze, Glut, (P) Feuer, Lohe
vaporarium, ii, *n*
Dampfheizung
vaporo 1.
(N. Kl.) dampfen, (P) trans. mit Dampf erfüllen, ausräuchern, in Dunst hüllen
vappa, ae, *f*
(N. Kl.) verdorbener od. kahmiger Wein, „Kretzer"; (P) übtrg. Schlemmer, Taugenichts
vapulo 1.
geschlagen werden, Schläge bekommen
variatio, onis, *f*
Verschiedenheit (N. Kl.)
varicus, a, um
grätschelnd (P)
varietas, atis, *f*
I. eigtl. Mannigfaltigkeit = Buntheit
II. übtrg. 1. Mannigfaltigkeit, Verschiedenheit, Wechsel
2. spez. a) abweich, Meinung; b) Unbeständigkeit, Launen, Wankelmut
vario 1.
I. trans. 1. eigtl. bunt machen, färben, sprenkeln (meist P)
2. abwechselnd od. mannigfaltig machen, abwechseln lassen, verändern, mit etw. wechseln
3. verschieden darstellen, pass. abweichen
II. intr. 1. eigtl. gesprenkelt, bunt sein, sich färben (N. Kl.)
2. verschieden od. mannigfaltig sein, sich verändern, schwanken, abwechseln, umschlagen (N. Kl.)
3. verschied. Meinung sein
varius, a, um (adv. **varie**)
I. eigtl. bunt(farbig), gefärbt, scheckig, gefleckt u. a. (meist P)
II. übtrg. 1. allg. mannigfaltig, verschieden(artig), allerlei, (ab)wechselnd
2. spez. a) verschiedenartig = abweichend; b) (ab)wechselnd = von (ab)w. Erfolg (begleitet), schwankend; c) (v. Pers.) mannigfach begabt, vielseitig; charakterlos, unbeständig
varix, ricis, *c*
Krampfader
varus, a, um
(N. Kl.) auswärts gebogen, (P) (v. Pers.) krummbeinig, übtrg. entgegengesetzt
vas, vadis, *m*
Bürge (klass. in Kapitalfachen; vgl. praes.
vas, acc. vas, plur. vasa, orum, *n*
(jedes) Gefäß, Geschirr, Gerät; plur. spez. Kriegsgerät, Gepäck, Bagage
vasarium, ii, *n*
Geschirr-, Möbelgeld
vascularius, ii, *m*
Metallarbeiter, Goldschmied
vastatio, onis, *f*
Verwüstung
vastator, oris, *m*
Verwüster (P)
vastificus, a, um
unförmlich (P)
vastitas, atis, *f*
Öde, Leere; Verwüstung
vasto 1.
leer machen, veröden; spez. verwüsten, verheeren; (N. Kl.) übtrg. zerrütten (Geist)
vastus, a, um, mit comp. u. superl.
1. a) eigtl. öde, wüst, leer, verlassen; spez. (N. Kl.) verwüstet, still (Tag); b) übtrg. ungebildet, roh, unfein
2. weit, unermeßlich, riesig, unförmlich, kolossal, gewaltig, ungeheuer u. a
vates, is, *c* (gen. pl. meist vatum)
1. Seher (-in), Prophet (-in), Weissager (-in)
2. (N. Kl.) (d. gottbegeisterte) Sänger, Dichter
vaticinatio, onis, *f*
Prophezeiung, Weissagung
vaticinator, oris, *m*
Weissager (P)
vaticinius (**vaticinus**), a, um
(N. Kl.) prophetische Weissage
vaticinor 1.
(v. Pers.) weissagen, prophezeien, (vom Dichter) mit heilig. Begeisterung verkünden; in übl. Sinne = überspannt sein, „phantasieren" (abs.)
vatillum, i, *n*

Pfanne (N. Kl.)
ve coni. enklitisch
1. einfach „oder“, „oder auch“, bezeichn. d. Unterschied als gleichgültig u. trennt Satzteile od. Nebensätze; bei Fortführg. einer Negation = „noch“, „und“; vgl. sive, neve
2. (P) verdopp. ve-ve „entweder“ - „oder“, dafür auch aut - ve, ve - aut, vevel
ve Präfix
bezeichnet Trennung u. Absonderung, übtrg. so viel wie male II (hier auch d. Schreibg. vae)
vecordia, ae, *f*
Wahnsinn (N. Kl.)
vecors (**vae-**), gen. cordis
unsinnig, wahnwitzig, mit superl.
vectigal, alis, *n* (veho)
1. (indir.) Abgabe, Zoll, bes. decuma, portorium, scriptura; v. ander. Abgab.: v. praetorium die Ehrengabe an d. Prätor, v. aedilicium d. Beitrag der Provinzialen zu d. Spielen der Ädilen
2. sing. u. plur. die (aus d. Zöllen etc. herrührende) Einnahme(quelle), Einkommen (des Staates)
3. = stipendium von der dem Besiegten auferlegten jährl. festnormierten „Steuer“
4. vectigalia auch = „steuerpflicht. Länder“
vectigalis, e
1. zoll-, steuer-, zinspflichtig
2. als Abgabe gezahlt
3. equi v. Pachtpferde
vectio, onis, *f*
Ziehen od. Reiten
vectis, is, *f*
Hebebaum; Brechstange; (P) Türstange
vecto 1.
(N. Kl.) tragen, bringen, fahren, pass. reiten, fahren
vector, oris, *m*
Träger (P), Passagier, Schiffer, (P) Seefahrer; (P) Reiter
vectorius, a, um
Transport
vectura, ae, *f*
Fuhre, Transport
vegetus, a, um
lebhaft, rege, rüstig
vegrandis (**vae-**), e
(P) abnorm a) sehr groß, b) sehr klein
vehemens (P vemens), gen. entis, mit comp. u. superl.
heftig, hitzig, leidenschaftlich, stürmisch, energisch, wirksam, gewaltig, stark; oft adv. **vehementer** heftig u.s.w., gar sehr, höchst
vehiculum, i, *n*
Fahrzeug = Schiff od. meist = Fuhrwerk, Wagen
veho, vexi, vectum 3.
fahren, führen, tragen, bringen, fortbewegen, ziehen. **vehor**, vectus sum 3. sich fortbewegen, fahren, reiten
vel (aus vels = vis v. volo)
I. Coni. 1. einmal gesetzt i. Satze = „oder“, „oder auch“ (schließt nicht aus wie aut, sond. läßt die Wahl; steht meist in korrektiv. Bedeutg. „oder vielmehr“); doch find. sich vel auch wohl bei ausgesproch. Verschiedenheit. der Begriffe
2. **vel-vel** (auch öfters wiederholt) „entweder - oder“, „teils - teils“, auch = „sei es - sei es“, „mag - od. mag“, trennt Satzteile od. Nebensätze; das letzte vel auch verstärkt durch etiam, vero etiam, certe, omnino; nec vel-vel = „und weder - noch“; spez. vel-vel gelegtl. = „entweder - od. doch wenigstens“
II. adv. verstärkd. = „sogar“, „selbst“, vermind. = „auch nur“, „schon“; oft vel beim superl. = „selbst“, „wohl“, „vielleicht“, z. B. vel maximus (-me) u. a.; spez. vel = „(doch) wenigstens“
velamen, inis, *n*
(N. Kl.). Hülle, Decke, Gewand, Fell, (P) „Schleier“
velamentum, i, *n*
(plur.) N. Kl. Wollbinden (der supplices)
velati s. velo 1.
velites, um, *m*
(milit.) „Plänkler“
velifer, era, erum
segeltragend (P)
velificor 1.
Segel aufspannen: bildl. = (be)fördern
velitaris, e der velites
(Waffen) (N. Kl.)

velivolans, gen. antis
schnellsegelnd (P)
velivolus, a, um (P)
1. schnellsegelnd
2. segelbedeckt (Meer)
vellico 1.
rupfen: bildl. = schmähen
vello, N. Kl. velli od. vulsi (velli klass. in compos.), N. Kl. vulsum od. volsum (beide klass. in compos.) 3.
1. (P) rupfen, zupfen
2. auszupfen od. -rupfen, ab- od. losreißen (klass. selt., vgl. spina; N. Kl. spez. signa v. = aufbrechen [P v. Bienen])
vellus, eris, *n* (N. Kl.)
1. (abgeschorene) Wolle
2. Schaffell (mit der Wolle), Vließ, (P) plur. wollene Binden
3. (P) übhpt. (Tier-) Haut od. Fell
4. (P) übtrg. Baumwolle, Federwollen, „Schäfchen"
velo 1.
1. ver-, einhüllen, N. Kl. (leicht) bekleiden, daher klass. accensi velati = leicht bewaffnete Ersatzmannschaften, die bis zum Eintritt i. d. Reihen zu allerlei milit. Hilfsleistungen verwend. wurden
2. (N. Kl.) umwinden, schmücken
3. (N. Kl.) bildl. verbergen, bemänteln
velocitas, atis, *f*
Schnelligkeit, Behendigkeit
velox, gen. ocis, mit comp. u. superl.
schnell, geschwind, behend, Ggstz, lentus
velum, i, *n*
1. Segel; (P) vela = Schiff(e)
2. Tuch, Decke (der Zelte), Umhang
velut (veluti) adv.
1. vergleichd. „wie": klass. a) bei bloß. Annahme. b) bei bildl. Wendgn. „gleichsam", „gleichwie"; (N. Kl.) „scheinbar"
2. meist e. Beispiel anführd. „wie", „(so) z. B.", bei voll. Sätzen od. auch Satzteilen
vemens = vehemens
vena, ae, *f*
1. eigtl. „Ader", sowohl Blutader, „Vene", als Puls- od. Schlagader, „Arterie"; auch bildl. venae rei publ. od. cuiusque aetatis u. a. = „Inneres, Charakter"
2. übtrg. a) Metallader (auri v.); b) (N. Kl.) Quellader; bildl. (P) = Begabung; c) N. Kl. venae „Adern", „Saftgefäße" (v. Stein, Pflanzen); d) (P) Ritze, Spalt
venabulum, i, *n*
Jagdspieß
venalicius, ii, *m*
Sklavenhändler
venalicium, ii, *n*
(N. Kl.) verkäufl. Ware (gen. plur. -cium)
venalis, e
(ver)käuflich, feil, bestechlich; subst. Sklave
venaticum, a, um
Jagd-
venatio, onis, *f*
das Jagen, Jagd; Tierhetze (im Zirkus); (N. Kl.) Wildbret
venator, oris, *m*, N. Kl. **-trix**, icis, *f*
Jäger(-in), (P) adj. = **venaticus**; übtrg. venator naturae „Aufspürer"
venatorius, a, um
(N. Kl.) Jäger- (Hut)
venatus, us, *m*
Jagd
vendibilis, e
verkäuflich, leicht absetzbar; übtrg. beliebt, genehm, gefällig
venditatio, onis, *f*
Feilbieten; bildl. Prahlerei, Großtun
venditator, oris, *m*
Prahler (N. Kl.)
venditio, onis, *f*
Verkauf; (öffentl.) Versteigerung, Verpachtung
vendito 1.
feilbieten; verkaufen, verschachern; anpreisen, aufbieten, aufdrängen
venditor, oris, *m*
Verkäufer, Verschacherer
vendo, didi, ditum 3. (aus venum do)
1. verkaufen
2. (öffentl.) versteigern, verpachten
3. verhandeln, verschachern, preisgeben, verraten
4. anpreisen. Anmerkg. Im pass. kommen nur vor **vendendus** u. **venditus**; subst. **venditum** Verkaufskontrakt (ex

v.); vgl. veneo
veneficium, ii, *n*
1. Giftmischerei
2. Zauberei (sing. u. plur.)
veneficus, a, um
giftmischend, bezaubernd (N. Kl.); subst. **veneficus**, u. fem. **-a** Giftmischer(-in), (P) fem. Zauberin
venenifer, era, erum
giftig (P)
veneno 1.
vergiften, klass. **venenatus**, a, um vergiftet, giftig, bildl. (N. Kl.) verletzend, gefährlich
venenum, i, *n*
allg. jed. durchdringende nützl. od. schädl., „Saft" od. „Trank" (N. Kl.), daher spez.
1. Farbstoff, Farbe, bes. Purpur (P)
2. a) Gift(trank); (N. Kl.) plur. Vergiftungen; b) Zaubermittel, -saft, -trank
veneo, ii, ire (aus venum u. eo)
verkauft werden, versteigert od. verpachtet werd.
venerabilis, e, mit comp.
(N. Kl.) verehrungswürdig, ehrwürdig
venerabundus, a, um
ehrfurchtsvoll (N. Kl.)
veneratio, onis, *f*
Verehrung, Huldigung, Ehrfurcht
venerator, oris, *m*
Verehrer (P)
venerius, a, um
1. (venus) geschlechtlich, sinnlich, unzüchtig
2. (Venus) der Venus heilig; Venerii (servi) = Diener der erycinisch. Venus; Venerius homo übtrg. „Venusknecht"
veneror 1.
verehren, anbeten, Verehrung bezeigen, huldigen; (N. Kl. i. Gebet) erflehen; (P) **veneratus**, a, um auch im pass. Sinne
venia, ae, *f*
1. Gnade, Gunst, Huld, Gefallen; Gewährung, Erlaubnis
2. Nachsicht = Verzeihung, Vergebung
venio, veni, ventum 4.
kommen
I. v. Lebdm.
1. bildl. in senatum v. = Senator werden
2. spez. a) (in d. Rede od. Darstellg.) kommen, auftreten; kommen od. gelangen zu od. auf etw. b) (in e. Lage od. Zustand) kommen, gelangen, geraten; c) (feindl.) anrücken; auftreten gegen; d) (N. Kl.) = zurückkommen; e) (P) abstammen von
II. von Leblos. spez. a) P kommen = hervorkommen, erscheinen, wachsen; b) (in e. Zustand) kommen, gelangen; c) (v. Zeit) kommen, erscheinen, sich nähern; daher **venturus**, a, um = künftig; d) (v. Ereignissen u. Zuständen) entstehen, eintreten; e) an jem. kommen od. fallen, ihm zufallen, ihn treffen
venor 1.
abs. jagen; trans. erjagen
venter, tris, *m*
1. Bauch, Leib
2. Magen
3. = Mutterleib, Leibesfrucht (N. Kl.)
4. übtrg. Bauchiges, Bauch (P)
ventilo 1.
schwenken: übtrg. contio est ventilata „ist beunruhigt word."; (Sp.) = erörtern
venito 1.
zu kommen pflegen, häufig kommen
ventosus, a, um (comp. u. superl. N. Kl.)
1. eigtl. voll Wind, windreich, stürmisch (N. Kl.)
2. übtrg. windschnell (P)
3. bildl. unbeständig, wetterwendisch, N. Kl. windig = prahlerisch, eitel, nichtig
ventriculus, i, *n*
kleiner Bauch: v. cordis „Herzkammer"
ventus, i, *m*
1. eigtl. Wind; spez. günst. Wind, Fahrwind
2. übtrg. „Wind" z. Bezeichng. günst. od. ungünst. Verhältnisse, od. der Mittel für e. Zweck, od. als Träger v. Gerüchten u. a., daher (N. Kl.) v. = nachteilig. Gerede
venucula (uva)
Bezeichng. einer beliebten Eßtraubenart (N. Kl.)
venundo s. venus, i, *m*

Venus, eris, *f*
I. nom. pr. 1. Göttin der Liebe
2. = stella Veneris = der Stern V.
II. appell. **venus**, eris, *f* (P)
1. Anmut, Liebreiz, Schönheit
2. Liebe, Liebesbund, Liebesgenuß, Begattung, konkr. Geliebte

venus, i, *m*
N. Kl. Verkauf (nur im dat. veno [selt.], u. im acc. **venum**, u. zwar dieser in venum dare [venundare] „verkaufen" u. venum ire „verkauft werden")

venustas, atis, *f*
Anmut, Liebreiz, Schönheit; übtrg. Anmut, Feinheit, Galanterie

venustus, a, um, mit comp. u. superl.
anmutig, schön; übtrg. liebenswürdig, witzig

vepallidus, a, um
„totenblaß" (P)

veprecula, ae, *f*
Dornbüschchen

vepres, is, *m*
Dornbusch (meist plur.)

ver, veris, *n*
Frühling; spez. ver sacrum (N. Kl.) „Weihefrühling"

verax, gen. acis, mit comp.
wahrredend, wahr(haftig)

verbena, ae, *f*
meist plur., heilig. Kraut od. Zweig

(**verber**), eris, *n*
1. (N. Kl.) Peitsche, Geißel, Schleuderriemen
2. a) **verbera**, um, *n* Schläge, Peitschung, Geißelung; b) sing. (N. Kl.) Schlag, Hieb, Stoß, Wurf

verberatio, onis, *f*
(N. Kl.) Züchtigung (bildl.)

verbero 1.
1. schlagen, züchtigen, peitschen, geißeln
2. allgem. schlagen, treffen, peitschen

verbero, onis, *m*
„der Prügel verdient", etwa = Schlingel

verbosus, a, um, mit comp.
wortreich, weitläufig

verbum, i, *n*
1. Wort, Ausdruck, plur. Wörter, Worte, Rede; spez. **verba facere** sprechen, reden. Spez. Wendgn.: a) verbo od. verbis „mündlich"; b) ad verbum, e verbo, pro verbo „wörtl."; c) verbi causa od. gratia „beispielshalber", um innerhalb d. Satzes e. allgem. Fall durch irgend e. Beispiel zu veranschaulichen; d) meis etc. verbis od. alicuius verbis „in meinem u.s.w. Auftrag", „im Auftrage jemds."
2. (N. Kl.) Ausspruch, Formel, (P) Zauberformel
3. d. bloße od. leere Wort
4. Zeitwort

vere s. verus

verecundia, ae, *f*
Scheu, Schüchternheit, bescheidene Zurückhaltung, Zartgefühl, spez. Schamhaftigkeit
2. Scheu, Scham
3. schonende Rücksicht, Ehrfurcht, Achtung

verecundor 1.
schüchtern, blöde sein

verecundus, a, um, mit comp.
scheu, schüchtern, zurückhaltend, maßvoll, bescheiden, schmackhaft, züchtig, rücksichtsvoll

vereor, veritus sum 2.
1. (sich) scheuen, (sich) fürchten, besorgt sein
2. scheuen, achten, (ver)ehren

veretrum, i, *n*
Schamglied (N. Kl.)

Vergiliae, arum, *f*
Siebengestirn (N. Kl.)

vergo, ere
1. (lokal) sich neigen, gerichtet od. gelegen sein, liegen, sich erstrecken
2. zeitl. (N. Kl.) sich dem Ende nähern, abnehmen, sich neigen

vergobretus, i, *m*
Name der höchst. Behörde bei d. Äduern

veridicus, a, um
wahrsagend

veriloquium, i, *n*
= Etymologie

verisimilis, e (od. getrennt veri s. od. s. veri), mit comp. u. superl.
wahrscheinlich

verisimilitudo, dinis, *f*
(oder getrennt) Wahrscheinlichkeit

veritas, atis, *f*
1. Wahrheit
2. Wirklichkeit, Realität, Naturtreue (v. Kunstwerk.), das wirkl. Leben
3. Sinn für Wahrheit, Offenheit, Rechtlichkeit, Unparteilichkeit
4. = veriloquium

vermiculatus, a, um
„buntscheckig“ (P)

vermis, is, *m*
Wurm (N, Kl.)

verna, ae, *f*
der im Hause geborene Sklave, „Haussklave“ (N. Kl.)

vernaculus, a, um
im Hause geboren (übtrg. crimen v. = v. Ankläg. selbst erfunden); inländisch, einheimisch; (N. Kl.) spez. in Rom geboren, großstädtisch

vernilis, e
(N. Kl.) sklavisch = des Sklaven, übtrg. = plump. adv. **verniliter** (P) nach Sklavenart

verno, are
(P) Frühling machen, übtrg. (v. Vögeln) wieder singen

vernus, a, um
Frühlings-

vero (vgl. verus)
I. bekräftigend, „wahrlich“, „wirklich“, „in der Tat“, „fürwahr“, „allerdings“ (auch wohl ironisch)
1. allg.
2. spez. a) bei Auffordergn.; b) in Beantwortg. einer Frage u. Auffordrg. = „ja wohl“, „allerdings“, „gern“
3. zugleich steigernd „vollends“, „(erst) gar“
II. adversativ mit Hervorhbg. des adversativ. Teiles „hingegen“, „jedoch“, „aber“

verres, is, *m*
d. (zahme) Eber; **verrinus**, a, um Schweine- (Wortspiel mit Verres, dem Proprät. v. Sizilien; hiervon adi. **Verrinus** od. **Verrius** „verrinisch“, **Verria**, orum, *n* Fest zu Ehren des Verres)

verro, (verri), versum 3.
1. (weg)fegen, kehren
2. P a) etw. schleifen, am Boden schleppen, fortreißen, b) hinstreifen od. -streichen, über-, be- od. durchstreichen

verruca, ae, *f*
Warze (N. Kl.)

verrunco, are (archaist.)
sich wenden

versabilis, e
(N. Kl.) beweglich, veränderlich

versatilis, e
(N. Kl.) beweglich, bildl. = gewandt

versicolor, gen. oris
schillernd, schimmernd, bunt, buntfarbig

versiculus, i, *m*
kleine Zeile, Vers, Verschen

verso 1. (verto)
1. (meist P) (oft od. hin u. her od. herum) drehen, wenden, wälzen, kehren, tummeln
2. bildl. hin u. her wenden, drehen u. wenden
3. drehen u. wenden, drehen, deuteln
4. hin u. her überlegen, erwägen, ersinnen (N. Kl.)
5.bearbeiten, einwirken auf, bestürmen (N. Kl.)
6. hin u. her werfen, sein Spiel treiben mit
7. (P) kehre um, richte zu Grunde.
med. **versor** 1.
1. sich herumdrehen
2. a) (örtl.) sich aufhalten, sich befinden, seinen Sitz haben, weilen, leben, sein, vorkommen; b) (in e. Zustand) sich befinden, weilen, schweben; c) sich beschäftigen mit, tätig sein bei, betreiben, behandeln; d) beteiligt sein bei, verwickelt sein in

versum s. versus a. E.

versura, ae, *f*
„Umschreibung“, Anleihe (zur Tilgung alter Schulden, doch auch allgemein = Zinsanleihe)

versus (N. Kl. **vorsus**)
„gewendet“: adv. gebraucht u. hinter Ortsbestimmungen gestellt = „gegen - hin“, „nach - hin“, „nach - zu“. N. Kl. auch acc. **versum** (**vorsum**) im gleich. Sinne

versus, us, *m* (verto)
1. Furche, übtrg. Linie, Reihe (N. Kl.)
2. a) Zeile; b) Vers

versutia, ae, *f*

Verschlagenheit (N. Kl.)
versutiloquus, a, um
listigredend (P)
versutus, a, um (vgl. versor 1), mit comp. u. superl.
gewandt, klug, (in übl. Sinne) verschlagen, schlau
vertex (älter vortex), icis, *m* (verto)
1. Wirbel, Strudel (v. Wasser, Wind, Feuer) (N. Kl.)
2. a) Wirbel (des Hauptes), Scheitel; b) (P) Haupt, Kopf; c) (meist P) Spitze, Gipfel, Wipfel, Höhe; d) Scheitel des Himmels, Pol
verticosus, a, um
strudelreich (N. Kl.)
vertigo, inis, *m*
1. (P) Drehung, Wirbel
2. (N. Kl.) übtrg. Schwindel
verto (älter vorto), ti, sum 3.
I. (wohin) wenden, drehen, kehren, auch = lenken, richten, leiten, treiben, se vertere od. verti, (N. Kl. auch bloß vertere) sich wenden usw.
1. eigtl. (N. Kl.) spez. (v. Örtlichktn.) „liegen nach", bes. versus in od. ad gerichtet, gekehrt, gelegen, liegend nach
2. übtrg. a) (hin od. zu etw.) wenden, lenken, richten; b) (Gelder) zuwenden, verwenden; c) gereichen lassen zu, ansehen, auslegen, deuten als; d) beimessen, zuschreiben (N. Kl.); e) e. Wendung geben, wenden, ablaufen lassen, abs. vertere u. med. verti „e. Wendg. nehmen, sich wenden, ausschlagen, ablaufen, ausarten"; f) (ver)ändern, vertauschen, (ver)wandeln, wechseln; spez. g) übertragen, übersetzen; h) solum vertere = d. Land verlassen, auswandern
II. um od. herumkehren, -wenden
1. eigtl.
2. übtrg. (P) (Gefäße) wenden zum Abfüllen = „anbrechen", leeren, (den Boden, das Meer) umwenden, umwühlen, pflügen, furchen, graben, (N. Kl.) (etw. gewaltsam) umstürzen, über den Haufen werfen, klass. bildl. stürzen, umstoßen, zugrunde richten, zerrütten, vernichten
3. (spez. milit., mit od. ohne in fugam) in d. Flucht treiben, schlagen; klass. terga vertere, auch se vertere, N. Kl. auch vertere allein = kehrt machen, fliehen
III. abkehren, abwenden (P)
IV. = versare
1. eigtl. hin und her drehen, wenden, **verti** u. (se) **vertere** sich drehen, kreisen, sich umherbewegen, sich tummeln, sich befinden
2. von d. Zeit: verti = umrollen, laufen, klass. anno vertente „im Lauf e. Jahres"
3. übtrg. verti = versari „sich auf e. Gebiet bewegen, sich befinden, gehören zu, beruhen auf, sich drehen um"
Vertumnus, i, *m* (verto)
Gott des Wandels u. Wechsels in der Natur u. des Handelsverkehrs; (P) plur.
veru, us, *n*
(N. Kl.) Bratspieß, (P) Wurfspieß
verum
„das Wahre ist": adv. „sondern", „aber", „allein", „indes", „jedoch", „doch". Verbindgn.
1. **verum tamen** (ein Wort od. getrennt) „gleichwohl", „indes", „doch (aber)" = sed tamen od. attamen
2. **verum enim vero** „indes fürwahr"
3. **non modo (solum) - verum (etiam)**
verus, a, um, mit comp. u. superl.
1. wahr, zutreffend, Ggstz. falsus, fictus u. ähnl. (v. Aussage u. Meinung); **vere** „der Wahrheit gemäß". subst. a) **verum**, i, *n* „Wahrheit"; b) **vera**, orum, *n* „Wahres"
2. wahr = wirklich, eigentlich, echt, wahrhaft
3. wahr(haftig), aufrichtig, wahrheitsliebend, glaubwürdig, ernstlich
4. übereinstimmend mit Recht u. Vernunft, recht, rechtmäßig, gehörig, begründet. Über die adverb. gebraucht. Formen **verum** u. **vero** s. dort
verutum, i, *n*
Wurfspieß
verutus, a, um
mit e. Wurfspieß bewaffnet (P)
vervex, ecis, *m*
Hammel
vesanus u. **vesania** = vaes...

vescor, i 1.
sich nähren od. leben von, genießen, essen; spez. (N. Kl.) speisen, tafeln
vescus, a, um
(P) schlank, mager
vesica, ae, *f*
Harnblase, (P) Blase
vesicula, ae, *f*
Bläschen
vespa, ae, *f*
Wespe
vesper, *m*
1. Abend
2. Abendstern (N. Kl.)
3. Abend = Westen (P)
vespera, *f* = vesper
vesperasco, ere
(N. Kl.) abendlich od. dunkel werden
vespertilio, onis, *f*
Fledermaus
vespertinus, a, um
1. abendlich, Abend-; (P) am Abend
2. (P) abendlich = westlich
Vesta, ae, *f*
Göttin des häusl. Herdes u. des Herdfeuers; meton. (P)
1. Vestatempel
2. Herd, Feuer. **Vestalis**, e der Vesta (geweiht) (P); spez. virgo Vestalis od. subst. **Vestalis**, is, *f* Vestalin, daher **vestalis**, e (P) vestalisch = keusch
vester, tra, trum
euer
vestibulum, i, *n*
Vorplatz, später im Sinne von atrium gebraucht
vestigium, ii, *n* (ve u. Stamm stig) „einzelner Tritt":
1. Fußtapfe, Fußspur, Spur, (v. Tier.) Fährte
2. übhpt. Spur
3. Fußsohle
4. (P) Fuß
5. Fußtritt, Schritt
6. Standort, Stätte, Stelle
vestigo 1.
(meist N. Kl.) nachspüren, aufsuchen, erkunden, auskundschaften
vestimentum, i, *n*
Kleidungsstück; plur. Kleidung
vestio 4.
(be)kleiden
vestis, is, *f* (klass. nur im sing.)
„Kleidung, Tracht" u. in dies. Sinne auch „Kleid, Gewand", aber nur N. Kl. „Kleid" = Kleidungsstück
2. Teppiche, Decken
vestitus, us, *m*
Bekleidung, Kleidung, Tracht
veteranus, a, um
1. altgedient, erprobt; plur. **veterani**, orum, *m* altgediente Soldaten, Veteranen
2. (N. Kl.) übtrg. langjährig (Feind)
veterator, oris, *m*
alt geworden = geübt, routiniert, (im übl. Sinne) verschmitzt
veteratorius, a, um
routiniert (ratio v. „Routine"), verschmitzt; auch adv.
veternus, i, *m*
Schlafsucht, übtrg. Erschlaffung
vetitum s. veto
veto, vetui, vetitum 1.
verbieten, (ver)hindern, nicht gestatten, untersagen, (ver)wehren, widerraten, spez. (v. Behörden) Veto einlegen, adi. **vetitus**, a, um verboten, versagt (N. Kl.); subst. **vetitum**, i, *n* Verbot
vetulus, a, um
ältlich, ziemlich alt
vetus, gen. veteris (abl. vetere; neutr. plur. vetera; gen. pl. veterum; comp. fehlt; superl. veterrimus)
1. (Ggstz. jung) vieljährig, alt (N. Kl.)
2. (Ggstz. neu) lange Zeit bestehend, alt
3. (Ggstz. jetzig) alt = vorig, früher, einstig, ehemalig
4. alt = erfahren, erprobt
5. subst. a) **veteres** die Alten = die Altvordern, alte Schriftsteller; b) **vetera** Altes, alte Geschichten u. a.
vetustas, atis, *f*
1. Alter, Bejahrtheit (P)
2. Alter = langer Bestand, lange Dauer, auch = Altertümlichkeit; spez. langjährige Freundschaft, Bekanntschaft, Erfahrung
3. Altertum (die Zeit wie die Menschen in jener Zeit)
4. späte Zeit, Nachwelt
vetustus, a, um, mit comp. u. (N. Kl.) superl.

1. (v. Lebensalter) alt (N. Kl.)
2. langjährig, alt (klass. nur v. Dingen)
3. altertümlich

vexatio, onis, *f*
Beschwerde, Strapaze; Mißhandlung, Plage

vexator, oris, *m*
Mißhandler, Plagegeist, Peiniger

vexillarius, ii, *m*
(N. Kl.) Fähnrich; plur. (N. Kl.) Detachement, Abteilung, Veteranen u. a

vexillum, i, *n*
1. a) Fähnlein, Standarte (der Manipeln u. Schwadronen, ebenso selbständiger Detachements, z. B. später der Veteranen; bei Aushebgn. aufgesteckt;
b) (purpurne) „Signalfahne", zum Beginn d. Schlacht auf d. Feldherrnzelt od. Admiralschiff aufgesteckt
2. konkr. (N. Kl.) Fähnlein (als Mannschaft), Detachement, Abteilung

vexo 1.
eigtl. hin u. her reißen od. jagen od. stoßen, schütteln, erschüttern; übtrg. heftig beunruhigen, hart mitnehmen, mißhandeln, plagen, verheeren, brandschatzen; heftig angreifen

via, ae, *f* (gen. archaist. viai)
I. eigtl. 1. Weg, Straße (auf der e. Bewegung stattfindet)
2. Weg = Strecke
3. spez. a) „Straße" als Heerstraße;
b) „Gang" od. „Kanal" im Körper;
c) (P) Weg, Bahn, Lauf (v. Flüssen, Geschossen, Himmelskörpern), „Spalte"
4. Weg = Gang, Reise, Marsch; auch spez. = „Landreise"
II. übtrg. 1. allgem. Weg, Gang, Bahn
2. spez. a) rechter Weg; b) Verfahren, Regel, Methode; spez. d. rechte Verfahren; c) Weg = Gelegenheit, Mittel, Mittel und Wege

viarius, a, um
d. Wege betreffd. (N. Kl.)

viaticum, i, *n*
Reisegeld, Zehrgeld; (P) plur. Barschaft

viator, oris, *m*
Reisender, Wanderer, Amtsdiener

vobro 1.
1. trans. in zitternde Bewegung setzen, schwingen, schwenken, schütteln; (P) **vibratus** a, um zuckend (Blitz), gekräuselt (Haar)
2. intr. zittern, zucken (N. Kl.); übtrg. schimmern, funkeln, blitzen

viburnum, i, *n*
Schneeball, Schlingbaum (e. Strauchart)

vicanus, a, um
dorfbewohnend, v. Dorf zu Dorf ziehend, subst. Dorfbewohner

vicarius, a, um
stellvertretend. **vicarius**, ii, *m* Stellvertreter; spez. Untersklave

vicatim adv.
in einzelnen Dörfern, von Dorf zu Dorf (N. Kl.); in den (einzeln.) Stadtvierteln, auf den Gassen

vice, **vicem**, **vices** s. vicis

viceni, ae, a
je 20

vicesimani, orum, *m*
Soldaten der 20. Legion, „Zwanziger" (N. Kl.)

vicesimarius, a, um
(N. Kl.) den 20. Teil betragend: v. aurum bei Sklaven = vicesima

vicesimus, a, um
der 20ste. **vicesima**, ae, *f* „der Zwanzigste" od. 5% als Abgabe

vicia, ae, *f*
Wicke

vicies (-iens)
20 mal

vicinalis, e
nachbarlich (N. Kl.)

vicinia, ae, *f*
Nachbarschaft; (P) Nähe; konkr. (P) = Nachbarn

vicinitas, atis, *f*
Nachbarschaft, Umgegend (örtl. u. zur Hervorhebg. des gesellschaftl. Verhältn.; auch = „Gegend" im engeren Sinne, in der jem. wohnt; konkr. = Nachbarn

vicinus, a, um (vicus) (nur posit.)
benachbart, (N. Kl.) nahe, in der Nähe (örtl. u. auch zeitl.); übtrg. nahekommend. subst.
1. **vicinus**, i, *m* Nachbar
2. (N. Kl.) neutr. **vicinum** Nähe u. plur. **vicina** Nachbarschaft, Nähe

vicis, *f* (als gen.; sing. nom. fehlt; acc. vicem, abl. vice; im plur. vices u. vicibus; klass. nicht häufig)
1. Wechsel, Abwechslung; spez. (N. Kl.) Schicksalswechsel; Los, (P) Wechselfall (im Kriege)
2. Erwiderung, Gegendienst, Vergeltung
3. Platz, Stelle, Rolle, Aufgabe, Geschäft, Amt
adv. 1. **vicem** mit gen. od. pron. poss. „an Stelle jemds." = a) „für, wegen, um-willen", klass. bei Verb. des Affekts, N. Kl. auch in anderen Verbindgn.; b) nach Art, gleichwie; c) „an Stelle", „anstatt"; d) (N. Kl.) meam etc. vicem „an meinem Teile", „meinerseits"
2. **vice** N. Kl. = vicem a u. b
3. **in vicem** u. **invicem** s. invicem; N. Kl. auch in vices
4. per vices (N. Kl.) „abwechselnd"
vicissim adv.
abwechselnd, dagegen, andererseits, umgekehrt, meiner(u.s.w.)seits (bezeichnet bei einer Person od. Sache den Wechsel des Zustandes od. der Handlung, bei zwei Pers. od. Sachen die Abwechslung, wenn der eine tut, was d. andere getan hat)
vicissitudo, dinis, *f*
Wechselseitigkeit, Abwechslung, Wechsel
victima (-uma), ae, *f*
Opfertier, (Sühn- u. Dank-) Opfer
victimarius, ii, *m*
Opferdiener (N. Kl.)
victor, oris, *m* u. **victrix**, icis, *f*
1. subst. Sieger (-in)
2. adi. siegreich; litterae victrices „Siegesbotschaft". **victoria**, ae, *f* Sieg; personif. **Victoria** Siegesgöttin. **Victoriola** Statuette der S.
victoriatus, i, *m*
„Viktoriamünze" = $1/_2$ Denar (mit d. Bildnis der Victoria)
victus, us, *m*
Lebensunterhalt, Nahrung, Kost, Speise; Lebensweise, -art
viculus, i, *m*
kleines Dorf
vicus, i, *m*
1. Dorf(schaft), Flecken, auch = Landgut
2. Stadtteil, Gasse, Straße (als Häuserreihe)
videlicet adv. (aus vide licet)
1. (er)sichtlich, offenbar, natürlich, freilich, selbstverständlich (oft iron.)
2. (erklärend) „nämlich"
video, vidi, visum 2.
I. sehen, Sehkraft haben
II. sehen = wahrnehmen, erblicken, erkennen
A) eigtl. 1. allg.
2. spez. a) mit eigenen Augen sehen, (selbst) erleben, erfahren, daher **vidisse** aus eigener Anschauung kennen; b) besuchen, aufsuchen, wiedersehen; c) ansehen, anschauen, beschauen; d) (als Vorbild) ansehen; e) (ruhig, gleichgültig od. untätig) mit ansehen, sich gefallen lassen; f) (bei Hörbarem) sehen = hören
B) übtrg. 1. sehen, wahrnemen, erkennen, merken, einsehen, begreifen
2. spez. a) sehen = lesen, finden, wissen; b) ins Auge fallen, erwägen, überlegen, bedenken, besorgen; c) zusehen, sich nach etw. umsehen, sich um etw. bekümmern, darauf achten, acht geben, sich vorsehen; d) ins Auge fassen, beabsichtigen, nach etw. trachten; e) besorgen, ermitteln, sorgen für; f) etw. voraussehen
videor, vissus sum, videri
1. eigtl. gesehen werden, daher = sichtbar werden, erscheinen, sich zeigen
2. persönl. videor u.s.w. = man sieht, daß ich, es ist offenbar, daß ich u.s.w., oft zu übersetzen durch „offenbar"
3. (er)scheinen, den Schein haben, aussehen, den Eindruck machen, als etw. erscheinen, für etw. gehalten werden, gelten, mit inf. fut. oft = drohen, Miene machen, versprechen
4. spez. a) mihi videor u. bloß videor „ich glaube (von mir), denke, meine, erlaube mir, traue mir zu, schmeichle mir"; b) prägn. (alicui) videtur „es scheint (jemdm.) wichtig od. angemessen od. gut, es bleibt od. gefällt (jemdm.), man od. jemd. beschließt"
vidua s. viduus
viduitas, atis, *f*

Witwenstand
viduo 1.
(P) berauben, leer machen, (N. Kl.) spez. viduata „verwitwet“
viduus, a, um
1. e. Sache beraubt, von etw. leer, ohne etw. (meist P)
2. spez. a) verwitwet, klass. nur subst. **vidua**, ae, *f* Witwe; b) (N. Kl.) unverheiratet, ledig, subst. **vidua**, ae, *f* unverheir. Frauenzimmer; c) (P) d. Geliebten ermangelnd, einsam
vietus, a, um
welk, verschrumpft
vigeo, ui 2.
lebenskräftig od. stark, frisch sein; übtrg. bestehen = sich lebendig erhalten, in Übung, Kraft, Geltung sein, gelten, herrschen, blühen, Ansehen genießen
vigesimus N. Kl. = vicesimus
vigil, gen. gilis
wachend, wachsam, wach, munter
vigilans, gen. antis, mit comp. u. superl.
wachend, wachsam, unermüdich (tätig)
vigilantia, ae, *f*
Wachsamkeit (klass. bildl.)
vigilax, gen. acis
immer wach (N. Kl.)
vigilia, ae, *f*
1. plur. das Wachen, Nachtwachen, Munterbleiben, Schlaflosigkeit, schlaflose Nächte
2. spez. plur. d. Wachen od. Wachehalten (bei Nacht)
3. meton. a) (Zeit der) Nachtwache; b) Wache = Wachtposten (bei Nacht)
4. übtrg. Wachsamkeit, (unermüdlicher) Eifer, Fürsorge
vigilo 1.
I. intr. 1. eigtl. wachen, wach sein od. bleiben
2. übtrg. wachen, wachsam sein, sorgen. Vgl. vigilans
II. trans. 1. durchwachen
2. (P) wachend verrichten
viginti
20
vigintiviratus, us, *m*
das 20-Männer-Amt
vigintiviri, orum, *m*
e. Kollegium v. 20 Männern
vigor, oris, *m*
(N. Kl.) Leben(-skraft), Frische, Feuer
vilico 1.
den Verwalter spielen
vilicus, i, *m* u. (N. Kl.) **vilica**, ae, *f*
Verwalter(-in), Meier(-in)
vilis, e, mit comp. u. superl.
wohlfeil; übtrg. wertlos, gering, verächtlich, gleichgültig
vilitas, atis, *f*
Wohlfeilheit, geringer Preis; (N. Kl.) übtrg. Feilheit, Wertlosigkeit, Geringschätzung
villa, ae, *f*
1. Landhaus, Landgut, Meierei
2. spez. v. publica „öffentl. Landhaus“ zu staatl. Zwecken auf d. Marsfeld
villica, **-co**, **-cus** s. vili…
villosus, a, um
(N. Kl.) zottig, rauh
villula, ae, *f*
kleines Landhaus, -gütchen
villus, i, *m*
(v. Tieren) zottiges Haar, Wolle
vimen, minis, *n*
Rute, Weide, Flechtwerk (klass. plur.); (P) sing. Gezweig, meton. Geflechte
vimentum, i, *n*
(N. Kl.) Flechtwerk, Gezweig
vimineus, a, um
aus Flechtwerk
vin = visne (v. volo)
vinaceus, i, *m*
Weinbeerkern
Vinalia, ium, *n*
Weinfest
vinarius, a, um
1. Wein-
2. subst. (N. Kl.) **vinarius**, ii, *m* Weinhändler, (P) **vinarium**, ii, *n* Weinkrug, Humpen
vincio, vinxi, vinctum 4.
1. umbinden, umwinden
2. spez. binden, fesseln, in Bande legen
3. bildl. a) umgeben, umschließen; b) verbinden, verpflichten; c) (P) bannen, bezaubern; d) einschränken, hemmen; e) (rhet. t. t.) binden
vinclum, i, *n* s. vinculum
vinco, vici, victum 3.

1. eigtl. u. übtrg. Sieger sein, siegen, Sieg gewinnen, überlegen sein, die Oberhand behalten, im Vorteil sein, besiegen, überwinden, überwältigen, Herr, Meister werden von
2. übtrg. umstimmen, erweichen, rühren
3. übertreffen, übersteigen
4. erweisen, beweisen, dartun
5. spez. vinicimus, vicimus = wir haben gewonnenes Spiel, haben unsern Zweck erreicht

vinculum od. **vinclum**, i, *n*
1. eigtl. Band, Strick, Schnur
2. spez. plur. Bande, Fesseln, Gefängnis, Gefangenschaft
3. übtrg. Band a) fesselndes od. hemmendes B.; b) verknüpf. od. vereinig. „Band"

vindemia, ae, *f*
(N. Kl.) Weinlese, Traube(n)

vindemiator (N. Kl.) u. (P) **vindemitor**, oris, *m*
Winzer (auch Sternbild)

vindemiola, ae, *f*
kleine Weinlese: übtrg. kleine Einkünfte

vindex, icis, *m* u. *f*
1. Beschützer(-in), Retter(-in)
2. Rächer(-in), Bestrafer(-in)

vindicatio, onis, *f*
Beschützung

vindiciae, arum, *f*
(t. t. iur.) bei Besitzklagen „Eigentumsanspruch"

vindico 1.
I. (jurist.) als Eigentum beanspruchen (N. Kl.); übtrg. (für sich) beanspruchen, sich zueignen, sich etw. zuschreiben
II. (jurist.) in Freiheit setzen, befreien; übtrg. sichern, (be)schützen, bewahren, retten
III. jurist. u. übtrg. = gegen jmd. strafend einschreiten, jmd. od. etw. bestrafen, rächen, ahnden

vindicta, ae, *f*
1. der Stab, mit dem d. Prätor d. in Freiheit zu setzenden Sklaven berührt, etwa = Befreiungsstab
2. (jurist.) Befreiung, Rettung; (N. Kl.) übtrg.
3. (N. Kl.) Rache, Strafe

vinea, ae, *f*
1. Weinberg
2. Weinstock (N. Kl.)
3. (milit.) Schutzdach, Laufhalle

vinetum, i, *n*
Weinberg

vinolentia (vinul...), ae, *f*
Trunksucht, Trunkenheit

vinolentus (vinul...), a, um
1. mit Wein versetzt
2. (v. Pers.) betrunken, trunksüchtig

vinosus, a, um
(N. Kl.) trunken, trunksüchtig, d. Wein ergeben

vinum, i, *n*
1. Wein, plur. Weinsorten
2. Weintrinken, Zechen

viola, ae, *f*
Veilchen; (P) Levkoje; (N. Kl.) Veilchenfarbe, Violett

violabilis, e
verletzbar (P)

violaceus, a, um
violett (N. Kl.)

violarium, ii, *n*
Veilchenbeet (N. Kl.)

violatio, onis, *f*
Verletzung (N. Kl.)

violator, oris, *n*
(N. Kl.) Verletzer, Schänder

violens, gen. entis (N. Kl.) = violentus

violentia, ae, *f*
Gewaltsamkeit, Ungestüm, Heftigkeit, Wildheit

violentus, a, um, mit comp. (P) u. superl.
gewaltsam, gewalttätig, ungestüm, heftig

violo 1.
1. eigtl. gewaltsam behandeln, mißhandeln, verletzen, sich an jmdm. vergreifen; (P) spez. purpurn färben
2. übtrg. a) entehren, schänden; b) (moral.) entweihen, entheiligen, beflecken; c) beleidigen, kränken

vipera, ae, *f*
Viper, Natter, Schlange

vipereus, a, um
(P) von Vipern oder Schlangen, Schlangen-, schlangenhaarig, giftig

viperinus, a, um
von Vipern od. Schlangen (N. Kl.)

vir, viri, *m*
1. Mann (in Bezug auf Geschlecht, vgl. mulier)
2. Mann = Ehemann, Gatte
3. Mann (in Bezug auf körperl. u. geist. Entwicklung sowie auf Charakter u. äußere Stellg.). Daher
4. prägn. „Mann“ = Mann von Mut, von Charakter, „Held“
5. (milit.) (N. Kl.) Mann, Krieger, (P) (Kriegs-) Held; klass. plur. Mannschaft, Leute; insbes. Fußsoldaten, vgl. equus
6. Mann = Einzelmann, der einzelne
7. allgem. Mann = Mensch, auch „er“; (N. Kl.) plur. Menschen, Leute

virago, ginis, *f*
Heldenjungfrau (P)

virectum, i, *n*
(P) grüner Platz, das Grün

vireo, ere
eigtl. grünen, grün sein; (N. Kl.) übtrg. frisch oder kräftig sein (P)

virens, gen. entis
grünlich schwimmernd, übtrg. blühend, jugendfrisch, jugendlich

viresco, rui, ere
grün werden (P)

virga, ae, *f*
1. Zweig, Rute, Gerte, Reis (N. Kl.)
2. spez. a) plur. d. Ruten der fasces, meton. Geißelung; b) Setzling (P); c) Zauberstab (P)

virgatus, a, um
gestreift (P)

virgetum, i, *n*
Weidengebüsch

virgeus, a, um
aus Ruten od. Reisern (N. Kl.)

virginalis, e
jungfräulich

virgineus, a, um
(P) jungfräulich, Jungfrauen-

virginitas, atis, *f*
Jungfrauschaft, Unschuld

virgo, ginis, *f*
1. Jungfrau, Mädchen, adjekt. jungfräulich
2. übtrg. a) „Jungfrau“ als Sternbild (P); b) junge Frau (P)

virgula, ae, *f*
1. Zweig (N. Kl.)
2. Rute, Stab, v. divina „Zauberstab“

virgultum, i, *n*
Gebüsch, Buschwerk (klass. plur.; auch bildl.); (P) Setzling

virgultus, a, um
mit Strauchwerk bewachsen (N. Kl.)

virguncula, ae, *f*
Mädchen (N. Kl.)

viridarium, ii, *n*
Garten, Park

viridis, e, mit comp. u. sup.
grün; bildl. jugendlich, frisch, rüstig, jung

viriditas, atis, *f*
frische, grüne Farbe; übtrg. jugendliche Frische

virido, are
(N. Kl.) grün sein, (P) grün machen

virilis, e, adv. **viriliter** (klass. nur posit.)
1. des Mannes, Männer- (v. Alter)
2. (v. Geschlecht) männlich
3. auf e. Mann kommend, persönlich
4. übtrg. männlich = stark, kräftig, standhaft, mutig

virilitas, atis, *f*
(N. Kl.) männliches Alter, Mannheit, Manneskraft

viritim adv.
Mann für Mann, einzeln; (N. Kl.) Mann gegen Mann

virosus, a, um
stinkend (N. Kl.)

virtus, tutis, *f* (vir)
I. 1. allg. Mannheit, Mannhaftigkeit, mannhaftes Tun, Tatkraft, Manneswürde, männliche Gesinnung oder Tüchtigkeit oder Kraft, Hingabe an d. Staat, Patriotismus u. a.
2. spez. a) (milit.) Tapferkeit, Mut, Standhaftigkeit, Entschlossenheit; b) plur. tapfere Taten, Heldentaten
II. 1. eigtl. u. übtrg. Tüchtigkeit, Vorzüglichkeit, Tugend, Gut, gute Eigenschaft, Vorzug, Wert, Verdienst
2. spez. (philos. t. t.) Tugend (an sich)
3. personif. als Göttin

virus, i, *n*
Schleim (N. Kl.); Gift

vis, (N. Kl. gen. vis u. dat. vi), acc. vim, abl. vi, plur. **vires**, ium, *f*
I. sing. 1. eigtl. Kraft, Gewalt, Stärke

2. spez. a) (milit.) Waffengewalt, (gewaltiger) Angriff, Sturm, Andrang; b) Gewalt = Gewalttätigkeit, Vergewaltigung, Zwang, Bedrängnis; c) spez. (in obszönem Sinn) Gewalt; d) Triebkraft, (N. Kl.) der männliche Same; e) übtrg. Kraft, Macht, Gewalt, Energie, Umfang, Wirksamkeit, Einfluß, Nachdruck; Bedeutung, Inhalt, Gehalt, (wahres) Wesen; spez. (v. Wörtern und Gedanken) Bedeutung, Sinn u. a.; f) meton. Menge, Masse, Fülle
II. plur. 1. (Körper-) Kräfte, Stärke
2. geist. Kräfte od. Mittel, Fähigkeiten, Vermögen
3. meton. Streitkräfte, -macht, Truppen

viscatus, a, um
mit Vogelleim bestreichen (N. Kl.)

visceratio, onis, *f*
Fleischspende

viscum, i, *n*
Mistel; Vogelleim

viscus, eris, *n*, klass. nur **viscera**, um, *n*
1. Fleisch
2. meton. a) Eingeweide, Bauch, Mutterleib u. a. (N. Kl.); b) „Fleisch u. Blut" = Kind (N. Kl.)
3. übtrg. a) das Innerste, Herz u. a.; b) Mittel, Vermögen

visio, onis, *f*
1. das Sehen, Anblick
2. meton. Bild (der Phantasie), (geist.) Vorstellung

visito 1.
besuchen (klass. e. Kranken)

viso, (N. Kl. visi, visum), ere
1. genau besehen, besichtigen, in Augenschein nehmen, betrachten, ansehen, untersuchen; **visendus**, a, um sehenswert
2. spez. a) (e. Kranken) besuchen, nach ihm sehen; b) (Lokal.) besuchen, aufsuchen

visum, i, *n*
1. Traumgesicht, Traumbild
2. (philos.) Phantasiegebilde, Erscheinung, Bild

visus, us, *m*
1. d. Sehen, Anblick, Blick
2. Erscheinung, Gestalt, Aussehen

vita, ae, *f*
1. Leben, Lebenszeit
2. meton. Lebenshauch, Seele, Schatten i. d. Unterwelt (P)
3. spez. a) Leben = Lebensweise, -wandel, Wirksamkeit; b) Privatleben (Ggstz. res geatae); c) Wirklichkeit des Lebens; d) (als Liebkosg.) „Leben"; e) Welt = die lebenden Menschen

vitabilis, e
meidenswert (P)

vitabundus, a, um
stets vermeidend (N. Kl.)

vitalis, e
belebend, lebenskräftig, Lebens-

vitatio, onis, *f*
d. Meiden

vitellus, i, *m*
Eidotter

viteus, a, um
vom Weinstock (N. Kl.)

viticula, ae, *f*
Weinstöckchen

vitio
1. eigtl. verderben, verletzen, beschädigen, spez. (e. Mädchen) schänden (N. Kl.)
2. übtrg. a) allg. (ver)fälschen; b) spez. (t. t. der Auguralen) etw. für fehlerhaft od. ungeeignet erklären

vitiositas, atis, *f*
Lasterhaftigkeit

vitiosus, a, um, mit comp. u. superl.
1. fehlerhaft, mangelhaft, verkehrt
2. spez. a) gegen die Auspizien gewählt od. geschehen; b) (moral.) fehlerhaft, lasterhaft, verworfen

vitis, is, *f*
1. Weinrebe, Weinstock
2. meton. Zenturionenstab = „Korporalstock" (N. Kl.)
3. übtrg. v. alba = Stichwurz (e. Pflanze)

vitisator, oris, *m*
Weinpflanzer (P)

vitium, ii, *n*
1. eigtl. Fehler, Mangel, Gebrechen, Schaden
2. übtrg. a) Fehltritt, Mißgriff, Versehen, Verstoß, Schuld; spez. (in den Auspizien u. a.) = (Form-)Fehler; c) (moral.) Fehler, Laster, plur. lasterhaftes Leben

vito 1.
eigtl. u. übtrg. (ver)meiden, ausweichen, zu entgehen suchen, entgehen
vitreus, a, um
(N. Kl.) gläsern, kristallklar, glänzend; (P) gleißend, trügerisch
vitricus, i, *m*
Stiefvater
vitrum, i, *n*
1. Glas
2. Färberwaid (e. blaufärbende Pflanze)
vitta, ae, *f*
(meist P) Binde, Band, Kopfbinde
vittatus, a, um
mit einer Binde geschmückt (meist P)
vitula, ae, *f*
(N. Kl.) Kalb, junge Kuh
vitulinus, a, um
vom Kalbe, Kalbs-. **vitulina**, ae, *f* (N. Kl.) Kalbfleisch
vitulus, i, *m*
(N. Kl.) Kalb, (P) Fohlen
vituperabilis, e
tadelnswert
vituperatio, onis, *f*
Vorwurf, Gegenstand des Tadels, Tadel, Mangel u. a.; meton. tadelnswert. Benehmen
vituperator, oris, *m*
Tadler
vitupero 1.
tadeln, schelten, heruntermachen
vivarium, ii, *n*
Tierbehälter (N. Kl.)
vivax, gen. acis
(P) langlebig, lebenskräftig, dauernd, dauerhaft
vividus, a, um
(N. Kl.) Leben zeigend, lebensvoll, übtrg. lebendig, lebhaft, kräftig, feurig
viviradix, dicis, *f*
Senker
vivo, vixi, victurus 3.
1. d. Leben haben, leben, lebend od. am Leben sein, auch = sich noch am Leben befinden (Pers. u. Tiere, doch acu Pflanzen)
2. prägn. a) leben = (fort)dauern, (noch) bestehen; b) (im Munde der Leute) fort-, weiterleben; c) leben = e. angenehmes od. ruhiges Leben führen; daher (P) vive, vivite als Abschiedswort = „lebe(t) wohl"; d) sich womit nähren, von etwas leben; e) (mit adv. Bestimmgn.) leben = d. Leben führen od zubringen; f) cum aliquo vivere „mit jem. leben, umgehen, Umgang haben, zusammensein"
vivus, a, um
1. eigtl. lebend, lebendig, am Leben, bei Lebzeiten. Subst. **vivum**, i, *n* das Lebendige: a) d. lebendige Fleisch; b) Kapital
2. übtrg. a) lebendig; b) lebend = lebenstreu, sprechend ähnlich (P); c) lebendig, lebend, frisch, natürlich, dauernd u. a. (N. Kl.)
vix adv.
1. kaum, mit Mühe, beinahe nicht
2. (zeitl.) kaum erst, kaum noch, gerade, eben
3. verstärkt a) durch dum = **vixdum** kaum erst, kaum noch; b) **vix tandem** kaum zuletzt; endlich, wo es kaum noch zu erwarten war
vocabulum, i, *n*
1. Benennung, Bezeichnung
2. Name
3. (N. Kl.) übtrg. Vorwand
vocalis, e
stimmbegabt, klang-, tonreich, (er)tönend, subst. **vocalis**, is *f* (sc. littera) Vokal
vocatus, us, *m*
1. d. Anrufen, Flehen (P)
2. Einladung (zur Senatssitzung)
vociferatio, onis, *f*
lautes Rufen, Notschrei
vociferor 1.
seine Stimme erheben, laut rufen, schreien
vocito 1.
nennen, zu nennen pflegen
voco
1. allg. rufen, be-, auf-, herbeirufen, entbieten, auffordern
2. spez. a) (Gottheit) anrufen, anflehen, etw. erflehen (meist P); b) (vor Gericht) (vor)laden, zitieren; c) (als Gast) einladen; d) (e. Feind) herausfordern, reizen (N. Kl.)
3. (be)nennen, pass. heißen
4. übtrg. jem. od. etw. in e. Lage od.

Stimmung versetzen od. bringen
vocula, ae, *f*
1. schwache Stimme
2. plur. Gespött
volaticus, a, um
(heran)fliegend; bildl. flüchtig, unbeständig
volatilis, e
fliegend, geflügelt; (meist P) übtrg. schnell, flüchtig
volatus, us, *m*
das Fliegen, der Flug
volemum (voloemum) pirum, i, *n*
„Pfundbirne"
volens, gen. entis s. volo III.
volgo, **volgus** s. vulg...
volito 1.
umherfliegen, -flattern; umherschwärmen, -eilen, sich tummeln; bildl. sich brüsten, sich keck gebahren
volnero, **volnus** s. vuln...
volo 1.
fliegen (eigtl. v. Vögeln u. a., [P] subst. volantes = Vögel; übtrg. von Konkr. u. Abstr.)
volo, volui, velle (statt vult u. vultis auch volt u. voltis)
I. allg. 1. wollen (vom tatkräft. Willen, im Ggstz. zu cupere), willens sein, begehren, verlangen, wünschen, Lust haben
2. spez. a) velle aliquid = etw. einwenden wollen; b) velle aliquem = jem. sprechen wollen; c) velle alicuius causa = es gut meinen mit jem., ihm Gutes wünschen, für ihn tätig sein wollen; d) quid sibi (res) vult? „was bedeutet od. bezweckt?"
II. prägn. 1. bestimmen, festsetzen
2. behaupten = annehmen, od. = Anspruch machen, sich ausgeben
III. **volens**, gen. entis (N. Kl.)
1. (frei)willig, gern, mit Zustimmung von
2. wohlwollend, günstig, geneigt
3. (P) absichtlich
4. spez. (N. Kl.) mihi volenti est = es ist nach meinem Sinn, ist mir erwünscht
5. volentia „Erwünschtes", „nach Wunsch"
6. (Sp.) volens nolens „ob wollend od. nicht"

volones, um, *m*
(N. Kl.) „Volonen", Sklaven, die sich freiwillig ins Heer einstellen ließen
volpes, is, *f* = vulpes
volt, **voltis** = vult, vultis
voltur etc. **voltus** = vult...
volubilis, e
1. sich drehend, rollend
2. übtrg. a) unbeständig, wandelbar; b) (v. d. Rede) geläufig, gewandt
volubilitas, atis, *f*
1. Drehbarkeit, Kreisbewegung
2. übtrg. a) Wandelbarkeit; b) Geläufigkeit
volucer, cris, cre
1. fliegend, geflügelt. subst. **volucris**, is, *f* Vogel (klass. plur.), (P) von d. Fliege
2. übtrg. a) eilend, schnell; b) vergänglich, flüchtig
volumen, inis, *n*
1. Rolle = a) Buch, Schrift(werk); b) spez. Band
2. (P) Windung, Krümmung, Wirbel
voluntarius, a, um
freiwillig, willkürlich, selbständig
voluntas, atis, *f*
1. Wille, Wunsch, Absicht, Vorhaben
2. spez. a) geist Richtung, Neigung, Bestrebung; b) guter oder freier Wille, Bereitwilligkeit, Eifer; c) letzter Wille; d) Gesinnung, Stimmung; e) prägn. gute Gesinnung, Zuneigung, Wohlwollen, Teilnahme, Liebe, Ergebenheit
voluptarius, a, um
I. activ. 1. d. Vergnügen od. die Lust betreffend
2. Vergnügen verschaffend, Lust gewährend
II. pass. der Lust ergeben, genußsüchtig, wollüstig
voluptas, atis, *f*
1. das (sinnliche od. geistige) Vergnügen, Genuß, Freude, Lust
2. personif. als Gottheit
3. meton. a) voluptates = Lustbarkeiten, Schauspiele; b) (P) als Kosewort = Wonne, Freude
volutabrum, i, *n*
Schweinepfuhl (P)
volutabundus, a, um
sich herumwälzend

volutatio, onis, *f*
das Herumwälzen
voluto
1. (herum)wälzen, klass. volutari sich (herum)wälzen, sich umhertreiben
2. übtrg. a) (Töne) fort-, dahinwälzen, dahinrollen lassen (P); b) etw. überdenken, erwägen, überlegen
volva, ae, *f*
Gebärmutter
volvo, volvi, volutum 3.
I. eigtl. 1. allg. (fort-, herum-, dahin-, herab)wälzen, rollen, drehen, (empor)wirbeln, klass. nur pass. sich wälzen, (sich) rollen, stürzen, sich drehen u. a.
2. spez. a) (Bücherrolle) aufrollen (aufschlagen) und lesen; b) (milit. t. t.) orbem v. „e. Kreis schließen" (N. Kl.)
II. übtrg. 1. (v. Redner) Worte dahinrollen lassen, geläufig vortragen
2. (Leidenschaften, Gedanken) in sich wogen lassen, hegen, überdecken, erwägen (N. Kl.)
3. (Zeit) umrollen lassen, pass. umrollen, umlaufen, kreisen (meist P)
4. etwas bestimmen od. verhängen (N. Kl.)
5. (Schicksal) durchleben, überstehen (P)
vomer, eris, *m*
Pflugschar; (P) Pflug
vomica, ae, *f*
Eiterbeule; (N. Kl.) bildl. Pestbeule
vomis, eris, *m* (N. Kl.) = vomer
vomitio, onis, *f*
d. Erbrechen
vomo, mui, ere
sich erbrechen, speien; (N. Kl.). trans. ausspeien, von sich geben
voracitas, atis, *f*
Gefräßigkeit (N. Kl.)
voraginosus, a, um
voller Schlünde (N. Kl.)
vorago, ginis, *f*
Strudel; Abgrund, Schlund
vorax, gen. acis
gefräßig
voro 1.
verschlucken, verschlingen, gierig fressen
vorso, vorsus, -um, vorsura s. vers…
vorto u. **vortex** s. vert…
vos
„ihr". Oft verstärkt durch met: vosmet u. vobismet
votivus, a, um
(durch e. Gelübde) versprochen, (an)gelobt, geweiht
voster altlat. = vester
votum, i, *n*
1. Gelübde, Gelöbnis
2. spez. a) Gebet (-sformel) (N. Kl.); b) das Gelobte, der gelobte Gegenstand (N. Kl.)
3. übtrg. Wunsch, Wille, Verlangen
voveo, vovi, votum 2.
(einer Gottheit) feierlich versprechen, geloben; (P) übtrg. wünschen, verlangen, anwünschen
vox, vocis, *f*
1. Stimme a) des Sprechenden, „Organ"; b) des Rufenden; c) des Singenden
2. spez. Aussprache
3. Ton, Laut, Klang
4. meton. a) Wort, Ausdruck, Bedeutung; b) Wort = Rede, Äußerung. c) Rede = Sprache (meist P); d) Wort, Ausruf, Ausspruch, Formel; spez. (P) Zauberformel; e) Gebot, Befehl; f) (i. d. Volksvers.) mündl. Abstimmg.; g) Ton = Betonung
vulgaris, e
(all)gemein, gewöhnlich, alltäglich, allbekannt
vulgator, oris, *m*
Ausplauderer (P)
vulgo (arch. **volgo**) 1.
unter d. Volk bringen:
1. allgemein machen, allen mitteilen od. zukommen lassen, verbreiten u. a. (N. Kl.); spez. i. obszön. Sinne = allen preisgeben
2. verbreiten = bekannt machen, pass. bekannt werden, sich verbreiten
vulgo (arch. **volgo**) adv.
in Masse, in Menge; vor aller Welt, öffentlich, allenthalben, allgemein, gewöhnlich
vulgus (arch. **volgus**), gen. vulgi, dat. fehlt, acc. vulgus (N. Kl. vulgum), abl. **vulgo**, *n* (N. Kl. auch *m*)
1. Volk = d. große Menge, d. große u. gemeine Haufe, d. große Publikum

2. spez. (i. übl. Sinne) Pöbel
3. übtrg. Masse, Menge, Haufe, Gesamtheit, d. gewöhnliche Schlag
4. adv. in vulgus „für d. großen Haufen" = allgemein, durchgängig
5. (P) v. Tieren = Herde, Schwarm

vulneratio (arch. **voln...**), onis, *f*
Verwundung, Verletzung

vulnero (arch. **voln...**) 1.
eigtl. u. bildl. verwunden, verletzen, kränken

vulnificus, a, um
verwundend (P)

vulnus, eris, *n*
1. Wunde, Verwundung
2. meton. a) (N. Kl.) Hieb, Schlag, Stoß, Stich, Schnitt, Biß; b) (P) Geschoß, Pfeil
3. übtrg. a) Wunde = Verlust, Schaden, Unglück; b) (P) Seelenwunde, Liebesleiden, Schmerz

vulpecula, ae, *f*
Füchslein

vulpes (älter **volpes**) is, *f*
Fuchs

vulpinus, a, um
(N. Kl.) vom Fuchse, Fuchs-

vulticulus, i, *m*
„halber Blick"

vultuosus, a, um
grimassenhaft

vultur, uris, *m*
Geier

vulturius, ii, *m*
Geier (klass. v. habsüchtigen Menschen)

Vulturnus, i, *m*
e. Fluß i. Kampanien; (N. Kl.) vulturnus ventus = Südostwind

vultus (arch. **voltus**), us, *m*
1. Gesichtsausdruck, Miene, Blick, Gesicht
2. spez. a) finsteres Gesicht, zorniger Blick; b) kecke Stirn
3. (N. Kl.) eigtl. Gesicht, Antlitz, (P) meton. Aussehen, Gestalt

X

xystus, i, *m* (gr.)
Säulengang

Z

zephyrus, i, *m* (gr.)
Westwind; P = Wind

zona, ae, *f* (gr.)
(P) Gürtel (der Frauen); (N. Kl.). spez. Geldkatze, Erdgürtel, -strich, Zone

zonarius, ii, *m*
Gürtelmacher